Dicionário de Sentenças Latinas e Gregas

Renzo Tosi

Dicionário de Sentenças Latinas e Gregas

10.000 citações da Antiguidade ao Renascimento no original
e traduzidas com comentário histórico, literário e filológico

Tradução
IVONE CASTILHO BENEDETTI

Esta obra foi publicada originalmente em italiano com o título
DIZIONARIO DELLE SENTENZE LATINE E GRECHE
por RCS Rizzoli Libri, Milão, em 1991.
Copyright © 1991 RCS Rizzoli Libri S.p.A., Milão.
Copyright © 1996, Livraria Martins Fontes Editora Ltda.,
São Paulo, para a presente edição.

1ª edição 1996
4ª edição 2020

Tradução
IVONE CASTILHO BENEDETTI

Preparação do original
Maurício Balthazar Leal
Andréa Stahel M. da Silva
Revisões
Andréa Stahel M. da Silva
Lilian Jenkino
Produção gráfica
Geraldo Alves
Paginação
Círculo Editorial
Capa
Katia Harumi Terasaka Aniya
Imagem da capa
Ulisses, amarrado no mastro, ouvindo as sereias
(antigo vaso grego). Hulton Archive / Getty Images

Dados Internacionais de Catalogação na Publicação (CIP)
(Câmara Brasileira do Livro, SP, Brasil)

Tosi, Renzo
   Dicionário de sentenças latinas e gregas / Renzo Tosi ; tradução Ivone Castilho Benedetti. – 4ª ed. – São Paulo : Editora WMF Martins Fontes, 2020.

   Título original: Dizionario delle sentenze latine e greche.
   ISBN 978-65-86016-34-5

   1. Antiguidade – Civilização 2. Dicionários 3. Grego – Dicionários 4. Latim – Dicionários 5. Renascimento I. Título.

20-46109   CDD-300.3

Índices para catálogo sistemático:
1. Dicionários : Ciências humanas   300.3

Aline Graziele Benitez – Bibliotecária – CRB-1/3129

Todos os direitos desta edição reservados à
Editora WMF Martins Fontes Ltda.
Rua Prof. Laerte Ramos de Carvalho, 133 01325.030 São Paulo SP Brasil
Tel. (11) 3293.8150 e-mail: info@wmfmartinsfontes.com.br
http://www.wmfmartinsfontes.com.br

A Monica

SUMÁRIO

Preâmbulo XI
Introdução XIII

OS MODOS DO COMUNICAR

a) Fama, calúnia e bisbilhotices 3
b) Silêncio e loquacidade 9
c) Oratória, retórica e dialética 18
d) Lógica e argumentação 34
e) A comunicação escrita e a verbal 38
f) O nome e a gramática 41

HOMEM: ÍNDOLE NATURAL E HABILIDADE TÉCNICA

a) A índole natural 47
b) O caráter do homem e as virtudes individuais 59
c) Ofícios, técnicas, habilidades 74
d) Arte e poesia 84

APARÊNCIAS E ENGANOS

a) Aparências 97
b) Situações ambíguas e duvidosas 107
c) Enganos e insídias 111
d) "Auto-enganos" e punições dos enganos 123
e) Traição e confiança 129
f) Mentiras, adulação e verdade 133

CONHECIMENTO, EDUCAÇÃO, INSTRUÇÃO

a) Conhecer e compreender 147
b) Provérbios correntes em filosofia 160
c) Escola e educação 165
d) A experiência 180

A INSENSATEZ E AS AÇÕES INÚTEIS

a) O tolo e as imagens que indicam estupidez 187
b) Ações tolas, fúteis, absurdas 196
c) Os erros 214
d) As ações sem sentido 218
e) Provérbios sobre o burro como símbolo da falta de inteligência 226
f) A reação à imbecilidade 232

RELATIVISMO DA VIDA HUMANA, SEUS LIMITES, SEUS CONDICIONAMENTOS

a) As evidentes limitações da natureza humana 235
b) As diferenças entre as várias pessoas 257
c) Capacidade de adaptar-se às diversas situações 265

MOMENTOS E FASES DA VIDA FÍSICA

a) Nascimento e morte 285
b) A vida e as idades 300
c) Juventude e infância 302
d) Velhice 305

O MUNDO E A VIDA FÍSICA

a) O mundo e a natureza 321
b) O aspecto físico do homem 323
c) Os sentidos 332
d) Nutrição 336
e) O vinho 345
f) Saúde e doença 351

O DESENROLAR DOS ACONTECIMENTOS, MUDANÇAS E ALTERNÂNCIAS DA SORTE

a) Mudanças 357
b) A falta de mudança 372
c) Os inícios e os fins 376
d) Sorte e destino 391

ESPERANÇAS, DESEJOS, METAS E DETERMINAÇÃO DE CONCRETIZÁ-LOS

a) Esperanças e desejos 407
b) Vontade, constância, empenho 417
c) Tempestividade, atrasos, adiamentos 434
d) Ócio, preguiça e vida improdutiva 443

A DIMENSÃO POLÍTICA: CIDADÃOS E GOVERNANTES

a) Os poderosos 453
b) O governo e seus instrumentos 474
c) Os fracos e os súditos 479
d) O privado e o público, o indivíduo e a comunidade 486
e) Liberdade e cativeiro 494

JUSTIÇA E LEI

a) Justiça 501
b) O homem e a lei 508

c) Normas jurídicas 513
d) Expressões jurídicas 526

AGRESSIVIDADE, PAZ E GUERRA

a) Agressividade 533
b) Paz e guerra 544
c) Heroísmo e covardia 558
d) Vencidos e vencedores 565
e) Seleção e superioridade 569

RELAÇÕES ENTRE AS PESSOAS

a) Isolamento em relação às outras pessoas 573
b) Disponibilidade para com os outros e amizade 584
c) Ajudas, benefícios, presentes 607
d) Outras relações interpessoais 619

A MULHER, O AMOR, O CASAMENTO

a) A mulher 627
b) Paixão e amor 637
c) O casamento 652
d) A família 657

RELIGIÃO E RELAÇÕES COM A DIVINDADE

a) Homem e religião, ciência e fé 663
b) O homem dirige-se a Deus 672
c) As características da divindade 676
d) Expressões e provérbios diversos, oriundos da tradição cristã ... 684
e) Acusações à religião e lutas contra a igreja 692

OS PERIGOS E OS MODOS DE ENFRENTÁ-LOS

a) Riscos e perigos 699
b) Prudência e imprudência 707
c) Medo e outros modos de enfrentar os perigos 723
d) Superação dos perigos e segurança 727

DIFICULDADES, MALES E DORES

a) Dificuldades, problemas e males 735
b) Labutas e dores 745
c) A paciência 753
d) Aspectos positivos dos males; consolo 757

VÍCIOS E VIRTUDES, EXCESSOS E MODERAÇÃO

a) Vício e virtude 773
b) Excessos 778
c) Soberba e ira 786
d) Capacidade de conter-se; moderação 793

CONDIÇÕES ECONÔMICAS
a) A riqueza 805
b) Insaciabilidade e avareza 818
c) Pobreza 823

Bibliografia 833
Índice das frases latinas 839
Índice das frases gregas 887

PREÂMBULO

Este dicionário contém:
— provérbios antigos que têm formas derivadas nas línguas modernas;
— expressões proverbiais antigas, ainda vivas nas línguas modernas;
— frases e versos de autores antigos que — já na Idade Média, em sua maioria — ficaram tão famosos que ainda são repetidos com valor gnômico (trata-se dos chamados "geflügelte Worte");
— expressões em latim medieval, ainda conhecidas e usadas (paralelamente, expliquei de modo breve alguns dos "brocardos" jurídicos mais famosos, ou seja, máximas latinas ainda conhecidas e usadas com valor técnico).

Este trabalho não pode nem pretende ser exaustivo, mas tem o intuito de constituir um primeiro instrumento de consulta para quem deseje informações sobre as raízes clássicas de nossos provérbios ou sobre frases famosas e provérbios gregos e latinos. Deve-se ressaltar que as citações de provérbios modernos são meramente exemplificativas, constituindo apenas alguns dos muitos possíveis paralelos. A distribuição do material é temática, o que implica, portanto, uma boa dose de arbitrariedade: se é possível fazer objeções à sua distribuição e à disposição geral, creio porém que a fruição da obra está garantida pelos Índices, que pretendi fossem os mais exaustivos possíveis. Procurei reduzir ao máximo as abreviações: no que se refere às dos paremiógrafos, remeto à Introdução; para as relativas a obras modernas, remeto à bibliografia essencial; outras, enfim, me parecem evidentes (*Ep.* = *Epístolas*; *Or.* = *Orações*; *Sat.* = *Sátiras*; *Carm.* = *Carmina*; *prol.* = *prólogo*; *praef.* = *prefácio*).

Devo agradecimentos a muitas pessoas que me aconselharam ou me forneceram material (lembro-me de M. G. Albiani, G. Allegri, G. Biondi, G. Burzacchini, E. Campostrini, C. Cardinali, F. Citti, V. Citti, E. Degani, D. Iacondini, G. Illuminati, A. Lorenzoni, M. Paterlini, L. Pollice, D. Restani, P. Rosa, G. Scarpat, B. Zucchelli), mas agradeço da forma mais viva e sincera sobretudo a Francesco Bossi, Gerolamo Carraro, Italo Sordi e Vinicio Tammaro, que me ajudaram ativamente em todas as fases do trabalho; devo agradecimentos especiais, enfim, a Alfonso Traina, que, no distante ano de 1984, me encaminhou para este trabalho, e a Evaldo Violo, que desejou com afinco esta obra.

INTRODUÇÃO

O que é um provérbio? A pergunta por certo não é ociosa, nem fácil e unívoca a resposta: segundo a acepção mais simples do termo, poder-se-ia afirmar que por provérbio se entende uma frase feita segundo uma formulação padronizada (mesmo que não absolutamente rígida), que se tornou tradicional e à qual se atribui autoridade de verdade inconteste, fruto da sabedoria antiga e popular. Com efeito, é habitual falar-se de "sabedoria do povo", como se se tratasse de um material iliterato, genuíno, isento de infra-estrutura intelectual e de artifícios eruditos, derivados de uma visão da vida ingênua e fiel à realidade concreta das coisas: paralelamente, a sua adoção em âmbito literário indicaria uma tentativa de reproduzir o discurso falado ou, como ocorre no Padron 'Ntoni di Verga, uma escolha estilística de tipo "naturalista". Essa análise na realidade se mostra parcial: antes de mais nada, se é inegável que a retomada explícita de um provérbio em âmbito literário é indício de colorido "popular", por outro lado não se pode negar que muitas vezes os provérbios não passam de redações estereotipadas de *topoi* literários e que as relações entre a tradição literária e a pretensa "sabedoria popular" se revelam profundas e complexas. Além disso, é evidente que muitas expressões proverbiais têm origem não certamente popular, mas derivam de trechos e textos famosos, citados como sentenças independentes (e às vezes propositalmente com significados diferentes dos originais). Outro preconceito cuja falsidade se demonstra preliminarmente é o de que determinados provérbios seriam característicos de uma única cultura popular: no que se refere à Europa, deve-se observar que as mesmas sentenças aparecem em todas as línguas e nos vários dialetos, muitas vezes, justamente, com variações mínimas. A razão disso não se encontra numa espécie de poligênese, como acreditava Guicciardini[1], mas na substancial continuidade da tradição cultural ocidental, desde o mundo clássico até o medieval e às literaturas modernas, aquela mesma continuidade que E. R. Curtius bem evidenciou à luz da *Toposforschung*, ou seja, da pesquisa sobre *topoi* literários[2]. Por esse motivo, o estudo das sentenças gregas e latinas não é uma operação meramente erudita e fechada em si mesma, nem atividade de antiquário curioso ou classicista convicto da superioridade do antigo sobre o moderno: trata-se do esboço de uma história fascinante, com ramificações imprevistas e incríveis, e da tentativa de identificar as origens ou os "antepassados" das expressões, das máximas, dos ditados ainda vivos. Tal problemática deverá então ser levada em conta inclusive por quem quiser es-

---
[1] Cf. Ricordi, C 12: *Quase todos os mesmos provérbios ou semelhantes, ainda que com palavras diferentes, encontram-se em todas as nações; e a razão é que os provérbios nascem da experiência ou da real observação das coisas, que em todos os lugares são as mesmas ou semelhantes.*
[2] Cf. o clássico *Europäische Literatur und lateinische Mittelalter*, Bern 1948, e também *Begriff einer historischen Topik*, "Zeitschrift für romanische Philologie" 58 (1938) 129-142, reproduzido em *Toposforschung*, hrsg. v. M. L. Baeumer, Darmstadt 1973, 1-18.

tudar o *status* das citações clássicas nas literaturas modernas, que às vezes se devem à topicidade e à proverbialidade de uma expressão, mas que outras vezes constituem alusões eruditas, com as quais o autor quer instituir um canal de comunicação particular com o leitor culto, ou pretende elevar o registro estilístico da obra.

Na literatura grega os provérbios haviam assumido grande importância desde a época arcaica. É provável que muitos proviessem do Oriente, eventualmente através da Jônia[3], o que se pode afirmar em especial sobre os que têm animais como assunto, a propósito dos quais é imediata a associação com a α)νος, pequeno conto, gênero com que os antigos — ver, por exemplo, Quintiliano, 5,11,21 — já sentiam afinidade[4]. Na literatura clássica aparecem, sob forma de *gnomai*, máximas e sentenças que servem para ressaltar a validade geral de certos acontecimentos e experiências (no teatro trágico e — na maioria das vezes com "distorções" ridículas, irônicas e paródicas — no teatro cômico). Os filósofos, porém, consideravam-nas material excessivamente vulgar; os retóricos, indignas de um estilo "elevado" (donde o desprezo por parte de autores como Isócrates). Em Platão os provérbios aparecem com freqüência, tratando-se de um elemento que confere especial vivacidade aos diálogos, mas não havendo em relação a eles nenhum interesse especulativo. O primeiro autor que se ocupou deles para elucidar sua peculiaridade foi Aristóteles, que viu neles o resíduo de uma sabedoria antiga, da civilização anterior ao dilúvio, dedicando-lhes com muita probabilidade um Περὶ παροιμιῶν (o fato é decidida e corretamente afirmado por Rupprecht e Kindstrand com base no testemunho de Diógenes Laércio, 5,26[5] contra as contestações de V. Rose e O. Crusius). Realmente, para Aristóteles era uma obrigação redescobrir e tratar com respeito os vestígios dessa filosofia antiga, perdida depois da terrível catástrofe, não só nos provérbios mas também, por exemplo, no mito: é esse — como bem viu Rupprecht — o sentido das afirmações dele e não se pode, como fizeram alguns estudiosos[6], entrever nelas uma concepção quase pré-romântica da poesia popular. O grande filósofo muitas vezes citou provérbios e chegou a arrolar alguns com valores afins (cf. por exemplo, *Ética para Nicômaco*, 1168b 8[7]) e convidou seus discípulos a colecioná-los (o que não deixou de lhe anga-

---

[3] É emblemático, por exemplo, que se encontre em Arquíloco (*Pcol. Inv.* 7511, 26 s. = *Delectus*, 196a,39-41 W.) a primeira manifestação em grego do provérbio segundo o qual a cadela apressada faz cachorrinhos cegos, difundido no Oriente (cf. B. Alster, "Die Welt des Orients" 10 [1971] 1-5 e J. Bremmer, "Zeitschrift für Papyrologie und Epigraphik" 39 [1980] 28).

[4] Essas relações complexas são examinadas especificamente por H. van Thiel, "Antike und Abendland" 17 (1971) 105-118, que, depois de apresentar exemplos de fábulas construídas sobre provérbios e de provérbios derivados de fábulas, aborda o problema das analogias estruturais e funcionais entre os dois gêneros, principalmente vendo na fábula e no provérbio expressões diferentes e paralelas da cultura oral do povo. Deve-se também citar a equilibrada e prudente posição de J. Jedrkiewicz, *Sapere e paradosso nell'antichità: Esopo e la favola*, Roma 1989, 262 s., que enuncia os elementos comuns entre o provérbio e o conto ("o valor assertivo, a capacidade alegórica, a possibilidade de aplicação referencial"), e conclui aventando a hipótese de uma "derivação paralela de uma elaboração conceitual destinada a representar dado aspecto da realidade".

[5] Ver também Ateneu, 2,60d-e.

[6] Por exemplo, F. Seiler, "Deutsche Sprichwörterkunde" 4/3 (1922) 1-19.

[7] Para um inventário útil dos provérbios usados por Aristóteles, ver H. Bonitz, *Index Aristotelicus*, Berlim 1870, 569-571.

riar críticas[8]). Desse interesse do mestre derivou um genuíno interesse por parte de toda a escola peripatética, em cujo âmbito foram feitas as primeiras e fundamentais observações: Demétrio contrapôs o παροιμίαι às sentenças que pressupunham um autor específico (ὁ δὲ γνωμολογῶν καὶ προτρεπόμενος); Teofrasto separou as παροιμίαι dos apotegmas, frases de autores que ficaram famosas e eram repetidas com valor gnômico; Clearco fez um paralelo entre provérbios e γρῖφοι, ou seja, as adivinhações, por sua eficácia e brevidade, claro indício de que pertenciam à antiga sabedoria de que falava Aristóteles[9]; dos escassos fragmentos que permaneceram (100-103 Wehrli), enfim, parece que Dicearco demonstrou que alguns provérbios derivavam de acontecimentos históricos. Além das hipóteses sobre as origens e distinções terminológicas, a escola peripatética também se distingue pelas primeiras análises de cunho estilístico: já em Aristóteles (*Retórica*, 1413a 17 ss., cf. também 1412a), o provérbio é comparado à metáfora, segundo uma visão sem dúvida parcial (muitos provérbios, mas não todos, baseiam-se em metáforas), mas que depois teve tanto sucesso que foi retomada por retóricos (como, por exemplo, Trífon, *Tropoi*, 3. 191,24-192,1; 206,19-22 Spengel) e paremiógrafos (no prefácio do Pseudo-Diogeniano [1,178,3 s. L.-S.] se lê que a παροιμία é um τρόπος pertencente à chamada alegoria); será Quintiliano (5,11,21; 8,6,55-58) quem classificará os provérbios, assimilando-os à α)νος como espécies de alegorias, portanto "tropos", mesmo não ignorando (cf. 9,2,104) que as "paroimias" podiam basear-se não em deslocamentos orgânicos, mas em figuras[10]. Demétrio, por sua vez, estuda a aquilatação estilística dos provérbios: importante é a observação (*De elocutione*, 232) de que, ao contrário das máximas e sentenças, eles se adaptam ao estilo epistolar, sobretudo por contribuírem para criar συντομία, "concisão" (e é bem verdade que nas literaturas antigas os provérbios eram abundantemente empregados nas epístolas, mesmo as não literárias, como por exemplo nas de Cícero); ele chegou à conclusão (*De elocutione*, 156) de que eles proporcionam χάρις não tanto graças à tecedura estilística mas ao argumento, mesmo notando nos provérbios alguns elementos formais aptos a propiciar χάρις, como a *brevitas* (cf. *De elocutione*, 137), a metáfora, a alegoria (142, 151). Nessa análise pode-se distinguir o primeiro delineamento de um problema que ainda será tratado pelos retóricos antigos: Hélio Aristides (*De rhetorica*, 1,132) e Hermógenes (Περὶ ἰδεῶν 2,4) afirmaram que χάρις e γλυκύτης são inerentes ao próprio conteúdo dos provérbios, enquanto Menandro retórico (3,392,28-393,1 Spengel) fala de ἡδονή vinculada à παροιμία. Ainda no âmbito dos peripatéticos, tem-se uma primeira reflexão sobre o possível uso cômico dos provérbios

---

[8] Por exemplo, por parte do discípulo de Isócrates Ctesifonte, cf. o citado Ateneu, 2,60d-e.
[9] Essa informação na realidade está ligada a um trecho de Ateneu (10,457c) no qual se diz que no primeiro livro da obra Περὶ παροιμιῶν Clearco afirmava que a reflexão sobre as adivinhações não era diferente da filosófica. Para Rupprecht o título da obra era uma coruptela (deveria tratar-se de Περὶ γρίφων); isso certamente não seria de surpreender na tradição indireta, em que muitas vezes se cometem erros nos títulos das obras e nos nomes de autores. Entretanto, de vez que Ateneu cita com freqüência o Περὶ παροιμιῶν, em vez de corruptela, parece mais lícito deduzir que Clearco fizesse uma aproximação entre παροιμίαι e γρῖφοι.
[10] Entre os modernos, A. Otto, *Die Sprichwörter und sprichwörtlichen Redensarten der Römer*, Leipzig 1890, VII ss., vê na metáfora o elemento fundamental dos ditados proverbiais, dos quais, segundo ele, os provérbios propriamente ditos não passam de "desenvolvimento".

(cf. Teofrasto, in Ateneu, 8,348a[11]): sua função nesse sentido — ou porque modificados com intuito paródico, ou porque inseridos em contexto cômico, com exploração de sua ambigüidade latente, ou com equívocos derivados da incompreensão de sua estrutura "trópica" — será portanto tema comum a diversos retóricos, por exemplo Cícero (*De oratore*, 2,64,258), Quintiliano (6,3,98), Trífon (*Tropoi*, 3,206 Spengel) e Cocôndrio (*Tropoi*, 3,236 Spengel). Outros dados certamente não podem ser considerados seguros e poucos são os pontos de interesse ao nosso assunto documentados em outras escolas: sabe-se que o estóico Crisipo escreveu dois livros Περὶ παροιμιῶν πρὸς Ζηνόδοτον (3,202 Arnim[12]), mas só se pode supor que ele tenha usado uma antologia de provérbios coríntios, e num fragmento (45 fr. 2) tem-se a distinção entre παροιμία e ἀπόφθεγμα; em âmbito paremiográfico muitas vezes é citado certo Démon, contemporâneo de Crisipo, sobre quem já os antigos tinham reservas no que se referia à qualidade de suas exegeses; quanto aos cínicos não foram obtidos documentos seguros.

O estudo dos provérbios atingiu o auge com os alexandrinos: Eratóstenes, Aristófanes de Bizâncio e Dídimo ocuparam-se dos provérbios e deram ensejo a coletâneas monumentais — embora não exaustivas; Aristófanes, segundo uma informação de Eusébio (*Adversus Marcellum*, 1,3), coligiu os provérbios que gozavam de ampla difusão e sobre os quais eram registradas variações, separando aqueles em que se discernia uma estrutura métrica precisa dos que não a tinham, dedicando dois livros ao primeiro tipo e quatro ao segundo. Sobre tal obra, R. Pfeiffer escreve: "Aristóteles considerara os provérbios como sobrevivência de uma sabedoria antiga e encorajou seus discípulos a coligi-los. Mas Aristófanes, mesmo sem descurar da origem popular dos παροιμίαι, parece ter-se interessado por sua formulação completa e por seus diferentes significados, buscando seus rastros nos textos literários, em especial nos poetas cômicos"[13]: o grande filólogo alemão destaca, portanto, as diferenças em relação à escola de Aristóteles, seguindo uma elaboração geral que comporta — como foi justamente indicado[14] — uma de suas limitações mais evidentes, ou seja, a criação de um profundo "gap" entre Peripatetismo e Alexandrinismo: se a verdadeira filologia está indissoluvelmente ligada à poesia, ela não oporá a tudo um modo "filosófico" de analisar os dados culturais, o que caracteriza os estudos dos Peripatéticos[15]. Trata-se de uma interpretação radical demais: no caso das coletâneas de παροιμίαι, como em muitos outros campos de pesquisa, ressalta inegável continuidade de interesse entre Aristóteles, sua escola e a filologia alexandrina. Isso não impede que possam existir peculiaridades na abordagem de Aristófanes aos provérbios: antes de mais nada, foi dada atenção à sua qualidade de fenômenos literários e à sua maleabilidade formal e

---

[11] Ver também Aristóteles, *Retorica*, 1412a 17-b 3.

[12] Dois fragmentos que Von Arnim não levou em consideração são registrados por Rupprecht, *RE*, 18 (1949) 1738.

[13] *History of Classical Scholarship from the Beginnings to the End of the Hellenistic Age*, Oxford 1968: citado pela trad. it. (*Storia della filologia classica. Dalle origini alla fine dell'età ellenistica*, Napoli 1973, 326).

[14] Cf., em particular, L. E. Rossi, *Umanesimo e filologia*, "Rivista di Filologia e Istruzione Classica" 104 (1976) 98-117 (sobretudo pp. 111-117).

[15] Ver também R. Pfeiffer, *Philologia perennis*, in *Festrede Bayer. Akad. München*, München 1961, 6.

semântica. Conseqüentemente — e as análises dos escassos fragmentos parecem confirmá-lo plenamente — o interesse de Aristófanes se fixará não só em suas variações nos diferentes textos literários, mas também no processo através do qual certos versos ficaram tão famosos que adquiriram valor "proverbial", dando ensejo àquilo que agora chamamos "geflügelte Worte"[16]. Isso não é sinal de contraposição ao Peripatetismo (existem vários exemplos de versos que se tornaram proverbiais, por exemplo, nos *Problemata* pseudo-aristotélicos[17]), mas de uma nova sintonia com a sensibilidade filológico-literária. Das exegeses de Aristófanes ficaram pouquíssimos fragmentos (354-362 Slater), nem sempre isentos de problemas textuais e interpretativos; sobre outros que se dedicaram ao estudo dos provérbios quase nada podemos dizer: Dionisodoro, seguidor de Aristarco, parece ter sido autor de uma polêmica com Crisipo; Calístrato e Eufrânio foram as fontes de Dídimo; no que se refere a Asclepíades, autor de um comentário a Teócrito, alguns escólios (a 4,62 s., 1,56 e 14,51) evidenciam uma atenção especial aos provérbios (mas ele poderia ter lançado mão da exegese de outros: segundo suspeitas de Wendel, a de Dionisodoro); Milo e Átalo para nós não passam de nomes; na escola de Pérgamo parece que deles se ocupou o antiquário Polêmon de Ílio, que teria o mais vivo interesse pelos usos propriamente populares. Também na tradição paremiográfica, como de resto em quase todas as matérias eruditas antigas, a figura de Dídimo é investida de notável importância, pois ele representou, na época de Augusto, um verdadeiro ponto de afluência de toda a cultura precedente, em particular de todo o material reelaborado pelos alexandrinos, sendo um exaustivo colecionador cuja acuidade crítica, porém, foi muitas vezes questionada; do ponto de vista histórico, de qualquer modo, a sua relevância é evidente, de vez que a coletânea de provérbios de Zenóbio — base de toda a "vulgata" paremiográfica bizantina — é essencialmente um compêndio da obra de Dídimo. Entre Dídimo e Zenóbio (época de Adriano), levando-se em conta o título deste último (Ζηνοβίου ἐπιτομὴ τῶν Ταρραίου καὶ Διδύμου παροιμιῶν), deve ter havido o trabalho de um compendiador, um certo Tárreo, que talvez deva ser identificado com Lucílio de Tarros, que deixou alguns outros títulos, um de caráter histórico (Περὶ Θεσσαλονικῆς, cf. 4,400 s. Müller) e dois de tipo gramatical (Τεχνικά, Περὶ γραμμάτων); não parece, porém, que haja motivos consistentes para identificá-lo com o epigramista Lucílio, o que já foi tentado[18]. Na verdade, não se pode negar que o título de Zenóbio apresenta formulação ambígua: não se entende se ele toma duas obras precedentes distintas, uma de Dídimo e uma de Tárreo, ou uma única que levava o nome de ambos os autores, por ser a epítome de Dídimo feita por Tárreo; esta segunda hipótese parece ser, do ponto de vista cultural, a mais verossímil.

---

[16] Os documentos nos falam de seu ἀναγράφειν ("recopiar") versos inteiros como proverbiais: acredito que com isso se aluda exatamente ao seu interesse pelos "geflügelte Worte" e que seja redutor ver nisso — como faz Rupprecht — uma simples integração do texto incompleto dos provérbios.
[17] Cf. por exemplo 923a 9; 938b 10; 941a 20; 942b 1; 943a 25, 945a 7; 945a 29; 947a 7.
[18] Sobretudo no fundamental A. Linnenkugel, *De L. Tarrhaeo epigrammatum poeta, grammatico, rhetore*, Paderborn 1926. Cf. porém as recensões de Martin, "Gnomon" 5 (1929) 124 ss. e K. Preisendanz, "Philologische Wochenschrift" 50 (1930) 289 ss. Ainda mais fantasiosas são as tentativas de identificá-lo com o Lucílio de Sêneca.

Da coletânea de Zenóbio, que devia ter finalidades puramente escolásticas (esse é o motivo da presença dos índices que a tornam mais fruível: Rupprecht tem razão ao contestar a opinião de O. Crusius, segundo a qual essas precauções seriam próprias de um bizantino), não ficou a redação genuína, mas só contamos com textos posteriores, já compendiados e interpolados (esse era o fim fatal de todas as obras destinadas ao uso). Sem dúvida devemos distinguir entre uma chamada redação "*athoa*" de Zenóbio, ainda próxima do original[19], e uma "vulgata" em que o material de Zenóbio está organizado alfabeticamente e foi objeto de epítomes e interpolações: esta última, de que temos um códice, o *Parisinus graecus 3070*, e alguns outros derivados dele[20], pertence a uma série de obras bizantinas que constituem um compacto *corpus* paremiográfico tanto em termos de forma quanto de conteúdo. Na verdade, em numerosos códices, que, na maioria, vão do século XII ao XIV — agora finalmente recenseados com precisão por Bühler —, estão conservadas coletâneas "paremiográficas" em que recorre sempre, com pouquíssimas diferenças, o mesmo material, distribuído segundo as mesmas modalidades: tem-se uma coletânea de provérbios em ordem alfabética e acompanhados por explicações e remissões aos textos clássicos[21]; quanto ao texto, é preciso ainda recorrer — à espera de que a obra de Bühler seja completada — à nem sempre fidedigna edição de E. Leutsch-F. G. Schneidewin (*Corpus Paroemiographorum Graecorum*, I-II, Gottingae 1839-1851). Trata-se de um "gênero" erudito que tem suas características próprias, é bem diferente dos florilégios de máximas e sentenças e teve certa importância na cultura bizantina, como demonstram alguns elementos: a) existem também coletâneas de provérbios vulgares, segundo as mesmas modalidades da paremiografia erudita (cf. K. Krumbacher, *Mittelgriechische Sprichwörter*, München 1894); b) materiais paremiográficos são retomados por outros gêneros eruditos, como a escoliografia e a lexicografia (em particular pela *Suda* e pela tradição da Συναγωγή[22]); c) a contribuição de novos materiais provenientes dos florilégios é reduzida e pouco significativa até a obra de Apostólio-Arsênio (sécs. XV-XVI); d) o material é, na maioria das vezes, de origem clássica, com pouquíssimos acréscimos provenientes dos livros sapienciais da Bíblia. Ao longo deste dicionário, referi-me com freqüência a provérbios registrados nessas coletâneas, que sempre indiquei com abreviaturas: creio ser oportuno apresentar aqui uma relação, com referências à edição de Leutsch-Schneidewin e à descrição dos códices de Bühler:

---

[19] Para uma descrição recente e exaustiva dos códices e para a sua inter-relação, remeto a W. Bühler, *Zenobii Athoi Proverbia*, I, Gottingae 1987, 41-89 (a última página apresenta um útil esquema recapitulativo).

[20] Cf. Bühler, *op. cit.* 91-101.

[21] Por esse motivo, eles são importantes para nós, inclusive como testemunhos de vários textos perdidos. Cabe ao filólogo deslindar, de fio em fio, toda a meada de problemas, devidos ao fato de que o provérbio pode ser usado como lema numa forma padronizada diferente da que está no *locus classicus* ou então pode ser explicado sem que se levem em conta as conotações existentes no texto citado (tratei dessas questões em *Studi sulla tradizione indiretta dei classici greci*, Bologna 1988, 203-210).

[22] Para se ter um quadro a respeito, remeto finalmente a Kl. Alpers, *Das attizistische Lexikon des Oros*, Berlin-New York 1981, 69-79).

— Diogeniano (Diogen.): trata-se de uma antologia falsamente atribuída a um famoso gramático do tempo de Adriano. Cf. Leutsch-Schneidewin I 177-320; Bühler 189-227; Diogeniano Vindobonense (Diogen. Vind.), redação resumida da coletânea acima, cf. Leutsch-Schneidewin II 1-52; Bühler 228-231;
— Gregório de Cipre (Greg. Cypr.), coletânea da personagem homônima que foi patriarca de Constantinopla entre 1281 e 1289: a edição está em Leutsch-Schneidewin I 349-378 (cf. Bühler 250-262), enquanto em II 53-92 temos a da redação "leidense" (L.) e em II 93-130, a da "mosquense" (M.; para essas duas redações, cf. Bühler 262-269);
— Macário (Macar.): é a coletânea chamada Ῥοδωνιά (Roseto), escrita por Macário Crisocéfalo, que viveu entre 1306 e 1382. Cf. Leutsch-Schneidewin II 135-227, e também Bühler 275-277;
— Plutarco (Plut.): Leutsch-Schneidewin I 343-348 citam, das Anecdota Graeca, de J. F. Boissonade, uma coleção de provérbios que indicam ações possíveis, pseudoepigraficamente atribuída a Plutarco; Leutsch-Schneidewin, na verdade, ligam-na a duas pequenas obras que aparecem imediatamente depois no códice, mas que não são atribuídas a Plutarco. No mesmo códice Laurentianus 80,13, onde está a redação athoa de Zenóbio, existe uma pequena coleção intitulada Πλουτάρχου παροιμίαι, αἷς Ἀλεξανδρεῖς ἐχρῶντο (cf. também Leutsch-Schneidewin I 321-342) e que tem bem poucas probabilidades de ser autêntica. Essa pequena obra tem certa importância porque oposta à linha proveniente da especulação alexandrina que procura entender o espírito das populações através de seus provérbios, com uma abordagem talvez oriunda de Polêmon e Crisipo (sobre tal atitude provavelmente se centrava a crítica alexandrina a este último);
— Zenóbio vulgarizado (Zenob. vulg.): cf. Leutsch-Schneidewin I 1-175; Bühler 91-101.

Ao lado dessas obras chamo a atenção para duas miscelâneas de provérbios em que Leutsch e Schneidewin reúnem alguns cânones paremiográficos encontrados em vários códices: *Appendix Proverbiorum* (App. Prov., cf. Leutsch-Schneidewin I 379-467) e *Mantissa Proverbiorum* (Mant. Prov., cf. Leutsch-Schneidewin II 745-779); durante o trabalho, porém, inseri indicações do léxico Suda (séc. X), cujas fontes são propriamente paremiográficas e em especial identificáveis com o Pseudo-Diogeniano[23]: quando um provérbio aparece na *Suda* e não em léxicos aparentados (Hesíquio [aqui citado Hesych.], Σᵇ, Fócio [aqui citado Phot.]) ou em outros, como o *Onomástico* de Pólux (Poll.) ou o retórico de Harpocrates (Harpocr.), não se pode falar em tradição lexicográfica autônoma.

Importância particular assume, enfim, a vasta antologia preparada por Miguel Apostólio (Apost., cf. Leutsch-Schneidewin II 233-744, Bühler 293-299) em Creta, entre 1454 e 1466; ele mesmo a considerou, durante toda a vida, uma obra *in fieri*, retomando-a e ampliando-a várias vezes; deixou prontos dois exemplares diferentes, dedicados a duas pessoas eminentes na cultura da época, Gaspare Zacchi da Volterra, bispo de Osimo, e o veneziano Lauro Quirino; ao morrer, deixou-a incompleta nas mãos do filho Arsênio (Arsen.), que aumentou o material, mas abeberando-se em florilégios e não na genuína tradição paremiográfica: muitos desses *additamenta* fo-

---
[23] Cf. A. Adler, *Suidae Lexicon*, I. Lipsiae 1928, XIX.

ram extraídos por Leutsch-Schneidewin do cod. *Parisinus graecus 3058* e postos como rodapé na edição de Apostólio, em corpo menor, inseridos por meio de letras na mesma ordem numérica da obra de Apostólio.

Ao lado do gênero paremiográfico e sem contaminações apreciáveis com ele, nas culturas antiga tardia e bizantina tem-se um grande florescer de gnomológios e florilégios, ou seja, coletâneas de sentenças, *gnomai*, ditados célebres e versos sentenciosos, extraídos de vários autores, sobretudo dos trágicos e de Menandro (ou pseudo-epigraficamente atribuídos a eles). A bem da verdade, a distinção nítida entre paremiografias e gnomológios como dois gêneros eruditos diferentes não deve surpreender, pois deriva da diferenciação entre παροιμίαι e ἀποφθέγματα, já delineada pelos peripatéticos: as primeiras foram coligidas e explicadas — com particular atenção a registros literários — nas coletâneas paremiográficas; os segundos deram ensejo a belos florilégios de ditados e sentenças que eram — por assim dizer — repositórios do patrimônio ético tradicional. Para o florescimento das antologias contribuíram, em determinados momentos culturais, como no período dos Antoninos, propósitos escolásticos e de divulgação cultural: trechos de clássicos foram reunidos, na maioria das vezes por tema, em textos de fácil difusão. Para nós, o *Anthologion* mais famoso e importante, como inesgotável fonte de fragmentos que de outro modo seriam desconhecidos (e portador de variantes em numerosos *loci classici*) é o de João de Stóboi (séc. V), mas não podem ser esquecidos os numerosos gnomológios bizantinos, que constituem um campo com muito material a ser explorado[24] e entre os quais desempenham papel de grande relevância os que surgiram em meio cristão a partir do século IX com finalidades espirituais e morais, e que, em certo sentido, o cristianismo herdava do estoicismo. Estes foram subdivididos por M. Richard (*Florilèges spirituels. III: Florilèges grecs*, in *Dictionnaire de Spiritualité*, 5, 1964, 457-512) em três grupos: a) os "damascenos", derivados de uma obra de João Damasceno, do século VIII; b) os sacro-profanos, que compreendiam inclusive trechos de autores pagãos e que surgiram pela primeira vez durante a Renascença fociana, num momento em que teve início uma recuperação cultural dos aspectos positivos do já morto paganismo: Wachsmuth localizava também as origens dessas obras (entre as quais a mais importante é falsamente atribuída a Máximo, o Confessor) em uma obra de João Damasceno, mas Richard demonstra a falácia dessa hipótese; c) os monásticos, muito mais tardios e com menos coerência interna que os precedentes: o mais notável é o de Atanásio Sinaíta. Neste ponto deve-se lembrar que, na tradição grega, existem coletâneas de *gnomai* atribuídas a um só autor: a mais importante é constituída pelos chamados *Monósticos de Menandro*, antologia de versos sentenciosos atribuídos ao cômico e que só em alguns raros casos encontram equivalentes em fragmentos ou versos genuínos. Trata-se de um *corpus* consistente, cuja

---

[24] Permanece clássico C. Wachsmuth, *Studien zu den griechischen Florilegien*, Berlin 1882; importantes os trabalhos de P. Odorico: *Lo Gnomologium Byzantinum e la recensione dei Cod. Bil. Nat. Ath. 1070*, "Rivista di Studi Bizantini e Slavi" 2 (1982) 41-70; *Il prato e l'ape*, Wien 1986. Entre as contribuições sobre florilégios, destaco os recentes E. Livrea, *Le citazioni dei tragici in un inedito florilegio patmiaco*, "Rivista di Studi Bizantini e Slavi" 3 (1983) 3-9, e G. Morelli, *Cheremone tragico e Isidoro di Pelusio nello Gnomologio di Giovanni Georgides*, "Εἰκασμός" 1 (1990) 111-118.

existência é devida ao fato de que a comédia de Menandro, baseada em situações e, sobretudo, em diversos "tipos" humanos, fazia uso abundante de máximas e asserções éticas de caráter geral. Menandro tornou-se, assim, o autor sentencioso por antonomásia: se, por um lado, foi condenado pela tradição erudita posterior por motivos lingüísticos (puristas e aticistas consideravam que o seu grego era cheio de barbarismos), por outro lado fez muito sucesso pela substância "ética" de suas obras e pela sua gnomicidade. Donde a presença desse *corpus* na tradição manuscrita, ao contrário do naufrágio do verdadeiro Menandro. A tradição grega, pois, considerou "gnômicos" por excelência os autores trágicos, sobretudo Eurípides; daí a tendência a interpolar sentenças nas *rheseis* de Eurípides: emblemático é o caso de *Hipsípila*, 60,96a Bond, em que, por um lado, uma ampla e articulada série de testemunhos indiretos[25] e, de outro, um importante papiro (*Pap. Oxy.* 852) demonstram que na Antiguidade tardia existiam duas versões desse trecho (uma consolação diante da morte): uma terminava com a sentença δεινὸν γὰρ οὐδὲν τῶν ἀναγκαίων βροτοῖς[26] e outra não a tinha.

Bem diferente é a situação entre os latinos. Na literatura latina é muito grande o uso de provérbios, tanto os originais quanto os provenientes da literatura grega, mas em relação a eles não existe um interesse científico comparável ao dos gregos: já aludimos a alguns trechos de Cícero e Quintiliano, nos quais se percebe como o provérbio se presta a fins cômicos, e a outros trechos, ainda de Quintiliano, nos quais ele é associado à fábula e classificado ao lado da alegoria: não se trata, de qualquer maneira, de afirmações originais, mas da repetição de teorias anteriores. Em geral, os romanos não achavam importante coligir provérbios: exceções — ao que saibamos — teriam sido sobretudo Vérrio Flaco e Sínio Capitão e depois Festo, Gélio, Macróbio e Isidoro[27]; nada temos de uma obra de Apuleio chamada *De proverbiis*; em vários autores são encontradas explicações ocasionais, sobretudo em comentadores, como Sérvio e Donato; nos gramáticos (Donato, 402,11 K., Carísio, 276 K., Diomedes, 4662 K., cf. também Isidoro, *Origines*, 1.37,28) não faltam definições da *paroemia*, vista como um provérbio adaptado a uma situação particular; importante também é o trecho de Macróbio (5,16,6) em que se afirma que Homero inseriu muitos ἀποφθέγματα em seus poemas, que seus versos são citados como provérbios e que o mesmo ocorre com Virgílio, que é imitador de Homero (e são fornecidos muitos exemplos tanto de um quanto de outro). Portanto, não existe uma tradição paremiográfica propriamente dita entre os latinos. Contudo, não faltam coletâneas de máximas e sentenças, como as de Publílio Siro, as falsamente atribuídas a Sêneca (*De monitis, De moribus*), as chamadas *Sententiae Varronis* e sobretudo os famosos *Disticha Catonis*, uma antologia de sentenças em versos que consistem em ensinamentos morais e cuja primeira redação remonta provavelmente ao século III. A referência a Catão só pode ser devida a uma atribuição pseudo-epigráfica a Catão, o Censor, que, na tradição romana, era o sábio por antonomásia, autor de alguns tre-

---

[25] Cf. Plutarco, *Moralia*, 110f, 117d, Clemente de Alexandria, *Stromata*, 4,7,53, João de Stóboi, 3,29,56.
[26] Cf. nº 119.
[27] Cf. Otto, *op. cit.* XXXV.

chos que realmente dão motivo a alguns dos *disticha*[28]. Os *Disticha Catonis* tinham de qualquer modo o grande mérito de serem facilmente memorizáveis e de conseguirem inculcar, com a sua densidade e brevidade epigramática, ensinamentos éticos fundamentais: eles, com efeito, mesmo partindo de versos e sentenças de autores pagãos, ensejavam afirmações morais de importância primordial até para a cultura cristã. Em vista disso essa obra teve grande sucesso em toda a Idade Média; muitas das sentenças foram retomadas várias vezes (por exemplo, em Alcuíno), mesmo com variações formais, registrando-se comentários de toda a antologia, como o de Remi de Auxerre, e traduções para as mais diversas línguas: francês e anglo-normando (século XII); castelhano (século XIII); milanês (são do século XIII as *Expositiones Catonis* de Bonvesin de la Riva); italiano vulgar de outras regiões (ainda no século XIII, Catenaccio Catenacci di Anagni e Girardo Patecchio da Cremona; do século XV são uma tradução anônima paduana e uma em oitavas de Costantino de Andrea); alemão (nos séculos X-XI, com Notker Labeo; no século XIII, em âmbito austro-bávaro; entre os séculos XIII e XV em outros idiomas); médio-holandês (século XIII); islandês antigo (século XIII); inglês (século XIV); eslavo (séculos XII-XIII, mas há florilégios que remontam aos séculos VII e X; do século XIV é uma tradução em tcheco antigo); e, finalmente, com Máximos Planudes, em grego[29].

Coerentemente, na Idade Média latina existe um grande número de florilégios e *Libri proverbiorum*; suas características são muito diferentes da paremiografia bizantina: a) sua distribuição "temática" do material é típica, e se mantém, por exemplo, até no *Collectaneum* de Sedúlio Escoto (século IX); tem-se a primeira distribuição alfabética no *Liber proverbiorum* falsamente atribuído a Beda e no de Otloh de Sankt Emmeram (século XI); b) a fonte principal é bíblica, constituída por trechos do *Novo Testamento* ou dos livros sapienciais do *Antigo Testamento* (isto também nos *Proverbia Graecorum* de Sedúlio); às fontes bíblicas foram unidas máximas oriundas dos clássicos latinos; c) não existem casos de influência direta da paremiografia bizantina: os provérbios e as máximas de origem grega penetraram no mundo latino na época clássica e sua presença não é devida a influência ulterior; d) faltam explicações e remissões específicas a autores clássicos. Trata-se, portanto, de um gênero erudito muito diferente, aparentado aos florilégios bizantinos e não à paremiografia, e que teve muita importância na cultura do século XII; além disso, deve-se observar que de qualquer modo o interesse pela expressão proverbial no mundo medieval do Ocidente é grande: ela está presente, por exemplo, nos vocabulários de Giovanni da Genova (dominicano, morto em 1298), de Hugutio (bispo de Ferrara, morto em 1210) e de Pápias (século XI), mas neles o provérbio explica o vocábulo e serve para

---

[28] Outra teoria, que gozou de certo sucesso, veria no autor um tal Dionísio Catão. Ela parte de uma afirmação de Scaligero, que teria retirado o nome do título de um antiquíssimo códice pertencente a Simeão Dubois, juiz de Limoges. Nada disso foi confirmado pelos manuscritos conhecidos: ao contrário, entre as várias teorias com que os estudiosos procuram justificar a afirmação de Scaligero, parece particularmente convincente a de M. Boas (in M. Boas-H. J. Botschuyver, *Disticha Catonis*, Amstelodami 1952, LIII s.), segundo quem o misterioso Dionísio Catão seria fruto de uma falsificação feita por Dubois.

[29] Para essa interessante relação com a literatura bizantina, cf. W. O. Schmitt, "Klio" 48 (1967) 325-334; "Helikon" 17 (1977) 276-282, V. Ortoleva, "Sileno" 15 (1989) 105-136.

exemplificar o uso, e não o contrário. A falta de uma paremiografia verdadeira e própria, comparável à bizantina, porém, indica um interesse menor não pelos provérbios em sentido absoluto, mas por sua dimensão literária, pelos seus diversos usos nos autores, por seus ascendentes clássicos: das duas finalidades da paremiografia (a de ensinar expressões e máximas tradicionais que podiam adornar um texto e a de servir à interpretação dos clássicos), o Ocidente parece ter sido sensível apenas à primeira.

A propósito das tradições medievais latinas fiz neste dicionário freqüentes referências à monumental coletânea de H. Walther[30]: tais remissões me parecem importantes porque é exatamente através das versões medievais latinas que tantos provérbios antigos deram origem a provérbios modernos e já na Idade Média versos famosos assumiram — às vezes até como variações formais limitadas — valor gnômico. A única perplexidade nasce — e certamente não pude discutir casos isolados, dados os limites do presente trabalho — do fato de Walther ter extraído muitos de seus *items* de coletâneas humanistas; suspeita-se então que muitas das sentenças não são medievais, mas de origem humanista, o que, como veremos, não é de pouca importância; do mesmo modo, não ficou claro o discrime usado por Walther entre as sentenças dos primeiros cinco volumes e as dos volumes seguintes, que — segundo o título — também deveriam conter máximas do primeiro período moderno[31].

Se a Idade Média ocidental não teve uma paremiografia semelhante à bizantina, esta última, porém, não estava destinada a desaparecer completamente da história da cultura com o fim de Bizâncio: na verdade ela teve uma herdeira na nova paremiografia que nasceu do humanismo, quando ambas as necessidades que haviam dado origem à paremiografia antiga — a de ensinar sentenças tradicionais que adornassem os textos e a de explicar os clássicos — ainda eram sentidas. Justamente por isso encontram-se várias coletâneas de *Adagia* em todo o século XV[32]; é do fim do século uma edição "aldina" do Zenóbio vulgarizado, e sobretudo uma obra, a de Apostólio, que, retomando a antiga tradição paremiográfica, constitui um verdadeiro traço de união com a nova tradição humanista. No século XV o ponto de gravitação da cultura grega já está deixando de ser Constantinopla e passando a ser Veneza, o que permite que suas características penetrem na cultura ocidental: entre elas, a meu ver, se inclui a paremiografia. A coletânea de Apostólio, como já se viu, é incrementada pelo filho Arsênio com materiais provenientes dos florilégios, até a redação da edição Pantiniana de 1619; por outro lado, um novo ponto de confluência do material da paremiografia humanista são os *Adagia* que Erasmo escreve em várias ocasiões durante sua vida (que afinal ultrapassarão 4.000 verbetes)[33], os quais,

---

[30] *Lateinische Sprichwörter und Sentenzen des Mittelalters in alphabetischer Anordnung*, I-V, Göttingen 1963-1967, e também *Lateinische Sprichwörter und Sentenzen des Mittelalters und der frühen Neuzeit*, I-III, Göttingen 1982-1986.

[31] Outra observação que se pode fazer sobre Walther é que nem sempre está indicada a fonte clássica de onde deriva a sentença (alguns exemplos em "Εἰκασμός" 1 [1990], 201-211): outrossim, é óbvio que numa obra de tal envergadura lacunas desse tipo são quase inevitáveis.

[32] Cf. G. Rigo, "Latomus" 33 (1973) 177-184, M. Cytowska, "Eos" 65 (1977) 265-271, F. Heinimann, *Zu den Anfängen der humanistischen Paroemiologie*, in *Catalepton*, Basel 1985, 158-182.

[33] Sobre a redação dessa obra, ver por fim Bühler, *op. cit.* 304-307.

como afirma com justiça J. Huizinga[34], têm o mérito de difundir o espírito da Antiguidade em vastos meios, onde o humanismo inicial não penetrara, e servirão de ponto de partida para todas as coletâneas sucessivas, como as de P. Manuzio, J. P. Vidua e J. Sartorius. Nessa tradição, os "adágios", exatamente como na tradição bizantina, são amplamente explicados e acompanhados de remissões aos clássicos; a ordem é temática e não alfabética, mas as influências diretas dos paremiógrafos estão claras, tanto que — como no caso de *Intempestiva benevolentia nihil a simultate differt* (Erasmo, *Adagia*, 1,7,99) — emergem provérbios gregos que não eram conhecidos pelos florilégios da Idade Média latina[35].

Portanto, a nossa tradição gnômico-proverbial contemporânea deriva, através de duplo canal — a cultura medieval latina e as coletâneas de *Adagia* do humanismo —, da tradição antiga; a "sabedoria do povo" é fruto de uma longa e articulada história, que não é constituída apenas pelo fluir oral de um material "popular", mas na qual quase sempre o momento erudito exerce uma função inextirpável: suspeita-se, aliás, que procurar discernir o que é genuinamente popular é um falso problema, oriundo de um preconceito romântico. Por outro lado, é verdade que, como lamenta Th. Knecht[36], muitas vezes as coletâneas de provérbios antigos também contemplam "geflügelte Worte" e, inversamente, as de "geflügelte Worte" também comentam provérbios, mas, em nível funcional, os dois fenômenos são assimiláveis, porquanto os "geflügelte Worte" acabam por ser repetidos sem clara conexão com o contexto original, à guisa de provérbios ou sentenças[37]. Por outro lado, só teoricamente é possível distinguir com nitidez provérbios de sentenças, *gnomai*, apotegmas: Otto (*op. cit.* XII) faz uma distinção entre os provérbios propriamente ditos, que, através da estrutura metafórica, ilustram um conceito geral com um elemento particular[38], e as

---

[34] Cf. *Erasmo*, Torino 1941, 67 s.

[35] Trata-se da tradução do trímetro grego ἄκαιρος εὔνοι' οὐδὲν ἔχθρας διαφέρει — anônimo e metricamente incorreto (transgride a *lex Porsoniana*) — que os paremiógrafos (cf. Zenob. vulg. 1,50, Diogen. 1,48, Macar. 1,64, Apost. 1,91, *Suda* α 827) citam como palavras dirigidas por Hipólito à madrasta Fedra, depois que esta confessou amá-lo acima de todas as coisas. Nada disso se encontra no *Hipólito* de Eurípides que chegou até nós, no qual, entre outras coisas, é a ama-de-leite e não Fedra quem faz a escandalosa revelação ao jovem: um escoliasta, porém, cita a nossa máxima, como proverbial, a propósito do v. 597, no qual Fedra, voltando-se para o Coro, assim comenta o fato de a ama-de-leite ter revelado a sua paixão ao enteado: φίλως, καλῶς δ' οὐ τήνδ' ἰωμένη νόσον. Muito provavelmente a interpretação dos paremiógrafos é devida ao fato de a sentença aparecer na tradição exegética do *Hipólito*; permanece, por outro lado, a dúvida de que, na base do provérbio, esteja um trecho de uma tragédia que não chegou até nós e que tratava dos acontecimentos que envolveram Hipólito e Fedra, mesmo não sendo possível atribuir-lhe *sic et simpliciter* o nosso verso, que, do ponto de vista métrico, é insustentável.

[36] In *Reflexionen antiker Kulturen*, hrsg. v. P. Neukam, München 1986, 47-59.

[37] Isso estava claro para os latinos: vêem-se o texto citado de Macróbio nos apotegmas homéricos e virgilianos e numerosos outros locais em que citações de autores gregos e latinos são feitas como *vetus proverbium* (cf., por exemplo, São Jerônimo, *Ep.* 130,17, e também a relação de Otto, *op. cit.* XXII).

[38] Não é apenas Otto que capta o elemento essencial do provérbio na relação entre particular e geral: Ch. Perelman e L. Olbrechts-Tyteca, por exemplo, em seu *Trattato dell'argomentazione* (trad. it. Torino 1966 [Paris 1958], 175 s.), dão ênfase ao fato de que o provérbio (que eles consideram um tipo de máxima) "exprime um acontecimento particular e sugere uma norma".

sentenças. Os limites, porém, são flexíveis: a única possibilidade objetiva de encontrar um elemento separador é buscá-lo em fatores formais: deveria ser chamada "provérbio" a expressão que tivesse algumas peculiaridades rítmicas (metro, assonâncias, rimas) ou estruturais (icasticidade, concisão). Na verdade, características desse tipo já eram evidentes nos provérbios gregos, nos quais eram típicos alguns metros, em especial o paremíaco, que recebia seu nome da παροιμία[39]; estruturalmente, os provérbios clássicos se distinguiam por certa tendência ao paralelismo e, sobretudo, pela concisão que levava, por exemplo, ao uso freqüente de elipses, principalmente do artigo e do verbo (sobretudo de ligação); se o uso da rima se mostra relevante apenas em época medieval, são numerosas as figuras fônicas, quais a aliteração, a anáfora, o poliptoto e sobretudo a paronomásia e as aproximações etimológicas. Mesmo tomando como critérios discriminantes os elementos formais, é preciso admitir que as distinções, que são cômodas no plano teórico, não o são tanto no plano prático: o uso das figuras fônicas, por exemplo, também está presente nas máximas, assim como os paradoxos e as hipérboles; portanto, deve-se lembrar que estamos diante de materiais fluidos, passíveis de modificações em cada contexto diferente e que uma interpretação analítica dele não pode prescindir de um aprofundamento das relações "intertextuais" de cada trecho[40]. Dadas as características "instrumentais" deste trabalho, preferi não ingressar em discursos desse tipo em cada um dos verbetes: ao leitor cabe a tarefa de extrair eventuais deduções em tal plano, tirando do proveito do material por mim exposto.

---

[39] Contudo, não se deve achar que todos os provérbios fossem feitos em paremíacos: Rupprecht (*op. cit.* 1714-1716) chega a arrolar outras vinte e nove formas de metro usadas nesse campo. Para os metros típicos dos provérbios latinos, cf. Otto, *op. cit.* XXXIII, que evidencia com justiça a dificuldade de se entender até que ponto eles tinham originalmente forma métrica.

[40] São clássicos no assunto G. Pasquali, *Arte allusiva*, "L'Italia che scrive" 25 (1942) 185-187 (*Pagine stravaganti*, II, Firenze 1968, 275-282) e G. B. Conte, *Memoria dei poeti e sistema letterario*, Torino 1985; entre as contribuições mais recentes para essa metodologia, lembro V. Citti, *La parola ornata*, Bari 1986, e M. G. Bonanno, *L'allusione necessaria*, Roma 1990.

OS MODOS DO COMUNICAR

a) Fama, calúnia e bisbilhotices

1. *Vox populi, vox Dei*
A voz do povo é a voz de Deus

Esse é um dos ditados latinos mais conhecidos, cuja tradução exata é proverbial em todas as línguas européias: proclama a veracidade de uma bisbilhotice que tenha passado para domínio público, ou, pelo menos, afirma que uma opinião compartilhada por todos não pode ser falsa. Essa formulação na verdade é medieval: aparece pela primeira vez em Alcuíno (*Capitulare Admonitionis ad Carolum* IX [1,376 Baluzio]): para outros exemplos, cf. Sutphen 78; 229, Weyman 277. Na época clássica, esse mesmo conceito já era gnômico, a partir de Hesíodo (*Os trabalhos e os dias*, 763 s.: φήμη δ' οὔ τις πάμπαν ἀπόλλυται, ἥν τινα πολλοὶ/λαοὶ φημίξωσι· θεός νύ τίς ἐστι καὶ αὐτή, "a bisbilhotice, que muita gente propaga, nunca perece completamente: no fundo até ela é uma deusa"); vêem-se também em Ésquilo, *Agamêmnon*, 938, e, sobretudo, em Sêneca, o Retórico, *Controversiae*, 1,1 *Sacra populi lingua est*, "a língua do povo é sagrada". Na base disso estava a concepção da poderosíssima Fama como divindade (para cuja verificação remeto a W. J. Verdenius, *Entretiens Hardt* VII 153, e a M. L. West, *Hesiod. Works and Days*, Oxford 1978, 345 s.). A lapidar redação atualmente difundida, porém, teria sido influenciada provavelmente, em nível formal, pela *Vulgata* de *Isaías*, 66,6, onde — numa série de invocações, portanto isentas de valor gnômico — *vox populi* é associado a *vox Domini*. Deve ser considerado como versão atenuada o anônimo *Haud semper errat fama*, "a fama nem sempre erra" (*Supplementum Morelianum*, p. 36 Traina-Bini), verificada em Tácito (*Vida de Agrícola*, 9,8), e que encontra vários correspondentes nas línguas modernas, desde os italianos *Pubblica fama non sempre vana* e *Non si grida al lupo che non sia can bigio*, até o inglês *Comon fame is seldom to blame* (que tem equivalente exato em alemão; cf. também Arthaber 409). Enfim, são muitas as referências a *Vox populi, vox Dei* nas literaturas modernas: relembro em especial uma contestação em La Fontaine (8,26) e uma citação em *Promessi sposi* (38,41).

2. *Audacter calumniare, semper aliquid haeret*
Calúnia ousada, sempre alguma coisa fica pegada

Essa sentença, registrada por Walther (1688a) entre as medievais e citada por Francis Bacon (*De dignitate et augmentis scientiarum*, 8,2,34; *Of the Advancement of Learning*, 2,23,30), é substancialmente uma aplicação — em sentido negativo — do *topos* da imortalidade da *vox populi* e da impossibilidade (já encontrada em Hesíodo) de sua extinção completa. Sua origem é um trecho de Plutarco (*Quomodo adulator ab amico internoscatur*, 65d), onde se conta que Médio, um adulador de Alexandre Magno, ἐκέλευεν οὖν θαρροῦντας ἅπτεσθαι καὶ δάκνειν ταῖς διαβολαῖς, διδάσκων ὅτι κἂν θεραπεύσῃ τὸ ἕλκος ὁ δεδηγμένος, ἡ οὐλὴ μενεῖ τῆς διαβολῆς, "recomendava atacar e morder sem medo com calúnias, dizendo que, mesmo que a vítima conseguisse curar a ferida, de qualquer modo ficaria a cicatriz". Essa máxima encontra correspondência nas tradições proverbiais modernas: no italiano, *Calunnia, calunnia, che a tirar dell'acqua, al muro sempre se n'attaca* e seus correspondentes em francês, inglês e alemão (Arthaber 199); existem também versões literárias, como na famosa cena da calúnia de *O barbeiro de Sevilha* de Beaumarchais e na do carnaval do *Fausto* de Goethe (2,1), onde Alecto diz, a propósito de calúnias entre noivos, que, mesmo depois das pazes, sempre alguma coisa fica.

3. *Fama crescit eundo*
Andando, cresce a fama

Esse ditado ainda é conhecido; indica que a fama cresce ao se propagar e, assim, deforma e agiganta cada vez mais as coisas: sua origem está num célebre trecho da *Eneida* (4,174 s.): *Fama... / mobilitate viget virisque adquirit eundo*, "a fama se revigora com o movimento e se fortalece andando" (cf. também nº 4). O crescimento progressivo da fama retorna depois em Ovídio (*Metamorfoses*, 9,138 s.), onde se afirma que *veris addere falsa / gaudet et e minimo sua per mendacia crescit*, "compraz-se em unir coisas falsas a verdadeiras e cresce do quase nada por meio de suas próprias mentiras", enquanto o *Crescit... / fama* de Horácio (*Carm.* 1,12,45 s.), formalmente aparentado à nossa tradição, diz respeito especificamente à sorte de uma personagem. Para a formulação do ditado popular talvez tenha contribuído a freqüência da expressão *Ex nihilo crevit*, "surgiu do nada", que tem precedentes gregos (Aristófanes, *Os cavaleiros*, 158) e é várias vezes citada pelos latinos (remeto a Otto 1228), enquanto para *Crescit eundo* cf. também nº 753. Enfim, em todas as várias línguas européias existe o correspondente ao italiano *La fama e il suono fan le cose maggiori di quello che sono* (cf. Arthaber 477): eu assinalaria a brilhante versão inglesa *Fame, like a river, is narrowest at its source and broadest afar off*; em vista do precedente virgiliano, não faltam, obviamente, menções literárias (algumas, em francês, foram coligidas e comentadas por A. M. Tupet, *La survie d'un thème virgilien: la "fama"*, in *La présence de Virgile*, Paris 1978, 497-515; em italiano, ver, por exemplo, o belo dístico final em Ariosto, *Orlando Furioso*, 32,32: *che tosto o buona o ria che la fama esce / fuor d'una bocca, in infinito cresce*).

4. *Fama, malum qua non aliud velocius ullum*
Fama, nenhum outro mal é mais veloz

A fonte é um verso de Virgílio (*Eneida*, 4,174; cf. também nº 3), já famoso na Antiguidade (citado por Tertuliano, *Apologeticum*, 7, *Adversus nationes*, 1,17, e por

Isidoro, *Origines*, 5,27,28). A comparação com a fama como protótipo de velocidade, porém, era anterior a Virgílio: já aparece em Plauto (fr. inc. fab. 7 Leo; para menções ulteriores, remeto a Otto 638, Szelinski 17, Weyman 56,270). Esse *topos* levou depois à imagem da Fama alada: vêem-se, por exemplo, também em Virgílio, *Eneida*, 3,121, *Fama volat*, e Apuleio, *Metamorfoses*, 11,18; uma variação é *Fama... nulla stringitur mora*, "a fama não se deixa prender por nenhum obstáculo", de Roswitha (*Paphnutius*, 6,2). Aliás, não só a fama, mas também a palavra em si era sinônimo de velocidade: freqüente é a locução *Dicto citius*, "mais depressa do que a palavra" (num abrir e fechar de olhos) (para os textos, remeto a Otto 528, Weyman 55,72,251,268, Sonny 101, Sutphen 154). Em todas as línguas européias verifica-se o equivalente brasileiro *Notícia ruim corre depressa* (cf. Arthaber 910), onde, ao contrário do ditado antigo, a ênfase recai na qualidade das notícias e não sobre a informação verbal em si: mudança de perspectiva já presente em algumas sentenças medievais, como *Fama bona lente volat et mala fama repente*, "as boas notícias voam devagar; as más, depressa" (Walther 8818, cf. também 8819 e outros aqui citados).

5. Γλῶσσα, ποῖ πορεύῃ; πόλιν ἀνορθώσουσα καὶ πόλιν καταστρέψουσα;
Língua, aonde vais? Salvar e destruir a cidade?

Esse provérbio é citado pelos paremiógrafos bizantinos (Zenob. vulg. 2,99, Zenob. Bodl. 315,33c G., Diogen. 4,49, Diogen. Vind. 2,24, *Suda* γ 296, *Prov. Coisl.* 84, 129b G., Greg. Cypr. L. 1,84, Apost. 5,53), mas não se tem certeza de que essa fosse a redação original (poderia ter sido πόλιν ἀνορθώσασα καὶ πόλιν [ou πάλιν] καταστρέψουσα; "depois de reerguer a cidade, destruí-la de novo?"). De qualquer maneira, aí se evidencia a grande força do λόγος, que se conforma a uma das mais interessantes tradições gregas. A extraordinária força da língua ainda hoje é proverbial: em todas as línguas européias existe o correspondente ao italiano *Ne uccide più la lingua che la spada* (cf. Arthaber 703) e aos brasileiros *Saram cutiladas e não más palavras*, e *Palavras ditas, pancadas dadas*, que têm precedentes no latim medieval, como, por exemplo, *Lingua dolis instructa mucrone nocentior ipsa*, "a língua versada no ardil é mais nociva que a espada" (Walther 13785a, cf. também 27607, ao qual remeto para paralelos ulteriores); além disso agora também se verifica a difusão de uma variante que substitui a língua pela pena, atribuindo assim grande importância às polêmicas promovidas por escritores e jornalistas. Também há várias referências literárias, a começar dos vv. 203-205 dos *Monita ad Astralabium* de Pedro Abelardo (*PL* 178,1763 s.): ainda se vêem, por exemplo, Petrarca, *Trionfo d'Amore*, 3, Shakespeare, *Cimbelina*, 3,4.

6. *Rumores fuge, ne incipias novus auctor haberi: / nam nulli tacuisse nocet, nocet esse locutum*
Foge aos rumores, para que não passes por seu instigador: / a ninguém prejudica o ter-se calado, mas o ter falado

Esse é um *dístico de Catão* (1,12), cuja fama se deve à segunda parte, que tira proveito do conhecido esquema da contraposição entre o calar e o falar (ver provérbios semelhantes nos n°s 14-20), e cuja tradução ainda se encontra registrada como proverbial em italiano, francês, inglês e alemão (cf. Arthaber 988). No que se refere à primeira parte, mais peculiar, existe um significativo precedente em Ovídio (*Metamorfoses*, 12,54-58): o dístico, aliás, se inspira também formalmente em Ovídio (veja-se M. Boas, *Disticha Catonis*, Amstelodami 1952, 44). O conceito, que se insere na norma mais geral do *Maledicus ne esto*, "não sejas maledicente" (*Brevi sentenze*, 41, in Boas cit., p. 25), certamente não está isolado na tradição sentenciosa do latim tardio: uma redação paralela está presente, entre outros, nos próprios *Disticha Catonis* (3,8a *Rumori ne crede novo nec ficta loquendo / laeteris: nocuit cunctis audacia semper*, "não creias em novos rumores e não te comprazas em dizer falsidades: a audácia sempre foi prejudicial a todos"). Observar, finalmente, que entre os provérbios medievais há três versões diferentes desse dístico: tem-se o segundo verso isolado (Walther 15850, 16857a), às vezes inserido em ditados mais amplos que exaltam o silêncio em oposição à loquacidade (Walther 16540, 31276a), e não faltam sentenças que, eventualmente com algumas variações, utilizam o dístico inteiro (Walther 19676, 21274a, 26975, 26977).

7. *Sonus geminas mihi circumit auris*
Um ruído gira em torno de meus dois ouvidos

Esse trecho de Estácio (*Silvae*, 4,4,26) explica-se à luz da crença já antiga de que, se alguém fala bem ou mal de outra pessoa, esta percebe um zumbido nos ouvidos: o motivo recorre nas cartas de Frontão (26,15 s. van den Hout) e em Plínio, o Velho (*Naturalis historia*, 28,5,24). Locuções semelhantes são registradas nas várias línguas européias: ver, por exemplo, o italiano *Sentirsi fischiare le orecchie* e o alemão *In welchem Ohre klingt es mir?*; popularmente, também é difundida a superstição segundo a qual, se o ouvido esquerdo zumbe, é porque alguém está falando bem da pessoa; se é o direito, estão falando mal (cf. o toscano *Orecchia manca, parola franca, orecchia destra, parola mal detta*; para provérbios ulteriores nesse sentido, ver Zeppini Bolelli 122).

8. Μηδὲ χελιδόνας ἐν οἰκίᾳ δέχεσθαι
Não acolhas andorinhas em casa

Esse seria um dito de Pitágoras (C 6 D.-K.) (com a variante ὁμωροφίους χελιδόνας μὴ ἔχειν, "não guardes andorinhas sob o mesmo teto"), segundo grande número de autores, sobretudo tardios, dos quais o mais antigo é Plutarco (*Quaestiones convivales*, 727a); uma resenha sua se encontra em Leutsch-Schneidewin II 183; uma versão latina está em São Jerônimo (*Epistula adversus Rufinum*, 39), *Hirundinem in domum non suscipiendam*, que constitui a tradução perfeita. Isso significa que não se deve dar abrigo a pessoas tagarelas: realmente, a andorinha era símbolo da *garrulitas*, tanto que Teofrasto, ao tratar do tagarela (*Caracteres*, 7,9), afirma ironicamente: οὐκ ἂν σιωπήσειεν, οὐδ' εἰ τῶν χελιδόνων δόξειεν εἶναι λαλίστερος, "não ficaria quieto, nem se passasse por ser mais tagarela que as andorinhas", e a expressão λαλίστερος χελιδόνος, "mais tagarela que uma andorinha", é registrada como proverbial pelos paremiógrafos (Macar. 5,49). Além disso, esse motivo volta em numerosos trechos, tanto gregos (provavelmente já Anacreonte alude a ele, fr. 134 Gent.) quanto latinos (por exemplo, em Virgílio, *Geórgicas*, 4,307, e Tertuliano, *De anima*, 32). Manter os pássaros distantes de casa ressurge também nas tradições proverbiais modernas, mas com conotações totalmente diferentes: ver o italiano *Chi vuol la casa monda non tenga mai colomba*, com equivalentes nas várias línguas européias (em francês e em alemão na realidade se trata da mulher e da pomba; em espanhol, da pomba e do clérigo, cf. Arthaber 236).

9. *Ista cum lingua, si usus veniat tibi, possis / culos et crepidas lingere carpatinas*

Com essa língua, se te fosse útil, poderias lamber traseiros e sandálias de couro

Com esses versos, Catulo (98,3 s.) faz troça de um personagem *verbosus* e *fatuus*, cuja boca não temeria emporcalhar-se, mesmo que para isso tivesse de prestar-se às ações mais sórdidas. Não pude, em textos clássicos, localizar exemplos pertinentes (totalmente fora de lugar é, por exemplo, Sêneca, *Ep.* 70,20, citado por Kroll), mas me parece provável que aqui se esteja aludindo a alguma expressão ultrajante, do tipo *Bocca di sterco* (usado no italiano para os maledicentes) ou do alemão *Ungewaschenes Maul* (usado para as pessoas "de boca suja"). Formalmente, não se pode deixar de citar o italiano *Leccapiedi* [lambe-pés; port. lambe-esporas] e *Leccaculo* [lambe-cu], específicos, porém, para aduladores.

10. *At pulchrum est digito monstrari et dicier: hic est!*

É belo que nos apontem e digam: é ele!

Esse verso, que entrou a fazer parte do patrimônio sentencioso, para indicar a alegria de quem se sente famoso, é de Pérsio (1,28) e retoma o *topos* de estar sendo indigitado por ser célebre, difundido tanto em entre os latinos (é bem conhecido Horácio, *Carm.* 4,3,22, mas também é possível citar, por exemplo, Tácito, *De oratoribus*, 7, Marcial, 6,82,3; 9,97,4, Apuleio, *Metamorfoses*, 11,16, Enódio, 91,24 V.) quanto entre os gregos (sobretudo em Luciano: cf. por exemplo *Harmonides*, 1, *Somnium*, 11, *Anacharsis*, 36, *Herodotus*, 2, mas também em outros autores, como por exemplo Diógenes Laércio, 6,34, onde o cínico Diógenes assim indica a alguns estrangeiros o orador Demóstenes). O paremiógrafo Arsênio (5,81a), aliás, registra um δακτύλῳ δείκνυται, "é mostrado com o dedo", referindo-se àquilo que é notável: a excelência, porém, nem sempre é em sentido positivo, mas também é possível ser indigitado por desaprovação, como por exemplo em Ovídio (*Ars amatoria*, 2,629 s., *Amores*, 3,6,77), em Luciano (*Rhetorum praeceptor*, 25) e em São Jerônimo (*Ep.* 27,2; 117,6), ou por uma deficiência física, como, por exemplo, Abelardo depois da castração (cf. *Ep.* 1,8). Por outro lado, existe o *topos* da pessoa ilustre que se regozija por ser reconhecida, independentemente do gesto feito com o dedo: é particularmente conhecido o caso de Demóstenes, que sente prazer em ser reconhecido por uma velhinha que encontrou na rua (cf. Cícero, *Tusculanae*, 5,36,103, Plínio, o Jovem, *Ep.* 9,23,4; no comentário a Pérsio, l.c., a velha é substituída pelo ajudante de uma taberneira). Ser apontado em decorrência da fama conquistada também é motivo freqüente na literatura italiana: para uma seleta de trechos, remeto a Battaglia 1,155, ver *additare*, 2.

11. Γνῶμαι πλέον κρατοῦσιν ἢ σϑένος χερῶν
Os raciocínios retos prendem mais do que as mãos robustas

Esse é um fragmento de Sófocles (939 Radt), confirmado por uma tradição gnomológica (João de Stóboi, 4,13,7; Arsen. 5,56b, *Violarium*, 165,12W.). A máxima está inserida num *topos* bem freqüente na tragédia (por exemplo em Eurípides, frr. 27; 200,3 s.; 290 N.², em Agatão, fr. 27 K.-Sn., e num fragmento anônimo, 540 K.-Sn.) e pode ser vinculada às tradições que proclamam a força da língua e da fama (nºs 3-5).

12. *Stat magni nominis umbra*
Fica a sombra de uma grande reputação

A fonte é Lucano (1,135): ao arrojo de César contrapõe-se com essas palavras Pompeu, que vive nas asas da fama conquistada, como um velho e imponente carvalho que já não se apóia em raízes sólidas, mas continua a ser venerado a despeito da sua precariedade. A frase se tornou proverbial já na Idade Média e deu origem ao adágio *Non sit tibi curae de magni nominis umbra*, "não te preocupe a sombra de uma grande fama", encontrado na *Imitação de Cristo*, de Tomás de Kempis (3,24,2, cf. também Walther 18481, 18600). *Stat nominis umbra* é a epígrafe das *Cartas de Junius*, publicadas entre 1769 e 1771 no "Public Advertiser", em que um polemista anônimo, talvez pertencente ao círculo de J. Wilkes, defendia a legalidade constitucional contra tentativas de tipo autoritário (sobretudo do duque de Grafton e de Lord North). Fumagalli 202, enfim, cita algumas expressões freqüentes nos epitáfios, como *Tanto nomini nullum par elogium*, "nenhum elogio faz justiça a tão grande reputação", no túmulo de Maquiavel em Santa Croce e na sepultura provisória de Michelangelo, no convento dos Santos Apóstolos em Roma (ver também a *Elegia per la morte di Marullo*, de Pontano).

13. *Notus in Iudaea*
Conhecido na Judéia

Essa expressão é usada a propósito de alguma pessoa que goze de reputação universal, mas negativa. A origem da locução na realidade é bem diferente: deriva justamente de um *salmo* (75,2), na versão da *Vulgata* que parte da redação grega dos *Setenta*, onde se lê: *Notus in Iudaea Deus, in Israhel magnum nomen eius*, "Deus conhecido na Judéia, em Israel é grande o seu nome".

b) Silêncio e loquacidade

14. Alium silere quod voles, primus sile
O que quiseres que outro cale, cala tu primeiro

A fonte é uma passagem de Sêneca (*Fedra*, 876), que se refere a uma sentença popularizada, cuja formulação mais difundida terá sido, provavelmente, *Quod vis taceri, cave ne cuiquam dixeris*, "o que não quiseres sabido, cuida de não o dizer a ninguém" (*Appendix sententiarum*, 75 R.[2], semelhante a um *dístico de Catão* [2,21a]); uma variante posterior pode ser considerado Publílio Siro, Q 12 *Quodcumque celes, ipse tibi fias timor*, "seja o que for que ocultes, teme-te a ti mesmo". Um paralelo do brasileiro *A quem dizes teu segredo fazes senhor de ti* encontra-se em todas as línguas européias e em dialeto siciliano (cf. Arthaber 1255, Mota 49): entre as variações sobre o tema, a espanhola é muito divertida: *Di a tu amigo tu secreto, y tenerte ha el pie en el pescuezo* (ou seja, conta teu segredo a teu amigo e ele te porá o pé no pescoço), com equivalente perfeito em alemão.

15. Noli tu quaedam referenti credere semper: / exigua est tribuenda fides, qui multa locuntur
Nem sempre te fies em quem te traz notícias: / pouca fé se deve dar a quem muito fala

Esse é um famoso *dístico de Catão* (2,20), que, para afirmar que quem fala muito não é digno de confiança, aproveita-se do motivo tradicional *Ne cito credideris* (cf. n.º 284). É possível distinguir um precedente em Horácio (*Ep.* 2,2,10 s.), onde não se confia em quem muito promete; uma variante é constituída por outro *dístico de Catão* (1,13); pode-se considerar uma outra versão o preceito de Alcuíno, *Omnia quae dicunt homines tu credere noli*, "não te fies em tudo o que dizem as pessoas" (*Praecepta*, 40, cf. também Boas-Botschuyver 124). Em âmbito judaico, o mesmo conceito é encontrado num dos *Provérbios* (10,19), cuja tradução latina (*In multiloquio non deerit peccatum*, "na loquacidade não faltará o erro") teve tanto sucesso que até hoje é conhecida como proverbial: dela e de sua variante *In multiloquio desunt mendacia raro* (Walther 11871: aqui o *peccatum*, que pode ser um erro ou uma culpa, é usado com este segundo sentido) derivam, entre outros, os provérbios registrados nas várias línguas modernas, paralelos aos brasileiros *Quem muito fala, muito erra* e *Muito falar, muito errar* (Arthaber 983, Mota 123, 189; para o francês *Trop parler nuit*, cf. Ooteghem 419; para a tradição complementar de *Chi parla poco è tenuto a grado*, cf. em especial n.º 18).

16. Non minus interdum oratorium esse tacere quam dicere
Às vezes calar não é menos eloqüente do que falar

A sentença é de Plínio, o Jovem (*Ep.* 7,6,7): Rurício, bispo do século V, faz referência a uma semelhante (*Ep.* 1,3, p. 355,15e) e é registrada uma variante em latim vulgar (*Aliquando pro facundia silentium est*, "às vezes o silêncio vale pela eloqüência"). Paralelos conceituais são constituídos pela tradição segundo a qual o silêncio é uma resposta para os sábios (nº 17) e as passagens do *Antigo Testamento* nas quais se afirma que é preciso conhecer o momento de falar e o momento de calar (em especial uma do *Eclesiastes* [3,7] e uma do *Eclesiástico* [20,6]; para uma versão ulterior, ver por exemplo Palladio, *Historia Lausiaca*, 9, onde se louva a virtude de quem nunca falou em ocasião desfavorável), assim como os textos que identificam no silêncio a maior das virtudes (cf. nº 19). Várias são suas versões nas línguas modernas (cf. Arthaber 985, 986, 1326): o silêncio é visto como eloqüência no alemão *Schweigen zu rechten Zeit, übertrifft Beredsamkeit*; no italiano *Chi sa tacer all'ocasione guadagna più che col parlare*; e no francês *C'est souvent éloquence de savoir garder silence*; além de provérbios como o italiano *Chi parla rado, è tenuto a grado* e o brasileiro *Fala pouco e bem, ter-te-ão por alguém* (registrados também em francês e alemão). Enfim, deve-se mencionar o ditado *A palavra é de prata, o silêncio é de ouro* (difundido também em italiano, inglês e alemão, cf. Arthaber 986): no *Antigo Testamento*, de fato, encontra-se o motivo da palavra de prata, mas em sentido positivo: em *Salmos*, 11,7, trata-se de uma maravilhosa Palavra do Senhor; em *Provérbios*, 10,20, da palavra de um homem justo. Os autores cristãos, porém, usaram tal expressão para contrapor à palavra de prata outras coisas de ouro, como a sabedoria ou a virtude (para identificação dos textos, remeto a Weyman 256 s.). A fórmula atual é devida à contaminação entre essa tradição e o *topos* da preferência pelo silêncio em relação à palavra.

17. Ἡ γὰρ σιωπὴ τοῖς σοφοῖσιν ἀπόκρισις
   Para o sábio o silêncio é uma resposta

A fonte é um fragmento de Eurípides (977 N.[2]), também reportado nos chamados *Monósticos de Menandro* (307 J.): conceitualmente a máxima tem parentesco tanto com a tradição da eloqüência do silêncio (nº 16) quanto com a do silêncio como dever do filósofo (nº 19). Uma tradução latina é encontrada entre as sentenças medievais (Walther 29623f): *Silentium sapientibus responsi loco est*, "para os sábios o silêncio é como uma resposta", enquanto nas línguas modernas muitas vezes o silêncio aparece como resposta (cf. Arthaber 1328): ver por exemplo o alemão *Keine Antwort ist auch eine Antwort* e o inglês *Silence is often the best answer* (os paralelos nas outras línguas estão centrados na pouca inteligência da pergunta, que não deve ser respondida, cf. n°s 35-36). [Para bom entendedor meia palavra basta.]

18. Φιλήκοον εἶναι μᾶλλον ἢ πολύλαλον
   Melhor escutar do que muito falar

Essa é uma máxima de Cleóbulo, um dos lendários sete sábios, reportada por Demétrio de Falero e Diógenes Laércio (cf. 1,63,3 D.-K.). No Pseudo-Sêneca há um equivalente (*De moribus*, 104: *Auribus frequentius quam lingua utere*, "usa mais os ouvidos do que a língua") e existem numerosos paralelos medievais, como por exemplo em Colombano (*Monósticos*, 33 [*PL* 80,288a]) e em Alcuíno (*Ep.* 82 [*PL* 100,267c]), mas mesmo entre os latinos esse motivo já devia ser bem antigo, em vista de *Auscultare disce si nescis loqui*, "aprende a escutar se não sabes falar", do cômico Pompônio (12 R.³). Herdeiro da vasta tradição medieval que incita a ser *tardiloquus* (cf. por exemplo Walther 8052, 12611, 32959) é um conhecido provérbio italiano (com equivalentes em espanhol, francês, alemão) que recomenda: *Parla poco, ascolta assai e giammai non fallirai*; enquanto de *Audi, vide, tace, si vis vivere in pace*, "escuta, olha e cala se queres viver em paz" (Walther 1720), registra-se, em nível proverbial, uma tradução em francês antigo e no português do Brasil *Ver, ouvir e calar*; constituem variantes expressivas os ingleses *He that would live in peace and rest must hear and see, and say the least* e *Hear twice before you speak once*, e o brasileiro *Bom saber é o calar, até ser tempo de falar*.

19. Τὸ σιγᾶν πολλάκις ἐστὶ σοφώτατον ἀνθρώπῳ νοῆσαι
Muitas vezes para o homem calar é o mais sábio dos pensamentos

Essa gnoma foi extraída da quinta *Nemea* de Píndaro (v. 18): o silêncio como símbolo de grande educação e sabedoria retorna depois nos gnomológios bizantinos (cf. o Pseudo-Máximo Confessor, 596; 597 [*PG* 91,846b; 848b]). Em latim, existe a tradição do *Si tacuisses, philosophus mansisses* (nº 32), e o silêncio como *virtus* está presente nos *Disticha Catonis* (1,3,1 *Virtutem primam esse puta compescere linguam*, "a primeira das virtudes é reprimir a língua"), como referência específica à prática dos simpósios (3,19 *Interconvivas fac sis sermone modestus, / ne dicare loquax, cum vis urbanus haberi*, "entre os convivas sê modesto nas palavras, / para que não te chamem tagarela e te considerem educado"; cf. também *Sentenças breves*, 51), enquanto Ovídio (*Ars amatoria*, 2,603 s.) afirma polemicamente que calar *exigua est virtus*, "é uma virtude pequena", mas que é grande defeito *tacenda loqui*, "contar segredos". O latim medieval conhece várias versões dos *Disticha Catonis* (para as quais remeto a Boas-Botschuyver 36 s.): em muitas línguas modernas também são encontrados provérbios nos quais o calar-se está vinculado ao muito saber, como o italiano *Assai sa chi tacer sa* (cf. Arthaber 1324); original é a variante alemã *Schweigen ist auch eine Kunst*; entre os provérbios ainda cabe assinalar o italiano *Un bel tacer non fu mai scritto* (que tem equivalentes em vários dialetos e que às vezes é usado com valor jurídico: quem se cala não permite que suas palavras passem perigosamente para os autos) e os brasileiros *Ao bom calar chamam santo* e *Quem não sabe falar, é melhor calar*. Lembro, enfim, que no *Cancioneiro Edas* (*Canção do Excelso*, 19) há um preceito que recomenda falar o estritamente necessário e ficar em silêncio.

20. Φησὶν σιωπῶν
Fala calando

Esse ditado paradoxal é freqüente tanto em grego quanto em latim: também constitui um estilema vez por outra usado para finalidades diferentes. De fato, pode indicar algo semelhante ao *Quem cala consente* (cf. nº 21), como em Eurípides (*Orestes*, 1592) e em Terêncio (*Eunuchus*, 476); pode, ao contrário, evidenciar a clara denúncia de um fato por parte de um objeto inanimado, como o leito depois das noites de amor em Catulo (6,6 s.), e uma tabuinha escrita em Eurípides (*Ifigênia em Táurida*, 762 s.), ou por parte de uma entidade abstrata, numa prosopopéia, como a pátria que acusa Catilina, em Cícero (*Catilinárias*, 1,7,18). Pode ainda designar um rosto que, mesmo imóvel, revela os próprios sentimentos (como em Ovídio, *Ars amatoria*, 1,572); como muitas vezes em Cícero (*Pro Sestio*, 18,40; *Catilinárias*, 1,8,21; *Divinatio in Caecilium*, 21), pode fornecer um motivo para elegantes contrastes retóricos; enfim, o incisivo *tacendo iam dixi* de Tertuliano (*Adversus Valentinianos*, 32,4) permite que o narrador omita pormenores sobre os quais não se quer deter. Essa mesma fórmula também é especialmente prezada por Enódio e, em geral, pelos outros autores cristãos que a utilizam com novas conotações (por exemplo, Pedro Crisólogo [*PL* 52,464 B] utiliza-o para parafrasear a famosa passagem do Evangelho na qual Jesus adivinha as críticas do fariseu silencioso: para Cristo, mesmo quem cala está falando): para indicação dos trechos, remeto a Weyman 64, 80, 289; Sonny 118; Sutphen 216. O falar calando recorre nos provérbios modernos: por exemplo em alemão *Mit Schweigen kann man viel sagen*; e em vários ditados para os quais o silêncio é uma boa resposta (cf. nº 17). Büchmann 363, enfim, assinala como "geflügeltes Wort" *Cum tacent clamant*, "calando-se proclamam" (retirado das já citadas *Catilinárias*, 1,8,21).

21. Αὐτὸ δὲ τὸ σιγᾶν ὁμολογοῦντός ἐστί σου
É exatamente o teu silêncio que demonstra que concordas

Dessa forma Clitemnestra se dirige a Agamêmnon num trecho da *Ifigênia em Áulida* de Eurípides (v. 1142): um paralelo é encontrado em *As traquinianas* de Sófocles (vv. 813 s.). Em latim, em Sêneca, o Retórico (*Controversiae*, 10,2,6), temos *Silentium videtur confessio*, "o silêncio se parece com confissão", gnoma que encontra paralelos conceituais em numerosos autores, desde Cícero (*De inventione*, 1,32,54, *Pro Sestio*, 18,40) até Apuleio (*Metamorfoses*, 8,3), São Jerônimo (*Epistula adversus Rufinum*, 3,2), Rufino (*Apologia*, 1,2 [*PL* 21,542a]) e a famosa história da casta Susana, que acreditaram confessar adultério só porque se fechou num silêncio desdenhoso (cf. Orósio, *Apologia*, 11,4 [*PL* 31,1181 s.]). Em Cecílio (fr. 248 R.[3]), por outro lado, tem-se a máxima complementar *Innocentia eloquentiast*, "a inocência é eloqüente". Diante do *topos* segundo o qual a recusa de defender-se tomando a palavra equivale a uma verdadeira confissão (o que devia constituir norma já no direito ático, cf. Platão, *Apologia de Sócrates*, 27c), o jurisconsulto Paulo afirma cautelosamente (*Digesto*, 50,17,142) que *Qui tacet non utique fatetur: sed tamen verum est eum non negare*, "quem cala realmente não confessa: mas também é verdade que não nega". Em todas as línguas européias são difundidos os correspondentes aos brasileiros *Quem cala, confessa* e *Quem cala consente* (Arthaber 1327, Mota 178) que têm precedente na norma jurídica medieval *Qui tacet consentire videtur* (Walther 24843a, ao qual remeto para exemplos posteriores; ver também Walther 17401 e

29316), adotada por Bonifácio VIII (*Liber sextus decretalium*, 5,12,43) e presente em numerosos autores, entre os quais Gregório Magno (*Diálogos*, 3,82, *Homilias sobre o Evangelho*, 1,18,2).

22. Οὐ λέγειν τύγ' ἐσσὶ δεινός, ἀλλὰ σιγᾶν ἀδύνατος
Não és hábil no falar mas incapaz de calar

Esse fragmento de Epicarmo (272 Kaibel, 29 D.-K.), transmitido por Aulo Gélio (1,15,15 s.), é, porém, registrado na literatura gnomológica (*Gnomologium Parisinum*, p. 20 Sternbach) como palavras memoráveis de Demócrito. O próprio Gélio, ademais, registra um equivalente latino (*Qui cum loqui non posset, tacere non potuit*, "como não fosse capaz de falar, não conseguiu calar"), formalmente feliz, porque baseado na repetição do verbo *possum*, complicada por um jogo com duas possibilidades semânticas. Esse dito recorre sobretudo nos autores cristãos, em especial São Jerônimo (para os textos, remeto a Otto 1732, Sonny 118, Szelinski 245, Weyman 288 s. e, enfim, a Sutphen 216, que também cita numerosos textos medievais); entre as variações — na maioria ligeiras — assinalo *Loqui qui nescit discat aliquando reticere*, "quem não sabe falar que aprenda a ficar quieto de vez em quando" (São Jerônimo, *Ep*. 109,2). Em Santo Ambrósio (*De officiis*, 1,2,5 [=1,10,35]) temos *Scio loqui plerosque cum tacere nesciant*, "sei que a maioria fala porque não sabe calar", dito que o nosso autor provavelmente extraía — como já viu K. Schenkl, "Wiener Studien" 16 (1894) 160 — de um florilégio usado nas escolas e que representa um ponto de transição para o brasileiro *Quem não sabe calar, não sabe falar*, cujos paralelos são registrados em todas as línguas européias. Esta última versão, tão difundida atualmente, já é esporadicamente encontrada na Idade Média, por exemplo em Gregório Magno (*PL* 76,907a), no *Liber proverbiorum* de Otloh de Sankt Emmeram (*PL* 146,334b) e na sentença *Silentium sermonis magister est*, "o silêncio é o mestre do discurso" (Walther 29623g); suas formulações precisas encontram-se ademais na literatura gnomológica tardia: o Pseudo-Sêneca (*De moribus*, 132) tem *Qui nescit tacere nescit et loqui*, "quem não sabe calar tampouco sabe falar"; o Pseudo-Ausônio (*Septem sapientum sententiae*, 8) atribui dito semelhante a Pítaco; e o *Appendix sententiarum* (120 R.[2]) registra *Tacere qui nescibit nescibit loqui*, "quem não souber calar não saberá falar". Ver, enfim, o inglês *He knows not when to be silent, who knows not when to speak*.

23. *In ipsa quaestione, pro qua canes latrant, dicit se nescire quod quaeritur*
Até nas questões para as quais os cães ladram ele diz não saber o que se deseja

A fonte é São Jerônimo (*Apologia contra Rufinum* 2,10,498 V.): é proverbial a referência ao ladrar dos cães para uma coisa mais do que sabida. O alemão tem *Die Hunde bellen es in der Stadt aus und die Sperlinge auf den Dächern*.

24. Nil est dictu facilius
Nada é mais fácil do que falar

A máxima provém de Terêncio (*Phormio*, 300) e sua proverbialidade já era ressaltada por Donato em seu comentário sobre o trecho em questão. Nas tradições modernas, existem formulações semelhantes à de Terêncio, como o alemão *Das ist leicht gesagt* (que significa: "é fácil dizer"), mas é mais freqüente o confronto entre o dizer e o fazer, como já em Cícero (*Epistulae ad Quintum fratrem*, 1,4,5: *Sunt facta verbis difficiliora*, "fazer é mais difícil do que falar") e na Idade Média: *Dicere perfacile est, opus exercere molestum*, "dizer é facílimo, pôr em prática é penoso" (Walther 5590). Em todas as línguas se registra o equivalente ao italiano *Altra cosa è il dire, altra cosa è il fare*, com variações mais expressivas, como a italiana *Fra il dire e il fare c'è di mezzo il mare* e a brasileira *Língua não tem osso* (com paralelos em italiano e em inglês, cf. Mota 113).

25. Facta non verba
Fatos, não palavras!

Essa expressão, ainda usada, é tardia e pertence ao latim vulgar: ver por exemplo o v. 43 [*PL* 178,1760] do *Ad Astralabium* de Abelardo: *Factis non verbis sapientia se profitetur*, "a sabedoria tira proveito dos fatos e não das palavras". Também é encontrada nos clássicos, ainda que com variações: está vinculada ao *topos* da oposição entre ἔργον (*factum*) e λόγος (*verbum*), que tanta importância teve na retórica grega e latina. O motivo da obra que deve ser realizada não com palavras mas com fatos ou o motivo dos fatos que devem comprovar as palavras é encontrado, por exemplo, em Terêncio (*Andria*, 824), em Cícero (*De amicitia*, 20,72) e em Sêneca (*Ep.* 20,1). Entre os gregos, a *Suda* (o 906) registra o provérbio οὐ λόγων ἀγορὰ δεῖται Ἑλλάδος, ἀλλ' ἔργων, "a assembléia da Grécia precisa de fatos e não de palavras", que na literatura clássica só aparece em Herondas (7,49 s.) com uma deliciosa *detorsio* cômica: ἔργων é substituído por χαλκῶν, "dinheiro". A essa tradição, que contrapõe a política das palavras à política dos fatos, está vinculado um trecho da *Eneida* (11,378 s.), enquanto em Lívio (8,22,8) os gregos são definidos como povo *lingua magis strenua quam factis*, "mais valoroso em palavras do que em fatos". Em Petrônio (76,4), enfim, para asseverar a veracidade de um discurso tem-se a lapidar expressão *factum, non fabula*, "é um fato, não uma fábula!" (havia um precedente em Cícero, *República*, 2,4). Vários provérbios modernos têm parentesco com o medieval *Verbum laudatur, si tale factum sequatur*, "a palavra é louvada se vier seguida por fatos" (Walther 33148): ver por exemplo o italiano *Detto senza fatto ad ognun pare misfatto*; o inglês *Words and no deeds are rushes and reed* e o alemão *Ohne Tat der blosse Nam' steht mit schlechte Lob beisam*; além disso, a expressão *Fatos e não palavras* é muito freqüente em todas as línguas. Existe também uma tradição paralela que afirma que quem fala muito realiza pouco, com um precedente no dito medieval *Mare verborum gutta rerum*, "mar de palavras, gota de feitos" (Walther 14443a); em francês e em inglês registra-se o correspondente ao brasileiro *Lín-

gua comprida, sinal de mão curta, com variantes no espanhol *Antes de la hora gran denuedo, venidos al punto venidos al miedo* e o alemão *Viel Maulwerk, wenig Herz*. Outros provérbios brasileiros têm paralelos nas várias línguas européias, como *Do dito ao feito vai grande eito*, *Do dizer ao fazer vai muita diferença* e *Obras são amores e não palavras doces* (cf. Mota 84 e 144).

26. *Quibus sunt verba sine penu et pecunia*
Rico de palavras, pobre de bens e de dinheiro

Essa é uma feliz expressão de Plauto (*Captivi*, 472), que representa a aplicação ao campo econômico da contraposição entre *verba* e *facta* (cf. nº 25): o contraste entre palavras e dinheiro também recorre em Herondas (7,49 s.: cf. nº 25), em Névio (116 R.³) e no *Asinaria* do mesmo Plauto (vv. 524 s.). Também deve ser mencionado o ditado do jurisconsulto Pompônio (*Digesto*, 15,1) *Re enim, non verbis peculium augendum est*, "o patrimônio deve ser aumentado com fatos e não com palavras"; são registradas como proverbiais em todas as línguas européias (Arthaber 998) traduções do latim vulgar *Verba non implent marsupium*, "palavras não enchem o bolso"; no Brasil temos *Conversa fiada não bota panela no fogo*.

27. *Tacitulus taxim*
Em silêncio e devagar

Trata-se de uma locução que tira proveito de uma expressiva associação etimológica (mesmo que *taxim*, provavelmente, não tenha parentesco com a raiz de *tacere*, mas com a de *tangere*: cf. A. Walde - J. B. Hofmann, *Lateinisches Etymologisches Wörterbuch*, II, Heidelberg 1954, 652) para indicar a pessoa que, quieta e sorrateira, sem "dar na vista", consegue fazer alguma coisa. Aparece em duas passagens das *Satyrae Mennippeae* de Varrão (187 e 318 Bücheler) e também em Pompônio (23 R.³), na variante *tacitus taxim*.

28. *Favete linguis!*
Silêncio!

Essa é uma locução já registrada no repertório de sentenças medievais de Walther (8899a) e às vezes ainda usada, sobretudo em meio erudito, para impor silêncio a um grupo de pessoas barulhentas. A fonte é Horácio (*Carm.* 3,1,2): na realidade, no contexto a exclamação tem caráter bem mais solene que o atual, já que indica o silêncio augural que deve acompanhar o canto sublime do sacerdote das Musas, que tem horror ao vulgo e ao seu vozerio. Trata-se efetivamente de uma fórmula ritual que corresponde ao grego εὐφημεῖτε, com a qual o sacerdote incitava a não profanar a atmosfera sagrada de um sacrifício e a conservar um silêncio religioso (cf. LSJ 136). *Favere linguis* aparece em outros autores: por exemplo Cícero (*De divinatione*, 1,45,102; 2,40,83), Ovídio (*Fastos*, 1,71) e Sêneca (*De vita beata*, 26,7); para outros textos, remeto a Stanley Pease 282.

29. *Altum silentium*
Silêncio profundo

Essa expressão, ainda conhecida e sentida como uma locução (cf. Büchmann 377), na verdade deriva de um trecho da *Eneida* de Virgílio (10,63 s.), em que Juno assim inicia a sua réplica a Vênus: *Quid me alta silentia cogis / rumpere?*, "por que me obrigas a romper o meu profundo silêncio?". Deve-se notar que essa expressão encontra equivalente em todas as línguas européias.

30. *Conticuere omnes*
Todos emudeceram

Essa expressão, ainda conhecida e citada para indicar um silêncio profundo e quase religioso na expectativa de acontecimentos ou palavras especialmente importantes, deriva do famoso primeiro verso do segundo livro da *Eneida*. Nele (*Conticuere omnes intentique ora tenebant*, "todos emudeceram e mantinham olhar atento"), o poeta exprime a grande atenção com que os convidados de Dido esperavam a iminente narração de Enéias. A prova de que sua fama já era grande na Antiguidade está no fato de que ela é encontrada como inscrição mural em Pompéia.

31. *Taciturnitas stulto homini pro sapientia est*
O silêncio é a sabedoria do tolo

A fonte é Publílio Siro (T 2); paralela é a sentença de *Proverbi*, 17,28, que ficou famosa na versão da *vulgata nova*: *Stultus quoque, si tacuerit, sapiens reputabitur*, "até o parvo, se calar, será considerado sábio", retomada — com ligeiras variações — por sentenças e textos medievais (cf. Walther 29210, 29211, 30494, 30495, 31051, e também Abelardo, *Ad Astralabium*, 825 s., p. 180 H.); conceitualmente paralela é a tradição do *Si tacuisses, philosophus mansisses* (nº 32). Em todas as línguas européias existem equivalentes ao brasileiro *O tolo calado passa por sabido* (Mota 158, Arthaber 1030). Não faltam menções literárias; cito, por exemplo, um trecho das *Canções de Eda* (*Canção do Excelso*, 27: se um parvo se encontrar com "homens" e ficar calado não permitirá que percebam a sua inépcia; contudo, na realidade, quem nada entende nem mesmo repara que está falando demais) e os versos de Voltaire: *On s'enferme avec art dans un noble silence, la dignité souvent masque l'insuffisance*. Para a relação inversa entre o silêncio e o sábio, cf. nºˢ 17, 19.

32. *Si tacuisses, philosophus mansisses*
Se tivesses calado, terias permanecido filósofo

Esse era um dito difundido na Idade Média (Walther 18189, 19581, 29212) e ainda é conhecido (cf. Büchmann 413), vinculado à tradição do silêncio como sabedoria do tolo (cf. nº 31). Tem origem numa anedota contada por Boécio (*A consolação da filosofia*, 2,7), em que *Intellexeram, si tacuisses* é a arguta resposta dada a um presumido que perguntara se haviam entendido que ele era um filósofo. Constituem precedentes importantes um trecho de Macróbio (*Saturnalia*, 7,1,11), no qual se contesta um orador cuja força comprobatória está no discurso: *philosophus non minus tacendo pro tempore quam loquendo philosophatur*, "o filósofo não faz menos filosofia calando no momento oportuno do que falando"; um preceito segundo o qual sábio ou filósofo não é aquele que assim se proclama, norma esta encontrada, por exemplo, em Epiteto (*Enchiridion*, 36,1, onde também se prescreve não falar muito com profanos); e na tradição sapiencial do *Antigo Testamento* (ver o lúcido Rad 98 s.); para maior aprofundamento, remeto a J. Gruber, *Kommentar zu Boethius de consolatione philosophiae*, Berlin-New York 1978, 219. É de se notar como a frase, fora de seu contexto e transformada em ditado, perdeu muito de sua pregnância original e assumiu valor mais genérico e banal. Lembro, enfim, que Wittgenstein, no prefácio ao seu *Tractatus logico-philosophicus*, afirma que "todo o sentido do livro poderia ser resumido nas seguintes palavras: *Tudo o que pode ser dito pode ser dito claramente; e sobre as coisas de que não se pode falar deve-se calar*".

33. *Vasa inania multum strepunt*
Os vasos vazios ressoam muito

O provérbio é medieval (Walther 32919a, cf. 21760, 32801, 32921b) e significa que os tolos não conseguem ficar calados. Encontra paralelos exatos nas modernas línguas européias: em todas (e em alguns dialetos, como o veneziano) existe o correspondente ao brasileiro *A caixa menos cheia é a que mais chacoalha* (cf. Mota 36; Arthaber 182), não faltando menções literárias, como, por exemplo, a de *Henrique V* de Shakespeare (4,4), ou a variante *Le teste di legno / fan sempre del chiasso*, de Giusti (*Il re travicello*, 11 s.). Essa imagem — ou a complementar do recipiente cheio que não faz barulho (ver por exemplo o veneziano *La bota piena no fa rumor*) — é usada ainda com outros valores, como para dizer que quem está satisfeito não se queixa. Para o *topos* segundo o qual as palavras são reveladoras do ânimo humano, assim como o som o é dos vasos que estão mais ou menos vazios, cf. nº 158. Uma variação posterior é *A roda pior do carro é a que faz mais barulho* (para os paralelos em outras línguas cf. Mota 50).

34. *Sapiens, ut loquatur, multo prius consideret*
Para falar, o sábio deve antes muito meditar

Esse ditado é comumente atribuído a São Jerônimo, mas não consegui localizar o trecho exato. Constitui um antecedente de muitos provérbios encontrados nas línguas modernas, do italiano *Chi vuole ben parlare ci deve ben pensare*, ao francês *Il faut tourner sa langue sept fois sans parler*, cujo paralelo perfeito existe em inglês. Suas variações são o alemão *Ehe man redet, soll man das Wort dreimal im Munde umkehren* e o toscano *Il gallo prima di cantare batte l'ali tre volte*. No Brasil se diz *Falar sem pensar é atirar sem apontar*.

c) *Oratória, retórica e dialética*

35. Εἰπὼν ἃ θέλεις, ἀντάκουε ἃ μὴ θέλεις
Se dizes o que queres, deves escutar a resposta que não queres

Essa é a redação do provérbio transcrita por paremiógrafos bizantinos (Macar. 3,49, *Prov. Coisl.* 133 G.), mas se trata de um *topos* difundido na literatura grega, no qual se passa de uma correspondência genérica entre frase e resposta (*Ilíada*, 20,250) a uma advertência de que a expressão malévola provoca resposta malévola (Hesíodo, *Os trabalhos e os dias*, 721; Alceu, fr. 341 V., particularmente semelhante à versão dos paremiógrafos; Sófocles, fr. 929,3 s. R.; Eurípides, *Alceste*, 740 s.; e Quílon, 1,63,26 s., onde se nota um matiz nitidamente moralista). Em latim existe o equivalente perfeito do ditado grego, sobretudo na comédia (ver Terêncio, *Andria*, 920: *Si mihi perget quae volt dicere, ea quae non volt audiet*, "se continuar a dizer-me o que quer, ouvirá o que não quer"), em Horácio e São Jerônimo (para as localizações, remeto a Otto 205), e — com formulação semelhante à de Terêncio — recorre nos chamados *Monósticos de Catão* (10, *PLM* 3,237 Baehrens). Uma variação expressiva (do tipo do italiano *Render pan per focaccia*) deve provavelmente ser vista em Arsen. 6,48a, ἐγὼ σκόροδά σοι λέγω, σὺ δὲ κρόμμυ' ἀποκρίνῃ, "eu te digo alho e tu me respondes cebola". O provérbio permaneceu nas várias línguas européias, tanto em versão semelhante à antiga (cf. Arthaber 408) quanto em variantes argutas, como no alemão *Wie man in den Wald schreit, so schreit wieder heraus* ou no veneziano *Chi mal parla pazienta la risposta*; em português é conhecido *Quem diz o que quer ouve o que não quer* (cf. Mota 183), que possui paralelos em italiano e espanhol.

36. *Non male respondit, male enim prior ille rogarat*
Ele não respondeu mal, pois antes foi mal formulada a pergunta

Esse é um verso anônimo (fr. inc. 40 Morel) transcrito por Quintiliano (5,13,42), que representa, substancialmente, a versão retórica da tradição analisada no nº 35. O conceito de que a resposta é proporcional à pergunta ficou em todas as línguas modernas, com a mesma estrutura do italiano *Qual proposta, tal risposta* (cf. Arthaber 1183, Strømberg 48).

37. *Qui timide rogat, / docet negare*
Quem pede com temor ensina a recusar

Essa frase, extraída de *Fedra*, de Sêneca (vv. 593 s.), tornou-se proverbial na Idade Média (cf. Walther 24869) e a sua tradução ainda existe em inglês. Nas outras línguas também existem máximas populares aparentadas, como o italiano *Non c'è intoppo per avere più che chiedere e temere*, o abruzês *Lu mònece vregugnuse arevà sènza tùozz' a lu cummènde* (ou seja, "o frade envergonhado chegou ao convento sem naco de pão"), os espanhóis *Pidiendo con timor se facilita la negativa* e *Da causa para negar el que pide con temor*, o alemão *Wer nicht dreist fordert, bekommt gar nichts*.

38. Ἐλλυχνίων ὄζειν τὰ ἐνθυμήματα
Esses raciocínios cheiram a pavio

Segundo a *Vida de Demóstenes*, de Plutarco (8,4; ver também o Pseudo-Luciano, *Demosthenis Encomium*, 15), essa seria a crítica feita por Píteas ao grande orador; o dito indica raciocínios ou discursos muito elaborados, tão artificiosos e sem naturalidade que traem um longo estudo, portanto o consumo de muitos pavios de vela. Atualmente, *Redolet lucernam* ainda é usado no sentido de "é uma coisa enfadonha e livresca"; forma paralela é a inglesa *Smells of the lamp*, enquanto o sentido "positivo" da expressão *Puzzare di olio*, que Redi (*Op*. 1,172) indicava em Arnaut Daniel, não é comprovada: o literato toscano na realidade lera erroneamente (e, por conseguinte, interpretou mal) os primeiros dois versos da décima canção do provençal (2,329 Perugi). Para maiores detalhes, remeto a "Museum Criticum" 23/24 (1988/1989) 359 s.

39. *Propositum potius amicum quam dictum perdendi*
Preferir perder um amigo a perder um dito espirituoso

A fonte é Quintiliano (6,3,28) e um de seus precedentes é um trecho das *Sátiras* de Horácio (1,4,34 s.): em ambos os textos estigmatiza-se quem não hesita em perder até um amigo para dizer uma facécia. Situação desse tipo já era prevista na descrição que Aristóteles faz do bufão (*Ética para Nicômaco*, 1128a 33-35), mas entre os latinos o caráter de *topos* da expressão sem dúvida foi favorecido por um trecho de uma obra cênica, perdida, de Ênio (167 J. = 412 V.[2]: *Flammam a sapiente facilius ore in ardente opprimi, quam bona dicta*, "é mais fácil um sábio apagar uma chama na boca ardente do que as boas palavras"), no qual — assim se refere Cícero (*De oratore*, 2,54,222) — os *bona dicta* foram interpretados por *nonnulli ridiculi homines* como *salsa*, "facetos". A imagem das chamas reprimidas na boca é retomada por outros autores, ou pela descrição expressiva de quem *lança fogo e chamas* (como em São Jerônimo, *Epistula adversus Rufinum*, 21 [559 V.]), ou para indicar quem comprimiria uma chama ardente na boca com mais facilidade do que um segredo (Petrônio, fr. 28,1 s., Símaco, *Ep.* 1,31,2) ou uma coisa agradável e desejada (Henódio, 240,15). No que se refere às línguas modernas, em francês, inglês e alemão existem equivalentes ao italiano *Meglio perdere l'amico che un bel detto* (cf. também Boileau, *Satire*, 9,22): habitualmente prevalece o valor moralista (talvez também por influência de *Amicus Plato, sed magis amica veritas*, cf. nº 299), ao passo que o alemão considera mais o bom chiste: *Lieber einen Freund verlieren als einen Witz* (cf. também Arthaber 60).

40. *Laconicae malo studere brevitati*
Prefiro imitar a concisão lacônica

Essa declaração de intenções é de Símaco (*Ep.* 1,14 [8],1): a expressão *Laconica brevitas* (ou *Spartana brevitas*) recorre em outros locais no latim tardio (para indicação dos textos, remeto a Otto 902). De fato, os lacônicos eram proverbiais por sua concisão, sobretudo à luz de um famoso trecho do *Protágoras* de Platão (342de), no qual se descreve uma discussão com um espartano: este, na maior parte do discurso, não parece pessoa de grande importância, mas no momento oportuno, como um archeiro, lança uma frase que faz o interlocutor parecer criança. Além de locuções como λακωνικῶς διαλέγειν, "falar laconicamente" (cf. por exemplo Diodoro Sículo, 13,52,2), temos o termo λακωνισμόν, "laconismo"/"concisão" (por exemplo cf. Cícero, *Epistulae ad familiares*, 11,25,2, Diodoro, 13,52). A tradição ainda está viva e tanto é verdade que em todas as línguas européias, do espanhol ao russo, existe o equivalente ao termo *lacônico*, com o valor de "conciso, breve". Existem, enfim, muitos provérbios medievais que reforçam a preferência pela *brevitas* à prolixidade: citaria especialmente Walther 16445, *Nemo silens placuit, multi brevitate loquendi*, "a ninguém agradou o silêncio, a muitos a concisão", que retoma um verso de Ausônio (*Ep.* 24,44).

41. *Multa paucis*
Muitas coisas em poucas palavras

Essa expressão — assim como *Multum in paucis* e *Multum in parvo* — é comumente usada para recomendar a necessária brevidade e concisão. Já na época clássica é possível encontrar *Pauca* com valor de "poucas palavras" (para uma relação de exemplos, remeto a Forcellini 3,599).

42. *Brevis esse laboro: / obscurus fio*
Esforço-me por ser conciso: / torno-me obscuro

Com essa expressão Horácio (*Ars poetica*, 25 s.) evidencia o risco inerente à busca da densidade que caracteriza a linguagem poética: não se deve ser incompreensível. A distinção entre a *brevitas* elegante e a sua degeneração, a *obscuritas*, também se encontra em outro lugar, por exemplo em Cícero (*Partitiones oratoriae*, 6,19), em Quintiliano (8,3,82) e no tratado *Do sublime* (42,1), onde uma é chamada συγκοπή, e a outra, συντομία. De modo mais genérico, é preciso lembrar que a clareza era proposta como objetivo imprescindível por Aristóteles (ver, em especial, um trecho da *Retórica* [1414a 25] em que ele recomenda um meio-termo justo entre prolixidade e concisão), por Teofrasto e pelos peripatéticos, ao contrário dos estóicos, que preconizavam o uso de uma linguagem o mais essencial possível, sem preocupações desse tipo (para maior aprofundamento, remeto ao clássico J. Stroux, *De Theophrasti virtutibus dicendi*, Lipsiae 1912). Essa frase, que em Horácio se refere especificamente à linguagem poética e que é retomada por Boileau (*Art poétique*, 1,66: *J'évite d'être long, et je deviens obscur*), já faz parte do patrimônio gnômico mas com acepção mais geral: na verdade se refere à comunicação lingüística *tout court*, sem especificações ulteriores.

43. *Noli rogare, quom impetrare nolueris*
Não peças quando não quiseres obter

O provérbio é transcrito por Sêneca (*Ep.* 95,1) como *verbum publicum* (expressão popular): trata-se na verdade de um verso cômico anônimo (87 R.³).

44. "Αμας ἀπῄτουν, οἱ δ' ἀπηρνοῦντο σκάφας
Pediam baldes e recusavam tinas

Esse provérbio, encontrado em Plutarco (*De garrulitate*, 512e), é registrado com essa forma exata por paremiógrafos (Zenob. vulg. 1,83 [cf. Ath. 4,380 Miller], Diogen. 1,72, Greg. Cypr. 1,45; M. 1,42, Macar. 2,1, Apost. 2,63, *Suda* α 1504; 1574) e o erudito bizantino João Tzetzes (*Chiliades*, 8,17) o extraiu da própria tradição paremiográfica. Indica um pedido feito sem critérios lógicos: de fato, não se pode pedir algo e recusar coisa equivalente. Uma anedota semelhante é contada por um escoliasta de Aristófanes (*A paz*, 185).

45. *Orator est vir bonus, dicendi peritus*
O orador é homem de bem, que sabe falar

Essa definição, que vê no orador uma confluência de honestidade moral e capacidade técnica, é de Catão e já na Antiguidade se tornou uma "geflügeltes Wort", como demonstram as suas citações por parte de Quintiliano (12,1,1) e Sêneca, o Retórico (*Controversiae*, 1, *praef.* 9). Ainda é bem conhecida e muitas vezes mencionada para refutar uma concepção cínica e pragmática da oratória e da retórica.

46. Οὐκ ἀντιλέγοντα δεῖ τὸν ἀντιλέγοντα παύειν, ἀλλὰ διδάσκειν·οὐδὲ γὰρ τὸν μαινόμενον ἀντιμαινόμενός τις ἰᾶται

Não se deve deter um contraditor contradizendo-o, mas convencendo-o: nem mesmo o louco é curado por quem também enlouquece

A fonte é Antístenes (fr. 65 D.): a gnoma chegou até nós porque foi registrada no *Florilégio* de João de Stóboi (2,2,15 W.-H.) e nas coletâneas paremiográficas (cf. Arsen. 13,68f). Para o uso do verbo διδάσκειν ver, por exemplo, Aristóteles, fr. 44a R., *Metafísica*, 1043b 27.

47. Ἀγροίκου μὴ καταφρόνει ῥήτορος
Não desprezes o falante rústico

O provérbio é registrado pela tradição paremiográfica (Zenob. vulg. 1,15, Diogen. 1,12; 4,48, Greg. Cypr. 1,6, Macar. 1,17, Apost. 1,24, *Suda* α 378, Zon. 19). A exegese contida nesses registros é genérica e, segundo ela, tratar-se-ia de um simples convite a não desprezar os humildes. A meu ver, porém, a acepção devia ser mais especificamente retórica: ver, entre outras, a gnoma que Gregório de Tours cita — com intuito declaradamente programático — no prefácio geral de sua *Historia Francorum*: *Philosophantem rhetorem intellegunt pauci, loquentem rusticum multi*, "poucos entendem o retórico que filosofa; muitos ao rústico quando fala". Portanto, estamos diante de uma tradição que exalta a inteligibilidade da mensagem, mesmo com prejuízo da elegância, cujo ponto culminante talvez seja o ditado popular (ainda conhecido e às vezes citado) *Si non vis intelligi, debes neglegi,* "se não queres ser entendido, não deves ser levado em consideração".

48. *Rem tene, verba sequentur*
Trata de possuir o conteúdo; as palavras se seguirão

Trata-se de um preceito de Catão que — com toda probabilidade — prescreve uma retórica rica de conteúdos e não só formalmente irrepreensível. Uma possível fonte grega é discutida: invocou-se como comparação um trecho de Dionísio de Halicarnasso (*Lísias*, 4,5), onde se afirma que tal orador alia brevidade e clareza, já que οὐ τοῖς ὀνόμασι δουλεύει τὰ πράγματα παρ' αὐτῷ, τοῖς δὲ πράγμασιν ἀκολουθεῖ τὰ ὀνόματα, "nele os conteúdos não estão a serviço das palavras, mas as palavras é que decorrem do conteúdo". Entre os latinos, esse foi considerado um *praeceptum paene divinum*, "um preceito quase divino" (Júlio Vítor, *Rhetores Latini minores*, 347,17) e é retomado em diferentes contextos: Horácio (*Ars poetica*, 311, cf. também 40 s.) aplicou-o ao fazer poético, ao passo que nada sabemos do contexto em que foi usado por Asínio Polião, num fragmento de que temos notícia por ter sido mencionado por Porfírio em seu comentário ao citado trecho da *Ars poetica*. A gnoma, que também aparece na Idade Média (Walther 26568) com o presente *sequuntur* em lugar do futuro, ainda é conhecida e muitas vezes usada, tanto para contestar quem antepõe o aspecto "formal" de uma disciplina ao seu conteúdo quanto no sentido de "tenha idéias claras e as palavras para expressá-las virão por si".

49. Ἐν ὑγρῷ ἐστιν ἡ γλῶττα
A língua está sempre úmida

Teofrasto (*Caracteres*, 7,9) usa essa expressão para caracterizar o tipo do tagarela; em Pérsio (1,105), ao contrário, *in udo est* refere-se a um poetastro, cuja obra, evidentemente, não passa de um palavrório superficial: no contexto, a locução só pode equivaler ao precedente *natat in labris* (para o *topos* da obra de arte que deve nascer *in pectore* e não *in ore*, cf. nº 55), e tal interpretação é confirmada pela anotação respectiva, que capta com precisão tanto o seu valor primário quanto o metafórico. Em italiano existe *Mettere la lingua in molle*, que geralmente significa "começar a falar, emitir a própria opinião", mas que também pode equivaler a "falar sem refletir", com uma acepção, portanto, semelhante à de Teofrasto (para os trechos, remeto a Battaglia 9,110 e 10,724).

50. *Balbum melius balbi verba cognoscere*
O gago entende melhor as palavras de outro gago

Essa frase, explicitamente registrada como proverbial por São Jerônimo (*Ep*. 50,4), depois vai ser retomada na Idade Média: ver Walther 1906, *Balbus balbum amat, quoniam sua verba capessit*, "o gago gosta do gago porque entende o que ele diz" (variante mais concisa está nos *Adagia* de Johannes Sartorius [250]). Nas línguas modernas, há um equivalente no holandês *De eene stomelaar verstaat den andern wel*.

51. *Relata refero*
Conto o que me contaram

Essa expressão, ainda muito difundida, provavelmente deve seu sucesso à cativante estrutura poliptótica: com ela, a intenção é eximir-se de qualquer responsabilidade quanto ao que é dito. A formulação é medieval (Walther 26530a, 32750), mas com toda a probabilidade suas raízes estão em Heródoto: ver 7,152,3 λέγειν τὰ λεγόμενα, e vários outros trechos, em que o historiador afirma estar contando coisas que lhe foram contadas (1,183,3; 4,173; 187; 195,2; 6,137,1). Conhecido com o mesmo valor é também *Prodenda quia prodita*, "coisas que devem ser transmitidas porque foram transmitidas"; conceitualmente, deve-se ainda lembrar o provérbio, também medieval, *Legatus nec cogitur nec violatur*, "não se coage nem se maltrata um embaixador", que tem equivalentes em todas as línguas modernas; no Brasil temos *Portador não merece pancada*.

52. Τὸν ἥττω λόγον κρείττω ποιεῖν
Transformar a argumentação mais fraca na mais forte

Essa expressão, ainda hoje famosa, indica tal mudança no jogo que o pior discurso acaba prevalecendo sobre o melhor. É atribuída por vários autores especificamente a Protágoras (cf. A 21, B 6b D.-K.: eu acrescentaria Aulo Gélio, 5,3,7), mas se trata de uma qualidade, moralmente negativa, que a Antiguidade atribuía também a outros sofistas: Platão (*Fedro*, 267a), por exemplo, atribui a Tísias e Górgias a capacidade de, com a força das palavras, transformar coisas grandes em pequenas e vice-versa, e Cícero (*Brutus*, 8,30) afirma que Górgias, Trasímaco, Protágoras, Pródico, Hípias e muitos dos contemporâneos destes defendiam tal tese. Essa é, por outro lado, uma das acusações — segundo Platão (*Apologia de Sócrates*, 18b) — feitas a Sócrates; do mesmo modo, Lisímaco acusa Isócrates de ter essa capacidade enganosa (cf. Isócrates, *Antidosis*, 15,15). Uma representação caricatural da aplicação dessa norma é constituída pelo triunfo paródico do discurso injusto sobre o justo, em *As nuvens*, de Aristófanes, numa cena que confirma a importância desse elemento na caracterização popular de Sócrates e dos sofistas (formalmente, a expressão parece muitas vezes obscura: cf. por exemplo vv. 112-115, 882-885). Entre os latinos, temos o recíproco *Recta prava faciunt*, "transformam o justo em injusto", em Terêncio (*Phormio*, 771).

53. *Candida de nigris et de candentibus atra / ... facere*
Transformar o negro em branco e a brancura em negrume

Essa expressão equivale ao nosso *Virar o jogo*: portanto, significa transformar argumentos derrotados em vencedores (cf. também nº 52). É encontrada em Ovídio (*Metamorfoses*, 11,314 s.) e em Juvenal (3,30: *nigrum in candida vertunt*). Depois, foi particularmente famoso este segundo texto, a julgar por algumas citações medievais (para as quais remeto a Sutphen 192). Nas línguas modernas encontram-se o italiano *Fare del bianco nero e del nero bianco* e a locução russa paralela *Vydavat' černoe ža beloe*.

54. *Ex abundantia enim cordis os loquitur*
Da abundância do coração fala a boca

No *Evangelho segundo Mateus* (12,34) e no de *Lucas* (6,45), Cristo, contestando os fariseus sobre a possibilidade de dizer palavras destinadas ao bem, fundamenta a sua argumentação com essa gnoma, que no original grego tem a seguinte formulação: ἐκ γὰρ τοῦ περισσεύματος τῆς καρδίας τὸ στόμα λαλεῖ. A máxima encontra paralelos exatos na literatura rabínica (cf. Strack-Billerbeck 1,639) e, principalmente, no *Eclesiástico* (21,29: *Et in ore fatuorum cor illorum, et in corde sapientium os illorum*, "na boca dos fátuos o seu coração, e no coração dos sábios a sua boca"), enquanto nas literaturas clássicas não permaneceram citações independentes do texto evangélico (ao contrário, suas citações são feitas em contexto cristão, como por exemplo a de Paulino de Nola, *Ep.* 13,2): conceitualmente, porém, eu mencionaria a tradição do *Pectus est quod disertos facit* (cf. nº 55). Em todas as línguas européias modernas há registro da tradução exata da nossa frase (cf. Arthaber 345, Strømberg 61, Mota 36; para as referências literárias, cf. por exemplo Schiller, *Wallensteins Tod* 1,4, Goethe, *Fausto* 2,3): entre as variações eu assinalaria, por exemplo, o alemão *Voller Mund sagt des Herzens Grund* e o inglês *When the heart is full of lust, the mouth is full of leasings*; variantes medievais são *Quod clausum in pectore, hoc in lingua promptum habeo*, "o que tenho encerrado no peito tenho exposto na língua" (Walther 25748c). A expressão evangélica, além disso, às vezes é usada em sentido lato para dizer que uma coisa é feita com tal convicção intelectual e emocional que a sua realização se torna quase espontânea e indispensável.

55. *Pectus est enim quod disertos facit*
Na verdade é o coração que torna eloqüente

A máxima é extraída de Quintiliano (10,7,15), que afirma a importância de o orador ter os mesmos sentimentos do cliente: Aulo Gélio (1,15,1), aliás, demonstra que era comum a contraposição entre a oratória superficial, nascida *in ore* ("na boca") (cf. nº 155), e a mais profunda, que tinha origem no coração. O falar que vem do coração também aparece numa conhecida sentença evangélica (nº 54). Com base em tais expressões tem-se sobretudo a tradição já antiga segundo a qual o *pectus* era a sede não só dos sentimentos, mas também dos aspectos mais positivos do homem (donde frases como a de Plauto: *quoi pectus sapiat*, "reflita" [*Trinummus*, 90], ou locuções como *homo sine pectore* para indicar uma pessoa de pouca inteligência [Horácio, *Ep.* 1,4,6; Ovídio, *Heroides*, 16,308]): paralelo importante para o texto de Quintiliano é o *Corcillum est quod homines facit*, "é o coração que faz o homem", de Petrônio (75,8). A contraposição entre a boca, sede da superficialidade, e o coração, símbolo de interioridade profunda (que também pode ser aplicada a outros campos, cf. nº 155), está na base de um trecho do *Eclesiástico* (21,29), de cuja tradução latina (*In ore fatuorum cor illorum, et in corde sapientium os illorum*, "na boca dos fátuos o seu coração e no coração dos sábios a sua boca") derivam vários provérbios medievais, como *Os habet in corde sapiens, cor stultus in ore*, "o sábio tem a boca no coração, o parvo tem o coração na boca" (Walther 20411, cf. também 3427): simplificação banalizadora é constituída pela fórmula popular *Cor in ore, os in corde*, "o coração na boca, a boca no coração", que encontra equivalentes exatos em italiano, francês, inglês e alemão (Arthaber 341). A relação entre oratória e coração também é retomada nas literaturas modernas, não só no *Fausto* de Goethe (na primeira parte,

Fausto afirma que o dizer sai do coração, enquanto para Wagner é a bela linguagem que faz o orador) e em outras obras alemãs (remeto a Büchmann 402), mas também em numerosos textos italianos, em que existem palavras ditas *con la bocca e non col cuore* [com a boca e não com o coração], ou seja, contrárias ao real estado de espírito (cf. Battaglia 2,275).

56. *Ab imo pectore*
Do fundo do peito

A expressão ainda é comum e serve para confirmar que se está falando com sinceridade e que o que está sendo dito corresponde à verdade. Já é muito difundida entre os poetas latinos, sobretudo na forma *pectore ab imo* (que constituía uma cadência perfeita de hexâmetro), com significado idêntico ao nosso (cf. por exemplo Lucrécio, 3,57), mas também para evidenciar o "patético" de uma mensagem dolorosa (ver por exemplo Catulo, 64,198; Virgílio, *Eneida*, 1,371; 1,485); outros exemplos são: Catulo (64,125: *imo... ex pectore*) e Ovídio (*Metamorfoses*, 2,655 s.: *ab imis / pectoribus*; para citações ulteriores, remeto a *ThlL* 7/1,1400,30-34).

57. *Cantilenam eandem canis*
Cantas sempre a mesma cantilena!

No *Phormio* de Terêncio (v. 495) esse motete conclui uma série de outros com que uma das personagens interrompe o interlocutor (no v. 492 temos *Fabulae!*, "histórias!"; no 493, *Logi!*, "palavras!"; no 494, *Somnium!*, "sonho!"): a exclamação enfatiza que o outro continua a repetir coisas conhecidas, acabando por ser enfadonho. O termo *cantilena* de fato podia indicar uma mensagem mais do que sabida: Cícero por exemplo (*Epistulae ad Atticum*, 1,19,8) usa-o para introduzir um verso de Epicarmo que se tornara muito comum; Sêneca, por sua vez (*Ep.* 24,6), usa-o para estigmatizar os *loci comunes* de Epicuro; e não faltam textos, como em Cícero (*De oratore*, 1,23,105), no qual ele se refere às enfadonhas lengalengas que devem ser aprendidas de cor na escola. Uma expressão aparentada é a de Cícero: *haec decantata erat fabula*, "esta história contada e recontada" (*Epistulae ad Atticum*, 13,34; para o verbo *decanto* com esse significado, ver também Macróbio, *Saturnalia*, 5,2,6). Um antecedente grego preciso é, porém, encontrado no uso do verbo ᾄδειν por Aristófanes, com o significado de "repetir-se, falar sem nada dizer" (*As aves*, 39 ss., fr. 101,5 K.-A; para detalhes ulteriores, remeto a J. Taillardat, *Les Images d'Aristophane*, Paris 1965, 286). O uso de *cantilena* com esse valor persiste em italiano, enquanto as outras línguas européias preferem outras imagens (cf. Arthaber 220) (aliás também presentes em italiano) como *a mesma história, a mesma cantiga,* inclusive com variações interessantes, como, por exemplo, o alemão *Es ist immer die alte Leier* e o inglês *To always harp on the same string*. No Brasil temos *Sempre o mesmo, pra variar*. Na Itália tem certa difusão *È la solita storia del pastore*, que na realidade inicia uma famosa ária da ópera *L'Arlesiana*, de F. Cilea.

58. *Unum quodque verbum statera auraria pendere*
Pesar cada palavra na balança do ourives

A fonte é Varrão (*Satyrae Mennippeae*, 419 Bücheler), que indica assim uma operação de rigorosa ponderação: encontra-se um paralelo em Cícero (*De oratore*, 2,38,159), onde se faz a contraposição entre as opiniões sopesadas na balança do ourives e as opiniões pesadas na balança menos sensível do gosto popular. Mesmo em contexto hebraico havia uma expressão semelhante, como demonstra um trecho do *Eclesiástico* (21,25) que afirma que os sábios pesam as palavras na balança. Mesmo em italiano *Pesare con la bilancia dell'orafo* equivale a "avaliar uma coisa com exatidão escrupulosa", mas essa operação, que se refere às palavras, costuma ser vista como um fato negativo, um sintoma de falta de confiança em outra pessoa: donde expressões como *Non pesare le parole col bilancino* e o alemão *Man muss die Worte nicht auf die Goldwaage legen*.

59. *Dicendo homines ut dicant efficere solere*
É falando que em geral se aprende a falar

A fonte é Cícero (*De oratore*, 1,33,149), que em seguida fornece outra gnoma que, do ponto de vista formal, representa um caso particular dessa, mas que, no contexto, a demole argutamente: *Perverse dicere homines perverse dicendo facillime consequi*, "falando mal se aprende facilmente a falar mal". Existem também dois exemplos gregos dessa sentença: Evágrio, nos comentários a Hermógenes (p. 16), e sobretudo o retórico Himério registram (74,4) ἐκ τοῦ λαλεῖν ἀεὶ τὸ λαλεῖν περιγίνεται, "do falar sempre deriva o falar", dito que provavelmente tem origem cômica (fr. anônimo 514 K.). Nas línguas modernas o provérbio recorre no alemão *Rede, so lernst du reden*.

60. Οὔτε γῆς οὔτε οὐρανοῦ ἅπτεται
Não tem a ver nem com o céu, nem com a terra

Essa locução, registrada pelos paremiógrafos (*App. Prov.* 4,47), indica alguma coisa que não tem absolutamente nada a ver com aquilo de que se está falando; também é encontrada em Luciano (*Alexander*, 54). Em Petrônio (44,1), temos um *nec ad caelum nec ad terram pertinet*, que corresponde perfeitamente à expressão grega, enquanto em Plauto (*Persa*, 604) uma personagem responde o seguinte a uma pergunta do interlocutor: *A terra ad caelum quidlubet*, "qualquer coisa, da terra ao céu". Sucessores dessa expressão são o alemão *Es berührt weder Himmel noch Erde* e o italiano *Non sta né in cielo né in terra*, onde se acentua a conotação de absurdo e ilogicidade.

61. *De via in semitam degredire*
Afastar-se da estrada para o atalho

A fonte é uma frase de Plauto (*Casina*, 675; para a forma *degredire*, fruto de uma conjetura de Bentley, cf. *ThlL* 5,386,81 s.), em que é assim indicada a falta de resposta condizente, a resposta que "foge do assunto". A expressão na realidade nada mais é do que a aplicação à dialética da metáfora do caminho certo ou errado (cf. nº 464). Semelhante a ela é *Extra calcem... sermo decurrens*, "discurso que perde o rumo", registrada explicitamente como proverbial por Amiano Marcelino (21,1,14), que também tira proveito de uma locução de uso mais amplo, não só para desvios verbais (ver o mesmo Amiano Marcelino, 25,10,7); em São Jerônimo e em outros autores tardios é freqüente a imagem das *lineae* no sentido de rumo/trilhos, em expressões como *A quaestionum lineis excidisti*, "perdeste o rumo da questão", ou *Intra definitas lineas currens*, "que corre em trilhos definidos" (para os textos, remeto a Otto 955, Sonny 108). Com o mesmo valor, o italiano utiliza *Uscire dal seminato / dai binari / dalla carregiata*, enquanto a mesma imagem do italiano *svicolare* [fugir por vias secundárias/safar-se] se encontra no alemão *abschweifen*. Para o conceito de tomar a estrada errada como metáfora genérica para o erro, cf. nº 464.

62. *Canina... facundia exercebatur*
Praticava eloqüência mordaz

Esse é um fragmento das *Historiae* de Salústio (4,54 Maurenbrecher), que atribui a expressão a certo Ápio, que não é identificado: de qualquer modo, a proverbialidade dessa expressão no mundo latino, para indicar um tipo de oratória tão agressiva que toca as raias da impudência, é demonstrada pelas muitas citações do fragmento feitas por Nônio (1,60,16), Quintiliano (12,9,9), Lactâncio (*Divinae Institutiones*, 6,18,26), São Jerônimo (*Ep*. 119,1 e 134,1,1): estes últimos textos — entre outras coisas — demonstram que essa eloqüência "mordaz" era para os cristãos um elemento associado ao velho modo de vida pagão e, portanto, a ser totalmente recusado. São muito numerosas as citações desprovidas de referência verdadeira e apropriada a Salústio: para os trechos, remeto a Otto 317, Sonny 98, Sutphen 145, Szelinski 234, Weyman 264. No mundo antigo, aliás, era freqüente o uso de "cão" como insulto: no mundo grego, isso é freqüente sobretudo em Homero e — segundo U. von Wilamowitz-Moellendorff, *Menander. Epitrepontes*, Berlin 1925, 57 — em outros autores isso se configura como um homerismo; no mundo latino, ver por exemplo Terêncio (*Eunuchus*, 803), Petrônio (74,9); no mundo judaico, *Provérbios* (26,11), *Jó* (30,1). Mais especificamente, ademais, esse animal era às vezes símbolo de impudência, sobretudo feminina (já em Homero, *Ilíada*, 6,344; 6,356; 8,423; 21,481; *Odisséia*, 19,91; entre os latinos, ver Catulo, 42,16 s.). Em italiano e nas línguas modernas a tipologia proverbial do cão refere-se mais à maldade e à agressividade do que à impudência (à parte o uso de *cadela* para a mulher que exibe grosseiramente a sua disponibilidade sexual).

63. Οὐδ' ἂν τρί' εἰπεῖν ῥήμαθ' οἷός τ' ἦν
Eu não era capaz de dizer nem três palavras

Esse é um famoso trecho de *As nuvens* de Aristófanes (v. 1402), no qual um discípulo dos sofistas lembra que, quando ainda não estava instruído, não conseguia dizer uma seqüência de três palavras sem errar. A expressão recorre com exatidão no latim *Tria verba non potest iungere*, "não consegue juntar três palavras": em Sêneca (*Ep.* 40,9) essa é uma crítica de quem propugna a facúndia oratória em contraposição a um falar filosófico que saboreia as palavras; a expressão é retomada pelo próprio Sêneca para se referir ao imperador Cláudio (*Apokolokyntosis*, 11,3) e por Marcial (6,54,2). De modo mais geral, é freqüente, tanto em grego quanto em latim, a indicação de um discurso breve como "três palavras", a partir de Píndaro (*Neméias* 7,48): para os outros textos, remeto a Otto 1869, Szelinski 34, Sonny 120, Sutphen 224 s. O número três também pode ser substituído por outros que designem uma quantidade pequena, como o um (por exemplo Plauto, *Truculentus*, 757 s.), o dois (por exemplo Filémon, fr. 99,2 K.-A, e Nóvio, fr. 3 R.³), o quatro (cf. F. H. M. Blaydes, *Aristophanis Acharnenses*, Halis Saxonum 1887, 196 s.), o dez (por exemplo Propércio, 3,15,8). Também nas línguas modernas são difundidas locuções desse tipo e se observa o caráter de *topos* do número três (mesmo não faltando a concorrência de outros números): ver por exemplo as italianas *Non è capace di mettere insieme tre idee* e *Non sa dire tre parole in croce*, assim como a alemã *Ich will es in drei Wörtern erklären*.

64. *Neque...* μῦ *facere audent*
Não ousam nem fazer "mu"

Essa locução, que indica um mutismo completo, é encontrada em Ênio (fragmento incerto, 10 V.²) e recorre em Lucílio (11,16 Charpin = 426 M.) e em Petrônio (57,8), onde o não saber fazer nem *mu* nem *ma* alude explicitamente aos fonemas inarticulados dos lactentes. Em grego, μῦ foi conjeturado em Hipônax, fr. 123 Degani, mas tal hipótese tem pouca probabilidade de ser válida e não existem comprovações ulteriores (excetua-se o lamento burlesco μυμῦ μυμῦ μυμῦ μυμῦ μυμῦ μυμῦ do v. 10 de *Os cavaleiros* de Aristófanes): existe, porém, o verbo derivado μύζειν, "murmurar, resmungar" (para verificações, remeto a LSJ 1150); em latim, a essa onomatopéia estão vinculados o substantivo indeclinável *muttum* (cf. *ThlL* 8,1730), e o verbo *muttire*, "murmurar, resmungar, cochichar", presente em muitos autores (ver Otto 1149, Szelinski 34, 240 s., Sonny 111, Sutphen 189, Weyman 280, *ThlL* 8,1729 s.), às vezes em expressões como *Nil iam muttire audeo*, semelhante a "não ouso murmurar nada", de Terêncio (*Andria*, 505) e São Jerônimo (*Adversus Iohannem Hierosolymitanum*, 10 [*PL* 23,379b], *Altercatio Luciferiani et Orthodoxi*, 26 [*PL* 23,189c]), ou *Ne muttum quidem facere dignaris*, "não te dignes nem mesmo a dizer *mu*" (*Ep.* 12,3), ou *mutmut non facere audet* (cf. o gramático Carísio, 1,240,28 K.). Um precedente grego é distinguível em Aristófanes: "não digas nem γρῦ" (*Pluto*, 17), expressão que utiliza o verbo γρύζειν, "grunhir, resmungar". Do latim *muttum*, enfim, deriva o italiano *motto*, o francês *mot*, o espanhol [e o português] *mote* (cf. Cortelazzo-Zolli 3,783). Herdeira da expressão latina é a italiana *Non far motto* que, todavia, perdeu qualquer referência a sons inarticulados; com este sentido, em italiano, é usado de preferência *Non dire neanche ba* (ou seja, nenhuma sílaba, por mais elementar, que até os recém-nascidos pronunciam). [Não dar um pio.]

65. Et ab hic et ab hoc
A torto e a direito

Essa locução, cujo latim pode ser chamado expressivo, mas não certamente correto, é usada para indicar um amontoado caótico de assuntos num discurso ou numa conversação. Deriva de uma das tantas variantes de um famoso provérbio que ironiza os mexericos das mulheres (*Quando conveniunt Domitilla, Sibylla, Drusilla / sermones faciunt et ab hic et ab hoc et ab illa*, cf. nº 1387): foi daí que Americo Scarlatti extraiu a expressão, em 1900-1902, para usá-la como título para uma coletânea de curiosidades e anedotas.

66. Non debes... adripere maldedictum ex trivio
Não deves apropriar-te dos palavrões da rua

A fonte é Cícero (*Pro Murena*, 6,13) e tem-se um preceito semelhante no retórico tardio Sulpício Vítor (15,321,5 Halm.). Os *trivia* [encruzilhadas, praças públicas], lugares de encontro e conversação do populacho, eram, por antonomásia, a fonte de todas as vulgaridades: para citações posteriores, remeto a Szelinski 6, Weyman 80,289 s., Sonny 119. Paralelamente, em grego a expressão ἐκ τριόδου/τριόδων muitas vezes se refere a insultos e palavras vulgares (como por exemplo Díon Cássio, 46,4,3, e no bizantino Miguel Glykas, 5,92 s. [cf. K. Krumbacher, *Mittelgriechische Sprichwörter*, 65]), enquanto em outros lugares indica vulgaridade, não específica e exclusivamente verbal (por exemplo Hélio Aristides, 19 [1,421 D.] e Luciano, *Quomodo historia conscribenda sit*, 16, *De morte Peregrini*, 3; para textos posteriores, ver *ThGL* 8,2447). Em muitas línguas modernas existe o correspondente ao italiano *triviale*, ou seja, em francês, espanhol, inglês e alemão (*trivial*; mas em inglês tem o sentido de "insignificante"), em tcheco e russo (*trivialny*).

67. Nec caput nec pes sermoni apparet
O discurso não tem pé nem cabeça

A fonte é Plauto (*Asinaria*, 729). A expressão indica um discurso absolutamente desprovido da necessária coerência lógica e está presente ainda em Plauto (*Captivi*, 614), em Cícero (*Epistulae ad familiares*, 7,31,2) e em Horácio (*Ars poetica*, 8), onde — entre outras coisas — tem-se um sutilíssimo jogo entre o valor concreto e o metafórico da expressão. Ela volta em Plínio (*Naturalis historia*, 27,131) como fórmula de esconjuro, enquanto forma aparentada é um dito arguto de Catão, transmitido por Plutarco (*Vida de Catão*, 9,1) e por Lívio (*Periochae*, 23,50): diante de uma embaixada composta por uma pessoa que tinha um buraco na cabeça por ter sofrido uma trepanação, de um gotoso e de alguém que parecia idiota, ele a definiu como "desprovida de cabeça, pé e coração" (para o coração como sede da inteligência, cf. nº 55). O equivalente grego, ἀκέφαλος μῦθος, "dircurso sem cabeça", é encontrado em Platão (*As leis*, 6,752a, cf. também *Filebo*, 66c, *Górgias*, 505cd) e registrado pelos paremiógrafos (Zenob. vulg. 1,59, Diogen. 2,9, Greg. Cypr. L. 1,46, Macar. 1,70, Apost. 2,2, *Suda* α 853), mas ainda em Platão (*Fedro*, 264c) tem-se δεῖν πάντα λόγον...

μήτε ἀκέφαλον εἶναι μήτε ἄπουν, "nenhum discurso deve ser desprovido de cabeça e de pés", expressão bem semelhante à latina. O italiano *Non avere né capo né coda* pode lembrar o κεφαλὴν καὶ οὐράν que em *Isaías* (9,13; 19,15) indica o monstruoso corpo dos inimigos de Israel e, em particular, dos egípcios (formalmente idêntica à locução italiana é *nec caput nec caudam*, usada por São Jerônimo no comentário ao segundo trecho [*PL* 24,254]); diversas são as locuções paralelas nas outras línguas modernas: a metáfora física permanece no alemão *Weder Hand noch Fuss haben* mas desaparece no francês *Il n'y a ni rime ni raison* e nas duas versões inglesas: *There is neither rhyme nor reason in it* e *It has neither point nor meaning*.

68. Δὶς καὶ τρὶς τὸ καλόν
Duas ou três vezes as belas coisas

Essa expressão significa que uma coisa bela pode ou deve ser repetida mais vezes. É usada sobretudo por Platão (*Filebo*, 59ce, *As leis*, 6,754c, 12,956e), é assinalada e glosada nos comentários ao *Filebo* e ao *Górgias* (498a) e registrada integralmente pelos paremiógrafos (Zenob. vulg. 3,33, Diogen. 4,20, Apost. 6,26: este último o completa com τὸ δὲ κακὸν οὐδ' ἅπαξ, "as feias nem uma"); na variante apenas com δίς já está presente em Empédocles (fr. 25 D.-K.). Um paralelo latino é encontrado na *Ars poetica* de Horácio (v. 365), onde se faz a distinção entre a obra de arte que *placuit semel*, "agrada uma vez", e a que *deciens repetita placebit*, "agradará se for repetida dez vezes": esta segunda parte do verso é citada como gnoma autônoma já na Idade Média (Walther 5248) e como tal ainda é conhecida (a ela talvez esteja vinculado o *Repetita iuvant*, cf. nº 378).

69. Ὁ μὲν λόγος θαυμαστός, ὁ δὲ λέγων ἄπιστος
O discurso é sedutor, mas quem fala não merece confiança

Essa é a resposta do espartano Eudamida a um filósofo que afirmava que apenas um sábio poderia ser um bom comandante: a frase original — da forma como nos é transmitida por Plutarco (*Regum et imperatorum apophthegmata*, 192b) — apresenta ao segundo membro um bem mais específico ὁ δὲ λέγων οὐ περισεσάλπισται, "quem fala nunca esteve no meio das trombetas". A expressão ἄπιστος é sem dúvida uma banalização, capaz de transformar a frase numa gnoma de caráter geral: já aparece em outro texto de Plutarco (*Apophthegmata Laconica*, 220e), ao lado de οὐ περισεσάλπισται, tomando o seu lugar na redação registrada por Miguel Apostólio (12,71). Os gnomólogos bizantinos, porém, retomam a versão original (cf. João de Stóbioi, 4,13,65, com o aparato crítico de Hense).

70. *Absit iniuria verbis*
Não haja ofensa nas palavras

Essa é uma locução ainda muito difundida, para indicar que não se pretende — apesar das aparências — ofender ninguém com as palavras usadas. Talvez se trate de uma versão modificada de *Absit invidia verbo / absit verbo invidia* de Lívio (9,19,15; 36,7,7), que, porém, significa "que a hostilidade fique longe (ou seja: "não fira") de minhas palavras"; uma variante posterior é *Absit invidia dicto* (Walther 174). O motivo da inveja que não deve perturbar uma mensagem verbal na realidade já é grego e está presente, por exemplo, nas falsas palavras de boas-vindas que Clitemnestra dirige ao marido Agamêmnon na tragédia homônima de Ésquilo (v. 904: φϑόνος δ' ἀπέστω, "e que a inveja fique longe") e nos *Epinícios* de Píndaro (*Olímpicas*, 13,25, *Píticas*, 10,20).

71. *Sit venia verbo*
Com o perdão da palavra

Essa expressão agora é usada para amenizar e ao mesmo tempo evidenciar palavras audazes ou violentas. A fonte é, provavelmente, *Venia sit dicto*, usado numa carta por Plínio, o Jovem (5,6,46), intercalação que, no contexto, teria o valor de "graças aos céus!". Semelhante é um trecho de Lívio (38,49,13), em que Cneu Mânlio Volso conclui sua autodefesa dizendo: *Pro eo, quod pluribus verbis vos quam vellem fatigavi, veniam a vobis petitam impetratamque velim*, "gostaria de pedir e de obter vosso perdão por vos ter cansado com mais palavras do que desejaria".

72. *Captatio benevolentiae*
A conquista da benevolência

Essa é uma locução muito difundida, que indica a tentativa de conquistar uma atitude benevolente por parte do auditório através de louvores mais ou menos ostensivos e de outras artimanhas retóricas. A origem está na retórica eclesiástica medieval (uma definição precisa se encontra por exemplo em Konrad von Mure [1210-1218], *Summa de arte prosandi*, 6,465,4), mas um precedente clássico equivalente está no *De inventione* de Cícero (1,15,21), onde se adverte que *benevolentiam captare oportebit* para fazer com que o auditório acolha apenas os aspectos bons e positivos de um discurso.

73. *Horresco referens*
Sinto arrepios só de contar

A expressão atualmente é repetida na maioria das vezes com conotações jocosas, a propósito de coisas que desagrada contar ou mencionar. Deriva do segundo livro da *Eneida* (v. 204), onde é proferida por Enéias, quando este narra o prodígio das duas enormes serpentes que apareceram de repente para matar Laocoonte, que aconselhava prudentemente aos troianos que não permitissem a entrada do cavalo de madeira na cidade.

74. Ὀνείρατά μοι λέγεις
O que me contas são sonhos

Os paremiógrafos (Arsen. 12,78b, Apost. 12,88) atribuem duplo valor a essa locução: o de "dizer coisas incríveis ou impossíveis" e o de "falar de modo enigmático";

ela está também presente nos *Diálogos dos mortos* de Luciano (25,2), exatamente com o valor de "devaneios". Em Platão (*As leis*, 5,746a), porém, ὀνείρατα λέγειν, indica "exprimir as próprias esperanças", enquanto em Calímaco (*Epigramas*, 32,1 s., cf. também 48,5 s.) μὴ λέγε... τοὐμὸν ὄνειρον ἐμοί, "não me contes o meu sonho", equivale a "não me digas coisas por demais sabidas, não me repitas o meu pesadelo". Em latim, Cícero, numa carta a Ático (6,9,3), utiliza a expressão de Calímaco com o sentido de "dizes-me algo que já sei", enquanto nos ditos chistosos, como *somnium* (Terêncio, *Phormio*, 494, cf. também *Adelphoe*, 204, 394), *somnias* (Plauto, *Rudens*, 1327), o significado é simplesmente "devaneias!", retomando o uso metafórico de *somnium* como "devaneios, fantasias" (ver por exemplo Cícero, *Epistulae ad Atticum*, 7,23,1); enfim, é encontrado *somnia* como "coisas incríveis" (por exemplo Plauto, *Menaechmi*, 1047). Nas línguas modernas há expressões semelhantes às antigas (*parecer um sonho, ser um sonho*), para indicar coisas extraordinárias.

75. Οὐκοῦν... ἐροῦμεν ὅτι νῦν ἦλθ' ἐπὶ στόμα;
Por acaso não diremos o que agora nos vem à boca?

Essa pergunta de Glauco em *A República* de Platão (8,563c) retoma explicitamente um fragmento de Ésquilo (351 Radt) que no mundo grego assumira valor de "geflügeltes Wort", como demonstram suas citações também no *Amatorius* de Plutarco (763b) e em Temístio (4,52b). O mesmo seja dito para um fragmento lírico anônimo (1020 Page) que diz: πᾶν ὅττι κεν ἐπ' ἀκαιρίμαν / γλῶσσαν ἴῃ κελαδεῖν, "exprimir tudo o que chega à língua inoportuna", e que retorna em vários autores como "frase feita" (para os textos, ver D. Page, *Poetae Melici Graeci*, Oxford 1962, 537). Em latim, temos *quidquid venit in buccam*, "tudo o que vem à boca" (sobretudo em Cícero e São Jerônimo, mas também em outros textos: cf. Otto 273, Weyman 70), *quidquid venit in mentem*, "tudo o que vem à mente" (por exemplo Cícero, *Epistulae ad Atticum*, 9,19,4; 11,25,1) e *quodcumque in solum venit*, "tudo o que cai no chão" (como em Varrão, *Satyrae Mennippeae*, 90 B., Cícero, *De natura deorum*, 1,23,65, *Epistulae ad familiares*, 9,26,2, e provavelmente em Afrânio, 342 R.[3]). Outras variações são tipicamente paródicas, como ἃ ἂν ἐπὶ τὴν γαστέρα ἐπέλθῃ, ταῦτα λέγουσι καὶ πράττουσιν, "dizem e fazem tudo o que lhes vêm à barriga", referindo-se aos médicos numa epístola do Pseudo-Diógenes (28,7, 243 Hercher; gracejo semelhante se encontra também em Plauto, *Captivi*, 805), ou *si facis, in penem quidquid tibi venit*, "se fazes tudo o que te vem ao pênis", de Pérsio (4,48). Em italiano a locução mais difundida é *Dire ciò che passa per la mente*, mas não é raro encontrar *Venire in bocca / a bocca* (Battaglia 2,278). [Dizer tudo o que lhe dá na telha/na veneta.]

76. Ἄκουε τἀπὸ καρδίας
Escuta as palavras que vêm do coração

Essa expressão é extraída de Luciano (*Iuppiter tragoedus*, 19) e registrada pelos paremiógrafos (Diogen. 2,59, Macar. 1,65, Apost. 1,100): a expressão τἀπὸ καρδίας para indicar palavras sinceras e verazes, também é encontrada em Eurípides (*Ifigênia em Áulida*, 475, fr. 412 N.²). Devem ser citadas a tradição judaico-evangélica da boca que fala pela superabundância do coração (nº 54) e a latina do *Pectus est quod disertos facit* (nº 55). Em latim, de qualquer maneira, locuções como *Toto / Aperto pectore*, "de todo o coração", contrapõem-se a outras do tipo *Summis labris* (nº 155) e denotam apenas a dedicação integral e não superficial a uma atividade, ocorrendo raramente em contextos que exprimem "comunicação" (por exemplo Plínio, *Ep.* 6,12,3, *Aperto pectore scripsisti*, "escreveste com o coração aberto"); em geral se referem a uma ocupação intelectual (por exemplo Cícero, *Tusculanae disputationes*, 2,24,58, *Epistulae ad Atticum*, 12,352; 13,12,4; em Sêneca, *Ep.* 56,59,9; em Tácito, *Dialogus de oratoribus* 3,4; 28,6), ou a sentimentos como a amizade (Cícero, *De amicitia*, 26,97, Sêneca, *Ep.* 3,2, Símaco, *Ep.* 2,12,2), o afeto (Virgílio, *Eneida*, 9,275 ss.), o medo (Cícero, *Tusculanae disputationes*, 4,22,49), a alegria (Ovídio, *Epistulae ex Ponto*, 1,8,63 s.), a adesão política (Lucano, 9,23); para exemplos ulteriores, remeto a Otto 1366, 1368, Weyman 62, 78, 283, Sutphen 198 s. Finalmente, essa expressão se encontra em todas as línguas modernas; é universalmente conhecido o *abrir o coração* no sentido de "falar com extrema sinceridade", mas também existem muitas outras locuções, como, por exemplo, *(Falar) com o coração nas mãos*, o italiano *(Parlare) con il cuore in mano*, o francês *Les paroles qui viennent du coeur* e o alemão *Das Herz auf dem Zunge haben*.

77. Apertis verbis
Falar abertamente

A locução ainda é de uso comum para indicar uma coisa dita sem rodeios nem fingimentos, com absoluta sinceridade e clareza. Já é clássica (ver por exemplo Cícero, *Epistulae ad familiares*, 9,22,5, Gélio, 6,14,6; cf. também as *Sententiae apertae* de Cícero, *Brutus*, 66 e *Verba sint... aperta* do retórico Fortunaciano [3,8]) e provavelmente se trata de uma extensão metafórica de expressões como *Aperto pectore* (cf. nº 76).

d) Lógica e argumentação

78. Quod erat demonstrandum
Como queríamos demonstrar

Essa é a tradução do grego ὅπερ ἔδει δεῖξαι, fórmula com que eram concluídos os raciocínios de Euclides: tem grande difusão na Idade Média (Walther 25788e) e ainda é usada. Em todas as línguas européias existe o equivalente ao *como queríamos demonstrar*, usado propriamente para selar a conclusão de uma demonstração matemática e, na linguagem comum, para indicar que aconteceu exatamente o que se previa.

79. Punctum saliens
Ponto saliente

Essa expressão indica o elemento nodal de uma argumentação oral ou escrita e com esse valor também são registradas suas traduções em várias línguas (it., *punto saliente*; franc., *le point saillant*; al., *der springende Punkt*; ingl., *salient point*; para outras expressões equivalentes, nas várias línguas européias, ver Arthaber 1139). Sua origem, porém, não é retórica, mas deriva do fato de Teodoro Gaza ter traduzido τοῦτο δὲ τὸ σημεῖον πηδᾷ como *punctum salit*, num trecho da *Historia animalium* de Aristóteles (561a 10s.), onde se descreve que na clara do ovo de certas aves há um ponto cor de sangue que corresponde ao coração e que salta e se mexe como se fosse coisa viva. Depois de algumas citações em sentido próprio, em obras de naturalistas (para as quais remeto a Büchmann 349), a expressão passou a ter principalmente o sentido metafórico, com o qual ainda persiste.

80. Ὁ δὲ ψευδὴς λόγος γίνεται παρὰ τὸ πρῶτον ψεῦδος
O discurso falso tem como ponto de partida uma falsa premissa

A tese é de Aristóteles (*Analytica priora*, 66a 16) e seu significado é, portanto, perfeitamente lógico-retórico: trata-se das premissas necessariamente falsas dos raciocínios formalmente corretos que chegam a conclusões errôneas. Às vezes o mote πρῶτον ψεῦδος (também escrito *proton pseudos*) é citado com o valor moral de "engano intencional" (cf. Büchmann 350) ou para indicar os erros básicos dos quais derivam os elementos falazes de uma doutrina.

81. Non sequitur
Não se segue

Essa expressão significa que em dado raciocínio ocorreu um erro lógico e que por isso entre premissas e conclusão faltou a necessária conseqüencialidade. *Sequitur / sequitur ut* são usados no latim clássico — tanto em nível técnico quanto comum — para introduzir a conseqüência daquilo que se afirmou antes.

82. Non causa pro causa
Uma não-causa tomada por causa

Essa expressão indica o chamado "sofisma da falsa causa", que consiste em tentar demonstrar uma asserção aduzindo como causa um elemento que na realidade não pode de qualquer modo ser considerado causa. O procedimento incorreto já fora criticado por Aristóteles (*De sophisticis elenchis*, 167b) com abundância de exemplos, tanto de tipo erudito (como a demonstração de Melisso de que tudo é eterno com base no fato de que não teve início) quanto comum (como a tentativa de demonstrar que alguém é adúltero porque se veste com elegância e sai para passear à noite).

83. *Post hoc ergo propter hoc*
Depois disto, portanto por causa disto

Ainda são conhecidas essa expressão e sua forma paralela *Cum hoc vel post hoc ergo propter hoc*, "com isto ou depois disto, portanto por causa disto", para indicar o caso mais comum e freqüente do "sofisma da falsa causa" (cf. nº 82), para o qual uma relação banal de concomitância ou posteridade se transforma em relação de causalidade. A terminologia tem origem na Escolástica.

84. *Reductio ad absurdum*
Redução ao absurdo

Essa expressão é usada para o ato de levar um raciocínio a termo, até suas últimas conseqüências, absurdas ou contraditórias, de tal forma que demonstrem a falsidade (senão a inconsistência ridícula) das premissas. Neste sentido, tal método lógico já fora aplicado por Zenão de Eléia, que se opunha à teoria do movimento ou da multiplicidade do ser através de uma série de paradoxos citados por Aristóteles (*Física*, 239b, cf. Zenão, A 25-28 D.-K.) e ainda famosos (como o do pé veloz de Aquiles que nunca alcança a tartaruga). Euclides, em *Elementos*, porém, demonstra freqüentemente a verdade de uma hipótese através do evidente absurdo de outra hipótese oposta (é a nossa "demonstração por absurdo", também conhecida na terminologia escolástica como *ab absurdo*). Em contexto literário, *Reductio ad absurdum* é usado para indicar paródias grosseiras e grotescas, a ridicularização de instituições ou tradições importantes.

85. *Circulus vitiosus*
Círculo vicioso

Assim é definido o erro lógico que consiste na coincidência entre premissas e conclusões, ou seja, em demonstrar alguma coisa dando-a por verdadeira na hipótese de partida. Já Aristóteles (*Analytica priora*, 57b 18 ss., *Analytica posteriora*, 72b 17; 25 ss.) criticava acerbamente tal procedimento lógico, chamando-o τὸ δὲ κύκλῳ καὶ ἐξ ἀλλήλων δείκνυσθαι, "demonstração em círculo ou por meio de elementos recíprocos"; além disso, no latim clássico *circulus* também é muito usado para indicar um raciocínio repetitivo, que simplesmente retorna para suas premissas iniciais (cf. Sêneca, *Ep.* 77,6, Hilário de Poitiers, *De mysteriis*, 26,13, *Comentário aos Salmos*, 1,8, Santo Agostinho, *De civitate Dei*, 12,18, assim como *ThlL* 3,112,21-29). *Circulus vitiosus* e, mais freqüentemente, *círculo vicioso* também é usado na linguagem comum e o procedimento muitas vezes é simbolizado pela imagem expressiva do gato (ou do cão) que morde o próprio rabo.

86. *Tertium non datur*
A terceira possibilidade não se apresenta

Essa expressão é usada especificamente na lógica aristotélica para indicar que uma proposição deve ser verdadeira ou falsa, sem outras possibilidades. Como primeiro registro de frase semelhante indica-se uma sentença de Publílio Siro (A 6: *Aut amat aut odit mulier: nil est tertium*, "a mulher ou ama ou odeia, não há terceira possibilidade"), onde, porém, existe uma "banalização": na realidade se trata de um corolário do princípio de não-contradição (cf. Aristóteles, *Metafísica*, 1057a 33), tanto em sentido ontológico (entre ser e não ser não há termo médio) quanto em sentido lógico (de onde deriva o corolário ulterior, segundo o qual, se duas proposições estão em contradição, a demonstração da verdade de uma equivale à demonstração da falsidade da outra). *Tertium non datur* atualmente é usado — como já em Publílio Siro — também na linguagem comum para referir-se a uma alternativa na qual não há margem para mediação. Em nível filosófico também se fala em *Princípio do terceiro excluído*.

87. *Si parva licet componere magnis*
Se for lícito comparar o pequeno com o grande

Essa expressão tem origem num trecho das *Geórgicas* de Virgílio (4,176) no qual as atividades das abelhas de Cécrope são comparadas às dos Ciclopes quando estes estão preparando os raios, e é ainda repetida — muitas vezes com conotação de modéstia ou falsa modéstia — quando, numa argumentação, é mencionado um termo de comparação de nível superior ou assim considerado por quem fala. Trata-se de um *topos* muito difundido já na Antiguidade clássica, tanto na literatura grega (como em Heródoto, 2,10,1; 4,99,5 e em Tucídides, 4,36,3) quanto na latina (em Cícero, *Orator*, 4,14, *Brutus*, 59,213, *De optimo genere oratorum*, 6,17, *Pro Rabirio Posthumo*, 1,2; ainda em Virgílio, *Bucólicas*, 1,23; em Ovídio, *Tristia*, 1,3,25; 1,6,28, *Metamorfoses*, 5,416; Estácio, *Silvae*, 1,5,61; 3,3,56; Plínio, o Jovem, *Ep.* 5,6,44; para outros textos remeto a Otto 1008, Weyman 59; 277, Sonny 109, Sutphen 157; 181), onde, porém, às vezes (como por exemplo em Sidônio Apolinário, *Ep.* 8,6,2) é provável que haja uma transcrição exata do trecho de Virgílio. Ademais, em todas as línguas européias modernas verifica-se a existência de locuções paralelas, como o italiano *Se è lecito paragonare le piccole cose alle grandi*; para um exemplo literário, ver Milton, *Paraíso perdido*, 2,921.

88. *Mutatis mutandis*
Mudando-se o que deve ser mudado

Trata-se de expressão extremamente difundida, usada quando de confrontos ou comparações instrutivas mas ousadas: o seu objetivo é evitar qualquer simplificação banalizadora, que levaria a considerar idênticos certos fenômenos comparáveis em alguns aspectos, mas diferentes em muitos outros, sobretudo se pertencentes a épocas históricas diferentes.

e) A comunicação escrita e a verbal

89. Multum... viva vox facit
Grande é a eficácia da viva voz

Com essa fórmula, o mote é extraído de Sêneca (*Ep.* 33,9, cf. também 6,5), mas com pequenas variações pode ainda ser encontrado em Quintiliano (2,2,8) e Plínio, o Jovem (*Ep.* 2,3,9). Com ele se tende a desvalorizar a eficácia da palavra escrita em favor da viva voz, sobretudo em nível de ensinamento: em *De viris illustribus*, de Eusébio, traduzido por São Jerônimo, por exemplo, muitas vezes se diz de um mestre (como de Pápias de Hierápolis, no cap. 18, e do filósofo Pantério, no cap. 36) que mais importante que a obra escrita foi seu ensinamento ζώση φωνῇ (*viva voce* na versão latina). A *iunctura* aliterante entre *viva* e *vox* é freqüente tanto em latim clássico quanto medieval (para indicação dos numerosos textos, remeto a Otto 1936, Weyman 66, 81, 294, Sonny 121, Sutphen 229) e muitas vezes se refere a um mestre, como por exemplo em São Jerônimo (*Ep.* 61,1; 121 *praef.*; 125,20; 126,1), ou de qualquer modo a alguém de quem se pode ouvir muita coisa instrutiva, como Cícero para Sêneca, o Retórico (*Controversiae*, 1, *praef.* 11). Quanto ao equivalente grego ζώσης φωνῆς/ζώση φωνῇ, ver, além dos textos citados de Eusébio, um de Cícero (*Epistulae ad Atticum*, 2,12,2) e um comentário à *Ilíada* (4,434); existe locução semelhante em todas as línguas neolatinas modernas (it., *a viva voce*; franc., *de vive voix*; esp., *a viva voz* [port., de viva voz]).

90. Nescit vox missa reverti
A voz emitida não pode voltar

Essa é uma frase de Horácio (*Ars poetica*, 390), que, já na Antiguidade, gozou de grande fama, como demonstram suas citações por São Jerônimo (*Ep.* 48,2; o mesmo conceito é retomado em *Ep.* 13,14) e Santo Agostinho (*Ep.* 143,4). A alusão ao fato de a palavra não poder ser chamada de volta era particularmente do agrado de Horácio: volta ainda em *Ep.*, 1,18,71 e o mesmo *topos* é aplicado ao *liber* em *Ep.* 1,20,6. De qualquer modo não faltam paralelos em outros autores, sobretudo tardios (cf. por exemplo Sulpício Severo, *Vita Martini, praef.* 109 Halm, Valeriano, *Homiliae*, 5 [*PL* 52,707b]). Além disso há um precedente grego constituído por um fragmento de Eurípides (1044 N.[2]: οὔτ' ἐκ χερὸς μεθέντα καρτερὸν λίθον/ ῥᾷον κατασχεῖν, οὔτ' ἀπὸ γλώσσης λόγον, "não é fácil frear uma pedra que se deixou escapar da mão nem um discurso da língua"), que — exatamente por seu valor gnômico — foi retomado por Plutarco (*De garrulitate*, 507a) e citado em João de Stóboi (3,36,14a). Nele se faz um confronto entre a palavra e a pedra, que reaparecerá não só em Sulpício Severo (*Ep. de virginitate*, 247,15) mas também nas tradições proverbiais modernas, principalmente na expressão brasileira *Palavra e pedra que se soltam não têm volta* (para os vários equivalentes dialetais italianos, cf. Zeppini Bolelli 67; digna de nota é a variante da Campânia: *I pparole songhe comme a i ppenne: quanne songhe ffuiùte vvale a rreccôglie*) e no espanhol *Vase la piedra de la honda* (ou seja, da "funda") *y la palabra a la boca no torna*. O mesmo motivo aparece, sem comparações, em francês e alemão (cf. Arthaber 994), enquanto são sem dúvida notáveis as variações em inglês (*A word spoken is an arrow let fly* e *Words and feathers are tossed by the wind*). Finalmente, não faltam referências literárias: o confronto entre a palavra e a flecha, por exemplo, em Brunetto Latini (*Tesoretto*, 1606-1608) e em Metastasio (*Hipermnestra*, 2,1: *Voce dal sen fuggita / poi richiamar non vale; / non si trattien lo strale, / quando dall'arco uscì*); semelhante ao mote de Horácio é um trecho do *Roman de la Rose* (16,747).

91. *Gallina scripsit*
Foi escrito por uma galinha

Essa é uma facécia de Plauto (cf. *Pseudolus*, 30), que Otto (750) já considerava proverbial. Em italiano as garatujas são *raspature di gallina* ou *zampe di gallina*, enquanto em outras línguas a galinha muitas vezes é substituída por outros animais: em francês, por exemplo, fala-se de *Pattes de mouche* (em italiano, aliás, existe *Cacatine di mosca*, mas freqüentemente para indicar a caligrafia muito pequena) e em alemão, de *Krähenfüsse*.

92. *Epistula... non erubescit*
A carta não enrubesce

Essa frase é usada por Cícero (*Epistulae ad familiares*, 5,12,1), que, ao pedir ao amigo Lúcio Luceio que escreva um livro sobre ele, afirma que por carta se pode dizer o que não se ousaria dizer face a face; reaparece em outros autores, como em Santo Ambrósio (*De virginibus*, 1,1,1). Nas línguas modernas são idênticos ao provérbio antigo o italiano *La carta non diventa rossa* e seus equivalentes alemão e russo; existe também a variante segundo a qual o papel suporta tudo: é encontrada na expressão brasileira *Papel agüenta tudo* e em seus equivalentes francês, inglês e alemão.

93. *Verba volant, scripta manent*
As palavras voam, o escrito permanece

Trata-se de um mote ainda muito difundido e usado para indicar que não se deve confiar nas promessas feitas oralmente, mas que se deve exigir transcrição. Sua origem é medieval (Walther 33093a) e uma variação engraçada é *Sit verbum vox viva licet, vox mortua scriptum, / scripta diu vivunt, non ita verba diu*, "é verdade que a palavra é viva voz e que o escrito é voz morta, mas o que é escrito vive muito e o que é dito, nem tanto" (Walther 29886). No mundo clássico, para certa superioridade da palavra escrita sobre a oral, costuma-se citar um texto de Cícero (*Brutus*, 96,328), onde se afirma: *Declarat totidem, quot dixit... scripta verbis oratio*, "é demonstrado claramente pelo discurso escrito, feito de acordo com o que foi dito", mas, na realidade, isto já está bem distante do nosso motivo. Em nível formal, deve-se citar o fato de ser freqüentemente usado o verbo *voar* para *verba*, que, uma vez emitidos, não podem mais ser chamados de volta (cf. nº 90). Arthaber 1000 assinala que existem também traduções do mote nas várias línguas européias; um paralelo popular é *Carta canta e villan dorme*; para a expressão brasileira *Palavras, leva-as o vento* e seus correspondentes nas outras línguas européias, cf. Mota 93, 161.

94. *Verbum de verbo*
Palavra por palavra

Essa é uma locução ainda empregada para indicar a tradução fiel: é encontrada pela primeira vez no prólogo de *Adelphoe* de Terêncio (v. 11), onde indica a transcrição fiel do modelo de Dífilo por parte do poeta. Baseada num poliptoto fácil, ela está presente principalmente em numerosos textos de São Jerônimo, mas também em outros autores: para indicações precisas, remeto a Otto 1870 e sobretudo a Sutphen 225; para uma variação de Cícero (*Brutus*, 96, 328), cf. nº 93. [Ao pé da letra.]

95. *Littera enim occidit, spiritus autem vivificat*
A letra mata, o espírito vivifica

Essa é a tradução encontrada na *Vulgata* de uma famosa frase de São Paulo, que, na segunda Epístola aos Coríntios (3,6), declara que ele e seus interlocutores são "ministros do novo testamento, não da letra, mas do espírito", porque τὸ γὰρ γράμμα ἀποκτείνει, τὸ δὲ πνεῦμα ζῳοποιεῖ: tem-se, portanto, uma contraposição entre a nova lei, fundada no espírito, e a lei judaica, baseada na letra. Essa frase ainda é conhecida como proverbial, tanto na versão latina quanto nas várias línguas européias (registra-se em italiano, francês, inglês, alemão e não faltam menções literárias, para algumas das quais remeto a Battaglia 8,983). O valor atual obviamente prescinde do contexto original; a máxima indica que considerar apenas as palavras, sem penetrar em seu significado, é freqüente fonte de erros graves (neste sentido, é muito difundida a oposição entre "espírito" e "letra").

96. Lapsus linguae
Lapso de linguagem

Essa expressão ainda é usada com freqüência para indicar um erro verbal, um engano de pequena gravidade (mas — segundo Freud — capaz de revelar o inconsciente). A origem dessa locução está na versão latina feita na *Vulgata* de um trecho do *Eclesiástico* (20,18: *lapsus falsae linguae quasi qui pavimento cadens*, "o deslize da língua que erra é como quem cai ao chão"), que, porém, no grego dos *Setenta*, é ὀλίσθημα ἀπὸ ἐδάφους μᾶλλον ἢ ἀπὸ γλώσσης, "é melhor tropeçar no chão do que com a língua", trecho que também deu origem ao adágio *Melius est pede quam labi lingua*, "é melhor escorregar com o pé do que com a língua", com equivalentes registrados em português, italiano, francês, inglês e alemão (Mota 45, Arthaber 787). Finalmente, devem ser assinaladas as locuções paralelas *Lapsus calami*, "lapso da pena", e *Lapsus memoriae*, "lapso de memória", para indicar um deslize de escrita ou de memória.

97. Quis leget haec?
Quem lerá isto?

Essa interrogação na realidade pertence ao segundo verso da primeira sátira de Pérsio (*Quis leget haec? Min tu istud ais? Nemo hercule. Nemo?*, "quem lerá isto? A mim perguntas? Ninguém, por Hércules. Ninguém?") e diz respeito a um famoso verso de Lucílio que acabara de ser citado (cf. nº 520): na Antiguidade, ao que se sabe, não assumiu nenhum valor proverbial. É indicado por Büchmann (401) como "geflügeltes Wort", mas seu uso atual é restrito.

f) O nome e a gramática

98. Nomen omen
O nome é um presságio

Essa fórmula, cujo sucesso se deve ao fácil jogo paronomástico, ainda é usada com freqüência para indicar uma correspondência quase mágica entre nome e ser e, principalmente, entre o nome de uma pessoa e suas ações ou vicissitudes. Na época clássica, tal locução é empregada de maneira semelhante à atual por Plauto (*Persa*, 625), a propósito de uma jovem chamada Lucride (que significa, pois, "negócio lucrativo") e por Cícero (*In Verrem actio secunda*, 2,6,18), com relação a Verres (cujo nome significa literalmente "porco"). Em outros contextos, porém, *nomen omen* é uma simples aproximação fônica, não mais estritamente vinculada à etimologia do nome (ver, por exemplo, Ovídio, *Heroides*, 8,115 s., e Hélio Esparciano, um dos autores da *Historia Augusta* [*Vida de Severo*, 7,9]), enquanto, por outro lado, nem sempre a explicação de um "nome eloqüente" é apresentada por essa fórmula: em Ovídio (*Amo-*

res, 1,8,2 s.), por exemplo, para uma velha bêbada de nome *Dipsas* (literalmente "sedenta"), tem-se *ex re nomen habet*, "seu nome é tirado da realidade". São freqüentes as referências a essa expressão na literatura e nas tradições latinas tardias e medievais: ela é, por exemplo, usada por Marciano Capela (2,193), em contexto esotérico, e por Walahfrid Estrabão (*Poetae aevi Carolini*, 2,257d); Walther registra numerosas variações sobre o tema, desde o simples *Nomen et omen habet* (17164) até *Omnibus est nomen, sed non est omnibus omen*, "tudo tem um nome, mas nem tudo contém um presságio" (20122, cf. também 17168), *Non queras nomen cui gratia contulit omen*, "não perguntes o nome a quem a Graça concedeu ser presságio" (18321), e uma aplicação específica em medicina (7612).

99. *Conveniunt rebus nomina saepe suis*
Muitas vezes os nomes combinam com as suas coisas

Essa variação original e famosa sobre o tema do *Nomen omen* (cf. nº 98) deriva de um autor que vicejou no século XIII, na corte de Frederico II: o juiz Ricardo de Venosa. Trata-se do v. 412 de *De Paulino et Polla*, em que Polla assim comenta a afirmação feita no verso anterior, na qual proclama *Nomine Polla vocor quia polleo moribus altis*, "chamo-me Polla porque sou rica (*polleo*) de elevados costumes", com uma aproximação etimológica entre *Polla* e o verbo *polleo*.

100. *Nomina sunt consequentia rerum*
Os nomes são correspondentes às coisas

Essa frase é famosa principalmente porque citada por Dante em *Vita nuova* (13,4), em que afirma que ao doce nome de amor só podem corresponder prazeres (*dolcezze*). A fonte é um trecho das *Institutiones* de Justiniano (2,7,3), onde se evidencia que a mudança do nome das doações *ante nuptias*, "antes das núpcias", para *propter nuptias*, "por causa das núpcias", deriva da vontade de que haja correspondência e conseqüencialidade efetivas entre os nomes e os objetos por eles designados. Tal preocupação, aliás, é encontrada com freqüência: além da contestação dessa expressão no *Apêndice* de *Diceria di un autore* de G. Bufalino, lembro, por exemplo, *Nomina perdidimus rerum*, "perdemos os nomes das coisas", com que Ignazio Silone comenta o fato de as tropas soviéticas que intervieram contra os rebeldes húngaros em 1956 não serem chamadas "tropas imperialistas russas" (*Uscita di sicurezza*, 160), e o atualmente mais famoso *Stat rosa pristina nomine, nomina nuda tenemus*, com que Umberto Eco conclui *O nome da rosa*.

101. *Nomina sunt odiosa*
Citar nomes é detestável

Esse mote, já bem conhecido na Idade Média (Walther 17171) e ainda hoje usado, tem origem num trecho de Cícero (*Pro Roscio*, 16,47), no qual se afirma que *Quasi vero mihi difficile sit... nominatim proferre... homines notos sumere odiosum est, cum et illud incertum sit velintne ii sese nominari*, "ser-me-ia difícil citar nominalmente... é detestável falar de pessoas conhecidas, quando não é certo se elas querem ou não ser citadas".

102. *Canis a non canendo*
Chama-se cão porque não canta

Trata-se de uma expressão bem conhecida, para indicar uma etimologia popular cujo fundamento não se encontra em critérios científicos, mas na semelhança fônica entre duas palavras. Trata-se na realidade de uma vulgarização de um trecho do *De lingua Latina*, de Varrão (7,32), que declara: *canes quod latratu signum dant, ut signa canunt, canes appellatae*, "as cadelas são assim chamadas porque dão sinais com ladridos, como se *signa canunt* (soassem sinais militares)". A vulgarização foi feita segundo o esquema freqüente da etimologia *a contrariis*: cf. também n°s 103-104.

103. *Lucus a non lucendo*
Chama-se bosque «lucus» por não ter luz

Essa etimologia, freqüentemente presente na tradição gramatical antiga (cf. por exemplo Donato, *Ars grammatica*, 4,402,4 Keil, e Carísio, *Ars grammatica*, 1, 276,15 s. Keil), ainda é famosa, assim como *Canis a non canendo* (nº 102). Quintiliano (1,6,34) já a citava como exemplo de etimologia *a contrariis*: *Etiamne a contrariis aliqua sinemus trahi, ut "lucus" quia umbra opacus parum luceat?*, "será possível extrair alguma coisa de seu contrário, como *lucus*, que deriva do fato de ser sombrio e de nele penetrar pouca luz?" (a anotação, porém, é atribuída a Hélio Estilo [fr. 59 Funaioli]), sendo depois retomada por São Jerônimo (*Ep.* 40,2), por Sérvio (no comentário à *Eneida*, 1,22) e nos ditados medievais sobre as denominações *per antiphrasim* (Walther 14015,1; 14016). Entre as referências nas literaturas modernas, eu apontaria a do sonho de Dudu, no *Dom Juan* de Byron (6,55). A expressão geralmente é citada como exemplo canônico de etimologia "popular", atraente mas falsa e por isso usada para ironizar etimologias absurdas, relações errôneas entre causa e efeito, nomes claramente contrários àquilo que designam: na realidade, porém, é provável que exista uma relação etimológica entre *lucus* e *lucere* (cf. Walde-Hofmann 1,828). Num caso, ao que pude constatar isolado (*Mandragolo* de L. Santucci [5]), indica que à feiúra exterior corresponde a interior.

104. *Bellum quod res bella non sit*
A guerra se chama «bellum» por não ser coisa bela

Essa é outra famosa etimologia *a contrariis*: o fato de alguns dos antigos interpretarem *per antiphrasim* o termo *bellum* é verificado por Isidoro de Sevilha em suas *Etimologias* (18,1,9), e exatamente por esse motivo expressões como *horrida bella*, de Virgílio (*Eneida*, 6,86), parecem valer-se de uma força oximórica especial. Todavia, não se encontra documentação da formulação ora apresentada, e tal etimologia não está presente na relação das derivações *per antiphrasim* feita por Quintiliano (1,6,34); no entanto, reaparece na Idade Média (cf. Walther 14016, e também 1980b *Bellum non bellum*). Lembro, finalmente, a divertida contestação desse mote no prólogo ao terceiro livro de *Gangantua* de Rabelais.

105. *Graeca per Ausoniae fines sine lege vagantur*
As palavras gregas vagam sem lei pelas terras de Ausônia

Esse verso se encontra em *Regia Parnassi*, famoso dicionário prosódico de palavras latinas redigido em 1679 pelos jesuítas parisienses; originalmente, afirmava que os nomes gregos podem ser utilizados na poesia latina sem normas fixas de prosódia, mas muitas vezes foi — e ainda é — repetido para se dizer que não existem normas precisas a regularem o acento dos nomes gregos em latim e em italiano. Realmente, a questão é espinhosa: o fato de já em época clássica existirem incertezas e flutuações na pronúncia latina dos nomes gregos (donde a regra da penúltima sílaba) é demonstrado por um trecho de Quintiliano (1,5,24), no qual o retórico se detém nas diversas pronúncias dos nomes próprios do tipo *Atreus*, *Tereus* e *Nereus*; em seguida é feito um discurso à parte para os nomes gregos que entraram no vocabulário latino depois do terceiro século, quando a norma da penúltima sílaba não era mais sentida, e, portanto, foram pronunciados das maneiras mais variadas. A lei italiana, que prescreve a adoção da acentuação latina, não pode, portanto, ser aplicada com rigidez, mas em relação com a história dos vocábulos e com a tradição poética e cultural; para maiores detalhes, ver P. Janni, *Il nostro greco quotidiano*, Bari 1986, 59-66; para dados normativos, casuísticos e bibliográficos completos, remeto a L. Serianni, *Grammatica italiana*, Torino 1988, 50-52.

HOMEM: ÍNDOLE NATURAL
E HABILIDADE TÉCNICA

a) A índole natural

106. Vulpem pilum mutare, non mores
A raposa muda de pêlo, mas não de costumes

Esse popularíssimo provérbio é encontrado pela primeira vez num trecho da *Vida de Vespasiano*, de Suetônio (16): trata-se de uma frase espirituosa de um vaqueiro que acusa o imperador de sempre ter sido e continuar sendo um incorrigível avarento. Reaparece em Paulo Diácono (20,715 M.), onde a *vulpecula* não muda de *ingenium*, e retorna em vários outros autores medievais (para os quais remeto a Sutphen 230), às vezes com explícita referência à anedota de Suetônio, como em João de Salisbury, numa carta de 1167 (202, *PL* 199,225c), e num trecho de *Policrático* (3,14 *PL* 199,510cd); ver também Walther 34223c, 34223d e, em especial, 9632, *Flavos permutat canis vulpecula crines, / at numquam mores alterat ipsa suos*, "a raposa pode trocar pêlos fulvos por brancos, mas nunca altera seus costumes"; posteriormente, é grande a sua difusão nas línguas neolatinas e germânicas, mesmo com variantes marginais: em italiano, *La volpe perde il pelo, ma non il vizio*; em alemão, *Der Füchs ändert den Balg, und bleibt ein Schalk*; no Brasil é conhecido *Raposa, cai o cabelo, mas não deixa de comer galinha*. Às vezes, a raposa encontra um concorrente no lobo, tanto no latim medieval, em que se registra *Lupus pilum mutat, non mentem*, "o lobo muda de pêlo, mas não de pensamento" (Walther 1411c), quanto principalmente em grego: um equivalente perfeito de Walther 14117c é encontrável em Apostólio (12,66) e um precedente é constituído por um epigrama anônimo da *Antologia Palatina* (9,47), no qual uma cabra que, por ignorância do pastor, deve amamentar um lobacho, prevê amargamente: ἡ χάρις ἀλλάξαι τὴν φύσιν οὐ δύναται, "o favor (recebido) não pode mudar a natureza" (para o motivo de criar uma serpente junto ao peito, cf. nº 282; a imagem lembra a do leãozinho criado pelos pastores, que, chegando à idade adulta e reassumindo a antiga natureza, faz uma matança na casa que o acolhera com tanto desvelo [Ésquilo, *Agamêmnon*, 717-736: ver nº 283]); e finalmente existem vários provérbios semelhantes em grego médio e neogrego (remeto a K. Krumbacher, *Mittelgriechische Sprichwörter*, München 1894, 126; 211), entre os quais é particularmente interessante τὸν λύκο τὸν ἐκούρευαν κι ἔλεγε: πᾶν τὰ πρόβατα, "nem tosquiado, o lobo é ovelha". Nas várias línguas modernas, com efeito, o lobo tem sucesso sobretudo na versão *Il lupo cambia* (ou *perde*) *il pelo ma non il vizio*, enquanto em espanhol e em inglês ele muda ou perde os dentes (*Muda el lobo los dientes y no los mientes* e *Wolves lose their teeth, but not their memory*). Finalmente, em casos esporádicos, raposa e lobo são substituídos por outros animais: em neogrego, pelo porco e pelo cão; em espanhol, pelo asno; em veneziano, o cão retorna no original *Tagia la coa al can, el resta can*.

107. *Qui in pergula natus est, aedes non somniatur*
Quem nasceu numa cabana nem sonha com palácios

Em Petrônio (74,14) Trimálquio com essa frase invectiva a mulher Fortunata, que, de nascimento humilíssimo, segundo o marido assume ares de grande importância, não compreendendo que será sempre uma plebéia, mesmo tendo desposado um homem rico. Com toda a probabilidade, trata-se de uma expressão de cunho popularesco, correspondente ao italiano *Un villano rimane sempre villano*, que encontra equivalente em vários dialetos e em todas as línguas européias (Arthaber 1443: entre as variações mais espirituosas, ver: *Il villan porta scritto sulla panza: villan senza creanza* e o toscano *Chi è stato battezzato con l'acqua del pozzo, puzza sempre di umido*, que também encontra correspondências em outros dialetos, como por exemplo em veneziano).

108. Τόπων μεταβολαὶ οὔτε φρόνησιν διδάσκουσιν, οὔτε ἀφροσύνην ἀφαιροῦνται
A mudança de lugar não deixa ninguém sensato nem suprime a estupidez

Essa sentença é atribuída a Bias (1,229,9 Mullach) e foi conservada pelos florilégios bizantinos (em especial na seção sobre a sabedoria da *Melissa* do Pseudo-Antônio). A estupidez de se pretender uma mudança de índole e caráter com uma mudança de latitude na realidade representa um *topos* bem difundido nas literaturas antigas: em grego, por exemplo, Ésquines (3,78) tira proveito da fácil paronomásia existente entre τρόπος, "caráter", e τόπος, "lugar", com seu οὐ γὰρ τὸν τρόπον, ἀλλὰ τὸν τόπον μετήλλαξεν, "não mudou de caráter, mas de lugar", e uma figura de retórica semelhante é encontrada em João Crisóstomo, *Ao povo de Antioquia*, 5,5 (*PG* 49,76 s.), enquanto são muito numerosas suas recorrências em latim (remeto a Otto, 285, Weyman 53,70, Sutphen 142). Tem importância especial um trecho de Horácio (*Ep.* 1,11,27) onde temos a gnoma *Caelum non animum mutant qui trans mare currunt*, "mudam de céu, mas não de ânimo, os que atravessam velozmente os mares", que em seguida foi citada com freqüência, sobretudo durante a Idade Média (aparece, por exemplo, entre os *Proverbia* do Pseudo-Beda [*PL* 90,1094a] e de Otloh de Sankt Emmeram [*PL* 146,306cd]); além disso devem ser ressaltados dois trechos das *Epistulae ad Lucilium* de Sêneca: num deles há *Animum debes mutare, non caelum*, "deves mudar de caráter, não de céu" (28,1), e no outro (104,8) o filósofo desenvolve mais o tema, afirmando que, para fugir aos próprios aborrecimentos, o homem deveria transformar-se em outro homem e não mudar de lugar. Quanto aos paralelos nas línguas modernas, encontram-se o italiano *Col mutar paese non si muta cervello*, o esplêndido alemão *Reisen wechselt das Gestirn, aber weder Kopf noch Hirn*, e, finalmente, o espanhol *Vana la esperanza del vidar las penas mudando aires*, que transfere o ditado para a esfera das penas inelutáveis.

109. *Naturam expellas furca, tamen usque recurret*
Expulsa a natureza com um forcado, e ela voltará

A origem dessa notória máxima, conhecida e citada já na Idade Média (cf. Walther 15938, ao qual remeto também para indicação de algumas recorrências; 22604,2), está num verso de Horácio (*Ep*. 1,10,24), cujo significado, porém, é diferente do que costuma ser atribuído à sentença: ao defender a vida no campo, contra um convicto defensor da superioridade da vida urbana, Horácio lembra que nos palácios luxuosos, entre colunas de mármore variegado, cultivam-se bosquezinhos, porque, mesmo se expulsa a pontapés, a *natura*, a vida natural, portanto a vida no campo, acaba voltando. A sentença, porém, foi assimilada à tradição da imutabilidade da índole natural, já presente na literatura grega, em Sófocles (fr. 808 R.) e principalmente no final (vv. 19 s.) da décima primeira *Olímpica* de Píndaro (τὸ γὰρ ἐμφυὲς οὔτ' αἴθων ἀλώπηξ / οὔτ' ἐρίβρομοι λέοντες διαλλάξαιντο ἦθος, "nem a raposa fulva nem o leão rugidor podem mudar de índole natural"), que depois se reflete nos chamados *Monósticos de Menandro* (801 J.: φύσιν πονηρὰν μεταβαλεῖν οὐ ῥᾴδιον, "não é fácil mudar uma natureza perversa", cf. também 395). Entre os latinos, tem particular importância uma passagem de Juvenal (13,239 s.), registrada pelas tradições proverbiais ulteriores (Walther 16938), que diz: *Tamen ad mores natura recurrit / damnatos fixa et mutari nescia*, "a natureza retorna sempre aos costumes que condenara porque é fixa e não pode mudar"; tem-se ainda uma expressão semelhante em Sêneca (*De ira*, 2,20,2), enquanto a *natura* (natureza) é mais forte que qualquer *cura* (cuidado) em Ovídio (*Metamorfoses*, 9,758, cf. também Juvenal, 10,302 s.). O *topos* marca presença nas línguas modernas (Arthaber 874): o italiano *Ciò che si ha per natura fino alla fossa dura* tem equivalente em espanhol (juntamente com a variante *Lo que en el capillo se toma con la mortaja se deja*), enquanto *Invan tor si procura quel che vien da natura* encontra paralelo exato em francês; observar, além disso, o alemão banal *Natur lässt sich nich ändern* e o original inglês *What's bred in the bone, won't out of the flesh*; no Brasil são conhecidos *Cada qual conforme seu natural* e *Cada um é pro que nasce* (para paralelos posteriores cf. Mota 60 e 62). Entre as referências literárias, são famosas a lapidar *Nature her customs holds* no *Hamlet* de Shakespeare (4,7), a moral de La Fontaine 2,18 (a fábula da gata que se transforma em mulher), a citação de Voltaire no *Dicionário filosófico* (ver "Caráter"), e um mote de Ph. Despouches (*Le glorieux*, 3,5: *Chassez le naturel, il revient au galop*), que — a meu ver — conserva o sentido do trecho de Horácio.

110. Ξύλον ἀγκύλον οὐδέποτ' ὀρθόν
Madeira torta nunca endireita

Esse provérbio na realidade é um fragmento cômico anônimo (182 K.), encontrado em Galeno (8,656 K.), registrado pelos paremiógrafos (Diogen. 6,92, Greg. Cypr.

3,16, Apost. 12,25) e traduzido para o latim medieval como *Lignum, quod tortum, haud unquam vidimus rectum* (Walther 13772a): indica que é bem difícil corrigir quem é naturalmente inclinado ao mal. Também em latim se encontra a expressão *Curva corrigere*, "endireitar coisas tortas", que denota a tentativa desesperada de reconduzir para a via reta quem se empederniu no mal: na verdade o uso em Plínio (*Ep.* 5,21,6) e sobretudo no *Apokolokyntosis* de Sêneca tem nítido matiz irônico, ao passo que é conceitualmente semelhante uma advertência de Quintiliano (1,3,12): *Frangas enim citius quam corrigas quae in pravum induruerunt*, "é mais fácil quebrar do que corrigir quem se empederniu no mal" (que retoma formalmente o *topos* da contraposição entre o quebrar e o dobrar, entendido como "corrigir", cf. nº 138). Essa imagem também está presente, a indicar renovação radical e absoluta, numa famosa predição de Isaías (40,4), retomada no *Evangelho de Lucas* (3,5): ἔσται τὰ σκολιὰ εἰς εὐθείαν, "o tortuoso será retificado", trecho ao qual os autores cristãos aludirão com freqüência (como, por exemplo, Sedúlio, *Carmen Paschale*, 4,7). Em italiano, as empresas desesperadas e por vezes pretensiosas são representadas por *Raddrizzare le gambe ai cani* (para as referências literárias, remeto a Battaglia 2,629), ao passo que *Essere un legno torto* significa "ser pouco maleável" (Lapucci, 228). [Pau que nasce torto morre torto.]

111. *Iliacos intra muros peccatur et extra*
Cometem-se faltas fora e dentro dos muros do Ílio

A fonte é Horácio (*Ep.* 1,2,16): a frase era considerada proverbial na Idade Média (Walther 11427) e ainda é citada para indicar que ninguém, em parte nenhuma da terra, está imune à culpa. Conceitualmente, tem parentesco com as tradições do *Vitiis nemo sine nascitur* (nº 1711) e do *Errare humanum est* (nº 457).

112. Cum fueris nostrae... farinae
Já que foste feito da nossa farinha

Essa expressão, que tem o significado de "ser feito da mesma massa", é usada por Pérsio (5,115), enquanto na *Vida de Augusto*, de Suetônio (4), um certo Cássio de Parma comenta ironicamente a origem do imperador, lançando-lhe ao rosto: *Materna tibi farina est ex crudissimo Ariciae pristino*, "tua farinha materna vem do mais tosco moinho de Arícia". Do mesmo modo, para indicar semelhança profunda, são usados: *fascia* (em Petrônio, 46,1); *nota*, substantivo que muitas vezes significa "qualidade, tipo", com metáfora extraída da etiqueta do vinho (muitas vezes em Sêneca: para os textos, remeto a Otto 643, Sutphen 160); *grex*, "grei, rebanho" (em Terêncio, *Adelphoe*, 362); *moneta*, "moeda, cunho" (ainda em Sêneca, *De beneficiis*, 3,35,1). Para as locuções referentes ao barro, cf. n°s 113, 137. Em grego existem expressões paralelas: ver, por exemplo, τῆς αὐτῆς κεραμείας, "da mesma fábrica", encontrado em Eratóstenes (201 Bernhardy, testemunhado por Ateneu, 11,482d) e registrado pelos paremiógrafos (Macar. 8,15, Arsen. 16,46a); ἐκ τῆς αὐτῆς ψιάθου γεγονώς, "feito da mesma palha de esteira" (*Appendix Proverbiorum*, 2,47); e finalmente, de Platão, ἐκ τοῦ αὐτοῦ γυμνασίου, "saído da mesma escola" (*Górgias*, 493d). Em todas as línguas modernas existem expressões desse tipo (cf. Arthaber 1374), às vezes com imagens expressivas (como, por exemplo, no dialeto da Puglia: *So' tutte figghje a nna chéne e ttènene tutte u stésse skéme*); para provérbios semelhantes sobre a igualdade de todos os homens, ver nº 113.

113. Εἴ σε Προμηθεὺς / ἔπλασε καὶ πηλοῦ μὴ 'ξ ἑτέρου γέγονας
Foste plasmado por Prometeu e não nasceste de barro especial

Esse fragmento de Calímaco (493 Pf.) retoma uma famosa expressão que pretende afirmar uma semelhança básica: todos nasceram do mesmo barro, foram forjados pelo titã Prometeu com essa humilde matéria. Enfatiza-se assim a humildade dessa origem humana comum: observar que com freqüência a mesma palavra é usada metaforicamente para indicar coisas vis, sujas, moralmente sórdidas (cf. nº 137). Semelhantes ao texto de Calímaco, com referência explícita a Prometeu, são trechos de Marcial (10,39,3), Juvenal (14,34 s.) e Claudiano (2,20,496), enquanto se encontra máxima semelhante em πάντα μία ἡμῖν κόνις, "tudo o que nos diz respeito é feito do mesmo pó", citado por Luciano (*Diálogos dos mortos*). A expressão também teve sucesso entre os cristãos, principalmente em São Jerônimo (*Ep.* 77,6; 79,10; 2,28, p. 10 B., *Adversus Pelagianos*, 2,4,745), visto que mesmo o Deus do Gênese ἔπλασεν... τὸν ἄνθρωπον χοῦν, "criou o homem de um monte de terra" (2,7), e que daí derivam frases como a famosa μνήσθητι ὅτι χοῦς ἐσμεν, "lembra-te de que somos pó", extraída de um salmo (102,14), ou como o adágio medieval *Omnes terra sumus*, "somos todos terra" (Walther 11924); além disso, essa imagem está presente no *Alcorão* (11,61). Finalmente, os paremiógrafos (Macar. 3,94, *App. Prov.* 2,47) registram ἐξ ἑνὸς πηλοῦ, "do mesmo barro". Nas tradições modernas o barro recorre esporadicamente (como, por exemplo, em *Lisetta* de Enrico Pea, 175), ao passo que em todos os lugares são muito difundidos os provérbios sobre a substancial identidade de todos os homens, como o italiano *Siamo tutti della stessa pasta* (cf. nº 112 e Arthaber 1374) e o brasileiro *Todos nós somos filhos de Deus* (cf. Mota 219); entre as variantes que se destacam pela argúcia, cito o toscano *Tutti siam di creta e Dio è il vasellaio* (que retoma uma conhecida e poética imagem bíblica, cf. *Jeremias*, 18,3,6, *Jó*, 10,8, *Isaías*, 29,16, *Epístola aos Romanos*, 9,20 s.), o veneziano *I omeni xe fioi tuti zo da una zoca* e o alemão *Jeder hat ein Hemd von Menschenfleisch*; em contexto literário, lembro Shakespeare: *"Homo" is a common name to all men* (*Henrique IV*, 2,1).

114. Κακοῦ κόρακος κακὸν ᾠόν
De mau corvo, mau ovo

Esse provérbio é registrado pelos paremiógrafos (Zenob. vulg. 4,82, Diogen. 5,39, Greg. Cypr. L. 2,34, Apost. 9,20), com duas explicações: uma zoológica, segundo a qual ele derivaria da não-comestibilidade do corvo e de seus ovos; e uma retórica, segundo a qual se trataria da reação dos juízes diante do comportamento de Tísias, processado pelo mestre Córace (cujo nome, *Corax*, é idêntico ao substantivo grego que significa "corvo"), porque não pagara os honorários. Para demonstrar a insensatez da situação, o jovem teria usado o seguinte sofisma: "Se venceres, significa que nada me ensinaste e que, portanto, não mereces ser pago; se eu vencer, maior será a razão para que não recebas nenhuma remuneração." Com essa frase, os juízes teriam comentado o fato, ressaltando que de mau mestre só poderia provir mau discípulo. A meu ver, é indubitável que a origem seja zoológica e que a deliciosa anedota não passa de uma aplicação à dupla Tísias-Córace, com um feliz trocadilho com o nome deste último, que também encontramos em outro lugar: por exemplo, Luciano em *Pseudologista* (30) denomina δυσκόρακος ἔργον, "obra de mau corvo", um manual de retórica divulgado sob a falsa autoria de Tísias. O adágio depois foi traduzido para o latim vulgar como *Mali corvi malum ovum* (Walther 14322b) e ficou como variante negativa de *Talis pater talis filius* (nº 1445) em todas as línguas européias (a partir do italiano *Il mal corvo fa mal uovo*, cf. Arthaber 326), com a possível banalização do corvo em pássaro genérico (em especial o inglês e o alemão; em espanhol, também se encontra *El mal pájaro hace mal huevo*). No Brasil também é difundido *Árvore ruim não dá bom fruto* (para paralelos precisos, ver Mota 51).

115. Ἐκ τοῦ κρασπέδου τὸ πᾶν ὕφασμα
Pela franja se conhece todo o tecido

Esse provérbio é encontrado em autores cristãos, desde Efrém Siríaco (*De miraculo Sancti Clementis*, 4, cf. Leutsch-Schneidewin 2,162), até Gregório de Nissa (*De vita Gregorii Thaumaturgi*, 2,987a) e Teodoro Hirtacense (*Anecdota Graeca*, 2,447 Boissonade), sendo registrado pelos paremiógrafos (Diogen. 5,15, Macar. 3,66, Apost. 6,91). Pertence a uma série de provérbios (nºˢ 116, 117) segundo os quais se pode conhecer a natureza do todo até pela menor de suas partes: seu interesse reside no fato de demonstrar que os antigos já conheciam o procedimento "por amostragem"; são aparentados os provérbios segundo os quais do início de uma ação se pode deduzir qual será sua conclusão (nº 812). No latim medieval existe *Ex fimbria textura manifesta*, "pela orla se conhece o tecido" (*Historia Miscella*, 26,26 p. 601 Eyssenhardt, cf. também Preste João, *Liber de miraculis*, 3,9,29), enquanto, entre os provérbios modernos, ver sobretudo o brasileiro *Pela amostra se conhece a chita*, o alemão *Am Salende erkennt man das Tuch* e, no dialeto de Puglia, *Buène mìere, bona fèzze, buène panne, bona pèzze*.

116. *Ex ungue leonem*
Pela unha se conhece o leão

Esse provérbio significa que de um pequeno indício se pode entender como é o todo: o grego ἐξ ὄνυχος τὸν λέοντα é usado por vários autores gregos, desde Sofrônio (fr. 110 Kaibel) até Plutarco (*De defectu oraculorum*, 410bc, com referência a Alceu, cf. fr. 438 Voigt), Aristeneto (*Ep.* 1,4), Filostrato (*Vida de Apolônio de Tiana*, 1,32) e Gregório de Nazianzo (*Carmina Moralia*, 2,6, pp. 37,681); Luciano (*Hermotimus*, 55), porém, faz referência à anedota segundo a qual o escultor Fídias, ao ver uma unha, reconheceu-a como pertencente a um leão (o nosso provérbio também recorre no *Philopatris* do Pseudo-Luciano, 3); finalmente, há uma variação em Libânio (*Ep.* 64,5 Förster: τὸν μὲν γὰρ ὄνυχα εἴδομεν [...] δεόμεθα δὲ τοῦ λέοντος, "vimos a unha, esperamos o leão"). Não faltam equivalentes exatos nas tradições lexicográfica e paremiográfica: à parte Diogeniano, que o cita no interior de uma relação de provérbios desse tipo, ver Hesych. ε 3940, Macar. 3,95, Apost. 7,57. A locução recorre — sem variações relevantes — em todas as línguas modernas (cf. Arthaber 303) e em vários autores (por exemplo, em Rabelais, 5,47); uma variante usada no Brasil é *Pelo dedo se conhece o gigante* (Mota 165 cita também em latim vulgar *Ex digito gigas*).

117. Ἐκ τοῦ καρποῦ τὸ δένδρον γινώσκω
Pelo fruto reconheço a árvore

Esse provérbio é citado pelos paremiógrafos (Diogen. 5,15, Apost. 6,90) em meio a uma série de sentenças que exemplificam a possibilidade de deduzir a qualidade do todo a partir de escassos elementos (cf. n°s 115, 116), mas, como já interpretava Erasmo de Rotterdam (*Adagia*, 1,9,39), ele também devia significar que, assim como pelo fruto se conhece a planta, é também pelas ações que se conhece a índole das pessoas. Realmente, é para essa mesma direção que leva uma das versões do provérbio encontrada no *Evangelho de Mateus* (7,16), em que Jesus, ao falar sobre os falsos profetas, afirma: ἀπὸ τῶν καρπῶν αὐτῶν ἐπιγνώσεσθε αὐτούς. μήτι συλλέγουσιν ἀπὸ ἀκανθῶν σταφυλὰς ἢ ἀπὸ τριβόλων σῦκα, "por seus frutos os conhecereis! Porventura colhem-se uvas dos espinhos ou figos dos abrolhos?", ditado que está ligado a outras expressões proverbiais hebraicas (cf. Strack-Billerbeck 1,466 s.). Ao contrário, confirma a primeira interpretação o provérbio semelhante citado pela *Suda* (α 4479), que afirma: αὐτίκα καὶ φυτὰ δῆλα ἃ μέλλει κάρπιμ' ἔσεσθαι, "logo fica claro quais são as árvores que produzirão frutos", desconhecido em nível literário, embora um precedente seu talvez possa ser distinguido no provérbio popular *Generosioris arboris statim planta cum fructu est*, "de uma árvore generosa logo sai uma haste com frutos", registrado por Quintiliano (8,3,76) e que encontra paralelos na tradição alemã (cf. Wander 1,278: *Ein edler Baum bringt zeitig Frucht* e *Gute Bäume tragen zeitlich*); deve também ser citado um trecho da *Vida de Barlaam e Ioasaf*, onde Barlaam afirma que, se soubesse contar todas as maravilhas da vida de Antônio, iniciador da disciplina dos anacoretas, seu interlocutor, pela árvore, entenderia quais são os numerosos e esplêndidos frutos. Do medieval *Ex fructu cognoscitur arbor* derivam, em todas as línguas neolatinas e germânicas, provérbios paralelos ao brasileiro *A árvore se conhece pelos frutos* (cf. Mota 35, 80, Arthaber 302); entre as variações, ver o brasileiro *Pela palha se conhece a espiga*, e o inglês *By the husk you may guess at the nut*; entre as referências literárias, são dignas de nota as encontradas em Dante, *ogn'erba si conosce per lo seme* (*Purgatório*, 16,144), e em Pascal (*Pensées*, 939). A imagem da planta, finalmente, é ainda usada para dizer que os filhos são da mesma natureza dos pais: ver, por exemplo, no dialeto da Puglia: *Ramagghje ramagghje, come je la chjande, nassce u figghje*.

118. *Camelum vidimus saltitantem*
Vimos um camelo a dançar

Essa expressão, registrada por São Jerônimo (*Adversus Helvidium*, 18,226), indica alguém que procura fazer coisas para as quais não tem a menor predisposição. Tal situação realmente é bem absurda, como também demonstra a fábula encontrada em Esopo (142 Hausrath) e em Bábrio (80), na qual um homem embriagado quer obrigar seu camelo a dançar e este responde que já lhe é bastante andar pela rua sem ser ridículo e sem aventurar-se na dança. Pode ser considerado semelhante o alemão *Der Kuh geht auf Stelzen* (ou seja, "a vaca está sobre andas"): com efeito, entre as grotescas máscaras do carnaval alemão, está um camelo sobre pernas de pau.

119. Naturalia non sunt turpia
As coisas naturais não são torpes

Essa frase atualmente é usada para indicar uma visão otimista do "estado de natureza", semelhante à de Rousseau, mas não encontra registros clássicos. Conceitualmente, porém, devem ser citados dois precedentes: antes de mais nada, um verso — provavelmente espúrio — de *Hipsípila* de Eurípides (fr. 60,96a Bond) afirma: δεινὸν γὰρ οὐδὲν τῶν ἀναγκαίων βροτοῖς, "nada há de terrível entre as coisas naturalmente necessárias ao homem", e em oposição a δεινὸν γάρ existe uma variante οὐκ αἰσχρόν, "nada de torpe" (para essa seleção de textos e para outras questões complexas a ela ligadas, remeto a G. W. Bond, *Euripides Hypsipyle*, Oxford 1963, 116). Máxima semelhante a essa era conhecida por Sérvio que, no comentário a um verso das *Geórgicas* de Virgílio (3,96), alega esses motivos para o fato de que o poeta estaria designando a velhice como *non turpis*: *turpis non est quia per naturam venit*, "não é torpe porque conforme à natureza".

120. Sequitur vara vibiam
A estaca acompanha a viga

A explicação popularizada para esse antigo provérbio, registrado por Ausônio (*Technopaegnia*, 4 [27,4,1 Sch.]) e por um glossário (*cod. Leid.* 67e), ou seja, de que um mal atrai outro, embora pareça justificável no trecho de Ausônio, na verdade é arbitrária: significa que, por natureza, as coisas são acompanhadas por outras que lhes sejam semelhantes ou associadas, que portanto existem afinidades espontâneas dificilmente desvinculáveis. Existe também a variante medieval *Varam cum vibia proicit*, "joga fora a estaca com a viga"; do provérbio semelhante *Ad perditam securim adiicit manubrium*, "com o machado, joga fora também o cabo", derivam equivalentes em todas as línguas européias (italiano, *Gettare il manico dietro alla scure* [cf. Arthaber 573]): é nessas expressões que emerge o valor de "agarrar-se a uma decisão pior depois de tomar uma decisão ruim" (Passarini 555), ausente no primitivo provérbio latino.

121. Tanti vitrum, quanti vero margaritum?
Se o vidro custa tanto, quanto custará a pérola verdadeira?

O primeiro registro está em Tertuliano (*Ad martyras*, 4), mas o provérbio também é usado por São Jerônimo (*Ep.* 107,8), que, além disso, na *Ep.* 130,6, exclama a propósito das pessoas que encaminham para a vida monástica as moças feias e incapazes de encontrar marido: *tanti, ut dicitur, vitrum quanti margaritum*, "como se diz, vale tanto o vidro quanto a pérola!". *Margaritum*, "pérola", era aliás, na literatura latina (como na italiana, cf. Battaglia 13,56), coisa preciosa por antonomásia: também existe o seu uso figurado (por exemplo em Petrônio, 63,3, e assim Augusto chamava Mecenas, numa carta citada por Macróbio, *Saturnalia*, 2,4,12).

122. *Homo mundus minor*

O homem é o mundo em miniatura

A fonte é Boécio (*De definitione*, PL 64,907), mas encontram-se expressões semelhantes também em Plínio, o Velho (36,101), em Macróbio (no comentário ao *Somnium Scipionis*, 2,12,11) e em Arnóbio (2,25); ver também Szelinski 44. Trata-se, aliás, de conceito típico da filosofia e da astrologia antigas, segundo o qual o homem é um conjunto de fenômenos que reproduzem o conjunto do universo; em nível filosófico, o conceito foi formulado por Demócrito (68 B 34 D.-K.), retomado por Aristóteles (*Física*, 8,252b 26 s.) e fixado como definição do homem pelo estoicismo tardio (cf. Plutarco, *De Stoicorum repugnantiis*, 1054b-1055c; no que se refere à possibilidade de esse conceito estar presente em Posidônio, ver M. Pohlenz, *La Stoa*, trad. it. Firenze 1967, Göttingen 1959, 1,167, 467). Através de Boécio, a idéia passou para o mundo cristão-medieval, no qual o homem é considerado um "microcosmo" não só enquanto espelho da realidade, mas também de Deus: entre as várias obras sobre o assunto, deve ser citado o *De mundi universitate sive megacosmus et microcosmus* de Bernardo de Tours; é significativo, entre outras coisas, que o homem como *minor mundus* apareça num trecho de Roswitha, de influência claramente escolástica (*Paphnutius*, 1,3). No Renascimento, esse mote teve muito sucesso (cf. por exemplo Cusa, *De docta ignorantia*, 3,31; Campanella, *De sensu rerum*, 1,10), mas assumiu valor diferente, com referência a uma concepção mágico-panteísta da realidade. Goethe, na primeira parte do *Fausto*, a ele alude duas vezes nas palavras de Mefistófeles, que, na cena do estúdio, ironiza o homem que "neste mundo de loucura se considera um todo" e, na cena do estudante, zomba da medicina, que, segundo as teorias de Paracelso, curaria os males à luz das relações entre "pequeno e grande mundo". Finalmente, deve ser citado, no italiano literário, o uso do termo *microcosmo* com referência ao homem (cf. Battaglia 10,354). Para maiores detalhes, remeto ao clássico E. Lotze, *Mikrokosmus, Ideen zur Naturgeschichte und Geschichte des Menschheit*, Leipzig 1856.

123. Πολλὰ τὰ δεινά, κοὐδὲν ἀνθρώπου δεινότερον πέλει

Muitas são as coisas extraordinárias, mas nada o é mais que o homem

Essa expressão, famosa atualmente como símbolo da grandeza humana, constitui o início do primeiro estásimo (canto coral que separa os episódios da tragédia) de *Antígona*, de Sófocles (vv. 332 s.: o ponto de separação entre os dois versos está na palavra ἀνθρώπου). Realmente, esse estásimo exalta a grandeza do homem e suas conquistas técnicas: é fundamental, porém, o adjetivo δεινός, que indica caráter extraordinário tanto em sentido positivo quanto em negativo (portanto, também equivale a "terrível") e, nessa situação, alude tanto à capacidade extraordinária do homem, que é hábil em cultivar campos e sulcar mares, quanto às suas limitações, que ele tenta em vão superar.

HOMEM: ÍNDOLE NATURAL E HABILIDADE TÉCNICA 57

124. Αὐλὸν σάλπιγγι συγκρίνεις
Comparas a flauta à trombeta

Essa expressão, registrada pelos paremiógrafos (Diogen. 1,15, Apost. 4,32), indica o confronto entre coisas de naturezas completamente diferentes e, portanto, não comparáveis: o som da trombeta é forte e agudo, enquanto o da flauta é suave e delicado. Esses mesmos elementos são usados por Luciano (*Rhetorum praeceptor*, 13) para indicar superioridade absoluta.

125. Οὔποθ' ὕδωρ καὶ πῦρ συμμείξεται
Água e fogo jamais se misturarão

A fonte é o *Corpus theognideum* (v. 1245), e Díon Cássio (55,13) atribui frase semelhante ao imperador Augusto. De resto, água e fogo com freqüência são tomados como símbolos de absoluta inconciliabilidade: entre os gregos, ver ainda por exemplo um trecho de Plutarco (*De primo frigido*, 950f); em latim, dois trechos de Ovídio (*Tristia*, 18,4, *Ibis*, 31). Muitas vezes essa expressão é usada como garantia de que determinada coisa nunca acontecerá (primeiro a água deveria misturar-se ao fogo!): sobretudo em Sêneca, o Trágico (cf. *Tiestes*, 480, *Fedra*, 568 ss., *Hercules furens*, 375; ver também *Octavia*, 222 s.); com esse valor, seria depois citado *Prius undis flamma*, "antes o fogo (se unirá) às águas", fragmento trágico anônimo (155 R.[3]), que Cícero (*Filípicas*, 13,21,49) menciona a propósito da absoluta incompatibilidade entre o Estado e certas personagens como Antônio. Nas línguas modernas são muitas as expressões desse tipo, como, por exemplo, as italianas *Essere come l'acqua e il fuoco* e *Accordare acqua e fuoco*; o mar que se incendeia também aparece freqüentemente nas tradições do "mundo às avessas" (ver G. Cocchiara, *Il mondo alla rovescia*, Torino 1981, em part. 80-91).

126. Πρίν κεν λύκος ὄϊν ὑμεναιοῖ
Antes um lobo poderia desposar uma ovelha

Essa expressão é extraída de *A paz*, de Aristófanes (v. 1076): é Hiérocles, o belicista intérprete dos oráculos, que assim afirma a absoluta impossibilidade da paz. Realmente, a inimizade entre o lobo e os animais domésticos, principalmente a ovelha, constitui um *topos* e é freqüente a comparação com o comportamento desta diante do lobo para indicar uma pessoa assustada, principalmente uma mulher jovem (como Galatéia diante do Ciclope em Teócrito, 11,24, e as Sabinas no famoso rapto, em Ovídio, *Ars amatoria*, 1,118). Uma eventual amizade entre lobo e ovelha — pólos opostos e inconciliáveis (como afirma também o *Eclesiástico* 13,17) — é, portanto, símbolo da absurda ruptura da ordem natural e constitui um dos motivos mais recorrentes do *topos* "mundo às avessas", que tem grande importância em toda a nossa tradição cultural (ver G. Cocchiara, *Il mondo alla rovescia*, Torino 1981, 58-69), em cujo âmbito um dos textos mais famosos (*Isaías*, 11,6) alinha uma longa série de exemplificações (entre elas, a nossa) extraídas do mundo animal; uma interpretação em chave escatológica (a união entre ovelhas e lobos ocorrerá nos últimos dias) se encontra em *Didaché* (16,3). Os paremiógrafos (Diogen. 7,63, Apost. 14,96) registram πρίν κε λύκος ὄϊν ποιμάνῃ, "antes o lobo poderia conduzir a ovelha ao pasto"; em latim medieval tem-se *Prius ovem lupus ducat uxorem* (Walther 22448e). São expressões semelhantes as italianas *Fare il lupo pecoraro* e *Dare le pecore in guardia al lupo*, onde, porém, a tônica não está no absurdo do acontecimento, mas no fato de se confiar em quem não merece confiança (ver já Terêncio, *Eunuchus*, 832: *Ovem lupo commisisti*, cf. nº 1597). Expressões análogas também são encontradas em latim: por exemplo, no *Appendix Vergiliana* (*Dirae* 4); em Horácio (*Carm.* 1,33,7-9), onde as cabras se unirão aos lobos antes que Fóloe ceda a um amante vulgar; na *Fedra* de Sêneca (570-573), onde Hipólito jura que haverá amizade entre gamos e lobos antes que ele ceda às propostas da madrasta; e num poema do discípulo Licêncio dedicado a Santo Agostinho (junto à *Ep.* 26,3), onde a loba esfaimada amamentará cordeiros antes que o autor dê as costas aos ensinamentos do mestre. Famosa é a frase *Ovis ultro fugiat lupus*, "o lobo fuja espontaneamente das ovelhas", de Virgílio (*Bucólicas*, 8,52), que faz parte de uma série de exemplos de acontecimentos impossíveis. Finalmente, há uma série de textos nos quais a amizade entre ovelhas (ou presas habituais) e lobos é símbolo de uma paz extraordinária (ver, por exemplo, Horácio, *Carm.* 3,18,13, Virgílio, *Bucólicas*, 8,27 s., Prudêncio, *Cathemerinon liber*, 156-160, Claudiano, *De raptu Proserpinae*, 2, *praef.* 25 s.).

127. *Fruges consumere nati*
Nascidos para comer grãos

Essa expressão ainda é usada, às vezes para indicar a miséria da natureza humana, outras vezes para designar pessoas apegadas apenas a bens materiais e desprovidas de qualquer ideal. Deriva de Horácio (*Ep.* 1,2,27), onde já tem valor negativo. Existe um precedente no sexto canto da *Ilíada*, no qual Diomedes pergunta a Glauco se ele é homem ou deus, porque não quer combater contra os deuses, enquanto — afirma — εἰ δέ τίς ἐσσι βροτῶν, οἳ ἀρούρης καρπὸν ἔδουσιν, / ἆσσον ἴθ᾽ ὥς κεν θᾶσσον ὀλέθρου πείραθ᾽ ἵκηαι, "se pertences aos mortais, que comem o fruto da terra arada, vem aqui, para alcançares mais depressa os confins da morte" (vv. 142 s.; ainda sobre esse episódio, cf. nº 427).

128. *Naturam non matrem esse humani generis, sed novercam*
A natureza não é mãe, mas madrasta, do ser humano

Essa expressão de Lactâncio (*De opificio Dei*, 3,1) refere-se ao fato de que a natureza proveu todas as espécies animais de meios de defesa e proteção, mas o homem não (trata-se de um motivo recorrente, já verificado na fábula de Prometeu narrada por Protágoras no diálogo homônimo de Platão [321]); trechos análogos são encontrados em Plínio (*Naturalis historia*, 7,1,1) e em Sidônio Apolinário (*Ep.* 7,4,13), enquanto em Quintiliano (12,1,2) a natureza não é mãe, mas madrasta, se a palavra que o homem recebeu como dom, ao contrário dos outros animais, se torna cúmplice de delitos e inimiga da verdade. A contraposição entre mãe e madrasta ocorre também em outros contextos (cf. nº 1448), enquanto o tema da natureza vista como mãe ou madrasta assume importância especial na literatura italiana, dada sua relevância no pensamento de Leopardi (lembro em particular o *Dialogo della Natura e di un Islandese*).

129. *Homo est animal bipes rationale*
O homem é um animal bípede racional

Essa famosa definição é extraída de *A consolação da filosofia* de Boécio (5,4, cf. também 1,6: para bibliografia sobre tais textos, remeto a Gruber 155 s.). Na realidade, o fato de o homem pertencer à espécie animal mas ter como "diferença específica" a razão, ou seja, uma faculdade cognoscitiva superior, é observação presente em vários filósofos antigos: era atribuída por Diógenes Laércio (6,24) a Platão. Ver também, por exemplo, Porfírio, *De abstinentia*, 1,27; ainda Boécio, *Segundo Comentário à Isagoge de Porfírio*, 3,4, *Comentário às Categorias*, 1,163d; Arriano, *Discussões de Epiteto*, 2,9,2; Santo Agostinho, *De civitate Dei*, 22,24; para o *logos* como prerrogativa do homem na filosofia estóica, cf. M. Pohlenz, *La Stoa*, trad. it. Firenze 1967, Göttingen 1959, 54-56.

b) *O caráter do homem e as virtudes individuais*

130. Οὐκ ἐπαινεθείης οὐδ' ἐν περιδείπνῳ
Não serias louvado nem no banquete fúnebre

Essa locução, que nos chega através da tradição paremiográfica (Zenob. vulg. 5,28, Diogen. 7,24, Plut. 86, Greg. Cypr. 7,26; L. 2,85, Apost. 15,51) e lexicográfica (Fócio, 359,11 P., Suda o 874), indica uma pessoa de tão pouco valor que, paradoxalmente, dela não se conseguiria falar bem nem mesmo no seu banquete fúnebre, no qual o morto é sempre louvado, a despeito de suas qualidades efetivas. Essa expressão está ligada ao conhecidíssimo *topos* dos louvores indiscriminados depois da morte (nº 592).

131. Παρ' ἧς τὸν ἄρτον ἡ κύων οὐ λαμβάνει
De quem nem uma cadela aceita pão

Essa locução, extraída de Dífilo (fr. 91,2 K.-A.), indica uma pessoa tão malvada que nem um cachorro aceitaria seu pão. Encontram-se paralelos em Aléxis (fr. 73 K.), οὐδὲ ῥόαν γλυκεῖαν ἐκ τῆς δεξιᾶς / δέξαιτ' ἂν αὐτῶν, "não aceitaria de suas mãos nem mesmo uma doce romã", e, sobretudo, em Petrônio (37,3), *Noluisses de manu illius panem accipere*, "não terias desejado receber pão de suas mãos". Não tenho conhecimento de que essa expressão subsista nas atuais tradições proverbiais (mesmo sendo muito popular, em italiano, a aproximação paronomástica de *pane* [pão] com *cane* [cão], cf. Battaglia 12,473): O. Crusius ("Philologus" 46 [1888] 631) afirmava porém que a proverbialidade do texto de Dífilo era assegurada exatamente por paralelos nas línguas modernas.

132. *Hyrcanaeque admorunt ubera tigres*
As tigresas da Hircânia te ofereceram as tetas

Esse famoso verso de Virgílio (*Eneida*, 4,367, retomado nas *Carmina Vergiliana*, 188,12 Baehrens), com que Dido acusa Enéias de ser cruel, refere-se a um conhecido dizer segundo o qual pessoas cruéis foram amamentadas por tigresas: ver, por exemplo, numerosos trechos de Ovídio (*Metamorfoses*, 7,32; 8,120; 9,613, *Tristia*, 1,8,43 s.; 3,11,3), um de Sidônio Apolinário (*Carm.* 5,530 s.), um verso do *Hercules Oetaeus* de Sêneca (146) e um de Venâncio Fortunato (5,65). No texto de Virgílio — como em muitos outros da poesia latina — tem-se a especificação Hircânia, que era uma região da Pérsia (atual Mazandaran) famosa por ser inóspita e por ter grande número de tigres ferozes. Às vezes, em lugar da tigresa, temos a leoa, como em dois versos de Catulo (60,1; 64,154) e em um do *Corpus Tibullianum* (Lígdamo, 3,4,90), ou então as feras, de modo genérico (como em Ovídio, *Heroides*, 7,38). Aliás, já na Antiguidade existia o costume de chamar "fera" às pessoas de ânimo cruel: Jasão, por exemplo, na *Medéia* de Eurípides (vv. 1342, 1407), chama Medéia de λέαινα, "leoa", depois da morte dos filhos. Nas línguas modernas, as feras continuam sendo o ponto de referência mais comum para a ferocidade e na tradição poética não deixa de estar presente a imagem das tigresas da Hircânia como símbolo de ferocidade desumana (cf. Battaglia 8,524), nem faltam textos semelhantes ao de Virgílio (como um de Lorenzo de' Medici [*Ecloghe*, 2,145]). Além disso, no que se refere especificamente à tipologia da tigresa e da leoa, se a principal conotação da primeira continuou sendo a crueldade, a da segunda passou a ser principalmente a coragem intrépida.

133. *Italum acetum*
Vinagre da Itália

Essa expressão, extraída das *Sátiras* de Horácio (1,7,32), ficou famosa a indicar um caráter arguto, mordaz e dado a ditos espirituosos: com esse valor, é, ademais, encontrada a locução italiana correspondente, como explicou Benedetto Varchi (*Opere*, 2,171). Tal significado tem dupla razão: antes de mais nada, em italiano a palavra *aceto* pode indicar, por si só, argúcia (cf. Battaglia 1,120) e, mais especificamente, no texto de Horácio, a personagem à qual ela se refere é um grego que, *postquam est Italo perfusus aceto*, "depois de ter sido regado com o vinagre da Itália", cria um dito pungente. Na realidade, porém, Horácio se refere a uma expressão proverbial que simplesmente considera a aspereza e a acidez do vinagre: em Plauto, por exemplo, *Habere aceti in pectore* equivale a algo como "ter sangue nas veias" (*Pseudolus*, 739, cf. também *Bacchides*, 405). Em grego também existe, com esse valor, ὄξος Σφήττιον, "vinagre de Esfétion", presente em Aristófanes (*Pluto*, 720) e registrado pelos paremiógrafos (Macar. 7,93, *App. Prov.* 4,29) e lexicógrafos (Phot. 329,25 s. P.): a tradição exegética, que parte de Dídimo (citado expressamente por Ateneu, 2,67cd), está de acordo em associar a locução ao demônio de Esfétion, cujos habitantes teriam possuído caráter particularmente difícil e teriam sido em grande parte caluniadores. Os paremiógrafos (*App. Prov.* 4,28) registram ainda ὄξος ἠκρατισμένον, "vinagre puro", e também existe um uso metafórico, com esse valor, do simples ὄξος, "vinagre": ver, por exemplo, χὠνὴρ ὄξος ἅπαν, "este homem é um vinagre", que em Teócrito (15,148) designa o marido desejoso.

134. Ἄξιος τριχός
Não vale um pêlo

Essa expressão, verificada em Aristófanes (*As rãs*, 614), é depois abundantemente registrada pelos lexicógrafos — a partir da *Praeparatio sophistica* do aticista Frínico (14,4, cf. também *Suda* α 2819) — e paremiógrafos (Zenob. vulg. 2,4, Diogen. 1,93, Diogen. Vind. 1,54, Macar. 2,17, Apost. 3,25). Paralelamente, em latim existe *pili facere*, "não dar a mínima importância" (para os textos, remeto a Otto 1420), e *pilus* é usado para indicar uma porção irrisória (existe, entre outros, *pilo* com os comparativos como ablativo de medida, cf. Cícero, *Ad Quintum fratrem*, 2,16,5): por exemplo, em Cícero, em *Pro Roscio Comoedo* (7,20), *ne ullum pilum viri boni habere dicatur* equivale a "para que não se diga que não tem nem mesmo um pêlo de gente honesta", e num trecho das *Epistulae ad Atticum* (50,20,6), *ne pilum quidem* (sc. *pecuniae accepi*) significa "não recebi nem sombra de dinheiro"; Sêneca, em *Naturales quaestiones* (4,11,5), afirma que a distância entre um monte e o sol é menor do que a distância existente entre o vale e o sol tanto quanto um cabelo é mais grosso que outro. Locuções semelhantes são encontráveis nas línguas modernas: ver, por exemplo, o alemão *Es ist kein gutes Haar an ihm* e o italiano *Non avere un pelo que pensi a qualcosa*, *Non montare un pelo*, *Non valere un pelo*, *Non stimare un pelo* (para verificações, remeto a Battaglia 12,975).

135. *Non homo trioboli*
Não (sou) homem de três óbolos

Essa expressão é extraída de *Poenulus* de Plauto (vv. 381 e 463) e equivale a um protesto contra quem considera o falante homem de pouco valor. Este não é um caso isolado de menção a moedas para dizer que uma pessoa tem pouco valor: ver, por exemplo, *tressis agaso*, "palafreneiro de três asses", de Pérsio (5,76); *non semissis homo*, "não um homem de meio asse", de Cícero (*Epistulae ad familiares*, 5,10,1); *homo dipundiarius*, "homem de dois asses"; e *sestertiarius homo*, "homem de um sestércio", de Petrônio (respectivamente 74,15 e 45,8). Por outro lado, em nível proverbial, a moeda de três óbolos indicava valor mínimo tanto em grego (ver já Aristófanes, *A paz*, 848 s., cf. também Nicofontes, fr. 20,3 K.-A.) quanto em latim (principalmente Plauto, *Poenulus*, 868, *Bacchides*, 260, *Rudens*, 1330, 1354). Deve-se também notar que outra moeda usada em latim para indicar um valor irrisório, portanto pouquíssima importância, é o *teruncius*, um quarto do asse (ainda em Plauto, *Captivi*, 477, e em Cícero, *Epistulae ad Atticum*, 5,20,6; 5,21,5; 6,2,4; *Epistulae ad familiares*, 2,17,4); também é documentado o provérbio *Teruncium adicere Croesi pecuniae*, "somar um terúncio às riquezas de Creso [rei da Lídia, famoso pelo seu imenso patrimônio]" (Cícero, *De finibus*, 3,14,45; 4,12,29), para indicar uma ação claramente inútil. O equivalente grego τεττάρων ὀβολῶν ἄξιος, "que vale quatro óbolos", é registrado por Apostólio (16,35), que lhe atribui valor semelhante ao das locuções anteriores, e aparece numa carta de Juliano, o Apóstata (50,445b), a respeito da παρρησία, "liberdade de expressão" (como parte de uma pergunta irônica que significa: "acreditas por acaso que a liberdade de expressão é coisa de pouco valor?"; é interessante que, segundo a *Suda* [τ 368], que retoma a exegese ao trecho de Juliano, parece que a locução assume valor diametralmente oposto ao usual); Eustátios (*Comentário à Ilíada*, 9,378 [2,734,19-21 van der Valk]), por outro lado, afirma que, para se dizer que alguém nada valia, usava-se ὀβολοῦ τιμᾶσθαι, "valer um óbolo". Em italiano também são freqüentes expressões como *Valere un / due / tre / quattro soldi* [valer um tostão/vintém], tanto com referência a pessoas como em outros contextos (como na famosa *Pobre canção de dois vinténs*, da *Ópera de três vinténs*, de B. Brecht).

136. *Indignum vero testu*
É deveras um vaso indigno!

Essa expressão, encontrada em Afrânio (420 R.³), refere-se a um homem absolutamente inútil.

137. Πηλὸς οὗτος
Este indivíduo é de lama

Essa locução, registrada no *Léxico* de Fócio (428,1 s. P.), indica uma pessoa baixa e sórdida por natureza; em latim também existe *lutum*, "lodo/lama", como insulto (por exemplo em Catulo [42,13] e Cícero [*In Pisonem*, 26,62]), paralelamente a *homo luteus*, "homem de lama" (em Cícero [*In Verrem*, 3,14,35]) e a *homullus ex argilla et luto fictus*, "homúnculo feito de argila e lama" (ainda em *In Pisonem* de Cícero [25,59]); em Plauto (*Poenulus*, 158), enfim, de uma pessoa sórdida se diz: *Non lutumst lutulentius*, "o lodo não é mais lodoso". O uso de *lama* em sentido depreciativo permaneceu nas línguas modernas: em italiano, entre as muitas locuções do gênero (cf. Battaglia 5,640), observar: *di fango*, para indicar alguma coisa vil e desprezível; *più vile del fango, tenere / giudicare / reputare / avere qualcosa o qualcuno per fango*. Para o uso de *lutum* com caráter de *topos*, indicando a natureza humana comum, ver nº 113.

138. *Frangar, non flectar*
Quebrarei mas não vergarei

Essa expressão, freqüentemente usada para indicar a integridade de uma pessoa e adotada como divisa por várias casas nobiliárias, tem um precedente clássico significativo em *Flecti non potest / frangi potest*, "não pode vergar / pode quebrar", que é atributo de um ânimo indócil em *Tiestes*, de Sêneca (v. 200). Na realidade, a contraposição entre *flectere* e *frangere* constitui um *topos* usado com freqüência para se referir ao caráter de uma pessoa (para exemplos, remeto a Weyman 252: parece-me muito interessante a metáfora usada por Ovídio [*Ars amatoria*, 2,179 s.], *flectitur obsequio curvatus ab arbore ramus, / frangis, si vires experiere tuas*, "o ramo da árvore, se curvado com delicadeza, se dobra, / mas o quebrarás se quiseres usar a força"), mas às vezes aplicado a outros contextos, como, por exemplo, numa carta de Sidônio Apolinário (7,4,2): *sacerdotii fastigium non frangitis comitate sed flectitis*, "não rompeis mas apenas dobrais a dignidade sacerdotal com a vossa afabilidade". Ainda existem variações, como, por exemplo: *flecti... vinci* de Sêneca (*De beneficiis*, 6,30,6); *frangas... corrigas* de Quintiliano (1,3,12); e *satellites tyrannidis... flectere potius maluit quam excruciatos delere*, "preferiu corrigir os partidários da tirania a torturá-los e destruí-los", de Aurélio Vítor (9,2). Para a contraposição paralela entre *solvere*, "dissolver", e *rumpere*, "romper", cf. nº 1622. Nas tradições proverbiais modernas é freqüente essa imagem para indicar a coerência a qualquer custo; ver, por exemplo, o alemão *Wenn es nicht biegen soll, so muss es brechen* e o italiano *Rompersi / Spezzarsi ma non piegarsi* (mas existem formas mais genuinamente italianas, como o irreverente *Meglio è piegarsi che scavezzarsi* e o ambíguo *L'acciaio si rompe ma il ferro si piega*).

139. *Si nos coleos haberemus*
Se tivéssemos colhões

Essa locução é encontrada em Petrônio (44,14): apresenta semelhança um trecho de Pérsio (1,103 s.) no qual se lê: *haec fierent, si testiculi vena ulla paterni / viveret in nobis?*, "isto aconteceria se em nós sobrevivesse algum vestígio dos testículos paternos?". Portanto, *coleos habere* é uma variante vulgar, mas muito eficaz, do mais difundido *Virum esse* (cf. nº 140, assim como Hoffmann 139) e indica a posse dos dotes constitutivos da tipologia masculina, ou seja, coragem, constância, força, seriedade. Nas línguas modernas, *ter colhões* parece ser usado somente em italiano e francês e também assume o valor de "ser tecnicamente hábil".

140. *Si vir es*
Se és homem

Trata-se de uma expressão de uso freqüente para indicar a posse dos dotes de força, coragem e constância, presentes na tipologia masculina. Muitas vezes aparece nessa forma hipotética e introduz um incitamento à realização de certa ação (por exemplo em Cícero [*Epistulae ad familiares*, 9,18,3], em Marcial [2,69,8], em Ovídio [*Fastos*, 6,594], em Floro [1,38,9] e em Apuleio [*Metamorfoses*, 2,17,131]); outras vezes aparece na forma imperativa, como *vir es*, "sê homem!" (por exemplo em Terêncio [*Eunuchus*, 154]), mas também são documentadas outras possíveis variações da locução básica *Virum esse* (para uma relação dos trechos, remeto a Otto 1906, Weyman 66, 81, 293, Sutphen 227, Sonny 120, Szelinski 246). *Vir* pode ser substituído por *homo* (remeto a Sutphen cit.) e em Tertuliano (*Ad nationes*, 17,70,26) encontra-se também *quis*, "alguém". Entre os tantos textos, parece-me despertar interesse especial um de Quintiliano (8,3,86), que capta a força enfática da nossa expressão: *Est in volgaribus quoque verbis emphasis: "virum esse oportet" et "homo est ille"*, "mesmo nas palavras vulgares pode haver ênfase, como em etc.". Nas várias línguas modernas é comum a expressão *Ser homem*, assim como *Ser alguém*; esta última, porém, não equivale apenas a "ser homem", mas a "ser alguém de importância".

141. *Semiputata tibi frondosa vitis in ulmo est*
A tua videira apóia-se semipodada ao olmeiro frondoso

Trata-se de um verso das *Bucólicas* de Virgílio (2,70). Em seu comentário, Sérvio aventa duas hipóteses para explicar essa oração: ou se trataria de uma negligência indesculpável, de vez que se especifica que as videiras estão podadas apenas pela metade, ou então se trata de verdadeira loucura, à luz da crença de que quem bebia vinho feito de videira não podada ficava louco. Plínio, o Velho (14,88), e Plutarco (*Vida de Numa*, 14,7), por sua vez, lembram um edito de Numa, que proibia libações com vinho de videira não podada (Plínio, ademais, procura fornecer uma explicação racional).

142. *Iubeas... porculum adferri tibi*
Ordena que te tragam um leitão

A fonte é Plauto (*Manaechmi*, 314): alude-se à prática de sacrificar um porco para curar a loucura. A locução, portanto, equivale a uma declaração de loucura: ver também Horácio, *Sat.* 2,3,164.

143. *Nullum magnum ingenium sine mixtura dementiae fuit*
Nunca existiu grande gênio sem mistura de demência

Essa famosa máxima, citada por Sêneca (*De tranquillitate animi*, 17,10) como sendo de Aristóteles e já famosa na Idade Média (cf. Walther 19037a), tem origem numa tradição peripatética, que acreditamos ser representada pela descrição do μελαγχολικός, ou seja, do homem de caráter instável, e pela afirmação de que muitas vezes se identifica com o homem genial, em *Problemata*, 30,1 (953a 10-955a 40). Esse trecho, cuja atribuição total a Aristóteles é no mínimo improvável, de qualquer modo devia partir de um núcleo original (lembre-se que Teofrasto também escreveu um tratado — infelizmente perdido — sobre a melancolia) e era bem conhecido na cultura latina, visto ser citado inclusive por Cícero (*Tusculanae disputationes*, 1,33,80, *De divinatione*, 1,37,80). Depois a máxima ficou muito famosa, mesmo porque era considerada um respeitável precedente do *topos*-mito "gênio e desregramento": suas traduções são encontradas entre os provérbios de todas as línguas européias (Arthaber 1022; entre as variantes aponto o italiano *Non fu mai gran gagliardia senza un ramo di pazzia*) e não faltam referências literárias (por exemplo em Dryden e em Chamfort [2,142]). Para maiores detalhes, remeto a R. Klibansky, E. Panofsky, F. Saxl, *Saturno e la melanconia*, Torino 1983², 34 ss.

144. Πῖϑ' ἑλλέβορον
Bebes heléboro

Essa expressão proverbial, encontrada em Aristófanes (*As vespas*, 1489) e registrada pelo paremiógrafo Arsênio (14,30a), equivale a uma acusação de demência, visto ser o heléboro uma droga muito usada como calmante contra a loucura. Daí tem origem o uso metafórico de expressões que indicam beber uma poção feita de heléboro (ver, por exemplo, Platão, *Eutidemo*, 299d, Menandro, fr. 63,1, K.-Th., Luciano, *Vera historia*, 2,7, *Vitarum auctio*, 23, *Diálogos dos mortos*, 17,2, Plutarco, *Quomodo adulator ab amico internoscatur*, 55b), assim como dos verbos ἑλλεβοριᾶν, "precisar de heléboro" (no cômico Cálias, fr. 35 K.-A.), e ἑλλεβορίζειν, "curar com heléboro" (em Demóstenes, 18,121). Também em latim *helleborus* assume significado metafórico análogo, como, por exemplo, em Plauto: *Elleborum hisce hominibus opus est*, "estes precisam de heléboro" (*Pseudolus*, 1185), e em outros textos desse mesmo autor (por exemplo *Menaechmi*, 913; 950) e de Marcial (9,94,6). Havia duas cidades famosas pela produção dessa droga: uma no golfo de Corinto e uma nas proximidades do monte Eta; ambas eram chamadas Anticira e por esse motivo tem-se o uso metafórico semelhante para *Anticyra*, em locuções como διάπεμψον / Ἀντικύραν, em Dífilo (fr. 125,6 s. K.-A.), ou *Naviget Anticyram*, "navegue para Anticira", em Horácio (*Sat*. 2,3,166). Embora expressões como essas sejam mais ou menos raras em grego (ver ainda Plutarco, *De cohibenda ira*, 462b), são freqüentes em latim, desde Ovídio (*Epistulae ex Ponto*, 4,3,54) até Juvenal (13,97), Pérsio (4,16) e o próprio Horácio (*Sat*. 2,3,82 s., *Ars poetica*, 300, onde, porém, se alude a outra tradição, segundo a qual o estóico Crisipo se drogava três vezes com heléboro para manter a mente lúcida: ver o comentário de ten Brink *ad l.*). A expressão *precisar de heléboro* também é encontrada com esse sentido em nível literário (para alguns textos, remeto a Battaglia 5,105; além disso, é célebre Rabelais, 1,23), e a fama de Anticira ainda não está totalmente extinta.

145. *Neque imbellem feroces / progenerant aquilae columbam*
As águias ferozes nunca geram uma pomba pacífica

A proverbialidade dessa expressão de Horácio (*Carm*. 4,4,31 s.) é explicitamente afirmada por Porfírio em seu comentário ao trecho e é confirmada pela sua presença tanto em sentenças medievais quanto nas línguas modernas (correspondente perfeito se encontra em italiano, francês e alemão, cf. Arthaber 97). A imagem tira proveito de dois *topoi* bem conhecidos: o da suavidade e bondade próprias das pombas (também evidenciadas por uma tradição paremiográfica grega, cf. Diogen. 7,64, Macar. 7,37, Apost. 14,97, e bem diferentes da realidade, conforme demonstrado pelos modernos etólogos, sobretudo por Konrad Lorenz) e o da contraposição entre aves de rapina e pombas (cf. por exemplo Santo Agostinho, *Comentário ao Evangelho de João*, 5,12), em especial entre águias e pombas, presente, por exemplo, em Marcial (10,65,12) e nos *Hinos do dia*, de Prudêncio (3,163-5, onde a oposição dá ensejo a uma subversão na ordem natural, com as águias fugindo das pombas, segundo o clássico esquema do "mundo às avessas", também presente em outros textos, cf. nº 126), assim como em vários textos tardios e medievais (para os quais remeto a Weyman 261). Finalmente, é preciso deixar claro que, se o provérbio moderno parte de uma visão negativa das águias e positiva das boas pombas, bem diferente é o texto de Horácio, que na realidade constitui uma exemplificação — em negativo — da asserção *Fortes creantur fortibus et bonis*, "os fortes são criados por pessoas fortes e de bem", com paralelos em grego (por exemplo em Píndaro [*Píticas*, 8,64 s.]), e em latim (como, por exemplo, em Sêneca [*Troades*, 536]).

146. *In molle carne vermes nascuntur*
Os vermes nascem na carne mole

A fonte é um trecho de Petrônio (57,3) no qual um liberto de Trimálquio, depois de investir contra outro convidado da famosa ceia, esclarece não ser naturalmente dado à ira. O significado exato dessa expressão é discutível: para uns, deve ser posta ao lado dos numerosos provérbios que advertem para o fato de que até os mansos podem encolerizar-se (nº 161), enquanto para outros deve prevenir contra os perigos de uma índole e de um comportamento submissos demais. A meu ver, o vigor dessa imagem popular só se mantém integralmente na segunda interpretação.

147. *Semper homo bonus tiro est*
O homem bom é sempre um aprendiz

Essa expressão é de Marcial (12,51,2) e assume valor gnômico já na Idade Média (cf. Walther 27917), enquanto em grego uma expressão equivalente (οἱ ἀγαθοὶ εὐαπάτητοι, "as boas pessoas se deixam enganar facilmente") é atribuída a Bias (1,228,7 Mullach). Paralelo posterior é representado por *Multae insidiae sunt bonis*, "muitas são as insídias para os bons", ditado extraído de *Tiestes*, de Ácio (214 R.[3]) e registrado por Cícero (*Pro Plancio*, 24,59, *Pro Sestio*, 48,102); o mesmo Cícero, numa carta ao irmão Quinto (1,1,12), explica que, quanto mais alguém é bom, tanto menos desconfia que os outros sejam maus. Muitas são as referências nas tradições proverbiais modernas: das italianas *Troppo buono, troppo minchione* e *Troppo buono non fu mai buono*, à francesa *Deux fois bon, c'est une fois bête*, às alemãs *Allzugut ist jedermanns Narr* e *Fromme Leute müssen täglich Lehrgeld geben*, e à inglesa *The better-natured, the sooner undone*. Existem também casos em que é usado o ditado latino (como em Goethe, *Máximas e reflexões*, 283).

148. *Tam placidum quam ovem*
Plácido como uma ovelha

A fonte é Terêncio (*Adelphoe*, 534), mas também se encontram expressões do gênero em outros autores, como, por exemplo, Apuleio (*Metamorfoses*, 7,23; 8,25), gregos como o cômico Filipe (fr. 29 K.) e o cristão Pedro Crisólogo (*Serm.* 6 [*PL* 52,202b]): de resto, as ovelhas eram freqüentemente usadas como símbolo de docilidade e submissão (cf. por exemplo Propércio, 2,5,20); para verificações ulteriores, remeto a Otto 1317, Weyman 77. Também nas línguas modernas é freqüente o recurso às ovelhas em expressões comparativas que tratam da mansuetude (para o italiano, ver Battaglia 12,904-5).

149. *Tam tranquillam... / quam mare*
Tranqüila como o mar

Essa comparação é extraída do *Poenulus* de Plauto (vv. 355 s.), onde se explica que se trata do mar calmo dos dias em que a alcíone choca seus filhotes. O mar não encapelado indica uma pessoa de índole pacífica mesmo em outros trechos de Plauto (*Miles*, 664, *Stichus*, 529). Até hoje a expressão *águas paradas* [it. *acqua cheta*] define as pessoas tranqüilas, mas só quando essa bonomia não passa de aparência (em italiano, trata-se de uma forma abreviada de *Acqua cheta rovina i ponti*, cf. nº 214); de resto, o motivo do mar como elemento aparentemente tranqüilo, mas na realidade traidor, já está presente na Antigüidade (cf. por exemplo Esopo, 178; 223 Hausrath).

150. *Omnia munda mundis*
Tudo é puro para os puros

A fonte é a epístola de São Paulo a Tito (1,15: πάντα καθαρὰ τοῖς καθαροῖς), mas o sucesso desse ditado se deve à sua citação por Manzoni no oitavo capítulo de *Promessi sposi* (78), no qual o Padre Cristoforo usa-o para impor silêncio ao irmão porteiro Fazio, que se escandalizara com a presença de mulheres no convento. Em texto clássico, um paralelo é constituído por máxima presente em *Tusculanae* de Cícero (4,16,36): *Hominem frugi omnia recte facere*, "o homem probo faz tudo com justiça". Na realidade a origem da sentença de Cícero é provavelmente estóica, como demonstra um fragmento de Cleantes (1,569 von Arnim), citado por Diógenes

Laércio (7,128), que diz: πάντοτε τῇ ψυχῇ χρῆται οὔσῃ τελείᾳ ὁ σπουδαῖος, "o homem probo tem a consciência completamente íntegra". Tal motivo, de qualquer modo, recorre em outras situações. Eu assinalaria: o famoso início da *Ode* 1,22 de Horácio, na qual o *Integer vitae scelerisque purus*, "irrepreensível e imune a crimes", nunca precisa de armas; uma frase de Guittone d'Arezzo (*Lettere*, ed. Meriano, Bologna 1923, 1,92: *Non può essere purità di coscienzia che in omo giusto*); e finalmente o adágio popular italiano *Male non fare paura non avere* (que tem paralelos em todas as línguas européias e um precedente no latim vulgar *Recte faciendo neminem timeas*, "age corretamente e não temas ninguém", cf. Arthaber 450).

151. *Iustum et tenacem propositi virum*
Homem justo e tenaz em seus propósitos

Essa expressão, freqüentemente citada para indicar um caráter firme e decidido (Büchmann 381, Fumagalli 330) e já registrada como sentenciosa na Idade Média (Walther 13315b), na realidade é o *incipit* de uma ode de Horácio (3,3), na qual se afirma que um homem que tem essas qualidades não vacila nem diante do furor de seus concidadãos que impelem para descaminhos nem diante do domínio ameaçador de um tirano. Com o mesmo valor também se usa *Non commovebitur*, "não será demovido", que tem origem nas Sagradas Escrituras: a expressão, de fato, volta com freqüência na versão da *Vulgata* (cf. por exemplo *Salmos*, 45,6; 111,6). Essa segunda expressão tinha grande popularidade no século XIX, quando assumiu um nítido colorido político: foi gravada numa medalha que homenageava a fidelidade do duque Francisco IV de Módena à Áustria e depois foi escolhida como epígrafe do jornal pró-austríaco, *La voce della verità*, editado nessa cidade da Emília a partir de julho de 1831.

152. *Dignum... quicum in tenebris mices*
Digno... com quem se pode jogar no escuro

Essa expressão é registrada e explicada por Cícero (*De officiis*, 3,19,77): indica que uma pessoa é tão fiel que com ela se poderia até jogar de olhos fechados um jogo em que um dos jogadores estende certo número de dedos, que deve coincidir com o número de dedos estendido simultaneamente pelo adversário. Recorre em Cícero (*De finibus*, 2,16,52), mas também em outros autores, como Petrônio (44,7), Frontão (numa carta a Marco Aurélio, 1,5,5), Santo Agostinho (*De Trinitate*, 8,5). Semanticamente, tem afinidade com expressões modernas como *comprar de olhos fechados*, *comprar no escuro* (em italiano *Comprare a occhi chiusi* e *Comprare la gatta nel sacco*; esta última expressão se encontra em todas as línguas européias; observar a variante inglesa *To buy a pig in a poke*).

153. *Proba merx facile emptorem reperit*
A boa mercadoria logo encontra comprador

Em Plauto (*Poenulus*, 342) essa expressão é uma advertência jocosa feita a uma bela jovem de que não deveria desperdiçar-se mostrando-se em demasia. Ainda em Plauto (ver por exemplo *Miles*, 895, *Cistellaria*, 727, *Persa*, 238, *Truculentus*, 409) está presente o uso metafórico de *mala merx*, "mercadoria ruim", como qualificação pouco lisonjeira das mulheres. Paralelo perfeito da sentença de Plauto é encontrado em italiano, espanhol e inglês, enquanto em todas as línguas existe o correspondente à expressão brasileira *O que é bom por si se gaba* (Mota 152, Arthaber 863), usado especificamente com valor metafórico para afirmar que quem tem habilidade de qualquer modo consegue se sobressair. Com esse mesmo significado também se usa *Il buon vino non ha bisogno di frasca* (ou seja, o bom vinho não precisa de ramo: pelo fato de antigamente as tavernas usarem um emblema em forma de ramo para indicarem que o vinho era genuíno; às vezes também é citado em latim *Laudato vino non opus est hedera* e *O bom vinho escusa pregão* (Mota 144).

154. Κακὸν ἄγγος οὐ κλᾶται
Vaso feio não quebra

Esse provérbio, que persiste na forma francesa *Les pots fêlés sont ceux qui durent le plus*, nas brasileiras *Vasilha quebrada dura muito* e *Vasilha ruim não se quebra* e na italiana *Pentola fessa dura più a lungo* (com o significado de que as pessoas enfermiças são as que vivem mais: ver também a variante veneziana *Dura più na pignata rota che na sana*), é registrado por Apostólio (9,36), que faz um paralelo entre ele e κακός ἀνὴρ μακρόβιος, "homem ruim tem vida longa", variante que deveria estar viva no período bizantino, visto aparecer, por exemplo, em Constantino Manassés (*Aristandro e Calitéia*, 4,66). Sem dúvida sua variação mais feliz é *Malam herbam non perire*, "erva ruim não morre", máxima registrada como vulgar por Erasmo nos *Adagia* (3,2,99), cuja origem está na generalizada tradição medieval de que o capim cresce com facilidade (Walther 1755, 3745, 10686, 22971). Seus equivalentes ainda são bem conhecidos em todas as línguas européias (Mota 94, Arthaber 466; parecem-me peculiares o espanhol *Yerba mala, no le empece la helada* e o inglês *Ill weeds grow apace*), não faltando referências literárias, como *Sweet flowers are slow, and weeds make hasty*, de *Ricardo III* de Shakespeare (2,4). No período clássico, ao que me consta, não se encontra imagem semelhante a essa (é muito diferente a frase encontrada em Plauto, *Mores mali / quasi herba irrigua succrevere uberrume*, "os maus costumes / são como a relva regada que cresce luxuriante" [*Trinummus*, 30 s.]). Finalmente, deve-se assinalar que, com esse valor, nas tradições proverbiais modernas existem adágios como o italiano *Dura più um carro rotto que uno nuovo* e o inglês *A creaking door hangs long on its hinges*.

155. *A summis labris*
À flor dos lábios

Essa locução, que assim aparece em Sêneca (*Ep*. 10,3), indica sempre, ao lado de suas numerosas variantes (por exemplo *primis labris, in labris, in ore primo, summo animo*), índole e comportamento superficiais. Pode ser aplicada a vários assuntos: às vezes se trata de um discurso falso, que não vem do coração (como por exemplo em Sêneca [l.c.] e em Quintiliano [10,3,2]: para outros textos, cf. nºˢ 54-56); algumas vezes, de uma aprendizagem superficial, que não leva ao verdadeiro conhecimento (por exemplo em Cícero [*De oratore*, 1,19,87, *De natura deorum*, 1,8,20], em Quintiliano [12,2,4] e em Cassiodoro [*Variae*, 2,3,4]); às vezes ainda, de um prazer meramente superficial (ver por exemplo Cícero [*Pro Caelio*, 12,28] e Apuleio [*Metamorfoses*, 9,23], onde a imagem é significativamente a do *primoribus labris gustare*, "degustar com a superfície dos lábios"); em outros textos, de um sentimento apenas aparente (por exemplo *nequitia*, "malvadeza", em Sêneca [*De ira*, 1,19,5], e *bonitas*, "bondade", em Lactâncio [*Divinae Institutiones*, 3,16,4]); por vezes, de uma promessa que dificilmente será cumprida (como no *Panegírico* de Pacato [12,18,4]); e outras vezes, enfim, de uma fé religiosa exterior, que *natat in labris*, contraposta à que está *in corde* (como no Pseudo-Cipriano, *De duplici martyrio*, 36 [*PL* 4,982d]). Essa expressão muitas vezes também faz uso da contraposição com aquilo que nasce *in pectore*, "no peito" (cf. nº 55) e era muito difundida entre os latinos (para outros textos, remeto a Otto 113, 892, 893, Szelinski 31,239, Weyman 58, 74, 107, Sutphen 175). Também existem correspondentes em grego, como ἐπ᾽ ἄκρου τοῦ χείλους, "na ponta dos lábios", que, em Luciano, uma vez (*Adversus indoctum*, 26) indica aprendizagem superficial e em outra (*Diálogos das meretrizes*, 7,3) diz respeito aos juramentos irresponsáveis dos amantes (para o *topos*, cf. nº 1413). Em Máximo Tírio (6,7) e em Apostólio (7,63) encontra-se ἐπ᾽ ἄκρᾳ γλώττῃ τὸ φιλεῖν ἔχεις, "tens o afeto na ponta da língua", locução que em Máximo se refere aos aduladores e que, segundo a explicação de Apostólio, é relativa àqueles cujos sentimentos só estão nas palavras; além disso existe um sentido concreto, já que φιλεῖν também significa "beijar": ver a contraposição entre o beijo dado com os lábios e o beijo do qual também participam os dentes, em Aquiles Tácio (2,37,7). Uso particular refere-se à alma que está para partir, que encontra exemplos principalmente em grego (Epicuro [503, p. 312,15 s. Usener], Platão [*Antologia Palatina*, 5,78,1] e Rufino [*Antologia Palatina*, 5,14]), mas também em latim (sobretudo em Sêneca [*Hercules furens*, 1308-1310, *Naturales quaestiones*, 3, *praef.* 10], onde, porém, a origem é Epicuro, cf. *Ep.* 30,4). Locuções semelhantes também se encontram nas línguas modernas: ver, por exemplo, o italiano *A fior di labbra* e o francês *Du bout des lèvres*. [Port., Da boca para fora.]

156. Ἄκρῳ ἅψασθαι τῷ δακτύλῳ
Tocar com a ponta dos dedos

Essa é a forma com que os paremiógrafos (Zenob. vulg. 1,61, Diogen. 2,10, Diogen. Vind. 1,29, Macar. 1,72, Greg. Cypr. 1,34, Apost. 2,5) registram uma expressão muito conhecida no mundo grego e que indica — como as expressões de que tratamos no nº 155 — um modo de proceder superficial. Muitas vezes é usada para ações concretas: em Eurípides (*Ifigênia em Áulida*, 950 s.) οὐχ ἅψεται... / οὐδ᾽ εἰς ἄκραν χεῖρ(α) indica não tocar de modo absoluto e a mesma locução é repetida em algumas frases de uma cena da *Lisístrata* de Aristófanes (vv. 435-444), na qual a protagonista se defende de um comissário enviado para prendê-la; em latim, expressões como *Primoribus digitis sumere* indicam tomar uma pequena porção de alguma coisa (ver em particular Plauto, *Bacchides*, 675, *Poenulus*, 566 e São Jerônimo, *Ep.* 14,5). Às vezes, porém, locuções semelhantes denotam um gozo superficial (em grego, por exemplo, em Luciano, *Amores*, 42 e em Juliano, o Apóstata, *Or*. 6,18,200c; em latim, em Cícero, *Pro Caelio*, 12,28); e em outras vezes uma aprendizagem medíocre (como em Luciano, *Demônax*, 4); num epigrama da *Antologia Palatina* (15,13,1 s.), enfim, Μούσης / δακτύλῳ ἀκροτάτῳ ἀπεγεύσαο tem tanto conotação concreta quanto de prazer e de aprendizagem. Nas línguas modernas, expressões semelhantes estão presentes com sentido concreto (ver por exemplo o italiano *Non toccare neppure con un dito*, também usada com o sentido metafórico de "respeitar", ou o alemão *Etwas mit spitzen Fingern anfassen*, que significa "tocar com extrema cautela"); com sentido cognoscitivo, porém, o italiano *Avere sulla punta delle dita* [ter na ponta dos dedos] — como os paralelos em francês e inglês — indica exatamente o oposto, ou seja, ter conhecimento profundo, "ter na ponta da língua": evidentemente, neste caso, a idéia da "proximidade" (ter ao alcance da mão) prevalece sobre a de "aflorar".

157. *O imitatores, servum pecus!*
Imitadores, rebanho de servos!

Essa expressão é extraída das *Epístolas* de Horácio (1,19,19): o escritor latino qualificava assim quem o plagiava, mas a frase depois se tornou proverbial (na Idade Média, cf. Walther 19477a), com valor mais genérico, para indicar pessoas sem personalidade própria, portanto desprezíveis. Ainda é usado apenas *Servum pecus*.

158. Οἷον ὁ τρόπος, τοιοῦτος, ὁ λόγος
Tal caráter, tal discurso

Essa sentença, encontrada em Hélio Aristides (*De rhetorica*, 2,392 [2,133 Dindorf], cf. também *Orationes sacrae*, 1,457 Dindorf) e registrada por Arsênio (12,42c), é a vulgarização de uma asserção, levemente diferente apenas do ponto de vista formal, que Platão põe na boca de Sócrates em *A República* (400d), e é explicitamente atribuída também a Sócrates por Cícero (*Tusculanae disputationes*, 5,16,47) e por João Siceliota (*ad Hermogenem*, 6,395 Walz), enquanto *Talis hominibus fuit oratio qualis vita*, "o falar dos homens é igual à sua vida", é conhecido como provérbio grego por Sêneca (*Ep*. 114,1) e por Quintiliano (11,1,30), que o cita na forma *ut vivat, quemque etiam dicere*. Com efeito, entre os gregos, o motivo é difundido: é retomado, por exemplo, por Plutarco em *De audiendis poetis* (33f), e máximas do mesmo gênero são: ἀνδρὸς χαρακτὴρ ἐκ λόγου γνωρίζεται, "o caráter de um homem é conhecido pelo seu modo de falar", presente nos *Monósticos de Menandro* (27 J. = *Comparatio Menandri et Philistionis*, 1,302, cf. Menandro, *Arrhephoros*, fr. 66 K.-Th.); e γλῶσσα βλάσφημος διανοίας κακῆς ἔλεγχος, "a língua ultrajante é prova de mente malvada" (cf. Arsen. 5,53b), que representa a aplicação "negativa" do nosso *topos*. A tradição também encontra equivalentes judaicos em πρὸ λογισμοῦ μὴ ἐπαινέσῃς ἄνδρα· οὗτος γὰρ πειρασμὸς ἀνθρώπων, "não elogiar alguém antes que ele tenha falado: é essa a grande prova do homem" (*Eclesiástico*, 27,7). Também em latim, o motivo é freqüente: ver *Quale ingenium haberes, fuit indicio oratio*, "qual é teu caráter, já o indicou teu discurso", de Terêncio (*Heautontimoroumenos*, 384), enquanto suas aplicações podem ser consideradas a exortação a adequar a vida às palavras, freqüente em Sêneca (por exemplo em *Ep.* 20,2; 115,2), e o ataque do Pseudo-Salústio a Cícero (*Invectiva in Ciceronem*, 1,1), que lhe lança ao rosto *morbo animi petulantia... uti*, "ser petulante por ter espírito doentio". Não faltam variantes, entre as quais a mais famosa é *Speculum... cordis hominum verba sunt*, "as palavras são o espelho do coração do homem", presente em Cassiodoro (*Variae*, 6,9,1) e em Paulino de Nola (*Ep.* 13,2), que cita como prova de sua validade a famosa passagem evangélica da boca que fala pela abundância do coração (cf. nº 54), sendo retomada na forma medieval *Oratio est index animi certissimus*, "o discurso é o fidelíssimo revelador da alma" (Walther 20342). Outras variações conhecidas são as dos *Disticha Catonis* (4,20): *Perspicito cuncta tacitus quid quisquer loquatur: sermo hominum mores et celat et indicat idem*, "analisa em silêncio o que se diz: assim como esconde, o discurso também revela a índole das pessoas", e do *Appendix sententiarum* (156 R.²): *Sermo animi imagost: ut vir, sic oratio*, "a fala é a imagem da alma: tal homem, tal discurso". Muitos provérbios modernos retomam esse tema, alguns com redação semelhante à de Arsênio (como os alemães *An der Rede erkennt man den Mann* e *Wie der Mann so die Rede,* e o brasileiro *A conversação mostra o que todos são*), mas na maioria das vezes com imagens mais pitorescas, como *La botte dà il vino che ha* (presente também em espanhol) e *Dal sacco non può uscir se non quel che vi è* (também em francês, alemão, inglês, cf. Arthaber 181). Outra série de provérbios é paralela ao italiano *Al cantare l'uccello, al parlare il cervello* (também em francês, alemão, inglês, cf. Arthaber 982; na Idade Média temos *Ex cantu et plumis volucris dinoscitur omnis*, "pelo canto e pelas plumas conhecem-se os pássaros" [Walther 8243]), e uma variante ulterior é constituída pelo italiano *Gli uomini si conoscono al parlare, e le campane al suonare* (em latim vulgar temos *Ex verbis fatuus, pulsu cognoscitur olla*, "o fátuo é conhecido pelas palavras, o vaso pelo som" [Walther 8359]: para a tradição do *Vasa inania multum strepunt*, cf. nº 29); a sentença de Cassiodoro, enfim, é bastante comum em língua inglesa, onde temos *Speach is mirror of the soul: as a man speaks, so he is*. Finalmente, é preciso lembrar a conhecidíssima expressão francesa *La parole a été donnée à l'homme pour déguiser sa pensée* (ou seja, "para esconder seu pensamento"), vez por outra atribuída a Talleyrand, Fouché e a um arguto diretor de teatro (para maiores detalhes remeto a Fumagalli 1605), mas que na realidade é uma variação da expressão tradicional com o mesmo valor do provérbio antigo, como demonstram suas menções já em Molière (como a frase que Pancrace dirige a Sganarelle em *Le marriage forcé*, 4) e em Voltaire (*Dialogues* 14: *Le clapon et la poularde*), assim como em *Love of fame* (19) de Young; pertence enfim a Goethe (*Máximas e reflexões*, 39) a afirmação de que o comportamento é o espelho do caráter.

159. Τὸ εἰθισμένον ὥσπερ πεφυκὸς ἤδη γίγνεται
O hábito se torna semelhante à natureza

Essa máxima, extraída da *Retórica* de Aristóteles (1,11 [1370a 6-8]), reflete um *topos* difundido (ver por exemplo μελέτη χρονισθεῖσ' εἰς φύσιν καθίσταται, "com o tempo, o exercício produz a índole natural", de um fragmento trágico anônimo [516 K.-Sn.]) e teve muito sucesso sobretudo no mundo latino, sendo retomada por Cícero (*De finibus*, 5,25,74) com o famoso *deinde consuetudine quasi alteram quandam naturam effici*, "com o hábito quase se cria uma outra natureza"; esse motivo recorre em muitos outros autores (para as citações, remeto a Otto 426, Weyman 71,262 s., Sonny 99): foi Santo Agostinho, em seu *Contra Iulianum*, que fez mais referências explícitas (*PL* 45,1091; 1119; 1398; 1605) a uma sentença segundo a qual a *consuetudo* é chamada *secunda natura*. Mais genérica, mas substancialmente idêntica, é outra gnoma de Cícero, *Consuetudinis magna vis est*, "grande é a força do hábito", que em *Tusculanae disputationes* (2,17,40) introduz vários exemplos de comportamento surpreendente, como suportar o gelo, o calor tórrido ou dores físicas (formulações paralelas se encontram em Publílio Siro, G 8, e num escólio a Juvenal [6,87]). Todas as tradições proverbiais modernas contêm uma máxima que afirma "ser o hábito uma segunda natureza" (cf. Arthaber 7), e esse conceito também tem difusão literária: por exemplo em Montaigne (*Ensaios*, 3,10), Shakespeare (*The two Gentlemen of Verona*, 5,4), Manzoni (*Opere Varie*, 14), Schiller (*Wallensteins Tod*, 1,4: *Denn aus Gemeinem ist der Mensch gemacht, / und die Gewohnheit nennt er seine Amme*); de particular relevância, ademais, é o seu lúcido aprofundamento nos pensamentos 243, 244 e 245 de Pascal.

160. *Teres atque rotundus*
Polido e redondo

Com esse binômio, no qual *teres* alude à redondeza do cilindro e *rotundus* à da esfera (cf. G. Scarpat, *Satira settima del libro secondo*, Brescia 1969, 86), Horácio (*Sat.* 2,7,86) indica metaforicamente como o sábio deve ser para poder esquivar-se, como uma bola, aos golpes do Destino. Essa expressão, retomada por Ausônio (*Ecl.* 3,5) e que, segundo Büchmann 384, se tornou proverbial, ao que me consta não é mais de uso comum.

161. *Etiam capillus unus habet umbram suam*
Até um fio de cabelo tem sombra própria

Essa sentença de Publílio Siro (E 13) significa que até as pessoas mais tranqüilas podem encolerizar-se e que mesmo as aparentemente insignificantes também têm importância; para o ditado paralelo que adverte os poderosos a tomarem cuidado com os inimigos mais humildes, cf. nº 990. Muitas são as referências nas tradições proverbiais modernas: a imagem do cabelo (ou do pêlo) que tem sombra própria é encontrada em italiano, espanhol, inglês e alemão (este último, porém, acrescenta *und jede Ameise ihren Zorn*, cf. Arthaber 1043) e reaparece nas *Máximas* de Goethe (82 H.), enquanto são suas variantes o corso *È chiucu ancu u pevaru, e po si face sente* e o francês *Il n'y a si petit buisson qui n'ait son ombre*. Em todas as línguas existem equivalentes às versões italianas *Anche la mosca ha la sua collera* e *Anche il verme ha la sua collera* (cf. Arthaber 1422: em espanhol o cabelo é substituído pelo pássaro: *Cada pajarillo tiene su higadillo*; já no Brasil se diz que *Formiga tem catarro*), enquanto uma variante — presente, por exemplo, em francês — põe a tônica no fato de que até o verme, se provocado, sabe reagir. Em nível literário, é preciso lembrar que uma máxima desse tipo é posta por Shakespeare na boca de Clifford na terceira parte de seu *Henrique VI* (2,2,17: *The smallest worm will turn, being trodden on*).

c) Ofícios, técnicas, habilidades

162. Λαγὼν κατὰ πόδας χρὴ διώκειν

A lebre deve ser caçada a pé

Esse provérbio é registrado pelos paremiógrafos (Macar. 5,48) e significa que para fazer determinada coisa é preciso seguir obrigatoriamente certo procedimento. Entre os clássicos, o fato de a lebre ser caçada κατὰ πόδας volta com freqüência, sobretudo em Xenofonte (*Memoráveis*, 2,6,9; 3,11,8, *Ciropedia*, 1,6,40, *Cinegético*, 5,29), mas — ao que me consta — seu sentido é sempre concreto e nunca metafórico. Em milanês existe *La legora la se ciappa senza côr*; em bolonhês, *An s'pól ciapèr la livra con al car*.

163. Ἀνὴρ ἀτεχνὴς τοῖς πᾶσίν ἐστι δοῦλος

Um homem sem ofício é escravo de todos

A fonte é paremiográfica (Apost. 2,97). Eu citaria como paralelo o italiano *Quel che non ha mestiere e va a spasso se ne va allo spedale passo a passo*.

164. Τὸ τεχνίον πᾶσα γαῖα τρέφει

A arte é cultivada em todas as terras

Esse dito deriva da leitura errônea de uma famosa passagem de Suetônio (*Vida de Nero*, 40), em que Nero, percebendo que seu poder vacilava, exclama: τὸ τεχνίον ἡμᾶς διαθρέψει, "a nossa arte nos alimentará" (a anedota também é contada por Díon Cássio, 63,27,2). A leitura errada teve certo sucesso em nível proverbial, juntamente com as formas vulgares *Artem quaevis alit terra*, "todas as terras cultivam a arte", *Res valet, ars praestat, si res perit, ars mihi restat*, "os bens têm valor, a arte tem mais; se os bens se acabam, fica-me a arte" (Walther 26790, cf. 26678), e *Artem qui sequitur raro pauper reperitur*, "quem cultiva a arte raramente fica pobre". Desta última máxima derivam vários provérbios nas línguas modernas, nos quais se nota uma constante oscilação entre "arte" e "ofício" como sujeito. Como exemplos citarei os provérbios italianos *Chi ha l'arte, ha parte* e *Chi ha un mestiere in man, dappertutto trova pan* (com a bela variante lombarda *On mestee l'è on granee*, que significa "um ofício é um celeiro"), e o brasileiro *Quem tem ofício, tem benefício*, cujos equivalentes estão presentes em todas as línguas européias (cf. Arthaber 106, 808), inclusive com variações notáveis, como nos dialetos de Abruzos, *L'arte sótt'a ttétte*,

Ddi' l'à bbenedètte, e da Puglia, *L'arte jé ciardine: ci accuègghje la sére accuègghje la matine* (ou seja, "a arte é como um jardim: se não se colhe de tarde, se colhe de manhã"); o alemão *Handwerk hat goldenen Boden*; e o inglês *Who hath a good trade, through all waters may wade*. Particularmente semelhante ao grego é o provérbio corso *A sapienza si porta in sé ancu a l'orlu di u mondu*. Entre as referências literárias, gostaria de assinalar ser essa uma frase-*clou* da conclusão de *A festa de Babette* de K. Blixen (inclusive na recente transposição cinematográfica feita por G. Axel); quanto à sentença complementar sobre as dificuldades de quem não tem ofício, cf. nº 163.

165. *Ars longa, vita brevis*
A arte é longa, a vida é curta

Essa é a conhecidíssima versão latina do primeiro aforismo de Hipócrates, retomado por Sêneca no início de seu *De brevitate vitae*: em relação ao original grego, ὁ βίος βραχύς, ἡ δὲ τέχνη μακρή, "a vida é curta e a arte é longa", aqui a tônica recai mais sobre a brevidade da vida, graças à inversão dos dois *cola* (para paralelos nesse sentido, cf. nºs 521-522), do que sobre a duração da τέχνη para além dos estreitos limites da vida humana. Entre os gregos o aforismo de Hipócrates foi citado — como asserção conhecida e válida — várias vezes por Fílon de Alexandria (por exemplo em *De vita contemplativa*, 47) e por Luciano (*Hermotimus*, 63); esse provérbio também é retomado nas literaturas modernas: especialmente significativo é o fato de ter sido posto por Goethe na boca de dois interlocutores de Fausto (Wagner [que com essa frase reforça a importância dos aspectos técnicos da arte em oposição ao discurso espiritual de Fausto] e Mefistófeles) na primeira parte do *Fausto*. No uso comum, significa que os interesses de uma técnica ou de uma ciência devem ser vistos "a longo prazo" e portanto superar os interesses da existência individual; às vezes é usado também com o sentido de "uma vida não é suficiente para aprender". Entre as variações proverbiais, assinalo a de Abruzos: *L'arte s'ammale, ma n'n ze móre*.

166. *Honos alit artes*
A honra alimenta as artes

Essa expressão de Cícero (cf. *Tusculanae disputationes*, 1,2,4) era famosa já na Antiguidade, como demonstra a citação de Santo Agostinho (*De civitate Dei*, 5,13). Paralelo de particular importância é constituído por *Laus alit artes*, "o louvor alimenta as artes", que Sêneca (*Ep.* 102,16) afirma derivar de um autor antigo não identificado (172,6 Morel); de qualquer modo tem grande difusão o motivo da contribuição dos louvores, das honras e da glória às ações e empreendimentos: ver por exemplo Horácio, *Sat.* 2,2,94 s., Ovídio, *Epistulae ex Ponto*, 3,9,21; 4,2,35, *Tristia*, 5,12,37, Propércio, 4,10,3, Plínio, *Ep.* 7,32,2, Símaco, *Ep.* 1,43,1; 1,79; 1,96. No mundo grego, devem ser citadas uma gnoma atribuída a Bíon (16,2: τιμὰ δὲ τὰ πράγματα κρέσσονα ποιεῖ, "a honra torna maiores as ações") e uma passagem de Platão (*A República*, 8,551a), na qual se lembra a grande importância política das honras. A tradução da frase de Cícero ainda é proverbial em todas as línguas européias (cf. Arthaber 942).

167. Μισῶ σοφιστὴν ὅστις οὐ αὑτῷ σοφός

Detesto o sábio que não é sábio para si mesmo

Esse é um fragmento de Eurípides (905 N.²) cujo valor proverbial no mundo grego é indiscutível: com efeito, reaparece nos chamados *Monósticos de Menandro* (457 J.), é citado como gnômico por Cícero (*Epistulae ad familiares*, 13,15,2) e por Plutarco (*Vida de Alexandre*, 53,2; *An recte dictum sit latenter esse vivendum*, 1128b), é retomado por Máximo Tírio (21,409) e por um poeta anônimo (*Anecdota Parisiensia*, 4,343,21), e finalmente é registrado na coletânea paremiográfica de Arsênio (11,71d). Sentença semelhante é encontrada em Platão: no *Grande Hípias* (283b), Sócrates afirma que, para a maioria, o fato de que τὸν σοφὸν αὐτὸν αὑτῷ μάλιστα δεῖ σοφὸν εἶναι, "aquele que sabe deve saber sobretudo para si mesmo", comporta o corolário de que quem mais sabe é quem mais ganha. Numerosas são as máximas paralelas no mundo latino: a mais famosa, extraída da *Medéia* de Ênio (fr. 221 Jocelyn), assevera que *Qui ipse sibi sapiens prodesse non quit nequiquam sapit*, "aquele que sabe e não consegue ajudar-se a si mesmo sabe em vão", e é citada por Cícero (*Epistulae ad familiares*, 7,6,2, cf. também *De officiis*, 3,15,62). Há uma variante, porém, cujo alvo é quem dá conselhos aos outros mas não consegue tomar conta de si mesmo: aparece em Terêncio (*Heautontimoroumenos*, 922 s.) e é a gnoma apresentada por Fedro no início da fábula do pássaro que escarnece da lebre agarrada pela águia (1,9,1 s.), enquanto no *Telamão* de Ênio (fr. 266,2 Jocelyn) tem-se *Qui sibi semitam non sapiunt alteri monstrant viam*, "os que não conhecem seu próprio caminho mostram a outros a estrada". É freqüente a aplicação de nosso *topos* a algumas categorias específicas, como a dos médicos (para *Medice, cura te ipsum!*, cf. nº 168), a dos adivinhos (para os numerosos textos, remeto a Stanley Pease 336 s.), e a dos advogados (como, por exemplo, em São Jerônimo, *Ep.* 40,2: *Rideo advocatum qui patrono egeat*, "rio do advogado que precisa de defensor"). Devem ser consideradas complementares expressões como *Tu homo et alteri sapienter potis es consulere et tibi*, "és capaz de dar sábios conselhos a outro e a ti mesmo", de *Miles gloriosus* de Plauto (v. 684, cf. também Cícero *De officiis*, 2,10,36). O provérbio aparece em todas as línguas modernas, e a sua estrutura mais conhecida é a do italiano *È male amico chi a sé è nemico* (ver Arthaber 886), que significa que quem não sabe gostar de si mesmo não consegue ser verdadeiro amigo dos outros.

168. *Medice, cura te ipsum!*

Médico, cura-te a ti mesmo!

Esse, que é um dos ditados latinos mais conhecidos e difundidos, na realidade é a tradução que se encontra na *Vulgata* de um trecho do *Evangelho de Lucas* (4,23), cujo texto é ἰατρέ, θεράπευσον σεαυτόν, repetindo um provérbio hebraico encontrado nos *Midrash* (cf. Strack-Billerbeck 2,156). Será depois retomado pelos cristãos em várias formas (como Santo Ambrósio, *De viduis*, 10,60) e está presente entre as sentenças medievais (Walther 14562d). No mundo grego o motivo do médico que fica doente já se encontra no *Prometeu* de Ésquilo (473-475), sendo ademais difundida a máxima ἄλλων ἰατρός, αὐτὸς ἕλκεσιν βρύων, "médico dos outros mas ele mesmo cheio de chagas", que é registrada — com maior ou menor fidelidade — por numerosos autores (para as citações, remeto a A. Nauck, *Tragicorum Graecorum*

Fragmenta, Lipsiae 1889², 704), e atribuída a Eurípides (fr. 1086 N.²) pela *Suda* (ε 3691). Conceitualmente, o nosso motivo não passa de aplicação específica do sábio que não é sábio para si mesmo (cf. nº 167). Finalmente, deve ser assinalado que em italiano, francês, inglês e alemão a sua tradução é registrada como proverbial, que uma variante medieval é *Is bonus est medicus sua qui sibi vulnera curat*, "é bom médico o que cura suas próprias feridas", e que também existem referências nas literaturas modernas (como por exemplo em Rabelais [prefácio do quarto livro], em Herbert [*The Sacrifice*, 221] e em Goethe [*Aus meinem Leben*]).

169. *Plenius aequo / laudat venalis qui vult extrudere merces*
O mercador que quer livrar-se das mercadorias louva-as mais do que convém

A fonte é Horácio (*Ep.* 2,2,10 s.): na verdade, os louvores excessivos do vendedor acabam por criar desconfiança no comprador. É possível encontrar paralelos em *De officiis* de Cícero (3,13,55: *Quid vero est stultius quam venditorem eis rei, quam vendat, vitia narrare?*, "o que será mais tolo do que o vendedor revelar os defeitos das coisas que quer vender?) e em dois versos de Lucílio (1282 s. Marx), no qual um adeleiro esperto, com o fim de vender sua mercadoria, louva coisas velhíssimas e em mau estado, como raspadeiras sem fio e sandálias reduzidas à metade. Otto (p. 220) com justiça duvida do fato de que esse motivo fosse proverbial já no mundo clássico: todavia, deve-se ressaltar que essa passagem de Horácio já era citada como sentença autônoma na Idade Média (Walther 13536, 13566, 15386) e que o motivo recorre constantemente nas tradições proverbiais medievais e modernas. Além do texto de Horácio, a coletânea de Walther registra outras máximas semelhantes, como, por exemplo, a 29084, a 20192 e a 30167. Em todas as línguas européias existe o equivalente ao italiano *Ogni mercante loda la sua mercanzia*, inclusive com variações sugestivas: em francês, por exemplo, *Chacun mercier praise ses aiguilles et son panier* (a mesma imagem existe em inglês); em espanhol, *Cada buhonero alaba sus cuchillos* (ou seja, "cada vendedor ambulante elogia as suas facas") e *Cada ollero alaba su puchero* (ou seja, "cada oleiro louva a sua panela"); em inglês, enfim, se pergunta: *Did you ever hear a fishwoman cry stinking fish?* (ou seja, "você alguma vez ouviu a peixeira apregoar: 'peixe fedorento'?"). A esse *topos* também estão associados os vários provérbios nos quais perguntar a um comerciante sobre a qualidade de sua mercadoria é símbolo de ação inútil e tola: já em latim medieval se verifica *Quaerit ex artifice quale sit opus eius*, "pergunta ao artesão qual é a qualidade de seu produto", enquanto o italiano *Domanda all'oste se ha buon vino* tem paralelo perfeito no alemão *Fraget den Wirt, ob er guten Wein hat*.

170. Μάντις δ' ἄριστος ὅστις εἰκάζει καλῶς
O melhor adivinho é aquele que conjetura melhor

Essa máxima ocorre várias vezes em grego: alguns autores a atribuem a Eurípides (fr. 973 N.²) e outros a Menandro (fr. 941 K.-Th.); outras vezes, porém, é considerada anônima (para os numerosos trechos, remeto a Stanley Pease 369). O verbo εἰκάζειν não indica um conjeturar fantasioso, mas, ao contrário, um deduzir lógico:

a sentença, portanto, evidencia a absoluta necessidade de sempre seguir os ditames da razão. Isso fica evidente à luz de uma série de paralelos: numa passagem de Teócrito (21,32 s.), afirma-se que, para explicar do melhor modo os sonhos, é preciso conjeturar κατὰ τὸν νόον, "segundo a razão" (para inteligência como dote necessário à interpretação dos sonhos, ver também Aristóteles, no opúsculo dedicado exatamente à interpretação dos sonhos [464b 5-7]); um fragmento da *Theophoroumene* de Menandro (2 Sandbach): ὁ πλεῖστον νοῦν ἔχων / μάντις τ' ἄριστός ἐστι, "quem tem mais racionalidade é o melhor adivinho"; e, enfim, um apotegma muito conhecido no mundo bizantino (para as recorrências, remeto a Stanley Pease cit.), no qual o filósofo Antifonte (A 9 D.-K.) define a mântica como ἀνθρώπου φρονίμου εἰκασμός, "conjetura de homem inteligente" (a identificação entre *divinatio* e *recte coniectare*, aliás, já está presente em Apuleio, *Metamorfoses*, 5,25). Muitas vezes, portanto, a sentença acaba por assumir valor irônico: por exemplo, em Arriano (*Anábase*, 7,16,6) e em Apiano (*De bellis civilibus*, 2,153) ela é citada por Alexandre Magno para replicar aos adivinhos que, com base num oráculo, queriam impedi-lo de marchar sobre Babilônia. No mundo latino o provérbio grego é conhecido por Cícero, que o cita nas *Epistulae ad Atticum* (7,13,4) e o traduz em *De divinatione* (2,5,12); Donato, em seu comentário ao v. 696 de *Hecyra* de Terêncio, e São Jerônimo, em seu comentário a *Jeremias* (52,3), citam o ditado *Aiunt divinare sapientem*, "dizem que o sábio adivinha".

171. *Turbo non aeque citus est*
Um pião não é tão veloz

A fonte é Plauto (*Pseudolus*, 745), assim como em *Citius... / quam in cursu rotula*, "mais depressa que uma rodinha correndo" (*Persa*, 442 s.); uma terceira comparação desse tipo — desta vez com o torno do oleiro — é encontrada em *Epidicus*, 371. Também nas línguas modernas as pessoas ágeis e vivazes são comparadas a piões.

172. Τέττιγος εὐφωνότερος
Mais afinado que uma cigarra

Essa locução é citada por Apostólio (16,37) e retomada nos *Adagia* de Erasmo (2,9,100, 367 B-D), onde é traduzida como *cicada vocalior*. A comparação com a cigarra que, para os antigos, era animal canoro por excelência, é encontrada com freqüência nas literaturas clássicas, tanto grega (em Teócrito, 1,148, por exemplo, ela é comparada a Tírsis; o cético Tímon de Fliunte [fr. 30 Diels, confirmado por Diógenes Laércio, 3,7] define Platão como τέττιξιν ἰσογράφος, "que tem prosa harmoniosa como uma cigarra") quanto latina (cf. por exemplo Nemesiano, *Églogas*, 4,42). O canto das cigarras, porém, não constituía um *topos* só por ser melodioso, mas também por sua continuidade: São Jerônimo (*Ep.* 22,48), ao recomendar a Eustóquio que orasse a noite inteira, ordena-lhe: *Esto cicada noctium*, "sê a cigarra da noite". Daí tem origem um valor negativo, baseado no fato de que um canto incessante, durante muito tempo, acaba sendo insuportável: ver, por exemplo, Nóvio, 25 s. R.[3] *totum diem / argutatur quasi cicada*, "palra o dia inteiro como uma cigarra", e Ovídio (*Ars amatoria*, 1,271). Na realidade, no que se refere aos *topoi* relativos à cigarra, é fundamental um trecho de Platão (*Fedro*, 259bd), no qual Sócrates conta que em certo tempo as cigarras eram homens que amavam tanto o canto que se esqueceram até de comer e portanto morreram: daí teve origem a estirpe das cigarras, que podem perder o interesse pelos alimentos, mas não podem deixar de cantar do nascimento à morte. Em suma, temos aqui tanto a concepção positiva da cigarra cantadora quanto a concepção negativa que a considera preguiçosa, além de aborrecida: na época moderna, este é o aspecto que prevaleceu, inclusive devido à famosa fábula de La Fontaine (1,1), que a opõe à formiga laboriosa (cf. nº 916). Assim, esse inseto ora indica um "tagarela insosso e inoportuno", ora uma "pessoa bisbilhoteira e maledicente", ora um "cantor medíocre e incômodo" (Battaglia 3,118); são também significativos os provérbios *Essere tenuto in conto di una cicala* e *Valere una cicala*, que significam, respectivamente, "não ser considerado" e "nada valer".

173. Vinceretis cervum cursu vel grallatorem gradu

Correndo vencerias um cervo e caminhando, a quem estivesse sobre andas

Em Plauto (*Poenulus*, 530), o jovem Agorástocles, para enfatizar a extraordinária rapidez com que os interlocutores viriam se fossem convidados a jantar, utiliza a imagem do cervo, visto ser esse animal ágil e veloz por antonomásia. Essa imagem tem ampla difusão tanto em grego quanto em latim (para os textos, remeto a Otto 379, Szelinski 19, 234, Weyman 71, 265, Sutphen 265). Às vezes aparece a conotação complementar de timidez e covardia: ver, por exemplo, a locução ἐλάφειος ἀνήρ, "homem 'cervino'", que os paremiógrafos (Zenob. vulg. 3,66, Greg. Cypr. L. 2,11, Macar. 3,74, *Etym. M.* 326,10s., *Suda* ε 754) dizem ser usada a propósito de um homem desprezível (de resto, κραδίη δ᾽ ἐλάφοιο, "coração de cervo", com esse sentido é um insulto já em Homero, *Ilíada*, 1,225). Esse segundo significado ocorre com freqüência também no mundo latino, como, por exemplo, em Festo (460,34-36 Lindsay), onde a comparação com o cervo refere-se a alguns escravos fugitivos, e em Boécio (*A consolação da filosofia*, 4,3,) *pavidus ac fugax... cervis similis habeatur*, "quem for medroso e estiver pronto a fugir... seja considerado semelhante a um cervo". A velocidade e a covardia do cervo também aparecem com freqüência na literatura italiana (ver por exemplo os trechos coligidos em Battaglia 3,11). Ver também o nº 1252.

174. *Nec semper feriet quodcumque minabitur arcus*
Nem sempre o arco conseguirá ferir o que ameaçar

Esse verso de Horácio (*Ars poetica*, 350) indica que a habilidade técnica não pode garantir que o intento seja alcançado em qualquer circunstância: já na Idade Média ele foi sentido como gnoma autônoma (cf. Walther 8053, 8055, 17789a, 18409, 18628). Entre os provérbios modernos, pode ser associado a ele o alemão *Der Bogen trifft nicht immer, wohin er zielt*; do ponto de vista conceitual, encontra afinidade com o alemão *Nicht alle Kugel treffen* (ou seja: "nem todas as bolas acertam"), e com o italiano *Non tutte le ciambelle vengono col buco*. Contudo, não se diz que a expressão já fosse proverbial na Antiguidade: pode-se apenas afirmar que o uso metafórico do arco esticado em direção a alguma coisa era difundido tanto em grego (como por exemplo em Aristóteles, *Ética para Nicômaco*, 1094a 23 s.) quanto em latim (ver, por exemplo, Pérsio, 3,60 e Sêneca, *Ep.* 71,3, *De brevitate vitae*, 2,2).

175. *Tetigisti acu*
Tocaste com a agulha

Essa expressão, verificada em Plauto (*Rudens*, 1306), significa "acertar o alvo": evidentemente, a agulha era indício de grande precisão, mesmo porque, como indica Otto 16, a locução provavelmente faz referência à sonda do cirurgião. Com esse esclarecimento também se explica um trecho de *Pro Scauro*, de Cícero (20), no qual se encontra *Acu... enucleata argumenta*, "argumentos enucleados com agulha". Ao que consta, não existem locuções semelhantes nas línguas modernas: o inglês *To hit the right nail on the head* e o alemão *Den Nagel auf den Kopf treffen* têm o mesmo significado, mas aludem à habilidade de quem conseguiria acertar até na cabeça de uma agulha. Pode-se dizer que é semanticamente semelhante o italiano *Mettere il dito sulla piaga*. [Pôr o dedo na ferida. / Acertar na mosca.]

176. *Surrupuit currenti cursori solum*
Surrupia a sola do sapato de um corredor em plena corrida

A fonte é Plauto (*Trinummus*, 1023): trata-se de uma expressão hiperbólica, destinada a exaltar a habilidade de um ladrão, que — entre outras coisas — se vale de inteligente uso de figuras de estilo (quiasmo, aliteração, aproximação etimológica). Não localizei equivalentes exatos, mas essa mesma estrutura está presente em outros lugares: ver por exemplo a frase de Petrônio (45,9) *Milvo volanti poterat ungues resecare*, "poderia cortar as unhas de um milhafre em pleno vôo". Capacidades assim extraordinárias voltam em algumas histórias dos irmãos Grimm: desse modo, por exemplo, na 192 e na 124, três irmãos se destacam por proezas do gênero: um tosquia uma lebre em plena corrida, outro troca os freios de um cavalo em plena corrida e o terceiro vai batendo nas gotas de chuva de tal modo que cria um guarda-chuva "natural" para o pai. Esse mesmo módulo, finalmente, deu origem a diversas locuções populares, algumas particularmente vulgares, como a alemã *Maikäfer in der*

Luft klystieren (ou seja: "fazer clister em besouro no ar") e a italiana *Inculare le mosche al volo*.

177. *Uno in saltu... apros capiam duos*
Num só bosque apanharei dois javalis

Com essa frase claramente proverbial (o javali, *sus singularis*, era tradicionalmente um animal solitário), Plauto (*Casina*, 476) indica um sucesso duplo obtido com uma única operação. Valor metafórico semelhante tem a expressão *uno sub ictu*, "com um único golpe", verificada, por exemplo, em Claudiano (18,50) e no Pseudo-Cipriano (195,14 H.; cf. também Boécio, (*A consolação da filosofia*, 5,6), enquanto existem paralelos estruturais, cujo significado, porém, é claramente concreto: assim devem ser considerados um de Plauto (*Amphitruo*, 488), onde a preocupação de Zeus é que Alcmena *uno ut labore apsoluat aerumnas duas*, "com um só trabalho se livre de duas dores"; um de Cícero (*Pro Roscio*, 29,80), no qual, ironicamente, o advogado percebe nas acusações do adversário Erúcio a tentativa de *una mercede duas res adsequi*, "atingir dois objetivos com um só pagamento", demonstrando na verdade uma desastrada tendência à autodepreciação; e enfim dois de *Heroides* de Ovídio (7,138; 20,236). Na Idade Média, Walther registra um equivalente exato da locução encontrada em *Casina* (32221a) e esse módulo marca presença nas tradições proverbiais modernas (Arthaber 1114), onde se encontram vários exemplos de sentenças correspondentes ao toscano *Fare due generi con una figliuola* (já no latim medieval, mas também em francês e alemão), e de máximas nas quais — como já em Plauto — dois animais são caçados com um único golpe: em português trata-se de *De uma cajadada matar dois coelhos*; em espanhol, de *Matar dos pájaros de una pedrada*; em francês — com equivalente em inglês —, de *Abattre deux mouches d'un coup de savate*; em italiano, de *Prendere due piccioni con una fava*, locução que tem origem numa antiga caça ao pombo, cuja isca era uma fava (cf. Lapucci 114 s.).

178. *Consiliator deorum*
Conselheiro dos deuses

Essa expressão é usada por Petrônio (76,10) para indicar um homem tão inteligente e hábil que os próprios deuses lhe pediriam conselho. Esse mesmo motivo aparece, com sentido irônico, em Cícero (*De natura deorum*, 1,8,18), onde alguém fala com tanta segurança que parece ter descido *ex deorum concilio et ex Epicuri intermundiis*, "do conselho dos deuses e dos intermúndios de Epicuro"; e no Pseudo-Salústio, exatamente na *Invectiva in Ciceronem* (2,3; 4,7), onde a arrogância do arpinata é tão grande que ele parece ter vindo à terra depois de participar do conselho dos deuses (aqui se põe em evidência um trecho da obra poética, agora desaparecida, *De temporibus meis* [fr. 21 Morel], onde o *topos* devia ser usado com objetivos de autolisonja). O equivalente grego, θεῶν ἀγορά, "assembléia dos deuses", é registrado pelos paremiógrafos que, todavia, discordam quanto ao seu significado: para alguns (Diogen. 5,21, Apost. 8,89), refere-se às pessoas excelentes e justas;

para outros (Zenob. vulg. 4,30 e tradição lexicográfica, ou seja, Hesych. ϑ 437, Phot. 90,18 s. P., *Suda* ϑ 210), revela um sentido negativo, de vez que diria respeito a quem ousa ocupar-se com coisas tão superiores quanto as divinas (ver *ThGL* 1,414cd); uma menção sua, que no entanto apresenta problemas textuais e exegéticos, está em Hélio Aristides (1,27,16 s. Dindorf). Finalmente, assinalo que em *Elogio à loucura*, de Erasmo, são os filósofos que chegam como se viessem do conselho dos deuses.

179. *Cubitum nullum processerat*
Não avançara nem um cúbito

Essa expressão, que indica a falta de progresso em dada ação (o cúbito era uma pequeníssima medida de comprimento), em Cícero (*Epistulae ad Atticum*, 13,123) e em Suetônio (*Vida de Tibério*, 38) é usada como referência explícita ao grego Calípides, que corria muito mas nunca avançava. Com o mesmo sentido, os paremiógrafos (*Mant. Prov.* 1,87) registram Κάλλιππος τρέχει, "Calipo corre". Cícero usa *digitum* em vez de *cubitum* num trecho de *Academica* (2,36,116), no qual recorda que os matemáticos não podem progredir sem os postulados iniciais. O equivalente italiano é *Non fare neppure un passo avanti* (cf. Battaglia 12,775) e o francês é *Ne pas avancer d'une semelle*.

180. Δός μοι ποῦ στῶ καὶ κινῶ τὴν γῆν
Dê-me um ponto de apoio e movo a terra

Segundo Papos, matemático da Alexandria do século IV d.C. (8,1060 Hultsch), e Simplício, em seu comentário à *Física* de Aristóteles (4,1110 Diels), essa famosa frase foi pronunciada por Arquimedes depois da descoberta do princípio da alavanca. É possível encontrar variações em Plutarco (*Vida de Marcelo*, 14) e em Tzetzes (*Chiliades*, 2,130,46 Kiessling); é citada com freqüência, sobretudo na versão *Dê-me um ponto de apoio e erguerei o mundo*, e às vezes na forma latina *Da ubi consistam et terram caelumque movebo*. Desta última deriva *Ubi consistam*, locução que atualmente assumiu valor e função de substantivo, com o significado de "ponto estável de apoio, ponto de partida para uma ação coerente e orgânica", assim como de "momen-

HOMEM: ÍNDOLE NATURAL E HABILIDADE TÉCNICA   83

to de equilíbrio numa situação densa de dificuldade e tensão". Entre suas referências literárias, gostaria de assinalar a de Goethe (*Máximas e reflexões*, 221), que faz dela o primeiro membro de uma gradação que prossegue com *Toma um ponto de apoio* (proferida pelo geólogo Karl Wilhelm Nose) e *Defende o teu ponto de apoio!*

181. Εὕρηκα
Achei!

Segundo a narração de Vitrúvio (9,3), Arquimedes, meditando no banho sobre um problema que lhe fora proposto por Hierão II de Siracusa, de como saber com absoluta segurança em que medida a sua coroa era de ouro, descobriu a lei fundamental da hidrostática, que leva seu nome, segundo a qual qualquer corpo, imerso num líquido, recebe de baixo para cima um impulso cuja grandeza é igual ao peso do líquido deslocado. Pulou para fora da banheira e, nu como estava, começou a correr por Siracusa, gritando de alegria: Εὕρηκα. Desde então *Eureca* passou a ser expressão proverbial (em geral, erradamente pronunciada "euréka"), para indicar a alegria de uma descoberta, ou, mais genericamente, de um feito bem sucedido.

182. Κτῆμα ἐς ἀεί
Uma aquisição para sempre

Assim Tucídides (1,22,4) define a sua obra, que, portanto, pretende ser duradoura, registrada na forma escrita, e não um conjunto de discursos destinados à declamação improvisada. Essa frase, já célebre na Antiguidade (ver por exemplo a sua retomada em Plínio, o Jovem, *Ep.* 5,8), continuou famosa, para indicar uma aquisição (sobretudo espiritual) não passageira.

183. Καὶ κεραμεὺς κεραμεῖ κοτέει καὶ τέκτονι τέκτων, / καὶ πτωχὸς πτωχῷ φθονέει καὶ ἀοιδὸς ἀοιδῷ
Que o oleiro brigue com o oleiro, o artesão com o artesão, o mendigo com o mendigo e o poeta com o poeta

Esse dístico de Hesíodo (*Os trabalhos e os dias*, 25 s.) tornou-se proverbial na Antiguidade para indicar que inevitavelmente surgem rivalidades entre as pessoas que executam o mesmo ofício. Já é citado por Aristóteles, em *Retórica* (2,1381b 16; 1388a 17), na forma abreviada καὶ κεραμεὺς κεραμεῖ, e esse primeiro hemistíquio é registrado pelos paremiógrafos (*App. Prov.* 3,36, Macar. 5,86); suas traduções depois são mencionadas como gnômicas na cultura latina: Tertuliano (*Ad nationes*, 1,19) tem *Figulus figulo, faber fabro invidet*, "o oleiro inveja o oleiro, o ferreiro ao ferreiro" (o provérbio também é registrado por Walther, 9467a); Ascônio Pediano (*Vida de Virgílio*, 67) e Donato (*Vida de Virgílio*, 18,76), porém, utilizam *Architectum architecto invidere et poetam poetae*, "o arquiteto inveja o arquiteto e o poeta ao poeta". Em alemão ainda está vivo *Der Bettler beneidet den Bettler, der Sänger den Sänger*; em inglês, *Potter is jealous of potter, and craftsman of craftsman, and a poor man has a grudge against the poor man, and poet against poet*; em português, *Quem é o teu inimigo? É o oficial de teu ofício*.

d) Arte e poesia

184. *In medias res*
No meio dos acontecimentos

A fonte é Horácio (*Ars poetica*, 148 s.), que assim caracteriza o estilo de Homero: ocorre que o grande poeta era capaz — depois de brevíssimos preâmbulos — de transportar o auditório exatamente para o meio dos acontecimentos, como se todas as preliminares fossem conhecidas (*et in medias res / non secus ac notas auditorem rapit*). Essa habilidade de entrar no meio da ação já fora notada por Aristóteles (*Poetica*, 1460a 9), e Quintiliano (7,10,11) alude a um costume de Homero de começar pelo meio ou pelo fim da narrativa e não pelo seu início: trata-se, portanto, de uma qualidade estritamente ligada ao que os antigos consideravam uma característica essencial do estilo de Homero, ὕστερον πρότερον, "o depois antes", ou seja, a inversão da ordem lógica ou cronológica dos acontecimentos (cf. nº 185), que visa a envolver o auditório. Sérvio, com base exatamente no fato de ser típico da arte poética iniciar *a mediis*, defende, no prefácio de seu comentário à *Eneida* (99 ss.), a ordem tradicional dos primeiros três livros contra quem gostaria de invertê-la em nome de uma rígida lógica temporal. *In medias res* era expressão proverbial já na Idade Média (Walther 11834a), caracterizando, nas escolas de retórica, a chamada *ordo artificialis*; ainda é muito usada para indicar a técnica poético-narrativa que omite os preâmbulos, não estando, porém, necessariamente ligada à inversão lógica ou cronológica do ὕστερον πρότερον.

185. Ὕστερον πρότερον
O depois antes

Essa expressão indicava a capacidade que Homero tinha de realizar inversões na ordem lógica e cronológica dos acontecimentos, habilidade que devia arrebatar o auditório: Cícero (*Epistulae ad Atticum*, 1,161) registra a locução ὕστερον πρότερον Ὁμηρικῶς, à qual também aludem outros autores, como Quintiliano (7,10,11: cf. nº 184) e Plínio, o Jovem (*Ep.* 3,9,28). *Hysteron proteron* também volta em outros textos da literatura latina (ver ThlL 6,3164 s.) e ainda está vivo, sobretudo na linguagem douta e — ao lado do substantivo *histerologia* (Battaglia 8,601) — como terminologia retórica: dada, porém, a evidência com que o oxímoro evidencia a inversão lógica, costuma assumir sentido negativo, indicando uma ação ou expressão não conseqüencial (como por exemplo um raciocínio cujas conclusões se apresentam antes das premissas). Na literatura italiana não faltam, contudo, trechos em que essa figura de estilo é sabiamente utilizada para produzir efeitos especiais: são clássicos dois exemplos do *Paraíso* de Dante, 2,23 s. (*Un quadrel posa / e vola e dalla noce si dischiava*) e 22,109 s. (*Tratto e messo / nel foco il dito*).

186. *Proicit ampullas et sesquipedalia verba*
Rejeita o estilo empolado e as palavras de pé e meio

Essa expressão é extraída da *Ars poetica* de Horácio (v. 97), onde se fala de algumas personagens trágicas que — dadas as suas condições miserandas — não usam linguagem apurada, sustentada por exuberantes artifícios retóricos e por palavras longuíssimas, como costuma ocorrer na tragédia. Não só foi retomada por autores medievais, como por exemplo João de Salisbury (*Policrático*, 6,161 [*PL* 199,611cd]), como também algumas vezes foi citada como sentença autônoma (enquanto tal, é registrada por Büchmann 389) e sem dúvida favoreceu a difusão dos adjetivos *empolado* (lat. medieval, *ampullosus*; italiano, *ampolloso*; espanhol, *ampuloso*; francês, *ampoulé*) e *sesquipedal*. Quanto à imagem da *ampulla*, que também aparece em *Ep*. 1,3,14, certamente existiam precedentes gregos, dos quais nos chegou um fragmento de Calímaco (215 Pf.); quanto a *sesquipedalia verba* (que o escoliasta de Pérsio interpretava erroneamente como "de seis pés", mas que está ligado a *sesquipedes*, "um pé e meio"), já em *As rãs* de Aristófanes (em especial os vv. 836-839) parodiava-se a característica da tragédia de Ésquilo que consistia em usar termos retumbantes e longuíssimos, característica esta também própria da tragédia romana arcaica, como demonstra uma passagem de Aulo Gélio (19,7). Expressão paralela sem dúvida é ῥήμαϑ' ἁμαξιαῖα, "palavras longas como um carro", já encontrada no cômico Polizelo (fr. 7 K.-A.). Deve-se enfim lembrar que o verso de Horácio foi registrado por Erasmo de Rotterdam (*Adagia*, 2,2,52 [465f]), em seu comentário ao ditado μὴ μέγα λέγε, "não fales de modo soberbo" (cf. nº 1723).

187. *Disiecti membra poetae*
Os membros do poeta despedaçado

Com essa expressão (*Sátiras*, 1,4,62), Horácio afirma que, se for trocada a ordem dos elementos verbais ou rítmicos dos versos, não será mais possível reencontrar os vestígios da antiga poesia, personificada portanto pela imagem dos membros dispersos do poeta, talvez oriunda do mito de Orfeu dilacerado pelas mulheres trácias. Nas culturas modernas, a frase se tornou proverbial com sentido ligeiramente diferente: pode indicar coisas esparsas ou confusas, ou então significar que mesmo por escassos fragmentos é possível reconhecer o grande poeta.

188. *Poetica licentia*
Licença poética

Essa locução, atualmente conhecida em todas as línguas européias, já era técnica no mundo latino, indicando expressões poéticas ousadas, fosse a ousadia de tipo gramatical (ver, por exemplo, Macróbio, *Comentário a Somnium Scipionis*, 2,8,5) ou semântico (como por exemplo em Sêneca [*Naturales questiones*, 2,44,1] e Quintiliano [2,4,3; 2,4,19; 4,1,58]), fosse devida ao emprego de termos desusados e arcaicos (cf. Cícero, *De oratore*, 3,38,153), fosse porque o conteúdo estivesse distante da verdade histórica (cf. Ovídio, *Amores*, 3,12,41 s.) ou de qualquer modo lhe fosse estranho (Ausônio, por exemplo, usa-a em *Gratiarum actio*, 1,5, para um conceito teologicamente discutível, como o de que tudo está pleno de Deus). Do ponto de vista formal, um correspondente grego é ποιητικὴ αὐτονομία, usado por Himério (9, *praef.* 1); na realidade, são muitos os textos a serem assinalados: Dífilo (fr. 29,4-5 K.-A.), por exemplo, atribuía aos trágicos a possibilidade de λέγειν ἅπαντα καὶ ποιεῖν, "dizer e fazer tudo", e muitas vezes Luciano retoma esse *topos* (cf. *Hesiodus*, 5, *Hermotimus*, 72, e sobretudo *Pro imaginibus*, 18, παλαιὸς ὁ λόγος, ἀνευθύνους εἶναι ποιητὰς καὶ γραφέας, "um antigo provérbio afirma que os poetas e pintores são livres"). Em latim, já Varrão (*De lingua Latina*, 9,5) afirma que o poeta pode impunemente transpor os limites; o mesmo motivo volta em grande número de textos (remeto a Otto 1443, Weyman 63, 78, 284, Szelinski 243, Roos 140 e finalmente a C. O. Brink, *Horace, On Poetry*, Cambridge 1971, 91 s.): mais importantes são os vv. 9 s. da *Ars poetica* de Horácio, *pictoribus atque poetis / quidlibet audendi semper fuit aequa potestas*, "os pintores e os poetas sempre tiveram com justiça a faculdade de cometer qualquer ousadia" (dada a semelhança com a expressão — já citada — de Luciano, devida especialmente à associação entre pintores e poetas, parece claro que se tratava da menção de um verdadeiro provérbio). O trecho de Horácio depois ficou famoso: já na Idade Média foi sentido como gnoma autônoma (Walther 21490), foi citado por Leonardo da Vinci (remeto a J. Gwyn Griffiths, "Classica et Mediaevalia" 16 [1955] 270) e Rabelais (2,5), Erasmo o retomou com seu *Liberi poetae et pictores* (*Adagia*, 3148 [2,727de]), e finalmente existem equivalentes exatos nas tradições proverbiais modernas, como o alemão *Mit Malern und Dichtern darf man nicht zu streng richten* e o sueco *I molare och poeter lijinga fritt* (Strømberg 81).

189. *Fontes iam sitiunt*
As nascentes têm sede

Essa expressão é extraída de uma carta de Cícero ao irmão Quinto (3,1,11), que também, numa carta a Ático (12,5,1), usa διψῶσαν κρήνην, "fonte sedenta", em contraposição à fartura de água de Πειρήνη. Corresponde à nossa metáfora da veia poética esgotada (também presente em italiano, francês e espanhol): trecho particularmente semelhante ao de Cícero se encontra no *Canzionere* de Petrarca (24,12 s.): *Cercate dunque fonte più tranquillo, / che'l mio d'ogni liquor sostene inopia*. A frase também é citada na variante *Fontes ipsi sitiunt* e é usada, segundo Erasmo (*Adagia*, 1,7,59 [284de]), ironicamente a propósito de quem pede a outros o que possui em abundância.

190. *Ut pictura poesis*
A poesia é como um quadro

Essa famosa máxima deriva da *Ars poetica* de Horácio (361): atualmente é mencionada na maioria das vezes para indicar que as duas artes têm leis semelhantes, mas no poeta latino seu sentido é bem mais limitado, já que contém um confronto que diz respeito simplesmente ao impacto sobre o fruidor: como acontece com os quadros, algumas poesias podem — por assim dizer — ser vistas de perto, enquanto outras devem ser vistas de longe; algumas têm condições de enfrentar o olho do crítico, outras é melhor que fiquem na penumbra; algumas são repetidamente contempladas, outras são olhadas uma só vez. Confrontos parciais entre poesia e pintura, aliás, são verificados já antes de Horácio: por exemplo na *Poética* de Aristóteles (1450a 26 ss.).

191. *Gradus ad Parnassum*
Ascensão ao Parnaso

Essa expressão, usada para denotar aprendizagem artística, não tem fonte clássica, mas é título de algumas obras de grande difusão: inicialmente, de um pequeno manual de arte poética escrito em forma de léxico pelo jesuíta Paul Aler e publicado em Colônia no ano de 1687; depois, do famoso tratado sobre o contraponto, de J. J. Fux (1725); e finalmente dos estudos pianísticos de M. Clementi (1817-1826), célebres porque adotados com grande freqüência pelas escolas de piano.

192. *Aut prodesse volunt aut delectare poetae*
Os poetas querem ser úteis ou divertir

Essa frase, ainda conhecida para indicar uma nítida distinção entre arte "engajada" e arte de puro entretenimento, é extraída da *Ars poetica* de Horácio (333). De qualquer modo, devia tratar-se de um *topos* difundido na poética helenística, como demonstra, por exemplo, o paralelo constituído por Neoptólemo de Paros (citado por Filodemo, *Poética*, 13,11). Nos provérbios medievais, enfim, o nosso verso está unido a outro, que retoma o *topos* da *brevitas* dos "modernos": *Metrificant, quoniam gaudent brevitate moderni*, "os modernos fazem versos porque lhes agrada a concisão".

193. *Omne tulit punctum qui miscuit utile dulci*
Teve aprovação geral quem uniu o útil ao agradável

Essa frase provém da *Ars poetica* de Horácio (v. 343) e continua — no verso seguinte — com *Lectorem delectando pariterque monendo*, "divertindo e ao mesmo tempo ensinando o leitor": está ligada a outro famoso texto (vv. 333 s., cf. nº 192), no qual Horácio afirma que os poetas querem agradar ou ser úteis. *Omne tulit punctum* é explicado à luz da práxis eleitoral: um oficial recebia os votos e os transcrevia numa tábua com um ponto ao lado do nome do candidato que tinha obtido o sufrágio (para outros trechos com usos metafóricos semelhantes, remeto ao comentário de Brink [p. 358]). A expressão atualmente é citada também com significado mais geral, sem referência à poesia ou à obra literária; finalmente, é famosa a referência feita por Tasso no início de *Jerusalém libertada* (1,3), onde também há a comparação com o menino que bebe o remédio amargo que o cura porque as bordas da vasilha foram untadas com uma substância doce (para esse motivo, cf. nº 213).

194. *Mutato nomine de te / fabula narratur*
Com nome diferente a história fala de ti

Essa expressão, ainda conhecida e muitas vezes citada para indicar uma obra de arte que contém um ensinamento moral ou, mais simplesmente, um acontecimento que diga respeito a outra pessoa mas do qual se possa extrair uma lição, deriva das *Sátiras* de Horácio (1,1,69 s.) e se refere ao suplício de Tântalo, condenado a sofrer fome e sede e a não conseguir comer alimentos e a ingerir bebidas que estavam continuamente sob seus olhos (para Horácio, é símbolo da situação do avaro).

195. *Labor limae*
O lavor da lima

Trata-se de uma expressão ainda usada para indicar o paciente trabalho de refinamento formal de uma obra de arte. A fonte é um trecho da *Ars poetica* (vv. 290 s.) no qual Horácio afirma que a poesia de Roma não seria inferior à sua glória militar, *si non offenderet unum / quemque poetarum limae labor et mora*, "se o lavor e a morosidade da lima não desagradassem a todos os poetas". A imagem da lima como símbolo de uma arte refinada não só recorre em outro texto de Horácio a propósito da comparação entre a poesia grega e a romana (*Sat.* 1,10,64-66, *Ep.* 2,1,166 s.), como também em outros autores, como Ovídio (*Epistulae ex Ponto*, 1,5,19 s., e *Tristia*, 1,7,30, onde *ultima lima* equivale a "refinamento final"), Marcial (10,2,3) e Ausônio (*Ep.* 21); em Cícero (*Brutus*, 9,35; 24,93, *De oratore*, 1,39,180) é usada a propósito da oratória. Nas locuções modernas, a lima aparece no alemão *Die letzte Feile anlegen*, semelhante ao inglês *To give the last polish*, e também nos autores italianos é freqüente o uso de *lima* com a acepção figurada de "trabalho paciente, assíduo e meticuloso em torno de uma obra de arte" (para alguns textos, remeto a Battaglia 9,71).

196. *Summam manum addere*
Dar a última mão

Com esse título, Erasmo, em *Adagia* (1236 [2,83b]), trata do uso metafórico, comum entre os poetas latinos, de *summa* (ou *extrema*, ou *ultima*) *manus*, ou seja, da última mão com que um artesão polia e completava a obra, para indicar o último trabalho de aperfeiçoamento de um produto literário: o significado é, pois, semelhante ao de *Labor limae* (nº 195: Ovídio, em *Tristia*, 1,7,30, usa significativamente *ultima lima* como *variatio* de *summa manus*; Ausônio, *Ep.* 21, usa *lima* em estreita conexão com *manus summa*). Entretanto, o uso de *lima* põe em primeiro plano a acurada e meticulosa operação de refinamento, enquanto a nossa locução evidencia simplesmente a conclusão do que fora iniciado: entre outras coisas, é preciso esclarecer que não são muitos os textos em que ela é aplicada à atividade literária (em Petrônio, 188, Gélio 7,10,5, São Jerônimo, *Ep.* 54,9 e sobretudo em Ovídio, *Tristia*, 1,7,27; 2,555 s.; 3,14,22, *Epistulae ex Ponto* 2,10,14) ou à oratória (em Quintiliano [*pr.* 4; 10,1,97]). Na realidade seus usos são os mais variados: pode indicar — com acepção quase concreta — o cumprimento da obra de Dédalo (em Ovídio, *Metamorfoses*, 8,200 s.) ou os últimos retoques numa estátua (Plínio, *Naturalis historia*, 36,5,16); pode ser usada com referência à guerra (o primeiro caso é na *Eneida*, 7,572, onde denota o "golpe de misericórdia" para o início das hostilidades; outros exemplos poéticos, como Lucano, 5,483 s., Ovídio, *Metamorfoses*, 13,403 e *Remedia amoris*, 113 s., talvez retomem Virgílio, mas neles se trata mais banalmente da conclusão da guerra; tal acepção mais usual também se encontra em historiadores como Veleio Patérculo, 2,33,1 ;87,1; 88,1; 117,1 e Valério Máximo, 7,5,4; esse motivo, ademais, é argutamente misturado ao uso literário no citado trecho de *Pontica*); pode dizer respeito à conclusão do apetrechamento de uma frota (em Ovídio, *Heroides*, 16,117) ou à toalete de uma amante requintada (ainda em Ovídio, *Ars amatoria*, 3,226); e pode enfim referir-se ao aperfeiçoamento moral, como, por exemplo, em Sêneca (*Ep.* 12,4; 71,28; 101,8). Essa locução também está viva nas línguas européias modernas e indica mais uma conclusão do que um aperfeiçoamento: ver o italiano *Dare l'ultima mano*, o espanhol *Dar la ultima mano*, o inglês *To put the finishing touch*, enquanto o equivalente francês é *Donner le coup de fion*.

197. *Vis comica*
A força cômica

Essa é uma expressão que passou a ser usada para indicar em geral a comicidade de uma situação, de uma personagem ou de um autor. Nasceu da má interpretação de alguns versos de Caio Júlio César dedicados a Terêncio (fr. 1,3-5, p. 91 Morel): *Lenibus atque utinam scriptis adiuncta foret vis, / comica ut aequato virtus polleret honore / cum Graecis*, "se aos teus delicados versos se acrescentasse força, o teu valor na comédia receberia honras idênticas aos gregos", onde na realidade o adjetivo *comica* está ligado a *virtus* e não a *vis*.

198. *Saepe stilum vertas!*
Gira com freqüência o estilo!

Esse famoso convite a um acurado trabalho de reelaboração e refinamento formal tem origem num trecho das *Sátiras* de Horácio (1,10,72 s.): *Saepe stilum vertas, iterum quae digna legi sint / scripturas*, "gira com freqüência o estilo, para escreveres coisas dignas de serem lidas". Isto porque o estilo tinha um lado agudo, com que se escrevia, e outro achatado, que apagava o que fora escrito na camada de cera da tábula: *Stilum vertere* significava, pois, "virar o estilo para apagar". Essa expressão se tornou proverbial já na Idade Média, sobretudo no adágio *Saepe stilo vertit, qui debet vertere verbum*, que provavelmente significa "freqüentemente gira o estilo quem deve traduzir" (Walther 2731, ao qual remeto para exemplos e variantes), baseado na ambivalência do verbo *vertere*.

199. *Aut insanit homo aut versus facit*
Ou está doido ou faz versos

Essa é a última frase do escravo Davo, que, por ocasião das Saturnais, dirige uma prédica estóica a Horácio, numa das *Sátiras* mais famosas (2,7,117). Com um saboroso tom popularesco, ela retoma o *topos* da loucura do poeta, por um lado ligado à tradição de que não há grandeza sem uma pitada de loucura (nº 143) e por outro à concepção do poeta iluminado, que, já presente em Demócrito (frr. 17-18 D.-K.), depois adquiriu difusão universal graças a outros famosos trechos de Platão (*Fedro*, 244d-245a [retomado por Sêneca, *De tranquillitate animi*, 17,10], *Íon*, 533e-534a, *Apologia*, 22bc, *As leis*, 682a, 719c, *Menão*, 99cd). Tal motivo, que ainda recorre várias vezes, tanto em Horácio (*Sat.* 2,3,322, *Ars poetica*, 296 s.) quanto em outros autores (cf. Stanley Pease 238), também é freqüente nas culturas modernas e o trecho de Horácio ainda é citado como proverbial (cf. Fumagalli 1675). Talvez não se deva excluir um valor proverbial encontrado já na Antiguidade, dado o paralelo grego ἢ χρὴ τραγῳδεῖν πάντας ἢ μελαγχολᾶν, "os casos são dois: ou são todos esquisitos ou são todos poetas", registrado pelos paremiógrafos (Diogen. 5,13, *Mant. Prov.* 1,67, *Suda* η 689). Estes últimos, todavia, afirmam que o provérbio fala daqueles que não conseguem entristecer-se nem alegrar-se: provavelmente tal exegese, que, aliás, está perfeitamente de acordo com o tipo aristotélico do μελαγχολικός (*Problemas*, 30,953 ss.), deriva do contexto do *locus classicus* de onde a expressão foi extraída (talvez um fragmento cômico anônimo, cf. 553 K.). O provérbio, portanto, terá apresentado um significado primário, aludindo à loucura poética, mas também — e o texto de Horácio em alguma medida o confirma — um sentido figurado, referindo-se a pessoas cujo comportamento é estranho ou incompreensível.

200. *Nonumque prematur in annum*
Que fique oculto por nove anos

Essa expressão é usada por Horácio (*Ars poetica*, 388) para indicar que a obra de arte deve ser meditada durante muito tempo antes de ser editada. A alusão —

já apontada pelos antigos comentadores do texto de Horácio (Porfírio e o Pseudo-Ácron) e por Filárgiro em seu comentário às *Bucólicas* de Virgílio (9,35) — é a *Esmirna* de Cina, que ficou guardada por nove anos antes de ser divulgada (cf. Catulo, 95,1 s.). A frase da *Ars poetica* já era famosa na Antiguidade, visto que Quintiliano a mencionou na *Epistula ad Tryphonem*, que serviu de introdução à sua *Institutio oratoria* (par. 2), que em outro ponto de sua obra (10,4,4) recordou os nove anos de meditação de Cina, e que Cassiodoro retomou no prefácio das *Variae*. Sua fama teve certa continuidade na Idade Média (Walther 18767a) e na época moderna, tanto que é registrada entre os "geflügelte Worte" por Büchmann 390. Nas expressões modernas, aliás, para se indicar uma longa reelaboração, é freqüente o uso do número nove, mas com explícita referência aos meses de gestação antes do parto.

201. Πολλὰ ψεύδονται ἀοιδοί
Muitas mentiras contam os poetas

O provérbio é verificado pela primeira vez nas elegias de Sólon (fr. 25 Gentili-Prato): poderia tratar-se de simples retomada de um motivo já encontrado em Hesíodo (na *Teogonia*, v. 27, as Musas afirmam conhecer muitas coisas falsas, mas semelhantes às verdadeiras), mas, com maior probabilidade, essa expressão deverá ser associada a uma anedota significativa, segundo a qual Sólon teria ficado escandalizado com as inovações teatrais contemporâneas de Téspis e lhe teria perguntado se não se envergonhava de contar tantas patranhas a tantos espectadores (Plutarco, *Vida de Sólon*, 29,6-7; cf. também Diógenes Laércio, 1,59 e G. Lanata, *Poetica preplatonica*, Firenze 1963, 48). Sólon, portanto, não condenava *tout court* os poetas, mas provavelmente tinha a intenção de prevenir os concidadãos contra as mentiras de alguns poetas e de aedos dispostos a falsear as antigas verdades: a anedota acima citada, de fato, termina com uma frase espirituosa, que tem mais importância do que parece: "se as coisas prosseguirem assim — adverte ele — as falsidades não ficarão apenas no teatro, mas estarão também nos contratos!" (para a posição "política" de Sólon com relação à poesia, ver também A. Masaracchia, *Solone*, Firenze 1958, 330-333). A expressão aparece em vários autores posteriores, como em Aristóteles (*Metafísica*, 983a 3-5), no *Átis* do historiador Filócoros (328 F 1 Jacoby), no diálogo pseudo-platônico *De iusto* (374a), ou em *De audiendis poetis* de Plutarco (16a), e é presumível que tivesse grande difusão e um significado bem mais radical, paralelamente à crítica, que, entre o fim dos séculos IV e V (sobretudo com Platão), ao tempo da substituição da comunicação oral pela escrita, levou à subversão da tradicional concepção do poeta como "mestre da verdade". Na cultura da Antiguidade tardia as mentiras de Homero e dos poetas são muitas vezes confirmadas: interessante é a variação de Sinésio (*Ep.* 146 [258,3 G.]) οὐ πάντα ῞Ομηρος ψεύδεται, "nem tudo é mentira em Homero", semelhante ao conceito expresso por Ausônio, à guisa de premissa, no primeiro verso da décima epístola. Os paremiógrafos (Macar. 7,19, Greg. Cypr. 3,49; M. 5,2, Apost. 14,41), depois, registram o provérbio mas lhe atribuem significado genérico: ele falaria, metaforicamente, de todos aqueles que contam mentiras para auferir vantagens ou para atrair os outros; uma análise diferente é feita pelo comentário ao citado trecho pseudoplatônico (402 Gr.): os poetas teriam contado a verdade até a instituição de competições, que os teriam levado a só cuidar de seduzir e empolgar os ouvintes. Entre os latinos, encontra-se um paralelo na advertência presente no segundo verso de um dístico de Catão (3,18), *nam miranda canunt sed non credenda poetae*, "de fato, os poetas cantam coisas dignas de admiração mas não de fé", enquanto em *Poetis mentiri licet*, "aos poetas é permitido mentir", de Plínio, o Jovem (*Ep.* 6,21,6), temos uma simples variação do tema mais amplo da *Licentia poetica* (cf. nº 188). Esse é o sentido com que o provérbio aparece nas tradições modernas, como, por exemplo, no alemão *Sänger, Buhlen und Poeten lügen*. Para concluir, dois cotejos literários: Emanuele Tesauro (cf. *Trattatisti e narratori del Seicento*, E. Raimondi, Napoli 1960, 97) afirmava que *as mentiras dos poetas nada mais são do que paralogismo*, enquanto Benedetto Croce (*Estetica come scienza dell'espressione e linguistica generale*, 176) cita a gnoma *Muitas mentiras dizem os poetas* como um "hemistíquio lembrado por Plutarco".

202. *Lasciva est nobis pagina, vita proba*
O que escrevemos é lascivo, mas a vida é casta

Essa frase, que se tornou proverbial para indicar que a obra literária nem sempre deve ser considerada verídica do ponto de vista autobiográfico, na realidade é um verso de um epigrama (1,4,8) no qual Marcial pede ao imperador que tenha atitude benevolente para com as suas composições. O mesmo conceito também é expresso por Ovídio (*Tristia*, 2,353 s.) e o verso de Marcial é retomado com freqüência na literatura italiana; por exemplo Salvator Rosa (*Sat.* 2: *Se a língua é obscena, o coração é casto*) e Belli, que o traduziu para o dialeto romano (*Scastagnamo ar parlà, ma aràmo dritto*) e queria usá-lo como epígrafe de uma obra cujo assunto era ele mesmo, intitulada *996* (criptograma para as iniciais G. G. B.).

203. *Est deus in nobis, agitante calescimus illo*
Há um deus em nós e porque ele se agita nós nos aquecemos

Nesse verso de *Fastos* (6,5), Ovídio exprime a origem divina da poesia: o poeta é quase um iluminado que, assim, tem acesso a uma verdade profunda (para o motivo complementar do poeta "louco", cf. nº 199). O verso seguinte também é significativo: *Impetus hic sacrae semina mentis habet*, "este ímpeto tem as sementes da mente divina".

204. *Genus inritabile vatum*
A raça irritável dos vates

Assim Horácio (*Ep.* 2,2,102) designa os poetas, pondo a tônica sobre sua índole dada a esquisitices e sobre sua suscetibilidade. Atualmente a expressão é muitas vezes citada e, com acepção extensiva, é aplicada a todos os artistas e intelectuais em geral.

205. *Non omnis moriar*
Não morrerei por inteiro

São essas as orgulhosas palavras com que Horácio (*Carm*. 3,30,6) conclui a sua coletânea de *Odes* do ano 23 d.C, certo de que tal obra lhe granjeará a imortalidade poética. A expressão ainda é famosa e citada para indicar um dos *topoi* mais difundidos entre os poetas e literatos de todos os tempos: o da poesia que permite superar, com a fama, os limites aparentemente intransponíveis da morte. Por extensão, também é aplicado a quem conquista notoriedade imorredoura com outros feitos notáveis — não necessariamente de caráter literário —, ou então, mais banalmente, a propósito dos filhos e da lembrança que se deixa depois da morte.

206. *Paulo maiora canamus*
Cantemos assuntos um pouco mais elevados

Essa famosa expressão é de Virgílio: no início da quarta égloga o poeta invoca as Musas sicilianas, ou seja, as Musas de Teócrito, iniciador da poesia bucólica, para que o assistam em seu cantar assuntos mais elevados do que os das outras églogas (a quarta é a famosa égloga na qual se prenuncia a iminente chegada de uma nova idade de ouro). De igual modo é atualmente célebre o início do *Paraíso* de Dante: *Per correr miglior acque alza le vele / omai la navicella del mio ingegno*.

207. *Facit indignatio versum*
A indignação faz poesia

Essa expressão, ainda famosa e citada como símbolo de uma poesia de inspiração satírica, deriva de Juvenal (1,79), que afirma que, mesmo não sendo poeta por dotes naturais, passou a sê-lo graças à indignação.

208. *Currenti calamo*
Ao correr da pena

Trata-se de uma locução latina ainda em uso, que indica uma escrita numa só penada, sem reflexão nem cuidado com a forma. Não parece ter origem clássica.

209. *Invisurum aliquem facilius quam imitaturum*
É mais fácil invejar do que imitar

Essa frase, segundo Plínio (*Naturalis historia*, 35,63), foi usada como epígrafe numa obra do pintor Zêuxis, enquanto Plutarco (*Bellone an pace clariores fuerint Athenienses*, 346a) — acompanhado pelo lexicógrafo Hesíquio (σ 967 Schmidt) — afirma que a equivalente grega μωμήσεταί τις μᾶλλον ἢ μιμήσεται, "será preferível criticar a emular", se refere às pinturas de outro artista, Apolodoro de Atenas (a versão grega também é encontrada em Varrão, *Satyrae menyppeae*, 381 Bücheler). Esta última é notável pela estrutura paronomástica e também se encontra em Teógnis (v. 369) e na tradição paremiográfica (Diogen. 6,74; Greg. Cypr. 3,8; M. 4,42, Macar. 6,7, Apost. 11,94). Sentenças do gênero recorrem também em outros autores, tanto gregos (Demóstenes 1,16, citado por Luciano, *Iuppiter tragoedus*, 23) quanto latinos (Sedúlio, *Ep.* 2,173). Nas várias línguas modernas européias existem provérbios do tipo do italiano *È più facile criticare che far meglio*.

210. Ars gratia artis
A arte pela arte

Esse é um adágio de origem não-clássica, que atualmente goza de certa notoriedade por ter sido adotado como "divisa" pela Metro-Goldwyn-Mayer, uma das maiores companhias cinematográficas de Hollywood (fundada em 1924), cujo símbolo é um leão que ruge no interior de um círculo sobre o qual está inscrita essa frase.

APARÊNCIAS E ENGANOS

a) Aparências

211. *Carere non potest fame, qui panem pictum lingit*
Não pode saciar a fome quem lambe pão pintado

A fonte é Santo Agostinho (*De civitate Dei*, 4,23,176), ońde quem adora a felicidade mas não pensa em Deus, único ser que a pode conceder, é comparado a um cão faminto que se limita a lamber um pão pintado sem o pedir ao homem, que poderia dá-lo. Na realidade, proverbial é o uso de *pictus* com o sentido de "falso": ver também *Johannem pictum* do historiador Egésipo (5,22,56). Também existem paralelos na literatura italiana: Sforza Pallavicino (*Opere diverse*, Roma 1844, 165) afirma, por exemplo, que *tutte le virtù dei Gentili erano dipinte*. Pode parecer um sugestivo paralelo ao texto de Agostinho uma frase de Filippo Pananti, com sabor proverbial (*Opere*, Firenze 1825, 34: *Io sono come il cane del Babbonero, che leccava le lampade dipinte*), que utiliza a locução toscana *Essere come il cane del Babbonero*, para indicar alguém que tem uma vida de privações, mas onde o sentido da pintura não é certamente o de falsidade. Mesmo as expressões modernas como *Não ter visto alguma coisa, nem pintada*, que indicam falta absoluta de conhecimento, têm precedentes nas línguas antigas: assim, por exemplo, Cícero (*De finibus*, 5,27,80) fala daqueles que *numquam philosophum pictum viderunt*, "nunca viram um filósofo, nem pintado", e Luciano (*De historia conscribenda*, 29) alude a alguém que μηδὲ κατὰ τοίχου γεγραμμένον πόλεμον ἑωράκει, "nunca tinha visto uma batalha, nem em pintura mural", e ver enfim a expressão *Neque fictum neque pictum*, "nem esculpido nem pintado" (Plauto, *Asinaria*, 174, Cícero, *Epistulae ad familiares*, 5,12,7; para outros textos, remeto a Otto 659, Sutphen 162, Walther 16500).

212. *Adtendite a falsis prophetis, qui veniunt ad vos in vestimentis ovium, intrinsecus autem sunt lupi rapaces*
Guardai-vos dos falsos profetas, que vêm a vós com vestes de ovelhas, mas no íntimo são lobos vorazes

Essa é a tradução da *Vulgata* de um famoso trecho do evangelista Mateus (7,15: προσέχετε ἀπὸ τῶν ψευδοπροφητῶν οἵτινες ἔρχονται πρὸς ὑμᾶς ἐν ἐνδύμασιν προβάτων, ἔσωθεν δέ εἰσιν λύκοι ἅρπαγες), no qual se encontra a imagem dos "falsos profetas", freqüentemente presente também na literatura hebraica (cf. Strack-Billerbeck 1,464 s.). Lobos sob falsas vestes de ovelha tornaram-se proverbiais na literatura cristã e foram retomados várias vezes, mesmo sem referência aos falsos profetas, mas de modo genérico, para indicar as pessoas que, sob aparência positiva, mascaram uma realidade sórdida: por exemplo, em São Jerônimo (*Ep.* 22,38) trata-se das virgens das seitas heréticas e maniqueístas, que na realidade são cortesãs; ainda em São Jerônimo (*Ep.* 147,11) trata-se de um adúltero e impudico; ver, além disso, Lactâncio (*Divinae Institutiones*, 5,3,23); é variante medieval *Sub vestimentis ovium sunt crimina mentis*, "sob vestes de ovelhas estão os pecados da mente" (Walther 30572c). Também na literatura italiana ainda se recorre ao trecho evangélico, como na *Disciplina degli Spirituali* de Domenico Cavalca (234: *Trovansi d'agnellin lupi vestiti*), mas na maioria das vezes faz-se referência à famosa variação de Dante *In vesta di pastor lupi rapaci* (*Paraíso*, 27,55, cf. também 9,131), verso que está presente nos autores mais diversos, desde Bocaccio (*Decameron*, 4,2,11) até Lorenzo de' Medici (2,107) e o poeta Giovanni Ramusani (1,143,8; 1,303,31), que escreve no dialeto emiliano.

213. *Impia sub dulci melle venena latent*
Sob o doce mel escondem-se venenos terríveis

Esse famoso verso de Ovídio (*Amores*, 1,8,104) é uma gnoma usada pela velha alcoviteira Dipsas para dar maior destaque aos seus conselhos dolosos. Constitui um *topos* o engodo posto sob o mel, principalmente com referência a um discurso enganoso (cf. também nº 294): já se encontra um exemplo em Plauto (*Truculentus*, 178 s.), onde o jovem Diniarco lança ao rosto da escrava Ástafo: *In melle sunt linguae sitae vostrae atque orationes, / facta atque corda in felle sunt sita atque acerbo aceto*, "vossas línguas e vossos discursos estão postos no mel, mas vossas ações e vossos corações estão postos no fel e no ácido vinagre"; outras recorrências se encontram principalmente em São Jerônimo e em autores cristãos (remeto a Otto 1084, 1085, Weyman 60,274 s., 279 s., Sonny 110, Szelinski 240). Em outros textos se alude ao fato de se untarem com mel as bordas das taças em que se serviam remédios às crianças: em Lucrécio (1,936 ss.) se encontra uma comparação com esse costume; outras vezes a imagem é empregada metaforicamente, como por exemplo em Lactâncio (*Divinae Institutiones*, 5,1,4), simbolizando que se deve "adoçar" o árduo ensino da verdadeira sabedoria, e em São Jerônimo (*Apologia adversus Rufinum*, 1,7), indicando a operação realizada pelo adversário, que age de tal modo que *simulata dulcedo virus pessimum tegeret*, "a falsa doçura esconde um veneno terrível". Daí talvez derive a expressão *Mihi labra linis*, "adoças-me os lábios", que equivale a "enganas-me", encontrada em Marcial (3,42,1 s.), com referência a uma mulher que procura esconder com farinha de fava uma ruga do ventre. A frase de Ovídio aparece nas sentenças medievais com leves variações (Walther 11594 e 13499), mas são freqüentes as variações sobre o tema, baseadas na oposição entre o mel e o veneno: ver por exemplo Walther 26431,1 *Reddere gaudet homo nequam pro melle venenum*, "o homem malvado se compraz em trocar veneno por mel", e 27814 *Sed nihil est sine fraude: latent sub melle venena*, "mas nada é desprovido de fraude: sob o mel escondem-se venenos". São numerosos os paralelos italianos: além dos citados no nº 294, ver *Avere / Portare il miele in bocca e il fiele / il tossico / il veleno nel cuore / nel canestro / dentro / in mano, Avere il miele in bocca e il rasoio in mano / in cintola, Avere il miele in bocca e portare a mano il coltello, Volto di miele, cuore di fiele* (para as localizações, remeto a Battaglia 10,373 s.); em alemão assinalo *Honig in Munde, Galle in Herzen* (no latim medieval encontra-se o equivalente *Mella sub ore tenent, corde venena fovent* [Walther 14615]); ademais, também se encontra na literatura italiana a imagem da taça de remédio amargo cujas bordas são untadas com mel (para Tasso, *Jerusalém libertada*, 1,3, cf. nº 193). Em todas as línguas européias se registra o equivalente ao brasileiro *Unhas de gato e hábitos de beato* (Mota 225, Arthaber 1001; uma variante é o inglês *Beats about the neck, and the devil in the heart*); em vários dialetos italianos existe a imagem de ser santo na igreja e diabo em casa (por exemplo, da Lombardia, da Ligúria e de Trento, cf. Zeppini Bolelli 94). Existe ainda a tradição do *Dourar a pílula*, que significa tornar menos amarga alguma coisa desagradável.

214. *Altissima quaeque flumina minimo sono labi*
Quanto mais profundos os rios, menos ruidosa a correnteza

Cúrcio Rufo (7,4,13) atribui esse provérbio aos bactros: trata-se da tradição da infidelidade da água tranqüila, que volta ainda mais explícita num *dístico de Catão* (4,31): *Demissos animo et tacitos vitare memento: / quod* (v.l. *quo*) *flumen placidum est, forsan latet altius unda*, "lembra-te de evitar os melancólicos e taciturnos: quando um rio é silencioso, é provável que esconda um sorvedouro profundo", e no bizantino σιγηροῦ ποταμοῦ τὰ βάθη γύρευε, "imagine quão profundo é um rio silencioso" (cf. Krumbacher, *Mittelgriechische Sprichwörter*, 125). O dístico de Catão é retomado com freqüência nas sentenças medievais, onde não faltam outras formulações, como, por exemplo, *Qui fuerit lenis, tamen haud bene creditur amni*, "não convém confiar em rio tranqüilo" (Walther 24190) e *Quamvis sint lenta, sint credula nulla fluenta*, "não se confie em nenhum rio, por mais lento que seja" (Walther 23435); Remi de Auxerre, ao comentá-lo, citava o equivalente vulgar *Quietam acquam* (sic) *non credere*, "não creias em águas tranqüilas", evidente antecessor do italiano *Acqua cheta rovina i ponti*, do brasileiro *A água silenciosa é a mais perigosa* e das versões francesas *Il n'est pire eau que celle qui dort* e *En eau endormie point ne te fie*. Provérbios semelhantes ao de Cúrcio Rufo são encontrados em espanhol, alemão e inglês: variantes argutas são o espanhol *En rio quedo no pongas el dedo* e o inglês *God defend me from the still water, and I'll keep myself from the rough* (que lembra o italiano *Dagli amici mi guardi Iddio, ché dai nemici mi guardo io*, cf. nº 1330), enquanto em neogrego se adverte — com várias formulações (cf. Krumbacher cit., 223 s.) — que o rio silencioso rouba as roupas. Entre as referências literárias, citaria *Smooth runs the water where the brook is deep*, de Shakespeare (*Henrique VI*, 2,3,1) e uma de La Fontaine (8,23).

215. Ναρϑηκοφόροι μὲν πολλοί, βάκχοι δέ τε παῦροι
Muitos são os portadores de tirso, mas poucos os Bacantes

No *Fédon* de Platão (69c), entre os provérbios que falam de iniciação, esse é citado por Sócrates como usual: visto que muitos portam os elementos distintivos da religião de Baco (o cajado feito com a planta herbácea ainda hoje chamada nartécia), enquanto poucos são os verdadeiros iniciados, nunca se deve dar valor às aparências, freqüentemente enganadoras, ao se julgar uma pessoa (para máximas conceitualmente semelhantes, cf. n°s 217-220). Ao comentar o citado diálogo de Platão, Olimpiodoro (43,22-24; 48,23-25; 58,16; 122,22-24 Norvin) afirma sua ascendência órfica (fr. 228); o mesmo provérbio é registrado pelos paremiógrafos (Zenob. vulg. 5,77, Diogen. 7,86, Greg. Cypr. 3,45, Macar. 7,20, Apost. 14,61), os quais (Diogen. l.c., Apost. 14,54) registram também, com o mesmo significado, πολλοὶ βουκένται, παῦροι δέ τε γῆς ἀροτῆρες, "muitos são os boieiros, poucos os lavradores". O mesmo sentido tem *Non omnes qui habent citharam sunt citharoedi*, "nem todos os que possuem cítara são citaristas", conservado por Varrão (*De re rustica*, 2,1,3) e para o qual Otto 391 postulava — talvez com razão — uma fonte grega. Muitos são os provérbios do gênero na Idade Média, como por exemplo *Nec coquus in cultro, nec virgo crine probatur / nec omnis venator est qui cornua sufflat*, "não se conhece o cozinheiro pela faca, nem a virgem pela cabeleira, nem são caçadores todos os que sopram no chifre" (Walther 17405); também nas tradições modernas são numerosos os paralelos: em italiano (com equivalentes em francês, alemão e inglês) tem-se *Non tutti sono cacciatori quelli que suonano il corno*; em espanhol, *Ni todos los que estudian son litrados, ni todos los que van a la guerra soldados*; ainda em italiano (com equivalentes em alemão e inglês), *Non son tutti santi quelli che vanno in chiesa*; em francês, *Ne sont pas tous chevaliers qui sur cheval montent*; em alemão, *Es sind nicht alle Köche, die lange Messer tragen* (ver o francês antigo *Ceux qui portent de longs couteaux ne sont pas toujours queux ni bourreaux* e o italiano *Ognun c'ha gran coltello non è boia*); em inglês, *All are not merry that dance lightly*; engraçada é a variação bolonhesa *El n'én tótti dón qualli ch'han la stanèla*.

216. Faciunt favos et vespae
As vespas também fazem favos

A fonte é Tertuliano (*Adversus Marcionem*, 4,5), onde se afirma expressivamente que assim como as vespas fazem favos os marcionistas fundam igrejas. A diferença entre os favos das vespas e os das abelhas é que os primeiros são vazios: o provérbio depois é retomado por Beda, o Venerável (*Ep.* 2, *PL* 94,664a), onde o fato de os favos de abelhas e vespas serem aparentemente iguais e substancialmente diferentes adverte para a necessidade de se saber distinguir o que é realmente bom do que é bom só em aparência.

217. Πολλάκι γὰρ γνώμην ἐξαπατῶσ᾽ ἰδέαι
Muitas vezes as aparências levam o juízo a enganar-se

Teógnis (v. 128) usa essa expressão a propósito da dificuldade de compreender os verdadeiros sentimentos existentes na alma de uma pessoa, enquanto Simônides utiliza-a para se referir à opinião violenta da verdade; semelhante é a gnoma *Fallaces enim sunt rerum species*, "enganadoras são as aparências das coisas", com que Sêneca, num trecho de *De beneficiis* (4,34,1), ressalta o motivo do malvado que pode parecer bom e vice-versa. Em latim medieval registra-se *Falsa est fiducia formae*, "é falso confiar na forma exterior" (Walther 8799); em todas as línguas modernas existe o equivalente à expressão brasileira *As aparências enganam* (Mota 51, Arthaber 90), conceito que também ocorre com freqüência na literatura (por exemplo no *Purgatório* de Dante, 22,28-30, no *Tartufo* de Molière, 5,3,1679 s. e no *Fausto* de Goethe, 2,1 [são palavras do arauto na cena do carnaval]). Uma variante é *Parecer não é ser*.

218. Decipit / frons prima multos
A muitos ilude a aparência exterior

A fonte é Fedro (4,2,6 s.), que fala nesses termos de si mesmo e da sua poesia, que, através de histórias de animais, pretende transmitir ensinamentos aos homens. Entre os paralelos deve-se citar, antes de mais nada, a frase de Juvenal (2,8) *Frontis nulla fides*, "não te fies na fachada", depois retomada na Idade Média (também com a banalização *Fronti*, cf. Walther 10015, 10016, assim como F. Bacon, *Of the Advancement of Learning*, 2,23,16); ver também os textos indicados no nº 217; para a outra fábula de Fedro, na qual uma raposa, diante de uma máscara, exclama *O quanta species... cerebrum non habet!*, "oh, como é bela, mas não tem cérebro!", cf. nº 420. Formalmente, deve ser assinalada a exortação ao belo pastorzinho Aléxis, *O formose puer, nimium ne crede colori!*, "ó bela criança, não te fies demais em teu aspecto", presente em Virgílio (*Bucólicas*, 2,17), onde, porém, não se fala de aspecto enganoso, mas é lembrado que mesmo a beleza fenece e é bem fugaz (cf. nº 509). A redação mais difundida nas línguas modernas é o simples *As aparências enganam* (Arthaber 591, cf. também nº 217); entre as variações parecem-me dignas de nota a alemã *Man sieht das Hirn / nicht an der Stirn*, a brasileira *Quem vê cara não vê coração*, e a italiana *L'uomo si giudica malle dalla cera*. Entre as referências literárias, lembro a recomendação de não julgar os outros com base no seu aspecto exterior, transmitida, numa fábula de La Fontaine (6,5), pela mãe a um camundongo que, numa de suas primeiras saídas, assustou-se com um galo e simpatizou com um gato.

219. Barba non facit philosophum
A barba não faz o filósofo

Essa é a versão vulgarizada e ainda conhecida do provérbio grego ἀπὸ πώγωνος φιλόσοφοι / σοφοί, / σοφισταί, "(reconhecer) os filósofos / os sábios pela barba", como marca de quem se deixava enganar pelas aparências, que tinha como pressuposto o conhecido *topos* da barba como característica do filósofo (cf. *Th-GL* 6,2294, *ThlL* 2,1727a 6-18). Habitualmente é citado como sua origem um trecho das *Quaestiones convivales* de Plutarco (709b), onde, porém, βαρὺ φθεγγομένους ἐκ πώγωνος σοφιστάς são na verdade os sofistas que falam afetadamente através da barba, sem acepções proverbiais: a expressão, na realidade, é simplesmente registrada pelo paremiógrafo Arsênio (6,93e); suas variações são constituídas pela frase de Herodes Ático, registrada por Gélio (9,2,4), *video... barbam et pallium philosophum nondum video*, "vejo a barba e o manto, mas ainda não vejo o filósofo", e pela máxima de Luciano (*Demônax*, 13): γελοῖόν μοι εἶναι ἔδοξεν, εἰ σὺ ἀπὸ τοῦ πώγωνος ἀξιοῖς κρίνεσθαι τοὺς φιλοσοφοῦντας αὐτὸς πώγωνα οὐκ ἔχων, "seria ridículo, se achasses justo julgar os filósofos pela barba, já que tu mesmo não tens barba". Importante é uma máxima presente nas *Epístolas de Cratete* (19, p. 211 Hercher), que afirma οὐ γὰρ ἡ στολὴ ποιεῖ κύνα, ἀλλ' ὁ κύων στολήν, "não é o hábito que faz o cínico, mas o cínico que faz o hábito" (assim, Ulisses não pode ser definido como cínico *ante litteram* só porque está fantasiado de mendigo). Um equivalente perfeito é registrado em inglês, com variações no alemão *Bart und Mantel machen den Philosophen nicht* e no francês *En la grande barbe ne gît pas le savoir*, enquanto no Brasil *A barba não faz o filósofo* (também registrado nos repertórios) é suplantado por *O hábito não faz o monge* (presente em todas as línguas européias: cf. Mota 147, Arthaber 4). Este último provérbio tem origem na Idade Média, quando muitas sentenças constituem variações sobre esse tema, desde a simples *Habitus non facit monachum* (Walther 10534a), até outras mais elaboradas, como *Non faciunt monachum tunica vestique cuculla, / sed bona mens, sincera fides cordisque medulla*, "não fazem o monge a túnica, a veste e o capuz, mas a boa mente, a fé sincera e o íntimo do coração" (Walther 17779), algumas com conteúdo mais perfeitamente religioso, onde se afirma que não são as aparências que conquistam o Paraíso (por exemplo Walther 25146). Finalmente, deve-se assinalar que também existem provérbios "intermediários" entre a barba que não faz o filósofo e o hábito que não faz o monge: ver, por exemplo, o bolonhês *La bèrba an fa al rumétta* (isto é, "a barba não faz o eremita") e o brasileiro *Barba não dá juízo*.

220. Saepe est etiam sub palliolo sordido sapientia
Muitas vezes a sabedoria está até debaixo de um manto sujo

Trata-se de um fragmento de Cecílio (266 R.³), citado por Cícero (*Tusculanae disputationes*, 3,23,56), que já na Idade Média tinha valor proverbial (Walther 30546c: *Sub pallio sordido sapientia*); o motivo é a possibilidade de um talento apreciável esconder-se sob vestes miseráveis, mas, como o manto era característico dos filósofos, as variantes podiam assumir significado quase semelhante ao de *Barba non facit philosophum* (nº 218): assim, por exemplo, num trecho de uma das chamadas *Epístolas de Cratete* (19, p. 211 Hercher), não é o hábito que faz o cínico, mas o cínico que faz o hábito (cf. nº 219); em Plutarco (*De Iside et Osiride*, 352 b) o hábito de lã e a cabeça raspada não fazem o verdadeiro adorador de Ísis. Mais genericamente, tem-se o *topos* dos dotes interiores que se contrapõem a um aspecto externo inadequado, motivo que volta em Plauto (*Poenulus*, 306 s., *Captivi*, 165), em Horácio (*Sat.* 1,3,33 s.), em Sêneca (*Ep.* 47,16; 66,1) e na anedota contada por Fedro (3,4) sobre o açougueiro que dependurara carne de macaco junto às outras carnes: aos que lhe perguntavam que sabor ela tinha, o carniceiro respondia afirmando a correspondência com o aspecto, enquanto Fedro replica que a experiência ensina que nem sempre isso é verdade. Entre os provérbios modernos, são semelhantes ao antigo o alemão *Im schlechten Kleide wohnt oft auch Weisheit* e o inglês *Wisdom sometimes walks in clouted shoes*, mas se encontram também (além da tradução de *O hábito não faz o monge*, cf. nº 219) o italiano *Spesso sotto abito vile s'asconde uom* (ou *cor*) *gentile*, o brasileiro *Debaixo de uma capa ruim está um bom jogador*, e o francês *Beau noyau gît sous faible écorce*.

221. Εἵματ' ἀνήρ
O homem é seu traje

Esse famoso ditado não é antigo, mas está presente em Erasmo *(Adagia*, 3,1,160); o famoso filólogo do século XVI, Justus Scaliger, com base no latim vulgar *Vestis virum reddit*, "a veste faz o homem" (Walther 33265a, 33268b), reconstruiu assim a fonte grega de uma máxima citada por Quintiliano (8, *Proemio*, 20: *Cultus concessus atque magnificus addit hominibus... auctoritatem*, "um traje adequado e magnífico acrescenta autoridade às pessoas"). Realmente, na literatura grega encontram-se vários exemplos de críticas acerbas ao desleixo no vestir-se (alguns deles são coligidos por Ateneu, 1,21cd); outro provérbio medieval ligado a essa tradição é *Ex habitu colligitur persona hominis*, "pelos trajes se deduz a personalidade do indivíduo" (Walther 8260b); além disso, são numerosas as variantes do tema nas várias línguas modernas: ver, por exemplo, as italianas *Vesti un legno, pare un regno* (que tem equivalentes em espanhol e alemão), a francesa *On gagne à Paris mille livres de rente, en portant les gants blancs*, as brasileiras *O pau se conhece pela casca* e *Bom traje encobre ruim "linhage"* (que tem paralelos em espanhol e em inglês); mas cf. já o arguto latim medieval *Plebs bene vestitum stultum putat esse peritum*, "a plebe considera sabido um idiota bem vestido".

222. Canis sine dentibus latrat
O cão sem dentes ladra

A fonte é um fragmento dos *Anais* de Ênio (542 Skutsch = 522 V.², onde na verdade se tem a forma *canes*); com ele tem estreitas ligações um provérbio bactriano citado por Cúrcio Rufo (7,4,13: *Canem timidum vehementius latrare*, "o cão medroso ladra com mais força"); outro paralelo encontra-se em Júlio Valente (1,43,55). Enfatiza-se assim que nem sempre é terrível o que tem aparência terrível. A sentença citada por Cúrcio reaparece na Idade Média com variantes mínimas (Walther 2287c, 2296a, 11377); o sucessor moderno, em todas as línguas, é o correspondente ao brasileiro *Cão que ladra não morde* (Mota 63), que — entre outras coisas — tem predecessor exato no latim vulgar *Canes plurimum latrantes raro mordent* (Walther 2287a); uma variante é constituída pelo alemão *Bellt nur und beisst dich nicht ein Hund, hast du zur Furcht doch keinen Grund*; complementar é a tradição que diz *Guarda-te de homem que não fala e de cão que não ladra* (para os paralelos em outras línguas cf. Mota 104). Finalmente, deve-se notar que esse provérbio faz parte de uma vasta tradição em que os animais são protagonistas: em francês e em italiano, por exemplo, a ovelha que mais bale tem pouco leite (em alemão, a ovelha é substituída pela vaca); em espanhol e em alemão, a galinha que mais cacareja é a que põe menos ovos.

223. Heredis fletus sub persona risus est
O pranto do herdeiro é riso sob a máscara

Essa máxima de Publílio Siro (H 19, cf. Walther 10694) é semelhante a uma das sentenças do Pseudo-Varrão (11), onde o pranto do herdeiro é comparado ao da jovem esposa; um herdeiro que procura chorar um pouco para esconder a grande alegria interior também está nas *Sátiras* de Horácio (2,5,103 s.). Paralelos perfeitos à formulação de Publílio Siro são os provérbios atuais brasileiro, francês, espanhol e alemão (Mota 112, Arthaber 468), enquanto o equivalente italiano declara *Alle lacrime di erede è ben matto chi ci crede* (que também tem vários equivalentes dialetais, como por exemplo o veneziano); no Brasil também é conhecido *Viúva rica com um olho chora com o outro repica* (existem correspondentes em muitas línguas: cf. Mota 229).

224. Κροκοδείλου δάκρυα
Lágrimas de crocodilo

Essa locução, registrada por Apostólio (10,17) e encontrada numa obra satírica bizantina do século XV, *A viagem de Mazário ao Além* (3,130 Boissonade, cf. também 3,179), refere-se à pessoa que chora por algo que ela mesma provocou ou por algo que, de alguma forma, lhe agrada (para locuções semanticamente semelhantes, cf. n°s 223, 225): o crocodilo, realmente, sempre foi famoso por chorar depois de devorar suas vítimas (em grego também existe um verbo κροκοδειλίζω, "bancar o crocodilo", cf. Eustátios, *Opuscula*, 165,54 Tafel). Tal fama ainda perdura: em todas as línguas modernas européias a expressão *Lágrimas de crocodilo* indica hipocrisia e falsidade.

225. Πρὸς σῆμα μητρυιᾶς κλαίειν
Chorar no túmulo da madrasta

Essa expressão, citada pelos paremiógrafos (Diogen. 7,66, Diogen. Vind. 3,65, Greg. Cypr. 3,33, Apost. 14,99), fala de quem chora sem sinceridade, sendo portanto paralelo a *Lágrimas de crocodilo* (que bateu todos os concorrentes nas línguas modernas; cf. n° 224), ao provérbio que fala do pranto do viúvo (n° 1438) e, finalmente, a Μεγαρέων δάκρυα, "o pranto dos megareus" (citado por Zenob. vulg. 5,8; remeto ao comentário de Leutsch-Schneidewin para outras indicações). Segundo a explicação dos paremiógrafos, essa locução também pode indicar um pranto tolo e imotivado: acepção que poderia parecer semelhante à do simples πρὸς τύμβον κλαίειν, "chorar diante de um túmulo" (ver o escólio a *As coéforas* de Ésquilo, v. 926), mas de qualquer modo, aqui continua sendo fundamental a consideração da madrasta como o pior dos males (cf. n° 1448).

226. *Personam capiti detrahet illa tuo*
Arrancará essa máscara do teu rosto

Marcial (3,43,4) afirma que Prosérpina se comportará assim com quem quiser esconder a idade tingindo os cabelos: arrancar a *persona* (máscara) indica também em outros locais o desmentido daquilo que alguém quer fazer acreditar que é (ver por exemplo Lucrécio, 3,58 — trecho, porém, em que o texto não é seguro — e Sêneca, *De clementia*, 1,1,6). Uma variante importante é *Detrahere pellem*, "arrancar a pele", usada por exemplo por Horácio (*Sat.* 2,1,64) para designar a arte satírica, em particular a de Lucílio: de fato, constitui *topos* a representação da personagem torpe, mas *speciosum pelle decora*, "atraente pela esplêndida pele" (Horácio, *Ep.* 1,16,45, cf. também Pérsio, 4,14) e, às vezes, como em Luciano (*Piscator*, 32), é retomada a fábula de Esopo (199 Hausrath, atualmente famosa na versão de La Fontaine, 5,21), na qual um asno, vestido em pele de leão, aterrorizou todo o mundo até que um golpe de vento lhe arrancou as vestes e ele levou muitas pauladas. Em Ovídio (*Metamorfoses*, 6,385) *Quid me mihi detrahis?*, "por que me arrancas de mim mesmo?", é o clamor de Márcias, que está para ser esfolado por Apolo: episódio que na mística renascentista será interpretado como símbolo da purificação dolorosa, necessária para desnudar o homem interior (ver por exemplo o afresco de Rafael na Stanza della Segnatura em Roma: cf. Wind 209 ss.). Em todas as línguas neolatinas e germânicas são freqüentes os equivalentes a *Arrancar a máscara*, *Deixar cair a máscara* e *Desmascarar* (Arthaber 761; para uma coletânea de exemplos na literatura italiana, remeto a Battaglia 9,868); no Brasil também é difundido *Por fora muita farofa, por dentro molambo só* (Mota 168).

227. Καὶ γὰρ οὗτος (*sc.* κάλτιος) καλὸς ἰδεῖν καὶ καινός, ἀλλ᾽ οὐδεὶς οἶδεν, ὅπου με θλίβει

Este (sapato) também é bonito e novo, mas ninguém sabe onde me machuca

Desse modo, segundo Plutarco (*Coniugalia praecepta*, 141a, *Vida de Emílio Paulo*, 5,1 s.), um romano teria respondido a quem o censurava por ter-se divorciado de uma mulher jovem e bela: o seu sapato também era aparentemente bonito e novo, mas na realidade era apertado e machucava. A anedota depois é retomada por São Jerônimo (*Adversus Iovinianum*, 1,48) e o dito, citado por João de Stóboi (74,45), deu ensejo a provérbios que evidenciam como as aparências enganam, desde o medieval *Nemo scit ubi calceus urat, nisi qui eum portet*, "ninguém sabe onde o sapato aperta, só quem o usa", até os presentes em todas as línguas européias, paralelos aos brasileiros *Cada qual sabe onde o sapato lhe aperta* e *Cada qual sente seu mal* (Mota 61, Arthaber 1236; entre as variantes, deve-se notar o francês *Nul ne sait mieux que l'âne où le bât le blesse*, enquanto outros, como o veneziano *Tuti sa dove ghe dol el so calo*, põem a tônica mais na dor do que na aparência).

228. *Fortiter in re, suaviter in modo*
Com força na essência, com suavidade no modo

Essa expressão, usada atualmente para designar um comportamento e um caráter aparentemente brando mas na realidade forte e decidido, é de autoria dos jesuítas e constitui uma de suas regras fundamentais de conduta. Deriva de um preceito do Geral da Companhia de Jesus, Claudio Acquaviva, que, em seu *Industriae pro superioribus ad curandos animi morbos* (2,1), escreveu: *Ut et fortes in fine consequendo et suaves in modo ac ratione assequendi simus*, "para que sejamos fortes na perseguição de nossos objetivos e brandos no modo de obtê-los". É evidente que Acquaviva retomava um trecho do *Livro da Sabedoria* (8,1), no qual a própria sabedoria *adtingit enim a fine usque ad finem fortiter et disponit omnia suaviter*, "se estende com força de um extremo ao outro e a tudo regula com suavidade". Em italiano é difundido, com o mesmo significado, *Pugno di ferro in guanto di velluto*. [Port., Mão de ferro em luva de veludo.]

b) Situações ambíguas e duvidosas

229. Οὐδ' ἂν νῶϊ διαδράκοι Ἥλιός περ
Nem o sol poderia aperceber-se disso

A fonte é um verso de Homero (*Ilíada*, 14,344): essa expressão proverbial — retomada e definida explicitamente como tal por Heliodoro (7,21) — indica uma ação tão secreta que nem o sol, reconhecido como parâmetro de universalidade (cf. nº 667), poderia percebê-la. Outros paralelos foram coligidos por Ph. Koukoules, "Athena" 52 (1948) 92, enquanto em latim a ação de *videre* por parte do sol é aplicada a contextos diferentes: ver por exemplo Plauto, *Meliorem... neque sol videt*, "nem o sol pode ver um melhor" (*Stichus*, 110, cf. também *Miles*, 803).

230. *Etiam parietes arcanorum soli conscii timebantur*
Até as paredes, únicas testemunhas dos segredos, eram temidas

Essa expressão é usada por Amiano Marcelino (14,1,7) para indicar o clima de suspeita e terror que reinava nos tempos de Galo César, em que o imperador chegava a conhecer até as conversas de alcova. Proverbial e emblemático de uma situação desse tipo era não poder confiar nem nas paredes, como a que se encontra em Cícero (*Epistulae ad familiares*, 4,14,3) e São Jerônimo (*Comentário ao Eclesiastes*, 10 PL 3,1100); sentença paralela é *Nullum putaris teste destitui locum*, "não acredites que haja lugar sem testemunhas" (*Appendix sententiarum*, 16 R.[2], cf. também Walther 19042a, 19043, 19094, 19096a). Na Idade Média, temos *Parietes habent aures*, "as paredes têm ouvidos" (Walther 20709b); do mesmo modo, em todas as línguas modernas européias existem formas paralelas à expressão brasileira *Matos têm olhos, paredes têm ouvidos* (em espanhol às vezes os ouvidos são substituídos por olhos); variações são o veneziano *I muri parla* e o siciliano *Li mura nun hannu orìchi e sèntino* (também presente na Puglia); em nível literário a locução é usada, por exemplo, por Schiller (*Turandot*, 3,3) e Tennyson (*Balin and Balan*, 522).

231. *Soles duabus sellis sedere*
Costumas sentar-te em duas cadeiras

Sêneca, o Retor (*Controversiae*, 7,3,9), e Macróbio (*Saturnalia*, 2,3,10; 7,3,8) citam uma saborosa anedota: Cícero, aludindo à ampliação do senado feita por César e talvez ao fato de este ter concedido a cidadania romana aos sírios, recusara-se a dar um lugar perto de si a Labério, autor de mimos, alegando que já estava muito apertado. Labério lhe respondeu com esse dito espirituoso, atirando-lhe assim ao rosto a sua posição indecisa entre Pompeu e César, aliás não isenta de adulação no que diz respeito a ambos. Essa expressão proverbial, que indica não só indecisão, mas também e sobretudo comportamento dúbio, ficou em várias línguas européias (francês, inglês, alemão, cf. Arthaber 455; para uma referência literária, cf. por exemplo Goethe, *Máximas e reflexões*, 213) e em alguns dialetos (como o veneziano *A voler tegnir el cul su do scagni, / se casca in terra*), enquanto o italiano prefere *Tenere il piede in due staffe* (com equivalente em espanhol).

232. Ἐκ τοῦ αὐτοῦ στόματος τὸ θερμὸν καὶ τὸ ψυχρὸν ἐξιεῖς
Com a mesma boca põe para fora o quente e o gelado

Essa frase é extraída da fábula de Esopo (35 Hausrath, cf. também Aviano, 29) que conta a história, ainda viva em nível folclórico, do sátiro que ficara amigo de um homem mas acabou por desconfiar dele quando viu que o sopro lhe servia tanto para esquentar as mãos quanto para esfriar a sopa. Nos provérbios clássicos não é esse o único caso em que os símbolos de fraude são representados por ações inócuas mas opostas, realizadas pela mesma pessoa: ver por exemplo a mulher que carrega fogo numa das mãos e água na outra (nº 233). O dito ainda é famoso, inclusive na tradução latina *Ex eodem ore calidum et frigidum efflare*, para indicar uma pessoa em quem não se pode confiar; não faltam paralelos nas línguas modernas, como o francês *Souffler le froid et le chaud*, o alemão *Kalt und Warm aus einem Munde blasen* e o inglês *Blow hot and cold with the same breath*.

233. *Altera manu fert lapidem, panem ostentat altera*
Numa das mãos carrega a pedra e com a outra mostra o pão

Assim, em *Aulularia* de Plauto (195), o avarento Êuclio mostra toda a sua desconfiança para com as ofertas do pródigo Megadoro, cujo comportamento é assim tachado como "dúbio": esse dito, depois, assumiu valor proverbial, como demonstram as menções feitas por São Jerônimo (*Ep.* 48,13; 81,1, cf. também *Epistula adversus Rufinum*, 38) e o fato de ser registrado entre as sentenças medievais (cf. Walther 847). Estruturalmente, encontra-se um precedente em Arquíloco (fr. 184 West), onde uma mulher intrigante τῇ μὲν ὕδωρ ἐφόρει / δολοφρονέουσα χειρί, θητέρῃ δὲ πῦρ, "numa das mãos carregava água e na outra, fogo". Além disso, é preciso lembrar que dar pedra a quem pede pão é símbolo de comportamento desprezível num trecho do Evangelho (*Mateus*, 7,9, no qual Jesus, para exemplificar o conceito do "batei e vos será aberto" [cf. nº 908], pergunta: ἢ τίς ἐστιν ἐξ ὑμῶν ἄνθρωπος, ὃν αἰτήσει ὁ υἱὸς αὐτοῦ ἄρτον, μὴ λίθον ἐπιδώσει αὐτῷ, "pois quem de vós, se o filho lhe pede um pão, lhe dá uma pedra?"); outro paralelo é constituído por um trecho de Sêneca (*De beneficiis*, 2,7), em que Fábio, o Verrucoso, dá o nome de *panem lapidosum*, "pão duro como pedra", a um benefício que não é concedido com o coração. Nas línguas modernas são numerosos os provérbios do mesmo gênero (cf. Arthaber 914), mas nenhum é realmente semelhante: eu lembraria porém a expressão *Usare il bastone e la carota*, aplicada em particular ao governante que trata o povo como um burro que ele atrai com uma cenoura e espanca com um pau.

234. Duo parietes de eadem fidelia dealbare
Caiar duas paredes com o mesmo pote de cal

Essa expressão é usada por Cúrio numa carta a Cícero (cf. *Epistulae ad familiares*, 7,29,2): indica comportamento ambíguo ou duplo e equivale, portanto, a "sentar-se em duas cadeiras" (cf. nº 231). Semelhante é *Qui utrosque parietes linunt*, "aqueles que emporcalham as duas paredes", de Petrônio (39,7), expressão cujo equivalente grego perfeito (δύο τοίχους αλείφειν) é registrado pelos paremiógrafos (*App. Prov.* 2,2, Apost. 5,137, *Suda* δ 1581). Quanto às tradições modernas, ver o alemão *Schwarz und weiss aus einem Tiegel malen*; Firenzuola (1,68) lembra também *Imbiancar due muri con un medesimo alberello* como "provérbio antigo".

235. Excusatio non petita, accusatio manifesta
Desculpa não pedida, acusação manifesta

Essa expressão proverbial, ainda difundida, é a versão medieval de um *topos* já clássico: São Jerônimo (*Ep.* 4) tem *Dum excusare credis, accusas*, "enquanto pensas desculpar-te, acusas-te" (Walther 6510a registra *Dum excusare velis, accusas*), mas o conceito já estava presente em Terêncio (*Heautontimoroumenos*, 625), e uma correlação semelhante entre *excusare* [desculpar] e *accusare* [acusar] também se encontra em Santo Agostinho (*Ep.* 148,4) e em Salviano (*Ep.* 3,204,16). Quanto à negatividade de buscar desculpas a todo custo é importante um *salmo* (140,4) em que se suplica a Deus, *non declines cor meum in verba malitiae ad excusandas excusationes in peccatis*, "que não incline meu coração para as palavras malignas, que procurem desculpar os pecados" (em seu comentário, Santo Agostinho [*PL* 37,1817a] ressalta que não se deve preferir *peccata... excusare quam accusare*, "desculpar os pecados em lugar de acusá-los"). Em todas as línguas modernas existe o equivalente ao italiano *Chi si scusa si accusa* (Arthaber 1246) e ao provérbio brasileiro *Quem não tem culpa, não pede desculpa* (Mota 193); entre as referências literárias eu citaria um trecho do *Rei João* de Shakespeare, que diz *Oftentimes excusing of a fault / doth make the fault the worse by the excuse*.

236. Anguillast: elabitur
É uma enguia: escorrega

Nesse trecho de *Pseudolus* de Plauto (v. 747) fala-se de um patife tão hábil que consegue fugir mesmo quando surpreendido em flagrante. A comparação com a enguia a propósito da capacidade de escorregar constituía *topos* em grego: em Aristófanes (fr. 229 K.-A.) e em Êupolis (fr. 368 K.-A.) indicava uma pessoa lambuzada de óleo e pomada; em Luciano, ao contrário, em um texto era aplicado (*Anacharsis*, 1) para indicar alguém completamente enlameado e em outro (*Tímon*, 29) era aplicado à riqueza, que não oferece ἀντιλαβή, "um punho firme para segurar", e sempre escapa. Essa expressão volta em vários autores tardios, tais como São Jerônimo (*Contra Helvidium*, 14, *PL* 28,1140), Rufino (*Historia ecclesiastica*, 1,3), Cassiano (*Col-*

lationes, 7,3,4) e Isidoro de Sevilha (*Origines*, 12,6,41), sendo freqüentemente usada nas sentenças medievais: por exemplo Walther 1058a registra *Anguilla a digitis saepe est dilapsa peritis*, "muitas vezes a enguia escorrega entre dedos hábeis", Walther 17834 *Non habet anguillam per caudam qui tenet illam*, "não tem a enguia quem a segura pelo rabo", Walther 21308 *Perdimus anguillam dum manibus stringimus illam*, "perdemos a enguia enquanto a apertamos nas mãos" (observar nos dois últimos a fácil rima *anguillam / illam*). Nas línguas modernas essa expressão é usada principalmente — como em Plauto — para malandros que não se deixam agarrar, mas também com valor retórico: de fato, a enguia muitas vezes é comparada ao interlocutor que evita dar respostas precisas e comprometedoras; não faltam variações isoladas e divertidas, como a bolonhesa *A ciapèr una dóna in paróla, l'é cm'é ciapèr un'anguella per la co* (sobre a pouca confiabilidade das mulheres, cf. nº 1381). Além disso, dos citados provérbios medievais derivam o italiano *Chi piglia l'anguilla per la coda può dire di non tenere nulla* e seus equivalentes, que na maioria das vezes indicam que se tem em mãos um poder efêmero (para algumas indicações, remeto a Battaglia 1,475), presentes em todas as línguas européias.

237. *Hic niger est, hunc tu, Romane, caveto!*
Este tem a alma negra; guardai-vos dele, romanos!

Essa advertência é extraída das *Sátiras* de Horácio (1,4,85): refere-se a quem fala mal dos amigos ausentes, a quem, tendo fama de mordaz, provoca risos imoderados, a quem inventa coisas e não sabe guardar segredos. Assumiu valor proverbial na Idade Média (Walther 10878b) e ainda é famosa (Büchmann 383 a cita entre os "geflügelte Worte").

238. Βορβόρῳ ὕδωρ / λαμπρὸν μιαίνων, οὔποθ' εὑρήσεις ποτόν
Se enlameares a água limpa nunca encontrarás o que beber

Essa expressão é extraída de *Eumênides* de Ésquilo (vv. 694 s.): trata-se daqueles que querem subverter as leis. Essa expressão era ou passou a ser proverbial, como demonstram as referências dos paremióģrafos (Zenob. vulg. 2,76, Diogen. 3,55, Macar. 2,84, Apost. 5,14). O italiano usa *Intorbidare le acque*, mas com o sentido de "criar desordem, confusão, procurando, sub-repticiamente, tirar vantagens da situação": entre os muitos textos da literatura italiana (cf. Battaglia 8,318), o mais famoso é um trecho de *Promessi sposi* (12,214), em que, na descrição dos tumultos de Milão, Manzoni dá destaque a algumas pessoas que, em meio à multidão exaltada, demonstravam sangue-frio e *stavano osservando con molto piacere che l'acqua s'andava intorbidando; e s'ingegnavano d'intorbidarla sempre più* [estavam observando com grande prazer que a água ia ficando turva; e faziam todo o possível para torná-la cada vez mais turva]. Com valor semelhante o italiano também usa a locução *Pescare nel torbido*; finalmente, o provérbio brasileiro *Ninguém suje a água que tem de beber* tem vários paralelos nas línguas européias (cf. Mota 140).

239. Ἀπώλεσας τὸν οἶνον ἐπιχέας ὕδωρ
Estragaste o vinho vertendo-lhe água

Esse é o gracejo que Polifemo dirige a Odisseu na peça *Ciclope* de Arístio (fr. 4 Sn.-K.); chegou até nós por ter-se tornado proverbial: as fontes do fragmento na realidade são os paremiógrafos (Zenob. vulg. 2,16, Diogen. 2,32, Apost. 3,60, *Suda* α 3668), que assinalam que essa frase já foi registrada como tal pelo peripatético Cameleontes de Heracléia (fr. 37ab Wehrli = Giordano²). Deu ensejo a várias interpretações: duas genéricas (misturar o bem com o mal e estragar uma coisa boa com uma pequena porção de coisa ruim) e uma outra que é a do presente dado para mascarar um engodo, bem mais apropriada à presente situação, já que Polifemo provavelmente pronunciava essas palavras depois de ter provado o vinho em que fora posto sonífero. De qualquer modo também se verifica um significado mais banal: em Ateneu (8,362a) o comensal Ulpiano usa essa frase para censurar um interlocutor e acusá-lo de ter contaminado as danças para a deusa Fortuna, usando para elas o verbo vulgar βαλλάζουσιν. Nos provérbios latinos vulgares existe a tradição da suavidade do *vinum lymphatum*, mas também a oposta (como por exemplo Walther 33470 *Vinum dum lymphas, nimias non addito lymphas*, "quando beberes vinho, não acrescentes água demais"), que faz um trocadilho com a ambigüidade de *lymphatus*, que tem o sentido de "adulterado com água" e de "delirante".

240. *Ibis redibis non morieris in bello*
Irás voltarás não morrerás na guerra

Em *Chronicon* de Alberico delle Tre Fontane (século XIII), essa frase é citada como exemplo da ambigüidade dos oráculos: tal resposta, sem pontuação, presta-se a duas interpretações diametralmente opostas. Se for entendida — como pareceria mais lógico e como certamente entende o consulente — *Ibis, redibis, non morieris in bello*, significará: "Irás, voltarás, não morrerás na guerra"; contudo, se for pontuada *Ibis, redibis non, morieris in bello*, o significado será: "Irás, não voltarás, morrerás na guerra". Assim os oráculos guardam uma interpretação de reserva graças aos recursos da ambigüidade, para sempre poderem ser verídicos. Essa expressão atualmente é citada para indicar um discurso sibilino, voluntariamente ambíguo (nesse sentido, também se tem *Ibis redibis* como locução substantiva), mas também para simplesmente lembrar a importância da pontuação.

c) *Enganos e insídias*

241. *Mundus vult decipi, ergo decipiatur*
O mundo quer ser enganado: portanto, que seja enganado!

Essa conhecida frase não tem origem antiga, embora alguns, como W. Gurnay Benham (*Book of Quotations*, London 1929, 583a), a atribuam a Petrônio: na realidade aparece pela primeira vez — ademais em alemão — num autor do século XV, Sebastian Brants (*Narrenschiff*, 65,1 Z.); isoladamente, *Mundus vult decipi* recorre várias vezes em Lutero (por exemplo ver *Obras*, 23,571; 29,40), que porém acrescenta *Ich wil da zu helffen* ("quero ajudá-lo"); no século XVI, o período inteiro é encontrado em Sebastian Franck (*Paradoxa*, 236), enquanto J. A. de Thou (*Historia sui temporis*, 1,587) atribui ao cardeal Carlos Carafa a frase *Quandoquidem populus... vult decipi, decipiatur*, "uma vez que o povo quer ser enganado, que seja enganado!", de onde parece derivar o nosso *Vulgus vult decipi*. Exprime um conceito muitas vezes reforçado pelas tradições proverbiais: ver por exemplo o alemão *Will doch die Welt betrogen sein, / darum betrüge man sie fein* e o inglês *If the world will be gulled, let it be gulled*. Fumagalli 549, finalmente, cita uma anedota interessante e engraçada: essa teria sido a resposta dada pelo arcebispo de Turim, Mons. Franzoni, a um curandeiro charlatão que se autodenominava Doutor Maurizio Bartolomeo Orcorte e que impudentemente lhe pedira uma opinião sobre a sua arte. Diante da resposta seca, dada com essa frase, o medicastro teria comentado: "*Piatur! Piatur!* [Está satisfeito] Ouvistes o conselho desse santo homem que é o arcebispo? *Piatur!* Ou seja, para dizer em bom piemontês, '*l me rimedi i deve piei* [os meus remédios devem agradá-lo]."

242. *Impostor et Graecus est*
É impostor e ainda grego

Essa frase é citada por São Jerônimo em *Ep*. 38,5 e, na forma grega ὁ Γραικός, ὁ ἐπιθέτης, em *Ep*. 54,5: trata-se de um insulto dirigido a uma pessoa na qual, à primeira vista, está claro não ser possível confiar. A expressão *Graeca fide*, "com o crédito grego", encontrada em Plauto (*Asinaria*, 199) e em Ausônio (*Ep*. 10,42; 22,24), indicava a impossibilidade de um crédito, assim como a exigência do pagamento em moeda sonante: aludia, portanto, ao pouco valor da palavra dada, à impossibilidade de confiar solidamente nas promessas dos gregos; aliás, era assim que Sérvio a interpretava, em seu comentário ao famoso trecho de Virgílio em que os troianos se mostram curiosos e interessados diante do cavalo fatal, *ignari... artisque Pelasgae*, "desconhecedores das artimanhas gregas" (*Eneida*, 2,106, retomado depois por Maximiano, *Elegias*, 5,39). Realmente, os gregos eram astutos por antonomásia (Lívio, 42,47,7 fala de *calliditatis Graecae* e afirma que entre os gregos e os cartagineses [cf. nº 245] enganar o inimigo era mais meritório do que vencer pela força), mentirosos (Juvenal, 10,174, por exemplo emprega *Graecia mendax*; Lactâncio, *Divinae Institutiones*, 1,15, afirma que os gregos são capazes de erguer nuvens de mentira; e em Amiano Marcelino [17,9,3] insulta-se Juliano chamando-o *Graeculum et fallacem*) e traidores (sintomática é a expressão *Timeo Danaos et dona ferentes*, cf. nº 243). Se, entre os latinos, essa tradição pode ser configurada como um exemplo de chauvinismo (lembrar que existe também o *topos* da *Punica fides*, cf. nº 245), é preciso esclarecer que os gregos já tinham essa fama antes, a ela aludindo Eurípides em *Ifigênia em Táurida* (v. 1205: πιστὸν Ἑλλὰς οἶδεν οὐδέν, "a Grécia nada conhece que seja digno de fé"). Provérbios desse tipo ainda estão vivos: em italiano existe *Chi si fida di greco, non ha il cervello seco*; em francês, *Les plus traîtres sont en Grèce*; em alemão, *Traue keinen Schritt den Griechen*. Um anônimo genovês do século XIII (G. Contini, *Poeti del Duecento*, 1,717) afirma ademais que *Quase ogni greco per comun / è lairaor, neco e superbo*, enquanto *La fede greca a chi non è palese?* é um verso de Tasso (*Jerusalém libertada*, 2,76).

243. *Timeo Danaos et dona ferentes*
Temo os gregos mesmo quando trazem presentes

Essa frase famosa, ainda usada para prevenir contra as possíveis armadilhas de inimigos que oferecem reconciliações fáceis, faz parte do verso que, na *Eneida*, conclui o discurso com que Laocoonte procura em vão convencer os troianos a não acolher em seus muros o cavalo fatal: *Quidquid id est, timeo Danaos et dona ferentes*, "seja como for, temo os gregos mesmo quando trazem presentes" (2,49). Na base dessa expressão não está apenas a tradição da pouca confiabilidade dos gregos (cf. n° 242), mas também — como já percebeu Sérvio em seu comentário ao trecho — um provérbio grego que afirma que os presentes dos inimigos nunca são vantajosos (cf. n° 244). Esse verso logo ficou famoso: provavelmente é evocado em *Danaumque fatale munus*, "presente fatal dos gregos", de Sêneca (*Agamêmnon*, 628), e posteriormente é bastante citado a partir da Idade Média (cf. Sutphen 158): São Tomás de Canterbury (*PL* 190,473d) define-o explicitamente como proverbial.

244. Ἐχϑρῶν ἄδωρα δῶρα κοὐκ ὀνήσιμα
Os presentes dos inimigos não são presentes nem são úteis

Essa máxima é citada como proverbial em *Ajax* de Sófocles (v. 665) e foi readaptada por Medéia à sua situação na tragédia homônima de Eurípides (v. 618: κακοῦ γὰρ ἀνδρὸς δῶρ᾽ ὄνησιν οὐκ ἔχει, "os presentes de um homem malvado não trazem vantagem"). A seguir, é retomada por autores tardios, como Clemente de Alexandria (*Stromata*, 6,1,8), Luciano (*De mercede conductis*, 38), Teofilato Simocata (7,13,110), Eustátios (*Ep.* 7,317,86 Tafel), e é registrada pelos paremiógrafos (Zenob. vulg. 4,4, Diogen. 4,82a, Greg. Cypr. L. 2,15, Apost. 8,23, *Suda* α 519; 1144; ε 4029). São suas variantes ἐχϑροῦ παρ᾽ ἀνδρὸς οὐδέν ἐστι χρήσιμον, "nada de útil pode vir do inimigo", e λόγον παρ᾽ ἐχϑροῦ μήποϑ᾽ ἡγήσῃ φίλον, "nunca acredite que a conversa de um inimigo seja amiga", encontradas entre os *Monósticos de Menandro* (respectivamente, 239 e 451 J.), assim como ἐχϑρὸς δὲ κἂν καλὰ ποιήσῃ, κακά ἐστιν, "mesmo quando o inimigo faz o bem está fazendo o mal", encontrada nos paremiógrafos (*App. Prov.* 2,94, Macar. 4,27). Em latim, o conceito retorna em Sidônio Apolinário (*Ep.* 5,13,4), enquanto em nível proverbial é mais difundida a expressão de Virgílio *Timeo Danaos et dona ferentes* (n° 243). Além disso, entre as sentenças medievais, existe *Hostium munera non sunt munera*, "presente de inimigo não é presente", que retoma a asserção paradoxal do grego, da qual derivam equivalentes perfeitos em italiano, inglês e alemão (Arthaber 445; há também uma referência em Rabelais 3,14); uma variante paronomástica é o italiano *Spesso i doni sono danni*, onde, porém, a afirmação é genérica e não diz respeito especificamente aos inimigos.

245. Punica fides
Lealdade cartaginesa

Essa locução irônica ainda é conhecida e indica má-fé e desdealdade; recorre em vários autores latinos, tais como Salústio (*Bellum Iugurthinum*, 108,3), Lívio e Júlio Capitolino, um dos autores da *Historia Augusta* (*Os três gordianos*, 14,1; 15,1; 16,3); são expressões paralelas *Punico ingenio*, "com o engenho cartaginês" (sobretudo em Justino, 18,2,4; 18,6,2; 31,4,2), e *Punico astu*, "com astúcia cartaginesa" (cf. Valério Máximo, 5,1, *ext.* 6, enquanto em Lívio, 35,14,12, indica uma resposta arguta mas não desleal). Os cartagineses de qualquer modo eram chauvinistamente apresentados como vigaristas já em *Poenulus* de Plauto (cf. em especial os vv. 112 s. e 1124 ss.); Lívio não perdia a oportunidade de qualificá-los assim (ver por exemplo 35,42,8); e Cícero (*De lege agraria*, 2,35,95) definia-os como *fraudolenti et mendaces non genere sed natura loci*, "fraudulentos e mentirosos não por natureza mas pelo lugar onde moram". Trata-se de características que algumas vezes — como no *Appendix Vergiliana* (*Catalepton*, 9,51 s.) — se estendem a todos os africanos, enquanto outras vezes dizem respeito ao cartaginês por antonomásia; Aníbal, por exemplo, é definido como *callidus*, "astuto", por Cícero (*De officiis*, 1,30,108), e que muitas vezes é *perfidus*, "desleal" (como, por exemplo, em Horácio, *Carm.* 4,4,49, em Floro, 1,18 [2,2],11, e sobretudo na famosa descrição feita por Lívio [21,4,9], na qual lhe é atribuída a completa falta de escrúpulos em relação à verdade, ao sagrado, aos deuses, aos juramentos). Para tal fama talvez tenha contribuído a narração de batalhas como a de Trasimeno, na qual o exército de Aníbal conseguiu ludibriar os romanos, surpreendendo-os pelos flancos e pela retaguarda (essa tática na verdade é apresentada como *ars nova Punicae fraudis*, "novo artifício da insídia cartaginesa", por Floro, 1,22 [2,6],13).

246. Pia fraus
Mentira piedosa

Essa expressão, ainda conhecida (cf. Büchmann 394), deriva de *Metamorfoses* de Ovídio (9,711), onde indica o disfarce da pequena Ífide em menino feita pela mãe Teletusa para impedir que o marido Ligdo cumprisse a promessa feita quando a mulher estava grávida, de matar a criança se fosse menina. A *iunctura* recorre em Dracôncio (*Orestes*, 12). Atualmente também é famosa, na Itália, uma frase análoga presente no último ato da ópera *La traviata* de Verdi (*La bugia pietosa a' medici è concessa*).

247. Προφάσεως δεῖται μόνον ἡ πονηρία
Para se fazer o mal só é preciso um pretexto

Esse provérbio é citado por Aristóteles (*Retórica*, 1373a 3); Kock acredita que tenha origem cômica (fragmento anônimo 446) e é registrado pelos paremiógrafos (Diogen. 7,87, Greg. Cypr. 3,47). O conceito já estava presente em *Ifigênia em Áulida* de Eurípides (v. 1180) e são máximas paralelas: μικρά γε πρόφασίς ἐστι τοῦ πρᾶξαι κακῶς, "pequeno é o pretexto para se fazer o mal", presente em *Tessala* de Me-

APARÊNCIAS E ENGANOS   115

nandro (fr. 193 K.-Th.), e *Malefacere qui vult, numquam non causam invenit*, "a quem quisesse fazer o mal nunca faltou um motivo", de Publílio Siro (M 28, cf. Walther 14307, 14320, 24217a). Entre os muitos paralelos modernos, deve-se lembrar que em todas as línguas européias existem equivalentes ao italiano *Chi il suo can vuole ammazzare, qualche scusa sa pigliare* (Arthaber 1245), que é retomado num trecho de *Femmes savantes* de Molière (2,5,419), em que Martin, personagem que se exprime por provérbios, afirma: *Qui veut noyer son chien l'accuse de la rage*.

248. Mirari se... quod non rideret haruspex, haruspicem cum vidisset
Admirava-se de que um adivinho, ao ver outro adivinho, não se pusesse a rir

Esse dito espirituoso de Catão (109 Jordan) já era famoso na Antiguidade: como tal era citado por Cícero (*De divinatione*, 2,24,51, cf. também *De natura deorum*, 1,26,71).

249. Intus... est equus Troianus
Lá dentro está o cavalo de Tróia

Essa expressão, que indica um grande perigo devido ao fato de se confiar demais em algo aparentemente inócuo, é principalmente de Cícero: assim o orador se exprime a propósito de Roma em *Pro Murena*, 37,78; o cavalo de Tróia volta num discurso contra Verres (4,23,52), a propósito da cidade de Alúncio, devastada pelo famigerado propretor; em *Pro Caelio*, 28,67, a propósito de um *muliebre bellum*, "guerra feminil", que derrubou tantos heróis invictos; e em *Filípicas* (2,13,32), a respeito de uma empresa da qual seria totalmente contraproducente participar. O cavalo de Tróia ainda é o perigo oculto por antonomásia e a sua recordação equivale à expressão universalmente conhecida *Olha bem em quem te fias* (Arthaber 507; para uma referência literária famosa, ver Dante, *Inferno*, 5,19).

250. *Prosperum ac felix scelus / virtus vocatur*
Um crime bem sucedido e feliz é chamado virtude

Essa máxima está presente em *Hercules furens* de Sêneca (vv. 251 s.): um paralelo está em *Fedra*, do mesmo autor (v. 598). Foi famosa sobretudo no Renascimento: aparece em vários florilégios (para as indicações remeto a J. G. Fitch, *Seneca's Hercules Furens*, Ithaca-London 1987, 199 s.) e é retomada por autores como Marston (*The Malcontent*, 5,3), Bacon (*Of the Advancement of Learnings*, 2,22,12) e Ben Jonson (*Catilina*, 3,540 s.). Conceitualmente afim é a sentença medieval *Saepe habet malus famam boni viri et bonus vir famam mali*, "muitas vezes o homem mau tem fama de bom e o bom, fama de mau". Neste plano também existem numerosas sentenças modernas; especialmente significativa é uma de Bérgamo: *Se 'n balos l'è stimat bu, che 'l fassa mal, no i cred nissù*; o francês tem *Il a beau se lever tard, qui a bruit de se lever matin* (com paralelos em inglês); em todas as línguas européias existe o equivalente ao italiano *Acquista buona fama e mettiti a dormire* (Arthaber 476), devendo-se assinalar algumas variantes espirituosas, como a veneziana *Fate un nome e po' despoia ciese* (também presente em napolitano) e a toscana *Fatti un nome e piscia a letto, e diranno che hai sudato* (para outros exemplos, ver Zeppini Bolelli 53).

251. *Latet anguis in herba*
Na relva se esconde uma serpente

É desse modo que, na terceira *Bucólica* de Virgílio (v. 93), Dameta convida os colhedores de flores e morangos a prestar muita atenção: aqui, portanto, a expressão tem valor concreto, havendo um paralelo a esse trecho nas *Geórgicas* (4,458 s.), em que Eurídice morre ao ser mordida por uma grande serpente enroscada na relva alta e que, portanto, não fora vista. Parece também ter sentido concreto a acepção contida no fr. 130 R.³ de Pompônio, onde *in ista vipera est veprecula*, "nesta moita há uma víbora" (que — entre outras coisas — se vale de uma atraente paronomásia), é dito de um infeliz que se afasta para satisfazer uma necessidade fisiológica. Tal imagem, todavia, podia prestar-se facilmente a indicar uma traição ou um perigo existente onde menos se espera, tanto mais que era difundido o *topos* da serpente como animal traiçoeiro e inimigo do homem (cf. nº 252). Já na Idade Média, de fato, essa frase de Virgílio (assim como a menos famosa *Vipera est in veprecula*, cf. Walther 33503h) tornou-se proverbial, passando a ter sentido figurado: é registrada com essa forma exata por Walther (9988, 13504), com numerosas variações (para as quais remeto ao estudo crítico do 13504); também são várias as suas referências em autores (para algumas delas, remeto a Sutphen 133). Seus equivalentes estão presentes em todas as tradições proverbiais européias (cf. Arthaber 1272; entre as variantes, é significativa a inglesa *Look before you leap, for snakes among sweet flowers do creep*); em nível literário uma bela referência é constituída pelas palavras de Lady Macbeth, em Shakespeare (*Macbeth*, 1,5): *Look like the innocent flower, / but be the serpent under 't*, enquanto no *Inferno* de Dante o julgamento do destino é *occulto come in erba l'angue* (7,84).

252. *Peior serpentibus Afris*
Pior que as serpentes africanas

Essa comparação é feita por Horácio (*Sat.* 2,8,95) e no caso se refere ao sopro da abominável feiticeira Canídia; contudo, serpentes, víboras e répteis em geral já na Antiguidade são símbolo freqüente de insídia, traição, mentira e todo tipo de comportamento hostil: em latim, isto fica mais claro em Plauto (*Truculentus*, 780 s., *Poenulus*, 1034, *Persa*, 299), que dá destaque à língua bífida, característica desses animais e usada como símbolo de sua dubiedade, e em Horácio (ver ainda *Carm.* 1,8,8 ss.; 3,10,18, *Ep.* 1,17,30 s.); além disso, também existe o uso de *vipera* como insulto dirigido geralmente a mulheres (para os trechos, remeto a Sutphen 227), mas às vezes empregado com outras referências (por exemplo em Floro, 2,30,37, um bárbaro fala assim da língua cortada de um advogado). Também em grego existem vestígios dessa expressão: na parte referente ao "irônico", em *Caracteres* de Teofrasto, por exemplo, tem-se uma frase final interpolada (1,7) que diz: φυλάττεσθαι μᾶλλον δεῖ ἢ τοὺς ἔχεις, "das quais (ou seja, das índoles insidiosas) é preciso guardar-se mais que das serpentes". Em âmbito judaico-cristão, enfim, tal *topos* teve uma causa teológica, devido ao papel desempenhado pela serpente no pecado de Adão, mas não faltam outras referências à imagem: no *Eclesiástico* (21,2), por exemplo, recomenda-se fugir do pecado como diante de uma serpente e em *Isaías* (59,5) Israel pecador choca ovos de serpente (para referências posteriores em autores cristãos, remeto a Otto 108, Weyman 260, Lampe 989). A imagem da serpente e da víbora como animais traidores por antonomásia ainda está presente em todas as línguas modernas em expressões equivalentes a *língua bífida* [em italiano, *lingua biforcuta*], para indicar mentira e falsidade (num *topos* presente nos *western* essa é, entre outras, a característica freqüentemente atribuída pelos peles-vermelhas aos brancos); a expressão *ovo de serpente* teve difusão ainda maior graças ao título de um famoso filme de I. Bergman, em que ela designa os primeiros prenúncios do nazismo nos anos vinte.

253. *Longius nocens ut basilisci serpentes*
Fazendo o mal de longe, como os basiliscos

Amiano Marcelino (28,1,41) atribui a Maximino a peculiaridade de fazer o mal de longe: realmente o lendário basilisco (que não deve ser confundido com o animal inócuo que vive na América do Sul), entre as serpentes — por si mesmas enganadoras e inimigas do homem (cf. nº 252) —, era a mais terrível porque — como já afirmava Plínio, o Velho (8,23,78) — matava com o olhar apenas. Sua fama superou as barreiras representadas pelos conhecimentos de história natural que demonstraram a inexistência desse réptil, e *Ter olhos de basilisco* é expressão ainda usada, sobretudo em meios eruditos.

254. Ἄγουσιν ἑορτὴν οἱ κλέπται
Os ladrões festejam

Essa expressão chegou até nós graças a uma tradição lexicográfica (cf. Σ[b] 15,14 Bachm., Fócio α 248 Theod., *Suda* α 317), talvez oriunda de *Praeparatio So-*

phistica do aticista Frínico (fr. 75 De Borries), e ao paremiógrafo Arsênio (1,18a). Tais testemunhos afirmam que se trata de locução cômica referente a quem rouba impunemente: Fócio, em particular, afirma que ela estava presente em Cratinos (fr. 356 K.-A.). O italiano tem o correspondente *I ladri vanno a nozze*.

255. Hamum vorat
Morde a isca

Essa expressão é usada por Plauto (*Curculio*, 431, *Truculentus*, 42) para indicar que uma pessoa cai numa armadilha, mas o uso metafórico de *hamus*, "anzol", como "mentira, insídia, armadilha" é verificado em muitos autores, tais como Plauto (*Mostellaria*, 1070), Horácio (*Ep.* 1,7,74, *Sat.* 2,5,25), Ovídio (*Ars amatoria*, 3,425) e Sêneca (*De beneficiis*, 4,20,3). Do mesmo modo, em grego tem-se semelhante uso figurado de termos que indicam "anzol", como ἄγκιστρον (ver por exemplo Aristeneto, *Ep.* 1,17) e δέλεαρ (por exemplo em Luciano, *Diálogo dos mortos*, 6,4). Em italiano tem-se o mesmo uso das palavras *amo* [anzol] (Battaglia 1,442) e *abboccare* [abocanhar] (Battaglia 1,24).

256. Ὅπου γὰρ ἡ λεοντῆ μὴ ἐφικνεῖται, προσραπτέον ἐκεῖ τὴν ἀλωπεκῆν
Quando a pele de leão não basta, está na hora de pôr uma pele de raposa sobre os ombros

Segundo Plutarco (*Vida de Lisandro*, 7,6, *Regum et imperatorum apophthegmata*, 190e, *Apophthegmata Laconica*, 229 b), essa frase é do general espartano Lisandro, que assim responde a quem o acusa de lançar mão de truques e subterfúgios e não combater de peito aberto. O significado é que, quando não se consegue vencer com força e coragem, é preciso usar astúcia: já na Antiguidade o leão simbolizava coragem e força e a raposa, astúcia (já em Arquíloco, fr. 185,5 W., a raposa era definida como κερδαλῆ, "astuta"), e portanto, em termos militares, podia-se fazer um paralelo entre os dois animais para indicar duas táticas diferentes (ambos, por exemplo, estavam presentes em Silas, segundo Plutarco, *Vida de Silas*, 28,6; ver ainda nº 1243). Também entre os antigos essa frase assumiu valor proverbial: é registrada pelos paremiógrafos bizantinos (Zenob. vulg. 1,93, Diogen. 1,83, Greg. Cypr. 1,87, Greg. Cypr. M. 1,83, Apost. 3,24, *Suda* α 2411) e em latim seu equivalente perfeito é *Ubi leonis pellis deficit, vulpinam induendam esse*, verificado na didascália do título de uma fábula de Fedro (*App.* 23), que fala do astuto expediente com que um lagarto consegue fugir da goela de uma serpente. Está presente também nas sentenças medievais (Walther 32052, cf. 32057k, 32059), juntamente com *Dolo pugnandum est dum quis par non est armis*, "deve combater com ardil quem não tem armas comparáveis" (Walther 6249). Nas várias línguas modernas européias existem equivalentes: italiano *Dove non basta la pelle del leone, bisogna*

APARÊNCIAS E ENGANOS 119

attaccarsi quella della volpe; interessante é a versão "invertida" do alemão: *Was der Fuchs nicht kann erschleichen / muss der Löwen klau erreichen*. Entre as muitas referências literárias, é preciso lembrar que a *golpe* [*volpe*, raposa] e o *lione* [*leone*, leão] são muito apreciados por Maquiavel em contextos desse tipo (cf. principalmente *O príncipe*, 18,3), não esquecendo o *topos* de começar como raposa para — depois de ganhar coragem — tornar-se leão (para algumas indicações, remeto a Battaglia 8,956). Finalmente, esse ditado é famoso na literatura popular porque associado à famosa figura do herói mascarado Zorro, inventada pelo escritor americano J. McCulley e tantas vezes filmada, cujo protagonista, Diego de la Vega, é obrigado a se tornar bandido e, portanto, a abandonar a roupa de leão para vestir a de "zorro" (= "raposa").

257. *Fistula dulce canit, volucrem cum decipit auceps*
A flauta toca suavemente enquanto o passarinheiro apanha o pássaro

Esse é um famoso verso de um *dístico de Catão* (1,27,2), em que se faz uma advertência contra quem fala de modo melífluo e poderia estar tramando insídias mais graves; o motivo do pássaro capturado não só com visco mas também com canto é encontrado ainda em Marcial (14,216). Nas sentenças medievais recorrem numerosas variações sobre o tema: algumas vezes as mudanças são apenas formais (cf. por exemplo Walther 5255, *Decipit incautas fistula dulcis aves*, "a doce flauta ilude os pássaros incautos"); por vezes a imagem é repetida com "tonalidade" diferente (cf. por exemplo Walther 9569, *Fistula dulce canit (si non mihi crede Catoni!) / dum lyra dulcisono carmine prodit aves*, "a flauta toca suavemente (se não crês em mim, crê em Catão!), enquanto o doce som da lira engana os pássaros"); outras vezes ainda está conjugada a locuções como *Latet anguis in herba* (Walther 9570, cf. nº 251) ou ao motivo da armadilha (Walther 11800, cf. nº 270) ou do anzol (Walther 32641b, cf. nº 255); por fim, também pode estar sendo aplicada especificamente à não-confiança em quem pronuncia palavras doces (Walther 2082, 17100, 17281). Paralelo moderno perfeito está no alemão *Wer Vögel fangen will, muss süss pfeifen*, enquanto são freqüentes em todas as línguas os equivalentes ao italiano *Chi vuol pigliare uccelli non gli tiri randelli* (cf. Arthaber 1377); entre as variantes, eu assinalaria a banalização presente no italiano *L'uccello si adesca col canto*.

258. *Arte / emendaturus fortunam*
Para corrigir o destino com um artifício

Em Horácio (*Sat.* 2,8,84 s.) essa frase se refere a uma personagem, o *parvenu* Nasidieno, que dá a impressão de ser capaz de obviar a má sorte com a habilidade pessoal, mas que na realidade não passa de um desajeitado. Expressão com significado semelhante já está presente em Terêncio (*Adelphoe*, 741) e é encontrada num *monóstico de Catão* (69), que recomenda: *quicquam inoptatum cadit, hoc homo corrigat arte*, "o que acontece de indesejável o homem deve corrigir com um artifício". Sucessor dessa tradição antiga é a expressão *Corriger la fortune*, encontrada pela primeira vez em Boileau (*Satires*, 5,825 s.) e depois retomada por vários autores, inclusive não franceses, entre os quais Lessing (*Minna von Barnhelm*, 4,2).

259. *Quasi pulverem ob oculos... adspergebat*
Jogava poeira diante dos olhos

A fonte é Gélio (5,21,4): trata-se de uma personagem que, tendo adquirido grosseira e superficialmente algumas noções elementares de gramática, exibe-as a todos para esconder sua ignorância. A expressão *Jogar poeira nos olhos* com o sentido de "induzir em erro, levar a crer no que não é verdadeiro" — atualmente comum em todas as línguas européias — não era assim tão difundida em latim: parece estar presente só em *As confissões* de Santo Agostinho (12,16,23), enquanto em Plauto (*Miles*, 148) se tem, com o mesmo significado, *glaucumam ob oculos obiciemus*, "faremos descer glaucoma sobre os olhos". Essa expressão também é registrada por Erasmo em seus *Adagia* (2,9,43); finalmente, deve-se lembrar que em italiano existe *Gettare fumo* [fumaça] *negli occhi* (cf. também nº 286). [Port., Jogar areia nos olhos.]

260. Καὶ δρῦς μαινὰς ἐγένετο
Até um carvalho enlouqueceu

Esse provérbio, registrado por Apostólio (9,49), refere-se à pessoa fascinada por algo irresistível: de fato, até um carvalho enlouqueceu de amor ao ouvir o sublime canto de Orfeu.

261. *Non omnibus dormio*
Não durmo para todos

Esse provérbio é explicado por Festo (175,34-176,3 Lindsay), que menciona Lucílio (1223 M.): em sua origem está a história de um tal Cípio (mas Plutarco, *Amatorius*, 759f-760a, comentando a mesma anedota, chama-o Gaba), que fingia dormir para que a mulher pudesse ficar sossegada com o amante, esperando, evidentemente, ter lucro com o relacionamento ilícito da mulher: em Plutarco o amante é o poderoso Mecenas, enquanto em Juvenal, 1,55-57, que descreve situação análoga, o marido espera que o outro faça um testamento em seu favor (só assim, realmente, o amante teria podido deixar bens para a mulher, visto que, segundo a lei romana, uma mulher casada e sem filhos não podia receber herança). A expressão depois é usada por Cícero no epistolário (*Ad familiares*, 7,24,1, cf. também *Ad Atticum*,

13,49,2) com o significado de "não me deixo enganar por todos"; para outro provérbio ligado a essa mesma história, cf. nº 1437.

262. *Sic vos non vobis*
Assim vós, mas não para vós

Essa expressão, ainda usada para indicar a apropriação ilícita do trabalho alheio ou, mais simplesmente, para constatar que os frutos do trabalho de alguém só foram úteis para outras pessoas, deriva de uma anedota curiosa contada em *Vida de Virgílio* do Pseudo-Donato (17,70): durante a noite, o grande poeta escrevera na porta da casa de Augusto um dístico encomiástico que foi muito apreciado pelo destinatário. Um poetastro, chamado Batilo, fez acreditar que os versos eram seus, recebendo louvores e homenagens. Virgílio, então, escreveu na porta de Augusto quatro vezes *Sic vos non vobis*. Foi grande a curiosidade e ninguém conseguia explicar o significado dessas palavras: o poeta, então, reescreveu o dístico precedente acrescentando-lhe *Hos ego versiculos feci: tulit alter honores*, "fui eu que fiz esses versinhos, mas outro recebeu as honras", e completou da seguinte maneira os quatro versos seguintes: *Sic vos non vobis nidificatis aves, / Sic vos non vobis vellera fertis oves, / Sic vos non vobis mellificatis apes, / Sic vos non vobis fertis aratra boves*, "assim vós, mas não para vós, fazeis os ninhos, pássaros, / assim vós, mas não para vós, produzis o velo, ovelhas, / assim vós, mas não para vós, fazeis o mel, abelhas, / assim vós, mas não para vós, puxais o arado, bois" (cf. também *Anthologia Latina*, 257 Bücheler-Riese). Logo essa expressão passou a ter valor proverbial: Walther registra entre as sentenças medievais tanto esses quatro versos (29560) quanto o que lhes serviu de introdução (11156), assim como quatro versos com variação no início: *Vos sed non vobis*, "vós, mas não para vós" (34154c). Finalmente, deve ser assinalado que *Sic vos non vobis* ainda é citado de modo impróprio para afirmar a necessidade de trabalhar com abnegação, visando ao bem alheio.

263. Alius est qui seminat et alius est qui metit
É um que semeia e outro que colhe

Essa expressão tem origem no *Evangelho de João* (4,37): Jesus retoma um provérbio anterior para afirmar que a ele cabe espalhar a semente da boa nova e aos discípulos, a alegria de colher os frutos. O significado original da frase, verificada em meio judaico também em *Miquéias* (6,15), na realidade era muito diferente: indicava quem tirava proveito do trabalho alheio, como demonstram suas referências nos paremiógrafos (Diogen. 2,75, Greg. Cypr. 1,55; M. 1,53, Macar. 1,78, Apost. 2,24: ἄλλοι σπείρουσιν, ἄλλοι δ' ἀμήσονται, "alguns semeiam, outros colhem"). Devem ser assinalados um verso de Aristófanes (*Os cavaleiros*, 392), em que se tem "segar a seara alheia"; o famoso *His nos consevimus agros!*, "para ele semeamos os campos!", lamento angustiado do agricultor que se vê privado de sua lavoura em *Bucólicas* de Virgílio (1,72); e uma referência em Lívio (10,24,5). O equivalente da frase evangélica permaneceu proverbial em todas as línguas européias (em italiano tem-se *Uno semina e un altro raccoglie*) para indicar o proveito indébito; para uma referência turca, cf. Krumbacher, *Mittelgriechische Sprichwörter*, 143.

264. Ἄλλοι κάμον, ἄλλοι ὤναντο
Alguns labutam, outros lucram

Esse provérbio, que indica a habilidade de colher os frutos do trabalho alheio, é encontrado nos paremiógrafos (Zenob. vulg. 1,65, Diogen. 2,13; Vind. 1,30, Greg. Cypr. 1,38, Macar. 1,77, Apost. 2,29, *Suda* α 1414). São numerosos os paralelos: em Libânio (*Ep.* 1458,1 [11,493,12 s. F.]), por exemplo, temos ἕτεροι μὲν ἐθήρασαν, ἑτέρων δὲ ἦν ἡ ὄρνις, "alguns vão caçar, mas outros apanham o pássaro"; expressão desse tipo, com relação ao prazer amoroso, encontra-se em Petrônio (131) e em Ovídio (*Ars amatoria*, 3,661 s.); para *Hos ego versiculos feci: tulit alter honores*, cf. nº 262; para as pessoas que semeiam o que as outras colhem, cf. nº 263. Em *Vida de Caro, Carino e Numeriano* de Flávio Vopisco (*Historia Augusta*, 15,3) conta-se uma anedota segundo a qual uma druidesa predissera que Diocleciano se tornaria imperador depois de matar um javali, aludindo a Apro, prefeito do pretório [*Aper* = javali]; como subissem ao poder, em rápida sucessão, Aureliano, Probo, Tácito e Caro, Diocleciano dizia: *Ego semper apros occido, sed alter utitur pulpamento*, "de minha parte, continuo matando javalis, mas outros aproveitam a carne". Nas línguas modernas européias, são encontrados paralelos; em italiano existem *Uno scuote il cespuglio, l'altro acchiappa l'uccello* e *Uno leva la lepre e un altro la mangia* (que, entre outras coisas, é objeto de uma das gravuras dedicadas aos provérbios, feitas por Mitelli em 1677 [n. 37], que continha a seguinte didascália: *Come talhora il cacciatore in caccia, / poiche leuò la fera altri l'uccide, / così ognhor non ha il ben, chi lo procaccia*); muitos são os provérbios desse tipo em neogrego (cf. Krumbacher, *Mittelgriechische Sprichwörter*, 142 s.: parece muito interessante ἄλλος ἐχάσκησεν κι ἄλλος ἐμπούκκωσεν, "um fica de boca aberta e o outro põe a comida na própria boca"; em albanês se diz: "um assa e o outro come").

d) "Auto-enganos" e punições dos enganos

265. Sagitta... interdum resiliens percutit dirigentem
Às vezes a flecha volta e fere o atirador

A fonte é São Jerônimo (*Ep.* 52,14, cf. também 125,19), mas a imagem desse clamoroso "bumerangue" recorre em outros autores, sobretudo tardios, tais como Tertuliano (*De patientia*, 8 [*PL* 1,1243a]), Ausônio (*Epigramas*, 68,8), Orósio (*Liber apologeticus*, 9 [*PL* 31,1180]), Enódio (47,2; 49,4). São notáveis alguns motivos afins: é bem popular o de ser atacado pelas próprias armas (em Sêneca, *Ep.* 102,7, cf. nº 271); importante é o da pedra jogada para o alto, que volta a cair na cabeça de quem a atirou, presente num epigrama de Sêneca (22,8 [4,63 Baehrens]), assim como o famoso verso presente em *Eclesiástico* (27,25), ὁ βάλλων λίθον εἰς ὕψος ἐπὶ κεφαλὴν αὐτοῦ βάλλει, traduzido pela *Vulgata* como *Qui in altum mittit lapidem, super caput eius cadet*, "quem joga uma pedra para o alto, ela lhe cai na cabeça", com a qual já São Jerônimo (125,19) faz um paralelo com a seta que fere quem a arremessou; finalmente, deve ser assinalada a imprecação mais genérica κακὸν πρᾶγμα πρὸς τὸν ἴδιον ἐπανερχέσθω αὐθέντην, "que a ação malvada recaia sobre quem a cometeu", encontrada na obra histórica da bizantina Anna Comnena (2,64,8). Nas tradições modernas, a imagem do dardo recorre no italiano *La saetta gira gira, torna addosso a chi la tira* e no alemão *Der Pfeil springt auf den zurück, der ihn schiesst*; a imagem da pedra aparece no toscano *Chi contro Dio gitta pietra, in capo gli ritorna* e ainda no alemão *Wer den Stern über sich wirft, dem fällt er auf dem Kopf* (o fato de sua fonte ser o citado texto da *Vulgata* fica evidenciado pela identidade estrutural, pela subdivisão em dois membros e pelo anacoluto). De qualquer modo, o motivo mais difundido — presente em muitas línguas e dialetos — é o de cuspir para o alto e receber a cusparada de volta (italiano *Chi sputa in su, lo sputo gli torna sul viso* [cf. Arthaber 1208, 1318]), que, na maioria das vezes, tem estruturação idêntica ao texto do *Eclesiástico* e que já está documentada no grego médio (cf. Krumbacher, *Mittelgriechische Sprichwörter*, 84); uma variante engraçada é o inglês *Evil that comes out of thy mouth, flieth in thy bosom*, que, porém, diz mais especificamente respeito à calúnia, enquanto provérbios aparentemente semelhantes, como o inglês *Blow not against a hurricane* e o italiano vulgar *Se vuoi vivere contento, non pisciare contro vento* (e suas variantes dialetais, como, por exemplo, o veneziano *Chi pissa contro 'l vento, se bagna la camisa*), assumem significado totalmente diferente, porque em geral são sentidos como incitações a acompanhar os gostos do tempo. Finalmente, são freqüentes os provérbios desse tipo relativos a desgraças e maldições (cf. Zeppini Bolelli 126): entre as numerosas variações são muito originais a da Ligúria, *E giastemme son comme e fêugge, che chi e caccia se e arrechêugge* (ou seja, são como as folhas: quem as atira, recolhe), a siciliana, *Gastimi: di caniglia, cu li jetta si li piglia* (ou seja, são de palha: grudam-se em quem as espalha), e a brasileira, *Quem cospe pra cima, na cara lhe cai* (para os paralelos cf. Mota 181).

266. Ἡ δὲ κακὴ βουλὴ τῷ βουλεύσαντι κακίστη
O mau conselho é péssimo para quem o dá

Essa máxima de Hesíodo (*Os trabalhos e os dias*, 266) teve grande fama no mundo latino, onde foi traduzida com o senário popular *Malum consilium consultori pessimumst* (fr. 4 p. 41 Büchner = 5 p. 30 Morel), documentado em vários autores, tais como Varrão (*De re rustica*, 3,2,1) e Gélio (4,5,5 ss.), estando presente no *Appendix sententiarum* (179 R.²), assim como nas sentenças medievais (Walther 3175, 3261, 14362). Esse conceito também ocorre em outros contextos, sobretudo histórico (por exemplo, num fragmento de um discurso inserido nas *Historiae* de Salústio [1,77,1 M., cf. também 1,74], nos *Anais* de Tácito [6,10,2], em Lívio [36,29,8]), mas também em poesia (como em Claudiano, 18,158). Entre as tradições modernas deve ser citada principalmente a de cair na própria cova quem a cavou para outrem (nº 269); existem também vários provérbios segundo os quais as pessoas são vítimas dos logros que preparam para os outros (cf. nºs 268-271).

267. *Ipse mihi asciam in crus impegi*
Cravei-me um machado na perna

A fonte é Petrônio (74,16): essa locução, que indica a ação que se volta contra quem a realiza, retorna — mesmo com variações marginais — em Cícero (*Pro Murena*, 24,48), Apuleio (*Metamorfoses*, 3,22), Santo Agostinho (*De Genesi contra Manichaeos*, 1,5,8 [*PL* 34,177], *Contra Academicos*, 3,10,22) e Comodiano (*Instructiones*, 1,23,5). De resto, com o mesmo significado, Sêneca, o Retor (*Excerpta controversiarum*, 3,5), emprega *In securim incurris et carnificem ultro vocas*, "corres para o machado e chamas espontaneamente o carrasco", sendo também verificado *infligere securim*, "dar golpes de machado", com o sentido figurado de "causar males" (Cícero, *Pro Plancio*, 29,70; ver também Lactâncio, *De mortibus persecutorum*, 31,2). O equivalente italiano usual é *Darsi la zappa sui piedi* e outra expressão — mais rara — é *Darsi alle gambe da sé* (com evidente referência a quem se dá uma rasteira ou simplesmente machuca as próprias pernas, sozinho); nas outras línguas européias existem imagens diferentes, como por exemplo a do francês *Se prendre à ses propres pièges* (ou seja, "cair na própria armadilha") e a do alemão *Ins eigene Fleisch schneiden*.

268. *Nunc premor arte mea*
Agora sou vítima da minha própria artimanha

Assim Tibulo (1,6,10) lamenta o fato de ter ensinado a Délia como escapar de qualquer vigilância: é exatamente graças a essa habilidade que agora a mulher o trai e engana. Essa expressão está em Ovídio, num trecho de *Tristia* (2,450) que retoma explicitamente o texto de Tibulo, mas também numa passagem das *Epistulae ex Ponto* (2,9,44), em contexto diferente; volta também em Lívio, onde é

Aníbal que recebe de volta os golpes de *suis artibus, fraude et insidiis*, "suas artimanhas, engodos e insídias" (21,34,1, cf. ainda 22,16,5; 27,28,13). Conceitualmente afins são os *topoi* do *fallere fallentes*, que recorre em Ovídio (*Ars amatoria*, 1,645 e 655) em contextos amorosos, e o do logro que cai sobre quem o tramou, muito difundido e já presente em Ésquilo (*As coéforas*, 221). Em Luciano, por exemplo (*Diálogo dos mortos*, 8,359), τὸ σόφισμα κατὰ σαυτοῦ συντέθεικας, "tramaste um logro contra ti mesmo", é dirigido a certo Cnêmon, que, depois de nomear o rico Hermolau como seu herdeiro, com o único fim de ser recompensado sendo nomeado herdeiro dele, morre num incidente banal, obtendo assim o resultado de deixar os próprios bens para Hermolau; em latim, sentenças do mesmo gênero aparecem em Lucrécio (5,1153) e nas tragédias de Sêneca (*Hercules furens*, 735 s., *Tiestes*, 310 s.). Máximas como *Fallere qui satagit fallitur arte sua*, "quem se empenha em enganar é enganado pelas próprias artimanhas" (Walther 8762 = 11725,2), e *Fraudis in auctorem fraus saepe retorquet habenas / et repetit, per quas deviat ante, vias*, "muitas vezes o engodo vira as rédeas do seu próprio autor e retorna pelo caminho antes percorrido" (Walther 9957), são freqüentes na Idade Média e têm paralelos nas modernas línguas européias: italiano, *L'inganno va a casa dell'ingannatore*, napolitano, *Chi mbroglie reste mbrugliate*, francês, *La perfidie retombe sur son auteur* (Arthaber 640), embora costume haver imagens mais expressivas (cf. nºˢ 269-271). Entre as referências literárias, parecem significativas: *Lo 'ngannatore rimane a' pié dell 'ngannato*, presente no *Decameron* de Boccaccio (2,9), e um famoso trecho de La Fontaine (4,11: *La ruse mieux ordie / peut nuire à son inventeur, / et souvent la perfidie / retourne sur son auteur*): trata-se da moral da história de uma rã que procura enganar um rato gordo para dá-lo de comer aos seus filhotes, mas ela mesma acaba sendo presa de uma ave de rapina.

269. *Incidit in foveam qui primus fecerat illam*
Cai na cova quem a cavara

Esse provérbio deriva de uma passagem da Bíblia (*Provérbios*, 26,27), que na versão dos *Setenta* afirma: ὁ ὀρύσσων βόθρον τῷ πλησίον ἐμπεσεῖται εἰς αὐτόν, ὁ δὲ κυλίων λίθον ἐφ' ἑαυτὸν κυλίει, "o que faz uma cova nela cairá; e o que revolve a pedra, esta sobre ele rolará", e na da *Vulgata*, *Qui fodit foveam incidet in eam et qui volvit lapidem revertetur ad eum* (para a pedra, cf. também nº 265): esse provérbio é muito popular na Idade Média, inclusive com variantes, algumas das quais mínimas (cf. Walther 6984, 12189, 12189a, 11781a, 24095, 33541) e outras mais notáveis (como *Praecaveat lapsum, qui fratri suffodit antrum*, "cuide de não escorregar quem cava uma fossa para o irmão" [Walther 22131,1]). Sua tradução é registrada com exatidão entre os provérbios de todas as línguas européias (Mota 177, Arthaber 541), com formulações semelhantes à brasileira *Quem arma a esparrela, às vezes cai nela*; uma variação é constituída pelo francês *Qui conduit dans le fossé, y tombera le premier* (com equivalente em espanhol), enquanto o italiano *Scavarsi la fossa da solo* [port., Cavar a própria cova] designa uma ação autolesiva, não a punição de um engodo.

270. *In laqueos quos posuere cadant!*
Que caiam nos laços que armaram!

Essa frase, extraída da *Ars amatoria* de Ovídio (1,646) — ao lado de outra, *In laqueos auceps deciderat suos*, "o passarinheiro caíra em seus próprios laços", retirada de *Remedia amoris* (cf. v. 502) —, logo se tornou proverbial (cf., respectivamente, Walther 11799 e 11798), tirando proveito do freqüente uso metafórico de *laqueus* (ver, por exemplo, Quintiliano, 5,7,11, Juvenal, 10,314). Tem-se um paralelo perfeito nos *Salmos* (9,16, na versão dos *Setenta*; na versão que obedece ao texto hebraico, fala-se em rede); afins — mas não iguais — são as frases de Plauto, *Sese iam impedivit in plagas*, "lançou-se sozinho na rede" (*Miles*, 1388), e *In suis illum castris cecidit*, "sucumbiu no próprio campo", usado por Sêneca, o Retor (*Controversiae*, 9,1,13). Equivalente perfeito é o grego ἐν τοῖς ἐμαυτοῦ δικτύοις ἁλώσομαι, "ficarei preso na minha própria rede", registrado pelos paremiógrafos (Macar. 3,85). Além disso, tem-se como paralelo conceitual αἱροῦντες ᾑρήμεθα, "tentando prender na armadilha, ficamos presos na armadilha", também documentado pelos paremiógrafos (Zenob. vulg. 1,35, Diogen. 1,33, Greg. Cypr. L. 1,43, Apost. 1,69, *Suda* αι 307; cf. também nº 1260): segundo Nauck, esse provérbio fora extraído de um autor trágico desconhecido (fr. 576 N.[2]), mas essa atribuição depois foi contestada — provavelmente com razão — por Wilamowitz (*Kleine Schriften*, 1,195). Nos provérbios modernos, a imagem do laço se conserva principalmente no espanhol *Quien lazo me armó, en el cayó* (em espanhol, aliás, é bastante comum o uso de *lazo* com o significado de "armadilha" e *caer en el lazo* significa "cair na armadilha").

271. *Hunc telo suo sibi... pellere*
Rechaçar alguém com suas próprias armas

Essas palavras de Mercúrio em *Amphitruo* de Plauto (v. 269) retomam uma expressão muito popular na Antiguidade: combater alguém com suas próprias armas. Nesse sentido, é muito freqüente o uso metafórico de *telum*, "dardo", ainda presente, por exemplo, em Ovídio (*Ars amatoria*, 3,590, *Amores*, 2,143, *Heroides*, 2,48), Sêneca (*Ep.* 102,7), Apuleio (*Metamorfoses*, 5,24), São Jerônimo (*Ep.* 69,2); em grego também se encontram expressões correspondentes, como, por exemplo, em Luciano (*Piscator*, 7) e num epigrama da *Antologia Palatina* (10,111), que na realidade é constituído pela máxima ὁ φθόνος αὐτὸς ἑαυτὸν ἑοῖς βελέεσσι δαμάζει, "a inveja é derrotada pelos seus próprios dardos". Substancialmente equivalente é τοῖς αὐτῶν πτεροῖς, "com as próprias penas", que faz referência às penas que eram postas sobre o entalhe da flecha para lhe conferir mais estabilidade. Esopo conta (273 Hausrath) que uma águia, mortalmente ferida por uma flecha, vendo suas penas, exclama: "O que mais me dói é ser morta pelas minhas próprias penas!" Essa expressão é comum na Antiguidade, sendo retomada por Ésquilo (fr. 139 R.), Aristófanes (*Os pássaros*, 867 s.), Ateneu (11,494b), Hélio Aristides (2,5 s. [= 2,17,3-18,1 D.]) e Galeno (5,395 Kühn) e explicada pelos paremiógrafos (Macar. 8,57, *Mant. Prov.* 3,7, *Suda* π 3, cf. também Arsen. 4,98a), enquanto em Plauto (*Poenulus*, 487) se faz referência a ela para descrever como foram vencidos os homens alados. Tem-se também o uso metafórico de μάχαιρα, *gladium* e *mucro*, "espada", presente em Cícero (*Pro Caecina*, 29,82; 29,84), Luciano (*Bis accusatus*, 29), São Jerônimo (*Ep*. 117,4, *Epistula adversus Rufinum*, 25) e Lactâncio (*Divinae Institutiones*, 3,28,20), que, por outro lado, tentando demonstrar a inevitabilidade da derrota da filosofia pagã pelas suas próprias armas, também usa *suis armis* (*Divinae Institutiones*, 3,1,2; 3,4,2), expressão genérica, também verificada em Publílio Siro (B 23: *Bis interimitur qui suis armis perit*, "duas vezes é morto quem morre pelas próprias armas"). Muitos são os paralelos encontrados não só nos autores, mas também entre as sentenças em latim medieval: eu assinalaria *Sic plerumque dolus propriis eluditur armis, / et quae quis dictat aliis mala, claudicat hisdem*, "na maioria das vezes o ardil é traído pelas próprias armas e quem trama os males alheios neles tropeça" (Walther 29512a), e *Saepe sagittantem didicit referire sagitta, / inque reum conversa recurrere plaga*, "muitas vezes o dardo sabe voltar e ferir quem o atirou e a rede sabe voltar e cair sobre quem a lançou" (Walther 27267, cf. também nº 265). Se a expressão *Combater alguém com suas próprias armas* ainda é comum e difundida, deve-se dar destaque ao alemão *Er wird mit dem eigenen Schwert geschlagen*, enquanto a expressiva imagem do cão (ou do gato) que morde o próprio rabo assume muitas vezes valor retórico específico e indica "círculo vicioso" (cf. nº 85). Em nível literário, lembro enfim um trecho do *Fausto* de Goethe (2,5), no qual Mefistófeles se queixa de que os anjos lhe fazem guerra com suas próprias armas.

272. Ἀλωπεκίζειν πρὸς ἑτέραν ἀλώπεκα
Bancar a raposa com outra raposa

Esse provérbio indica a tentativa de um espertalhão enganar outro espertalhão: é registrado pelos paremiógrafos bizantinos (Zenob. vulg. 1,70, Diogen. 2,17; Vind. 1,32, Greg. Cypr. 1,40; M. 1,37, Macar. 1,91, Apost. 2,30), tem paralelos na literatura latina clássica — em textos onde se afirma ser lícito responder com embuste ao embuste (ver Ovídio, *Ars amatoria*, 3,491, assim como nº 280) — e tem tradução exata no latim medieval *Vulpinari cum vulpe* (Walther 34227e). São afins as máximas que lembram que *Exstat difficile vulpem deprendere vulpe*, "é difícil apanhar a raposa com outra raposa" (Walther 8568, cf. também 5684, 5685, 34217), assim como o senário popular *Cum vulpe vulpinare tu quoque invicem*, "com a raposa comporta-te, tu também, como raposa", citado por Erasmo (*Adagia*, 1,2,28). É semanticamente igual a expressão ὁ Κρὴς τὸν Κρῆτα, "o cretense em relação a outro cretense", encontrada nos paremiógrafos (Diogen. 7,31, Apost. 12,61), e na variante πρὸς Κρῆτα... κρητίζων, "bancando o cretense com um cretense", verificada em *Vida de Lisandro*, de Plutarco (20,2), que faz parte da conhecidíssima tradição do cretense mentiroso e embusteiro (cf. nº 287). Quanto ao *topos* do ladrão que conhece outro ladrão, cf. nº 273; quanto a *Ars deluditur arte*, cf. nº 276. Finalmente, não faltam paralelos modernos: ver por exemplo o italiano *Per conoscere un furbo ci vuole un furbo e mezzo*, os franceses *À menteur, menteur et demi* e *À avocat, avocat et demi*, o espanhol *A ruin, ruin y medio* e o português *Com esperto, esperto e meio* (Mota 70, Arthaber 554). Um motivo semelhante, difundido em todas as línguas européias, lembra que *Ladrão que furta a ladrão tem cem anos de perdão* (Mota 112).

273. Ἔγνω δὲ φώρ τε φῶρα καὶ λύκος λύκον
O ladrão conhece o ladrão e o lobo ao lobo

Esse provérbio é transmitido por Aristóteles, que, na *Ética a Eudemos* (1235a 9), insere-o entre os provérbios que afirmam a amizade entre os semelhantes (cf. também nos 1304, 1329); o próprio Aristóteles, em *Retórica* (1371b 16), cita, numa relação semelhante, ἔγνω δὲ θὴρ θῆρα, "a fera conhece a fera". Outra variação é φωρὸς δ' ἴχνια φὼρ ἔμαθον, "como bom ladrão conheci a pista de um ladrão", encontrado nos *Epigramas* de Calímaco (43,6) e registrado — de modo mais genérico, na terceira pessoa do singular — nos *Epimerismos a Homero* (*Anecdota Oxiniensia*, 1,440,13 Cramer). Esse provérbio foi traduzido para o latim medieval como *Fur cognoscit furem, lupus lupum* (Walther 10095a) e ainda está vivo no inglês *A thief knows a thief as a wolf knows a wolf, set a thief to catch a thief*; ver também o alemão *Schälke muss man mit Schälken fangen*, o bolonhês *S't'vu avèir un brèv sbérr, tu un brèv lèder* (ou seja, "se queres ter um bom esbirro, contrata um bom ladrão"), o italiano *Un diavolo conosce l'altro* e o brasileiro *Um ruim conhece outro*. Strømberg 106 registra, além disso, um paralelo exato em árabe; de resto, do sábio Mis'ar ibn Kidam (morto em 772) tem-se o ditado *Quem sabe tudo sobre o zarolho? O zarolho* (cf. *Vite e detti di santi musulmani*, V. Vacca, Milano 1988 [Torino 1968], 96). Para a tradição do gago que entende o gago, cf. nº 50; para *Ars deluditur arte*, nº 276; para os provérbios sobre a ligação entre os semelhantes, cf. nº 1304.

274. *Fallacia / alia aliam trudit*
Uma mentira puxa a outra

A proverbialidade dessa sentença de Terêncio (*Andria*, 778 s.), que depois teria conquistado grande fama na Idade Média (Walther 8732), já era ressaltada pelo comentador Donato; em latim pode-se mencionar apenas a tradição segundo a qual ao embuste se responde com embuste (nº 276), embora nesse texto de Terêncio o sentido não seja o de que um engodo provoca resposta idêntica, mas o de que quem começa a enganar ou a dizer mentiras não pára mais. Em grego os paremiógrafos (Diogen. 8,22, Greg. Cypr. 3,86) registram ὕβρις ὕβριν ἔτικτε καὶ ψόγος ψόγον, "ultraje gera ultraje, e insulto, insulto", enquanto são encontrados numerosos paralelos nas línguas modernas européias: em todas existe o correspondente à expressão brasileira *Uma mentira acarreta outra* (Mota 223, Arthaber 190: em francês e espanhol, *acarreta cem*; o inglês tem o genérico *One lie makes many*).

275. Εἰς πάγας ὁ λύκος
O lobo na armadilha

Esse provérbio, registrado pelos paremiógrafos (Zenob. vulg. 3,52, Diogen. Vind. 2,55, Arsen. 6,70f, *App. Prov.* 2,30), refere-se a um bandido que cai na armadilha.

APARÊNCIAS E ENGANOS   129

Paralelo latim perfeito é constituído pela frase de Plauto *Canes compellunt in plagas lepide lupum*, "os cães astutamente compelem o lobo para a armadilha" (*Poenulus*, 648), onde, porém, o autor do dito, o feitor Colibisco, faz um trocadilho com o nome de outra personagem, o leão Licos (que em grego significa "lobo").

276. *Ars deluditur arte*
A astúcia é lograda pela astúcia

Esse provérbio tem afinidade conceitual com o provérbio segundo o qual o ladrão conhece o ladrão (cf. nº 273). Deriva dos *Dísticos de Catão* (1,26,2): talvez se deva distinguir um paralelo na sentença bíblica (*Provérbios*, 11,9) segundo a qual só a perspicácia pode salvar os justos das ciladas colocadas na boca dos hipócritas. Nas sentenças medievais é freqüente o motivo da licitude de enganar quem engana (cf. por exemplo Walther 1379, 8744a-8750, 13114, 13697, 23807 s.), ainda comum nos provérbios italianos, sobretudo dialetais (ver por exemplo o de Abruzos: *Arrubbaj' a lu latre, è mmaravèjje, n'n è ppeccate*), também encontrado em grego (cf. Krumbacher, *Mittelgriechische Sprichwörter*, 2). *Ars deluditur arte* ainda é conhecido e citado; nos provérbios modernos, porém, o conceito na maioria das vezes é expresso por formas correspondentes (em todas as línguas, cf. Arthaber 554) ao italiano *Per ingannare un furbo ocorre un furbo e mezzo* (cf. nº 272); uma referência literária está no ensaio sobre o *Diabo* de Papini, no qual (c. 25) se diz que para derrotar o diabo é preciso agir como ele.

e) Traição e confiança

277. *Tu quoque, Brute, fili mi?*
Até tu, Brutus, meu filho?

Essa conhecidíssima frase, símbolo de uma traição muito grave e inesperada, teria sido pronunciada por Júlio César antes de tombar sob os golpes dos conjurados. Com efeito, Suetônio (*Vida de César*, 82) e Díon Cássio (44,19,5) afirmam ser falsa a informação dada por alguns de que ele, reconhecendo o filho Brutus entre os conjurados, tivesse bradado: καὶ σύ, τέκνον, "até tu, filho?" (costuma-se dizer que Brutus era filho adotivo de César, mas talvez Suetônio acredite ter sido ele realmente filho de César, de vez que no c. 50 dessa mesma obra faz digressões sobre os amores deste com Servília, mãe de Brutus). Nas literaturas modernas, o Júlio César da tragédia homônima de Shakespeare (3,1), antes de morrer, pergunta angustiado: *Et tu, Brute?*, "até tu, Brutus?", e uma referência precisa existe por exemplo em *Os bandoleiros* de Schiller (4,5). Atualmente também se conhece apenas *Tu quoque?*, usado para expressar surpresa diante do comportamento de uma pessoa, principalmente se esta se deixa seduzir por uma moda considerada inferior.

278. *Etiam me meae latrant canes?*
Até as minhas cadelas ladram para mim?

Essa é a pergunta angustiada feita por Adelfásio em *Poenulus* de Plauto (1234): a traição dos cães simboliza a traição das pessoas mais próximas e fiéis. Uma traição afim, por parte do cão, é encontrável no provérbio registrado por Apostólio (8,24), ἔχομεν κύνα τῷ πτωχῷ βοηθοῦντα, "temos um cão que ajuda o mendigo" (em vez de expulsá-lo ladrando ou mordendo), que é transcrito e explicado também por Erasmo, em seus *Adagia* (4,2,88), encontrando paralelo exato num provérbio vulgar do grego médio, no qual o cão aliado do lobo simboliza Judas (cf. Krumbacher, *Mittelgriechische Sprichwörter*, 105). Em alemão existe *Die eigenen Hunde beissen ihn*.

279. Φιλεῖν μὲν προδοσίαν, προδότην δὲ μισεῖν
Amar a traição mas odiar o traidor

Essa máxima, que lembra como o traidor é uma pessoa desprezível mesmo quando a sua ação é útil, é um apotegma de Augusto, citado por Plutarco em *Vida de Rômulo* (17,3) e — com variações mínimas — nos *Romanorum apophthegmata* (207a), traduzido depois para o latim medieval como *Amo proditionem, odi proditorem* (Walther 980a, cf. também 22571a); além disso, o fato de os traidores serem malvistos até pelos que os favorecem e instigam é afirmado por Tácito (*Anais*, 1,58,1). O motivo também está presente nas tradições proverbiais modernas. Em todas as línguas existe o correspondente ao brasileiro *Ama-se a traição e aborrece-se o traidor* (Mota 42, Arthaber 1364); entre as variações eu assinalaria o milanês *El tradiment pò piasè, ma al traditor tucc ghe bestima adree* e o espanhol *Págase el Rey de la traición, ma no de quien la hace* (o rei, aliás, é sujeito da frase também em inglês). Em nível literário, há uma expressão semelhante em Schiller (*Wallensteins Tod*, 4,8), cujo foco, porém, não é a traição, mas o assassinato.

280. Mihi pinnas inciderant
Cortaram-me as asas

Essa expressão, que indica um boicote ou uma traição, é usada por Cícero em *Epistulae ad Atticum* (4,2,5); em Plauto (*Amphitruo*, 325 s.) existe a expressão análoga *Alas intervelli*, enquanto Horácio (*Ep.* 2,2,50), para descrever as suas condições miseráveis depois da batalha de Filipos, define-se *Decisis humilem pinnis*, "derrubado, com as asas cortadas". A expressão *Cortar as asas* está em todas as línguas européias: italiano, *Tarpare le ali*; francês, *Couper les ailes*; espanhol, *Despuntar / Cortar las alas*; inglês, *To clip the wings*; alemão, *Die Flügel stutzen / kurzen / beschneiden*.

281. Ἡ γλῶσσ' ὀμώμοχ' ἡ δὲ φρὴν ἀνώμοτος
A língua jurou, não o coração

Com essa frase, Hipólito, na tragédia homônima de Eurípides (v. 612), mesmo tendo jurado calar-se, ameaça divulgar as ousadas propostas da aia, que se fizera de mensageira do amor da madrasta Fedra: na verdade ele não sabia o que estava jurando silenciar. Esse verso gozou de grande sucesso (é, por exemplo, citado por Gregório de Nazianzo, *Carm.* I 263, pp. 37, 808) e, exatamente graças a essa "duplicidade", serviu de base tanto a acusações de blasfêmia (é exemplo disso Aristóteles, *Retórica*, 1416a 29-34) quanto a saborosas paródias: neste sentido devem ser analisados alguns versos de Aristófanes, em *As rãs* (101, 1471) e em *As tesmoforiazusas* (275), e, segundo um escólio, o mesmo ocorre com a cena de *Os acárnios* (vv. 398 ss.), na qual a mente de Eurípides vaga fora de casa em busca de versinhos, enquanto o poeta, em casa, compõe tragédias; finalmente, é provável que seja extraído de uma comédia e que esse verso incorpore ao *Hipólito* o provérbio ἡ γλῶττ' ἀνέγνωχ' ἡ δὲ φρὴν οὐ μανθάνει, "a língua leu mas a mente não aprende", transcrito pelos paremiógrafos (*App. Prov.* 2,100, Macar. 4,36). Em vista da importância da relação boca/coração no campo da comunicação, a frase de Eurípides, separada do contexto, continua famosa para indicar traição e perjúrio: com esse significado, Cícero, em *De officiis* (3,29,108), a cita e traduz como *Iuravi lingua, mentem iniuratam gero*. Sucessores desse emprego com tal valor são o provérbio medieval *Aliud in ore aliud in corde*, "uma coisa na boca e outra no coração", e os provérbios modernos paralelos ao brasileiro *O coração sente e a boca mente* (para os equivalentes em italiano, espanhol, francês e alemão, cf. Arthaber 344). Mais próximo ao significado original é o preceito de Maquiavel "de que promessas feitas à força não devem ser cumpridas" (*Comentários sobre a primeira década de Tito Lívio*, 3,5).

282. Ψυχρὸν... ἐν κόλπῳ ποικίλον εἶχες ὄφιν
Tinhas no peito uma serpente pintalgada entorpecida

Esse verso de Teógnis (602) refere-se explicitamente a uma fábula de Esopo (97 Halm, cf. também 186 Hausrath), retomada por Fedro (4,19), sobre um camponês que, encontrando em pleno inverno uma víbora entorpecida pelo frio, não a matou, mas recolheu-a e aqueceu-a amorosamente junto ao peito, com a única recompensa de ser morto por uma picada da cobra restabelecida. São paralelos, em grego, um trecho de Ésquilo (*As coéforas*, 928), um de Sófocles (*Antígona*, 531 ss.) e um de Herondas (6,102), enquanto o paremiógrafo Arsênio (13,79a) registra como de Plutarco a máxima ὄφιν τρέφειν καὶ πονηρὸν εὐεργετεῖν ταὐτόν ἐστιν, "nutrir uma serpente e fazer o bem a um celerado são a mesma coisa". Em latim, a forma semelhante *In sinu... viperam... habere* recorre em Cícero (*De haruspicum responsis*, 24,50), com variações marginais em Petrônio (77,2) e em autores tardios, entre os quais Evágrio (*Sententiae, PL* 20,1183b), em que a serpente é substituída pelo escorpião (*scorpius*). Nas tradições proverbiais modernas essa imagem tem grande difusão, indicando a traição por parte de um filho ou de uma pessoa criada e educada com zelo e amor: em toda parte se encontra o correspondente a "criar serpente junto ao peito" [italiano *Allevar la serpe in seno*] (Arthaber 1271), com exceção do espanhol, em que a situação é expressa por outra sentença extraída do mundo animal (*Cría cuervos, y te sacarán los ojos*, de que se faz referência no título do filme de C. Saura, *Cría cuervos*). Este último provérbio está vivo inclusive em outras línguas européias: cf. nº 283.

283. *Leonis catulum ne alas*
Não cries filhote de leão

Esse ditado, presente entre os *Adagia* de Erasmo (2,3,77), faz referência ao motivo do leãozinho, encontrado em Ésquilo; esse animal, quando filhote, parece muito gracioso, mas, ao crescer, torna-se feroz: essa é uma imagem presente em *Agamêmnon* (vv. 717-728) e nos versos que Aristófanes põe na boca de Ésquilo, em *As rãs* (cf. v. 1431), onde, porém, assume significado mais propriamente político (trata-se de uma advertência aos cidadãos para que não criem um leão, ou seja, um tirano, entre eles). Em várias línguas européias modernas (por exemplo em russo; notável é a versão espanhola), existe o provérbio paralelo ao brasileiro *Cria um corvo, que ele te arrancará um olho* (cf. também nº 282).

284. *Ne cito credideris*
Não te fies apressadamente

Esse ditado (que depois se tornou famoso na Idade Média, cf. Walther 15969, 16716, 17376) deriva da *Ars amatoria* de Ovídio (3,685), onde *Nec cito credideris* se refere a uma mulher que não deve perder a cabeça ao ficar sabendo que seu homem tem outra. Conceitualmente deve ser mencionada a *stulta credulitas* de Fedro (2,4,26: é a fábula da gata que consegue livrar-se de dois vizinhos incômodos — uma águia e uma porca — dizendo à primeira que a segunda lhe armava ciladas e à segunda que a primeira lhe cairia em cima); os *loci similes*, porém, geralmente estão ligados ao conhecido *topos* da necessidade de não confiar com excessiva facilidade (ver por exemplo Petrônio, 43,6, São Jerônimo, *Regula Monachorum*, 16, e a sentença do Pseudo-Catão, 24 B.-B., cf. também nº 285). Em grego, há várias *gnomai* com esse significado: uma é a conclusão da longa narrativa do mensageiro em *Helena* de Eurípides (vv. 1617 s.): σώφρονος δ' ἀπιστίας / οὐκ ἔστιν οὐδὲν χρησιμώτερον βροτοῖς, "nada é mais útil ao homem do que uma sábia desconfiança", enquanto é muito famosa a constituída por um verso de Epicarmo (fr. 250 Kaibel: νᾶφε καὶ μέμνασ᾽ ἀπιστεῖν, "sê comedido e lembra-te de desconfiar"), citado por vários autores gregos e latinos (para os quais remeto a Kaibel, *CGF* 137 s.). Outras sentenças são o *monóstico de Menandro* (460 J.) μὴ πάντα πειρῶ πᾶσι πιστεύειν ἀεί, "procura não crer em tudo e em todos o tempo todo", e ὁ ταχὺ ἐμπιστεύων κοῦφος καρδία, "quem depressa confia é leviano", do *Eclesiástico* (19,4). O convite à prudência combina-se ao de perscrutar o próprio íntimo em *Ne aliis de se quisquam plus quam sibi credat*, "que ninguém, no que lhe diz respeito, creia nos outros mais do que em si mesmo", registrado por um escólio a Pérsio (4,46) e semelhante a outros textos (cf. Horácio, *Ep.* 1,16,19, Sêneca, *Ep.* 80,10, *Dísticos de Catão*, 1,14 B.-B.). Nos provérbios modernos, a formulação mais freqüente é a paralela ao italiano *Chi a tutti facil crede, ingannato si vede* (Arthaber 332), mas são muito numerosas as variações sobre o tema (ver por exemplo as italianas *Fidarsi è bene, non fidarsi è meglio* [para as variações dialetais, ver Zeppini Bolelli 60], *A credere al compagno vai bel bello* e *Chi spesso fida spesso grida*; a calabresa *'Un ti fidari 'e chini ha la nasca ccù dua grupi* [ou seja, "não te fies em quem tem dois buracos no nariz"]; a francesa *Croire à la légère, n'est pas sûr*; a alemã *Glaube nimmer dreist einem jedem Geist*; as inglesas *Quick believers need broad shoulders* e *Sudden trust brings sudden repentance*).

285. *Utrumque enim vitium est, et omnibus credere et nulli*
É um erro confiar em todos tanto quanto não confiar em ninguém

Essa é uma famosa máxima de Sêneca (*Ep.* 3,4, cf. Walther 32756c), que na verdade a completa afirmando que o primeiro *vitium* é *honestius*, "mais honesto", e o segundo, *tutius*, "mais seguro". Logo se tornou famosa: é registrada na coletânia do Pseudo-Publílio Siro (381 Friedrich) e citada já por autores medievais (como Hildeberto de Lavardin, *Ep.* 3,34 [*PL* 171,309a]). Sentença semelhante é constituída por um verso espúrio e incorreto de *Os trabalhos e os dias* de Hesíodo (372), enquanto deve ser assinalado o mote *Periculosum est credere et non credere*, "é perigoso crer e não crer", de um apólogo de Fedro (3,10). O italiano tem *Trist'e guai chi crede troppo e chi non crede mai*, registrando-se provérbios semelhantes em francês, inglês e alemão (cf. Arthaber 334); não faltam variações do tipo da bolonhesa: *Fidèrs et tótt, e an fidèrs d'inción*.

f) *Mentiras, adulação e verdade*

286. *Vendere... fumos*
Vender fumaça

Essa locução está presente em Marcial (4,5,6 s.: *potes... / vendere nec vanos circa Palatia fumos*, "não podes mercadejar os favores da corte") e em vários trechos da

Historia Augusta (nas vidas de Heliogábalo [10,3] e de Alexandre Severo [23,8; 36,2], de Hélio Lamprídio, e na de Antonino Pio [11,1], de Júlio Capitolino): em todos esses casos indica um traficante de influências que engana um simplório levando-o a crer que tem fortes relações de familiaridade com o imperador. Essa expressão depois passa a ter sentido mais genérico em Apuleio (*Apologia*, 60) e em *Diferença entre o cozinheiro e o padeiro* do retor tardio Vespa (*Anthologia Latina*, 379,61 Baehrens), onde denota simplesmente promessa vã. Entre as máximas medievais, deve-se assinalar Walther 10070a *Fumo periit qui fumum vendidit*, "quem vende fumaça perece pela fumaça", com o claro significado de que quem usa enganar acaba sendo enganado (para esse *topos*, cf. nºˢ 268-271). *Vender fumaça* é imagem ainda usada em alemão e italiano, não só para quem se gaba de ter muitos créditos como para quem se exprime com palavras muito atraentes mas pouco significativas (ver também o italiano *Molto fumo e poco arrosto*).

287. Κρῆτες ἀεὶ ψεῦσται, κακὰ θηρία, γαστέρες ἀργαί
    Os cretenses são sempre mentirosos, bestas más e ventres ociosos

A fama desse fragmento de Epimenides de Creta (3 B 1 D.-K.) se deve a uma citação de São Paulo, na *Epístola a Tito* (1,12) (evidenciando que se trata da asserção de um cretense) para advertir o interlocutor sobre as enormes dificuldades de sua missão de coordenação na comunidade de Creta. Esse trecho se tornou famoso entre os cristãos, que muitas vezes se referiram a ele (para os textos, remeto a Diels-Kranz, l.c.), e, através da tradução de Lutero (*Die Kreter sind immer Lügner, böse Tiere, und faule Bäuche*), assumiu função proverbial entre os alemães, dando origem à locução *Faule Bäuche*, com várias referências literárias, como em *Rheinweinlied* de Matthias Claudius. Também acredito poder ser nele distinguida a origem da famosa anfibologia lógica *Um cretense diz: todos os cretenses são mentirosos*. Contudo, é preciso esclarecer que na Antiguidade a fama dos cretenses como mentirosos e vigaristas era *topos* proverbial muito difundido: o mesmo Κρῆτες ἀεὶ ψεῦσται está também no *Hino a Zeus* de Calímaco (v. 8), em que se diz que eles chegaram até a construir um túmulo de Zeus (o poeta deixa subentendido — talvez voluntariamente — o culto "místico" do Zeus cretense, sobre o que remeto, por exemplo, ao clássico E. Rohde, *Psiche*, Bari 1970 [Freiburg in Breisgau, 1890-1894], 132 ss.; tudo isso é depois retomado por Getúlico, *Antologia Palatina*, 7,275,5 s.). Na *Vida de Emílio Paulo* de Plutarco (26,2), Κρητισμῷ χρησάμενος, "usando o sistema cretense", equivale a "fazendo uma vigarice"; na *Vida de Filopêmen* (13,6) conta-se como esse general se adaptou aos costumes cretenses, conduzindo a guerra com ardis, mentiras, traições e emboscadas; na *Vida de Lisandro* (20,2), enfim, tem-se a presença do provérbio Κρὴς πρὸς Κρῆτα, "um cretense responde a um cretense", para o que remeto ao nº 272. Lexicógrafos (Hesych. κ 4086, *Suda* κ 2407), escoliastas (Calímaco, l.c.) e paremiógrafos (Zenob. vulg. 4,62, Diogen. 5,58, Greg. Cypr. M. 3,87, Apost. 10,7) também registram o verbo κρητίζειν, "bancar o cretense", com o sentido de "mentir", e dão de toda essa tradição uma explicação curiosa: essa fama negativa dos habitantes de Creta se deveria ao comportamento certamente não irrepreensível de Idomeneu, comandante dos cretenses na expedição troiana, a quem teria sido confiada a divisão dos espólios de guerra; este, traindo a confiança que lhe fora depositada, teria ficado com a parte melhor.

288. *Calidum... esse audivi optimum mendacium*
Ouvi dizer que a melhor mentira é a que está quente

A fonte é um verso de Plauto (*Mostellaria*, 665). Em alemão existe *Frischgebackene Lüge* e em italiano, *Sfornare bugie*.

289. Τοσοῦτον ὄφελος τῷ ψεύστῃ ὅτι καὶ ἀληθῆ λέγων πολλάκις οὐ πιστεύεται
O mentiroso ganha isto: muitas vezes não acreditam nele nem quando diz a verdade

Essa é a moral que conclui a famosa fábula de Esopo (226 Hausrath) sobre o pastorzinho que, para brincar, gritava "Ao lobo!", quando não havia lobo, e que passou por mentiroso e portanto não foi ajudado quando o lobo atacou de verdade o seu rebanho: essa máxima, ademais, é citada por Diógenes Laércio (5,17) como um feliz apotegma de Aristóteles. Entre os latinos, encontram-se referências em Cícero (*De divinatione*, 2,71,146) e em São Jerônimo (*Ep.* 6,1). *Quicumque turpi fraude semel innotuit, / etiam si verum dicit amittit fidem*, "quem uma vez ficou famoso por uma mentira torpe não é digno de confiança, mesmo se disser a verdade", é o mote de uma fábula de Fedro (1,10), retomada depois por La Fontaine (2,3) ao contar a história da sentença salomônica do macaco, juiz num litígio entre o lobo e a raposa: o lobo foi condenado porque parecia lamentar-se de um furto que não sofrera, mas a raposa também foi condenada porque, embora não mentisse naquela ocorrência, sempre demonstrara ser mentirosa no passado. Nas sentenças medievais o dístico de Fedro não só reaparece (Walther 24976a), mas muitas vezes esse conceito é reforçado (cf. Walther 14638-14640a); em todas as línguas modernas européias e em muitos dialetos italianos se registram equivalentes ao toscano *Il bugiardo non è creduto neppure quando dice il vero* e ao brasileiro *Na boca do mentiroso o certo se faz duvidoso* (cf. Mota 127, Arthaber 186, Zeppini Bolelli 105 s.).

290. *Mendacem memorem esse oportere*
O mentiroso precisa ter memória

Ao afirmar que o orador precisa lembrar-se de seus artifícios de retórica, Quintiliano (4,2,91) menciona esse ditado popular (cf. também Walther 14636), que depois é citado também por autores mais tardios, como Apuleio (*Apologia*, 69), São Jerônimo (*Epistula adversus Rufinum*, 13) e outros (remeto a Otto 1093 e Sutphen 186). Quanto às modernas línguas européias, provérbios semelhantes ao francês *Il faut qu'un menteur ait bonne mémoire* e ao brasileiro *Quem mente precisa ter boa memória* são registrados em espanhol, inglês e alemão, assim como em vários dialetos italianos, como por exemplo o veneziano *A dir busie ocor bona memoria* (cf. também

Zeppini Bolelli 105), enquanto é mais expressivo o italiano *Forza è che tenga ben a mente un bugiardo quando mente*. Também existe uma tradição complementar segundo a qual é fácil que o mentiroso caia em contradição; por exemplo, no dialeto da Ligúria: *Pe conosce un bôxardo bezêugna fâlo parlâ trae votte*.

291. *Mendax et furax*
Mentiroso e ladrão

Essa expressão, que do ponto de vista fônico se vale do expressivo homeoteleuto, é de origem medieval (Walther 14643a), assim como o discursivo *Mendaces aiunt furibus esse pares*, "dizem que os mentirosos são iguais aos ladrões" (Walther 14637); a idéia do furto como desenvolvimento da mentira já aparece, por exemplo, em *Didaché* (3,5). Essa tradição tem indubitável importância para os provérbios modernos, já que em todas as línguas européias se registram equivalentes; o italiano tem *Ogni bugiardo è ladro* e entre suas variações eu destacaria o bolonhês *Busèder e lèder*, onde, em nível popular, se percebe a semelhança entre *busèder*, "mentiroso" e *busòun*, "homossexual" (talvez como variação sobre o tema deva ser considerada a picante frase com sua resposta: *"Busòun e lèder!" "Lèder po' nô!"*).

292. *Obsequium amicos, veritas odium parit*
A adulação granjeia amigos; a verdade, inimigos

Em *Andria*, de Terêncio, esse famoso verso (68) na realidade é precedido por um *hoc tempore*, "nestes tempos", que limita o seu alcance, mas já na Antiguidade ele foi sentido como uma gnoma de validade geral: Cícero, em *De amicitia* (24,89 s.), parte dele para desenvolver o seu pensamento sobre a necessidade de dizer a verdade para ajudar os amigos; outros autores, como por exemplo Lactâncio (*Divinae Institutiones*, 5,9,6; 5,21,1) e Ausônio (*Ludus septem sapientum*, 8,3), referem-no explicitamente; Santo Agostinho, numa carta a São Jerônimo (82,31), define-o como *vulgare proverbium*. Em grego, há parte o apotegma do Pseudo-Demócrito τὸν φθόνον... ἕλκος εἶναι ἀληθείας, "a inveja é uma chaga da verdade" (2,223,4 s. Diels-Kranz), deve-se recordar o fr. 12 K.-Sn. do trágico Agaton, que diz: εἰ μὲν φράσω τἀληθές, οὐχί σ' εὐφρανῶ· / εἰ δ' εὐφρανῶ τί σ' οὐχὶ τἀληθὲς φράσω, "se te disser a verdade, não te agradarei; se te agradar, não te direi a verdade". Atualmente, ainda é usado *Veritas odium parit* e, nas várias línguas modernas, existem equivalentes ao italiano *La verità genera odio*, enquanto a tradução de todo o verso de Terêncio ainda está viva em inglês e francês; em nível literário, eu assinalaria uma referência em Pascal (*Pensées*, 99). Os paralelos brasileiros são *A verdade é amarga* e *Dizendo-se as verdades, perdem-se as amizades* (cf. Mota 53, 84).

293. Κλύουσα τούσδε Σειρήνων λόγους
Ouvindo esses discursos de sereias

Essa expressão é extraída de *Andrômaca* de Eurípides (v. 936). Da descrição das sereias, feita por Homero, como seres que encantavam os navegantes com seu canto harmonioso (*Odisséia*, 12,37-54) deriva um duplo *topos*: por um lado, as sereias podem simbolizar um fascínio exterior que esconde mentira e traição, como por exemplo no citado trecho de *Andrômaca*, num de Horácio (*Sat.* 2,3,14 s.) em que se trata da *desidia*, "preguiça", num de Boécio (*A consolação da filosofia*, 1,1) em que a Filosofia assim denomina as Musas da poesia, e muitas vezes nos autores cristãos (por exemplo em São Jerônimo, *Ep.* 22,18; 54,13; 82,5, etc. ou em Paulino de Nola, *Ep.* 16,7; 23,30). Por outro lado, existem textos em que as sereias são simplesmente símbolo de voz suave e canto melodioso, como por exemplo num epigrama de Paulo Silenciário (*Antologia Palatina*, 12,241,6 s.), em Juvenal (14,18-20) e em Petrônio (127,5). A imagem das sereias também é freqüente nas literaturas modernas; em todas as línguas européias existem locuções equivalentes a *Ser uma sereia* e *Ter voz de sereia* [port., Canto de sereia], que indicam apenas a sedução que mascara uma mentira e não mais a melodiosidade da voz.

294. Τὸν πρὸς χάριν λόγον... μελιτίνην ἀγχόνην εἶναι
O palavreado lisonjeiro é uma armadilha coberta de mel

Segundo Diógenes Laércio (6,51), essa é uma máxima do filósofo cínico Diógenes; o provérbio latino paralelo é *Malus blandilocus laqueus innocentiumst*, "o lisonjear malévolo é a armadilha dos inocentes", em que deve ser observada a assonância entre *laqueus* e *-locus* (para o sentido figurado de *laqueus*, cf. nº 270), registrada no *Appendix sententiarum* (253 R.²). Além disso, deve-se assinalar a expressão *litus melle gladius*, "espada coberta de mel", encontrada em autores cristãos, como Santo Agostinho (uma carta a São Jerônimo [82,1,2]) e no próprio São Jerônimo (*Ep.* 105,2): está ligada ao *topos* mel/fel, do aparentemente doce que na realidade se revela muito amargo (cf. nº 213), como, aliás, no provérbio brasileiro *Boca de mel, coração de fel* e nos italianos *Le parole di miele spesso sono piene di fiele* e *La frode ha il miele in bocca e il veleno in culo* (usado inclusive por Leonardo, *Indovinelli e facezie*, em *Scritti scelti*, A. M. Brizio, Torino 1966², 314, a propósito da abelha).

138   DICIONÁRIO DE SENTENÇAS LATINAS E GREGAS

295. *Veritatem laborare nimis saepe... exstingui numquam*
A verdade com grande freqüência sofre, mas nunca se extingue

Esse é um dos preceitos de Quinto Fábio Máximo, expostos por Lívio (22,39,19): esse motivo já se encontra em Políbio (13,5,6), que afirma ser a verdade, mesmo oculta por muito tempo, capaz de emergir afinal, graças à sua força intrínseca. Outro provérbio afim é *Veritas numquam perit*, "a verdade nunca morre", extraído de *As troianas* de Sêneca (v. 614), enquanto o medieval *Veritas premitur, non opprimitur*, "a verdade é oprimida, mas não suprimida" (Walther 33157), tem um precedente significativo em Publílio Siro, B 20, que declara: *Bonum quod est supprimitur, numquam extinguitur*, "o que é bom pode ser abafado, nunca extinto" (onde — observe-se — o sujeito não é a verdade, mas, de modo mais genérico, o bem). Nas línguas modernas — e nos dialetos italianos — a formulação mais difundida é paralela à toscana *L'olio e la verità tornano alla sommità* (Arthaber 714, 1421), e à brasileira *A verdade é como o azeite: vem à tona* (Mota 53), mas não faltam provérbios mais banais, como o italiano *La verità può languire, ma non perire*, o francês *La vérité perce toujours*, o espanhol *La verdad adelgaza, pero no quiebra*, ou outras variações originais, como a inglesa *Truth may be blamed but shall never be shamed*.

296. Πάντ' ἐκκαλύπτων ὁ χρόνος εἰς <τὸ> φῶς ἄγει
O tempo tudo revela e elucida

Essa gnoma, atribuída a Sófocles (fr. 918 R.), exprime a confiança em que o tempo trará o triunfo da verdade e a destruição da mentira; representa um dos *topoi* mais comuns nas literaturas clássicas: por exemplo, formulações semelhantes a essa de Sófocles são encontradas num fragmento trágico anônimo (511 K.-Sn.), já atribuído ao cômico Filémon (fr. 192 K.), nos *Monósticos de Menandro* (13, 639 e 839 J., cf. também Arsênio, 10,27b) e num fragmento de Eliano (62 Hercher). Sentença equivalente é σοφώτατον χρόνος· ἀνευρίσκει γὰρ πάντα, "o tempo é a coisa mais sábia: traz tudo à tona", atribuído por Diógenes Laércio (1,35) ao filósofo Tales (11 A 1 D.-K.), enquanto outro fragmento de Sófocles (301 R.) atribui também ao tempo a qualidade de ver e escutar tudo. Nos *Evangelhos* (*Mateus*, 10,26 e *Marcos*, 4,22) retorna o conceito de que tudo o que está oculto virá à luz, também presente na literatura rabínica (cf. Strack-Billerbeck 1,578 s., em particular uma máxima de Hillel, cf. Aboth, 2,4[b]). Tertuliano (*Apologeticum*, 7,13) diz que provérbios e sentenças confirmam que *Omnia tempus revelat*, "o tempo tudo revela" (a mesma fórmula se encontra em Walther 31301d). Em latim o motivo aparece — com um expressivo poliptoto (*tempore... temporibus*) — nos *Dísticos de Catão* (2,8,2: *Temporibus peccata latent et tempore parent*, "as faltas ficam ocultas por muito tempo e com o tempo aparecem"); ademais, é freqüente uma variante segundo a qual o tempo descobre a verdade, como em *Veritatem dies aperit*, "o tempo descobre a verdade", de Sêneca (*De ira*, 2,22,3), e na conclusão da fábula de Fedro sobre a criação da Verdade e da Mentira (*App.* 4,21-24: cf. nº 298). Uma variação, presente por exemplo em Sófocles (*Ajax*, 646 s.) e em Horácio (*Ep.* 1,6,24 s.), associa o fato de o tempo trazer à tona o que está escondido com o fato de ele também fazer imergir no esquecimento o que se encontra na superfície, acrescentando assim uma alusão à imprevisibilidade do futuro. Entre as variações medievais parece-me muito significativa a imagem de Walther 30544 (= 25890,2) *Sub nive quod tegitur, cum nix perit, omne videtur*, "o que está escondido sob a neve, quando esta desaparece, fica visível", que lembra o italiano *Quando si scioglie la neve, si vedono gli stronzi*. São muitas as referências a esse *topos* nos provérbios modernos: em todas as línguas existem paralelos à fórmula "o tempo tudo revela" (Arthaber 1347); entre as variações, eu assinalaria o alemão *Die Sonne bringt es an den Tag* e o italiano *Il tempo è galantuomo* (para a mentira que tem pernas curtas, cf. nº 298).

297. *Veritas filia temporis*
A verdade é filha do tempo

Trata-se de uma variação sobre o tema da verdade revelada pelo tempo e deriva de um trecho de *Noctes Atticae* de Aulo Gélio (12,11), sendo ainda famosa. Essa expressão foi retomada por P. Aretino, F. Bacon e em *Massime e motti* de Leonardo (*Scritti scelti*, A. M. Brizio, Torino 1966[2], 129): o primeiro fez o amigo tipógrafo veneziano F. Marcolini (cf. S. Casali, *Annali della tipografia veneziana di Francesco Marcolini*, Forlì 1861, IX) gravá-la também na versão italiana *Verità figliuola è del gran tempo*; o segundo modificou-a para *Veritas filia temporis, non auctoritatis*, "a verdade é filha do tempo, não da autoridade" (cf. *Pensamentos e conclusões*, 17; *Novo órgão*, 1,84; *Da dignidade e do progresso das ciências*, 1,27). Finalmente, deve-se observar que a expressão é registrada como provérbio em todas as línguas européias (Arthaber 1418).

298. Ψευδόμενος οὐδεὶς λανθάνει πολὺν χρόνον
Nenhum mentiroso passa incólume por muito tempo

Esse *monóstico de Menandro* (841 J.) retoma o *topos* complementar ao do nº 296: como o tempo fatalmente elucida a verdade, assim também a mentira não pode sobreviver por muito tempo. Já em Sófocles (fr. 62 R.) temos ἀλλ' οὐδὲν ἕρπει ψεῦδος εἰς γῆρας χρόνου, "nenhuma mentira envelhece", cujo equivalente perfeito é o latim medieval *Mendacium nullum senescit* (Walther 14642a) e que retorna conceitualmente num fragmento de Teofrasto citado por Arsênio (6,95e). Outro paralelo é constituído por *Tenue est mendacium: perlucet si diligenter inspexeris*, "a mentira é tênue: se observada com atenção, deixa transparecer a luz", de Sêneca (*Ep.* 79,18). O mesmo provérbio, mais comum nas línguas modernas (*A mentira tem pernas curtas*, cf. Mota 42, Arthaber 189, Zeppini Bolelli 106), não só tem um precedente medieval (Walther 14641 *Mendacia curta semper habent crura*), como também matriz clássica: Fedro conta (*App.* 4) que Prometeu forjou a Verdade e que seu assistente Dolo (= ardil), aproveitando a ausência do chefe, fez uma réplica perfeita da Verdade, com o nome de Mentira, mas, com a chegada de Prometeu, não conseguiu completá-la; por isso, Mentira ficou sem pés e Fedro afirma: *quod negantibus / pedes habere facile ipse consentio*, "obviamente estou de acordo com quem diz que não tem pés" (claro está que já se tratava de uma locução presente na língua popular). Outras variantes brasileiras são *A mentira corre, mas a verdade a apanha* e *Mais depressa se pega um mentiroso do que um coxo* (esta última tem paralelos nos dialetos italianos, por exemplo, o bolonhês *As cgnóss pió prèst un busèder, d'un zóp*).

299. *Amicus Plato, sed magis amica veritas*
Platão é amigo, mas a verdade é mais amiga

Esse provérbio ainda é comumente usado para indicar que a verdade deve ser mais importante que qualquer coisa, mais até do que a amizade. Discutiu-se muito a sua origem: para uma bibliografia exaustiva, remeto a L. Tarán, "Antike und Abendland" 30 (1984) 93-124. Na realidade, ele deriva de um trecho da *Ética para Nicômaco* de Aristóteles (1096a 16-17), em que o filósofo afirma que ἀμφοῖν γὰρ ὄντοιν φίλοιν ὅσιον προτιμᾶν τὴν ἀλήθειαν, "embora ambos me sejam caros, é sagrado privilegiar a verdade" (ver também a referência feita por Sinésio, *Ep.* 154 [276,6 s.G.]), ao atacar Platão, que, em *A República* (595bc), atribuíra a Sócrates uma expressão semelhante a respeito de Homero. De modo análogo, em *Fédon* de Platão (91c) tem-se σμικρὸν φροντίσαντες Σωκράτους, τῆς δὲ ἀληθείας πολὺ μᾶλλον, "preocupando-se pouco com Sócrates e muito mais com a verdade", de onde provém a redação do provérbio, tão prezada pelos neoplatônicos (*Amicus Socrates, sed magis amica veritas*), que denuncia o desejo — típico de alguns expoentes dessa corrente filosófica — de harmonizar Platão e Aristóteles. Com efeito, depois dos neoplatônicos a versão com Sócrates passou a prevalecer (para os textos, remeto ao citado artigo de Tarán), até que no século XV o humanista Nicolò Leoniceno reintegrasse Platão no lugar ocupado por Sócrates. Aí tem origem a sua referência em numerosas obras, entre as quais sobressaem *Dom Quixote* de Cervantes (c. 51) e *Tristram Sandy* de Sterne (1,21). Devem ser notadas três variações sobre o tema: *Et veritatem diligimus et Platonem, sed rectius est diligere veritatem*, "gostamos tanto da verdade quanto de Platão, mas é mais justo gostar da verdade", muito apreciada na cultura árabe (veja-se Tarán 116-118); *Amicus Plato, amicus Socrates, sed praehonoranda veritas*, "Platão é amigo, Sócrates é amigo, mas em primeiro lugar deve-se honrar a verdade", usado por Lutero em seu *De servo arbitrio* (18,610); e o genérico *Minime vero veritati praeferendus est vir*, "por motivo nenhum se deve preferir um homem à verdade". Para o inverso *Errare malo cum Platone quam cum istis vera sentire*, cf. nº 382. Finalmente, um provérbio brasileiro similar diz: *Amigo de meu compadre, porém mais da verdade*.

300. *Vitam inpendere vero*
Arriscar a vida pela verdade

Essa é uma famosa frase de Juvenal (4,91), que faz parte da apresentação de uma personagem incapaz de exprimir livremente seus pensamentos e muito menos de arriscar a vida com o fim de proclamar a verdade. A imagem é a da balança: num dos pratos está a vida e no outro, a verdade. O provérbio, que, entre outras coisas, foi muito apreciado por Rousseau, ainda tem certa difusão na linguagem douta.

301. Τὰ σῦκα σῦκα, τὴν σκάφην δὲ σκάφην ὀνομάζων
Chamando figo de figo e taça de taça

Luciano (*De historia conscribenda*, 41), ao citar esse provérbio (que também será registrado por Arsênio, 15,95b), afirma que sua origem é cômica: Meineke atribuiu-o a Menandro (fr. 717,3 K.-Th.), enquanto um fragmento semelhante, que apresenta apenas τὴν σκάφην σκάφην, consta entre os duvidosos de Aristófanes (927 Kassel-Austin, a cujo comentário crítico remeto para verificação das numerosas citações e dos problemas inerentes à autenticidade). Uma última citação, que não faz parte dos cômicos acima, está em *De elocutione*, de Demétrio (229). Essa estrutura é retomada por vários provérbios modernos, como os italianos *Dire pane al pane e vino al vino* (com equivalente em espanhol) e *Chiamare la gatta gatta* (com equivalente em francês, aparecendo ademais na primeira sátira de Boileau), o alemão *Das Kind beim rechten Namen nennen* (ver também Goethe, *Fausto*, 1,238) e o inglês *To call a spade a spade*. Divertida é a referência de Rabelais (4,54) em que se chamam figos os figos, ameixas as ameixas e pêras as pêras. [Port., Chamar pão pão, queijo queijo.]

302. Ἁπλοῦς ὁ μῦθος τῆς ἀληθείας ἔφυ
A exposição da verdade não tem duplicidades

Essa gnoma provém de *As fenícias* de Eurípides (v. 469), mas já estava presente — com diferenças mínimas — em Ésquilo (fr. 176 R., a cujo estudo crítico remeto), sendo depois registrada pelos paremiógrafos (Diogen. 2,85, Apost. 3,62). Em latim o provérbio é traduzido por *Veritatis simplex ratio est*, como se verifica em Sêneca (*Ep.* 49,12), sendo utilizado por vários autores, entre os quais Cícero (*De oratore*, 1,53,229) — que lembra como Sérvio Galba, submetido a juízo por ter massacrado os lusitanos, não queria ser defendido por meio de ouropéis retóricos, mas simplesmente com a *simplex ratio veritatis* — e Amiano Marcelino (14,10,13), onde, com uma sentença desse tipo, o imperador Constâncio justifica a brevidade de um discurso seu. Encontram-se paralelos conceituais ainda nas *Epistulae ad Lucilium* de Sêneca (79,18, 102,13) e nos *Dísticos de Catão* (3,4,2); é preciso lembrar o *topos* segundo o qual a inocência protege mais que a eloqüência (ver por exemplo Tácito, *Dialogus de oratoribus*, 11,4, Apuleio, *Apologia*, 5). Com pequenas divergências, esses provérbios também se encontram na Idade Média (Walther 8679, 17809, 33158eghi), sendo atualmente muito conhecido *Simplex sigillum veri*; os equivalentes italianos são *La verità è sempre una* e, com paronomásia fácil, *Verità non ha varietà*. Nas outras línguas existem muitas variações sobre o tema: francês *La vérité fuit les détours*, alemão *Die Wahrheit hat nur eine Farbe, die Lüge mancherlei*, ingleses *Truth fears no colours* e *Truth needs no many words, but a false tale elarges preamble*; Goethe afirmou (*Kunst und Altertum*, 3,1 = *Máximas e reflexões*, 116) que aos homens desagrada o fato de a verdade ser tão simples, mas eles deveriam pensar que mesmo assim dá-lhes muito trabalho fazê-la dobrar-se a seus fins práticos.

303. Τὸ σιγᾶν τὴν ἀλήθειαν χρυσόν ἐστι θάπτειν
Calar a verdade é como enterrar ouro

Essa máxima arguta chegou até nós graças aos paremiógrafos (*Mant. Prov.* 3,23) e aos florilégios bizantinos (Antônio, *Melissa*, 45).

304. *Ridendo dicere verum*
Rindo, dizer a verdade

Essa expressão popular tem origem em Horácio, que, no início de suas *Sátiras* (1,1,24 s.), indaga: *Ridentem dicere verum / quid vetat?*, "o que impede de, rindo, dizer a verdade?", trecho este que logo assumiu caráter proverbial (cf. Walther 26874). É possível encontrar paralelos em todas as línguas modernas européias (Arthaber 192): entre as variantes, as formas francesas *Tel rit qui mord* e *Être comme Arlequin: dire la vérité en riant* fazem menção à figura de Arlequim, ao qual está ligado o famoso *Castigat ridendo mores* (nº 305), enquanto outros provérbios muito vivazes estão presentes em formas dialetais, como o de Reggio *Al fa cme Zirunzòun ch'àl dîs da burla, mó al dîs dabòun* (ou seja, "fala brincando, mas também fala seriamente"), que se refere explicitamente a um jornal humorístico surgido em dezembro de 1895 com o título de *Zirunzòun*, "violoncelo" (cf. Mazzaperlini 233).

305. *Castigat ridendo mores*
Rindo, castiga os costumes

Esse conhecidíssimo provérbio não é antigo, ainda que um precedente seu seja discernível em *Ridentem dicere verum*, de Horácio (cf. nº 304). Foi cunhado por Jean de Santeuil no século XVII, a propósito da máscara de Arlequim (civilmente Domenico Biancolelli), cujo busto decorava o proscênio da Comédie Italienne de Paris (cf. *Anecdota Dramatica*, I, Paris 1775, 104); depois, foi utilizado com freqüência como emblema por vários teatros (por exemplo, pelo Opéra Comique de Paris e pelo Teatro San Carlino de Nápoles). Totó brincava com ele em alguns de seus filmes, quando, rindo, esbofeteava um figurante de pele escura e comentava: "*Castigo ridendo moros.*" Hoje essa frase é habitualmente usada a propósito de quem sabe transmitir ensinamentos sérios — ou reprimir vícios e erros — em tom jocoso e aparentemente indulgente.

306. *Quid est veritas?*
O que é a verdade?

Essa pergunta, cujo uso persiste para indicar um momento de grave perplexidade, tem origem num trecho do *Evangelho de João* (18,38): trata-se da resposta de Pilatos à afirmação de Jesus de que viera para dar testemunho da Verdade. Nesse Evangelho, em que, diferentemente dos *Sinópticos*, a verdade desempenha papel primordial, a passagem não é banal, como poderia parecer a um leitor superficial. Jesus entende a Verdade como revelação por ele encarnada, como entidade absoluta e divina, só acessível ao homem através do Cristo, enquanto Pilatos se refere a uma acepção de verdade típica do pensamento grego: para ele, ela é uma verdadeira realidade objetiva, vinculada a dados concretos de fato e não a uma dimensão teológica (para maior aprofundamento, remeto a L. Coenen — E. Beyreuther — H. Bietenhard, *Dizionario dei concetti biblici del Nuovo Testamento*, Bologna 1976 (Wuppertal 1970), 1970 s., R. Bultmann, in Kittel-Friedrich, 1,659 ss.). Atualmente também se conhece um anagrama dessa expressão: *Est vir qui adest*, que, segundo uma interessante anedota, teria sido a resposta de Cristo a Pilatos: "[a verdade] é o homem que está diante de ti"; recordo uma bela referência de P. Lagerkvist (*O sorriso eterno*) em que essas palavras são exclamadas pelo morto que decidiu sair da apatia.

307. *Amen dico vobis*
Em verdade vos digo

Essa locução é uma fórmula usada com freqüência por Jesus nos *Evangelhos*, para afirmar a verdade absoluta de suas palavras: já no *Antigo Testamento* (por exemplo no primeiro livro dos *Reis*, 1,36, ou em *Jeremias*, 11,5) e na literatura rabínica (cf. Strack-Billerbeck 1,242 s.), o adjetivo verbal *amen* era usado para asseverar a validade de uma palavra para o presente e para o futuro (na liturgia hebraica encontra-se nos cantos de louvor a Deus ou no fim de uma doxologia ou de uma prece), mas Jesus emprega essa palavra de modo totalmente novo, por se referir ao que foi dito por quem está falando e não constitui — como em outros lugares — confirmação plena ou aceitação daquilo que foi proferido por outros. Os *Evangelhos* apresentam uma alternância entre três fórmulas diferentes: ἀμὴν λέγω σοι / ὑμῖν, "te / vos digo *amen*" (três vezes em *Lucas*, duas em *Mateus*, uma em *Marcos*), ἀμὴν λέγω ὑμῖν, "em verdade vos digo" (uma só vez em *Lucas*, 4,24) e finalmente a famosa ἀμὴν ἀμὴν λέγω σοι (ὑμῖν), "em verdade, em verdade te / vos digo", que não está presente nos *Sinópticos*, mas aparece vinte e seis vezes em *João*, único *Evangelho* interessado na definição teológica de Jesus como revelador da Verdade divina. No uso corrente, o fato de *amen* estar presente na liturgia cristã ao fim das preces acabou fazendo com que a locução assumisse, em italiano, o significado de "basta, não pensemos mais nisso", sendo usada, por exemplo, para interromper bruscamente uma discussão. [Em português seu significado na linguagem comum passou a ser de anuência, concordância incondicional, mesmo que com sentido irônico. (N. do T.) Em italiano, frases como *Essere all'amen* significam "estar no fim"; *amen* na linguagem comum também pode indicar algo muito breve (sobretudo na locução *In men che non si dica un amen*; expressão semelhante já se encontra em Dante, *Inferno*, 16,88).

308. *Omnis homo mendax*
Todo homem é mentiroso

Essa expressão, habitualmente citada com o significado banal de que nada há de mais comum do que a mentira, na realidade tinha sentido mais profundo em sua origem: deriva de um *salmo* (115,11) em que se evidencia que a Verdade só está em Deus e que, portanto, o homem, com suas limitações, se contrapõe a Deus, Verdade por excelência. Com esse mesmo sentido, o *salmo* é retomado por São Paulo (*Epístola aos Romanos*, 3,4: πᾶς δὲ ἄνθρωπος ψεύστης).

CONHECIMENTO, EDUCAÇÃO, INSTRUÇÃO

a) Conhecer e compreender

309. Ὀφθαλμοὶ ... τῶν ὤτων ἀκριβέστεροι μάρτυρες
Os olhos são testemunhas mais fiéis do que os ouvidos

Essa expressão, na formulação citada, é de Heráclito (fr. 6 Marcovich[2]), mas o motivo é muito comum e empregado em diversos contextos (ver J. Russo, "Journal of Folklore Research" 20 [1983] 127-128). A forma semelhante ὦτα γὰρ τυγχάνει... ἀνθρώποισι ἐόντα ἀπιστότερα ὀφθαλμῶν, "os ouvidos são para os homens menos dignos de fé do que os olhos", volta num famoso trecho de Heródoto (1,8,2), no qual Candaules, orgulhoso da extraordinária beleza da mulher, convida o fiel Giges a confirmá-la pessoalmente, escondendo-se em seu quarto. Trata-se, de qualquer modo, de um *topos* difundido na literatura grega: a desvalorização do "ouvir dizer" em favor do que realmente foi visto é muito importante para o método histórico de Tucídides (cf. por exemplo 1,73,2); o fragmento de Heráclito é explicitamente citado por Políbio (12,27,1), que, ademais, se prolonga na análise desse conceito; máximas desse tipo ocorrem em numerosos autores, como Luciano (*De saltatione*, 78), Díon Crisóstomo (12,71) e, principalmente, Fílon de Alexandria (cf. P. Wendland, "Rheinisches Museum" 53 [1898] 30 ss.); o lapidar ὠτίων πιστότεροι ὀφθαλμοί, "os olhos são mais seguros que os ouvidos", é registrado por Apostólio (18,71). Também são muitos os paralelos latinos (para uma resenha, remeto a Otto 1272, 1273, Szelinski 40, Weyman 61 s.; 77, 282, Sonny 113, Roos 137): particularmente relevantes são as formulações felizes e bem sucedidas de Plauto (*Truculentus*, 489 s.: *Pluris est oculatus testis unus quam auriti decem. / Qui audiunt audita dicunt, qui vident plane sciunt*, "vale mais uma única testemunha ocular do que dez auriculares. Quem ouve fala de coisas ouvidas, quem vê conhece perfeitamente"; o v. 489 já aparece entre as máximas medievais, cf. Walther 21660) e de Sêneca (*Ep.* 6,5: *Homines amplius oculis quam auribus credunt*, "os homens crêem mais nos olhos do que nos ouvidos"; esse provérbio também ficou imediatamente famoso, cf. Walther 11088a e 11711a1 *Oculis magis habenda fides quam auribus*, "deve-se ter mais fé nos olhos do que nos ouvidos"). Não faltam variações que desvirtuam o sentido do *topos*, principalmente uma de Empédocles (31 B 3,9 s. D.-K.) que põe os dois sentidos no mesmo plano, uma que privilegia o ouvido e pode ser encontrada por exemplo em Calímaco (fr. 282 Pf.) e Estrabão (2,5,11), e uma presente em *Florida* de

Apuleio (2), na qual se assevera que Sócrates teria afirmado: *Pluris est auritus testis unus quam oculati decem* (trata-se explicitamente do verso de Plauto invertido). O italiano *Val piú un testimonio di vista che dieci d'udito* (com o significado de que o testemunho ocular sempre vale mais do que o indireto) tem paralelos perfeitos em francês, inglês e alemão, enquanto *Gli occhi hanno più credenza che le orecchie* encontra equivalente em francês; outras variações são o inglês *One eyewitness is better than two hearsays* e o francês *Un seul oeil a plus de crédit que deux oreilles n'ont d'audivi* (observar essa pitoresca forma final latina); no Brasil se diz *Ver para crer*.

310. *Praecogitati mali mollis ictus venit*
O golpe do mal previsto chega mais fraco

Essa máxima de Sêneca (*Ep.* 76,34) tem paralelo conceitual em outro trecho das *Epistulae ad Lucilium* (91,3), onde se afirma que os males inesperados são mais duros: trata-se de um *topos* apreciado pelo filósofo (ver por exemplo *Naturales quaestiones*, 6,3,2, *De constantia sapientis*, 2,19,3, *Consolatio ad Helviam*, 5,3). Um paralelo é constituído por *Cuncta emeditanda*, "é preciso estudar todas as possibilidades", presente num *Carmen septem sapientum* (v. 2, cf. Higino, *Fabulae*, 221), atribuído por Schmidt a Varrão (fr. 6,2 Baehrens), enquanto na Idade Média eu assinalaria dois versos de São Colombano (*Monosticha*, 75 s. [*PL* 80,289a]: *Praemeditata quidem levius sufferre valebunt.* / *Quae subito adveniunt, multo graviora videntur*, "as coisas previstas são mais facilmente suportadas; as imprevistas parecem muito mais graves"), o *Minus enim iacula feriunt quae praevidentur* de S. Gregório Magno (*Homilias sobre os Evangelhos*, 35), retomado no Breviário (*Commune plurimorum Martyrum extra tempus Paschale*, 68), assim como uma gnoma semelhante das *Epístolas* de São Bráulio (30 [*PL* 80,677b]). Existe também uma breve expressão latina citada por Quevedo no prólogo de *Sonhos* que diz simplesmente *Mala praevisa minus nocent*. O italiano *Uomo avvisato mezzo salvato* encontra equivalente perfeito em alemão, enquanto em inglês se tem *Afore awarned afore armed*, em francês *Un homme averti en vaut deux* (com paralelo em espanhol [e português: Um homem prevenido vale por dois]) e *Qui est garni, il n'est surpris*. Entre as referências literárias, eu assinalaria a de Dante (*Paraíso*, 17,27: *Saetta prevista vien più lenta*). [flecha prevista vem mais devagar.]

311. *Unicuique sua domus nota*
Cada um conhece a sua casa

A fonte é Cícero (*Epistulae ad Quintum fratrem*, 1,1,45): as coisas familiares por excelência são exatamente a casa (ver também, por exemplo, Juvenal, 1,7; deve-se também citar o *topos* de que cada um se sente senhor em sua casa, cf. n°s 976 s.) e os dedos, com as respectivas unhas, como em Plauto (*Persa*, 187) e em Juvenal (7,231 s.: *Auctores noverit omnes / tamquam ungues digitosque suos*, "deveria conhecer todos os autores como suas unhas e seus dedos"). Nas línguas modernas a locução mais comum corresponde a "conhecer como os próprios bolsos" (italiano *Conoscere come le proprie tasche*). A imagem dos dedos aparece no russo *Snat'čto-l. kak svoj pjat' pal'yev*. [Port., Conhecer como a palma da mão.]

CONHECIMENTO, EDUCAÇÃO, INSTRUÇÃO   149

312. *Ego te intus et in cute novi*
Conheço-te por dentro e por fora

A expressão *Intus et in cute*, ainda usada para indicar conhecimento íntimo e profundo, é extraída desse trecho de Pérsio (3,30), já famoso no fim na Antiguidade e na Idade Média e muitas vezes retomado, principalmente por São Jerônimo (*Ep.* 58,7; 129,4, *Apologia contra Rufinum*, 2,16), mas também por outros autores menos conhecidos (por exemplo São João Gualberto, *Acta, PL* 146,843b). A oposição entre *cutis* e *species*, por um lado, e *sanguis* e *medulla*, por outro, para indicar, respectivamente, conhecimento superficial e conhecimento profundo, pode ser encontrada em Gélio (18,4,2). Atualmente *Intus et in cute* se refere sobretudo a pessoas e mais raramente a coisas.

313. *Felix qui potuit rerum cognoscere causas*
Feliz de quem pôde conhecer a causa das coisas

Num famoso trecho (*Geórgicas*, 2,490) Virgílio fala do filósofo epicurista que é feliz porque, conhecendo as verdadeiras causas dos fenômenos, não é atormentado por tolos temores supersticiosos (vv. 491 s.: *atque metus omnis et inexorabile fatum / subiecit pedibus strepitumque Acherontis avari*, "e pôs sob os pés todos os temores, o inexorável destino e o estrépito do ávido Aqueronte"). Já na Idade Média esse verso é encontrado como sentença extrapolada de seu contexto (Walther 8970), inclusive com variações marginais (Walther 8959,1; 8967; 8969), e assumiu significado diferente, indicando a aspiração pelo conhecimento e a inveja de quem já o obteve. É retomado por Pascal (*Pensées*, 405), Bacon (*Of the Advancement of Learnings*, 18, 1) e Voltaire (*Dicionário filosófico*, ver "Ídolo"), e ainda é usado, também com sentido irônico.

314. *Hinc illae lacrimae!*
Por isto aquelas lágrimas!

Essa expressão, citada para afirmar que se descobriu a verdadeira causa de um comportamento ou de uma situação, além dos pretextos superficiais, deriva do v. 126 de *Andria* de Terêncio: nos funerais do vizinho Críside, o velho Simo descobre que as lágrimas do filho Pânfilo não se devem à solidariedade humana em relação ao defunto, mas ao amor que ele sente pela irmã de Críside, Glicérion. Com o significado genérico com o qual ainda é conhecida, essa expressão já era citada por Cícero (*Pro Caelio*, 25,61) e por Horácio (*Ep.* 1,19,41); também é semelhante *Inde irae et lacrumae*, "daí (provêm) ira e lágrimas", de Juvenal (1,168). Às vezes é citada impropriamente com referência a uma dor de importância extraordinária.

315. *Non liquet*
Não está claro

Essa expressão ainda é usada para afirmar que não se está entendendo bem a situação e por isso não é possível formular um juízo definitivo: na realidade, trata-se de uma antiga fórmula jurídica, expressa por Cícero (*Pro Cluentio*, 28,76), que indicava a falta de elementos suficientes para se proferir um veredito, havendo portanto lugar para averiguações suplementares ou para adiamento. O verbo *liquere* em sentido técnico é também usado por Cícero (*Pro Caecina*, 10,29), por Quintiliano (3,6,12) e por Gélio (14,2,25).

316. *Adhuc sub iudice lis est*
A questão ainda está submetida ao juiz

Horácio (*Ars poetica*, 78) exprime-se assim para dizer que ainda não está resolvida a questão de quem foi o primeiro poeta elegíaco: esse trecho tornou-se gnômico na Idade Média (Walther 30533b) e a locução *Sub iudice* hoje é muito usada para indicar um problema para o qual ainda não se encontrou solução. No latim clássico, na realidade, ela não era proverbial, mas pertencia à terminologia jurídica e era isenta de sentido figurado: pelo menos é assim que aparece nos numerosos trechos, seja com outros determinantes (como, por exemplo, *sub uno iudice*, "sob um único juiz", em *Institutiones* de Gaio [4,104; 105; 109]; ou com outros adjetivos, como em Ovídio, *Metamorfoses*, 13,190, Juvenal, 4,11 s., *Laus Pisonis*, 65, Sílio Itálico, 13,603; ou com o nome do juiz, como em Ovídio, *Metamorfoses*, 11,156), seja sem determinante (por exemplo Juvenal, 7,13, Tácito, 3,6,3, Estácio, *Tebaida*, 509).

317. *Nesciebamus semel unum singulum esse*
Não sabíamos que um vezes um é um

A fonte é Varrão (*Satyrae mennippeae*, 345 B., cf. também 414 B.): a expressão indica uma ignorância crassa e portanto é semelhante a algumas locuções modernas, como por exemplo a italiana *Non sapere che due più due fa quattro*, a alemã *Dass zweimal zwei vier ist*, que indica uma absoluta lapalissada, ou a brasileira *Não saber que dois e dois são quatro*.

318. Ἐπίσταται δ' οὐδ' ἄλφα συλλαβὴν γνῶναι
Não sabe nem reconhecer a letra alfa

A fonte é Herondas (3,22): expressões semelhantes, para indicar ignorância completa, estão presentes ainda em Calímaco (fr. 191,88 Pf.) e num epigrama de Lucílio (*Antologia Palatina*, 11,132,4). Com o mesmo valor tem-se às vezes a menção da antiga letra *kappa*: ver ainda Calímaco (fr. 565 Pf.) e um jambo de Parmênon de Bizâncio (fr. 1,2 Powell). Em italiano, a letra usada nesse tipo de locução é o *agá*: *Non capisce un'acca*, *Non sa un'acca*, etc. (cf. Battaglia 1,55).

319. *Qui pro quo*
Que está para outra coisa

Essa locução agora é comumente usada como substantivo (quando é escrita *qüiproquó*), para indicar um equívoco e principalmente um erro de compreensão de uma palavra ou frase. Sua origem é obscura: supôs-se que proviesse de uma fórmula escolar para indicar o uso errado de um nominativo em lugar de um ablativo, ou, talvez, o que é mais verossímil, que proviesse de *Quid pro quo*, título, no fim da Idade Média, de uma seção das compilações farmacêuticas que compreendia os remédios que podiam ser administrados em lugar de outros. Finalmente, assinalo que esse é o título de um recente romance de G. Bufalino (Milão 1991).

320. Ἀμαθία μὲν θράσος, λογισμὸς δὲ ὄκνον φέρει
A ignorância produz atrevimento; a reflexão, vagar

Assim Péricles, no famoso *Epitáfio* (Tucídides, 2,40,3), caracteriza o comportamento dos não-atenienses, que viam de modo negativo a reflexão e a tentativa de compreender os problemas, pois acreditavam que comportavam hesitação e falta de coragem para enfrentar os perigos: os atenienses, porém, fazem da discussão aprofundada a base para a ação mais audaz. Essa frase, fora de seu contexto, foi depois citada como simples máxima moral contra a ignorância que gera arrogância: com esse sentido é mencionada por Plínio, o Jovem (*Ep.* 4,7,3), e Porfírio (a Horácio, *Ep.* 2,2,140), enquanto São Jerônimo (*Ep.* 73,10) a traduz como *Imperitia confidentiam, eruditio timorem creat*. Nessa linha existem muitos provérbios modernos: italiano, *La superbia mostra l'ignoranza* e *La superbia è figlia dell'ignoranza*; francês, *Témérité et audace viennent d'ignorance; assurance de science*; alemão, *Dummheit und Stolz wachsen auf einem Holz*; inglês, *A small mind has usually still room for pride*; não faltam referências literárias (por exemplo em *Prometeo* de Monti [vv. 100 s. *D'ignoranza / ostinato figliuol sempre è l'orgoglio*] e em Pope, *Essay on Criticism*, 2,2).

321. *Legere enim et non intellegere neglegere est*
Ler e não entender é como não ler

Essa expressão, fonicamente baseada numa paronomásia fácil, é posta como conclusão de uma premissa tardia dos chamados *Dísticos de Catão* (3,214 Baehrens); a contraposição entre ler e compreender também se encontra em numerosos outros textos, principalmente em autores tardios e bizantinos, como Orígenes (*Principi*, 4,170,344), Sozomeno (*Historia ecclesiastica*, 5,18), Eustátios (*Opuscula*, 9), assim como no provérbio grego ἡ γλῶττ᾽ ἀνέγνωχ᾽, ἡ δὲ φρὴν οὐ μανθάνει, "a língua leu, mas a mente não compreende", encontrado nos paremiógrafos (Macar. 4,36, *App. Prov.* 2,100). Essa expressão volta nas línguas modernas: em italiano tem-se *Leggere e non intendere è come cacciare e non prendere*, com correspondente idêntico em francês (gnoma do gênero já se verifica no século XIII: cf. Garzo, in G. Contini, *Poeti del Duecento*, Milano-Napoli 1960, 2,304); em alemão, *Viel lesen und nicht durchschauen ist viel essen und übel verdauen* e *Lesen ohne Verstand versäumt und ist 'ne Schand'*; no Brasil se diz *Ligere et non intelligere est burrigere* (para outros paralelos cf. Mota 113).

322. *Tollat te qui non novit*
Quem não te conhece que te levante

Esse é um provérbio transcrito explicitamente como tal por Quintiliano (6,3,98) e também registrado entre as sentenças medievais (Walther 31431a): quem sabe que uma pessoa é indigna certamente não a ajudará a erguer-se se ela cair. Essa expressão também é citada por Horácio (*Ep.* 1,17,62); nas tradições proverbiais modernas ver o alemão *Wer dich kennt, der kauft dich nicht* (ou seja: "quem te conhece não te compra") e o brasileiro *Quem não o conhecer que o compre*.

323. Μηδὲ τοῦ τῆς πόλεως ὕδατος ἤδη γευσάμενος
Não tendo nem mesmo provado a água da cidade

Essa frase, citada pelo historiador bizantino Sócrates (*Historia ecclesiastica*, 7,29, 312 H.) expressamente como proverbial, é retomada com exatidão por Cassiodoro (*Historia ecclesiastica tripertita*, 12,4 [*PL* 69,1204]: *Cum neque civitatis adhuc gustasset aquam*). Indica o conhecimento superficial, como o do viajante que nem chega a beber a água de uma cidade.

324. *Ab uno disce omnes*
Por um aprende como são todos

Essa famosa expressão provém de um igualmente célebre trecho da *Eneida* (2,65 s.), no qual Enéias fala do grego Sínon e de seu embuste, fatal para Tróia (na verdade a frase soaria *Crimine ab uno / disce omnes*): desse único exemplo também se pode concluir que todos os gregos são perjuros e traidores (para esse *topos*, ver nºˢ 242-243). Ainda é usada tanto em linguagem comum como na lógica formal, para indicar uma extrapolação cognoscitiva: por um único exemplo se compreende a totalidade. Já na Antiguidade, de qualquer modo, encontram-se locuções desse tipo com o mesmo sentido, desde Terêncio (*Phormio*, 265) até João de Salisbury (*Policrático*, 7,224 [*PL* 199,703c]); quanto ao grego ἐξ ἑνὸς τὰ πάνθ᾽ ὁρᾶν, "a partir do um ver o todo", citado pelos paremiógrafos (*App. Prov.* 2,69, *Suda* ε1630), sua identidade com a expressão latina era apenas formal: segundo as explicações (principalmente a da *Suda*), era usado especificamente para se referir às pessoas precipitadas, que, na emissão de um juízo, se baseiam num único elemento, desprezando muitos outros.

325. *Apes... debemus imitari*
Devemos imitar as abelhas

A fonte é Sêneca (*Ep.* 84,3), num texto já famoso e muitas vezes citado na Antiguidade e na Idade Média (ver por exemplo Macróbio, *Saturnalia, praef.* 5, João de Salisbury, *Policrático*, 7,10, Pedro de Blois, *Ep.* 92 [*PL* 207,289c]): para adquirir conhecimento correto e profundo é preciso agir como a abelha, que, voando, escolhe os elementos apropriados de cada flor, deposita-os ordenadamente nos favos e depois

CONHECIMENTO, EDUCAÇÃO, INSTRUÇÃO   153

os digere, transformando-os numa mistura homogênea e nova (a seqüência exata dessas operações se encontra no trecho citado das *Saturnalia* de Macróbio [5]). É possível encontrar *loci similes* numa ode de Horácio (4,2,27 ss.), de onde foi retirada outra locução igualmente célebre, *apis more modoque*, "à guisa de abelha", e num dístico de Ausônio (*Bissula*, 7), no qual imitar as abelhas deve ser a arte de um pintor empenhado em retratar a pupila do poeta. Esse inseto ainda é símbolo de inteligente diligência e engenhosidade e em italiano a expressão *Scegliere* (ou *cogliere*) *fior da fiore* é muito usada para indicar uma rigorosa seleção qualitativa.

326. *Barbarus hic ego sum, qui non intellegor ulli*
Aqui sou um bárbaro que ninguém entende

Esse verso de Ovídio (*Tristia*, 5,10,37), que faz referência à etimologia de *barbarus* (termo onomatopaico usado para indicar a pessoa que falava de modo incompreensível, semelhante a balbucio), assumiu depois valor proverbial (cf. já Walther 1934), para indicar solidão e incomunicabilidade (com esse valor, entre outros, está registrado por Büchmann 395 e por Fumagalli 1206). Trecho semelhante, também famoso, pertence à primeira *Epístola aos Coríntios*, de São Paulo (14,11), e diz (na tradução da *Vulgata*): *Si ergo nesciero virtutem vocis ero ei cui loquor barbarus, et qui loquitur mihi barbarus*, "se eu não conhecer o valor do som, serei bárbaro para aquele a quem falar e quem estiver falando será bárbaro para mim". Nesses trechos, portanto, "bárbaro" é usado com acepção relativa, a propósito de uma pessoa cuja língua é incompreensível (já em Platão, *Crátilo*, 421cd, aliás, βαρβαρικόν se refere a palavras gregas que se tornaram incompreensíveis).

327. *Intelligenti pauca*
Para o inteligente, basta pouco

Esse é um provérbio vulgar ainda usado tanto para indicar que bastam poucas palavras para que o sábio entenda as coisas quanto como advertência ameaçadora. O equivalente clássico é *Dictum sapienti sat est*, "para o sábio basta uma palavra", verificado em Plauto (*Persa*, 729, cf. também *Truculentus*, 644) e em Terêncio (*Phormio*, 541), assim como em muitos autores tardios e medievais (para os textos, remeto a Otto 525, Sonny 101, Manitius 123, Sutphen 153 s.); uma variante parece ser constituída por *Cum sapiente loquens perpaucis utere verbis*, "ao falares com um sábio, usa pouquíssimas palavras", de São Columbano (*Carmen monostichum*, 46 = 3,241,8 Baehrens); para outros provérbios afins, cf. nº 17. O correspondente brasileiro mais comum é *A bom entendedor meia palavra basta*.

328. Πολλῶν δ᾽ ἀνθρώπων ἴδεν ἄστεα καὶ νόον ἔγνω
Viu a cidade e conheceu a mentalidade de muita gente

Esse é o terceiro verso da *Odisséia* e evidentemente o sujeito é Ulisses. Esse verso já era famoso na Antiguidade: Horácio, por exemplo, conhecia-o na versão fixada pelo filólogo alexandrino Zenódoto (com νόμον, *mores*, "costumes", e não νόον, "mentalidade"), traduziu-o em *Ars poetica* (v. 142) como *qui mores hominum multorum vidit et urbes*, e o reproduziu nas *Epistulae* (1,2,19 s.). Büchmann (326) afirma que é usado para indicar uma pessoa instruída e "navegada", mas — ao que me consta — atualmente seu conhecimento e emprego são estritamente limitados. Uma referência engraçada está no filme de Monicelli, *Brancaleone alle crociate* [Brancaleone nas Cruzadas], no qual a personagem interpretada por L. Toffolo assim se define. O italiano atual prefere *Ne ho visto di acqua sotto i ponti!*

329. *Davos sum, non Oedipus*
Sou Davo, não Édipo

Essa é uma frase de Davo em *Andria* de Terêncio (194), que assim responde a uma censura de seu senhor: ele se refere a Édipo como o solucionador de enigmas por antonomásia; ver também um trecho de Plauto (*Poenulus*, 443 s.) e o provérbio grego Βοιώτια αἰνίγματα, "enigmas beócios", referente às coisas incompreensíveis e registrado pelos paremiógrafos (Zenob. vulg. 2,68, Diogen. 3,47, Greg. Cypr. 2,94; M. 2,46, Macar. 2,86, Apost. 5,12). Paralelos dos quais Édipo não faz parte são constituídos por um verso do *Hipólito* de Eurípides (346: οὐ μάντις εἰμὶ τἀφανῆ γνῶναι σαφῶς, "não sou um adivinho para conhecer com clareza as coisas obscuras") e pelo fustigante *Non lectore tuis opus est sed Apolline libris*, "os teus livros não precisam de leitor, mas de Apolo", com que Marcial (10,21,3) define as obscuras poesias de Séstio. Essa expressão recorre nas línguas modernas com outras variações expressivas, como as italianas *Fammi indovino, ti farò ricco*, *Fammi indovino, e non sarò meschino*, *Fammi indovino, e sarò beato*, que geralmente servem de resposta a quem pede conjeturas absolutamente impossíveis (para algumas das numerosas referências literárias, cf. Battaglia 7,847).

330. *Apparet id quidem... etiam caeco*
É evidente até para um cego

A fonte é Lívio (32,34,3): essa expressão indica que um raciocínio é claro como uma luz tão intensa que, paradoxalmente, até os cegos podem ver (nesse caso — assim como num trecho de Políbio [17,4,4] — é Filipe da Macedônia quem assim define uma lapalissada segundo a qual se combate para vencer ou para submeter-se aos melhores). Essa locução também se encontra em outros textos latinos, como por exemplo em Quintiliano (12,7,9), Boécio (*A consolação da filosofia*, 3,9), Santo Agostinho (*Ep.* 54,5; 93,11,48) e Tertuliano (*De pallio*, 2), onde se tem a expressão *Homerici oculi*, "olhos de Homero" (o poeta era notoriamente cego); um precedente exato deve ser visto no grego δηλόν ἐστι καὶ τυφλῷ, encontrado — além de no citado texto de Políbio — por exemplo em Aristófanes (*Pluto*, 48), Platão (*A República*, 5,465d; 8,550b, *Sofista*, 241d), Menandro (frr. 98a; 367 K.-Th.) e Plutarco (*Quaestiones convivales*, 2,633c, *Non posse suaviter vivi secundum Epicurum*, 1098f), e registrado pelo paremiógrafo Macário (3,29). A expressão *Até um cego vê* é comum em italiano, francês e alemão (Arthaber 274); é engraçada a variante toscana *Lo vedrebbe Cimabue che aveva gli occhi di panno.*

331. *Omnibus et lippis notum et tonsoribus*
Conhecido por todos, pelos remelosos e pelos barbeiros

A fonte é Horácio (*Sat.* 1,7,3), que com essa expressão diz ser de amplo domínio público a história do litígio entre duas personagens grotescas. Já na Antiguidade a barbearia era um tradicional centro de difusão de mexericos: em Aristófanes (*Pluto*, 337-9) é lá que se espalha o boato do súbito enriquecimento do protagonista; em Luciano (*De historia conscribenda*, 24) é lá que podem ser ouvidas histórias de baixo nível; o *topos* do barbeiro bisbilhoteiro também está em *De garrulitate* de Plutarco (508f). Mais difícil é entender por que os barbeiros são associados aos remelosos (*lippus* é o termo genérico para indicar todas as afecções desse tipo [port., "liposo"], cf. *ThlL* 7/2,1473 s.): estes, evidentemente, estavam entre os que menos podiam estar circulando em busca de novidades e Porfírio, em seu comentário ao trecho, afirmava que o binômio *lippis et tonsoribus* representava as barbearias e os consultórios médicos, único lugar aonde os *lippi* podiam ir (já em Plauto, *Amphitruo*, 1013, numa lista de lugares que constituem o palco de ansiosa busca, tem-se *in medicinis* e *in tonstrinis*). A meu ver, porém, é mais provável que, para deixar claro que a história era realmente conhecida por todos, Horácio tenha aliado, com feliz polaridade, aqueles que, por antonomásia, sabiam de tudo àqueles que nada podiam conhecer, sem outras alusões mais específicas (conhecido pelos *lippi*, portanto, assumiria uma função semelhante a *Apparet id... etiam caeco*, cf. n° 330). Nas línguas modernas, embora os barbeiros continuem como tradicionais bisbilhoteiros, são outras as expressões correspondentes à frase de Horácio (como por exemplo a italiana *Essere conosciuto come la bettonica* [famosa planta medicinal] ou a francesa *Connu comme Barabas à la Passion*): *lippis et tonsoribus* tem ainda certa difusão, sobretudo em nível douto. No Brasil se diz *Não há gato nem cachorro que não saiba.*

332. Νοῦς ὁρῇ καὶ νοῦς ἀκούει, τἄλλα κωφὰ καὶ τυφλά
A mente vê, a mente ouve; as outras faculdades são surdas e cegas

Esse é um verso de Epicarmo (fr. 249 Kaibel), que não tem origem proverbial mas exprimia um conceito — o do absoluto predomínio da mente sobre os sentidos em nível cognoscitivo — aparentado à concepção do νοῦς de Anaxágoras. Pode-se encontrar texto semelhante no v. 122 de *Helena* de Eurípides, enquanto em *Fédon* de Platão (65b), Sócrates, demonstrando que só a alma pode ter acesso à verdade, faz clara referência a um lugar-comum poético. Posteriormente, esse fragmento passou a gozar de grande fama: foi citado com freqüência e são numerosas as referências feitas a ele, sobretudo na Antiguidade tardia, tanto em meio neoplatônico quanto judaico-cristão (para um quadro remeto a Kaibel, *CGF* 137), assumindo valor claramente gnômico (ver por exemplo suas citações em *Chiliades* do bizantino João Tzetzes,

5,52 s.; 7,873; 12,438 s.). Entre os muitos trechos latinos que fazem parte desse *topos*, assinalaria um extraído da *Naturalis historia* de Plínio (11,54,146), assim como a célebre passagem de *Tusculanae* de Cícero (1,20,46), onde, do fato de o doente poder ficar de olhos e ouvidos abertos e não ver nem ouvir se deduz que *animum et videre et audire*, "a alma vê e ouve"; finalmente, deve ser assinalada a máxima de Publílio Siro (C 30) *Caeci sunt oculi cum animus alias res agit*, "os olhos são cegos quando a alma se ocupa de outras coisas", onde a problemática filosófica é banalizada até o "senso comum". Nas línguas modernas, existem locuções como a italiana *Guardare con gli occhi dell'anima* (ou *della mente*).

333. *Nec aures me credo habere nec tango*
Não acredito que tenho ouvidos e não consigo tocar

São Jerônimo (*Ep.* 117,1) cita essa expressão proverbial para indicar alguém que se nega a conhecer alguma coisa. Ela lembra o conhecidíssimo motivo folclórico — de provável origem oriental — dos três macaquinhos que afirmam: *Não vejo - Não ouço - Não falo*, freqüentemente usado para indicar a mais absoluta cumplicidade. Entre as sentenças medievais registra-se *Nec audio nec video*, "não ouço nem vejo" (Walther 16170): um precedente formal é constituído pela frase de Aristófanes μήτ' ἀκούω μήθ' ὁρῶ (*As tesmoforiazusas*, 19), que, contudo, não designa cumplicidade, mas está em contexto completamente diferente, onde se ridiculariza paradoxalmente uma cosmogonia euripidiana ou sofística. Variante moderna, que acaba sendo simplesmente assimilável aos adágios que exaltam o silêncio (n°s 14-19), contrapõe o não-falar ao ouvir e ao ver, como, por exemplo, no bolonhês *Od, vadd e tès, s't'vu viver in pès* (aliás objeto de uma das gravuras dedicadas por Mitelli em 1677 aos provérbios [4]).

334. *Si biberes... pocula Lethes*
Se bebesses copos de água do Letes

A fonte é um trecho de Ovídio (*Epistulae ex Ponto*, 2,4,23), autor que aprecia muito (cf. ainda *Epistulae ex Ponto*, 4,1,17, *Tristia*, 1,8,36; 4,1,47 s.; 4,9,1 ss., *Ars amatoria* 3,340) o *topos* da menção às águas do Letes, rio infernal onde as almas esqueciam a vida terrena. Tal motivo, aliás, volta também em outros escritores, como Horácio (*Épodos*, 14,3), Prudêncio (*Cathemerinon liber*, 6,17), São Jerônimo (*Apologia contra Rufinum*, 1,30), e ainda está vivo na linguagem douta e literária. Deve-se, enfim, lembrar que esse é um dos elementos pagãos retomados na configuração do Além-túmulo por Dante (cf. *Purgatório*, 31,91-105).

335. Οὐδεὶς οἶδεν τὸν θησαυρὸν τὸν ἐμὸν πλὴν εἴ τις ἄρ' ὄρνις
Ninguém conhece meu tesouro, senão um passarinho

Em *Os pássaros* (v. 601), é assim que Aristófanes utiliza jocosamente — como aliás demonstra o respectivo escólio — uma expressão popular baseada na crença

CONHECIMENTO, EDUCAÇÃO, INSTRUÇÃO   157

(com origem nas mitologias oriental, nórdica e germânica) de que os pássaros seriam conhecedores de muitas coisas. De fato, tanto nas culturas antigas quanto modernas, é grande o número de pássaros famosos pela sabedoria (basta o exemplo da coruja), e é sinal de grande sabedoria comunicar-se com as aves: no *Alcorão* (27,16), por exemplo, a linguagem dos pássaros foi ensinada a Salomão, juntamente com muitos outros poderes sobrenaturais (a fonte é provavelmente o apócrifo *Testamento de Salomão*); na *Edda* de Snorri Sturluson (57) Odin é acompanhado por dois corvos chamados Huginn e Muninn, enquanto no *Poema de Helgi filho de Hjovardhr* (1-4) Átila fala com um corvo sábio num bosque. Essa tradição também encontra correspondência na nossa cultura: à parte a famosa pregação aos pássaros, de São Francisco (*Fioretti*, 16) e o contínuo diálogo metafórico entre o corvo e Totó em *Uccellacci e uccellini* [*Gaviões e passarinhos*] de P. P. Pasolini, existem resíduos também em nível popular, como na locução *Um passarinho me contou*, que tem equivalente exato em italiano, alemão e sueco, ou na expressão alemã *Das weiss der Kuckuck* (na primeira parte do *Fausto* de Goethe, Margarida, apaixonada, está à janela e suspira cantando: *Wenn ich en Vöglein wär!*), ou ainda na brincadeira infantil do *Uccellin bel verde*, principal informante das crianças (também citada por La Fontaine, 8,4, como exemplo de fábula fantástica, sem vínculos com a realidade).

336. *Per nebulam... scimus*
Sabemos como se víssemos através da névoa

Essa expressão, encontrada em Plauto (*Pseudolus*, 463, *Captivi*, 1023 s.) e em autores tardios (remeto a Sonny 102, Weyman 76, 281), indica conhecimento confuso. No lugar de *nebula* às vezes se tem *caligo*, "trevas, escuridão": no famoso *Vis naturae quasi per caliginem cernitur*, "a força da natureza é distinguida como se através da escuridão", de Cícero (*De finibus*, 5,15,43), mas ainda em Petrônio (9,1), Plínio, o Jovem (5,8,8), e Pseudo-Apuleio (*Asclepius*, 32). A imagem também está presente nas línguas modernas: ver, por exemplo, o sentido figurado do adjetivo *nebuloso*.

337. *Gratius ex ipso fonte bibuntur aquae*
A água é bebida com mais gosto quando da própria fonte

Quem quiser ter conhecimentos claros e precisos necessitará ir à fonte e não se deter na água fétida dos pântanos, ou seja, nas informações imprecisas de segunda mão. Esse provérbio deriva de Ovídio (*Epistulae ex Ponto*, 3,5,18), mas a imagem também é empregada por outros autores, em contextos ligeiramente diferentes: Horácio (*Ep.* 1,3,10 s.) usa-a para se referir à fonte poética, a propósito de quem ousa dirigir-se diretamente a Píndaro, desprezando lagos e regatos acessíveis; Marcial (9,99,9), afirmando que um amigo seu deve conhecer seu livro por tê-lo recebido diretamente de presente e não por tê-lo comprado, lembra: *Multum, crede mihi, refert a fonte bibatur*, "acredita, é muito importante beber da fonte"; em Propércio (2,23,1 s.), enfim, beber a água doce é acompanhado pela fuga aos caminhos do vulgo ignorante. Foi grande o sucesso dessa metáfora no mundo cristão, sobretudo em Lactâncio (cf. *Divinae Institutiones*, 1,1,22; 4,30,1; 6,24,31; 7,25,2), mas também em outros autores: para as indicações, remeto a Otto 685, 905, Weyman 57, 73, 271, Sonny 107, Szelinski 26, 236, Manitius 122, Sutphen 163 (relevância especial assume Rufino [*Apologia contra Hieronymum*, 2,27], em quem a fonte de água viva é constituída pelos Padres gregos, comparados aos riachos que são identificados com os latinos). Tal predileção tem raízes profundas nos textos sagrados, sobretudo num trecho de *Jeremias* (2,13: ἐμὲ ἐγκατέλιπον, πηγὴν ὕδατος ζωῆς, καὶ ὤρυξαν ἑαυτοῖς λάκκους συντετριμμένους, "a mim me deixaram, manancial de água viva, e cavaram para si cisternas rotas") e nos trechos do *Novo Testamento* (*João*, 4,14, *Apocalipse*, 7,17; 21,6), onde se afirma que Cristo dá a água da fonte da vida. Entre as sentenças medievais são registradas a gnoma de Ovídio (Walther 7102, 10460, 15854), suas variantes banais (4406, 10455) e a de Marcial (15566). Com o mesmo tema existem muitos provérbios modernos, como o italiano *Chi vuol dell'acqua chiara vada alla fonte* e o alemão *An der Quelle ist das Wasser am besten*.

338. *De omnibus rebus et quibusdam aliis*
A respeito de todas as coisas e de algo mais

Essa expressão tem origem no título da décima primeira tese das novecentas que João Pico della Mirandola defendeu em Roma em 1486 (*Ad omnis scibilis investigationem et intellectionem*, "para a investigação e a compreensão de tudo o que pode ser sabido"). Tal título foi depois transcrito ironicamente como *De omni re scibili et quibusdam aliis*, "sobre todas as coisas que podem ser sabidas e algo mais", e, ainda mais zombeteiramente, na versão acima apresentada, onde o "algo mais" não vai só além daquilo que pode ser sabido, mas além de tudo. A frase agora é usada a propósito das pessoas que pretendem tratar um assunto exaustivamente, amontoando material sem descartar o que não é pertinente; ou, mais genericamente, a propósito de tagarelas e sabichões. Um paralelo divertido está no primeiro ato da ópera *O elixir do amor* (*l'Elisir d'amore*) de G. Donizetti com libreto de F. Romani, em que o vendedor ambulante Dulcamara proclama que os seus portentosos poderes são conhecidos no universo e em outros lugares (*Noti all'universo e in altri siti*).

339. *Plus oportet scire servom quam loqui*
Ao escravo mais convém saber do que falar

Essa gnoma, registrada como tal já na Idade Média (Walther 21735), é de Plauto (*Miles*, 477, cf. também *Epidicus*, 60 s.). Em geral, o dever de saber e fingir não saber por parte do escravo é expresso em Plauto (*Bacchides*, 791, *Miles*, 573) e em Terêncio (*Eunuchus*, 722, *Heautontimoroumenos*, 748) por frases como *Quod scis nescis*, "o que sabes não sabes", segundo um módulo bem difundido na língua popular; já Donato, comentando o trecho do *Eunuchus*, citava *Amicus sum et non sum* e *Facio et non facio*, enquanto ὅσα γὰρ οἶσθ' οὐκ οἶσθα νῦν, "não sabes o que sabes", é uma adivinhação citada pelo cômico grego Antifanes (fr. 194,11 K.); nas sentenças medievais existe (Walther 26022b) *Quod scis ignoras: digito compelle labellum*, "o que sabes ignoras, aperta o lábio com o dedo". Nas línguas modernas, sem dúvida é digno de nota o alemão *Diener mehr wissen als reden müssen*; para a tradição do ouvir, ver e calar, cf. nº 333.

340. *Quid addit scientiam addit et laborem*
O que aumenta em ciência aumenta em trabalho

Esse provérbio, que é conhecido tanto nessa versão quanto com o mais fácil *dolorem* em lugar de *laborem* ou com *sapientiam* em lugar de *scientiam* (Walther 23821), provém de um trecho do *Eclesiastes* (1,18), que em grego, na versão dos *Setenta*, soa καὶ ὁ προστιθεὶς γνῶσιν προσθήσει ἄλγημα e no latim da *Vulgata* difere da nossa máxima apenas pelo conjuntivo *addat* (devido ao fato de estar em oração subordinada). Trata-se de motivo inverso e complementar ao do πάθει μάθος (nº 1690) e também retorna nas tradições proverbiais modernas: em italiano e inglês registram-se fórmulas totalmente idênticas à original (*Chi acquista sapere acquista dolore*: notar o paralelismo e a consonância *sapere / dolore*), enquanto eu assinalaria a variante alemã *Viel Wissen macht Kopfweh* ("saber demais dá dor de cabeça").

341. *Prudens sciens / ... pereo*
Vou-me arruinando proposital e conscientemente

A fonte é um trecho de Terêncio (*Eunuchus*, 72 s. *Prudens sciens, / vivos vidensque pereo*), onde a expressão, que em si poderia parecer redundante, serve para intensificar a força patética das palavras (ver Hofmann, *La lingua d'uso latina*, 226). Essa locução é freqüente para indicar quem, embora em plena posse de suas faculdades mentais e plenamente consciente da situação, acaba numa enrascada: é usada, por exemplo, num fragmento trágico anônimo (145 s. R.[3]), assim como por Cícero (*Epistulae ad familiares*, 6,6,6), por Célio numa carta a Cícero (junto a *Epistulae ad familiares*, 8,16,5), por Sêneca (*Ep.* 114,21, *Consolação a Márcia*, 17,6, *Hercules furens*, 1300 s.), por Lactâncio (*Divinae Institutiones*, 2,3,3; 3,24,10), por Apuleio (*Apologia*, 52), por Paulino de Nola (*Ep.* 42,5) e por São Jerônimo (*Ep.* 54,2), cujo *Sciens et videns in flammam mitto manum* evidentemente se inspira na lenda de Múcio Cévola, herói que punira a própria mão por ter fracassado num atentado contra o rei etrusco Porsena, pondo-a num braseiro aceso. A expressão tem precedentes gregos (como em Ésquines, *In Ctesiphontem*, 94) e às vezes é empregada em contextos diferentes, como por exemplo em *Vida de Nero*, de Suetônio (2), em que um antepassado do imperador torna a vomitar o veneno tomado voluntariamente, mas que o médico *prudens ac sciens* dosara em medida não letal, e num trecho de Sêneca (*De ira*, 2,28,5). Também existe a locução inversa *insciens atque inprudens*, "não sabendo e não prevendo" (cf. por exemplo Terêncio, *Heautontimoroumenos*, 633 s., Santo Agostinho, *As confissões*, 5,7,13 *nec volens nec sciens*). Modernamente, ver o alemão *Mit sehenden Augen in sein Verderben rennen*.

b) Provérbios correntes em filosofia

342. *Dubium sapientiae initium*
A dúvida é o início do conhecimento

Esse provérbio indica a importância da dúvida sistemática e sintetiza um dos elementos essenciais do método filosófico de Descartes: a dúvida se estende a qualquer ordem de conhecimento, com o fim de reconstruir radicalmente e em bases seguras todo o edifício do saber (para uma informação mais aprofundada, remeto a U. Viglino, *Dizionario delle idee*, Firenze 1977, 290 s.); no *Discurso do método* (4), é da dúvida metódica e do abandono de tudo o que contenha o mínimo de dúvida que surge, como primeira certeza racional, o *Cogito ergo sum* (nº 343). Às vezes é citado o homólogo *Dubitando ad veritatem pervenimus*, "duvidando chegamos à verdade", cuja fonte seria um trecho das *Tusculanae* de Cícero (1,30,73), mas que é profundamente diferente, pois na verdade o texto declara: *dubitans circumspectans haesitans... nostra vehitur oratio*, "com dúvida, perplexidade e hesitação prossegue o nosso discurso", em que esse fato não é visto como positivo, mas como conseqüência da excessiva introspecção, cujo efeito é o mesmo de olhar fixamente para a luz do sol. *Il dubbio è padre del sapere* [port., A dúvida é mãe do saber] é o provérbio italiano análogo ao alemão *Der Zweifel ist der Vater der Wahrheit* (que Goethe retoma em *Máximas e reflexões*, 281, especificando que na realidade só se sabe quando se sabe pouco e que com o saber aumenta a dúvida), enquanto se encontram variações em espanhol (*El que no duda no sabe cosa alguna*), em inglês (*Where doubt, there truth is*) e sobretudo em francês (*Science est mère de doute*), em que deve ser observada a inversão dos papéis da ciência e da dúvida. No Brasil se diz *Nada duvida quem nada sabe* e *Quem mais duvida mais aprende* (Mota 127, 188).

343. *Cogito ergo sum*
Penso, logo existo

Essa célebre expressão constitui a primeira e indubitável certeza racional do pensamento cartesiano, sobre a qual se assentam as bases de uma nova ciência filosófica (cf. *Discurso do método*, 4,3; 5, *Principia philosophiae*, 1,7; 10). Tem um precedente num trecho de *Tusculanae disputationes* de Cícero (5,38,111): *Loquor enim de docto homine et erudito cui vivere est cogitare*, "na realidade falo do homem douto para o qual viver é pensar", mas é sobretudo num trecho dos *Soliloquia* de Santo Agostinho (2,1) que *cogitare* já é prova de ser. Descartes, numa carta de 1640, negou conhecer o trecho de Santo Agostinho, mas é provável que esse conceito lhe tivesse chegado através de Campanella, que em *Universalis philosophiae seu Metaphysicarum rerum iuxta propria dogmata* (2,6,6) cunhara a expressão *Ergo cognoscere est esse* (cf. L. Blanchet, *Les antécédents historiques du "je pense, donc je suis"*, Paris 1920, 21). O pensamento cartesiano, no qual a certeza do *cogito* e do *sum* emerge da dúvida metódica, está bem sintetizado pela variante *Dubito ergo sum, vel quod item est, cogito ergo sum*, "duvido, logo existo, ou, o que é o mesmo, penso, logo existo", freqüentemente usada por esse filósofo (cf. também nº 342).

344. Tabula rasa
Tábula rasa

Essa expressão [cuja tradução literal seria tábula raspada] — ainda muito corrente na terminologia filosófica — deriva da imagem da tábua encerada (outrora usada para escrever) e completamente vazia, mas pronta para receber e registrar sinais (na realidade em vez de "raspada" o melhor seria "aplanada", já que o estilo, que servia para escrever, tinha uma extremidade achatada, ou espátula, usada para apagar, aplanando a cera e não raspando). De fato, a comparação entre a memória e a tábua encerada era comum na literatura grega (ver por exemplo Ésquilo, *Prometeu*, 788 s., e Platão, *Teeteto*, 191d, *Filebo*, 39a): foi Aristóteles, em *De anima* (3,4, 430a 1), que a empregou para indicar a situação da mente antes do conhecimento, vazia, mas disponível para a recepção. Essa concepção é difundida no pensamento estóico (como comprovam, por exemplo, Plutarco, *De placitis philosophorum*, 4,11,1 [900b], o Pseudo-Galeno, *Historia philosophica*, 46 [19,304,3-6 K.], Boécio, *A consolação da filosofia*, 5,4,1-9: nos dois primeiros trechos a imagem usada é do papel e no último, a da página desprovida de sinais), onde está ligada a uma teoria gnosiológica mais especificamente sensista, assim como nos comentadores de Aristóteles (como Alexandre de Afrodísia, *Comentário a De anima*, 84,25) e depois pela Escolástica: de especial relevância é seu uso em Santo Alberto Magno (*De anima*, 3,2,17) e em Santo Tomás de Aquino (*Quaestiones de anima*, a 8, *Summa Theologica*, 1,89, 1,3). O significado atualmente mais atribuído à expressão, a de crítica decidida a qualquer teoria que baseie o conhecimento em idéias inatas, provém do *Ensaio sobre o entendimento humano* de Locke (2,1,2) e de sua contestação feita por Leibniz (*Nouveaux essais*, 3,4); contudo, não faltam autores para os quais o significado é divergente, como Rosmini (*Nuovo saggio sull'origine delle idee*, 2,1,9), para quem, exatamente em contraposição a qualquer sensismo, trata-se da "idéia indeterminada do ente que está em nós desde o nascimento". Finalmente, deve-se assinalar que a locução *Fazer tábula rasa* significa, em linguagem comum, "suprimir inteiramente", mesmo sem vínculos específicos com a atividade mental.

345. Nihil est in intellectu quod non fuerit prius in sensu
Nada há no intelecto que não tenha estado antes nos sentidos

Essa frase deriva de Santo Tomás (*Quaestiones disputatae de veritate*, 2,3,19) e tem vários paralelos na Escolástica (por exemplo no anônimo *De intellectibus* editado juntamente com as obras de Abelardo [2,747]). Ainda é famosa e citada como símbolo da concepção sensista e empirista de que as idéias provêm exclusivamente dos sentidos, que não era certamente a concepção de Santo Tomás; este — acompanhando e precisando o pensamento aristotélico — falava de *virtus activa* do intelecto, à qual se devia a abstração universalizadora (para indicações específicas, remeto a *Dizionario delle idee*, Firenze 1977, 783). Entre as referências à fórmula, são particularmente significativas uma de Leibniz (*Nouveaux essais*, 2,1,2), que, para esclarecer a irredutibilidade do intelecto aos sentidos, acrescentou: *nisi intellectus ipse*, "a não ser o próprio intelecto"; e uma de Rosmini, que, querendo determinar a aprioridade da idéia do ser, corrigiu o adendo de Leibniz para *nisi intellectus ipse lumen eius*, "a não ser o próprio intelecto, sua luz". Contudo, a referência feita por Gassendi, ao escrever a Descartes, não tinha limitações: *Quicquid est in intellectu praeesse debere in sensu*, "tudo o que está no intelecto deve estar antes nos sentidos". Finalmente, deve ser assinalado que essa máxima ainda é usada, inclusive em meios não filosóficos, como referência a uma obra inteiramente tributária de outra precedente, com a substituição de *intellectu* e *sensu* pelos nomes dos autores em questão.

346. Nihil est in effectu quod non sit in causa
Nada está no efeito que não esteja na causa

Essa expressão, usada às vezes para afirmar que nada acontece sem ser provocado, na verdade é um axioma da filosofia escolástica, relacionado com o princípio de causa eficiente. Do ponto de vista formal, lembra o mais famoso *Nihil est in intellectu quod non fuerit prius in sensu* (nº 345). Às vezes ela é simplesmente citada com o mesmo valor do provérbio *Não há efeito sem causa*.

347. Γνῶθι σεαυτόν
Conhece-te a ti mesmo

Essa é uma das máximas gregas mais conhecidas e comuns, tanto na Antiguidade quanto nas culturas posteriores: suas citações são muito numerosas (freqüentemente na forma latina *Nosce te / Nosce te ipsum*). Foi atribuída ora a um, ora a outro dos Sete Sábios, e uma tradição já verificada em Platão (cf. *Protágoras*, 343 b, ver também Pausânias, 10,24,1 e Ausônio, *Ludus Septem Sapientum*, 5,7-9) afirma que foram exatamente os Sete Sábios que a puseram como epígrafe no templo dos Delfos. A existência da inscrição é confirmada pelo fato de que essa exortação era freqüentemente associada à sabedoria délfica, sobretudo em Platão (*Filebo*, 48cd, *Alcibíades I*, 124ab, *Hiparco*, 228c, *As leis*, 11,923a): talvez, na origem, tal advertência significasse simplesmente "percebe com clareza o que queres pedir à divindade", como aventou J. Partsch, *Griechisches Burgschaftsrecht*, I, Leipzig 1909, 109, mas sem dúvida a sua fama esteve desde o início vinculada ao potencial valor filosófico-psicológico. De fato, segundo as diversas possibilidades, podia equivaler a um convite ao conhecimento das características individuais, portanto das limitações individuais (ver por exemplo Platão, *Alcibíades I*, cit., e Sêneca, *Consolação a Márcia*, 11,3), ou então um incitamento à introspecção da alma (como, por exemplo, em Cícero, *Tusculanae disputationes*, 1,22,52, ou em Plotino, *Enéades*, 4,3,1,1), sendo sempre vista como um venerável preceito divino e não como norma banal de comportamento (cf. por exemplo Cícero, *Leis*, 1,22,58, Juliano, o Apóstata, *Or.* 7,7,211c, e sobretudo Juvenal, 11,27 *E caelo descendit* γνῶθι σεαυτόν, "do céu desceu o γνῶθι σεαυτόν", já famoso na Idade Média, cf. Walther 6848, 26149). Sua fama no mundo pagão foi imensa (além dos trechos citados, deve-se lembrar também que

CONHECIMENTO, EDUCAÇÃO, INSTRUÇÃO   163

γνῶϑι σεαυτόν constitui o título de uma sátira de Varrão [p. 203 B.]) e a sua validade de qualquer forma também foi sentida pelos cristãos, que a avaliaram sobretudo como exortação a descobrir as limitações humanas (por exemplo, ver Minúcio Félix, *Octavius*, 5,5 e Tertuliano, *Apologeticum*, 48,9). Tampouco se pode ignorar seu uso na comédia: em Menandro, fr. 215,3-5 e sobretudo fr. 203 K.-Th., afirma-se que seria mais vantajoso conhecer os outros (cf. também *Monósticos*, 138); em Plauto, assume uma vez sentido banalizado (*Stichus*, 124 s.) e em outra constitui uma marca de linguagem filosófica posta na boca de uma personagem inferior (*Pseudolus*, 973); finalmente, o escólio ao trecho do *Filebo* de Platão e os paremiógrafos (Diogen. Vind. 2,10, *App. Prov.* 1,80, Apost. 5,5, *Suda* γ 333) documentam o seu emprego para estigmatizar os presunçosos. Entre as variantes medievais, eu citaria *Cura, quidquid agis, te bene nosse magis*, "seja lá o que fizeres, cuida de te conheceres melhor!" (Walther 4737a). Ademais, esse provérbio é conhecidíssimo nas literaturas modernas (assinalo, entre outros, Rabelais, 3,25; 4,49, Galilei, *Op.* 9,198, Voltaire [no verbete "Alma" do *Dicionário filosófico*: diz ser ele aplicável só a Deus, já que só Deus pode conhecer a própria essência], Goethe, *Fausto*, 2,2), e seus equivalentes são registrados em nível proverbial em todas as línguas, enquanto uma máxima corrente em dialeto genovês parece ter origem em Juvenal, declarando que conhecer a si mesmo é um dom de Deus (*Essilo e conôsciselo o l'è un don de Dio*). Obviamente é imensa a bibliografia sobre γνῶϑι σεαυτόν: lembro U. v. Wilamowitz-Moellendorff, *Erkenne dich selbst*, in *Reden und Vorträge*, Berlin 1926, 2,171 ss., E. G. Wilkins, *The Delphic Maxims in Literature*, Chicago 1929, P. Courcelle, *Connais-toi toi-même de Socrate à Saint Bernard*, Paris 1974-1975, H. Tränkle, "Würzburg. Jahrbuch für Altertumswissenschaft" 11 (1985) 19-31.

348. *Docta ignorantia*
Douta ignorância

Essa expressão oximórica, usada por muitos filósofos, mas cuja fama é principalmente devida ao fato de constituir o título de uma obra fundamental de Nicolau de Cusa, exprime um profundo conceito gnosiológico de origem neoplatônica que passou para o cristianismo sobretudo através do Pseudo-Dionísio, o Areopagita: o intelecto humano — finito — não pode definir Deus, que é absoluto, infinito, e certamente não coartável em parâmetros categoriais, mas pode percebê-lo apenas de modo negativo, com a humilde aproximação de quem sabe que não sabe. Em tal caso, trata-se sempre da limitada mente humana, portanto de uma *ignorantia*, mas *docta*, porque no nível mais alto a que o homem pode chegar. Essa fórmula parece ter sua primeira presença em Santo Agostinho (*Ep.* 130,28: *Est ergo in nobis quaedam, ut ita dicam, docta ignorantia, sed docta spiritu Dei qui adiuvat infirmitatem nostram*, "portanto existe em nós, por assim dizer, uma ignorância douta, mas douta pelo Espírito de Deus, que vem em auxílio de nossa fraqueza"); o conceito do talento humano como um misto de ignorância e ciência também está presente em Lactâncio (*Divinae Institutiones*, 3,6,2). Finalmente, deve ser assinalado que na *Docta ignorantia* se identifica o momento culminante do *Itinerarium mentis in Deum* de Bonaventura da Bagnoregio, ou seja, o êxtase.

349. *Ignoramus et ignorabimus*
Ignoramos e ignoraremos

Essa expressão é do fisiologista alemão Emil Du Bois-Reymond, que, em algumas de suas obras (*Über die Grenzen des Naturerkennens* [Leipzig 1872] e *Die sieben Welträtsel* [Leipzig 1882]), opõe os problemas do corpo humano, sobre os quais se deve exprimir um *Ignoramus* pela confiança de que no futuro serão explicados, aos problemas inerentes à origem e à estrutura da realidade, a seu ver incognoscíveis a partir da física mecanicista e sobre os quais ao *Ignoramus* deve ser prudentemente aliado o *Ignorabimus*. A frase atualmente é citada como símbolo do comportamento dos positivistas em relação à metafísica e a tudo sobre o que não se pode investigar com método "científico".

350. *Primum vivere, deinde philosophari*
Primeiro viver, depois filosofar

Trata-se de um adágio atualmente famoso (e muitas vezes atribuído a Hobbes), que convida a levar vida ativa e pospõe a isso qualquer atividade especulativa. A origem exata não é conhecida, mas a máxima parte da contraposição entre vida ativa e *otium* especulativo, já presente em Aristóteles (*Política*, 1333a 35, 1334a 16, 1337b 34), e muito citada, sobretudo pelos latinos. Além disso, existia uma tradição gnômica segundo a qual antes de se dedicar à sabedoria e à virtude é preciso obter o necessário para viver: cf. Focilides, fr. 9 Gentili-Prato, citado por Platão (*A República*, 3,407a) e retomado pela tradição paremiográfica (Diogen. 4,39, Greg. Cypr. L. 1,95, Arsen. 6,8a: δίζεσθαι βιοτήν, ἀρετὴν δ' ὅταν ᾖ βίος, "é preciso buscar o sustento; a virtude, quando se tem com que viver"), assim como por um célebre trecho de Horácio (*Ep.* 1,1,52-54), no qual o poeta contrapõe a verdadeira ética baseada na virtude à moral corrente que apregoa o enriquecimento como bem mais precioso (para maiores detalhes, cf. nº 1807). Finalmente, é preciso assinalar uma instrução de Cícero ao filho (*Epistulae ad Marcum filium*, fr. 2), segundo a qual *Philosophiae quidem praecepta noscenda, vivendum autem esse civiliter*, "por certo é preciso conhecer os preceitos da filosofia, mas é preciso viver como bom cidadão", conhecida por nós graças a Lactâncio (*Divinae Institutiones*, 3,14,17), que a cita como parte de sua violenta acusação contra a filosofia pagã entendida como detentora da sabedoria e da verdade.

351. *Nihil tam absurde dici potest quod non dicatur ab aliquo philosophorum*
Nada se pode dizer de tão absurdo que não seja dito por algum filósofo

Essa bela máxima é de Cícero (*De divinatione*, 2,58) e depois foi retomada por Montaigne (*Ensaios*, 2,12) e Pascal (*Pensées*, 104): constitui uma salutar menção ao "relativismo" das opiniões e das teorias filosóficas.

c) *Escola e educação*

352. *Poeta nascitur, orator fit*
O poeta nasce feito, o orador se faz

Esse famoso adágio não é de Horácio, como fazia crer M. Bontempelli ("La Cucina Italiana" 2/10 [15. 10. 1930] 5), mas sua origem é pedagógica: entre os clássicos tem-se apenas o *topos* da raridade do nascimento de poetas (ver principalmente Floro, 419,2 Baehrens: *Solus aut rex aut poeta non quotannis nascitur*, "só os reis e os poetas não nascem todos os anos"). Esse adágio, cuja tradução é registrada como proverbial em todas as línguas européias (Arthaber 1094), logo sofreu várias adaptações e variações, entre as quais assinalo *Poeti si diventa, impiegati si nasci*, do citado Bontempelli, e sobretudo um aforismo de Anthelme de Brillat-Savarin (autor de uma famosa *Physiologie du goût*, 1826): *On devient cuisinier, mais on naît rôtisseur*. [Tornamo-nos cozinheiros mas nascemos assadores.]

353. *Et nos ergo manum ferulae subduximus*
Nós também subtraímos a mão à palmatória

Essa frase em Juvenal (1,15) significa que ele teve uma rígida educação escolar; posteriormente foi citada por quem proclamava seu próprio saber, como por exemplo uma personagem de Macróbio (*Saturnalia*, 3,10,2), ou por São Jerônimo (*Ep.* 50,5; 57,12, cf. também *Apologia contra Rufinum*, 1,17), ao afirmar que todos precisaram ir à escola. Este último conceito de alguma forma constitui um *topos*: deve-se notar que está presente sobretudo em Horácio (*Ars poetica*, 414 s.) e que o cômico grego Tímocles (fr. 24,4-6 K.-A.) o exprimia em termos não muito distantes dos de Juvenal, sendo necessário ademais lembrar que o uso de *ferula* era proverbial para indicar metaforicamente a escola (vários exemplos são coligidos por Otto 658, Sonny 103, Sutphen 162, Weyman 271). Em latim medieval registram-se máximas com esse significado, como *Nemo nascitur artifex*, "ninguém nasce artista"; em italiano, francês, inglês e alemão existem formas equivalentes à brasileira *Ninguém nasce sabendo*, enquanto as variantes são a inglesa *Apelles was not a maister painter the first day*, a alemã *Er ist auch einmal durch die Schule gelaufen*, e as fórmulas dialetais *Senza disciplinn-a no se fa dottrinn-a* (Ligúria) e *A s'é prémma garzàn, e po màsster* (Bolonha).

354. *Quod in iuventute non discitur, in matura aetate nescitur*
O que não se aprende na juventude não se sabe na maturidade

A fonte dessa aguda observação é um trecho de Cassiodoro (*Variae*, 1,24), no qual se propugna uma educação que impeça a acomodação às coisas fáceis. Trata-se, substancialmente, da polêmica — já presente em Platão (*Eutidemo*, 272b) — contra quem começa tarde a dedicar-se a uma disciplina; gnoma semelhante, ainda que mais genérica, em Valério Máximo (8,7 *ext.* 2), comenta o fato de que a educação filosófica de Pitágoras teve início já na juventude. São numerosas as suas referências nas tradições proverbiais modernas, algumas particularmente expressivas, como o inglês *The twig is bent, the tree's inclined* (onde se compara o jovem à planta, o que também é muito corrente em italiano [por exemplo, *Finché la pianta à tenera bisogna drizzarla*] e em vários dialetos, como por exemplo um provérbio da Campânia, *Árvere e ffiglie, s'adderizzene ppeccerille* [Zeppini Bolelli 27]); como os provérbios alemães *Was Hänschen nicht lernt, lernt Hans nimmermehr, Früh übt sich, was ein Meister werden will* e *Was ein Häkchen werden will, krümmt sich bei Zeiten*, e o italiano *Chi da giovine ha un vizio in vecchiaia fa sempre quell'uffizio* (inclusive com algumas versões dialetais; observar também como no italiano e no inglês o conteúdo assume clara conotação moral); e como o bolonhês *L'èsen ch'an ha fat la co ai trant'an an la fa piò* (ou seja, "o asno que não criou rabo aos trinta anos não cria mais"); no Brasil se diz *De pequenino se torce o pepino* e *Papagaio velho não aprende a falar* (Mota 78, 162). Para uma referência literária, ver, por exemplo, um trecho das *Sátiras* de Salvator Rosa (2,172-174); para o motivo conceitualmente ligado de que os ensinamentos aprendidos em idade tenra são indeléveis, cf. nº 375.

355. *Litterarum radices amaras, fructus dulces*
As raízes da cultura são amargas, mas seus frutos são doces

Essa máxima é atribuída pelo retor Júlio Rufiniano (*De figuris sententiarum*, 19,43 H.) a Cícero e pelo gramático Diomedes (1,310,3 s. K.) a Catão (p. 109 J.); assim também a máxima grega τῆς παιδείας... τὰς μὲν ῥίζας εἶναι πικράς, γλυκεῖς δὲ τοὺς καρπούς, "as raízes do aprendizado são amargas, mas seus frutos são doces", é atribuída por Diógenes Laércio (5,18) a Aristóteles e pelo retor Aftônio (*Progymnasmata*, K.) e por Prisciano (*De praeexercitamentis rhetoricis*, 3,432,12 s. K.) a Isócrates. O motivo também está em outros autores, tais como Ausônio (*Protrepticus ad nepotem*, 2,70-72), São Jerônimo (*Comentário a Jeremias*, 1,12, *Ep.* 125,12 e *Ep.* 107,1, onde, contudo, a imagem é aplicada a um contexto diferente) e Boécio (*A consolação da filosofia*, 3,1); além disso, um *monóstico de Catão* (40) declara: *Doctrina est fructus dulcis radicis amarae*, "a erudição é o doce fruto de uma raiz amarga" (cf. Walther 6199). O aprendizado e a cultura, portanto, são trabalhosos, mas dão bons frutos; a mesma imagem também pode ser encontrada, em nível proverbial, em outros contextos: ver por exemplo o genérico latim medieval *Non gustabit fructus dulcedinem qui abhorret radicis amaritudinem*, "não degustará a doçura do fruto quem aborrecer o amargor da raiz" (Walther 17828; ademais, em latim vulgar existem muitas variações sobre o tema do *Litterarum radices amaras*, cf. Walther 1514, 6199, 6348, 6350, 13105a, 26233a), o alemão *Arbeit hat bittere Wurzeln, aber süsse Frucht* e em português *A letra, com sangue, entra* e *Aprende chorando e rirás ganhando*.

356. *Domi habuit unde discernet*
Teve de quem aprender em casa

Trata-se de uma expressão de *Adelphoe* de Terêncio (v. 413), que se tornou proverbial na Antiguidade para indicar o autodidata: é citada expressamente como tal, por exemplo, por Sidônio Apolinário (*Ep.* 7,9,19). Tem afinidade com a locução aliterante de Plauto *Domo doctus,* "que aprendeu em casa" (*Amphitruo,* 637, *Mercator,* 355, *Poenulus,* 216, *Truculentus,* 454), mas que indica alguém que adquiriu experiência à própria custa.

357. *Mens sana in corpore sano*
Mente sã em corpo são

Esse é um dos adágios latinos mais famosos e ainda usados com o significado de que uma boa educação deve ter em vista tanto o vigor intelectual quanto o físico e que, aliás, o segundo é condição indispensável para o primeiro; às vezes, porém, de modo mais banal, serve para recomendar que se evite o cansaço excessivo nos estudos, em prejuízo da saúde. É extraído de Juvenal (10,356 *orandum est ut sit mens sana in corpore sano*), onde, porém, tem significado profundamente diferente: significa que é preciso pedir à divindade uma alma forte e um físico robusto e, em especial, a capacidade de suportar o trabalho e não sentir medo da morte (motivo não isolado entre os latinos: ver também Horácio, *Carm.* 1,31,17-19, Sêneca *Ep.* 10,4, assim como a máxima de Marcial *Non vivere sed valere vita est,* "a vida não é viver, mas estar bem" [6,70,15]).

358. *Homines dum docent discunt*
Ensinando, os homens aprendem

Essa máxima é extraída das *Epistulae ad Lucilium* de Sêneca (7,8), onde o filósofo incita a só ter amizade com pessoas que possibilitem uma relação intercambiável de aprendizagem/ensino. Essa expressão, que tira proveito do oxímoro aliterante *discere/docere* (também encontrado em outros textos: ver, por exemplo, Sidônio Apolinário, *Ep.* 8,6,13, e Santo Ambrósio, *De officiis,* 1,1,4), retorna ainda em outros autores, como no Pseudo-Sérgio (*Ad Donatum,* 4,486,11), em Santo Agostinho (*De catechizandis rudibus,* 14) e em São Pedro Damião (*Ep.* 2,1,51 [*PL* 144,254d]), para indicar a fértil simbiose que se instaura (ou deveria instaurar-se) entre mestre e aluno. Atualmente é corrente a forma *Docendo discitur*; provérbios desse tipo são encontrados em todas as línguas modernas européias: ver por exemplo o italiano *Chi ad altri insegna se stesso ammaestra*; as variações não são assim relevantes e talvez a mais significativa seja a francesa *Enseigner c'est apprendre deux fois.*

359. *Longum iter est per praecepta, breve et efficax per exempla*
Longo é o caminho dos preceitos, breve e eficaz o dos exemplos

A fonte é um trecho das *Cartas a Lucílio* de Sêneca (6,5), de cuja tradição também teve origem *Homines amplius oculis quam auribus credunt* (cf. nº 309); Plínio (*Ep.* 8,14,6) e Columela (11,1,4) reforçam que o método de ensino mais seguro é o dos exemplos, enquanto em outros textos temos simplesmente a locução *Exemplis dis-*

cere, "aprender pelos exemplos" (cf. por exemplo Fedro 2,2,2, e Plínio, *Panegírico de Trajano*, 45,6); conceitualmente, ver também o nº 391. Os provérbios modernos — desde os brasileiros *Mais vale o exemplo que a doutrina* e *Quem dá bom exemplo, dá bom conselho*, com equivalentes exatos em todas as línguas européias (Mota 117, Arthaber 470) — são substancialmente a tradução de um adágio de Gregório Magno (*PL* 76,1014b), que afirma *Plus enim plerumque exempla quam ratiocinationis verba compangunt*, "de fato, na maioria das vezes os exemplos arregimentam mais do que os raciocínios" (trata-se de um princípio importante neste autor, cuja obra, por um lado, está plena de desprezo pela retórica e, por outro, cheia de exemplos edificantes de santidade: para as raízes dessa posição, remeto a J. Th. Welter, *L'exemplum dans la littérature religieuse et didactique du Moyen Age*, Paris 1927, 10-33; para uma relação de trechos em que Gregório Magno exalta os exemplos, remeto a *PL* 76,1396; 77,1512; 79,1454 s.); também é citado às vezes o latim — de origem desconhecida — *Verba docent, exempla trahunt*, "as palavras ensinam, os exemplos arrastam". Entre as variações é expressiva a bolonhesa *L'asnén impèra 'd magnèr la paia da l'asnàn* ("o burrico aprende a comer palha com o burrão", ou seja, até na aprendizagem das coisas mais importantes e úteis na vida diária os exemplos assumem valor primordial). Finalmente, não faltam referências nas literaturas modernas, como, por exemplo, em Samuel Johnson (*Rasselas*, 3).

360. *Non vitae, sed scholae discimus*
Aprendemos não para a vida, mas para a escola

Essa é a amarga constatação com que Sêneca, o Filósofo, finaliza uma carta a Lucílio (106,12); em outro texto (*Ep.* 33,8), ele também trata da diferença entre os que possuem cultura viva e desfrutam autonomia e os que, ao contrário, exercitaram passivamente a memória em frases alheias. Essa expressão, já registrada entre as sentenças medievais (Walther 18712a), ainda está viva e é citada para evidenciar a exigência de que a escola não seja um fim em si mesma, mas autenticamente formativa; com maior freqüência é repetida a recíproca *Vitae, non scholae discimus*, "aprendemos para a vida, não para a escola". Pode-se perceber um paralelo em *Quicquid discis, tibi discis*, "tudo o que aprendes, aprendes para ti", de Petrônio (46,8), que lembra a locução coloquial do italiano *Ciò che fai, lo fai per te*.

361. *Historia magistra vitae*
A história é mestra da vida

Essa expressão, atualmente usada em meios escolares como incitamento ao estudo da história, significa que a análise do passado fornece elementos que ajudam nas escolhas e nos comportamentos do presente. Provém de um trecho de Cícero (*De oratore*, 2,9,36), no qual se lê: *Historia vero testis temporum, lux veritatis, vita memoriae, magistra vitae, nuntia vetustatis*, "a história, testemunha dos tempos, luz da verdade, vida da memória, mestra da vida, mensageira do passado", mas já era um elemento constitutivo da concepção historiográfica de alguns historiadores gregos, como Tucídides e Políbio.

CONHECIMENTO, EDUCAÇÃO, INSTRUÇÃO 169

362. Indoctos a Musis atque a Gratiis abesse
Os indoutos estão distantes das Musas e das Graças

Quintiliano (1,10,21) cita essa frase como um velho provérbio grego: de fato, em grego temos locuções como πόρρω Ἀφροδίτης καὶ Χαρίτων, "distante de Afrodite e das Graças" (Luciano, *De mercede conductis*, 29; Teócrito, 16,108 s., pergunta: τί γὰρ Χαρίτων ἀγαπητὸν / ἀνθρώποις ἀπάνευθεν; "que prazer têm os homens longe das Graças?"), ou outras semelhantes, nas quais, como em Quintiliano, aparece o binômio Musas-Graças (Plutarco, *Vida de Rômulo*, 15,2, cf. também Ateneu, 4,163a); muito mais freqüentes são os adjetivos ἄμουσος e ἀχάριτος, dos quais o primeiro indica falta de cultura e o segundo, falta de graça. Em latim *aversus a Musis*, "afastado das Musas", se encontra em Cícero (*Pro Archia*, 9,20). Ainda hoje em italiano às vezes se usa a expressão *Non essere baciato dalle Muse/ Grazie*.

363. Ὁ μὴ δαρεὶς ἄνθρωπος οὐ παιδεύεται
O homem não é educado se não for esfolado

Esse é um *monóstico de Menandro* (573 J. = *Pap. Vind.* 19 999B,17), que retoma um princípio pedagógico bem conhecido na Antiguidade e é afirmado pelo Menandro autêntico em *Dyskolos* (699 s.). Variante expressiva é ὁ πηλὸς ἦν μὴ δαρῇ κέραμος οὐ γίνεται, "o barro, se não for batido com força, não se transforma em vaso", registrado pelo paremiógrafo Apostólio (12,97). Provérbios desse gênero também são encontrados na Bíblia, tanto no *Antigo Testamento* (*Provérbios*, 13,24: ὃς φείδεται τῆς βακτηρίας μισεῖ τὸν υἱὸν αὐτοῦ, "o que poupa a vara não ama seu filho", cf. também *Eclesiástico*, 30,1) quanto no *Novo* (em especial, na tradução da *Vulgata* da *Epístola aos Hebreus*, cf. 12,6, *quem enim diligit Dominus castigat*, "pois a quem ama o Senhor Ele o castiga", além do *Apocalipse*, 3,19). Esses textos depois serão retomados pelos escritores cristãos: Santo Ambrósio (*Comentário aos Salmos*, 38,34), a propósito do pecador e de seus pecados, declara: *Qui baculo non corrigitur in ollam mittitur*, "quem não se corrige com o bordão é jogado no caldeirão" (semelhante é um trecho de Clemente de Alexandria, *Estr. Prof.* 9.2), enquanto Santo Agostinho alude ao trecho de São Paulo (*De utilitate ieiunii*, 4,5). A forma medieval *Qui bene amat bene castigat* (Walther 23830a) encontra equivalência na expressão brasileira *Quem bem ama, bem castiga* (e nos paralelos francês, italiano e espanhol), enquanto em alemão existe *Wer nicht geschunden wird, wird nicht errzogen* e *Je lieber das Kind, je schärfer die Rute* (este último tem um equivalente perfeito em inglês). Esse motivo retorna em vários dialetos italianos: entre os tantos provérbios (para uma seleção mais ampla remeto a Zeppini Bolelli 26-28), alguns são semelhantes ao medieval, como o sardo *Quie su fizu non corregit, su fizu odiat* (que equivale ao provérbio brasileiro *O muito mimo perde os filhos*); outros apresentam variações (como, por exemplo, o toscano *Figlio accarezzato non fu mai bene allevato*, também presente na Lombardia), às vezes até pitorescas, como o da Ligúria: *O paee pietoso o fa vegnî i figgiên tignosi* (aliás, em vários dialetos é registrada uma variante de *Il medico pietoso fa la piaga verminosa*, com o médico substituído pelo pai e a chaga, pelo filho); o da região de Marche: *I fiutin en come i vermicèi: più i sbatti più è bèi*; o de Abruzos: *Mazz'e panelle fa lu citolo belle, panelle senza mazze fa lu citolo pazze* (com equivalentes na Puglia, em Nápoles e na Córsega); o de Brindisi: *Pizzichi e pizzicarieddi fannu li figghj beddi*. Em nível literário, é muito importante a referência de Goethe, que utiliza a expressão como "sigla" da primeira parte de *Aus meinem Leben* (cf. também *Dichtung und Wahrheit*, 1,18,11).

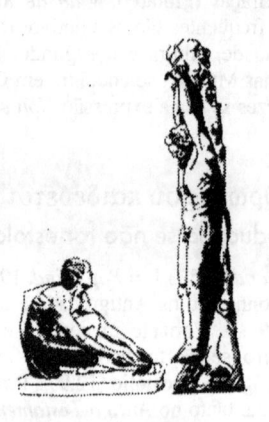

364. *Non desinis oculos... mihi aperire*
Não cessas de abrir-me os olhos

Escrevendo a Frontão, Marco Aurélio (51,19 van den Hout) assim se exprime para indicar a atividade do mestre que, com seu ensinamento, arranca todos os véus dos olhos do conhecimento do discípulo e afirma que a locução *Oculos aperire* tem difusão popular. Nas línguas modernas, *Abrir os olhos* é expressão empregada tanto com esse significado quanto, com maior freqüência, em frases que têm como sujeito a pessoa que se retrata de uma opinião anterior falsa (trata-se, pois, de expressão muito apropriada a conversões).

365. Οὐχ οἷόν τε... ἁπαλὸν τυρὸν ἀγκίστρῳ ἐπισπᾶσθαι
Não é possível pendurar queijo mole em gancho

Essa é uma espirituosa expressão de Bíon de Borístenes (2,424,16 Mullach), citada por Diógenes Laércio (4,47) e também registrada em *Discussões de Epiteto* de Arriano (3,6,9); significa que os jovens de caráter demasiadamente delicado não são facilmente educáveis. A comparação entre os jovenzinhos lânguidos e sem ímpeto

CONHECIMENTO, EDUCAÇÃO, INSTRUÇÃO 171

com o queijo tenro ainda é difundido popularmente: ver, por exemplo, o uso metafórico de *scamorza*, em italiano.

366. Memoria minuitur nisi eam exerceas
A memória diminui se não é exercitada

Essa é uma máxima muito famosa, que fundamentou o método didático de gerações inteiras de pedagogos e importunou outras tantas gerações de alunos: na verdade é extraída de um trecho de *De senectute* de Cícero (7,21), em que se contesta que os velhos percam a memória, fenômeno que só ocorre aos que não se exercitam ou são um tanto néscios. A importância do exercício da memória — definida como "o cofre de todas as coisas" — também é ratificada por Cícero em outro trecho (*De oratore*, 1,5,18).

367. Pessimum... magistrum memet ipsum habeo
Tenho um péssimo mestre em mim mesmo

Esse provérbio se encontra em São Jerônimo (*De viris illustribus, praef.* 821 M.): evidencia os inevitáveis riscos do autodidatismo. Em italiano não localizei nenhum equivalente exato, embora exista a expressão *Essere maestri a se stessi* (por exemplo, em Antonio Labriola, *La concezione materialistica della storia*, 42).

368. Ne pudeat, quae nescieris, te velle doceri. / Scire aliquid laus est, culpa est nil discere velle
Não te envergonhes de querer que te ensinem o que não sabes. Saber algo é motivo de louvor, mas indesculpável é nada querer aprender.

Esse é um *dístico de Catão* (4,29), cujo precedente está na pergunta feita por Horácio: *Cur nescire pudens prave quam discere malo?*, "por que, por pudor infundado, prefiro desconhecer a aprender?" (*Ars poetica*, 88, cf. também 417 s.), assim como um significativo paralelo em outro *dístico* (4,48: *Cum tibi contigerit studio cognoscere multa, / fac discas multa, vita nescire doceri*, "se forçado for te conhecer muitas coisas pelo estudo, age de tal modo que aprendàs muito e evita não saber aprender"). São numerosas as variantes medievais, com interpolações (por exemplo, Walther 11405) ou com ligeiras variações (por exemplo 4678, 7720, 16073 s., 18305 s.); eu assinalaria — devido à agradável estrutura baseada na simetria e no quiasmo — Walther 27612: *Scire aliquid laus est, laus est rem discere velle; / scire nihil pudor est, magis at nihil discere velle*, "saber algo é louvável, louvável é querer aprender algo; nada saber é vergonhoso, mas muito mais vergonhoso é nada querer aprender". As línguas modernas, porém, põem a tônica na necessidade de perguntar quando não se sabe: em italiano, por exemplo, existe *Quando non sai, frequenta di domandare*; em francês, *Qui demande, apprend*; além dos provérbios semelhantes a este último registrados em espanhol, inglês e alemão (cf. Arthaber 425).

369. Litterae thesaurum est et artificium numquam moritur
A cultura é um tesouro e a habilidade nunca morre

Essa máxima é extraída da famosa *ceia de Trimálquio* (Petrônio, 46,8): no que se refere à primeira parte, encontra-se paralelo conceitual no provérbio *Homo doctus in se semper divitias habet*, "o homem instruído sempre tem uma riqueza em si mesmo", usado por Fedro (4,23,1) a propósito de Simonides (para a tradição de *Omnia mea mecum porto*, cf. nº 1839); quanto à segunda parte, ver *CIL* 3,39,15, e o *topos* segundo o qual quem conhece uma arte ou um ofício nunca fica pobre (cf. nº 164, assim como nºˢ 163 e 165). Em latim medieval existe *Doctrinae cultus nemo spernit nisi stultus*, "ninguém despreza a cultura, senão o imbecil" (Walther 6200), provérbio cujos equivalentes ainda se registram nas várias línguas européias (Arthaber 107).

370. In usum Delphini
Para uso do delfim

Essa expressão — em conjunto com as variantes *Ad usum Delphini* e *In usum serenissimi Delphini* — ainda é muito conhecida e indica uma versão revista e censurada de determinado texto (especificamente de um clássico), sobretudo se a função deste for didática. Sua origem está exatamente na edição dos clássicos expurgada de todos os trechos considerados inconvenientes por algum motivo, que o duque de Montasieur encomendou aos eclesiásticos J. B. Bossuet e P.-D. Huet em 1668 para o delfim, ou seja, para o herdeiro do Rei Sol. Finalmente, deve ser ressaltado que essa locução, em linguagem comum, ainda é usada em sentido lato para designar uma coisa "adaptada" a interesses pessoais.

371. Aegre reprendas quod sinas consuescere
Dificilmente repreenderás o que permitires que se torne costume

Essa máxima está coligida em *Appendix sententiarum* (180 R.²) e já é citada por São Jerônimo (*Ep.* 107,8; 128,3), que, ademais — no primeiro trecho citado —, diz que seu uso é comum em educação. Faz parte do motivo mais amplo de que os defeitos devem ser corrigidos em tempo certo (cf. nºˢ 354, 375), *topos* que encontra ampla correspondência nas formas dialetais italianas; ver, por exemplo, a imagem da árvore que se endireita quando pequena (nº 354), o napolitano *Puorce e ffiglie, como ll'abìtue tt'i ttruove*, o marquigiano *Batti culellu addè che à tenerellu, ché quanno è più duru 'n se batte più stu culu* (cf. Zeppini Bolelli 27). Também deve ser ressaltado que já na Antiguidade se enfatizava, em forma de *topos*, a extraordinária força do hábito, que quase se transforma em segunda natureza (cf. nº 159).

372. Iurare in verba magistri
Jurar sobre as palavras do mestre

Essa expressão, que ainda é comumente usada para indicar a atitude do aluno que segue o mestre sem fazer críticas, deve seu sucesso ao fato de ser usada na primeira epístola do primeiro livro de Horácio (v. 14: *Nullius addictus iurare in verba magistri*, "não obrigado a jurar sobre as palavras de nenhum mestre"), num trecho, portanto, em que o poeta reivindica orgulhosamente a sua autonomia intelectual; *Iurare in verba* se encontra, por outro lado, em contexto semelhante num trecho de Sêneca (*Ep.* 12,11). Nas literaturas modernas, é particularmente importante a referência encontrada em *Fausto* de Goethe, na cena do estúdio do primeiro ato, em que Mefistófeles apresenta da seguinte forma a teologia a um ingênuo estudante neófito: *Am besten ists auch hier, wenn Ihr nur Einen hört / und auf des Meisters Worte schwört*, "neste campo também é melhor que escutes só uma pessoa e jures sobre a palavra do mestre".

373. *Ipse dixit*
Foi Ele que disse!

Essa expressão indica o parecer indiscutível de uma autoridade absoluta: no mundo clássico referia-se à atitude acrítica dos discípulos das escolas pitagóricas (ver Diógenes Laércio, 8,4,6, Cícero, *De natura deorum*, 1,5,10, Quintiliano, 11,1,27 e São Jerônimo, *Ep.* 119,21); segundo uma história diferente, contada na *Suda* (α 4523), era o próprio Pitágoras que exclamava αὐτὸς ἔφα, para dizer que certa afirmação não era dele, mas da divindade. Seja como for, na cultura grega αὐτὸς ἔφα estava comumente ligado aos pitagóricos: ver, por exemplo, além de Diógenes Laércio, um escólio a *As nuvens* de Aristófanes (v. 196) e um cânon paremiógrafo (Diogen. 3,19, Diogen. Vind. 1,94, Apost. 4,39). Atualmente, no entanto, com *Ipse dixit* pode-se estar caracterizando um comportamento fechado e fideísta ou estar fazendo referência específica às relações entre as culturas medieval e moderna e o pensamento de Aristóteles: contudo, o fato de Averróis, antes de comentar trechos de Aristóteles, apor-lhes *kál*, "disse" (cf. Fumagalli 1582), pode ter favorecido a especialização do sentido dessa expressão, mas certamente não constitui sua origem.

374. *Graeca non leguntur*
Não se lê grego

Essa expressão, ainda usada, inclusive na forma *Graecum est: non legitur*, para indicar ignorância, era adotada pelos glosadores medievais do *Corpus iuris* para as partes faltantes de traduções latinas (é notório, de fato, que na Idade Média ocidental o grego não era mais lido nem conhecido). A fonte é muitas vezes indicada como um trecho de Cícero (*Pro Archia*, 10,23: *Graeca leguntur in omnibus fere gentibus*, "o grego é lido em quase todas as populações").

375. *Quo semel est inbuta recens servabit odorem / testa diu*
A ânfora nova conservará por muito tempo o odor com que foi impregnada uma vez

Esse famoso trecho de Horácio (*Ep.* 1,2,69 s.), citado com freqüência já por Santo Agostinho (*De civitate Dei*, 1,3) e por autores medievais (para as indicações, remeto a Sutphen 218), significa que as coisas aprendidas na juventude permanecem indeléveis. A imagem do vaso que mantém um odor também é empregada em outros textos para ilustrar esse princípio didático, como, por exemplo, em Quintiliano (1,1,5; para outros textos — sobretudo tardios — remeto a Otto 1770). Outros autores, porém, expressam a mesma idéia sem o auxílio da comparação com o vaso: ver, em especial, a sentença de Sêneca *Altius praecepta descendunt, quae teneris inprimuntur aetatibus*, "chegam a maiores profundidades os ensinamentos gravados em tenra idade" (*Consolatio ad Helviam*, 18,8, cf. também *De ira*, 2,18,2), e um trecho das *Geórgicas* de Virgílio (2,272), em que esse motivo é aplicado às plantas. Entre as sentenças medievais são comuns tanto o motivo da duração daquilo que se aprende na juventude quanto a metáfora do vaso que conserva o cheiro; alguns exemplos são: *Dat fetorem per nares mola fetida semper.* / *Allia petra sapit, quae semel illa capit*, "a mó fétida sempre exala fedor. A pedra que uma vez recebe o alho, sempre sabe de alho" (Walther 4979); *Demere nemo potest vasi cuicumque saporem / primum sive bonum teneat sive deteriorem*, "ninguém pode retirar de um vaso o seu primeiro sabor, seja ele bom ou mau" (Walther 5368); *Quod nova testa capit, inveterata sapit*, "o vaso velho sabe daquilo que conteve enquanto novo" (Walther 25948). Nas tradições proverbiais modernas existem sentenças genéricas, como as brasileiras *O que no leite se mama, na mortalha se derrama*, que tem paralelos em italiano, alemão e inglês, e *O que o berço dá só o túmulo tira*, que tem equivalentes em espanhol e em francês (cf. Arthaber 628); e o de Abruzos *Li cìtele so' gnè la cere: quelle chi c'imprime c-i-arreste* (ou seja, "as crianças são como a cera: o que se grava, fica"). Contudo, também existe o *topos* do vaso (Arthaber 837): as formulações mais semelhantes à de Horácio estão em alemão e espanhol, enquanto se encontram, em italiano, *Il mortaio sa sempre d'aglio* (com equivalente francês); em inglês, *It's kindly that the pock savours of the herring*; em português (com equivalente em espanhol), *Cada cuba cheira ao vinho que tem* (nestas últimas variações perdeu-se o elemento juventude, fundamental no original). Para o motivo complementar da impossibilidade de corrigir o que não foi corrigido em idade tenra, cf. nº 354.

376. Οὔποτε ποιήσεις τὸν καρκίνον ὀρθὰ βαδίζειν
Nunca conseguirás fazer um caranguejo andar direito

A fonte é Aristófanes (*A paz*, 1083), trecho em que o intérprete de oráculos Hiérocles defende desastradamente a inexorabilidade da guerra, desenterrando lugares-comuns desgastados. Essa expressão deriva de uma fábula de Esopo (319 Hausrath, retomada por La Fontaine [12,10]), em que um caranguejo pede em vão à mãe que lhe ensine a andar direito: na verdade, esse não é o elemento nodal do conto, cujo foco está no fato de que a mãe, sempre pronta a censurar o filho, não consegue dar-lhe instruções corretas. É retomada ainda em nível proverbial para indicar a existência de casos em que é impossível ensinar, como também demonstra καρκίνος ὀρθὰ βαδίζειν οὐ μεμάθηκεν, "o caranguejo não aprendeu a andar direito", registrado por Apostólio (9,50, cf. também nº 110). Às vezes não existe nenhum valor pedagógico específico, como em καρκίνου πορεία, "o passo do caranguejo", registrado em *Appendix Proverbiorum* (3,45), e geralmente em latim, sobretudo em Plauto, cf. *Pseudolus*, 955 e *Casina*, 443 (explicação da imagem, que parte do trecho de *Pseudolus*, está em *De lingua Latina*, de Varrão [7,81]). Nas línguas modernas, "andar como caranguejo" indica um retrocesso: ver, por exemplo, o francês *Marcher en crabe*, o alemão *Krebsgange*, o italiano *Fare come i gamberi*. No Brasil se diz *Pau que nasce torto, tarde ou nunca se endireita* (para os paralelos em outras línguas, cf. Mota 164).

377. Ἀεί τι καινὸν ἡμέρα παιδεύεται
Cada novo dia permite que se aprenda algo de novo

Esse é um fragmento de Eurípides (945 N.²); formalmente semelhante é um do cômico Posídipo (21 K.-A.), onde cada dia traz consigo não um novo ensinamento, mas uma nova preocupação. O equivalente latino da sentença de Eurípides é constituído pela máxima de Publílio Siro *Discipulus est prioris posterior dies*, "o dia seguinte é discípulo do anterior" (D 1), provérbio que se conservou nesses mesmos termos em italiano, francês, inglês e alemão (Arthaber 579). Finalmente, há grande beleza na aliteração e no poliptoto encontrado no latim vulgar *Dies diem docet*, "um dia ensina o outro" (cf. H. Hempel, *Lateinische Sentenzen und Sprichwörterschatz*, Bremen 1890, 4283). Para a tradição afim, de que envelhecendo se aprende, cf. nº 385. Conceitualmente semelhantes são provérbios como *Com o tempo, vem o tento* e *O tempo é mestre* (para os paralelos em outras línguas cf. Mota 71, 157).

378. *Repetita iuvant*
A repetição é útil

Esse lema, ainda de uso corrente sobretudo em âmbito escolar para indicar que é bom repetir aquilo que se deseja que os outros entendam e aprendam, mas às vezes citado simplesmente para afirmar a vontade de repetir uma experiência agradável, é de origem vulgar. Deriva provavelmente do *topos* que recomenda repetir duas ou três vezes as coisas agradáveis (nº 68) e, em especial, do trecho de Horácio (*Ars poetica*,

365) em que se afirma que a obra de arte válida *decies repetita placebit,* "agradará mesmo que repetida dez vezes"; um trecho de *Candelaio* de Giordano Bruno (3,7), no qual se afirma que *Lectio repetita placebit,* "a leitura repetida agradará", mais do que ao módulo proverbial, parece fazer referência ao trecho da *Ars,* com uma deformação em sentido obsceno. Variante que tem certa difusão (especialmente entre os alemães) é *Repetitio est mater studiorum,* "a repetição é a mãe do conhecimento". No Brasil se diz *O pouco repetido faz muito.*

379. *Ex cathedra*
De cadeira

Essa expressão na linguagem comum costuma ser acompanhada por algum verbo que indique "falar" e designa quem se arroga autoridade absoluta ou simplesmente quem dá aulas tradicionais, sem solicitar a participação ativa dos estudantes. Deriva da linguagem da Igreja Católica e se refere propriamente à condição de infalibilidade do Papa quando define um dogma de fé ou um artigo de moral, ou quando procede a uma canonização. Em italiano, semelhantes a *Parlare ex cathedra* são locuções como *Parlare in cattedra, Montare in cattedra,* etc. (cf. Battaglia 2,886).

380. *Bononia docet*
Bolonha ensina

Esse é um famoso lema da cidade de Bolonha, que alude ao fato de, segundo a tradição, sua universidade ser a mais antiga do mundo: os primeiros registros dessa divisa são do século XIV, já que foi gravada num *bolognino* de ouro cunhado a partir de 1380. Depois também foi gravada num *bolognino* de cobre cunhado em 1612. Em italiano, atualmente se costuma atribuir a Bolonha o apelativo *dotta* [douta] (além de *grassa* [gorda], por razões culinárias).

381. *Alma mater*
Mãe propícia

Essa expressão atualmente é usada, inclusive nas formas *Alma Universitas, Alma mater studiorum,* para indicar as universidades, em especial a de Bolonha, que, segundo a tradição, é a mais antiga do mundo (nº 380). Essa acepção, evidentemente, só se verifica na Idade Média, mas o apelativo já é antigo (cf. *ThlL* 1,1073 s.): com ele, os romanos indicavam algumas deusas-mães, como Ceres e Cibele, sucessoras das divindades ctônicas supremas, típicas dos povos agricultores. Na realidade *Alma* indicava propriamente a sacralidade ligada ao ato de proporcionar alimento, donde sua conexão com substantivos que indicam a terra: ver, por exemplo, Lucrécio, 2,992, Ovídio, *Epistulae ex Ponto,* 1,2,98, Columela, 3,21,3, e sobretudo Virgílio, *Eneida,* 7,644, onde a *terra alma* é a Itália, nutriz de heróis vigorosos (Leopardi, na canção *All'Italia* [v. 59], também chamará a Itália de *Alma terra natìa*).

382. *Errare malo cum Platone quam cum istis vera sentire*
Prefiro errar com Platão a ter razão com estes

A origem dessa frase, ainda conhecida, é um trecho de *Tusculanae disputationes* de Cícero (1,17,39); conceito semelhante também se encontra em 1,21,49, em *Orator* (13,41 s.) e em *Pro Balbo* (28,64). Trata-se substancialmente de uma retomada polêmica do motivo *Amicus Plato, sed magis amica veritas* (nº 299): contrariando a afirmação de uma verdade absoluta, com isso se lembra que a opinião de pessoas ilustres deve ser levada em justa conta. Nas literaturas modernas, deve-se assinalar que essa expressão é citada por Goethe (*Sprichwörtlich*, 10 [2,220]).

383. *Indocti discant et ament meminisse periti*
Que os ignorantes aprendam e que os instruídos tenham prazer em abrir as mentes

Essa frase tem origem no *Essay on Criticism* de Pope, que escreve (vv. 744 s.): *Content, if hence th' unlearn'd their wants may view, / the learn'd reflect on what before they knew*. A formulação latina, ainda conhecida, é de J. F. Hénault, que a forjou como epígrafe de seu *Nouvel Abrégé chronologique de l'histoire de France* (Paris 1744).

384. *Occidit miseros crambe repetita magistros*
Couve requentada mata os pobres mestres

Esse famoso verso de Juvenal (7,154) refere-se ao triste destino dos professores de retórica, obrigados a ouvir os alunos a repetirem servilmente coisas conhecidíssimas. O poeta latino — como ressalta o escoliasta — faz referência a um provérbio grego, δὶς κράμβη θάνατος, "couve duas vezes é morte", encontrado em Basílio Magno (*Ep.* 186, 187 [*PG* 32,661 ss.]) e na *Suda* (δ 1272). O trecho de Juvenal foi depois retomado e citado para indicar a aborrecida repetição de histórias muito conhecidas (donde também o uso em alemão de *Kohl* para indicar tagarelices insossas). Para as coisas repisadas e repetidas os italianos usam a expressão *fritto e rifritto* [frito e refrito], enquanto a expressão *Minestra riscaldata* [sopa requentada] indica, mais genericamente, a reciclagem de velhos assuntos ou situações (por exemplo, o bolonhês *La mnèstra arscaldè, la sa 'd fómm* é usado principalmente para as questões amorosas); em italiano também se registra o pouco comum *Cavolo riscaldato non fu mai buono*, com algumas variantes dialetais, como, por exemplo, o bolonhês *An fo mai ban cól arscaldè, né garzàn turnè* ou o veneziano *Verze riscaldà e mugèr ritornà, no xe mai boni*; em alemão, enfim, *Kohl aufgewärmter* indica coisas velhas e repisadas.

385. Γηράσκω δ' αἰεὶ πολλὰ διδασκόμενος
Envelheço aprendendo sempre muitas coisas

Esse verso de Sólon (fr. 28 Gentili-Prato) já na Antiguidade era muito famoso, como demonstram suas numerosas referências e citações: Platão, de fato, mencionava-o em *Laques* (188b, 189a) e em *Amatores* (133c) para indicar que na vida sempre há o que aprender e que os velhos não devem acreditar que já aprenderam tudo (cf. também nº 377; para uma resenha completa de suas documentações, remeto a B. Gentili-C. Prato, *Poetae Elegiaci. Testimonia et Fragmenta*, I, Leipzig 1979, 118 s.). Essa frase ficou depois tão famosa que quase se tornou um símbolo do legislador e poeta ateniense, surgindo várias anedotas em torno dela, como a que é contada por Valério Máximo (8,7, *ext.* 14): segundo ele, Sólon, moribundo, ergueu a cabeça do travesseiro para aprender alguma coisa dos discursos que estavam sendo feitos pelos amigos que rodeavam seu leito. Trata-se de um conceito depois definido como proverbial por Sêneca (*Ep.* 76,3) na formulação *Tamdiu discendum est... quamdiu vivas*, "deve-se aprender por tanto tempo quanto se viva", e que é transcrito num dístico de Catão (4,27,1), *Discere ne cessa, cura sapientia crescat: / rara datur longo prudentia temporis usu*, "nunca deixes de aprender: cuida de aumentar os teus conhecimentos. Raramente a sabedoria é dada pela velhice" (*Ne discere cessa* volta ainda em 3,1,1, e *Discere ne cessa* constitui uma fórmula com a qual se iniciam vários provérbios medievais, cf. Walther 5906-5913). Não faltam referências em outros autores, como por exemplo em Plauto (*Truculentus*, 23 s.), onde, porém, o seu valor é especificamente erótico (uma vida inteira não é suficiente para que o apaixonado aprenda todos os modos de perder-se); em *De brevitate vitae* de Sêneca (7,3), onde se afirma que *Vivere tota vita discendum est et... tota vita discendum est mori*, "durante toda a vida deve-se aprender a viver e durante toda a vida deve-se aprender a morrer"; e numa carta que Santo Agostinho escreveu a São Jerônimo (166,1), onde — entre outras coisas — se afirma: *Ad discendum quod opus est nulla mihi aetas sera videri potest*, "para aprender o que é preciso nenhuma idade me parece tardia". Às vezes também, como em *De senectute* de Cícero (8,26; 14,50), o trecho de Sólon é citado como prova das capacidades intelectuais das pessoas idosas: conotação desse tipo já se encontrava num trecho de *A República* de Platão (7,536d) e um paralelo deve ser visto na frase de Ésquilo καλὸν δὲ καὶ γέροντι μανθάνειν σοφά, "até aos velhos fica bem aprender coisas requintadas" (fr. 396 R., cf. também *Agamêmnon*, 583 s.), também presente nos *Monósticos de Menandro* (416 J.), e que, segundo Filostrato (*Vitae Sophistarum*, 2,1,9), foi a resposta sagaz de Marco Aurélio a um filósofo chamado Lúcio que lhe perguntava aonde ia. Mais banal, no entanto, é o significado que os paremiógrafos entrevêem nessa gnoma (Zenob. vulg. 3,4, Diogen. 3,80, Greg. Cypr. L. 1,79, Apost. 5,40, *Suda* γ 246), que dizem ser usada para os que ficaram mais sabidos com a idade, enquanto Plutarco, em *Vida de Sólon* (2,2; 31,7), cita-a por motivos puramente biográficos. A tradução latina *Senesco semper multa addiscens* se encontra nas sentenças medievais (Walther 28010a), enquanto em italiano, francês, alemão e inglês o adágio ainda está vivo, seja em formulações do tipo *Enquanto se está vivo se está aprendendo* [italiano, *Sin che si vive, se impara*], seja em outras semelhantes a *Nunca se é velho demais para aprender* [italiano, *Non si è mai vecchi per imparare*] (respectivamente Arthaber 630 e 627); muitos italianos se lembram que a RAI [Radio Audizioni Italiane], nos anos sessenta, deu ao seu programa contra o analfabetismo o título *Non è mai troppo tardi* [Nunca é tarde demais]. Entre os vários provérbios dialetais que retomam esse motivo (cf. Zeppini Bolelli 73) eu assinalaria o piemontês *A la veja ai rincress murì perché a n'impara una titu ii dì* e o da Puglia *La vècchie stève pe merì e ddisse ca non avèv'ambaràte*

CONHECIMENTO, EDUCAÇÃO, INSTRUÇÃO 179

nudde angòre (mas em muitos outros dialetos encontram-se variações sobre o tema, como, por exemplo, no de Abruzos), assim como o veneziano *Chi no mor in cuna, ghe ne impara sempre qualcuna*. O paralelo brasileiro mais famoso é *Morrendo e aprendendo* (cf. Mota 122).

386. *Non multa sed multum*
Não muitas coisas, mas muito

Essa é a formulação popular de um lema ainda conhecido, segundo o qual a verdadeira cultura deve basear-se na qualidade e no aprofundamento, mais do que na quantidade e na pluralidade dispersiva dos assuntos. Deve tratar-se de preceito já antigo, pois seus vestígios já se encontram em Plínio, o Jovem (*Ep.* 7,9: *Multum legendum esse non multa*, "deve-se ler muito, não muitas coisas"), e em Quintiliano (10,1,59: *Multa magis quam multorum lectione formanda mens*, "a mente deve ser formada com muita leitura, mais do que com a leitura de muitas coisas"). Do ponto de vista conceitual deve ser citado um conhecidíssimo fragmento de Heráclito (16,1 Marcovich[2] = 40 D.-K.), que adverte: πολυμαθίη νόον οὐ διδάσκει, "aprender muitas coisas não instrui a inteligência". Não faltam referências nas literaturas modernas, como, por exemplo, em Lessing (*Emilia Galotti*, 1,5).

387. *Nive cadente schola vacante*
Neve caindo, escola vazia

Essa é uma expressão do latim vulgar, usada para justificar a injustificável ausência na escola. Não conheço sua origem.

388. Ἀγεωμέτρητος μηδεὶς εἰσίτω
Não entre ninguém que desconheça a geometria!

Essa era a inscrição colocada na entrada da Academia de Platão: realmente, naquela escola a geometria e a matemática eram consideradas disciplinas preliminares e, principalmente, preparatórias para a dialética. A informação é dada por alguns comentadores de Aristóteles (Elias, *Comentário às Categorias*, in *Commentaria in Aristetelem Graeca*, 18,118,18 s., Filoponos, *Comentário a De anima, ibidem*, 15;117,27), assim como pelo erudito bizantino João Tzetzes (*Historiarum variarum Chiliades*, 8,973).

389. *Timeo lectorem unius libri*
Temo o leitor de um só livro

Ao que me consta, essa máxima é de origem desconhecida, ainda que às vezes seja atribuída a Santo Tomás de Aquino. É usada, também na variante *Timeo hominem unius libri*, para ridicularizar a pessoa que, tendo feito uma única leitura, pretende conhecer a fundo determinado assunto, ensiná-lo e dissertar sobre ele. Em todas as línguas européias existem provérbios desse tipo (em italiano se diz *Dio mi guardi da chi studia un libro solo*, cf. Arthaber 696); são variantes o francês *Dieu vous garde d'un homme qui n'a qu'une affaire* e o inglês *God keep me from the man that has but one thing to mind*; em nível popular é conhecida a troça que se faz do padre que só reza missa se tiver o missal diante de si. Às vezes, porém, *Homem de um só livro* (latim *Vir unius libri*) indica o escritor cuja fama se deve a uma única obra ou a pessoa cuja notoriedade se deve a um único feito.

390. *Hortus conclusus*
Jardim cercado

Essa expressão é usada atualmente para indicar um campo restrito de trabalho intelectual, em que determinada pessoa é ciosa especialista; além disso, em italiano, *Coltivare il suo orticello* [cultivar o seu jardinzinho] é usado para quem cuida com inigualável competência de um setor específico, sem grandes aberturas mentais. Sua origem, porém, é muito diferente: em *Cântico dos Cânticos* (4,12) *Hortus conclusus* é repetido duas vezes como delicado e belíssimo elogio à esposa, com alusão à sua secreta e virginal fonte de amor (os *Setenta* têm κῆπος κεκλεισμένος, e em grego é freqüente o uso de κῆπος como "órgão sexual feminino"); essa também era, substancialmente, a interpretação da antiga exegese hebraica (cf. U. Neri, *Il Cantico dei Cantici. Targum e antiche interpretazioni ebraiche*, Roma 1987[2], 131 s.).

d) A experiência

391. Βλέπων πεπαίδευμ' εἰς τὰ τῶν ἄλλων κακά
Aprendi observando os males alheios

Trata-se de um *monóstico de Menandro* (121 J.), conceitualmente semelhante a uma sentença de Demônax (2,351,4 Mullach), que aconselha: ἐν ἀλλοτρίοις παραδείγμασι παίδευε σεαυτόν, "ensina-te a ti mesmo tomando os outros como exemplo". Esse motivo, que tem afinidade com o da importância dos exemplos (cf. n° 359), é muito corrente em latim, em que temos máximas como a de Plauto, *Te de aliis quam alios de te suaviust / fieri doctos*, "é melhor que aprendas com os outros do que os outros contigo" (Persa, 540 s.); as de Publílio Siro (respectivamente B 4 e E 4), *Bonum est fugienda aspicere in alieno malo*, "é bom perceber as coisas de que se deve fugir vendo o mal alheio", e *Ex vitio alterius sapiens emendat suum*, "a partir dos vícios alheios quem é sábio corrige os seus"; ou a dos *Dísticos de Catão* (3,13,2), *Vita est nobis aliena magistra*, "a vida dos outros é nossa mestra"; além disso, encontram-se referências em muitos autores (remeto a Otto 61). Essa sentença retorna no latim medieval com muitas variantes: relembro, por exemplo, *Felix alterius cui sunt documenta flagella*, "feliz daquele que é advertido pelas desgraças alheias", de São Colombano (*Carmen monostichum*, cf. *Poetae Latini minores*, 3,241,19 Baehrens), e *Felix quem faciunt aliena pericula cautum*, "feliz daquele que

CONHECIMENTO, EDUCAÇÃO, INSTRUÇÃO 181

os perigos alheios tornam cauteloso" (Walther 8952). Em todas as línguas modernas registram-se redações pouco diferentes de *Sábio é quem aprende à custa dos outros* [italiano, *Savio è colui che impara a spese altrui*] (cf. Arthaber 629); entre as variações destaco a alemã *Es ist gut den Schnitt am fremden Tuch zu lernen*; em português há *O mal alheio dá conselho* e *O tolo aprende à sua custa, e o sabido à custa do tolo*. Para as referências literárias, são significativos um trecho de Mazzini (Op. 14 [113]) e o belo dístico de Ariosto (*Orlando Furioso*, 10,6), que declara: *Bene è felice quel, donne mie care, / ch'essere accorto all'altrui spese impare*.

392. Ἀνέμων στάσεις γινώσκουσιν οἱ ἐγχώριοι
A gente do lugar conhece a direção dos ventos

A esse provérbio, que enfatiza a importância da experiência, Políbio alude explicitamente num famoso trecho (9,25,3), que depois foi retomado em *Excerpta de virtutibus*, de Constantino Porfirogênito (2,117,1-3), de onde passou para a *Suda* (α 2263, ε 185). Essa máxima também foi registrada pelo paremiógrafo Arsênio (3,9a).

393. *Experto credite*
Confiai em quem tem experiência!

Esse lema, ainda conhecido, já era difundido na Antiguidade clássica, recorrendo em vários autores, tais como Virgílio (*Eneida*, 11,283), Ovídio (*Ars amatoria*, 3,511), Sêneca (*Tiestes*, 81) e São Jerônimo (*Ep*. 84,3; em 50,4 tem-se a citação exata do trecho de Virgílio), enquanto em outros textos temos apenas *Experto crede* (ver, por exemplo, Columela, 4,3,5, Sílio Itálico, 7,395, Sereno Samônico, 19,366 [3,123 Baehrens]); além disso existem muitos outros textos nos quais essa expressão não assume forma imperativa (para indicações, remeto a Otto 615, Weyman 72, 270, Sutphen 159, Szelinski 236) e, em especial, devem ser vistas a afirmação de Cícero (*Topica*, 19,74) *Plerumque enim creditur eis, qui experti sunt*, "geralmente se acredita neles, que têm experiência", e a variação *Credat expertis quod experiri periculose desiderat*, "creia nos que têm experiência quem quiser experimentar perigosamente", de Santo Agostinho (*Ep*. 27,6). Variante medieval de certa importância é *Experto credite* (ou *crede*) *Roberto* — em que o nome se justifica por rimar com *experto* —, verificada em *Ad Compagnones* de Antonio de Arena (para outras indicações, ver Walther 8531), e que, na forma *Experto credite Ruperto*, volta numa carta de Lutero (5,13 [5.8.1536]), sendo ainda conhecida e difundida. Equivalente perfeito à expressão latina é o alemão *Dem Erfahrenen glaube*.

394. Πῆρά τοι μαθήσιος ἀρχά
A experiência é o início do conhecimento

Esse fragmento de Alcmano (125 P.) inaugura — ao que parece — um conceito certamente proverbial: uma famosa gnoma de Eurípides (*Andrômaca*, 683 s.) declara ἡ δ' ὁμιλία / πάντων βροτοῖσι γίγνεται διδάσκαλος, "para os mortais, a experiência é a mestra de tudo", e o paremiógrafo Macário (4,52) registra ἡ πεῖρα διδάσκαλος, "a experiência é mestra". Em latim, é freqüente o *topos* da importância do *usus*, entendido tanto como experiência individual quanto como norma, uso, costume. Em Cícero (*Pro Rabirio Posthumo*, 4,9) aparece *Usus magister est optimus*, "o uso é o melhor mestre", sentença que recorre tanto no próprio Cícero (*De oratore*, 1,4,15) quanto em outros autores, como, por exemplo, César (*De bello civili*, 2,8,3), Plínio, o Jovem (*Ep.* 1,20,12; 6,24,4), Plínio, o Velho (*Naturalis historia*, 26,6,11), e Columela (4,11,2; 10,339 s., e sobretudo 1,1,16 *Usus et experientia dominantur in artibus, neque est ulla disciplina in qua non peccando discatur*, "o uso e a experiência regem as artes e não há disciplina na qual não se aprenda errando"; cf. também nº 398); esse motivo assume valor especialmente importante quando empregado em contextos de tipo lingüístico (como, por exemplo, em Horácio, *Ars poetica*, 70-72; para outras indicações, remeto a Brink 159 s.): trata-se de fato de um produto da conhecidíssima doutrina anomalístico-estóica do uso como elemento formador da linguagem. Por outro lado, temos a tradição do *Artifices qui facit usus adest*, "é a experiência que faz o artista", cuja fonte é Ovídio (*Ars amatoria*, 2,676), que assim se expressa para falar da mulher experiente e madura — a melhor amante; os contextos, porém, podem ser no mínimo variados: provérbio semelhante se encontra, por exemplo, nas *Geórgicas* de Virgílio (1,133), a propósito das artes ligadas à agricultura, enquanto Galeno (13,605, K.) refere como expressão proverbial ἐκ βιβλίου κυβερνῆται, que indica quem dirige um navio só com base na teoria náutica, sem nenhuma perícia prática. Também existem expressões mais banais, como por exemplo *Experimento didici*, "aprendi experimentando", de Roswitha (*Galicano*, 1,12,8). São difundidos nas várias línguas européias os equivalentes às formas "o exercício é bom mestre" e "a experiência é a mestra da ciência" (italiano, *L'esercizio é buon maestro* e *Esperienza, maestra di scienza*; este último, do latim medieval *Rerum magistra experientia est* [Walther 26588a]); entre as variações ver principalmente o italiano *Val più la pratica della grammatica*, o francês *En forgeant on devient forgeron* e os provérbios brasileiros *A experiência vale mais que a ciência*, *Mais se sabe por experiência que por aprender* e *Usa e serás mestre*. Entre as referências literárias, é especialmente importante a que se encontra no segundo canto do *Paraíso* de Dante (94 s.): *L'esperienza, se già mai la provi, / ch'esser suol fonte ai rivi di vostr'arti*.

395. *Usu peritus hariolo veracior*
O experiente é mais fidedigno que o adivinho

Fedro (3,3,1) faz dessa frase (que ele qualifica explicitamente como proverbial) o mote da fábula do homem cujas cabras pariram monstruosos cordeiros com cabeças humanas: os vários adivinhos dão explicações discordantes e absolutamente inacreditáveis ao fenômeno, enquanto a única explicação plausível é a do velho e arguto Esopo, que tem grande experiência com qualquer tipo de fenômeno natural: ele simplesmente aconselha o dono das cabras a arranjar mulher para os seus pastores! Essa sentença depois adquiriu certa notoriedade; na Idade Média deve ser registrada a curiosa variante *Usu peritus hariolo velocior est*, "o experiente é mais veloz do que o adivinho" (Walther 32292e), fruto, evidentemente, de uma corruptela de *veracior* em *velocior*.

396. *Expertus metuit*
Quem tem experiência tem medo

A fonte é Horácio (*Ep.* 1,18,87), que se refere a quem acredita ser agradável a amizade com poderosos: toda a tradição gnômica posterior registra a sentença com *metuit*, enquanto no poeta latino também existe uma variante *metuet*, que muito provavelmente é a genuína. O motivo da experiência como fonte de amargo conhecimento, que às vezes leva a temores excessivos, também se encontra em outros textos da literatura latina, tanto em Horácio (*Sat.* 2,7,68) quanto em outros autores: Propércio (2,21,18) usa-o para aconselhar às jovens que não cedam com demasiada facilidade, enquanto Ovídio assim justifica seus exagerados temores: *Tranquillas etiam naufragus horret aquas*, "o náufrago tem medo até de águas tranqüilas" (*Epistulae ex Ponto*, 2,7,8, seguindo-se os exemplos do peixe que escapou do anzol e do carneiro que tem medo de que todo cão seja um lobo, cf. também 2,2,126); em outros textos, enfim, a tônica recai não tanto sobre a experiência, mas sobre a prudência (como, por exemplo, em Horácio, *Ep.* 1,16,50 s.). Em grego, no entanto, esse *topos* é representado sobretudo por um famoso fragmento de Píndaro (110 Sn.-M.): γλυκὺ δὲ πόλεμος ἀπείροισιν, ἐμπείρων δέ τις / ταρβεῖ προσιόντα νιν καρδίᾳ περισσῶς, "a guerra é coisa agradável para quem não a viveu; quem a conhece bem, quando se aproxima, sente o coração tremer até demais" (cf. nº 1213), que provavelmente constitui a matriz do trecho de Horácio; para o motivo do animal que escapou do laço e que não se deixa prender novamente, cf. nº 397. Em todas as línguas modernas européias existe o equivalente ao provérbio brasileiro *Gato escaldado, de água fria tem medo* (Mota 103, Arthaber 570, 1014); uma bela variante é a bolonhesa *Chi é stè pzighè da la béssa, l'ha póra anc dla lusérta* (ou seja: "quem foi picado por cobra tem medo até de lagarto").

397. Ἀλλ᾽ οὐκ αὖθις ἀλώπηξ
Mas a raposa não se deixa capturar duas vezes

Esse provérbio é documentado pelos paremiógrafos (Zenob. vulg. 1,67, Diogen. 2,15, Greg. Cypr. M. 4,54, Apost. 2,45) e faz parte do *topos* mais amplo da experiência negativa que proporciona conhecimento, temor portanto e, nesse caso, prudência (cf. também nºˢ 396 e 398); por outro lado, trata-se de tradição complementar à de *Errare humanum est* (nº 457). Paralelo exato é constituído pelo medieval *Vulpes non iterum capitur laqueo*, "a raposa não se deixa prender duas vezes pelo laço" (Walther 34233b), enquanto em latim clássico deve ser lembrado, de Horácio, *Quae belua ruptis, / cum semel effugit, reddit se prava catenis?*, "qual o animal que, conseguindo romper as cadeias e fugir, volta insensatamente para elas?" (*Sat.* 2,7,70 s.). Nas várias línguas européias registram-se equivalentes: italiano, *L'asino, dove è cascato una volta, non ci casca più* (Arthaber 118); espanhol, *Quien en una piedra dos veces tropeza, merece que se quiebre la cabeça*, que, por sua vez, evidencia a insensatez de quem comete a mesma imprudência duas vezes; e o inglês *The burnt child dreads the fire* (com paralelo em alemão), que acentua o aspecto "pedagógico".

398. Νηπίοισιν οὐ λόγος, ἀλλὰ ξυμφορὴ γίνεται διδάσκαλος
O mestre dos néscios não é o discurso, mas a desdita

Essa máxima de Demócrito (B 76 D.-K.) constitui uma formulação gnômica de um *topos* comum na literatura grega: à parte outra sentença semelhante de Demócrito (B 54 D.-K.), é preciso lembrar que já em Homero (*Ilíada*, 17,32) Menelau, defendendo o corpo de Pátroclo, ameaça Euforbo dizendo: ῥεχθὲν δέ τε νήπιος ἔγνω, "o fato até um idiota entende", e que expressões semelhantes recorrem em Hesíodo (*Os trabalhos e os dias*, 218) e em *O banquete* de Platão (222b), onde esse motivo é explicitamente definido como proverbial. Em latim, um paralelo esporádico está em Lívio (22,39,10: *Eventus... stultorum... magister*, "o acontecimento é o mestre dos estultos"), expressão que depois foi sentida como gnoma autônoma (Walther 8224a). Às vezes as desgraças são fonte de aprendizado, não necessariamente e não apenas para os tolos: donde *topoi* como o da raposa que não cai duas vezes na armadilha (nº 397), o do πάθει μάθος (nº 1690), ou provérbios como νῦν σωθείην, ἵν' ἦ μοι δίδαγμα τοῦτο τοῦ λοιποῦ χρόνου, "ah, se eu me salvasse agora para que isto me servisse de lição para o futuro", registrado pelos paremiógrafos (*Suda* ν 610, Diogen. 6,90, Apost. 12,19) e ligado à fábula da tartaruga que queria aprender a voar e que foi levada por uma águia ao topo da montanha e lá abandonada (cf. Babrio, 115). Em alemão há um provérbio muito semelhante à sentença de Demócrito (*Die Erfahrung ist der Narren Meister, die Vernunft der Weiser*), enquanto em todas as línguas européias é difundido o equivalente ao medieval *Errando discitur*, "é errando que se aprende" (Mota 94, Arthaber 1235); no Brasil também se diz *O tolo aprende à sua custa*.

A INSENSATEZ E AS AÇÕES INÚTEIS

a) O tolo e as imagens que indicam estupidez

399. *Quasi stultus stultis persuadere conaris*
Como um tolo, procuras persuadir os tolos

Essa locução deriva de *Adversus Pelagianos* de São Jerônimo (3,14,799). Entre os provérbios modernos ver o alemão *Wenn zwei Esel einander unterrichten, wird keiner ein Doktor.*

400. *Risus abundat in ore stultorum*
O riso é abundante na boca dos tolos

Esse famosíssimo adágio é uma versão em latim vulgar de um motivo já verificado entre os clássicos: ver os *Monósticos de Menandro* 144 e 165, dos quais o primeiro apresenta duas redações: γέλως ἄκαιρος ἐν βροτοῖς δεινὸν κακόν, "o riso inoportuno nos homens é um mal terrível", e γέλως ἄκαιρος κλαυθμάτων παραίτιος, "o riso inoportuno faz chorar", e o segundo declara: γελᾷ δ' ὁ μῶρος, κἄν τι μὴ γελοῖον ᾖ, "o tolo ri até quando não há nada do que rir". A negatividade do riso inoportuno já era apontada por Isócrates (*Demonico*, 31), e Catulo (39,15), a propósito do insulso Egnácio, que tem sempre o riso nos lábios, afirma: *Risu inepto res ineptior nulla est*, "nada é mais inoportuno que o riso inoportuno", expressão esta que depois assumiu valor gnômico (cf. Walther 26886b). Também se deve assinalar um importante paralelo no *Eclesiástico* do *Antigo Testamento* (21,20), que, na tradução dos *Setenta*, diz: μωρὸς ἐν γέλωτι ἀνυψοῖ φωνὴν αὐτοῦ, "o tolo exalta as suas palavras com o riso" (na *Vulgata* tem-se *Fatuus in risu inaltat vocem suam*); em *Eclesiastes* 7,6, o riso dos tolos é comparado ao crepitar da sarça sob o caldeirão, enquanto em 2,2 o riso é definido como "insensato". Em todas as línguas européias verificam-se equivalentes ao provérbio brasileiro *Muito riso é sinal de pouco siso*; entre as variações eu citaria o alemão *Am Lachen und Plärren erkennt man den Narren*, que associa o riso ao choramingar; lembro, enfim, que no *Edda* (*Canção do Excelso*, 22) se afirma que o homem desprezível e de mau gosto ri em qualquer ocasião.

401. Οἱ γὰρ κακοὶ γνώμαισι τἀγαθὸν χεροῖν / ἔχοντες, οὐκ ἴσασι, πρίν τις ἐκβάλῃ

Quem raciocina mal e tem um bem nas mãos só sabe disso depois que o perdeu

É assim que, em *Ajax* de Sófocles (vv. 964 s.), Tecmessa, mulher de Ajax, se exprime a propósito da inevitável saudade que a morte de seu marido provocará naqueles mesmos comandantes aqueus que tanto o hostilizaram em vida. Essa gnoma encontra paralelos conceituais na literatura latina, principalmente em Plauto (*Captivi*, 144 s.: trata-se do desejo por uma pessoa aprisionada pelos inimigos) e em Petrônio (128,6: é a situação de quem, depois de um belo sonho, cai de novo na realidade e se sente desgostoso), enquanto a afirmação de Horácio *Virtutem incolumem odimus, / sublatam ex oculis quaerimus invidi*, "odiamos a virtude quando ela está presente, mas procuramo-la invejosos quando não está mais sob nossos olhos" (*Carm.* 3,24,31 s.), também será sentida como máxima autônoma (cf. Walther 33712a) e constituirá a matriz da afirmação de Leopardi: *Virtù viva sprezziam, lodiamo estinta* (*Nelle nozze della sorella Paolina* [4,30]). São várias as suas referências nas tradições proverbiais modernas: em todas as línguas européias existem equivalentes ao brasileiro *O bem só é conhecido depois de perdido*; ver também o francês *Bien perdu bien connu* (com paralelo em espanhol); inglês *The worth of a thing is best known by the want of it* (motivo que volta — entre outros — em Shakespeare, *Much ado about nothing*, 4,1); e o alemão *Den Brunnen schätzt man erst, wenn er versiegt ist* (ou seja: "dá-se valor à fonte só quando está seca"); também são numerosas as variantes dialetais, como, por exemplo, a bolonhesa *L'èsn an s'acórz d'avèir pérs la co, èter ch'al tamp del massc* (ou seja: "o asno só percebe que perdeu o rabo quando há moscas").

402. *Stultorum infinitus est numerus*

Infinito é o número de tolos

Essa famosa gnoma se encontra na tradução da *Vulgata* de um famoso trecho do *Eclesiastes* (1,15), no qual se fala da sabedoria e da estultícia: na realidade no original hebraico e na versão dos *Setenta* a expressão é diferente: "aquilo que falta não pode ser contado" (ὑστέρημα οὐ δυνήσεται τοῦ ἀριθμηθῆναι), no sentido de que o homem, em suas limitações naturais, não consegue contar o que não é do domínio dos sentidos; o latim deturpa o singular neutro coletivo do hebraico e transforma-o em masculino plural de pessoa, com um exagero hiperbólico de toda a gnoma. Um paralelo na literatura clássica é encontrado numa das *Epistulae ad familiares* de Cícero (9,22,4), onde se tem *Stultorum plena sunt omnia*, "tudo está cheio de tolos" — sentença também registrada na Idade Média (Walther 30433a). Essa frase teve grande sucesso e todas as línguas modernas registram provérbios semelhantes: eu citaria, entre os mais divertidos, o brasileiro *O número dos tolos é infinito*, os italianos *Al mondo ci sono più pazzi che briciole di pane* e *La mamma degli sciocchi è sempre incinta* (que encontra precedente direto no medieval *Stultitia est fecunda mater*, "a estultícia é mãe fértil" [Walther 30409a]), o francês *Les fous depuis Adam sont en majorité*, o inglês *Knaves and fools divide the world*; também são muitas as referências literárias, de Petrarca (*Trionfo del tempo*, 84) a Galilei (*Obras*, 6,237), Rabelais (3,46) e Tennyson (*Queen Mary*, 4,3); eu assinalaria em especial a esplêndida e espirituosa frase de Clown em *Noite de Reis* de Shakespeare (3,1): *Foolery, sir, does walk about the orb like the sun, it shines everywhere*. Esse motivo reaparece — e com especial vivacidade — nas tradições dialetais: ver, da região de Reggio, *A la staziòun di cojòun, gh'é sèimper un trèno in arrìv*.

403. *Semel in anno licet insanire*
Uma vez por ano é permitido enlouquecer

Esse adágio ainda é comum: indica que em determinados momentos e em certas situações é lícito entregar-se à alegria desenfreada e desinibida e também que esporadicamente é possível "transgredir as regras", permitindo-se o que costumeiramente não se permite. Essa locução é medieval (ver também *Semel insanivimus omnes*, "todos já enlouquecemos uma vez", de G. B. Spagnuoli, chamado o Mantovano, *Ecloga* 1, *De honesto amore*, v. 116, cf. Walther 27869d), mas provavelmente deriva de um trecho conservado por Santo Agostinho (*De civitate Dei*, 6,10) de um diálogo perdido de Sêneca, *De superstitione*, em que se lê *Tolerabile est semel anno insanire*, "é tolerável enlouquecer uma vez por ano", a propósito dos adoradores de Osíris que em momentos bem determinados exprimiam a dor pela morte do deus e a alegria por sua ressurreição com a mesma intensidade de um acontecimento real. Mais um precedente é constituído por outro trecho de Sêneca (*De tranquilitate animi*, 17,10: *Aliquando et insanire iucundum est*, "às vezes até enlouquecer é agradável"), que no entanto retoma um fragmento de Menandro (354 K.-th.), em que se recomenda não ser ajuizado o tempo todo, mas deixar-se tomar pela loucura no momento certo: gnoma, portanto, que assume significado diferente, de tipo extremamente oportunista (cf. nº 404). A importância da loucura esporádica desprovida de segundas intenções, da subversão de valores tal como a que ocorre no carnaval, volta nas literaturas modernas: ver por exemplo os divertidos vv. 792-795 de *Bacco in Toscana* de Redi, que dizem: *Vino vino a ciascun bever bisogna / se fuggir vuole ogni danno, / e non par mica vergogna / tra i bichieri impazzir sei volte all'anno*.

404. *Dulce est desipere in loco*
É agradável perder o juízo na hora certa

A fonte é Horácio (*Carm*. 4,12,28): esse conceito já estava expresso num fragmento de Menandro (354 K.-Th), no qual se encontrava οὐ πανταχοῦ τὸ φρόνιμον ἁρμόττει παρόν· / καὶ συμμανῆναι δ' ἔνια δεῖ, "o siso nem sempre cai bem: de vez em quando também é preciso perder o juízo"; depois é retomado por Sêneca (*De tranquilitate animi*, 17,10; cf. nº 403). O fato de às vezes ser preciso fingir-se de louco por oportunismo está em Cassiodoro (*Variae*, 3,51,13) e nos *Dísticos de Catão* (2,18: *Insipiens esto cum tempus postulat ipsum! / Stultitiam simulare loco prudentia summa est*, "sê tolo quando a situação o exigir! Simular burrice na hora certa é inteligência suprema"), enquanto nas sentenças medievais encontram-se tanto estes dois últimos versos (Walther 30422; 12499,1) quanto outras variações sobre o tema.

como por exemplo *Stultitiam simula tempore sive loco!*, "passa por bobo no momento e no lugar certo!" (Walther 30421b), *Desipere est semper sapere et non tempora nosse*, "ser néscio consiste em saber sempre e não em conhecer as situações" (Walther 5469). Encontra-se afinidade na tradição segundo a qual é inevitável enlouquecer entre loucos (nº 583), e provérbios do gênero são encontrados em todas as línguas européias, como, por exemplo, o francês *Il y a un temps où le sage trouve son compte à faire le fou*, o espanhol *Fingir y demonstrar locura alguna vez es gran cordura*, o inglês *It is wisdom sometimes to seem fool*, o alemão *Torheit zu gelegener Zeit ist die grösste Weisheit* e o veneziano *Bisogna far da mona per no pagar al dazio*.

405. *Nemo mortalium omnibus horis sapit*
Nenhum mortal é sensato o tempo todo

O *topos* da loucura momentânea (cf. nºˢ 403-404) nesse trecho de Plínio, o Velho (7,40,131), é visto como estritamente ligado às limitações humanas: esse lema equivale conceitualmente a *Errare humanum est* (nº 403). Tal variação do motivo encontrado em *Semel in anno* (nº 403) ocorre com freqüência nas literaturas e nas tradições proverbiais modernas: o francês antigo, por exemplo, registra *Il n'est si sage qui aucune fois ne faloit* (Moravsky 942), ao qual está ligado o dístico do *Roman de Renart* (10867 s. Roques); o mesmo motivo está em Boileau (*Sat.* 4,38-40), enquanto numa máxima de La Rochefoucauld (209) a loucura se torna um atributo constante e imprescindível da prudência: *Qui vit sans folie n'est si sage qu'il croit*. Nas outras línguas européias também há paralelos; muito divertido me parece o alemão *Es muss jeder ein Paar Narrenschuhe zerreissen*, em que a tônica está num plano de experiência educativa: cada um deve, evidentemente, gastar um par de sapatos antes de parar de fazer besteiras e criar juízo (esse motivo também é retomado por Lutero, que adverte: quem não faz asneiras na juventude fatalmente acaba por fazê-las na velhice).

406. Πολλάκι γὰρ καὶ μωρὸς ἀνὴρ μάλα καίριον εἶπεν
Muitas vezes até o tolo fala com pertinência

Essa máxima é citada como proverbial por Gélio (2,6,9) e Macróbio (*Saturnalia*, 6,7,12), sendo registrada — com variações pouco importantes — pelos paremiógrafos (Diogen. 7,81, Diogen. Vind. 3,68, Greg. Cypr. 3,37; M. 4,94, Macar. 7,29, Apost. 14,69). Ao que consta, constitui uma advertência para não julgar preconceituosamente os discursos dos outros e é o inverso da sentença segundo a qual até o sábio às vezes se comporta estupidamente (nº 405).

407. Ἡ δὲ μωρία / μάλιστ' ἀδελφὴ τῆς πονηρίας ἔφυ
A imbecilidade é a principal irmã da malvadeza

Trata-se de um fragmento de Sófocles (925 R.), registrado no *Florilégio* de João de Stóbai (3,4,19) e no *Appendix Proverbiorum* (3,12). Sua tradução latina (*Stultitia maxime soror est malitiae*) está registrada nas sentenças medievais (Walther 30412b).

408. Ἀνόητος νεοττὸς ἑκὼν δείκνυσι τὴν ἑαυτοῦ νοσσιάν
O pintinho bobo mostra o ninho com prazer

A fonte é Apostólio (3,17): esse provérbio ridiculariza as pessoas que revelam irrefletidamente os próprios interesses.

409. *Minus habens*
De parco entendimento

Essa é uma locução latina comumente usada em italiano (mas que — ao que eu saiba — não encontra correspondência exata nos clássicos), que indica, com um eufemismo, uma pessoa dotada de pequena capacidade intelectual, ou completamente retardada. Mais raramente pode designar alguém que goza de direitos menores em relação à maioria dos cidadãos.

410. *Rixatur de lana caprina*
Briga por lã de cabra

A fonte é um trecho de Horácio (*Ep.* 1,18,15; ver também o comentário respectivo de Porfírio), no qual se fala de quem briga por questões de valor mínimo, exatamente como a lã de cabra. Essa expressão, que depois foi muito apreciada por João de Salisbury (cf. *Policrático*, 7,9, *Entheticus in Polycraticum*, PL 199,382b, *Entheticus*, 182) e freqüentemente presente nas sentenças medievais (Walther 846, 6246, 26200, 26901, 26904), conservou-se em italiano, espanhol e inglês; constituem variações o francês *Se battre de la chappe de l'évêque* e o alemão *Um des Kaisers Bart streiten* (enquanto em polonês existe "discutir pela barba de um hebreu", cf. Steffen 93).

411. *Me fuisse fungum*
Fui um cogumelo

É com essa expressão que o velho Nicóbulo, em *Bacchides* de Plauto (v. 283), se define por ter cometido uma imprudência imperdoável; paralelamente, no v. 1088, *fungi* se encontra numa lista de termos que significam "tolo". A mesma imagem está presente no alemão *Er ist wahrer Schwamm von einem Menschen*. Seja como for, o motivo desse uso metafórico continua pouco claro: Erasmo (*Adagia*, 4,1,38) achava que na sua origem estivessem elementos como falta de sabor (do que duvido), pouca consistência ou fragilidade; de qualquer modo, deve-se notar que no italiano popular acepções desse tipo são atribuídas a outros tipos de vegetais, como a alcachofra, o nabo, o armolão. Talvez se possa aventar um eufemismo sexual: o cogumelo lembraria a forma do órgão sexual masculino e o significado do insulto seria semelhante ao do italiano *Testa di cavolo* ["cabeça de couve" = burro, pateta] (onde, porém, o eufemismo não tem origem numa semelhança efetiva, mas na identidade da sílaba inicial com o termo chulo *cazzo* [= pênis], cf. N. Galli de' Paratesi, *Le brutte parole*, Milano 1969, 45).

412. Sat edepol scio / occisam saepe sapere plus multo suem
Sei bem que muitas vezes uma porca degolada sabe muito mais

A fonte é Plauto (*Miles*, 586 s.): aqui se encontra um saboroso jogo de palavras entre dois valores de *sapere* ("saber" e "ter sabor"). A frase indica uma pessoa tão estúpida que até uma porca seria mais inteligente: o fato de o porco ser um termo de comparação tradicional nesse sentido também se comprova em grego, onde temos o provérbio κἂν κύων κἂν ὗς γνοίη, "até um cachorro ou um porco saberia isso", transcrito em Platão (*Laques*, 196d) e registrado pelo respectivo escólio. Em algumas línguas modernas o animal pouco inteligente por antonomásia costuma ser o *ganso*, que sofre freqüente concorrência da *galinha* (em italiano e russo); entre as muitas expressões eu citaria a alemã *Er hat nicht so viel Verstand wie eine geschlachtete Gans* e a italiana *Sa meno di una gallina spennata*.

413. Neque habet plus sapientiae quam lapis
Não é mais inteligente que uma pedra

Sua fonte é um trecho de Plauto (*Miles*, 236): nesse cômico (cf. também *Bacchides*, 1088, *Mercator*, 631, *Miles* 1024, *Mostellaria*, 1073, *Poenulus*, 291) e em Terêncio (cf. *Heautontimoroumenos*, 831; 917, *Hecyra*, 214) é muito freqüente a comparação com a pedra para indicar a falta de inteligência. A pedra é tomada como modelo de nesciedade por estar sempre imóvel, silenciosa e insensível (já em Platão, *Górgias*, 494a, viver como uma pedra equivale a não sentir prazer nem dor; em outros textos, como, por exemplo, em Herondas, 7,109, Teócrito, 23,20, Plauto, *Poenulus*, 290, trata-se de insensibilidade amorosa [no trecho de Plauto também há uma brincadeira entre dois interlocutores, baseada na bivalência da pedra, como símbolo de indiferença e estultícia]). Em muitos textos, de fato, "ser como uma pedra" indica a situação de quem fica quieto e exatamente por isso dá a impressão de estar atoleimado: ver por exemplo Aristófanes, *As nuvens*, 1201 s., Antifanes, fr. 166,4 K., Xenofonte, *Constituição dos espartanos*, 3,5, Platão, *Hípias maior*, 292d e Arístipos, 128 Giannantoni (cf. também G. A. Gehrard, *Phoinix von Kolophon*, Leipzig-Berlin 1909, 134 n. 3); muitas vezes a comparação não é feita com uma pedra qualquer, mas com uma de forma humana, ou seja, com uma estátua (como, por exemplo, em Anaxandro, fr. 11 K., Aléxis, fr. 204,2 K., Luciano, *Vitarum auctio*, 3, Horácio, *Ep.* 2,2,83, Juvenal, 8,52-55, Sidônio Apolinário, *Ep.* 4,12,3; 5,7,4; nesse sentido também deve ser entendida a frase de Hipônax, que chama de "estátua" o escultor Búpalo [fr. 144 Degani, a cujo estudo crítico remeto para mais dados bibliográficos]). Com o mesmo sentido os paremiógrafos registram alguns provérbios, como λίθῳ διαλέγου, "conversa com uma pedra" (Plut. 24), λίθῳ λαλεῖς, "falas com uma pedra" (*App. Prov.* 3,68), ἀνδριὰς σφυρήλατος, "estátua feita a martelo" (*App. Prov.* 1,27); são muitas as referências medievais, para as quais remeto a Sutphen 176, 202, 209, Szelinski 239 (notável é a variação com chumbo, verificada por exemplo em João de Salisbury, *Policrático*, 7,12, *Metalógico*, 1,3). Nas línguas modernas a pedra e a rocha são mais símbolos de imobilidade e silêncio do que de imbecilidade, mas não faltam exceções: no trigésimo terceiro canto do *Purgatório*, por exemplo (vv. 73 s.), Beatriz assim se dirige a Dante: *Ma perch'io veggo te ne lo 'ntelletto / fatto di pietra*; em *Lettere familiari* de Annibal Caro (152) *pezzo di pietra* refere-se a pessoas completamente destituídas de inteligência; a conotação de "boçalidade", enfim, tampouco está ausente no famoso *Guarda Don Bartolo! Sembra una statua!*, no fim do primeiro ato da ópera *O barbeiro de Sevilha* de Rossini (libreto de Sterbini). Para o motivo de estar parado e atoleimado como uma estátua, em polonês, cf. enfim Steffen 85 s.

414. *Nec te equo magis est equos ullus sapiens*
Nenhum cavalo é mais sabido do que um cavalo como tu

A fonte é Plauto (*Asinaria*, 704): o cavalo é aqui tomado como símbolo de falta de inteligência, seguindo assim o mesmo destino de todos os eqüinos, em especial o burro (nºs 481-489). Nem mesmo o mulo se salva: uma tradição escoliográfica e lexicográfica grega (escólio a Platão, *O banquete*, 221e, Σ^b 267,17 Bachm., Phot. 130,10 P., Suda κ 313) equipara κανθήλιος, "mulo", a βραδὺς νοῆσαι ἢ ἀφυής, "de compreensão lenta, desprovido de inteligência", enquanto em latim devem ser vistos, por exemplo, um trecho de Plauto (*Motellaria*, 878), em que *mula* é um insulto (que no entanto não se baseia apenas na referência ao pouco nobre animal, mas também ao gênero feminino, e é dirigido a um homem, cf. Hofmann, *La lingua d'uso latina*, 371), e um de Juvenal (16,22-25), em que, ao se definir um declamador como *mulino corde*, "com coração de mulo", enfatiza-se a sua teimosia. O indivíduo pouco inteligente ainda é chamado de *Ross* em alemão e mesmo em italiano verificam-se *Cervello da cavallo* para indicar a pouca capacidade intelectual e *Errore da cavallo* para um erro crasso (cf. Battaglia 2,917); para *Dormir em pé como um cavalo* a indicar estouvamento, cf. nº 418. O mulo, porém, que comumente é símbolo de teimosia, às vezes também é símbolo de falta de inteligência (cf. Battaglia 11,66): além disso, deve-se assinalar *Fra tanti muli può stare anche un asino*, usado para significar que a teimosia muitas vezes é defeito mais grave que a ignorância.

415. *Infantiorem quam meus est mulio*
É mais inepto que o meu almocreve

A fonte é um fragmento das *Satyrae mennippeae* de Varrão (367 B.), em que se fala de um autor trágico. Paralelamente, *agaso*, "palafreneiro", indica uma pessoa grosseira em Pérsio (5,76); numa sátira de Horácio (2,8,72) é assim chamado — talvez com alusão a um episódio real — um camareiro desastrado, incapaz de levar um prato à mesa sem criar problemas. Em Suetônio (*Vida de Vespasiano*, 4), *mulio* é o apelido do futuro imperador Vespasiano, cujas dificuldades econômicas obrigaram a dedicar-se ao mercado de escravos, e em Marcial esse termo volta a indicar uma pessoa pouco inteligente (10,2,10; 10,76,9, cf. também 1,79,4). Em italiano o tolo e ingênuo às vezes é identificado com o pajem; tanto é verdade que a locução *Fare il paggio / Parere un paggio* significa "mandriar em volta de alguém sem fazer nada de útil" (Battaglia 12,363).

416. *Cucurbitae caput non habemus*
Não temos cabeça de abóbora

Essa expressão, em Apuleio (*Metamorfoses*, 1,15), equivale a *Não sou bobo*: as *cucurbitae*, com esse sentido, recorrem em Petrônio (39,12), enquanto, em grego, deve ser citado um fragmento do cômico Hermipo (69 K.-A.), onde se fala — provavelmente a propósito de Péricles — de uma cabeça semelhante à abóbora. À luz de uma acepção desse tipo deve ser interpretado o título da obra de Sêneca ἀποκολοκύντωσις, que parece significar "deificação da abóbora" e não "aboborização" (para o problema da bibliografia relativa a esse assunto, remeto a L. Annaei Senecae *Divi Claudii* ἀποκολοκύντωσις, C. F. Russo, Firenze 1965, 16-19) e constitui uma sátira vivaz ao imperador Cláudio, morto havia pouco e alvo de zombaria sobretudo pelos seus escassos dotes mentais. Se no italiano popular é comum o uso de *zucca* e *zuccone* com referência a pessoas de compreensão lenta, expressões semelhantes – embora mais raras – também podem ser encontradas em inglês e alemão; κολοκυθοκέφαλος, "cabeça de abóbora", ainda está vivo em neogrego (cf. também Dimitrakos 5,4007 s.). Finalmente, não faltam locuções semelhantes com outros legumes; ver o italiano *Testa di rapa* [cabeça de nabo] (cf. também nº 411).

417. *Beoti magis firmitati corporis quam ingenii acumini serviunt*
Os beócios apreciam mais a força física do que a agudeza de espírito

A fonte é Cornélio Nepos (*Vida de Alcibíades*, 7,11,3), mas o motivo da ignorância dos beócios era difundido: Horácio (*Ep.* 2,1,244) tem *Boeotum in crasso iurares aere natum*, "jurar-se-ia que nasceu nos ares pesados dos beócios", e o Pseudo-Ácron, comentando esse trecho (p. 296 Keller), dava a etimologia de Βοιωτοί como βοῶν ὦτα ἔχοντες, "que tem orelhas de boi"; ver ainda, por exemplo, um trecho de Cícero (*De fato*, 4,7) e um de Tertuliano (*De anima*, 20). À luz do Pseudo-Ácron parece indiscutível que os beócios, além de serem considerados boçais, também eram alvo de zombaria por terem ouvidos insensíveis, segundo um módulo também documentado em latim (Marcial, por exemplo, em 6,82,6, fala nesse sentido de *Aurem... Batavam*, "orelha batava"): os paremiógrafos gregos (Diogen. 3,46, Diogen. Vind. 2,1, Zenob. Bodl. 212,213 [21ab Gaisford], Arsen. 5,16a) apresentam a locução Βοιώτιον οὖς, "orelha beócia", referindo-se, evidentemente, a quem nada entende. Contudo, não é improvável que essa expressão tenha nascido — como aventa G. Burzacchini com argumentos válidos ("Museum Criticum" 19-20 [1984-85] 244 s.) — de uma confusão com outra expressão fonicamente semelhante, Βοιωτία ὗς, "porca beócia", referida por escoliastas (por exemplo, sobre Píndaro, cit. abaixo [1,187,6-14 Dr.], e Luciano, *Iuppiter tragoedus*, 32 [70,1 s. Rabe]) e paremiógrafos (Macar. 2,79, *Suda* β 583, assim como por Zenob. Bodl. cit.), mas principalmente encontrada nos autores clássicos: sobretudo Píndaro (*Olímpicas*, 6,90, cf. também fr. 83 Sn.-M), enquanto Cratino (fr. 77 K.-A.) tem o termo συοβοιωτοί, "suíno-beócios" (para outras indicações, remeto ao comentário de Kassel-Austin); Plutarco (*De esu carnium*, 995e) — referindo, embora com erros, um fragmento de Menandro (748 K.-Th.) — afirma que a tradição da falta de inteligência dos beócios deriva de sua desmedida voracidade (lembrar, entre outras coisas, que o porco era símbolo de estupidez: cf. nº 412). A fama de imbecilidade dos beócios ainda está viva, tanto que *beócio* em várias línguas (italiano *beota*, francês *béotien*, espanhol *beocio*) significa *tout court* "boçal".

418. *Qui vigilans dormiat*
Que durma acordado

Essa locução, que aparece assim em Plauto, *Pseudolus*, 386, indica uma pessoa completamente apalermada e reaparece, por exemplo, ainda em Plauto (*Amphitruo*, 697), Lucrécio (3,1048) e Apuleio (*Metamorfoses*, 3,22); em Publílio Siro (A 16), *vigilans somniat* tem valor diferente: trata-se das fantasias do amante que nutre suspeitas (cf. também nº 1405). Em outros textos, porém, o apalermado é quem *astans somniat*, "sonha em pé" (Plauto, *Cistellaria*, 291), e nesse sentido às vezes se tem a comparação com o cavalo, famoso justamente por dormir em pé (cf. ainda Plauto, *Menaechmi*, 395, *Miles*, 217 s.); finalmente não faltam casos, como por exemplo em Plauto, *Rudens*, 1328, em que temos simplesmente o verbo *dormir*. Nas várias línguas européias existem formas equivalentes a *Dormir em pé como um asno* (ou *cavalo*), que indica a pessoa de compreensão lenta, e *Sonhar de olhos abertos*, sobre a pessoa que devaneia ou se entrega a esperanças irreais, enquanto *Dormir com um olho* (ou *com os olhos*) *aberto(s)* significa o contrário, ou seja, estar muito atento (ver por exemplo o provérbio *Quando o amigo não é certo, um olho fechado e outro aberto*).

419. Τῆς ῥινὸς ἕλκεσθαι ὑπὸ πάντων
Deixar-se prender pelo nariz

Essa locução é encontrada em Luciano (*Hermotimus*, 68) e registrada por Arsênio (16,44d): indica uma pessoa tão boba que é escarnecida por todos. Em latim vulgar existe *Naribus trahere* e em italiano, *Menar per il naso* (com equivalência em várias línguas européias).

420. *O quanta species... cerebrum non habet!*
Como é bonita... mas não tem cérebro!

Essa é uma exclamação ainda conhecida e usada para indicar a beleza desprovida de inteligência. Deriva de uma fábula de Fedro (1,7), na qual uma raposa depara com uma máscara trágica e, depois de a examinar muito bem, descobre que, sob a aparente beleza, ela é vazia: a moral conclusiva ridiculariza aqueles a quem a sorte concedeu títulos e honras, mas privou de inteligência. Também tem certa celebridade a sua referência em La Fontaine (4,14): a raposa se encontra diante do busto de um grande herói e o autor aproveita a ocasião para polemizar contra os grandes que, a seu ver, são parecidos com atores e só enganam os tolos. Esse motivo sem dúvida está ligado ao *topos* das aparências enganosas (cf. nºs 215-220).

b) Ações tolas, fúteis, absurdas

421. *Alligem canem fugitivam agninis lactibus*
Eu estaria prendendo uma cadela fugitiva com tripa de carneiro

Em Plauto (*Pseudolus*, 319) essa expressão indica uma ação completamente ilógica: obviamente, quem prender uma cadela com tripa de carneiro perderá tanto o animal quanto a iguaria (de fato, os miúdos de carneiro constituem um prato saborosíssimo). Entre os paralelos modernos, não pode deixar de ser citado o alemão *Ein Hund nicht an eine Bratwurst gebunden*, enquanto em grego, κύων παρ᾽ ἐντέροις, "o cachorro perto das tripas", representa uma situação de algum modo semelhante à de Plauto, mas os paremiógrafos (Diogen. 5,67a, Macar. 5,39, Apost. 10,25) atribuem-lhe significado completamente diferente, relacionando-a com quem não pode saborear aquilo de que tem vontade (como o italiano *La pena di Tantalo*, cf. nº 1552).

422. *Alibi tu medicamentum obligas*
Amarras a atadura no lugar errado

Frontão (*De eloquentia*, 2,11 [138,3 s. van den Hout]) fala assim de um modo errado de remediar um defeito. Corresponde substancialmente a um provérbio que está presente em várias áreas dialetais italianas (por exemplo Emilia e Veneza) e que em italiano diz: *Peggio la rappezzatura del buco*. Ver também o nº 1628.

423. *Cineri nunc medicina datur*
Agora se dá remédio a um morto

A fonte é um trecho de Propércio (2,14,16), onde se fala de algo que chegou tarde demais: ver também um trecho extraído das *Declamações* do Pseudo-Quintiliano (11,23) e outro provérbio derivado de Marcial (1,25,8: *Cineri gloria sera venit*, "a glória chega tarde para quem morreu"); νεκρὸν ἰατρεύειν, "tratar de um morto", em grego indicava também uma ação totalmente tola e inútil (ver Pseudo-Demócrito, 68 B 302, 168, e um fragmento de Diógenes de Sinope, 383 Giannantoni). O sentido é equivalente ao do provérbio italiano *Chiudere la stalla quando i buoi sono scappati* (cf. nº 1593) e nas várias línguas européias encontram-se correspondentes ao brasileiro *Remédio só serve cedo* (entre as variantes, deve ser assinalada a espanhola *Cuando vino el orinal muerto era Juan Pascal*). Para uma referência literária, ver Voltaire, *Dicionário filosófico*, "Messias".

424. *Navem in portu mergis*
Naufragas no porto

A fonte é Sêneca, o Retor (*Controversiae*, 2,6,4), onde a expressão tem claro valor retórico (equivale a "meter os pés pelas mãos"); essa locução, porém, indica uma

A INSENSATEZ E AS AÇÕES INÚTEIS   197

ação tão desastrada quanto a do capitão que sofre um naufrágio quando está no porto. Essa imagem é muito apreciada por Sêneca (*Ep.* 14,15;87,1) e São Jerônimo (por exemplo, *Ep.* 57,12; 123,3), mas também está presente em outros autores, como Propércio (2,25,24), Quintiliano (4,1,61), Pseudo-Quintiliano (*Declamações*, 9,12; 12, 23) e Pentádio (*De fortuna*, 32 [*PLM* 4,344 Baehrens]). Em grego tem-se ἐν τοῖς λιμέσι καὶ πρὸς τῇ γῇ ναυαγεῖν, "naufragar no porto e perto da praia", que aparece pela primeira vez em Políbio (6,44,7), mas que depois teve certa difusão (ver, por exemplo, Díon Crisóstomo, 40,12, Eustátios, *Opuscula*, 6,86 Tafel, e — com formulação diferente — um epigrama de Antípatros de Tessalônica [*Antologia Palatina*, 9,82,3]). Essa imagem também é encontrada na Idade Média (ver por exemplo Filipe de Harvengt, *Ep.* 12 [*PL* 203,97b], em que o absurdo de sofrer um naufrágio no porto serve de comparação para quem perece pela ação do médico em quem depositara toda a confiança), e a expressão continuou proverbial em numerosas línguas modernas (por exemplo, em francês, alemão e neogrego), enquanto outros provérbios semelhantes põem a tônica na insignificância do obstáculo: ver por exemplo os brasileiros *Afogar-se em pingo de água* e *Nadar, nadar, vir morrer na beira* (com equivalentes nas línguas européias, cf. Mota 39, 127), o latim *Pedem ad stipulam offendere*, "tropeçar em palha" (de que não encontrei documentação nos clássicos), e o inglês *To get drowned in one's own spittle* (para a tradição de cair no próprio laço, cf. nos 265-271).

425. Navem perforare in qua ipse naviget
Furar o barco em que navega

Essa expressão, símbolo da ação insensata e autolesiva, deriva de um trecho de Cícero (fr. de discurso incerto, 11 P.) que depois foi citado por Quintiliano (8,6,47); tem semelhança com um trecho da *Apologia* de Rufino (2,36 [*PL* 21,614b]). Ao lado dessa imagem é preciso situar outras análogas, como τὴν αὐτὸς σαυτοῦ θύραν κρούεις λίθῳ, "dás pedradas em tua própria porta" (fragmento cômico anônimo 564 K., registrado por Macar. 8,18), *Ut vineta egomet caedam mea*, "que eu mesmo deite abaixo os meus vinhedos" (Horácio, *Ep.* 2,1,220), e *Quid messes uris... tuas?*, "por que queimas a tua seara?" (Tibulo, 1,2,98, cf. também Ovídio, *Heroides*, 19,143).

Afundar o barco em que se navega ainda é símbolo de ação sumamente idiota e trata-se de uma imagem freqüente: ver por exemplo a expressão *Estamos no mesmo barco* e uma história popular contada na Emília: *Fagiolino* grita ao bobo *Sandrone* que este devia pôr-se a salvo porque a barca em que estavam ia a pique, ao que *Sandrone* responde: "O que você tem com isso? Por acaso é sua?" Ver também nº 1625.

426. *Quod est ante pedes nemo spectat, caeli scrutantur plagas*

Ninguém presta atenção ao que tem diante dos pés: estão perscrutando a imensidão dos céus

Essa é uma tirada de Aquiles, em *Ifigênia* de Ênio (fr. 95,3 Jocelyn = 244 V.²), que retoma um *topos* com que os gregos já ridicularizavam os filósofos, entregues à nobre atividade de examinar e perscrutar o inescrutável: esse motivo está presente, por exemplo, em Sófocles (fr. 737 R.); em *As nuvens*, Aristófanes representa Sócrates numa cesta dependurada do teto de seu "pensatório" e num fragmento (691 K.-A.) contrapõe duas atividades antitéticas do filósofo: meditar sobre o que não se vê e comer os frutos da terra; paralelamente, Êupolis (fr. 157 K.-A.) satiriza a malandragem de Protágoras, que se ocupa com as coisas "elevadas", mas come o que é produzido pela terra. Além disso, teve grande sucesso a história — à qual também faz alusão uma fábula de Esopo (40 Hausrath) — do astrônomo que caiu num poço porque estava absorto a perscrutar as estrelas. Essa desatenção ridícula é atribuída a Tales em Platão (*Teeteto*, 174a), Diógenes Laércio (1,34) e Sereno (em João de Stóboi, 1,18,22 W.): o filósofo teria sido ridicularizado com uma frase semelhante ao verso de Ênio (em Diógenes, por exemplo, trata-se de σὺ γάρ, ᾧ Θαλῆ, τὰ ἐν ποσὶν οὐ δυνάμενος ἰδεῖν τὰ ἐπὶ τοῦ οὐρανοῦ οἴει γνώσεσθαι, "tu, Tales, que não consegues ver o que está diante de teus pés, pretendes conhecer o que está no céu"). Variações são constituídas pelo epigrama funerário (*Antologia Palatina*, 7,172) para um astrônomo morto por mordida de cobra, em que o autor — Antípatros Sidônio — conclui lamentando que alguém, para olhar os pássaros do céu, não se tenha apercebido do perigo que rastejava aos seus pés; e pela frase de Bíon (em João de Stóboi, 1,18,20), segundo a qual o astrônomo não via os peixes na praia e ia procurá-los no céu. Em outros textos, contraposições desse tipo estão totalmente desvinculadas da história do astrônomo, como por exemplo numa carta de Plínio, o Jovem (8,20,1), onde se ressalta que as pessoas fazem viagens para conhecer coisas distantes, enquanto *ea sub oculis posita neglegimus*, "desprezamos o que temos sob os olhos". Também existe uma expressão isolada em que não ver o que está entre os pés indica falta de inteligência: Apostólio (16,7) afirma que τὰ ἐν ποσὶν οὐκ οἶδεν, "não sabe o que tem entre os pés", referindo-se aos néscios, enquanto em latim *quod ante pedes sit non videre* é encontrado em vários trechos interessantes. Alguns exemplos: Cícero, em *Tusculanae* (5,39,114), refere que Demócrito preferia sua condição de cego porque isso lhe permitia pairar na imensidade, enquanto as pessoas normais muitas vezes *quod ante pedes esset non viderent*; em Lactâncio (*Divinae Institutiones*, 2,3,16) vê-se o precipício em que os outros estão caindo e não o abismo que se escancara diante dos próprios pés (trata-se, pois, de uma variação do *topos* dos modos absolutamente opostos de julgar os outros e a si mesmo: cf. nºˢ 1288 s.); em Terêncio (*Adelphoe*, 386 s.) *quod ante pedes modost / videre* indica ver o presente, em contraposição à faculdade de prever o futuro; em Minúcio Félix (12,7) *pro pedibus aspiscere* designa os conhecimentos elementares, segundo os pagãos os únicos possíveis aos rudes e ignorantes. A anedota do astrônomo no poço ainda é muito conhecida (é retomada, entre outros, por La Fontaine, 2,13), enquanto — em nível de expressão proverbial — as línguas modernas preferem equivalentes a *Não ver um palmo à frente do nariz*, mas também existem formas como "não pensar além daquilo que está diante dos olhos" (italiano *Non pensare più innanzi di quello che si ha davanti agli occhi*, Battaglia 11,774); finalmente, deve ser apontado o alemão *Er sieht was flieht, aber nicht was kriecht*, que, curiosamente, reflete uma situação semelhante à do trecho citado da *Antologia Palatina* (mesmo havendo aqui o *topos* da oposição entre os animais que voam e os que rastejam).

427. Χρύσεα χαλκείων
(Trocar armas de) ouro por (armas de) bronze

Essa locução deriva do famoso episódio de Glauco e Diomedes do sexto livro da *Ilíada*: no furioso combate diante de Tróia esses dois heróis estão frente a frente, mas, antes de se defrontarem, eles descobrem que suas famílias estão ligadas por um antigo vínculo de hospitalidade e decidem não combater, mas ao contrário — em sinal de renovação da amizade — permutar as armas. O episódio é concluído com a observação de que Zeus turvara a mente de Glauco porque este trocara suas armas de ouro por armas de bronze (vv. 234-236). Depois disso, a expressão foi usada proverbialmente para indicar uma permuta nitidamente desvantajosa e um comportamento comercialmente ingênuo: recorre nesse sentido — ainda em grego — em vários autores, tais como Platão (*O banquete*, 218e), Cícero (*Epistulae ad Atticum*, 6,1,22) e Eliano (*Varia historia*, 4,5), enquanto às vezes, como em Marcial (9,94,3 s.), Plínio, o Jovem (*Ep.* 5,2,2), e Gélio (2,23,7), é citada mais explicitamente a permuta entre Glauco e Diomedes. Em italiano, *Armi d'oro per armi di bronzo* é expressão ainda usada, sobretudo em nível erudito (o seu episódio de origem é um dos mais famosos de toda a literatura antiga: uma referência a ele se encontra, por exemplo, no filme *La notte di San Lorenzo* [*A noite de São Lourenço*] dos irmãos Taviani).

428. Πότερον ὁ τὸν τράγον ἀμέλγων ἀφρονέστερος ἢ ὁ τὸ κόσκινον ὑποτιθείς;
É mais idiota quem ordenha o bode ou quem lhe põe o balde debaixo?

Esse provérbio é encontrado em Políbio (33,21,1) e em Luciano (*Demônax*, 28) — onde se afirma que não é tão tolo quem raciocina erradamente quanto quem lhe dá valor excessivo —, sendo registrado pelos paremiógrafos (Diogen. 7,95, *Mant. Prov.* 2,68, Arsen. 17,32a, Plut. 20). Estruturalmente, é semelhante ao italiano *Non è peggior ladro chi ruba di chi tiene aperto il sacco* (nº 1135), mas faz parte da tradição do τράγον ἀμέλγειν (= *mulgere hircum* [cf. Walther 15345a]), "ordenhar um bode", como ação sem sentido por antonomásia. Muito famoso é um verso de Virgílio (*Bucólicas*, 3,91) em que, sobre os tolos admiradores dos poetastros Mévio e Bávio, se diz: *Iungat volpes et mulgeat hircos*, "que vá emparelhar raposas e ordenhar bodes", ou seja, recomenda-se que façam coisas tão idiotas quanto ouvir tais poesias. No que diz respeito às línguas modernas, em italiano existe *Mungere il becco* (já encontrado na *Cronica* de Matteo Villani [10,4]), e em alemão, *Den Bock melken*; sobre o equivalente exato em polonês, *Kozła doić*, ver Steffen 89 s.; em francês lembro que, em Rabelais, 5,21, temos tirar leite de bode e recolhê-lo com peneira.

429. *Ille potest vacuo furari litore harenas*
É capaz de roubar grãos de areia numa praia deserta

Trata-se de empresa tola e sem sentido, já que fácil demais: em Ovídio (*Amores*, 2,19,45 s.) ela é comparada a amar a mulher de um tonto que não toma conta dela, o que torna o adultério sem "graça". O trecho de Ovídio está registrado entre as sentenças medievais (Walther 11463); em alemão está ainda vivo *Den Sand am Gestade stehlen*.

430. *Excitabat enim fluctus in simpulo*
Provocava uma tempestade numa colher

A fonte é um trecho de *De legibus* de Cícero (3,16,36) e refere-se às propostas de lei de um intriguista, modesto se comparado ao filho, que também provocava tempestades, mas "no mar Egeu". Em grego, deve ser assinalado um trecho de Ateneu (8,338a), em que é citada uma frase de Dórion (autor de uma obra importante sobre peixes) a propósito de uma tempestade descrita por Timóteo (785 Page): ἔφασκεν ἐν κακκάβᾳ ζεούσᾳ μείζονα ἑωρακέναι χειμῶνα, "disse que viu uma tempestade maior num caldeirão fervente". O sentido é o de *Muito barulho por nada* [italiano, *Tanto rumore per nulla*] (cf. também nº 1724), que, entre outras coisas, é título de uma tragédia de Shakespeare; também existe a locução *Tempestade em copo d'água* (que tem paralelos exatos em italiano e em alemão).

431. Stultorum incurata pudor malus ulcera celat
Por infundado pudor os tolos escondem suas chagas não tratadas

A fonte é Horácio: cf. *Ep.* 1,16,24; essa frase já está registrada entre as sentenças medievais (Walther 30433b). Em italiano tem-se *Il medico* (ou *il padre* / *la madre*) *pietoso* / *pietosa fa la piaga verminosa*, onde, porém, a tônica não está na falta de inteligência mas no fato de que comportamentos piedosos (ou permissivos) podem ter resultados nocivos (cf. nº 363).

432. Πρὸς κέντρα λακτίζειν
Dar pontapé em aguilhão

Essa locução indica uma ação evidentemente insensata e autolesiva, tendo afinidade com a ampla tradição dos que se ferem com as próprias armas (cf. nºs 265-271). Já está presente em Píndaro (*Píticas*, 2,94 s.), em Ésquilo (*Agamêmnon*, 1624) e em Eurípides (fr. 604 N.[2], e sobretudo *Bacantes*, 795, onde se refere ao homem que desafia a divindade, no caso Dioniso); várias são as suas documentações na Antiguidade tardia (como por exemplo Libânio, *Ep.* 429 [10,417,19 - 418,1 F.]). Na tradição paremiográfica são mencionados e transcritos os trechos trágicos (Zenob. vulg. 5,70, Diogen. 7,84, Greg. Cypr. 3,46; M. 4,100, Apost. 6,27; 4,100, Hesych. π 3187, *Suda* π 2725), enquanto desperta interesse especial o escólio ao trecho de Píndaro que informa ter essa imagem origem na insensata reação dos bois quando tocados pelo aguilhão. É no contexto do ataque vão e suicida do homem à divindade que essa expressão retorna nos *Atos dos Apóstolos* (26,104): trata-se na realidade de uma das reprimendas dirigidas por Deus a Saulo, na estrada de Damasco. Destes últimos trechos derivam também vários textos cristãos latinos, nos quais essa locução aparece (para um quadro completo, remeto a Otto 1693, Weyman 80, Sonny 118, Sutphen 215, Szelinski 243), como em *As confissões* de Santo Agostinho (3,8,16), que declara: *Adversus te et adversus stimulum calcitrantes*, "dando pontapés contra ti e contra um aguilhão". Contudo, são vários os seus registros em autores pagãos, desde a comédia (cf. Plauto, *Truculentus*, 768 *Si stimulos pugnis caedis, manibus plus dolet*, "se deres murros num aguilhão, sentirás mais dor na mão", e Terêncio, *Phormio*, 216 s.) até a Antiguidade tardia (ver, por exemplo, Amiano Marcelino, 18,5,1). Essa locução, particularmente difundida na cultura latina (tanto que é adotada como exemplo pelos gramáticos Diomedes [1,462,29-31 K.] e Carísio [1,276,24 K.] para ilustrar o próprio conceito de *parhoemia*), parece ter caído em desuso; todavia, existem imagens semelhantes, como o italiano *Pisciare contro le ortiche* e *Se vuoi vivere contento, non pisciare contro vento* (onde, porém, também existe a idéia da luta contra o anticonformismo, cf. também nº 265); além disso, há uma tradição dialetal italiana em que se zomba de quem passeia descalço entre espinhos (ver, por exemplo, de Reggio, *L'ée pió cojòun che Tanân ch'àl gireva pr'i boch* [ou seja: "entre os espinhos"] *cun àl scherp in mân*; ou de Abruzos, *Chi sumènde le spine, n'n à da ji' scàizze*), na qual, contudo, o protagonista sem dúvida é tolo, mas não insensatamente agressivo como na locução clássica. [Em português temos Dar murro em ponta de faca.]

433. *Adversus aerem... certare*
Lutar contra o ar

A fonte é Santo Agostinho (*De agone Christiano*, 5,5), que extrai essa expressão de um trecho da *Primeira Epístola aos Coríntios*, de São Paulo (9,26: οὕτως πυκτεύω ὡς οὐκ ἀέρα δέρων, "assim luto, não como quem açoita o ar"); o mesmo Agostinho, em outro texto (*De sermone Domini in monte*, 6,17), cita-a explicitamente na versão latina (*Non sic pugno tamquam aera caedens*). A imagem é usada muitas vezes em sentido metafórico, para designar uma luta inútil contra um adversário inexistente, um comportamento frívolo, uma ação isenta de resultados concretos (por exemplo, ver Petrônio, 83,7, e Sêneca, *Naturales quaestiones*, 7,14,1). Lembra propriamente a imagem do pugilista que dá um murro no vazio e portanto golpeia inutilmente o ar (assim, por exemplo, em Virgílio [*Eneida*, 5,446], Entelo, ao lutar com Darete, *viris in ventum effudit*, "dissipou as forças no vento") e a do touro vencido na tourada, que, desesperado, procura em vão dar chifradas (assim num fragmento de Calímaco, 732 Pf., e em Catulo, 64,111, a propósito do Minotauro). Uma importante variante latina é encontrada em São Jerônimo (*Adversus Helvidium*, 5, cf. também *Adversus Iovinianum*, 1,36): trata-se de *More andabatarum gladium in tenebris ventilans*, "como um gladiador agitando a espada nas trevas" (o *andabata* era exatamente um gladiador que combatia com olhos vendados), sobre a qual também é preciso lembrar o título de uma sátira de Varrão: *Andabatae, de hominum caecitate et errore*, "gladiadores, da cegueira e do erro dos homens" (p. 184 B.). Em grego, a expressão correspondente a *Adversus aerem certare* é ἀέρα δέρειν, "açoitar o ar", usada por São Paulo na já citada *Primeira Epístola aos Coríntios* (9,26) e registrada na *Suda* (α 554), mas também cabe assinalar o verbo σκιαμαχεῖν, "lutar com as sombras", usado com valor semelhante, tanto em sentido próprio (ver por exemplo Cratino, fr. 19 K.-A., πρὸς τὸν οὐρανὸν σκιαμαχῶν, "combatendo com as sombras, contra o céu") quanto metafórico (como por exemplo em Platão, *Apologia*, 18d, *A República*, 7,520c, *As leis*, 8,829c, e em Luciano, *Piscator*, 35). Nas línguas modernas as locuções desse tipo são freqüentes, como por exemplo o italiano *Prendersela con le stelle* (com uma bela referência em *Così fan tutte*, ópera de Mozart com libreto de Da Ponte [2,4], em que Guglielmo, traído pela amada Fiordiligi, protesta: *Darei colle corna entro le stelle*, onde a alusão ao touro derrotado se funde com o valor atual dos "cornos" em sentido amoroso), ou o francês *Se battre contre des fantômes*; contudo, a expressão mais difundida é *Lutar contra moinhos de vento*, proveniente do famoso episódio do *Dom Quixote* de Cervantes (1,8), no qual o protagonista entra em combate contra alguns moinhos de vento, que acreditava serem gigantes.

434. Ἀνέμῳ διαλέγῃ
Falas ao vento

Essa expressão é registrada pelos paremiógrafos (Zenob. vulg. 1,38, Diogen. Vind. 1,14, *Suda* α 2263) e aparece mais vezes — ainda que com termos ligeiramente diferentes — nos clássicos gregos, para indicar palavras perdidas, destinadas a não produzir efeito algum (por exemplo, Homero, *Odisséia*, 8,408 s.; Eurípides, *Andrômaca*, 91 ss., *As troianas*, 418 s., *As suplicantes*, 1155 s., *Corpus theognideum*, 1168; Teócrito, 22,167 s. e 29,35; e na *Primeira Epístola aos Coríntios*, de São Paulo [14,9]). Em latim é extremamente difundido o *topos* do *Ventis verba profundere*, "espalhar palavras ao vento" (Lucrécio, 4,931: notar a forma aliterante; para uma relação de trechos, remeto a Otto 1864, Weyman 65, 81, Sonny 120, Sutphen 224, Szelinski 246); ademais, "dar ao vento" como ação inútil por antonomásia também recorre em contextos diferentes: em especial, pode indicar especificamente a vacuidade dos juramentos dos apaixonados (por exemplo, em Catulo, 64,58 s.; 64,142, Ovídio, *Amores*, 1,6,41 s., Propércio, 2,28,7 s.; 4,7,21 s., Tibulo, 3,4,95 s.; 3,6,27 s., cf. n°s 1413, 1417), ou de sonhos e desejos (assim em Ovídio, *Amores*, 2,6,43 s., Tibulo, 3,4,95 s.; 3,6,27 s., Pérsio, 6,28 s.), ou de uma suspeita (como a de Penélope em Ovídio, *Heroides*, 1,79), ou de uma esperança (Ovídio, *Amores*, 1,6,52), ou da *fides* (também em *Heroides* de Ovídio, na carta de Dido a Enéias [7,9 s.]), ou de um *timor* (Ovídio, *Heroides*, 13,90), ou da tristeza e do medo (Horácio, *Carm.* 1,26,1-3), ou da alegria (Virgílio, *Eneida* 10,652: ver também o comentário de Sérvio ao trecho), ou de preciosos bens materiais (Propércio, 2,16,43-45), ou de toda uma situação (Ovídio, *Tristia*, 1,8,35). Também são significativas algumas variações: os ventos, por exemplo, podem ser acompanhados por nuvens (em Catulo, 30,9 s., Virgílio, *Eneida*, 9,312 s., Tibulo, 3,6,27 s.), ou por ondas (como em Propércio, 2,28,7 s. e Ovídio, *Amores*, 2,10,45 s.); o vento pode transformar-se num mar tempestuoso (Ovídio, *Amores*, 2,6,43 s.), ou nas rápidas águas de um rio (Tibulo, 3,10,7 s.); finalmente, em se tratando de um amante desaparecido no mar (por exemplo em Ovídio, *Heroides*, 2,25; 7,9 s.), as palavras podem unir-se às velas. Para concluir, é preciso lembrar que ainda está viva em italiano a locução *Parlare al vento* [Falar ao vento], e em alemão, *In den Wind sprechen*.

435. Ἄμαξα τὸν βοῦν ἕλκει
O carro puxa o boi

Essa locução é citada expressamente como proverbial num trecho de *Diálogo dos mortos*, de Luciano (6,2), no qual Terpsião, opondo-se a Plutão, assevera que a situação atual de imprevisibilidade da morte para jovens e velhos é absolutamente ilógica. Também segundo o escólio a esse trecho (259,9-13 Rabe) e os paremiógrafos (Zenob. Ath. 381 M., Diogen. 3,30, Greg. Cypr. 1,77, Greg. Cypr. M. 1,74, Apost. 2,55, Phot. α 1114 Th., *Suda* α 1486), ela indica algo que acontece de maneira contrária à lógica; da mesma tradição deriva a expressão *O carro não anda adiante dos bois* (com equivalentes exatos em todas as línguas européias, cf. Mota 145, Arthaber 229), que, contudo, é específica para ações realizadas sem ordem nem discernimento, nas quais se fez antes o que deveria ter sido feito depois e vice-versa. Às vezes, a propósito de uma situação em que as funções lógicas estão invertidas, diz-se em italiano *Il debole spinge il forte*.

436. Ἀλώπηξ τὸν βοῦν ἐλαύνει
A raposa empurra o boi

Os paremiógrafos (Diogen. Vind. 1,75, Greg. Cypr. 1,61, Apost. 2,21) e os lexicógrafos (Phot. α 1089 Th., *Suda* α 1392) fornecem dupla explicação desse provérbio:

ele indicaria um acontecimento absolutamente ilógico ou então o fato de uma pessoa pequena e astuta impor-se a outra grande e tola. Esse segundo valor me parece mais específico e, dados os nossos atuais conhecimentos, eu não ratificaria a hipótese formulada por Otto 1962 de uma relação direta com *Iungat volpes et mulgeat hircum*, "atrele raposas e ordenhe bodes" (Virgílio, *Bucólicas*, 3,91, cf. nº 428), em que atrelar raposas simboliza uma ação completamente insensata. Em latim medieval, enfim, tem-se *Vulpes bovem agit* (Walther 34221c), perfeitamente equivalente.

437. *Aquam a pumice nunc postulas*
Agora pedes água à pedra-pomes

A fonte é Plauto (*Persa*, 41); essa imagem, que também aparece em outros autores (como, por exemplo, Paulino de Nola, *Ep.* 33,2), tira partido da proverbial aridez da pedra-pomes, que, por si mesma, já se presta a usos engraçados, como em *Aulularia* de Plauto, onde (v. 297) ela é comparada a uma personagem de quem é impossível arrancar um tostão, ou a felizes expressões poéticas, como *pumiceum cor eget lacrimis*, "o coração de pedra-pomes sente necessidade de chorar", de Paulino de Nola (*Carm.* 31,419). Procurar extrair água de pedra-pomes é, pois, uma ação completamente inútil, ainda proverbial em espanhol, enquanto em italiano existe *Cavar sangue da una pietra / da una rapa* (com equivalente em inglês); em francês, existe *Tirer de l'huile d'un mur* [em port., temos *Tirar leite de pedra*].

438. *Mare interbibere*
Beber todo o mar

Essa locução, que com essa forma deriva de um fragmento trágico de Névio (55 R.³), indica uma operação completamente absurda e impossível de realizar, sendo empregada principalmente em hipérboles e comparações com tentativas desesperadas, destinadas ao malogro: ver, por exemplo, um trecho de Propércio (2,32,49) e um outro extraído de *De communibus notitiis adversus Stoicos*, de Plutarco (1067ef); o sentido da inutilidade de empenhar-se contra algo imensamente maior é acentuado sobretudo em Coripo (*Iohannis*, 6,120-122), onde, entre outras coisas, essa imagem é associada à do céu que sempre estará cheio de estrelas, por mais estrelas que caiam. Significado diferente, sempre em nível hiperbólico, é encontrado em Plauto (*Aulularia*, 557 ss.), em que uma beberrona seria capaz de enxugar uma fonte, se ela fosse de vinho. É provável que a origem dessa expressão esteja na fábula de Esopo (138 Hausrath), em que alguns cães famintos, ao verem uns odres flutuando no meio de um rio, procuram beber toda a água para chegar até eles, mas logo estouram. Em italiano existe *Mettere tutta l'acqua del mare in un bicchiere*, expressão usada inclusive em nível erudito (por exemplo, em *Problemi di estetica*, de B. Croce, 488).

439. Ἐξ ἄμμου σχοινίον πλέκει
Entrança uma corda de areia

Esse provérbio indica uma operação absurda e irrealizável; é encontrado em autores tardios e bizantinos, como o retor Hélio Aristides (*Quattuor*, 672 [2,405 D.]) e o astrólogo Hermipo (2,4 p. 40,15 Kr.), sendo registrado pelos paremiógrafos (Greg. Cypr. M. 3,46, Macar. 3,97, *Aesop. Prov.* 10, Apost. 7,50). Em latim o motivo recorre em Columela (10 *praef.* 4: *ex incomprehensibili parvitate harenae funis effici non possit*, "com pequeníssimos grãos de areia não se pode fazer uma corda") e em Irineu (*Adversus Haereses*, 1,8,1; 2,10,1). Em seguida ele teve sucesso sobretudo entre os nórdicos; ver o provérbio alemão *Seil an Sand, wie hält das Band?*; o *topos* já está presente no *Edda* (*Carme di Harbardhr*, 18); contudo, também existem paralelos em outras línguas (por exemplo, em polonês, *Bicz z piasku kręcić*, cf. Steffen 82). Finalmente, deve ser lembrado que entrançar uma corda com areia é uma das tarefas propostas ao diabo em alguns contos folclóricos (esse motivo tem origem oriental: cf. *Handwörterbuch des deutschen Aberglaubens*, 9,420).

440. Ἄνω ποταμῶν χωροῦσι πηγαί
Os rios correm de volta para as montanhas

Esse provérbio indica a subversão da mais elementar das leis da natureza, portanto algo de absurdamente ilógico e impossível: constitui, pois, um dos exemplos mais claros dos chamados "adynata", expressões hiperbólicas e paradoxais muitas vezes empregadas nas literaturas clássicas com finalidades estilísticas precisas (ver, por exemplo, H. V. Canter, "American Journal of Philology" 51 [1930] 32-41, E. Dutoit, *Le thème de l'adynaton dans la poésie antique*, Paris 1936, G. O. Rowe, "American Journal of Philology" 85 [1965] 387-396, B. Spaggiari, "Annali della Scuola Normale Superiore di Pisa" 12/4 [1982] 1333-1403), que G. Cocchiara (*Il mondo alla rovescia*, Torino 1981, 70-79) vincula ao *topos* do "mundo às avessas" (cf. também nºs 125-126). No caso em pauta, o documento "clássico" é constituído por um trecho de *Medéia*, de Eurípides (v. 410) — em que o Coro comenta a anormalidade da situação em que o homem urde mentiras e a mulher se mostra sincera —, depois citado por Diógenes Laércio (6,36), numa anedota sobre o cínico Diógenes, e transcrito por lexicógrafos e paremiógrafos (cf. Phot. α 2168 Th., *Suda* α 2596, Zenob. vulg. 2,56, Diogen. 1,27, Greg. Cypr. 1,28, Greg. Cypr. M. 1,28, Macar. 2,7, *Mant. Prov.* 1,20, Apost. 2,92). Com exceção de um trecho de Hélio Aristides (34,27 [2,573 s. D.]), nos outros autores tem-se simplesmente ἄνω ποταμῶν: assim, por exemplo, em Ésquilo (fr. 335 R.), num fragmento cômico anônimo (50 Demianczuck), em Demóstenes (19,287), em Aristóteles (*Meteorológica*, 356a 18: que também fornece uma explicação do provérbio), em Cícero (*Epistulae ad Atticum*, 15,4,1), em Luciano (*Diálogo dos mortos*, 6,2), em Juliano (*Or.* 9,1), em Libânio (*Or.* 19,23 [10,395,16], *Ep.* 326 [10,306,9 s.]; 509,4 [10,484,9]). Em *As suplicantes*, de Eurípides (vv. 520 s.), faz-se-lhe alusão com ἄνω γὰρ ἂν ῥέοι / τὰ πράγμαθ᾽ οὕτως, "as coisas correriam assim de volta", fórmula, aliás, não isolada, mas que voltará em Hélio Aristides, 33,9 (2,573 s. D.). Em outros textos, tem-se o motivo da impossibilidade de os rios correrem de volta para as nascentes, sem formas estereotipadas: assim ocorre num trecho de Luciano (*Apologia*, 1) e em Alcífron (*Ep.* 2,31,1), mas sobretudo na literatura latina, onde muitas vezes esse *topos* serve à afirmação da inexequibilidade de um acontecimento (em numerosos autores, tais como Horácio [*Carm.* 1,29,10 ss., *Épodos*, 16,27 s.], Ovídio [*Heroides*, 5,29 s., *Tristia*, 1,8,1 s., *Epistulae ex Ponto*, 4,5,43 s.; 4,6,45 ss., *Metamorfoses*, 13,324 ss.], Propércio [1,15,29 ss.; 2,15,33 ss.; 3,19,6 ss.], Sêneca [*As fenícias*, 85 s.], Estácio [*Tebaida*, 553] e Sílio Itálico [5,253 s.]). Outras vezes, porém, como nas duras palavras de reprovação dirigidas por Turno ao cauteloso Drance no décimo primeiro livro da *Eneida* (v. 405), o motivo indica simplesmente uma situação completamente invertida, ou, como em Sêneca, o Retor (*Controversiae*, 1,5,2), espantosa e paradoxal; em contextos desse tipo, pode assumir forma de invocação (como em *Dirae*, 67 s. e provavelmente em Ausônio [fr. 1]). Claudiano (18,352 s.), enfim, insere-o entre os elementos que caracterizam uma perturbação natural absoluta (cf. também n°s 125, 126). No que se refere às suas referências nas culturas modernas, devem ser assinalados, em italiano, *I fiumi torneranno ai monti* e *I fiumi correranno all'erta*.

441. Κοσκίνῳ ὕδωρ ἀντλεῖς

Recolhes água com peneira

Esse provérbio indica uma ação claramente inútil (para a bibliografia sobre os "adynata", cf. nº 440); com grande probabilidade, sua origem está no castigo das Danaides no Hades, obrigadas a transportar água em tonéis furados, ou, pelo menos, era a esse mito que os antigos o vinculavam, como demonstram as referências explícitas de Platão (*A República*, 2,363d), Luciano (*Hermotimus*, 61), São Basílio (*Discurso aos jovens*, 10,2), Alcífron (*Ep.* 1,2,1) e, entre os latinos, Horácio (*Carm.* 3,11,25-28) e Tibulo (1,3,79 s.). Os paremiógrafos, porém, no que se refere a esse provérbio, limitam-se a fornecer seu significado, sem explicações de tipo etiológico (cf. Plut. 8, Apost. 9,91), mas mencionam o suplício das Danaides a propósito de outros paralelos, tais como εἰς τὸν τετρημένον πίθον ἀντλεῖς, "pegas água com um cântaro furado" (Apost. 6,79, *Suda* ει 315; 321, Thom. Mag. 348,13-15, cf. também Plut. 4; 46, Macar. 3,57); Δαναΐδων πίθος, "o cântaro das Danaides" (Macar. 3,16); e ἄπληστος πίθος, "cântaro que nunca se enche" (Zenob. vulg. 2,6, Diogen. 7,27, *Suda* α 3230: diz-se também que é usado para pessoas insaciáveis à mesa, no mesmo sentido da expressão popular *sem fundo*). Esse motivo é usado no sentido figurado por vários autores, como por exemplo Xenofonte (*Econômico*, 7,40), Aristóteles (*Econômico*, 44b 23-25), Dionísio de Halicarnasso (*Antiquitates Romanae*, 2,69,2), Luciano (*Tímon*, 18) e muitos latinos, como Plauto (*Pseudolus*, 369 e sobretudo 102, em que se tem *Non pluris refert quam si imbrem in cribrum legas*, "não tem mais importância do que se recolhesses o agua-ceiro da chuva numa peneira", muito semelhante ao original grego), Lucrécio (3,936 s.) e Sêneca (*Ep.* 99,5). Outra expressão paralela é *Reti subtili haurire... aquam*, "puxar água com rede fina", verificada em Santo Ambrósio (*De Noe et arca*, 22,80). Em todas as línguas européias existem equivalentes ao italiano *Andar per acqua col vaglio* (cf. Arthaber 14, e, para o polonês, Steffen 89), enquanto o balde sem fundo é uma variante própria de provérbios dialetais, como o de Brescia, *Tirà sö l'aqua con d'öna segia senza fond*; uma referência significativa encontra-se em Rabelais (5,21).

442. Πέτρας σπείρειν
Semear nas pedras

Essa locução, que indica uma ação completamente inútil, tem certa difusão na literatura grega: documentada, por exemplo, em *As leis* de Platão (8,838e), num fragmento cômico anônimo (380 K.) e em *Amores* do Pseudo-Luciano (20), é amplamente transcrita pelos paremiógrafos (Diogen. Vind. 3,71, Plut. 1, Macar. 7,6, Apost. 14,20) e pertence aos chamados "adynata", expressões que caracterizam operações claramente ilógicas e paradoxais (para a bibliografia essencial, cf. nº 440). Ainda nessa direção existem numerosas variantes: por exemplo, σκάπτειν πέτρας, "lavrar pedras" (Hipônax, fr. 36,4 s. Degani, Aristóteles, *Constituição dos atenienses*, 16,6, Luciano, *Tímon*, 31); λίθον ἕψεις, "cozinhas pedra", que, em lugar da inutilidade de semear apresenta o absurdo de cozinhar, encontrado em Aristófanes (*As vespas*, 280), no Pseudo-Platão (*Eríxia*, 405b) e nos paremiógrafos (*App. Prov.* 3,67); σπείρειν πόντον, "semear no mar", no Pseudo-Focílides (152), num oráculo epigráfico (1038,8 Kaibel) e em Teógnis (105s.), em máximas segundo as quais fazer o bem aos malvados equivale a semear no mar (cf. nº 1363). A forma semelhante εἰς ὕδωρ σπείρειν, "semear na água", chegou até nós graças apenas à tradição paremiográfica (Zenob. vulg. 3,55, Plut. 11), assim como ἀνέμους γεωργεῖν, "cultivar ventos" (Zenob. vulg. 1,99, Greg. Cypr. 1,51, Diogen. 1,88, Apost. 3,3, Diogen. Vind. 1,51, *Mant. Prov.* 1,77, *Suda* α 2261), ou ἀνέμους ποιμαίνειν, "pastorear ventos" (Palladio, *Historia Lausiaca*, 58,5), enquanto em São Colombano (*Instructiones*, 7,2 [*PL* 80,243c]) temos *In ventum seminare*, "semear no vento". Em latim a variante mais feliz substitui pedra por areia e praia: é particularmente apreciada por Ovídio (cf. *Heroides*, 5,115; 17,141, *Tristia*, 5,4,48, *Epistulae ex Ponto*, 4,12,16), mas também está presente em outros autores, como por exemplo Juvenal (7,49) e Sêneca, que, num trecho de *De beneficiis* (4,9,2), retoma polemicamente a já assinalada tradição com um *Dicitis... diligenter eligendos, quibus beneficia demus, quia ne agricolae quidem semina harenis committant*, "dizeis que é preciso escolher com cuidado aqueles a quem fazer o bem, pois nem os lavradores confiam sementes à areia". Contudo, o sucesso posterior dessa imagem (suas referências, ainda que esporádicas, aparecem em todas as literaturas modernas) se deve a outro texto, ou seja, à famosa parábola evangélica (*Mateus*, 13,1-9, *Marcos*, 4,3-9, *Lucas*, 8,5-8) em que parte da semente lançada por um semeador acaba no meio das pedras: portanto não dá frutos e é requeimada pelo sol (um significativo precedente é constituído por um trecho de *Jeremias* [4,3], em que se recomenda não semear sobre espinhos).

443. Αἰθίοπα σμήχεις
Lavas um etíope

A paradoxal operação de lavar um negro para que ele fique branco é registrada pelos paremiógrafos (Zenob. vulg. 1,46, Diogen. 1,45, Diogen. Vind. 1,19, Plut. 7, Macar. 1,62, Apost. 1,71, *Suda* αι 125; em Plut. 52 σμήχεις é substituído por λευκαίνεις, "branqueias") como proverbialmente ilógica e inútil: com esse valor é usada, por exemplo, por Diógenes (385 Giannantoni) e por Luciano (*Adversus indoctum*, 28) a propósito dos seus esforços para aconselhar a leitura a um ignorante (para uma bibliografia essencial sobre os "adynata", ver nº 440). Essa expressão, porém, tem constantemente uma conotação adicional, porquanto evidencia a imutabilidade das condições naturais (para esse motivo, cf. nºs 106-109): Esopo conclui a fábula do etíope que quer mudar de cor (274 Hausrath) asseverando que μένουσιν αἱ φύσεις, ὡς προῆλθον τὴν ἀρχήν, "as condições naturais permanecem tais como eram no início"; Luciano, num epigrama (*Antologia Palatina*, 11,428), comenta a inutilidade de lavar a pele de um indiano, afirmando que não se pode fazer o sol brilhar na noite escura; em *Jeremias*, enfim, lê-se (13,23), na tradução da *Vulgata*, que se conseguirá fazer o bem conhecendo o mal *si mutare potest Aethiops pellem suam ant pardus varietates suas*, "se o etíope conseguir mudar a cor de sua pele e o leopardo as suas malhas". Pela presença deste último trecho se explica o sucesso que essa expressão teve entre os cristãos, não só em grego (por exemplo, em Gregório de Nazianzo, *Or.* 4,62, na *Vida de Barlaam e Ioasaf*, 11, cf. também Simeão Metafrasto, *Vita Gregorii*, 115,960c), como também em latim, em cuja literatura pagã essa expressão não parece encontrar-se (com exceção de um escólio isolado e tardio a Pérsio 5,116): é usada com freqüência por São Jerônimo (*Epistula adversus Rufinum*, 23, *Adversus Pelagianos*, 2,26, *Ep.* 97,2), inclusive para indicar a incrível maravilha de uma conversão (*Ep.* 69,6; 108,11), mas também há registros em outros autores, como Gregório Magno (*Ep.* 3,67). Essa locução conquistou sucesso discreto (talvez favorecido pelo indubitável componente racista) também nas tradições proverbiais modernas: ver por exemplo o provérbio brasileiro *Negro ensaboado, tempo perdido, sabão esperdiçado*, o francês *Débarbouiller un nègre*, o alemão *Einen Mohren Weiss waschen wollen* e os ingleses *To try to wash an Aethiopian white* e *To wash a Blackamoor white*; uma variação sugestiva é constituída pelo russo *černogo kobelja ne otmoeš'dobela* (ou seja: "cão preto, mesmo lavado, nunca ficará branco").

444. *Lupos rapient haedi*
Os cabritos capturam os lobos

Essa expressão, encontrada em *Dirae* do Pseudo-Virgílio (v. 4), designa uma coisa completamente contrária à ordem natural e, portanto, irrealizável (para a bibliografia essencial sobre os "adynata", cf. nº 440). Encontram-se paralelos em Teócrito (1,135), onde τὼς κύνας ὤλαφος ἕλκοι, "que o cervo arraste os cães", faz parte das subversões cósmicas que Tírsis prevê depois da morte de Dáfnis; e em Luciano, no início do oitavo *Diálogo dos mortos*, em que a absoluta ilogicidade de uma situação é caracterizada pela frase ὁ νεβρὸς τὸν λέοντα, "o veado (captura) o leão", explicitamente definida como proverbial. Entre os adágios modernos, ver em especial o francês *La chèvre a pris le loup*; a caça que caça o caçador faz parte do *topos* do "mundo às avessas": Cocchiara, *op. cit.* (cf. nº 440) 135-137, lembra, entre os vários exemplos, um poemeto de 1555, de Hans Sachs, cujo título é *Os lebrachos caçam e assam o caçador*, assim como o motivo do cervo que apanha o esperto caçador no inferno descrito por Hans Jacob von Grimmelshausen em seu romance picaresco *A vida do aventureiro Simplicius Simplicissimus* (1672); outro caso semelhante é o da mosca que apanha uma aranha, em G. C. Croce (cf. Cocchiara, *op. cit.* 154-156).

445. *In scirpo nodum quaerere*
Buscar nó no junco

Essa locução, verificada num fragmento das *Sátiras* de Ênio (70 V.²) e em Lucílio (36 M.), parte da constatação de que o junco não tem nós, indicando pois, em primeiro lugar, "procurar algo impossível de encontrar" (assim, por exemplo, em Plauto, *Menaechmi*, 247). Contudo, passou a assumir comumente — sobretudo nos cristãos, como São Jerônimo (*Contra Iohannem Hierosolymitanum*, 3, *Contra Pelagianos*, 2,30), Santo Agostinho (*Contra Iuliani secundam responsionem*, 2,215) e Paulino de Nola (*Ep.* 2,215) — outras conotações, principalmente a de "procurar um erro onde ele absolutamente não existe" (equivale, pois, *Procurar pêlo em ovo*), ou "procurar dificuldades a todo custo" (já em Terêncio, *Andria*, 940 s., e provavelmente no texto citado de Lucílio, onde esse paradoxo é acompanhado por procurar feridas em corpo são): para o nó como símbolo de dificuldades, cf. nº 1622, enquanto o nó do junco como símbolo de dificuldades inexistentes aparece no divertimento poético *Enigma do número três* (1,51 s.), de Ausônio. Em italiano *Far nascere / Cercare / Trovare il nodo nel giunco* também significa "suscitar exceções cavilosas, objeções despropositadas, avistar dificuldades e defeitos inexistentes" (Battaglia 6,885).

446. *Sine pennis volare haud facile est*
Não é fácil voar sem asas

A fonte é Plauto, *Poenulus*, 871; além disso, em *Asinaria* (v. 93), esse motivo reaparece na forma de incitamento trocista: *Sine pennis vola*. Indica uma ação leviana e absurda, a de querer afrontar uma empresa sem os meios adequados. Na coletânea de "adynata" sob o nome de Plutarco (1,345 Leutsch-Schneidewin) se lê: ἄνευ πτερῶν ζητεῖς ἵπτασθαι, "procuras voar sem asas" (nº 25). Esse *topos* ainda está vivo em muitas línguas européias (cf. Arthaber 1470): entre as variantes deve ser assinalada a veneziana *Prima se fa le ali e po se vola*.

447. *Si ad sepulcrum mortuo narret logos*
Se contasse histórias a um morto perto da sepultura

Essa frase em Plauto (*Bacchides*, 519) indica uma ação absolutamente desprovida de sentido e eficácia: aliás é freqüente nesse cômico a menção ao morto para representar uma pessoa sem qualquer possibilidade de se impor (cf. *Bacchides*, 630a, *Cistellaria*, 647, *Truculentus*, 164, *Persa*, 20, *Pseudolus*, 248, 310); além disso essa expressão está ligada ao *topos* da inutilidade das lágrimas e dos lamentos diante dos sepulcros (são famosas, por exemplo, as palavras de Clitemnestra em *As coéforas* de Ésquilo [v. 926]). Tampouco faltam paralelos exatos entre os provérbios gregos: a locução νεκρῷ λέγειν μύθους εἰς οὓς, "contar histórias ao pé do ouvido de um morto", usada pelo Pseudo-Libânio (7,321,1 s. Förster), é atribuída pelos paremiógrafos (Diogen. 6,82, Diogen. Vind. 3,34, Greg. Cypr. 3,12, Greg. Cypr. M. 4,47, Macar. 8,10, Apost. 12,100, *Suda* v 148) aos que não prestam atenção e aos insensíveis, enquanto Zenóbio Átoo (376 M.) também insere entre as expressões que indicam tagarelice νᾶ εἰς νεκρὸν ὠτίον ἠχεῖς, "fazes retumbar a orelha de um morto" (são, portanto, semelhantes às expressões *falar com uma parede* / *com um surdo*, etc., cf. nº 448). *Parlare ai morti* [Falar com os mortos] aparece em numerosos autores italianos (cf. Battaglia 10,973), entre os quais deve ser lembrado Poliziano, que desse modo demonstra a Aristeo a inutilidade das tentativas de Mopso de convencê-lo a não ceder às penas do amor: *Tu parli queste cose a' morti* (*Orfeo*, 44). Entre os provérbios modernos não é freqüente aludir aos mortos como símbolo de estupidez: adágios como *A chiagne' 'u morte so' lacreme perze*, de Abruzos, estão mais ligados ao *topos* da inexorabilidade da morte (cf. nº 611).

448. *Non canimus surdis*
Não cantamos para os surdos

Essa expressão é extraída de um verso das *Bucólicas* de Virgílio (10,8), que já na Antiguidade teve grande sucesso e foi citado para afirmar que as palavras que estavam sendo ditas não eram vãs (ver por exemplo Lactâncio, *Divinae Institutiones*, 5,1,13): *Canere surdis*, de resto, é locução encontrada também em outros textos (como, por exemplo, em Ovídio, *Amores*, 3,7,61, e em Propércio, 4,8,47). De modo mais geral, falar aos surdos se encontra em muitos autores (para um quadro abrangente, remeto a Otto 212, 1715, Seyffert 6, Weyman 80, Sonny 96, Sutphen 138) para indicar mensagem verbal inútil porque não captada: muitas são as variações, entre as quais devem ser enumeradas a das súplicas dirigidas a um surdo (cf. por exemplo Terêncio, *Heautontimoroumenos*, 330, Horácio, *Épodos*, 17,53, Ovídio, *Epistulae ex Ponto*, 3,9,25 s., Propércio, 3,24,20, Lucano, 6,443 s., Plínio, *Panegírico*, 26), o *Suadere surdis*, "convencer os surdos" (Lucrécio, 5,1052 s.), o *Narrare fabellam surdo*, "contar história a surdo" (ver por exemplo Terêncio, *Heautontimoroumenos*, 222, São Jerônimo, *Ep.* 117,2, e finalmente Horácio, *Ep.* 2,1,199 s., onde a *surdo* se acrescenta *asello*, cf. nº 481). Também são diversos os precedentes gregos: em *As coéforas* de Ésquilo (v. 881), o servo que anuncia desesperado a morte de Egisto brada: κωφοῖς ἀϋτῶ, "grito aos surdos", e com expressão semelhante Etéocles conclui sua furiosa intervenção em *Sete contra Tebas* (v. 202). Na comédia, deve ser citado um verso de Cratino (fr. 6,3 K.-A.), em que se tem παρὰ κωφὸν ὁ τυφλὸς ἔοικε λαλῆσαι, "parece que o cego tagarela perto do surdo". Naber, porém, corrigiu para ἔοικ' ἀποπαρδεῖν, "parece que peida", postulando que nesse trecho de Cratino havia originalmente a variante que substitui falar por peidar, documentada por paremiógrafos e lexicógrafos (Diogen. 7,43, Plut. 29, Macar. 6,89, Hesych. π 563, Phot. 385,14 P., *Suda* π 371): em vista de nossos atuais conhecimentos, a intervenção pode ser atraente, mas por certo não segura. Também nos autores gregos é encontrado o cantar para surdos (por exemplo em Aristeneto, *Ep.* 1,28, e em Libânio, *Anecdota Graeca*, 1,167 Boissonade); outras locuções registradas pelos paremiógrafos são παρὰ κωφῷ διαλέγῃ, "falas perto do surdo" (Greg. Cypr. 3,32; M. 4,89), e κωφῷ ὁμιλεῖς, "conversas com um surdo" (Plut. 43). Esse motivo também é muito freqüente nas sentenças medievais: toda a seção Walther 30874d-30878 é constituída por suas variações (como, por exemplo, *Surdo non binas tu missas nec cane trinas*, "a um surdo não cantes nem duas nem três missas" [30878]) e também recorre em outros textos, por exemplo ao lado de mostrar algo a um cego (Walther 2215, 15822, 15592, 24759) ou tocar cítara para asnos (Walther 27969, cf. nº 483). *Falar aos surdos* e *Pregar aos surdos* são expressões freqüentes nas várias línguas modernas européias (cf. Arthaber 1111; para a influência de *Vox clamantis in deserto*, cf. nº 449); entre as variantes, eu citaria a francesa *Prêcher latin devant les cordeliers*. Do latim vulgar *Deterior surdus eo nullus qui renuit audire* tem origem, nas línguas românicas, o provérbio correspondente a *Pior surdo é o que não quer ouvir* (cf. Arthaber 1293; situação do mesmo gênero, na literatura clássica, se encontra em Horácio, *Carm.* 3,7,21).

449. Vox clamantis in deserto
A voz de quem clama no deserto

Essa famosa expressão, ainda usada com referência à pessoa que fala ou dá conselhos inutilmente a quem não os quer ouvir, é a tradução da *Vulgata* de um trecho de Isaías (40,3), muitas vezes evocado pelos *Midrash* (cf. Strack-Billerbeck 1,96 s.: 2,154), cuja notoriedade se deve ao fato de ter sido proferida, segundo os *Evangelhos* (*Mateus*, 3,3 *Marcos*, 1,3, *Lucas*, 3,4, *João*, 1,23), por João Batista para definir-se. Na verdade, o original hebraico tinha pontuação diferente ("voz que clama: no deserto preparai o caminho do Senhor"), mas os evangelistas lançam mão da versão dos Setenta (φωνὴ βοῶντος ἐν τῇ ἐρήμῳ· ἑτοιμάσατε τὴν ὁδὸν Κυρίου, "voz de quem clama no deserto: preparai o caminho do Senhor"). *Pregar no deserto* é expressão verificada também em italiano, francês e espanhol, equivalendo a *Pregar aos surdos* (cf. nº 448); entre as referências literárias recordo a irônica de O. Wilde (*Aforismos*, 321). Entre os provérbios modernos, ressalto o de Abruzos, *Chi lava la capa agli 'asinu, se perde lo sapo'; chi predica agliu desertu, se perde ju sermò*, em que esse motivo é curiosamente conjugado a um dos provérbios sobre o asno mais correntes em nível dialetal: quem lava a cabeça do asno perde o tempo e o sabão (também objeto de uma gravura de Mitelli [41]), muitas vezes usado para indicar uma ação completamente inútil, ou uma teimosia incorrigível (cf. também nº 472).

450. Τίς γὰρ κατόπτρῳ καὶ τυφλῷ κοινωνία;
O que tem a ver o espelho com o cego?

Esse é o terceiro verso de um fragmento cômico documentado por João de Stóboi (4,30,6a) e registrado pelos paremiógrafos (*Mant. Prov.* 2,100), juntamente com as variantes τυφλῷ κάτοπτρον χαρίζῃ, "dás um espelho de presente a um cego" (Plut. 27), e κάτοπτρον ὁ τυφλός, "o cego (usa) o espelho" (*App. Prov.* 5,12). Foi atribuído a Epicarmo, mas erroneamente: na realidade, no texto de João de Stóboi, deve ser postulada uma lacuna entre o nome de Epicarmo e esses versos (cf. 5,730 Wachsmuth-Hense). Nos provérbios medievais latinos recorre com freqüência o motivo de apontar alguma coisa aos cegos como ação obviamente tola, e — através do latim vulgar *Quid caeco cum speculo?* — o *topos* recorre em todas as tradições proverbiais modernas (cf. Mota 163, Arthaber 269): entre as variações devem ser assinaladas a italiana *Al cieco non giova pittura, color, specchio o figura* (entre outras, está presente nas várias línguas o correspondente à locução "julgar as cores como um cego", cf. Arthaber 270) e a brasileira *Careca não gasta pente* (cf. Mota 64, também para os paralelos em outras línguas). Em nível literário, deve ser lembrado o famoso trecho de Dante, em que o tolo quer *sedere a scranna / per giudicar da lungi mille miglia, / con la veduta corta d'una spanna* (*Paraíso*, 19,79-81).

451. *Quid enim videant qui solem non vident?*
O que veriam os que não vêem o sol?

Essa expressão de Lactâncio (*Divinae Institutiones*, 5,20,2), que indica metaforicamente a cegueira mental, ligou-se a uma vasta tradição segundo a qual não ver em pleno dia e em plena luz do sol é símbolo de ignorância. É retomada não só por Lactâncio (cf. ainda *Divinae Institutiones*, 2,19,5; 7,1,15), mas também por outros autores, entre os quais Quintiliano (1,2,19: *Caligat in sole*, "não enxerga em pleno sol"), Sêneca (*De beneficiis*, 5,6,3: *Luce media errantem*, "estar às escuras ao meio-dia"), Boécio (*A consolação da filosofia*, 3,10,17 s.) e São Jerônimo (*Ep.* 49,5). Nas línguas modernas o sol e o dia são muitas vezes usados metaforicamente para indicar uma coisa absolutamente óbvia: ver, por exemplo, o italiano *Chiaro come il sole* e o francês *Clair comme le jour* [em port. temos Clareza meridiana].

452. Πρότερον χελώνη παραδραμεῖται δασύποδα
A tartaruga chegará antes da lebre

Esse provérbio é documentado pelos paremiógrafos (Diogen. 7,57, Diogen. Vind. 3,63, Apost. 19,88, *Suda* π 2875), que o explicam como referente a uma coisa absolutamente impossível; encontra-se também em Libânio (*Ep.* 74 [10,75 Förster]). Em sua origem está uma fábula de Esopo (254 Hausrath; cf. também Bábrio, 177), que na verdade tem significado mais profundo: a lebre, certa da vitória, adormece, enquanto a tartaruga a vence; assim o autor adverte que quem tem menos possibilidades muitas vezes graças ao empenho supera quem é naturalmente superior e subestimou o adversário (para os motivos do gênero, cf. nº 989). A redação atualmente difundida da historieta apresenta uma mudança também no que se refere à "moral": ela de fato indica que o astuto pode vencer o forte, já que a tartaruga põe suas irmãs em pontos estratégicos da corrida, levando a lebre a crer que a ultrapassara. Na Antiguidade — como nas culturas modernas — a tartaruga também era famosa pela lentidão (ver, por exemplo, Plauto, *Aulularia*, 480 s., São Jerônimo, *Ep.* 125,18, *Apologia adversus Rufinum*, 1,17, *Adversus Pelagianos*, 3,16); ademais, para designar ações ou coisas absolutamente impossíveis usavam-se expressões como πτηνὴ χελώνη, "tartaruga voadora" (cf. Luciano, *Antologia Palatina*, 11,436 e Bábrio, 115) ou *testudo volat*, "a tartaruga voa" (Claudiano, *In Eutropium*, 1,352, em que se tem uma subversão completa da ordem natural, com o abutre ganhando chifres e os rios voltando aos montes [cf. nº 440]). *Testudo volat* na realidade se vincula à fábula de Esopo (351 Hausrath) em que a tartaruga pretende que a águia lhe ensine a voar: esta a toma entre as garras, leva-a para o céu e a deixa cair, com as conseqüências óbvias; a expressão é também verificada entre os adágios medievais (Walther 31300c). Para o sofisma de Zenão, o Eleático, segundo o qual o pé veloz de Aquiles não alcança a tartaruga, cf. nº 84.

453. Διώκει παῖς ποτανὸν ὄρνιν
Um menino persegue um pássaro alado

A fonte é *Agamêmnon* de Ésquilo (v. 394), trecho cujo significado é problemático: todavia, fica evidente que esse provérbio indica uma ação insensata e infrutífera; com o mesmo valor essa imagem é encontrada em diversos outros autores, tais como Eurípides (fr. 271 N.[2]), Platão (*Eutífron*, 4a, *Eutidemo*, 291b, onde se especifica que os pássaros são calhandras) e Aristóteles, que, em sua *Metafísica* (1009b 39), registra a bela gnoma τὸ γὰρ τὰ πετόμενα διώκειν τὸ ζητεῖν ἂν εἴη τὴν ἀλήθειαν, "procurar a verdade seria como perseguir pássaros"; em Apostólio (12,100), enfim, se lê: ὄρνις (*sc.* ὄρνεις) ζητεῖς, ἀνέμους θηρεύσεις, "procuras pássaros e caçarás ventos" (para esta segunda parte, cf. nº 454). Em meio judaico, deve-se lembrar um trecho dos *Provérbios* para o qual quem se fundamenta em mentiras apascentará ventos e perseguirá pássaros (9,12a); em latim deve ser assinalado um trecho de Pérsio (3,61), no qual não ter objetivos precisos é identificado como *Sequi corvos*, "perseguir corvos". O neogrego usa πιάνει πουλιὰ στὸν ἀέρα, que, porém, indica uma pessoa especialmente feliz, enquanto, na descrição popular italiana do "país da cocanha", diz-se que lá se caçam pássaros com redezinhas para borboletas.

454. Δικτύῳ ἄνεμον θηρᾷς
Caças vento com rede

Essa locução, que indica uma ação absolutamente inútil, chegou até nós graças aos paremiógrafos (Zenob. vulg. 3,17, Diogen. 2,28; 4,29, Diogen. Vind. 2,40, Plut. 3, Apost. 3,13; 6,13, *Suda* δ 1115) e é encontrada num trecho de Plauto (*Asinaria*, 99 s.), cujo texto é problemático, mas que de qualquer modo apresenta *Piscari in aere*, "pescar no ar", paralelamente a pescar com redinha em alto-mar. *Caçar o vento com redes* encontra-se em Rabelais (5,21); entre as expressões italianas, existem *Triste è colui che nell'asciutto pesca* e *Pescare senza lenza*, enquanto *Pescare in aria* significa "fantasiar" (cf. Battaglia 13,58; já tinha sido registrado em Rabelais, 4, 32); eu lembraria também o alemão *Er schifft im Winde* (numa fábula dos irmãos Grimm [159], que consiste numa coletânea de mentiras colossais, inclui-se também navegar nos campos). Finalmente, recordo um trecho de Bernanos segundo o qual um dos preceitos de Hitler é "quem só tem fome e sede de justiça que vá pescar a lua e apascentar o vento" (*Os grandes cemitérios sob a lua*).

455. *Quasi si personam Herculis et cothurnos aptare infantibus velis*
Como se quisesses adaptar a crianças a máscara e os coturnos de Hércules

A fonte é Quintiliano (6,1,36), onde a imagem de uma criança vestida como o Hércules da tragédia — com sua máscara e seus calçados — se refere a um litígio de pouca importância que se transformou em drama. Na realidade, a expressão indica simplesmente algo ridículo e pode adaptar-se a diversos contextos: por exemplo, no tratado *Do sublime* (30,2) os nomes retumbantes e os ouropéis apostos a coisas de ínfima importância são comparados a uma criancinha vestida com vestes trágicas; em Luciano (*De historia conscribenda*, 23), essa situação é mencionada a propósito dos proêmios longos e pomposos que prefaciam obras curtas e pouco substanciosas. A propósito da criança com a máscara de Héracles ou de um Titã, Luciano vincula-se ao *topos* do *Parturiunt montes* (cf. nº 1746): em italiano o provérbio *Sentir la voce e non veder il fante, non si direbbe: "Questo è un gigante?"* sofreu exatamente essa evolução semântica e indica quem acena com ameaças sem ter a possibilidade de fazer os fatos acompanharem as palavras.

456. Ἀκροθίνια πυγμαῖα κολοσσῷ ἐφαρμόζειν
Adaptar a um gigante as vestes de um pigmeu

Esse provérbio, verificado em Filóstrato (*Vitae Sophistarum*, 1,19) e Eustátios (*Comentário à Odisséia*, 1862,35), assim como registrado pelos paremiógrafos (Apost. 15,12, *Suda* α 1002), indica um trabalho inútil e está ligado ao *topos* da oposição entre pigmeus (que já no mundo clássico eram proverbiais pela baixa estatura) e um gigante, em particular Hércules, que eles tentaram matar enquanto dormia, tendo apenas como resultado o fato de serem capturados e presenteados a Euristeu (cf. por exemplo Filóstrato, *Imagines*, 2,22, Amiano Marcelino, 22,12,4). *Attaccare a un colosso le spoglie di pigmeo* ainda é forma viva em italiano, mas sofreu uma variação semântica: designa a procura insistente e mal-intencionada de erros em obras grandiosas e monumentais.

c) *Os erros*

457. *Errare humanum est, perseverare autem diabolicum*
Errar é humano, mas perseverar no erro é diabólico

Esse conhecidíssimo adágio a meu ver deriva de um sermão de Santo Agostinho (164,14), no qual se tem *Humanum fuit errare, diabolicum est per animositatem in errore manere*, sendo retomado em seguida, por exemplo, por São Bernardo (*Serm.* 1,11,5: *Non humanum tamen sed diabolicum est in malo perseverare*, "não é humano, mas diabólico, perseverar no mal"), pelo *Liber proverbiorum* atribuído a Beda, o Venerável (*PL* 90,108c: *Humanum est peccare, diabolicum vero perseverare*), e por Roswitha (*Abraham*, 7,6: *Humanum est peccare, diabolicum est in peccatis durare*, cf. G. Scarpat, "Paideia" 45 [1990] 388). Esse motivo, presente também em São Jerônimo (*Ep.* 51,2; 57,12; 133,12), tem precedentes respeitáveis em Cícero — que, em *Filípicas* (12,2,5), afirma que *cuiusvis hominis est errare, nullius nisi insipientis perseverare in errore*, "é próprio do homem errar, mas só do insensato perseverar no erro", enquanto em *De inventione* (1,39,71) ele cria uma brilhante *gradatio* com: *primo quidem decipi incommodum est, iterum stultum, tertio turpe*, "deixar-se enganar uma vez é desagradável; duas vezes, insensato; três vezes, torpe" —, assim como em um *monóstico de Menandro* (183 J.), que declara: δὶς ἐξαμαρτεῖν ταὐτὸν οὐκ ἀνδρὸς σοφοῦ, "cometer duas vezes o mesmo erro não é coisa de homem inteligente". O fato de essa sentença ter chegado até nós por vias cristãs parece ser confirmado pela substituição do insensato pelo diabólico. O *topos* recorre também em outros textos, como, por exemplo, numa passagem de *Amores* de Ovídio (2,14,43 s.), ao qual devem ser associados provérbios que utilizam imagens mais expressivas (cf. nºs 458, 459). São numerosos os trechos em que aparece só a primeira parte, ou seja, o conceito de que errar é humano, a partir de Teógnis (327 s.), onde os erros acompanham inevitavelmente os mortais; numa famosa advertência de Tirésias a Creonte, em *Antígona* de Sófocles (vv. 1023-1027), afirma-se que quem corrige o erro deixa de ser insensato; em Luciano (*Demônax*, 7), ἀνθρώπου μὲν εἶναι τὸ ἁμαρτάνειν, θεοῦ δὲ ἢ ἀνδρὸς ἰσοθέου τὰ πταισθέντα ἐπανορθοῦν, "é próprio do homem errar; do deus ou do homem semelhante ao deus, corrigir os erros"; em outros textos existem *gnomai* menos significativas, como em Eurípides (*Hipólito*, 615), em Xenofonte (*Ciropedia*, 5,4,19), em Menandro (fr. 432 K.-Th.), ou, em latim, em Terêncio (*Adelphoe*, 579), em Cícero (*Epistulae ad Atticum*, 13,21,5), em Sêneca, o Retor (*Excerpta Controversiarum*, 4,3, *Controversiae*, 7,1,5), no Pseudo-Quintiliano (*Declamações*, 9,12), e numa carta de Lúcio Vero a Frontão (124,26-28 van den Hout). Em todas as línguas modernas européias encontra-se o equivalente à sentença latina (Mota 94, Arthaber 1034) e o "diabólico" também é substituído por "bestial" (como, por exemplo, em Abruzos); ademais, existem infinitas variações sobre o tema da humanidade do erro (tal como a brasileira *Cavalo, todo ele topa*, a italiana *Sbaglia il prete all'altare e il contadino all'aratro* [cf. também nº 461], a toscana *Non è sì esperto aratore che talora non faccia il solco torto*, a francesa *Il n'y a si bon charretier qui ne verse*, a espanhola *Al mejor galgo se le escapa una liebre*, a alemã *Auch der Messer verspricht sich auf der Kanzel*; para outros exemplos, cf. Arthaber 1234). Muitas são as referências literárias: eu assinalaria a famosa máxima de Pope (*Essay on Criticism*, 2,325) *To err, is human; to forgive, divine*, enquanto uma variação sobre o tema é o dístico de Monti (*Galeotto Manfredi*, 3) *Umana cosa è il deviar: celeste / il ricondursi sul cammin diritto*.

458. Δὶς πρὸς τὸν αὐτὸν αἰσχρὸν προσκρούειν λίθον
É uma vergonha tropeçar duas vezes na mesma pedra

Esse provérbio, retomado por Políbio (31,11,5) e registrado pelos paremiógrafos (Zenob. vulg. 3,29, Diogen. 4,19, Diogen. Vind. 2,32, Greg. Cypr. 2,15, Greg. Cypr. M. 2,80, Apost. 6,29, *Suda* δ 1267), constitui uma expressiva variação do tema *Errare humanum est, perseverare autem diabolicum* (nº 457). É retomado também em latim, principalmente por Ovídio (*Tristia*, 2,15 s.) e por Ausônio (*Ep.* 11), enquanto Cícero (*Epistulae ad familiares*, 10,20,2) comprova a proverbialidade, nesse sentido, de *Bis ad eundem* (sc. *lapidem*), "duas vezes contra a mesma (pedra)", e entre as sentenças de Publílio Siro (L 12) tem-se *Lapsus semel fit culpa si iterum cecideris*, "se escorregaste uma vez, a culpa é tua se cais de novo"; em latim medieval existe *Asinus ad lapidem non bis offendit eundem*, "um burro não tropeça duas vezes na mesma pedra" (Walther 1540); para o *topos* complementar do animal que não se deixa prender duas vezes pelo laço, cf. nº 397. Esse motivo também reaparece nas tradições proverbiais modernas: se em francês se tem uma simples tradução do adágio antigo, o italiano é mais desapiedado, com *Chi inciampa due volte nella medesima pietra non merita compassione*, e o espanhol é mais cruel, com *Quien en una piedra dos veces tropieza, merece que se quiebre la cabeza* (com equivalentes perfeitos em inglês e alemão). Ainda é usado *Bis in idem* a propósito de quem incide duas vezes no mesmo erro; para *Ne bis in idem* com sentido jurídico, cf. nº 1114.

459. *Improbe Neptunum accusat, qui iterum naufragium facit*
Acusa injustamente Netuno quem naufragou duas vezes

Essa sentença de Publílio Siro (I 63), que ficou bem conhecida (além de suas citações explícitas em Aulo Gélio, 17,14,4, e em Macróbio, *Saturnalia*, 2,7, ver, por exemplo, a referência em João de Salisbury, *Policrático*, 8,11), utiliza uma imagem que indica topicamente calamidade (ver, por exemplo, Plauto, *Mostellaria*, 677) para exprimir uma variação do tema *Errare humanum est, perseverare autem diabolicum* (nº 457); esse motivo volta em Ovídio (*Epistulae ex Ponto*, 4,14,21 s., *Tristia* 1,1,85) e numa sentença grega registrada por Arsênio (13,10i), que representa a tradução exata da máxima de Publílio. Além disso, deve ser lembrado um fragmento trágico incerto (139 s. R.³) que declara: *Neque me patiar / iterum ad unum scopulum*, "não suportarei dar duas vezes contra o mesmo escolho". Nas várias línguas européias encontram-se correspondentes ao italiano *A torto si lagna del mare chi due volte ci vuol tornare* (Arthaber 754).

460. *Sit erranti medicina confessio*
Seja a confissão um remédio para quem erra

A fonte é a *Epistula ad Octavianum* do Pseudo-Cícero (c. 7): conceito semelhante também estava expresso no autêntico Cícero (*Filípicas*, 12,3,7); existem paralelos no Pseudo-Sêneca (*De moribus*, 94) e sobretudo entre os cristãos, como em Santo Ambrósio (*Institutiones*, 4,27) e em Santo Hilário (*In Psalmos*, 135,3). O correspondente em todas as línguas européias tem características mais nitidamente cristãs (ver a expressão brasileira *Pecado confessado está meio perdoado*), enquanto no alemão há *Ein Fehler, den man erkennt, ist schön halb gebessert*.

461. *Quandoque bonus dormitat Homerus*
Quando, às vezes, o hábil Homero cochila

Essa frase é extraída de um verso da *Ars poetica* de Horácio (359), que, na verdade, se inicia com *indignor*: Horácio se indigna todas as vezes em que Homero não está à altura da sua fama, mas num poema de tal extensão — continua — alguns desníveis são quase inevitáveis. Já Quintiliano (10,1,24) associava esse juízo a outro semelhante, emitido por Cícero sobre Demóstenes, numa epístola que não chegou até nós, e que é repetido pelo próprio Quintiliano (12,1,22) e por Plutarco (*Vida de Cícero*, 24,6). É provável que a comunhão da imagem do sono entre Cícero e Horácio encontre explicação plausível na retomada de um módulo exegético helenístico: de resto, quanto aos desníveis de qualidade nos grandes autores, deve-se lembrar que o *Sublime* observa que em Homero estão presentes erros e desatenções, mas que isso não pode infirmar seus extraordinários méritos (33,4), e que, aliás, certas disparidades de nível distinguem os autores realmente "sublimes" dos medíocres. Mais tarde essa expressão de Horácio foi alvo de grande e singular atenção, sendo citada não só pelos latinos (por exemplo São Jerônimo, *Ep.* 84,8; nas sentenças medievais [Walther 12641a] também aparece a banalização que teve muito sucesso, *Interdum etiam bonus dormitat Homerus*, "às vezes até o bom Homero cochila"), como também reutilizada nas literaturas modernas (por exemplo Pope, *Essay on Criticism*, 177 e Rabelais, 3,42). Ainda é muito conhecida (*quandoque* é na maioria das vezes entendido erroneamente como "de vez em quando") e a sua tradução — obviamente sem a inicial *indignor* — é registrada como proverbial em todas as línguas européias, para indicar não só que em arte são inevitáveis os momentos menos felizes até para os grandes mestres (paralelamente, por exemplo, ao italiano *In arte anche chi è maestro non è sempre uguale a se stesso*), mas também — e principalmente — que todos podem errar, com o mesmo sentido de *Errare humanum est* e de suas expressivas variações do tipo do italiano *Sbaglia anche il prete a dir messa* (cf. nº 457).

462. *Velut si / egregio inspersos reprendas corpore naevos*
Como se num belo corpo fossem criticadas as pintas esparsas

A fonte é Horácio (*Sat.* 1,6,66 s.), mas a imagem também é usada por outros autores, como por exemplo Tertuliano (*Ad nationes*, 1,5) e Sidônio Apolinário (*Ep.* 4,18,5). O equivalente mais difundido é *Procurar pêlo em ovo*, mas é preciso lembrar que é muito freqüente em algumas línguas o uso de *pinta* para indicar um pequeno defeito.

463. *Toto caelo errare*
Cometer um erro do tamanho do céu

Essa locução está presente em diversos autores, tais como Macróbio (*Saturnalia*, 3,12,10) e Santo Agostinho (*De Genesi ad litteram*, 1,19,39, *Contra Faustum Manichaeum*, 20,6). Já se discutiu se *toto caelo* deve ser interpretado como adjunto adverbial de lugar ou de medida: a favor desta segunda hipótese existe, a meu ver, um precedente em *As rãs*, de Aristófanes (v. 1135: ἡμάρτηκεν οὐράνιον ὅσον, "cometeu um erro do tamanho do céu"), enquanto em favor da primeira hipótese deve-se notar que *toto caelo* também é usado com o sentido concreto de "em / por todo o céu" (cf. por exemplo Varrão, *De lingua Latina*, 6,3, Virgílio, *Geórgicas*, 1,474, Propércio, 2,16,49, Ovídio, *Amores*, 1,8,9, *Metamorfoses*, 1,71, assim como *ThlL* 3,87). Em italiano esse conceito costuma ser expresso pela locução *Un errore grande come una casa*. Ademais, ainda está viva a locução *Toto caelo* com o sentido de "completamente".

464. *Tota erras via*
Erras completamente o caminho

A fonte é Terêncio (*Eunuchus*, 245): de tomar um caminho errado em sentido real — como por exemplo em Aristófanes, *Pluto*, 961 — passa-se ao sentido figurado, a uma imagem que pode indicar erro de modo geral ou assumir valor dialético-retórico mais específico (cf. nº 61). Paralelamente, nos *Monósticos de Menandro* (101 J.), lê-se βάδιζε τὴν εὐθεῖαν, ἵνα δίκαιος ᾖς, "para ser justo, vai pelo caminho reto" (cf. também Aristides, *Quattuor*, 12 [2,159 D.]), e os paremiógrafos (Macar. 4,74, *App. Prov.* 3,26) registram ἴθι ὀρθός, "anda direito". Também em latim é freqüente a *recta via*, "caminho reto", para indicar o que é bom e justo (como em Terêncio, *Andria*, 190), ou o que é verdadeiro (ver por exemplo Plauto, *Casina*, 469, *Asinaria*, 54); numa carta de Marco Aurélio a Frontão (51,18 van den Hout) tem-se ademais *in viam... veram inducere*, "levar para o caminho verdadeiro". Essas expressões foram herdadas por todas as línguas européias: em italiano tem-se *Essere fuori strada* (que se refere na maioria das vezes a uma incompreensão, a uma construção mental equivocada), *Andare / Essere sulla retta via* (que tem significado quase exclusivamente moral), *Uscire dalla carreggiata* (usado em ambos os sentidos; para *Perder o rumo* com sentido retórico, cf. nº 61).

465. *Pater, peccavi in caelum et coram te*
Pai, pequei contra o Céu e diante de ti

No *Evangelho de Lucas* (15,18; 21), é essa a angustiada confissão do filho pródigo que volta ao lar paterno arrependido da vida desregrada e é perdoado porque admite humildemente ter errado: o perdão para quem se arrepende de culpa grave na verdade já é motivo encontrado no *Antigo Testamento* (*Salmos*, 50,4 s., *Jeremias*, 3,12 s.). Essa frase ainda é famosa e usada para quem se arrepende de um erro; traduz o grego πάτερ, ἥμαρτον εἰς τὸν οὐρανὸν καὶ ἐνώπιόν σου, que parece significar "pai, pequei em relação ao Céu e na tua presença", embora ἥμαρτον εἰς τὸν οὐρανόν, à luz de alguns paralelos rabínicos (cf. Strack-Billerbeck 2,217), pudesse significar "cometi um pecado grande até o céu" (para locuções semelhantes com céu, ver também nº 463).

d) As ações sem sentido

466. *Doctum doces*
Ensinas a quem já sabe

Essa expressão, extraída do *Poenulus* de Plauto (v. 880), vale-se de uma aproximação etimológica eficaz para evidenciar uma ação inútil, tola e arrogante: em Plauto existem outras frases semelhantes, como *Memorem mones*, "lembras a quem se lembra", de *Captivi* (v. 191), e *Quid opus nota noscere?*, "qual a utilidade de conhecer o que já se conhece?", de *Miles* (v. 636). Ensinar a quem já sabe retorna em outros textos com valor semelhante, mas sem a aproximação etimológica: em Fedro (5,9,5) e em Sêneca (*Ep.* 94,11). Nas línguas modernas o mesmo conceito é expresso com imagens mais pitorescas: francês, *Il ne faut pas clocher devant le boîteux* e *Il ne faut pas parler latin devant les cordeliers*; espanhol, *En casa del Moro no hables algarabía*; e no dialeto de Abruzos, *A ccase de sunature, n'n ze va ff'a serenate* (para outras variações, cf. n°s 467, 468) [corr. port., Ensinar o pai-nosso ao vigário], enquanto o italiano *Davanti agli zoppi non bisogna zoppicari* (que tem equivalentes em alemão e inglês) também assume conotações diferentes (como a de não lembrar a alguém suas próprias desgraças).

467. Ἀετὸν ἵπτασθαι διδάσκεις
Ensinas a águia a voar

Essa expressão, que indica uma ação tola e sem sentido, está presente em Eliano (*Natura animalium*, 15,22) e é registrada pelos paremiógrafos (Zenob. vulg. 2,49, Diogen. 1,65, Greg. Cypr. 1,17, Macar. 1,39, Apost. 1,41, *Suda* α 573). Nas línguas modernas, o italiano *Insegnare a volare alle aquile* tem paralelo perfeito em alemão (Arthaber 644).

468. Δελφῖνα νήχεσθαι διδάσκεις
Ensinas o golfinho a nadar

Como nos n°s 466 e 467, uma ação tola e sem sentido é simbolizada por ensinar algo a um especialista no assunto. Essa expressão se encontra em Aristeneto (*Ep.* 2,1) e é registrada pelos paremiógrafos (Zenob. vulg. 3,30, Diogen. 1,65; 4,33, Diogen. Vind. 2,43, Plut. 15, Macar. 3,25, Apost. 5,96, *Suda* δ 212). Tem-se um paralelo moderno no italiano *Insegnare a nuotare ai pesci*, imagem também presente em francês, inglês e alemão (em russo trata-se especificamente do lúcio); são conceitualmente semelhantes o francês *Enseigner le chat à soriser* e o inglês *An old fox needs learn no craft*.

469. *Laterem lavare*
Lavar um tijolo

Essa locução aliterante indica uma ação ilógica, uma tentativa inútil de realizar o irrealizável, e é encontrada não só no latim clássico (por exemplo em Terêncio, *Phormio*, 186, Sêneca, o Retor, *Controversiae*, 10, pr. 11, Santo Ambrósio, *De virginitate*, 3,4,19, São Jerônimo, *Adversus Pelagianos*, 1,24,721 e Paulino de Nola, *Ep.* 32,23), mas também no medieval: na realidade representa um módulo muito difundido em provérbios e adágios do tipo *Ille lavet lateres qui custodit mulieres*, "lavará tijolos quem tomar conta de mulheres", assim como em diversos autores (remeto a Otto 922, Sutphen 177, Szelinski 239). Donato, em seu comentário ao trecho de Terêncio, cita como equivalente grego o também aliterante πλίνθον πλύνειν, que é registrado pelos paremiógrafos (Zenob. vulg. 6,48, Greg. Cypr. 3,39, Greg. Cypr. M. 4,80, Diogen. 7,50, Diogen. Vind. 3,52, Apost. 14,32) entre as expressões que indicam ter trabalho para atingir fins impossíveis, e é usado por Eustátios (*Opuscula*, 11,91 s. Tafel). Em alemão existe ainda *Dem Ziegelstein die Röte abwaschen wollen*, enquanto *Lavare un mattone* é encontrado no italiano literário (por exemplo, em *Ammonizione di S. Girolamo a S. Paola* de Domenico Cavalca [77] e em *Ragionamento sopra i motti* de Paolo Giovio [202]).

470. *Nec frondem in silvis... / ... nec pleno flumine cernit aquas*
Não percebe nem folhagem nos bosques nem água em rio cheio

Com essas ações paradoxais — aliadas a não perceber relva nos campos — Ovídio (*Tristia*, 5,4,9 s.) designa uma pessoa que não entende as coisas mais evidentes. Existe proverbialidade tanto em não perceber folhagens nos bosques (Otto 1650) quanto em não encontrar água nos rios em cheia, motivo que encontra paralelos em Propércio (1,9,16) e em Petrônio (fr. 45,5 B.: *Flumine vicino stultus sitit*, "o imbecil passa sede perto do rio"), enquanto expressões semelhantes em Ovídio se inserem em contextos muito diferentes: em *Amores*, 2,243, *Quaerit aquas in aquis*, "procura águas nas águas", indica a penosa situação de Tântalo, que, sedento, não consegue alcançar a água que tem diante dos olhos; em *Metamorfoses*, 9,761, *Mediis sitiemus in undis*, "teremos sede em meio às ondas", refere-se à igualmente deplorável posição de Ífis que, disfarçada de homem, está destinada a desposar a amada Iante e, portanto, como mulher, destinada a não usufruir o desejado matrimônio. Também é preciso esclarecer que — como bem evidenciou Ed. Norden, *Die antike Kunstprosa*, Leipzig-Berlin 1909, 232 n. 1 (trad. it. *La prosa d'arte antica*, Roma 1986, 244 s., n. 69) — locuções como essas, ou como *In... Siciliae parte Siciliam quaerere* (Cícero, *In Verrem actio secunda*, 3,18,47), *In epulis epulas quaerere* (Ovídio, *Metamorfoses*, 8,832), *Samnium in ipso Samnio requirere* (Floro, 1,11,8), *In Deo deos quaerere* (Orósio, 7,29,3), vinculam-se a uma estrutura formal ensinada nas escolas de retórica. Em italiano ainda é muito usado *Cercare l'acqua nel mare*, enquanto em todas as línguas européias existe o correspondente a "procurar o burro sobre o qual se está". Em nível popular, em italiano, também existem *Cercare gli occhiali e averli sul naso* [procurar os óculos e tê-los no nariz], e *Cercare la pipa e averla in bocca* [procurar o cachimbo e tê-lo na boca].

471. Σίδηρον πλεῖν διδάσκεις
Ensinas um pedaço de ferro a navegar

Essa expressão é registrada pelos paremiógrafos (Plut. 14, Apost. 17,41) entre as que designam ações impossíveis e claramente absurdas: tradução perfeita dela se encontra no latim medieval *Ferrum natare doces* (Walther 9361d). Entre as locuções modernas, ver a italiana *Nuotare come un mattone* (que também se encontra em vários dialetos) e a francesa *Nager comme un chien de plomb*, que às vezes também são usadas como referência a uma pessoa que está em condições extremamente precárias.

472. *Oleum et operam perdidi*
Perdi o óleo e o trabalho

Essa locução, ainda conhecida, é encontrada pela primeira vez em Plauto (*Poenulus*, 332) e indica ação infrutífera. Sua origem é obscura e foram formuladas pelo menos três hipóteses: pode-se estar aludindo ao óleo com que se ungiam atletas e gladiadores, ao óleo usado em lamparinas para estudar à noite, ou a toaletes dispendiosas. Em favor da primeira hipótese tem-se um trecho de Cícero (*Epistulae ad familiares*, 7,1,3), em que se afirma que Pompeu perdeu *oleum et operam* para organizar competições de gladiadores, e um provérbio popular documentado por São Jerônimo (*Ep.* 57,12), que declara *Oleum perdit et impensas qui bovem mittit ad ceroma*, "perde óleo e dinheiro quem manda um boi ungir-se como os gladiadores". A objeção de Otto 1284 — de que na idade arcaica romana não existiam lutas de homens nus — não parece de todo convincente, já que o fato de os atletas não estarem nus não implica que não se ungissem, como é amplamente documentado. Quanto à lamparina para o estudo, sem dúvida fazem-lhe alusão Cícero, em duas cartas a Ático (2,171 e 13,38,1), Juvenal (7,99, onde se tem *temporis atque olei*) e um epigrama de Ausônio (35,7 s.), onde o poeta imagina que o livrete faz a seguinte queixa: *Utilius dormire fuit quam perdere somnum / atque oleum*, "teria sido mais útil dormir do que perder sono e óleo" (para "cheirar a óleo", sobre algo excessivamente elaborado, cf. nº 38). Quanto à terceira teoria, é sustentada com base na primeira documentação do provérbio em Plauto, onde se trata exatamente da toalete de uma prostituta. Na realidade, em Plauto a locução não parece padronizada, mas refere-se a um esquema geral, modificável segundo dois contextos: temos, pois, também *operam et sumptum*, "trabalho e despesa" (*Rudens*, 24), *operam et retia*, "trabalho e redes" (*Rudens*, 900, a propósito de um servo que foi pescar à noite), *operam et vinum*, "trabalho e vinho" (*Aulularia*, 578, sobre uma personagem que procurou em vão embriagar outra). Isso levaria a ver no trecho de *Poenulus* um significado original que depois se teria estendido a outras situações, mas esse argumento não é decisivo, visto serem documentadas variações sobre o tema também em autores posteriores: por exemplo, em Petrônio (134,2), depois de uma comparação com um cavalo sobre uma encosta, fala-se em *operam et sudorem*; em Lactâncio (*Divinae Institutiones*, 1,1,5), sobre os filósofos que procuraram a verdade apenas seguindo a virtude, tem-se *operam simul atque industriam*, variação que põe a tônica na inutilidade do seu empenho; em Macróbio (*Saturnalia*, 2,4,30), alguém que tenta em vão ensinar um corvo a falar diz: *Opera et impensa periit*, "foram-se trabalho e dinheiro" (essa expressão é retomada por João de Salisbury, *Policrático*, 8,8). O provérbio moderno mais semelhante ao antigo é *Ensaboar cabeça de burro é perder tempo*, com equivalentes exatos em todas as línguas européias (cf. Mota 93, Arthaber 110 e 122; já era citado por Rabelais, 5,21) e em quase todos os dialetos (inclusive com variações, como a do nº 449), indicando, porém, o trabalho perdido na tentativa de convencer uma pessoa muito teimosa; mas Passarini 1221 também registra *Perdere l'olio e la spesa*.

473. Ἄρκτου παρούσης ἴχνη μὴ ζήτει
Em presença da ursa, não procures suas pegadas

Esse convite a não conduzir uma busca de modo absolutamente insensato, além de perigoso, é registrado pelos paremiógrafos (Zenob. vulg. 2,36, Greg. Cypr. 1,56, Macar. 2,42, Apost. 3,89), que documentam sua presença em Baquilides (fr. 6 Sn.-M.). Também é documentada pelos paremiógrafos uma variante que substitui o imperativo ἴχνη μὴ ζήτει por τὰ ἴχνη ζητεῖς, "procuras suas pegadas" (Diogen. 2,70, Plut. 56, *Suda* α 3954), com tradução perfeita no latim medieval *Ursi cum adsit vestigia quaeris* (Walther 32271d). Quanto aos autores, o provérbio é utilizado por Aristeneto (*Ep.* 2,12), enquanto uma grande semelhança estrutural é perceptível num fragmento de Aristófanes (47 K.-A.). Em italiano se diz *Quando vedi il lupo non ne cercar la pedata*, que, na maioria das vezes, é entendido como um convite à fuga e a não enfrentar inutilmente grandes perigos.

474. *In silvam... ligna feras*
Levarias lenha ao bosque

A fonte é Horácio (*Sat.* 1,10,34); ele conta que, quando ainda compunha em grego, Quirino — deus nacional romano — apareceu-lhe em sonho e advertiu-o de que levar lenha para a floresta era menos insensato do que aumentar a multidão de poetas gregos. Levar lenha ao bosque indica ação evidentemente insensata e supérflua e a passagem de Horácio já era famosa na Antiguidade, como mostram suas citações por São Jerônimo (*Apologia adversus Rufinum*, 1,7, *Adversus Pelagianos*, 3,19); mais tarde ficou famosa na forma exortativa *In silvam non ligna feras!*, "não leves lenha para o bosque!" (cf. Walther 12052), com uma barbarização do texto, em que *non* está ligado a *insanius* que aparece depois e não certamente a *feras*. *Frondes addere silvis*, "acrescentar folhagem às florestas", é sempre usado em contexto poético por Ovídio (*Epistulae ex Ponto*, 4,2,13) para esquivar-se diante da dedicatória das poesias, enquanto esse mesmo motivo tem colorido diferente em Sidônio Apolinário (*Ep.* 7,3,1): só um descarado é capaz de absurdos desse tipo. Radicalmente diferente é o significado com que está empregado num texto de *Amores* de Ovídio (2,10,3): o poeta se queixa a Vênus por tê-lo levado a apaixonar-se por duas mulheres ao mesmo tempo, aumentando assim o seu natural desejo (é o valor de *Jogar lenha na fo-*

gueira; neste sentido, são freqüentes paralelos que indicam dores e sofrimentos, cf. nº 475). Para indicar uma operação absurda ou pelo menos inútil, também é usado *Alcinoo poma dare*, "dar maçãs a Alcínoo" (Ovídio, *Epistulae ex Ponto*, 4,2,10, Marcial, 7,42,6): Alcínoo, lendário rei dos feácios na *Odisséia*, era proverbial por suas riquezas e, principalmente, por seus férteis pomares (para os trechos, remeto a Otto 53, Sonny 94, Sutphen 127). Essa mesma locução está presente nas línguas modernas européias: ver por exemplo o italiano *Portar legna alla selva* e o alemão *Holz in den Wald tragen*.

475. *Fluminibus... aquas transmittere*
Levar água aos rios

Essa ação, plenamente inútil e ilógica, está entre as que caracterizam o arrogante em Sidônio Apolinário (*Ep.* 7,3,1). A formulação mais comum devia ser *Aquas in mare fundere*, "levar água ao mar", que ficou em Ovídio (*Amores*, 2,10,14; 3,2,34, *Tristia*, 5,6,44), onde porém — com um desvio semântico semelhante ao do *topos* de levar lenha para a floresta (nº 474) — esse motivo indica o aumento da paixão e equivale a *Jogar lenha na fogueira*. Deve também ser assinalado o fr. 78 Ernout de Plauto *Interluere mare*, que — pelo menos segundo quem o cita (Isidoro, *Origines*, 5,6,18) — significa "lavar o mar". Essa expressão também teve grande difusão inclusive na Idade Média (remeto a Sutphen 184) e em todas as línguas européias ainda estão vivos seus equivalentes (italiano, *Portar acqua in mare*, cf. Arthaber 1103).

476. Παρὰ ποταμὸν φρέαρ ὀρύττει
Cava um poço perto do rio

Esse provérbio é registrado pelos paremiógrafos (*Mant. Prov.* 2,51, Macar. 6,100), segundo os quais ele se refere a quem realiza uma operação inútil. É basicamente uma variação do *topos* de levar água ao mar (nº 475).

477. Γλαῦκα εἰς ᾿Αθήνας
Levar uma coruja a Atenas

Esse provérbio indica uma ação completamente insensata e inútil: de fato, a coruja era o próprio símbolo de Atenas e, portanto, não teria sentido levar para lá exemplares dessa ave como se fosse uma novidade. Essa locução aparece principalmente em Aristófanes (*Os pássaros*, 301) e depois em autores tardios, como por exemplo Diógenes Laércio (na parte de sua obra dedicada à vida de Platão [3,47]), Luciano (na carta-prefácio a *Nigrinos*), Juliano (numa carta cujo destinatário é Temístio [6,2,1]), Libânio (*Ep.* 11,340,7; 11,481,4 Förster) e Procópio de Gaza (*Ep.* 87,1,4; 102,8). São muitas as suas documentações em época bizantina e nos paremiógrafos: para um quadro completo, remeto ao exaustivo W. Bühler, *Zenobii Athoi Proverbia*, IV (2,1-40), Gottingae 1982, 114-122; na literatura latina essa expressão parece estar presente — em grego — apenas nas epístolas de Cícero (*Epistulae ad familiares*,

6,3,4; 9,3,2, *ad Quintum fratrem*, 2,15,4). Ainda está viva, sobretudo em nível erudito, em inglês, alemão e italiano: sua persistência foi favorecida, entre outras coisas, pelas numerosas referências feitas por Goethe e por uma de Ariosto (*Orlando Furioso*, 40,1,5 s.: *Portar, come si dice, a Samo vasi, / nottule 'Atene, e crocodili a Egitto*). Nas várias línguas européias são muitas as locuções que consideram tolice por antonomásia levar a certos lugares coisas que lá existem em abundância: eu assinalaria, por exemplo, a italiana *Portare i frasconi a Vallombrosa*, a inglesa *To carry coals to Newcastle*, a espanhola *Llevar hierro a Vizcaya*, a francesa *Vendre des coquilles aux pélerins de Saint-Michel* e as alemãs *Ablass gen Rom tragen* e *Bier nach München bringen*; outras, enfim, são encontradas em russo e em árabe.

478. *In sole... lucernam adhibere nihil interest*
De nada serve usar lanterna em pleno sol

A fonte é Cícero (*De finibus*, 4,12,29), mas o motivo da estupidez de quem acende lamparinas em pleno sol está presente em numerosos autores: em Quintiliano (5,12,8), por exemplo, operação do gênero é o próprio símbolo da insensatez; em Sêneca (*Ep*. 92,5: 92,17) a mísera claridade de um fogacho desaparece diante da luz solar; em Fedro (3,19,8), porém, essa expressão é usada por um tolo que zomba do servo Esopo (que, por sua vez, responde à altura, deixando-o com "cara de tacho"); esse paradoxo volta muitas vezes em autores pagãos tardios, cristãos e medievais (remeto a Otto 1665, Weyman 64, 79, 288, Sutphen 214, Szelinski 288). Paremiógrafos e lexicógrafos gregos registram dois provérbios semelhantes: totalmente equivalente é λύχνον ἐν μεσημβρίᾳ ἅπτειν, "acender um archote ao meio-dia" (Diogen. 6,27, Phot. 238,1 s. P., *Suda* λ 888), sobre quem faz algo no momento menos oportuno, sendo semelhante a uma frase espirituosa do retor asiático Cráton registrada por Sêneca, o Retor (*Controversiae*, 10,5,21); levemente diferente é ἡλίῳ φῶς δανείζεις, "emprestas luz ao sol" (Plut. 16, Apost. 8,51), que indica uma coisa absolutamente impossível. Finalmente, deve ser citado — ainda entre os provérbios documentados pelos paremiógrafos gregos — ἐν μὲν τῷ φάει σκοτεινός, ἐν δὲ τῷ σκότει φαεινός, "escuro na luz e luminoso no escuro" (Greg. Cypr. 1,85; M. 2,95). Essa expressão ainda está viva: ver o alemão *Bei Tage die Laterne anzünden*.

479. *Non necesse habent sani medico*
Quem tem saúde não precisa de médico

Essa famosa gnoma deriva da tradução feita pela *Vulgata* de um trecho do *Evangelho de Marcos* (2,17), em que Jesus justifica o fato de andar com párias e malfeitores afirmando que οὐ χρείαν ἔχουσιν οἱ ἰσχύοντες ἰατροῦ, ἀλλ' οἱ κακῶς ἔχοντες. οὐκ ἦλθον καλέσαι δικαίους, ἀλλὰ ἁμαρτωλούς, "não necessitam de médico os sãos, porém os enfermos; nem vim chamar os justos, mas os pecadores". A partir daí a frase é retomada pelos autores cristãos, tais como Palladio (*Historia Lausiaca*, 35,6) e São Jerônimo (*Ep*. 11), mas na realidade se trata de provérbio mais antigo, também usado pelos pagãos: por exemplo, ver Ovídio, *Epistulae ex Ponto*, 3,4,7, e Tácito, *Dialogus de oratoribus*, 41,3, que afirma: *Supervacuus esset inter innocentes orator sicut inter sanos medicus*, "seria inútil um orador entre os inocentes, tanto quanto um médico entre os sãos". Existem variações medievais: é conhecido *Si valeant homines, ars tua, Phoebe, iacet*, "se os homens estão bem, a tua arte, Febo, é inoperante" (Walther 29339a), derivado de Ovídio (*Tristia*, 4,3,78), enquanto há muita argúcia no corolário *Medico male est, si nemini male est*, "o médico passa mal se ninguém passa mal" (Walther 14564d, cf. também 14309a), que põe a tônica no interesse paradoxal do médico. São encontrados equivalentes em italiano (*Il sano non ha bisogno del medico*), francês, espanhol e alemão (cf. Arthaber 1216).

480. Currentem... incitare
Incitar quem já está correndo

Desse modo se indica uma exortação supérflua, cujo intuito é fazer com que alguém realize uma ação que quer ardentemente realizar ou já está realizando. Em *De oratore* de Cícero (2,44,186) lê-se *Facilius est enim currentem, ut aiunt, incitare quam commovere languentem*, "realmente, como dizem, é mais fácil incitar quem já está correndo do que pôr em movimento quem está abatido", mas essa expressão (com *incito* às vezes substituído pelos sinônimos *hortor, inpello, instigo, moneo*) aparece ainda em Cícero, com freqüência nas epístolas (*Ad familiares*, 15,15,3, *Ad Atticum*, 5,9,1; 6,7,1, 13,45,2, *Ad Quintum fratrem*, 1,45; 2,13,2), mas também nos discursos políticos (*Filípicas*, 3,8,19) e nas obras filosóficas (*De finibus*, 5,2,6), encontrando-se também em numerosos outros autores, como por exemplo Plínio (*Ep.* 3,7,15), Sêneca (*Ep.* 34,2), São Jerônimo (*Ep.* 66,13; 75,2; 82,1), Santo Agostinho (*Ep.* 218,1) e Sidônio Apolinário (*Ep.* 4,7,1). *Currentem* pode ser substituído por *euntem*, "quem está andando" (Estácio, *Tebaida*, 12,218), ou por *volentem*, "quem tem vontade" (cf., por exemplo, Ausônio, *Gratiarum actio*, 13,62, Claudiano, 1,164 s., Estácio, *Tebaida*, 6,34). Existe um precedente em Homero, no oitavo canto da *Ilíada* (vv. 293 s.), em que Teucros assim responde às exortações de Agamêmnon: τί με σπεύδοντα καὶ αὐτὸν / ὀτρύνεις, "por que me incitas, a mim que espontaneamente já me ocupo?", trecho famoso na Antiguidade, citado por Luciano (*Nigrinos*, 6) e ao qual provavelmente alude Estácio (*Aquileida*, 533). A imagem que está na base da expressão latina é a do cavalo esporeado, como demonstra uma passagem de Plínio (*Ep.* 1,8,1): *Addidisti ergo calcaria sponte currenti*, "deste com esporas em quem já corria espontaneamente" (semelhante é Símaco, *Ep.* 1,62); há portanto estreita associação com o *topos* do *Celeri subdere calcaria equo*, "usar as esporas em cavalo veloz", muito apreciado por Ovídio (*Ars amatoria*, 2,732 s., *Remedia amoris*, 788, *Ars poetica*, 2,6,37 s.), onde, porém, essa ação não é supérflua, mas, ao contrário, oportuna. Um precedente grego é encontrado na *Apologia de Sócrates* de Platão (30e), em que a missão de Sócrates em Atenas é comparada ao emprego da espora num garanhão grande e nobre, mas que ficou um pouco indolente exatamente devido à sua grandeza; nos paremiógrafos (*Mant. Prov.* 2,29), ademais, é registrado μύωπι τὸν δράκοντα ἤγειρας, "excitaste um dragão com esporas". O motivo da inutilidade de esporear um cavalo que já está correndo também está presente na Idade Média (Walther 4777, 7126), com *Sponte sequens non est iniecto fune trahendus*, "quem já vem espontaneamente não deve ser puxado por corda" (Walther 30259:

esse provérbio também está ligado à tradição que ressalta a facilidade de puxar quem já vem voluntariamente, cf., por exemplo, Walther 32112). Entre os provérbios modernos, ver o brasileiro *Cavalo que voa não quer espora* (que tem paralelos em todas as línguas, cf. Mota 67).

e) Provérbios sobre o burro como símbolo da falta de inteligência

481. Ὄνῳ τις ἔλεγε μῦθον· ὁ δὲ τὰ ὦτα ἐκίνει

Alguém contava uma história a um burro e ele mexia as orelhas

Esse belo provérbio indica o desperdício total das palavras ditas a quem não pode entendê-las por ser naturalmente falto de inteligência (para o burro como símbolo de falta de inteligência, cf. n⁰ˢ 482-489). É encontrado na tradição paremiográfica (Zenob. vulg. 5,42, Diogen. 7,30, Greg. Cypr. 3,30; M. 4,67, Phot. 339,17 s. P., *Suda* o 393) e retorna — unido ao motivo de falar aos surdos (cf. n⁰ 447) — em Horácio (*Ep*. 2,1,199 s.), segundo o qual Demócrito, se vivesse em seu tempo, se divertiria mais com os espectadores do que com os espetáculos: *Scriptores autem narrare putaret asello / fabellam surdo*, "acreditaria que os escritores contam histórias a um asno surdo" (a expressão *Surdo asello narrata est fabella* está registrada entre as sentenças medievais, cf. Walther 30874e). Finalmente, deve ser lembrado que em Luciano (*Adversus indoctos*, 4) e em Apostólio (12,82) o burro abana as orelhas depois de ouvir lira (nº 483). Em italiano, mais do que abanar as orelhas como os burros, as próprias orelhas de burro ficaram proverbiais para indicar ignorância, de tal modo que antigamente na escola costumava-se pôr um chapéu com forma de orelhas de burro na cabeça do estudante que demonstrasse ignorância (cf. também n⁰ˢ 484-485); seja como for, já no mundo antigo as orelhas eram a característica do burro que, mais do que qualquer coisa, simbolizava a nesciedade e a ignorância: pensar, por exemplo, na tradição segundo a qual Apolo fez crescerem orelhas de burro no rei Midas porque este declarara Mársias vencedor de uma competição musical, e não o deus (cf. também nº 963; para as relações entre o burro e a música, ver o nº 483).

482. Asinus in tegulis
Um burro no telhado

Essa locução de Petrônio (63,1) indica uma aparição mágica e inesperada, capaz de provocar espanto (fato excepcional semelhante é narrado por Lívio, 36,37, em que são dois bois que sobem as escadas até o teto de um edifício). Por isso, é presumível que isso designasse, de modo genérico, uma coisa impossível de acontecer e só aceita pelos crédulos, enquanto não é esse o seu sentido numa divertida fábula de Bábrio (125): um burro sobe ao teto de uma casa e quebra as telhas; quando é espancado pelo dono, choraminga: "Bem que no outro dia, quando o macaco fez isso, você riu!" Deve ser citado como outro paralelo um trecho de Valério Máximo (9,1,1), que, no entanto, é muito diferente: o advogado Lúcio Crasso, num litígio com Caio Sérgio Orata, comilão que mandara construir grande número de tanques privados no lago Lucrino para ter sempre ostras frescas, diz que, mesmo se lhe proibirem apanhar ostras naquelas lagoas, ele as encontrará até em cima do telhado. Essa mesma imagem retorna também nas línguas modernas, principalmente no alemão *Der Esel auf dem Dache*, com o mesmo valor deduzível em Petrônio; entretanto, é maior o número de redações paralelas, como o italiano *L'asino che vola* (expressão que também pode indicar uma pessoa que recebe um cargo superior às suas capacidades e que, para Rigutini-Fanfani, tem origem numa festa de Empoli), e o francês *Quand les poules auront les dents*.

483. Ὄνος λύρας
O asno (que ouve) lira

Esse é um dos provérbios gregos mais conhecidos e difundidos; está ligado a uma tradição bem mais antiga que vinculava paradoxalmente o asno a esse instrumento (já no terceiro milênio, na Mesopotâmia, temos relevos com orquestras de animais, nas quais o burro toca lira: ver, entre outros, Cocchiara [*op. cit.*, cf. nº 440] 38 s.). Entre os gregos, essa expressão indica uma pessoa tosca ou ignorante como um asno, que, ouvindo o som da lira, se afasta em vez de ficar extasiada (realmente, numa de suas primeiras aparições — Cratino, fr. 247 K.-A. — temos ὄνοι δ᾿ ἀπωτέρω κάθηνται τῆς λύρας, "os asnos ficam longe da lira"). Não há dúvida de que a forma original era ὄνος λύρας (ἀκούων), documentada, por exemplo, em Mácon (140 Gow), Menandro (fr. 460 K.-Th., *Misoumenos*, 295) e Aristeneto (*Ep.* 1,17), registrada pelos paremiógrafos (Diogen. 7,33, Greg. Cypr. 3,29; M. 4,66, Phot. 337,12 P., *Suda* o 391) e título de uma das *Satyrae mennippeae* de Varrão (a expressão recorre também num fragmento pertencente a tal sátira [349 B.]), sendo ademais verossímil que na sua base estivesse uma fábula. Contudo, não acredito que o conteúdo desta coincidisse com o da fábula de Fedro (*App.* 12), na qual um burro vê uma lira, tenta tocá-la e lamenta a sorte dela, que foi topar logo com ele, que nada entende de música, enquanto poderia ter caído nas mãos de quem fosse capaz de extrair suaves harmonias (assim — conclui o fabulista — muitos talentos não se desenvolvem adequadamente devido a circunstâncias desfavoráveis); acredito que na origem essa história se baseasse na rusticidade e na falta de inteligência do burro, que evitava a lira mesmo depois de ter ouvido seu som melodioso. Nessa tradição, ademais, deveriam até certo ponto estar inseridos elementos órfico-pitagóricos, sobretudo em vista do *topos* da oposição entre o asno e Apolo, portanto entre esse animal e a harmonia das esferas celestes: como demonstrou L. Deschamps, "Latomus" 38 (1979) 9-27, isso é muito provável pelo menos no que se refere a Varrão. Mesmo do ponto de vista formal, nos muitos autores em que o provérbio aparece, existem variações, das quais apresentarei alguns exemplos. Êupolis (fr. 279 K.-A.) tem ὄνος ἀκροᾷ σάλπιγγος, "um burro ouve uma trompa" (esse fragmento chegou até nós graças a Fócio [337,16 P.] e à *Suda* [o 384], ver também Arsen. 12,91a); em *Diálogos das meretrizes* de Luciano (14,4) uma pessoa excepcionalmente grosseira e desafinada é comparada a um ὄνος αὐτολυρίζων, "asno que toca lira" (essa expressão também é registrada por Macar. 6,39); em *De mercede conductis* (25) do mesmo autor, lê-se τί γὰρ κοινὸν... λύρᾳ καὶ ὄνῳ, "o que têm em comum a lira e o asno?"; ainda em Luciano, em *Adversus indoctum* (4), temos ὄνος λύρας ἀκούεις κινῶν τὰ ὦτα, "como um burro, ouves a lira abanando as orelhas" (ver também Apost. 12,82, assim como nº 481); em São Jerônimo (*Ep.* 61,4) temos, finalmente, ὄνῳ λύρα, "a lira a um asno!". Variante sugestiva, mas — ao que pude constatar — só presente nos paremiógrafos, é ὄνος λύρας ἀκούων καὶ σάλπιγγος ὗς, "o burro que ouve lira e o porco que ouve trompa" (Macar. 6,38, Arsen. 12,91a, Phot. 337,13 P., *Suda* o 391); Mácon (l.c.) conta uma deliciosa anedota, segundo a qual Estratonico teria substituído o burro pelo boi, aludindo ao outro citarista Cléon, cujo apelido justamente era "boi". Quanto aos paralelos latinos, Gélio, no prefácio a *Noctes Atticae* (19), transmite-nos um verso popular (1, p. 41 Büchner = p. 30 Morel) que declara *Nil cum fidibus graculo est, nihil cum amaracino sui*, "nada tem a ver a gralha com a lira, nada o porco com a manjerona" (no que se refere ao porco, o fato de desprezar a manjerona e qualquer tipo de perfume é notado por Lucrécio, 6,973); na Idade Média, a lira às vezes é substituída pela cítara (cf. Walther 25515, 27969). Essa locução — também freqüente no grego bizantino (documentada, por exemplo, na *Vida de Barlaam e Ioasaf* [11]) — foi herdada pelas línguas modernas: em italiano tem-se *Essere come l'asino al suono della lira / alla lira*, que habitualmente indica falta de sutileza intelectual (lembrar o belo dístico de Ariosto *Tanto apprezza costumi o virtù più ammira / quanto l'asin fa al suono della lira* [*Orlando Furioso*, 34,19,7 s.]), mas que ainda é usada a propósito de quem tenta fazer algo para o que não tem nenhuma aptidão (por exemplo, em Giovanni Maria Cecchi, *Commedie inedite*, Firenze 1855, 247). Nas várias línguas européias existem paralelos exatos: entre as variações assinalo a francesa *Qu'a en commun l'âne avec la lyre?* e a alemã *Was soll dem Esel die Leier* (na tradição alemã o motivo ainda é retomado num conto dos irmãos Grimm [144: trata-se do filho de um rei, cuja infelicidade é ter cara de asno, mas que, apesar disso, consegue tornar-se um extraordinário tocador de alaúde]); uma variante é a expressão siciliana *Lu puorcu all'organu* (cf. Sciascia, *Occhio di capra*, 86 s.). Para outros detalhes, ver H. Adolf, *The Ass and the Harp*, "Speculum" 35 (1950) 49-57 e M. Vogel, *Der Esel mit dem Leier*, Dusseldorf 1973.

484. *Quid nunc te, asine, litteras doceam?*
Por que te ensinaria eu a ler agora, asno?

A fonte é Cícero (*In Pisonem*, 30,73), mas na Antiguidade já é freqüente que o burro seja apresentado como o protótipo da ignorância e da renitência ao aprendizado:

ver por exemplo a tradição do ὄνος λύρας (nº 483), e um trecho das *Sátiras* de Horácio (1,1,90 s.) em que procurar manter as afeições fazendo-as depender do dinheiro é o mesmo que tentar ensinar um burro a correr no campo de Marte. Porfírio, comentando esse trecho de Horácio, ressalta a proverbialidade da imagem; entre as sentenças medievais registra-se (Walther 12304b) o *incipit* do v. 90 (*Infelix operam perdas*). São numerosos os paralelos nas línguas modernas, em que *burro* por ignorante é uma metáfora tão comum que chega a ficar quase completamente "amortecida". De qualquer modo, eu assinalaria o alemão *Man kann den Esel mit Atlasdecken belängen, er bleibt doch immer ein Esel*, "pode-se cobrir um burro com um atlas e ele continuará sendo sempre um burro" (que — além do *topos* do burro — está ligado à tradição proverbial de que o néscio está destinado a continuar néscio a despeito de tudo), assim como a alegoria das crianças transformadas em burros nas *Aventuras de Pinóquio* de C. Collodi. Para orelhas de burro, ver também nº 481.

485. *Neque ego homines magis asinos numquam vidi*
Nunca vi gente mais burra

A fonte é Plauto (*Pseudolus*, 136): já no mundo latino o burro indicava metaforicamente o ignorante; outros exemplos são encontrados em Terêncio (*Eunuchus*, 597 s.), Cícero (*Epistulae ad Atticum*, 4,5,3, *De oratore*, 2,66,267) e Boécio (*A consolação da filosofia*, 4,3,6: esse trecho — em que viver como burro é característica dos intelectualmente abúlicos e dos néscios — é muito importante porque será retomado em *Convivio* de Dante [2,7,4]). Às vezes o *asinus* constitui um qualificativo injurioso, como, por exemplo, em Terêncio (*Adelphoe*, 935, *Heautontimoroumenos*, 876 s.); outras vezes, porém, o símbolo de ignorância é constituído pela característica peculiar do burro, as orelhas longas: ver, por exemplo, Marcial (6,39,15-17, em que elas são o elemento distintivo do filho adulterino de um palhaço) e São Jerônimo (*Ep.* 125,18), assim como os nºˢ 481 e 484. Ao valor metafórico de *asinus* também estavam associados trocadilhos e duplos sentidos, como em Horácio (*Ep.* 1,13,8), que se diverte com o *cognomen Asina* de um amigo, ou como, com freqüência, em *Metamorfoses* de Apuleio (por exemplo, 8,25; 10,13), em que a situação — do homem que foi transformado em burro — se presta a *lusus* verbais desse tipo. *Burro* com o significado de carente de inteligência também é freqüente nas línguas modernas: para exemplos em italiano, remeto a Battaglia 1,732 s.

486. *Asinus in cathedra*
Um asno na cátedra

Essa expressão, paradoxal em si, indica uma pessoa ignorante e culturalmente tosca que assume (e se arroga) a função de mestre. Sua origem exata não é conhecida: entre as sentenças medievais verifica-se *Asinus in scamno se vult similare magistro*, "um asno na cátedra quer passar por mestre" (Walther 1452).

487. Similem habent labra lactucam asino carduos comedente
Os lábios seguram a alface como quando o burro come cardo

São Jerônimo (*Ep.* 7,5), citando esse fragmento de Lucílio (1299 s. M.), afirma que — sempre segundo Lucílio — essa foi a única frase capaz de levar o orador Crasso a rir (o fato de esta personagem só ter rido uma vez na vida é história corrente: para outros textos que falam disso, remeto a Otto 896; entre os autores modernos a história é citada por Rabelais, 1,29). Vários estudiosos se aventuraram na tentativa de reconstruir os versos, mas nunca se chegou a uma solução irrefutável; quanto ao significado, desde que não se trate de uma simples frase ofensiva (equivalente a *Cara de burro*), essa expressão poderia indicar que para o tolo a pior coisa equivale à melhor (ver os provérbios modernos citados abaixo). Realmente, O. Crusius ("Rheinisches Museum" 46, 1891, 320) mencionava a tradição da língua mole que come alimentos duros (cf. *Provérbios* da Bíblia, 25,15), que em Bábrio (133) se vale da imagem do burro que mastiga urtiga, mas M. J. Luzzatto objetou com justiça ("Annali della Scuola Normale Superiore di Pisa" 5, 1975, 56) que as semelhanças se situam em nível meramente superficial e que dificilmente se poderia aceitar a hipótese de uma relação semântica propriamente dita. Finalmente, deve ser observado que esse motivo é retomado nas tradições proverbiais modernas: ver os provérbios alemães *Disteln sind des Esels Salat*, assim como *Wie das Maul so der Salat* e *Das ist der rechte Salat für das Maul*; conceitualmente, eu também mencionaria o italiano *L'orzo non è fatto per gli asini*; finalmente, é famosa a imagem do asno que não se sentiu molestado ao mastigar um cardo vermelho e turqui (Carducci, *Davanti San Guido*, vv. 113 s.).

488. Περὶ ὄνου σκιᾶς
Da sombra de um burro

Essa expressão, encontrada em numerosos autores clássicos (por exemplo, Aristófanes, *As vespas*, 191; fr. 199 K.-A., Sófocles, fr. 331 R., Platão, *Fedro*, 260c, Menandro, fr. 141 K.-Th., Luciano, *Hermotimus*, 71, Díon Crisóstomo, *Or.* 34,59), e que, segundo uma nota de Aristóteles (fr. 625 Rose), constituiu o título de uma comédia de Arquipo que não chegou até nós, indica um objeto de discussão fútil, a propósito do qual só os tolos podem criar polêmica. Os numerosíssimos escoliastas, lexicógrafos e paremiógrafos que transcrevem essa locução (escólios aos trechos citados de Aristófanes, Platão e Luciano [244,31-246,13 Rabe], Hesych. o 927 L., Phot. 338,15-339,11 P., *Suda* o 400, υ 327, Zenob. vulg. 6,28, Diogen. 7,1, Greg. Cypr. 3,87, Greg. Cypr. L. 3,23, *App. Prov.* 4,26, Macar. 6,37; 7,8, Apost. 12,92; 17,69, Arsen. 14,22a) fazem referência a uma curiosa anedota que lhe constituiria a origem: certa vez Demóstenes, ao defender um homem que corria o risco de ser condenado à pena capital, notando que os juízes estavam desatentos, contou a história de um jovem que alugara um asno para transportar uma carga de Atenas a Mégara. Bem no meio do caminho, surpreendido pelo sol tórrido do meio-dia, ele parou para descansar à sombra do animal. O dono do animal, vendo aquilo, ficou revoltado e moveu-lhe uma ação, asseverando que o outro alugara o animal, não a sua sombra. Neste ponto, o orador interrompeu a narração e os juízes lhe pediram que contasse a conclusão; ele então respondeu que lhe parecia estranho que eles se interessassem mais por uma causa relativa à sombra de um burro do que pela outra, que dizia respeito a uma vida humana. Exatamente em Demóstenes (5,25) também é encontrada a variante περὶ τῆς ἐν Δελφοῖς σκιᾶς, "sobre a sombra em Delfos", que para os antigos era justificada (ver em especial Harpocracião 246,4-7 Dindorf, *Lexeis rhetorikai*, 243,30-244,5 Bekker, Fócio, 424,6-10 P., e o cânon citado de Zenóbio) pelo fato de que, segundo uma versão, o ridículo episódio não ocorrera na estrada de Atenas a Mégara, mas na de Delfos. Em latim medieval existe, *De asini umbra disceptare*, com correspondente perfeito em italiano (cf. Passaini 834) e alemão, enquanto em francês temos *Disputer sur la pointe d'une aiguille* (para *Discutir por lã de cabra*, semanticamente semelhante, ver nº 410).

489. Ὄνου πόκους ζητεῖς
Procuras lã de asno

Esse provérbio é documentado por uma ampla tradição tardia e está presente nos paremiógrafos (Zenob. vulg. 5,38, cf. *Coisl. 177*, 371 [151-152a Gaisford], Diogen. 4,85; 6,99, *App. Prov.* 2,29, Macar. 6,35, Apost. 12,89), nos lexicógrafos (Hesych. o 926, Phot. 337,25; 338,8 s., *Suda* o 399) e no *Comentário a Homero* de Eustátios (2,40,1-3 V.; 3,8,3 s. V.): indica uma ação absolutamente inútil e sem sentido. Em *As rãs* de Aristófanes (v. 186), entre as estações infernais relacionadas por Caronte, existe Ὀνουπόκας, "Lã-de-asno", topônimo que desconcertou exegetas antigos e modernos: a explicação mais óbvia — já adotada pelo escólio e por Hesíquio — é simplesmente de que ele indicaria um absurdo capaz de provocar o riso dos espectadores (B. Marzullo traduz em italiano como "Vattelapesca" [sabe-se lá]). No entanto, alguns estudiosos do século passado (entre os quais Conze e Meineke) notaram que Fócio e a *Suda*, explicando esse provérbio, também citam uma hipótese do filólogo alexandrino Aristarco de Samotrácia, para quem a locução estaria ligada a uma tradição transmitida por Cratino (fr. 367 K.-A.) e representada pelo pintor Polignoto em Delfos (cf. Pausânias, 10,29,2 e Plutarco, *De tranquillitate animi*, 473c), segundo a qual Ocno ("Indolência") fazia tranças de junco no Hades sem a menor utilidade, já que uma asna as comia. O nexo entre ὄνου πόκας e a asna comedora de junco ainda é obscuro e — nos lexicógrafos que o mencionam — artificioso: Meineke postulou que Aristarco teria lido em Aristófanes Ὄκνου πλοκάς, "tranças de Ocno", e Conze propôs corrigir em tal sentido o texto do cômico: esse conselho foi depois defendido veementemente por Fritzsche e Radermacher e, embora nenhum dos editores mais recentes adote a correção, de qualquer modo essa hipótese é considerada com seriedade, permanecendo a perplexidade pela conexão artificial entre as duas tradições, instaurada por Aristarco (B. Marzullo, *Mnemosynum*, Bologna 1989, 115-124, postula que o topônimo criado por Aristófanes é em alguma medida uma paródia de Cratino). Seja lá como for, "tosar o asno" depois teve certo sucesso e foi retomado em latim vulgar (*Ab asino petit lanam*) e em italiano (*Dall'asino non cercar lana*), assim como em francês (cf. Rabelais, 5,21), em espanhol, inglês e alemão (cf. Arthaber 260, 666).

f) A reação à imbecilidade

490. *Risum teneatis, amici?*
Poderíeis conter o riso, amigos?

Essa expressão agora é usada com freqüência para indicar uma situação (ou coisa) absolutamente tola e absurda, diante da qual não é possível conter o riso. É extraída de *Ars poetica* de Horácio (v. 5), de um trecho em que o poeta pergunta, retoricamente, se diante de uma representação absurda e extravagante (trata-se da famosa *mulier formosa* que acaba *atrum... in piscem*, cf. nº 869) se poderia reagir de outro modo senão com um acesso de riso. Às vezes essa frase é citada sem o ponto de interrogação final, mas com um ponto de exclamação, como um convite a conter o riso.

491. *Difficile est satiram non scribere*
É difícil deixar de escrever uma sátira

Essa expressão, ainda conhecida e usada, indica uma situação muito ridícula. Esse também era seu significado no texto de onde foi extraída (Juvenal, 1,30).

RELATIVISMO DA VIDA HUMANA, SEUS LIMITES, SEUS CONDICIONAMENTOS

a) As evidentes limitações da natureza humana

492. Ad impossibilia nemo tenetur
Ninguém é obrigado a fazer o impossível

Essa é uma norma jurídica segundo a qual, entre os requisitos de um contrato, deve estar o da possibilidade do objeto; contudo, essa expressão penetrou, também nas formas brasileiras *Ninguém é obrigado a fazer o impossível* e *Quem faz o que pode, faz o que deve*, na linguagem comum. Sua origem está no latim vulgar, que também tem muitos equivalentes, como *Ultra posse suum profecto nemo tenetur* (Walther 32104) ou o aliterante *Ultra posse meum non reor esse reum*, "não acredito ser culpado por aquilo que está além de minhas possibilidades" (Walther 32103a; cf. também 32103, 32109a, 32110a), enquanto do jurista Celso, o Jovem (*Digesto*, 50,17,185), é a versão *Impossibilium nulla obligatio est*, "não há nenhuma obrigação para com o impossível", também corrente em nível proverbial (cf. Walther 11620a). Se essa norma adverte que não se deve pretender de outros o que não está ao seu alcance, um precedente grego ordenava que tampouco se tentasse realizar aquilo que está acima das nossas forças: um preceito de Quílon (registrado por Diógenes Laércio, 1,70) ordenava μὴ ἐπιθυμεῖν ἀδυνάτων, "não aspirar àquilo que não se pode obter"; um provérbio documentado pelos paremiógrafos (Zenob. vulg. 1,29, Macar. 1,26, *Suda* α 538) qualificava como ação claramente tola ἀδύνατα θηρᾷς, "tentar coisas impossíveis"; Quintiliano (4,5,17) referia como norma grega que *Non tentanda quae effici omnino non possint*, "não se deve tentar fazer aquilo que não se tem absolutamente possibilidade de realizar" (para outros motivos associados ao *topos* do possível / impossível, cf. nºˢ 493-497).

493. Ζῶμεν γὰρ οὐχ ὡς θέλομεν, ἀλλ' ὡς δυνάμεθα
Não vivemos como queremos, mas como podemos

Esse fragmento de Menandro (45 K.-Th.) com certeza retoma um provérbio: ele recorre nos *Monósticos* (273 J.) e nos paremiógrafos (Zenob. vulg. 4,16, Diogen. 4,100, Diogen. Vind. 2,81, Greg. Cypr. 2,58, Greg. Cypr. M. 3,57, Macar. 4,31, Apost. 8,38, *Suda* ζ 133); esse conceito já está em Demóstenes (57,31) e — como explicitamente proverbial — em Platão (*Hípias maior*, 301c). Os *Monósticos de*

Menandro, ademais, referem suas aplicações particulares, nas quais querer mas não poder é aplicado ao enriquecimento (104 J. = *Comparatio Menandri et Philistionis*, 1,82) e ao bem viver (329 J.). O fato de em *Andria* de Terêncio ele ser citado como gnômico no v. 805 (*Ut quimus... quando ut volumus non licet*, "como podemos, visto não ser permitido como queremos") e de ler-se nos vv. 305 s. *Quoniam non potest id fieri quod vis / id velis quod possit*, "já que não pode ser como queres, trata de querer o que pode ser", levou vários estudiosos — entre os quais Meineke e Körte — à suspeita de que o fragmento de Menandro derivasse da comédia homônima do cômico grego: embora esse mesmo motivo recorra também em *Heautontimoroumenos* (v. 666) e em Cecílio (177 R.³), a hipótese parece muito provável. Além da comédia, deve ser assinalada a bela máxima de Plínio, o Jovem (*Panegírico*, 61): *Felicitatis est quantum velis posse, sic magnitudinis velle quantum possis*, "felicidade é poder o que se quer, e grandeza é querer o que se pode", que provavelmente evoca o trecho semelhante de Terêncio. Os cristãos depois retomarão com freqüência esse *topos*, às vezes com referência explícita aos trechos de Terêncio (remeto a Otto 1456, Weyman 78, 285, Sonny 115); entre as máximas medievais, aparecem tanto o trecho de *Andria* (Walther 32529) quanto a sua banalização *Si non ut volumus, tamen ut possumus* (Walther 28756). Em todas as línguas européias e em muitos dialetos há equivalentes às expressões brasileiras *Cada um faz o que pode*, *Quem não faz o que quer, faz o que pode* e *Quem quer só o que pode, pode tudo quanto quer* (cf. Mota 62, 191, 196, Arthaber 1141); são numerosas as suas referências literárias, como, por exemplo, o famoso *Vuolsi così colà dove si puote / ciò che si vuole, e più non dimandare*, com que Dante (*Inferno*, 3,95 s.) caracteriza o poder divino (importante precedente está em Santo Agostinho, *De civitate Dei*, 14,15,2), ou *Chi non può quel che vuol, quel che può voglia*, de Leonardo da Vinci, que — como uma observação de Montaigne sobre os reis da França que escolheram a liberdade de consciência, e *Non può quel che vuole, vorrà quel che può*, do libreto de Da Ponte para *Così fan tutte* de Mozart (2,2) — é sucessor da tradição de Terêncio e Plínio.

494. *Non omnia possumus omnes*
Nós todos não podemos tudo

Essa expressão, documentada em Lucílio (5,26 Charpin = 218 M.) e em Virgílio (*Bucólicas*, 8,63), indica uma das limitações mais óbvias da nossa natureza humana: já na Antiguidade clássica era famosa e foi citada como gnoma, por exemplo, por São Jerônimo (*Ep*. 52,9). Uma variante agrária aparece pela primeira vez em Eurípides (fr. 742 N.²: ἄλλη πρὸς ἄλλο γαῖα χρησιμωτέρα, "uma terra é melhor para um produto, outra para outro"), e nas *Geórgicas* (2,109) Virgílio lembra que *nec vero terrae ferre omnes omnia possunt*, "nem todas as terras podem produzir tudo" (esse conceito recorre ainda em 1,52 s.), enquanto numa nova idade de ouro *omnis feret omnia tellus*, "todas as terras produzirão tudo" (*Bucólicas*, 4,39). Motivo semelhante é o de Varrão, *Nemo enim omnia potest scire*, "ninguém pode saber tudo" (*De re rustica*, 2,1,2): ver também Horácio (*Carm*. 4,4,22) e Columela (12,59,5). Em Lívio (22,51,4), quando Maarbale acusa Aníbal de saber vencer mas de não saber usufruir a vitória (cf. nº 1259), introduz o discurso afirmando que os deuses nem a todos concedem as mesmas qualidades; expressão afim, em Quintiliano (5,10,21), assume conotação retórica. Não faltam precedentes gregos, tais como na épica de Homero (*Ilíada*, 4,320; 13,729, *Odisséia*, 8,167 s.), num epigrama anônimo da *Antologia Palatina* (12,96,1 s.) e em Sinésio (*Ep.* 41 [68,17]). Na Idade Média, ao lado de referências à expressão encontradas nas *Bucólicas* (Walther 18141a, 18147, 26470,1), existem: *Non uni dat cuncta Deus*, "Deus não dá tudo a um só" (Walther 18567a), e uma sentença de tipo agrário (Walther 17535: *Non eadem tellus fert omnia: vitibus illa / convenit, haec oleis, hic bene farra virent*, "nem tudo é produzido pela mesma terra: esta se ajusta à vinha, aquela à oliva e noutra ainda dão-se bem os cereais"; cf. também 16271, 18572). O italiano *Ciascuno non può far tutto* tem paralelos em francês e alemão, enquanto *Tutto il cervello non è in una testa* tem equivalente perfeito apenas em francês; outras variações sobre o tema são as inglesas *All flowers are not in one garland* e *All the keys hang not at one man's girdle* (esta última tem equivalente em alemão). Além disso, é conhecida a máxima segundo a qual Deus concede um dom a este e outro àquele (por exemplo, em *Como o velho Timofej morreu cantando*, uma das *Histórias do bom Deus*, de R. M. Rilke).

495. *Qui asinum non potest, stratum caedit*
Quem não pode bater no burro bate na sela

Essa expressão aparece pela primeira vez em Petrônio (45,8) e é registrada entre as sentenças medievais (Walther 23829a); em nível proverbial, ainda se encontra em todas as línguas européias (cf. Arthaber 191; em italiano, existe *Chi non può dare all'asino dà al basto*: em alguns dialetos, como por exemplo no de Abruzos e no bolonhês, o animal não é o burro, mas o cavalo). [Port., Quem não se pode vingar do senhor vinga-se do criado.]

496. Εἰ μὴ δύναιο βοῦν, ἔλαυνε ὄνον
Se não podes empurrar um boi, empurra um asno

Essa expressão é transcrita pela tradição paremiográfica (Zenob. vulg. 3,54, *Suda* ει 147) e nela foi identificado um fragmento cômico anônimo (543 K.). Em italiano atual é corrente *Quando non vanno i cavalli vanno anche gli asini* (com muitas variações dialetais do tipo veneziano: *In mancanza da cavai anca i aseni trota*); deve ser assinalada uma bela variante russa: *Na bezryb'e i rak ryba* (ou seja: "quando não há peixe até um lagostim pode passar por peixe"). No Brasil se diz *Quem não tem cavalo, monta no boi*.

497. *Non possumus*
Não podemos

Essa expressão, que ficou muito famosa e passou a fazer parte do uso comum, significa que o dever impede de se condescender a um pedido ainda que se o queira; foi a resposta que Pio IX deu a Napoleão III quando este lhe pediu a Romanha para Vittorio

Emanuele (dada em 8-2-1860 e reiterada na encíclica datada de 19 do mesmo mês); a partir daí, constituiu uma fórmula que o papa repetiu em todas as tentativas do governo italiano de obter Roma por meios pacíficos, em acordo com a Santa Sé. Na realidade, parece que essa foi a resposta de Clemente VII a Henrique VIII, quando de seu pedido de divórcio. A fonte dessa expressão parece estar nas Escrituras, sendo a resposta de Pedro e João ao Sinédio de Jerusalém, que lhes impunha deixar de pregar (*Atos dos Apóstolos*, 4,20: οὐ δυνάμεθα γὰρ ἡμεῖς ἃ εἴδομεν καὶ ἠκούσαμεν μὴ λαλεῖν, "não podemos deixar de propagar aquilo que vemos e ouvimos", traduzido na *Vulgata* como *Non enim possumus quae vidimus et audivimus non loqui*).

498. *Simul flare sorbereque haud factu facile est*
Não é fácil soprar e engolir ao mesmo tempo

A fonte é Plauto (*Mostellaria*, 791): trata-se de um provérbio que adverte quem não conhece suas próprias limitações e tem pretensões demasiadas. É retomado por São Colombano (*Ep.* 173,31) e, sem variações relevantes, reaparece em francês, espanhol e alemão (Arthaber 1143, Otto 672), enquanto em italiano há mudanças espirituosas (*Non si può tenere la farina in bocca e soffiare* e *Non si può bere e fischiare*: este último, com paralelo perfeito em inglês). O mesmo significado depois foi assumido por outras imagens: ver por exemplo o provérbio italiano *Non si può avere la botte piena e la serva* (ou *la moglie*) *ubriaca*, o brasileiro *Com bochecha cheia de água ninguém sopra* e o inglês *You cannot spin and reel at the same time* (ou seja: "não se pode fiar e enrolar ao mesmo tempo").

499. *Non cuivis homini contingit adire Corinthum*
Nem a todos é dado chegar a Corinto

A fonte é Horácio (*Ep.* 1,17,36): essa gnoma significa que nem todos podem atingir as metas mais cobiçadas. Na realidade, trata-se da tradução de um provérbio grego (οὐ παντὸς ἀνδρὸς ἐς Κόρινθον ἔσθ' ὁ πλοῦς, "nem a todos é dado navegar até Corinto"), cuja primeira documentação talvez remonte a um fragmento duvidoso de Aristófanes (928 K.-A.), citado por Hesíquio, o1799: todavia, não está bem claro se o Aristófanes de que se fala é o autor de comédias ou o filólogo alexandrino (cf. 362 Slater). De qualquer modo, tal provérbio era conhecido na comédia: uma paródia sua se encontra em outro autor do século IV, Nicolau (fr. 1,26 K.-A.: οὐ παντὸς ἀνδρὸς ἐπὶ τράπεζαν ἔσθ' ὁ πλοῦς, "nem a todos é dado navegar até a mesa"), e provavelmente também foi conhecido por Cratino (cf. fr. 336 K.-A.). A seguir é documentado em Hélio Aristides (*Or.* 40 [1,755 Dindorf]), enquanto Aulo Gélio (1,8,4) o menciona como parte de uma anedota contada pelo peripatético Sótion a respeito de Demóstenes: o orador teria ido disfarçado a Corinto, em busca do amor da meretriz Laís (famosa pela beleza e por seus preços certamente pouco populares), que, em troca da concessão de seus favores, teria pedido cerca de dez mil dracmas, obrigando-o a uma retirada inglória. Com efeito, esse provérbio geralmente é explicado pelos antigos em relação com a indústria do prazer que vicejava em Corinto e principalmente com o fato de ser ela reservada aos ricos, dados seus altos preços: cf.

em especial Estrabão, 8,6,20; 12,3,36, de onde deriva Eustátios (*Comentário à Ilíada*, 2,570 [1,448,1-5 van der Valk]), assim como várias documentações lexicográficas e paremiográficas (Phot. 360,18-22 P., *Suda* o 924, Apost. 13,60; ver também Zenob. Ath. 1,27, Zenob. vulg. 5,37, Diogen. 7,16); mais genericamente, Hesíquio (l.c.) faz alusão às imposturas das cortesãs, enquanto uma exegese totalmente diferente — registrada por Apostólio, Fócio e *Suda* — mencionava apenas as dificuldades das navegações. Na realidade, em vista do sentido que esse provérbio assume em Horácio, pode-se postular que Corinto esteja ali indicando a meta cobiçada por todos os navegantes, mas que não está ao alcance de todos: é aliás com esse valor que essa expressão — já documentada com variações na Idade Média, cf. Walther 17421, 17610a, 17860, assim como João de Salisbury, *Policrático*, 6,23 — ainda é usada nas versões em francês, espanhol e alemão, registrando-se variantes suas em muitas línguas, como em italiano: *Non tutti possono andare a Roma e vedere il papa*; e em alemão: *Es kann nicht jeder um Ablass nach Rom ziehen* e *Es haben nicht alle das Glück an den Hof zu reiten* (ou seja: "cavalgar até a corte"). Às vezes, nos provérbio modernos, a viagem é substituída pela conversa com o rei (cf. o inglês *Every man cannot speak with the king*), pelo convite para uma festa (ver o alemão *Nicht jeder ist auf die Hochzeit geladen*), ou pela moradia em lugar muito favorável (como no italiano *Non tutti possono avere la casa in piazza*, no lombardo *Töc no i pol sta a messa arent al pret*, no inglês *Every one cannot dwell at Rotheras*, ou seja, numa bela *villa* em Herefordshire). Em nível literário é famosa a referência no prólogo do terceiro livro de *Gargantua* de Rabelais.

500. *Dum licet, et spirant flamina, navis eat*
Que a nau prossiga enquanto for permitido e os ventos soprarem

Ovídio (*Fastos*, 4,18) assim alude à sua obra poética num momento de feliz inspiração: a imagem é a da embarcação, usada por ele próprio com o mesmo sentido em outro trecho de *Fastos* (2,863 s.) e que para os italianos é familiar, em vista dos famosos versos iniciais do *Purgatório* de Dante (*Per correr miglior acque alza le vele / omai la navicella del mio ingegno*). Na realidade, porém, Ovídio retoma uma tradição proverbial que usa a metáfora da nau como recomendação de fazer-se determinada coisa enquanto as circunstâncias são favoráveis: ver Horácio, *Ep.* 1,18,87 s., e Tibulo, 1,5,75 s. Os paralelos modernos costumam usar outras imagens, como no toscano *Bisogna macinare quando piove*, no francês *Il faut puiser quand la corde est au puits* (ou seja: "é preciso puxar a água quando a corda está no poço"), ou no inglês *Make hay, while the sun shines* (ou seja, "faça a forragem enquanto o sol brilha", com equivalente em alemão). Em italiano existe também *Finché la barca va, lasciala andare*, expressão que ficou muito conhecida há alguns anos por ser título de uma canção apresentada no festival de San Remo.

501. *Necessitas dat legem, non ipsa accipit*
A necessidade impõe a lei, não a aceita

Essa é uma famosa sentença de Publílio Siro (N 23), ligada ao *topos* da força irrefreável da *Necessitas* (cf. por exemplo Lívio, 4,28,5) que deve ser obedecida sem hesitações (ver, por exemplo, Cícero, *De officiis*, 2,21,74, Lívio, 9,4,16, Plínio, o Jovem, *Ep.* 6,29,3). Entre os gregos, esse motivo é freqüente sobretudo na tragédia, onde o herói muitas vezes deve lutar contra situações adversas que o obrigam a fazer escolhas dolorosas; ver, ademais, o *topos* segundo o qual a ἀνάγκη não podia ser contrariada nem mesmo pelos deuses (nº 502), o provérbio δεινῆς ἀνάγκης οὐδὲν ἰσχυρότερον, "nada é mais forte do que a terrível necessidade", registrado por Zenóbio (3,9), e a máxima de Publílio Siro *Necessitas ab homine quae vult impetrat*, "a necessidade obtém o que quer do homem" (N27). Atualmente é conhecida, como princípio jurídico, a forma vulgar *Necessitas facit ius*, "a necessidade faz a lei", substancialmente afirmada já por Modestino em seu *Digesto* (40,1,3). Muitas são suas referências nas tradições modernas, tais como a forma italiana *È dura cosa la necessità* e as brasileiras *A necessidade não tem lei* e *A necessidade tem cara de herege* (com equivalente em todas as línguas européias, cf. Mota 44, Arthaber 883; para algumas referências na literatura italiana, cf. Battaglia 11,296), a francesa *Nécessité est une dure loi*, a alemã *Muss ist ein bitter Kraut* e a inglesa *Necessity is a coal-back*. Máxima semelhante à de Publílio Siro, enfim, se encontra no *Fausto* de Goethe (2,1): *Gesetz ist mächtig, mächtiger ist die Not*. Grande importância teve *Not kennt kein Gebot*, com que o chanceler alemão Theobald von Bethmann Hollweg, em discurso ao Reichstag de 4 de agosto de 1914, justificou a invasão de países neutros como a Bélgica e Luxemburgo; esse discurso fez furor e a frase ficou famosa para justificar razões de Estado: foi, por exemplo, contestada — mais ou menos sinceramente — por Sidney Sonnino num discurso à Câmara em 25 de outubro de 1917 e citada por Benedetto Croce (*Storia dell'Europa nel secolo XIX*, 360) como símbolo de degeneração. Contudo, o uso desse motivo em favor de uma política de força não nasceu com o chanceler Hollweg, o que é provado pelo fato de William Pitt, num discurso de 18 de novembro de 1783, já ter afirmado que a necessidade era o pretexto para justificar qualquer violação da liberdade humana, sendo ela argumento dos tiranos e credo dos escravos.

502. Ἀνάγκᾳ / δ' οὐδὲ θεοὶ μάχονται
Contra a necessidade nem os deuses lutam

Essa máxima, extraída de Simonides (fr. 37 [542], 29 s. Page), é famosa em todo o mundo grego, inclusive por exprimir a concepção profundamente arraigada de que nem os deuses têm poder contra o destino: pensar no episódio exemplar da *Ilíada* (16,433-467), em que Zeus não pode salvar a vida do filho Sarpédon, num trecho ainda famoso e citado na literatura moderna [por exemplo, no *Dicionário filosófico* de Voltaire, no verbete "Encadeamento dos fatos"]). Outra variante é o motivo da absoluta inelutabilidade da *Necessitas* (cf. nº 501); por outro lado, não deve espantar que os tradicionais deuses "olímpicos" tenham limitações: sua concepção não implicava a onipotência absoluta (ver, por exemplo, W. Nestle, *Storia della religiosità greca*, Firenze 1973 [Berlin 1934], 20 ss.). Em latim é sintomática a existência de locuções como *Vix deo concessum*, "com muito custo concedido à divindade" (cf., por exemplo, Publílio Siro, A 22, Cícero, *Orator*, 5,19, *Epistulae ad Atticum*, 9,6,5, Plínio, *Panegírico*, 40,3, Fedro, 5,8,56 s.). Essa gnoma de Simonides foi retomada e citada por diversos autores: Platão (*Protágoras*, 345d) afirma que ela refuta Pítacos (donde também Diógenes Laércio, 1,77) e a reutiliza em *As leis* (5,741a; 7,818ab); depois foi mencionada por Sinésio numa carta (103 [178,2 s.]) e é registrada com exatidão pelos paremiógrafos (Zenob. vulg. 1,85, Greg. Cypr. 1,52, Greg. Cypr. M. 1,50, Apost. 3,6). Em latim, esse conceito ressurge em Lívio (9,4,16); Cícero, em *De divinatione* (2,10,25), depois de lembrar o episódio de Júpiter e Sarpédon, registra a tradução de um verso grego desconhecido: *Quod fore paratum est, id summum exsuperat Iovem*, "o que está destinado é superior ao supremo Júpiter". Entre as variantes, eu assinalaria uma extraída de *Tiestes* de Sófocles (fr. 256 R.: πρὸς τὴν ἀνάγκην οὐδ' "Αρης ἀνθίσταται, "contra a necessidade nem Ares consegue lutar") e uma, mais banal, presente nos *Monósticos de Menandro* (686 J.: πρὸς τὴν ἀνάγκην οὐδὲ εἷς ἀνθίσταται, "contra a necessidade ninguém consegue opor-se"). Em latim medieval está documentado *Necessitatem ne dii quidem superant*, "nem os deuses são mais fortes do que a necessidade" (Walther 16293a); nas tradições modernas, a força da necessidade deu lugar a formulações mais genéricas (cf. nº 501), sem vínculos com a divindade, mesmo porque o Deus cristão é concebido como onipotente, não se prestando pois a limitações desse tipo.

503. *Mater artium necessitas*
A necessidade é mãe das artes

Como precedente clássico desse provérbio latino vulgar, ainda conhecido, pode-se distinguir o motivo segundo o qual a arte depende da necessidade: assim, em Ésquilo (*Prometeu*, 514): τέχνη δ' ἀνάγκης ἀσθενεστέρα μακρῷ, "a arte é muito mais fraca do que a necessidade": nesse caso, ἀνάγκη é o destino que obriga o Titã a padecer pregado a uma rocha no Cáucaso) e sobretudo em vários trechos de Cúrcio Rufo (4,3,24; 7,7,10; 8,4,11), segundo os quais na guerra as invenções vencedoras provêm mais das reações aos condicionamentos da necessidade do que de projetos racionais. Em Ovídio (*Ars amatoria*, 2,43), tem-se *Ingenium mala saepe movent*, "muitas vezes os males põem o cérebro em ação"; ademais, são afins os *topoi* correntes das artes que nascem da pobreza (nº 1819) e da fome (nº 731). Em todas as línguas européias existem equivalentes ao italiano *Necessità è madre delle arti / dell'invenzione* (cf. Arthaber 882). Em italiano também é usado *La necessità aguzza l'ingegno*, retomado por Manzoni a propósito de um expediente feliz imaginado pelo bom Renzo, no sexto capítulo de *Promessi sposi* (par. 43: *Le tribolazioni aguzzano il cervello*; em *Fermo e Lucia* [104], tem-se, porém, *Necessità, come si dice, assottiglia l'ingegno*). No Brasil se diz *A necessidade é mestra* (Mota 44).

504. *Facis de necessitate virtutem*
Fazes da necessidade virtude

Essa expressão indica que se faz voluntariamente e de bom grado aquilo que as contingências obrigam a fazer ou, pelo menos, que se aceita fazê-lo com paciência: a fonte é São Jerônimo (*Epistula adversus Rufinum*, 3,2 *Ep.* 54,6), mas existem paralelos conceituais em Sêneca (*Ep.* 54,6), no Pseudo-Quintiliano (4,10) e em outros autores tardios (remeto a Otto 1217, Weyman 76, 281, Szelinski 241). Seu equivalente é encontrado em todas as línguas européias (cf. Arthaber 880) [it. *Far di necessità virtù*: em que, na maioria dos casos, virtude equivale a paciência]. Entre as referências literárias recordo Rabelais, 5,21.

505. *Non plus ultra*
Não mais além

Essas palavras, segundo a tradição, teriam sido escritas sobre as chamadas Colunas de Hércules (colunas que Hércules teria posto sobre os rochedos de Calpe e Ábila, no atual Estreito de Gibraltar) para indicar que era humanamente impossível passar além delas ou como advertência aos navegantes para que não tentassem a sacrílega empresa. Nos autores clássicos, todavia, essa inscrição nunca é mencionada e só se pode ressaltar que *Non plus ultra* é a tradução exata de οὐκέτι πρόσω, usada por Píndaro (*Neméias*, 3,21) a propósito das Colunas de Hércules (expressões semelhantes se encontram também em outros textos da literatura grega: ver, por exemplo, Heródoto, 2,175,5 οὐκ ἔτι προσωτέρω e Dionísio de Halicarnasso, *Antiquitates Romanae*, 1,55). *Plus ultra* depois se tornou lema de Carlos V (sugerido pelo médico da corte, o milanês Luigi Marliano, pelo menos segundo P. Giovio, *Ragionamento sovra i motti e i disegni d'arme*, 11): o imperador lembrava assim, com orgulho, que o seu império era tão extenso que ultrapassava os limites tradicionais da terra (de fato compreendia até territórios americanos: cf. nº 691). *Non plus ultra* atualmente é expressão corrente também na forma substantiva, mas com valor ligeiramente diferente: indica o grau mais elevado que pode ser atingido em determinado campo.

506. *Homines sumus, non dei*
Somos homens, não deuses

Essa expressão é de Petrônio (75,1) e indica as limitações da natureza humana, propensa ao pecado e ao erro. Um paralelo, ainda em Petrônio, está em 130,1, enquanto em Plínio, o Jovem (*Ep.* 5,3,2), *Homo sum*, "sou um homem", é a justificativa para alguns pecadilhos; Quintiliano (10,1,25), a propósito de Homero e Demóstenes, em cuja obra às vezes há desníveis de qualidade (cf. também nº 461), afirma: *Summi enim sunt, homines tamen*, "são o máximo, mas são homens". Assim Cícero, em *Tusculanae*, trata demoradamente da *imbecillitas generis humani*, "fraqueza do gênero humano" (3,16,34); a consciência de nossa *imbecillitas* humana recorre em Sêneca (*Ep.* 116,7). Em italiano se diz *Essere uomini, non Dio* e *Essere uomini, non essere santi*. Para *Homo sum: nihil humani a me alienum puto*, cf. nº 1294.

507. *Nihil mortalibus ardui est*
Nada há de difícil para os mortais

Essa expressão, também citada na versão banalizada *Nihil mortalibus arduum est*, deriva das *Odes* de Horácio (1,3,37) e introduz com sarcasmo a imagem dos homens que em sua estultícia tentam transpor os limites que lhes são impostos pela ordem divina e natural, assemelhando-se dramaticamente aos Titãs, que tentaram escalar o Olimpo e acabaram fulminados.

508. *Vanitas vanitatum, et omnia vanitas*
Vaidade das vaidades, e tudo é vaidade

Na *Vulgata* é esse versículo que emoldura o *Eclesiastes* (1,2 = 12,8) e que na versão dos *Setenta* declara: ματαιότης ματαιοτήτων εἶπεν ὁ Ἐκκλησιαστής, τὰ πάντα ματαιότης: a *vanitas*, que traduz o hebraico *hebel*, constitui aliás o verdadeiro *Leitmotiv* do *Eclesiastes* e está ligada a um conceito próprio da cultura mesopotâmica, o de que qualquer ação humana é absolutamente vã e inútil. *Vanitas vanitatum* é, pois, a transposição de uma expressão hebraica com valor superlativo (significa, portanto, "imensa vaidade", como traduz P. Sacchi, *Qoelet*, Torino 1986, 112). Essa expressão é ainda bem conhecida e usada para indicar o caráter ilusório da existência humana, tendo inspirado muitos provérbios nas várias línguas européias, do tipo do italiano *Gloria mondana, gloria vana*, ou do francês *Gloire vaine assez fleurit, porte feuille et point de fruit* (que encontra paralelos em espanhol e inglês). Muitas são as referências literárias, entre as quais devem ser lembradas algumas de especial importância, como *Oh vana gloria delle umane posse!*, com que Oderisi da Gubbio, no *Purgatório* de Dante (11,91), comenta o fato de que nas artes humanas ninguém pode jamais acreditar ter atingido o ápice e que o seu nível, aliás, está destinado a ser atingido e superado muito depressa; ou *Vain pomp and glory in the world, I hate ye*, pronunciado pelo cardeal Wolsey em *Henrique VIII* de Shakespeare (3,2); ou o desconsolado *L'infinita vanità del tutto* com que Leopardi conclui o canto *A se stesso* (28,16); em Goethe, *Vanitas vanitatum* é a epígrafe da poesia *Ich hab' mein Sach' auf nichts gestellt*. No Brasil se diz ainda *No mundo tudo é vaidade*.

509. Forma bonum fragile est
A beleza é um bem frágil

Essa expressão de Ovídio (*Ars amatoria*, 2,113), já encontrada com variações nas sentenças medievais (cf. Walther 9741, 9742), exprime um conceito muito difundido em todas as literaturas e tradições populares: em latim, por exemplo, recorre no exórdio de *De coniuratione Catilinae* de Salústio (1,4: *Divitiarum et formae gloria fluxa atque fragilis est*, "a glória das riquezas e da beleza é inconsistente e frágil") e em Propércio (2,28,57), enquanto em Virgílio (*Bucólicas*, 2,17 s.) e em Sêneca (*Fedra*, 770-772) esse motivo é acompanhado pela comparação — igualmente conhecida e freqüente — com a caducidade das flores. Esse *topos* é muito corrente entre os místicos que, em todos os tempos e em todas as latitudes, opuseram a transitória beleza terrena à beleza espiritual, que em si é imarcescível, mas recorre com freqüência nas literaturas modernas, mesmo fora de contextos de tipo religioso: muito conhecido é, por exemplo, um verso de Petrarca extraído do soneto *Chi vuol veder quantunque pò Natura* (248,9: *Cosa bella mortal passa e non dura*). Em nível proverbial devem ser notados os lapidares *Beauty is a blossom* e *Prettiness dies quickly* em inglês, e *Schön währt nicht lange* e *Schönheit vergeht* em alemão, enquanto são mais específicos o italiano *Bellezza è come un fiore che nasce e presto muore* e o francês *De belle femme et fleur de mai en un jour s'en va la beauté*. Finalmente, em muitos provérbios italianos é comum a imagem do sapato bonito que com o tempo se transforma numa chinela feia.

510. Quasi solstitialis herba paulisper fui
Durei pouco, como erva de verão

Assim se exprime, num trecho de Plauto (*Pseudolus*, 38), a personagem Calidoro, referindo-se à sua situação desesperada (devida a dores de amor); a comparação com a *herba solstitialis* recorre em Ausônio (*Commemoratio professorum Burdigalensium*, 7,46-49) para indicar a morte precoce. Também são documentadas imagens semelhantes, como a do redemoinho que arrasta *rosas nascentes*, usada por Prudêncio para os mártires em *Hino à epifania* (12,128). Em alemão, para indicar a pouca estabilidade da condição humana, tem-se *Heute Blumen, morgen Heu* (ou seja: "hoje flor, amanhã feno").

511. Homo bulla
O homem é uma bolha

Esse provérbio está documentado em Varrão: no início de *De re rustica*, ele afirma que precisa apressar-se para escrever, pois, como se diz, o homem é uma bolha e tanto mais o é na velhice; outras documentações estão em Petrônio (42) e num escólio a Pérsio (2,10). Entre os gregos, essa locução dá ensejo a uma analogia bem elaborada em *Caronte* de Luciano (19): Caronte explica a Hermes que o homem e a sua vida assemelham-se às bolhinhas que se criam debaixo de uma cascata: destas, algumas logo arrebentam e a maior parte sobrevive por certo tempo, formando esplêndida espuma; contudo, todas estão destinadas a arrebentar. Nas línguas européias modernas é a bolha de sabão ou a bolha de ar que indicam coisas efêmeras, ainda que aparentemente graciosas; no italiano antigo tem-se, com esse valor, *Bolla acquaiola* (cf. Battaglia 2,290).

512. Σκιᾶς ὄναρ / ἄνθρωπος
O homem é sonho de uma sombra

Essa expressão, ainda muito conhecida, provém de Píndaro (*Píticas*, 8,136 s.) e está ligada a toda uma tradição segundo a qual o homem e a vida humana são definidos como σκιά, *umbra*, por serem vãos e ilusórios. Muitos são os trechos de tragédias a serem citados, principalmente de Sófocles: o homem é considerado πνεῦμα καὶ σκιά, "sopro e sombra", no fr. 13 R., enquanto em *Ajax* (vv. 125 s.) à σκιά une-se εἴδωλον, "fantasma" (o mesmo binômio se encontra em *Filoctetes* [vv. 946 s.], mas em contexto diferente), e em *Electra* (v. 1159) tem-se σποδόν τε καὶ σκιὰν ἀνωφελῆ, "pó e sombra vã" (para esta associação, cf. também Eurípides, *Meléagro*, fr. 532,2 N.[2]). Contudo, o uso de σκιά na literatura grega para indicar o caráter aleatório da vida humana não está limitado à tragédia: aparece, por exemplo, num fragmento do cômico Filémon (178,15 K.-A.), em que recomenda-se reconhecer que não passamos de sombra (com uma sugestiva variação do *topos* do γνῶθι σεαυτόν, cf. nº 347); também deve ser assinalada a locução σκιᾶς εἴδωλον, "fantasma de sombra", que indica algo absolutamente evanescente e irreal (ver Ésquilo, *Agamêmnon*, 839, Sófocles, fr. 659,6 R., Aristeneto, *Ep.* 2,1, Macário, 7,71). Em âmbito judaicocristão o paralelo entre o homem e a sombra retorna com freqüência; devem ser assinalados dois trechos dos *Salmos*, 101,12 (*Dies mei sicut umbra declinaverunt*, "os meus dias declinaram como sombra") e 143,4 (*Dies eius sicut umbra praetereunt*, "os seus dias [ou seja, os do homem] vão-se como sombra"); na literatura latina, a conexão entre o pó e a sombra é retomada pelo famoso *Pulvius et umbra sumus*, de Horácio (*Carm.* 4,7,16). Desta última expressão merece ser mencionada uma versão medieval (Walther 22889), interessante pela sua estrutura silogística: *Pulvis et umbra sumus, pulvis nihil est nisi fumus; / sed nihil est fumus: nos nihil ergo sumus*, "pó e sombra somos e o pó nada mais é que fumo; mas o fumo nada é: logo, nada somos". Em todas as línguas européias existem equivalentes à fórmula "a vida é sonho", que lembra a imagem de Píndaro; esse motivo reaparece em numerosos autores, tais como Petrarca (*Ep.* 2,9,123: *Totam mihi vitam nihil videri aliud quam leve somnium fugacissimumque fantasma*, "toda a vida me parece só um leve sonho e um mui fugaz fantasma", cf. *Canzoniere*, 1,14: *Quanto piace al mondo è breve sogno*), Shakespeare (*Macbeth*, 5,5: *Life is but a walking shadow*), Fénelon (*Dialogues des morts*, 28), Schiller (*Fiesko*, 1,6); ademais, *La vida es sueño* é título de uma famosa obra de Calderón de la Barca; *Der Traum ein Leben* é título de uma obra menos conhecida do dramaturgo austríaco F. Grillparzer (representada em 1834). Ainda mais próximo de Píndaro está G. Carducci, numa obra lírica dedicada a Jaufré Rudel (*Rime e ritmi*, 3,73 s.), em que o protagonista moribundo, vendo à cabeceira a mulher amada, pronuncia as seguintes palavras: *Contessa, che è mai la vita? / È l'ombra d'un sogno fuggente* [Condessa, o que é a vida? / É a sombra de um sonho fugaz].

513. Stat sua cuique dies
Cada um tem seu dia

É com essas palavras que, no décimo canto da *Eneida* (v. 467), Júpiter consola Hércules pela iminente morte de Palante, que acaba de invocá-lo: para cada um está fixado, inelutavelmente, o dia da morte e nem mesmo os deuses podem vencer esse destino (a propósito da superioridade do destino em relação à divindade, ver também o nº 502). Esse verso, em que o comentador Sérvio distinguia uma concepção estóica, já era proverbial na Antiguidade, como demonstra Macróbio (*Saturnalia*, 5,16,7, cf. também 5,10,4), e ainda constitui uma gnoma em uso; uma bela paródia está em *Baldus* de Teofilo Folengo (3,402: *Stat sua... moriendi volta*). Em italiano, ademais, *l'ora di qualcuno* pode indicar o momento em que termina a vida de alguém [port., chegou a sua hora] (para os trechos, remeto a Battaglia 11,1094).

514. Mihi heri, et tibi hodie
Ontem eu, hoje você

A fonte é um versículo do *Eclesiástico* (38,22), que, na versão dos *Setenta*, declara ἐμοὶ ἐχθὲς καὶ σοὶ σήμερον: todo o contexto recomenda não se entregar à tristeza quando alguém morre e a frase alude ao caráter inelutável da morte; além disso, esse motivo está presente nos epitáfios epigráficos, constituindo-se pois numa advertência para quem se compraz com as desgraças alheias (cf. Lattimore 256-258); merece menção especial uma inscrição encontrada em Fano (*CIL* 11,6243): *Quod tu es ego fui, quod ego sum et tu eris*, "o que tu és eu fui; o que eu sou, serás também". Nos velhos cemitérios é muito comum *Hodie mihi, cras tibi*, que equivale a *Hoje eu, amanhã você* (ou vice-versa), que atualmente é corrente, mas tem significado mais genérico, indicando uma desgraça — não necessariamente a morte — que pode atingir qualquer um de um momento para outro. Ainda em plano genérico, há uma bela variação de Abruzos: *N'n de ne fa' habe de lu mia dulóre, ca quande lu mé é vvécchie, lu té é nnóve*; também é notável uma variação brasileira: *Quando os meus males forem velhos, os de alguém serão novos*.

515. Memento mori
Lembra-te de que morrerás

Essa expressão é de origem medieval, provavelmente monástica (Walther 14632a, cf. também 14631, *Memento cita mors venit*, "lembra-te de que a morte vem depressa"), embora na tradução da *Vulgata* de um trecho do *Eclesiástico* (38,20), que recomenda não se entregar à tristeza pela morte de alguém, se leia *Memento novissimorum*, "lembra-te dos últimos tempos"; conceitualmente, ver também Pérsio, 5,153: *Vive memor leti*, "vive recordando a morte". Essa expressão, que, entre outras coisas, deve ser também associada à advertência feita por Deus a Adão e Eva quando da expulsão do Éden (cf. nº 516), tornou-se depois a palavra de ordem dos trapistas e hoje é de uso comum, para indicar um *topos* literário ou como um componente do cerimonial de diversas coroações, lembrando-se ao coroado que a glória terrena está destinada a desaparecer em breve (por exemplo, na do papa, cf. nº 535, ou na dos czares, que deviam escolher o mármore para o seu túmulo).

516. *Pulvis es et in pulverem reverteris*
És pó e ao pó voltarás

Essa frase, cuja notoriedade atual se deve ao fato de estar inserida no ritual católico (por exemplo, no da imposição das cinzas do primeiro dia da Quaresma), na realidade faz parte das indignadas palavras com que Deus expulsa Adão e Eva do Paraíso terrestre (*Gênesis*, 3,19: na versão dos *Setenta*, tem-se γῆ εἶ καὶ εἰς γῆν ἀπελεύσῃ). Essas palavras são freqüentes no *Antigo Testamento*: cf. por exemplo *Salmos*, 102,14, *Eclesiastes*, 12,7; 3,20. A expressão também é conhecida na forma ritual mais completa, *Memento homo quia pulvis es et in pulverem reverteris*, "lembra-te, homem, que és pó e ao pó voltarás", de onde derivam a advertência ascética *Memento, homo* e o termo popular *mementomo* (em italiano existe a locução *Dire / Recitare il mementomo*). Algumas vezes tem-se *Quia cinis es est in cinerem reverteris*, "porque és cinza e à cinza voltarás", que é fórmula do ritual ambrosiano.

517. *Omnes una manet nox*
Uma só noite nos espera a todos

Esse é um trecho de Horácio (*Carm.* 1,28,15) que se tornou proverbial, indicando o caráter inelutável da morte; a contraposição entre *omnes* e *una*, ademais, evoca o *topos* da morte igualadora (cf. nºs 518, 519). Quanto a *manere*, indica a espera da morte também em outros textos, como por exemplo um de Propércio (2,28,58) que declara *Longius aut propius mors sua quemque manet*, "longe ou perto, a morte de cada um está esperando", que está registrado entre as sentenças medievais (Walther 13955); um de *Consolatio ad Liviam* (357: *Fata manent omnis*); e um da tragédia *Orestes*, que Mai atribui a Draconcio (183: *Sors pariter nos una manet*). A metáfora da noite — óbvio complemento da imagem da luz que abandona o moribundo — constitui *topos*: é encontrada com freqüência nos epitáfios epigráficos gregos e latinos (cf. Lattimore 161-164); em nível literário é encontrado por exemplo em Catulo (5,6: *Nox est perpetua una dormienda*, "deveremos dormir uma só noite eterna") e em Sêneca (*As troianas*, 436); ademais, a descrição que Virgílio faz do Hades é caracterizada pela expressão "noite profunda" (cf. principalmente *Eneida*, 6,268; 462). Muito próximo do texto de Horácio está um epigrama do grego Apolônides (*Antologia Palatina*, 7,389,6: κοινή που νὺξ μία πάντας ἔχει, "uma só noite comum nos contém a todos").

518. *Omnes eodem cogimur*
Somos todos impelidos para o mesmo lugar

Esse é outro verso de Horácio (*Carm.* 2,3,25) que passou para o patrimônio sentencioso comum a indicar o caráter inelutável da morte. Também aqui, como ocorre no nº 517, é evidente a menção ao *topos* da morte como niveladora de todas as disparidades: essa frase, de resto, é extraída de um contexto em que o poeta trata explicitamente do fato de a morte não levar em conta a posição social de suas vítimas. Além disso, deve ser notado que aqui se retoma e exprime com admirável concisão o motivo do caminho comum a ser percorrido por todos os mortais (cf. por exemplo, em grego, o cômico Antifanes [fr. 53,2-4 K.]; em latim, Horácio, *Carm.* 2,14,9-12, Propércio, 3,18,21 s., Estácio, *Silvae*, 2,1,218 s.) para a meta comum suprema (cf. por exemplo Ovídio, *Metamorfoses*, 10,32 s., e dois epigramas anônimos da *Antologia Palatina*, 7,335,5 s. e 7,342): esse *topos*, ademais, é bem documentado pela epigrafia, sobretudo em grego, mas também em latim (cf. Lattimore 169). As sentenças medievais registram não só o texto de Horácio (Walther 19898), mas também *Rapimur quo cuncta feruntur*, "somos arrastados para o lugar aonde são levadas todas as coisas" (Walther 26251), que deriva de Lucano (8,522), assim como muitas variações sobre o tema, tais como: *Serius aut citius sedem properamus ad unam*, "mais cedo ou mais tarde nos aviaremos para um só lugar" (28667), *Tendimus huc omnes, metam properamus ad unam*, "dirigimo-nos todos para cá, aviamo-nos todos para uma única meta" (31309), *Hominum tota vita nihil aliud quam ad mortem iter est*, "toda a vida dos homens nada mais é do que o caminho para a morte" (11094a).

519. Βροτοῖς ἅπασι κατθανεῖν ὀφείλεται
Todos os mortais são obrigados a morrer

Essa gnoma, extraída de *Alceste* de Eurípides (v. 782), também aparece nos *Monósticos de Menandro* (60); um verso semelhante, em *Electra* de Sófocles (1173), substitui morrer por παθεῖν, "sofrer". Embora nesses trechos o motivo da morte enquanto obrigação — bem documentado também pela epigrafia (cf. Lattimore 170 s.) — apareça atenuado, chegando a assumir valor semelhante ao atual "todos devemos morrer", em outro da *Ars poetica* de Horácio (v. 63) ele se destaca plenamente: *Debemur morti nos nostraque*, "nós e nossas coisas estamos reservados para a morte", que parece reproduzir um epigrama do Pseudo-Simonides (*Antologia Palatina*, 10,105,2 = *Further Greek Epigrams*, 1016 s. Page: θανάτῳ πάντες ὀφειλόμεθα, "estamos todos reservados para a morte"). Essa mesma imagem se encontra num verso de *Metamorfoses* de Ovídio (10,32), em que o cantor Orfeu, dirigindo-se aos deuses infernais, lembra: *Omnia debentur vobis*, "tudo vos está reservado". Estamos pois diante de um vasto *topos*, usado com freqüência inclusive nos epitáfios estudados pela epigrafia (cf. Lattimore 250-256), principalmente com o fim de consolar e que repete — com infinitas variações — que a morte é o destino comum de todos (cf. também nºs 517, 518). Entre os numerosos provérbios modernos que repetem esse conceito, eu assinalaria a locução italiana popular *La morte è un debito da pagare*.

520. *O quantum est in rebus inane!*
Como são vãs todas as coisas!

Essa é a parte final do primeiro verso da primeira sátira de Pérsio (*O curas hominum, o quantum est in rebus inane!*), que depois foi sentida como gnoma autôno-

RELATIVISMO DA VIDA HUMANA, SEUS LIMITES, SEUS CONDICIONAMENTOS 249

ma, semelhante a *Vanitas vanitatum* (nº 508), e inserida em numerosas coletâneas de sentenças e provérbios (cf. Büchmann 360 e Walther 19560b). O escólio a esse trecho de Pérsio menciona um paralelo grego (ὅσον τὸ κενόν) e afirma que o poeta retomou integralmente o verso de Lucílio (fr. 2 Charpin = 9 M.), com uma requintada operação de evocação no *incipit* (ou seja, com uma técnica artística que consiste em estabelecer uma relação explícita entre o primeiro verso da composição e um precedente bem conhecido: nesse caso, com uma veia polêmica que fica evidente à luz do verso seguinte, cf. nº 97). Ademais, *Est in rebus inane* já está em Lucrécio (1,330) e exclamações semelhantes são encontradas em Cícero (*De oratore*, 3,2,7) e ainda em Lucrécio (2,14): nesses dois trechos, porém, a vacuidade diz respeito apenas ao homem e não à realidade toda; Charpin, finalmente, menciona Sêneca (*De brevitate vitae*, 10,4 s.) e distingue nessa máxima um tema de origem estóica. Quanto aos paralelos modernos, no mínimo deve ser assinalado, de Dante, a propósito do *incipit* do verso de Pérsio, *O insensata cura de' mortali* (*Paraíso*, 11,1; para a expressão, cf. também *Purgatório*, 27,116).

521. *Eheu fugaces, Postume, Postume, / labuntur anni*
Ai, Póstumo, os anos resvalam fugazes!

Trata-se do famosíssimo início de uma ode de Horácio (2,14), em que o poeta se queixa da rapidez com que o tempo passa, levando à velhice e à morte; de modo semelhante, em Ovídio (*Fastos*, 6,771) se lê *Tempora labuntur, tacitisque senescimus annis*, "o tempo vai resvalando e envelhecemos em anos silenciosos". O verso de Horácio ainda é muito citado para fazer notar que o tempo voa; entre as referências literárias, deve ser assinalada a sua menção explícita em *Flüchtig verrinnen die Jahre*, que inicia a canção *Aufmunterung zur Freude* (escrita em 1798) pelo poeta alemão August Mahlmann.

522. *Vitae summa brevis spem nos vetat inchoare longam*
A pouca duração da vida nos impede de alimentar longas esperanças

Esse é um famoso verso que Horácio (*Carm.* 1,4,15) dirige ao riquíssimo Séstio e que ficou famoso para indicar a caducidade da vida e dos bens humanos, assim como a inutilidade de projetos de longo prazo.

523. *Vita ipsa... brevis est*
A vida é breve

Essa constatação elementar se encontra no prólogo da obra de Salústio sobre a conjuração de Catilina: já que a vida é breve, vale a pena tentar deixar de si as lembranças mais duradouras possíveis (tal associação entre brevidade da vida e memória também está em Cícero, cf. *Filípicas*, 14,12,32). A brevidade da vida, ademais, não é só objeto de uma obra filosófica de Sêneca, mas também motivo recorrente em vários autores, tais como Plauto (*Mostellaria*, 724 s.), Virgílio (*Eneida*, 10,467: cf. nº 513) e Horácio (*Sat.*, 2,6,96 s., *Carm.* 1,4,15: cf. nº 522); para *Ars longa, vita brevis*, cf. nº 165; para *Vita misero longa, felici brevis*, nº 627.

524. *Factum... fieri infectum non potest*
O feito não pode tornar-se não-feito

O primeiro autor a documentar esse provérbio, que ainda goza de certa notoriedade, foi Plauto (*Aulularia*, 741, cf. também *Truculentus*, 730), mas, graças principalmente ao jogo etimológico em que se baseia, ele teve grande difusão no mundo latino e foi utilizado por vários autores, tais como Terêncio (*Phormio*, 1034), Horácio (*Carm.* 3,29,45 s.), Plínio (*Panegírico*, 40,3), Estácio (*Silvae*, 4, *praef.*) e Gélio (6,3,42), que registra aí uma crítica de Túlio Tirão (amigo de Cícero) a Catão. Variação sobre o tema é *Praeterita mutare non possumus*, "não podemos mudar o passado", de Cícero (*In Pisonem*, 25,59), que também assumiu valor proverbial (Walther 22260bc): a imutabilidade daquilo que foi feito também se encontra em outros textos, como por exemplo em Quintiliano (7,4,25), Lívio (30,30,7) e Sêneca (*De ira*, 1,19,7). Devem ser associadas a esse motivo as locuções *Actum est*, "está feito", que indica que as coisas não podem mais ser mudadas, sendo freqüentemente usada no teatro (ver Plauto, *Trinummus*, 308, *Rudens*, 683, Terêncio, *Andria*, 465, *Adelphoe*, 324 s.: *Eunuchus*, 54 s.: 717, *Heautontimoroumenos*, 256; 584) e em Cícero (*Epistulae ad familiares*, 14,3,3, *Epistulae ad Atticum*, 5,15,1; 9,12,4, *Pro Sexto Roscio*, 52,150); e *Rem actam agere*, "fazer coisa já feita", que designa uma ação inútil (Plauto, *Pseudolus*, 260, Terêncio, *Phormio*, 419, *Adelphoe*, 232, Cícero, *De amicitia*, 22,85). Muitos são os precedentes gregos, entre os quais sobressai o de Teógnis τὰ μὲν προβέβηκεν, ἀμήχανόν ἐστι γενέσθαι / ἀεργά, "o que já passou não pode mais deixar de estar feito" (vv. 583 s.), máxima que antecipa a recomendação de não se preocupar com o passado, mas com o futuro; sentenças semelhantes se encontram em Simonides (fr. 98 Page), Píndaro (*Olímpicas*, 2,16 ss.) — nos quais nem o tempo, pai de tudo, pode transformar em "não-feito" o que foi feito —, Sófocles (*Ajax*, 377 s.), Agatão (fr. 5 Sn.-K..: documentado por um trecho de Aristóteles [*Ética para Nicômaco*, 6,2, 1137b 6-11], em que o motivo é mais desenvolvido), Plutarco (*Consolatio ad Apollonium*, 115a) e Pseudo-Focilides (56). *Actum est* também tem precedente exato no dramático πέπρακται, com que, em *Hipólito* de Eurípides (v. 778), é anunciado o enforcamento da rainha Fedra. São também numerosos os provérbios modernos que retomam esse *topos*, como em italiano *Il fatto non si può disfare* (com equivalentes em todas as línguas européias, cf. Arthaber 497), *Quel che è fatto è fatto* e *Cosa fatta capo ha*; em português *O que está feito não está por fazer*; em espanhol *A lo hecho, pecho*, ou seja, é preciso conformar-se com os fatos consumados.

525. *Quod periit, periit*
O que se perdeu, perdido está

A fonte é Plauto (*Cistellaria*, 703; cf. também *Trinummus*, 1026), mas também existe uma sentença de Publílio Siro (Q 16) que declara: *Quod periit quaeri pote, re-*

prendi non potest, "por mais que procures o que se perdeu, não será possível recuperá-lo". Todavia, o mais famoso trecho aparentado com essa tradição proverbial é o *incipit* do oitavo poema de Catulo: *Miser Catulle, desinas ineptire / et quod vides perisse perditum ducas*, "pobre Catulo, deixa de ser tolo e o que vês perdido dá por perdido".

526. *Nec quae praeteriit hora redire potest*
A hora que passou não pode voltar

A fonte é um trecho de *Ars amatoria* de Ovídio (3,63 s.), em que essa imagem é associada à da onda que não pode mais ser chamada de volta. O significado é que o tempo passado não pode voltar e que, portanto, as alegrias (principalmente as da juventude e do amor) devem ser aproveitadas enquanto é possível (para esse motivo, cf. também os n°s 575-577; quanto ao *topos* do *tempus fugit*, n° 530). Textos afins estão em Cícero (*De senectute*, 19,69) e Ausônio (*Epigramas*, 12,3 s.), sendo grande a fama da pesarosa exclamação de Evandro na *Eneida* (8,560), *O mihi praeteritos referat si Iuppiter annos!*, "ah, se Júpiter me devolvesse os anos passados!" Em todas as línguas européias existem equivalentes à expressão brasileira *Tempo perdido não se recupera* (Mota 217, Arthaber 1351); uma variante posterior é *O passado, passado!* Quanto a uma referência literária em contexto não amoroso, ver *Pensa che questo dì mai non raggiorna*, com que Virgílio adverte o lento Dante no décimo segundo canto do *Purgatório* (v. 84).

527. *Tempus edax rerum*
Tempo devorador das coisas

Essa famosa expressão é extraída de um trecho de *Metamorfoses* de Ovídio (15,234), em que o tempo é equiparado — numa locução — à *invidiosa* velhice; na mesma obra (15,871 s.) também se encontra *edax vetustas*, "velhice voraz"; em *Epistulae ex Ponto* (4,10,7) se lê: *Tempus edax igitur praeter nos omnia perdit*, "além de nós, o tempo voraz destrói todas as coisas". Entre os gregos, há um precedente significativo em Simonides (fr. 13 West, cf. *Further Greek Epigrams*, 1038 s. Page), em que ὅ τοι χρόνος ὀξὺς ὀδόντας / καὶ πάντα ψήχει, καὶ τὰ βιαιότατα, "o tempo de dentes afiados tudo consome, até as coisas mais fortes". Uma variação pode ser encontrada num epigrama do Pseudo-Sêneca (1,1 s. Baehrens): *Omnia tempus edax depascitur, omnia carpit, / omnia sede movet; nil sinit esse diu*, "o tempo voraz tudo devora, tudo arrebata, tudo desloca, nada deixa a perdurar", também registrado entre as sentenças medievais (Walther 20085, cf. também 31296); muitas são suas referências nas culturas modernas: em nível proverbial, o italiano *Il tempo consuma ogni cosa* [o tempo voraz tudo devora] encontra equivalentes nas várias línguas européias (Arthaber 1342; entre as variações, eu assinalaria o alemão *Die Zeit frisst Berg und Tal, / Eisen und Stahl*); na literatura, são numerosos os textos a serem citados, tais como *Rode il tempo ogni cosa* de Salvator Rosa, os "dentes do tempo" de Shakespeare (*Measure for Measure*, 5,1), um canto goliardo que diz: *Lauriger Horatius, quam dixisti verum: / "Fugit Euro citius tempus edax rerum"*,

"Ó laureado Horácio, como disseste a verdade: 'Foge mais depressa que o vento o tempo devorador das coisas'", com uma curiosa mistura do trecho de Ovídio com um de Horácio (*Carm.* 2,16,24).

528. *Omnia fert aetas*
O tempo leva tudo embora

Essa famosa frase de Virgílio (*Bucólicas*, 9,51), com que o pastor Méris introduz a saudosa recordação dos dias da juventude, muito provavelmente retoma um modelo grego. Num epigrama atribuído a Platão (*Antologia Palatina*, 9,51, cf. *Further Greek Epigrams*, 629 s. Page) tem-se um expressivo *incipit*: αἰὼν πάντα φέρει, equivalente exato da expressão de Virgílio e que precede a afirmação de que o tempo muda nomes, formas, naturezas, destinos: não se tem certeza se essa expressão significa que o tempo e a vida levam tudo — como a tradução feita por Virgílio daria a entender — ou se eles tudo trazem (como entende, por exemplo, E. Degani, Αἰών. *Da Omero ad Aristotele*, Padova-Firenze 1960, 66); o tempo, de qualquer modo, já era definido como πανδαμάτωρ, "dominador de todas as coisas", na lírica arcaica (Simonides, fr. 26,5 Page, Baquilides, 13,205 ss.), e como παγκρατής, "aquele que tudo governa", em Sófocles (*Édipo em Colono*, 609). As sentenças medievais freqüentemente se valem da frase de Virgílio (Walther 19987, 19988), inclusive com a banalização de *aetas* em *tempus* (Walther 19990, 19991); nas tradições proverbiais modernas, à parte vários paralelos conceituais (cf. nº 530), deve ser notado que o "levar/trazer" do tempo às vezes é entendido em sentido positivo: donde o italiano *Col tempo e con la paglia si maturano le nespole* (com equivalentes exatos em outras línguas européias: cf. Arthaber 1340), o alemão *Zeit bringt Rosen* (cf. também nº 1696), ou a tradição segundo a qual *O tempo é o melhor remédio* (italiano *Il tempo accomoda tutto*; para algumas variações dialetais, cf. Zeppini Bolelli 61; no Brasil se diz *O tempo tudo traz*, cf. Mota 157).

529. Πάντα ῥεῖ
Tudo flui

Essa expressão, ainda muito conhecida, também na forma πάντα ῥεῖ ὡς ποταμός, "tudo flui à maneira de um rio", provém do fr. 40 Marcovich[2] de Heráclito, cuja forma original é provavelmente a registrada no estóico Cleantes (1,519 Arnim), ποταμοῖσι τοῖσιν αὐτοῖσιν ἐμβαίνουσιν / ἕτερα καὶ ἕτερα ὕδατα ἐπιρρεῖ, "para quem entra no mesmo rio a água que flui é sempre diferente": para os inumeráveis problemas inerentes ao texto, à interpretação e à tradição, remeto à resenha dos documentos e ao comentário de M. Marcovich (Heráclito, *Frammenti*, Firenze 1978[2], 137-153); todavia, este, que é o último de uma longa série de exegetas, parece categórico demais ao considerar essa formulação como única "raiz concreta e histórica de toda a tradição relativa ao tema 'heraclítico' do rio" (cf. Heráclito, *I frammenti e le testimonianze*, C. Diano e G. Serra, Milano, Fondazione Valla, 1980, 156). Seja como for, entre as numerosas citações desse fragmento, já Platão, em *Crátilo* (402a), diz que Heráclito, além de afirmar que πάντα χωρεῖ, "tudo passa", compara o ser à correnteza do rio, registrando (440cd) πάντα ῥεῖ, "tudo flui", enquanto em *Teeteto* (160d) fala de uma gnoma que se tornou popular como pertencente a "Homero, Heráclito e a toda a tribo que os sucedeu", segundo a qual οἷον ῥεύματα κινεῖσθαι τὰ πάντα, "tudo se move como um rio". O motivo do fluir de tudo — sempre vinculado a Heráclito — volta ainda no *Teeteto* (181 s.), aparece muitas vezes em Aristóteles (*Tópica*, 104b 21, *De caelo*, 298b 29, *Metafísica*, 987a 32, 1078b 13, 1012b 26, *Física*, 253b 9, 265a 2, 228a 7) e chega até os autores bizantinos, como por exemplo Teodoro Metoquitas (29,197 Müller-Kiessling). Sêneca (*Ep.* 58,22), retomando Platão e Heráclito, adota a imagem do rio para indicar a precariedade do existente, enquanto o comentador de Aristóteles, Simplício (*Comentário à Física*, 1313,8; 77,30; 887,1 Diels), associa o motivo do πάντα ῥεῖν ao do não se banhar duas vezes no mesmo rio; finalmente, em Diógenes Laércio (9,8) encontra-se ῥεῖν τὰ ὅλα ποταμοῦ δίκην, "tudo flui como um rio". Essa expressão atualmente é citada simplesmente para indicar que o tempo passa velozmente e que as coisas da vida estão destinadas a acabar, segundo o sentido banalizado já presente em Ovídio: *Eunt anni more fluentis aquae*, "os anos se vão como a água que flui" (*Ars amatoria*, 3,62). Com certeza era mais profundo o sentido existente no filósofo grego, em quem é fundamental a oposição entre a identidade perene do rio e a contínua diversidade das águas, símbolo evidente do eterno devir da realidade (trata-se da concepção oposta à do ser eternamente imutável, propugnada pelos eleatas). O italiano *Il tempo scorre incessantemente come l'acqua* tem paralelos perfeitos em inglês e alemão, enquanto em francês se tem *Le temps et la marée n'attendent personne*; a comparação com o rio que nunca fica parado encontra-se, por exemplo, num dos *Carmina Burana* (*Confessio Archipoetae*, 13-16); também existe um *topos* segundo o qual a vida está no movimento (cf. por exemplo, Pascal, *Pensées*, 350, Montaigne, *Ensaios*, 1,20).

530. *Fugit inreparabile tempus*
Foge o irrecuperável tempo

Essa frase, ainda conhecida e usada para indicar a transitoriedade da vida e das coisas humanas, na realidade é extraída de um verso das *Geórgicas* de Virgílio (3,284), que contém profundas reflexões existenciais mas onde se ressalta que o tempo passa velozmente para o agricultor que se empenha com amor em suas tarefas. Esse verso já era muito conhecido na Antiguidade, e Sêneca (*Ep.* 108,24) cita-o afirmando que para um *grammaticus* ele não representaria motivo de meditações filosóficas, mas um exemplo da forma verbal *fugit*. São paralelos *Currit... ferox / aetas*, "corre o tempo cruel", de Horácio (*Carm.* 2,5,13 s.), *Labitur occulte fallitque volatilis aetas*, "resvala às escondidas e escapa sem ser visto o efêmero tempo", de Ovídio (*Amores*, 1,8,49; para outros *loci similes*, cf. nºs 527, 528). Outro verso famoso, às vezes citado como gnoma, é o de Dante, *Vassene 'l tempo e l'uom non se n'avvede* (*Purgatório*, 4,9), que reapresenta com originalidade a situação proposta por Virgílio: na verdade, nesse contexto, a referência não é feita ao tempo da vida humana, mas, de modo mais modesto, ao tempo de quem tem o espírito absorvido por alguma coisa que o interessa muito. São provérbios afins os brasileiros *O tempo vai e não volta*, *O tempo vai-se e com ele nós vamos* e *O tempo voa* (para outros paralelos cf. Mota 157, 158).

531. *Nescis quid vesper serus vehat*
Não sabes o que te trará o fim da tarde

Esse é o título de uma sátira de Varrão (p. 218 B.), que na realidade devia representar um espirituoso prontuário do banquete perfeito: está claro que o autor, jocosamente, transferia para o plano "cotidiano" uma expressão que indicava o *topos* da incerteza da situação humana e da imprevisibilidade do futuro, como fica evidente à luz de vários paralelos: cf., por exemplo, Lívio, 45,8,6, Tibulo, 3,4,45 s. (em que a tarde é substituída pela hora seguinte), assim como, conceitualmente, Cícero, *De finibus*, 2,28,92, e Amiano Marcelino, 26,8,13, em que uma personagem ignora que mesmo a pessoa mais feliz pode achar-se repentinamente infeliz à tarde; paralelo meramente formal está em *Geórgicas* de Virgílio (1,461 ss.). Além disso, o fato de não se saber se alguma coisa dura até a tarde também está documentado em grego (cf. Demóstenes, 18,252) e esse motivo tem afinidade conceitual com um outro que recomenda não dizer que se é feliz antes da morte (nº 532); no Pseudo-Focílides (116) tem-se uma máxima segundo a qual ninguém sabe o que lhe poderá acontecer depois de amanhã. Nas sentenças medievais, o título de Varrão retorna (Walther 16542a), inclusive com a primeira pessoa do plural, *nescimus* (16518a); dos provérbios modernos, o italiano *Non lodare il giorno avanti sera* tem paralelos em todas as línguas, mas em algumas — como por exemplo no francês *Loue le beau jour au soir et la vie à la mort* — acrescenta-se o *topos* da vida e da morte; finalmente, deve ser lembrada uma referência na canção de Petrarca, *Nel dolce tempo della prima etade* (23,31: *La vita el fin, e 'l dì loda la sera*; para outro trecho de Petrarca com o mesmo conceito, cf. nº 532).

532. *Dicique beatus / ante obitum nemo supremaque funera debet*
Ninguém deve ser chamado de feliz antes da hora da morte e dos funerais

A fonte é um trecho de *Metamorfoses* de Ovídio (3,136 s.), em que se fala de Cadmo, rei de Tebas, e que já era famoso na Antiguidade (Lactâncio, por exemplo, cita-o em *De ira Dei* [20,2]) e na Idade Média (cf. Walther 5599). Contudo, o *topos* segundo o qual não se pode dizer se um homem foi feliz enquanto não se vir a sua morte encontra-se em muitos autores, tanto gregos quanto latinos. Antes de mais nada deve ser lembrada a tradição — iniciada com Heródoto (1,32) — de que essa teria sido a resposta de Sólon ao riquíssimo rei Creso da Lídia, que, com perguntas insinuantes, tentaria levar o sábio ateniense a proclamá-lo o homem mais feliz do mundo: dessa advertência — ouvida então com decepção — Creso ter-se-ia lembrado no dia em que, vencido e aprisionado por Ciro, estaria prestes a morrer na fogueira. Essa máxima, portanto, é muitas vezes citada explicitamente como de autoria de Sólon: assim, por exemplo, em Aristóteles (*Ética para Nicômaco*, 1100a 11; 15, *Ética a Eudemos*, 1219b 6), na *Vida de Sólon* de Plutarco (27,9), num epigramista anônimo da *Antologia Palatina* (9,366,6), em Juvenal (10,274 s.) e em Ausônio (*Ludus septem sapientum*, 4,31 s.); os paremiógrafos também fazem referência a Sólon, a propósito de τέλος ὅρα βίου, "cuida do fim da vida" (Diogen. 8,51), e τέρμα δ᾽ ὁρᾶν βιότοιο, "atentar para a conclusão da existência" (Apost. 16,30, cf. *Antologia Palatina*, l.c.).

Sentenças semelhantes recorrem com freqüência, mesmo sem vínculo com esse episódio, sobretudo nas grandes tragédias gregas: *Édipo Rei* de Sófocles conclui-se (vv. 1529 s.) com μηδέν' ὀλβίζειν, πρὶν ἂν / τέρμα τοῦ βίου περάσῃ μηδὲν ἀλγεινὸν παθών, "não digas que alguém é feliz antes que ele tenha transposto o limiar final da vida sem nada sofrer de terrível"; ainda em Sófocles, *Traquínias* se inicia com uma gnoma semelhante, pronunciada por Dejanira (vv. 1-3), enquanto em Ésquilo Agamêmnon diz uma sentença desse tipo a Clitemnestra (*Agamêmnon*, vv. 928 s.) e em Eurípides ela é pronunciada por Andrômaca (*Andrômaca*, vv. 100-102). Esse motivo depois deveria retornar nos *Epitáfios* áticos, para criar a imagem da felicidade da morte em batalha (ver Tucídides, 2,44,1), e está presente no *Eclesiástico* (11,28: πρὸ τελευτῆς μὴ μακάριζε μηδένα, "antes da morte, não digas que ninguém é feliz", traduzido para o latim como *Ante mortem ne laudes hominem quemquam*). Na coletânea paremiográfica de Zenóbio Átoo (p. 381 Miller) está registrado μήπω μέγ' εἴπῃς πρὶν τελευτήσαντ' ἴδῃς, "não engrandeças ninguém antes de vê-lo morto", enquanto em Valério Máximo (9,12 *praef.*) esse motivo tem desenvolvimento diferente: o dia do nascimento e o da morte são os momentos mais importantes da vida humana, com base nos quais deve ser julgada a maior ou menor felicidade de uma existência. Nas culturas modernas existem numerosas citações: em nível proverbial, o *topos* tem lugar em todas as línguas (em italiano existe *Avanti la morte non lice chiamar algun felice*, ou *Finché l'uomo ha denti in bocca, non sa quel che gli tocca*, ou — com equivalente em francês — *Non si sa mai di che morte si deve morire*), enquanto em nível literário deve no mínimo ser lembrado que esse motivo era muito prezado por Montaigne: este (*Ensaios*, 1,3) retoma o texto da *Ética para Nicômaco* e (1,18) com *Nemo ante obitum beatus* se refere ao trecho de *Metamorfoses* (outra referência se encontra em Pascal, *Pensées*, 475, mas com o significado de que só com a morte pode ter início a verdadeira, eterna e essencial felicidade); também devem ser ressaltados três belos versos de Petrarca (*Canzioniere*, 56,12-14), a propósito de Amor, que o feriu e tornou mais penosa a sua vida: *che or di quel ch'i' ho letto mi sovene / che 'nanzi al dì de l'ultima partita / uom beato chiamar non si convene.*

533. *Tempora mutantur, nos et mutamur in illis*
Os tempos mudam e nós mudamos com eles

Essa máxima costuma ser erroneamente atribuída a Ovídio porque, num trecho conhecido de *Metamorfoses* (15,165), se lê *Omnia mutantur* (estamos diante do *topos* do *Omnia vertuntur*, cf. nº 775); contudo, é mais semelhante um trecho de Coripo (*Iohannis*, 7,91), em que a seguinte frase é dirigida à divindade: *Tempora permutas nec tu mutaris in illis*, "mudas os tempos mas não mudas com eles", que, entre outros, tem precedentes bíblicos exatos (*Salmos*, 101,27 s.; *Daniel*, 2,21); todavia, não se pode esquecer que também existe a versão *Omnia mutantur, nos et mutamur in illis* (Walther 20013), diretamente vinculada ao trecho de Ovídio. Depois a sentença foi atribuída por Matthias Borbonius (*Delitiae poetarum Germanorum*, Frankfurt 1612, 1,685) ao rei Lotário I (795-855) e reutilizada por John Owen (*Epigrammata*, Lipsiae 1615, 1,58), enquanto a forma vulgar *Tempora mutantur et nos mutamur in illis* foi registrada pela primeira vez nos *Proverbialia dicteria* de A. Gartnerus

(16.12.1566, C4). Em nível proverbial, todas as línguas européias registram um equivalente, como o italiano *Mutansi i tempo, e noi con quelli ancora* (Mota 141, Arthaber 1338; no Brasil se diz *Novos tempos, novos costumes*).

534. *Ruit hora*
O tempo passa precipitado

Essa expressão — ao que consta — não tem origem clássica, embora o uso de *hora* como sinédoque para "tempo" já esteja, por exemplo, em Virgílio (*Geórgicas*, 1,426) e em Horácio (*Ep.* 1,11,22, *Carm.* 2,16,31 e *ThlL* 6,2964); em Pérsio (5,153) temos *fugit hora*. Por outro lado, Walther registra entre as sentenças medievais *Hora ruit* (11129a). Quanto ao significado, equivale a *Tempus fugit* (nº 530): alude, portanto, à fuga veloz do tempo para a inevitável meta da morte. Em nível erudito, sua fama também se deve ao fato de constituir um lema muito apreciado pelo jurista e teólogo holandês Hugo Grotius (1583-1645), mas também deve ser lembrado que ela se encontra freqüentemente gravada em relógios antigos (sobretudo da época barroca) e em relógios de sol. Depois foi retomada por Carducci, que a utilizou como título de uma de suas *Odi barbare* (28), onde tem significado mais leigo, semelhante ao de *Carpe diem* (cf. nº 577): são emblemáticos os versos finais (29-32) *E precipita l'ora. O bocca rosea, / schiuditi, o fior de l'anima, / o fior del desiderio, apri i tuoi calici: / o care braccia, apritevi.* Essa expressão também encontra paralelos na tradição proverbial: ver, por exemplo, o veneziano *Le ore no g'ha comare* (ou seja: "as horas não se detêm") e o brasileiro *Tempo e maré não esperam por ninguém* (outros paralelos são registrados por Mota 217).

535. *Sic transit gloria mundi*
Assim passa a glória do mundo

Essa expressão, que já entrou para a linguagem comum, indicando as efêmeras condições da natureza humana, provém do cerimonial de coroação do papa: o mestre de cerimônias, de joelhos, mostra três vezes ao eleito uma mecha de estopa sobre um tubo prateado e, depois que um clérigo ateia fogo à estopa, pronuncia tais palavras. Não consegui localizar dados seguros sobre a origem desse ritual, que já foi realizado em 1409 por Alexandre V e sobre o qual são contadas várias histórias, como a de Pio III, que em 1503 ficou profundamente comovido com o ritual (segundo a crônica, ele morreu depois de apenas vinte e seis dias de pontificado), ou outra — de cunho completamente oposto — segundo a qual Sisto V respondeu: "Nossa glória nunca passará, porque outra glória não temos senão a de fazer boa justiça." A fonte escritural dessa frase é, com toda probabilidade, um trecho da primeira epístola de São João (2,17: καὶ ὁ κόσμος παράγεται καὶ ἡ ἐπιθυμία αὐτοῦ), traduzido pela *Vulgata* como *Et mundus transit, et concupiscentia eius,* "o mundo passa e com ele a sua concupiscência", ainda que me pareça inegável a reminiscência da famosa afirmação de Cristo: "o céu e a terra passarão, minhas palavras não passarão" (*Mateus*, 24,35, *Marcos*, 13,31, *Lucas*, 21,33). Essa expressão depois foi retomada em *Imitação de Cristo* (1,3,6) sob forma de exclamação (*Oh! Quam cito transit gloria mundi!*) e num hino do século XI (cf. C. B. Moll, *Hymnarium*, Halle 1861, 138), em que se tem *Huius mundi decus et gloria / quam sint falsa et transitoria*, "como são falsas e transitórias deste mundo a beleza e a glória", mas não existem provas em favor de uma outra tradição, a de que essa frase teria sido o *incipit* de outro hino. *Sic transit gloria mundi* recorre com freqüência em sentenças da Idade Média tardia, como *Ut flatus venti sic transit gloria mundi*, "como um sopro de vento, assim passa a glória do mundo" (Walther 32395, cf. também 22258, 25202, 27666, 33945); particularmente interessante, dado o parentesco com o cerimonial descrito acima, é *Ut stuppae flamma sic transit gloria mundi*, "como a chama da estopa, assim passa a glória do mundo", de Richard Rolle, místico de Yorkshire, morto em 1349 (p. 428 Horstmann, cf. Walther 32582b).

b) As diferenças entre as várias pessoas

536. *Facies non omnibus una, / non diversa tamen*
Nem todos têm igual fisionomia, mas tampouco diferente

Essa expressão, usada em Ovídio (*Metamorfoses*, 2,13 s.) para indicar que, apesar dos elementos comuns a todos os homens, cada pessoa tem uma personalidade diferente, na realidade designava as Ninfas do mar, que, sendo irmãs, se assemelhavam mas não eram perfeitamente idênticas. Está registrada entre as sentenças medievais e é retomada por Goethe (*Trilogie der Leidenschaft*, 2,95).

537. *Quot homines tot sententiae*
Quantos homens tantas sentenças

Esse adágio, ainda muito usado (inclusive na versão *Quot / Tot capita tot sententiae* [Quantas cabeças, tantas sentenças]) para indicar a relatividade das opiniões humanas e, portanto, a necessidade de tolerância, provém de Terêncio (*Phormio*, 454). São expressões semelhantes: *Quot capitum vivunt, totidem studiorum*, "quantas cabeças vivam, são outros tantos os interesses", de Horácio (*Sat.* 2,1,27 s.), e *Pectoribus mores tot sunt quot in orbe figurae*, "existem tantos caracteres quantos são os semblantes no mundo", de Ovídio (*Ars amatoria*, 1,759), que também aparecem entre as sentenças medievais (respectivamente Walther 26212 e 21114); esse motivo também volta em outros textos, como por exemplo em Horácio, *Ep.* 1,1,80 s., 2,2,58, Cícero, *De finibus*, 1,5,15, e Pérsio, 5,52 s., enquanto em Marcial (6,56,5) temos, com o mesmo significado, *Scis multos dicere multa*, "sabes que muitos dizem muitas coisas". Não faltam precedentes gregos em Homero (*Odisséia*, 14,228), em Píndaro (*Píticas*, 10,60) e sobretudo num fragmento (93,10 s. K.-A.) do cômico Filémon, em que se diz que Prometeu proporcionou natureza unívoca aos animais e comportou-se de maneira diferente com os homens: ὅσα καὶ τὰ σώματ' ἐστί .../... τοσούτους ἔστι καὶ τρόπους ἰδεῖν, "tantos quantos são os corpos, tantos são os modos de ver". Nas línguas européias e nos vários dialetos existem correspondentes à expressão brasileira *Tantas cabeças, tantas opiniões* (Mota 215, Arthaber 1356): entre as variações, eu assinalaria a inglesa *As many men, so many minds, so many dogs, so many kinds*.

538. *Aliud alios decere*
A cada um convém uma coisa

Essa expressão provém de Quintiliano (11,3,177); esse motivo reaparece ainda, por exemplo, no próprio Quintiliano (5,10,11), em Terêncio (cf. nº 537), Ovídio (*Ars amatoria*, 3,188), Propércio (3,9,7), Tácito (*Anais*, 6,48) e Santo Ambrósio (*De officiis*, 1,203); às vezes, como em Plauto (*Mercator*, 984) e Maximiano (*Elegias*, 1,103 s.), indica que nas diversas idades é preciso fazer coisas diferentes; em outros contextos (cf. Cornélio Nepos, *Praef.* 3), trata-se de relativismo da moral, ao qual, eventualmente (como no citado texto de Tácito), se faz referência com sarcasmo.

539. *Duo cum faciunt idem, non est idem*
Quando duas pessoas fazem a mesma coisa, a coisa não é a mesma

Esse adágio, ainda famoso, na realidade é uma vulgarização de um trecho de Terêncio (*Adelphoe*, 823-825), em que se lê: *Duo quom idem faciunt saepe, ut possis dicere: / "hoc licet inpune facere huic, illi non licet" / non quo dissimili' res sit, sed quo is qui facit*, "quando duas pessoas fazem a mesma coisa, muitas vezes se pode dizer: 'a esta é lícito fazer, àquela não', não porque as coisas não sejam iguais, mas porque não o são aqueles que as fazem". Uma abreviação diferente desse texto cômico (*Duo cum faciunt idem, saepe non est idem*) encontra-se entre as sentenças medievais (Walther 6790).

540. *Ut homost, ita morem geras*
Comporta-te de acordo com o que és

Essa expressão de *Adelphoe* de Terêncio (v. 431) é definida como proverbial no comentário de Donato, embora faltem paralelos idênticos: foi apenas presumida num verso de Plauto (*Mostellaria*, 725). Em alemão existe *Man muss die Menschen nehmen, wie sie sind*, que no entanto constitui uma variação sobre o tema *Aceitar o mundo tal qual é*, presente em todas as línguas (Arthaber 820). Entre os provérbios brasileiros recordo *Cada qual como Deus fez* e *Cada qual no seu lugar* (para os paralelos em outras línguas cf. Mota 60, 61)

541. *Non continere ⟨se⟩ inter pelliculam suam*
Não se conter na própria pele

Essa locução, talvez de origem cômica (cf. O. Ribbeck, *Scaenicae Romanorum poesis fragmenta*, II, Lipsiae 1873², *Corollarium*, XLIX), é transcrita por Porfírio em seu comentário a um trecho das *Sátiras* de Horácio (1,6,22), em que o poeta assim se exprime a propósito da eventualidade de ele, nascido de pai liberto, aspirar a cargos, portanto a superar as suas limitações institucionais: *In propria non pelle quiessem*, "eu não ficaria quieto em minha própria pele". Essa locução ressurge em Marcial (3,16,5 s.), enquanto em Sêneca (*Ep.* 9,13) se diz, a respeito do sábio que se afasta de todas as atividades: *Intra cutem suam cogunt*, "obrigam-no a estar dentro da própria pele". A origem provavelmente deve ser identificada na fábula da rã que, querendo tornar-se grande como um boi, acabou por inchar tanto que explodiu (Fedro 1,24, Horácio, *Sat.* 2,3,314-320, Marcial 10,79,9; ver também o expressivo *Inflat se tamquam rana*, "incha tanto como uma rã", de Petrônio [74,13]), fábula ainda bem conhecida (cf. também nº 1727) e que foi retomada por La Fontaine (1,3), entre outros. Expressão semelhante — mas que não diz respeito à pele — encontra-se em Ovídio (*Tristia*, 3,4,25 s.: *Intra / fortunam debet quisque manere*, "cada um deve permanecer nos limites do seu destino"); conceitualmente, ver também *Parvum parva decent*, "aos pequenos convêm as coisas pequenas", de Horácio (*Ep.* 1,7,44; para *Parva sed apta mihi*, cf. nº 1048). As expressões modernas *Não caber na própria pele* e *Não caber em si* assumiram outro significado, indicando alegria imensa, enquanto o mesmo valor da antiga expressão se encontra em *Sich aus seiner Haut in eine andere sehen*, de Goethe (cf. Otto 1376).

542. *Metiri se quemque suo modulo ac pede verum est*
A verdade é que cada um deve medir-se pela sua medida e pelo seu pé

Essa é a conclusão dá sétima epístola do primeiro livro de Horácio (v. 98); em Juvenal (11,35) tem-se o preceito *Noscenda est mensura sui*, "cada um deve conhecer a sua medida" (cf. também Plínio, o Velho, 2,1,4), enquanto *Messe tenus propria vive* de Pérsio (6,25), ainda que de difícil explicação, de qualquer modo exorta a viver segundo as próprias possibilidades (o escólio interpretava: *ad modum redituum tuorum vive*, "vive segundo os teus proventos"); para outras locuções afins, cf. nº 543. Entre as sentenças medievais encontram-se não só o verso de Horácio (Walther 14820), mas também variações sobre o tema, do tipo *Qui sua metitur pondera ferre potest*, "quem mede as próprias forças consegue carregar pesos" (Walther 24818), ou *Tu vires metire tuas, si fortis es aude / grandia! Si fragilis, humeris impone minora*, "mede tuas forças: se fores forte, ousa as grandes coisas! Se fores fraco, põe sobre teus ombros pesos menores" (Walther 31766, cf. também 10375, 14743); semelhante ao texto de Horácio é o italiano *Bisogna fare il passo secondo la gamba* [port., Não dar o passo maior que a perna] (ver também o francês *Il faut marcher selon ses forces* e o inglês *Don't put your foot farther than you can draw*, assim como o bolonhês *Bisàggna fèr al pas secànd la gamba, se na a se straza al cavàl del brèg*), enquanto são correntes em todas as línguas provérbios segundo os quais "cada coisa tem sua medida" e "a roupa deve ser feita de acordo com o pano" (italiano *Ogni cosa ha una sua misura* e *Bisogna far la veste secondo il panno*) (Arthaber 1425). Outra imagem freqüente nas línguas modernas é a de deitar-se na cama obedecendo ao comprimento de lençóis e cobertas, verificada no

Brasil (Mota 61) e em muitos dialetos italianos, como por exemplo no milanês, no veneziano e no de Abruzos; finalmente, não faltam expressões vulgares, como a bolonhesa *Bisàggna fèr al patt secànd al bus* (ou seja: "é preciso dar o peido de acordo com o buraco").

543. *Ne supra crepidam sutor iudicaret*
Que o sapateiro não julgue mais do que sandália

Segundo Plínio, o Velho (35,36,85), e Valério Máximo (8,12 *ext.* 3), essa foi a resposta do pintor Apeles a um sapateiro que, depois de criticá-lo com razão pela maneira como reproduzira um calçado, tomara a liberdade de também censurar o restante do quadro: o artista permitia que o sapateiro desse apenas conselhos relativos às sandálias. A esse provérbio (também verificado na forma abreviada *Ne sutor supra crepidam*, cf. Walther 16126a), que recomenda a salutar consciência dos próprios limites e está vinculado ao *topos* mais amplo de que cada um deve executar o seu próprio ofício (nº 544), alude também Amiano Marcelino (28,1,10), que qualifica um inquiridor muito duro como *super plantam evagatus*, "que vai além da sola". Entre os gregos, é semelhante a resposta que, segundo Ateneu (8,351a), o citarista Estratonico dá ao sapateiro Mínaco, que expressava desacordo sobre assuntos musicais: ἀνώτερον τοῦ σφυροῦ λέγει, "fala de coisas que ficam acima dos tornozelos"; os paremiógrafos (Macar. 5,88, *App. Prov.* 3,90), ademais, glosam μηδὲν ὑπὲρ τὰ καλάποδα, "nada acima das formas para sapatos!", evocando o episódio de Estratonico e Mínaco. A variante *Figulo tantum in argillam suam ius est*, "o oleiro só tem poder sobre a sua argila", é encontrada em Paulino de Nola (*Ep.* 12,3). O sapateiro é protagonista de provérbios semelhantes em todas as línguas européias (no Brasil se tem *Não suba o sapateiro além da chinela*, cf. Mota 134, Arthaber 268), com a concorrência do *buñolero* (fritador de bolinhos) em espanhol.

544. Ἔρδοι τις ἣν ἕκαστος εἰδείη τέχνην
Cada um execute o ofício que conhece

Essa frase de *As vespas* de Aristófanes (v. 1431) é dita a um sibarita que, mesmo não sendo perito na arte eqüestre, procura cavalgar e por isso acaba em situação precária. Como mostra o seu escólio, ela constitui um provérbio ao qual já aludia Ésquilo (fr. 78a,32 R.) e que é retomado por Ateneu (8,351b), a propósito de um músico que quer virar jardineiro, e por Cícero, que, em *Epistulae ad Atticum* (5,10,3), cita seu início em grego e, em *Tusculanae* (1,18,41), o traduz como *Quam quisque norit artem, in hac se exerceat* (expressão esta que aparece em várias sentenças medievais, com divergências mínimas, cf. Walther 23349, 23350, 23353). Ademais, é registrado pelos paremiógrafos (Diogen. *Praef.* 1,179,21 ss., Macar. 8,39), que também citam provérbios afins que utilizam imagens mais específicas, como μηδὲν ὑπὲρ τὰ καλάποδα (nº 543) e τὸν φρουρὸν χρὴ φρουρεῖν, τὸν ἐρῶντα δ' ἐρᾶν, "o guardião deve guardar; o amante, amar" (Macar. 8,39). Entre os latinos, encontram-se expressões semelhantes em Horácio (*Ep.* 1,14,54), com relação ao cavalo que quer arar e ao boi que quer a sela, e em Propércio (2,1,46): nesses dois textos, todavia, mais do que a técnica em que se é perito, recomenda-se seguir a inclinação natural (cf. nº 109). Quanto às tradições proverbiais modernas, em italiano, alemão, inglês e francês existe o correspondente ao provérbio brasileiro *Cada qual no seu ofício*; em francês existe *Chacun son métier: les vaches seront bien gardées*. Muitas são as variantes nos dialetos italianos, às vezes coloridas e engraçadas: ver, por exemplo, a bolonhesa *A ognón al so mstir, e i sumàr int i carabinìr* (os *carabinieri*, como se sabe, são tradicionais alvos de piadas e observações grosseiras); a da Puglia, *Se sì ncùdine statte, se sì martieddu bbatti* (ou seja: "se és bigorna, fica quieto; se és martelo, bate", que no entanto também pode assumir significado diferente: quem tem o poder, que o use; quem está por baixo, agüente com paciência). O fato de o padeiro dever ser padeiro e de que o lobo, naturalmente carniceiro, não possa ser mais do que um medíocre boticário é a moral de uma fábula de La Fontaine (5,8), em que um lobo, para comer um cavalo, finge-se de médico e quer visitá-lo, acabando assim por ganhar um belo coice (outra fábula é semelhante é 3,3); ainda com referência ao mundo animal, existe o russo *Vorone sokolom ne byt'* (ou seja: "um corvo nunca poderá ser um falcão").

545. *Malus choraula bonus symphoniacus est*
O mau flautista toca bem numa orquestra

A fonte é Santo Agostinho (*Ep.* 60,1), que afirma ser esse um ditado vulgar segundo o qual, se fossem aceitos na ordem clerical todos os que abandonavam a ordem monástica, se transformaria em *Malus monachus bonus clericus est*, "o mau monge é bom clérigo". Essa máxima é um corolário da tradição segundo a qual cada um deve executar seu ofício: cada um deve encontrar o trabalho apropriado e quem não é habilidoso numa atividade pode sê-lo em outra. Ademais, existe uma variante segundo a qual quem não consegue ser um bom citarista pode tornar-se bom flautista (Cícero, *Pro Murena*, 29, Quintiliano, 8,3,79): essa variante poderia pressupor alguma superioridade dos instrumentos de corda sobre os de sopro (como, aliás, entendia Jerônimo Mei, *De modis musicis antiquorum*, 4,48; cf. D. Restani, *L'itinerario di Girolamo Mei*, Firenze 1990, 111, a quem remeto para esse interessante problema da história da música). Finalmente, deve ser assinalado que em nível popular ainda estão vivos provérbios de estrutura semelhante: ver, por exemplo, o de Abruzos, *Chi sa lègge', dice lu 'fficie, chi n'n sa lègge', se dice la'cróne* (ou seja: "quem sabe ler reza a missa, quem não sabe reza o terço").

546. Οὐαὶ μύρμηκι πτεροῖς ἀρθέντι
Ai da formiga que se alça em vôo

Esse provérbio, cuja estrutura com o οὐαί inicial se encontra na Bíblia (cf. *Eclesiástico*, 2,8-14), está documentado como popular numa epístola de Eustátios (44, p. 349,8-10 Tafel) e estigmatiza quem pretende elevar-se acima das suas possibilidades naturais. Essa imagem ainda está viva em neogrego, enquanto existem outras locuções menos expressivas, como "alçar altos vôos", "voar alto demais" (italiano *Volare troppo in alto*; inglês *Fly too high*).

547. *Suus rex reginae placet, sua cuique sponsa sponso*
Cada rainha gosta do seu rei; cada marido, da sua mulher

A fonte é Plauto (cf. *Stichus*, 133): trata-se de uma exemplificação brilhante e eficaz do relativismo dos gostos, que encontra paralelo num fragmento do cômico Atílio (1 R.³). São divertidas algumas das variações medievais, como *Quisquis amat cervam, cervam putat esse Minervam. / Quisquis amat ranam, ranam putat esse Dianam*, "quem ama uma cerva acha que a cerva é Minerva; quem ama uma rã acha que a rã é Diana" (Walther 25523,1-2, cf. também 25531, 28967), *Quisquis amat luscam, luscam putat esse venustam*, "quem ama uma vesga acha que a vesga é lindíssima" (Walther 25528: na tradução é difícil reproduzir o jogo fônico do original), *Sit bufo carus, fiet luna mage clarus*, "quando se ama um sapo, ele é mais esplêndido que a lua" (Walther 29780: as variações sobre o tema são numerosíssimas; a imagem do sapo também é retomada por Voltaire [*Dicionário filosófico*, ver "Belo", "Beleza"]), ou *Uxorem caram qui se cognoscit habere, / hic credit quod sit melior omni muliere*, "quem sabe que gosta da sua mulher acredita que ela é a melhor das mulheres" (Walther 32769). São afins as tradições segundo as quais cada um gosta de quem se lhe assemelha (nº 1304: ver em especial Teócrito, 9,31 s., onde se encontram vários exemplos, como o da cigarra que ama a cigarra e o da formiga que ama a formiga) e a de que cada um ama seu ofício (nº 544, com especial referência a Ovídio, *Epistulae ex Ponto*, 1,5,35 s. e 2,5,60 ss., em que há vários exemplos). Nas línguas modernas encontra-se equivalência no italiano *Non è bello ciò che è bello, ma è bello ciò che piace* (cf. Arthaber 161 e 163); em Bolonha se diz: *A n'é tant bèla Fiuranza, quant é bèla Piasanza* (ou seja: "Florença não é tão bela quanto Piacenza", com uma aproximação paronomástica entre o nome desta última cidade e o verbo *piacere* [agradar]).

548. *Nemo non formosus filius matri*
Nenhum filho é feio para a sua mãe

Essa expressão é atribuída a Quintiliano, mas é registrada por Walther entre as mais tardias (38675b2). Tem afinidade com *Quaelibet vulpes caudam suam laudat*, "qualquer raposa 'gosta do seu rabo", documentado na coletânea medieval de fábulas do misterioso Rômulo (*App.* 36 Oesterley). Em italiano existe o expressivo *All'orsa paion belli i suoi orsacchini* (que tem paralelo em alemão), o mais banal *Agli occhi di madre tutti i figliuoli sono belli* e o peculiar *Ogni naso par bello alla sua faccia*; no Brasil se diz *Coruja não acha os filhos feios*. Entre as tantas variações sobre o tema eu assinalaria a espanhola *Dijo el escarabajo a sus hijos: venid acá, mis flores*, as inglesas *The owl thinks all her young ones beauties* e *The crow thinks her own birds fainst in the wood*, a romana *Ogne scarrafone è bbello a mamma soia* e a de Abruzos *Ogni purcielle pe' la mamma è bielle*; mas nos outros dialetos também existem expressões do gênero, sobre os animais mais repugnantes (por exemplo na Bolonha é o sapo que ama os seus sapinhos; na Puglia, como no Brasil, é a coruja que ama as suas corujinhas).

549. *Trahit sua quemque voluptas*
Cada um é atraído pelo que lhe agrada

Essa é uma famosa expressão de Virgílio (*Bucólicas*, 2,65) que encontra precedente em Lucrécio (2,258) e um paralelo significativo em Ovídio (*Ars amatoria*, 1,747: *Curae sua cuique voluptas*, "cada um se preocupa com o que lhe agrada"), que no entanto tem sentido moralmente negativo. Embora não fosse proverbial na Antiguidade, essa expressão passou a sê-lo na cultura moderna: entre as referências literárias, deve ser lembrada uma máxima de La Rochefoucauld (8: *Les passions sont les seuls orateurs qui persuadent toujours*). Em todas as línguas européias existe o correspondente à expressão brasileira *Cada qual come do que gosta* (entre as referências mais interessantes ver a que se encontra em *Le nozze di Figaro*, de Mozart [1,6], em que *Ha ciascuno i suoi gusti* introduz uma calúnia velada à moral da protagonista). Uma variante brasileira é *Cada um se diverte onde gosta*.

550. *De gustibus non est disputandum*
Gosto não se discute

Esse é um dos ditados latinos ainda mais comuns e que pode ser considerado conceitualmente semelhante a *Trahit sua quemque voluptas* (nº 549). Sua origem sem dúvida está no latim vulgar e seu sucesso é enorme: existem equivalentes seus na maioria das línguas modernas (para o Brasil cf. Mota 212), mas certamente são menos usados. Deve ser assinalada a jocosa tradução em italiano: *Sui gusti non si sputa*. Um provérbio muito difundido na Itália é: *Tutti i gusti sono gusti*; em nível obsceno na Ligúria se afirma: *Chi ghe piaxe a turta de risu, chi ghe piaxe piggialu int'u cü*. Finalmente, em várias línguas européias encontra-se o correspondente à expressão brasileira *Daquilo que uns não gostam, outros enchem a barriga* (Mota 74).

551. Πᾶς γὰρ τὸ οἰκεῖον ἔργον ἀγαπᾷ
Cada um gosta da sua obra

A fonte é Aristóteles (*Ética para Nicômaco*, 1167b 34 s.): na verdade a frase completa fala dos artesãos que gostam de suas obras muito mais do que estas gostariam deles se fossem seres vivos, mas, fora do contexto, ela ficou famosa como símbolo do relativismo dos gostos, sobretudo em relação às diversas atividades humanas, conceito já presente em Homero (*Odisséia*, 14,228), Arquíloco (fr. 25,2 West) e Píndaro (*Píticas*, 10,60). No mundo latino, esse *topos* recorre, por exemplo, em Cícero (*Epistulae ad Atticum*, 14,20,3, *De finibus*, 5,2,5), Horácio (*Ep.* 1,1,81; 2,2,58), Plínio, o Velho (14,8,71; 28,18,67), Propércio (2,1,43 s.) e Ovídio (*Epistulae ex Ponto*, 1,5,35 s.; 2,5,60 ss.); contudo deve ser assinalado principalmente *Suum cuique pulchrum est*, "cada um acha bonito o que é seu", que Cícero (*Tusculanae*, 5,22,63) disse a respeito da arte trágica e que está registrado entre as sentenças medievais (Walther 30942b). Paralelamente, em *Orator* (43,147), Cícero lembra como adágio muito corrente um que proíbe *Artem pudere proloqui quam factites*, "envergonhar-se de falar do próprio ofício". Estrutura literária que tem afinidade com o motivo dos diferentes gostos das pessoas em relação às várias atividades é o chamado *Priamel* (do latim *praeambulum*), que consiste em fazer uma resenha das preferências de diversas pessoas, contrapondo-as à escolha feita pelo poeta (os exemplos mais famosos são o fr. 16 V. de Safo e a primeira ode do primeiro livro de Horácio). Em todas as línguas modernas existem provérbios paralelos ao brasileiro *Quem o feio ama, bonito lhe parece* (entre as variações, ver a francesa *À chacun plaît la sort de sa nature* e a espanhola *A cada necio agrada su porrada*); em italiano existe *Ognuno parla bene del suo mestiere*, com equivalente em alemão e francês; em inglês há uma preferência pelas imagens mais específicas e eficazes, como *Each bird loves to hear himself sing*, ou *Every cook praiseth his own broth*. Também são semelhantes os provérbios do tipo de *Cada qual é dono de suas ventas* (difundidos em várias línguas européias).

552. Ἂν μὴ παρῇ κρέας, τάριχον στερκτέον
Se não há carne, é preciso contentar-se com peixe salgado

Esse provérbio é registrado pelos paremiógrafos (Zenob. vulg. 1,84, Diogen. 1,5, Greg. Cypr. 1,47, Diogen. Vind. 1,40, Greg. Cypr. M. 1,44, Arsen. 3,6a) e indica que é preciso sempre contentar-se com o que se tem e saber adaptar-se às condições reais (o peixe na salmoura era considerado alimento pobre, cf. por exemplo Aristófanes, *As vespas*, 491). Paralelos estruturais são freqüentes: ver por exemplo o latim tardio *Si deficit fenum, accipe stramen*, "se falta feno, aceita palha" (Walther 28420), e o italiano *Quando non vanno i cavalli vanno anche gli asini* (cf. nº 496).

553. *Clitellae bovi sunt impositae: plane! non est nostrum onus*
Puseram albardas nos bois. É claro que essa não é carga para nós!

Esse provérbio provavelmente provém de uma fábula na qual alguém procura pôr num boi a sela apropriada a jumentos, mulas e cavalos: indica o protesto de quem está desempenhando tarefas que não são de sua competência ou para as quais não

RELATIVISMO DA VIDA HUMANA, SEUS LIMITES, SEUS CONDICIONAMENTOS   265

tem vocação natural. É usado por Cícero (*Epistulae ad Atticum*, 5,15,3) e por Amiano Marcelino (16,5,10), segundo quem o imperador Juliano costumava dizer isso em altos brados quando era obrigado a fazer exercícios militares e a marchar; uma forma abreviada (*Non nostrum — inquit — onus: bos clitellas*, "disse o boi com albarda: 'não é carga para nós' ") está documentada em Quintiliano (5,11,21) e os estudiosos acreditam que na origem dessa expressão esteja um fragmento cômico (66 s. R.³). Os paremiógrafos gregos registram um paralelo perfeito (Macar. 7,75: σοφὸν ὁ βοῦς, ἔφασκε δ' ἀστράβην ἰδών· οὐ προσήκειν αὐτῷ τὸ σκεῦος, "bem disse o boi, vendo a albarda, que aquilo não lhe dizia respeito"), enquanto οὐκ ἔστ' ἐμὸν τὸ πρᾶγμα, πολλὰ χαιρέτω, "isso não é comigo, até logo!", registrado por Diogeniano (7,9), é o que dizem os preguiçosos (semelhante ao *Isso não é comigo!*, tão ouvido nas repartições públicas). Devem ser assinalados alguns trechos de Plauto (*Bacchides*, 349, *Mostellaria*, 429 s.; 778) em que se tem situação semelhante, mas sem o boi; para os provérbios modernos, ver sobretudo o italiano *Ogni basto non si adatta a ogni dosso*, que também se encontra em Ariosto (*Sátiras*, 3,34).

c) Capacidade de adaptar-se às diversas situações

554. *Ire pedes quocumque ferent*
Ir aonde levam os pés

A fonte é Horácio (*Épodos*, 16,21): essa locução indica o andar casual, sem raciocínio, e retorna ainda em Horácio (*Carm.* 3,11,49) e em outros autores (como Fedro, *App.* 18,14 e Pérsio, 3,62 [num trecho que também retoma outros *topoi* proverbiais: cf. n° 453]). Existem precedentes gregos em Teócrito (13, 70; 14, 42). Em italiano existe *Andare a lume di naso*, enquanto *Abbandonare il capo per il piede* indica a ação irrefletida e guiada apenas por impulsos; perfeitamente semelhante à expressão antiga é o polonês *Iść gdzie nogi poniosą* (cf. Steffen 96 s.).

555. *Ubique medius caelus est*
Em todos os lugares há o céu no meio

Essa expressão provém de *Satyricon* de Petrônio (45,3) e significa que "o mundo inteiro é uma terra só". Trata-se — inclusive em contexto latino — de um convite a saber adaptar-se às várias situações e aos vários costumes dos diversos países. A imagem latina conserva-se no alemão *Der Himmel ist uns überall gleich nahe*, enquanto em outras línguas, como por exemplo em francês e inglês, evidencia-se o fato de que o sol brilha sempre e em todos os lugares.

556. *Undique... ad inferos tantundem viae est*
Em todos os lugares o caminho para os infernos é o mesmo

Cícero (*Tusculanae disputationes*, 1,43,104) atribui essa expressão a Anaxágoras: este, às portas da morte, teria assim respondido a alguém que lhe perguntava se queria ser enterrado em Clazômenas, sua terra natal (A 34a Lanza); foi depois retomada por Sêneca (*De remediis fortuitorum*, 3,2). Seu equivalente grego (πανταχόθεν... ὁμοία ἐστὶν ἡ εἰς ᾅδου κατάβασις) é registrado por Diógenes Laércio (2,11) na seção referente a Anaxágoras (A 1 Lanza), mas expressões semelhantes também são atribuídas ao cínico Diógenes (86 Giannantoni) e ao cirenaico Aristipo (103 Giannantoni). Essa sentença está vinculada ao *topos* segundo o qual "o mundo é uma terra só" (cf. nº 555).

557. *Patria est ubicumque est bene*
A pátria é qualquer lugar em que se esteja bem

Esse fragmento de Pacúvio (*Teucer*, 19,391 D'Anna) já é citado como gnômico por Cícero (*Tusculanae*, 5,37,108) e depois é retomado por Sêneca (*De remediis fortuitorum*, 8,2). O verso de Pacúvio na realidade é a tradução do provérbio grego πατρὶς γάρ ἐστι πᾶς ̔ἵν᾽ ἄν πράττῃ τις εὖ, encontrado em *Pluto* de Aristófanes (v. 1151) e contestado por Lísias (31,6) como sintoma da perigosa primazia do particular sobre o cívico e o político. Está vinculado não só a um fragmento de Eurípides (777 N.[2]: πανταχοῦ γε πατρὶς ἡ βόσκουσα γῆ, "a pátria é qualquer lugar onde haja uma terra que dá o que comer"), como também à tradição do sábio ou do forte cuja pátria é o mundo (cf. nº 558): um elo de ligação talvez seja constituído pela formulação τῷ γὰρ καλῶς πράσσοντι πᾶσα γῆ πατρίς, encontrada num *monóstico de Menandro* (735 J.) e inserida nos fragmentos trágicos anônimos (318 N.[2]), que pode significar que cada um considera pátria a terra onde está bem, ou que para a pessoa que faz o bem qualquer terra é pátria. Na época imperial esse *topos* assumirá um colorido mais definido de cosmopolitismo: já Sêneca, no trecho citado de *De remediis fortuitorum* (8,1), afirmava que *Nulla terra exilium est sed altera patria*, "nenhuma terra é exílio, mas outra pátria", e, em *Ep*. 28,4, reforçava que *Patria mea totus hic mundus est*, "todo este mundo é minha pátria": tal conceito também se encontra em outros autores, como por exemplo Orósio (5,2,1) e Juliano, o Apóstata (*Or*. 8,5,246b). Outra variação é a forma abreviada πᾶσα γῆ πατρίς, "toda terra é pátria", registrada pelos paremiógrafos (Zenob. vulg. 5,74, Diogen. 7,48, Macar. 7,1, *Suda* π 746), que, juntamente com Eustátios (*Comentário à Odisséia*, 1578,8), também documentam a versão mais longa, ainda que com divergências marginais. O provérbio antigo chegou a todas as línguas modernas (ver por exemplo o italiano *La patria è dove s'ha del bene*, cf. Arthaber 1009), através do medieval *Patria est ubicumque bene vixeris* (Walther 20842a, cf. também 20844a); uma outra variante medieval evidencia que pátria é qualquer lugar onde se possa levar vida tranqüila (Walther 25954). Esse motivo também recorre em literatura: especialmente famoso é um trecho de *Promessi sposi* (38,15), em que Dom Abbondio lembra que *La patria è dove si sta bene*; uma citação direta do fragmento latino está em Voltaire (*Dicionário filosófico*, ver "Pátria", II Kehl).

558. *Omne solum forti patria est*
Toda terra é pátria para o forte

A fonte desse famoso provérbio latino é um verso de *Fastos* de Ovídio (1,493), que não pretende afirmar um cosmopolitismo genérico (cf. nº 557), mas revelar uma prer-

RELATIVISMO DA VIDA HUMANA, SEUS LIMITES, SEUS CONDICIONAMENTOS   267

rogativa particular do homem forte, que pode considerar pátria qualquer lugar, exatamente como — continua o poeta — todo o mar é pátria para os peixes e todo o ar para os pássaros. Esse conceito recorre com palavras muito semelhantes em Cúrcio Rufo (6,4,13), enquanto Sêneca, em *Consolatio ad Helviam* (9,7), afirma: *Omnem locum sapienti viro patriam esse*, "todo lugar é pátria para o homem sábio" (para outros trechos de Sêneca com conceitos semelhantes, cf. nº 557). Muitos são os precedentes gregos: antes de mais nada deve ser lembrado que Tucídides, em sua *Oração fúnebre de Péricles* para os heróis atenienses, declara: ἀνδρῶν... ἐπιφανῶν πᾶσα γῆ τάφος, "para os homens eminentes toda a terra é sepultura" (2,43), enquanto um fragmento de Eurípides (1047 N.[2]) diz: ἅπας μὲν ἀὴρ αἰετῷ περάσιμος, / ἅπασα δὲ χθὼν ἀνδρὶ γενναίῳ πατρίς, "todo o ar pode ser atravessado pela águia; para o homem nobre, toda a terra é pátria" (notar a semelhança com o texto de Ovídio); em Demócrito se lê (68 B 247 D.-K.): ἀνδρὶ σοφῷ πᾶσα γῆ βατή· ψυχῆς γὰρ ἀγαθῆς πατρὶς ὁ ξύμπας κόσμος, "para o sábio, é possível percorrer toda a terra: todo o mundo é pátria para quem tem espírito nobre" (cf. também Arsen. 2,84c). Provérbio semelhante encontra-se em fragmentos do cínico Diógenes (355 Giannantoni), nos *Monósticos de Menandro* (*Pap. Vat.* 4,6 Jäkel), e finalmente em *Discussões de Epiteto* de Arriano (3,24,66) afirma-se e argumenta-se por meio de exemplos que para o "filósofo" Diógenes qualquer terra era pátria e nenhuma delas o era de modo especial. Esse provérbio ainda está vivo em várias línguas européias: ver por exemplo o francês *Un honnête homme trouve sa patrie partout*, o espanhol *Al buen varón tierras ajenas su patria le son*, o alemão *Alle Lande sind des Weisen Vaterland*; em italiano deve ser lembrado o verso de *Pastor fido* de Guarini (5,2): *Ogni stanza al valentuomo è patria.*

559. Νόμος καὶ χώρα
Cada terra com seu uso

Esse ditado lapidar, que revela o relativismo dos hábitos humanos, é documentado pelos paremiógrafos (Zenob. vulg. 5,25, Macar. 6,11, *Mant. Prov.* 2,31); Erasmo (*Adagia*, 3,6,55) registra o equivalente *Lex et regio*, enquanto no latim medieval existem vários paralelos, entre os quais assinalo *Sunt usus rerum totidem, quot climata mundi*, "são tantos os usos quantas são as regiões do mundo" (Walther 30853), e *Vita, genus, linguae variae variant regiones: / una nequit cunctos distinguere mores*, "vida, raça, diferentes línguas diversificam as regiões: um só critério não pode distinguir todos os costumes" (Walther 33849). Em todas as línguas européias existem equivalentes ao provérbio brasileiro *Cada terra com seu uso, cada roca com seu fuso* (cf. Mota 61, Arthaber 967); o provérbio italiano mais conhecido é *Paese che vai, usanza che trovi*; é bonita a variante *Tanti ombelichi, tante panze; tanti paese, tante usanze.*

560. Ἀλλ' ἕπου χώρας τρόποις
Mas segue os costumes da terra

Esse provérbio é citado pelos paremiógrafos (*App. Prov.* 1,20, Macar. 1,89, *Suda* α 1142), mas, com grande probabilidade, constitui um fragmento de autor desconhecido, com certeza iâmbico (32 D.³), talvez trágico (435 N.², não acolhido na edição de Snell-Kannicht); convites semelhantes a seguir os costumes da terra em que se está também existem nos *Monósticos de Menandro* (cf. 518; 547, *Pap.* IV [*Vindob.* 19 999 B], 11 Jäkel). Uma variante é constituída por ἄλλοτε δ' ἀλλοῖον τελέθειν καὶ χώρᾳ ἕπεσθαι, "comportar-se de modo sempre diferente e adaptar-se à terra", registrado pelos paremiógrafos (Zenob. vulg. 1,24, Diogen. 1,23, Greg. Cypr. 1,8, Greg. Cypr. L. 1,4, Apost. 1,39), cuja imagem é a do pólipo, que se adapta ao terreno em que se encontra. A recomendação de comportar-se como o pólipo, aliás, já está presente em Teógnis, 215 s.: πουλύπου ὀργὴν ἴσχε πολυπλόκου, ὃς ποτὶ πέτρῃ, / τῇ προσομιλήσει τοῖος ἰδεῖν ἐφάνη, "deves ter a índole do versátil pólipo, cuja aparência é semelhante à da pedra à qual adere", trecho muito famoso na Antiguidade (ver A. Peretti, *Teognide nella tradizione gnomologica*, Pisa 1953, 42-49, 93-104), que foi freqüentemente citado (cf. Plutarco, *De amicorum multidine*, 96f, *Quaestiones naturales*, 916c, *Terrestriane an aquatilia animalia sint callidiora*, 978e, Ateneu, 7,317a; 12,513d), parodiado (cf. Filóstrato, *Vitae Sophistarum*) e contestado (ver o Pseudo-Focilides, 49: μηδ' ὡς πετροφυὴς πολύπους κατὰ χώραν ἀμείβου, "não mudes conforme o lugar, como faz o pólipo agarrado às pedras"); o motivo do pólipo que muda de cor, por outro lado, é muito encontradiço (lembro em especial Sófocles, fr. 307 R.; remeto a W. D'A. Thompson, *A Glossary of Greek Fishes*, Oxford 1947, 204-208, e a P. W. van der Horst, *The Sentences of Pseudo-Phocylides*, Leiden 1978, 146-148). Muitos são os paralelos em latim medieval, tais como *Si fueris Romae, Romano vivito more, / si fueris alibi, vivito sicut ibi*, "se estiveres em Roma, vive segundo os costumes romanos; se estiveres em outro lugar, vive como se vive ali" (Walther 28521, cf. também 4176, 29113), retomado pela expressão brasileira *Em Roma, sê romano* e por outros provérbios semelhantes em várias línguas européias (Mota 91); *Terrae qua pergis cape mores quos ibi cernis*, "adota os costumes que vês na terra aonde vais" (Walther 31348), e *Te servare decet mores illamque legulam / eius telluris, incola cuius eris*, "convém-te conservar os costumes e as normas da terra em que habitarás" (Walther 33849). Outras variantes brasileiras são *Em terra de mouros, cristão é mouro* (citada por Afonso Taunay em *Martim Francisco Terceiro*) e *Em terra de papudos quem não tem papo é defeituoso*.

561. *Nunc hic dies aliam vitam defert, alios mores postulat*
Agora este dia traz uma nova vida, requer novos costumes

Esse verso de *Andria* de Terêncio (189), já citado como gnoma por Cícero numa epístola (*Epistulae ad familiares*, 12,25,5) para indicar que tempos novos devem comportar mudanças no modo de viver, na realidade é uma referência ao provérbio grego ἄλλος βίος, ἄλλη δίαιτα, "outra vida, outros hábitos". Este último chegou até nós graças aos paremiógrafos (Zenob. vulg. 1,22, Diogen. 1,20, Macar. 1,86, Apost. 2,43), segundo os quais esse provérbio diz respeito a quem muda a vida para melhor. No latim medieval existe *Alia vita alios mores postulat*, "cada vida requer um costume diferente" (Walther 782); quanto às línguas modernas, os provérbios semelhantes ao brasileiro *Mudado o tempo, muda-se o tento* (encontrados em espanhol, alemão, francês e inglês, cf. Arthaber 1336), enfatizam principalmente o relativismo dos costumes em relação aos tempos, enquanto o italiano é conceitualmente análogo ao antigo: *Anno nuovo, vita nova* [port., Ano novo, vida nova].

562. *Utcumque in alto ventus est... exim velum vortitur*
Da forma como estiver o vento em alto-mar, assim a vela será virada

Essa expressão indica a capacidade de adaptação às diversas situações e se encontra em dois trechos de Plauto (*Epidicus*, 49, e *Poenulus*, 754); reaparece nas sentenças medievais (Walther 32651). Nas tradições modernas esse conceito é freqüentemente expresso com menções a agentes atmosféricos: o italiano tem *Avere un impermeabile per ogni acqua* (com equivalente em inglês), o alemão tem *Den Mantel nach dem Winde hängen*; mais próximos do latim são o siciliano *'ngrizza li vili secunnu lu ventu*, o toscano *A ogni barca la vela adatta* (com paralelo em calabrês) e o francês *Tourner à tout vent*. Em italiano a bandeira que gira segundo o vento assumiu valor fortemente negativo, designando as pessoas volúveis, em quem não se pode confiar (cf. também nº 779). No Brasil se diz *Vento bom, água na vela!*

563. *Verte omnes tete in facies*
Assume todas as formas

Essa expressão pertence às palavras sarcásticas e injuriosas que Enéias dirige a Turno no duelo do décimo segundo canto da *Eneida* (v. 891): segundo o comentário do Pseudo-Sérvio, aqui haveria referência a uma locução proverbial, que evidentemente convidava a mudar o comportamento segundo a situação. Tal motivo realmente é muito comum na literatura latina (cf. nºs 561, 562, 565, além de Terêncio, *Hecyra*, 380), mas provavelmente essa expressão estava vinculada à imagem de Proteu, deus marinho grego dotado não só da capacidade de adivinhar, como também de se transformar em todas as formas possíveis, indicando freqüentemente, por antonomásia, a capacidade de mudar. Esse uso já está documentado em grego, em particular num epigrama de conteúdo culinário de Hédilo (transmitido por Ateneu, 8,345a) e num trecho de Luciano (*De sacrificiis*, 5), em que Proteu é chamado de Zeus, que tem o hábito de mudar de aspecto em suas aventuras amorosas; entre os latinos, Ovídio (*Ars amatoria*, 758 ss.) por exemplo usa Proteu como termo de comparação para o amante habilidoso, que sabe mudar segundo a mulher que deseja conquistar; no que se refere a Horácio, em *Ep.* 1,1,90, essa imagem constitui uma variação sobre o tema da impossibilidade de satisfazer o ser humano e, em *Sat.* 2,3,69-71, a tônica recai sobre o fato de ser difícil conter um ser que está sempre mudando, como Proteu. A fama dessa personagem mitológica perdurou através dos tempos: o seu nome ainda indica a pessoa que muda de opinião com freqüência e o vocábulo *proteiforme* está presente em italiano, francês, inglês [e português]; no que se refere à imagem da bandeira, do camaleão e do pólipo, ver os nºs 562, 564, 560.

564. Χαμαιλέοντος εὐμεταβολώτερος
   Mais mutável que um camaleão

Essa locução é transcrita pelos paremiógrafos (Greg. Cypr. L 3,32, Apost. 18,9) e indica uma pessoa que sabe transformar-se e mudar de idéias segundo as circunstâncias. Realmente, o camaleão já era famoso na Antiguidade por ser capaz de adaptar sua cor à do ambiente circundante (cf., por exemplo, Eliano, *Natura animalium*, 2,14, Deodoro de Tarso, na *Biblioteca* de Fócio, 215a 37-41 B.) e era freqüentemente comparado às pessoas capazes de realizar as mudanças mais radicais nas diversas situações: na literatura grega, ver, por exemplo, Plutarco, *Vida de Alcibíades*, 23,4, *Quomodo adulator ab amico internoscatur*, 53d, e Juliano, o Apóstata, *Or.* 10,4,309a; na literatura latina, Ausônio, *Ep.* 17. Essa locução ainda está viva e corrente em todas as línguas européias; um recente e esplêndido *divertissement* sobre o camaleonismo está no filme *Zelig* de Woody Allen.

565. *Esse eum omnium horarum*
   Ele é de todas as horas

Essa locução de Quintiliano (6,3,110) refere-se a Asínio Polião, que era capaz de adaptar-se tanto às situações engraçadas quanto às sérias: indica uma pessoa naturalmente sutil que consegue adaptar-se a qualquer situação e enfrentá-la. Encontra-se em Suetônio (*Vida de Tibério*, 42) e também deve ser lembrado *P. Mummium cuiusvis temporis hominem esse*, "P. Mummio é homem de todas as circunstâncias", pronunciado por Caio Publício e citado por Cícero (*De oratore*, 2,67,271). Em italiano também existe *Da tutte le ore* com o significado de "sempre agradável e oportuno, nunca importuno e indiscreto" (Battaglia 11,1097): na literatura está documentada em Matteo Bandello (2,605); com o mesmo sentido, o italiano também usa *Un uomo per tutte le stagioni*, do título de um famoso filme de Zinnemann sobre Tomás Morus (*A Man for All the Seasons*) [no Brasil, *O homem que não vendeu sua alma*].

566. Δεξιὸν εἰς ὑπόδημα, ἀριστερὸν εἰς ποδάνιπτρα
   O pé direito no sapato e o esquerdo de molho

Esse provérbio, que constitui um hexâmetro com surpreendente hiato entre ὑπόδημα e ἀριστερόν, significa que é preciso saber comportar-se com equilíbrio, segundo as diversas situações: foi usado por Polêmon (fr. 101 Preller, cf. Dídimo, *De proverbiis*, fr.f 1, p. 397 Schmidt); além disso, estava registrado na obra que tratava de provérbios em verso de Aristófanes de Bizâncio (fr. 361 Slater) e na redação vulgarizada de Zenóbio (3,36). Em italiano, *Tenere un piede da una parte e un piede dall'altra* indica saber desembaraçar-se de situações difíceis, de tal modo que fique aberta a possibilidade de optar entre duas soluções diferentes e inconciliáveis.

567. *Eundem calceum omni pedi inducere*
Meter todos os pés no mesmo sapato

Esse provérbio na realidade é a tradução de Erasmo (*Adagia*, 4,4,56) para ἑνὶ καλάποδι πάντας ὑποδέουσιν, de Galeno (10,653,11 K.). A imagem do calçado que deve ser adequado ao pé também pertence a Horácio (*Ep.* 1,10,42 s.), enquanto em grego se tem μηδὲ ὑπὲρ τὸν πόδα ἔστω τὸ ὑπόδημα, "que o calçado não seja maior que o pé", provérbio usado por Luciano (*Pro imaginibus*, 10) e registrado por Arsênio (11,34b); segundo Plutarco (*Lacedaemoniorum apophthegmata*, 208c), o rei Agesilau de Esparta estaria aludindo a esse provérbio quando comparou o retor que sabia engrandecer coisas pequenas ao sapateiro que punha sapatos grandes em pés pequenos. No latim medieval tem-se *Ne supra pedem calceus!* (Walther 16125a), enquanto todas as línguas européias têm equivalentes a *O mesmo sapato não serve em todos os pés* (cf. Arthaber 1237), encontrado também em muitos dialetos (por exemplo, no da Brescia, *No gh'è scarpa che va be a toc i pe*). Os paralelos brasileiros são *Achar forma pro seu pé* e *Dois pés não cabem num sapato*.

568. *Uno collyrio omnium oculos vult curare*
Quer tratar todos os olhos com o mesmo colírio

São Jerônimo (*Comentário à Epístola aos Éfesos, Praef.* 7,539 V.) assim caracteriza o médico incompetente; esse mesmo motivo — ainda que com valor positivo — retorna em *Ep.* 84,4, onde, tratando do Concílio de Nicéia que deveria ter condenado Orígenes assim como condenou Arius, o santo usa a expressão *Uno medicamine omnes simul morbos... curare*, "tratar todas as doenças com o mesmo remédio". Em alemão existe *Mit einer Salbe alle Schäden heilen*; outros paralelos são encontrados em dinamarquês e sueco (cf. Strømberg 44).

569. *Accessit huic patellae... dignum operculum*
Essa vasilha encontrou a tampa digna dela

Esse provérbio é usado por São Jerônimo em *Ep.* 7,5 (para indicar que cada povo tem os governantes que merece), em *Ep.* 127,9 (relativamente às heresias que campeavam em Roma) e em *Epistula adversus Rufinum* (24). Um equivalente grego (εὗρεν ἡ λοπὰς τὸ πῶμα) é título da sátira de Varrão Περὶ γεγαμηκότων, "sobre os esposos" (p. 199 B.) e Kock fez dele um fragmento cômico anônimo (651). Seu significado — de que nada há de tão negativo que não encontre algo que se lhe ajuste — está mais explícito no italiano *Non vi è pentola sì brutta che non trovi il suo coperchio*, com paralelos em francês, espanhol, alemão e em vários dialetos italianos (como o veneziano *No gh'e pignata che covercio no cata*); na maioria das vezes esses provérbios são aplicados a casamentos ou uniões amorosas em geral; com esse significado, em muitos dialetos, encontra-se a imagem da vassoura (ou da pá) e de seu cabo. No Brasil se diz *Não há panela sem testo*.

570. Ipsa olera olla legit
A própria panela escolhe os seus legumes

Essa bela expressão aliterante é mencionada explicitamente como proverbial por Catulo (94,2), a propósito de Mamurra de Fórmias, engenheiro de César na Gália, que ele invectiva com freqüência ("despedaça", como dirá Plínio, *Naturalis historia*, 36,48), chamando-o de *Mentula*, "pênis", e dizendo que ele *moechatur*, "fornica". Crusius argumentou que esse provérbio diria respeito à subversão da ordem natural, mas, em Catulo, ele só pode significar que cada um faz as coisas para as quais tem inclinação. Em resumo, trata-se de uma formulação mais expressiva de adágios do tipo *Naturae sequitur semina quisque suae*, "cada um segue as inclinações da sua natureza", de Propércio (3,9,20; para esse conceito, cf. também nºs 106, 109 e 544).

571. Tempori serviendum est
É preciso obedecer às circunstâncias

Essa expressão às vezes é usada por Cícero em suas epístolas (cf. *Ad Atticum*, 10,7,1, *Ad familiares*, 9,7,1; 10,3,3, cf. também *Ad Atticum*, 12,51,2): trata-se de uma clara recomendação de flexibilidade, de adaptar-se vez por outra àquilo que as diversas circunstâncias exigem. Na literatura grega existem equivalentes perfeitos da locução latina: καιρὸν ϑεραπεύειν encontra-se em Demóstenes (18,307) e em Hélio Aristides (39 [2,743,13 s. D.]); καιρ# δουλεύειν, num epigrama de Paladas da Alexandria (*Antologia Palatina*, 9,441,6), é visto como inelutável necessidade até pelo próprio Héracles; finalmente, um verso do Pseudo-Focílides (121) declara: καιρ# λατρεύειν, μήδ' ἀντιπνέειν ἀνέμοισιν, "obedecer às circunstâncias, não soprar contra os ventos". Em latim são muitas as formulações semelhantes: em *Hecyra* de Terêncio (v. 608), por exemplo, Laquete sentencia: *Istuc est sapere, qui ubiquomque opu' sit animum possis flectere*, "isto é saber: dirigir o espírito para aquilo que seja necessário"; em *Medéia*, de Sêneca (v. 175), a aia aconselha à protagonista: *Tempori aptari decet*, "convém adaptar-se às circunstâncias" (essa expressão também aparece entre as sentenças medievais, cf. Walther 31258; em *Laus Pisonis* [v. 155] tem-se *Temporibus servire decet)*; em *Epistulae ad familiares* de Cícero (4,9,2), enfim, se lê: *Primum tempori cedere, id est necessitati parere, semper sapientis est habitum*, "em primeiro lugar ceder às circunstâncias, ou seja, submeter-se à necessidade, é sempre o hábito do sábio" (submeter-se à necessidade também recorre em *De officiis* [2,21,74, cf. 2,16,56]). A adaptação àquilo que as circunstâncias exigem é também uma característica do Alcibíades de Cornélio Nepos (1,3), enquanto em latim vulgar existe um aliterante *Tempora tempore tempra*, "tempera os tempos com o tempo" (ou seja: "facilita as coisas, adaptando-se"). Nas línguas modernas existem provérbios semelhantes (cf. Arthaber 1337): em italiano existe *Bisogna accomodarsi ai tempi*, enquanto a versão francesa (*Il faut prendre le temps comme il vient*) e a inglesa, com ligeira variação, são equivalentes ao italiano *Bisogna prendere il mondo come viene*; finalmente, ver o alemão ampliado *Man muss sich nach der Zeit richten, die Zeit richtet nich nach uns* (nós é que devemos ser governados pelo tempo, já que os tempos com certeza não são governados por nós).

572. *Omnia tempus habent*

Tudo tem seu tempo

Esse famoso lema, ainda usado, é a tradução da *Vulgata* de um trecho do *Eclesiastes* (3,1: *Omnia tempus habent et suis spatiis transeunt universa sub caelo*, "tudo tem seu tempo e no seu devido termo passam todas as coisas sob o céu"), muito importante por introduzir uma longa lista de ações a serem realizadas em tempo oportuno (3,1-18), capazes de exemplificar um dos conceitos fundamentais desse poema didático: o homem, limitado pela própria natureza, deve saber reconhecer as diversas necessidades dos diversos momentos e adaptar-se a elas (remeto a G. von Rad, *La sapienza di Israele*, Casale Monferrato 1975 [Neukirchen-Vluyn 1970], 129-133). Em grego, Creonte diz máxima semelhante (πάντα γὰρ καιρῷ καλά), "cada coisa é boa em seu tempo") ao desesperado Édipo, em *Édipo Rei* de Sófocles (v. 1516); καιρῷ πάντα πρόσεστι καλά é atribuído a Sódamo (cf. epigrama anônimo editado por D. L. Page, *Further Greek Epigrams*, Cambridge 1982, vv. 1838 s.) e πάντα γὰρ καιρῷ ἰδίῳ χάριν ἔχει, "tudo é agradável em seu devido tempo", está presente em *Vita Aesopi* (cf. *Menandri Setentiae*, ed. Jäkel, *App.* 13,28). Além disso, é preciso lembrar o lema καιρὸν γνῶθι, "sabe reconhecer a circunstância", atribuído a Pítaco (cf. coletânea de sentenças em João de Stóboi, 3,1,172 [doc. 19a Gentili-Prato], Diógenes Laércio, 1,79, Ausônio, *Ludus septem sapientum*, 9,2-5, *Mantissa Proverbiorum*, 2,59, *Suda* π 1659), que formalmente lembra o γνῶθι σεαυτόν (cf. nº 347), assim como o καιρῷ σκόπει τὰ πράγματ' ἄνπερ νοῦν ἔχῃς, "considera as coisas segundo a circunstância, se tens cérebro", de um *monóstico de Menandro* (400); para a tradição que vê no καιρός, "momento favorável", o fundamento de toda ação, cf. nº 574. Em latim, esse conceito recorre sobretudo em alguns textos de Terêncio (*Andria*, 758, *Heautontimoroumenos*, 364 s.), que Ausônio (l.c.) associará ao apotegma de Pítaco; entre as sentenças medievais, muitas retomam esse motivo: ver em especial Walther 31274, *Temporibus sapiens mores accomodat aptos; / omnia namque suum tempus habere volunt,* "o sábio adapta seus costumes aos tempos: de fato, todas as coisas têm seu tempo". Em italiano é corrente *Ogni cosa a suo tempo* e todas as línguas européias registram o equivalente à frase do *Eclesiastes* (Arthaber 1348): entre as variações é interessante a alemã *Alles hat seine Zeit, nur die alten Weiber nicht* (só as mulheres velhas não têm seu tempo).

573. *Non erat his locus*
Não era o momento para isso

Essa expressão, atualmente usada para indicar a incapacidade de perceber o momento oportuno para dizer ou fazer alguma coisa, é extraída de um verso da *Ars poetica* de Horácio (19), onde *Nunc non erat his locus* é o lapidar comentário feito em relação ao poeta que procura cantar temas áulicos mesmo quando a situação é absolutamente imprópria.

574. Καιρὸς ψυχὴ πράγματος
A ocasião é a alma da ação

Esse provérbio, registrado por Apostólio (9,42), está ligado à tradição da importância de saber aproveitar as circunstâncias (n°s 576, 577) e encontra numerosos precedentes nos autores clássicos: expressões semelhantes existem, por exemplo, em Teógnis (vv. 401 s.), Píndaro (*Olímpicas*, 13,47 s., *Píticas*, 9,78 s., cf. também 1,81-84), Sófocles (*Electra*, 75 s.), Isócrates (*A Nícocles*, 33, cf. também *Demonico*, 31 [cf. n° 400]); o sofista Anaxarco (72 B 1 D.-K.) afirma que em saber reconhecer as circunstâncias está a marca da sabedoria, e num epigrama de Posidipo (*Appendix Planudea*, 275,2) uma estátua declara representar καιρὸς ὁ πανδαμάτωρ, "a ocasião que tudo domina". Nos *Monósticos de Menandro*, ο καιρός é mais forte do que as leis (382), destrói as tiranias (387), dá força ao avarento (394), engrandece o pequeno (872), traz riqueza (*Comparatio Menandri et Philistionis*, 1,83 s.) e poder (*Ostracon Graecum Bodleianum* 405, 10 s.). Em latim encontra-se um paralelo em Terêncio (*Heautontimoroumenos*, 364 s.), onde o momento favorável é chamado de *rerum omnium... / primum*, "a primeira de todas as coisas". Para os provérbios modernos relativos a esse tema, cf. n°s 571, 572.

575. *Fronte capillata, post haec occasio calva*
A ocasião tem a testa cheia de cabelos e atrás é calva

Esse é o segundo verso de um *dístico de Catão* (2,26; o primeiro diz: *Rem tibi quam scieris aptam dimittere noli*, "não percas algo que sabes que te convém"), que tira partido de uma tradição conhecida na Antiguidade, segundo a qual a ocasião tinha cabelos bastos só na testa, de tal modo que só podia ser agarrada quando estava de frente e não podia ser apanhada de novo quando escapasse; essa imagem, que tivera uma representação plástica em uma obra de Lisipo, se encontra em Fedro (5,8), num epigrama de Posidipo (*Antologia Planudea*, 275,7 ss.) e num de Ausônio (11,7 s.; nesse, contudo, os cabelos cobrem o rosto para que a ocasião não seja reconhecida), assim como numa carta de Paulino de Nola (16,4). Esse motivo, também documentado, por exemplo, num dos *Carmina Burana* (*Fortunae plango vulnera*, 6-8), ainda está presente nas várias tradições européias, tanto com provérbios semelhantes ao italiano *La fortuna ha i capelli dinanzi* (Arthaber 916) quanto com outros de forma exortativa, como o brasileiro *Pegar a ocasião pelos cabelos*, com equivalentes em todas as línguas européias (cf. Mota 164, Arthaber 534); é retomado, por exemplo, por Leonardo (*Favole e facezie*, em *Scritti scelti*, A. M. Brizio, 97).

576. *Rapiamus, amici, / occasionem de die*
Amigos, agarremos a ocasião prontamente

A fonte é Horácio (*Épodos*, 13,3 s.): nele, esse motivo é paralelo ao de aproveitar o momento fugaz (cf. nº 577) e está também em outros autores, tais como Sêneca (*Ep.* 22,3), Marcial (8,9,3) e São Jerônimo (*Ep.* 54,6). A fortuidade da ocasião — e portanto a necessidade de agarrá-la "no vôo" — também reaparece nas sentenças de Publílio Siro, em especial na D 18, *Deliberando saepe perit occasio*, "muitas vezes, deliberando se perde a ocasião" (cf. também nº 932), e na 0 14, *Occasio aegre offertur, facile amittitur*, "a ocasião dificilmente se oferece e facilmente se perde"; outra formulação "gnômica" é documentada em Símaco (*Ep.* 1,7,2: *Occasionem rapere prudentis est*, "é próprio do sábio aproveitar a ocasião"). Aproveitar a ocasião é um *Leitmotiv* das tradições proverbiais (cf. também nº 575): entre as numerosas variações eu citaria o ditado popular italiano *Ogni lasciata è persa*, o francês *Il faut attacher un clou à la roue de la fortune*, o espanhol *Cuando viene el bien, métalo en tu casa* e o inglês *When the fortune smiles on thee, take advantage*; entre as referências literárias, ver *Let's take the instant for the forward top*, de Shakespeare (*Está bem tudo o que acaba bem*, 5,3) e *Gebraucht der Zeit, sie geht so schnell von hinnen!*, que é um dos conselhos dados por Mefistófeles ao estudante, na primeira parte do *Fausto* de Goethe (mais tarde Mefistófeles se repetirá, dando conselho análogo a Fausto [2,4]).

577. *Carpe diem*
Aproveita o momento fugaz

Esse conhecidíssimo lema, extraído das *Odes* de Horácio (1,11,8: esse verso continua com *quam minimum credula postero*, "confiando o mínimo possível no futuro"), sintetiza expressivamente — inclusive graças à pujante novidade de *carpo* (cf. A. Traina, *Orazio. Odi e epodi*, Milano 1985, 13 ss.) — um dos principais motivos desse poeta. Ainda é muito usado também em linguagem comum, como exortação a gozar o momento favorável sem preocupações com o futuro, ou para indicar uma atitude mental inclinada à vida sem preocupações e receios; ultimamente, assumiu maior notoriedade devido ao filme de P. Weir, *Sociedade dos poetas mortos*. O motivo de saber aproveitar tudo o que se apresente de positivo (mesmo que pouco) e transitório é — como já se disse — muito apreciado por Horácio: além do trecho analisado no nº 576, ver *Sat.* 2,6,196 s., *Carm.* 1,4,14 s.; 2,16,17 s.; 4,7,7 s., e principalmente 3,8,27, *Dona praesentis cape laetus horae*, "colhe com alegria as dádivas do momento presente". Na literatura latina são muitos os paralelos conceituais, devendo ser assinalados alguns provérbios semelhantes, ainda que não tão felizes, como: *Utere temporibus*, "aproveita o momento feliz", de Ovídio (*Tristia*, 4,3,83; para o uso de *utor* nesses contextos, ver também Tibulo, 1,8,47, Propércio, 4,5,60 e o próprio Ovídio, *Fastos*, 5,353); *Protinus vive*, "vive sem incertezas", de Sêneca (cf. *De brevitate vitae*, 9,1, análogo a um trecho de Plínio, o Jovem [*Ep.* 5,5,4]); e sobretudo o formalmente próximo *Carpamus dulcia*, "colhamos o que é agradável", de Pérsio (5,151). Embora a expressão latina seja mais usada, em muitas tradições proverbiais modernas existe a sua tradução: ver, por exemplo, o francês *Mets à profit le jour présent*, o alemão *Benutze den Tag / das Heute*; uma variação significativa é constituída pela inglesa *Take time while time is, for time will away*. Ademais, são muitas as suas referências nas literaturas modernas, do tipo de *Doch der den Augenblick ergreift, / das ist der rechte Mann* na cena de Mefistófeles com o estudante, na primeira parte de *Fausto* de Goethe (cf. também nº 576); alguns trechos conceitualmente semelhantes passaram a ter valor gnômico, como o início do canto goliardo *Gaudeamus igitur, iuvenes dum sumus*, "gozemos, pois, enquanto somos jovens", e o refrão do canto carnavalesco *Bacco ed Arianna* de Lorenzo de' Medici (*Chi vuol esser lieto sia, / di doman non v'è certezza*).

578. *Edamus, bibamus, gaudeamus!*
Comamos, bebamos, folguemos!

Essa é uma expressão proverbial, ainda conhecida, que convida a gozar os prazeres da vida enquanto é possível; está, pois, conceitualmente vinculada ao *topos* do *Carpe diem* (cf. nº 577): entre outras possibilidades, é freqüente que ela seja completada com *Post mortem nulla voluptas*, "depois da morte não há nenhum prazer". Sua origem é comumente identificada numa epígrafe que teria sido posta no túmulo de Sardanapalo, rei assírio mítico que ficou famoso por dedicar a vida ao luxo e aos prazeres: segundo Estrabão (14,5,9) e Arriano (*Anábase*, 2,5,4) na realidade essa epígrafe dizia: σὺ δέ, ὦ ξεῖνε, ἔσθιε καὶ πῖνε καὶ παῖζε, ὡς τἆλλα τὰ ἀνθρώπινα οὐκ ὄντα τούτου ἄξια, "tu, estrangeiro, come, bebe e diverte-te, que as outras coisas humanas não equivalem a essas"; além disso, havia uma frase semelhante no túmulo de Jasão, um aristocrata da Judéia helenizada (cf. M. Hengel, *L' "ellenizzazione" della Giudea nel I secolo d.C.*, trad. it. Brescia 1993). Também existe outra tradição mais difundida (cf. Anônimo, *Antologia Palatina*, 7,325, *Antologia Planudea*, 27, Ateneu, 8,336a, escólio a Aristófanes, *As aves*, 1021, *Suda* σ 121; ver também Cícero, *Tusculanae disputationes*, 5,35,101), que registra um longo epigrama em cujos vv. 4 s. se lê: τόσσ' ἔχω ὅσσ' ἔφαγόν τε καὶ ἔκπιον καὶ μετ' ἔρωτος / τέρπν' ἐδάην· τὰ δὲ πολλὰ καὶ ὄλβια κεῖνα λέλειπται, "restam-me o que comi, o que bebi e os prazeres do amor que conheci: as minhas tantas e famosas riquezas acabaram". Essa orgulhosa afirmação de hedonismo era famosa na Antiguidade — como demonstra o número de citações — e freqüentemente criticada pelos filósofos, em especial Aristóteles (*Diálogos*, fr. 90 Rose) e o estóico Crisipo, que escreveu um epigrama em que essa inscrição era transcrita com exatidão, mas com finalidades polêmicas (cf. 3,200 Arnim). Contudo, para a formulação e difusão de *Edamus, bibamus, gaudeamus* também contribuiu um trecho de *Isaías* (22,13), traduzido pela *Vulgata* como *Manducemus et bibamus: cras enim moriemur*, que se tornou muito célebre por ter sido citado por São Paulo na *Primeira Epístola aos Coríntios* (15,32): não fosse a ressurreição — diz o Santo — seria lógico desposar tal filosofia, que é muito útil a uma vida encerrada nos limites terrenos. Também deve ser assinalado outro paralelo bíblico: num trecho do *Livro da Sabedoria* (2,6 s.) incita-se a gozar, enquanto se é jovem, dos bens presentes, do vinho e dos aromas (não se trataria, provavelmente, dos aromas que eram misturados ao vinho, mas de ungüentos usados pelos hebreus durante o banquete: para este e outros problemas específicos, remeto ao comentário de G. Scarpat, Brescia 1989, 1,180 s.). Esse conceito também se encontra em inscrições funerárias, como a conhecida *Dum vixi, vixi quomodo condecet ingenuom, / quod comedi et ebibi tantum meum est*, "enquanto vivi, vivi como convém a um bem-nascido, e só é meu o que comi e bebi" (*CIL* 9,2114 = 187 Bücheler). Finalmente, não se pode esquecer o *incipit* de um famoso canto goliardo: *Gaudeamus igitur / iuvenes dum sumus! / Post iucundam iuventutem, / post molestam senectutem / nos habebit humus*, "gozemos pois enquanto jovens! Depois da alegre juventude e da desagradável velhice, à terra pertenceremos".

579. Πολλῶν ὁ καιρὸς γίνεται παραίτιος
A ocasião é causa concomitante de muitas coisas

Essa é uma sentença de *Comparatio Menandri et Philistionis* (4,1), que tem paralelo numa sentença de Publílio Siro (H 26): *Hominem etiam frugi flectit saepe occasio*, "muitas vezes a ocasião dobra até o homem de bem". O provérbio brasileiro *A ocasião faz o ladrão*, que encontra equivalentes exatos em todas as línguas européias (cf. Mota 47, Arthaber 915), deriva do latim medieval *Occasio facit furem* (Walther 19682b). Uma variação significativa é *Porta aberta, o justo peca*, que também possui paralelos em várias línguas (cf. Mota 169), inclusive o latim vulgar *Oblata occasione vel iustus peccat*.

580. *In diem vivere*
Viver o dia-a-dia

Essa é uma locução popular que encontra equivalentes modernos: italiano *Vivere alla giornata*, *Tirare a campa'*. São muitas as suas documentações: por exemplo em Cícero (*Tusculanae disputationes*, 5,11,33, *De oratore*, 2,40169), Lívio (22,39,13; 27,12,4; 27,40,8), Columela (3,3,6); é muito famosa a máxima *Qui, voluptatibus dediti, quasi in diem vivunt, vivendi causas quotidie finiunt*, "aqueles que, dedicados aos prazeres, vivem por assim dizer o dia-a-dia, exaurem a cada dia os motivos de viver", extraída de uma carta de Plínio, o Jovem (5,5,4), e muitas vezes citada pelos autores medievais (por exemplo, João de Salisbury, *Ep.* 107 [*PL* 199,232a] e Pedro de Blois, *Ep.* 85 [*PL* 207,361a]). Em *Filípicas* de Cícero também temos, com o mesmo significado, *In horam vivere* (5,9,25), enquanto *De die vivitur* retorna em São Jerônimo (*Ep.* 7,5; para o sintagma, cf. também *Diem de die*, "dia após dia", verificado, por exemplo, em Lívio [5,48; 25,25], Justino [2,15,6], na *Vulgata* [*Salmos*, 60,8, *Segunda Epístola de Pedro*, 2,8] e nos autores cristãos [Cipriano, *Ep.* 3,11]: ver ademais nº 576); o equivalente grego de *in diem* é o adjetivo καθημέριος / καθημερινός. Em todas as línguas européias existe o equivalente ao italiano *Vivere alla giornata*, enquanto se encontra variante expressiva no inglês *To live from hand to mouth* (que tem equivalente em alemão).

581. *Sufficit diei malitia sua*
A cada dia basta o seu engenho

Essa máxima equivale a uma recomendação de preocupar-se apenas com os problemas imediatos, sem pensar nos problemas futuros: trata-se, pois, de uma aplicação particular do preceito de viver o dia-a-dia (cf. nºˢ 577, 580). É extraída do *Evangelho de Mateus* (6,34: o grego tem ἀρκετὸν τῇ ἡμέρᾳ ἡ κακία αὐτῆς, cf. W. Grundmann, in Kittel-Friedrich 4,1444); como paralelo, deve ser citada a afirmação de que o melhor modo de enfrentar o futuro é preocupar-se o mínimo possível com ele (Epicuro, 490 Usener, Plutarco, *De tranquilitate animi*, 474c). Ooteghem 420 cita um paralelo perfeito em francês (*À chaque jour suffit sa peine*).

582. *Solet hora, quod multi anni abstulerunt, reddere*
É comum que um momento restitua o que muitos anos subtraíram

Essa é uma sentença de Publílio Siro (S 26) que posteriormente teve certa difusão (cf. Walther 29955); a importância de um momento favorável, de uma hora feliz, também retorna num belo trecho de Juvenal (16,4 s.: *Plus etenim fati valet hora benigni / quam si nos Veneris commendet epistula Marti*, "mais vale um momento de boa sorte do que uma carta de recomendação de Vênus a Marte"). São muitos os paralelos em latim medieval: os mais conhecidos são *Saepe dat una dies, quod totus denegat annus,* "muitas vezes um só dia dá aquilo que um ano inteiro recusa" (Walther 27101), e *Quod praestare mora nequit annua, dat brevis hora,* "o que um longo ano não pode fornecer é dado por uma breve hora" (Walther 25974), de que se têm numerosas variações. Também são muitos os provérbios semelhantes nas modernas línguas européias: em todas elas existem equivalentes da fórmula "acontece em uma hora o que não acontece em mil anos" (italiano *Accade in un'ora quel che non avviene in mill'anni*, com variantes como o inglês *One day is better than sometimes a whole year* ou o alemão *Im Augenblick kann sich begehen, was man nie gedacht im Leben*; esse motivo também reaparece em vários dialetos italianos, como no da Emilia e no de Trento); em italiano também existe *Un'ora di contento sconta cent'anni di tormento*, com paralelos em alemão e inglês, enquanto o francês tem *Qui a une heure de bien n'est pas toujours malheureux*. Finalmente, recordo a referência, na versão italiana de *Sogno di un uomo ridicolo* [Sonho de um homem ridículo] de Dostoiévski, segundo a qual em um só dia, em uma só hora tudo pode acontecer.

583. *Necesse habent cum insanientibus furere*
Entre loucos eles têm necessariamente de enlouquecer

A fonte é Petrônio (3,2); encontra-se um paralelo no prefácio a *Aenigmata* de Sinfósio (14 s. [4,365 Baehrens]), enquanto em Horácio (*Sat.* 2,3,39 s.) é falso pudor envergonhar-se de ser louco entre loucos. Na base dessas expressões está um provérbio grego que diz: μετὰ μαινομένων φασὶν χρῆναι μαίνεσθαι πάντας ὁμοίως, "entre os loucos é forçoso serem todos loucos", verificado no cômico Cálias (fr. 25 K.-A.) e registrado pelos paremiógrafos: *App. Prov.* 3,87 (*Prov. Bodl.* 78,656 Gaisford) e *Suda* μ 685 apresentam a versão μετὰ νοσούντων μαίνεσθαί φασι καλόν, "dizem que é bom ser louco quando se está com os dementes", que vários estudiosos acreditaram fazer parte de um fragmento cômico anônimo (1287 K.); a *Suda* também apresenta uma variante em que é evidente o poliptoto, ὁ μαινομένοις μὴ συμμαινόμενος, οὕτως μαίνεται, "quem não é louco entre loucos é mesmo louco". Esse motivo retorna em outros textos: em Teógnis (313 s., cf. R. Renehan, "The Classical Review" 13 [1963] 131 s.) afirma-se na primeira pessoa que com loucos enlouquecemos, entre justos tornamo-nos justos; um escólio utiliza-o no campo do *topos* da solidariedade convivial (19 [*PMG* 902],2: σύν μοι μαινομένῳ μαίνεο, σὺν σώφρονι σωφρόνει, "comigo, enlouquece quando enlouqueço, fica sensato quando sou sensato"); São Paulo, em *Epístola aos Romanos*, recomenda (12,15) χαίρειν μετὰ χαιρόντων, κλαίειν μετὰ κλαιόντων, "alegrar-se com quem se alegra e chorar com quem chora"; finalmente, tem-se também a sua presença em Galeno (*De naturalibus facultatibus*, 1,15 [2,56. 18 s. K.]); para o *topos* paralelo do *Dulce est desipere in loco*, cf. nº 404. Nas várias línguas modernas existem paralelos à fórmula "quem anda com lobo aprende a uivar" (entre as sentenças medievais, Walther [3201] registra *Consonus esto lupis cum quibus esse cupis*, "adapta-te aos lobos se desejas ficar com eles"), que, do ponto de vista semântico, corresponde perfeitamente ao provérbio antigo; para *Quem com coxo anda, aprende a mancar*, cf.

nº 584. Não faltam referências ao provérbio antigo, como em *Fausto* de Goethe (2,1), em que Mefistófeles, depois da tentativa de rapto de Helena por Fausto, reflete que meter-se com loucos pode causar problemas até para o diabo.

584. Παρὰ χωλὸν οἰκῶν κἂν ἐπισκάζειν μαθήσῃ
Morando com o coxo aprenderias a coxear

Esse provérbio, com essa formulação, é transmitido pelos paremiógrafos (Macar. 6,90, Apost. 2,94), mas, com variações pouco significativas, também pode ser encontrado em Plutarco (*De liberis educandis*, 4a) e num escólio a Píndaro (*Neméias*, 7,127): significa que sempre acabamos por assimilar os costumes daqueles com quem estamos, inclusive e principalmente se eles não forem recomendáveis. Um equivalente perfeito é o provérbio brasileiro *Quem com coxo anda, aprende a mancar*, que também tem paralelos nas outras línguas européias (cf. Arthaber 1481, Mota 179).

585. *Qui tetigerit picem, inquinabitur ab ea*
Quem tocar no pez ficará emporcalhado

Na tradução da *Vulgata*, é esse um famoso trecho do *Eclesiástico* (13,1) que, na versão dos *Setenta*, declara ὁ ἁπτόμενος πίσσης μολυνθήσεται, onde o pez representa o denegrimento moral, segundo uma simbologia depois encontradiça tanto na literatura latina (cf. por exemplo Prudêncio, *Psychomachia*, 43 s.) quanto na italiana (Battaglia 12,902 registra vários textos: é muito conhecido o de Petrarca, *Tutti siam macchiati d'una pece* [*Triumphus cupidinis*, 3,99]). Uma variante medieval (Walther 20203) é *Omnes contacta denigrat pix calefacta*, "se tocado, o pez liquefeito tudo enegrece"; a tradução do trecho bíblico está presente entre os provérbios de todas as línguas européias: o italiano tem *Chi tocca la pece s'imbratta*, com vários registros já antigos, ainda que com leves variações (por exemplo em *Ammaestramenti degli antichi latini e toscani* de Bartolomeo di San Concordio [3,4], em *Disciplina degli spirituali* de Domenico Cavalca [192], em *Trattati* de Albertano da Brescia [35], em *Prediche volgari* de São Bernardino da Siena [900]); em alguns dialetos italianos esse provérbio assume formas baseadas em agradáveis jogos fônicos, como o de Abruzos *Chi tocche la pece, se 'mbéce*. Finalmente, deve ser assinalado que em francês, inglês e espanhol existe uma variante segundo a qual quem toca no pez fica com os dedos grudados; em italiano é muito comum *Chi va al mulino s'infarina* (cf. também nº 586). Uma outra tradição, amplamente difundida em várias línguas modernas, adverte que *Quem com cães se deita, com pulgas se levanta* (Mota 179).

586. *Non... bene olere qui in culina habitant*
Quem mora na cozinha não cheira bem

A fonte é Petrônio (2,1): assim se faz referência ao inevitável condicionamento negativo do ambiente circundante. Um provérbio grego semelhante — ἀδύνατον τὸ πυρὶ συστρεφόμενόν τινα μὴ καπνίζεσθαι, "é impossível aninhar-se junto ao fogo sem enfumaçar-se" — tinha difusão na Antiguidade tardia e no mundo bizantino (ver por exemplo Gregório de Nissa, *PL* 46,1012, e *Vida de Barlaam e Joasaf*, 1,12), talvez por se encontrar imagem semelhante no *Antigo Testamento* (*Provérbios* 6,27: *Numquid abscondere potest homo ignem in sinu suo ut vestimenta illius non ardeant?*, "como pode alguém esconder o fogo em seu próprio seio sem que suas vestes ardam?"). Entre os provérbios modernos é semelhante ao latim o francês *Le cuisiner sent toujours le graillon* (ou seja, "o cheiro de fritura"), enquanto o italiano prefere *Chi va al mulino s'infarina* (entre as numerosas variantes dialetais, é divertida a de Abruzos: *Si ssamm Bradde facesse lu mulenare, se' mbarinarije lu cappèlle*, que fala de São Berardo, protetor de Téramo).

587. *Sincerum est nisi vas, quodcumque infundis acescit*
Se a vasilha não estiver limpa, tudo o que se puser dentro azedará

Horácio (*Ep.* 1,2,54), falando das pessoas insaciáveis ou das que vivem eternamente com medo, usa essa máxima para evidenciar a influência deletéria e determinante dos ambientes negativos. Tem um precedente grego em ὀξηρὸν ἄγγος οὐ μελιττοῦσθαι πρέπει, "não é bom encher de mel uma vasilha que sabe a vinagre", de Sófocles (fr. 306 R.), e tira partido do freqüente uso metafórico do vaso (ver por exemplo Horácio, *Sat.* 1,3,55 s., Lucrécio, 6,17, Petrônio, 57,8). Na realidade, trata-se de um lugar-comum de origem filosófica, que Usener dizia ser epicurista e Otto (1849), estóica, visto estar presente num trecho de Epiteto transcrito por Gélio (17,19,3); Plutarco (*De liberis educandis*, 12f), por sua vez, inseria nas metáforas pitagóricas dedicadas à educação o similar σιτίον εἰς ἀμίδα μὴ ἐπιβάλλειν, "não jogues comida no penico", que exortava a não desperdiçar discursos nobres com espíritos pouco dotados e portanto não receptivos (assumia, pois, valor análogo ao evangélico *Não jogar pérolas aos porcos*, cf. nº 1545). Por outro lado, dessa imagem do vaso que sabe a vinagre existe uma variante com significado pedagógico: assim como a ânfora conserva por muito tempo o cheiro de que se impregnou quando era nova, também permanece por toda a vida aquilo que se aprendeu na juventude (cf. nº 375). O verso de Horácio está registrado com exatidão entre as sentenças medievais (Walther 29668), ao lado de algumas variantes, como por exemplo *Purga vasa, nisi purges, liquor omnis acescit / infusus, peremit semina, messis obit*, "lava as vasilhas: se não as lavares, todo o líquido que nela puseres azedará, destruirá as sementes e matará a seara" (Walther 22902), e *Vas obsoletum de vino gignit acetum*, "a vasilha deteriorada transforma vinho em vinagre" (Walther 32915, cf. também 32754); entre os provérbios modernos, ver sobretudo o alemão *Was man in saure Fässer giesst, sauert bald*.

588. *Uvaque conspecta livorem ducit ab uva*
A uva apodrece só por estar em presença de uva podre

A fonte dessa frase, que adverte contra a facilidade de contágio do mal, é um trecho de Juvenal (2,81) em que essa imagem é associada à do rebanho que adoece contaminado por uma única cabeça (cf. nº 589), muito famosa na Idade Média (cf. Sutphen 221). O grego βότρυς πρὸς βότρυν πεπαίνεται, "o cacho de uva amadurece em presença de outro cacho", registrado pelos paremiógrafos (*App. Prov.* 1,60, Apost. 5,5, *Suda* ει 410), poderia dar a impressão de ter afinidade com este, mas na realidade os paremiógrafos dão uma explicação radicalmente diferente (designa as pessoas que competem para igualar-se às outras). Não faltam paralelos modernos à expressão de Juvenal, mas na maioria das vezes a uva é substituída por pêra ou maçã (o italiano diz *Una pera fradicia ne guasta un monte*).

589. *Grex totus in agris / unius scabie cadit*

Todo o rebanho dos campos perece pela sarna de um único animal

A fonte é um trecho de Juvenal (2,79 s.), onde essa imagem, que indica a capacidade de contágio do mal, é associada à da uva podre (nº 588). De resto, é muito freqüente o motivo do contágio entre rebanhos ou animais: na primeira bucólica de Virgílio (v. 50), por exemplo, o pastor Melibeu inveja o outro, Títiro, por não ser obrigado a procurar terras estrangeiras *nec mala vicini pecoris contagia laedent*, "nem sofrer prejuízos pelo contágio do rebanho vizinho"; ver ainda Varrão, *Logistorici*, 29, Ovídio, *Remedia amoris*, 6,13, Sêneca, *De ira*, 1,15,2, Santo Ambrósio, *De fide*, 5, *prol.* 4, São Jerônimo, *Comentário à Epístola aos Gálatas*, 3, assim como numerosos textos medievais (para os quais remeto a Sutphen 209 s., Weyman 287). A expressão de Juvenal — sem variações relevantes — atualmente é registrada em nível proverbial em todas as línguas européias (alguns exemplos se encontram em Mota 223 e Arthaber 1041; no Brasil existe *Uma ovelha ruim bota um rebanho a perder*; também é conceitualmente semelhante *Paga o justo pelo pecador*).

# MOMENTOS E FASES DA VIDA FÍSICA

a) Nascimento e morte

590. Contra vim mortis non est medicamen in hortis
Contra a força da morte não há remédio na horta

Esse é um famoso preceito da "escola salernitana" (60,179): na seção dedicada às maravilhosas qualidades da salva (também conhecidas em nível popular: ver por exemplo o provérbio bolonhês *Chi ha la sèlvia in ca, é mèdic e an al sa*), responde-se com essa frase à pergunta *Cur moriatur homo cui salvia crescit in horto?*, "por que morre o homem em cuja horta cresce a salva?". Entre as sentenças medievais existem numerosas variações sobre o tema, como por exemplo *Herba nec antidotum poterit depellere letum; / quod te liberet a fato non nascitur horto*, "não há erva nem antídoto que possa afugentar a morte; / o que te pode livrar do destino não nasce em hortas" (Walther 10687), ou a aliterante *Mortis vicinae vis vincet vim medicinae*, "a força da morte próxima vencerá a força do remédio" (Walther 15270), ou *Tristia iura necis nulla medela fugat*, "nenhum remédio afugenta as tristes leis da morte" (Walther 31584). Em nível proverbial, é freqüente a recorrência do tema da invencibilidade da morte: ver, por exemplo, o provérbio italiano *Contro la morte non v'è cosa forte* e o brasileiro *Para tudo há remédio, menos para a morte*, que têm paralelos em todas as línguas européias (entre as variações dignas de nota estão a francesa *Rien n'est d'armes quand la mort assaut*, as alemãs *Kein Harnisch schützt wider den Tod* e *Gegen den Tod ist noch kein Kraut gewachsen*, e finalmente a inglesa *Death defies the doctor*); em contexto filológico é conhecida a referência feita em *Textkritik* de Paul Maas: *Gegen die Kontamination ist kein Kraut gewachsen*.

591. Cum mortuis non nisi larvas luctari
Com os mortos só os fantasmas lutam

Essa frase é encontrada no prefácio a *Naturalis historia* (31) de Plínio, o Velho: foi com ela que Marcos Munácio Planco, partidário de César e Antônio, reagiu à notícia de que Asínio Polião estava preparando discursos contra ele, a serem lidos depois de sua morte. Expressão semelhante também existe em Gélio (15,31,4), onde é Demétrio Poliorceta que inculpa o pintor morto Protágenes. Trata-se de uma variação original do tema de não brigar com os mortos (n°s 592, 593); na modernidade, ver em especial os provérbios alemães *An einem Toten muss man ein Schwert nicht* versuchen e *Die Toten soll man ruhen lassen* e o milanês *I mort l'è mej che resten in dove hinn*. Além disso, devem ser assinaladas, na cena do cemitério de *Don Giovanni* de Mozart (libreto de Da Ponte), as palavras que o Comendador dirige do além-túmulo a Dom Juan: *Ribaldo audace, / lascia a' morti la pace* (cf. também nº 612).

592. *De mortuis nil nisi bene*
Dos mortos nada se fale além do bem

Essa é a transposição para o latim vulgar do preceito grego τεθνηκότα μὴ κακολογεῖν, "não fales mal de quem está morto", que Diógenes Laércio (1,70) atribui a Quílon. Trata-se, na realidade, de uma tradição cujas raízes se encontram em Homero: com efeito, no vigésimo segundo livro da *Odisséia*, Ulisses faz essa advertência à ama Euricléia, que se regozija com o massacre dos pretendentes: οὐχ ὁσίη κταμένοισιν ἐπ' ἀνδράσιν εὐχετάασθαι, "não é bom regozijar-se sobre homens mortos" (v. 412). Trata-se de trecho muito famoso na Antiguidade: nos *Atos do martírio de Piônio* (4,4), por exemplo, o preceito de não escarnecer de quem está morrendo é lançado ao rosto dos pagãos, com explícita referência a Homero; além disso, era constantemente observada a afinidade com a máxima de Homero através do uso de máximas semelhantes: assim em Arquíloco (fr. 134 W.), Cratino (fr. 102 K.-A.) e Ésquilo (fr. 151 R.: o texto, porém, está irremediavelmente danificado), enquanto entre os latinos é Cícero (*Epistulae ad Atticum*, 4,7,2) quem retoma explicitamente o verso da *Odisséia*. Uma lei de Sólon (465 Martina), ademais, prescrevia que não se falasse mal de um morto, mesmo que se fosse insultado por seus filhos (para as várias documentações, remeto a Martina cit.); ἐπὶ νεκρῷ μὴ γέλα, "não rias do morto", está presente na tradição das sentenças dos Sete Sábios (cf. João de Stóboi, 3,1,172-173). Esse conceito, que se baseia na visão mágica do morto como misteriosamente intocável, tem grande presença nas tradições proverbiais modernas: o italiano *Al morto non si dee far torto* (que se baseia em rima fácil) encontra paralelos em todas as línguas européias (Arthaber 852); formulações ainda mais semelhantes à antiga existem em inglês (*Of the dead be nothing said but what is good*), em alemão (*Von den Toten soll man nur Gutes reden*) e em vários dialetos (como por exemplo no veneziano: *Dei grandi e dei morti, parla ben*); uma variante brasileira recomenda: *Quem quiser ser bom, morra primeiro*. Em nível literário, deve ser assinalado um belo dístico de Torquato Tasso (*Jerusalém libertada*, 13,39,7 s.: *Perdona a l'alme omai di luce prive: / non dée guerra co' morti aver chi vive*). Finalmente, deve-se observar que o lema latino ainda é usado com ironia em relação a pessoas vivas, para dizer que elas são uma nulidade ou então que não são levadas em conta por quem está falando.

593. *Pascitur in vivis livor, post fata quiescit*
A inveja nutre-se entre os vivos e descansa depois da morte

Essa máxima, extraída de *Amores* de Ovídio (1,15,39), está vinculada ao *topos* mais geral de não falar mal dos mortos (nº 592), mas constata que o comportamento em relação a eles é normalmente mais benévolo do que em relação aos vivos. Existe um precedente no *Epitáfio de Péricles* de Tucídides (2,45,1), onde se lê que φθόνος γὰρ τοῖς ζῶσι πρὸς τὸ ἀντίπαλον, τὸ δὲ μὴ ἐμποδὼν ἀνανταγωνίστῳ εὐνοίᾳ τετίμηται, "os vivos sentem inveja daqueles que estão presentes, enquanto os que não existem mais recebem as honras de uma benevolência sem desacordos". Na literatura latina é muito difundido o motivo da fama que ganha vulto depois da morte: ver principalmente um texto de Propércio (3,1,24: *Maius ab exequiis nomen in ora venit*, "depois das exéquias, o nome vem maior à boca") e outros de Ovídio (*Tristia*, 4,10,121 s., *Epistulae ex Ponto*, 3,4,73 s.: neste último reaparece *livor*). Em Erasmo existe *Post hominum cineres oritur clarissima fama*, "depois da morte dos homens, nasce uma fama imensa". Esse *topos* ressurge nas culturas modernas, tanto em nível proverbial (ver por exemplo o italiano *Dio ti guardi del dì della lode*, o alemão *Lob erhält manch' toter Mann, der's im Leben nie gewann*, o inglês *We are all clever enough at envying a famous man, while he is yet alive, and at prising him, when he is dead*) quanto em nível literário (como na canção *Nelle nozze della sorella Paolina* de G. Leopardi [4,30]: *Virtù viva sprezziam, lodiamo estinta*). Para o *topos* complementar do imprevidente que só depois da perda percebe a importância do que tinha, cf. nº 401.

594. *Parce sepulto*
Poupa quem está sepultado

Essa expressão, ainda de uso comum para indicar que é preciso esquecer os erros dos mortos, ou, pelo menos, deixá-los em paz, é extraída da *Eneida* (3,41): quando Enéias se propõe fundar uma nova cidade na terra dos trácios, quer fazer uma oferenda aos deuses e duas vezes arranca arbustos para cobrir as aras, mas deles brota sangue. Na terceira tentativa, uma voz que vem da terra profere esse doloroso pedido, afirmando pertencer a Polidoro, o jovem filho que Príamo enviara ao rei trácio com muito ouro, mas que fora traído e morto por seu hospedeiro. No Brasil se diz *Enterrado, perdoado* (para os paralelos em várias línguas européias cf. Mota 93).

595. *Facilis descensus Averno*
É fácil a descida ao Averno

Com *Tros Anchisiade, facilis descensus Averno*, no sexto canto da *Eneida* (v. 126), a Sibila de Cumas começa a responder a Enéias, que a consultara sobre o caminho para o Averno: descer é fácil — diz a profetisa —, mas a subida de volta é difícil, senão impossível. A expressão de Virgílio é citada com freqüência hoje em dia para indicar a facilidade com que se pode morrer, mas, ao ser escrita, já devia estar retomando uma sentença tradicional: prova disso é que Diógenes Laércio (4,49) atribui a Bíon uma gnoma que constitui seu equivalente perfeito em grego (εὔκολον ἔφασκε τὴν εἰς ᾅδου ὁδόν). Entre as sentenças medievais, encontra-se afinidade conceitual em *Noctes atque dies patet atri ianua Ditis*, "a porta do tenebroso Hades fica aberta dia e noite" (Walther 17073).

596. *Lex universa est, quae iubet nasci et mori*
É universal a lei que ordena nascer e morrer

Essa é uma sentença de Publílio Siro (L 5) que enuncia um princípio geral ao qual estão vinculados vários motivos sobre a inexorabilidade da morte (cf. n°s 513-519): precedente significativo se encontra numa inscrição ateniense do século IV a.C. (*IG* 2,3385,1: πάντων ἀνθρώπων νόμος ἐστὶ κοινὸς τὸ ἀποθανεῖν, "morrer é lei comum para todos os homens"; para outros paralelos epigráficos, ver Lattimore 250-256); por outro lado, é muito freqüente o conceito de que tudo está destinado a morrer (devem ser lembrados, por exemplo, uma sentença extraída da *Vida de Esopo* [App. 13,29 Jäkel], transformada por Nauck num fragmento trágico anônimo [574 N.[2]], e um fragmento de Eurípides [733 N.[2]]). Variações sem dúvida interessantes são representadas por *Quae nata sunt, ea omnia denasci aiunt*, "dizem que tudo o que nasce morre", do analista Cássio Hemina (fr. 24 Peter), por *Quod natum est poterit mori*, "tudo o que nasceu está sujeito a morrer", de *Hercules Oetaeus* de Sêneca (v. 1099), e por uma sentença registrada por São Jerônimo (*Comentário a Ezequiel*, 3 *praef.* [5,79 Vall.]), que declara: *Omnia quae nata occidunt et aucta senescunt*, "tudo o que nasce morre e, crescido, envelhece" (de onde talvez derive *Omnia orta cadunt* de Rabelais [1,20]); para *Nascentes morimur*, cf. nº 597. Entre os provérbios modernos, devem ser observados o italiano *Tutti siam nati per morire* e o alemão *Was geboren ist, ist dem Tod geboren*; em nível literário, é famoso *All that lives must die*, de *Hamlet* de Shakespeare (1,2).

597. *Nascentes morimur, finisque ab origine pendet*
Nascendo, morremos; o fim pende da origem

Essa famosa máxima é extraída de Manílio (*Astronômica*, 4,16) e constitui uma variação sobre o tema da obrigatoriedade da morte para quem nasce (cf. nº 596). Encontram-se paralelos em Sílio Itálico (3,135) e em Sêneca (*De remediis fortuitorum*, 2,4 Rossbach); do mesmo Sêneca temos *Cotidie morimur: cotidie enim demitur aliqua pars vitae et tunc quoque, cum crescimus, vita decrescit*, "todos os dias morremos, todos os dias se perde uma parte da vida e por isso, quando crescemos, decresce a vida" (*Ep.* 24,20, cf. também 1,2). Nas culturas modernas o motivo "morre-se nascendo" reaparece, por exemplo, no provérbio italiano *Dalle fasce si comincia a morir quando si nasce* e em muitos textos literários, como no célebre verso de Young, *Our birth is nothing but our death begun* (*Night Thoughts*, 718). Ainda mais conhecido é o motivo de morrer continuamente: entre os provérbios, ver o francês *Nous mourons tous les jours*, o alemão *Man stirbt, so lange man lebt* e o inglês *Our lives are but our marches to the grave*; entre os paralelos literários, é de particular importância *del viver ch'è un correre a la morte*, de Dante (*Purgatório*, 33,54, cf. também 20,39).

598. *Nascimur uno modo, multis morimur*
Nascemos de um só modo, de muitos morremos

Sêneca, o Retor (*Controversiae*, 7,1,9), atribui essa frase ao retor Céstio Pio; paralelo exato pode ser encontrado em Sêneca, o Filósofo (*Ep.* 70,14). No Brasil existe *A gente sabe onde nasce, mas não sabe onde morre* (para o *topos* de não saber de que tipo de morte se deve morrer, cf. também nº 605); uma variação é constituída, por exemplo, pelo provérbio de Abruzos, *Lo nasce' e llo murì' no' llà 'atu Ddio a ssapì*. Finalmente, é significativa a referência, em *Sonho da morte* de Quevedo, segundo a qual se nasce de um só modo e se morre de vários.

599. *Habes somnum imaginem mortis*
Tens o sono, imagem da morte

A frase é extraída de *Tusculanae*, de Cícero (1,38,92): não se deve ter medo da morte nem recear que nela se mantenha alguma sensibilidade, pois quem imerge no sono, que é semelhante à morte, não tem mais sensações. O *topos* da semelhança entre sono e morte já se encontra em Homero (cf. *Ilíada*, 14,231: Ὕπνῳ... κασιγνήτῳ Θανάτοιο, "Sono... irmão da Morte", assim como *Odisséia*, 13,79 s.) e em Hesíodo (*Teogonia*, 756). Em grego esse motivo volta em Xenofonte (*Ciropedia*, 8,7,21) e nas anedotas de Diógenes (88 G.); em latim, no próprio Cícero (*De divinatione*, 1,30,63), em Virgílio (*Eneida*, 6,278; 522), Ovídio (*Amores*, 2,9,41), Sílio Itálico (15,180) e no Pseudo-Sêneca (*De moribus*, 113). Finalmente, uma sentença transcrita num poema anônimo (*Antologia Palatina*, 2,716,19 Bücheler-Riese) declara: *Mortis imago iuvat somnus, mors ipsa timetur*, "o sono, imagem da morte, dá prazer, mas a morte mesma dá medo". No Brasil existe *O sono é parente da morte* (em inglês e em alemão, ele é irmão); em italiano existe *La morte è un sonno senza sogni* (com equivalente exato em francês); o veneziano tem *El sono xe na morte picinina: se more de sera, se se sveia a la matina*. Em literatura lembro um dístico de *Jerusalém libertada* de Tasso (9,18,7 s.: *Tosto s'opprime chi di sonno è carco, / ché dal sonno a la morte è um picciol varco*), um aforismo presente no *Apêndice* aos *Pensamentos* de Pascal, uma referência numa "Abhandlung" de Lessing, de 1769, e uma em *Aus meinem Leben* de Goethe (8 [9,316,38]). Assinalo, enfim, que a semelhança entre sono e morte constitui um *topos* também nas culturas não-ocidentais, como no Japão (aparece, por exemplo, em *Hagakure* de Tsunetomo Yamamoto, do séc. XVIII).

600. *Usque adeone mori miserum est?*
Até que ponto é triste morrer?

Com essa pergunta, no décimo segundo canto da *Eneida* (v. 646), Turno toma a decisão de enfrentar corajosamente o combate, ainda que sua sorte pareça selada. Já na Antiguidade, como constata explicitamente Macróbio (*Saturnalia*, 5,16,7), esse verso tinha valor proverbial, indicando — em diferentes contextos — que vale a pena enfrentar a morte com dignidade serena: assim, em Sêneca (*Ep.* 101,13), a propósito de quem suporta males enormes só para ter vida mais longa; ou em Suetônio (*Vida de Nero*, 47), onde essa é a resposta de um dos tribunos e dos centuriões ao desesperado Nero que tenta convencê-los a fugir com ele; ou em Tertuliano (*De fuga in persecutione*, 10,1), para afirmar o dever de enfrentar o martírio com heroísmo.

601. Tamen abiit ad plures
Contudo, foi ter com a maioria

A fonte é Petrônio (42,5), mas a equivalência entre *plures* e os mortos é muito comum: ver em especial Plauto, *Trinummus*, 291, enquanto no prólogo de *Casina* (vv. 18 s.) os mortos são *qui... abierunt hinc in communem locum*, "os que daqui se foram para um lugar comum". Em grego os mortos são freqüentemente οἱ πλείους, "a maioria": ver, por exemplo, Aristófanes, *Assembléia de mulheres*, 1073, Políbio, 8,28,7 (onde se alude a um oráculo feito para os tarentinos), Leônidas de Tarento, *Antologia Palatina*, 7,731,6, e Crinágoras, *Antologia Palatina*, 11,42,6. É curioso um episódio narrado por Pausânias (1,43,3): os habitantes de Mégara pedem conselho ao oráculo de Delfos sobre a forma de governo a ser adotada; o deus responde que as coisas andarão bem ἢν μετὰ τῶν πλειόνων βουλεύσωνται, "se eles tomarem decisões com a maioria", aludindo a um regime democrático, em forma de assembléia, mas o significado de "a maioria" é mal interpretado e o local escolhido para as assembléias é sobre o túmulo dos heróis. Essa expressão permaneceu não só em neogrego, mas também em outras línguas, como, por exemplo, em italiano (*Andare nel mondo dei più*); encontra-se afinidade no alemão *Er ist zur grossen Armee abgegangen* (ou seja: "foi engrossar as fileiras do grande exército").

602. Τὸν ἕτερον πόδα... ἐν τῇ σορῷ ἔχων
Com um pé na sepultura

A fonte é um trecho de Luciano (*Hermotimus*, 78), em que assim se fala de um velho que já está próximo da morte; na *Apologia* (1), o mesmo Luciano usa, também para uma pessoa velha e decrépita, τὸν ἕτερον πόδα ἐν τῷ πορθμείῳ ἔχοντα, "com um pé na barca", aludindo ao barco com que Caronte transportava as almas para o Hades. Essa expressão — paralela ao moderno *Ter um pé na cova* — ainda está viva em todas as línguas européias, significando que uma pessoa está muito velha ou em estado crítico.

603. Μόνος θεῶν γὰρ θάνατος οὐ δώρων ἐρᾷ
Entre os deuses, a morte é a única que não gosta de presentes

Esse verso é extraído de *Níobe* de Ésquilo (fr. 161,1) e indica a absoluta inflexibilidade da morte: não há dúvida de que era muito famoso na Antiguidade, em vista do grande número de documentações (para um quadro completo, remeto ao exaustivo estudo crítico de S. Radt [*Tragicorum Graecorum Fragmenta*, 3, Göttingen 1985, 276 s.]) e principalmente visto que em *As rãs* de Aristófanes (v. 1392) Ésquilo recita-o durante a competição com Eurípides. Além disso, esse verso é transcrito como gnoma autônoma por numerosos escólios e léxicos, assim como em textos especificamente paremiográficos (cf. Apostólio, 11,76). Entre os provérbios medievais existe *Mors non curat munera*, "a morte não se preocupa com presentes" (Walther 15185a).

604. Aequat omnes cinis
A morte a todos iguala

Esse lema é extraído de *Epistulae ad Lucilium* de Sêneca (91,16); é-lhe semelhante *Omnia mors aequat*, "a morte a tudo iguala", de Claudiano (*De raptu Proserpinae*, 2,302), onde Plutão consola Prosérpina prenunciando-lhe que — na qualidade de rainha dos Infernos — será reverenciada por todos, até pelos reis, forçados pela morte a juntar-se à multidão de pobres. O motivo da morte como igualadora e solucionadora de todas as disparidades, sejam as devidas ao *status* social, sejam as causadas pela riqueza, é muito freqüente tanto no próprio Sêneca (cf. *Consolação a Márcia*, 20,2, *De ira*, 3,43,1, *As troianas*, 434, *Naturales questiones*, 2,59,4: neste último texto, a morte chama igualmente a todos: os que gozam das graças dos deuses e os que têm a sua inimizade) quanto em outros autores, como Plauto (*Trinummus*, 491-494) ou Horácio, em que esse é um dos motivos mais recorrentes nas *Odes* (cf. por exemplo 2,3,21-24; 2,18,32-36): é muito famoso 1,4,13 s., em que o poeta, dirigindo-se ao riquíssimo Séstio, lembra-lhe que *Pallida Mors aequo pulsat pede pauperum tabernas / regunque turres*, "a pálida morte bate com o mesmo ritmo no casebre do pobre e no palácio do rei" (esse dístico também está presente entre as sentenças medievais, cf. Walther 15112). Em todas as línguas modernas existem provérbios que — como o brasileiro *A morte tudo nivela* — atribuem função igualitária à morte; muitos — como o alemão *Arm und reich der Tod macht alle gleich* — põem a tônica nas diversidades econômicas e de poder (entre as variantes deve ser assinalada a inglesa *At the end of the game the king and the pawn go into the same bag*, onde se tem uma imagem oriunda do jogo de xadrez: ao fim do jogo o rei e o peão acabam no mesmo saco); em alguns provérbios se fala das diferenças físicas (lembro o francês *Six pieds de terre suffisent au plus grand homme*) e em outros há formulações muito semelhantes à de Horácio (ver por exemplo o italiano *L'eccelse ed umil porte batte ugualmente morte* e o alemão *Der Tod klopft bei allen an, beim Kaiser und bei Bettelarm*; no Alcorão [4,78] diz-se que a morte apanhará até quem se esconde em castelos torreados). Entre as referências literárias devem ser observados pelo menos uma longa série de variações sobre esse tema, presentes em *Consolation à Du Périer* de Malherbe, que parafraseiam Horácio (*Carm.* 1,4,14 s.), e um trecho de *Jerusalém libertada* de Tasso, em que Argante extermina os inimigos e *miete i vili e i potenti, e i più sublimi / e più superbi capi adegua a gli imi* (9,67,5-8).

605. Nihil morte certius
Nada é mais certo do que a morte

Esse lema teve grande difusão na Idade Média (cf. por exemplo Nicola di Chiaravalle, *Ep.* 35 [*PL* 196,1629c], 38 [1634d], João de Salisbury, *Policrático*, 2,27); são seus precedentes clássicos *Non moriri certius*, "morrer não é mais certo [= tão certo quanto morrer]", sobre alguma coisa absolutamente segura, em *Captivi* de Plauto (v. 732), e *Nihil... nisi mors certum est*, "nada é certo senão a morte", de Sêneca (*Ep.* 99,9). Também famosa é uma máxima extraída de *De senectute* de Cícero (20,74): *Moriendum enim certe, et incertum an hoc ipso die*, "é certo que se deve morrer, mas não se tem certeza se neste mesmo dia". Entre as numerosas variações medievais, ressalto: *Mors est res certa, nihil est incertius hora*, "a morte é coisa certa, mas nada é mais incerto do que a sua hora*" (Walther 15138), *Mors cuivis certa, nihil est incertius hora, / ibimus absque mora, sed qua nescimus in hora*, "a morte é certa para todos, mas nada é mais incerto do que a sua hora: iremos sem demora, mas não sabemos em que hora" (Walther 15123), *Incertum est quando, certum est aliquando mori*, "não se sabe quando, mas com certeza em algum momento se morre" (Walther 12179), *Vermis adhuc spiro, moriturus forte sub horam; / mors etenim certa est, funeris hora latet*, "cheiro a verme porque talvez morrerei em uma hora; a morte é certa, mas a sua hora se esconde" (Walther 33164). Em italiano, francês e alemão existem equivalentes às expressões brasileiras *A certeza da vida é a morte* e *A hora é incerta, mas a morte é certa*; divertido é o inglês *Nothing is certain, but death and the taxes*, afirmação que, entre outros textos, está presente numa carta de B. Franklin a M. Leroy, escrita em 1789.

606. Τεθνᾶσιν οἱ θανόντες

Quem morreu está morto

Esse mote, extraído de *Alcestes* de Eurípides (v. 541), ainda é conhecido principalmente por constituir o mais claro exemplo (geralmente registrado nas gramáticas escolares) da diferença entre o valor do perfeito (τεθνᾶσιν, resultativo, que indica o estado de estar morto) e o do aoristo (θανόντες, pontual, que indica a ação de morrer) no grego antigo. Do ponto de vista semântico, é preciso mencionar modernamente *Os mortos não voltam*, que tem equivalentes em italiano [*I morti non tornano*], francês, inglês e alemão; também está presente em vários textos literários (como, por exemplo, em *Dom Carlos* de Schiller [5,9]).

607. Ἐμοῦ θανόντος γαῖα μιχθήτω πυρί

Depois da minha morte, a terra pode misturar-se ao fogo

Essa é uma recomendação de que não haja preocupação com o futuro: o indivíduo não deve estar interessado em coisa alguma — por mais apocalíptica — que aconteça depois da sua morte. Trata-se de um verso de autor trágico desconhecido (fr. 513,1 K.-Sn., cf. também *Antologia Palatina*, 7,704,1) que assumiu valor proverbial, como comprovam não só o fato de ser transcrito pelos paremiógrafos (cf. *App. Prov.* 2,56), mas também — e sobretudo — o seu uso freqüente em nível gnômico. João de Stóboi, por exemplo, transcreve-o entre os apotegmas de caráter moral que foram tratados por Aristóteles e pelos peripatéticos (cf. 2,7,13); contudo, segundo o historiador João de Antioquia (fr. 79 Jacoby), em um trecho registrado por Díon Cássio (58,23,4), ele teria sido proferido com freqüência por Tibério (ver também o verbete dedicado a esse imperador na *Suda* [τ 552]); por outro lado, segundo Suetônio (*Vida de Nero*, 38), Nero teria respondido a um interlocutor que o citara: *Immo* ἐμοῦ ζῶντος, "aliás, durante a minha vida", aludindo ao seu projeto de incendiar Roma; além disso, a ele referem-se explicitamente Cícero, em *De finibus* (3,19,64), e

Sêneca, em *De clementia* (2,2,2), que o parafraseia com *Se mortuo terram misceri ignibus iubet*. Nas línguas modernas são vários os provérbios semelhantes, como o alemão *Wenn ich sterbe, so stirbt die ganze Welt mit mir* e o brasileiro *Morto eu, morto o mundo*. A fórmula mais difundida nas várias línguas européias é *Depois de mim, o dilúvio* (que constitui o título de um famoso romance de Forster), sobretudo na forma francesa *Après moi le déluge*, que, segundo conhecida anedota, teria sido dita pela marquesa de Pompadour a Luís XV para consolá-lo depois da batalha de Rossbach (5 de novembro de 1757), ou — segundo outra versão mais verossímil — teria sido usada por Luís XV para responder à marquesa quando esta o incitava a preocupar-se com os negócios de Estado; uma recorrência exata da expressão antiga encontra-se em Rabelais (4,26). Existem, enfim, algumas variantes dialetais italianas divertidas, como a bolonhesa *Mórt me, mórt al mand* e sobretudo a veneziana *Morto mi g'ho in culo chi resta*.

608. *De profundis*
Das profundezas

Trata-se do início do salmo 129, de caráter penitencial, que é declamado e cantado desde a Antiguidade em intenção dos mortos e também está presente na liturgia vespertina das quartas-feiras, do Natal e da festa do Sagrado Coração. Na versão da *Vulgata* esse *incipit* é *De profundis clamavi ad te, Domine*; na dos Setenta, ἐκ βαθέων ἐκέκραξά σε, κύριε, "das profundezas (de meu coração) invoquei-te, Senhor". O verso seguinte também é famoso (*Domine, exaudi vocem meam*, "Senhor, escuta a minha voz"). Em italiano também são usadas as locuções *Essere al de profundis* [está no de profundis] (ou seja, está para morrer) e *Cantare il de profundis a qualcuno* [cantar o de profundis para alguém] (ou seja, considerar que alguém está no fim da vida, já morto; contudo, quando se refere a coisas, significa que ela se acabou completamente). Finalmente, deve-se notar que *De profundis* é título de um texto de Oscar Wilde.

609. *Requiescat in pace*
Descanse em paz

A fonte dessa conhecidíssima expressão (de uso comum também em sentido irônico, para sugerir que o morto não deixou saudades) é um salmo (4,9), mas no qual "dormir em paz" não aludia à morte. Esse motivo logo passou a referir-se à morte, inclusive porque era óbvia e difundida a sua comparação com o sono (cf. nº 599); ademais deve ser notado que ele já aparece nas epígrafes funerárias dos primeiros séculos depois de Cristo (cf. Lattimore 164 s.). Atualmente, além dessa locução também é usada *Requiem aeternam dona eis, Domine*, "dá-lhes paz eterna, Senhor", início da mais conhecida oração aos mortos, extraída de *IV Esdras* 2,34 s. (*Requiem aeternitatis dabit vobis... lux perpetua lucebit vobis per aeternitatem temporis*, "dar-vos-á o repouso eterno... e a luz perpétua resplenderá para vós eternamente"), que na liturgia latina constitui o Intróito da Missa para os Mortos.

610. Sit tibi terra levis

Que a terra te seja leve

Essa é uma das fórmulas mais difundidas nos epitáfios: o equivalente grego (κούφα σοι / χθών ἐπάνωθε πέσοι) aparece pela primeira vez em Eurípides (*Alceste*, 463 s.), com uma versão mais elaborada em *Helena* (vv. 851-854), onde se fazem votos de que a terra seja leve para o homem corajoso, morto pelos inimigos, e que pese opressora sobre os vis. Esse motivo também é muito freqüente em epígrafes, tanto gregas quanto latinas (sobretudo na Espanha, na África e na cidade de Roma: cf. Lattimore 65-72) e, com variações, no sétimo livro da *Antologia Palatina* (cf. por exemplo 394,5 s. [Filipe de Tessalônica], 401,7 s. [Crinágoras], 461 [Meleagro], 583,7 s. [Agasias Escolástico]); encontra-se outra referência em *Amores* de Ovídio (3,9,68). Essa expressão ainda é conhecida, principalmente em inglês.

611. Οὐ γὰρ ἀνάξεις ποτ' ἔνερθεν / κλαίων τοὺς φθιμένους ἄνω

Chorando não trarás de volta os mortos do além-túmulo

A fonte é *Alceste* de Eurípides (vv. 985 s.), mas o motivo da inutilidade das lágrimas é tradicional e freqüente não só em literatura como também nos epitáfios epigráficos (ver Lattimore 217-220), representando o *topos* do conselho de não chorar os mortos, como, por exemplo, em *Electra* de Sófocles (vv. 137 ss.), em *Menexenos* de Platão (248b) e num epigrama anônimo da *Antologia Palatina* (7,667,1). Em latim, ver por exemplo duas passagens de Horácio (*Carm.* 1,24,17; 2,9,9 s.), uma de Marcial (10,14,8, em que a porta do Hades é *lacrimis ianua surda tuis*, "porta surda às tuas lágrimas"), várias extraídas das *Consolações* de Sêneca (*a Márcia*, 6,2, *a Políbio*, 2,1; 4,1, em que o filósofo se declara disposto a chorar desesperadamente o morto só se isso puder servir para alguma coisa), um da *Consolatio ad Liviam* (vv. 427 s.) e sobretudo um texto de Propércio (4,11,1-14, em que se tem uma série de variações sobre o tema). O latim medieval registra *Nullus homo lacrimis numquam revocatur ab umbris*, "nenhum homem nunca foi chamado de volta das sombras pelas lágrimas", que tem equivalente perfeito em francês e alemão, mas em todas as línguas européias existem máximas desse tipo: em italiano, por exemplo, existem *Chi piange il morto indarno si affatica* e *Morte non cessa per versar di pianto*; em espanhol, *Camisa y toca negra no sacan al ánima de pena*.

612. Vivorum meminerimus!

Pensemos nos vivos!

Esse drástico convite a preocupar-se com os vivos e a deixar os mortos em paz aparece em dois trechos de Petrônio (43,1; 75,7), assim como — na primeira pessoa do singular — em um de Cícero (*De finibus*, 5,1,3); em Plauto (*Truculentus*, 164) temos *Dum vivit, hominem noveris; ubi mortuost, quiescat*, "pensa no homem enquanto ele está vivo; uma vez morto, que descanse em paz!". Importante paralelo evangélico é constituído por uma recomendação de Jesus (*Mateus*, 8,22) de que os mortos enterrem seus mortos (ἄφες τοὺς νεκροὺς θάψαι τοὺς ἑαυτῶν νεκρούς). Na Idade Média temos *Vivorum oportet meminisse*, "é mister lembrar-se dos vivos" (Walther 34040b). É possível encontrar expressões semelhantes nas tradições proverbiais modernas: ver por exemplo os provérbios alemães *Halt's mit den Lebendigen* e *Die Toten soll man ruhen lassen*, enquanto o italiano *Non parlare di morti a tavola* lembra o texto de Petrônio (43) em que se recomenda não discutir sobre um morto durante a refeição. Ver também *Lascia a' morti la pace*, que a estátua do Comendador diz a Don Juan na ópera *Don Giovanni* de Mozart (libreto de Da Ponte) (cf. também nº 591).

613. *Omnem crede diem tibi diluxisse supremum*
Faz de conta que cada dia é o último que brilha para ti

Esse verso, extraído das *Epístolas* de Horácio (1,4,13), foi percebido como proverbial já na Idade Média (cf. Walther 12627, 19884), período em que são numerosas as suas variantes; entre essas, devem ser ressaltadas pelo menos *Quisque dies vitae est velut ultimus esse putandus*, "cada dia da vida deve ser considerado o último" (Walther 25475, cf. também 20237a, 20203c, 29134, 29494a 1), e *Vado mori credens per longum vivere tempus; / forte dies haec est ultima: vado mori*, "vou morrer acreditando viver por muito tempo; talvez este seja o último dia: vou morrer" (Walther 32812). Lembro, enfim, que vários trechos dos evangelhos recomendam a constante preparação para a morte imprevista e que são numerosas as referências literárias: segundo a moral de uma das fábulas de La Fontaine (8,1), a morte nunca chega inesperadamente para o homem sábio; em *Antibarbaroi* de Erasmo há uma importante expressão de um filósofo desconhecido, "vive como se fosses morrer amanhã, e trabalha como se fosses viver eternamente"; em *El mundo por dentro*, de Quevedo, sábio é somente quem vive cada dia como se a cada dia e a cada hora fosse morrer.

614. *In articulo mortis*
No momento da morte

Essa expressão é usada a respeito de alguma coisa feita exatamente na hora da morte: provém da linguagem eclesiástica e faz referência aos sacramentos, como por exemplo o batismo, a absolvição, a extrema-unção. Nos *Atos* do Concílio de Trento, é contemplada a possibilidade de absolvição *in articulo mortis*; na realidade, tanto nesse caso como, de modo mais geral, no direito canônico essa locução significa "em perigo de morte" em sentido lato, ainda que indicasse propriamente o "momento preciso da morte" (para o uso de *articulus*, "pequeno membro", no latim clássico com acepção metafórica em expressões temporais, cf. *ThlL* 2,693,79-694,45).

615. *Dat qui non aufert*
Dá (a vida) quem não (a) tira

A fonte é um trecho de *De beneficiis* de Sêneca (2,12,1): outros autores também aludem a essa locução, como Cícero (*Filípicas*, 2,24,60; 11,8,20), Lactâncio (*De mortibus persecutorum*, 37,6), Salviano (*De gubernatione Dei*, 8,24). Na literatura popular ainda é corrente o motivo do vínculo de alguém com a pessoa que poupa uma vida, como se a tivesse dado, através de laços que só se desfazem quando o favor é retribuído e a vida é "restituída". Talvez haja afinidade semântica entre essa tradição e a frase do pessimista Boonekamp: *Occidit qui non servat*.

616. *Exoriare aliquis nostris ex ossibus ultor!*
Surge dos nossos ossos quem quer que sejas, vingador!

No momento de morrer Dido profere esse verso da *Eneida* (4,625) contra Enéias, que a abandonara para seguir seu destino; alude ao futuro general Aníbal, cartaginês como ela, que porá os romanos, descendentes de Enéias, em sérias dificuldades. Na realidade ele é extraído de *Agamêmnon* de Ésquilo (v. 1280), em que Cassandra, antes de ser trucidada com Agamêmnon, prediz: ἥξει γὰρ ἡμῶν ἄλλος αὖ τιμάορος, "de nós sairá um vingador" (há muito tempo já se observou que Virgílio reutilizou elementos e estilemas extraídos da tragédia grega para conferir maior dramaticidade à morte de Dido). Foi grande a fama desse verso de Virgílio, que não só passou a ser citado com freqüência em literatura (por exemplo, por Tasso na morte de Solimão [*Jerusalém libertada*, 9,99,7 s.: *Risorgerò nemico ancor più crudo, / cenere anco sepolto e spirto ignudo*]), como também a fazer parte de grande número de histórias: é com essa dramática frase que se conclui a carta escrita por Filippo Strozzi na prisão, antes do suicídio; teria sido ela pronunciada pelo Grande Eleitor de Brandemburgo, Frederico Guilherme I, quando, em 29 de junho de 1679, foi obrigado a assinar o tratado de St.-Germain-en-Laye; em 1841 ela também teria sido proferida pelo general espanhol Diego de León antes de ser fuzilado; também é verdade que, em outubro de 1737, essa citação de Virgílio — ainda que imprecisa — tenha feito parte das amargas palavras escritas por Frederico, príncipe da Prússia, a respeito das humilhações sofridas pelos Bourbon e pela Áustria. Seu uso ainda é corrente, embora limitado a meios eruditos.

617. *Multis ille bonis flebilis occidit*
Morreu quem é digno de ser chorado por muitos homens de bem

Essa expressão é extraída de Horácio (*Carm.* 1,24,9), onde se refere à morte de Quintílio Varo. Está registrada entre as sentenças medievais (Walther 15503a) e é citada por Büchmann (p. 379), mas o seu conhecimento e seu uso atual, ao que me consta, são muito limitados. Recordo o provérbio brasileiro *A morte leva os bons e deixa os ruins* (Mota 43 também cita o latim vulgar *Mors optima rapit deteriora relinquit*).

618. Μυὸς ὄλεθρος
O fim do rato

Essa expressão proverbial é antes de mais nada encontrada nos cômicos Filémon (fr. 177 K.-A.) e Menandro (fr. 188 K.-Th.), sendo explicada tanto por Eliano (*Natura animalium*, 12,10) quanto pelos paremiógrafos (Diogen. 6,66, Apost. 9,28, *Mant.*

Prov. 2,25); diz respeito às pessoas que morrem tranqüilamente, sem reação, como o rato: se a causa é natural, este vai morrendo pouco a pouco, com a extinção gradual das forças de seus membros. Contudo, a expressão latina paralela indica as pessoas que morrem porque se denunciaram, fazendo parte da tradição segundo a qual o rato nunca seria capturado e morto se não emitisse ruídos agudos (sobretudo à noite): ver principalmente um trecho de *Eunuchus* de Terêncio (v. 1024: *egomet meo indicio miser quasi sorex hodie perii*, "pobre de mim, morri hoje como um rato, traído por mim mesmo"), que depois foi citado (por exemplo por Santo Agostinho, *De ordine*, 1,3,9), imitado (por exemplo por Ausônio, *Griphus, Praef.* 1, e por São Jerônimo, *Ep.* 133,11, onde se encontra exatamente a comparação com o rato, enquanto em outros textos [Ovídio, *Heroides*, 11,74; 12,38, *Ars amatoria*, 3,668, Maximiano, *Elegias*, 4,50] só existe o equivalente a *meo indicio*) e registrado entre as sentenças medievais (Walther 30052a). O italiano *Fare la fine del topo* e o francês *Être fait comme un rat* são semanticamente diferentes, porque significam ser apanhado numa armadilha sem possibilidade de escapar, morrer sem nada poder fazer: trata-se talvez de um desdobramento da acepção grega, como demonstram explicações do tipo ἐπὶ τῶν ἀπράκτως ἀποθανόντων, "referente àqueles que morrem sem nada poder fazer", de Diogeniano (l.c.).

619. Κύκνειον ᾆσμα
O canto do cisne

Essa expressão, registrada pelos paremiógrafos (Diogen. 5,37, Greg. Cypr. 2,78, Greg. Cypr. M. 3,84, Macar. 5,40, Apost. 10,18), indica a última e desesperada tentativa, principalmente se realizada por meio de um discurso, como, em Políbio, o dos embaixadores de Rodes em Roma (30,4,7), ou o de Demétrio I Sóter da Síria (31,12,1). Está fundamentada na crença, já corrente na Antiguidade, de que o cisne cantava antes de morrer, ou melhor, que exatamente nesse momento seu canto tinha modulações mais harmoniosas: isto é dito por Eliano (*Natura animalium*, 5,34), enquanto uma fábula de Esopo (247 Hausrath) conta a história de uma pessoa que compra um cisne para fazê-lo cantar em público, mas fica profundamente decepcionada porque o animal se recusa e só canta no momento em que sente que vai morrer. A primeira documentação literária dessa tradição está nos vv. 1444 s. de *Agamêmnon* de Ésquilo, em que a exultante Clitemnestra observa sarcasticamente que pouco antes Cassandra cantara o seu canto do cisne (lembrar que o cisne — exatamente como Cassandra — era o animal profético e consagrado a Apolo); a seguir esse *topos* se faz presente em muitos autores, tanto gregos quanto latinos, tais como Eurípides (*Hercules furens*, 110), Cícero (*De oratore*, 3,2,6), no primeiro verso de *Dirae* do Pseudo-Virgílio, Estácio (*Silvae*, 2,4,9 s., *Tebaida*, 5,341 s.), Ovídio (*Tristia*, 5,1,11 s., *Fastos*, 2,109s.), Santo Ambrósio (*Hexaemeron*, 8,12,39), enquanto uma das *Satyrae mennippeae* de Varrão (p. 189 Bücheler) se intitula *Cycnus* περὶ ταφῆς, "o cisne ou da sepultura". Muitas vezes se ressalta o fato de o canto do cisne ser muito suave quando o animal está próximo da morte (por exemplo, Plutarco, *Septem sapientium convivium*, 161c; Marcial, 5,37,1; 13,77; Sêneca, *Fedra*, 302; Sílio Itálico, 11,438; Frontão, 131,18 s. van den Hout; São Jerônimo, *Ep.* 52,3; Prudêncio, *Contra orationem Symmachi*, 1,62 s.); em outros textos, porém, o cisne é apresentado como simples paradigma de animal canoro por excelência (cf. por exemplo já

Homero, *Ilíada*, 2,460, e *Scutum* do Pseudo-Hesíodo, 316, assim como Eurípides, *Electra*, 151 ss.; Antípatros da Tessalônica, *Antologia Palatina*, 9,92,1 s.; Anônimo, *Antologia Palatina*, 7,12,2-4; Luciano, *Tímon*, 47; São Jerônimo, *Ep.* 60,1); não faltam passagens muito significativas em que o poeta é comparado ao cisne, como uma nas *Odes* de Horácio (2,20,9-12), em que se tem uma verdadeira metamorfose do artista em ave. Se às vezes, como em Ovídio, *Metamorfoses*, 14,429 s., se pode falar de *carmina... exequialia*, "cantos fúnebres", é preciso por outro lado lembrar a argumentação de Sócrates em *Fédon*, de Platão (85ab), retomada por Cícero em *Tusculanae* (1,30,73) e por Eliano (l.c.), segundo a qual o cisne canta de alegria porque, graças às suas qualidades proféticas, percebe as delícias que o esperam no Hades. Do ponto de vista da ornitologia, é verdade que um tipo específico de cisne emite um sibilo agudo (cf. J. Pollard, *Birds in Greek Life and Myth*, Plymouth 1977, 144 s., 209), mas já Filóstrato (*Imagines*, 1,9) desconfiava de que na realidade era o vento que assobiava entre as asas do animal e D'Arcy W. Thompson (*Greek Birds*, 183) percebe uma significação mística nessa tradição, mas sem provas conclusivas. A locução *canto do cisne* ainda está viva nas várias línguas européias (para uma referência literária ver, por exemplo, L. Pulci, *Il Morgante maggiore*, 14,56), referindo-se principalmente ao artista que atingiu o ápice na sua última obra; a qualidade canora do cisne tornou-se tão tradicional que vários artistas passaram a ser assim denominados popularmente: Catulo, por exemplo, é o "cisne de Verona"; Shakespeare, o "cisne de Avon"; G. Verdi, o "cisne de Busseto".

620. *In limine primo / quos... abstulit atra dies et funere mersit acerbo*

Aqueles que no primeiríssimo limiar da vida foram levados por um negro dia e imersos em morte prematura

No sexto canto da *Eneida* (vv. 427 ss.) são assim designadas as crianças que morrem prematuramente: a metáfora *in limine*, "no limiar", para indicar o início da vida já está em Lucrécio (3,68), enquanto em outros textos essa expressão indica o outro limiar da existência, as fronteiras da morte (ver Lucrécio, 6,1156 s., e, nos gregos, Quinto de Esmirna, 10,425 s.). Em outros textos, no entanto, faltar *in primo limine* aparece em contextos diferentes: por exemplo, em Virgílio (*Eneida*, 11,423 s.), como parte de um indignado incitamento de Turno, indica quem quer recuar covardemente; ver também Ovídio, *Remedia amoris*, 79 s., enquanto no cômico Pompônio se tem (fr. 91 R.³) *In prima valva haeret*, "fica parado entre os batentes da porta". Finalmente, deve-se observar que Carducci extraiu desse texto de Virgílio o título de um soneto (*Funere mersit acerbo*) dedicado ao seu filho Dante, que morreu com apenas três anos.

621. *Manibus date lilia plenis!*

Dai-me lírios a mancheias!

No sexto livro da *Eneida* (v. 883), Anquises, pai de Enéias, exprime com essa exclamação o seu pesar pelo destino de Marcelo, o promissor sobrinho de Augusto que morreu antes dos vinte anos. Essa frase costuma ser repetida no caso de mortos prematuros, mas às vezes indica simplesmente uma manifestação de alegria; esse sentido, impróprio em si, foi favorecido por Dante, em cujo *Purgatório* (30,21) Beatriz é acolhida pelos anjos com o canto: *Manibus — oh — date lilia plenis.*

622. *Ave, Caesar, morituri te salutant*
Salve, César, os que vão morrer te saúdam

É com essa forma que se costuma citar a saudação que os gladiadores dirigiam ao imperador Cláudio (*Ave, imperator, morituri te salutant*) por ocasião de uma batalha no lago de Fucino, antes do seu enxugamento. O episódio, narrado por Suetônio (*Vida de Cláudio*, 21) e por Díon Cássio (60,33,4), na redação do primeiro apresenta um aspecto divertido: Cláudio responde: *Aut non*, "talvez não", e os gladiadores, entendendo que tivessem obtido a graça, não queriam mais combater: a batalha só teve início quando Cláudio começou a correr desajeitadamente para a frente e para trás, ameaçando e suplicando. Essa frase ainda é muito conhecida, sendo usada quando se está para empreender uma operação cujo êxito é incerto: seu tom é freqüentemente jocoso e ela serve para desdramatizar uma situação.

623. *Perire eum non posse, nisi ei crura fracta essent*
Não podia morrer, a não ser que lhe fossem quebradas as pernas

Essa expressão, que Cícero diz ser proverbial num trecho de *Filípicas* (13,12,27), indica grande resistência física; com certeza não faz simplesmente referência a quebrar as pernas de alguém como pena (cominada, por exemplo, por Augusto a um secretário corrupto e por Tibério a duas vítimas de sua depravação, cf. Suetônio, respectivamente *Vida de Augusto*, 67, e *Vida de Tibério*, 44), mas com mais exatidão ao uso de quebrar as pernas dos condenados à crucificação que estivessem agonizando há muito tempo (seu fim muitas vezes era mais lento do que comumente se acredita), para apressar-lhes a morte, segundo o que está descrito no *Evangelho de João* (19,32). Em italiano, *Tagliare / Rompere le gambe* tem atualmente significado diferente (indica impedir que alguém faça algo, ou cometer uma traição em seu próprio prejuízo), enquanto a resistência física extraordinária é expressa com outras imagens (por exemplo, *Avere nove vite come i gatti* [ter nove vidas como o gato]).

624. *Acta est fabula*
O espetáculo acabou

Segundo conhecida tradição, essas seriam as palavras pronunciadas por Augusto em seu leito de morte: trata-se na realidade de um resumo do episódio narrado por Suetônio (*Vida de Augusto*, 99,1), segundo o qual o imperador moribundo teria antes perguntado aos amigos *equid iis videretur mimum vitae commode transegisse*, "se lhes parecia que ele tinha declamado bem a farsa da vida", e depois teria recitado em grego os seguintes versos: εἰ δέ τι / ἔχοι καλῶς, τῷ παιγνίῳ δότε κρότον / καὶ πάντες ἡμᾶς μετὰ χαρᾶς προπέμψατε, "se foi bom, aplaudi a peça e saudai alegremente enquanto nos despedimos" (donde também a tradição de que ele teria exclamado *Plaudite!* ou *Et nunc plaudite!*, cf., por exemplo, F. Bacon, *Of the Advancement of Learning*, 2,23,12). Era comum comparar a vida com uma peça de teatro: nas *Epistulae ad Lucilium* (80,7) Sêneca fala de *hic humanae vitae mimus*, "esta farsa da vida humana", e nos fragmentos de Petrônio (673) alguém afirma que *fere totus mundus exercet histrionem*, "quase todo o mundo representa". Entre os gregos, a tragédia e a comédia da vida já estavam presentes em Platão (*Filebo*, 50b); Palas (*Antologia Palatina*, 10,72,1) adverte que σκηνὴ πᾶς ὁ βίος καὶ παίγνιον, "toda a vida é teatro e comédia". São vários os provérbios modernos ligados a esse antigo *topos*: o italiano *Teatro è il mondo e l'uomo è marionetta*; o brasileiro *O pano que desça! a comédia acabou*; o francês *Le monde a pris son pli sur cela, c'est le tracas du monde*; o espanhol *Todo el mundo representa la comedia*; o alemão *Ein Schauspielhaus ist unsere Welt, für jeden ist eine Rolle bestellt*; o inglês *The world's a theatre, the earth a stage, which God and Nature do with actors fill*. Entre as referências literárias, sem dúvida devem ser citadas uma de Shakespeare (*As you like it*, 2,7), em que a personagem Jaques, depois de ter sentenciado *All the world's a stage, / and all the men and the women merely players*, desenvolve o motivo, enunciando e descrevendo sete cenas diferentes, correspondentes a sete diferentes idades; uma de Pascal, em *Colóquio entre Epiteto e Montaigne* (p. 425), em que o homem é visto como ator de comédia; e uma de O. Wilde em *Aforismos* (20) segundo a qual o mundo é um palco, mas os papéis são mal distribuídos. O tema da vida como representação cênica e do papel desempenhado por cada um de nós é de primordial importância em vários autores do século XX, sobretudo Pirandello, em quem se encontra uma realização cênica explícita em *Sei personaggi in cerca di autore*. Em nível anedótico, lembro que Rabelais teria dito no momento de morrer: *Tirez le rideau, la farce est jouée*.

b) A vida e as idades

625. *Curriculum vitae*
O curso da vida

Essa locução é de uso comum atualmente, indicando os momentos mais importantes ou um breve resumo da vida ou da carreira de uma pessoa. Entre os clássicos, indica simplesmente o curso da vida, com uma metáfora extraída do *curriculum* do estádio, ou seja, circunferência a ser percorrida nas competições (por exemplo, em Cícero, *Pro Rabirio*, 10,30, o orador afirma que *exiguum nobis vitae curriculum natura circumscripsit, immensum gloriae*, "a natureza traçou-nos um percurso breve para a vida, mas imenso para a glória"). Essa expressão ainda aparece em Cícero (*Pro Archia*, 11,28, *Academicae quaestiones*, 1,12,44), em Frontão (*Epistulae ad amicos*, 2,7,19), em Apuleio (*Metamorfoses*, 11,6, *De deo Socratis*, 15,153), em Santo Ambrósio (*De Noe*, 33,123), em São Jerônimo (*Ep.* 8,25, *Comentário aos Salmos*, 138) e em autores tardios; ainda em Cícero (*De universo*, 12,45) tem-se *Curriculum vivendi*, enquanto em outros textos o simples *curriculum* se refere ao curso da vida (para um quadro completo das documentações, remeto a *ThlL* 4,1506,73-1507,13).

626. ᵀΗλιξ ἥλικα τέρπει
Cada um gosta de estar com os de sua idade

Esse provérbio aplica às idades do homem o princípio de atração dos semelhantes (nº 1304): assim como a formulação mais geral, essa também é muito apreciada por Platão (ver em especial *Fedro*, 240c e *A República*, 1,329a), que a define como παλαιός, "antiga". A seguir, esse provérbio retorna em Aristóteles (*Ética para Nicômaco*, 1161b 34, *Ética a Eudemos*, 1238a 34, *Retórica*, 1371b 15) e é registrado pelos paremiógrafos (Diogen. 5,16, Diogen. Vind. 2,88, Greg. Cypr. M. 3,59, Macar. 4,48, Apost. 8,50, *Suda* η 231). Macário (8,10) também registra a variante τερπνόν χρῆμα ἀλλήλοις ἡλικιῶται, "coisa agradável para os coetâneos é estar juntos", enquanto a formulação ἧλιξ ἥλικα τέρπε, γέρων δέ τε τέρπε γέροντα, "que a cada um agrade estar com os de sua idade, o velho com o velho", porém, é atribuída a certo Xenofonte, autor de comédias (do qual existem outras documentações, cf. Kassel-Austin 7,804), por um escólio ao citado trecho de *Fedro* de Platão. Esse motivo também se encontra em outros textos com formas mais genéricas, como por exemplo num *Diálogo dos deuses* de Luciano (4,3), em que Ganimedes, diante de Zeus, pergunta-se angustiado como fará para brincar no Olimpo e sente saudade dos coetâneos que deixou no Ida. Na Idade Média estão presentes adágios como *Seni senilis lingua iocundissima*, "para o velho, a conversa do velho é agradabilíssima" (Walther 28012a); na tradição proverbial italiana há expressões semelhantes, como *I bambini stanno bene con altri bambini*; na literatura italiana encontram-se trechos em que se reforça a utilidade da companhia dos coetâneos (como em Raffaele Lambruschini, *Dell'educazione*, 141) ou o prazer que ela proporciona (como num conto de C. Pavese [ed. Torino 1960, p. 412]).

627. *O vita misero longa, felici brevis!*
Ó vida, longa para o infeliz, breve para o feliz!

Essa é uma sentença de Publílio Siro (O 3) que tem paralelo grego exato numa gnoma de Apolônio de Tiana (*Ep.* 95 Hercher: βραχὺς ὁ βίος ἀνθρώπῳ εὖ πράττοντι, δυστυχοῦντι δὲ μακρός), documentada por João de Stóboi (4,53,34) e Arsênio (5,16c). Trata-se de uma variação sobre o tema da brevidade da vida (cf. nºs 521-522), que também implica a imprevisibilidade da ação da morte: em Sêneca (*Hercules Oetaeus*, 122) lê-se: *Felices sequeris, mors, miseros fugis*, "ó morte, tu segues os felizes e foges dos infelizes"; esse motivo ressurge na mesma tragédia de Sêneca (v. 111), mas também em outros autores, como por exemplo em Maximiano (*Elegias*, 1,115 s.) e em Boécio (*A consolação da filosofia*, 1,13 ss.). Nas tradições proverbiais modernas também existe o *topos* da morte de quem está em ótimas condições (como no italiano *Bello, sano, in corte, ed eccoti la morte*) ou da longa duração de quem está em péssima situação (sobretudo em situação física precária: ver por exemplo o italiano *Tutto il giorno ahi! Non muore mai!*, o alemão

Alle Tage weh stirbt nimmermehr, e a tradição do vaso rachado que dura mais do que o vaso em bom estado, cf. nº 154); o toscano *Morte desiderata, cent'anni per la casa* só aparentemente é semelhante: na realidade diz respeito à pessoa cuja morte é inutilmente desejada por outras (cf. Battaglia 10,955, Arthaber 838).

c) Juventude e infância

628. *Delicta iuventutis meae et ignorantias meas ne memineris*

Não te lembrem os erros da minha juventude e as minhas asneiras

Trata-se da versão da *Vulgata* de um trecho dos *Salmos* (24,7), que na versão dos *Setenta* diz: ἁμαρτίας νεότητός μου καὶ ἀγνοίας μου μὴ μνησθῇς. Essa frase é usada para indicar que é preciso ter indulgência para com os erros da juventude.

629. *Sunt pueri pueri, pueri puerilia tractant*

As crianças são crianças e as crianças cuidam de coisas de crianças

O autor dessa frase, muito corrente sobretudo entre os alemães (cf. Büchmann 68), é um monge desconhecido que sem dúvida se inspirou num trecho da *Primeira Epístola aos Coríntios*, de São Paulo (13,11): ὅτε ἤμην νήπιος, ἐλάλουν ὡς νήπιος, ἐφρόνουν ὡς νήπιος, ἐλογιζόμην ὡς νήπιος· ὅτε δὲ γέγονα ἀνήρ, κατήργηκα τὰ τοῦ νηπίου, "quando eu era criança, falava à toa como criança, pensava como criança, raciocinava como criança: depois que me tornei homem, larguei as coisas de criança". Expressões semelhantes, com poliptotos análogos, já se encontravam em outros autores, como por exemplo Ésquilo, *Os persas*, 782, em que Xerxes, por ser νέος, "jovem", νέα φρονεῖ, "raciocina como jovem". Entre as sentenças medievais é documentada a variante *Sunt pueri pueri, vivunt pueriliter illi*, "as crianças são crianças, e vivem como crianças" (Walther 30798).

630. *Senilis iuventa praematurae mortis signum*

Juventude senil é sinal de morte prematura

Plínio (*Naturalis historia*, 7,171) conta que Catão costumava repetir essa frase, afirmando que fora pronunciada por um oráculo: esse motivo também recorre em outros textos, como por exemplo em Quintiliano (6, *praef.* 10), Sêneca, o Retor (*Controversiae*, 1,1,22), e Sêneca, o Filósofo (*Consolação a Márcia*, 23,5), onde se diz que ninguém pode chegar à idade que tivera antecipadamente; Horácio também alude a ele (*Sat.* 2,7,3 s.). Mais genericamente, afirma-se em Cúrcio Rufo (8,5,15) que *nullum esse eundem et diuturnum et praecoquem fructum*, "nenhum fruto é duradouro e ao mesmo tempo precoce"; em Ovídio (*Amores*, 2,6,39 s.), *optima prima fere manibus rapiuntur avaris*, "as melhores coisas são as primeiras a serem arrebatadas pelas mãos ávidas" (ou seja, pelas mãos da morte); em Marcial (6,29,7) os seres incomuns têm vida breve e raramente chegam à velhice; finalmente, em Apuleio (*Da magia*, 85) encontra-se um verso de autor desconhecido que diz: *Odi puerulos praecoqui sapientia*, "detesto as crianças que têm conhecimentos precoces". Em todas as línguas européias existem equivalentes ao italiano *Fanciullo che presto sa presto muore*; são muitas as referências literárias: ver em especial as palavras de Glocester na primeira cena do terceiro ato de *Ricardo III* de Shakespeare (*So wise so young... do never live long*). Em italiano também é difundida a locução *L'età dei geni*, que alude à tradição segundo a qual os gênios morrem entre trinta e cinco e quarenta anos.

631. *Parvulae serpentes non nocent*
As serpentes, quando pequenas, não causam mal

Esse provérbio é extraído de um trecho de Quintiliano (*Declamationes*, 381, p. 425,26 Ritter), onde se defende uma garota da acusação de envenenamento do irmão com a co-autoria da mãe: até os animais mais ferozes e nocivos, quando pequenos, são amáveis e não prejudicam. Paralelamente, existe uma tradição que prescreve não confiar nos filhotes de feras (cf. nº 283); para a tradição da perfídia das serpentes, ver nºˢ 251, 252.

632. *Prudentia velox / ante pilos venit*
A sapiência chegou depressa, antes da barba

Essa frase, que indica inteligência e capacidade intelectual precoces, é extraída da quarta sátira de Pérsio (vv. 4 s.), onde — retomando *Alcibíades I* de Platão (em particular 110c) — se refere a Alcibíades, em quem Sócrates reconhecia os dotes necessários para dirigir o Estado, ainda que ele fosse muito jovem. Com estreita afinidade existe um provérbio grego registrado por Apostólio (14,94) que declara: πρὸ τῆς γενειάδος διδάσκεις τοὺς γέροντας, "antes de teres barba ensinas os velhos"; segundo o paremiógrafo, refere-se a Sólon, que, ainda jovem, compunha requintadas elegias. Em outros textos o motivo da sabedoria precoce apresenta-se de modo mais genérico, como por exemplo em Píndaro (*Píticas*, 4,500-503; 5,146-148) e em Calímaco (a respeito de Zeus: cf. *Hino a Zeus*, 107); é muito famoso o episódio evangélico (*Lucas*, 2,41-52) em que Jesus, com doze anos, discute com os doutores do Templo. Finalmente, deve ser notado que na Antiguidade a imagem da barba para indicar sapiência e maturidade era mais expressiva do que o moderno termo *imberbe*, já que a barba era o próprio símbolo do filósofo (cf. nº 219; no texto de Pérsio, aliás, Sócrates é designado como *barbatus magister*, "mestre barbado").

633. *Maxima debetur puero reverentia*
Deve-se o máximo respeito à criança

Essa expressão, já registrada entre as sentenças medievais (Walther 14502) e ainda conhecida, provém de Juvenal (14,47 s.: *Maxima debetur puero reverentia, siquid /*

turpe paras, "se preparas algo de torpe, à criança é devido o máximo respeito"): significa, portanto, que é preciso tratar as crianças com o máximo respeito. Esse motivo também se encontra em Plínio, o Jovem (*Ep.* 7,24,5); além disso, é famoso o trecho do Evangelho (*Mateus*, 18,6, *Lucas*, 17,2) em que Jesus afirma que melhor seria a quem escandaliza uma criança ser jogado ao mar com uma pedra de moinho atada ao pescoço. Algumas vezes essa expressão foi mal interpretada, como se *puero* fosse ablativo, agente da voz passiva, sendo citada com o sentido de "o máximo respeito é devido pelas crianças", conceito, aliás, presente na literatura clássica (cf. por exemplo, Plauto, *Asinaria*, 833).

634. Ἐξ ἁπαλῶν ὀνύχων
Desde as unhas moles

Essa expressão significa "desde a mais tenra idade"; encontra-se por exemplo em Plutarco (*De educandis liberis*, 3,c) e em João Lido (*De magistratibus*, 2,26), sendo registrada pelos paremiógrafos (Arsen. 7,51a, cf. também Zonara, 757 Tittmann). Além disso, também está presente nos latinos: Cícero (*Epistulae ad familiares*, 1,6,2), falando de uma pessoa que ele conhece bem, traduz expressamente a locução grega por *A teneris unguiculis*; Horácio (*Carm.* 3,6,24) fala de uma virgem que sonha *De tenero... ungui* com amores suspeitos (trata-se de um trecho que retoma o epigrama de Automedonte citado abaixo: ver F. Citti, "Bollettino di Studi latini" 20 [1990] 64); finalmente, Claudiano (28,79 s.) usa *Tenero ab ungue*. Em grego por vezes essa expressão assume o valor de "completamente": ver, por exemplo, o Pseudo-Luciano (*Philopatris*, 3) e um epigrama de Automedonte (*Antologia Palatina*, 5,129,1-3: trata-se de uma dançarina que conhece todas as manobras mais excitantes). Diferente é o latim *Ex unguiculis perpruriscere*, "sentir pruridos desde a ponta da unha" (Plauto, *Stichus*, 761, Apuleio, *Metamorfoses*, 10,22), que pressupõe — segundo A. Cameron, "Classical Quarterly" 15 (1965) 80-83 — um grego ἐξ ὀνύχων. Para o equivalente moderno mais usual, "desde os cueiros", ver nº 635.

635. *Ab incunabulis*
Desde os cueiros

Essa expressão equivale a "desde a primeira infância": encontra-se em Lívio, 4,36,5, Ausônio, *Commemoratio professorum Burdigalensium*, 6,5, Amiano Marcelino, 27,6,8 e, com valor metafórico, em Cícero, *De oratore*, 1,6,23, *Orator*, 13,42, Quintiliano, *praef.* 1,6, Sêneca, o Retor, *Controversiae*, 1, *praef.* 12; para outras indicações remeto a Otto 478. Também existe a forma *A cunabulis*, "desde o berço" (Columela, 1,3,5; 1,7,3; com valor metafórico, São Jerônimo, *Ep.* 108,3). Em grego está documentada uma locução perfeitamente idêntica, ἐξ ἔτι σπαργάνων (cf. por exemplo Sexto Empírico, *Adversus mathematicos*, 1,41, Fílon, *De sacrificiis Abelis et Caini*, 13, *De ebrietate*, 51, 198 [o uso da locução em Fílon de Alexandria tem grande difusão]).

636. *Cum lacte nutricis... suxisse*
Ter sugado com o leite da ama

A fonte é Cícero (*Tusculanae disputationes*, 3,1,2): trata-se dos erros e da falsidade instilados no homem desde o nascimento. Essa locução indica algo de tão radicado que parece inato; assim Santo Agostinho (*As confissões*, 3,4,8) afirma: *Hoc nomen salvatoris mei... in ipso adhuc lacte matris tenerum cor meum pie biberat*, "esse nome de meu salvador o meu terno coração bebera com fé no próprio leite materno"; por outro lado, em Santo Agostinho (*De civitate Dei*, 22,6,591) e em Prudêncio (*Contra orationem Symmachi*, 1,201 ss.), trata-se da falsa fé (mas nesse segundo texto talvez se deva falar de retomada do trecho citado de Cícero). Para Dido que acusa Enéias de ferocidade, dizendo que ele foi criado por tigresas da Hircânia, cf. nº 132. Em todas as línguas européias existem correspondentes ao italiano *Succhiare qualcosa con il latte della madre* (ou *della balia*).

637. *Facti estis quibus lacte opus sit, non solido cibo*
E vos tornastes tais que tendes necessidade de leite em vez de manjar sólido

A fonte é um trecho da *Epístola aos Hebreus* de São Paulo (5,12): tomar leite é sinônimo de infância, portanto, em sentido figurado, de imaturidade. Daí provém a presença freqüente da oposição entre leite e alimento sólido, com esse sentido, em São Jerônimo (cf. *Ep.* 37,4; 96,1; 96,14; 122,4; 133,11, *Comentário à Epístola aos Hebreus*, 5,12, *Comentário à Primeira Epístola aos Coríntios*, 3,2, *Comentário a Isaías*, 3,7,21) e em Santo Agostinho (principalmente em *Comentário ao Evangelho de João*, cujo pensamento elevado exige leitores adultos, portanto mentes desmamadas e capazes de engolir alimentos sólidos, cf. 1,12; 35,3; 48,1). Entre os autores anteriores a São Paulo, esse motivo recorre em Fílon de Alexandria (*De agricultura*, 2). As locuções modernas semelhantes são, por exemplo, as italianas *Avere ancora il latte sulle labbra* e *Avere la bocca che puzza di latte*, a francesa *Si on lui pressait le nez, il en sortirait du lait* e a russa *Y nevo eščo moloko na gykakh ne obsokhlo* (ou seja: "o leite ainda não secou em seus lábios").

d) Velhice

638. Ἔργα νέων, βουλαὶ δὲ μέσων, εὐχαὶ δὲ γερόντων
Ações de jovens, conselhos de gente de meia-idade, rezas de velhos

Esse verso de Hesíodo (fr. 321 M.-W.) já era definido como proverbial pelo filólogo alexandrino Aristófanes de Bizâncio (fr. 358 Slater) e depois foi transcrito pelo paremiógrafo Apostólio (7,90); sua fama também pode ser constatada por uma paródia picante registrada por Estrabão (14,5,14) e por Macróbio (4,11), em que εὐχαί são substituídas por πορδαί, "peidos", e pelo fato de que Hipérides (fr. 57 K.) a ele se referia simplesmente com ἔργα νέων. Trata-se de uma variante mais elaborada da tradição segundo a qual de um lado estão os jovens com sua força e de outro, os velhos com o seu bom senso. Nesse aspecto é preciso lembrar um fragmento de Eurípides (508 N.[2]) que declara: ἔργα μὲν νεωτέρων, / βουλαὶ δ' ἔχουσι τῶν γεραιτέρων κράτος, "os atos são a força dos jovens; os conselhos são a força dos velhos"; um de Demócrito (68 B 294: ἰσχὺς καὶ εὐμορφίη νεότητος ἀγαθά, γήραος δὲ σωφροσύνη ἄνθος, "a força e a beleza são os bens da juventude; a sabedoria é a flor da velhice"); e νέοις μὲν ἔργα, βουλὰς δὲ γεραιτέροις, "aos jovens os atos; aos velhos os conselhos", documentado em *Appendix Proverbiorum* (4,6) e de provável ascendência poética. Ver também um fragmento de Píndaro (fr. 199,1 s. Sn.-M.), retomado por Plutarco em *An seni respublica gerenda sit* (789e) para demonstrar que a cidade será mais segura se puder contar com a força dos jovens e com os sábios conselhos dos velhos, e uma máxima extraída de *Política* de Aristóteles (7,1329a 14-16: πέφυκεν ἡ μὲν δύναμις ἐν νεωτέροις, ἡ δὲ φρόνησις ἐν πρεσβυτέροις εἶναι, "é natural que a força esteja nos jovens e a sabedoria nos velhos"; para a sensatez das pessoas idosas, cf. também n°s 639, 640). É semelhante a advertência dirigida por Ganimedes a Amiclade numa das *Églogas* de Petrarca (8,9: *Consilium solet esse senum iuvenumque voluptas*, "a ponderação costuma ser própria dos velhos; a paixão, dos jovens"); entre os provérbios modernos devem ser ressaltados o italiano *Consiglio di vecchio e aiuto di giovane* (cujos paralelos são registrados em vários dialetos, por exemplo no de Puglia) e o inglês *An old wise's man shadow is better than a young buzzard's sword*. No Brasil se diz *Se o velho pudesse e o moço soubesse, não havia nada que não se fizesse*.

639. *Quod senior loquitur omnes consilium putant*
O que o velho diz todos consideram sensato

Trata-se de uma máxima de Publílio Siro (Q 54), que tem paralelos gregos num fragmento de Eurípides (291,2 N.[2]: γνῶμαι δ' ἀμείνους εἰσὶ τῶν γεραιτέρων, "melhores são os conselhos dos velhos") e nos *Monósticos de Menandro*: ver em especial o 164 (γνώμη γερόντων ἀσφαλεστέρα νέων, "a opinião dos velhos é mais segura do que a dos jovens") e o 524 (νέος ὢν ἀκούειν τῶν γεραιτέρων θέλε, "tu, que és jovem, escuta os mais velhos"). Esse *topos* já está documentado na *Ilíada* (2,53) e também se encontra no *Antigo Testamento* (cf. por exemplo *Jó*, 12,12); para os textos em que a sabedoria dos velhos é contraposta à força da juventude, cf. n° 638; encontra-se afinidade na tradição de *Envelhecendo aprende-se* (n° 385), cf. também o vulgar *Aetate prudentiores sumus*, "com a idade ficamos mais prudentes", e o medieval *Senectus primum et ante iuvenes consulenda*, "os velhos devem ser consultados primeiro e antes dos jovens" (Walther 28007c). Entre os provérbios modernos, ver por exemplo o italiano *Consiglio di vecchio non rompe mai la testa*; o francês *En conseil écoute l'homme âgé*, que tem equivalentes exatos em espanhol, alemão e inglês (cf. Arthaber 1400); o espanhol *Del rico es dar remedio, y del viejo consejo*; e o bolonhês *Al dièvel l'é furb parché l'é véc*'; no Brasil se diz *O diabo sabe muito porque é velho*. Em nível literário, é famosa uma referência nas palavras de Mefistófeles no *Fausto* de Goethe (2,2,1: *Seit manchen Monden, einigen Sonnen / erfahrungsfülle habt ihr wohl gewonnen*).

MOMENTOS E FASES DA VIDA FÍSICA 307

640. Γέρων ἀλώπηξ οὐχ ἁλίσκεται πάγῃ
Raposa velha não se deixa apanhar por armadilha

Esse provérbio, registrado pelos paremiógrafos (Zenob. vulg. 2,90, Diogen. 4,7, Greg. Cypr. 2,10, Apost. 5,71, *Suda* γ 202) e traduzido para o latim medieval como *Annosa vulpes haud capitur laqueo* (Walther 1090), mostra que não é fácil enganar uma pessoa velha e experiente: nele convergem a tradição do velho como pessoa experiente e sensata (cf. nº 639) e a da raposa como animal astuto por excelência (que, por exemplo, não se deixa capturar duas vezes pela mesma armadilha: cf. nº 397). Frase semelhante, em que a raposa é substituída pelo macaco e que é completada com ἁλίσκεται μέν, μετὰ χρόνον δ᾽ ἁλίσκεται, "deixa-se prender, com o tempo deixa-se prender", é atribuída ao filósofo estóico Dionísio de Heracléia, chamado Metathemenos, o desertor (1,425 Arnim, documentado por Diógenes Laércio, 5,93); em *Ars amatoria* de Ovídio (1,766) lê-se: *Longius insidias cerva videbit anus*, "a cerva velha verá as insídias de longe"; na Idade Média ainda existe *Annosae frustra cornici retia tendis*, "em vão estendes as redes para uma gralha velha" (Walther 1091). Em todas as línguas européias existem equivalentes ao italiano *Passero vecchio non entra in gabbia* (cf. Arthaber 1402); é muito corrente a locução *Raposa velha* para indicar uma pessoa muito experiente e astuta. Provérbio inverso encontra-se em Abruzos: *Pure la vórpa vècchia casc'a lla trappola*.

641. *Non annosa uno quercus deciditur ictu*
Carvalho velho não se deixa abater por um golpe só

Esse verso pertence ao *Zodiacus vitae* do poeta Marcello Palingenio Stellato (12,459), do século XVI: trata-se na realidade de um motivo muito corrente nas sentenças medievais (cf. por exemplo Walther 433 *Ad primos ictus non corruit ardua quercus*, "o forte carvalho não cai aos primeiros golpes", 1251 *Arbor non primo, sed saepe cadit feriendo*, "a árvore não cai ao primeiro golpe, mas só se for golpeada com insistência", 18404 *Non semel ascia dat, quercus ut alta cadat*, "o machado não golpeia uma vez só para que o carvalho alto caia"). No paremiógrafo grego Diogeniano (7,77a) já está registrado πολλαῖσι πληγαῖς δρῦς δαμάζεται, "o carvalho é abatido com muitos golpes", onde — como aliás nos provérbios citados em latim medieval — mais do que a velhice do carvalho enfatiza-se a sua resistência. Os provérbios modernos são mais genéricos: em todas as línguas européias existem correspondentes à forma do provérbio brasileiro *A primeira machadada não derriba o pau*.

642. *Nemo est tam senex, qui se annum non putet posse vivere*
Ninguém é tão velho que não acredite poder viver mais um ano

Essa sentença é extraída de *De senectute* de Cícero (7,24) e depois é retomada por Sêneca (*Ep.* 12,6) e por São Jerônimo (*Ep.* 123,14; 140,16). Lembro uma máxima semelhante em *Celestina* de Fernando de Rojas e numa fábula de La Fontaine (8,1), em que se deixa claro que o mais idoso também é o mais avesso a morrer.

643. *Quamvis vetus arbustum posse transferri*
Até a árvore velha pode ser transplantada

Essa frase de Sêneca (*Ep.* 86,14), já famosa e muitas vezes citada na Idade Média (ver os textos assinalados por Sutphen 202), indica uma reavaliação do papel e das possibilidades do idoso: na realidade ela faz alusão a um provérbio grego, γεράνδρυον μεταφυτεύειν, "transplantar árvore velha", que, segundo os paremiógrafos (Zenob. vulg. 3,1, Greg. Cypr. M. 2,76, Apost. 5,32, *Suda* γ 180), equivalia a uma advertência de não pretender que os velhos executem os mesmos trabalhos dos jovens. O provérbio grego, na versão δένδρον παλαιὸν μεταφυτεύειν δύσκολον, "é difícil transplantar uma árvore velha", é documentado pela primeira vez num dos chamados *Monósticos de Menandro* (*Pap. Bouriant*, 1,4, *Pap.* 13,11 Jäkel, *Comparatio Menandri et Philistionis*, 2,48), onde se recomenda não procurar demover um velho do erro. No que diz respeito às tradições proverbiais modernas, ver principalmente o provérbio brasileiro *Árvore velha não se muda*, o alemão *Ein alter Baum ist schwer zu verpflanzen* e o inglês *Remove an old tree and it will wither to death*.

644. *Senectus ipsa est morbus*
A velhice em si é uma doença

Essa gnoma está documentada em Terêncio (*Phormio*, 575), num trecho que depois ficou famoso: é citado pelos escólios a Pérsio, 2,41, e a Juvenal, 10,219, e recorre nas sentenças medievais (Walther 12822b, 28006). Uma variante sua pode ser encontrada em Sêneca (*Ep.* 108,28: *Senectus enim insanabilis morbus est*, "a velhice é uma doença incurável"), também registrada entre as máximas medievais (Walther 28005). Segundo o comentário de Donato à passagem de Terêncio, essa frase estaria calcada no grego τὸ γῆράς ἐστιν αὐτὸ νόσημα, presente no cômico Apolodoro de Caristo (fr. 20 K.). Conceitualmente, deve-se mencionar um trecho de *De senectute* de Cícero (11,35) em que se adverte que *pugnandum tamquam contra morbum, sic contra senectutem*, "deve-se lutar contra a velhice tanto quanto contra uma doença". Paralelo perfeito ao provérbio latino está presente em sardo (*Sa matepsi bezzesa est maladia*), mas em todas as línguas européias existem equivalentes à expressão brasileira *Velhice é doença*; devem ser assinaladas como variantes a italiana *Chi ha degli anni ha dei malanni* e a espanhola *La vejez es un hospital donde caben todas as enfermidades*; a máxima de Terêncio também é citada em *Promessi sposi* (38,27), enquanto em *Fausto* de Goethe (2,2) o bacharel define a velhice como *ein kaltes Fieber*.

645. Μακρὸς γὰρ αἰὼν συμφορὰς πολλὰς ἔχει
A velhice tem muitos achaques

Esse *monóstico de Menandro* (482 J.) na realidade é um fragmento trágico anônimo (550 Kannicht-Snell); um *locus similis* latino é constituído pela desesperada exclamação de Juvenal (10,190 s.): *Sed quam continuis et quantis longa senectus / plena malis!*, "mas como é cheia de tantos e tão contínuos males a longa velhice!". Na Idade Média registra-se *Senectutem plurima opprimunt incommoda*, "a velhice é oprimida por muitos incômodos" (Walther 28008); o italiano tem *La vecchiaia viene con tutti i malanni*; o francês, *La vieillesse est chagrine*; o espanhol, *Hombre viejo, cada día un duelo nuevo*; e o alemão, *Alter kommt mit allerlei*.

646. *Mature fias senex, ut maneas diu*
Fica logo velho, para viveres muito

Trata-se da versão vulgar (cf. Walther 14490) de um antigo provérbio: já Cícero, em *De senectute* (10,32), exaltando a velhice ativa que permita às pessoas permanecer jovens pelo menos espiritualmente (ver também por exemplo 11,38), contesta esse adágio de provável ascendência cômica (cf. O. Ribbeck, *Scaenicae Romanorum poesis fragmenta*, II, Lipsiae 1873³, *Corollarium*, XLVIII). Esse motivo retorna como provérbio nas línguas européias modernas, paralelamente ao provérbio brasileiro *Se queres ser velho moço, faze-te velho cedo* (Mota 212).

647. Ὦ γῆρας, οἵαν ἐλπίδ' ἡδονῆς ἔχεις / καὶ πᾶς τις εἰς σὲ βούλετ' ἀνθρώπων μολεῖν· / λαβὼν δὲ πεῖραν, μεταμέλειαν λαμβάνει
Velhice, quantas esperanças de prazer conténs! Todos querem alcançar-te, mas quando te provam arrependem-se

Esse é um fragmento de Eurípides (1080 N.²), documentado por João de Stóbeo (4,50,40) e pelo paremiógrafo Arsênio (18,56e), que sobre o mesmo tema também registra um dístico elegíaco anônimo (5,41d): γῆρας ἐπὰν μὲν ἀπῇ, πᾶς εὔχεται· ἢν δέ ποτ' ἔλθῃ, / μέμφεται· ἔστι δ' ἀεὶ κρεῖσσον ὀφειλόμενον, "todos desejam a velhice quando ela está distante, mas censuram-na quando chega: o que ainda não se tem é sempre melhor". O motivo segundo o qual a velhice primeiro é desejada e depois odiada ressurge no cômico Antifanes (frr. 94 e 238 K.: para uma eventual atribuição desse segundo fragmento a Crates cf. M. G. Bonanno, *Studi su Cratete comico*, Padova 1972, 174 s.), enquanto em latim devem ser citados um trecho de *De senectute* de Cícero (2,4: *Quam* [sc. *senectutem*] *ut adipiscantur omnes optant, eandem accusant adepti*, "todos desejam alcançá-la [ou seja: a velhice], mas, uma vez que a alcançaram, acusam-na"), que também reaparece nas sentenças medievais (Walther 28007d); e um de Santo Agostinho (*Comentário ao Evangelho de João*, 32,9). Em italiano tem-se *La vecchiezza da ognun è desiata; quando s'acquista viene odiata*, com equivalentes perfeitos em todas as línguas européias (Arthaber 1397); deve-se ressaltar o inglês *Age and wedlock we all desire and repent of*, com a espirituosa associação entre velhice e casamento.

648. Ἄχθος δὲ τό γῆρας αἰεὶ / βαρύτερον Αἴτνας σκοπέλων / ἐπὶ κρατὶ κεῖται

A velhice pesa mais sobre a cabeça do que as rochas do Etna

Esse é um trecho de Eurípides (*Hercules furens*, 637-639: adoto o texto de G. W. Bond, *Euripides, Heracles*, Oxford 1988²): a velhice é vista como um peso opressor, comparável ao do Etna, aqui mencionado como o monte alto e imponente por excelência. Esse trecho é citado por Téleto, que (p. 49 Hense), retomando Crates, quer demonstrar que em qualquer idade a vida humana está cheia de dores; a mesma imagem recorre em *De senectute* de Cícero (2,4), onde a velhice *plerisque senibus sic odiosa est, ut onus se Aetna gravius dicant sustinere*, "para a maioria dos velhos é tão odiosa que eles dizem estar carregando uma carga mais pesada do que o Etna"; uma versão abreviada encontra-se nas sentenças medievais (Walther 29007a: *Senectus onus Aetna gravius*, "a velhice é uma carga mais pesada do que o Etna"). Também em outros textos esse monte é alto por antonomásia, em contextos dos quais a velhice não faz parte (como por exemplo num fragmento cômico anônimo grego, 702 K., em Plauto, *Miles gloriosus*, 1065, em Lucílio, 3,8,4 Charpin). Nas tradições proverbiais modernas é freqüente o motivo da velhice como fardo, carga, peso (ver o italiano *La vecchiaia è una gran soma* e seus equivalentes nas outras línguas européias, cf. Arthaber 1394), mas — ao que consta — não são documentadas comparações com o Etna ou outros montes.

649. *Non aetate verum ingenio apiscitur sapientia*

A sabedoria não é adquirida com a idade, mas pela índole

Essa expressão, que praticamente constitui uma oposição às outras que exaltam a maior experiência dos velhos, portanto sua maior sabedoria, é extraída de *Trinummus* de Plauto (v. 367): máxima semelhante está documentada em Publílio Siro (S 7: *Sensus non aetas invenit sapientiam*, "a cognição, não a idade, produz a sabedoria"), devendo-se também citar, sob o aspecto conceitual, um trecho de *De senectute* de Cícero (18,62). Precedentes gregos são constituídos por Demócrito, fr. 183 D.-K, e por um famoso verso de Menandro, οὐχ αἱ τρίχες ποιοῦσιν αἱ λευκαὶ φρονεῖν, "não são os cabelos brancos que produzem o bom senso" (fr. 553,1 K.-Th., cf. *Monósticos de Menandro*, 618 J.), enquanto nos mesmos *Monósticos de Menandro* (661 J.) se encontra πολιὰ χρόνου μήνυσις, οὐ φρονήσεως, "os cabelos brancos revelam o tempo, não a sabedoria". Esse motivo retorna no vulgar *Senes interdum delirant*, "às vezes os velhos perdem a razão" (Walther 28009b), e também nos provérbios modernos, como no italiano *A testa bianca spesso cervello manca*, no francês *Plus vieux, plus sot*, nos alemães *Alter schützt vor Torheit nicht* e *Alter macht zum Greise, doch nicht immer weise* e no inglês *The head grey, and no brains yet*. Finalmente, recordo uma referência de T. Mann (*O eleito*) segundo a qual somente pouquíssimas pessoas tornaram-se mais sábias com a idade.

650. "Οψον ἄριστον πόνος τῷ γήρᾳ
O trabalho é a melhor provisão para a velhice

Esse adágio provém de Apostólio (13,84): além disso é atribuído a Demócrito no chamado florilégio *Melissa* de Antônio (89, p. 149 Fabricius) e a Isócrates, por Arsênio (31,90); também foi traduzido para o latim medieval (Walther 28008a: *Senectuti labor obsonium optimum*). Segundo a explicação de Apostólio, significa que é preciso trabalhar desde jovem para ter sustento na velhice; deve-se também lembrar *Senem iuventus pigra mendicum creat*, "juventude preguiçosa cria velho mendigo" (Walther 28009). Como paralelo, ver a locução italiana *Procurarsi il pane per la vecchiaia*, e também o provérbio brasileiro *Mocidade preguiçosa, velhice trabalhosa* (para outros paralelos cf. Mota 122).

651. Δὶς παῖδες οἱ γέροντες
Os velhos são crianças duas vezes

A mais famosa documentação desse provérbio está em *As nuvens* de Aristófanes (v. 1417), em que o jovem Fidipides, instruído por Sócrates, lança-o ao rosto de Strepsiades, seu pai. Esse motivo está presente em muitos autores, tanto os do século V, tais como Sófocles (fr. 487 R.), os cômicos Cratino (fr. 28 K.-A.) e Teopompo (fr. 69 K.), e o sofista Antífon (87 B 66 Dels-Kranz: γηροτροφία γὰρ προσέοικε παιδοτροφίᾳ, "o tratamento dos velhos é semelhante ao das crianças"), quanto os posteriores, principalmente Platão (*As leis*, 646a), Pseudo-Platão (*Axiochus*, 367b) e Luciano (*Saturnalia*, 9); δὶς παῖδες οἱ γέροντες é registrado pelos paremiógrafos (Diogen. 4,18, Diogen. Vind. 2,31, Macar. 3,31, Apost. 6,27, *Suda* δ 1267). Essa máxima também teve grande difusão no mundo latino, onde às vezes — como no prólogo ao *Protrepticus ad nepotem* de Ausônio — aparece na forma grega, enquanto uma tradução perfeita se encontra num fragmento de Sêneca (121 H., cf. M. Lausbert, *Untersuchungen zu Senecas Fragmenten*, Berlin 1970, 188-193), registrado por Lactâncio, *Divinae Institutiones*, 2,4,13 (*Bis pueri sumus*). São numerosas as variações dignas de nota sobre o tema: ver por exemplo *Aiunt solere eum* (sc. *senem*) *rusum repuerascere*, "dizem que o velho costuma voltar a ser criança", de Plauto (*Mercator*, 296, cf. também *Trinummus*, 43); o oxímoro *Vetu' puer*, "velho menino", também extraído de *Mercator* de Plauto (v. 976); *Senior bulla dignissime*, "velho digno de usar a bolinha", de Juvenal (13,33: alude à bolinha de ouro que os jovens patrícios usavam no pescoço até a idade de dezessete anos); e finalmente um dos *Dísticos de Catão* (4,18), que declara: *Cum sapias animo, noli ridere senectam: / nam †quocumque† sene, puerilis sensus in illo est*, "se és sábio, não rias da velhice: em cada velho há um sentimento de criança". Esse *topos* também tem difusão nas culturas modernas, tanto em nível proverbial (como o brasileiro *Velhice, segunda meninice* e seus equivalentes nos dialetos italianos e nas várias línguas européias, cf. Mota 227, Arthaber 1398; deve ser lembrado também o belo lombardo *De set an i è pütei, de setanta i è amò quei*) quanto em nível literário: devem ser lembrados, por exemplo, vários trechos de Shakespeare (*Hamlet*, 2,2,387-389, *Rei Lear*, 1,3,19, *Cimbelina*, 5,3,57: para suas relações com a tradição clássica, ver R. Cantarella, "Rendiconti dell'Accademia dei Lincei" 26 [1971] 113-130), assim como os vv. 180 s. do prólogo do *Fausto* de Goethe (*Das Alter macht nicht kindisch, wie man spricht, / es findet uns nach als wahre Kinder*, "a velhice não volta a ser infância, como se diz, o que se encontra são ainda verdadeiras crianças"). Para bibliografia adicional, ver também L. Alfonsi, "Sileno" 2 (1976) 331 s.

652. *Ubi peccat aetas maior, male discit minor*
Quando o idoso erra, o jovem aprende o mal

Essa máxima é de Publílio Siro (U 5), que pode ser vinculada ao motivo da importância dos exemplos na educação (nº 359). Encontram-se paralelos em vários provérbios modernos, como no alemão *Wie die Alten singen, so zwitschern die Jungen*, em que os jovens tartamudeiam o que ouviram os velhos cantar.

653. Γῆρας λέοντος κρεῖσσον ἀκμαίων νεβρῶν
O leão velho é mais forte do que o veado novo

Esse verso é registrado pelo paremiógrafo Apostólio (5,41), entre outros; constitui provavelmente — a despeito de várias outras atribuições (como a Menandro em *Anecdota Oxiniensia*, 4,254 e a Demócrito em Pseudo-Máximo Confessor, *Sermones*, 41,636) — um fragmento do enigmático autor trágico Hipotoonte (5 Snell), cuja época de existência se ignora, duvidando-se mesmo que tenha existido (poder-se-ia tratar do título de uma obra). Seja como for, esse provérbio, que também foi traduzido para o latim medieval (Walther 28004b: *Senecta leonis praestantior hinnulorum iuventa*), significa que os fortes, mesmo quando velhos, são mais fortes do que os fracos: o italiano, aliás, também usa a expressão *vecchio leone* [leão velho] (principalmente no esporte) para indicar alguém que, apesar da idade, está sempre em forma. Os paremiógrafos (Diogen. 5,81, *Mant. Prov.* 1,88) registram com o mesmo valor outro provérbio divertido, extraído do mundo animal e também encontrado em *Ep.* 113 (119,4 s. Garzya) de Sinésio: κάμηλος καὶ ψωριῶσα πολλῶν ὄνων ἀνατίθεται φορτία, "uma camela, mesmo com sarna, transporta a carga de muitos burros".

654. Γηρᾷ βοῦς, τὰ δ' ἔργα πολλὰ τῷ βοΐ
O boi envelhece e o trabalho é demasiado para ele

Esse provérbio, registrado pelos paremiógrafos (Diogen. 3,86, Greg. Cypr. L. 1,80, Macar. 2,93, Apost. 5,43), refere-se à pessoa que ficou velha e deixou de ser útil. O motivo do animal envelhecido e que não tem mais capacidade de trabalhar também está presente nas tradições modernas (o toscano *Quando il bue non vuole arare, tu puoi cantare, tu puoi cantare* é diferente: refere-se às pessoas indolentes e preguiçosas). Assinalo, enfim, o provérbio brasileiro *Boi velho, passo seguro*, que, por outro lado, ressalta o valor da experiência.

655. Ἀνδρὸς γέροντος αἱ γνάθοι βακτηρία
As maxilas são a bengala do velho

Esse divertido provérbio, registrado pelos paremiógrafos (Diogen. 1,78, Diogen. Vind. 1,44, Greg. Cypr. 1,58, Macar. 2,5, Apost. 3,9) e pelo gnomológio de Giovanni Georgide (*Anecdota Graeca*, 1,10 Boissonade), diz respeito às pessoas que, apesar de velhas, comem muito. Deve-se lembrar o italiano *A tavola non si invecchia*, presente em muitos dialetos; uma variante a ser lembrada é a bolonhesa *A stèr a tèvla, an s'dvanta vic'*.

656. *Duo quae maxima putantur onera, paupertatem et senectutem*
Aqueles que são considerados os dois maiores fardos: a pobreza e a velhice

A fonte é uma passagem de *De senectute* de Cícero (5,14), em que se fala de Quinto Fábio Máximo, que suportava a pobreza e a velhice de tal modo que parecia comprazer-se nelas. Já um *monóstico de Menandro* (656 J.) declarava: πενίαν φέρειν καὶ γῆράς ἐστι δύσκολον, "é duro suportar a pobreza e a velhice", e, segundo Diógenes Laércio (6,51), o cínico Diógenes respondeu a alguém que lhe perguntava qual era a maior desgraça da vida: γέρων ἄπορος, "um velho sem recursos" (84 Giannantoni). O núcleo desse *topos* consiste na associação entre velhice e pobreza: esse paralelo também recorre nas tradições proverbiais modernas, como no italiano *La povertà è un peso, la vecchiaia un ospite importuno*, no francês *Pauvreté et maladie en vieillesse c'est un magasin de tristesse*, no alemão *Armut und Alter sind zwei schwere Bürden* (com equivalente perfeito em inglês). Para os provérbios em que a pobreza é vista como mal terrível, cf. nᵒˢ 1820-1829.

657. *Superstitiones aniles*
Superstições de velhas

Em Cícero (*De natura deorum*, 2,28,70) assim são denominadas as crenças absolutamente infundadas, que só podem ser admitidas por simplórios: aliás, no próprio Cícero (*De divinatione*, 1,4,7; 2,7,19; 2,15,36; 2,60,125; 2,68,141, *De natura deorum*, 1,34,94; 3,39,92, *Tusculanae disputationes*, 1,21,48; 1,39,93) são freqüentes expressões semelhantes, em que as velhas são tomadas como protótipo da credulidade, havendo ademais o *topos* da sua toleima e irracionalidade. Daí provém a freqüência de locuções como essa e como *Fabellae aniles*, "histórias de velhas", cuja tônica, porém, recai sobre a pouca credibilidade de um relato (cf. por exemplo Cícero, *De natura deorum*, 3,5,12; conclui-se facilmente que a credulidade e a credibilidade não passam das duas faces da mesma moeda): para uma coletânea completa de trechos remeto a A. Stanley Pearce, *M. Tulli Ciceronis De natura deorum*, 2, Cambridge Massachusetts 1958, 997. O primeiro autor em que esse *topos* parece estar documentado é Platão, onde designa a moral corrente, oposta à verdade filosófica (por exemplo em *Teeteto*, 176b), ou tolices mitológicas (em *Lísis*, 205b, cf. também *Hípias maior*, 285e-286a). Recorre ainda em filosofia: por exemplo em Sêneca, *Ep.* 94,2 os *Anilia praecepta* são os ensinamentos que, segundo o estóico Aristão, ficam no nível da moral popular e não se aprofundam; em Juliano (*Or.* 7,1) o cínico Heráclio faz como as amas que contam histórias. Contudo, o campo em que esse *topos* teve aplicação mais vasta foi o das controvérsias religioso-teológicas: além dos trechos de Cícero e de um do comentário de Sérvio à *Eneida* (8,187), deve-se lembrar que na *Primeira Epístola a Timóteo* de São Paulo (4,7) se lê: τοὺς δὲ βεβήλους καὶ γραώδεις μύθους παραιτοῦ, "rejeita as tolices e as histórias de velhas", e que imagens semelhantes retornam com freqüência para designar as acusações dos cristãos aos pagãos ou vice-versa (ver por exemplo, Taciano, *Oratio contra Graecos*, 3, Novaciano, *De Trinitate*, 10,50, Clemente de Alexandria, *Protréptico*, 6,67,1, Minúcio Félix, *Octavius*, 11,2; 13,5; 20,4, Lactâncio, *Divinae Institutiones*, 5,1,14; 5,1,26; 5,2,7; 5,13,3, Ireneu, *Adversus Haereses*, 1,8,1, São Jerônimo, *Ep.* 121,10; 128,1, Juliano, *Or.* 8,2,161b). Uma variante que faz um paralelo entre velhinhas e hebreus (cf. por exemplo Orígenes, *Comentário a João*, 10,42, São Basílio, *Adversus Eunomium*, 1,14) talvez tenha origem no fato de que São Paulo, numa parte do texto citado, qualificava certas idéias como próprias de "velhinhas" e em outro dizia serem essas idéias típicas dos hebreus (ver a *Epístola a Tito*, 1,14), mas provavelmente também se origina do fato de que as *aniles fabellae* podiam referir-se a um modo superficial de analisar as santas escrituras, baseado exclusivamente no seu significado literal (cf. São Basílio, *Hexaemeron*, 3,9). Essa locução depois também foi aplicada a outros assuntos: pode indicar sobretudo a magia (como em Galeno, 6,792 K.; muito arguto é, pois, o uso que dela faz Apuleio ao se defender de quem o acusara de magia [*Apologia*, 25]); ou as anedotas e minúcias fúteis, que venham a constituir um recheio sem substância das obras historiográficas (cf. Quintiliano, 1,8,19, Prudêncio, *Peristephanon*, 9,17-20, Iordanes, *De origine actibusque Getarum*, 38); ou tolices inseridas em assuntos geográficos (cf. Estrabão, 1,2,3, Hélio Aristides, *Or.* 36,96); tagarelices vãs e mexericos (cf. Pérsio 5,92, Santo Agostinho, *As confissões*, 5,17, Clemente de Alexandria, *Pedagogo*, 3,4,28,3, *Historia Augusta*, 2,1,3, assim como γραῶν ὕθλοι, "tagarelices de velhas", registrado pelos paremiógrafos [Zenob. vulg. 3,5, Diogen. 3,79, Greg. Cypr. 1,100, Macar. 3,5, Apost. 5,63]); e — em retórica — argumentações de pouco valor (cf. Sêneca, *De beneficiis*, 1,4,6). Finalmente, deve-se a M. Massaro ("Studi Italiani di Filologia Classica" 49, 1977, 104-135) o mérito de também ter identificado uma variante positiva desse *topos*, em que "contos de velhas" aludem a uma intuição feliz, até mais profunda do que o discurso racional, variante que tem as primeiras documentações em Platão (*A República*, 1,350e, *Górgias*, 527a) e deve ser levada em conta se quisermos compreender plenamente uma passagem das *Sátiras* de Horácio (2,6,77 s.) e uma de Apuleio (*Metamorfoses*, 4,27), estando também vinculada ao uso de expressões como γραώδεις ὑποθῆκαι, "conselhos de velhinhas" (Jâmblico, *De vita Pythagorica*, 32,227), usadas pelos místicos para esconder verdades aos profanos. Essa locução ainda está viva nas línguas européias e é usada principalmente na polêmica contra as crenças religiosas (em especial, no que se refere ao polonês *Babskie gadanie, babskie plotki*, ver Steffen 84).

658. Μήποτ' εὖ ἔρδειν γέροντα
Nunca faças bem a um velho

Esse preceito consta de *Retórica* de Aristóteles (1376a 3-5) como exemplo de provérbio citado como fundamento de uma decisão. Na tradição paremiográfica documenta-se γέροντι μηδέποτε μηδὲν χρηστὸν ποιεῖν, "não faças nenhum bem a um velho" (Diogen. 3,89, Arsen. 5,35a), explicado como uma recomendação de não beneficiar ἀκαίρως, "inoportunamente", havendo, além disso, segmentos de uma seqüência maior, que devia tradicionalmente exemplificar o provérbio εἰς ἄχρηστα μὴ ἀναλίσκειν, "não gastes (energia) com coisas inúteis", que incluía fazer o bem a velhos e mulheres, escandalizar crianças, bajular o cachorro do vizinho, fazer um timoneiro dormir e um remador tagarelar (cf. Diogen. 6,61, *Suda* α 4716, μ 877 e μ 973). Também existem provérbios do gênero nos dialetos italianos; ver por exemplo o de Abruzos *Nen fa' bbén'a li vicchie, ca se móreno* e o da Puglia *A le sende viicchie non z'appìccene lambe* (ou seja, "a santos velhos não se acendem velas": expressão semelhante é usada em Roma a propósito de quem foi poderoso mas perdeu o poder e não é mais procurado para favores e recomendações, cf. R. Grandi, *Guida ai detti romaneschi*, Milano 1971, 22); outros, como o veneziano *Co 'l lovo deventa vecio, i cani ghe pissa adosso*, têm afinidade com o *topos* do poderoso que, uma vez morto, é escarnecido pelo fraco (n°s 1038 s.; numa fábula de La Fontaine [3,14] o leão velho é maltratado por todos).

659. *Aquilae senectus*
Velhice de águia

Essa locução é mencionada por Terêncio (*Heautontimoroumenos*, 521; ver também G. B. Townend, "The Classical Review" 10 [1960] 186-188) como explicitamente proverbial e depois é retomada — com referência ao cômico — por São Jerônimo (*Comentário a Miquéias*, 25447). A velhice da águia está indicando uma pessoa que nos últimos anos da vida assume um porte majestoso e distinto: esse motivo encontra-se num versículo dos *Salmos* (102,5), de onde provém uma tradição cristã (Santo Ambrósio, *De paenitentia*, 2,2,8; Santo Agostinho, *Enarrationes in Psalmos*, PL 37,1323); os paremiógrafos gregos (Zenob. vulg. 3,38, Greg. Cypr. 1,4, Diogen. 1,56, Macar. 1,30, *Suda* α 577) registram ἀετοῦ γῆρας, κορύδου νεότης, "velhice de águia, juventude de calhandra", adágio que significa que as pessoas fortes assim permanecem mesmo na velhice e que os fracos lhes são inferiores mesmo na juventude (para motivo semelhante, cf. nº 653); Ausônio, enfim, em *Commemoratio professorum Burdigalensium* (5,21 s.), menciona a imagem da velhice da águia e do cavalo (cf. nº 660) a propósito de Ácio Patera. Para essa expressão existe uma curiosa explicação alternativa, segundo a qual se faria alusão a uma crença difundida na Antiguidade (cf. Aristóteles, *Historia animalium*, 9,32 [619a 16 s.], Plínio, *Naturalis historia*, 10,4,15) de que o rostro da águia crescia tanto na velhice que acabava por obstruir a abertura oral, impedindo-a de comer e levando-a, portanto, a morrer de fome. Nas línguas modernas essa locução não é freqüente: esporadicamente se encontra a expressão *L'aquila vecchia non può mangiare* [a águia velha não pode comer] (Savonarola, *Prediche*, 47), ou a comparação de velhos garbosos com a águia (como em F. Tombari, *Il libro degli animali*, Milano 1938, 152).

660. Ἵππου γῆρας
Velhice de cavalo

Essa locução está documentada em Plutarco (*An seni respublica gerenda sit*, 785d) e em Díon Crisóstomo (6,212 R.), sendo registrada pelos paremiógrafos (*App. Prov.* 3,29, Macar. 4,80, Arsen. 9,7a); indica o contraste gritante entre a velhice triste e fraca diante da antiga juventude cheia de vigor. A imagem do cavalo vencedor em Olímpia que depois fica velho encontra-se em Íbicos, fr. 6 (287), 6 s. Page, assim como num fragmento da literatura latina (Ênio, *Anais*, 522 Skutsch = 374 V.²) e está presente em *De senectute* de Cícero (5,14); em *Commemoratio professorum Burdigalensium* de Ausônio (5,21 s.) a velhice do cavalo está estreitamente vinculada à da águia e designa, portanto, as pessoas que, embora velhas, têm porte majestoso (cf. nº 659). A essa tradição deve ser vinculado também ἵππῳ γηράσκοντι τὰ μείονα κύκλ' ἐπίβαλλε, "para o cavalo que envelhece prepara círculos menores", de Cratino (fr. 33 K.-A.), documentado pelos paremiógrafos (Zenob. vulg. 4,41, Diogen. 5,27, Plut. 13, *Suda* ι 586): contudo, se essa expressão está clara em seu sentido geral (não se deve pretender que os velhos realizem os mesmos trabalhos dos jovens), não o está em seus detalhes (os paremiógrafos mencionam a marca posta na mandíbula dos cavalos velhos, Liddell-Scott-Jones entendem κύκλα como os círculos destinados ao exercício dos cavalos, Grotius — seguido por Kassel-Austin — explicava: "spatiis brevioribus urge"). Entre os provérbios italianos que tratam do cavalo velho, deve ser ressaltado *I cavalli vecchi si mettono al carrettone*, usado para as pessoas idosas que são postas de lado por serem consideradas inúteis.

661. *Vivit et... cornix... / illa quidem saeclis vix moritura novem*
A gralha também vive: a custo ela vai morrer depois de nove gerações

Essa expressão é extraída de Ovídio (*Amores*, 2,6,35 s.), mas a longevidade da gralha é tradicional no mundo clássico: ela é chamada, por exemplo, de *annosa* em Horácio (*Carm.* 3,17,13); Lucrécio (5,1084) alude a seus *vetusta saecla*; e em Fedro (*App.* 24,7) uma gralha diz que o segredo da sua longevidade está no fato de oprimir os humildes e respeitar os poderosos. Comparações com esse animal no que se refere à duração da existência também existem em Cícero (*Tusculanae disputationes*, 1,31,77: segundo os estóicos a alma humana seria como a gralha, que vive muito, mas não eternamente), em Horácio (*Carm.* 4,13,23 s.), em Juvenal (10,246 s.), em Marcial (10,64,5) e em Ausônio (*Ep.* 20,7 s.: o escritor diz que só é superior ao interlocutor quanto à idade, mas *cornix non ideo ante cycnum*, "nem por isso a gralha é superior ao cisne"); entre os gregos, está em Calímaco (*Hecale*, fr. 260,4 Pfeiffer), Árato (1027 s.) e Plutarco (*Bruta ratione uti*, 989a: a gralha ri de Penélope porque esta, mesmo viúva, vive por nove gerações). Também existe uma tradição segundo a qual essa ave vive nove vezes mais do que o homem; o cervo, quatro vezes mais do que a gralha (cf. nº 662); e o corvo, três vezes mais do que o cervo. Essa tradição tem origem num fragmento de Hesíodo (304,1-3 M.-W.: ἐννέα τοι ζώει γενεὰς λακέρυζα κορώνη / ἀνδρῶν ἡβώντων· ἔλαφος δέ τε τετρακόρωνος, / τρεῖς δ' ἐλάφους ὁ κόραξ γηράσκεται, "a grasnante gralha vive por nove gerações de homens em flor; o cervo vive quatro vezes mais do que a gralha e o corvo envelhece como três cervos"): trata-se de um texto muito famoso na Antiguidade, como demonstra o fato de ter sido reproduzido em latim por Ausônio (*Eclogarum liber*, 5,3, ss.) e num dos *Epigramata Bobiensia* (62), assim como por estar numa longa série de citações (para as quais remeto a Merkelbach-West, *ad l.*) e em certos textos, como um de Aquileus Tátios (4,3), em que o autor, lembrando a longevidade do elefante, afirma que ele vivia mais tempo do que a gralha de Hesíodo. A gralha e o cervo também aparecem juntos — sempre a propósito desse mesmo motivo — em outros textos: por exemplo, um de *Tusculanae disputationes* de Cícero (3,28,69), em que se comenta o boato de que Teofrasto se lamentava porque gralhas e cervos, cujas vidas tinham um interesse relativo, viviam muito mais tempo do que o homem; um de *Metamorfoses* de Ovídio (7,273 s.) e um de *Griphus* de Ausônio (2,13 s.). No que se refere à cultura posterior, lembro que, segundo uma tradição oriental de origem pré-corânica, o sábio Luqmān (também citado no *Alcorão* [*Sura* 31] como fustigador dos costumes e dispensador de conselhos preciosos) obteve de Deus o poder de viver tanto quanto nove corvos (ou sete falcões); em nível popular, ainda está viva a menção à gralha como animal longevo por excelência; em italiano é freqüente o impropério *Vecchia cornacchia* [gralha velha], com referência a mulheres velhas.

662. *Longa et cervina senectus*
Velhice longa, de cervo

Essa expressão é de Juvenal (14,251): na Antiguidade o cervo era proverbial devido à crença de que vivia quatro vezes mais do que a gralha, que vivia o equivalente a nove gerações humanas, portanto um total de trinta e seis vezes mais do que o homem (para os textos, cf. nº 661). Plínio, o Velho (8,32,119), também fala da sua longevidade e, embora não chegue a números tão exagerados, afirma que cem anos depois foram encontrados cervos nos quais Alexandre Magno pusera colares de ouro. Daí provém a locução *Cervus vivax*, "cervo longevo", documentada, por exemplo, em Virgílio (*Bucólicas*, 7,30), Ovídio (*Metamorfoses*, 3,194, *Medicamina faciei*, 59) e Sêneca (*Oedipus*, 752).

663. Γραῦς βακχεύει
A velha entrega-se a uma dança frenética

Trata-se de uma expressão idiomática que indica uma ação claramente inconveniente e é documentada pelos paremiógrafos (cf. Zenob. vulg. 2,96, Diogen. 3,74; 4,10, Greg. Cypr. 1,99, Diogen. Vind. 2,11, Macar. 3,4, Apost. 5,60); Kock inseriu-a entre os fragmentos duvidosos de Aristófanes (922), mas não existem indicações nesse sentido. Está vinculada ao *topos* mais amplo do velho que pretender fazer coisas de gente jovem, ao qual pertencem o conhecido motivo do *senex* apaixonado (cf. nº 1410) e o conselho para que a velha não se perfume (Arquíloco, fr. 205 W., cf. também F. Bossi, *Studi su Archiloco*, Bari 1990², 214 s.). No latim medieval está documentado *Anus saltans magnum pulverem excitat*, "a velha, dançando, levanta muita poeira" (Walther 1200a), que contamina a tradição em pauta com a da γραῦς ἀνακροτήσασα πολὺν κονιορτὸν ἐγείρει, "velha que, batendo as mãos, levanta muita poeira" (cf. Diogen. 3,97, Greg. Cypr. M. 2,57, Diogen. Vind. 2,18, Macar. 3,6, Apost. 5,64, *Suda* γ 429), provérbio independente com significado completamente diferente: indica uma pessoa que, graças à experiência, consegue obter resultados máximos com esforços mínimos. Em latim, evidentemente, houve confusão entre ἀνακροτέω ("bater as mãos") e (ἀνα)κροταλίξω ("dançar"), verbos que, entre outras coisas, têm parentesco etimológico (cf. Chantraine, *DELG* 587). Em italiano atualmente tem certa difusão *Il vino fa ballare la vecchia* [o vinho faz a velha dançar], para falar das qualidades miraculosas do vinho.

664. Γέλως βάραθρον καὶ γέρουσι καὶ νέοις
O riso é um abismo para velhos e jovens

Esse provérbio, registrado por Diogeniano (Vind. 2,27), não passa de variação sobre o tema — muito corrente na Antiguidade — da condenação do riso: os provérbios gregos nesse sentido estão coligidos em Pseudo-Máximo Confessor (*Loci communes*, 64); para o mais célebre, *Risus abundat in ore stultorum*, cf. nº 400.

665. Πρεσβύτερον σέβου
Respeita os mais velhos

Esse lema, atribuído a Quílon (10, 3, 3, 8 D.-K., ver também Diógenes Laércio, 1,70), tem um paralelo famoso num trecho de Ovídio (*Fastos*, 5,57: *Magna fuit quondam capitis reverentia cani*, "houve um tempo em que era grande o respeito pelos cabelos brancos"). Encontram-se preceitos semelhantes na Idade Média (cf., por exemplo, Walther 28012c, *Seni debetur veneratio*, "deve-se veneração aos velhos"); atualmente registram-se provérbios desse tipo em todas as línguas européias (ver por exemplo o italiano *Onora il senno antico*, cf. Arthaber 940) e em muitos dialetos (cf. Zeppini Bolelli 31), tais como o sardo, o siciliano e o lombardo (*Coi vecc no besogna fradellass*, ou seja: "com os velhos não se devem tomar liberdades").

O MUNDO E A VIDA FÍSICA

a) O mundo e a natureza

666. *Ultima Thule*
Tule extrema (de todas as terras)

Essa expressão, atualmente comum para indicar uma terra longínqua e inatingível, provém de uma passagem das *Geórgicas* de Virgílio (1,30) em que o poeta, prefigurando a deificação de Otaviano, projeta até a possibilidade de que ele seja deus da imensidade do mar, a quem *serviat ultima Thule*. Essa expressão depois é retomada em *Medéia* de Sêneca (378 s.): no entanto, o primeiro a falar da ilha de Tule como a região mais setentrional da terra, a seis dias de viagem da Britânia e a um dia do chamado "mar solidificado", onde seis meses de dia se alternam a seis meses de noite, foi o geógrafo Píteas de Marselha (frr. 6a, 6c, 7a, 11b Mette). Na realidade, na viagem que fez ao extremo norte em 325 a.C. aproximadamente, Píteas chegou até os lugares onde a noite durava apenas duas ou três horas e ali ouviu falar de tal zona que se encontrava ainda mais ao norte, mas não a alcançou. Os estudiosos modernos dividiram-se quanto à identificação da Tule de Píteas, entre a Islândia, a média Noruega e as ilhas Shetland; concordam porém em afirmar que os dados apresentados pelo geógrafo não permitem chegar até o círculo polar. Os trechos de Virgílio e de Sêneca demonstram, por outro lado, que já na Antiguidade Tule era a terra longínqua por antonomásia; Tácito (*Vida de Agrícola*, 10,6) assim chama as ilhas Shetland, e Procópio (*De bello Gothico,* 2,14,41; 2,15 *passim*), a Escandinávia; para outros detalhes, ver F. Cordano, in *Enciclopedia Virgiliana*, 5, Roma 1990, 310 s. Nas literaturas modernas, é famosa a balada popular cantada por Margarida na primeira parte do *Fausto* de Goethe (*Es war ein König in Thule*) e retomada por Carducci (*Rime nuove*, 8,95); a longínqua Tule reaparece em *O eleito* de T. Mann.

667. *Sol omnibus lucet*
O sol brilha para todos

No contexto de Petrônio (100,1) essa frase indica que a natureza ofertou como bem comum o que havia de mais belo: sua fama (é grande a sua difusão já na Idade Média, cf. Walther 29914b) sem dúvida foi favorecida pelo paralelo evangélico ὅτι τὸν ἥλιον αὐτοῦ ἀνατέλλει ἐπὶ πονηροὺς καὶ ἀγαθούς, "que faz nascer o sol sobre bons e maus" (*Mateus*, 5,45), traduzido pela *Vulgata* como *qui solem suum oriri facit super bonos et malos* e muitas vezes retomado pelos escritores cristãos (por exemplo Orósio, *Apologia*, 19 [*PL* 31,1189a]). Também em *Metamorfoses* de Ovídio (1,135; 6,149 s.) afirma-se que a todos a natureza oferece os seus benefícios, enquanto Sêneca incita a imitar os deuses e fazer o bem até para os ingratos, já que *et sceleratis sol oritur*, "o sol nasce até para os malvados" (*De beneficiis*, 4,26,1); ver também *De beneficiis*, 2,28,3, *Optimorum virorum segetem grando percussit*, "o granizo também fere a colheita dos homens melhores". Esse conceito, também difundido em hebraico (T. Mann retoma-o em *As histórias de Jacob*), ressurge na Idade Média por exemplo em Alcuíno (*PL* 100,191) e, nas línguas modernas, em expressões como a brasileira *O sol nasce para todos*, e em literatura: que Deus faz o sol brilhar sobre bons e maus encontra-se, por exemplo, no cap. 9 de *L'histoire de Jenni* de Voltaire, dedicado à discussão sobre o ateísmo. Também são registrados provérbios ainda mais semelhantes ao bíblico (como o veneziano *El sol se leva par tuti*); uma variante significativa é *Sotto il sole c'è posto per tutti*, que se configura como um esplêndido convite à tolerância em relação ao que é "diferente".

668. *Natura non facit saltus*
A natureza não dá saltos

Essa máxima é universalmente conhecida porque Lineu, no cap. 27 da sua *Philosophia botanica*, declarou-a de sua autoria; na realidade, porém, o conceito de que nada ocorre na natureza que não seja consequência daquilo que a precedeu já se encontra em Aristóteles (cf. em especial *Historia animalium*, 588b 4 ss., 681a 12 ss., assim como Máximo Tírio, 15,4); ver também o *topos* de que nada nasce do nada (cf. nº 819). A expressão *Die Nature übertritet nicht*, de resto, já está documentada num místico do século XIV, Mestre Eckhart (2,124 Pfeiffer), além de haver uma frase semelhante em Leibniz (*Nouveaux Essais*, 4,16); a variante *Natura non facit saltum* foi localizada por Fourier num opúsculo intitulado *Discours véritable de la vie et mort du géant Theutobocus*, que ele mesmo reeditou (*Variétés historiques et littéraires*, 9,247-248, cf. também *Esprit des autres*, 6). São várias as referências em nível literário, como em Tennyson (*Nothing will die* é título de um dos *Juvenilia*) e em Goethe (311 Reimer, 2,163 Biedermacher).

669. *Natura abhorret vacuum*
A natureza tem horror ao vazio

Essa frase costuma ser atribuída a Descartes, mas na realidade pertence à tradição da escola aristotélica, que, com o princípio do *Horror vacui*, "horror ao vazio", procurava explicar numerosos fenômenos físicos, opondo-se assim aos atomistas, que admitiam a existência de espaços vazios. Descartes retomava a teoria aristotélica, mas num plano mais propriamente metafísico: mesmo o espaço comumente considerado vazio contém alguma coisa, uma substância criada, contém a si mesmo. Pascal, ao contrário, com base em experiências feitas no alto das montanhas chegou à conclusão de que *La Nature n'a aucune horreur pour le vide* e que a verdadeira causa de certos fenômenos, como a subida da água nas bombas, era o peso do ar. Atualmente é de uso comum *Horror vacui* sobretudo em arte, para indicar, por exemplo, a tendência de certos pintores a encher quase obsessivamente qualquer espaço vazio, por mínimo que seja. Uma referência burlesca está em Rabelais (1,5), onde o assunto são os beberrões, comparados a tonéis sem fundo.

670. *Omne vivum ex ovo*
Tudo o que é vivo vem de um germe

Esse conhecido aforismo provém do lema *Ex ovo omnia*, posto no frontispício de *De generatione animalium* do fisiologista inglês William Harvey (1578-1657: a obra remonta a 1651). Na verdade *ovum*, para Harvey, significava genericamente "germe", mas depois — uma vez adquirida a noção de "célula-ovo" — o aforismo foi repetido para dizer que os organismos multicelulares derivam de um ovo, sendo modificado para *Omne vivum e vivo*, "todo organismo vivo deriva de um organismo vivo", de tal modo que pudesse referir-se também aos unicelulares e indicasse substancialmente a impossibilidade de geração espontânea. Inspirando-se nesse lema, o patologista alemão Rudolf Virchow (1821-1902) criou *Omnis cellula e cellula*, "toda célula provém de uma célula".

671. *Rara avis*
Ave rara

Essa expressão agora é comumente usada para indicar algo muito raro ou excepcional, portanto muito valioso. Aparece num verso de Juvenal (6,165), no qual uma mulher bela e pudica é chamada de *rara avis in terris nigroque simillima cycno*, "ave rara na terra e semelhante a um cisne negro" (cf. também nº 1392); essa mesma locução encontra-se em Horácio (*Sat.* 2,2,26), que, no entanto, com ela designa o pavão, considerado prato mais primoroso do que um frango saboroso, justamente pela raridade e pela beleza de sua cauda variegada, e em Pérsio (1,46; o escólio define-a como proverbial). A difusão dessa locução em língua alemã foi favorecida por uma referência feita por Lutero (*Von weltlicher Obrigkeit*, 11,267), em que *eyn seltzam Vogel* é um príncipe sábio; para *Amicus verus rara avis* cf. nº 1317. Em italiano, com esse mesmo valor, existem também *Merlo bianco* e, sobretudo, *Mosca bianca*; em outras línguas, como o alemão e o polonês (Steffen 90), há "corvo branco".

b) *O aspecto físico do homem*

672. *Apollineo pulchrior ore*
Mais belo do que o rosto de Apolo

A fonte é Marcial (6,29,6), mas a menção a Apolo como supra-sumo da beleza é corrente tanto no mundo latino (ver, por exemplo, o trecho poético citado por Petrônio,

109,7 s., Propércio, 2,31,5 s., Claudiano, *De raptu Proserpinae*, 3,309 s.) quanto nas várias línguas modernas (*Beleza de Apolo* e *Beleza apolínea* são expressões aplicadas às formas harmoniosas e classicamente perfeitas; em italiano é popular a expressão *Bello come un Apollo*, talvez graças à sua presença numa conhecida canção chamada *Pippo non lo sa*, de Gorni Kramer).

673. *Imago animi vultus, indices oculi*
O rosto é a imagem da alma; os olhos, os seus delatores

Essa é uma advertência que Cícero faz ao orador em *De oratore* (3,59,221) e em *Orator* (18,60): o motivo do rosto — e principalmente dos olhos — como delatores dos pensamentos e sentimentos recorre no próprio Cícero (*In Pisonem*, 1,1, *Epistulae ad Atticum*, 14,13b,1), em Ovídio (*Ars amatoria*, 1,571 s., *Epistulae ex Ponto*, 3,4,27 s.), em Petrônio (126,3) e em Sêneca (*De beneficiis*, 6,12,1); paralelamente, em *Commentariolum petitionis* de Quinto Cícero (11,4), afirma-se que o rosto é a porta da alma, e Plínio (*Naturalis historia*, 11,54,145) conclui uma dissertação sobre o tema com a gnoma: *In oculis animus habitat*, "a alma mora nos olhos". Ademais, não faltam precedentes gregos, como por exemplo um trecho de Aristófanes (*Os cavaleiros*, 38 s.), e referências no latim medieval: em Roswitha, por exemplo, encontra-se *Speculum mentis est facies*, "a fisionomia é o espelho da mente" (*Gallicanus*, 1,3,2) [os olhos são o espelho da alma], antecessor do italiano *L'occhio è lo specchio dell'anima*, que tem equivalentes exatos em francês, inglês e alemão, encontrando, em nível conceitual, um precedente em *Convivio* de Dante (3,8,8). Finalmente, deve ser ressaltado que em todas as línguas européias se encontram expressões correspondentes a "está (escrito) na cara", aludindo geralmente a coisas que as pessoas gostariam de esconder mas que são reveladas pelo seu comportamento exterior. No Brasil se diz *O mal e o bem à face vêm* e *Os olhos são a janela da alma* (para outros paralelos cf. Mota 148 e 157). Para o *topos* de que o discurso e o comportamento são o espelho da alma, ver também nº 157.

674. *Niger tamquam corvus*
Preto como um corvo

Essa expressão é extraída de Petrônio (43,7), mas a comparação com o corvo para indicar a cor preta devia ser tópica na literatura latina: *Corvina nigredine* pode ser encontrado em Apuleio (*Metamorfoses*, 2,9,109); para outras documentações — tardias —, ver também Otto 445, Weyman 266. Em italiano ainda está viva a locução *Essere nero come un corvo*, estando a ela ligado o costume de chamar pejorativamente de corvo [italiano, *corvo* ou *corvaccio*] as pessoas que costumam andar vestidas de preto, como os coveiros e os padres.

675. *Qui candore nives anteirent*
Que fossem mais brancos do que a neve

Assim Virgílio (*Eneida*, 12,84) designa os cavalos de Turno (o verso todo é *Qui candore nives anteirent, cursibus auras*, "que em brancura superassem a neve e na corrida, os ventos") e retoma um trecho da *Ilíada* (10,437), onde os cavalos do rei trácio Reso são definidos como λευκότεροι χιόνος, θείειν δ' ἀνέμοισιν ὁμοῖοι, "mais brancos do que a neve e semelhantes ao vento na corrida" (esses animais também são chamados de "mais brancos que a neve" no *Reso* do Pseudo-Eurípides [v. 304], enquanto Matrão de Pítane, parodiando Homero, usa essa expressão a propósito de cebolas [fr. 2,5 Brandt]). O verso de Virgílio era famoso na Antiguidade: Sílio Itálico (13,116) retoma-o ao tratar de uma cerva extraordinária, *quae candore nivem, candore anteiret olores*, "que na alvura superava a neve, na alvura superava os cisnes", e Sêneca (*De beneficiis*, 7,23,1) citou-o como claro exemplo de hipérbole (*candidior nive* na realidade era em si um exemplo tradicional de hipérbole, como demonstra um texto do gramático Diomedes [2,461,21 s. K.]). Seja como for, mesmo sem levar em conta esse texto, a comparação com a neve para indicar a alvura era tópica; era freqüente sobretudo em Marcial (1,115,2 s.; 2,29,4; 4,42,5; 5,37,5; 7,33,2; 8,28,16; 12,82,7), Ovídio (*Amores*, 3,5,11, *Heroides*, 16,250-252, *Metamorfoses*, 8,372 s., *Epistulae ex Ponto*, 2,5,37 s.) e Claudiano (*De consulatu Stilichonis*, 3,289, *De raptu Proserpinae*, 3,89 s., *Epithalamium Palladii*, 125 s., *De sexto consulatu Honorii*, 476), mas também aparecia em outros autores, como por exemplo Catulo (80,1 s.), Prudêncio (*Peristephanon*, 3,162; 13,4) e Ausônio (*Parentalia*, 7,5 s., onde, entre outras coisas, o branco é metafórico, tratando-se do espírito da avó do poeta, que tinha pele escura). Em grego ver ainda, por exemplo, um trecho de Platão (*Fédon*, 110c) e um epigrama anônimo da *Antologia Palatina* (14,26,2); são numerosas as suas documentações nos textos sagrados judaico-cristãos: ver *Isaías*, 1,18, *Daniel*, 7,9, e sobretudo um trecho dos *Salmos* (50,9: *Asperges me hysopo et mundabor, lavabis me et super nivem dealbabor*, "asperge-me com hissopo e ficarei puro; lava-me e ficarei mais alvo do que a neve"), ainda recitado no ritual católico da bênção, e um do *Evangelho de Mateus* (28,3), em que a veste do anjo que anuncia a Ressurreição é λευκὸν ὡς χιών, "branca como a neve"; na literatura latina medieval, essa expressão também se refere a Nossa Senhora (ver por exemplo *Laudatio Mariae* do Pseudo-Venâncio Fortunato [350 s.]). A comparação ainda é comum nas várias línguas européias: a neve é constante símbolo de alvura e pureza (lembro uma máxima de Goethe [*Kunst und Altertum*, 3,1 = *Máximas e reflexões*, 127] segundo a qual "a neve é pureza enganadora").

676. *Quis est haec simia?*
Quem é este macaco?

Essa pergunta espirituosa encontra-se num fragmento do cômico Afrânio (330 R.[3]): em latim, as pessoas muito feias eram freqüentemente chamadas assim, como demonstram, por exemplo, vários trechos de Plauto (*Miles*, 989, *Mostellaria*, 886a), das *Familiari* de Cícero (5,10a,1; 7,2,3; 8,12,2) e um de Horácio (*Sat.* 1,10,18). De resto, já em Aristófanes (*Os pássaros*, 440, fr. 409 K.-A.) tem-se a menção de certo Panécio, chamado de "macaco" justamente por ser baixo e feio (famoso, entre outras coisas, por ter feito com a fogosa esposa um pacto de não ser arranhado nem mordido enquanto faziam amor) e — em *Assembléia de mulheres*, 1072 s. — menciona-se esse animal para designar uma velhota feia. *Macaco* como insulto está presente nas várias línguas européias (italiano, *scimmia*; *Brutto scimiotto* é, entre outras coisas, um dos epítetos injuriosos que o Conde de Almaviva dirige a Dom Bartolo no final do primeiro ato da ópera *O barbeiro de Sevilha* de Rossini, com libreto de Sterbini); em francês diz-se *Avoir le visage d'un singe*. Contudo, deve-se esclarecer que atualmente esse animal é mencionado na maioria das vezes como paradigma da imitação sem crítica (também existem precedentes clássicos, como por exemplo em Sidônio Apolinário, *Ep.* 1,1,2).

677. *Sidere pulchrior / ille est*
É mais belo do que uma estrela

Assim Horácio (*Carm.* 3,9,21 s.) define uma pessoa muito bonita; já em Homero (*Ilíada*, 6,401), Astianax, filho de Heitor, é chamado de ἀλίγκιον ἀστέρι καλῷ, "semelhante a uma bela estrela". Dessa comparação tópica provém o uso freqüente em poesia amorosa latina (mas na realidade universal) de chamar de "estrelas" os olhos da mulher amada (cf. por exemplo Ovídio, *Amores*, 2,16,44; 3,3,9, *Metamorfoses*, 1,499, Marcial, 4,42,7, Estácio, *Aquileida*, 2,135). A menção às estrelas como parâmetro de beleza — principalmente feminina —, freqüente nas sentenças medievais (cf. por exemplo Walther 2283, 13987,1, 13989, 30241,1), ainda está viva em nível proverbial: lembro, por exemplo, uma canção napolitana transformada em hino mariano que diz: *E le stelle le più belle / non son belle al par di te*.

678. Ἐλέφαντος διαφέρεις οὐδέν
Em nada difere de um elefante

Essa locução, registrada pelos paremiógrafos (Diogen. 4,43, Diogen. Vind. 2,64, Apost. 7,4, *Suda* ε 816), indica uma pessoa grande, desajeitada e insensível: no classicismo, recorre no cômico Hepínico (fr. 2,7 K.-A.), enquanto no retor Libânio (Or. 30,8 [3,91,12 s. F.]), a respeito de quem come exageradamente, diz-se que come mais do que um elefante. Em Plauto (*Miles*, 235) tem-se: *Eru' meus elephanti corio circumtentust*, "meu senhor tem pele de elefante", com alusão à pele espessa desse animal, que impediria qualquer sensibilidade mais refinada (nesse aspecto, o elefante tem um concorrente no burro, cf. Apuleio, *Metamorfoses*, 6,26). Nas línguas modernas o elefante também é símbolo de falta de graça, mais física do que espiritual: é emblemática a expressão italiana *Essere come un elefante in una cristalleria* [ser como um elefante numa cristaleira] (cujo equivalente também tem difusão em outras línguas, como por exemplo o inglês). [Em port., também Sutil como um elefante.]

679. *Cucurbita calviorem*
Mais calvo do que uma abóbora

A fonte é Apuleio (*Metamorfoses*, 5,9): evidentemente se trata de uma expressão vulgar. Em italiano (com equivalente em outras línguas modernas) também tem difusão popular a expressão *Zucca pelata* [abóbora pelada].

680. Ossa ac pellis totus est
É pele e osso

Assim Plauto, em *Aulularia* (v. 564), indica uma pessoa consumida pelas preocupações, enquanto a mesma hendíadis (pele e osso), em *Captivi* (v. 135), caracteriza a magreza esquelética. Virgílio (*Bucólicas*, 3,102), falando de cordeiros em mau estado, diz que *vix ossibus haerent*, "mal se mantêm sobre os ossos"; em Propércio (4,5,63 s.), a pele transparente permite contar os ossos; Horácio (*Carm.* 1,28,12 s.) afirma que o filho de Pântoo *nihil ultra / nervos atque cutem morti concesserat atrae*, "nada mais concedera à negra morte além da pele e dos nervos". Em grego, ser pele e osso está em Teócrito (2,90), enquanto nesse mesmo autor (4,15 s.) uma novilha é tão magra que dela só ficaram os ossos (desconfia-se que se alimenta de orvalho, como as cigarras: cf. nº 709); num escólio a Aristófanes (*As aves*, 901) registra-se a locução τρίχες καὶ κέρατα, "cabelos e chifres". Quanto às línguas modernas, a expressão *Ser pele e osso* encontra paralelos exatos em italiano, francês, alemão, polonês (cf. Steffen 96) e russo.

681. Me albis dentibus / ... derideret
Ria para mim com os alvos dentes

Essa expressão, que não é puramente pleonástica, mas alude a um riso "despregado", que põe à mostra toda a fiada dos dentes, encontra-se em Plauto (*Epidicus*, 429 s., ver também *Captivi*, 486). *Deridere / Ridere / Sorridere con i denti* (ou *con la chiostra dei denti*) encontra-se no italiano literário: ver por exemplo G. D'Annunzio, *La Gloria*, 1,451 Bianchetti, M. Bontempelli, *La vita operosa*, 34.

682. Σαρδάνιος γέλως
Riso sardônico

Dessa locução grega (em que σαρδάνιος alterna-se com σαρδόνιος), deriva a expressão *Riso sardônico* que chegou a várias línguas através do francês: indica um riso amargo e irônico, que na maioria das vezes mascara sentimentos de tipo bem diferente. Já em Homero (*Odisséia*, 20,301 s.) Ulisses μείδησε.../ σαρδάνιον, "sorri de modo sardônico", e expressões semelhantes são encontradas em vários outros autores: talvez em Ésquilo (fr. duv. 455 Tadt), ainda em Sófocles (fr. 160 Radt), Platão (*A República*, 1,337a), Políbio (18,7,6), Meléagro (*Antologia Palatina*, 5,179,3 s.), Cícero (*Epistulae ad familiares*, 7,25,1), Plutarco (*De superstitione*, 169d), Luciano (*O asno*, 24), Nonos (20,309). Também existe uma vasta tradição exegética (ver os escólios aos citados trechos de Platão e Homero, assim como o comentário de Tzetzes a Hesíodo, *Os trabalhos e os dias*, 59, e a Lícofron, 796, e o de Eustátios ao trecho da *Odisséia* [1893,4 ss.]), lexicográfica (Phot. 500,24-501,22, *Suda* σ 124) e paremiográfica (Zenob. vulg. 5,85, cf. Diogen. 8,5, Greg. Cypr. 3,68, Macar. 7,59, Apost. 15,35), que fornece várias explicações, entre as quais talvez a mais convincente seja a que vincula esse tipo de riso à erva venenosa chamada sardônia, famosa pelo amargor (ver por exemplo Virgílio, *Bucólicas*, 7,41), que, se bebida, produz um espasmo semelhante a uma risota maliciosa (esse dado é fornecido, por exemplo, por Pausânias, 10,17,7, Díon Crisóstomo, 32,99, Pacato, *Panegírico*, 25,4; a vinculação entre essa locução e a morte provocada por essa erva também é feita por Sérvio no comentário ao citado trecho das *Bucólicas*). Além disso, existem outras cruentas histórias etiológicas: segundo Timeu (566 F 64 Jacoby), na Sardenha os velhos com mais de setenta anos eram jogados em covas e assassinados, morrendo com um riso de circunstância nos lábios (donde a menção ao riso de circunstância sardo, por antonomásia); para Clitarco (137 F 9 Jacoby) a origem estaria no sacrifício de uma criança feito a Cronos por parte dos fenícios e cartagineses: ela ia ser queimada viva e, ao chegar perto das chamas, tinha um espasmo semelhante ao riso; segundo Simonides (568 Page), porém, esse riso irônico seria daqueles que estavam abraçados ao corpo incandescente de Talo, homem de bronze que Hefesto pusera como guarda de Creta e às vezes situado na Sardenha (a esse respeito, ver L. Mareklin, *Die Talossage und das Sardonische Lachen*, Petersburg 1857 [citado por Otto 1586]; de qualquer modo, nestas duas últimas explicações, além da situação geográfica dos episódios, σαρδόνιος / σαρδάνιος está vinculado a σαίρω, "ranger de dentes").

683. *Non ovum tam simile ovo*
Um ovo não é tão parecido com outro ovo

Essa expressão, que com tal formulação se encontra em Quintiliano (5,11,30), indica duas pessoas ou coisas perfeitamente idênticas: também está presente em Cícero (*Academica priora*, 2,17,54: 2,18,57) e em Sêneca (*Apokolokyntosis*, 11); em grego, a expressão semelhante mais usual é a da semelhança entre figos (cf., por exemplo, um fragmento cômico anônimo [189 K.], Teofrasto, *Caracteres*, 5,5, Plutarco, *De communibus notitiis*, 1077c, Eustátios, *Comentário à Odisséia*, 24,341 [1963,63], Diogen. 7,37, Apost. 12,73). Essa locução ainda está viva em italiano, inglês e alemão; quanto às referências literárias, devem ser assinaladas pelo menos uma de Cervantes (*Dom Quixote*, 2,14) e uma de Shakespeare (*The Winter's Tale*, 1,2).

684. *Neque aqua aquae nec lacte est lactis... similius*
A água não é mais parecida com a água, nem o leite com o leite

Essa expressão, que já se encontra entre as sentenças medievais (Walther 17249a, 17945b), é extraída de um trecho de Plauto (*Menaechmi*, 1089): realmente, nesse cômico é freqüente a menção ao leite em expressões do gênero (ver também *Amphitruo*, 601, *Bacchides*, 6, *Miles*, 240). Nas línguas modernas, por outro lado, é habitual a comparação entre duas gotas d'água: cf. o italiano *Uguali come due gocce d'acqua* e seus correspondentes nos outros idiomas europeus.

685. Ἡ μύρμηξ ἢ κάμηλος
Formiga ou camelo

Essa locução está documentada em Luciano (*Saturnalia*, 19) e é registrada pela tradição paremiográfica (cf. Diogen. Vind. 2,89). Para indicar dois elementos radicalmente diferentes, toma dois exemplos antípodas do ponto de vista do aspecto físico: um animal minúsculo e outro muito grande. De modo semelhante, as línguas modernas usam expressões como *grande* e *pequeno, bonito* e *feio*. Um significado diferente — e surpreendente — do provérbio grego é dado pelo escólio ao trecho de Luciano: na verdade essa expressão diria respeito às pessoas que se gabam por ninharias. Atualmente a oposição polar entre animais é representada pelo elefante e pela formiga [port.] e, em italiano e algumas outras línguas, por elefante/mosca, elefante/rato (é exemplar o russo *Delat' iz muchi slona*, "fazer de uma mosca um elefante", usado para indicar que se está considerando enorme uma coisa realmente pequena; cf. também nºs 1723, 1724).

686. Τί γὰρ δὴ δελφῖνι καὶ βοΐ φασι κοινὸν εἶναι;

O que se diz haver em comum entre um golfinho e um boi?

Essa expressão indica duas coisas completamente dissociadas e dessemelhantes: trata-se de um fragmento de Eliano (53 Hercher, cf. também *Natura animalium*, 14,25), registrado pela *Suda* (τ 556). A máxima se conclui com Σύλλα τε καὶ φιλοσόφοις, "e entre Silas e os filósofos?"

687. *Minimo me digito provocat*

Desafia-me com o dedo mínimo

Essa expressão é explicada por Porfírio no comentário a Horácio, *Sat.* 1,4,13 s. (onde se tem *Ecce / Crispinus minimo me provocat*): indica uma pessoa muito forte, que tem mais força no dedo mínimo do que outra pessoa em todo o corpo. Um paralelo pode ser encontrado num trecho de Petrônio (57,10), onde se lê: *Cuius pluris erat unguis quam tu totus es*, "valia mais uma de tuas unhas do que todo o teu corpo", onde, porém, não se trata simplesmente de força física, mas de valores morais. Expressões do gênero também são freqüentes nas línguas modernas, sobretudo em nível coloquial: ver, por exemplo, o alemão *Ich habe mehr Kraft im kleinen Finger als du in der ganzen Hand*; a frase de Petrônio, em sentido moral, também encontra hoje vários paralelos comuns.

688. *Si sufflasses, cecidissent*

Se tivesses soprado, eles teriam caído

Essa expressão é usada por Petrônio (45,11) a propósito de gladiadores muito decrépitos, enquanto em *Miles* de Plauto (v. 17) o parasita Argotrogo usa um paradoxo semelhante para mostrar o absurdo da gabarolice de Pirgopolinices. Em italiano é corrente na atualidade usar a expressão *Cade al primo soffio di vento* para falar de pessoas fracas e franzinas; uma variação arguta é constituída por *Sta in piedi perché il vento soffia da quattro parti*.

689. Κηροῦ εὐπλαστότερος
Mais maleável do que a cera

Essa locução, registrada pelos paremiógrafos (Greg. Cypr. L. 2,44; M. 4,2, *Suda* κ 1537), indica as coisas que podem ser modeladas com extrema facilidade: em Platão (*A República*, 9,588d) trata-se de um *logos*; no neoplatônico Damáscio (fr. 127), da voz e dos órgãos a ela vinculados; em Eliano, de um boato que, sendo mais plasmável do que a cera, na realidade consegue plasmar. Em latim, essa comparação é recorrente: por exemplo, em Horácio (*Ars poetica*, 163) alguém tem *Cereus in vitium flecti*, "o caráter da cera na sua propensão ao vício"; em outros textos também se encontra o mesmo valor moral, a propósito do caráter humano (ver Juvenal, 7,237 s. e São Jerônimo, *Ep.* 53,3), enquanto em Cícero (*De oratore*, 3,45,177) diz respeito ao trabalho lingüístico do orador, em Ovídio (*Metamorfoses*, 10,284-288) trata-se da obra de Pigmalião e em Horácio (*Ep.* 2,2,8) quem se parece com a cera é um escravozinho com quem o amo consegue tudo o que quer; finalmente, no que se refere ao motivo de dissolver-se no fogo como cera, cf. nº 787. Em italiano existe *Aver cuore di cera* como característica de vontade fraca e condescendente (cf. Ariosto, *Orlando Furioso*, 44,65) e *Essere più trattabile della cera* (ver, por exemplo, Bibbiena, *Calandria*, 1,17).

690. *Dorsus totus prurit*
Tenho coceira nas costas

Em *Miles* de Plauto (v. 397) é assim que uma personagem afirma que sente a aproximação de uma surra; com esse mesmo sentido, em *Persa* (v. 31), tem-se *Scapulae pruriunt*, enquanto em *Amphitruo* (v. 295) e em *Poenulus* (v. 1315) são os dentes que têm coceira, evidentemente porque sentem que um murro se avizinha. Na base dessas locuções está a convicção — muito difundida entre os antigos — de que as partes do corpo têm uma espécie de premonição do que lhes está para acontecer (nesse sentido, existia inclusive um tipo especial de arte divinatória, chamada "pálmica"). Desse modo também podem ser explicadas outras frases, como *Supercilium salit*, "o supercílio estremece", que ainda em Plauto (*Pseudolus*, 107) prenuncia que se vai achar dinheiro, e ἅλλεται ὀφθαλμός μευ ὁ δεξιός, "o meu olho direito está pulando", que em Teócrito (3,37) prenuncia que se verá a mulher amada. Quanto às línguas modernas, deve-se ressaltar que em italiano e francês a expressão "ter coceira nas mãos" significa que se tem vontade de bater em alguém; a expressão "um dos meus olhos está dançando" tem significado diferente: indica dúvidas sobre o sucesso de uma operação; quanto a "ouvir assobio nos ouvidos", cf. nº 7; para uma relação de crenças semelhantes nas tradições populares modernas, cf. *Handwörterbuch des deutschen Aberglaubens*, 4,1436 s.

691. *A solis ortu usque ad occasum*
Do nascer ao pôr do sol

Essa frase é extraída de um salmo (112,3) em que se exorta a louvar o Senhor durante todo o dia; atualmente é famosa por constituir a divisa que figura sobre as armas

O MUNDO E A VIDA FÍSICA   331

da casa real da Espanha (sobre um listel vermelho, acompanhada por um sol de ouro). Não acredito, porém, que nesse contexto ela mantenha o significado original, mas que esteja aludindo à vastidão do reino, que sempre constituiu a glória e o orgulho dos soberanos espanhóis: lembrar o lema do imperador Carlos V, *Sobre os meus domínios o sol nunca se põe*, famoso e citado com freqüência, como na dedicatória a Catarina da Áustria, filha de Carlos V, no prólogo de *Pastor fido* de Guarini ou em *Dom Carlos* de Schiller (1,6). Em nível proverbial a expressão atualmente difundida em italiano é *Da mane a sera*. [Port., De sol a sol.]

692. Ἐς πόδας ἐκ κεφαλῆς
Da cabeça aos pés

Essa expressão, que indica a totalidade do corpo humano, já está documentada em Homero (*Ilíada*, 16,640; 18,353; 23,169); reaparece em Aristófanes (*Pluto*, 650) com sentido figurado e, na acepção primitiva, em vários outros autores, como em Luciano (*Tragodopodagra*, 17, onde se vai da ponta das mãos à ponta dos pés) e em dois epigramas da *Antologia Palatina* (cf. Riano, 12,93,10, em que se têm unhas em vez de pés, e um [5,194,3] de autoria duvidosa entre Posidipo e Asclepíades, em que cabeça é substituída por cabelos); essa locução recorre em grego na versão dos *Setenta* (ver, por exemplo, *Jó*, 2,7, *Isaías*, 1,6). Em latim é freqüente *A capillis usque ad ungues*, "dos cabelos às unhas" (cf. Plauto, *Epidicus*, 623, Cícero, *Pro Q. Roscio Comoedo*, 7,20, Petrônio, 102,13, Apuleio, *Metamorfoses*, 3,21, Amiano Marcelino, 25,4,22), enquanto *Talos a vertice pulcher ad imos*, "bonito desde a cabeça até debaixo do calcanhar", de Horácio (*Ep.* 2,2,4), é depois retomado com exatidão por Ausônio (*Ep.* 4,48); existem ainda expressões semelhantes em Plínio (*Naturalis historia*, 7,17,77), em Santo Ambrósio (*De officiis*, 2,114) e em Zenão de Verona (2,15,5), enquanto em outro texto de Horácio (*Sat.* 2,3,308 s.) se encontra o genérico *Ab imo / ad summum*, "do mais baixo ao mais alto". Em todas as línguas modernas encontram-se paralelos a *Dos pés à cabeça / Da cabeça aos pés / De alto a baixo* (Arthaber 224).

693. *Sucum et sanguinem*
Seiva e sangue

Esse binômio aliterante indica os elementos essenciais à vida para os antigos: sangue e linfa vital. É usado por Cícero num texto (*Epistulae ad Atticum*, 4,18,2) onde ele afirma que estavam perdidas a substância (*sucum ac sanguinem*) e a aparência (*colorem et speciem*) da antiga cidade. *Sucus* e *sanguis* também estão associados em outros textos de Cícero (em *Orator*, 23,76, a propósito de questões de estilo; em *Brutus*, 9,36, sobre a geração dos grandes oradores). Essa expressão ainda goza de certa notoriedade (cf. Büchmann 368).

694. *Tam crebri ad terram accidebant quam pira*
Caíam ao chão em abundância, como pêras

A fonte é Plauto (*Poenulus*, 485), que provavelmente retoma uma locução proverbial. De resto, é freqüente em várias tradições proverbiais a imagem da pêra caindo da árvore: o italiano tem *Cadere come una pera cotta / matura* [cair como pêra madura], empregado para quem cai como corpo morto e, mais freqüentemente, em sentido metafórico (por exemplo, sobre quem se entrega a um amor irresistível ou de quem se deixa enganar, cf. Battaglia 12,1084). Tem significado diferente o equivalente ao latim tardio *Pira dum sunt matura sponte cadunt*, "quando as pêras estão maduras, caem espontaneamente", presente em todas as línguas européias como recomendação de paciência, de não apressar o tempo.

695. *Plus... / quam olim muscarum est, quom caletur maxume*
Mais numerosas do que as moscas no auge do calor

Essa comparação é extraída de *Truculentus* de Plauto (vv. 64 s.) e indica um número enorme de coisas e pessoas (nesse caso, de prostitutas). Expressões do tipo "numerosos como moscas" estão bem documentadas em várias línguas européias modernas.

696. *Arbiter elegantiarum*
Árbitro do requinte

Essa expressão, atualmente usada na maioria das vezes com relação às pessoas que gostam de vestir-se na moda e são consideradas um modelo de elegância, é extraída de um trecho dos *Anais* de Tácito (16,18): com ela se descreve a figura de Caio Petrônio, que viveu na época de Nero e é identificado por muitos estudiosos como o autor homônimo de *Satyricon*; amante dos prazeres refinados, nunca indolente nem grosseiramente devasso, foi admitido no círculo dos íntimos de Nero, onde se tornou o *elegantiae arbiter*, ou seja, a autoridade máxima em tudo o que se referia ao requinte, a cujas opiniões até o imperador se submetia. A fama da expressão *arbiter elegantiarum* é devida a *Quo vadis?* de Sienkiewicz, onde é o epíteto usual de Petrônio.

697. *Pedibus calcantibus*
Com os pés pisantes

Trata-se de expressão usada com freqüência na linguagem comum e equivale, com conotação jocosa, a *A pé*. O verbo *calco*, "pisar", já é usado com freqüência no latim clássico com referência a ações como caminhar ou andar (ver *ThlL* 3/1,134,75 - 138,4).

c) Os sentidos

698. *Nectare dulcius*
Mais doce que o néctar

O néctar, bebida dos deuses, representando o alimento excelente por antonomásia (cf. por exemplo Varrão, *Periplu*, 2,417, p. 198 R., assim como *ThlL* 5/1,2189,10 s.), constituía o termo clássico de comparação para qualquer coisa doce, tanto em sentido próprio quanto figurado. No trecho de Marcial, de onde foi extraída a locução (9,11,5), trata-se de um nome; em Pérsio (*Prólogo*, 14) e em Calpúrnio Sículo (4,150 s.), de um canto poético; em Sidônio Apolinário (*Carm.* 23,288), da representação teatral de Ganimedes; e em Claudiano (*Phoenix*, [44], 98 s.), de um perfume. É muito freqüente a imagem dos beijos mais doces do que o mel ou o néctar: ver em especial Catulo, 99,1 s., mas também Horácio, *Carm.* 1,13,14-16, e — em grego — Alcífron (1,38,7). Essa comparação continua sendo tópica na literatura latina medieval (remeto a Szelinski 17, Weyman 76; 281, Sutphen 191) e persiste no italiano douto, em que é muito usada a expressão *Col nettare in bocca / sulle labbra*, para falar de uma pessoa que se exprime com termos extremamente laudatórios (é, pois, diferente do motivo antigo do mel na boca, como sinal de eloqüência [já em Homero, *Ilíada*, 1,247-249]). Paralelamente, é difundida a menção ao mel como parâmetro de doçura: ver Otto 1081; cf. também nºs 213, 294, 1688, 1774.

699. *Calet tamquam furnus*
Quente como um forno

É assim que Petrônio (72,4) define um banho; ver também Lucílio (7,15 Charpin = 7,23 M.), que compara uma coisa refulgente com um ferro incandescente que acaba de sair da fornalha. A comparação ainda está viva em nível proverbial nas várias línguas européias.

700. *Frigidius glacie*
Mais frio que o gelo

Essa expressão é extraída de Ovídio (*Heroides*, 1,22), mas a comparação com o gelo e com a neve é tópica para indicar algo extremamente frio: essa frieza pode ser real (como em Leônidas de Tarento, *Antologia Palatina*, 16,230,5 s.), mas na maioria das vezes é metafórica, sobretudo com referência a pessoas (como no trecho citado, ainda em Ovídio [*Epistulae ex Ponto*, 3,4,33 s.] e em Petrônio [19,3; 137,8, *Epigr.* 107,1 = 4,101,2 Baehrens]). Essa comparação também é freqüente nas línguas modernas.

701. *Sic illius vox crescebat, tamquam tuba*
A sua voz crescia como um som de trombeta

A fonte é Petrônio (44,9), mas uma comparação idêntica com a trombeta, para indicar voz alta e possante, já se encontra em Homero (*Ilíada*, 18,219 ss.), no *Antigo Testamento* (*Isaías*, 58,1), no *Apocalipse de João* (1,10; 4,1). Nas línguas modernas várias expressões pressupõem a comparação entre voz e trombeta: em italiano *Dar fiato alle trombe* (francês *Proclamer à son de trompe,* em que *trompe* representa genericamente um instrumento de sopro) significa "proclamar em alta voz uma notícia (geralmente boa)"; ainda em italiano, quem se vangloria muito é chamado de *trombone*; quem fala muito, revelando segredos, *Tromba della comunità*. O alemão *Tönen, schmettern wie die Posaunen von Jericho* refere-se explicitamente ao episódio bíblico (*Josué*, 6,20) em que os muros de Jericó caem ao som das sete trombetas que

334 DICIONÁRIO DE SENTENÇAS LATINAS E GREGAS

Josué, por indicação divina, manda levar a sete sacerdotes diante da Arca do Senhor. [Port. bras., Botar a boca no trombone = denunciar; protestar.]

702. *Arrectis auribus*
De orelha em pé

Esse ablativo absoluto indica grande atenção e já está presente em muitos autores, tais como Virgílio (*Eneida*, 1,152: comportamento do povo alvoroçado que percebe que uma pessoa eminente vai tomar a palavra; 2,303: Enéias acorda sobressaltado na noite da destruição de Tróia), Ovídio (*Metamorfoses*, 15,516), Sêneca (*Ep.* 108,39), Boécio (*A consolação da filosofia*, 3,1). Em Terêncio (*Andria*, 933) temos o imperativo *Arrige aures!*, "levanta as orelhas!", como exortação que uma personagem faz a si mesma no sentido de prestar muita atenção; outras formas podem ser encontradas em Plauto (*Rudens*, 1293), Virgílio (*Eneida*, 12,618), Propércio (3,6,8), Sêneca (*Ep.* 68,9), São Jerônimo (*Ep.* 49,18). O equivalente perfeito de *Arrectis auribus*, ὠσὶν ἑστῶσιν, é registrado pelos paremiógrafos gregos (Diogen. 8,74, Diogen. Vind. 3,97, Greg. Cypr. 4,4, Macar. 8,95, *Mant. Prov.* 3,51), enquanto a ação de levantar as orelhas se encontra em vários autores, entre os quais é muito interessante um texto de Sófocles (*Electra*, 25-27: ὥσπερ γὰρ ἵππος εὐγενής, κἂν ᾖ γέρων, / ἐν τοῖσι δεινοῖς θυμὸν οὐκ ἀπώλεσεν, / ἀλλ' ὀρθὸν οὖς ἵστησιν, "como um nobre cavalo, ainda que velho, diante dos perigos não perde o ânimo, mas mantém as orelhas em pé"), que evidencia o fato de essa expressão provir do comportamento de certos animais diante de um ruído confuso e perigoso (cf. também Heródoto, 4,129,3; para outro trecho da literatura grega que apresenta essa locução, cf. Luciano, *Tímon*, 23). Deve-se ademais ressaltar Donato, que em seu comentário à citada passagem de Terêncio afirmava que a origem estava no comportamento dos animais em certas circunstâncias; essa expressão ainda está viva em todas as línguas européias (ver por exemplo o italiano *Drizzare le orecchie*, que indica atenção máxima). Em nível erudito, às vezes é citada a exortação *Arrige aures!* (ver também Giordano Bruno, *Candelaio*, 3,7). Para *Demitto auriculas*, cf. nº 1772.

703. Κηρὸν τοῖς ὠσὶν ἐπαλείφεις
Untas de cera os teus ouvidos

Essa expressão, registrada por Apostólio (9,77) e presente em Filóstrato (*Heroicus*, 717), indica não ouvir ou não querer ouvir; a locução latina correspondente, (*Cera*) *obturare / obserare... aures*, encontra-se em vários autores, tais como Horácio (*Ep.* 2,2,104 s., *Épodos*, 17,53), Sidônio Apolinário (*Ep.* 9,6,2), Amiano Marcelino (27,11,6; 29,2,14; 30,5,7: indica sempre inflexibilidade e pouca ductilidade mental), Santo Ambrósio (principalmente para o ouvido tapado por cera e chumbo, ver *De incarnatione Domini*, 3,14, cf. também *De fide*, 1,6,47, *Ep.* 51,3) e São Jerônimo (*Epistula adversus Rufinum*, 11, *Vida de Santo Hilário, praef.* 14). Embora num salmo da Bíblia exista uma serpente que não ouve os encantamentos porque está com os ouvidos tapados (57,5 s.), na literatura greco-latina essa imagem alude — explícita ou implicitamente — ao comportamento de Ulisses, que, passando pelo mar infestado de Sereias que atraíam os marinheiros com o seu canto suave para levá-los à morte, ordena a seus companheiros que untem os ouvidos com cera (*Odisséia*, 12,177). A expressão *Tapar / Destapar os ouvidos* ainda é proverbial, ainda que sem referência a Ulisses, mas, de modo mais prosaico, ao cerume que pode tapar as cavidades auriculares.

704. *Exclamas, ut Stentora vincere possis*
Gritas tanto que poderias vencer Estentor

A fonte é uma passagem de Juvenal (13,112), mas na Antiguidade a voz forte era freqüentemente associada à lembrança do herói homérico Estentor (cf. *Ilíada*, 5,785): ver vários trechos latinos (por exemplo Arnóbio, *Ad nationes*, 2,97) e sobretudo gregos (por exemplo, Aristóteles, *Política*, 1326b 5-7, Luciano, *De luctu*, 15, Díon Crisóstomo, 32,62, Procópio de Gaza, *Ep.* 166 Garzya-Loenertz, Eustátios, *S. Demetrii martyris laudatio*, 168,95 s.). Para designar essa qualidade, em todas as línguas modernas existe o correspondente ao adjetivo *estentóreo*; a figura de Estentor retorna várias vezes na literatura, por exemplo em Rabelais (1,77; 2,28).

705. *Graculorum more strepentes*
Grasnando como gralhas

Essa expressão é extraída de Amiano Marcelino (22,6,2), mas também está em Gélio (1,15,11), a propósito do famoso anti-herói homérico Tersites. Em italiano, *Gracchiare come una cornacchia* é expressão ainda viva, indicando fala estrídula e pouco cativante ou a intervenção de uma pessoa antipática e petulante.

706. *Tam cernis acutum / quam... aquila*
Tens olhar agudo como a águia

A fonte é Horácio (*Sat.* 1,3,26 s.): a fama da visão aguda da águia já se encontra na *Ilíada* (17,674) e essa mesma comparação reaparece, por exemplo, em Sêneca (*De beneficiis*, 2,29,1), Apuleio (*Metamorfoses*, 2,2, cf. *Florida*, 2), Santo Agostinho (*De civitate Dei*, 8,15) e Sidônio Apolinário (*Ep.* 7,14,6). Outra ave de rapina famosa pela visão aguda é o milhafre (Apuleio, *Metamorfoses*, 6,27, apresenta a expressão *milvinos oculos*, "olhos de milhafre"); ainda no campo zoológico, temos a menção à serpente: no citado trecho das *Sátiras* de Horácio, ao lado da águia, tem-se a serpente de Epidauro; além disso, Apostólio (13,80) registra ὄφεως ὄμμα, "olho de serpente". Em todas as línguas modernas existe o equivalente a *Olhos de águia*, enquanto para outras aves de rapina com a mesma qualidade, ver o italiano *Occhi di falco* [olhos de falcão]; quanto ao basilisco, que encanta de longe, ver nº 253.

707. Βλέποντ(α)... ὀξύτερον τοῦ Λυγκέως
Que tem o olhar mais agudo do que Linceu

A fonte é Aristófanes (*Pluto*, 210): Linceu, um dos Argonautas, era famoso por ter olhar agudo, capaz de penetrar até os objetos sólidos. Em grego, a comparação com esse herói recorre sobretudo em Luciano (*Icaromênipos*, 12, *Tímon*, 25), sendo locução registrada pelos paremiógrafos (*App. Prov.* 4,30; 3,70; 3,71, Macar. 6,41): de especial relevância é o 3,71, onde se faz uma menção ao lince, com grande probabilidade de ser etimologicamente plausível. A comparação com Linceu também é tópica em latim: ver, por exemplo, Cícero, *Epistulae ad familiares*, 9,2,2, Horácio, *Sat.* 1,2,90 s., *Ep.* 1,1,28, Sêneca, *Medéia*, 231-233, *De beneficiis*, 4,27,3, Apuleio, *Metamorfoses*, 2,23, Arnóbio, *Ad nationes*, 4,23, *Panegírico de Nazário*, 10,11,5, Rutílio Numaciano, 1,6,11, Boécio, *A consolação da filosofia*, 3,8. Outra personagem mitológica freqüentemente mencionada como exemplo de acuidade visual é Argos, o monstro de cem olhos que guardava o Hades: cf. por exemplo, em grego, Luciano (*Quomodo historia conscribenda sit*, 10); em latim, Plauto (*Aulularia*, 555-557), Ovídio (*Ars amatoria*, 3,617 s.), Apuleio (*Metamorfoses*, l.c.), São Jerônimo (*Ep.* 54,9), Sidônio Apolinário (*Ep.* 5,7,5), Festo (26,1 s. Lindsay). Em italiano é comum a expressão *Occhi de lince* [olhos de lince]; muito menos freqüente, ainda que registrada, é *Occhi di Argo* [olhos de Argos], que indica principalmente quem nada deixa escapar num trabalho de vigilância; já desapareceu qualquer referência a Linceu (exceto em contextos em que há menção explícita à mitologia, como por exemplo em *Fausto* de Goethe [2,2, "ao longo do Peneu inferior"]).

708. *Talpae... oculos possidetis*
Tendes olhos de toupeira

A fonte é São Jerônimo (*Ep.* 84,7): a toupeira também é mencionada como símbolo de cegueira em *Ep.* 70,6 e pelo adversário de Jerônimo, Rufino (*Apologia in Hieronymum*, 1,1). A crença popular de que a toupeira não enxerga ou enxerga muito pouco já estava documentada em Aristóteles (*Metafísica*, 22,1022b 26, e *Historia animalium*, 491b 28, 533 a 3); o equivalente grego dessa locução (τυφλότερος ἀσπάλακος, "mais cego do que uma toupeira") é registrado por Diogeniano (8,25; Vind. 3,79) e por Apostólio (17,35). Ainda é muito comum a locução "cego como uma toupeira" (com equivalentes em italiano, francês, espanhol, alemão e russo); existe também um precedente em latim medieval (Walther 31000a: *Talpa caecior*) [em port., *toupeira* é usado como sinônimo de estupidez].

d) Nutrição

709. *Quasi vento vixerit*
Como se vivesse de vento

Essa expressão é extraída do *Código* de Justiniano (5,50,2,2) e indica uma pessoa que come pouco; em Santo Ambrósio (*Ep.* 28,5) viver de vento está associado à cigarra, que, segundo os antigos, se alimentava das gotas de orvalho (cf. por exemplo Teócrito, 4,16, Virgílio, *Bucólicas*, 5,77). Nas sentenças medievais encontramos: *Vivere de vento quemquam non posse memento!*, "lembra-te de que ninguém pode viver de vento!". São semelhantes as expressões italianas *Campar d'aria* [Viver de brisa] (que enseja provérbios do tipo do veneziano *De aria no se vive*) e *Mangiare come un uccellino* [comer como um passarinho]; no Brasil se diz *Estar comendo brisa*. Nas tradições populares italianas está viva a expressão "viver de orvalho" [*vivere di rugiada*]: na fábula friulana de Meni Fari, por exemplo, o protagonista consegue aprisionar a morte num figo, obrigando-a a acostumar-se a viver de orvalho (p. 9 Faggin-Sgorlon). O viver de vento retorna ainda em Rabelais (4,43).

710. *Cenabat... / ... tribus ursis quod satis esset*
Ceava aquilo que teria sido suficiente para três ursos

A fonte é Horácio (*Ep.* 1,15,34 s.): o urso era proverbialmente conhecido pela voracidade (ver também, por exemplo, Isidoro de Pelúsio, 2, *Ep.* 135). Nas línguas modernas, o animal voraz por antonomásia passou a ser o lobo (por exemplo, em Maquiavel [*Lettere*, 15, p. 1118 Bonfantini] temos *Io pappo per sei cani e tre lupi* [como por seis cães e três lobos]), mas o urso também não deixa por menos: em várias expressões ele está presente como animal ávido por mel e pêras; em italiano, *Essere una fava in bocca all'orso* significa que alguma coisa é absolutamente insuficiente em vista das exigências (cf. Battaglia 12,160).

711. *Esse oportet ut vivas, non vivere ut edas*
É preciso comer para viver, não viver para comer

A expressão assim formulada é extraída de *Rhetorica ad Herennium* (4,28,39), que a cita como exemplo da figura de retórica chamada *commutatio* (repetição de dois verbos ou substantivos com terminação invertida): observar que tal estrutura é fonicamente evidenciada pelo homeoteleuto *vivas-edas* (a meu ver sem dúvida superior à variante *edis*: a esse respeito são decisivas as argumentações de A. Traina, *Forma e suono*, Roma 1977, 51-54, ao contrário dos argumentos "gramaticais" dos oponentes, cf. G. Calboli, "Latinitas" 14, 1966, 212-218). Trata-se na realidade de um lema de Sócrates, como testemunham vários autores gregos (Aristóteles, *Problemata* 949b 37-950a 16, Ateneu, 4,158 f, Diógenes Laércio, 2,34, Plutarco, *Quomodo adulescens poetas audire debeat*, 4,21e) e latinos (Gélio, 19,2,7, Macróbio, *Saturnalia*, 2,8,16), retomado pelo cínico Diógenes (183 Giannantoni). Ainda mais eficaz é a formulação registrada por Quintiliano (9,3,85: *Non ut edam vivo, sed ut vivam edo*, "não vivo para comer, mas como para viver"), também como exemplo de ἀντιμεταβολή, "*commutatio*". A máxima *Comer para viver, e não viver para comer* ainda é muito difundida e seus equivalentes são documentados em todas as línguas européias (Mota 70, Arthaber 748); finalmente, deve ser ressaltada uma variante em que comer é substituído por trabalhar.

712. Saeva quidem plures leto gula tradit acerbo / quam gladius
A terrível gula leva mais gente à morte prematura do que a espada

Nesses versos do poeta do século XVI Marcello Palingenio Stellato (*Zodiacus vitae*, 3,629) está presente um motivo proverbial muito difundido: entre as sentenças medievais registra-se *Gula plures occidit quam gladius*, "a gula mata mais do que a espada" (Walther 10498a); o seu equivalente se encontra em todas as línguas européias. Além disso, registram-se variações significativas, como a francesa *Gourmandise tue plus de gens qu'épée en guerre tranchant* e a espanhola *Más mató la cena que sanó Avicena* (cf. também Arthaber 603). Para a tradição de *A língua mata mais do que a espada*, que tem afinidade formal, cf. nº 5. No Brasil existe *De grandes ceias estão as covas cheias*.

713. Ex ventre crasso tenuem sensum non nasci
De ventre gordo não nasce sensibilidade sutil

Essa máxima, transcrita nessa forma por um escólio a Pérsio (1,56), retoma um *topos* documentado, por exemplo, em Horácio (*Sat.* 2,2,77-79), Sêneca (*Ep.* 15,3) e Plínio (*Naturalis historia*, 11,79,200). Tanto o escólio a Pérsio quanto São Jerônimo (*Ep.* 52,11) afirmam que sua origem é grega: γαστὴρ παχεῖα λεπτὸν οὐ τίκτει νόον, "ventre gordo não produz pensamentos sutis", de resto, é um trímetro iâmbico registrado por Galeno (5,878 K.) e por João Filópono (*Comentário a De anima de Aristóteles*, in *Commentaria in Aristotelem Graeca*, 15,51,10), retomado por Gregório de Nazianzo (*PG* 37,722 s.; 918), assim como por paremiógrafos (Arsen. 5,22a) e florilégios (Antônio Melissa, 66, 112 Fabricius). São numerosas as referências na literatura latina medieval (é famoso o lema monástico *Plenus venter non studet libenter*, "barriga cheia não estuda com vontade"), para as quais remeto a Weyman 64, 292, Sutphen 223, Szelinski 246; também é conhecido *Homo longus raro sapiens*, "o homem longo (ou gordo) raramente é inteligente". Em italiano existe *Il ventre pieno fa la testa vuota*; em alemão, *Ein voller Bauch erzeugt keinen witzigen Gedanken* e *Ein voller Bauch studiert nicht gern*; em inglês, *A fat belly, a lean brain* e *A bellyful of gluttony will never study willingly*.

714. *Quidquid ad salivam facit*
Tudo o que dá água na boca

Essa expressão é de Petrônio (48,2): de uma comida apetitosa diz-se que "produz saliva". É usada várias vezes em nível metafórico: em Sêneca (*Ep*. 79,7), por exemplo, *Aetna... salivam movet*, "o Etna dá água na boca", porque desperta a vontade de poetar; em Pérsio (5,112) *Saliva Mercurialis* é a avidez de lucro (de Mercúrio, deus do comércio e de seus respectivos juros). *Dar água na boca* é expressão viva e usada em todas as línguas européias tanto para alimentos quanto para grandes desejos (cf. Arthaber 15; como variação pode ser assinalado o espanhol *Hacerse agua los dientes*).

715. Προσκατέδει τοὺς δακτύλους
Vais comer os próprios dedos

Segundo Aléxis (fr. 172,5 K.) é assim que o comilão se comportará diante de uma iguaria: de fato, mesmo em outros fragmentos cômicos, comer os próprios dedos acompanha o ato de degustar alguma coisa que agrada muito (provavelmente em Hermipo, fr. 23 K.-A.; sem dúvida em Aristofonte, fr. 9,9 K.-A., em que o filósofo pitagórico, sempre pronto a pregar a moderação, diante de um suculento prato de carne ou de peixe chega a comer os próprios dedos); por outro lado, esse motivo tem significado diferente num fragmento de Ferecrates (14,4 ss. K.-A.), em que se menciona a tradição de que o polvo esfomeado se autodevora. O equivalente latino *Digitos* (ou *Manus*) *praerodere* está documentado em Plauto (*Pseudolus*, 884, 887) e em Amiano Marcelino (28,4,34: trata-se da plebe, que, em ávida espera diante das cozinhas, está ocupada em roer as próprias mãos antes que a sopa esfrie). A locução equivalente nas modernas línguas européias é mais civilizada e corresponde a *Lamber os próprios dedos* (italiano, *Leccarsi le dita*, com variação na expressiva *Leccarsi i baffi* [lamber os próprios bigodes]), enquanto "roer as próprias mãos" é sinal de um ânimo bem diferente, em que predominam raiva e despeito.

716. *Ieiunus raro stomachus vulgaria temnit*
O estômago que raramente está vazio despreza alimentos vulgares

Essa máxima, cuja tradição continua incerta (poderia também significar "o estômago vazio raramente despreza alimentos vulgares", mas, à luz do contexto, parece-me preferível a outra interpretação), é extraída de Horácio (*Sat*. 2,2,38), enquanto é possível encontrar um paralelo em Sêneca (*Ep*. 123,2), onde o filósofo, para replicar a alguém que afirma achar ruim certo pão, diz que a fome o tornará macio e apetitoso. Trata-se de uma variação sobre o tema segundo o qual a fome é o melhor tempero (nº 717); nas várias línguas européias existem equivalentes ao italiano *A chi è affamato ogni cibo è grato* (são numerosas as variantes, como por exemplo a francesa *L'appétit et la faim ne trouvent jamais mauvais pain*, a espanhola *A hambre no hay mal pan*, as inglesas *Hunger finds no fault with the cooking* e *They that have no other meat, bread and butter are glad to eat*); no Brasil se diz *Asno que tem fome, cardos come* e *Quando se está com fome, carne rançosa se come*. Entre as referências literárias, deve ser assinalada uma bela passagem do *Purgatório* de Dante (22,148-150), *Lo secol primo... / fe' savorose con fame le ghiande / e nettare con sete ogni ruscello*.

717. *Cibi condimentum esse famem*
A fome é o tempero do alimento

Essa gnoma é atribuída a Sócrates por Cícero (*De finibus*, 2,28,90): esse motivo também está presente em *Tusculanae disputationes*, cf. 5,32,90; 5,34,97; neste último trecho, especialmente, são fornecidos vários exemplos, como o de Dario que, ao fugir, toma água suja e contaminada pelos cadáveres, dizendo que nunca bebera outra mais doce; como o de um impreciso Ptolomeu do Egito (talvez Ptolomeu I de Lagos) que, certa vez, cansado e faminto, comeu pão caseiro e afirmou que era o melhor que já tinha saboreado; ou como o de Sócrates, que antes de comer tinha o costume de passear para que o apetite fosse o seu melhor conduto. Pode-se considerar como variação *Ieiunus raro stomachus vulgaria temnit* de Horácio (nº 716); em Sêneca (*Ep.* 123,2) a fome faz até o pão ruim ter bom sabor e (*Ep.* 119,4) ressalta-se que, quando se tem fome, o pão não é bom nem ruim porque não deve agradar, mas saciar. São vários os precedentes gregos: Xenofonte (*Memorabilia*, 1,3,5) afirma, a propósito de Sócrates, que τὴν ἐπιθυμίαν τοῦ σίτου ὄψον αὐτῷ εἶναι, "o desejo pelo alimento era o seu conduto" (esse motivo depois é retomado por Porfírio, *De abstinentia*, 3,26,8); ver ainda o próprio Xenofonte, *Ciropedia*, 1,5,12, Antifanes, fr. 293 K., Ateneu, 4,157e; uma variante significativa é λαγῷ πεινῶντι καὶ πλακοῦντες εἰς σῦκα, "para a lebre faminta até fogaça vira figo", registrada pela *Suda* (λ 28); é semelhante o latim tardio *Dulcem rem fabas facit esuries tibi crudas*, "a fome transforma as tuas favas cruas em iguaria" (Walther 6347, cf. também 14588, 14622, 15384,1, 20380). Também são numerosos os paralelos modernos: por um lado, em todas as línguas existem formas equivalentes a "a fome tempera todos os pratos" e "o apetite não precisa de molho" (italiano, *La fame condisce tutte le vivande* e *L'appetito non vuol salsa*, com variantes dialetais do tipo da bolonhesa *Al miòur companàdg l'é la fam*). Por outro lado o italiano *La fame è il miglior cuoco che vi sia* (que tem um precedente no latim medieval *Esuriens stomachus fertur coquus optimus esse* [Walther 8065, cf. também 8068]) tem paralelos, por exemplo, em russo, alemão e inglês. No Brasil se diz *Não há tempero tão bom como a fome*.

718. *Pransum ac paratum esse*
Estar pronto e almoçado

Essa expressão é extraída de um fragmento das *Satyrae mennippeae* de Varrão (175 Bücheler): a expressão aliterante *pransus paratus* é título de outra sátira de Varrão (421-422 Bücheler) e retorna num fragmento de Catão (*Origines*, 5,11, p. 25 Jordan: *Exercitum suum pransum paratum... eduxit*, "conduziu para fora o seu exército pronto e almoçado"). Indica uma pessoa perfeitamente eficiente: entre os provérbios modernos devem ser lembrados *Saco vazio não pára em pé* [italiano, *Un sacco vuoto non sta in piedi*] e o alemão *Hungrige Soldaten halten am Kampfe nicht aus*, cujo caráter militar lembra a passagem de Catão; finalmente, é preciso mencionar o dístico freqüente nas canções populares italianas: *E, dopo aver mangiato, / mangiato e ben bevuto*.

O MUNDO E A VIDA FÍSICA 341

719. *Venter auribus caret*
A barriga não tem ouvidos

Essa é a forma conhecida em latim medieval (Walther 32995e) de um provérbio já antigo, documentado principalmente por Plutarco entre os apotegmas de Catão (1,198d, cf. *Vida de Catão*, 8,1). Essa figura severa, pronunciando-se contra o luxo e os gastos excessivos (provavelmente a propósito da ab-rogação da *lex Orchia* em 181, que limitava o número de participantes nos banquetes), iniciou seu discurso lembrando ironicamente que χαλεπόν ἐστι πρὸς γαστέρα λέγειν ὦτα μὴ ἔχουσαν, "é difícil falar ao ventre, que não tem ouvidos". Entre os *Monósticos de Menandro* existe λιμῷ γὰρ οὐδέν ἐστιν ἀντειπεῖν ἔπος, "à fome não se pode contrapor palavra" (447 J.), verso também registrado pelo paremiógrafo Arsênio (10,73a); Sêneca (*Ep.* 21,11), ademais, adverte que *Venter praecepta non audit: poscit, appellat*, "o ventre não ouve preceitos: pede e clama", para depois esclarecer que, apesar de tudo, se trata de um credor condescendente, que se contenta com pouco. Em italiano ainda está vivo *Il ventre non ha orecchie*, com equivalentes em outras línguas européias; com essa máxima, já citada por Rabelais (3,15), termina uma fábula de La Fontaine (9,18), na qual um milhafre agarra um rouxinol e este tenta convencer a ave de rapina a soltá-lo fazendo-a ouvir seu canto suave. Muitas são as variações: eu assinalaria a italiana *Il ventre non si sazia di parole* (com paralelos em outras línguas européias), a brasileira *Quem está com fome não escuta conselhos*, a espanhola *Lobo hambriento no tiene asiento*, a inglesa *A hungry belly hates a long sermon*, a russa *Golodnoe brjucho k uceniju glucho* (ou seja: "barriga faminta é surda a todos os ensinamentos") e finalmente a da Brescia, *La fam no la ghe vèd, nè la ghe sent*. Expressivo, finalmente, é o modo de italiano dizer *Ho una fame che non ci vedo*.

720. Ἀνδρὶ πεινῶντι κλέπτειν ἔστ' ἀναγκαίως ἔχον
Para quem tem fome roubar é necessidade

Esse provérbio chegou até nós graças à tradição paremiográfica (Macar. 2,14), onde se afirma que ele trata de quem é obrigado a fazer alguma coisa. De qualquer modo, o motivo da fome que obriga às empresas mais desesperadas é proverbial, independentemente de qualquer sentido metafórico: ver por exemplo o italiano *La fame fa saltar fuori il lupo dal bosco*, que tem um precedente no latim tardio *Esuriens silva patiens lupus exit opaca*, "o lobo que está com fome sai do bosque escuro" (Walther 8063, cf. também 25855), com registro de numerosas variações dialetais e em outras línguas européias (por exemplo em russo).

721. Οὐδεὶς πεινῶν καλὰ ᾄδει
Ninguém canta bem quando tem fome

Esse provérbio foi conservado pelo paremiógrafo Macário (6,73); um paralelo é constituído por um fragmento do trágico Aqueu (6 Sn.-K.: ἐν κενῇ γὰρ γαστρὶ τῶν καλῶν ἔρως / οὐκ ἔστι, "em barriga vazia não há amor pelo belo"). Também existe o motivo da falta de amor nas barrigas vazias: cf. Eurípides, fr. 895 N.², Antifanes, fr. 242,3-4 K., assim como nº 1411. Em latim medieval documenta-se *Ieiunus venter non vult cantare libenter*, "barriga vazia não canta com vontade" (Walther 13086); são afins as tradições do *Esuriens venter non vult studere libenter*, "ventre faminto não estuda com vontade" (Walther 8067, cf. também 98; na verdade também se diz o contrário, ou seja, que barriga cheia não estuda com vontade, cf. Walther 21595, assim como nº 713) e a do πεινῶντι δὲ ὕπνος οὐκ ἐπέρχεται, "quem tem fome não tem sono" (Macar. 7,13). Os provérbios brasileiros são *Barriga vazia não tem alegria* e *Bem canta Marta, depois de farta*.

722. Malesuada fames
Fome má conselheira

Essa expressão é citada para se afirmar que a fome leva a atos impensados: na realidade, em Virgílio (*Eneida*, 6,276), trata-se de um dos monstros que se encontram diante do vestíbulo do Averno e que personificam os males que atormentam a vida humana (o monstro seguinte é *turpis Egestas*, torpe indigência, cf. nº 1825). Essa expressão é retomada por Rabelais (5,3); lembro também o provérbio francês *La pauvreté est mauvaise conseillère*.

723. Κακὸν ἀναγκαῖον τὸ πείθεσθαι γαστρί
Obedecer à barriga é mal necessário

Na tradição paremiográfica (Macar. 5,7) a explicação para esse provérbio é metafórica: referir-se-ia às pessoas que obedecem, sob coação, a quem não seria preciso. Na realidade, o motivo da impossibilidade de resistir aos estímulos da fome já está na *Odisséia* (7,215 s.: é Ulisses quem fala a Alcínoo; 15,344: é o próprio Ulisses que se dirige a Eumeu). Também devem ser indicados alguns *Monósticos de Menandro* nos quais se encontra o motivo de dominar o ventre: γαστρὸς δὲ πειρῶ πᾶσαν ἡνίαν κρατεῖν, "trata de segurar as rédeas do ventre" (137 = Carete, 2,2 Jäkel), καλόν γε γαστρὸς κἀπιθυμίας κρατεῖν, "é bom governar o ventre e o desejo" (425; ver Publílio Siro, A 51: *Animo ventrique imperare debet qui frugi esse vult*, "quem quer ser honrado deve governar o espírito e o ventre"), ὧν ἦρξε γαστήρ, τὸ φρονεῖν ἀφῃρέθη, "quem se deixa comandar pelo ventre perde a inteligência" (876).

724. Verecundari neminem apud mensam decet
Ninguém deve envergonhar-se à mesa

Essa é uma tirada de uma personagem de Plauto (*Trinummus*, 478), provavelmente improvisada e não vinculada a qualquer provérbio subjacente. Contudo, antecipa vários adágios modernos, como por exemplo os italianos *Dove si mangia e si beve non ci vuol vergogna* e *A tavola e a letto non ci vuole rispetto*, o inglês *Never be ashamed to eat your meat* e o alemão *Bei Tische und im Bette soll man nicht blöde sein*.

725. *Septem convivium, novem vero convicium*
Sete fazem um banquete; nove, uma balbúrdia

Essa expressão é explicitamente mencionada como proverbial por Júlio Capitolino, um dos escritores da *Historia Augusta*, na *Vida de Vero* (5,1); texto paralelo pode ser encontrado em *Ephemeris* de Ausônio (5,5 s.: *Sex enim convivium / cum rege iustum, si super, convicium est*, "com seis, inclusive o rei, o banquete está justo; com mais, é balbúrdia"); Varrão, ademais, em *Satyrae mennippeae* (333 Bücheler), afirma que os convidados não devem ser em número inferior ao das Graças (portanto, não menos de três), mas não superior ao das Musas (portanto, não mais de nove); em grego, lembro um fragmento de Arquestrato de Gela (61,3 s.), onde o número máximo é cinco. Também são freqüentes nas línguas modernas as regras para o número de comensais (lembrar, por exemplo, que uma superstição muito difundida proíbe que sejam treze, cf. também *Handwörterbuch des deutschen Aberglaubens*, 8, 1000): ver principalmente os provérbios alemães *Sieben Gäste ein Mahl, neun eine Qual* e *Sieben Gäste, guten Zahl, neun halten böses Mahl*.

726. *Pisces natare oportet*
Os peixes precisam nadar

Essa é uma frase de Trimálquio em Petrônio (39,2), dirigida aos comensais que estão bebendo como esponjas. Ao que me consta, trata-se de expressão isolada na Antiguidade, mas que deu origem a uma ampla tradição proverbial nas línguas modernas (sua tradução perfeita se encontra em alemão), onde, porém, assumiu significado culinário: ver por exemplo o italiano *Il pesce vuol nuotare tre volte: nell'acqua, nell'olio e nel vino* (com equivalente em inglês), a paronomásia do francês *Poisson fait boisson* e, ainda em francês, *Poisson, porc et cochon, vit en eau et meurt en vin* (com paralelos em espanhol e inglês). Finalmente, deve ser lembrada a anedota sobre o papa Martinho IV, que afogava as enguias de Bolsena no vinho e por isso, segundo Dante, no Purgatório *purga per digiuno / l'anguille di Bolsena e la vernaccia* (24,23 s.).

727. Ὀρνίθων γάλα
Leite de galinha

Essa é uma expressão muito apreciada por Aristófanes (*Os pássaros*, 734; 1673, *As vespas*, 508) e pelos autores cômicos em geral (Êupolis, fr. 411 K.-A., Mnesímaco, fr. 9,2 K.-A., Menandro, fr. 892 K.-Th.; em Aléxis, fr. 123 K., existem leite de lebre e de pavão): indica coisa extremamente rara e preciosa, aliás o que de melhor é possível desejar; com esse mesmo valor a expressão recorre em Sinésio (*Ep.* 5 [23,7 Garzya]) e em Luciano (*De mercede conductis*, 13) e é mencionada por Eustátios (*Comentário à Odisséia*, 4,88 = 1485,30), enquanto nos paremiógrafos (Macar. 6,49, Plut. 38, Diogen. 3,92, Diogen. Vind. 2,15) a tônica está no aspecto da impossibilidade absoluta. Correspondente latino perfeito é *Lacte gallinaceum* (cf. Petrônio 38,1, Plínio, *Naturalis historia, praef.* 24), com o significado de iguaria excelente e raríssima. Em italiano encontra-se a locução *latte di gallina*, havendo equivalentes em francês, polonês (cf. Steffen 88) e russo. Em italiano, além do significado de iguaria excelente e rara, pode indicar uma gemada feita com leite (Camillo Boito, *Racconti lombardi dell'ultimo ottocento*, 112) ou um cozido de farelo (ainda que esse não pareça uma iguaria: a equivalência, de qualquer modo, está registrada no *Vocabolario della Crusca* [7,36]); *Bere latte di gallina* [beber leite de galinha] significa "estar despreocupado" e evidentemente alude à saciedade (cf. Niccolò Forteguerri, *Rime piacevoli*, 63).

728. *Cum sale panis / latrantem stomachum bene leniet*
Pão com sal aplaca os roncos do estômago

Essa expressão é extraída de um trecho das *Sátiras* de Horácio (2,2,17 s.), enquanto Plínio (*Naturalis historia*, 31,41,89) alude a um provérbio segundo o qual os antigos comiam pão e sal; conceitualmente, ver também Gregório de Nazianzo, *Sobre a sua vida*, 73 s. Em *Vida de André Salos*, no último colóquio com Epifânio, há uma falsa etimologia de ἄρτος, "pão", como proveniente de ἄριστος, "ótimo"; entre os provérbios modernos devem ser citados o italiano *Un pezzo di pane è un buon sigillo allo stomaco* e sobretudo o alemão *Salz und Brot macht Wangen rot*.

729. Διὸς ἐγκέφαλος
Miolos de Zeus

Essa expressão indica uma excelente iguaria e é explicada pelo fato de que os antigos costumavam atribuir excelência a tudo o que se referisse a Zeus, em qualquer domínio (ver por exemplo Διὸς τὸ σάνδαλον, "sândalo de Zeus", de Êupolis, fr. 312 K.-A. e o respectivo comentário de Kassel e Austin). O autor cômico Héfipo (fr. 13,6 K.-A.) põe esse alimento no fim de uma relação de iguarias e o peripatético Clearco de Solos (fr. 51a-d Wehrli) afirma que os persas costumavam dar aos alimentos requintados e ricos a denominação Διὸς καὶ βασιλέως ἐγκέφαλος, "miolos de Zeus e do rei": essa segunda passagem teve grande fama na Antiguidade, sendo citada por Ateneu (12,514e; 529d) e retomada pelos lexicógrafos e paremiógrafos (Hesych. δ 1927, *Suda* δ 1204, Zenob. 3,94, Zenob. vulg. 3,41, Diogen. 4,24, Apost. 6,19). Em latim essa expressão encontra paralelo num fragmento de *Hedyphagetica* (obra em versos de conteúdo gastronômico) de Ênio (40 V.²), onde *cerebrum Iovis* é o escaro.

730. *Si quando leporem mittis mihi, Gellia, dicis: / "formonsus septem, Marce, diebus eris"*
Quando me mandas uma lebre, Gélia, dizes-me: "Marcos, ficarás belo por sete dias"

Esses versos são extraídos de um epigrama de Marcial (5,29,1 s.): certa Gélia, famosa pela feiúra, presenteia o poeta com lebres, avisando que — segundo uma crença popular — quem come carne de lebre fica bonito durante sete dias; Marcial responde que, se ela de fato acredita nessa propriedade, evidentemente nunca experimentou carne de lebre. Esse epigrama é retomado por um autor da *Historia Augusta*, Hélio Lamprídio, na *Vida de Alexandre Severo* (38,2 s.), que fala de uma desavença em versos entre o imperador e um poetastro: este dedicara ao primeiro um epigrama em que afirmava ser ele tão belo — mesmo sendo de estirpe síria — porque estava sempre caçando e comendo lebres; ao que Alexandre respondeu, também em versos, que esperava que seu interlocutor também comesse carne de lebre e ficasse bonito, pelo menos interiormente. No epigrama do poeta desconhecido é utilizada a paronomásia entre *lepus*, "lebre", e *lepos*, "graça", que (como já notava Plínio, *Naturalis historia*, 28,260) — aliada à fama de que a carne de lebre tinha sabor excelente — favoreceu a formação e o desenvolvimento da crença de que tratamos. Contudo, essa crença não se limita ao mundo antigo: entre os provérbios italianos há um segundo o qual *Chi mangia lepre ride sette giorni* [quem come lebre ri sete dias] (lembrar que em italiano antigo *ridere* significava "ter resplendor, ser luminoso"); entre os franceses há *Quand on mange du lièvre, on est beau pendant sept jours*; cf. também *Handwörterbuch des deutschen Aberglaubens*, 3,1506.

731. *Artificia docuit fames*
A fome ensinou artimanhas

A fonte é Sêneca (*Ep.* 15,7): moral semelhante conclui a fábula do urso que tem muito trabalho para arranjar comida (Fedro, *App.* 20,7), enquanto em Pérsio (*Prol.* 10 s.) o *venter* é a mãe da arte e do engenho e em Juvenal (3,76-78) um *Graeculus esuriens*, "gregozinho faminto", sabe executar todos os ofícios. Encontra-se afinidade nos motivos da necessidade e da pobreza como mestras de artimanhas e expedientes (nºˢ 503, 1819). Nas tradições proverbiais modernas existem muitas variações sobre o tema, como o italiano *La fame, gran maestra, anche le bestie addestra* e o francês *De tout s'avise à qui pain faut*; é mais difundido, porém, que "a fome / a barriga é a mestra das artes" (Arthaber 483).

e) O vinho

732. *In vino veritas*
No vinho a verdade

Esse lema, encontrado já na Idade Média (Walther 12144) e ainda muito conhecido e difundido, não parece estar presente nessa forma em nenhum autor latino clássico, embora se encontre, por exemplo, um paralelo entre vinho e verdade em Horácio (*Sat.* 1,4,89) e em Plínio (*Naturalis historia*, 14,28,141), referindo-se explicitamente a um ditado popular. Na realidade, trata-se da tradução de um famoso provérbio grego já documentado em Alceu (fr. 366 V.: οἶνος, ὦ φίλε παῖ, καὶ ἀλάθεα, "vinho, meu filho, e verdade"), que depois aparece — explicitamente citado como proverbial — em Platão (*O banquete*, 217e), Teócrito (29,1) e Plutarco (*Vida de Artaxerxes*, 15,4); ver também Filócoros, 328 F 170 Jacoby: para outros paralelos conceituais, cf. n°s 733, 734. São várias as formulações registradas pelos paremiógrafos: ἐν οἴνῳ ἀλήθεια, modelo exato de *In vino veritas* (Zenob. vulg. 4,5, Diogen. 4,81), οἶνος καὶ ἀλήθεια (Diogen. 7,28, Phot. 321,25 s. P., Suda οι 134), οἶνος, ὦ παῖδες, ἀλήθεια, "o vinho, crianças, é verdade" (Greg. Cypr. 3,23; L. 2,83; M. 4,60), οἶνος καὶ παῖδες ἀληθεῖς, "vinho e crianças são verazes" (Apost. 12,49, Phot. 321,26 P., Suda οι 134). Obviamente todas essas expressões fazem referência à liberdade com que o bêbado sempre se expressa (sobre παρρησία fala exatamente o citado fragmento de Filócoros), ainda que alguns estudiosos, como o escoliasta ao trecho de *O banquete*, mencionem a sacralidade e a inviolabilidade dos pactos sancionados com vinho. O equivalente a *In vino veritas* é registrado por todas as línguas modernas (cf. Mota 141): é significativa a variante francesa *Avant Noé les hommes, n'ayant que de l'eau à boire, ne pouvaient trouver la vérité*. Entre as referências literárias devem ser indicadas pelo menos a de Rabelais, 5,36, a de F. Redi, em seu *Bacco in Toscana* (vv. 162-164), e a de S. Kierkegaard, que deu esse nome à primeira parte de *Estudos sobre o caminho da vida* (1845), onde, ao fim de um banquete, os cinco convivas exprimem suas opiniões sobre o amor.

733. Κάτοπτρον εἴδους χαλκός ἐστ', οἶνος δὲ νοῦ

O bronze é o espelho do rosto; o vinho é o espelho da mente

Esse é um fragmento de Ésquilo (393 R.), a cuja autenticidade foram feitas objeções (principalmente por Kaibel), mas que de qualquer modo era proverbial na Antiguidade, como demonstra não só a sua presença na tradição paremiográfica (Arsen. 9,59c) e gnomológica (João de Stóboi, 3,18,2 W.-H.), mas também — e sobretudo — sua citação como gnoma por Ateneu (10,427f), num ponto em que se conta a anedota segundo a qual Pítaco incitava Periandro a não beber para não revelar os segredos que lhe confiara: A. Peretti (*Teognide nella tradizione gnomologica*, Pisa 1953, 139 s.; 190 s.), na esteira de Kaibel, achava que essa expressão já tivesse sido coligida por Teofrasto em sua coletânea intitulada Περὶ μέθης, "sobre a embriaguez". Constituem seus precedentes um fragmento de Alceu (333 V.: οἶνος γὰρ ἀνθρώπω δίοπτρον, "o vinho é o espéculo do homem"; notar que em Alceu não se trata de espelho mas de espéculo, instrumento médico que permite explorar cavidades), e por um trecho de *Corpus theognideum* (v. 500); em latim ver, em nível conceitual, sobretudo vários trechos de Horácio (*Épodos*, 11,12-14, *Carm.* 3,21,14-16; *Ep.* 1,5,16 ss.); cf. também nº 734. No latim medieval documenta-se *Vinum animi speculum* (Walther 33462b), enquanto Hilner (74) afirma que a origem de *Vinum hominibus speculum* está em Alceu (cf. fr. citado 333 V.). Em italiano existe *Vino e sdegno fan palese ogni disegno*; em espanhol, *Después de beber cada uno dice su parecer*.

734. Τὸ ἐν τ+ καρδίᾳ τοῦ νήφοντος ἐπὶ τῆς γλώσσης τοῦ μεθύοντος

O que permanece no coração do sóbrio está na língua do bêbado

Esse provérbio está documentado em Plutarco (*De garrulitate*, 503f) e num escólio a *O banquete* de Platão (217e, cf. nº 732), sendo retomado pelos paremiógrafos (Diogen. 8,43, Macar. 8,40); conceitualmente também devem ser vistos os nºs 732 e 733. Em latim medieval temos *Vinum os facundum facit*, "o vinho torna a boca eloqüente" (Walther 33487, cf. 33463a). Nas várias línguas européias há equivalentes ao italiano *Bocca ubriaca scopre il fondo del cuore*; particularmente semelhantes ao provérbio grego são as formulações francesa (*Ce que le sobre tient au coeur est sur la langue du buveur*) e inglesa (*What soberness conceals drunkness reveals*). No Brasil se diz *Cachaceiro não tem segredo*.

735. *Vinum laetificat cor hominis*

O vinho alegra o coração do homem

Essa sentença deriva da tradução da *Vulgata* de um trecho dos *Salmos* (103,15): é muito difundido o motivo do vinho que livra das preocupações e solta o coração mesmo que se esteja em condições deploráveis. Já em Homero (*Ilíada* 6,261) o vinho devolve as forças às pessoas cansadas e livra das ansiedades em muitos autores, tais como Alceu (fr. 335 V.), Simonides (fr. 4 West), Eurípides (*As bacantes*, 283) e — em latim — Horácio (*Carm.* 1,32,14 s.; 3,21,17 s., *Ep.* 1,5,20; 1,15,18 s.), Ovídio (*Ars amatoria*, 1,237 s.), Propércio (3,17,4). A tradução do lema bíblico ainda é proverbial em muitas línguas européias (por exemplo em francês, espanhol, inglês e alemão), enquanto em italiano se diz *Il vino fa buon sangue* e *Il vino rende allegri*. Lembro finalmente alguns versos de *Bacco in Toscana* de F. Redi (11-14: *Se dell'uve il sangue amabile / non rinfranca ognor le vene, / questa vita è troppo labile, / troppo breve e sempre in pene*).

736. Nunc vino pellite curas
Com o vinho expulsai as inquietações

Entre as frases que tratam do vinho como elemento capaz de expulsar as preocupações (cf. nº 735) essa é muito famosa e ainda citada (é indicada, por exemplo, como "geflügeltes Wort" por Büchmann 379). Essa expressão é extraída de uma ode de Horácio (1,7,30-32; cf. também nº 1666) e pertence à exortação feita aos companheiros por Teucro, que, depois da guerra de Tróia, foi obrigado a deixar a pátria Salamina em vista da acusação feita por seu pai de não ter vingado o irmão Ajax, que se suicidara depois de ser privado das armas de Aquiles por um injusto veredito dos comandantes aqueus e pelas maquinações de Ulisses.

737. Sapientiam vino obumbrari
A cognição é toldada pelo vinho

Essa expressão é declarada explicitamente proverbial por Plínio (*Naturalis historia*, 23,23,41): em grego, o ἐπισκοτεῖν, "enevoar-se", da mente causado pelo vinho estava presente no autor de comédias Eubulo (fr. 133 K.-A.). O motivo mais geral da perda do siso provocada pelo vinho obviamente é difundido: eu assinalaria principalmente um fragmento de Hipônax (119 Degani), um de Epicarmo (35,14 s.), um de Eurípides (265 N.²), um de Menandro (512 K.-Th.), um de Cercidas (3 Powell), um trecho de Petrônio (5,4-7) e o lema ὁ οἶνος οὐκ ἔχει πηδάλια, "o vinho não tem timão", registrado por Ateneu (10,427f: para o trecho cf. também nº 733) e por Eustátios (*Comentário à Odisséia*, 9,197 = 1623,57); outros registros do *topos* são indicados por E. Degani, *Hipponax. Testimonia et fragmenta*, Leipzig 1983, 123. Ainda em grego, devia também existir o motivo inverso, segundo o qual a sabedoria era fortalecida pelo vinho: isso é afirmado por Porfírio, no comentário a Horácio, *Carm.* 3,28,4. Entre as variantes em latim medieval são dignas de nota: *Vino intrante foras subito sapientia vadit*, "quando o vinho entra, logo a sabedoria sai" (Walther 33460, cf. também 33461), e *Vinum saepe facit quod homo neque "bu" neque "ba" scit*, "freqüentemente o vinho age de tal modo que o homem não sabe nem 'bu' nem 'ba'" (Walther 33491). O brasileiro *Onde entra o beber sai o saber*, descendente direto do citado Walther 33460, tem paralelos exatos em todas as línguas européias (cf. Mota 149, Arthaber 1448): são variações espirituosas o francês *Entre les verres et les pots moins de sages que de sots* e o alemão *Ist der Trunk im Manne, ist der Verstand in der Kanne*; semelhante ao provérbio de Ateneu é o sueco *Vin vet ingen styrsed*.

738. Nunc est bibendum
Agora é preciso beber

Assim se inicia uma famosa ode de Horácio (1,37) que canta a volta da paz depois da guerra do Áccio e do suicídio de Antônio e Cleópatra. Esse *incipit* retomava deliberadamente um de Alceu (fr. 332 V.: νῦν χρὴ μεθύσϑην καί τινα πρὸς βίαν / πώνην, ἐπεὶ δὴ κάτϑανε Μύρσιλος, "agora é preciso embriagar-se e beber muito, já que Mirsilo morreu"). A fama da exclamação de Horácio estava bem viva na Idade Média, o que é comprovado por uma referência de Roswitha (*Sabedoria*, 7,1: *Nunc nunc, filia, gratulandum, nunc in Christo est gaudendum*, "agora, agora, filha, é preciso alegrar-se, agora é preciso regozijar-se em Cristo"). Essa expressão atualmente é usada para indicar momentos de grande alegria que devem ser comemorados, ou mesmo, de modo mais banal, para convidar os participantes de um banquete a erguer um brinde.

739. *Inter pocula*
Entre as taças

Essa expressão ainda é conhecida para indicar banquetes, sendo muito usada para discursos, mais ou menos sérios e importantes, que são feitos nessas ocasiões. A fonte é um trecho de *Geórgicas* de Virgílio (2,383), em que se fala do nascimento da tragédia e das festas atenienses ligadas a Dioniso e ao vinho, em que os descendentes de Teseu saltavam sobre odres engordurados *inter pocula laeti*, "na alegria da bebida".

740. Ο)νος ἄνωγε γέροντα καὶ οὐκ ἐθέλοντα χορεύειν
O vinho faz até o velho dançar sem querer

Essa sentença provém de Ateneu (10,428a) e do paremiógrafo Macário (6,25), registrada nessa fórmula hexamétrica com rima interna; com disposição métrica diferente aparece já no autor de comédias Erífio (fr. 1,2 s. K.-A.). O motivo do vinho que faz dançar, ainda vivo na cultura popular européia, é muito antigo: já aparece na *Odisséia* (14,465), enquanto em Paníasis (19,3 Bernabé) todas as danças, assim como outros aspectos da vida, têm origem no vinho. Quanto à inconveniência da dança para os velhos, cf. também nº 663; quanto ao amor que transforma as pessoas em poetas ou músicos, cf. nº 1424. Em italiano — e em muitos dos seus dialetos — ainda existe *Il vino fa ballare la vecchia*.

741. Ὕδωρ δὲ πίνων οὐδὲν ἂν τέκοις σοφόν
Se beberes água não parirás nada de bom

Esse é um fragmento de Cratino (203 K.-A.), em que se fala de partos poéticos ou artísticos em geral (metáforas semelhantes estão presentes, por exemplo, em Aristófanes, *As nuvens*, 530, *As rãs*, 96 s., 1058 s., e em Eurípides, *As suplicantes*, 180) e que na Antiguidade constituiu gnoma muito famosa, como demonstra sua citação explícita por vários autores, tais como Horácio (*Ep*. 1,19,1-3) ou Nicerato, num epigrama dedicado exatamente a Cratino (*Antologia Palatina*, 13,29,2), assim como por lexicógrafos (Fócio, 615,17-19 P., *Suda* υ 53) e paremiógrafos (Zenóbio Átoo, 2,53 [363 Miller]; vulg. 6,22); ela valeu ao autor cômico a fama de homem muito *vinosus*, como demonstra o comentário do Pseudo-Ácron ao citado trecho de Horácio. Entre os numerosos paralelos, deve-se ressaltar sobretudo um fragmento de Epicarmo (132 Kaibel: οὐκ ἔστι διθύραμβος ὄκχ᾿ ὕδωρ πί{ς, "se beberes água não haverá ditirambo"), também retomado pelos paremiógrafos (Diogen. 7,39, Apost. 13,67), mas também devem ser vistos: Arquíloco, fr. 120 W. (onde reaparece o vínculo explícito entre vinho e ditirambo); vários textos cômicos (Aristófanes, *Os cavaleiros*, 88 ss., Frínico, fr. 74 K.-A.); um de Demóstenes (19,46), em que recorre a fama de bom bebedor do grande orador (ver também Ateneu, 1,44f); dois de Paníasis (frr. 16,13; 19,1 s. Bernabé); e Ausônio (*Bíssula*, 3,5-8). O vinho, portanto, era o símbolo da inspiração dionisíaca que alguns (por exemplo, Demócrito, B 18 D.-K., e Platão, *Íon*, 533d-534e, *Fedro*, 244d-245a) consideravam componente indispensável da poesia: por conseguinte, em âmbito alexandrino e romano houve uma áspera polêmica entre os defensores do refinamento poético lúcido e frio dos contemporâneos, os chamados *aquae potores*, e os que almejavam a sangüínea inspiração dos antigos, ou seja, os bebedores de vinho (sobre os termos dessa disputa, ver especialmente E. Degani, *Studi su Ipponatte*, Bari 1984, 171-186, sobretudo 173-178). O motivo também indica diversos tipos de inspiração poética nas literaturas modernas: muito importante é um trecho de Rabelais (*Gargantua et Pantagruel*, prólogo), 1,5, onde há o adágio latino *Fecundi calices quem non fecere disertum?*, "quem não foi feito eloqüente pelos fecundos cálices?": para os valores da imagem, cf. M. Bachtin, *L'opera di Rabelais e la cultura popolare*, Torino 1979 [Moskva 1965], 311 ss.), mas, em nível popular, é corrente com significado mais banal, como simples convite a beber (lembrar a famosa máxima goliarda: *A água é feita para os perversos: o dilúvio o demonstrou*).

f) Saúde e doença

742. Οὐκ ἔσθ᾿ ὑγιείας κρεῖττον οὐδὲν ἐν βίῳ
Na vida nada é mais importante do que a saúde

Esse *monóstico de Menandro* (562 J.) tem interessantes paralelos conceituais em um *Carmen conviviale* (890, 1 Page), num fragmento de Eurípides (714 N.²) e num trecho de Horácio (*Ep*. 1,12,5 s.) em que se lê: *Si ventri bene, si lateri est pedibusque tuis, nil / divitiae poterunt regales addere maius*, "se não tens distúrbios no ventre, nos pulmões e nos pés, as riquezas dos reis nada mais te poderão dar". Esse motivo também está presente no *Zodiacus vitae* de Palingênio (5,754); uma formulação sintética encontra-se nas sentenças medievais (Walther 32887h: *Valetudine firma nihil melius*, "nada é melhor do que a boa saúde"). São numerosos os paralelos modernos:

em italiano é muito difundido *Quando c'è salute c'è tutto* [quem tem saúde tem tudo] (com equivalente em francês), mas também são registrados *Chi è sano è da più del Sultano* e *Chi ha sanità è ricco e non lo sa*. Em todas as línguas existe algum provérbio que compara saúde com riqueza, dando mais valor à primeira: deve ser ressaltado o inglês *Health is above wealth*, que tira proveito de uma paronomásia fácil; no Brasil se diz *Saúde é riqueza*.

743. *Prima digestio fit in ore*
A primeira digestão se faz na boca

Esse é um preceito médico em latim medieval, ainda conhecido e usado proverbialmente como recomendação de comer devagar, mastigando lentamente e deglutindo o alimento só depois de bem esmagado pelos dentes. Ao que me consta não existem precedentes clássicos exatos, mas deve ser lembrado que a divisão da digestão em quatro fases era um dado comum na medicina antiga, sendo a primeira fase a καθελκτική (*quae deorsum trahit cibaria confecta mandibulis*, "que arrasta para baixo os alimentos bem preparados pelas mandíbulas" [Macróbio, *Saturnalia*, 7,4,13 s., cf. também Oribásio, *Synopsis*, 5,15]).

744. *Aura seminalis*
Aura fecundadora

Com essa expressão indica-se a falsa crença da medicina antiga que explicava casos de parto virginal afirmando que a fecundação podia ocorrer mesmo sem contato do espermatozóide com o óvulo, graças a um princípio volátil emitido pelo próprio esperma: foi Lazzaro Spallanzani quem demonstrou seu absurdo. Na literatura italiana, *Aura seminale* é usado em sentido técnico pelos médicos (por exemplo por Redi, *Opere*, 9,15, e Antonio Vallisneri, *Opere fisico-mediche*, 2,234), enquanto mais freqüentes e dotadas de significados diferentes são expressões poéticas como *le prim'aure / fecondatrici*, com que Parini (*Giorno*, 2,517) indica as brisas primaveris que despertam a vida e os processos de reprodução.

745. *Nihil esse utilius sale et sole*
Nada é mais útil do que sal e sol

Essa expressão, baseada na paronomásia *sol / sal*, é mencionada como tradicional por Plínio (*Naturalis historia*, 31,102), que afirma ser esse o motivo por que a pele dos marinheiros parece couro, concluindo com a afirmação de que esse conselho é especialmente válido para o tratamento da gota. Essa locução, com variações marginais, está registrada entre as sentenças medievais (Walther 29950a). Frases desse tipo, baseadas na paronomásia *sol / sal*, são freqüentes na linguagem comum, sobretudo por parte dos defensores do "bronzeado". No que se refere à salubridade do sol, é conhecido o adágio *Casa onde não entra o sol, entra o remédio*; para o valor nutritivo do pão com sal, ver nº 728.

746. Post cenam stabis aut passus mille meabis
Depois do jantar fica parado ou caminha uma milha

Esse famoso preceito dietético pertence a uma série de máximas que foram inseridas no *Regimen sanitatis Salerni* (1,212 De Renzi), segundo um procedimento que fez os 364 versos originais aumentarem para 2130. Existe a variante *lento pede meabis*, "caminharás lentamente"; em italiano encontra-se o provérbio *Dopo desinare, non camminare; dopo cena, con dolce lena*; em francês, inglês e alemão encontram-se formas paralelas à latina (ver, por exemplo, o francês *Après dîner, tu te tiendras debout ou t'entresûleras mille pas*).

747. Facies Hippocratica
Face hipocrática

A primeira documentação dessa locução está em *Consilia medicinalia* de Vittore Trincavelli (Venetiis 1586, 112b), mas esse autor apresenta-a como bem conhecida, sendo pois presumível que fosse mais antiga. Ainda é usada (em alemão tem-se também *Hippokratisches Gesicht*) para indicar rosto pálido e cadavérico, que apresenta os sinais da morte iminente. O motivo dessa expressão é que, no início do livro intitulado *Prognosticon*, Hipócrates descreveu com absoluta exatidão o aspecto dos moribundos.

748. Ὁκόσα φάρμακα οὐκ ἰῆται, σίδηρος ἰῆται, ὅσα σίδηρος οὐκ ἰῆται, πῦρ ἰῆται, ὅσα δὲ πῦρ οὐκ ἰῆται ταῦτα χρὴ νομίζειν ἀνίατα
O que os remédios não tratam, trata o bisturi; o que o bisturi não trata, trata o fogo; o que o fogo não trata deve ser considerado incurável

Trata-se do *aforisma* 7,87 de Hipócrates: ainda é famoso, sobretudo entre os alemães, pelo fato de sua tradução (*Quae medicamenta non sanant, ferrum sanat, / quae ferrum non sanat, ignis sanat, / quae vero ignis non sanat, insanabilia reputari oportet*) ter sido o lema de *Os bandoleiros* de Schiller.

749. Vis medicatrix naturae
A força saneadora da natureza

Essa expressão é comumente usada para indicar que muitas vezes a cura só é possível graças à capacidade natural de reação. Nessa formulação, sua origem é tardia: o adjetivo *medicatrix* pertence ao latim vulgar. Pode-se suspeitar de que na origem se tratasse de *mediatrix*, mas *natura mediatrix* parece estar presente apenas em Mário Mercátor (*Acta Conciliorum Oecumenicorum*, 1,5, p. 64,29 Schwartz) e com significado completamente diferente (designa Cristo, visto como mediação entre o humano e o divino); tampouco parece estar o termo *mediatrix* documentado antes de 1200 como referência a quem medeia entre saúde e doença, ou seja, a quem cura (tal termo, ao contrário, é usado com outros significados técnicos, como em teologia — com referência sobretudo a Nossa Senhora — comércio, matemática ou música). Esse conceito, porém, já se encontra em Hipócrates (por exemplo, *De fracturis*, 1,2); ainda goza de certa fama o medieval *Medicus curat, natura sanat*, "o médico cuida, a natureza cura" (Walther 14564e).

750. *Primum non nocere*
Em primeiro lugar, não prejudiques

Esse famoso preceito, que afirma ser a primeira obrigação do médico não causar danos, tem origem no latim tardio, ainda que não faltem conceitos semelhantes em Hipócrates: ver por exemplo *Epidemias*, 1,2,11, ἀσκεῖν περὶ τὰ νοσήματα δύο, %ὠφελεῖν ἢ μὴ βλάπτειν, "no que se refere às doenças, é preciso agir em duas direções, para causar benefício ou pelo menos para não causar dano".

751. *Contraria contrariis curentur*
Que cada coisa seja tratada com seu contrário

Essa frase, retoricamente baseada na aliteração e no poliptoto, exprime o princípio básico da medicina alopática, que consiste em tratar as doenças com remédios que produzam efeitos contrários aos da doença: contrapõe-se ao da medicina homeopática, que parte do princípio de que *Similia similibus curentur*, "cada coisa seja tratada com o seu semelhante". Esse lema — ainda que com variações marginais — encontra-se em várias coletâneas do século XVII (para uma resenha, remeto a Walther 35737, 35738b, 35738c): Hilner (109), em especial, diz ter ele origem em Hipócrates. *Similia similibus curentur* também goza de certa fama: encontra-se uma referência, por exemplo, em *Fausto* de Goethe (2,1: cena dos aposentos ricamente iluminados).

752. *Medicus nihil aliud est quam animi consolatio*
Médico nada é senão o consolo da alma

Essa reflexão é extraída de um trecho de Petrônio (42,5), em que se fala de alguém que *medici perdiderunt*, "os médicos levaram a morrer". Essa gnoma pode ser vinculada ao *topos* da grande importância da moral nas doenças: em *Provérbios*, do Antigo Testamento (17,22), encontra-se *Animus gaudens aetatem floridam facit, spiritus tristis exsiccat ossa*, "uma alma alegre torna a vida florida, um espírito triste resseca os ossos"; em São Jerônimo (*Comentário a Isaías*, 1,1,5 [*PL* 24, 29b]) lê-se que *Animi laetitia interdum dolorem corporis mitigat*, "a serenidade da alma às vezes mitiga a dor do corpo", sendo bem conhecido o preceito da Escola Salernitana (1,8 s.) que declara: *Si tibi deficiant medici, medici tibi fiant / haec tria: mens laeta, requies, moderata diaeta*, "se te faltam médicos, sejam teus médicos a serenidade, o repouso e uma dieta moderada". Nas tradições proverbiais modernas existem várias máximas semelhantes a essa. Em italiano, encontra-se *L'allegria è di ogni male il rimedio universale*; em inglês, *The heart's mirth does make the face fair* (que no entanto retoma outro texto bíblico [*Provérbios*, 15,13: *Cor gaudens exhilarat faciem*, "o coração alegre aformoseia o rosto"]). Lembro enfim o provérbio popular italiano: *Se vuoi viver lieto e sano / dai dottori sta' lontano*.

O DESENROLAR DOS ACONTECIMENTOS, MUDANÇAS E ALTERNÂNCIAS DA SORTE

a) Mudanças

753. *Crescit eundo*
Cresce caminhando

Essa expressão latina, ainda usada em sentido genérico para indicar que alguma coisa — por exemplo um movimento, uma corrente de pensamento — vai adquirindo mais força (ou mais adeptos) à medida que avança, é extraída de um trecho de Lucrécio (6,340 s.), onde se diz que o raio, quando arranca de longe, *sumere debet / mobilitatem etiam atque etiam, quae crescit eundo*, "deve ir adquirindo cada vez mais velocidade, que cresce caminhando". Virgílio (*Eneida*, 4,174 s.) usa palavras muito semelhantes às de Lucrécio para descrever o avanço da fama (cf. nº 3); finalmente, *Opes adquirit eundo*, "adquire força caminhando" é usado para um rio em Ovídio (*Ars amatoria*, 2,343, cf. também nº 816).

754. *Maiores pinnas nido extendisse*
Estendera asas maiores que o ninho

Com essas orgulhosas palavras Horácio (*Ep.* 1,20,21) lembra que se tornou importante embora tivesse nascido de família modesta e de pai liberto. Expressão semelhante encontra-se num trecho de Amiano Marcelino (16,7,2), onde um caluniador acusa Juliano *ad evagandum altius validiores sibi pinnas aptare*, "de estar preparando penas melhores para voar mais alto". Em alemão existe *Die Flügel über das Nest ausstrecken*, que corresponde perfeitamente ao trecho de Horácio, enquanto para os italianos *Spandere / Spiegare le ali* significa "expandir-se, tornar-se conhecido, ser divulgado, difundir-se" (Battaglia 1,281); no italiano popular tem-se *Fare le ali* com o sentido de "atrever-se, criar coragem".

755. *Crevit tamquam favus*
Cresceu como um favo

Essa expressão, documentada em Petrônio (43,1; 76,8), indica crescimento repentino, descontrolado e vertiginoso. Encontra correspondente no italiano *Crescere* (ou *Nascere*) *come un fungo* (ou *come funghi*, ou *come funghi dopo la pioggia* [crescer / nascer como um cogumelo / como cogumelos depois da chuva]; para uma resenha de citações, remeto a Battaglia 6,464), que tem equivalentes em todas as línguas européias.

756. *Multa renascentur*
Muitas coisas renascerão

Essa expressão atualmente é citada para indicar, na história humana, a possibilidade de volta ou reatualização de coisas ou situações que pareceriam definitivamente desaparecidas ou superadas. A fonte é um trecho da *Ars poetica* de Horácio, em que o poeta fala do destino imprevisível e alternado dos vocábulos, dependente dos arbítrios do uso (cf. vv. 70 s.: *Multa renascentur quae iam cecidere, cadentque / quae nunc sunt in honore vocabula si volet usus*, "renascerão muitos vocábulos que já caíram em desuso e cairão outros que agora estão no auge, se o uso assim o quiser") — concepção esta não isolada no mundo romano (cf. por exemplo Varrão, *De lingua Latina*, 9,19, Cícero, *De oratore*, 3,153). O trecho de Horácio é registrado por Walther entre as sentenças medievais (15417).

757. *Fuimus Troes*
Nós, troianos, não mais existimos

Esse lema, ainda usado como lamento por uma condição feliz que passou e está perdida para sempre, provém de um trecho da *Eneida*, em que Panto, sacerdote de Apolo, fugindo de Tróia que ardia em chamas, com o simulacro do deus, exclama: *Fuimus Troes, fuit Ilium et ingens / gloria Teucrorum*, "nós, troianos, não mais existimos, não mais existem o Ílio e a grande glória dos Teucros".

758. *Quantum mutatus ab illo!*
Que diferente daquilo que era!

No segundo canto da *Eneida* (vv. 274 s.), o fantasma de Heitor aparece em sonho para Enéias com o mesmo aspecto do dia em que fora morto: lembrando a dolorosa visão, Enéias não consegue deixar de exclamar: *Ei mihi qualis erat, quantum mutatus ab illo / Hectore, qui redit exuvias indutus Achilli*, "ah, como estava, como estava diferente daquele Heitor que voltara vestindo os despojos de Aquiles!". Atualmente essa expressão é de uso freqüente para indicar a piora da situação de uma pessoa ou, de qualquer modo, a sua mudança radical (às vezes também em sentido moral).

759. *Ruere in servitium*
Apressaram-se em servir

A fonte dessa expressão, que ainda é usada para indicar uma grande decadência, o rebaixamento a papel servil, é um trecho dos *Anais* de Tácito (1,7,1): depois da morte de Augusto, em vista da tomada do poder por Tibério em Roma, *ruere in servitium consules, patres, eques*, "apressaram-se em servi-lo cônsules, senadores, cavaleiros". O precedente encontrado em Lívio (3,37,2) e ressaltado por alguns (por exemplo Büchmann 406) constitui coincidência meramente formal.

760. Βελισαρίῳ ὀβολὸν δότε τῷ στρατηλάτῃ
Dai um óbolo ao comandante Belisário

Segundo o historiador bizantino João Tzetzes (*Chiliades*, 3,88,339-348), essas seriam as palavras com que o grande general Belisário teria sido obrigado a mendigar pelas ruas de Bizâncio nos últimos anos de sua vida, depois de ter sido cegado por Justiniano. Daí vem a expressão italiana *Date un obolo a Belisario*, que indica as vicissitudes da vida humana, capazes de rebaixar ao nível mais ínfimo pessoas que pouco antes eram exaltadas e ovacionadas. Contudo, é preciso esclarecer que essa informação de João Tzetzes está totalmente errada, já que Belisário não morreu cego nem mendigo, mas só caiu em desgraça durante pouco tempo em 562, sendo logo depois reabilitado: levantou-se a hipótese de que se trataria de uma confusão com João de Capadócia, prefeito do pretório também nos tempos de Justiniano, que realmente terminou seus dias do modo descrito por Tzetzes.

761. *Corruptio optimi pessima*
A deterioração torna péssimo o ótimo

Essa expressão, que atualmente assumiu valor proverbial (cf. por exemplo Fumagalli 213), costuma ser atribuída a Gregório Magno, principalmente em *Moralia in Iob*. É retomada, por exemplo, por G. Bernanos (*Os grandes cemitérios sob a lua*).

762. Ἀφ᾽ ἵππων ἐπ᾽ ὄνους
De cavalos a asnos

Esse é um provérbio registrado pelos paremiógrafos (Zenob. vulg. 2,33, Diogen. 1,96, Diogen. Vind. 1,56, Greg. Cypr. M. 2,34, Apost. 4,53); é retomado por Libânio (*Or*. 62,61 [4,377,17 s. F.]) e, com bastante originalidade, por Cícero (*Epistulae ad familiares*, 9,18,4: *Potes mulo isto, ..., quoniam cantherium comedisti, Romam pervehi*, "podes vir a Roma com esse jumento, já que comeste o cavalo"). Indica piora drástica e decadência em relação a uma situação de prestígio; os paremiógrafos também registram o inverso: ἀπὸ ὄνων ἐφ᾽ ἵππους, "de asno a cavalo" (Diogen. Vind. 1,55, Macar. 2,19), e ἀπὸ βραδυσκελῶν ὄνων ἵππος ὤρουσεν, "de asnos lentos pula fora um cavalo" (Zenob. vulg. 2,5, Diogen. 1,94, Greg. Cypr. 1,65, Apost. 3,57, *Suda* α 3258). Entre os fabulistas, deve-se ressaltar Bábrio, 76,19 s.: um cavalo, depois de ser tratado como nobre e valente animal de combate na guerra, é obrigado pelo dono a carregar lenha e a realizar trabalhos humildes em tempos de paz; quando a guerra volta, esse mesmo dono arreia-o de novo, mas ele lhe suplica que se aliste na infantaria, pois: σὺ γὰρ δ᾽ ἀφ᾽ ἵππων εἰς ὄνους μεταστήσας / πῶς αὖθις ἵππον ἐξ ὄνου με ποιήσεις, "depois de me teres feito passar de cavalo a asno, como me transformarás de novo de asno em cavalo?". Outra variação é encontrada em Plauto: *Ab asinis ad boves transcendere*, "passar de asnos a bois" (*Aulularia*, 235), que expressa ironicamente uma "escalada" social. Entre os provérbios espanhóis modernos tem-se *De caballo de regalo a racín de molinero*; entre os alemães, *Vom Gaul auf den Esel kommen*; em outras línguas preferem-se outras imagens, como por exemplo, em italiano, *Tornar di papa vescovo* e *Tornare da calzolaio ciabattino*. Devem ser lembrados ainda o conhecido italiano *Quando non vanno i cavalli vanno anchi gli asini* (cf. nº 552), o francês *Faute de grives, on mange des merles* (ou seja: "na falta de tordos comem-se melros") e o brasileiro *Em falta de farinha, crueira serve*.

763. *Retroversus crescit, tamquam coda vituli*
Cresce de frente para trás, como rabo de bezerro

A fonte é Petrônio (44,12), onde essa expressão indica a falta de crescimento de uma colônia. A imagem do rabo dos animais como algo que fica atrás de tudo, indicando portanto posição de recuo, ainda é usada proverbialmente: ver o italiano *Essere più indietro della coda del maiale*, para indicar alguma coisa ou alguém muito retrógrado.

764. *Cotidie est deterior posterior dies*
Todos os dias o hoje é pior do que o ontem

Essa máxima de Publílio Siro (C 20) tem diversos paralelos, desde a exclamação *Heu heu, quotidie peius!*, "ai, ai, cada dia pior!", de Petrônio (44,12: é o trecho da colônia que não cresce, cf. nº 763), até expressões análogas encontradas em *Ars amatoria* de Ovídio (3,66) e em *Fedra* de Sêneca (vv. 775 s.). Provérbio grego semelhante, ἀεὶ τὰ πέρυσι βελτίω, "as coisas passadas são sempre melhores", é registrado pelos paremiógrafos (Diogen. 2,54, Greg. Cypr. L. 1,17, Macar. 1,31), segundo os quais se trataria de lema muito usado pelos atenienses nos tempos da hegemonia macedônica; expressão semelhante encontra-se em Libânio (*Ep.* 191 [10,175,15-17 F.]). Esse tema também recorre nas literaturas modernas (com caráter proverbial, deve ser lembrado *Sol nel passato è il bello*, de Carducci, *Opere*, 3,4,129); a idéia de que o passado sempre é melhor está expressa no ditado italiano *Si stava meglio quando si stava peggio* (com que os velhos geralmente expressam saudade dos aspectos positivos da época fascista, mas que às vezes também é usado em outros contextos e situações).

765. *De caelo in caenum*
Do céu ao lodaçal

A fonte dessa expressão, que indica uma piora drástica nas condições, é um trecho de *De spectaculis* de Tertuliano (25), onde se trata da depravação libidinosa dos espetáculos; para referências medievais, remeto a Weyman 53, Sutphen 142. É notável a paronomásia *caelum* / *caenum*, também verificada em textos em que essa locução não está presente (por exemplo em Floro, 3,17,6, e em São Jerônimo, *Epistula adversus Rufinum*, 12), mas que nem sempre aparece nas expressões semelhantes à que estamos estudando: em *Laudatio Mariae* do Pseudo-Venâncio Fortunato (v. 343), por exemplo, lê-se *De limo in caelum nos facis ire*, "fazes-nos ir da lama ao céu". A estrutura paronomástica, porém, pode ser encontrada em expressões modernas análogas, como na alemã *Vom Himmel zur Hölle* e sobretudo na italiana *Dalle stelle alle stalle*, onde a alusão ao nascimento de Jesus, embora presente na origem, agora está quase esquecida: o sucesso dessa expressão deve-se não tanto ao possível vínculo com esse nascimento, mas principalmente ao seu ritmo fônico cativante.

766. *Ubi non sis qui fueris, non est cur velis vivere*
Quando não és mais o que foste, não há razão para viveres

Cícero (*Epistulae ad familiares*, 7,3,4) define essa máxima como provérbio antigo; Ribbeck coligiu-a entre os fragmentos cômicos de autor incerto (90 s.). Precedente conceitual é constituído por um trecho de *Hécuba* de Eurípides (vv. 349 s.), enquanto não ser mais o que já se foi recorre também em Cícero, nas *Epistulae ad Atticum* (3,10,2; 3,15,8), em Propércio (1,12,11) e em Ovídio (*Tristia*, 3,11,25); ser idêntico ao que já se foi está, ainda em Cícero, em *Pro Ligario* (7). Em italiano, *Essere sempre uguali a se stessi* constitui uma recomendação de coerência de pensamentos e ações (cf. nº 793).

767. *Laus nova nisi oritur, etiam vetus amittitur*
Se não surge novo louvor, até o velho se perde

Essa é uma máxima de Publílio Siro (L 2) segundo a qual, na vida, não é possível deter-se naquilo que foi feito, pois se não quisermos perder o que já conquistamos precisamos procurar ir sempre além; essa máxima reaparece entre as sentenças medievais, inclusive com variações de pequena monta (Walther 13606, 13696). Textos semelhantes existem em Veleio Patérculo (1,17,6) e em Sêneca (*Ep.* 72,3), onde os progressos são filosóficos, enquanto é famoso o lema de Leão, o Grande (*Serm.* 60,8 [*PL* 54,312b]), *Qui non proficit deficit*, "quem não avança fica para trás", que utiliza a contraposição tópica entre *proficere* e *deficere* (ver, por exemplo, Gregório Magno, *Moralia, praef.* 3,7 [*PL* 75,520b], Pedro Crisólogo, *Serm.* 91 [*PL* 52,457a]). Nas línguas modernas, ver o alemão *Wer nicht vorwärts geht, der kommt zurück* e, em italiano, o famoso *Chi si ferma è perduto*, uma das frases de Mussolini festejadas na década de vinte como o supra-sumo da sabedoria; atualmente é usual a expressão "dormir sobre louros" (provérbio italiano *Non si può dormire sugli allori* [não se pode dormir sobre louros]) com o sentido de deter-se em sucessos conquistados.

768. *O tempora, o mores!*
Ó tempos, ó costumes!

O sucesso dessa exclamação, ainda usada para expressar as espantosas depravações de uma época decadente em que se esteja vivendo, deve-se ao fato de ser usada com freqüência por Cícero para enfatizar sua indignação com uma situação escandalosa (cf. *Catilinárias*, 1,1,2, *Pro domo sua ad pontifices*, 53,137, *In Verrem actio secunda*, 4,25,56, *Pro rege Delotaro*, 11,31). Depois foi citada por outros autores latinos com referência explícita a Cícero: ver, por exemplo, Marcial, 9,70,1 s., Sêneca, o Retor, *Suasoriae*, 6,3, São Jerônimo, *Adversus Helvidium*, 16. Atualmente às vezes tem conotação jocosa, designando algo de absolutamente desproporcional à indignação (como acontece, em italiano, com outra exclamação de escândalo com características semelhantes: *Non c'è più religione!*); referência espirituosa está, por exemplo, em La Fontaine (12,6) a propósito de médicos e de curandeiros de almas que prestam seus serviços em troca de uma esplêndida recompensa.

769. *Laudator temporis acti*
Apologista do tempo passado

Essa feliz expressão provém de *Ars poetica* de Horácio, que nos vv. 174 s. assim qualifica o velho rabugento: *Difficilis, querulus, laudator temporis acti / se puero, castigator censorque minorum*, "rabugento, queixoso, sempre louvando o tempo passado, quando ele era novo, castigando e censurando os jovens"; um precedente está em *Retórica* de Aristóteles, onde os que vivem mais da lembrança do passado do que da espera do futuro διατελοῦσι γὰρ τὰ γενόμενα λέγοντες, "passam o tempo falando das coisas passadas" (1390a 10 s.). Essa expressão é de uso corrente para indicar não só o velho que lembra os tempos da juventude como idade feliz em que tudo funcionava, como também, de modo mais genérico, uma pessoa que chora o passado e, principalmente, o artista que — como Dante — exprime esse sentimento em sua obra. Variação divertida sobre o tema é constituída por uma máxima medieval: *Laudat praeteritos, presentes despicit annos: / o sola fortes garrulitate senes*, "louva os anos passados, despreza os anos presentes: ó velhos, cuja única força está na tagarelice!" (Walther 13532).

770. *Mala tempora currunt!*
Correm maus tempos

Essa expressão, agora muito difundida como lamento em relação aos tempos presentes, é de origem vulgar e — ao que eu saiba — não documentada nos autores clássicos, ainda que o verbo *curro* seja usado várias vezes com respeito ao *tempus* (cf. *ThlL* 4,1517,28-49).

771. *Aurea Saturni saecula*
Idade de ouro de Saturno

Essa expressão está vinculada ao mito-*topos* muito difundido nos tempos clássicos de uma época muito antiga em que todos gozavam de grande e eterna felicidade sob o reinado de Saturno; depois dela, a história do homem teria registrado piora total e decisiva. Essa locução, portanto, indica uma idade especialmente feliz; devia ser muito freqüente na época imperial entre os opositores do príncipe: Suetônio (*Vida de Tibério*, 59) registra versos que atacavam da seguinte maneira o imperador: *Aurea mutasti Saturni saecula, Caesar: / incolumi nam te ferrea semper erunt*, "mudaste a idade de ouro de Saturno, César: e enquanto estiveres vivo a idade será sempre de ferro"; analogamente, Sidônio Apolinário (*Ep.* 5,8,2) fala de um epigrama de Ablábio — figura política de certa importância na primeira metade do século IV — que, aludindo a alguns assassinatos recentes cometidos por Constantino, compara a trajetória deste à de Tibério: *Saturni aurea saecla qui requirat? Sunt haec gemmea sed Neroniana*, "quem estaria em busca da idade de ouro de Saturno? Esta é de diamante, mas... de Nero" (cf. p. 159 Morel). Por outro lado, Virgílio (*Bucólicas*, 4,6, *Eneida*, 6,792 ss.) proclama o retorno da idade de ouro com o reinado de Augusto; Tácito (*Dialogus de oratoribus*, 12,3) fala de um *aureum saeculum* sem crimes nem oradores; Símaco (*Or.* 3,332,2 Seeck) coroa os louvores a Graciano com a predição de um *aureum saeculum* iminente; enquanto Ovídio é arguto e original (*Ars amatoria*, 2,277 s.) ao ironizar a sua idade, que sem dúvida pode ser definida como verdadeira idade de ouro: *Aurea sunt vere nunc saecula; plurimus auro / venit honos, auro conciliatur amor*, "esta é realmente a idade de ouro: a honra é vendida por ouro, por ouro concede-se o amor" (cf. também n°s 1785, 1827). Essa locução está presente — com variações mínimas — em muitos outros textos (por exemplo Calpúrnio Sículo, *Églogas*, 1,42, Sêneca, *Ep.* 115,13, *De clementia*, 2,1,3, Flávio Vopisco, *Vida de Probo*, 23,2, Claudiano, *In Rufinum*, 1,51, *De consulatu Stilichonis*, 2,33) e também em autores cristãos, como por exemplo Lactâncio (*Divinae Institutiones*, 7,2,1), Paulino de Nola (*Carm.* 33,122) e Comodiano (*Instructiones*, 1,29,9 s.; 1,34,18 s.), onde o advento da idade de ouro está estreitamente vinculado à fé no verdadeiro Deus. Ainda está viva a expressão *Idade de ouro* para indicar período muito feliz, às vezes presente mas geralmente almejado e saudoso, portanto mais embelezado pela lembrança, sobretudo na linguagem literária.

772. *Delectat varietas*
A variedade agrada

Essa conhecidíssima expressão significa que em todas as ações humanas a monotonia cansa, encontrando-se prazer na variedade, na mudança periódica do tipo de tarefa: com ligeiras variações, aparece em muitos autores, como por exemplo Varrão (*De lingua Latina*, 9,33,46), Cícero (*De natura deorum*, 1,9,22, *Epistulae ad familiares*, 5,12,4, *De inventione*, 1,41,76), Fedro (2, *prol.* 10), Quintiliano (1,12,4; 9,2,66), Sêneca (*Ep.* 45,1), Frontão (202,24 s. van den Hout), Valério Máximo (2,10, *ext.* 1) e Justino (*praef.* 1). Entre os gregos era famosa a gnoma μεταβολὴ πάντων γλυκύ, "coisa agradável é tudo mudar", que, em *Orestes* de Eurípides (v. 234), Electra diz ao irmão que não consegue erguer-se de seu leito de dor (na verdade, a posição do genitivo em Eurípides é ambígua, podendo depender ou do substantivo ou do adjetivo); reaparece, para ser contestada, num fragmento cômico anônimo (115 K.) e é retomada por Aristóteles (*Retórica*, 1371a 25 ss., *Ética para Nicômaco*, 1154b 29 s.);

para *Grata rerum novitas*, cf. nº 773. Mesmo depois *Delectat varietas* alcançou sucesso discreto, demonstrado pelo fato de que todas as línguas modernas registram provérbios correspondentes ao italiano *La varietà piace*; entre as muitas referências literárias devem ser ressaltadas a de La Fontaine (no preâmbulo do sétimo livro) e a do poeta e compositor alemão do século XIX Augusto Schäffer — com um erro curioso, talvez devido à vontade de rimar com *variatio* —, que assim inicia um seu poema lírico: *Delectat variatio, / das steht schon im Horatio* (cf. Büchmann 342 s.).

773. *Grata rerum novitas*
A novidade é coisa agradável

Esse lema, que encontra sucessores exatos em todas as línguas modernas (ver, por exemplo, os provérbios brasileiros *Brevidade e novidade muito agradam* e *Do que é novo gosta o povo*, o italiano *Di novello tutto è bello*, o francês *Tout nouveau paraît beau* e o alemão *Neukommen willkommen*), não passa da vulgarização de uma passagem de Ovídio (*Epistulae ex Ponto*, 3,4,51: *Est quoque cunctarum novitas carissima rerum*, "a novidade é a mais agradável de todas as coisas"). Ademais, devem ser citados outros textos clássicos em que *novitas* é apresentada como coisa agradável por excelência, como em Cícero, *De divinatione*, 2,28,60, Quintiliano, 1,6,39 e Justino, *Praef.* 1; quanto à tradição paralela segundo a qual *varietas delectat*, cf. nº 772. Esse mesmo conceito ressurge em vários *Carmina Burana* (por exemplo, *Omnia sol temperat*, 9-12, *Confessio Archipoetae*, 126 s.).

774. *Novum cribrum novo paxillo pendeat*
Que a peneira nova penda da estaca nova

A fonte é Varrão (*Satyrae mennippeae*, 69, Bücheler, cf. também 164): significa que quem inova deve ter a coragem de inovar a fundo. Esse provérbio permaneceu vivo no brasileiro *A boi velho chocalho novo*, no alemão *Ein neues Sieb muss man an einen neuen Griff hängen*, mas também são conceitualmente análogos os italianos *A cose nuove, uomini nuovi*, *Il vino nuovo fa scoppiare la vecchia botte* (a imagem do vinho novo em pipa velha também está presente em várias línguas européias) e *Rete nuova non piglia uccello vecchio*.

775. *Omnia mutantur*
Tudo muda

Em *Metamorfoses* de Ovídio (15,165) essa expressão é completada com *nihil interit*, "nada morre", e tem valor cosmológico de tipo pitagórico (para o *topos* paralelo πάντα ῥεῖ, cf. nº 529; para *Omnia mutantur et nos mutamur in illis*, cf. nº 533). Expressões semelhantes existem em Terêncio (*Eunuchus*, 276) e em *Querolus* (13,16 Peip.), enquanto Plauto põe a tônica na situação humana para a qual *Nihil est perpetuom bonum*, "não há bem duradouro" (*Cistellaria*, 194, cf. também *Curculio*, 189); Símaco (*Ep.* 8,27,2), por sua vez, acrescenta a observação de que nada é eterno para os mortais com *In omnium rerum fuga vivitur*, "vive-se num todo que foge", e em Propércio (2,8,7) *Omnia vertuntur*, "tudo muda", refere-se às inevitáveis mudanças que ocorrem no amor. Esse *topos* tem vários precedentes gregos, sobretudo em teatro, onde as vicissitudes vividas pelas personagens são um dos elementos mais importantes: em *As suplicantes* de Eurípides, por exemplo, Etra lembra — inspirada no belo exemplo do feliz povo de Cadmo — que a divindade submete tudo a profundas transformações; além disso devem ser lembrados vários *Monósticos de Menandro*: cf. 96 (= Dífilo, fr. 109 K.-A.) βέβαιον οὐδέν ἐστιν ἐν θνητ# βίῳ, "na vida humana nada é constante" (que tem paralelos exatos, por exemplo, em Menandro, fr. 466 K.-Th. e em Jâmblico, *Protrecticus*, 8,47,8 Pistelli), 672 πολλὰς μεταβολὰς ὁ βίος ἡμῶν λαμβάνει, "nossa vida está submetida a muitas mudanças", e finalmente o 745 J. τὰ θνητὰ πάντα μεταβολὰς πολλὰς ἔχει, "todas as coisas mortais têm muitas variações" (ver também Eurípides, fr. 549 N.[2], e Aléxis, fr. 34 K.: nesse segundo trecho tem-se a comparação entre a vida e os dados, cf. também nº 850). De uma tradição hebraica (ver em especial *Salmos*, 101,27 s.) deriva a imagem da divindade que tudo muda mas permanece imutável: ver Coripo, *Iohannis*, 7,91: *Tempora permutas nec tu mutaris in illis*, "mudam os tempos, mas tu não mudas com eles" (cf. ainda nº 533). O motivo dos inelutáveis altos e baixos da vida humana também recorre com freqüência nos provérbios modernos: ver por exemplo o italiano *Il mondo è fatto a scale: c'è chi scende e c'è chi sale*, que tem equivalente perfeito em francês e variantes dialetais (como a veneziana *Tuto va e vien, e gnente se mantien*). Lembro enfim o início de um soneto de Luís de Camões: *Mudam-se os tempos, mudam-se as vontades, /... / todo o mundo é composto de mudança* (vv. 1-3).

776. Κύκλος τῶν ἀνθρωπηΐων... πρηγμάτων
O ciclo das vicissitudes humanas

Essa famosa expressão indica que nos acontecimentos da vida humana há uma alternância inevitável de momentos positivos e negativos. A fonte é uma passagem de Heródoto (1,207,2) em que Creso, com base em sua experiência pessoal, lembra a Ciro essa norma fundamental da existência, aconselhando-o (ao contrário dos outros dignitários) a não acolher os masságetas em seu território para depois enfrentá-los em batalha campal. Em Heródoto esse episódio constitui a continuação ideal das advertências de Sólon a Creso (1,32) e em especial da exortação a não afirmar que ninguém é feliz antes de sua morte (cf. nº 532); a expressão de que tratamos foi retomada por outros autores, como por exemplo Aristóteles (*Física*, 223b 24 s., cf. *Problemas*, 17,3) e Gregório de Nazianzo (*Or.* 17,4 [*PG* 35,9696b]). Para os motivos afins da semelhança entre as vicissitudes da vida humana e a roda, e da roda da fortuna, cf. respectivamente nºs 777 e 840. Além disso, embora aqui se trate dos "altos e baixos" da existência individual, a imagem do "ciclo" também pode indicar processos cósmicos de eterno retorno, como por exemplo em Marco Aurélio, *Pensamentos*, 9,28 (para uma história sintética dessa teoria, remeto a *Dizionario delle idee*, 390 s.).

777. Τροχοῦ περιστείχοντος ἄλλοϑ' ἡτέρα / ἁψὶς ὕπερϑε γίγνετ' ἄλλοϑ' ἡτέρα

Quando a roda está girando, ora é uma parte que fica em cima, ora é outra

Esse é um fragmento de autor desconhecido (3,740 Bergk[4]) registrado por Plutarco em *Consolatio ad Apollonium* (103f) e depois retomado pelos paremiógrafos (Macar. 8,58): indica a inconstância do destino humano e as inevitáveis alternâncias de momentos felizes com momentos cheios de dor e sofrimento. A imagem da roda, análoga à do ciclo (cf. nº 776), também se encontra com esse valor em outros autores, como em Sófocles (fr. 871,1 s. R.), no Pseudo-Focílides (27), em *Anacreôntea* (30,7) e em Plutarco (*Vida de Numa*, 14,5); nos paremiógrafos está registrado τροχὸς τὰ ἀνϑρώπινα, "os acontecimentos da vida humana são como uma roda" (*App. Prov.* 4,100, Greg. Cypr. L. 3,16, Apost. 17,33). Esse motivo tem correspondências notáveis na literatura judaica (o texto mais conhecido é *Epístola de Tiago*, 3,6, cf. Strack-Billerbeck 3,756; para outros materiais e indicações bibliográficas remeto a G. Kittel, *Die Probleme des palästinischen Spätjudentums und das Urchristentum*, Stuttgart 1926, 141-168, W. Bauer, *Wörterbuch zum Neuen Testament*, Berlin 1958[5], 1638, e P. W. van der Horst, *The Sentences of Pseudo-Phocylides*, Leiden 1978, 132 s.); em latim lembro um trecho significativo de Petrônio (39,13: *Sic orbis vertitur tamquam mola, et semper aliquid mali facit, ut homines aut nascantur aut pereant*, "assim o círculo [ou seja: o firmamento] gira como a mó e sempre realiza algum mal, fazendo com que os homens nasçam ou morram"). Muitos são os provérbios modernos aparentados, sobretudo nos dialetos italianos, como por exemplo o bolonhês *Al mand l'é una róda: chi va só e chi va zó*; conceitualmente, cf. nº 775.

778. Ἄλλοτε μητρυιὴ πέλει ἡμέρη, ἄλλοτε μήτηρ

O dia às vezes é madrasta, às vezes mãe

Esse verso, que pertence à parte final de *Os trabalhos e os dias* de Hesíodo (825), tornou-se proverbial, indicando que existe uma alternância inevitável entre dias felizes e infelizes: prova disso é a freqüência com que é transcrito na tradição paremiográfica (cf. Diogen. 2,76, Greg. Cypr. 1,62, Greg. Cypr. M. 1,59, Macar. 1,90, Apost. 2,25, *Suda* α 1341). Utiliza o *topos* da oposição entre mãe e madrasta, que — com acepção metafórica — faz freqüentemente alusão à natureza (nº 128), mas que também se encontra em outros contextos: por exemplo, numa frase de Cipião Emiliano, citada por Plutarco (*Romanorum apophthegmata*, 201f), em que a Itália é madrasta para a plebe (ver também a imagem de Roma madrasta dos mercenários em *Carmen belli civilis* [v. 166], que chegou até nós graças a Petrônio [122]), enquanto em Plínio (*Naturalis historia*, 17,18,91) a sombra é mãe ou madrasta das plantas. Em toscano também se diz *Un giorno è madre e l'altro è matrigna*, mas a variante mais difundida — com equivalentes em diversos dialetos italianos e em espanhol — é "Um dia não é igual ao outro" [italiano *Non sono uguali tutti i giorni*]; ver também o francês *Les jours se suivent pas à pas, mais ils ne se ressemblent pas* e o alemão *Der eine Tag folgt dem andern, aber sie gleichen nicht einander.*

779. *Homo / levior quam pluma*
Homem mais volúvel do que uma pluma

Em Plauto (*Menaechmi*, 487 s.), essa expressão indica uma pessoa em cuja palavra pouco se pode confiar: além disso, esse mesmo autor, em *Poenulus* (v. 408), define como *levior pluma* a gratidão dos ricos e, em *Mostellaria* (v. 408), usa *pluma* como coisa de valor nulo. Na literatura latina, porém, o termo de comparação mais freqüente para a volubilidade é a folha (retomada — entre outros — como exemplo de hipérbole pelo gramático Diomedes [1,461,23 Keil]): ver, por exemplo, vários trechos de Ovídio (em *Heroides*, 5,109 e em *Amores*, 2,16,45, refere-se às mulheres; em *Epistulae ex Ponto*, 4,33, à fortuna; em *Fastos*, 3,481 s., a Baco) e um de Cícero (*Epistulae ad Atticum*, 8,15,2), onde a folha e a pluma se unem, pois os cônsules *Pluma aut folio facilius moventur*, "movem-se com mais facilidade do que uma pluma ou uma folha"; além disso, a folha também pode indicar coisa sem valor (por exemplo, em Apuleio, *Metamorfoses*, 1,8; 2,23) ou situação muito precária (como em Paládio, *Historia Lausiaca*, 27,2, onde aqueles que estão sem governo caem como folhas). Nesse aspecto, não se pode deixar de lembrar o amplo e famoso *topos* de que o homem é como a folha: se na sua primeira documentação (Homero, *Ilíada*, 6,145 ss.) o confronto é feito simplesmente entre o cair das folhas e a sucessão de gerações e se a maior parte das referências posteriores (entre as quais em Virgílio, *Eneida*, 6,309) faz um paralelo entre duas multidões, em outros textos o homem é comparado às folhas em virtude de sua natureza decídua e efêmera (especialmente em Mimnermo, fr. 2 G.-P., num poema elegíaco atribuído a Simonides [85 Bergk[4]], numa paródia de Aristófanes [*Os pássaros*, 685 ss.] e na citação de Homero feita por Marco Aurélio, *Pensamentos*, 10,34 [cf. G. Cortassa, *Il filosofo, i libri, la memoria*, Torino 1989, 10-14]). Outra locução semelhante é *Levior cortice*, "mais leve que cortiça", presente em Horácio (*Carm.* 3,9,22) e em Plínio (*Naturalis historia*, 16,40), enquanto o equivalente grego (κουφότερος φελλοῦ) está em Estrabão (1,36) e é registrado por Arsênio (9,97a); finalmente, deve ser assinalado que Comodiano, em *Carmen apologeticum* (v. 5), ao falar de sua conversão e da inutilidade de sua vida precedente, afirma: *Plus eram quam palea levior*, "eu era mais inconstante do que um raminho de palha". Em todas as línguas modernas o termo de comparação mais corrente para a leveza/leviandade, é a pena (para *La donna è mobile qual piuma al vento*, cf. nº 1383), mas muitas vezes também aparece a comparação entre o homem e a folha (por exemplo em *Carmina Burana, Confessio Archipoetae*, 5-8): muito famoso é *Soldati*, de G. Ungaretti (*Si sta come / d'autunno / sugli alberi / le foglie*).

780. Inter os et offam multa intervenire posse
Entre a boca e o bocado muitas coisas podem intrometer-se

Esse provérbio, documentado num fragmento de um discurso de Catão (67,3-6 Jordan) e explicado por Aulo Gélio (13,18,1), lembra que no último instante podem ocorrer mudanças radicais e totalmente imprevisíveis. Gnoma semelhante, registrada por Festo (132,17-22 Lindsay), fala de queixo e mão, mas sem dúvida a fonte de ambos estava no grego πολλά γε μεταξὺ πέλει κύλικος καὶ χείλεος ἄκρου, "muitas coisas acontecem entre o cálice e os lábios", registrado por vários escoliastas, pelos paremiógrafos (Zenob. vulg. 5,71, Diogen. 7,46, Greg. Cypr. L. 2,95, Macar. 7,31, Apost. 14,46, *Suda* π 1869) e documentado por Ateneu (11,478e) com κύλιξ substituída por κοτύλη, "tigela". Aristóteles (fr. 571 Rose), de quem os paremiógrafos dependem, fornece uma explicação anedótica: como Anqueu, filho de Posídon, maltratasse os servos ao plantar um vinhedo, um deles fez votos de que ele não experimentasse os frutos daquelas árvores. Quando Anqueu estava para levar aos lábios pela primeira vez o vinho produzido por aquela vinha, teve de sair correndo para lutar contra um javali e lá ficou morto. Encontram-se histórias semelhantes sobre a etiologia dessa expressão no trecho citado de Festo e de Sérvio (*Comentário às Bucólicas*, 6,72). Contudo, para Dionísio Trácio (citado num escólio a Homero, *Odisséia*, 22,9, cf. também João de Stóboi, 4,47,14) esse provérbio aludiria a Antínoo, um dos pretendentes, que foi morto por Ulisses quando levava um copo à boca. Nas modernas línguas européias existem equivalentes ao adágio brasileiro *Da mão à boca se perde a sopa*; a imagem do copo e da boca conservou-se em inglês e francês (constituindo, ademais, o tema de *La coupe et les lèvres* de A. de Musset). Estruturalmente deve ser lembrado o italiano *Tra il dire e il fare c'è di mezzo il mare*, que no entanto é semanticamente diferente, pois recomenda cautela ao afirmar capacidade para alguma coisa, já que não é possível conhecer todas as dificuldades que deverão ser enfrentadas.

781. Ἄνω κάτω πάντα
Tudo de cabeça para baixo

Essa expressão indica uma perturbação radical: está presente, por exemplo, em Ésquilo (*Eumênides*, 650), onde caracteriza os poderes absolutos de Zeus, em *As bacantes* de Eurípides (vv. 349 e 753), em Platão (*Teeteto*, 153d e *Filebo*, 43a), em Demóstenes (19,261) e em Máximo Tírio (6,7), sendo também indicada como proverbial pelo escólio ao trecho citado do *Teeteto* e por Gregório Cíprio (L. 1,61), que, por outro lado, também testemunham dois fragmentos de Menandro (140 e 447 K.-Th.). A locução ἄνω (καί) κάτω está amplamente documentada em todo o mundo grego, tanto com sentido banal de "de baixo para cima" quanto com o de "transtorno, rebuliço" (para uma relação de trechos remeto a LSJ 169 e a *ThGL* 2,1062d-1063d). Em latim, tem-se com freqüência o paralelo entre os dois superlativos opostos *imus* e *summus* para indicar transformações totais: por exemplo, em Horácio (*Carm.* 1,34,12) a divindade *valet ima summis / mutare*, "pode trocar o baixo pelo alto" (trata-se do *topos* da prerrogativa da divindade, cf. também por exemplo o citado trecho de *Eumênides* e o *Debellavit superbos exaltavit humiles* do *Magnificat* cristão); contraposições semelhantes entre *imus* e *summus* também estão, por exemplo, em Ovídio (*Metamorfoses*, 8,278), Sêneca (*Tiestes*, 598), Lucano (3,138 s.), Plínio (*Naturalis historia*, 32,64), Veleio Patérculo (2,2,3: trata-se dos transtornos provocados por Tibério Graco), Sulpícia (11,3, cuja protagonista é a sorte com seu procedimento frenético, cf. nº 836), Rutílio Numaciano (2,44: trata-se dos cometimentos de Stílico), Amiano Marcelino (28,1,15), Cúrcio Rufo (8,8,8), enquanto em Boécio (*A consolação da filosofia*, 2,2) tem-se *infima summis, summa infimis mutare*; outros textos, como de Sêneca, *Ep.* 124,7 *cacumen radicis loco ponis*, "pões o cimo no lugar da raiz", têm afinidade conceitual mas não formal. Os equivalentes latinos de ἄνω κάτω com o valor de "de cima para baixo", porém, são *Sursum deorsum* (por exemplo Cícero, *Epistulae ad Atticum*, 5,10,5, Petrônio, 58,5; 63,9, Sêneca, *Ep.* 44,4, São Jerônimo, *Ep.* 133,6), *Ru(r)sum vorsum* (Plauto, *Amphitruo*, 1112, *Captivi*, 656) e *Rursum prorsum* (Terêncio, *Hecyra*, 315); *Rursum versum* pode ter o sentido de "ao contrário" (por exemplo em Cícero, *De partitione oratoria*, 7,24). Em todas as línguas modernas existem paralelos à *Pôr / estar de cabeça para baixo / de pernas para o ar*.

782. Κοὐδαμοῦ καὶ πανταχοῦ
De nenhum lugar e de todos os lugares

Assim Orestes qualifica a sua peregrinação para responder a Ifigênia, que lhe perguntara se vinha de Argos (Eurípides, *Ifigênia em Táurida*, 568): quem viaja sempre está em todos os lugares, mas na realidade não está em lugar algum. Essa expressão, famosa na Antiguidade e nas culturas modernas (cf. Büchmann 343), foi retomada por Marcial (7,73,6: *Quisquis ubique habitat... nusquam habitat*, "quem mora em todos os lugares não mora em lugar algum", formulação que também recorre no medieval *Nusquam habitat qui ubique habitat* [Walther 19398]). Em alemão diz-se ainda *Überall und nirgends*.

783. *Non convalescit planta quae saepe transfertur*
Não ganha força a planta que é freqüentemente transplantada

Esse provérbio é extraído de Sêneca (*Ep.* 2,3) e está vinculado ao *topos* da nocividade das mudanças freqüentes (cf. também nº 782); já era famoso na Idade Média (para os trechos remeto a Sutphen 202); tem equivalentes em todas as tradições proverbiais modernas, como o brasileiro *Planta muito mudada não medra, nem cresce nada* (cf. Mota 167, Arthaber 25; para a tradição afim de não transplantar árvore velha, cf. nº 643).

784. Λίθος κυλιόμενος φῦκος οὐ ποιεῖ
Pedra que rola não cria alga

Esse provérbio é registrado por Apostólio (10,72), segundo o qual se trata de quem não consegue acumular riquezas devido a transferências constantes. Provavelmente essa era uma aplicação específica de um provérbio que advertia contra os riscos de mudanças freqüentes demais (nºs 782, 783). Provérbio com equivalentes muito difundidos em muitas línguas européias é *Pedra que rola não cria limo*.

785. *Sarcinas colligere*
Juntar as bagagens

Essa expressão corresponde a *Fazer as trouxas*, *Fazer as malas*, *De mala e cuia* [italiano, *Prendere i propri quattro stracci*, *Fare le valigie*, *Far fagotto*, *Prendere armi e bagagli*; francês, *Prendre ses nippes*; alemão, *Sein Bündel schnüren*]: indica os preparativos para uma partida iminente. Em Varrão (*De re rustica*, 1,1,1) e em Sêneca (*Ep.* 19,1, onde em vez de *sarcinas* se tem o sinônimo *vasa*) trata-se de um velho que se prepara para sair da vida; em Juvenal (6,146) uma mulher madura é expulsa de casa com as palavras: *Collige sarcinulas!*, "junta teus trapinhos!"; em Plínio (*Ep.* 4,1,2), finalmente, trata-se de uma partida real.

786. *Tam perit quam extrema faba*
Perece como uma fava à beira do caminho

A fonte é Festo (496,28-30 Lindsay), mas é possível que se trate de um fragmento cômico de autor incerto (69 R.[3]): essa expressão — que também pode ser encontrada na coletânea das sentenças medievais (Walther 31018b) — indica uma pessoa ou coisa em condições muito precárias, como as da fava à beira da estrada, que — segundo palavras de Festo — está destinada a ser colhida ou pisada pelos transeuntes. Otto 619 menciona como paralelo um trecho de Catulo (11,21-24) em que o amor *cecidit velut prati / ultimi flos, praetereunte postquam / tactus aratro est*, "cai como flor à beira do prado depois de ser tocada pelo arado que passou", mas é muito provável que esta seja uma retomada erudita de Safo (fr. 105b V.): num epitalâmio tem-se jacinto pisado pelos pastores, e é preciso lembrar outro texto de Catulo (62,39 ss.), também um epitalâmio, em que a virgindade é comparada a uma flor que cresce esplendidamente em recinto fechado, ao abrigo de insídias, mas que, ao ser colhida, floresce irremediavelmente (desconfio, portanto, que a beira do prado em Catulo, diferentemente da beira da estrada em Festo, não indica lugar precário, mas ao contrário lugar protegido). Locuções desse tipo encontram-se em russo, onde o símbolo do aleatório é a ervilha no caminho, e em alemão, onde se afirma que as belas flores não duram muito tempo no meio do caminho (*Schöne Blumen stehen nicht lange am*

Wege). No Brasil se diz *Caminho trilhado não cria erva* (Mota 63 cita paralelos em francês e inglês).

787. *Quasi nix tabescit*
Consome-se como a neve

Essa expressão é extraída de Plauto (*Stichus*, 648), onde se fala do dia que morre; contudo, é muito comum na literatura latina recorrer à neve exposta ao sol para indicar que algo vai perdendo consistência rapidamente. Essa comparação é muito apreciada por Ovídio: em *Ars amatoria*, 1,374, trata-se da ira; em *Heroides*, 13,52, das lágrimas; em *Metamorfoses*, 2,807 ss. e 3,487 ss., de pessoas que se consomem; em *Epistulae ex Ponto*, 1,1,67 s. (cf. também 2,3,89 s.), da mente dominada por preocupações. A menção à neve também está presente em muitos outros autores, tais como Lívio Andronico (17 R.³, a propósito do louvor à virtude), Lucano (9,781 s., a propósito dos membros durante a morte), e em *Consolatio ad Liviam* (101 s. [1,107 Baehrens]); quanto à imagem de Prudêncio (*Cathemerinon*, 7,207 s.), dos pecados que nos jejuns se desvanecem como neve ao sol, é preciso indicar um precedente bíblico (*Eclesiástico*, 3,15) no qual os pecados se liquefazem como gelo sob a tepidez do bom tempo. Paralelamente, existe a imagem da cera ao fogo: por exemplo em Ovídio (*Epistulae ex Ponto*, 1,2,55 s., e *Metamorfoses*, 3,487 ss.) e sobretudo em contexto bíblico (*Salmos*, 57,9; 67,3; 96,5; *Miquéias*, 1,4). Nas várias línguas européias existem equivalentes à fórmula "derreter como neve ao sol" ou "como cera ao fogo".

788. *Non horam possum durare*
Não posso durar nem um instante

Essa expressão é de Propércio (1,6,11); cf. também Horácio, *Ep.* 1,1,82, e Plínio, *Naturalis historia*, 7,51,172 (onde temos *nullo horae momento*, "nem por um instante"). *Hora*, "hora", indica muitas vezes por antonomásia um período de tempo muito curto: ver por exemplo Terêncio (*Phormio*, 514), Horácio (*Sat.* 1,1,7 s.; 2,7,111 s.), Lívio (5,7,3), Arnóbio (*Ad nationes*, 2,74), São Jerônimo (*Ep.* 54,9). Expressão equivalente é *Não durar nem um minuto*; os italianos dizem *Non durare neppure un minuto*, e os franceses *L'espace d'un matin*, que provém de *Consolation à Du Périer* de Malherbe (vv. 15 s.: *Et rose, elle a vécu ce que vivent les roses, / l'espace d'un matin*).

789. *In caducum parietem nos inclinavimus*
Apoiamo-nos em parede insegura

Trata-se de uma expressão que indica uma ação cujo êxito é incerto porque baseada em fundamentos inseguros. Encontra-se em *Historia Augusta*, precisamente na *Vida de Adriano* (23,14) e na *Vida de Hélio Vero* (6,3): trata-se de uma frase de Adriano, ao perceber que Hélio Vero, que ele adotara e em quem depositava muita confiança, tinha saúde precária. Em grego documenta-se a locução complementar ἐπὶ τὸν εὖ ἔχοντα τοῖχον ῥέπειν, "apoiar-se no flanco sólido" (Eustátios, *Comentário à Ilíada*, 15,382 = 3,744,11-13 V., cf. também Aristófanes, *As rãs*, 536 s.), onde τοῖχος, "muro", indica a parte lateral do navio. Em *Salmos* (61,4), ao muro vacilante é comparado quem está submetido a ataques furiosos. Expressões semelhantes são a italiana *Poggiare su basi non solide / sulle sabbie mobili*; no Brasil se diz *Pra banda que vira é que a carga cai*.

b) *A falta de mudança*

790. Sint ut sunt aut non sint

Sejam como são ou não sejam

Esse famoso aforismo, que indica a firme resolução de não mudar, não tem origem clássica: segundo *Vita del Sommo Pontefice Clemente XIV Ganganelli* do marquês Caraccioli (Firenze 1775, 115), essa seria a resposta do superior dos jesuítas, p. Lorenzo Ricci, a Clemente XIV, que impunha reformas à ordem. No entanto, a historicidade desse episódio é duvidosa: Crétineau-Joly (*Clément XIV et les Jésuites*, Paris 1848, 381) já sustentava a inviabilidade dessa tradição e supunha ter sido essa a resposta de Clemente XIII ao embaixador da França, cardeal de Rochechouart, que pedia reformas na ordem. Encontra-se equivalência em *Se no, no*, que provém de um antigo juramento (mas provavelmente falso) em uso na constituição aragonesa, com que as Cortes se comprometiam a ser fiéis ao rei, enquanto este se considerasse *primus inter pares* (cf. nº 979) e mantivesse os seus privilégios (esse dado está registrado em *Obras y relaciones* de Antonio Perez, historiador do século XVII [p. 143]; para outros detalhes e referências posteriores, remeto a Fumagalli 1092).

791. Πάταξον μέν, ἄκουσον δέ

Bate, mas escuta

Essa expressão, que se tornou proverbial, sobretudo traduzida, para indicar firmeza (cf. *Lessico Universale Italiano*, 2,737), deriva de um episódio narrado por Plutarco em *Vida de Temístocles* (11,3): antes da batalha de Salamina, Euribíades, o comandante dos espartanos, propôs uma retirada para o istmo de Corinto; diante da discordância de Temístocles, lembra-lhe que nas competições quem sai antecipadamente é surrado, ao que o ateniense replica que quem fica para trás não vence; Euribíades ergue o bastão (que os comandantes espartanos carregavam freqüentemente como sinal de poder e que não hesitavam em usar) e Temístocles responde com a frase acima. Essa narração de Plutarco (de onde derivam o trecho presente em *Regum et imperatorum apophthegmata* do próprio Plutarco [185b], a narrativa de Eliano, *Varia historia*, 13,40, e a breve citação de Hélio Aristides, 46,253 [2,258 D.]) apresenta elementos obscuros que são esclarecidos por um confronto com o trecho correspondente de Heródoto (8,59), no qual Temístocles começa a falar com entusiasmo sem esperar a sua vez: donde a repreensão, feita não por Euribíades, mas pelo coríntio Adimanto (onde, porém, falta a frase que estamos estudando): deve-se notar que nos citados *Apophthegmata* a frase é dirigida a Euribíades, e a repreensão e a resposta precedente dizem respeito — como em Heródoto — a Adimanto.

792. *Ad perpetuam rei memoriam*
Para a lembrança perpétua do fato

Essa locução latina, ainda conhecida e usada, era freqüente nas epígrafes do período clássico, mas sua fama se deve essencialmente ao fato de ter sido utilizada — a partir do século XIII — como protocolo inicial das bulas papais solenes.

793. *Assuesce unus esse*
Acostuma-te a ser um só

A fonte é Santo Ambrósio (*Ep.* 1,62), onde essa expressão é definida como "antigo adágio"; trata-se de recomendação de constante coerência consigo mesmo. Em Sêneca (*Ep.* 120,22) *Unum agere* é qualidade exclusiva do sábio, enquanto *Ceteri multiformes sumus*, "nós outros somos todos multiformes". Nas línguas modernas as locuções semanticamente correspondentes são as do tipo de "ser coerente consigo mesmo" e "ser igual a si mesmo".

794. *Hic manebimus optime*
Aqui ficaremos muito bem

Lívio (5,55,1 s.) conta que em 390 (ou 387: a questão é controvertida), depois da destruição de Roma pelos gauleses, o senado discutia se era oportuno reconstruir a cidade sobre os escombros ou transferir-se para Veio; a decisão foi tomada em virtude de uma curiosa coincidência que os senadores acolheram como um presságio: de repente ouviu-se um centurião ordenar *Signifer, statue signum; hic manebimus optime*, "porta-bandeira, crava o estandarte! Aqui ficaremos muito bem!". Atualmente essa frase é muito conhecida e usada em geral para indicar firmeza na decisão de não se deslocar; sua fama é em parte devida ao fato de ter sido retomada por Quintino Sella a respeito de Roma como capital do reino da Itália, mas sobretudo à sua reutilização por D'Annunzio com referência ao caso Fiume (de D'Annunzio é a tradução *Qui molto bene resteremo* e essa frase se encontra no selo desenhado por G. Marussig com a efígie do poeta e numa medalha cunhada justamente como comemoração dos acontecimentos de Fiume). Outra referência por parte de um político foi feita numa entrevista dada a "La Spezia" em 16 de novembro de 1980 pelo então presidente da Itália Sandro Pertini, que queria desmentir os boatos de sua demissão. Com o mesmo significado às vezes é citada *J'y suis et j'y reste*, frase com que, durante a guerra da Criméia em 1855, o general francês Patrice Mac-Mahon teria respondido a um oficial inglês que o advertia de que os russos se preparavam para levar aos ares a torre Malachov, que ele ocupava.

795. Exegi monumentum aere perennius
Concluí um monumento mais duradouro que o bronze

Esse é o orgulhoso primeiro verso da última ode do terceiro livro de Horácio: frase que será retomada — ainda que com variações — por Ovídio na conclusão de suas *Metamorfoses* (15,871 s.: *Iamque opus exegi quod nec Iovis ira nec ignis / nec poterit ferrum nec edax abolere vetustas*, "acabo de concluir uma obra que nem a ira de Júpiter, nem o fogo, nem o ferro, nem o tempo devorador poderão abolir" [para a imagem do tempo que tudo devora, cf. nº 527]). Atualmente *Aere perennius* tornou-se locução usada para evidenciar a imortalidade — verdadeira ou desejada — de alguma coisa.

796. Quod scripsi scripsi
O que escrevi escrevi

Essa é a tradução da *Vulgata* para ὃ γέγραφα γέγραφα com que no *Evangelho de João* (19,22) Pilatos responde aos sacerdotes que lhe pedem uma modificação no que será escrito sobre a cruz de Jesus, de tal modo que o condenado não apareça como "rei dos judeus", mas como "aquele que disse ser rei dos judeus". Essa frase ainda é usada para indicar absoluta firmeza numa decisão e a falta de disposição para fazer revisões (às vezes é modificada para *Quod dixi dixi*, "o que eu disse disse"). Segundo a tradição, foi essa a resposta da Senhoria de Florença ao papa Martinho V, que pedira que fosse modificado o *Quondam papa* inscrito no monumento fúnebre do pontífice deposto João XXIII para *Quondam cardinalis*. Entre as referências literárias, deve ser assinalado o último verso do poema *Künstlers Fug und Recht* de Goethe (2,23 Heinemann), que diz: *Und was ich gemalt hab' hab' ich gemalt*.

797. Anus russum ad armillum
A velha retorna à bilha

A fonte é Lucílio (28,33 Charpin = 28,30 M.) e a imagem tem origem cômica: trata-se da velha bêbada que volta com freqüência à bilha de vinho (para o *topos* da mulher beberrona, cf. também nº 1417). O provérbio significa, pois, que as coisas e as pessoas só mudam aparentemente e estão destinadas a retornar à sua situação primitiva: assim, em *Metamorfoses* de Apuleio, *Ad armillum redire* significa "recorrer sempre ao mesmo expediente", com referência a Cupido (6,22) e a uma mulher surpreendida em adultério (9,29). Nas línguas modernas não existem paralelos exatos, mas são muitos os conceituais: ver o medieval *Ad fontes redeunt longo post tempore lymphae*, "depois de muito tempo as águas voltam às nascentes", de onde provém o italiano *In cento anni e cento mesi l'acqua torna a' suoi paesi* (com equivalentes em vários dialetos, além do espanhol e do alemão); imagem diferente é proposta pelo alemão *Die Katze lässt das Mausen nicht*.

798. Ὗς λουσαμένη εἰς κυλισμὸν βορβόρου
A porca lavada volta a rolar na lama

Na segunda epístola de Pedro (2,22) são assim caracterizadas as pessoas que, mesmo conhecendo a verdade, recaem teimosamente no antigo erro e nos velhos hábitos. Provérbio semelhante é registrado pelos paremiógrafos (Greg. Cypr. 3,93, Apost. 17,75): em sua base está o fato de que nas línguas clássicas — como, aliás, também nas modernas — o porco era o animal sujo por antonomásia (cf. por exemplo Luciano, *Anacársis*, 1, Plauto, *Stichus*, 64, *Asinaria*, 430).

799. *Nullum est iam dictum quod non sit dictum prius*
Nada é agora dito que não tenha sido dito antes

Essa sentença de Terêncio (*Eunuchus*, 41) já era bem conhecida na Antiguidade: prova-o o fato de ser citada por São Jerônimo (*PL* 23,1071a) em seu comentário a um trecho do *Eclesiastes* igualmente famoso (1,9 s.: οὐκ ἔστιν π*ν πρόσφατον ὑπὸ τὸν ἥλιον. ὃς λαλήσει καὶ ἐρεῖ· Ἰδὲ τοῦτο καινόν ἐστιν, ἤδη γέγονεν ἐν τοῖς αἰῶσιν τοῖς γενομένοις ἀπὸ ἔμπροσθεν ἡμῶν, "nada há de completamente novo sob o sol. Quem tagarelando disser: Vê, isto é novo!, mas isso já foi nos séculos que foram antes de nós"). Tal trecho é emblemático da concepção do *Eclesiastes*, determinista e pessimista em relação à efetiva possibilidade de o homem entender o significado da intervenção de Deus no mundo e na história; foi citado e comentado com freqüência, sobretudo na forma *Nil sub sole novum* (além do texto citado de São Jerônimo, ver por exemplo Santo Agostinho, *De civitate Dei*, 12,14, Orósio, *Liber apologeticus*, 24 [*PL* 31,1195b], cf. também Walther 16854); pode-se considerar uma sua reelaboração a forma *Quid sub sole novum? Quid cernis in orbe modernum? / Quaequae veternis viguerunt credita saeclis*, "o que há de novo sob o sol? O que distingues de novo no mundo? Tudo o que está em vigor na realidade envelheceu durante longos séculos" (Walther 25183). Nas várias línguas européias ainda são difundidas como proverbiais as traduções da máxima de Terêncio e da máxima medieval (cf. Mota 131, Arthaber 414 e 912); entre as numerosas referências literárias, sem dúvida devem ser mencionadas as palavras de Mefistófeles antes ao bacharel e depois — na cena seguinte do laboratório — a Wagner, no *Fausto* de Goethe (2,2), para quem nada existe de tão estúpido que não tenha sido pensado pelas gerações anteriores, assim como as palavras do poema *An die Freunde* de Schiller (v. 43: *Neues — hat die Sonne nie gesehn*).

c) Os inícios e os fins

800. Portam itineri dici longissimam esse

Dizem que numa viagem o percurso mais longo é o da porta

A fonte é um trecho de *De re rustica* de Varrão (1,2,2): o contexto é banal, pois a empresa para a qual é preciso preparar-se consiste em sentar-se para esperar alguém que saiu. Contudo, esse provérbio incita a não demorar em empreender aquilo que se está prestes a fazer e adverte que sempre o mais difícil é começar. Permaneceu em todas as línguas modernas e em muitos dialetos italianos, numa formulação semelhante à latina: em italiano se diz *Il passo più difficile è quello dell'uscio*, mesmo com referência a quem toma metaforicamente determinado caminho (como, por exemplo, o do crime ou a respeito do início de uma guerra). Finalmente, um provérbio brasileiro diz: *Princípio querem as coisas*.

801. Ἀρχὴ δήπου παντὸς ἔργου χαλεπώτερόν ἐστι

O início de qualquer operação é bem difícil

Esse provérbio é registrado pelos paremiógrafos (*App. Prov.* 1,41) e é a formulação geral de um *topos* difundido: em Terêncio (*Phormio*, 346), a respeito do encontro com um interlocutor hostil, diz-se: *Prima coitiost acerrima*, "o primeiro impacto é o mais duro" (ver também Horácio, *Sat.* 1,9,55 s., e Ovídio, *Remedia amoris*, 120); quanto ao motivo de que o percurso mais longo é o da porta, cf. nº 800. Boécio (*Comentário aos tópicos de Cícero*, 1,6 [*PL* 64,1040a]) define o *principium* de qualquer coisa como *difficillimum*; Cassiodoro lembra (*Variae*, 1,40) que *Primordia cuncta pavida sunt*, "todos os inícios são tímidos"; Pedro Crisólogo (*Serm.* 175 [*PL* 52,656b]) afirma que *Omnium quidem rerum primordia sunt dura*, expressão que parece constituir a tradução exata do provérbio grego. A expressão *Todo começo é difícil* tem equivalentes perfeitos em todas as línguas européias; às vezes, a noção de dificuldade é substituída pela noção complementar de lentidão, como no espanhol *Todos los comienzos son lentos*.

802. Ἀρχὴ ἥμισυ παντός
O início é a metade do todo

Esse provérbio, que constitui uma variação do tema da dificuldade dos inícios (cf. também nºs 800 e 801), está documentado em muitos autores gregos, tais como Platão (*A República*, 2,377a, *As leis*, 6,753e), Políbio (5,32,1), Luciano (*Hermotimus*, 3): este último afirma que o provérbio já estava presente em Hesíodo, mas provavelmente se trata de uma confusão com o v. 40 de *Os trabalhos e os dias*, em que se tem o motivo da metade maior do que o todo (cf. nº 1764). A menção a Hesíodo está presente nos paremiógrafos (Diogen. 2,97) e será retomada na idade moderna (cf. Rabelais, 4,3), enquanto Jâmblico (*De vita Pythagorica*, 29,162) atribui essa gnoma a Pitágoras. Além do citado Diogeniano esse provérbio está registrado em outras coletâneas paremiográficas (Diogen. Vind. 1,83, Macar. 2,47, Apost. 3,97, *Suda* α 4097), entre as quais desperta muito interesse o chamado "Diogeniano Vindobonense", que registra uma explicação bizarra atribuída ao filósofo peripatético Clearco de Solos (fr. 74 Wehrli). Este teria vinculado essa máxima à história da sucessão do rei espartano Aristodemo (também contada por Heródoto, 6,52): os espartanos estavam em dificuldades porque precisavam pôr no trono o primogênito do rei morto, mas Aristodemo deixara dois gêmeos e a própria mãe afirmava não ter condições de dizer quem era o mais velho; tomou-se então a decisão de consultar o oráculo de Delfos e a resposta foi que ambos deveriam reinar. Essa é a história contada por Heródoto. Segundo Clearco, a resposta teria sido ἀρχὴ ἥμισυ παντός, com um duplo sentido facilmente perceptível (ἀρχή em grego significa tanto "início" quanto "comando"). Em latim essa expressão é retomada por Horácio (*Ep.* 1,2,40) que escreve: *Dimidium facti qui coepit habet*, "quem começou já fez metade do trabalho", e uma reminiscência de Horácio deve ser distinguida em trechos semelhantes de Sêneca (*Ep.* 34,3) e de Ausônio (*Epigramas*, 84); ademais, deve ser citado como conceitualmente afim um trecho de Plauto (*Miles*, 915 ss.) onde se lembra que, uma vez feita a quilha, o bom construtor faz com facilidade o restante do navio. A expressão de Horácio ressurge nas sentenças medievais (cf. por exemplo Walther 5793, 5795, 12193, 12194, 12201, 31436; suas variações são, por exemplo, *Incipe quidquid agas! Pro toto est prima operis pars*, "começa qualquer coisa que faças! A primeira parte da obra equivale ao todo" [Walther 12199], e *Principium dimidium totius*, "o início é a metade do todo" [Walther 22429]). No humanismo era conhecido ἀρχὴ ἥμισυ (que se encontra, por exemplo, num carta de Jerônimo Mei, p. 181 Restani [cf. nº 545]); quanto às tradições proverbiais modernas, registram-se correspondentes aos brasileiros *O que bem começa, bem acaba* e *Trabalho bem começado, meio acabado* em italiano, francês, inglês, espanhol e russo; existem numerosas variantes (como por exemplo a bolonhesa *Al prinzéppi, l'é la metè dal fén* e a brasileira *A primeira pancada é que mata a cobra*).

803. *Messis in herba est*
A colheita ainda está na relva

A fonte é Ovídio (*Heroides*, 17,265): Helena escreve a Páris que a relação entre eles ainda não está madura; expressões semelhantes também são encontradas em vários outros autores a respeito de alguma coisa que ainda está no início: por exemplo em Tácito (*Dialogus de oratoribus*, 9,4) trata-se de louvores que duram poucos dias; em Cícero (*Pro Caelio*, 30,76) e em Frontão (95,14-16 van den Hout), das virtudes do adolescente; outras documentações estão em Catão (67,3 Jordan) e Símaco (*Ep.* 4,20,2), enquanto em Plínio (*Naturalis historia*, 18,52) a frase tem sentido próprio; locução paralela é *in germine*, "no germe" (cf. por exemplo Símaco, *Ep.* 4,20,2). Essa expressão retorna nas sentenças medievais (Walther 14815a), às vezes contendo uma advertência para não ter muita pressa (10519, 16938). Em italiano é muito conhecida a locução *Essere in erba* com o sentido de "estar em embrião" (em francês também se registra *Être en herbe*): algumas vezes tem sentido próprio, embora noutras se encontre em comparações significativas, como em Dante (*Convivio*, 4,22,5), onde o apetite proveniente da graça divina no início assemelha-se ao que provém da natureza, exatamente como a cevada, que, ao nascer, tem quase a aparência da relva, mas depois vai-se diferenciando. Em outros textos indica a pessoa em idade tenra ou um fato que ainda não ocorreu mas cujos bons resultados são esperados, ou ainda — com função adjetiva — uma pessoa que se prepara para exercer uma profissão (para os vários exemplos literários remeto a Battaglia 5,229 s.). Também existe o provérbio *Misurare il grano in erba*, que indica emitir juízos sem conhecimento adequado dos fatos ou sem levar em conta os riscos futuros.

804. *Principiis obsta*

Opõe-te ao princípio

Essa expressão é extraída de *Remedia amoris* de Ovídio (v. 91): reforçando um conceito já expresso no v. 81, ou seja, o de que o amor deverá ser combatido no início se o quisermos vencer — com uma provável alusão sutil a Lucrécio (cf. principalmente 4,1150: remeto a P. Ovidio Nasone, *Remedia amoris*, P. Pinotti, Bologna 1988, 121) —, o poeta evoca um princípio médico elementar — o de que as doenças devem ser combatidas quando se manifestam —, que era aplicado proverbialmente sobretudo a doenças em sentido metafórico. Esse motivo faz referência principalmente (como aqui) ao amor: por exemplo, na carta de Helena a Páris em *Heroides* do mesmo Ovídio (17,191 s.), ou nos conselhos da aia a Fedra, em *Fedra* de Sêneca (vv. 132 s.); às vezes, porém, trata-se do vício, como por exemplo em Sêneca (*Ep.* 116,3) e em São Jerônimo (*Ep.* 100,1), ou de elementos muito semelhantes ao vício, como as ocupações inúteis (ainda em Sêneca, *Ep.* 72,11, onde se lê um *Principiis... obstemus*, formalmente semelhante ao texto de *Remedia*), ou dos instintos (Sêneca, *De ira*, 3,10,1 s.), ou ainda do luto (Sêneca, *Consolação a Márcia*, 1,8). A esse motivo estão diretamente ligadas algumas máximas: Cícero (*Filípicas*, 5,11,31) apresenta *Omne malum nascens facile opprimitur, inveteratum fit plerumque robustius*, "todos os males são facilmente reprimidos ao nascerem; ao envelhecerem na maioria das vezes tornam-se mais fortes" (conceitualmente, ver Cassiodoro, *Variae*, 6,21,1); em Claudiano (*In Eutropium*, 2,10-12) tem-se a imagem do fogo que deve ser apagado na primeira manifestação; nos *Dísticos de Catão* (4,9,2), finalmente, se lê: *Namque solent, primo quae sunt neglecta, nocere*, "de fato, as coisas negligenciadas no início costumam causar prejuízos". Em grego, uma tradição paremiográfica inserida na exegese dos oradores (Harproc. 61,3-5, *An. Ox.* 2,491,1 Cr., *Suda* α 4098, Apost. 3,90) registra a versão ἀρχὴν ἰᾶσθαι πολὺ λώϊον ἢ τελευτήν, "é muito melhor cuidar do início do que do fim", fornecendo uma explicação especificamente médica; esse motivo volta em *Corpus theognideum* (vv. 1133 s.). Em latim medieval *Principiis obsta* introduz com freqüência sentenças que incitam a não deixar que a situação se torne irremediável (cf. Walther 22418-22420a); em todas as línguas européias registram-se provérbios semelhantes a *Deve-se cortar o mal pela raiz* [italiano, *Al male bisogna rimediare da principio*]; entre as variações eu indicaria a alemã *Lass uns mit dem Balsam eilen, wenn im Wachsen ist die Wunde*.

805. *Ab Iove principium*
O princípio vem de Júpiter

Essa expressão, ainda usada para indicar que as ações humanas devem ter seu princípio na divindade, na literatura clássica costuma ter sentido especificamente poético: significa que uma obra deve partir da fonte de toda inspiração e de todo poder, Zeus. Era muito famoso ἐκ Διὸς ἀρχώμεσθα, com que se iniciam os *Fenômenos* de Arato, que — entre outros — é citado explicitamente por Cícero (*De legibus*, 2,3,7, *De Re Publica*, 1,36,56), Germânico (*Aratea*, 1 s.), Quintiliano (10,1,46), Avieno (2,1) e Macróbio (*Saturnalia*, 1,18,15); as mesmas palavras também se encontram em Teócrito (17,1), enquanto Píndaro (*Neméias*, 2,1-3) ressaltava que os poetas homéricos costumavam iniciar seus preâmbulos com Zeus; encontram-se expressões semelhantes, por exemplo, em Alcmano (fr. 89 Calame) e em Íon de Quios (fr. 2,6 Gentili-Prato); para outros detalhes remeto a M. G. Bonanno, *Studi su Cratete comico*, Padova 1972, 153 s. (que parte de ἐξ Ἑστίας ἀρχόμενος, "iniciando em Vesta", de Cratete, fr. 44 K.-A. e Sófron, fr. 42 K., expressão também registrada pelos paremiógrafos, cf. Zenob. Bodl. 68, Zenob. vulg. 1,40, assim como Hesíquio, α 8619). Em latim, é de especial importância um verso das *Bucólicas* de Virgílio (3,60: *Ab Iove principium, Musae, Iovis omnia plena*, "ó Musas, o início vem de Júpiter, tudo está cheio de Júpiter"), que às vezes é citado por extenso (cf. Walther 123a, Fumagalli 1465), mas também devem ser assinalados um trecho de Horácio (*Carm.* 1,12,13-16), um de Calpúrnio Sículo (*Bucólicas*, 4,82), um de Ovídio (*Fastos*, 5,111 s.) e o prefácio ao primeiro livro de *Silvae* de Estácio (onde retorna exatamente *A Iove principium*). O início a partir dos deuses assume significado não especificamente poético em *Helena* de Eurípides (vv. 1024 s.), num discurso de Teônoe ao coro, enquanto em *Eneida* (7,219 s.) de Virgílio é assim que Ilíone declara solenemente a sua progênie: *Ab Iove principium generis*, "o início da estirpe vem de Júpiter". Na base desse *topos* está a concepção de Zeus como início de todas as coisas, cujas raízes estão na religião primordial: são documentações antigas, por exemplo, Terpandro (fr. 3. Gostoli = 698 Page) e nos fragmentos órficos (298,1; 21a,2 K., cf. também *Hinos órficos*, 15,6 s.); para outros paralelos remeto a A. Gostoli, *Terpander*, Roma 1990, 51. Entre os provérbios modernos devem ser assinalados o italiano *Non si commincia bene se non dal cielo* e o alemão *Aller Anfang mit Gott*; entre as referências literárias eu indicaria *Sia dal cielo il principio*, que faz parte de uma reprimenda feita por Pedro, o Eremita, a Godofredo de Bouillon no décimo primeiro canto (2,1) de *Jerusalém libertada*. Finalmente, deve-se ressaltar que no uso atual *Ab Iove principium* pode ter significado diferente, indicando o procedimento de quem começa uma narração com o fato ou a personagem mais importante.

806. *Ab ovo*
Do ovo

Trata-se de uma locução ainda usada para indicar que a análise de um acontecimento procura recuar às origens mais remotas. A fonte é um verso de *Ars poetica* de Horácio (147), em que a narração *in medias res* de estilo homérico (cf. nº 184) é contraposta a outra que, para falar da guerra de Tróia, parte *gemino... ab ovo*, "do duplo ovo", ou seja, dos dois ovos que se formaram a partir da união de Leda com Zeus em forma de cisne, dos quais nasceram, por um lado, Castor e Pólux e, por outro, Clitemnestra e Helena; esta seria a futura causa do conflito troiano (provavelmente Horácio tinha em mente um poema específico, mas a sua identificação é-nos aleatória: para a bibliografia sobre o assunto remeto ao comentário a esse verso feito por C. O. Brink [220 s.]). Essa expressão tornou-se proverbial já na Antiguidade, como demonstra o seu uso por Atílio Fortunato (*Ars metrica*, 6,278,13 s. Keil); para *Ab ovo usque ad mala*, cf. nº 807.

807. *Ab ovo / usque ad mala*
Do ovo / às maçãs

Essa expressão ainda é conhecida com o sentido de "do começo ao fim"; provém de um trecho de Horácio (*Sat.* 1,3,6 s.) que faz referência a uma refeição que começava com um ovo e terminava com frutas. Além disso, deve ser lembrada a locução popular italiana *Essere alla frutta* para indicar que se está no fim, em condições miseráveis ou nas últimas tentativas desesperadas.

808. *Neglectis urenda filix innascitur agris*
O feto a ser queimado nasce nos campos abandonados

A fonte é Horácio (*Sat.* 1,3,37), que com essa imagem explica de que modo os vícios podem nascer do hábito e da negligência, não da natureza. Essa comparação é tópica, indicando que o objeto de interesse deve ser tratado com cuidado se forem desejados resultados válidos: ver também um trecho de Quintiliano (5,9,6) e um de *Tristia* de Ovídio (5,12,23 s.), onde o campo fértil mas cheio de ervas daninhas, por não ser cultivado, é o termo de comparação para o cérebro "enferrujado" (esse trecho é registrado entre as sentenças medievais, cf. Walther 535); para o motivo mais geral da colheita segundo a semeadura, cf. nº 809. Entre os provérbios modernos, devem ser assinalados o toscano *Il campo dell'accidia è pieno di ortiche*, os alemães *Wer seinen Acker nicht baut, erntet Disteln* e *Wer den Acker nicht will groben, der will nichts als Unkraut haben* (ou seja, respectivamente, "quem não cultiva seu campo merece cardos" e "quem não quer trabalhar seu campo só quer ter ervas daninhas"); ver também a referência em *Fausto* de Goethe (2,2) e os equivalentes a *Quem não semeia não colhe*, documentados em todas as línguas.

809. *Ut sementem feceris ita metes*
Colherás segundo o que tiveres semeado

Esse provérbio, que apresenta o homem como responsável pelos resultados de suas ações, aparece nessa formulação lapidar em *De oratore* de Cícero (2,65,261): é a resposta de Marco Pinário a Marco Senílio quando este lhe perguntou se o insultaria no caso de se pronunciar contra as suas propostas. Esse motivo, porém, é muito mais antigo e já era apreciado pelos sofistas, tais como Antifonte (87 B 60 D.-K.) e Górgias (82 B 16 D.-K.: σὺ δὲ ταῦτα αἰσχρῶς μὲν ἔσπειρας, κακῶς δὲ ἐθέρισας, "semeaste essas torpezas e por isso colheste males", documentado por Aristóteles [*Retórica*, 1406b 10]); é retomado por Eurípides (fr. 419 N.²), por Platão (*Fedro*, 260cd, que assim caracteriza os resultados dos ensinamentos dos retores que convencem a fazer o mal em vez do bem) e, em âmbito judaico-cristão, está presente sobretudo nos livros sapienciais do *Antigo Testamento* (*Jó*, 4,8; cf. também nº 810) e nas epístolas de São Paulo (*Segunda aos Coríntios*, 9,6, *Aos Gálatas*, 6,7 s.). Entre os paremiógrafos, Gregório Cíprio (L. 2,57) e Macário (4,93) registram a variante καρπὸν ὃν ἔσπειρας θέριζε, "colhes o fruto que semeaste"; o primeiro registra outras duas que enfatizam especificamente a má semeadura e não, de modo genérico, a sua correspondência com a colheita. Esse *topos* também recorre em outros textos da literatura latina, como por exemplo em Plauto (*Captivi*, 661) e Petrônio (45,9). São muitas as variações registradas na Idade Média (cf. por exemplo Walther 7525, 9379, 10033, 26341, 26569, 26994, 34076), às vezes com a tônica no motivo de que a pessoa que não quer cultivar não deve colher frutos (Walther 24420: *Qui non vult serere fructus non debet habere*, cf. também nº 808; para o *topos* "quem não trabalha não come", cf. nº 957). Nas tradições proverbiais modernas existem em todas as línguas européias equivalentes ao italiano *Chi mal semina mal raccoglie* (Arthaber 1257, 1258) e ao brasileiro *Cada um colhe conforme semeia* (1262, Mota

62); muito semelhante à formulação antiga é a russa *Po semeni i plod* (ou seja, "tal semente, tal fruto"). Entre os provérbios em dialetos italianos que exprimem o mesmo conceito com outras imagens, lembro *Dimm a cci si' figghje ca te diche a cci assemigghje*, muito comum em Molfetta.

810. *Ventum seminabunt et turbinem metent*
Semearão vento e colherão tempestade

Essa frase do livro de *Oséias* (8,7) está vinculada ao amplo *topos* da colheita segundo a semeadura, em especial da má semeadura que produz má colheita (cf. n⁰ˢ 809, 811). Esse trecho é muito relevante porque *Quem semeia ventos colhe tempestades* é uma expressão proverbial que ainda está viva, com correspondentes em todas as línguas européias e é freqüentemente citada em literatura (cf. por exemplo *Ricordanze* de L. Settembrini). Uma variante digna de nota é a brasileira *Quem semeia ódios, colhe vinganças*.

811. *Male parta male dilabuntur*
As coisas por mal conquistadas por mal se dissiparão

Essa expressão extraída das tragédias de Névio (54 R.³) já era famosa no mundo latino: é citada — genericamente como de um poeta — por Cícero (*Filípicas*, 2,27,65) e tem paralelos formais exatos em vários autores, tais como Plauto (*Poenulus*, 844: *Male par⟨t⟩um male disperit*), Ovídio (*Heroides*, 6,157: *Nec mala parta diu teneat*, "não possua por muito tempo o que foi conquistado por mal"), Lívio (9,9,11: *Male partam victoriam male perdiderunt*, "perderam por mal a vitória por mal conquistada"), Tácito (*Historiae*, 3,6: *Male parta mox in perniciem vertere*, "as coisas conquistadas por mal logo se transformam em danos"), Apuleio (*Apologia*, 75: *Quod male partum erat ut male periret*, "que acabasse por mal o que fora por mal conquistado"); contudo, em outros textos, como por exemplo em Ovídio (*Amores*, 1,10,48), tem-se um paralelo apenas em termos de conteúdo, enquanto a locução *male parta* ainda aparece em Lívio (9,34,2). Precedente grego é constituído pelo fr. 32 N.² de Eurípides, que diz: κακῆς ⟨ἀπ'⟩ ἀρχῆς γίγνεται τέλος κακόν, "de mau começo deriva mau fim". São muito numerosas as variações sobre esse tema em latim medieval; alguns exemplos: *Demonium repetit quidquid procedit ab ipso*, "o demônio pede de volta tudo o que provém dele" (Walther 4888), *De male quaesitis vix gaudet tertius heres*, "o terceiro herdeiro dificilmente goza das coisas conquistadas por mal" (Walther 5081), *Res parta furto durabit tempore curto*, "a coisa conquistada por furto durará por tempo curto" (Walther 26738), *Res quasi bruma fluit, quae male parta fuit*, "esvai-se como bruma a coisa conquistada por mal" (Walther 26759; nas duas últimas sentenças devem ser observadas as rimas paronomásticas *furto... curto* e *fluit... fuit*). A expressão latina ainda é muito conhecida e citada (em literatura, ver Rabelais, 3,1, que acrescenta que o terceiro herdeiro não gozará das coisas conquistadas por mal); entre os provérbios modernos às vezes se encontram registros de sua tradução, como o alemão *Übel gewonnen, übel zerronnen*; em italiano deve ser assinalado como paralelo conceitual *La farina del diavolo va tutta in crusca* (que tem paralelo perfeito em espanhol, inglês e alemão, cf. Arthaber 383); há outras formulações mais genéricas, como a russa *Plochoe načalo ne k dobromu koncu* (ou seja: "o mau começo não pode levar a bom fim"; além disso, existe em russo o provérbio diametralmente oposto, segundo o qual o mau começo pode transformar-se em bom negócio [*Plochoe načalo — i delo stalo*]). Os provérbios brasileiros são numerosos: *Errados começos, dificultosos fins, O mal ganhado, o diabo o leva, Princípios ruins, desgraçados fins* e *Quem mal começa, mal acaba*.

812. Quale principium talis est clausula
Tal princípio tal fim

Esse aforismo tem origem em São Jerônimo (*Ep.* 69,9) e retoma o *topos* segundo o qual do início das ações é possível deduzir sua conclusão, encontrado em Plauto (*Persa*, 451 s.), em *De historia* de Varrão (256 Riese), num fragmento incerto de Lucílio (105 M.), em Quintiliano (5,10,7) e — em sentido negativo — no cômico Afrânio (304 s. R.³). A aplicação negativa na realidade é constituída por *Male parta male dilabuntur* (nº 811), enquanto a positiva, ou seja, o motivo de que do bom início é possível deduzir bom fim, encontra-se por exemplo no sofista Antifonte (87 B 60 D.-K.), num texto que pretende afirmar a importância da educação, e em Sófocles (fr. 831 R.). Nas várias línguas européias modernas existem equivalentes ao italiano *Qual principio, tal fine* (cf. Arthaber 1126); também existem variações dialetais, como a bolonhesa *Chi cmanza pulìd, méi al finéss; chi cmanza mèl, finéss piz*.

813. Μὴ ἅμα ἀρχῇ πᾶν τέλος καταφαίνεσθαι
No início não transparece qual será o fim

Em Heródoto (7,51) Artabano recomenda prudência a Xerxes com essa frase, que ele define como antigo provérbio: Strømberg 48 acredita que esse adágio era persa. Esse motivo ainda está vivo nas tradições modernas; prova disso é o provérbio italiano *Si sa come si comincia, non si sa come si finisce* (ou *Si sa come si entra, non si sa come se ne esce*), que costuma ser aplicado a operações extremamente perigosas (por exemplo, uma guerra). Tradição semelhante aplicada à vida humana adverte que sabemos como nascemos mas não como morreremos: cf. nº 598.

814. De multis grandis acervus erit
De muitas coisas se fará um montão

A fonte é Ovídio, que, em *Remedia amoris* (v. 424), usa essa expressão de natureza proverbial para esclarecer o preceito de condensar mais argumentos com o fim de obter maior eficácia. Esse motivo é apreciado pelo poeta, que em *Amores* (1,8,90) escreve: *De stipula grandis acervus erit*, "de um restolho forma-se um grande monte", e, em *Remedia amoris*, utiliza o exemplo dos grandes rios, formados por um grande número de pequenos córregos (cf. nº 816). O mesmo motivo recorre em Santo Agostinho (*Comentário ao Evangelho de João*, 12,14, *Comentário à Primeira*

Epístola de João, 1,6, *Exposição nos Salmos*, 129,5). É seu precedente um trecho de Hesíodo (*Os trabalhos e os dias*, 361 s.: εἰ γάρ κεν καὶ σμικρὸν ἐπὶ σμικρῷ καταθεῖο / καὶ θαμὰ τοῦτ' ἔρδοις, τάχα κεν μέγα καὶ τὸ γένοιτο, "se pões uma coisa pequena sobre outra coisa pequena e se fizeres isso sempre, logo terás uma coisa grande"), depois retomado por Platão (*Crátilo*, 428a). Em latim medieval existe *Multa iuvant collecta simul*, "é útil a reunião de muitas coisas" (Walther 15388). Em todas as línguas européias modernas documentam-se equivalentes ao provérbio brasileiro *De muitos poucos se faz um muito* (já em *Libreto* de Michele Savonarola [1801, cf. J. Nystedt, "Giornale Filologico Ferrarese" 12 (1989) 127]; é engraçada a variação espanhola *Muchas candelillas hacen un cirio pascual*), muitas vezes empregada com conotação econômica (equivale à recomendação de evitar desperdício). Em italiano, inglês e português existem, respectivamente, *A granello a granello s'empie lo staio e si fa il monte*, *Grain by grain the hen fills her belly* e *Um grão não enche o celeiro, mas ajuda o companheiro*, que têm parentesco direto com a expressão de Ovídio; em francês existe *Goutte à goutte on remplit la cuve*; no Brasil se diz *De raminho em raminho, faz o ninho o passarinho*; alguns exemplos de variantes dialetais italianas são: de Bolonha, *Con préda sòura prèda, as tira só una casa* (ou seja: "com pedra sobre pedra faz-se uma casa") e *Tant mucc'dén fan una móccia*; de Puglia, *A pil'a pile se fasce la parrucche* e *A mendich'a mendiche se fasce u mendecòene* (ou seja: "de miolinho em miolinho se faz um grande bolo").

815. *Sub qua nunc recubas arbore, virga fuit*

A árvore sob a qual repousas já foi um rebento

Essa expressão é extraída de Ovídio (*Ars amatoria*, 2,341-344), que representa com várias imagens o pequeno que cresce até ficar grande: *Quem taurum metuis, vitulum mulcere solebas; / sub qua nunc recubas arbore, virga fuit; / nascitur exiguus sed opes adquirit eundo, / quaque venit, multas accipit amnis aquas*, "o touro que agora temes costumavas acariciar em bezerro; a árvore sob a qual repousas já foi um rebento; o rio nasce pequeno mas ganha força correndo, e por onde passa recebe muitas águas". A partir da Idade Média essa passagem deu origem a grande número de imagens proverbiais: para o rio que cresce correndo, cf. n°s 753 e 816. Entre as numerosas variantes sobre o tema do arbusto que se torna árvore (e explicitamente sobre o verso de Ovídio) devem ser assinalados *De nuce fit corylus, de glande fit ardua quercus*, "da avelã nasce a aveleira; da glande, o robusto carvalho" (Walther 5101,1), *Tandem fit surculus arbor*, "o arbusto no fim se torna árvore" (Walther 31034). O motivo do touro que foi bezerrinho delicado recorre com freqüência nos provérbios medievais; ver principalmente Walther 1137: *Ante fuit vitulus, qui nunc fert cornua taurus*, "já foi bezerro o touro que agora tem chifres"; às vezes tem-se o potro (cf. 27081: *Saepe caballus erit qui pulli more subhinnit*, "muitas vezes será cavalo aquele que agora dá pequenos relinchos de potro"); com mais freqüência tem-se o homem (cf. por exemplo 5107: *De parvo puero saepe peritus homo*, "de um menininho muitas vezes sai um homem instruído"). Conceitualmente, deve-se lembrar um texto de Cícero (*De finibus*, 5,21,58) onde se afirma que o princípio de todas as coisas é pequeno. Nas várias línguas européias existem paralelos ao italiano

Quercia cresce da piccola ghianda; em italiano também se registra *Anche l'albero più grande fu da principio un arboscello*, com equivalente em alemão. No Brasil existe *Dos meninos se fazem os homens*.

816. *Flumina pauca vides de magnis fontibus orta, / plurima collectis multiplicantur aquis*

Vês poucos rios surgirem de grandes nascentes, mas muitos que crescem recolhendo filetes de água

Essa imagem, usada por Ovídio em *Remedia amoris* (vv. 97 s.), está ligada ao *topos* mais amplo das grandes quantidades que surgem de grande número de pequenas unidades (cf. nº 814); imagens semelhantes são a do rio que cresce enquanto corre (*Ars amatoria*, 2,343 s., cf. nº 753) e a das muitas gotas que enchem um rio: *Multae guttae implent flumen*, de Santo Agostinho (*Comentário à Primeira Epístola de João*, 1,6; cf. também *Comentário ao Evangelho de João*, 12,14, *Exposição nos Salmos*, 129,5). Também existem paralelos entre os provérbios medievais (por exemplo Walther 9686 e 9687) e modernos: em italiano, francês, alemão e polonês (cf. Steffen 91) existem correspondentes ao brasileiro *Rio se faz é com riacho*, com afinidade no inglês *Many drops make a shower*; em italiano também se diz *A goccia a goccia si fa il mare* e *Anche la goccia diventa marea* (este último, contudo, significa principalmente que é preciso tomar cuidado com o que é aparentemente pequeno e inócuo: cf. nºˢ 161, 989).

817. *Accidere ex una scintilla incendia passim*

Às vezes de uma única fagulha nasce um incêndio

Assim se exprime Lucrécio (5,609), mas a imagem da pequena fagulha que provoca um grande incêndio é corrente: em *A paz* de Aristófanes (vv. 608 ss.) é a política de Péricles que, com a pequena fagulha do decreto de Mégara, provocou o grande incêndio da guerra do Peloponeso; ainda na literatura grega, ver também, por exemplo, Sólon (fr. 1,14 s. G.-P.), Píndaro (*Píticas*, 3,36-38), Eurípides (fr. 411,2 s. N.[2]), Políbio (18,39,2) e Meleagro (*Antologia Palatina*, 12,82,5 s., cf. G. Burzacchini, "Studi orientali e linguistici" 3 [1986] 582 s.). Em meio hebraico, esse motivo está em *Eclesiástico* (11,32) e recorre com freqüência em Fílon de Alexandria (*De migratione Abrahami*, 123, *De somniis*, 2,93, *De Decalogo*, 173, *De specialibus legibus*, 4,27); uma sentença desse tipo está inserida no Pseudo-Focilides (144: ἐξ ὀλίγου σπινθῆρος ἀθέσφατος αἴθεται ὕλη, "por uma pequena fagulha um bosque imenso arde"). São muitos os textos latinos vinculados a esse *topos*: ver por exemplo Horácio, *Ep.* 1,18,85 (onde — como em Cúrcio Rufo, 6,3,11 — a tônica está no fato de a pequena chama ser desprezada), Lívio, 21,3,6 (onde Hanon demonstra assim aos cartagineses os perigos de confiar o comando do exército ao jovem Aníbal), Juvenal, 14,244 s., Ovídio, *Remedia amoris*, 807 s., São Jerônimo, *Ep.* 127,10 (onde se trata do fogo da heresia) e 128,14, Amiano Marcelino, 21,16,11; uma variação sobre o tema deve ser considerada em Boécio, *A consolação da filosofia*, 1,6, *Ex hac minima scintillula vitalis calor illuxerit*, "desta pequeníssima fagulha brilhará o calor da vida". São muito numerosas (cerca de trinta) — ainda que sem grande interesse semântico — as variações medievais coligidas por Walther: às vezes esse motivo está associado ao do grande número de arroios que engrossam o rio (15388, cf. nº 816); outras vezes, ao das poucas palavras que fazem explodir um furioso litígio (por exemplo 14886: *Minimis ex verbis lis saepe maxima crescit; / ex minima magnus scintilla nascitur ignis*, "muitas vezes de pequeníssimas palavras nasce um litígio enorme; de uma pequeníssima fagulha, um grande fogo"). Essa imagem retorna nas literaturas modernas (são famosos: Dante, *Paraíso*, 1,34: *Poca favilla gran fiamma seconda*; e Shakespeare, *Henrique VI*, 3,4,8: *A little fire is quickly trodden out*), sendo registrada nas tradições proverbiais (já em Michele Savonarola, *Battibecco*, 12 r.: *Picola favila acende gran fuoco*, cf. Nystedt [citado no nº 814] 128), inclusive com variantes expressivas, como *De uma faísca se queima uma vila* (que tem equivalente em italiano e francês antigo), a inglesa *A little fire burns up a great deal of corn* e a de Abruzos *'Na cannéle n'appiccie 'n'atre e tutte appìccene ju pajiare*.

818. *Folia nunc cadunt, / praeut si triduom hoc hic erimus: tum arbores in te cadent*

Agora as folhas caem e isso tem relação com o que acontecerá se ficarmos aqui três dias: então as árvores cairão em cima de ti!

Essa expressiva imagem significa que se está apenas no início de algo que nada promete de bom e que piorará progressivamente: provém de Plauto (*Menaechmi*, 375 s.) e tem sabor claramente proverbial. Nas tradições modernas, ver o alemão *Nach den Blättern fallen die Bäume* e um provérbio francês análogo.

819. *De nihilo nihilum*
Nada nasce do nada

Pérsio (3,83 s.) transmite este devaneio de um velho doente que medita: *Gigni / de nihilo nihilum, in nihilum nil posse reverti*, "nada nasce do nada e nada pode voltar a ser nada"; trata-se de um trecho que se tornou famoso na Antiguidade tardia, como demonstram as citações de Sérvio, no comentário a Virgílio (*Geórgicas*, 2,49), e de Isidoro de Sevilha (*Origines*, 1,58,17). Na realidade Pérsio haure esse conceito em Lucrécio (cf. 1,150; 1,205; 2,287) e o velho é Epicuro, que, segundo Diógenes Laércio (10,38, cf. 5,37-39 Usener), afirmava que οὐδὲν γίγνεται ἐκ τοῦ μὴ ὄντος, "nada nasce do nada". Contudo, esse é um lugar-comum em filosofia: Aristóteles (*Física*, 187a 26-29) informa que Anaxágoras (A 52 D.-K. = Lanza) não desaprovava a *communis opinio* de que nada nasce do nada e encontram-se reflexões semelhantes já em Melisso (30 B 1 D.-K.) e em Empédocles (31 B 11, B 12,1 D.-K.); esse conceito retorna em autores mais recentes, como Marco Aurélio (*Pensamentos*, 4,4) e Boécio (*A consolação da filosofia*, 5,1). Em todas as línguas européias modernas existem correspondentes à expressão brasileira *De nada nada se faz*; a famosa frase *Nada se cria, nada se destrói, tudo se transforma* consta ser de Lavoisier. Uma referência significativa encontra-se em Voltaire (*Dicionário filosófico*, ver "Matéria"), que com essa expressão defende a eternidade da matéria contra o dogma cristão da criação a partir do nada realizada por Deus.

820. *In stipulis magnus sine viribus ignis*
Na palha o fogo é grande e sem força

Com essa comparação, Virgílio (*Geórgicas*, 3,97-100) caracteriza os ardores amorosos de um velho (para o *topos* do amante velho, cf. nº 1410). Essa imagem do *Fogo de palha*, que cresce com rapidez mas não consegue alimentar-se e logo se exaure encontra-se em vários outros textos: ver por exemplo Ovídio, *Tristia*, 5,8,19 s., Apuleio, *Apologia*, 25, Sílio Itálico, 5,571 s., Orósio, 5,22,18, São Jerônimo, *Ep.* 54,13. A locução italiana *È un fuoco di paglia* costuma indicar algo que parece muito promissor (ou perigoso), mas na realidade dura pouco. No Brasil se diz *Fogo de palha não dura*.

821. *Quisnam istic fluvius est, quem non recipiat mare?*
Afinal que rio é esse que o mar não consegue receber?

É assim que em *Curculio* (v. 86) Plauto diz ser impossível que uma velha beberrona deixe no jarro a mínima quantidade que seja de vinho; essa imagem dos rios que inevitavelmente terminam no mar designa algo que não pode deixar de ter determinada conclusão, mas é usada nos contextos mais diversos. Ainda em Plauto (*Poenulus*, v. 627) ela é adotada como símbolo do caminho seguro para se atingir certa meta, enquanto um trecho de Estácio (*Silvae*, 1,4,34-37) é radicalmente diferente: o fato de mesmo os córregos mais escassos terminarem no mar é um paralelo que incita a não considerar desprezível a poesia "leve"; finalmente, ver Ovídio (*Tristia*, 5,11,27 s.), onde o poeta define a sua súplica aos deuses para que Augusto continue são e salvo como um córrego que vai desaguar no mar, ao lado dos rios representados por idênticos desejos populares. Em âmbito hebraico, deve-se ressaltar o *Eclesiastes*, 1,7, em que o motivo dos rios que deságuam todos no mar constitui um dos tantos exemplos do incessante movimento da natureza que serve de elemento de equilíbrio entre a sucessão contínua das gerações e a infinita vacuidade de tudo (cf. nº 508). Nas tradições modernas, o equivalente ao provérbio *A água corre para o mar* também é registrado em italiano, francês e alemão (em espanhol existe *El agua sale de la mar y a la mar va a parar*), e — assim como a variante *Todo caminho vai dar a Roma* — significa que certas ações têm um final obrigatório, quaisquer que sejam as medidas tomadas.

822. *Motus in fine velocior*
O movimento no fim é mais veloz

Esse lema, de origem medieval e — ao que consta — sem precedentes no latim clássico, ainda é usado: significa que a atividade inabitualmente frenética de uma pessoa (ou a brusca aceleração de algum ritmo) prenuncia o fim, mas também que o tempo parece correr mais depressa quando se está chegando ao final de uma operação e falta pouco para terminá-la. O referencial primário sem dúvida é o movimento acelerado (como por exemplo o da queda de um corpo).

823. Ἔσσεται ἦμαρ, ὅτ' ἄν ποτ' ὀλώλῃ Ἴλιος ἱρή
Dia virá em que a sagrada Tróia perecerá

Essas palavras, ditas na *Ilíada* por Agamêmnon a Menelau (4,164) e depois por Heitor a Andrômaca (6,448), afirmam a inexorabilidade do destino que quer a tomada de Tróia pelos gregos. Esse verso ficou famoso sobretudo entre os alemães (cf. Büchmann 324) e é citado para indicar situações que terão um final obrigatório, a despeito de eventuais indícios em contrário. Em italiano a tradução feita por V. Monti (*Giorno verrà, presago il cor mel dice*) é muito famosa, sendo freqüentemente citada e parodiada. Ainda que em Homero só o primeiro trecho exprima sentimento de confiança, enquanto o segundo é evidentemente acompanhado por profundo pesar, a expressão *dia virá* tem quase exclusivamente sentido positivo: em alemão também existe *Einst wird kommen der Tag*, enquanto na cultura italiana é famoso o *Verrà un giorno...* com que Padre Cristóforo ameaça Dom Rodrigo no sexto capítulo (par. 15) de *Promessi sposi*. Com o mesmo valor, sobretudo nos primeiros anos do pós-guerra, era muito usado na base comunista a expressão *Ha da venì* (ou melhor, na forma romanesca *Addavenì*) *Baffone!* ["dia virá, bigodudo"] (ou seja, Stálin).

824. *Finis Poloniae!*
É o fim da Polônia!

Essa famosa exclamação, repetida para dizer que tudo está perdido, foi atribuída ao comandante polonês Tadeusz Kościuscko: este, depois de ter sido gravemente ferido na cabeça durante a batalha de Maciejowice em 1794, teria assim aludido ao fato de que a partir de então nenhuma região da Polônia continuaria livre e que todo o seu território pátrio estava dividido entre alemães e russos. A seguir, Kościuszko, que conseguiu sobreviver, negou terminantemente ter pronunciado essas palavras; aliás, numa carta ao conde Louis Philippe de Ségur, datada de 12 de novembro de 1803, escreveu que teria sido indigno de qualquer polonês — quanto mais dele — pensar que a morte de uma pessoa pudesse significar o fim da pátria.

825. *Dulcis in fundo*
Doce no fundo

Com essa expressão, que tem origem no latim vulgar, pretende-se afirmar que os acontecimentos — até os mais dolorosos e penosos — reservam, no fim, surpresas positivas; além disso, indica que num conjunto de elementos (ou numa série de argumentos) os melhores são os últimos. É uma das expressões latinas mais usadas e às vezes tem caráter irônico ou pelo menos jocoso. Para um motivo diametralmente oposto, cf. nº 826.

826. *In cauda venenum*
A peçonha está na cauda

Esse provérbio, ainda muito difundido, é de origem medieval: significa que muitas vezes as surpresas negativas estão no fim dos acontecimentos; pode também indicar situações em que, à maneira de certos animais, se dá uma "aguilhoada com a cauda", como por exemplo, num texto cuja conclusão contenha uma ferroada polêmica depois de ter sido escrito em tom equilibrado e conciliador. Portanto, é diametralmente oposto a *Dulcis in fundo* (cf. nº 825) e tem origem no fato de que certos animais, como o escorpião, têm a peçonha na cauda (a ferroada que o escorpião dá com a cauda já era imagem corrente no classicismo, cf. *ThlL* 3,625-11-17). Finalmente deve ser ressaltado que nas várias tradições proverbiais se registra a sua tradução exata: ver o provérbio brasileiro *Na cauda é que está o veneno* (cf. Mota 127, Arthaber 1407).

827. *Quo altior mons, tanto profundior vallis*
Quanto mais alto é o monte, mais profundo é o vale

Esse é um lema de origem vulgar: significa que quem chega a posições notáveis corre o risco de levar tombos clamorosos e que na vida é inevitável a alternância de altos e baixos. A tradução do provérbio latino pode ser encontrada em italiano, francês, alemão e inglês; o italiano tem *A gran salita, gran discesa* (que encontra equivalentes em francês e espanhol) [port., Quanto maior a altura, maior o tombo] e *Chi in alto sale velocissimamente in basso cade precipitevolissimevolmente* (cf. também nº 987). Expressões desse tipo também são usadas com o mesmo sentido consolador de *Depois da tempestade vem a bonança* (nº 1706).

828. *Finis coronat opus*
O fim coroa a obra

Esse provérbio medieval (Walther 9536), ainda usado para indicar que as ações devem ser julgadas à luz de sua conclusão, tem vários precedentes nas literaturas clássicas: antes de mais nada o análogo *Exitus acta probat*, "o resultado é a prova dos atos", encontra-se em Ovídio (*Heroides*, 2,85), e entre as sentenças de Publílio Siro (E 17) temos *Extrema semper de ante factis indicant*, "a conclusão sempre esclarece os acontecimentos anteriores". Conceitualmente, devem ser vistos, em grego, um trecho de Eurípides (*Hipólito*, 700 s.) e um de Demóstenes (1,11); em latim, um de Plauto (*Pseudolus*, 681 s.), alguns de Cícero (*Epistulae ad familiares*, 1,7,5, *ad Atticum*, 9,7a 1, *Pro Rabirio Posthumo*, 11), um de Plínio, o Jovem (*Ep*. 5,21,7), e um de *Fedra* de Sêneca (v. 598), onde se afirma que às vezes o resultado positivo transforma até os delitos em boas obras; uma variação é constituída por *Vita posterior iudicat de priore*, "a vida posterior julga a precedente", de Abelardo (*Ep*. 1,9). Em todas as línguas européias existem equivalentes à expressão brasileira *O fim coroa a obra* (com várias versões italianas, inclusive dialetais, e referências literárias, cf. Battaglia 5,1030), enquanto ao latim medieval *Opus artificem probat* existem vários equivalentes: por exemplo os brasileiros *O trabalho é que faz o homem* e *O trabalho mostra o que o homem é*, e o italiano *Dall'opera si conosce il maestro*; para a árvore que é conhecida pelos frutos, cf. nº 117. Em literatura, devem ser assinalados *Whate'er the course, the end is the renown* de Shakespeare (*All's well that ends well*, 4,4) e *La fine loda tutto* de Brunetto Latini (*Tesoretto*, 654); também deve ser considerada variação sobre esse tema a máxima que se tornou símbolo do pensamento de Maquiavel: *Il fine giustifica i mezzi* [o fim justifica os meios], muito embora não seja essa a forma encontrada em tal autor (para consulta, cf. Battaglia 10,332). Finalmente, deve ser notado que a expressão *Ex eventu*, encontrada nos trechos citados de Plínio e de *Epistulae ad Atticum* de Cícero, com o significado de "a partir do resultado", ainda está viva e é usada sobretudo na locução *Profezia ex eventu*, que designa uma profecia aparente, ou seja, feita depois do acontecimento profetizado. Uma outra versão brasileira é *Cada qual é filho de suas obras*.

829. *Consummatum est*
(Tudo) está consumado

Essa expressão, usada com freqüência para dizer que uma tragédia lenta e grave chegou ao fim, ou simplesmente que algo demorado e penoso acabou, é extraída do *Evangelho de João* (19,30). Trata-se das últimas palavras que Jesus pronuncia na cruz, depois de lhe terem "matado a sede" com vinagre, imediatamente antes de morrer (o grego tem τετέλεσται). São divertidas as referências em Rabelais: não somente em 4,19, mas sobretudo em 3,2, em que Santo Tomás assim exclama depois de ter comido lampréia.

830. *Manum de tabula!*
(Tira) a mão da tábula!

Essa é uma expressão ainda conhecida, usada para mandar alguém parar de fazer alguma coisa. Parece ter origem escolar, à luz de um trecho de Cícero (*Epistulae ad familiares*, 7,25,1: *Manum de tabula! Magister adest citius quam putaramus*, "tira a mão da tábula! O professor está chegando antes do que imagináramos"): trata-se dos escolares que apagam apressados o que o professor não deve ver. Contudo, segundo Plínio (*Naturalis historia*, 35,80), sua origem estaria em palavras de Apeles: Protógenes era igual a ele em tudo e até superior em algumas qualidades, mas ele era melhor numa coisa, *quod manum de tabula sciret tollere*, ou seja, sabia terminar no momento oportuno. Essa locução ainda está presente em Varrão (*Satyrae mennippeae*, 429 B.: *Manum de mensa*) e em Petrônio (76,9); quanto às línguas modernas, com o sentido de *Tira as mãos daí!* é conhecido entre os italianos *Giù le mani!* e, em língua inglesa, *Hands off!*, expressão muito apreciada por Gladstone; a história de Apeles lembra o alemão *Aufhören ist Kunst*.

831. *Si semel... / ... gustarit... / ut canis a corio numquam absterrebitur uncto*

Se provasse uma só vez não mais se afastaria, como o cão (não se afasta) do couro gordurento

A fonte é Horácio (*Sat.* 2,5,81-83): fala-se de Penélope, que só aparentemente é incorruptível, já que na realidade está pronta a seduzir um velho libidinoso. Comentando a passagem, Porfírio ressalta que essa expressão de cunho proverbial se refere às pessoas que não param de fazer determinada coisa; um paralelo perfeito em grego — οὐδὲ γὰρ κύων ἅπαξ παύσαιτ' ἂν σκυτοτραγεῖν μαθοῦσα, "nem uma cadela pararia de morder o couro, uma vez que tivesse aprendido" —, é encontrado em Luciano (*Adversus indoctum*, 25, cf. também Herondas, 7,61-63, e Alcífron, 3,47) e está presente nos paremiógrafos (Greg. Cypr. M. 4,74, Apost. 13,49). Deve-se lembrar o tigre de *Tebaida* de Estácio (8,474 s.), que depois de experimentar sangue quer devorar todo o rebanho; entre as muitas variações sobre o trecho de Horácio documentadas no período medieval, devem ser lembradas *Non leviter corio canis abstrahetur ab uncto, / nec nebulo disco, dum sociatur eo*, "não é fácil afastar um cão do couro gordurento nem um mandrião do prato depois que começaram" (Walther 17962), e *Ut canis a corio vix exterrebitur uncto, / sic velli nec amans a meretrice potest*, "assim como é difícil afastar o cão do couro gordurento, tampouco se pode arrancar o amante da meretriz" (Walther 32327). Nas línguas modernas deve ser observado em especial o alemão *Ein Hund, der rohes Fleisch gekostet hat, ist immer lüstern danach*. Em italiano às vezes se defende a necessidade de ser duro com os subordinados dizendo que *Se si lascia un dito, quelli prendono un braccio* [se damos um dedo, eles pegam o braço].

d) Sorte e destino

832. *Nulla tam bona est fortuna, de qua nil possis queri*

Nenhuma sina é tão boa que dela não te possas queixar

Trata-se de uma sentença de Publílio Siro (N 8) cujos equivalentes perfeitos se encontram por exemplo em *Nostri nosmet paenitet*, "desagrada-nos o que é nosso", de

Terêncio (*Phormio*, 172), e no início da primeira sátira do primeiro livro de Horácio, em que o poeta pergunta por que nunca se está contente com a própria sorte e todos invejam a dos outros. Em grego, deve ser mencionado um *monóstico de Menandro* que declara: κα⟨τὰ τὴν⟩ ἰδίαν φρόνησιν οὐδεὶς εὐτυχεῖ, "ninguém é feliz a seu próprio ver" (388 J.: a integração é de Meineke), sendo difundido o *topos* paralelo de que ninguém é completamente feliz (cf. nº 1660, em especial Eurípides, fr. 661,1 N.², οὐκ ἔστιν ὅστις πάντ' ἀνὴρ εὐδαιμονεῖ, "não há homem que seja totalmente feliz", e o análogo fr. 45 N.²). Uma variante medieval é *Unde queri nequeam, bona fors mihi non fuit umquam*, "nunca tive uma sorte tão boa que não tivesse do que me queixar" (Walther 32155c). Esse motivo também se encontra com freqüência nos provérbios modernos, como o italiano *E non è un per cento di sua sorte contento* e o brasileiro *Ninguém se contenta com o que tem*, além de outros presentes nas várias línguas européias, que repetem com variações marginais o conceito de que ninguém está contente com a própria sorte.

833. *Fabrum esse suae quemque fortunae*
Cada um é artífice de seu destino

Esse provérbio, geralmente citado no nominativo (*Faber est suae quisque fortunae*), afirma a responsabilidade do homem e de suas decisões, negando que o destino independa desses fatores; é atribuído a Ápio Cláudio Cego pelo Pseudo-Salústio (*Epistula ad Caesarem senem de republica*, 1,1,2). Uma variante é constituída por *Sui cuique mores fingunt fortunam*, "o destino de cada pessoa é construído pelos seus costumes", atribuído a um autor cômico anônimo (*Palliata*, fr. incerto 75 R.³), citado por Cornélio Nepos em sua *Vida de Ático* (11,6, cf. também 19,1) e por Nônio (526,25); foi retomado por Cícero (*Paradoxa stoicorum*, 5,1,34) e por Sêneca (*Ep.* 36,6) e registrado — com ligeiras variantes — entre as sentenças medievais (Walther 30628b). Outros paralelos estão presentes em Plauto (cf. *Poenulus*, 916 e sobretudo *Trinummus*, 363 s., onde se ressalta que o sábio *ipsus fingit fortunam sibi*, "constrói a própria sorte" [este último também é registrado por Walther, cf. 27518]), em Terêncio (*Adelphoe*, 399) e em Virgílio (*Eneida*, 10,111 s.). Essa expressão ainda é conhecida e usada proverbialmente; nas várias línguas européias existem versões suas e uma variante italiana é *La sorte è come uno se la fa*, enquanto no Brasil se diz *A sorte quem dá é Deus, a vida o homem procura*; para uma referência literária, ver por exemplo T. Tasso, *Jerusalém libertada*, 10,20,7 s.

834. *Maior sum quam cui possit Fortuna nocere*
Sou forte demais para que Fortuna possa prejudicar-me

Essa expressão faz parte das presunçosas palavras de Níobe em Ovídio (*Metamorfoses*, 6,195): ela se proclama absolutamente feliz e afirma estar ao abrigo de qualquer infelicidade. Como se sabe, isso será logo desmentido e Níobe pagará amargamente a gabarolice de ser superior a Latona: terá quatorze filhos e não dois como a deusa, e os filhos de Latona, Apolo e Diana, matarão todos os seus filhos. Essa frase está registrada entre as sentenças medievais (Walther 14278) e ainda é usada entre os alemães (cf. Büchmann 394); em italiano é muitas vezes citado o verso de Dante *Ben tetragono ai colpi de ventura* (*Paraíso*, 17,24), mas não para indicar as pessoas que se gabam tolamente de não estar sujeitas a desventuras, mas as que são tão fortes que podem suportar com facilidade os contragolpes da vida. Finalmente, nas várias línguas européias existe o correspondente ao provérbio brasileiro *Bom coração quebranta má ventura*.

835. *Sine pedibus dicunt esse Fortunam, quae manus et pinnas tantum habet*

Dizem que Fortuna não tem pés, mas apenas mãos e asas

A fonte é Cúrcio Rufo (7,8,25); essa máxima indica a fugacidade da sorte (cf. também n°s 838-841); o motivo da Fortuna alada também aparece em outros textos, como por exemplo em Horácio (*Carm.* 3,29,53 s.) e em Amiano Marcelino (27,11,2). Em alemão há *Das Glück hat Flügel*.

836. *Fortuna in homine plus quam cōnsilium valet*

Para o homem a sorte tem mais valor do que o discernimento

Essa é uma sentença de Publílio Siro (F 27); um paralelo seu já se encontra num trecho de Plauto (*Pseudolus*, 678 s.) onde se afirma que a sorte vence sozinha os *consilia* de cem sábios; encontram-se paralelos também em Lívio (44,40,3) e em Petrônio (82,6), enquanto num texto de Cúrcio Rufo (6,6,27) e em algumas epístolas de Cícero a Ático (6,4,1; 14,1,1; 14,13,3) tem-se a maior importância da sorte em relação à *ratio* (ou ao *consilium*), vinculada a uma situação específica. Cícero, ademais, analisa máxima semelhante a essa em *Tusculanae disputationes* (5,9,25), afirmando que os filósofos costumam criticar Teofrasto por ter elogiado a sentença *Vitam regit fortuna non sapientia*, "a vida é regida pela sorte e não pela sabedoria" (cf. fr. 18,2 Schneider), mas que na realidade se trata de uma sentença no mínimo coerente com as posições gerais da filosofia de Teofrasto. A propósito do apotegma registrado por Cícero (e também entre as sentenças medievais, cf. Walther 33895), chegou-se a aventar a hipótese de que se trataria de um fragmento de *Pentesilea* de Ênio, porém é mais provável que se trate de uma tradução do próprio Cícero (fr. poet. 2 Traglia): em grego realmente era muito conhecido um verso do trágico Querémon (fr. 2 K.-Sn.) que declarava τύχη τὰ θνητῶν πράγματ' οὐκ εὐβουλία, "as coisas dos mortais são regidas pela sorte e não pela sabedoria". A sua fama é comprovada por várias citações de caráter claramente gnômico, em *Aspis* de Menandro (v. 411), no início do opúsculo intitulado *De Fortuna* de Plutarco (97c), em Libânio (*Or.* 25,11 [2,542,15-16 F.]) e em outros autores (para um quadro completo, remeto a A. Nauck, *Tragicorum Graecorum Fragmenta*, Lipsiae 1889², 782 s.), assim como pela sua presença nos *Monósticos de Menandro* (732 J.). Formulação paralela — também muito bem sucedida — é θέλω τύχης σταλαγμὸν ἢ φρενῶν πίθον, "prefiro uma gota de sorte a um tonel de sabedoria", do trágico Diógenes de Sinope (fr. 2,1 K.-Sn), que foi retomada nos *Monósticos* (333 J.) e em grande número de outros gnomológios; uma série de variações sobre o tema é constituída por um longo fragmento de Menandro (417 K.-Th.); outra afirmação da importância da τύχη em relação à γνώμη encontra-se em Alcífron (3,44,3). Também é freqüente, tanto em grego quanto em latim, a simples constatação de que é a sorte que rege a vida humana, sem oposição da racionalidade: esse motivo já está em Arquíloco (fr. 16 W.), Platão (*As leis*, 4,709ab), Demóstenes (2,22); num trecho de *Comparatio Menandri et Philistionis* (2,22 J., cf. Filémon, fr. 111 K.) lê-se ἅπαντα νικᾷ καὶ μεταστρέφει τύχη, "a sorte tudo vence e transtorna". Em latim, Cícero (*Paradoxa Stoicorum*, 5,1,34, cf. também nº 833) cita o ditado de que a sorte é o elemento mais forte, mas afirma a maior importância do *iudicium*, "discernimento", e da *voluntas*, "vontade"; ver também Ácio (422 R.³), Plauto (*Captivi*, 304 s.), Salústio (*A conjuração de Catilina*, 8,1), César (*De bello Gallico*, 6,30, onde se acrescenta que a importância da sorte é ainda mais notável em contexto militar [cf. também nº 1216]) e Boécio (*A consolação da filosofia*, 2,1). A forma mais difundida nos provérbios modernos deriva do fragmento de Diógenes de Sinope, através da tradução medieval (Walther 10510: *Gutta fortunae prae dolio sapientiae*): em todas as línguas européias e nos vários dialetos italianos verificam-se equivalentes ao italiano *Val più un'oncia di sorte che cento libbre di sapere* (cf. Arthaber 1227); também é corrente *Fortuna, e dormi* (cf. nº 849). É importante a representação da Sorte no *Inferno* de Dante (7,78-81), posta por Deus como *general ministra e duce / che permutasse a tempo li ben vani / ... / oltre la difension di senni umani*.

837. Ἔτος φέρει, οὐχὶ ἄρουρα
É o tempo que produz, não o terreno

Esse provérbio adverte para o fato de os elementos imponderáveis serem mais importantes do que os racionais; toma como exemplo a colheita, mais condicionada pelas vicissitudes climáticas do que pela qualidade do terreno. Está documentado em Teofrasto (*Historia plantarum*, 8,7,6, cf. também *De causis plantarum*, 3,3,24) e em Plutarco (*Quaestiones conviviales*, 701a), num trecho muito deteriorado, em que parece ser atribuído a Homero: na realidade, em vista do esquema métrico, é provável que fizesse parte de um hexâmetro extraído de algum poema didático. Deve-se ademais ressaltar que Boécio (*A consolação da filosofia*, 2,1), ao afirmar que é preciso resignar-se aos caprichos da sorte, utiliza o seguinte exemplo: *Si arvis semina crederes, feraces inter se annos sterilesque pensares*, "se confiasses sementes aos campos, levarias em conta a eventualidade de anos férteis e estéreis". Erasmo (*Adagia*, 1,1,44) traduziu-o como *Annus producit, non ager*; registram-se paralelos em sueco, dinamarquês e em vários provérbios italianos, como o siciliano *Simìna terri chi cci appatta l'annata*.

838. *Levis est Fortuna: cito reposcit quod dedit*
A sorte é volúvel: logo pede de volta o que deu

Essa máxima de Publílio Siro (L 4) constitui uma variação sobre o amplo tema da volubilidade e do acaso da sorte (cf. por exemplo Arquíloco, fr. 130 W., Eurípides, *As troianas*, 1023, fr. 304,3-5 N.², Menandro, *Georgos*, fr. 94,5 K.-Th.,

Luciano, *Nigrinos*, 20, Plauto, *Truculentus*, 219, *Nelei Carmen*, 3 R.[3], Horácio, *Carm.* 3,29,49-52, Virgílio, *Eneida* 11,426 s.), capaz de provocar as mudanças mais radicais, de transformar um retor em cônsul e um cônsul em retor (Juvenal, 7,197 s.), de levar até as estrelas para no minuto seguinte carregar para as profundezas do Cocito (Amiano Marcelino, 14,11,29; para a tradição que dará origem ao provérbio italiano *Dalle stelle alle stalle*, cf. nº 765). O motivo específico da sorte que retoma (ou pede de volta) o que deu aparece em grego num fragmento cômico anônimo (406 K.), enquanto em latim retorna em outra máxima de Publílio Siro (M 44: *Minimum eripit Fortuna cui minimum dedit*, "a sorte retira o pouquíssimo daquele a quem deu pouquíssimo"), em Horácio (*Carm.* 1,34,14-16), em Ovídio (*Tristia*, 3,7,41) e sobretudo em Sêneca, onde se transforma numa exortação a não se preocupar com os altos e baixos da vida justamente porque a sorte pode tomar de volta só aquilo que deu, ou seja, as riquezas, e não os bens espirituais: famoso é *Quod non dedit Fortuna non eripit*, "o que a sorte não deu não leva de volta", de *Ep.* 59,18, que recorre em forma quase idêntica em *De constantia sapientis*, 5,4; ver também *Agamêmnon*, 101, e sobretudo *Medéia*, 176 (*Fortuna opes auferre non animum potest*, "a sorte pode levar as riquezas, não a alma"). Em grego deve ser observado um fragmento cômico anônimo (406 K.), documentado por Hélio Aristides (1,778 D.), que diz: πάντα ταῦτα γὰρ / τύχη δίδωσι καὶ παραιρεῖται πάλιν, "a sorte dá tudo isso e pede de volta". Entre as variantes medievais, uma (Walther 26068) usa terra em lugar de sorte, enquanto em *Carmina Burana* (*O fortuna*, 1-3) diz-se que a sorte é mutável como a lua. Nas línguas européias modernas existem equivalentes ao italiano *La fortuna non ci può togliere se non quello che ci ha dato* (cf. Arthaber 533), provérbio que evidentemente tem origem na citada sentença de Sêneca; também é muito difundido o *topos* da volubilidade da sorte (cf. por exemplo La Fontaine, 9,16). Recordo, enfim, um provérbio brasileiro que diz *A água o dá, a água o leva*.

839. *Fortuna vitrea est: tum cum splendet frangitur*

A sorte é de vidro: exatamente quando reluz, quebra-se

Trata-se de uma sentença de Publílio Siro (F 24) que evidencia a fortuidade da sorte; variante medieval é *Suspectum tibi sit quidquid sors vitrea misit! / Crede: parum stabiles, quas tibi sors dat, opes*, "suspeita de tudo o que a vítrea sorte te dá! Acredita: os bens dados pela sorte são pouco estáveis" (Walther 30926). Em português existe *A fortuna é como o vidro: tanto brilha como quebra*, em inglês, *Fortune is like glass the lighter the glitter the more easily broken*; em alemão, *Glück und Glas wie bald bricht das!*, e em italiano, *La fortuna ha i pie' di vetro*.

840. *Versatur celeri Fors levis orbe rotae*

A sorte gira no círculo célere de uma roda ligeira

A imagem da "roda da fortuna", assim explicitada por Tibulo (1,5,70), aparece com freqüência na literatura latina para indicar a volubilidade da sorte: em Cícero, por exemplo, ela está em oposição ao *saltatorius orbis*, "giro de dança" (*In Pisonem*, 10,22), com um jogo de palavras que pareceu de gosto duvidoso a algumas pessoas, como demonstra a crítica de Apro em *Dialogus de oratoribus* de Tácito (23,1); em Ovídio é freqüente a presença do *orbis* incerto da fortuna (cf. por exemplo *Tristia*, 5,8,7 s., *Epistulae ex Ponto*, 2,3,55 s.; 4,3,31 s.); o *topos* reaparece também em Amiano Marcelino (26,8,13; 31,1,1), Ausônio (*Parentalia*, 24,13) e em *Consolatio ad Liviam* (vv. 51 s.); em grego a idéia da τύχη que στρέφει πάντα, "tudo vira", está num *monóstico de Menandro* (708 J.). Roda da fortuna é locução documentada em vários textos (para as variações medievais, cf. H. Walther, "Mittellateinisches Jahrbuch" 1 [1964] 45-58; ver também, por exemplo, *Carmina Burana*, *O fortuna*, 15, e *Fortunae plango vulnera*, 17), sendo ainda muito usada: em várias línguas européias existem provérbios segundo os quais "a roda da fortuna não é sempre a mesma" (Arthaber 535) ou que *A roda anda, anda, mas também desanda* (Mota 50) Atualmente essa imagem se concretiza nos modernos jogos televisivos, que utilizam uma roda na qual estão escritas várias alternativas, entre as quais será escolhida aquela que for indicada por uma seta quando a roda parar de girar. Na literatura italiana sem dúvida devem ser assinaladas as palavras que Dante dirige a Brunetto Latini (*Però giri Fortuna la sua rota / come le piace, e il villan la sua mazza* [*Inferno*, 15,95 s., cf. também 7,88-90]) e as palavras de Parini na ode *L'impostura* (vv. 41 s.: *Fortuna a te* [isto é, à Impostura] *devota, / diede a volger la sua rota*), mas de qualquer modo são muitos os textos em que essa expressão aparece (para uma resenha, ainda que parcial, remeto a Battaglia 6,225). Para o caráter inevitável das alternâncias da sorte, cf. também nºs 775-777.

841. *Fortuna caeca est*

A sorte é cega

Essa expressão é extraída de um trecho de *De amicitia* de Cícero (15,54), onde se afirma que *Non enim solum ipsa Fortuna caeca est, sed eos etiam plerumque efficit caecos quos complexa est*, "na verdade não só a sorte é cega como também, na maioria das vezes, torna cegos aqueles que abraça": trata-se da retomada de um motivo da comédia grega (cf. *Pluto* de Aristófanes, Menandro, fr. 77 K.-Th., Antifanes, fr. 259 K.), onde porém a cegueira e a capacidade de tornar cego são próprios da riqueza (esse tema com certeza é paralelo ao que ora estudamos, já que a deusa latina Fortuna assume funções análogas ao grego Pluto). De qualquer modo, o motivo da cegueira da sorte era *topos* difundido tanto no Oriente antigo (cf. G. Dumézil, *Gli dei sovrani degli indoeuropei*, Torino 1985 [Paris 1977], 92), quanto no mundo clássico, onde é documentado também em artes plásticas. Um fragmento de Menandro (463 K.-Th., cf. *Monósticos de Menandro*, 741 J.) declara: τυφλόν γε καὶ δύστηνόν ἐστιν ἡ τύχη, "a sorte é um ser cego e infeliz", mas é na literatura latina que o tema é mais freqüente: Pacúvio (366; 370 R.[3]), Cícero (*Filípicas*, 13,5,10), Marcial (4,51,3 s.), Ovídio (*Epistulae ex Ponto*, 4,8,16, *Fastos*, 6,576), Plínio (*Naturalis historia*, 2,5,22), Sêneca (*Fedro*, 979 s., *As fenícias*, 631 s.), Estácio (*Silvae*, 2,6,8 s.), Apuleio (*Metamorfoses*, 8,24; 11,15), Amiano Marcelino (31,8,8); um *dístico de Catão* (4,3), enfim, apresenta-se "contra a corrente": *Cum sis incautus nec rem ratione gubernes, / noli Fortunam quae non est dicere caecam*, "se és imprudente ou não geres as coisas com raciocínio, não digas que a sorte é cega, pois não o é". A sorte continuou sendo cega posteriormente, tanto nas tradições proverbiais (cf. Mota 39, Arthaber 531; máximas desse tipo são comuns nos vários dialetos italianos) quanto nas literárias: La Rochefoucauld assim a denomina (*Maximes*, 391) e Shakespeare, em *Henrique V* (3,5), assevera que *Fortune is painted blind, with a muffler afore her eyes, to signify to you that Fortune is blind*; finalmente, Corrado Alvaro (*Gente d'Aspromonte*, 71) apresenta a variante *L'invidia ha gli occhi e la fortuna è cieca*.

842. Εὐτυχῶν μὴ ἔσο ὑπερήφανος, ἀπορήσας μὴ ταπεινοῦ
Quando as coisas vão bem, não te ensoberbes; quando vão mal, não te deprimas

Essa máxima, registrada em Pseudo-Máximo Confessor (*Loci communes*, 18,590 Combefis) e em Arsênio (8,12b), recomenda a moderação no que se refere às várias situações da vida, retomando um *topos* já presente em Arquíloco (fr. 128,4 ss. W.); equivalente seu em latim medieval é *Si fortuna iuvat, caveto tolli; / si fortuna tonat, caveto mergi*, "se a sorte ajuda, evita exaltar-te; se a sorte é contrária, evita deprimir-te!" (Walther 28502, cf. também 6530), não faltando paralelos entre os provérbios modernos, tais como o italiano *Nella felicità ragione, nell'infelicità pazienza*, o espanhol *Si cazares, no te alabes; si no cazares, no te enfades*, o alemão *Im Glück nicht jubeln, in Sturm nicht zagen*. Lembro enfim que um dos conselhos dados ao filho no poema *Se* de R. Kipling é o de tratar da mesma maneira triunfo e ruína.

843. *Fortuna favet fatuis*
A sorte favorece os fátuos

Essa máxima do latim vulgar (Walther 9847c), que se vale de uma bela aliteração de três membros, tem um precedente clássico num trecho de *Magna Moralia* (1207a 5), onde Aristóteles afirma que οὗ πλεῖστος νοῦς καὶ λόγος, ἐνταῦθα ἐλαχίστη τύχη, οὗ δὲ πλείστη τύχη, ἐνταῦθ' ἐλάχιστος νοῦς, "onde há mais intelecto e raciocínio há menos sorte; onde há mais sorte, há menos intelecto", cuja tradução latina, que ficou famosa, declara: *Ubi plurimus intellectus et ratio, ibi minima fortuna, at ubi plurima fortuna, ibi minimus intellectus*. Uma sentença de Publílio Siro (F 8) tem o seguinte teor: *Fortuna nimium quem fovet stultum facit*, "a sorte imbeciliza aquele a quem favorece demais" (que talvez tenha parentesco com a tradição de que a sorte primeiro imbeciliza para depois arruinar, cf. nº 1500). Muitos provérbios modernos retomam esse motivo, tais como o italiano *La fortuna aiuta i matti e i fanciulli*, os brasileiros *Ao menino e ao borracho põe Jesus a mão por baixo* e *Quanto mais besta, mais peixe*, os franceses *La fortune rit aux sots* (que tem equivalente perfeito em alemão e inglês) e *Fortune aide à trois sortes de personnes: aux fous, aux enfants e aux ivrognes*, o espanhol *Ventura hayas, hijo, que poco saber te basta*. A máxima de Publílio Siro também reaparece algumas vezes, como por exemplo no italiano *Fortuna instupidisce colui ch'ella troppo favorisce*.

844. Habent sua fata libelli
Os livros têm seu próprio destino

Essa expressão é citada com freqüência para afirmar que os livros, assim como os homens, estão sujeitos às irracionalidades da sorte; às vezes, porém, significa que todos os livros estão fatalmente destinados a cedo ou tarde cair no esquecimento, outras vezes que os maus livros acabam por ser reconhecidos como tais. Não é de Horácio, como muitos afirmam, mas de Terenciano Mauro (*De literis, syllabis et metris*, 1286; o verso inteiro tem o seguinte teor: *Pro captu lectoris habent sua fata libelli*, "os livros têm seu próprio destino, segundo a receptividade do leitor"). Foi citada por Goethe em seus *Sprüche in Prosa* (*Ethisches*, 2,153), com *Auch Bücher haben ihr Erlebtes*.

845. Fortuna multis dat nimis, satis nulli
A sorte dá demais a muitos e a ninguém o suficiente

Essa máxima é extraída de Marcial (12,10,2): refere-se a pessoas insaciáveis; reaparece no chamado *Appendix sententiarum* (324 R.²). Em alemão ainda existe um paralelo perfeito (*Das Glück giebt vielen zuviel, aber niemandem genug*); em italiano existe *A chi troppo, a chi niente*, mas para indicar a real disparidade de tratamento e não a impossibilidade de saciar o ser humano.

846. Fortunae filius
Filho da sorte

Essa expressão indica uma pessoa muito feliz; encontra-se em Horácio (*Sat.* 2,6,49), que assim é chamado por todos por estar próximo de Mecenas (esse trecho é registrado por Walther em sua coletânea de sentenças medievais [9884: *Fortunae filius! Omnes clamant*]) e em Petrônio (43,7; cf. também nº 847); num trecho da sexta sátira de Juvenal (vv. 605 ss.) são assim chamados os enjeitados recolhidos pelas matronas romanas, que os pobres maridos eram levados a crer que fossem filhos legítimos e que, segundo Juvenal, constituíam uma reserva inexaurível de futuros magistrados. Na literatura grega, têm grande importância dois trechos: primeiramente um verso do terceiro canto da *Ilíada* (182) em que Príamo define Agamêmnon como μοιρηγενής por sua posição afortunada e privilegiada e, sobretudo, um trecho de *Édipo Rei* de Sófocles (vv. 1080 s.), em que o protagonista se denomina παῖδα τῆς τύχης, "filho da sorte", querendo com isso dizer que seus pais são desconhecidos mas ele é protegido pela sorte. Nesse segundo caso, a expressão contém grande intensidade, sendo o que se costuma chamar de "ironia trágica": Édipo logo descobrirá aquilo que os espectadores já sabem, ou seja, a sua situação, ao contrário, é muito desventurada (para uma análise profunda, remeto ao já clássico C. Diano, *Edipo figlio della tyche*, "Dioniso" 15 [1952] 56-89). Em italiano, sobre a pessoa *Bafejada pela sorte*, diz-se *Baciata in fronte dalla fortuna*, enquanto a locução *Figlio della tyche*, ainda usada em meio erudito, refere-se explicitamente à passagem de

Sófocles e aos incríveis reveses da sorte de Édipo: designa portanto alguém que está
à mercê dos acontecimentos e do destino.

847. *In manu illius plumbum aurum fiebat*
Em suas mãos o chumbo transformava-se em ouro

É assim que Petrônio (43,7) designa uma pessoa muito afortunada, aliás, filha da sorte
(cf. nº 846), com uma expressão que se vale da tópica diferença entre chumbo e ouro,
vistos como dois materiais de valor diametralmente oposto, já que um é vil e outro é
precioso por antonomásia (cf., por exemplo, Aristeneto, *Ep.* 1,10, Marcial, 10,49,3-5,
Venâncio Fortunato, 4,26,129). Encontra-se um paralelo em *Discussões de Epiteto* de
Arriano (3,20,12), onde a transformação em ouro pelo toque é próprio do caduceu de
Hermes, mas deve ser mencionada sobretudo a conhecidíssima lenda do rei Midas:
este obteve dos deuses o dom de transformar tudo o que tocasse em ouro, mas acabou
por morrer de fome, pois até os alimentos e as bebidas se transformavam em ouro (cf.,
por exemplo, o escólio a Aristófanes, *Pluto*, 287, e Apostólio, 11,27). Em vista desse
fim inglório, o rei Midas não é tanto um símbolo de felicidade quanto de burrice: uma
tradição afirma que lhe nasceram orelhas de asno (nºˢ 481, 963); também deve ser
mencionada uma passagem de *Navigium* de Luciano (21), em que uma das personagens faz a seguinte advertência ao interlocutor que gostaria de transformar camas e
mesas em ouro: ὅρα μόνον μὴ ὥσπερ τῷ Μίδα καὶ ὁ ἄρτος σοι καὶ τὸ ποτὸν
χρυσὸς γένηται, "só toma cuidado para que não se transformem em ouro até o pão e
as bebidas, como ocorreu a Midas!". A história do rei Midas ainda é muito conhecida e costuma-se dizer, de pessoas muito habilidosas, que "tudo o que toca se transforma em ouro"; contudo, em italiano, *Mutare il piombo in oro* significa "recompensar
generosamente demais um favor de pouca importância" (Battaglia 12,139: trata-se,
evidentemente, de um desenvolvimento da oposição entre chumbo e ouro diferente daquele que se encontra em Petrônio); finalmente, deve ser lembrado que o chumbo era
justamente o material do qual os alquimistas partiam na procura do ouro.

848. *Amor fati*
Amor ao destino

Essa famosa expressão não é antiga: deriva dos textos de F. Nietzsche, que assim definia o comportamento do super-homem: o de aceitação integral da vida e do destino,
a ponto de fruí-los. É significativo o fato de T. Mann retomar essa expressão na introdução escrita em 1953 a *O eleito*. Para conceito semelhante na literatura clássica,
cf. nº 852.

849. Εὔδοντι κύρτος αἱρεῖ
Enquanto ele dorme, a sua rede vai capturando

Esse provérbio, registrado por vasta tradição lexicográfica e paremiográfica (Hesych.
ε 6767, Phot. 28,27 P., *Prov. Bodl.* 429, Diogen. 4,65, Greg. Cypr. 2,34, Greg. Cypr.

M. 3,7, Apost. 8,9), constitui um fragmento duvidoso de Arquíloco (307 W.) e é saborosamente parodiado por Cratino (fr. 3 K.-A.: εὕδοντι δ' αἱρεῖ πρωκτός, "enquanto ele dorme, o seu cu vai capturando"): indica uma pessoa extremamente afortunada, a ponto de ser comparada a um pescador que pode ficar repousando tranqüilamente, pois os peixes vão espontaneamente para a sua rede. A esse provérbio fazia alusão uma pintura irônica, de que Plutarco nos dá notícia (*Regum et imperatorum apophthegmata*, 187bc, *De Herodoti malignitate*, 856b, *Vida de Silas*, 6,5): representava Timóteo de Atenas dormindo enquanto Fortuna lhe jogava algumas cidades na rede; ademais, esse provérbio tem afinidade com um fragmento de Menandro (395,4 s K.-Th.: αὐτόματα γὰρ τὰ πράγματ' ἐπὶ τὸ συμφέρον / ῥεῖ, κἂν καθεύδῃς, "as coisas tomam espontaneamente o caminho certo, mesmo se dormires") e com uma formulação documentada em Zenob. vulg. (4,8: εὐδόντων ἁλιευτικῶν κύρτος, "a rede dos pescadores que estão dormindo". Também existem citações dessa expressão em latim: ver principalmente *Credebas dormienti haec tibi confecturos deos?*, "acreditavas que os deuses te haveriam de fazer isso enquanto dormias?", de Terêncio (*Adelphoe*, 693), e *Quibus omnia populi Romani beneficia dormientibus deferuntur*, "aos quais, enquanto dormem, são conferidos todos os benefícios do povo romano", de Cícero (*In Verrem actio secunda*, 5,70,180). Esse motivo também está no *Antigo Testamento*: no salmo 126,2 faz-se um paralelo entre os que precisam trabalhar duro e dormir tarde para conseguir o pão e os diletos de Deus, aos quais a divindade dá o pão enquanto dormem. Em latim medieval existem variações divertidas: por exemplo, *Dormienti vulpi cadit intra os nihil*, "enquanto a raposa dorme nada lhe cai na boca" (Walther 6293), *Dum stertit cattus, numquam sibi currit in os mus*, "enquanto o gato dorme o rato não lhe corre para a boca" (6726), *Non volat in buccas assa columba tuas*, "nenhuma pomba assada vai voar para a tua boca" (18719). Em todas as línguas modernas existem provérbios semelhantes ao italiano *Fortuna, e dormi* (semelhante ao francês e com numerosas variantes dialetais, como a bolonhesa *Chi ha d'avèir ventura, an i ucàrr 'd livèrs a bonòura*), aos brasileiros *Raposa que dorme não apanha galinha* e *Cobra que não anda não engole sapo*, ao alemão *Gott gibt's dem Seinen im Schlafe*, que tem equivalente inglês e deriva do citado trecho bíblico, ao russo *Komu poživëtcja u togo i petuch nesëtsja* (ou seja: "para quem tem sorte até galo põe ovos"). São pitorescos vários ditados que negam a possibilidade de que as coisas venham gratuitamente: italiano, *Chi dorme non piglia pesci* e *A nessuno piovono le lasagne in bocca*; corso, *I fichi e i lonzi un cascanu da u celu*; francês, *Les alouęttes rôties ne se trouvent pas sur les haies*; alemão, *Niemanden fliegen die gebratenen Tauben ins Maul* (com paralelo exato em inglês).

850. Ἀεὶ γὰρ εὖ πίπτουσιν οἱ Διὸς κύβοι
Os dados de Zeus caem sempre do lado certo

Esse é um fragmento de Sófocles (895 R.) cuja proverbialidade é comprovada pelo fato de que entre as numerosas documentações (para as quais remeto ao estudo crítico de Radt) também estejam os representantes da tradição paremiográfica (Zenob. vulg. 2,44, Diogen. 1,58, Greg. Cypr. 1,18, Greg. Cypr. M. 1,18, Macar. 1,37, Apost.

1,40, *Suda* α 607). Segundo a exegese destes últimos, essa expressão, que se vale da imagem dos deuses lançando dados para decidir o destino da humanidade (cf. por exemplo Ésquilo, *Sete contra Tebas*, 404, Pseudo-Eurípides, *Reso*, 183), indica uma pessoa totalmente feliz e afortunada ou que recebe honrarias merecidas. Encontra-se uma formulação paralela em Macário (1,38: ἀεὶ τρὶς ἓξ πίπτουσιν οἱ Διὸς κύβοι, "os dados de Zeus sempre fazem dezoito"). Por outro lado, é difundida a imagem dos dados para representar a vida humana (ver por exemplo Aléxis, fr. 34 K., Plutarco, *De tranquilitate animi*, 467a, e Terêncio, *Adelphoe*, 739).

851. *Audaces Fortuna iuvat*

A sorte ajuda os audazes

Trata-se de um dos provérbios latinos mais conhecidos e utilizados: significa que se pode contar com a ajuda da sorte quando se tem coragem de arriscar. Essa formulação, contudo, é tardia: não parece ser encontrada antes de Coripo (*Iohannis*, 1,561 s.); na realidade o provérbio antigo era aliterante: *Fortes Fortuna (ad)iuvat*, verificado por exemplo em Terêncio (*Phormio*, 203), Cícero (*De finibus*, 3,4,16), Lívio (8,29,5; 34,37,4), Plínio, o Jovem (*Ep.* 6,16,11: essas são palavras do tio, famoso naturalista que, a bordo de um navio que o levava para lugares seguros, pede ao timoneiro que volte para poder observar de perto a erupção do Vesúvio). Existe uma variação formal em *Fortibus est Fortuna viris data*, "a sorte é concedida aos fortes", de Ênio (*Anais*, 233 Skutsch = 257 V.[2]), retomada por Cícero numa passagem (*Tusculanae disputationes*, 2,4,11) onde se assevera que *fortis* é quem sabe comportar-se com força mas também com discernimento: *Fortis enim non modo Fortuna adiuvat... sed multo magis ratio*, "os fortes são ajudados não só pela sorte, mas ainda mais pelo raciocínio". Na história desse provérbio é importante um verso de Virgílio (*Eneida*, 10,284) em que Turno incita os seus a jogar os troianos ao mar, concluindo a exortação com um epigramático *Audentes Fortuna iuvat;* "a sorte ajuda os que ousam": Virgílio usa *audentes* e não *audaces*, indicando assim — como ressalta A. Traina (*"Audentes Fortuna iuvat" (Verg. Aen. 10,284). Per la storia di un proverbio*, in *Catalogo d'un disordine amoroso*, Chieti 1988, 293-297) — um estado psíquico contingente e não uma qualidade permanente, que nesse caso assumiria conotação por demais negativa, designando uma coragem desprovida de critério e perniciosa, exatamente a degeneração daquele *fortis* a que se referia inicialmente a sentença em estudo. Também em *audentes* esse provérbio reaparece em Ovídio (*Metamorfoses*, 10,586, *Ars amatoria*, 1,606, *Fastos*, 2,782), Sêneca (*Ep.* 94,28), Claudiano (*Carmina minora*, 41,9), Coripo (*Iohannis*, 6,711). Deve-se notar que em contexto amoroso a sorte é muitas vezes substituída por Vênus (por exemplo em Tibulo, 1,2,15 s., em Ovídio, *Heroides*, 19,159), ou, como no trecho citado de *Ars amatoria*, faz-se um paralelo entre as duas. São conceitualmente afins algumas passagens de Lívio (4,37,7; 5,19,8); outras variações são *Deos fortioribus adesse*, "a divindade ajuda quem é mais forte", de Tácito (*Historiae*, 4,17), e *Fortuna fortes metuit, ignavos premit*, "a sorte teme os fortes e esmaga os covardes", pronunciada (com significativa inversão do valor moral) por Medéia na tragédia homônima de Sêneca (v. 159). Os precedentes gregos na maioria das vezes fazem parte do *topos* mais geral do "ajuda-te que Deus te ajudará" (cf. nº 914), mas parece ser especialmente importante um fragmento de Menandro (494,3 K.-Th.) que declara: τόλμῃ δικαίᾳ καὶ θεὸς συλλαμβάνει, "até a divindade dá a mão à justa ousadia". O provérbio *Ao homem ousado, a fortuna estende a mão* tem equivalentes em todas as línguas européias modernas, inclusive com variações do tipo do italiano *Fortuna i forti aiuta e i timidi rifiuta*; quanto às referências literárias, devem pelo menos ser assinaladas a famosa *Fortuna e ardir van spesso insieme* de Metastasio (*Temistocle*, 1,14) e as palavras de Gertrudes na segunda cena do primeiro ato de *Guilherme Tell* de Schiller (*Dem Mutigen hilft Gott!*).

852. Σοφοῦ γὰρ ἀνδρὸς τὰς τύχας ὀρθῶς φέρειν
É próprio do homem sábio saber suportar os golpes do destino

A fonte é Aléxis (fr. 252 K.); trata-se de um conceito difundido nas literaturas clássicas: Sófocles (*Édipo em Colono*, 1694, cf. também abaixo), Menandro (fr. 181,2 K.-Th.), Antífanes (fr. 281 K.), um fragmento cômico anônimo (228,6 K.), Paladas (*Antologia Palatina*, 10,73), numerosos textos latinos (entre os quais devem ser assinalados o aliterante Terêncio, *Phormio*, 138, *Quod fors feret feremus aequo animo*, "o que a sorte nos reservar, suportaremos com ânimo forte"), um fragmento de Lucílio (27,40 Charpin = 700 M.), um trecho da *Eneida* (5,710: em que o velho Nautes, sacerdote de Palas, afirma para encorajar Enéias: *Superanda omnis Fortuna ferendo est*, "deve-se superar os golpes do destino suportando-os") e um preceito semelhante enunciado por Sêneca (*Ep.* 107,9). São muitas as variações desse *topos*; um fragmento de Sófocles (319 R.) apresenta: ἐσθλοῦ πρὸς ἀνδρὸς πάντα γενναίως φέρειν, "é próprio do homem nobre suportar tudo com força" (essa gnoma recorre de forma quase idêntica num *monóstico de Menandro* [15], cf. *Comparatio Menandri et Philistionis*, 1,279); além disso, muitos textos afirmam que é preciso suportar tudo o que ocorra: ver por exemplo Eurípides, fr. 505 N.², Menandro, fr. 633 K.-Th., Plutarco, *Consolatio ad Apollonium*, 102a, e — em grego tardio e num contexto bizantino — vários outros, para os quais remeto à edição dos fragmentos de Sófocles feita por Radt (pp. 308 s.); em latim essa variante aparece, por exemplo, em Cícero (*Pro Sestio*, 68,143: *Quod acciderit feramus*, "suportaremos tudo o que ocorrer"). Outra variação, difundida principalmente em latim, prescreve suportar com paciência tudo o que não pode ser mudado: além de um trecho de Terêncio (*Adelphoe*, 738), um de Horácio (*Carm.* 1,24,19 s.) e o de Sêneca já indicado, devem ser citadas duas sentenças de Publílio Siro: *Feras, non culpes quod mutari non potest*, "suporta, não inculpes o que não pode ser mudado" (F 11), e *Mutare quod non possis, ut natum est, feras*, "suporta o que não podes mudar, por ser de nascença" (M 62). Outras vezes se diz que é preciso suportar o que provém da divindade: esse conceito encontra-se, por exemplo, em Teógnis (591 s.), em Eurípides (*As fenícias*, 382: δεῖ φέρειν τὰ τῶν θεῶν, "é preciso suportar o que vem dos deuses") e na versão vulgar — presente tanto nos códices medievais quanto nos paremiógrafos (*App. Prov.* 4,98, *Suda* τ 847) — da já citada passagem de *Édipo em Colono* (τὸ φέρον ἐκ θεοῦ καλῶς φέρειν χρή, "é preciso suportar o que vem da divindade" [os problemas textuais não comprometem o sentido gnômico do verso]); em latim, ver principalmente um trecho de Plauto (*Aulularia*, 88); no *Antigo Testamento*, Jó, no livro homônimo (2,10), repreende a mulher perguntando-lhe por que não se aceitam os males que vêm de Deus, já que se aceitam os bens. Finalmente, devem ser ressaltados outros textos semanticamente afins: Plauto, *Rudens*, 402, Terêncio, *Phormio*, 429 s., Ovídio, *Amores*, 1,2,10, Propércio, 2,5,16. Em todas as línguas européias existem máximas desse tipo: em italiano *Quel ch'è disposto in cielo, convien che sia*; em alemão *Was du nicht ändern kannst, das nimm geduldig hin* e *Was du nicht kannst werden, das leid' und thu's nicht schänden* (cf. Arthaber 276, 1292, Otto 654); esse motivo tem grande difusão em todos os níveis: desde *Che giova ne le fata dar di cozzo?*, de Dante (*Inferno*, 9,97), até *Que será será, whatever will be will be* (correspondente ao provérbio brasileiro *Aconteça o que acontecer*), que Doris Day canta no filme *O homem que sabia demais*, de A. Hitchcock.

853. *Ducunt volentem fata, nolentem trahunt*
O destino conduz quem consente e arrasta quem não consente

Essa expressão, registrada entre as sentenças medievais (Walther 6321) e ainda usada (inclusive na forma abreviada *Fata trahunt*) para indicar a inexorabilidade do destino, deriva das *Epístolas a Lucílio* de Sêneca (107,11). Na realidade, trata-se de um verso pertencente a uma reconstrução do *Hino a Zeus* do filósofo estóico grego Cleantes (fr. 527 Arnim), texto que na Antiguidade devia ser muito famoso, já que foi posto no fim do *Enchiridion* (52) por Epiteto e citado nas *Discussões de Epiteto* de Arriano (2,23,42). Nessa sentença, o autor latino condensa e evidencia com felicidade um dos elementos mais notáveis do original: o destino, como já observava Santo Agostinho (*De civitate Dei*, 5,8), coincide aqui substancialmente com a vontade do deus supremo, à qual o filósofo quer conformar a sua. Por outro lado, pertence a Sêneca o conceito de que o sábio não se deixa arrastar pelo destino: ver *De providentia*, 5. Esse provérbio (retomado por Rabelais 5,36) e o conceito que ele exprime foram muito apreciados por Guicciardini: ver *Ricordi*, A 55; B 80; C 138, *Storia d'Italia*, 16,10; 18,8. Finalmente, um provérbio brasileiro diz *Contra fatos não há argumentos*.

854. *Fata viam invenient*
O destino encontrará seu próprio caminho

Essa frase atualmente é citada para afirmar a inexorabilidade do destino ou para representar a indefectível execução daquilo que se considera necessário, independentemente de qualquer problema ou dificuldade. É extraída de *Eneida* (10,113), onde é proferida por Júpiter como conclusão de um discurso em que proclama a sua neutralidade na batalha entre troianos e rútulos, apesar dos apelos de Vênus e Juno, que gostariam que ele interviesse em favor de uns ou de outros. É registrada por Walther entre as sentenças medievais (8887). Cito, enfim, o provérbio brasileiro *O que tem de ser tem muita força*.

855. Ἄν πολλὰ βάλλῃς, ἄλλοτ' ἀλλοῖον βαλεῖς
Se lançares muitos dardos, atirarás alguns para um lado, outros para outro

A fonte é Aristóteles, que no opúsculo dedicado à interpretação dos sonhos (463b 21) afirma que a maior parte dos sonhos não é de origem divina e explica os verídicos como meramente casuais, fazendo a seguinte comparação: quem sonha muito é como quem lança muitos dardos e acaba fatalmente conseguindo, com um deles, atingir o alvo (para a concepção aristotélica do sonho, cf. G. Cambiano-L. Repici, *Aristotele e i sogni*, in *Il sogno in Grecia*, Bari 1988, 121-135, em part. 131-133). Desse tratado de Aristóteles derivam diretamente as citações posteriores da imagem em Plutarco (*De defectu oraculorum*, 438a) e em Cícero (*De divinatione*, 2,59,121), mas a proverbialidade dessa expressão é demonstrada pelo fato de ser registrada pelos paremiógrafos (*Mant. Prov.* 1,18, Apost. 2,87), que afirmam ser ela usada com respeito aos que conseguem atingir seu objetivo por meio de muitos atos ou palavras.

856. *Et in Arcadia ego*
Eu também estou na Arcádia

Essa locução agora é comumente entendida com o sentido de "eu também estive na Arcádia", indicando uma experiência feliz por parte de quem a profere: a Arcádia era a região inacessível e montanhosa do Peloponeso que em Virgílio se transformou num reino de paz, tranquilidade e felicidade pastoral, permanecendo famosa como tal (até o fim do século XVIII indicou um modo classicista de fazer poesia, assim como a academia literária italiana mais importante). Essa expressão, porém, nasceu com sentido diferente: aludia à morte, que faz suas vítimas até nas felizes terras da Arcádia, sendo encontrada com esse sentido nas artes plásticas dos séculos XVI e XVII (Bartolomeu Schidone, Guercino, Poussin), ao lado de caveiras ou sobre monumentos fúnebres (para outros detalhes, remeto a Büchmann 417 s.); reaparece na literatura alemã (ver, por exemplo, J. G. Jacobi, *Winterreise*, 2,87, C. M. Wieland, *Pervonte*, 3, p. 155, Böhm, Herder, *Ideen*, 7,1). O significado usual na atualidade encontra-se em Schiller (no início do poema *Resignation*) e em Goethe (que a usa como mote de sua *Viagem à Itália*); *Et in Arcadia ego* também é título de um livro de E. Cecchi, escrito em 1936, em que o autor conta uma viagem sua à Grécia.

ESPERANÇAS, DESEJOS, METAS E DETERMINAÇÃO DE CONCRETIZÁ-LOS

a) Esperanças e desejos

857. *Carpent tua poma nepotes*
Teus netos colherão os frutos

Essa expressão provém de uma passagem de Virgílio (*Bucólicas*, 9,50) na qual se recomenda enxertar as pêras com confiança, seguros em relação ao futuro, visto que os tempos difíceis parecem ter passado, agora que o astro de César se ergueu no horizonte. Essa expressão tornou-se proverbial para indicar a volta da segurança e do otimismo.

858. *Hoc erat in votis*
Isto estava nos auspícios

Com essa frase Horácio (*Sat.* 2,6,1) refere-se a uma propriedade em Sabina que lhe fora dada por Mecenas e que corresponde exatamente aos seus auspícios. Essa expressão ainda é muito conhecida e usada, inclusive nas formas *Quod erat in votis* e *Sicut erat in votis*, para indicar a realização de algo que se deseja com ansiedade.

859. Ἄελπτον οὐδέν· πάντα δ᾽ ἐλπίζειν χρεών
Nada de inesperado pode ocorrer: tudo precisa ser esperado

A fonte é Eurípides (*Hipsípila*, fr. 761 N.² [p. 51 Bond]): o significado não parece ser tanto o de que nunca se deve parar de ter esperanças, mas sim o de que nada pode ser considerado impossível e de que nada de inesperado pode ocorrer (o verbo ἐλπίζειν indica não só a esperança com conotação positiva, mas, de modo mais geral, a expectativa). A forma análoga χρημάτων ἄελπτον οὐδέν, "nenhum fato é inesperado", encontra-se no início do famoso fragmento de Arquíloco (122 West) em que o poeta comunica a sua reação de espanto diante de um eclipse; muito semelhante ao verso em estudo é o primeiro verso de um dístico atribuído ao lendário Linos (1,156,11 Mullach) e registrado por Jâmblico (*De vita Pythagorica*, 28,59), João de Stóboi (4,46,1 Hense) e Arsênio (7,9a); esse mesmo motivo também se encontra, por exemplo, em Xenofonte (*Anábase*, 7,6,11) e em Menandro (fr. 46 K.-Th.). Em latim devem ser citadas uma sentença de Publílio Siro (C 34: *Cuivis potest accidere quod cuiquam potest*, "a cada um pode acontecer o que pode suceder a todos"; para a tradição bíblica do *Hodie mihi, cras tibi*, cf. nº 514), várias vezes citada por Sêneca (*Consolação a Márcia*, 6,9,5, *De tranquillitate animi*, 11,8), e uma gnoma presente em Apuleio (*Metamorfoses*, 1,20: *Nihil impossibile arbitror*, "não considero nada impossível"); no *Evangelho de Lucas* (1,37), depois de anunciar a Maria a sua concepção e a de Isabel, o anjo afirma (segundo versão da *Vulgata*): *Quia non erit impossibile apud Deum omne verbum*, "porque nenhuma palavra será impossível junto a Deus". Em todas as línguas européias registra-se como proverbial a sentença *Não existe nada impossível* (cf. Arthaber 634), assim como uma famosa máxima de Napoleão: *Impossible n'est pas un mot français* (realmente, uma frase desse gênero foi escrita pelo imperador ao conde Lemarois em 1813 e, segundo uma anedota, citada pelo futuro Napoleão III ao ser condenado à prisão em 1840 pela tentativa de golpe bonapartista em Boulogne). Entre os provérbios conceitualmente afins em todas as tradições européias deve ser assinalado *Ninguém diga "Deste pão não comerei", nem "Desta água não beberei"* (para os paralelos em italiano, francês, espanhol, inglês e alemão, cf. Mota 139, Arthaber 16). Uma variante brasileira é *Tudo pode ser, sem ser milagre*. Para o motivo do sábio que está sempre pronto a enfrentar todas as eventualidades que o destino oferece, cf. nº 852.

860. *Omnia... homini, dum vivit, speranda sunt*
Enquanto viver, o homem deve esperar tudo

Em Sêneca (*Ep.* 70,6) essa é a resposta de um ródio aprisionado por um tirano que o aconselha a recusar o alimento que lhe é jogado como a um animal. Tem grande difusão em literatura latina o *topos* segundo o qual enquanto houver vida haverá esperança: ver, por exemplo, Terêncio (*Heautontimoroumenos*, 981), Cícero (*Epistulae ad Atticum*, 9,10,3, *Carmina Priapea*, 80,9 s.), Ausônio (*Technopaegnia*, 3,3; 8,13); em um *dístico de Catão* (2,25,2) lê-se: *Spes una hominem nec morte relinquit*, "só a esperança não abandona o homem, nem com a morte" (para *Spes ultima dea*, cf. nº 861). Em grego devem ser assinalados pelo menos um trecho de Teócrito (4,42: ἐλπίδες ἐν ζωοῖσιν, ἀνέλπιστοι δὲ θανόντες, "os vivos têm esperança, sem esperança são os mortos") e um *monóstico de Menandro* (30 J.: ἄνθρωπος ἀτυχῶν σῴζεθ' ὑπὸ τῆς ἐλπίδος, "o homem desventurado é salvo pela esperança"). Na Idade Média tem-se *Dum vivis, sperare decet*, "enquanto viveres, convém esperar" (Walther 6779); também existe como ditado popular de origem desconhecida: *Dum spiro spero*, "expirando, espero", que atualmente goza de certa difusão, principalmente graças à fácil paronomásia. Em todas as línguas européias existem equivalentes a *Enquanto há vida, há esperança* (com variantes enfáticas como a sarda *Quantu durat s'anima in su corpus bi hat semper isperantia*); em literatura lembro que ele aparece em *Fausto* de Goethe (2,4).

861. *Spes ultima dea*
A esperança é a última deusa

Com essa forma, esse conhecido provérbio pertence ao latim tardio, mas deriva de uma tradição que já transparece em *Os trabalhos e os dias* de Hesíodo (vv. 96 ss.),

ESPERANÇAS, DESEJOS, METAS E DETERMINAÇÃO DE CONCRETIZÁ-LOS   409

segundo a qual Pandora teria destampado, por curiosidade imprudente, um odre que lhe fora confiado por Zeus, pondo assim a perder os bens e vertendo todos os males sobre os homens: no odre teria ficado, à disposição do homem, apenas a esperança (em Esopo, 132 Hausrath, quem destampa o odre não é Pandora, mas um homem não identificado). Em *Corpus theognideum* (v. 1135) lê-se a gnoma ἐλπὶς ἐν ἀνθρώποισι μόνη θεὸς ἐσθλὴ ἔνεστιν, "a esperança é a única boa deusa que vive entre os homens"; a esperança também é chamada de deusa em Eurípides (*Ifigênia em Áulida*, 392). Em latim, devem ser mencionados um trecho de Tibulo (2,6,19 s.), onde a esperança é a única "mola" que permite ao homem ir adiante com a confiança num futuro melhor; outro do *Panegírico de Teodósio* de Pacato (38,1); e sobretudo um das *Epistulae ex Ponto* de Ovídio (1,6,27 ss.), que retoma o mito de Hesíodo, com termos que parecem extremamente significativos para a gênese desse provérbio: *Haec dea, cum fugerent sceleratas numina terras, / in dis invisa sola remansit humo*, "quando os numes fugiram deste mundo ímpio, só ficou essa deusa na terra odiosa aos deuses". Na literatura italiana, esse motivo recorre, por exemplo, em Leonardo (*Scritti scelti*, A. M. Brizio, Torino 1966², 192: *Il voto nasce quando la speranza more*), em Metastasio (*Didone abbandonata*, 2,2) e no famoso *Anche la Speme, / ultima Dea, fugge i sepolcri*, de Foscolo (*Sepolcri*, 16 s); devem ser assinaladas a curiosa e arguta variação *Finché c'è morte c'è speranza* [enquanto há morte, há esperança] presente em *Il gattopardo* [*O leopardo*] de Tomasi di Lampedusa (parte 2: *Conversazione nel bagno*) e a amarga paródia constituída pelo título de um filme de Alberto Sordi, feito em 1974, sobre os comerciantes de armas (*Finché c'è guerra c'è speranza* [enquanto há guerra, há esperança]). Não faltam variantes proverbiais: ver as brasileiras *Enquanto se vive, se tem esperança* e *A esperança é a última que morre*, e as italianas *La speranza è l'ultima a morire* e *La speranza è il pane dei miserabili*, com equivalentes exatos em todas as línguas européias (cf. Arthaber 1306) e nos dialetos italianos; expressões semelhantes a este último provérbio italiano estão presentes em vários autores, tais como Dante (*Inferno*, 8,106 s.), Metastasio (*Zenobia*, 2,1: *Non so se la speranza / va con l'inganno unita: / so che mantiene in vita / qualche infelice almen*), Shakespeare (*Measure for Measure*, 3,1); para a tradição paralela segundo a qual enquanto há vida há esperança, cf. nº 860.

862. *Quod hodie non est cras erit*
O que não é hoje será amanhã

Esse aforismo, já registrado na coletânea das sentenças medievais (Walther 25829), deriva de Petrônio, 45,1; paralelo latino pode ser encontrado em Tibulo (2,6,20; cf. também nº 861) e um precedente grego, em Teócrito (4,41: τάχ' αὔριον ἔσσετ' ἄμεινον, "talvez amanhã seja melhor"); conceito semelhante é expresso por um adivinho a César, em *Vida de César* de Plutarco (43,4). Esse motivo também está presente nas tradições proverbiais modernas: ver por exemplo *Amanhã é outro dia* [italiano *Domani è un altro giorno*] e *Quel che non avvien oggi, può avvenir domani* [o que não acontece hoje pode acontecer amanhã], assim como o francês *Il vient toujours un jour qui n'est pas encore venu* e o alemão *Ungeschehen mag noch geschehen*.

863. Nondum omnium dierum solem occidisse
Ainda não se pôs o sol de todos os dias

Essa expressão, capaz de reacender esperanças após um duro golpe, está em Lívio (39,26,9), onde é atribuída a Filipe da Macedônia; está também registrada entre as sentenças medievais (Walther 18735b). Tem significado análogo uma pergunta retórica contida no canto de Tírsis, no primeiro idílio de Teócrito (v. 102: ἤδη γὰρ φράσδη πάνθ' ἅλιον ἄμμι δεδύκειν, "achas que para nós já se puseram todos os sóis?"). O italiano *La sera d'ogni dì non è ancor giunta* [ainda não chegou a noite de todos os dias] (com a divertida variante toscana *Non è ancor sera a Prato*) tem paralelos exatos em francês e alemão; o inglês registra *They had never an ill day that had a good evening*.

864. Multa praeter spem scio multis bona evenisse
Sei que a muitas pessoas aconteceram muitas coisas boas, além de qualquer esperança

Essa expressão, já registrada entre as sentenças medievais (Walther 15412), é extraída de Plauto (*Rudens*, 400): o motivo segundo o qual os acontecimentos felizes chegam quando menos se espera é muito difundido na comédia latina (cf. ainda Plauto, *Mostellaria*, 197, *Trinummus*, 361 e Terêncio, *Phormio*, 757 s., *Heautontimoroumenos*, 664), mas também está presente em Horácio (*Ep.* 1,4,14) e num epigrama que faz parte do *Satyricon* de Petrônio (55,3). Em grego, devem ser assinalados principalmente um fragmento de Eurípides (100 N.[2]), um dístico de Teógnis (vv. 639 s.: πολλάκι πὰρ δόξαν τε καὶ ἐλπίδα γίνεται εὖ ῥεῖν / ἔργ' ἀνδρῶν, βουλαῖς δ' οὐκ ἐπέγεντο τέλος, "muitas vezes os assuntos humanos vão bem a despeito de todas as previsões e expectativas, ao mesmo tempo em que seus projetos não se realizam"; para a sorte como senhora da existência, cf. também n°s 836, 837) e um trecho da *Epístola aos Romanos*, de São Paulo (5,15), onde, porém, se fala da graça de Deus. Em italiano existe *Vien più presto quel che non si spera*; em inglês registra-se *The unexpected always happens*; em alemão, *Unverhofft, kommt oft*. Também existe a tradição oposta: na série de provérbios que constitui a *Canção do Excelso* do *Edda*, por exemplo, diz-se (40) que muitas coisas vão bem pior do que se espera.

865. Horas non numero nisi serenas
Não marco horas que não sejam serenas

Essa é uma expressão de origem desconhecida e conteúdo propício. Na maioria das vezes está gravada em relógios, principalmente nos solares (que, portanto, só funcionam com tempo bom), verificando-se um trocadilho com a ambigüidade semântica do adjetivo *serenus*, que, desde época clássica, tanto pode indicar "alegre, tranqüilo" quanto "sereno, límpido" em sentido atmosférico.

866. *Malo quod teneo quam quod spero*
Prefiro o que tenho ao que espero

Esse provérbio é registrado por Santo Agostinho (*Enarrationes in Psalmos* [*PL* 37,1646]); tem semelhança com o grego δός μοι τὴν σήμερον καὶ λαβὲ τὸν αὔριον, "o hoje me dá e o amanhã me toma", encontrado em João Crisóstomo (*Homilias sobre a Segunda Epístola aos Coríntios*, 9 [*PG* 61,462]). Têm o mesmo significado os brasileiros *Mais vale um ovo hoje que uma galinha amanhã* (um precedente latino desse provérbio, *Ad praesens ova cras pullis sunt meliora*, encontra-se em Rabelais, 3,42) e *Mais vale um passarinho na mão que dois voando* (para os paralelos em outras línguas, cf. Mota 117, 118); para o comportamento imprudente de quem abandona o que tem por uma aquisição incerta no futuro, ver o nº 1731.

867. *Nuculeum amisi, reliqui pignori putamina*
Perdi a polpa da noz e conservei a casca como testemunha

Essa expressão é extraída de *Captivi* de Plauto (v. 655), estando já registrada entre as sentenças medievais (Walther 18873a); indica a perda da certeza e a permanência apenas da esperança. Um paralelo encontra-se ainda em Plauto, *Mercator* 592: *Spem teneo, salutem amisi, redeat an non, nescio*, "tenho esperança, perdi a salvação; se voltará ou não, não sei". Ver também o nº 866.

868. *Spemque metumque inter dubii*
Em dúvida entre a esperança e o temor

Essa expressão, que teve certa difusão sobretudo em alemão (Büchmann 373) para indicar um momento de grave incerteza, deriva do primeiro livro da *Eneida*, em que, depois do naufrágio (v. 218), Enéias e seus companheiros lembram os que se perderam, esperando que ainda estejam vivos, mas temendo que estejam mortos. Entre as sentenças medievais deve-se destacar *Spes metusque in vitam humanam omnem obtinent tyrannidem*, "a esperança e o medo têm todo o poder sobre a vida humana" (Walther 30220a); máxima desse gênero (*Non c'è speranza senza paura e paura senza speranza* [não há esperança sem medo nem medo sem esperança]) encontra-se em *Bottega dell'orefice*, drama juvenil do futuro papa João Paulo II.

869. *Desinit in piscem*
Acaba em peixe

Essa expressão agora é usada comumente para indicar uma esperança perdida ou o fim inglório de alguma coisa que parecia muito promissora no início. Provém de uma passagem da *Ars poetica* de Horácio, cujo significado, todavia, é diferente. Nos vv. 3 ss., para indicar uma obra absolutamente desconexa e irracional, sem harmonia nem coerência lógica — portanto destinada inevitavelmente a provocar riso (cf. nº 490) —, aduz-se o caso de uma pintura em que *atrum / desinat in piscem mulier formosa superne*, "uma mulher bonita na parte superior termina em peixe escuro" (não foi sem razão que Gronovius e Heinsius suspeitaram que *piscem* seja uma corruptela de *pistrim*, "monstro marinho": para outros detalhes, remeto a Brink 87 s.). Uma retomada do trecho de Horácio — mas ainda sem valor proverbial — está em Montaigne (*Ensaios*, 1,28).

870. Subtracto fundamento in aere aedificare
Construir no ar, sem fundações

Essa expressão, que indica fantasias e raciocínios sem fundamento, encontra-se em Santo Agostinho (*Sermões*, 2,7; 8,2); paralelo significativo é constituído por *spe... aeria* de Arnóbio (*Adversus nationes*, 2,62). De modo mais geral, é topicamente uma ação insensata construir sem apoiar as fundações em terreno sólido: no *Evangelho de Mateus* (7,26), quem ouve as palavras do Senhor e não as põe em prática assemelha-se ao tolo que constrói sobre areia; em Cícero (*De finibus*, 2,22,72) tem-se "fundações na água". Também constituem ações insensatas por antonomásia bater-se e falar com o vento, cf. nᵒˢ 433 s.; nas línguas modernas, a locução correspondente à usada por Santo Agostinho é *Fazer castelos no ar*, também comum em literatura (para uma série de citações, remeto a Battaglia 2,858; entre as variantes dialetais italianas lembro as de Abruzos *Castielle d'arie, cannunate de vènde*); em francês, tem-se a variante *Bâtir des châteaux en Espagne* (em italiano *Castelli in Spagna* na maioria das vezes indica mais fanfarronada e gabarolice do que grande capacidade imaginativa e falta de realismo).

871. ῎Ανϑρακες ἡμῖν ὁ ϑησαυρὸς πέφηνε
O nosso tesouro revelou-se carvão

Esse provérbio indica uma grave desilusão; com tal forma encontra-se em Luciano (*Philopseudes*, 32): com divergências mínimas o autor faz uso do mesmo provérbio em outros textos (*Zêuxis*, 2, *Tímon*, 41, *Navigium*, 26). A expressão também é registrada pelos paremiógrafos (Zenob. vulg. 2,1, Greg. Cypr. 1,64, Diogen. 1,90, Diogen. Vind. 1,52, Apost. 2,86), enquanto *Carbonem... pro thesauro invenimus*, "descobrimos carvão em vez de um tesouro", numa fábula de Fedro (5,6,6), é a reação de dois carecas que acharam um pente (cena desse gênero também se encontra em *Querolus*, 45 Peiper). É provável que a explicação deva ser buscada numa fábula que não chegou até nós: em contexto folclórico, o carvão indica desilusão, como demonstra não só uma fábula de Grimm (182), mas também, por exemplo, o hábito de pôr carvão nas meias deixadas na noite de Reis para punir a criança que teve mau comportamento; por outro lado — ainda em folclore — é bem conhecido o motivo do carvão que se transforma em ouro (e vice-versa, cf. *Handwörterbuch des deutschen Aberglaubens*, 4,80-82). Finalmente, deve-se notar a expressão italiana *Diventar carbone* [tornar-se carvão], que significa "gorar, fracassar".

872. Πόλλ' ἐλπίδες ψεύδουσι καὶ λόγοι βροτούς
Esperanças e discursos enganam muito os mortais

Essa gnoma constitui um fragmento de *Protesilaos* de Eurípides (650 N.[2]), mas o conceito da falsidade das esperanças já está em Píndaro (*Olímpicas*, 12,5-7); numa fábula de Esopo (160 Hausrath) a raposa diz ao gralho — pousado numa figueira, esperando que os figos amadureçam — que a esperança distrai mas não enche barriga; finalmente, há um texto de Aristeneto (*Ep.* 1,4) semelhante ao de Eurípides. Em latim desperta interesse especial um trecho de *Rudens* de Plauto (v. 401) em que se lê: *Qui speraverint spem decepisse multos*, "a esperança enganou muitos que esperavam"; esse motivo também está presente em Terêncio (*Adelphoe*, 219), em Cícero (*De oratore*, 3,2,7), em Ovídio (*Heroides*, 17,236: *Fallitur augurio spes bona saepe suo*, "uma firme esperança muitas vezes não cumpre suas promessas") e em grande número de sentenças medievais, entre as quais se registra a passagem de *Heroides* (Walther 8788), sendo outras mais banais (por exemplo, 30190b, *Spes fallere saepe solet*, "a esperança tem o costume de enganar", cf. também 30177, 3018a, 30186b, 30190, etc.). Algumas formas modernas são pitorescas, como as brasileiras *Quem vive de esperança morre de fome* (máxima desse tipo encontra-se em *Poor Richard's Almanac* de Benjamin Franklin) e *Quem espera, desespera*, a italiana *Chi vive sperando muore ca...ntando*, a francesa *Qui vit en espérance dance son tambourin* (que tem paralelo nas línguas germânicas, mas com "dança sem música"), a russa *Nadežda l'stiva da obmančiva* (ou seja, "a esperança é aduladora e engana"), e a bolonhesa *Chi viv ed speranza, mór al sbdèl* (ou seja, "quem vive de esperança morre no hospital"). Não faltam provérbios mais banais em todas as línguas, segundo os quais a esperança é falaz (cf. Arthaber 1305). Com esse valor tem difusão em italiano a forma *Aspetta e spera* [espera/aguarda e espera/tem esperança], proveniente de uma famosa canção chamada *Faccetta nera* [faceta negra], que glorificava os feitos coloniais italianos na Abissínia (a "faccetta nera" era uma jovem abissínia que devia esperar fielmente os exércitos libertadores, que lhe teriam levado "outro *duce* e outro rei"): obviamente o significado original estava longe de ser irônico.

873. Λύκος ἔχανεν
O lobo de boca aberta

Essa expressão indica a pessoa que confia em expectativas vãs e em esperanças infundadas, parecendo-se portanto com o lobo faminto que espera a presa com a boca aberta e acaba por decepcionar-se. Tal imagem devia constituir um *topos* popular, como demonstra, por exemplo, a fábula de Esopo (163 Hausrath) em que um lobo faminto, ouvindo as ameaças de uma velha a um menino chorão, de que o daria ao lobo para ser comido, fica esperando inutilmente a lauta refeição até acabar indo embora desiludido e desconsolado (cf. também nº 927). Essa expressão está documentada sobretudo em cômicos, tais como Aristófanes (fr. 350 K.-A.), Êubulo (fr. 14,11 K.-A.), Menandro (*Aspis*, 372 s.) e Êufron (fr. 1,30 s. K.-A.); neste último há um trocadilho entre essa locução e a fome insaciável de alguém cujo nome tem semelhança com o substantivo lobo (Λύκων). Esse provérbio também aparece em outros textos (por exemplo, Luciano, *O galo*, 11), enquanto um trocadilho semelhante ao de Êufron (mas a propósito de um amante traído) se encontra em Aristeneto (2,20); essa expressão também é registrada por paremiógrafos e lexicógrafos (Diogen. 6,20, Greg. Cypr. 2,9; M. 4,15, Macar. 5,76, Apost. 10,85, Hesych. λ 1396, Phot. 235,6-11 P., *Suda* λ 816). Em latim a imagem do lobo faminto, para designar quem deseja ardentemente alguma coisa, é freqüente sobretudo em Plauto (*Stichus*, 577; 605, *Trinummus*, 169, *Captivi*, 912); em Horácio (*Ep.* 2,2,27 s.) um soldado chamado Lúculo, que teve todas as suas economias roubadas, é como um *Vehemens lupus... /... ieiunis dentibus acer*, "lobo forte, enfurecido pelo jejum"; em Apuleio (*Apologia*, 97) certo Rufino, esperando impacientemente à morte do genro para herdar seus bens e ficar rico, *Quasi caeca bestia in cassum hiavit*, "ficou com a boca aberta no vazio, como animal cego". Em italiano é comum a expressão *Andarsene a bocca asciutta* [ir-se de boca seca = ir-se de mãos vazias] como referência a quem não consegue alcançar um objetivo, enquanto a expressão *A bocca aperta* [de boca aberta] costuma indicar pasmo, espanto, imbecilidade; contudo, não faltam textos em que essa expressão se refere a pessoas que esperam um acontecimento, com um matiz de crítica à sua indolência (para as citações, ver Battaglia 2,275).

874. *Infidum hominem malo suo esse cordatum*

O homem que não se ilude é prudente em seu próprio prejuízo

Essa expressão é registrada explicitamente como proverbial por Santo Agostinho (*De vita beata*, 26): quem não se ilude é infeliz porque prevê que pode perder tudo o que tem.

875. *Si omnia nobis quae ad victum cultumque pertinent quasi virgula divina... suppeditarentur*

Se tudo o que diz respeito a comer e viver nos fosse dado por uma espécie de varinha divina

Essa expressão é extraída de *De officiis* de Cícero (1,44,158): nessa passagem afirma-se que, se o homem não tivesse de preocupar-se com os bens de primeira necessidade, poderia empenhar todo o seu engenho no estudo e na ciência. É proverbial a menção da *virgula divina*, que retorna em *República* do próprio Cícero (2,30,52) e constitui o título de uma das *Satyrae mennippeae* de Varrão (p. 246 Bücheler): aliás, na mitologia clássica, as varinhas mágicas eram atributos de certos deuses, como Hermes-Mercúrio ou Palas-Minerva, e de magos como Circe. Essa mesma força devia residir nos bastões daqueles que tinham poderes sobrenaturais mesmo em outros povos, como por exemplo os hebreus e os egípcios (lembrar o espisódio do *Êxodo* [7,10-12] em que Arão transforma o seu próprio bastão em serpente e o mesmo é feito pelos sacerdotes do faraó). Modernamente também se diz, diante de uma coisa desejada e de difícil obtenção, que *Não temos varinha mágica*; em italiano, sobre quem acredita poder obter tudo sem o mínimo esforço, diz-se que essa pessoa acha que tudo pode ser obtido por meio da varinha mágica [*Crede che tutto venga con la bacchetta magica*; port., "num passe de mágica"], com clara referência ao instrumento das fadas dos contos populares.

876. *Somnia ne cures, nam mens humana quod optat, / dum vigilat sperat, per somnum* (v.l. *somnium*) *cernit id ipsum*

Não te preocupes com sonhos: quando vigilante, a mente humana espera aquilo que deseja; em sonho, vê-o realizado

Esse é um *dístico de Catão* (2,31) que teve muito sucesso na Idade Média (cf. Boas-Botschuyver 142, assim como as variações registradas por Walther 5362, 17677, 23392, 30024-30029); afirmando que o sonho equivale à explicitação ilusória dos desejos, constitui uma variante peculiar do tema da falsidade dos sonhos (a esse propósito, ver Tibulo, 3,4,7). Nas modernas línguas européias registram-se constantemente provérbios do tipo do italiano *Non bisogna fidarsi dei sogni*; têm particular importância o francês *Tous songes sont mensonges* e o alemão *Träume sind Schäume* (todos baseados em associações paronomásticas). Em literatura, devem ser assinalados *A dream itself is but a dream*, proferido por Hamlet na tragédia homônima de Shakespeare (2,2), e sobretudo os versos com que Títiro replica à descrição de um sonho feita por Montano em *Pastor fido* de Guarini (1,830-835: *Son veramente i sogni / de le nostre speranze / più che de l'avvenir, vane sembianze, / immagini del dì guaste e corrotte / dall'ombra della notte*), que parecem estar diretamente vinculados à tradição inaugurada pelo dístico que ora estudamos.

877. *Ad libitum*

À escolha

Essa locução latina atualmente é de uso muito comum tanto em sentido genérico quanto em acepções específicas. Indica, por exemplo, nas receitas médicas, que não há dose determinada; em música, que a execução fica a critério do intérprete ou que a parte instrumental não é indispensável; na liturgia da missa, que a coleta pode ser recitada livremente. Suas primeiras aparições (concorrendo com *Ad libitus*) parecem remontar ao século V d.C.: por exemplo, Cassiodoro (*Variae*, 3,17,4) e Pelágio (*In defensione trium capitolorum*, 2, p. 3,3): cf. *ThlL* 7/2,1337,53-60.

878. *Pia desideria*

Desejos pios

Atualmente essa expressão é corrente (ao lado de suas traduções nas várias línguas européias [v. port. *acreditar piamente*]) para indicar ilusões, desejos que não podem ser satisfeitos. Deriva do título de um texto do teólogo Ph. J. Spener, de 1675, cuja importância no pietismo luterano é muito grande. Esse título, porém, não era original: fora tomado do título de uma obra do jesuíta belga H. Hugo, de 1627, que teve duas traduções alemãs (uma de A. Presson, de 1672, e outra de G. Albinus, de 1675, o mesmo ano da publicação do livro de Spener).

879. *Cui quod libet hoc licet*
A quem é permitido o que lhe agrada

Essa expressão, baseada na fácil paronomásia *libet / licet*, é registrada pelo retor do século III d.C., Áquila Romano (27), como difundida na Antiguidade: em Cícero (*Filípicas*, 1,13,33) aplica-se frase semelhante à liberdade de expressão, enquanto a locução segundo a qual é livre aquele *Cui licet ut libuit*, "a quem é lícito o que lhe agrada", é usada por Pérsio (5,83 s.) e invertida por Santo Agostinho (*De civitate Dei*, 22,23: *Ne fiat quod non licet etiamsi libet*, "para que não se faça o que não é lícito, mesmo que agrade"). Variações dessa fórmula são representadas por uma sentença de Publílio Siro (C 46: *Cui plus licet quam par est, plus vult quam licet*, "aquele que pode mais do que o justo quer mais do que pode") e por um verso proferido por Agamêmnon em *As troianas* de Sêneca (336: *Minimum decet libere cui multum licet*, "deve querer pouquíssimo aquele a quem muito é permitido"). Na Idade Média tem-se *Quanto plus liceat, tanto libeat minus*, "quanto mais é permitido, tanto menos agrada" (Walther 23603). Esse *topos* é retomado a propósito de uniões incestuosas: Hélio Espartiano, um dos autores da *Historia Augusta*, atribui as seguintes palavras à madrasta Júlia (*Vida de Caracala*, 10,2), que está seduzindo Caracala: *Si libet, licet*; em Orósio (*Histórias*, 1,4,8) Semíramis, para mascarar a vergonha de estar unida ao filho, ordena que nos matrimônios não haja escrúpulos entre genitores e filhos, e que *Cui libitum esset liberum fieret*, "cada um tivesse liberdade de fazer o que lhe agradasse": essa passagem é muito importante por ter sido retomada por Dante no quinto canto do *Inferno* (v. 56), em que Semíramis *Libito fe' licito in sua legge*. Tem grande relevância um trecho de Torquato Tasso, que, no coro conclusivo do primeiro ato de *Aminta*, diz ser característica da idade de ouro *Una legge aurea e felice / che Natura scolpì: "S'ei piace ei lice"* (vv. 25 s.): o v. 26 ainda é muito famoso e citado com freqüência, sendo retomado por vários autores, entre os quais Guarini (*Pastor fido*, 4,1417-1419: mas todo o coro final do quarto ato faz referência ao de *Aminta*) e Goethe (*Tasso*, 2,1).

880. *Ignoti nulla cupido*
Não há desejo pelo que não se conhece

Esse é um lema já registrado entre as sentenças medievais (Walther 11419) e ainda difundido; provém de uma passagem de *Ars amatoria* de Ovídio (3,397: *Quod latet ignotum est: ignoti nulla cupido*, "o que fica escondido é desconhecido e pelo que é desconhecido não há desejo"). Está vinculado, por um lado, ao *topos* do "longe dos olhos, longe do coração" (nº 1408), e, por outro, ao *topos* segundo o qual o que não é explicitado publicamente não tem valor (nos versos seguintes tem-se o conhecido motivo da falta de validade da música que não é ouvida, cf. nº 1050).

ESPERANÇAS, DESEJOS, METAS E DETERMINAÇÃO DE CONCRETIZÁ-LOS

881. *Ad maiora!*
Por maiores êxitos!

Essa locução, comumente usada hoje em dia para desejar êxitos ou sucessos, ou para consolar em situações de dificuldade (e nesse caso assume o valor de "por momentos melhores!" ou um valor semelhante ao de *Per aspera ad astra!* [cf. nº 1683]), não parece ter registros no latim clássico.

882. *Ad multos annos!*
Por muitos anos!

Essa expressão de desejo, que já passou a fazer parte da linguagem comum, na realidade é uma fórmula eclesiástica de aclamação, dirigida ritualmente três vezes pelo bispo consagrado a quem o consagra: ajoelhado, ele vai elevando a voz e aproximando-se do consagrante; o abade expressa-o uma vez ao bispo que o abençoa.

883. *Segetem ne defrudes*
Não frustres a ceifa

Esse ditado, registrado como oracular por Plínio (*Naturalis historia*, 18,200), é antes usado por Catão (*De agri cultura*, 5,4). Significa que não se deve semear pouco, mas muito, como se o alvo fosse uma colheita abundante: trata-se, pois, de um incitamento à vontade otimista.

b) Vontade, constância, empenho

884. *Ut desint vires, tamen est laudanda voluntas*
Quando faltam forças mais louvável é a vontade

Esse verso, ainda conhecido e citado para indicar que a boa vontade deve ser sempre admirada, deriva da *Epistulae ex Ponto* de Ovídio (3,4,79) e já era muito famoso na Idade Média (cf. Sutphen 223, assim como as variações registradas por Walther [3389, 4105, 32364]). Certamente não se trata de passagem isolada do ponto de vista conceitual: esse motivo recorre ainda, por exemplo, nessa mesma obra de Ovídio (2,5,31), em Plínio (*Naturalis historia, praef.* 15), em Sêneca (*De beneficiis*, 5,2,2), em Lucano (9,570 s.), em Apuleio (*Florida*, 20) e sobretudo em Propércio (2,10,5 s.): *Quod si deficiant vires, audacia certe / laus erit: in magnis et voluisse sat est*, "se faltarem forças, com certeza a audácia será motivo de louvor: nas grandes empresas basta ter desejado"), *topos* este também presente entre as sentenças medievais (cf. Walther 7730, 11820, 26037, 26133). Contudo, no *Panegírico de Messala* (*Corpus Tibullianum*, 4,1,7), *Est nobis voluisse satis* refere-se encomiasticamente aos esforços do poeta por encontrar termos adequados aos méritos de Messala; paralelamente, em *Laus Pisonis* (v. 215), tem-se o mesmo sentido em *At voluisse sat est*. Varrão (*Antiquitates rerum divinarum*, fr. 89 Cardauns), por outro lado, tem expressão semelhante com referência a Lúcio Élio, de quem critica em profundidade algumas tentativas etimológicas, louvando todavia a sua *industria*. Outra variação na literatura medieval é de Venâncio Fortunato (2,16,160): *Etsi non potui, velle fuisse vide*, "embora eu não tenha podido, nota que houve vontade"; expressão semelhante está em *Abraham* de Roswitha (7,17: trata-se das intenções de Maria, prostituta arrependida). Finalmente, devem ser assinalados alguns provérbios modernos, como o italiano *Buona volontà supplisce a facoltà* e o francês *La bonne volonté est réputée pour le fait*, que tem equivalentes perfeitos em outras línguas européias (cf. Arthaber 1472). No Brasil se diz *A boa vontade supre a obra, Mais faz quem quer do que quem pode* e *A intenção é que faz a ação*.

885. *Quae volumus et credimus libenter*
Acreditamos de bom grado em tudo o que queremos

Essa gnoma, que reflete uma observação psicológica penetrante, aparece com essa forma em César (*De bello civili*, 2,27,2), mas o motivo também recorre em outros textos, não só do próprio César (*De bello Gallico*, 3,18,2) mas também de outros autores latinos: por exemplo em Plauto (*Truculentus*, 191 s.), Quintiliano (6,2,5), Ovídio (*Ars amatoria*, 3,673 s., *Heroides*, 2,9), Sêneca (*Hercules furens*, 313 s.) e, finalmente, em um dos escritores da *Historia Augusta*, Hélio Lamprídio (*Vida de Heliogábalo*, 3,3); também existe a gnoma complementar *Nemo quicquam facile credit quo credito dolendum sit*, "ninguém acredita facilmente naquilo que causaria pesar" (Sêneca, o Retor, *Excerpta Controversiarum*, 5,2). Um precedente grego encontra-se em Demóstenes (3,19: ὃ γὰρ βούλεται, τοῦθ' ἕκαστος καὶ οἴεται, "cada um acredita naquilo que deseja"); essa expressão retorna com palavras muito semelhantes em Dionísio de Halicarnasso (*De Thucydide*, 34,898). Quanto às línguas modernas, existe o italiano *Quello che si vuol, presto si crede*, com equivalentes nas outras línguas européias, não faltando referências literárias, como por exemplo em Ariosto (*Orlando Furioso*, 1,56,7 s.) e em La Fontaine (11,6: trata-se da famosa fábula da raposa que consegue sair de um poço porque convence um lobo a descer, dizendo-lhe que lá havia um queijo excelente); finalmente, deve ser lembrada a locução inglesa *Wishful thinking*.

886. *Quod volumus sanctum est*
Santo é aquilo que queremos

Essa expressão está registrada em Santo Agostinho (*Ep.* 93,4,14; 93,10,43) como de autoria do donatista Tricônio, que, com ela, estaria aludindo polemicamente à pretensão de santidade como elemento constitutivo de uma Igreja única e verdadeira; por outro lado, em *Contra Cresconium Donatistam* (4,37 [*PL* 43,572]) essa frase é definida como antigo provérbio: esse deveria constituir um *Leitmotiv* dos ataques dos donatistas contra os católicos, que o santo faz habilmente reverter contra os próprios donatistas. Frases semelhantes estão presentes, por exemplo, na *Regra de*

ESPERANÇAS, DESEJOS, METAS E DETERMINAÇÃO DE CONCRETIZÁ-LOS 419

São Bento (1,8 s.); entre as sentenças medievais aparece *Quod volunt homines, se bene velle putant*, "o que os homens querem, eles acham que querem com razão" (Walther 26114). Atualmente esse lema às vezes é citado com o sentido de que sempre se acaba por obter aquilo que se deseja intensamente, como um equivalente ao brasileiro *Querer é poder* (com paralelos em italiano, francês, inglês, alemão e russo; uma variação é, por exemplo, o inglês *To him that will, ways are not wanting*). Outros provérbios brasileiros são *A boa vontade faz do longe perto* e *A quem quer, não faltam meios*.

887. *Nullast tam facilis res quin difficilis siet, / quam invitus facias*
Nada é tão fácil que não se torne difícil se feito sem vontade

Essa máxima deriva de *Heautontimoroumenos* de Terêncio (vv. 805 s.), sendo retomada por São Jerônimo, que no prefácio ao sétimo livro do *Comentário a Ezequiel* cita expressamente Terêncio, e pelo Pseudo-Beda (*Liber proverbiorum*, PL 90,1103), que apresenta a forma banalizada *Nil est tam facile quod non fiat difficile si invitus facias*; afirmação semelhante está, por exemplo, em Santo Agostinho (*Tractatus in Ioannis Evangelium*, 98,1). Essa é a versão "negativa" do *topos* do *Nihil difficile amanti* (nº 1412: ver em especial Cícero, *Epistulae ad familiares*, 3,9,1); ademais, deve-se notar que há outro verso "gnômico" estruturalmente semelhante, pertencente à mesma comédia de Terêncio (675: *Nil tam difficilest quin quaerendo investigari possiet*, "nada é tão difícil que não possa ser encontrado por meio de cuidadosa busca"), que também gozou de certa notoriedade e foi escolhido como lema por F. Ritschl, grande filólogo alemão que viveu no século XIX (cf. P. Cauer, *Grundfragen der Homerkritik*, Leipzig 1921, 180). Os provérbios modernos retomam com mais exatidão a versão "positiva" com formulações semelhantes à italiana *Dove la voglia è pronta le gambe sono leggere* ou à bolonhesa *Gnint è difézil a chi vól*; no Brasil se diz *A quem quer, nada é difícil*.

888. *Stultitiast... venatum ducere invitas canes*
É insensatez levar à caça cadelas sem vontade

Essa sentença, vinculada ao motivo de que tudo fica difícil se não houver vontade (nº 887), é de Plauto (*Stichus*, 139); precedente grego encontra-se em Teógnis, onde a imagem do animal forçado a puxar um carro contra a vontade (v. 371) aplica-se à recomendação de não forçar uma amizade não desejada. Entre as sentenças medievais algumas são semelhantes a *Invitis canibus venator nil capit ullus*, "se os cães não tiverem vontade, o caçador não pegará nada" (Walther 12810, cf. também 11646 e 30411), e a *Invitis bobus numquam trahitur bene currus*, "quando os bois não têm vontade, o carro nunca é bem puxado" (12809, cf. também 5670), além de existirem outras mais genéricas, como *Qui subit invitus, bene nil agit ille, laborem*, "quem deve fazer um trabalho contra a vontade certamente não o faz bem" (24827). Em todas as línguas modernas existem equivalentes ao italiano *Mal si caccia con i cani svogliati*.

889. *Hoc volo, sic iubeo: sit pro ratione voluntas*
Assim desejo e assim ordeno: que a minha vontade valha pela argumentação

Essas palavras, que em Juvenal (6,223) caracterizam a maneira insolente e arrogante com que uma mulher se comporta com o marido, tornaram-se proverbiais e indicam vontade férrea e despótica: esse verso já aparece entre as sentenças medievais (Walther 11083, 29559), sendo também atribuído aos maus comandantes (22413) e — ironicamente — ao pintainho (25494). Finalmente, devem ser registradas algumas anedotas: Carlos, o Temerário, teria dito essa frase a Luís XI, e o Kaiser Guilherme II tê-la-ia escrito de próprio punho em 1893 ao pé de um retrato que lhe fora dado por Friedrich Einrich Geffcken (o famoso adversário de Bismarck).

890. *Si acum, credo, quaereres, / acum invenisses*
Se tivesses procurado uma agulha, acredito, terias achado uma agulha

Essa afirmação otimista é usada por Plauto (*Menaechmi*, 238 s.) para ressaltar a minúcia de uma busca, sendo registrada entre as sentenças medievais (Walther 28211a). Em todas as línguas modernas (cf. Mota 171) é proverbial a imagem de "procurar agulha em palheiro", mas sem previsões de êxito ou fracasso da operação e sem qualquer ênfase na tenacidade: indica simplesmente algo extremamente difícil.

891. *Velit nolit*
Queira ou não queira

Essa expressão significa "de qualquer modo", "em todo caso" e baseia-se no paralelo oximórico de dois verbos formalmente semelhantes e semanticamente opostos: estrutura cuja difusão nas locuções proverbiais já era notada no comentário de Donato ao v. 1058 do *Eunuchus* de Terêncio. *Velit nolit* encontra-se, por exemplo, em Petrônio (71,11), Sêneca (*De vita beata*, 4,4, *Apokolokyntosis*, 1), Minúcio Félix (29,4), São Jerônimo (*Ep*. 45,7) e Ausônio (*Commemoratio professorum Burdigalensium*, 20,14); existem muitos textos em que essa mesma estrutura aparece em outras pessoas do presente do subjuntivo (cf., por exemplo, Cícero [*De natura deorum*, 1,7,17], Lívio [8,2,13], Sêneca [*De brevitate vitae*, 8,5], Marcial [8,44,16], Plínio, o Jovem [*Panegírico*, 20], Lactâncio [*Divinae Institutiones*, 5,20,9], São Jerônimo, [*Ep*. 54,14; 57,9; 60,14; 112,15; 118,5; 123,14; 130,11], Arnóbio [*Adversus nationes*, 1,43]; para outras indicações, remeto a Sonny 119 s., Sutphen 222 s., Szelinski 245, Weyman 291), enquanto em outro texto de Sêneca (*Ep*. 53,3) tem-se o imperfeito do subjuntivo. Essa locução tem precedentes exatos em grego, como οὐ θέλων τε καὶ θέλων (Eurípides *Hécuba*, 566) e οὐχ ἑκὼν ἑκών (Eurípides, *Ifigênia em Táurida*, 512); ver também as palavras ditas por Zeus a Hera no quarto livro da *Ilíada*, que revelam um conflito íntimo (v. 43: καὶ γὰρ ἐγώ σοι δῶκα ἑκὼν ἀέκοντί γε θυμῷ, "de fato, concedi-o de bom grado, mas sem querer intimamente") e assumiram valor proverbial, como demonstram as citações do *Appendix Proverbiorum*, 2,51, e *Suda* ε 531; 549. A fonte do medieval *Volens nolens* (Walther 34133a), ainda usado às vezes, foi indicada numa passagem de Santo Agostinho (*Retractationes*, 1,3,5), onde, no entanto, os dois particípios estão contrapostos mas não formam um assíndeto expressivo. De qualquer modo, deve ser assinalado que o equivalente de *Volens nolens* é usual nas línguas neolatinas e germânicas: ver o italiano *Volente o nolente*, o francês *Bon gré mal gré*, o espanhol *Quiera o no quiera*, o alemão *Gern oder ungern* e o inglês (também encontrado em *Hamlet* de Shakespeare, 5,1) *Will you nill you* (o italiano e o inglês despertam especial interesse por se calcarem no latim *nolle*); finalmente há analogia no italiano *Volere o volare*, onde o *nonsense* paronomástico tem a mesma função desempenhada nas outras locuções pelo oxímoro e pela aproximação etimológica.

892. *Obtorto collo*
De pescoço torcido

Essa locução indica que uma coisa é feita sob coação, portanto de má vontade: atualmente é usada em geral com o significado de "contra a vontade". Já está presente no latim clássico, sobretudo a propósito de quem é preso e arrastado a algum lugar contra a vontade (por exemplo, em Plauto [*Poenulus*, 790, *Rudens*, 833; 868], Cícero, [*Pro Cluentio*, 21,59], Sêneca [*Apokolokyntosis*, 11,6]) ou de quem é obrigado a ficar em determinado lugar, como a alma no corpo em Pseudo-Apuleio, *Asclépio*, 12. Deve-se lembrar que, com valor idêntico, também existe *Obtorta gula*, "com a garganta torcida" (Cícero, *In Verrem actio secunda*, 4,10); para outras indicações, remeto a *ThlL* 9/2,291,76-84.

893. *Video meliora proboque:* / *deteriora sequor*
Enxergo e louvo o que é melhor, mas sigo o que é pior

A fonte dessa famosa expressão, que evidencia um conflito íntimo entre o que a razão mostra ser melhor e o que a vontade irracional leva a fazer, é uma passagem de Ovídio (*Metamorfoses*, 7,20 s.) em que Medéia se encontra diante da difícil escolha de ajudar Jasão contra seu próprio pai. Esse motivo é sobretudo difundido na literatura grega, principalmente na tragédia de Eurípides, rica em contraposições entre momentos de racionalidade e lucidez e outros dominados pela paixão (elemento este bem elucidado por V. Di Benedetto no já clássico *Euripide: teatro e società*, Torino 1971): utilizando esse *topos*, Fedra tenta justificar o seu comportamento em *Hipólito* (vv. 380-383), Medéia profere palavras semelhantes na tragédia homônima (vv. 1078-1080) e esse mesmo tema reaparece num fragmento de *Crísipo* (841 N.[2]). Numa passagem de Platão (*Protágoras*, 352d), pergunta-se qual é a causa de procedimento tão ilógico, discernindo-a em paixões como prazer e dor; Cícero, por outro lado, em *Cato maior* (18,64) menciona esse motivo e revela explicitamente a sua origem grega; assim como no *Hipólito* de Eurípides, a Fedra da tragédia de Sêneca

(vv. 177-180) também se aferra a esse argumento; São Jerônimo, finalmente (*Ep.* 121,8), vincula esse tema à tendência a desejar o que é proibido (cf. n° 894). Entre os provérbios análogos devem ser lembrados πολλοῖς τῶν ἀνθρώπων ἀρέσκει τὰ χείρω καὶ ταῦτα αἱροῦνται τὰ ἀμείνω παρατρέχοντες, "muitos homens gostam do pior e o escolhem, descurando do que é melhor", registrado por João Crisóstomo (*Homilias sobre a Epístola aos Romanos*, 9 [*PG* 60,472]). São numerosas as referências modernas: à parte algumas de autores menores (como por exemplo Niccolò Forteguerri [*Il Ricciardetto*, 13,50], Gian Carlo Passeroni [*Il Cicerone*, 5,76]), devem sem dúvida ser assinalados um dístico de Petrarca (*Canzioniere*, 264,135 s.: *Cerco di viver mio novo consiglio, / e veggo 'l meglio, e al peggior m'appiglio*), repetido quase fielmente por Boiardo (*Orlando Innamorato*, 1,31); um de Foscolo (*Sonetti*, 7,12 s.: *Di vizi ricco e di virtù, do lode / alla ragion, ma corro ove al cor piace*, cf. também a carta de 11 de dezembro [2 horas] em *Ultime lettere di Jacopo Ortis*); uma citação de F. Bacon (*Of the Advancement of Learning*, 2,18,4); e finalmente as palavras com que Mefistófeles se define na cena do quarto de trabalho da primeira parte do *Fausto* de Goethe (*Ein Teil von jener Kraft, die stets das Böse will, und stets das Gute schafft*), que invertem argutamente esse motivo.

894. *Nitimur in vetitum semper, cupimusque negata*

Fixamo-nos sempre no que é proibido, desejamos o que é negado

Essa máxima deriva de Ovídio (*Amores*, 3,4,17): o motivo do maior desejo pelas coisas proibidas é muito apreciado por esse poeta (cf. ainda *Amores* 2,9,13; 3,4,31, *Metamorfoses*, 15,138), mas também se encontra em muitos outros autores, entre os quais Petrônio (93,1), Sêneca (*Hercules Oetaeus*, 357), Tácito (*Anais*, 14,50), São Jerônimo (*Ep.* 117,7; 121,8: cf. também n° 893) e Amiano Marcelino (15,3,9). Uma sentença de Publílio Siro (N 17) afirma: *Nil magis amat cupiditas quam quod non licet*, "nada é mais amado pelo desejo do que as coisas proibidas", sendo análogo um trecho dos *Provérbios* do *Antigo Testamento* (9,17) que enfatiza a boa qualidade do pão e da água ingeridos às escondidas; na literatura grega encontra-se um exemplo no dístico final de um epigrama de Filodemo (*Antologia Palatina*, 12,173,5 s.). Uma variante afirma que *Quae venit ex tuto minus est accepta voluptas*, "deseja-se menos o que vem com segurança" (Ovídio, *Ars amatoria*, 3,603; cf. também Sêneca, *Ep.* 68,4). Muitas sentenças medievais iniciam-se com *Nititur in vetitum*, derivado de Ovídio (cf. Walther 16956-16961); são numerosas as variações sobre o tema (como Walther 21538, *Placet inconcessa voluptas*, "o prazer não permitido é agradável"; cf. também 25310), devendo-se enfatizar que em algumas (16958a, 26107) a expressão ora estudada é apresentada como característica da natureza feminina. Duas passagens de *Amores* (2,19,3; 3,4,17) são muito apreciadas por João de Salisbury, que as cita com freqüência (cf. *Ep.* 68 [*PL* 199,54d]; 249 [293d]; 273 [312b], *Policrático*, 1,6 [403b]; 8,24 [819b]). Em todas as modernas línguas européias encontram-se equivalentes ao italiano *Frutto proibito, più saporito* [fruto proibido tem mais sabor], com variações expressivas, como a inglesa *Stolen apples* (ou *kisses*) *are the sweetest* (onde a maçã talvez aluda ao famoso episódio de Adão e Eva, no qual não foi roubada, mas certamente comida a despeito de uma proibição) e a brasileira *Proibição faz tentação*; esse processo psíquico atualmente é reconhecido e estudado pela psicologia e pela psicanálise.

895. *Iniquum petendum, ut aequum feras*
É preciso visar ao excessivo para obter o justo

Quintiliano (4,5,16) registra esse preceito como provérbio difundido popularmente e afirma que, embora contenha em si muita verdade, não deve constituir desculpa para a audácia descarada. São muitas as sentenças correspondentes nas línguas modernas: ver por exemplo, em alemão, *Wer nach dem Kranze strebt, der bekommt doch ein Blume* e *Wer nach einem goldenen Kleibe strebt, erhält doch eine Schleppe davon*.

896. *Anulus in digito subter tenuatur habendo*
O anel vai-se adelgaçando se permanecer no dedo

A fonte é Lucrécio (1,312): trata-se de um dos tópicos exemplos mencionados para demonstrar, por um lado, que a constância e a perseverança põem termo até às situações mais desesperadas e, por outro, que nada é indestrutível. Tanto no texto de Lucrécio quanto em dois de Ovídio (*Ars amatoria*, 1,473: *Ferreus adsiduo consumitur anulus usu*, "um anel de ferro se desgasta se usado assiduamente"; *Epistulae ex Ponto*, 4,10,5: *Consumitur anulus usu*), encontra-se um paralelo entre esse motivo e o bem conhecido *Gutta cavat lapidem* (nº 898). Nas sentenças medievais estão presentes ora o verso de Lucrécio (Walther 1196), ora o da *Ars amatoria* (9355) — inclusive com variações (em Walther 1788a, por exemplo, o anel é de ouro, com clara contaminação entre resistência e preciosidade) —, ora o das *Epistulae ex Ponto* (Walther 10507).

897. *Uncus aratri / ferreus occulte decrescit vomer in arvis*
A relha curva de ferro vai ficando cada vez menor escondida nos sulcos

A fonte é Lucrécio (1,313 s.), mas essa imagem aparece sobretudo em Ovídio (*Amores*, 1,5,31 s., *Ars amatoria*, 1,472, *Epistulae ex Ponto*, 4,10,6; 2,7,43). Nesta última passagem, por exemplo, constitui uma comparação para o ânimo desgastado do poeta: o arado que, embora de ferro, se consome indica a força da perseverança, sendo paralelo ao motivo do anel que se adelgaça (nº 896) e da *Gutta cavat lapidem* (nº 898).

898. *Gutta cavat lapidem*
A gota escava a pedra

A gota d'água que consegue corroer a pedra por pingar ininterruptamente é a imagem mais famosa para a constância e a tenacidade. Essa frase já era proverbial na Antiguidade: encontra-se sobretudo num trecho de Lucrécio (1,313: *Stillicidi casus lapidem cavat*, "o pingar constante da água escava a pedra", cf. também nº 897), é utilizada por Sêneca (*Naturales questiones*, 4,3,4) e registrada entre as sentenças medievais (Walther 30351); em Ovídio (*Epistulae ex Ponto*, 4,10,5, *Ars amatoria*, 1,475 s.) está associada ao motivo do arado que se consome debaixo da terra (nº 897) e ao do anel que se adelgaça no dedo (nº 896). O contraste entre a robustez e a dureza da pedra e a aparente fragilidade da água está explicitado no trecho da *Ars amatoria* (1,473 s.: *Quid magis est saxo durum, quid mollius unda? / dura tamen molli saxa cavantur aqua*, "o que haverá de mais duro do que a pedra e de mais mole do que a água? No entanto, as duras pedras são cavadas pela água mole"), aparecendo também no trecho citado de *Naturales questiones* de Sêneca, enquanto a forma *Gutta cavat lapidem* aparece na passagem de *Epistulae ex Ponto*. Esse *topos* retorna ainda em Lucrécio (4,1286 s.), Tibulo (1,4,8), Propércio (2,25,16) e Ovídio (*Epistulae ex Ponto*, 2,7,40; 1,1,70). Esse mesmo provérbio encontra-se também em hebraico (*Jó*, 14,19), sendo muito difundido na literatura grega tardia e bizantina: contudo, πέτρην κοιλαίνει ῥανὶς ὕδατος ἐνδελεχείῃ, "a gota d'água escava a pedra com sua insistência", já é um verso de Querilos de Samos (fr. 11 Bernabé), muito famoso na Antiguidade; conceito análogo encontra-se num fragmento de Bíon (4 Gow) e um provérbio semelhante é documentado por Apostólio (15,19). É famosa a variante do latim medieval *Gutta cavat lapidem non vi sed saepe cadendo; / sic addiscit homo, non vi sed saepe legendo*, "a gota escava a pedra não pela força mas por cair com freqüência; assim o homem se instrui: não pela força mas pela leitura freqüente" (Walther 10508, cf. também 10508a, 10509, 32286), ao qual alude Giordano Bruno em seu *Candelaio* (3,7), substituindo significativamente *vi* por *bis*, "duas vezes". Entre as numerosas sentenças medievais afins encontra-se também o trecho da *Ars amatoria* (Walther 25069), enquanto em outra (5599a) o provérbio em estudo é atribuído a Aristóteles. Em todas as línguas modernas registram-se frases semelhantes à expressão latina, do tipo das italianas *A goccia a goccia s'incava la pietra* e *Goccia a goccia si scava anche la roccia* e da brasileira *Água mole em pedra dura, tanto bate até que fura*; variação muito significativa é constituída pelo espanhol *La piedra es dura y la gota menuda, mas cayendo de contino hace cavadura*, além do veneziano *L'aqua marçisse le pale del molin*, que no entanto é usada para afirmar que a água faz mal, sendo melhor beber vinho (cf. nº 741).

899. *Ferrum rubigo consumit*
A ferrugem consome o ferro

Essa imagem — extraída com tais termos de Cúrcio Rufo (7,8,15) — indica que até o que existe de mais forte pode ser corroído: no trecho de Cúrcio Rufo, ela lembra, ao lado da imagem do leão que às vezes se transforma em pasto de passarinhos (cf. nº 1038), que ninguém é poderoso a ponto de não precisar temer o perigo representado pelos fracos; em Propércio (2,25,15 s.) a espada de ferro estragada pela ferrugem está associada à pedra corroída pela água (cf. nº 898); em São Jerônimo (*Ep.* 98,19), esse mesmo motivo, paralelamente ao dos olhos tapados por remela e ao do corpo devastado pela febre, simboliza a ação perniciosamente contagiosa dos dogmas heréticos; por outro lado, é diferente o sentido que se encontra em Sêneca, o Retor (*Controversiae*, 2,2,8), onde o ferro que, abandonado, cria ferrugem simboliza a ruína oriunda do ócio. Em todas as tradições européias encontram-se provérbios do tipo dos brasileiros *A ferrugem gasta o ferro* e *A ferrugem gasta mais do que o uso ou o trabalho* para indicar que a ação lenta e constante acaba por vencer a resistência mais dura e encarniçada; entre as variantes, deve-se citar a alemã *Der Rost frisst das Eisen und die Sorge den Menschen*.

900. Bos lassus fortius figat pedem
O boi cansado deve fincar o pé com mais força

Esse provérbio, que recomenda reagir com força e tenacidade nos momentos difíceis, é mencionado por São Jerônimo numa epístola a Santo Agostinho (102,2) e na resposta deste último (73,2,4); é também utilizado por Alcuíno (*Ep.* 75 [*PL* 100,253a] e 169 [*PL* 100,441d]). Seus equivalentes modernos são o italiano *Bue fiacco stampi più forte il pie' in terra*, o alemão *Müde Ochsen treten hart auf* e o inglês *An old ox will find a shelter for himself*.

901. Ἔχεται δ' ὥσπερ πολύπους πέτρας
Segura firme como o pólipo ao rochedo

Macário, ao registrar essa locução (4,26, cf. também 7,21), explica que se refere a quem se agarra firmemente a alguma coisa, como o pólipo ao rochedo: de fato, já era observação comum entre os naturalistas antigos (por exemplo, Eliano, *Varia historia*, 1,1) que o pólipo lançava raízes no rochedo, a cuja cor adequava a sua (donde também a imagem do pólipo como símbolo da falsidade e da adaptabilidade, cf. nº 560). Esse animal encarna a tenacidade e, portanto, o entusiasmo em Teógnis (v. 215), enquanto em latim está presente com sentido irônico em Plauto (*Aulularia*, 198: *Ego istos movi polypos, qui ubi quidquid tetigerunt tenent*, "conheço estes pólipos que, tão logo tocam alguma coisa, agarram!"). Nas línguas modernas e em vários dialetos italianos (como o genovês) o pólipo é usado em expressões comparativas para indicar um apego inextricável e às vezes doloroso: pode referir-se, por exemplo, ao contato físico entre pessoas (Primo Levi, *Lilit e altri racconti*, 33), à pobreza (Boiardo, *Poesie giocose inedite e rare*, 106,510), a sentimentos (Carducci, *Lettere*, 8,59, D'Annunzio, *Canto novo*, 90), a uma planta que não se deixa arrancar (Sbardaro, *Trucioli*, 229).

902. Impavidum ferient ruinae
As ruínas o atingiriam e ele ficaria impávido

Essa expressão, registrada por Walther na coletânea de sentenças medievais (11560, 28509) e atualmente citada para elogiar a firmeza de propósitos e a imperturbabilidade, deriva de Horácio (*Carm.* 3,3,8), que, louvando o homem probo e tenaz, recorre ao seguinte paradoxo: *Si fractus inlabatur orbis, / impavidum ferient ruinae*, "se o mundo caísse aos pedaços, as ruínas o atingiriam e ele ficaria impávido". Essa mesma imagem é retomada numa locução italiana que recomenda ser paciente e imperturbável: *Casca il mondo? Fatti um po' più in là*.

903. *Non possunt omnia simul*
Não é possível ter tudo ao mesmo tempo

Essa expressão, extraída de *Epistulae ad Atticum* de Cícero (14,15,3), equivale a uma exortação à perseverança e à paciência. Lembra provérbios modernos, como o italiano *Roma non è stata fatta in una volta sola*, cujo equivalente francês tem Paris no lugar de Roma e está registrado no *Dicionário filosófico* de Voltaire (ver "Credo"), existindo ainda o equivalente russo, que obviamente fala em Moscou.

904. *Ceterum censeo Carthaginem esse delendam*
Por outro lado, acho que Cartago deve ser destruída

Com esta frase, segundo conhecidíssima tradição, Catão concluía todos os seus discursos no senado, qualquer que fosse o assunto em discussão, para lembrar que Cartago, novamente próspera depois da terrível derrota na segunda guerra púnica, constituía um perigo perpétuo e constante para Roma: sua tenacidade acabou sendo recompensada, já que em 149 a.C. foi declarada nova guerra à cidade africana, que acabou sendo aniquilada em 146 a.C. Essa anedota é lembrada por grande número de autores antigos (Plutarco [*Vida de Catão*, 27,2], Diodoro Sículo [34,33,3], Valério Máximo [8,15,2], Floro [1,31,4], Veleio Patérculo [1,13,1], Aurélio Vítor [*De viris inlustribus*, 47]), enquanto Cícero (*Cato maior*, 6,18) atribui uma frase desse tipo a Catão. Contudo, não sabemos a quem se deve a formulação hoje universalmente conhecida e considerada como proverbial, usada para indicar uma firmeza de propósitos que toca as raias da teimosia ou para afirmar que é preciso concluir uma coisa antes de iniciar outra; finalmente, deve ser lembrado que ela é citada em formas abreviadas: a aliterante *Ceterum censeo*, sobretudo em âmbito alemão; *Delenda Carthago* em âmbitos italiano, francês e inglês. Aliás, esta última forma constitui o título de um divertimento de G. Giusti contra a dominação austríaca na Itália: para ele, expulsar os austríacos é como destruir Cartago para Catão, ou seja, uma questão fundamental e que tem absoluta primazia sobre todas as coisas.

ESPERANÇAS, DESEJOS, METAS E DETERMINAÇÃO DE CONCRETIZÁ-LOS

905. *Eandem incudem diu noctuque tundendo*
Batendo dia e noite na mesma bigorna

Essa locução, que se vale da imagem do ferreiro que bate incessantemente na mesma bigorna e consegue modelar o ferro, aparece em dois trechos de Amiano Marcelino: em 18,4,2, a propósito do incessante trabalho de persuasão que estava sendo praticado pelos cortesãos em torno do imperador; em 28,4,26, sobre a mulher que consegue convencer o marido a fazer testamento. Antes essa expressão estava documentada (com o particípio em concordância e não com o gerúndio) em Cícero (*De oratore*, 2,39,162), para indicar o método a ser usado no ensino da oratória às pessoas completamente leigas. Finalmente, devem ser lembradas a expressão italiana *Battere sempre sullo stesso chiodo* e a equivalente francesa *River un clou* [que usam a imagem do prego; em port., Bater na mesma tecla].

906. *Clavo trabali fixum est*
Está fixo como um prego caibral

Essa expressão indica alguma coisa muito bem fixada no espírito e na memória: está registrada, por exemplo, em Plauto (*Asinaria*, 156, onde o prego pertence a Cupido), em Cícero (*In Verrem actio secunda*, 5,21,53, onde se trata de um benefício), em Petrônio (75,7); a essa tradição deve ser vinculada a representação da *Necessitas* com pregos de carpinteiro (Horácio, *Carm.* 1,35,17; 3,24,5). Nas modernas línguas européias também existem locuções semelhantes: em italiano diz-se *Fermare / Fissare il chiodo*, com o sentido de "tomar uma decisão definitiva"; *Fissare / Piantare il chiodo in un'idea*, a propósito de uma convicção que não se consegue demover; *Mettere il chiodo*, com o significado de "consolidar-se"; *Mettere il chiodo a una cosa*, para dizer que alguma coisa deve ser fixada definitivamente (para uma série de documentações, remeto a Battaglia 3,88).

907. *Quamvis sint sub aqua, sub aqua maledicere tentant*
Embora estejam debaixo d'água, debaixo d'água tentam insultar

Essa frase, já registrada entre as sentenças medievais (Walther 23436a) e atualmente conhecida sobretudo entre os alemães (cf. Büchmann 394), indica extrema obstinação; é extraída de *Metamorfoses* de Ovídio (6,376): trata-se da transformação em rãs dos camponeses da Lícia, que se haviam comportado insolentemente para com Latona, enquanto esta era obrigada, pelo ódio de Juno, a vagar em busca de um lugar para dar à luz. Até o fim os camponeses não desistem de proferir ofensas; em Bartels-Hüber 144 observa-se que nesse verso, através da inicial *quamvis* e da repetição de *sub aqua*, o poeta procurou reproduzir o coaxar das rãs. Finalmente, deve-se notar que historietas desse tipo, que procuram mostrar uma enorme teimosia, são muito correntes nas tradições populares modernas: exemplo disso é a história italiana da mulher que, afogada pelo marido por tê-lo chamado de *"cornuto"*, até o fim mantém os dedos fora da água, fazendo o sinal dos chifres [em port., ver a expressão "até debaixo d'água"].

908. Pulsate, et aperietur vobis
Batei e abrir-se-vos-á

Essa expressão é de uso comum, mesmo traduzida: recomenda não desistir de pedir quando se tiver necessidade de alguma coisa. Pertence a um trecho dos Evangelhos (*Mateus*, 7,7; *Lucas*, 11,9) em que Jesus exprime a sua completa confiança na eficácia da prece de quem, com coração puro e sincero, apela para a bondade de Deus (trata-se de um motivo muito difundido na cultura hebraica, cf. Strack-Billerbeck 1,450-458; especificamente para essa expressão, 458-459). Em grego a frase inteira é αἰτεῖτε καὶ δοθήσεται ὑμῖν· ζητεῖτε καὶ εὑρήσετε· κρούετε καὶ ἀνοιγήσεται ὑμῖν, "pedi e dar-se-vos-á, buscai e achareis, batei e abrir-se-vos-á". No Brasil se diz *Quem não chora, não mama* e *Quem não fala, Deus não ouve*.

909. Nulla dies sine linea
Nenhum dia sem uma linha

Esse lema, já corrente na Idade Média (Walther 18899) e ainda usado para dizer que é preciso praticar com assiduidade, constância e força de vontade (ver, por exemplo, Settembrini, *Ricordanze*, 7), não se encontra em nenhum autor antigo transcrito dessa forma. Todavia, no classicismo sem dúvida existia um provérbio desse gênero: Plínio, o Velho (*Naturalis historia*, 35,84), informa que *Apelli fuit... perpetua consuetudo, numquam tam occupatum diem agendi, ut non lineam ducendo exerceret artem, quod ab eo in proverbium venit*, "Apeles tinha um hábito constante: nunca o seu dia era tão ocupado com afazeres que ele não se exercitasse na arte, traçando alguma linha; o que se tornou proverbial". A única locução antiga que chegou até nós e que tem vinculação com essa tradição é τήμερον οὐδεμίαν γραμμὴν ἤγαγον, "hoje não tracei nenhuma linha", documentada por Arsênio (16,44c) e usada pelos que descuram de suas obrigações ou habilidades. Na Idade Média também se registra *Nulla dies abeat, qua linea ducta supersit / nec decet ignavum praeteriisse diem*, "não se passe nenhum dia sem que alguma linha seja traçada: não convém passar o dia na indolência" (Walther 18894); nas línguas neolatinas e germânicas também se registra como proverbial a tradução exata da frase em latim vulgar, às vezes com generalizações, como no italiano *Ogni giorno deve avere il suo compito*; gostaria, finalmente, de assinalar uma variação sobre o tema documentada por Fumagalli 1120, segundo quem um ministro italiano, retomando a frase de Apeles, teria dito (ou deveria ter dito): *Nessun giorno senza corbelleria* [nenhum dia sem disparate].

910. Necessitas feriis caret
A necessidade não tem feriado

A fonte é Palladio, *De agri cultura*, 1,6,7: quando os trabalhos dos campos urgem, não é possível conceder dias feriados. Um paralelo moderno significativo é constituído pelo alemão *Die Not hat keinen Feiertag*. Para outros provérbios sobre os condicionamentos criados pela *Necessitas*, cf. nºs 501-503.

ESPERANÇAS, DESEJOS, METAS E DETERMINAÇÃO DE CONCRETIZÁ-LOS

911. *Plenis velis*
A todo pano

Essa locução, documentada por exemplo em Petrônio (45,11), no Pseudo-Quintiliano (*Declamações*, 12,15) e em São Jerônimo (*Ep.* 18,1), indica o emprego de todos os esforços em determinada operação; ver também *Plenissimis velis* de Cícero (*De domo sua*, 10,24: nesse trecho, de modo mais geral, a metáfora náutica é empregada, como de costume, a propósito dos ventos políticos), *Velificatione plena* de Amiano Marcelino (18,5,6), assim como outros textos em que as velas simbolizam o máximo empenho (por exemplo Plínio, o Jovem [*Ep.* 2,11,3], Quintiliano, 6,1,52). Com essa mesma acepção aparece em Horácio (*Ep.* 1,11,28 s.), *Navibus atque / quadrigis*, "com naves e quadrigas", e em Juvenal (9,132), *Carpentis et navibus*, "com carros e naves". Em grego, documenta-se ὅλοις (ou πλήρεσιν) ἱστίοις em sentido próprio, como por exemplo em Sinésio (*Ep.* 5 [13,8 Garzya]), e em sentido figurado, como em Filóstrato (*Vitae Sophistarum*, 1,25,5, cf. também *Suda* ι 689); também existe πάντα κάλων σείειν, "mexer todas as amarras", que — com o significado de "empenhar-se ao máximo", "empregar todos os meios e todos os esforços" — é registrado pelos lexicógrafos (Poll. 1,107, Hesych. π 388, Phot. 378,14-18 P., *Suda* π 221) e pelos paremiógrafos (Zenob. vulg. 5,62, Greg. Cypr. 3,55, Greg. Cypr. L. 3,4, Macar. 2,15; 5,5; 7,4, Apost. 13,88), sendo documentado, por exemplo, em Fílon de Alexandria (*De Cherubim*, 38, *De mutatione nominum*, 215, *De somniis*, 2,132, *De agricultura*, 174, *De confusione linguarum*, 35, *Legatio ad Gaium*, 177); existem variações em *Sísifo* do Pseudo-Platão (389c: πάντα κάλων ἐφέντες, "soltando todas as amarras", registrado por Greg. Cypr. L. 3,4) e em Crinágoras (*Antologia Palatina*, 9,545,1 s.), onde se fala de mover todas as amarras da arte. Em todas as línguas européias existem expressões semelhantes: desde o italiano *Andare a vela e remo* e o francês *Faire force de voiles* até outras análogas em espanhol, inglês e alemão (cf. Arthaber 1207); contudo, a expressão *De vento em popa*, que corresponde perfeitamente a *Plenis velis*, assumiu acepção diferente: costuma designar uma ação que caminha muito bem.

912. Πάντα λίθον κίνει
Mexe todas as pedras

Essa é uma recomendação de tenacidade, de nunca deixar de tentar tudo em qualquer empreendimento: encontra-se em Nicarco (*Antologia Palatina*, 5,40,5), em vários textos tardios e bizantinos (como por exemplo em *Vida de Barlaam e Ioasaf*, 4,9 Boissonade) e — ainda em grego — em Plínio, o Jovem (*Ep.* 1,20,16); o equivalente πάντα κινῆσαι πέτρον já está documentado em Eurípides (*Os heráclidas*, 1002). Os lexicógrafos (Hesych. π 390, Phot. 378,19-23 P., *Suda* π 223) e os paremiógrafos (Zenob. vulg. 5,63, Diogen. 7,42, Macar. 7,4, Apost. 13,91), que — segundo Hesíquio — tomam como ponto de partida o filólogo alexandrino Aristarco de Samotrácia, registram uma curiosa anedota etiológica, segundo a qual essa expressão teria origem na resposta dada pelo oráculo de Delfos ao tebano Policrates, que procurava em vão o tesouro que Mardônio esconderá na sua fuga precipitada depois da batalha de Salamina; como alternativa, existe a hipótese de que esse provérbio faça referência ao comportamento dos pescadores de caranguejo. O latim *Lapidem... omnem movere*, contudo, é medieval, sendo documentado em Gilbertus Foliot (*Ep.* 137 [*PL* 190,845a]); em italiano existe, principalmente em literatura, *Muovere / Rivoltare ogni pietra* e *Non lasciare di muovere pietra* (para as citações, remeto a Battaglia 13,433).

913. *Ora et labora*
Ora e trabalha!

Trata-se do lema dos beneditinos, de origem desconhecida, cuja forma completa seria: *Ora et labora, Deus adest sine mora*, "ora e trabalha: Deus se apresenta sem demora", com base, portanto, na rima repetida *ora / labora / mora*, como é típico da poesia latina medieval. São variantes registradas por Walther *Ora et labora! Dabit Deus omnia bona*, "ora e trabalha! Deus dará todos os bens" (20330), e *Ora et labora! Nam mors venit omni hora*, "ora e trabalha! Pois a morte chega a qualquer hora" (20330a). *Ora et labora* é frase muito conhecida e citada com freqüência como exortação à vida ativa e não apenas dedicada ao estudo, à especulação ou à contemplação mística; principalmente em historiografia tornou-se símbolo de todo o monacato ocidental em oposição ao oriental, meramente contemplativo (para a importância do trabalho na *Regra de São Bento*, cf. os capítulos 48 e 57). Finalmente, recordo o provérbio brasileiro *Quem está trabalhando, a Deus está se encomendando*.

914. Ἀλλ' ὅταν σπεύδῃ τις αὐτός, χὠ θεὸς συνάπτεται
Quando uma pessoa trabalha, até a divindade trabalha com ela

Esse é o v. 742 de *Os persas* de Ésquilo, em que se exprime um conceito tópico encontrado, por exemplo, no próprio Ésquilo (*Agamêmnon*, 1507, fr. 395 R.) e em Eurípides (*Ifigênia em Táurida*, 910 s., fr. 423 N.²). Nos paremiógrafos registram-se vários provérbios com essa acepção: αὐτός τι νῦν δρῶν, εἶτα τοὺς θεοὺς κάλει, "enquanto isso trabalha, depois invoca os deuses" (*Mant. Prov.* 1,32, *Suda* α 4525); σὺν Ἀθηνᾷ καὶ χεῖρας κίνει, "com a ajuda de Atenas, mexe pelo menos as mãos" (Zenob. vulg. 5,93, Diogen. 8,11, Greg. Cypr. 3,63, Macar. 7,84, *Mant. Prov.* 1,32, Hesych. σ 2393, *Suda* σ 1428, cf. também Eustátios, *Comentário à Ilíada*, 4,249 [1,742,8-10 V.]), usado pelo retor Temístio (22,267d), que teria sido dito em especial sobre as mulheres e cuja origem estaria no comportamento de um ator que, confiando na ajuda de Atenas, ficava parado em cena sem sequer mexer as mãos; τὰν χεῖρα ποτιφέροντα τὰν τύχαν καλεῖν, "pedir ajuda da sorte dando uma mão" (Diogen. 8,11, Apost. 15,92, Phot. 586-13-21 P., *Suda* τ 528), documentado também em Plutarco (*Instituta Laconica*, 239a) e que se diz derivar de uma historieta que também pode ser encontrada em Bábrio (20), Aviano (32) e La Fontaine (6,18): o condutor de carro de boi, cujo animal atolara e não conseguia mais sair da lama, não se dava ao trabalho de puxá-lo para fora, mas invocava Héracles; o deus teria respondido com essa frase, que se tornou proverbial. Em latim deve ser citado *Dei facientes adiuvant*, com que Varrão (*De re rustica*, 1,1,4) justifica o fato de invocar os deuses e não as Musas, e cuja interpretação é controvertida: para alguns *facientes* não indica quem age, mas simplesmente os fiéis que fazem sacrifícios. Esse motivo, indubitavelmente, encontra-se em Salústio (*A conjuração de Catilina*, 52,29), e também deve ser mencionada uma passagem de Horácio (*Sat.* 1,9,52 s.: *Nil sine magno / vita labore dedit mortalibus*, "a vida nada deu aos mortais sem muito trabalho" [ver também o nº 1685]). Em todas as modernas línguas européias e nos vários dialetos italianos existem equivalentes ao italiano *Aiutati, che Dio ti aiuta* (citado, entre outros, em *Promessi sposi* [6,41]; no Brasil se diz *A quem trabalha, Deus ajuda*). Entre as variantes devem ser citadas, em italiano, *Comincia, che Dio provvede al resto*; em francês, *Faites votre devoir et laissez faire à Dieu!* (que tem paralelo exato em alemão); em inglês, *Use the means, and God will give the blessing!*; e do Lácio, *Dio provede ma non carreggia* (ou seja: "Deus provê, mas não carrega nas costas"). Esse *topos* também está presente em outras culturas: por exemplo, entre os ditados de Abu Bakr ibn Mohammed al-Kattāni encontra-se: *Quando pedires a Deus o sucesso de um empreendimento, põe imediatamente mãos à obra* (p. 160 Bacca [cf nº 1712]).

915. *Sua enim cuique prudentia deus est*
A sabedoria de cada um equivale a um deus

Essa expressão é extraída de um *Panegírico a Constantino*, de autor incerto (4,2), sendo semelhante a *Sibi quisque profecto / est deus*, "cada um é seu próprio deus", com que, em Ovídio (*Metamorfoses*, 8,72 s.), Cila (filha de Niso, rei de Alcátoe), apaixonada por Minos, que está assediando sua cidade, toma a decisão de trair o pai e dar uma ajuda decisiva ao amado. São afins as tradições segundo as quais *Fortes Fortuna adiuvat* (nº 851) e *Facientes deus adiuvat* (nº 914); em italiano, o correspondente mais difundido é *Chi fa da sé fa per tre*, com paralelos em todas as línguas européias (cf. Arthaber 1252); variações expressivas são constituídas pelo provérbio italiano *Non v'è più bel messo che se stesso* (com um equivalente em francês), pelo brasileiro *Quem quer vai, quem não quer manda*, pelo alemão *Selbst getan ist bald getan* e pelo francês *On n'est jamais si bien servi que par soi-même* (com um equivalente em espanhol).

916. *Parvola... magni formica laboris*
A minúscula formiga muito trabalhadeira

Essa expressão é de Horácio (*Sat.* 1,1,33): já na cultura clássica a formiga é símbolo de industriosidade e diligência, tanto em latim (ver ainda, por exemplo, Titínio [34 R.³], Virgílio [*Geórgicas*, 1,185 s.,], Juvenal [6,359-361], Sidônio Apolinário [*Ep.* 7,14,5]) quanto em grego (cf., por exemplo, Teócrito, 17,106) e hebraico (cf., por exemplo, *Provérbios*, 6,6-8); para outras notas, remeto a A. Marz, *RE*, 1/2 [1894] 1821. Essa fama da formiga persiste nas culturas modernas: tem grande importância a célebre primeira fábula de La Fontaine (por sua vez derivada da tradição antiga, cf. Esopo [114 Hausrath], Bábrio [140], Aviano [34]: para outras indicações, remeto a M. J. Luzzatto-A. La Penna, *Babrius. Mythiambi Aesopei*, Lipsiae 1986, 137), em que se faz uma contraposição simbólica entre ela e a cigarra: esta canta durante o verão e não acumula provisões para o inverno. Proverbialmente, ver por exemplo o alemão *Geh zur Ameise, du Fauler, und lerne von ihr*.

917. *Fervet opus*
O trabalho fervilha

Essa expressão, citada com freqüência para indicar entusiasmo, deriva de uma passagem da *Eneida* (1,436) em que a diligência dos habitantes de Cartago é comparada à das abelhas: a frase evidencia exatamente o pulular laborioso da colmeia.

918. *Non decet tota nocte dormire consiliatorem virum*
O conselheiro não deve dormir a noite inteira

Essa é a tradução latina de um verso de Homero (*Ilíada*, 2,24 = 61: οὐ χρὴ παννύχιον εὕδειν βουληφόρον ἄνδρα), registrada por Fulgêncio (*Mythologiae*, 3,1) e — com ligeiras variações — por Prisciano (*Praeexercitationes*, 432,30 K.), enquanto em Sílio Itálico (3,172) a mesma inoportunidade de dormir a noite inteira refere-se ao *dux*: quem desempenha funções de responsabilidade deve estar sempre vigilante e não dormir muito. Em grego também é preciso lembrar que esse motivo é objeto de um dos *Progymnasmata* de Libânio (8,106 ss. Förster); menções análogas também existem nas tradições proverbiais medievais (cf. Walther 17476a: *Non decet integram noctem dormire regentem / imperio populos*, "não convém a quem governa povos dormir a noite inteira") e modernas: ver por exemplo os italianos *Chi cerca trova e chi dorme sogna*, *Chi dorme l'agosto dorme a suo costo*, *Chi dorme non piglia pesci* e *Volpe che dorme vive sempre magro*; este último tem equivalentes em todas as línguas européias e entre as variações mais divertidas eu assinalaria o espanhol *A raposo dormiente no le amanece la gallina en el vientre*. Lembro que esse motivo também aparece na série de conselhos que constitui a *Canção do Excelso* (58-59) no *Edda*: encontra-se, entre outras, a imagem do lobo acocorado e adormecido, que não consegue abocanhar nada. Para uma tradição diametralmente oposta, cf. nº 1585.

919. *Tam laboriosus es ut post te non respicias?*
Estás tão ocupado que não podes nem olhar para trás?

A fonte é Petrônio (57,7); essa expressão também está documentada em Terêncio (*Heautontimoroumenos*, 70), enquanto no *Evangelho de Lucas* (9,62) Cristo proclama: οὐδεὶς ἐπιβαλὼν τὴν χεῖρα αὐτοῦ ἐπ' ἄροτρον καὶ βλέπων εἰς τὰ ὀπίσω εὔθετός ἐστιν τῇ Βασιλείᾳ τοῦ Θεοῦ, "ninguém que põe a mão sobre o arado, e olha para trás, está apto para o reino de Deus" (para as relações desse motivo com a literatura rabínica, cf. Strack-Billerbeck 2,165; olhar para trás como sinal pernicioso de arrependimento quando se está no caminho justo já aparece numa famosa passagem do *Gênesis* [19,26], em que a mulher de Lot, ao fugir de Sodoma, olha para trás

ESPERANÇAS, DESEJOS, METAS E DETERMINAÇÃO DE CONCRETIZÁ-LOS

e se transforma em uma estátua de sal). A locução mais difundida com esse significado é *Não ter tempo nem para respirar*.

920. Ἡώς τοι προφέρει μὲν ὁδοῦ, προφέρει δὲ καὶ ἔργου
A aurora adianta a caminhada, adianta o trabalho

Esse é um verso de Hesíodo (*Os trabalhos e os dias*, 579): o conceito da grande produtividade das horas matinais e a recomendação paralela de acordar cedo são retomados por Xenofonte (*Econômico*, 5,4) e também aparecem em latim (ver um poema epigráfico [36 B.] e uma passagem de São Colombano [3,242,48 Baehrens]). Do medieval *Aurora Musis amica est*, "a aurora é amiga das Musas" (Walther 1815a), derivam os provérbios análogos em inglês e francês, enquanto em alemão e italiano diz-se que as horas matinais têm ouro na boca (italiano, *Le ore della mattina hanno l'oro in bocca*, que, à parte a paronomásia *ore / oro*, muito provavelmente tem origem numa etimologia popular segundo a qual *Aurora* proviria de *aurum in ore*, "ouro na boca"). São diversas as variações: a inglesa *An hour in the morning before breakfast is worth two all the rest of the day*; a russa *Kto rano vstaët, tomu Bog podaët* (ou seja: *Deus ajuda quem cedo madruga*); a da Puglia, *Ci uei burli lu tou vicinu, cùrcate prestu e bàusate a matinu* (ou seja, "se queres burlar o teu vizinho, deita-te cedo e acorda bem cedinho"; preceitos análogos encontram-se também em outros dialetos, como no de Abruzos).

921. *Prius quam galli cantent*
Antes que os galos cantem

A fonte é Plauto (*Miles*, 690): trata-se de uma expressão que significa "de madrugada"; aparece — com variações marginais — em Horácio (*Sat.* 1,1,10) e em Juvenal (9,107). Passagem semelhante em grego pode ser encontrada em Aristófanes (*Assembléia de mulheres*, 390 s.), mas o trecho mais famoso sem dúvida é o evangélico: pouco antes da Paixão, Jesus responde aos protestos de absoluta fidelidade de Pedro predizendo que antes do cantar do galo ele o trairia três vezes. Em italiano, a expressão *Prima che il gallo canti* costuma aludir a esse episódio (C. Pavese, por exemplo, deu esse título a um livro composto por dois contos diferentes [1948] para indicar a traição a si mesmo e aos próprios ideais), enquanto para indicar simplesmente as primeiras horas da manhã diz-se *Al canto del gallo*.

922. Πολυτελὲς ἀνάλωμα εἶναι τὸν χρόνον
O tempo é gasto a um preço altíssimo

Essa máxima é de Teofrasto, registrada por Diógenes Laércio (5,40). Em todas as línguas européias existe o equivalente ao brasileiro *Tempo é dinheiro* (Mota 217); esse provérbio é retomado por muitos autores, como por exemplo Guicciardini (*Ricordi*, A 73, B 98, C 145), enquanto F. Bacon, no ensaio 25 (*Of dispatch*) escreve: *Time is the measure of business, as money is of wares*.

923. *Mari terra⟨que⟩... quaeritat*
Busca por mar e terra

Essa expressão é extraída do prólogo de *Poenulus* de Plauto (v. 105): a locução *mari terraque* com verbos que significam "buscar" também se encontra em outros textos, como por exemplo em Salústio (*A conjuração de Catilina*, 13,3), Cícero (*Epistulae ad familiares*, 5,9,2) e Sêneca (*De vita beata*, 11,4), enquanto em *Pseudolus* (v. 317) se tem *Aut terra aut mari... evolvam id argentum tibi*, "localizarei para ti aquele dinheiro, em terra ou no mar". Um precedente grego significativo está em Teógnis (vv. 179 s.), onde se afirma gnomicamente que é preciso procurar fugir à pobreza por mar e por terra. Essa expressão permaneceu em algumas línguas modernas: ver o italiano *Cercare per mare e per terra* e o russo *Iskat' na semle i na vode*.

c) Tempestividade, atrasos, adiamentos

924. *Stans pede in uno*
Parado sobre um pé só

Essa expressão deriva de um trecho das *Sátiras* de Horácio (1,4,10) em que o poeta critica Lucílio, pondo a nu o seu maior defeito: *In hora saepe ducentos, / ut magnum, versus dictabat stans pede in uno*, "muitas vezes compunha numa hora duzentos versos parado sobre um pé só, como se fosse grande proeza". Portanto, é um modo sarcástico de representar a grande facilidade com que Lucílio compunha; com essa mesma acepção também se encontra em Santo Agostinho (*Sermones*, 2,2,2), que ironiza os que acreditam *in via Dei posse se uno pede ambulare*, "poder andar com um só pé pelo caminho de Deus". Atualmente, porém, as palavras de Horácio são citadas com o significado do italiano *Su / Sui / In due piedi* [Num pé só], com o sentido de "depressa, imediatamente, sem atrasos nem reflexões".

925. *Dum recens est / ... devorari decet*
É bom comer enquanto é fresco

Em *Pseudolus*, de Plauto (v. 1126), é assim que o alcoviteiro Balião se expressa para dizer que quer tirar proveito de um rico que está à caça de mulheres e "depená-lo" o mais depressa possível, sem demora. A referência parece ser feita ao peixe, que deve ser comido enquanto está fresco: em *Asinaria* (v. 178) também se faz a comparação entre um amante e um peixe, que só é bom quando está fresco. Na base desse texto deveria estar a locução em que comer o peixe enquanto fresco simbolizava fazer alguma coisa sem hesitação, semelhante a algumas outras, presentes nas línguas modernas, como a italiana *Il pesce va mangiato quando è fresco* e as alemãs *Frische Fische gute Fische* e *Ist der Fisch nicht frisch, so taugt er auf keinen Tisch* (é evidente que a difusão de máximas desse tipo nessa língua é favorecida pelas consonâncias facilmente obtidas com *Fisch*).

926. Ἕως θερμὸς ὁ σίδηρος, τῷ ψυχρῷ στομωθήτω
Enquanto o ferro está quente, é temperado com água fria

Essa expressão é extraída de uma oração de Gregório de Nazianzo (40,26) e significa que, chegado o momento de agir, não se deve adiar ou retardar a ação. Faz referência a uma prática comum na metalurgia antiga — já documentada na *Odisséia* (9,391 ss.) e nos líricos (Anacreonte, fr. 25 Gentili, cf. também Hipônax, fr. 37,2 s. Degani) — que prescrevia temperar o ferro ardente na água gelada: essa operação era muito importante, já que dela dependia a robustez do objeto (para os pormenores, remeto a R. J. Forbes, *Studies in Ancient Technology*, 9, Leiden 1972, 223). Nas várias línguas européias modernas existem paralelos ao brasileiro *Bate-se o ferro enquanto está quente*, provérbio este que já está presente no latim medieval (entre as numerosas variações menos importantes devem ser mencionadas *Dum ferrum candet, cudere quemque decet*, "é preciso bater o ferro enquanto está quente" [Walther 6519], e *Tundatur ferrum dum novus ignis inest*, "malhe-se o ferro enquanto o fogo é nele recente" [Walther 31816]). Finalmente, não faltam imagens análogas, sobretudo nos dialetos italianos, como por exemplo o bolonhês *Bisaggna cusr al pan, insénna ch'al fòurn é chèld* ("é preciso cozer o pão enquanto o forno está quente").

927. *Lupus in fabula*
O lobo na conversa

Essa locução está documentada na comédia (Terêncio, *Adelphoe*, 537; cf. também Plauto, *Stichus*, 577) e em Cícero (*Epistulae ad Atticum*, 13,33,4), sempre com referência a uma pessoa de quem se está falando e que aparece de repente: ainda é comumente usada com esse sentido. Sua origem é obscura: os antigos (Donato, no comentário ao texto de Terêncio, Sérvio, no comentário a Virgílio, *Bucólicas*, 9,53, e Isidoro, *Origines*, 12,2,24) vinculavam-na à crença popular de que as pessoas que encontravam um lobo perdiam a voz, superstição bem documentada nos clássicos (além do citado trecho de Virgílio, ver, por exemplo, Teócrito, 14,22) e ainda viva (em italiano, diz-se de quem está rouco que viu um lobo ou que foi olhado por ele: *Ha veduto il lupo* ou *È stato guardato dal lupo*), mas que na realidade não me parece estar vinculada à tradição ora estudada: o fato de se perder a voz ao se encontrar um lobo não me parece implicar a chegada automática do animal, uma vez que este seja evocado. Donato, por outro lado, fazia referência à fábula de Esopo sobre o lobo, a velha e o menino (163 Hausrath), que depois será retomada por La Fontaine (4,16): um lobo faminto está vagando de barriga vazia e boca aberta (cf. nº 873) quando ouve uma velha ameaçar um menino de dá-lo de comer ao lobo se ele não parar de berrar; isso cria ilusões no pobre animal, que, depois de esperar muito tempo que a velha concretize seus intentos, vai-se embora vexado, ao ouvi-la dizer que, se o lobo tivesse ali chegado, tê-lo-ia recebido a pauladas. Contudo, a teoria de que essa fábula constituísse a origem da locução — à qual alguns ainda dão crédito (cf. Lapucci 173) — parece frágil (se comparada à teoria de que se estaria simplesmente fazendo alusão à freqüente presença do lobo nas fábulas de Esopo), visto que na sua primeira documentação, em Plauto, tem-se *Lupus in sermone*, o que leva à dedução de que *fabula* não significa fábula, mas *sermo*, discurso/conversação. A verdadeira explicação deverá ser encontrada de preferência num "tabu" ainda vivo no folclore (cf. *Handwörterbuch des deutschen Aberglaubens*, 9,782 s.), substancialmente ligado ao fato de que o lobo com freqüência é um animal totêmico (*ibidem*, 735 s.), ou seja, na crença de que falar do lobo equivale a evocá-lo (característica esta também própria do diabo na Idade Média). A expressão que ora estudamos parece ser de origem latina, embora os paremiógrafos gregos (Diogen. 4,64, Apost. 6,50, *Suda* ει 67) documentem, com o mesmo sentido, εἰ καὶ λύκου ἐμνήσθης, "se apenas mencionares o lobo"; vários provérbios do gênero (como *Mentio si fiet, saepe lupus veniet*, "o lobo virá muitas vezes se for mencionado" [Walther 14777]) são documentados em latim medieval (cf. também 8628, 23503, 27174, 30312). Quanto às tradições proverbiais modernas, o italiano diz pitorescamente que *Chi ha il lupo in bocca, l'ha sulla groppa* [quem tem o lobo na boca, tem-no na garupa]; em alemão, tem-se *Wenn man den Wolf nennt, so kommt er gerennt* (com equivalente perfeito em russo) e *Wenn man vom Wolf spricht, ist er nicht weit*; em francês, *Quand on parle du loup, on en voit la queue* (este com paralelo em inglês); no Brasil se diz *Falar no mau, preparar o pau*. São semelhantes a expressão italiana *Quando si parla del diavolo...* [falando do diabo...] e a emiliana *Zant numinè, o par vi o par strè*.

928. Veni vidi vici
Vim, vi, venci

Esse lema, ainda de uso comum para indicar uma ação rápida, tempestiva e eficaz, é de Caio Júlio César: Plutarco, de fato (*Vida de César*, 50,3-4), informa-nos que em 47 a.C., depois da vitória de Zela sobre Fárnaces II, ele comunicou a notícia a Roma, confiando a um mensageiro chamado Mácio uma mensagem lapidar e formalmente cativante, correspondente ao grego ἦλθον, εἶδον, ἐνίκησα. Essa tradição também se reflete em Díon Cássio (42,48,1) e em Apiano (*De bellis civilibus*, 2,91), enquanto Suetônio (*Vida de César*, 37,2) informa que, durante o triunfo ocorrido na mesma campanha, o general mandou carregar um cartaz com a inscrição *Veni vidi vici*, para mostrar como sua execução era fulminante. Esse trinômio realmente é muito feliz, já que reproduz a rapidez por meio de uma estrutura assindética, acompanhada por aliteração, homeoteleuto e isossilabismo dos três termos; baseia-se, de qualquer modo, num esquema já usado antes, por exemplo, por Terêncio (*Phormio*, 103 s.: *Imus venimus / videmu(s)*, "fomos, chegamos, vimos") e por Cícero (*Catilinárias*, 2,1,1: *Abiit excessit evasit erupit*, "saiu, foi-se, fugiu, precipitou-se para fora"), trecho este que deve ter gozado de certa fama na Antiguidade, já que é citado por São Jerônimo (*Ep.* 109,2). Em Sêneca, o Retor (*Suasoriae*, 2,22), *Veni vidi vici* — com referência explícita a César — é o vangloriar-se arrogante de um insolente; em Polieno (*Stratagemata*, 1,30,2) um paralelo semelhante de aoristos em assíndeto caracteriza a vitória de Temístocles em Salamina. Um último paralelo é constituído por uma máxima transcrita por Apostólio (12,58), que Mullach insere entre as pertencentes ao Pseudo-Demócrito (249, [1,356]) e que faz parte do *topos* da rapidez da vida e de sua semelhança com uma representação teatral (cf. nº 624): ὁ κόσμος σκηνή, ὁ βίος

ESPERANÇAS, DESEJOS, METAS E DETERMINAÇÃO DE CONCRETIZÁ-LOS   437

πάροδος· ἦλθες, εἶδες, ἀπῆλθες, "o mundo é um teatro e a vida é uma representação: vens, vês e vais". O lema de César é retomado em *Jerusalém libertada*, nas palavras do Califa a Emirano (17,38,7) e em 18,40,5-7 (*A quel temuto / bosco n'andai, come imponesti, e 'l vidi: / vidi e vinsi gli incanti*), onde se perde a concisão em favor de um andamento mais diluído e suave (note-se principalmente a duplicação de *vidi*).

929. *Sub manu... nascatur*
Esteja ao alcance da mão

Em Sêneca (*Ep.* 71,1) essa expressão refere-se a um conselho, que sempre deve estar, por assim dizer, ao alcance da mão. Em Suetônio (*Vida de Otaviano*, 49), tem-se *sub manum*; em Plutarco (*De sera numinis vindicta*, 548e), ὑπὸ χεῖρα. Em italiano usa-se atualmente dizer *A portata di mano* [ao alcance da mão] ou mesmo *A mano* [à mão] não só para indicar algo acessível como também algo que acorre com facilidade à mente (cf. Battaglia 9,712); muito semelhante ao trecho de Sêneca é o provérbio alemão *Der Rat muss unter den Händen wachsen*.

930. *Dictum factum*
Dito e feito

Essa locução está documentada num fragmento dos *Anais* de Ênio (314 V.[2] = Skutsch) e sobretudo em vários trechos de Terêncio (*Andria*, 381, *Heautontimoroumenos*, 760; 904), indicando grande rapidez de execução, de tal modo que há coincidência entre a palavra e a sua realização: expressões como *Dum loquimur*, "enquanto falamos", para indicar um brevíssimo lapso de tempo (como *Num piscar de olhos*) estão, aliás, documentadas por exemplo em Horácio (*Carm.* 1,11,7), Ovídio (*Amores*, 1,11,15, *Epistulae ex Ponto*, 4,3,58) e Petrônio (99,3). *Dictum factum*, contudo, provavelmente está calcado no grego ἅμ' ἔπος ἅμ' ἔργον (ou ἅμ' ἔπος τε καὶ ἔργον), que pode ser encontrado já no *Hino a Hermes* do Pseudo-Homero (v. 46; conceitualmente, ver também *Ilíada*, 19,242) e em Heródoto (3,135,1), sendo retomado por autores tardios, como por exemplo Aristeneto (*Ep.* 2,7), e registrado pelos paremiógrafos (Zenob Ath. 379 Miller; vulg. 1,77, Diogen. 2,24, Diogen. Vind. 1,36, Greg. Cypr. 1,48, Macar. 1,94, Apost. 2,97, *Suda* α 1462, Zon. 140 T., cf. também Eustátios, *Comentário à Ilíada*, 8,484 [2,621,21-23 V.] e 19,242 [4,322,30-323,2 V.]). Quanto aos equivalentes nas línguas européias, a mesma característica lapidar presente nas expressões brasileiras *Dito e feito* e *Meu dito, meu feito* encontra-se no alemão *Gesagt getan*, diferente do francês *Aussitôt dit aussitôt fait* e do inglês *No sooner said than done*.

931. *Abduxisse alium praedam, qui occurrit prior*
Outro, que chegou primeiro, levou a presa

A fonte é uma passagem de Plauto (*Pseudolus*, 1198). Não se tem certeza de que essa expressão já fosse proverbial na Antiguidade, mas Erasmo (*Adagia* 2,10,15) registra

Qui primus venerit primus molet, "quem chegar primeiro, moerá primeiro", cuja tradução é corrente em todas as línguas européias; variantes notáveis são constituídas, em inglês, por *First come, first served* e *The foremost dog catcheth the hare*; muito semelhante ao texto de Plauto é o espanhol *Quien primero vien primero tiene*. O provérbio complementar em italiano é *Chi tardi arriva male alloggia* (cf. também nº 934).

932. *Dum Romae consulitur, Saguntum expugnatur*
Enquanto se discute em Roma, Sagunto é tomada de assalto

Essa é uma frase de uso comum — assim como as paralelas *Roma deliberante Saguntum perit, Senatu deliberante Saguntum perit, Dum Roma deliberat, Saguntum perit* e a abreviada *Dum Romae consulitur* — para caracterizar a morosidade, sobretudo burocrática, que obsta gravemente à realização oportuna de um projeto. Trata-se de formas vulgarizadas de uma frase de Lívio (21,7,1: *Dum ea Romani parant consultantque, iam Saguntum summa vi oppugnabatur*, "enquanto os romanos preparavam e discutiam aquilo, Sagunto já era assediada com extrema violência"): na primavera de 219 Aníbal assedia a cidade espanhola de Sagunto, aliada de Roma; em Roma não há certeza sobre o que fazer e Aníbal tira proveito dessa perplexidade, conseguindo assim, no outono do mesmo ano, conquistar a fortaleza e dar o primeiro passo da campanha rápida e vitoriosa que o levará até as portas de Roma. Finalmente, deve ser notada uma curiosa anedota: numa sessão da Assembléia Constituinte de 1789, Goupil de Préfelne, polemizando com Mirabeau, cunhou uma frase que teve certa fama e difusão: *Catiline est aux portes et l'on délibère*, fazendo uma mescla da expressão que ora estudamos com *Hannibal ad portas* (nº 1546) e substituindo Aníbal por Catilina, o perigoso conspirador por antonomásia.

933. *Age si quid agis*
Se fazes algo, faze-o logo

Essa é uma expressão usada por Plauto (*Persa*, 659, *Miles*, 215, *Stichus*, 715, *Trinummus*, 981, assim como, com leves variações, *Miles*, 352 e *Mostellaria*, 1100), como recomendação de agir sem demora; baseia-se no paralelo de duas formas diferentes do verbo *agere*. Essa estrutura, fundada no poliptoto, aparece também em outros textos, com verbos diferentes: temos, por exemplo, *Fac si facis*, "se fazes, faze logo" (Marcial, 1,46,1; Sêneca, *De beneficiis*, 3,36,2, assim como o *Evangelho de João*, 13,27: ὃ ποιεῖς ποίησον; cf. também Santo Agostinho, *Tractatus in Evangelium Ioannis*, 44,60), *Bibe si bibis*, "se bebes, bebe logo" (Plauto, *Stichus*, 710), *Ite si itis*, "se vais, vai logo" (Plauto, *Poenulus*, 511; 1237; frases semelhantes, mas sem poliptoto, encontram-se em *Miles*, 1186 e *Captivi*, 183). Em grego também se documentam locuções como φέρ' εἰ φέρεις τι, "se levas algo, leva logo" (Herondas, 7,47), e λέγ' εἴ τι λέγεις, "se deves dizer algo, dize logo" (Teócrito, 5,78). Semanticamente, *Age si quid agis* equivale ao mais comum *Hoc age / agite*, "ânimo!" (cf., por exemplo, Plauto [*Persa*, 584, *Poenulus*, 761, *Miles*, 1114, *Casina*, 401, *Cistellaria*, 693], Horácio [*Sat.* 2,3,152, *Ep.* 1,6,31], Sêneca [*De beneficiis*, 3,36,2, *Medéia*, 562; 905, *De clementia*, 3,10,2], Suetônio [*Vida de Calígula*, 58]), que, segundo Plutarco

(*Vida de Numa*, 14,4, *Vida de Coriolano*, 25,3 s.), também tinha acepção religiosa (era proferido por ocasião dos sacrifícios, para lembrar que a atenção dos presentes deveria concentrar-se totalmente no sagrado mistério). Finalmente, deve-se ressaltar a afinidade entre *Age si quid agis* e *Age quod agis*, ainda conhecido, mas com o sentido de "faze o que estás fazendo e nada mais", "cuida da tua vida".

934. *Occupet extremum scabies!*
Que o último fique cheio de sarna!

A fonte é Horácio (*Ars poetica*, 417): segundo comentário de Porfírio e do Pseudo-Ácron, trata-se de uma expressão derivada das brincadeiras de crianças, que costumavam repeti-la (o Pseudo-Ácron cita Suetônio, *De lusibus puerorum*, fr. 198, p. 346 Reifferscheid). Equivale, portanto, à expressão brasileira *Quem tarde chega, mal se acomoda*, encontrando-se paralelos interessantes, por exemplo, no toscano *L'ultima pecora piscia nel secchiello* [a última ovelha mija no balde], no alemão *Den Letzen beissen die Hunde* (com equivalente em espanhol) e no russo *Poslednego i sobaki rvut* (ou seja, "o último será devorado pelos cães"). Com o mesmo sentido tem hoje certa difusão em todas as línguas européias o correspondente a *O último apague as luzes / feche a porta*.

935. Κατόπιν ἑορτῆς ἥκομεν
Chegamos tarde à festa

Esse provérbio está documentado em *Górgias* de Platão (447a), sendo registrado — na segunda pessoa do singular — pelos paremiógrafos (Diogen. 5,73, Greg. Cypr. 3,89; M. 3,89, Macar. 3,98, Apost. 9,44): indica a pessoa que perde algo de agradável por ser preguiçosa ou negligente. Com o mesmo sentido são registrados por Apostólio (14,6) Παναθηναίων κατόπιν, "atrasado para as Panatenéias" (as mais importantes das festas atenienses), e pela *Suda* (κ 1087), κατόπιν ἧκε τοῦ καιροῦ, "chegou atrasado, depois do momento oportuno". Paralelo latino é *Cena comessa... venimus*, "chegamos depois que a ceia terminou", encontrado em Varrão (*De re rustica*, 1,2,11); em Plauto assumem valor idêntico *Ne sero veniam depugnato proelio*, "que não chegue tarde demais, depois de travada a batalha" (*Menaechmi*, 989), e *Sero post tempus venis*, "chegas tarde, depois do momento oportuno" (*Captivi*, 870). Essa imagem continuou proverbial em francês, alemão e inglês; em italiano diz-se *Arrivare a piatti lavati* [alguém chegou depois que os pratos foram lavados], enquanto outras variações divertidas são o espanhol *Después de vendimias, cuévanos* e o inglês *After meat comes mustard* (com paralelo em alemão).

936. *Potius sero quam numquam*
Antes tarde do que nunca

Esse famoso lema (Walther 22105a) já está documentado na Antiguidade: aparece em Lívio (4,2,11), enquanto em Quintiliano (2,17,12) lêem-se palavras muito parecidas com respeito ao aprendizado (para o *topos* segundo o qual nunca é tarde para aprender, cf. nº 385). Essa expressão encontra equivalentes perfeitos em todas as línguas européias (cf. Mota 47).

937. *Sero sapiunt Phryges*
Os frígios percebem tarde demais

Essa expressão, ainda famosa e citada para indicar quem se arrepende ou toma decisão válida, mas tarde demais, é um verso de uma tragédia intitulada *Equus Troianus* (234 R.³), documentado por Cícero (*Epistulae ad familiares*, 7,16,1) e por Festo (460,36-462,2 Lindsay). Este último fornece a sua explicação precisa: só depois de dez anos de guerra, quando a sua sorte declinava irremediavelmente, foi que os troianos decidiram restituir Helena aos aqueus. Na Idade Média, tem-se a variação banalizante *Sero sapiunt principes*, "os governantes percebem tarde demais" (Walther 28115a).

938. *Cras credo, hodie nihil*
Amanhã darei crédito, hoje não

Esse lema, cuja cativante aliteração inicial deve ser observada, na realidade é título de uma das *Satyrae mennippeae* de Varrão (p. 189 Bücheler), sendo ainda citado hoje em dia para indicar especificamente que não se quer vender fiado (em vários estabelecimentos comerciais encontra-se o cartaz *Fiado, só amanhã* ou então, de modo mais geral, para adiar uma operação para um futuro que nunca chegará. Na Idade Média registra-se a variação *Cras do, non hodie: sic nego cotidie*, "darei amanhã, hoje não: assim nego todos os dias" (Walther 3613). Finalmente, recordo o provérbio brasileiro *Mais vale um hoje que dois amanhã*.

939. *Ad Kalendas Graecas*
Para as calendas gregas

Essa expressão é registrada por Suetônio em *Vida de Augusto* (87) entre as que esse imperador costumava usar: quando queria afirmar que um débito nunca seria pago, dizia que *ad Kalendas Graecas soluturos*, "teriam pago nas calendas gregas". Na verdade, no calendário romano, as calendas eram o primeiro dia de cada mês e muitas vezes constituíam a data prevista para pagamentos (cf., por exemplo, Ovídio, *Remedia amoris*, 561), denominação que não existia no calendário grego; por isso, essa locução indicava "nunca" e costumava ser aplicada a operações adiadas para um futuro no mínimo hipotético. Essa expressão permaneceu em todas as línguas européias, apesar de hoje não se conhecer comumente a sua explicação; em alemão também existe *Zu dem judem Weihnachten*, "para o natal judeu". Finalmente, gostaria de assinalar uma anedota segundo a qual, em 1577, Elizabeth I teria respondido com as seguintes palavras ao pedido de Filipe II, de não tomar o partido dos rebeldes holandeses, de pôr em ordem os conventos destruídos por Henrique VIII e de reconhecer a autoridade papal: *Ad Graecas, bone rex, fient mandata Kalendas*, "as tuas ordens, caro rei, serão executadas nas calendas gregas". Entre as referências literárias recordo a de Rabelais (3,3); essa expressão também é o título de um romance de Gesualdo Bufalino. Expressões brasileiras com o mesmo significado são *Dia de São Nunca, de tarde* e *Quando as galinhas criarem dentes*.

940. *Tolle moras: semper nocuit differre paratis*
Põe termo a essa demora: é sempre prejudicial adiar o que já está pronto

Com essas palavras, na *Farsália* de Lucano (1,281), Caio Curião incita César a atravessar sem demora o Rubicão, retomando o motivo do perigo da demora (ver, por exemplo, Lívio, 38,25,13: *Plus in mora periculi*, "há mais perigo na demora", donde o lema tardio *Periculum in mora*, cf. Walther 21367, ainda repetido [ver, por exemplo, Settembrini, *Ricordanze*, 2]). Esse texto é bastante famoso e foi retomado explicitamente por Dante na sétima epístola (par. 4), em que incita Arrigo VII a não continuar parado no vale do Pó e a subir até a Toscana, e no *Inferno* (28,98-99), onde Curião é quem afirma que *'l fornito / sempre con danno l'attender sofferse*; outra menção talvez esteja na máxima que Shakespeare põe na boca do duque de Alençon (*Henrique VI*, 1,3,2: *Defer no time, delays have dangerous ends*), enquanto está em plano diferente a conclusão do *Vorspiel* do *Fausto* de Goethe por parte do diretor, que adverte que a inspiração fica longe de quem hesita. Entre as sentenças medievais não só se registra o verso de Lucano (Walther 17080b, 27978, 31436, 31438), como também se encontram inseridos em vários contextos *Tolle moras* (31437, 33768) e *Nocuit differre paratis* (18121a, 29765). Nas tradições proverbiais modernas, há expressões como a francesa *Il y a péril en la demeure*, que possui equivalentes em inglês e alemão; são variações o italiano *Come la cosa indugia, piglia vizio* e o inglês *Procrastination is the thief of time*.

941. *In crastinum differo res serias*
Os problemas sérios eu adio para amanhã

Essa frase refere-se às pessoas que se acomodam e adiam decisões por mais uma noite, com a desculpa de estarem diante de uma questão complexa — segundo um *topos* bastante difundido (cf. nº 1585). A fonte é a *Vida de Pelópidas* de Cornélio Nepos (3,3), constituindo a tradução de εἰς αὔριον τὰ σπουδαῖα da tradição grega, que aparece em Plutarco (*Vida de Pelópidas*, 10): de fato, quando, em 370 a.C., os espartanos ocupavam Tebas, chegou a seu comandante Arquias uma carta na qual era revelada a tentativa iminente de libertar a cidade. Arquias não a quis ler, adiando tudo para o dia seguinte, e durante a noite a guarnição espartana foi irremediavelmente surpreendida. Expressões desse gênero também deviam ser proverbiais em latim, como demonstra *Res serias / ... extollo ex hoc die in alium diem*, "adio os problemas sérios de hoje para outro dia", de Plauto (*Poenulus*, 499). Recomendações desse tipo, de senso de oportunidade e de entusiasmo, ainda são muito difundidas em nível proverbial: ver por exemplo o italiano *Quel che puoi far oggi non ri-*

mandarlo a domani (é espirituosa a variante milanesa *Quell che te podet fa denter d'incoeu stiracca, minga a fall doman*, cujo *stiracca* lembra exatamente o *extollo* de Plauto; no Brasil se diz *Não se deixa para amanhã o que se pode fazer hoje*). É freqüente a repetição expressiva do termo que indica "amanhã" já em Santo Agostinho (*Enarrationes in Psalmos*, 102,16: *Cras cras*) e, por exemplo, no dístico inicial de uma poesia de Christian Felix Weisse (*Der Aufschub*), ainda famosa na cultura alemã: *"Morgen, Morgen! Nur nicht heute!" / sagen alle faule Leute* (ou seja: " 'Amanhã, amanhã! Contanto que não seja hoje!', dizem todos os preguiçosos").

942. *Ex abrupto*
De repente

Essa expressão atualmente é de uso comum para indicar algo que se inicia sem avisos nem preâmbulos: refere-se em geral a discursos e tem significado semelhante a *In medias res* (cf. nº 184). Deriva do adjetivo *abruptus, -a, -um* (particípio passado do verbo *abrumpo*), que significa propriamente "escarpado", mas que já em latim clássico pode referir-se ao estilo, com o significado de "truncado, quebrado". Não localizei citações clássicas de *Ex abrupto*, mas *Abrupto*, "precipitadamente", era empregado com função quase adverbial (cf. *ThlL* 1,143,69-72).

943. *Maturam sationem saepe decipere solere, seram numquam quin mala sit*
A sementeira oportuna muitas vezes costuma gorar, a tardia nunca deixa de ser má

Esse é um velho adágio agrícola, documentado por Columela (11,2,80) e — embora com palavras diferentes — por Plínio (*Naturalis historia*, 18,56,204): trata-se de uma recomendação de não retardar as ações e de não opor atrasos perniciosos. Paralelo é *Serere ne dubites*, do próprio Columela (11,1,29, também registrado por Walther 28058f), que — na forma de interrogação retórica — também está nas *Geórgicas* de Virgílio (2,433). Essa mesma imagem encontra-se nos provérbios alemães *Frühe Saat trügt oft, späte selten* e *Frühe Saat hat nie gelogen, allzu spät hat oft betrogen*.

944. *Quod differtur non aufertur*
O que se prorroga não se perde

Esse lema é extraído da obra de Arnóbio, o Jovem (*PL* 53,375b), e retoma o conhecido *topos* de que alguma coisa não está perdida para sempre, mas apenas atrasada ou prorrogada, e que aparece, por exemplo, em Propércio (2,3,8), Plínio, o Jovem (*Ep.* 8,11,3), Floro (2,17,4), Ausônio (*Commemoratio professorum Burdigalensium*, 15,4), Leão, o Grande (*Tractatus*, 50,1), Coripo (*Laudatio Iustini*, 405) e sobretudo numa famosa passagem de *De providentia* de Sêneca (4,7): *Quisquis videtur dimissus esse, dilatus est*, "aquele que parece liberado (ou seja, desobrigado, que parece ter sido poupado por muito tempo de provas e dificuldades) teve apenas uma prorrogação". Esse motivo recorre com freqüência em Pedro Crisólogo (*Sermones*, 86,1; 89,7; 91,5): nos dois últimos trechos trata-se do parto de Isabel, que *Non ablatus est sed dilatus*, "não foi suprimido, mas diferido". Outros provérbios baseados na oposição entre *differo* e *aufero* têm sentidos diferentes, como por exemplo *Res quae differtur auferri saepe videtur*, "o que é prorrogado muitas vezes parece perdido" (Walther 26749). Em italiano existe *Quello che è differito non è perduto*, com equivalentes em francês, inglês e alemão (cf. Arthaber 388); no Brasil se diz *Não há prazo que não se vença* e *O que não se faz em dia de Santa Luzia, faz-se noutro qualquer dia*.

945. Ἀνήνυτον ἔργον πράττειν Πηνελόπης τινὰ ἐναντίως ἱστὸν μεταχειριζομένης

Executar o labor sem fim de Penélope, que põe as mãos na tela ao contrário

Essa frase é extraída do *Fédon* de Platão (84a): a alma filosófica, sabendo que deve ser libertada pela filosofia, não se submete à escravidão dos prazeres e das dores enquanto aguarda a libertação, pois isso seria um labor sem fim, como a tela de Penélope. De fato, como se sabe, no segundo livro da *Odisséia* (vv. 94-106) Homero conta que a esposa de Ulisses anunciou que gostaria de voltar a casar-se só quando acabasse de tecer um sudário para o velho sogro Laerte, mas, para adiar as novas núpcias, desfazia durante a noite o que havia tecido durante o dia. Aí tem origem a proverbialidade, em todas as línguas modernas, de expressões como *Teia / Tela de Penélope*, para indicar um trabalho que nunca termina, que sofre freqüentes adiamentos e que, por mais que se procure progredir, parece estar eternamente parado no mesmo ponto; essa expressão já estava viva nas línguas clássicas, como demonstram o trecho citado do *Fédon* e, por exemplo, um de Cícero (*Academica priora*, 2,29,95: *Quasi Penelope telam retexens*, "desfazendo a tela como Penélope") e um de Enódio (38,25 Vogel).

d) Ócio, preguiça e vida improdutiva

946. *Otia corpus alunt, animus quoque pascitur illis*

O repouso nutre o corpo, e a alma também é fortalecida por ele

Essa máxima é extraída das *Epistulae ex Ponto* de Ovídio (1,4,21), onde também se afirma que o trabalho contínuo prostra tanto o corpo quanto a alma; já está registrada entre as sentenças medievais (Walther 20485). Em grego deve ser mencionado um trecho de *De liberis educandis* de Plutarco (9c), onde se sentencia que ἡ ἀνάπαυσις τῶν πόνων ἐστὶν ἄρτυμα, "o repouso é o tempero da labuta", e o autor recomenda que sejam concedidos momentos de recreação e distração às crianças.

Em italiano diz-se que o repouso repara as forças [*Il riposo risarcisce le forze*] e, para as criancinhas, que dormir é igual a comer [*Il dormire fa come il mangiare*]; em inglês registra-se *Sleep is better than medicine*; em alemão, *Ruhe würzt das Leben* (observar que nesses provérbios a trégua nos trabalhos e labutas às vezes é o repouso e às vezes o sono). São vários os paralelos literários: o sono, como bálsamo da alma cansada e principal alimento do banquete da vida, encontra-se numa famosa passagem de *Macbeth* de Shakespeare (2,2); como trégua e quietude dos míseros mortais, em *Jerusalém libertada* (7,4, cf. também 8,57); e como doce olvido dos males, num soneto de Giovanni Della Casa (*O Sonno, o de la queta, umida, ombrosa*, v. 3).

947. *Amici, diem perdidi!*
Amigos, perdi o dia!

Certa vez o imperador Tito exprimiu-se desse modo durante a ceia, ao constatar que não fizera favores a ninguém naquele dia: essa história já era célebre na Antiguidade (é-nos contada por Suetônio [*Vida de Tito*, 8], por Eutrópio [7,21] e por Ausônio [*Gratiarum actio*, 16,72]), sendo essa frase ainda muito citada para designar uma ação inconcludente (alusão explícita encontra-se, ademais, em Schiller, *Os bandoleiros*, 2,3). Também era uma expressão proverbial *Diem / Horas perdere / amittere* (ver, por exemplo, Plínio, o Jovem [*Ep.* 1,13,4; 3,5,16], e Claudiano [*De raptu Proserpinae*, 2,282]); é corrente em italiano a expressão *Perdere la giornata* [perder o dia], com *Perdigiorno* como designação para as pessoas ociosas.

948. *Compressis manibus sedere*
Sentar-se com as mãos cruzadas

A fonte é um trecho de Lívio (7,13,7: *Quid... causae credamus cur... compressis, quod aiunt, manibus sedeas?*, "qual poderá ser a razão de te sentares, como se diz, com as mãos cruzadas?"): essa expressão indica ociosidade, encontrando-se, com sentido semelhante, *Complosas tenuisse manus* de Lucano (2,292) e *Insinuatis manibus* de Apuleio (*Metamorfoses*, 9,5). Em italiano é corrente dizer-se *Stare con le mani in mano* e em espanhol existe um equivalente perfeito; constituem variantes o alemão *Die Hände in den Schoss legen*, o francês *Tenir les bras croisés* [port., Estar de braços cruzados] e o inglês *To sit with one's hand before oneself*.

949. *Diuturna quies vitiis alimenta ministrat*
O ócio prolongado propicia alimento aos vícios

Essa gnoma pertence aos chamados *Dísticos de Catão* (1,2,2): um paralelo é constituído por uma máxima de Catão registrada por Columela (11,1,26: *Nihil agendo homines male agere discunt*, "não fazendo nada aprende-se a fazer o mal"), que também está registrada entre as sentenças medievais (Walther 16627b); um precedente grego significativo encontra-se num fragmento de *Ifigênia* de Sófocles (308 R.), que diz: τίκτει γὰρ οὐδὲν ἐσθλὸν εἰκαία σχολή, "o ócio habitual nada produz de válido", e que — segundo Bergk e Skutsch — foi imitado por Ênio em sua *Ifigênia* (195 ss. Jocelyn: essa hipótese, embora sugestiva, parece arriscada). Na Bíblia, o ócio ensina muitos vícios no *Eclesiástico* (33,29: *Multam enim malitiam docuit otiositas*); do latim vulgar *Otia dant vitia*, "o ócio produz vícios", deriva o italiano *L'ozio è il padre dei vizi*, que tem equivalentes em todas as línguas européias (variações banais são o alemão *Müssiggang ist aller Laster Ausgang*, o inglês *Idleness is the root of all evil* e, em português, *A ociosidade é a mãe de todos os vícios*). O ócio como fonte de todas as tentações é também uma máxima de T. Mann (*O eleito*).

950. *Piger ipse sibi obstat*
O preguiçoso é um obstáculo a si mesmo

Essa é uma das máximas registradas por Sêneca na nonagésima quarta epístola a Lucílio (par. 28); paralelo estrutural é constituído por *Impedit necessitas vires suas*, "a pobreza é obstáculo às próprias forças", de Optato Milevitano (6,7, p. 166,20). Contudo, do ponto de vista conceitual eu citaria o italiano *L'ozio è la sepoltura dell'uomo vivo* (cf. nº 953), assim como a ligação — freqüente, por exemplo, nos provérbios russos — entre preguiça e pobreza; no Brasil se diz *A preguiça anda tão devagar que a pobreza logo a alcança*.

951. *Cernis... / ut capiant vitium, ni moveantur, aquae*
Observas que as águas, se não se movem, apodrecem

Essa imagem é extraída de *Epistulae ex Ponto* de Ovídio (1,5,5 s.), sendo usada em paralelo com a imagem do indolente e ocioso. De resto, é freqüente o uso da água estagnada como símbolo de um momento de impasse ou dificuldade: assim, por exemplo, em Cícero (*De officiis*, 3,33,117), *Aqua haeret*, "a água está parada", indica a situação paradoxal de Epicuro, que recomenda a temperança e ao mesmo tempo apresenta o prazer como bem supremo; expressão semelhante encontra-se ainda numa epístola do próprio Cícero (2,7,2) ao irmão Quinto, ao passo que em outros textos tem-se apenas o verbo *haerere* (cf. Plauto [*Mercator*, 723, *Captivi*, 532], Terêncio [*Eunuchus*, 848, *Adelphoe*, 403, *Phormio*, 963], Cícero [*De divinatione*, 2,62,128], Pérsio [2,19], Juvenal [6,281], Apuleio [*Metamorfoses*, 10,3]), ou *Haeret haec res*, "esta coisa está parada" (Plauto, *Trinummus*, 904, *Amphitruo*, 814; cf. também *Pseudolus*, 423). Nas modernas línguas européias é corrente dizer-se que "água que corre não contém veneno", enquanto está mais próximo da imagem de Ovídio o veneziano *L'aqua morta fa spussa*.

952. *Iucundum... nihil agere*
O agradável nada fazer

Plínio, o Jovem (*Ep*. 8,9,1), afirma: *Olim nescio quid sit otium, quid quies, quid denique illud iners quidem, iucundum tamen, nihil agere, nihil esse*, "há muito não sei o que é repouso, o que é tranqüilidade, o que é esse estado de nada fazer, nada ser, certamente isento de atividade, contudo agradável". Essa passagem é muitas vezes citada como primeira documentação da famosa expressão italiana *Il dolce far niente*; esta, que se difundiu por toda a Europa, na origem não tinha conotações negativas, designando simplesmente o deleite da contemplação estática da natureza à qual induzem as belezas da Itália, mas atualmente é usada sobretudo para dizer que os italianos — e em especial as populações do sul — são preguiçosos e desfrutam do trabalho alheio (ver, por exemplo, a sua utilização em P. Villari, *Lettere meridionali*, Torino 1885², 48). A expressão de Plínio certamente não é isolada em latim: nesse mesmo autor (*Ep.* 1,9,6) lê-se *Dulce otium*; em Sêneca (*Tiestes*, 393), *Dulcis... quies*; e em Tácito (*Agricola*, 3,1), *Inertiae dulcedo*. Esse conceito recorre em outros textos, como por exemplo em *De oratore* de Cícero (2,6,24), onde se diz que *Hoc ipsum nihil agere et plane cessare delectat*, "é agradável esse nada fazer e estar completamente inativo", e num trecho das *Sátiras* de Horácio (2,6,60-62), onde a vida no campo, no sono e na inatividade, propicia *Sollicitae iucunda oblivia vitae*, "o doce olvido da vida inquieta".

953. *Otium sine litteris mors est et hominis vivi sepultura*
A inatividade sem letras é a morte e a sepultura dos vivos

Essa frase é extraída das *Epistulae ad Lucilium* de Sêneca (82,3) e significa que a vida sem negócios e atividades públicas, se não for preenchida por estudos e interesses literários, acaba por "sepultar". Foi esse um lema famoso do bibliófilo florentino G. Nencini, que viveu no século XIX; entre os provérbios italianos registra-se *L'ozio è la sepoltura dell'uomo vivo* [o ócio é a sepultura do homem vivo]: a transição de *Otium sine litteris* ao simples *ócio* é perfeitamente explicável à luz da diferença semântica existente entre o *otium* latino, que consiste na vida de repouso e desprovida de compromissos públicos, e o *ócio* em sua acepção moderna, cujo sentido é clara e decididamente negativo.

954. *Numquam minus otiosus quam cum otiosus*
Nunca menos inativo do que quando inativo

Essa máxima é atribuída a Cipião, o Africano, e, como tal, utilizada por Cícero (*República*, 1,27, *De officiis*, 3,1) e Plutarco (*Apophthegmata regum et imperatorum*, 196b): Cipião evidentemente pretendia afirmar que, mesmo nos momentos em que estava distante da atividade pública, não se entregava à doce ociosidade, mas dedicava-se a muitas atividades produtivas; completava a frase, que se valia de uma atraente formulação paradoxal, asseverando que nunca se encontrava menos só do que quando estava só. Sua citação está presente no comentário a *De inventione* de Cícero feito pelo retor Grílio (10 Martin) e em vários autores cristãos (Santo Ambrósio [*De officiis ministrorum*, 3,1], São Jerônimo [*Adversus Iovinianum*, 1,47]). Conceitualmente, deve-se ressaltar a relação com a exaltação do *otium* ativo e dedicado à meditação, encontrada em Sêneca (cf., por exemplo, *Ep.* 68,10; 8,6,

De otio, 5,8, *De tranquillitate animi*, 6,2, *De brevitate vitae*, 14,1), e com o *Negotium otiosum* de Santo Agostinho (*Enarrationes in Psalmos*, 147,3; 110,1). A partir do período carolíngio os beneditinos apropriaram-se desse lema: por exemplo, Pascásio Radberto de Corbie (*PL* 120,357c), Smaragdo de Saint-Mihiel (*PL* 102,761c) e Ruotger de Colônia (*Vita Brunonis*, 8); citações posteriores importantes estão em Petrarca (*De vita solitaria*, 2,13) e em Erasmo de Rotterdam (*Institutio principum christianorum*, 10). Essa máxima também foi utilizada por místicos da idade moderna, como João da Cruz (*Noite escura da alma*, 1,9), a propósito da união do homem com Deus, possível apenas na solidão e na tranqüilidade; entre os outros numerosos escritores que se referiram a essa gnoma de Cipião, lembro Goethe (*Wilhelm Meister*, 2,13). Para detalhes, aprofundamento e paralelos (sobretudo nas literaturas modernas), ver K. Gross, "Antike und Abendland" 26 (1980) 122-137.

955. *Horae subsicivae*
Horas vagas

Essa é uma locução muitíssimo conhecida, usada para os trabalhos realizados nas horas em que não são realizadas as ocupações principais: conseqüentemente, às vezes constitui o título de obras literárias que reúnem textos menores, ou divagações, ou mesmo trabalhos que aparentemente exigiriam pouco esforço. O adjetivo *subsicivus* (ou *subsecivus*) era propriamente um termo técnico da agronomia, indicando pedaços de terra que ultrapassavam certa medida ou distribuição; seu uso como referência a parcelas de tempo não ocupadas pelo *negotium* já era freqüente no latim clássico, cuja locução mais freqüente era *Subsicivum tempus* (Cícero [*Leis*, 1,3], Plínio [*Naturalis historia, praef.* 18], Plínio, o Jovem [*Ep.* 3,15], Gélio [18,10]); às vezes fazia referência a uma *res* (Sêneca, *Ep.* 53,9) ou a *operae* (Cícero, *De oratore*, 2,89,364), ou seja, a alguma coisa feita nas horas livres (para outros usos figurados, ver Forcellini 4,551).

956. *Tectum intuentes... pluribus saepe diebus expectant*
Muitas vezes ficam vários dias olhando para o teto

A locução *tectum intueri*, que indica um comportamento indolente e pouco construtivo, é extraída de Quintiliano (2,11,4), que também a usa em 10,3,15; em 11,3,160, um dos comportamentos a serem evitados por quem começa a falar é *intueri lacunaria*, "olhar para o teto". Em Juvenal (1,56), o marido complacente que aceita os presentes do amante da mulher é chamado *doctus spectare lacunar*, "especialista em olhar para o teto"; em grego, expressão semelhante pode ser encontrada em *Diálogos das meretrizes* de Luciano (3,3), onde um comensal ὕπτιον καταβαλὼν ἑαυτὸν ἐς τὴν ὀροφὴν ἀνέβλεπεν, "pondo-se de bruços dirigia o olhar para o teto". O italiano *Guardare per aria* e o francês *Regarder en l'air* [olhar para o ar], além do italiano *Stare a pancia all'aria* [de barriga para cima = de papo para o ar], são utilizados como expressões de preguiça e ociosidade.

957. *Si quis non vult operari, nec manducet*
Quem não quiser trabalhar não coma

Essa é a versão da *Vulgata* para um trecho da *Segunda Epístola aos Tessalonicenses* de São Paulo (3,10: εἴ τις οὐ θέλει ἐργάζεσθαι, μηδὲ ἐσθιέτω), onde o apóstolo lembra que não quis onerar ninguém na comunidade e que ganhou o seu pão com trabalho duro. Trata-se de um provérbio hebraico (para suas documentações nesse contexto e em especial para Aboth Rabi Nathan 11, remeto a Strack-Billerbeck 3,641 s.), que talvez tenha origem no castigo infligido a Adão, de conseguir alimento com o suor do rosto, no *Gênesis* (3,19), mas cuja difusão posterior talvez seja devida à citação desse trecho no *Novo Testamento*: uma variante sua em latim medieval é *Qui non laborat non manducet*, "quem não trabalha não coma" (Walther 29056b), registrada em todas as línguas européias modernas (entre as variações, ver a italiana *Chi si vergogna di lavorare abbia vergogna di mangiare*; a espanhola *En esta vida caduca, el que no trabaja no manduca*; a inglesa *The sweet of Adam's brow hath streamed down on ours ever since*). Em Rabelais (3,41) há uma deformação: *Qui non labarat non manige ducat*, com uma alusão fônica a "manejar ducados". No século XX essa máxima passou a ter grande importância, por ter-se tornado um *Leitmotiv* da propaganda comunista: G. Zibordi, na introdução a um livrinho de E. Bucco (*Chi non lavora non mangi*, Bologna 1919), afirma que ela pertence a uma série de normas evangélicas retomadas pelos primeiros socialistas para vencer o "misoneísmo dos trabalhadores religiosos". É fato que ela aparece na Constituição Soviética de 1918 (2,5,18); na Itália é célebre a sua menção no popular hino *Bandiera rossa*: *E noi faremo come la Russia: / chi non lavora non mangerà*. Para concluir, lembro que nos anos sessenta e setenta era muito conhecida uma canção anticomunista feita por A. Celentano e C. Mori, com o significativo título *Chi non lavora non fa l'amore*, e que também existem provérbios que — com certo amargor — contestam o preceito que ora estudamos, como o veneziano *Chi laora magna, chi no laora magna e beve* (ou seja, "quem trabalha come, quem não trabalha come e bebe"). No Brasil se diz *Quem não trabalha, não come* e *Quem não trabuca não manduca*.

958. Ἀεργοῖς αἰὲν ἑορτά
Para os preguiçosos sempre é festa

A fonte é um verso de Teócrito (15,26): um paralelo pode ser encontrado no sofista Antifonte, segundo o qual (87 B 57 D.-K.) a doença é uma festa para os preguiçosos, pois nesse caso não vão trabalhar. Estruturalmente, deve ser citada uma pergunta retórica que Plutarco (*De tranquillitate animi* 477c) atribui a Diógenes (VB 464, cf. Heinze, "Rheinisches Museum" 45, 1980, 505): ἀνήρ... ἀγαθὸς οὐ πᾶσαν ἡμέραν ἑορτὴν ἡγεῖται, "o homem bom não achará que todo dia é festa?". No latim medieval existe o equivalente à sentença de Teócrito (Walther 11374: *Ignavis semper feriae*) e essa máxima ainda está viva em todas as línguas européias (para o polonês, cf. Steffen 91): em italiano, por exemplo, registra-se *Per i poltroni è sempre festa* e não faltam variações, como o neogrego γιὰ τὸν τεμπέλην εἶναι πάντα Πάσχα (ou seja, "é sempre Páscoa") e o dinamarquês *Lad gjør tillig hellig aften og tidt fri maandag* (cf. Strømberg 84).

ESPERANÇAS, DESEJOS, METAS E DETERMINAÇÃO DE CONCRETIZÁ-LOS 449

959. Φρὺξ ἀνὴρ πληγεὶς ἀμείνων καὶ διακονέστερος
O frígio, depois de surrado, fica melhor e mais solícito

É com essa redação que os paremiógrafos (Greg. Cypr. 3,95, Apost. 18,1, *Suda* φ 772) registram um provérbio que, em literatura, é retomado por Herondas (2,100 s.) e — em latim — por Cícero (*Pro Flacco*, 27,56: *Phrygem plagis fieri solere meliorem*); este último insere-o numa relação de máximas que falam mal das populações da Ásia. Os frígios eram famosos pela lentidão e pela preguiça (cf. também nº 937), sobretudo enquanto servos, e para remediar isso os antigos pensavam em recorrer às pancadas (para preceitos pedagógicos análogos, cf. principalmente o nº 363). De resto, ainda é popular a opinião de que cintadas e bofetões podem tornar os preguiçosos mais prestativos e despertar os desatentos; ademais, existem outros lemas semelhantes ao grego, ainda que não a respeito dos frígios (ver por exemplo o alemão *Beim Russen hilft nur die Knute* e o milanês *Donn, ram e coramm, pussee se pesten e pussee hinn bonn*).

960. *Hannibalem ipsum Capua corrupit*
Cápua corrompeu até Aníbal

Essa expressão é de Cícero (*De lege agraria*, 1,7,20); alude a um episódio da segunda guerra púnica, contado por Lívio (23,18): depois de levar os romanos a debandarem em Canas e de pôr a potência inimiga de joelhos, Aníbal atrasou o ataque decisivo a Roma porque se entregou ao ócio e aos prazeres em Cápua. Como outras cidades da Magna Grécia (cf. nº 961), Cápua estava associada ao fausto, ao luxo desenfreado e à sensualidade: esse *topos* retorna ainda em Cícero (*In Pisonem*, 11,24, *De lege agraria*, 2,35,95; 97, *Pro Sestio*, 8,19, *Post reditum in senatu*, 7,17). Dizia-se mais ou menos a mesma coisa dos habitantes da Campânia: Plínio (*Naturalis historia*, 18,11,111), por exemplo, lembra uma máxima segundo a qual *Plus apud Campanos unguenti quam apud ceteros olei*, "a Campânia tem mais perfumes do que óleo os outros"; também era proverbial a menção de Seplásia, rua de Cápua onde ficava o mercado de perfumes e ungüentos (cf. Varrão [*Satyrae mennippeae*, 511 B.], um autor cômico incerto [p. 112 R.³], Cícero [*In Pisonem, Pro Sestio*, cit.], Festo [458,22-26 Lindsay], Ausônio [*Epigr.* 123] e, talvez, Pompônio [160 R.³]). A fama de Cápua — sobretudo com relação aos acontecimentos protagonizados por Aníbal — superou os limites cronológicos da Antiguidade, de tal modo que hoje em dia, em italiano, *Darsi agli ozi di Capua* significa "entregar-se à vida luxuosa, sensual e inativa" ou comprometer o bom êxito de um empreendimento por entregar-se aos prazeres.

961. Συβαριτικὴ τράπεζα
A mesa de Síbaris

Essa locução, cuja versão latina (*Sybaritica mensa*) se registra entre as sentenças medievais (Walther 30945b), está documentada, por exemplo, em Libânio (*Ep.* 1175,1 [11,15 s. Förster]) e é registrada na redação vulgar do paremiógrafo Zenóbio

(5,87) e no Pseudo-Zonara (1684 Tittmann): indica uma vida marcada pelo luxo desbragado. Nesse sentido, a fama de Síbaris sem dúvida era enorme: ainda em termos de culinária, Hélio Lamprídio, um dos escritores da *Historia Augusta*, na *Vida de Heliogábalo* (30,6), lembra uma especialidade rara e requintada de Síbaris; por outro lado, *Sybaritici libelli*, em Marcial (12,95,2), são textos eróticos e licenciosos (no campo artístico, ainda são encontradas menções a Síbaris, por exemplo, em Ovídio [*Tristia*, 2,417] e em Luciano [*Adversus indoctum*, 23]); também era difundida a fama dos banquetes de Síbaris, que se prolongavam noite adentro (cf. nº 962). Essa mesma fama de luxo e desregramento estendia-se a outras cidades da Magna Grécia, como Cápua (nº 960) e Tarento, cujos habitantes entregavam-se a uma vida ociosa e voltada para os divertimentos, mesmo nos momentos mais difíceis (cf. Plutarco, *Vida de Pirro*, 13,6 s.; 16,2), gênero de vida que Horácio define como *molle* (*Sat.* 2,4,34) e *imbelle* (*Ep.* 1,7,45) e Sidônio Apolinário, como *uncta* (*Carm.* 5,430). Em italiano [e português], *sibarita* ainda indica a pessoa amante do luxo e dos prazeres mais refinados.

962. *Sunt quidam... qui... nec orientem umquam solem viderunt nec occidentem*

Existem algumas pessoas que nunca viram o nascer nem o pôr do sol

Esse é uma frase de Catão (76, p. 110 Jordan) retomada por numerosos autores, entre os quais Cícero (*De finibus*, 2,8,23), Columela (1, *praef.* 16) e Sêneca (*Ep.* 122,2): indica a vida ociosa e dedicada às infindáveis farras noturnas. Uma de suas variantes é *Dies noctibus aequare*, "igualar dias e noites" (Lívio, 31,41,10); ver também um dos trechos de Lactâncio (*De mortibus persecutorum*, 18,12), em que um dançarino bêbado toma o dia pela noite e a noite pelo dia. Esse mesmo motivo também está presente em grego: Cameleonte (fr. 10 Giordano = 33 Koepke) lembra que não ver o nascer nem o pôr do sol era motivo de orgulho para o sibarita Esmindírides, e Ateneu (12,520a) utiliza essa mesma frase ainda a propósito dos habitantes de Síbaris, quando afirma que a grande duração de seus banquetes noturnos encontra justificativa na reação ao calor sufocante da região (de modo mais geral, para Síbaris como cidade dada aos prazeres, cf. nº 961). Não faltam locuções semelhantes nas línguas modernas: ver, por exemplo, o italiano *Confondere il giorno con la notte* [confundir o dia com a noite] e o alemão *Wer Nachtes sitzt beim vollen Mond, der sieht selten die Sonn*; no dialeto bolonhês existe o vocábulo *biasanòtt*, que designa as pessoas cuja principal atividade é entregar-se aos prazeres e à vadiação noturna; tem sentido semelhante "o sol que nasce tem mais adoradores do que o sol que se põe" (cf. nº 1008).

A DIMENSÃO POLÍTICA:
CIDADÃOS E GOVERNANTES

a) Os poderosos

963. *Auriculas asini Mida rex habet*
O rei Midas tem orelhas de asno

A fonte é Pérsio (1,121), de acordo com o que nos dizem o escoliasta e um biógrafo, segundo o qual (par. 55) Cornuto tê-la-ia substituído pelo mais inócuo *Auriculas asini quis non habet?*, "quem não tem orelhas de burro?", para evitar uma referência explícita demais a Nero. Nessa passagem, de fato, Pérsio se pergunta desesperado se não há mesmo nenhuma possibilidade de exprimir a sua opinião e refere-se ao provérbio Μίδας ὄνου ὦτα ἔχει, "Midas tem orelhas de asno", documentado por escoliastas, lexicógrafos e paremiógrafos gregos (schol. Aristoph. *Plut*. 287, *Suda* μ 1036, Diogen. 6,73, Diogen. Vind. 3,29, Apost. 13,17) e que alude ao rei Midas da Frígia, que tinha longas orelhas, ou seja, espiões por toda parte (cf. nº 1016). O escólio e a *Suda* na realidade fornecem explicações alternativas, embora menos convincentes: as orelhas de burro de Midas teriam origem na falta de inteligência do rei, que morreu de fome porque obtivera dos deuses o poder de transformar tudo o que tocava em ouro (cf. nº 847), ou por ter sido transformado em burro por Dioniso, depois de ofender seus asnos; segundo outra tradição, o crescimento de suas orelhas se deveria a Apolo, porque, numa competição musical, o rei teria dado a palma a Mársias e não ao deus (para um amplo panorama sobre as várias tradições e as respectivas fontes, remeto a Roscher 2/2,2954-2968; Kroll, *RE*, 15/2 [1932] 1526 ss.). Atualmente tem grande difusão popular a lenda do barbeiro do rei Midas, que evidentemente conhecia o terrível segredo do soberano, mas era obrigado a manter rigoroso silêncio sob ameaça de morte; desejando ardentemente revelá-lo, fez um buraco na terra e ali falou em voz baixa: daquele buraco nasceram caniços que, agitados pelo vento, propagaram a notícia. A moral é que nunca podemos ter certeza de que nossas palavras não chegarão aos ouvidos dos poderosos.

964. *Quidquid delirant reges, plectuntur Achivi*
Qualquer que seja o delírio dos reis, quem paga são os aqueus

Com essa sentença, Horácio (*Ep*. 1,2,14) alude à briga entre Agamêmnon e Aquiles, contada no primeiro canto da *Ilíada*, que provocou tantas mortes entre os aqueus: assim, são os súditos que sofrem as conseqüências de todas as dissensões e loucuras dos comandantes. Encontra-se um precedente em Hesíodo (*Os trabalhos e os dias*, 260 ss.), devendo também ser citado *Humiles laborant ubi potentes dissident*, "os fracos sofrem quando os poderosos brigam", com que Fedro (1,30,1) introduz a fábula (que depois será retomada por La Fontaine, 2,4) das rãs que assistem preocupadas à luta entre dois touros, temendo com razão (pois o que prevêem se realizará no fim) que o touro derrotado acabe por pisoteá-las. Quanto às tradições proverbiais modernas, em todas as línguas européias existem provérbios segundo os quais os fracos fazem penitência pelos pecados dos poderosos [italiano *Dei peccati de' signori fan penitenza i poveri*]; entre as variações, ver a alemã *Wenn sich die Herren raufen, müssen die Bauern die Haare darleihen* (ou seja: "quando os senhores se engalfinham, os camponeses precisam emprestar-lhes os cabelos"), a inglesa *The pleasures of the mighty are the tears of the poor* e a russa *Pastuchi za čuby, a volki za ovec* (ou seja: "enquanto os pastores se atracam, os lobos devoram as ovelhas").

965. Ἰχθὺς ἐκ τῆς κεφαλῆς ὄζειν ἄρχεται
O peixe começa a feder pela cabeça

Esse provérbio, registrado por Apostólio (9,18), significa que, numa comunidade, os primeiros a serem corroídos pela podridão e pelos defeitos são os governantes; se esses estiverem livres disso, será muito difícil que os cidadãos se corrompam. Existem paralelos nas modernas línguas européias (ver por exemplo o italiano *Il pesce comincia a putir dal capo* e o alemão *Der Fisch stinkt am Kopf zuerst*) e em muitas regiões da Itália, como em Veneza (*Da la testa spussa el pesse*) e em Puglia (*U pésse féte da la cape*).

966. *Qua caput, et cetera membra*
Onde está a cabeça também estão os outros membros

A fonte é um trecho de *Enarrationes in Psalmos* (29,14) de Santo Agostinho, que cita essa expressão como proverbial: como os membros do corpo estão onde está a cabeça, visto que Cristo ressuscitou, também os homens ressurgirão. A relação entre a cabeça e os membros do corpo humano simboliza, como é freqüente, a relação entre governantes e súditos: estes são obrigados a seguir os governantes e a viver nas mesmas condições deles, assim como os membros são condicionados pela cabeça e — o mais importante —, quando a cabeça morre, morrem também os membros (ver, por exemplo, o escólio bernense a Lucano, 5,685). Esse motivo tem presença freqüente em textos latinos tardios e medievais (remeto a Weyman 74,264; é significativa uma variante do Pseudo-Beda [*PL* 90,1094c: *Cum caput aegrotat, corpus simul omne laborat*, "quando a cabeça está doente, todo o corpo sofre"]); um paralelo grego encontra-se no retor Himério (45,3: τῆς γὰρ κεφαλῆς ὀδυνωμένης ἐξαίφνης πάντα τὰ ἀρρωστήματα συμβαίνειν, "quando a cabeça está doente, logo aparecem todos os achaques"), que ele atribui a Demóstenes, não se encontrando, contudo, nada de igual nos textos desse orador (costuma-se indicar 2,21, que é muito diferente); para o peixe que começa a feder pela cabeça, cf. nº 965. Nas várias línguas européias existem equivalentes ao italiano *Quando la testa duole, tutte le membra languiscono* (uma variação é o veneziano *Ogni mal vien da la testa*). Esse motivo também está em literatura: por exemplo, no *Fausto* de Goethe (2,4) e na terceira parte de *Henrique VI* de Shakespeare (5,1). Existem provérbios conceitualmente afins, mas que se valem de outras imagens, como o veneziano *El mal del paron manda tuti a canfurion*. No Brasil se diz *Amarra-se o burro onde o dono manda*.

967. *Dum abbas apponit tesseras, ludunt monachi*
Quando o abade lança os dados, os monges jogam

Esse provérbio, de origem medieval e retomado por Melanchthon (*Carm.* 4,371), significa que, quando os governantes se permitem momentos de relaxamento, logo são seguidos pelos súditos. São várias as suas referências nas línguas modernas: em italiano (com equivalente em espanhol) existe: *Quando il guardiano gioca alle carte, cosa faranno i frati?* [quando o guardião joga cartas, o que farão os frades?]; em francês, *Quand l'abbé tient taverne, les moines peuvent aller au vin*; a redação alemã é exatamente paralela à do latim tardio.

968. *Qualis dominus talis et servus*
Tal senhor, tal servo

A fonte é um texto de Petrônio (58,4). Um paralelo expressivo é constituído por αἵ τε κύνες... οἷαίπερ αἱ δέσποιναι γίγνονται, "os cães assemelham-se aos donos", do Pseudo-Epicarmo (fr.168 Kaibel), documentado por Platão (*A República*, 8,563c), que foi utilizado — em grego — por Cícero (*Epistulae ad Atticum*, 5,11,5) e glosado — como explicitamente proverbial — pelos escoliastas do trecho de Platão e pelos paremiógrafos (Diogen. 5,93, Diogen. Vind. 3,51). Também é importante uma passagem de *Isaías* (24,2: *Et erit sicut populus sic sacerdos et sicut servus sic dominus eius sicut ancila sic domina eius*, "assim como é o povo, tal é o sacerdote; assim como é o servo, tal é o senhor; assim como é a escrava, tal é a senhora"), que se tornou famosa e foi citada por vários autores (entre os quais São Bernardino, *Sermões*, 33,2,7): nele o contexto é bem peculiar, já que se fala do mundo julgado e arrasado pela divindade, onde a todos cabe a mesma coisa, do povo ao sacerdote, dos servos aos senhores, dos compradores aos devedores. Na Idade Média são registradas muitas variantes desse motivo: além do citado trecho de Petrônio (Walther 23233, cf. também 23245), existem, por exemplo, *Qualis hera tales ancillae* (ou *pedissequae*; cf. Walther 23244a), "tal senhora, tais servas", *Qualis hera talis et canis*, "tal dona, tal cão" (Walther 23244b); nas várias línguas modernas existem paralelos aos italianos *Tal padrone tal servitore* e *Qual è la padrona tal è la serva* (cf. Arthaber 963, 966, 1278); uma variante engraçada é a toscana *Quando la padrona folleggia, la fante danneggia*; no Brasil se diz *Tal amo, tal criado*. Para *Qualis pater talis filius*, cf. nº 1445.

969. Quales in re publica principes essent, tales reliquos solere esse cives
Tal como são os governantes do Estado, são os outros cidadãos

A expressão é de Cícero (*Epistulae ad familiares*, 1,9,12), que atribui esse pensamento a Platão (cf. *De legibus*, 4,711bc), mas trata-se de um motivo tópico que está presente, por exemplo, no próprio Cícero (*Leis*, 3,14), em Plínio (*Panegírico*, 46,5) e em Claudiano (*De quarto consulatu Honorii*, 299-301, *De consulatu Stilichonis*, 1,168). Está também documentada na literatura judaico-cristã: ver em especial um trecho do *Eclesiástico* (10,2: *Qualis rector est civitatis tales et inhabitantes*) e um de São Jerônimo (*Ep.* 7,5), onde se tem uma inversão desse *topos*: seu texto é *Talisque sit rector quales illi qui reguntur*, "seja o governante tal qual aqueles que são governados" (para *Isaías*, 24,2, cf. nº 968). Uma variante, referente ao comandante e ao exército, encontra-se, por exemplo, em Floro (1,34,11) e em Estácio (*Tebaida*, 4,663); entre as sentenças medievais registram-se *Componitur orbis regis ad exemplum*, "o mundo organiza-se segundo o exemplo do rei" (Walther 3021), e *In vulgus manant exempla regentum*, "o exemplo de quem governa difunde-se entre o povo" (12156), extraídos dos já indicados trechos de Claudiano. Muitas são suas referências nos provérbios modernos: em italiano existem *Quel che fa il signore fanno poi in molti*, *Il popolo è simile al signore*, *Tale è il gregge qual è chi lo regge* (esta última formulação, baseada na paronomásia *regge / gregge*, que reproduz a do latim medieval *Qualis rex talis grex* [tal rei, tal grei], tem paralelos em todas as línguas européias, cf. Arthaber 610); ver, finalmente, em italiano, o inverso *Ogni popolo ha il governo che si merita* [cada povo tem o governo que merece]. Existem vários paralelos religiosos: para o francês e o espanhol, o sacristão é como o capelão; para o alemão, o monge é como o abade (cf. também nº 967); para o inglês, *Like priest like people*; para os vários dialetos italianos, os paroquianos assemelham-se ao pároco, e também no Brasil se diz que *Como canta o padre, responde o sacristão*; uma variação engraçada é constituída pelo francês *Lorsque Auguste buvait, la Pologne était ivre* (Augusto é o nome de três príncipes eleitores da Saxônia e da Polônia). A moral de uma fábula de La Fontaine também diz que os súditos são semelhantes ao rei.

970. Eripuit caelo fulmen sceptrumque tyrannis
Arrebatou o raio ao céu e o cetro aos tiranos

Esse famoso verso foi composto — como declara Condorcet (*Oeuvres complètes*, Paris 1804, 5,230) — por Turgot para um busto de Benjamin Franklin: aludia às suas duas felizes atividades de cientista (descobriu o pára-raios) e de político (foi um dos artífices da independência americana). A fonte é um verso de Manílio (1,104), em que se afirma que a razão humana *Eripuitque Iovi fulmen viresque tonandi*, "arrebatou de Júpiter o raio e a força do trovão", já retomado em 1745 no *Antilucretius* do cardeal de Polignac (1,96: *Eripuitque Iovi fulmen Phoeboque sagittas*, "arrebatou o raio de Júpiter e as setas de Apolo").

971. *Potestas... et si supplicet cogit*
O poder, mesmo suplicando, coage

Essa expressão encontra-se em Macróbio (*Saturnalia*, 2,7,2) e significa que é bem difícil negar alguma coisa a quem detém o poder: ver também uma sentença de Publílio Siro (D 25) que declara: *Durum est negare, superior cum supplicat*, "é difícil negar, quando quem tem mais poder suplica". Existem significativos paralelos gregos num trecho das *Epístolas* de Platão (7,329d: τὰς δὲ τῶν τυράννων δεήσεις ἴσμεν ὅτι μεμειγμέναι ἀνάγκαις εἰσίν, "sabemos que as súplicas de quem manda vêm misturadas à coação") e num provérbio registrado por Apostólio (4,97: βία πενήτων, πλουσίων παράκλησις, "violência de pobres, súplica de ricos"). Nas línguas modernas ver, por exemplo, o alemão *Grosser Herren Bitten ist Befehlen*.

972. *Sint Maecenates, non deerunt, Flacce, Marones*
Existam Mecenas e, Flaco, não faltarão Virgílios

Essa frase foi extraída de Marcial (8,55,5) e atualmente ainda é conhecida e citada (desde a Idade Média, inclusive na forma *Sint Maecenates, non deerunt porro Marones*, cf. Walther 29692), indicando que, para o florescimento das artes, é indispensável um governo bom e ilustrado, que as favoreça e não programe seus investimentos apenas com vistas a lucros imediatos.

973. *Pareto legi, quisque legem sanxeris*
Obedece à lei, tu que a promulgaste

Esse preceito, que, segundo o Pseudo-Ausônio (*Septem sapientum sententiae*, 2,5), é de Pítaco, está registrado por Walther entre as sentenças medievais (20708) e constitui a fonte dos provérbios segundo os quais quem faz a lei deve observá-la, presente em todas as modernas línguas européias (cf. Arthaber 675). Um importante paralelo encontra-se num famoso trecho do *De quarto consulatu Honorii*, de Claudiano, em que se afirma que o povo segue o exemplo de seus governantes (cf. nº 969) e que declara nos vv. 297-299: *Tunc observantior aequi / fit populus nec ferre negat, cum viderit ipsum / auctorem parere sibi*, "o povo observa melhor a lei e não se recusa a obedecê-la quando vê que o próprio autor se lhe submete".

974. Ἔργμασι(ν) ἐν μεγάλοις πᾶσιν ἀδεῖν χαλεπόν
Nos assuntos importantes é impossível agradar a todos

Esse fragmento de Sólon (9 Gentili-Prato) é documentado por Plutarco (*Vida de Sólon*, 25) como justificativa do exílio do próprio Sólon: a impossibilidade de ser agradável a todos por parte de quem governa ou ocupa um posto de alta responsabilidade está, por exemplo, no *Corpus theognideum* (26; 803 s. [nesses dois trechos, trata-se justamente de Zeus]; 368) e em Demóstenes (*Ep.* 7,27). Em latim medieval temos *Ne Iupiter quidem omnis placet*, "nem Júpiter agrada a todos" (Walther

16062b), também registrado por Erasmo (*Adagia*, 2,7,55); em todas as modernas línguas européias existem paralelos ao italiano *Nessuno può piacere a tutti*: entre as variantes devem ser assinaladas a francesa *C'est chose trop profonde / que d'agréer à tout le monde*, a espanhola *El sañudo este don no puede tener, que a Dios y a los hombres quiera complacer*, a alemã *Allen Leuten recht getan ist eine Kunst, die niemand kann* e as brasileiras *Não se sabe governar quem todos quer contentar* e *Ninguém é moeda de vinte patacas, para agradar a todos*. Tem o mesmo significado a conhecida fábula de La Fontaine (3,1) em que um moleiro e seu filho levam um burrico ao mercado e qualquer que fosse a maneira de irem, transportando-o nas costas, ou indo na garupa o filho, ou o pai, ou ambos, as pessoas que encontravam sempre achavam um modo de criticá-los.

975. *Cominus et eminus*
De perto e de longe

Esse lema vale-se de um paralelo entre dois advérbios formalmente semelhantes e etimologicamente afins, mas de significado contrário, que se encontram retoricamente contrapostos para indicar duas técnicas diferentes de combate em *loci classici*: Cícero *(De senectute*, 6,19), Aulo Hírcio (8,13,2), Ovídio (*Metamorfoses*, 3,129) e em numerosos outros textos (remeto a *ThlL* 3,1893,18-1895,65). A expressão tornou-se famosa porque constituía um lema de Luís XII da França, que com isso pretendia afirmar que seu poder era grande mesmo para com os inimigos distantes, aludindo ao porco-espinho, que se acreditava ser capaz de lançar aguilhões a longa distância (para essa tradição, também documentada na Índia setentrional e ainda viva no folclore, remeto a O. Keller, *Die antike Tierwelt*, Leipzig 1909,1,207). Realmente, esse lema já era símbolo do avô de Luís XII, Luís de Orleans, que fundara a ordem do porco-espinho.

976. *Gallum in suo sterquilino plurimum posse*
O galo tem grande poder em sua esterqueira

Essa expressão indica que cada um é senhor nos limites — que podem ser estreitos — de sua própria casa ou de seu território: trata-se de Cláudio, que, em *Apokolokyntosis* de Sêneca (7,3), encontra-se no além diante do ameaçador Hércules e compreende, então, que não pode mandar no reino dos mortos como em Roma; encontra-se uma referência significativa em Gregório Magno (*Moralia*, 3,8,13: *Sed Adam noster fortis in sterquilino iacuit, qui in Paradiso quondam debilis stetit*, "mas o nosso Adão jaz forte no meio do estrume, ele que era fraco no Paraíso"). Esse provérbio ainda está vivo — sem variações relevantes — em todas as línguas germânicas, eslavas e neolatinas (no Brasil se diz *Muito pode o galo no seu terreiro*); para o *topos* semelhante do cão diante da porta de casa, cf. nº 977; é análogo o russo *Vsjak kulik v svoëm bolote velik* (ou seja: "cada pássaro é grande no seu charco"). O fato de cada um ser senhor em sua própria casa encontra-se também no *Edda* (*Canção do Excelso*, 36) e nas várias tradições proverbiais modernas (entre as variações, cito a francesa *Charbonnier est maître chez soi*);

Mitelli dedicou uma de suas gravuras (18) a *In casa sua ciascuno è re* (correspondente ao provérbio brasileiro *Em sua casa cada um é rei*).

977. Κύων ἐν προθύρῳ
O cão no vestíbulo

Esse provérbio, registrado pelos paremiógrafos (*App. Prov.* 3,53), significa que cada um manda na sua casa: é, pois, semelhante a *Gallum in suo sterquilino plurimum posse* (nº 976). Em latim medieval existem inúmeros provérbios equivalentes — sem variantes de relevo — a *Ausus maiores fert canis ante fores*, "diante da porta de casa o cão é mais ousado" (Walther 1836); atualmente o italiano diz que *Ogni tristo cane abbaia da casa sua* [todo cão miserável ladra da sua casa] e *Ogni cane è leone a casa sua* [em casa, todo cão é leão]: em francês e inglês o cão também se transforma em leão, enquanto em francês e alemão existe uma versão segundo a qual o cão se sente senhor em seu esterqueiro, com uma provável contaminação pela tradição do galo (na verdade, já em latim medieval existe *Confidens animi canis est in stercore noto*, "o cão é corajoso quando está em esterqueiro conhecido" [Walther 3069]).

978. *Beati monoculi in terra caecorum*
Feliz do zarolho em terra de cegos

Esse adágio, ainda conhecido e freqüentemente citado para indicar que qualquer pessoa, mesmo defeituosa, consegue prevalecer se confrontada com quem lhe é inferior, tem origem medieval (cf. Walther 15030b, assim como 2213, 12101a). Um paralelo perfeito encontra-se no grego ἐν τυφλῶν πόλει γλαμυρὸς βασιλεύει, "na cidade dos cegos o zarolho é rei", documentado em um escólio à *Ilíada* (24,192) e por Apostólio (7,23). No mesmo plano, Erasmo, em seus *Adagia* (3,4,96), registra *Inter caecos regnat strabus*, "entre os cegos reina o zarolho" (*strabus* indica tanto estrábico quanto zarolho, sabendo-se, aliás, que o estrabismo pode ser acompanhado por visão monocular); em todas as línguas européias modernas existem equivalentes ao provérbio brasileiro *Em terra de cegos, quem tem um olho é rei* (Mota 91).

979. *Primus inter pares*
Primeiro entre seus iguais

Trata-se de uma locução — de origem não clássica — ainda usada para designar uma situação na qual quem comanda não tem predomínio ou poder absoluto, mas simplesmente orienta uma comunidade de pessoas, todas de grau e dignidade idênticos, ou goza de prestígio especial entre elas.

980. *Caesar non supra grammaticos*
César não está acima dos gramáticos

Essa expressão, ainda usada para dizer que mesmo a autoridade régia tem limites óbvios, alude a um episódio narrado por Suetônio (*De grammaticis*, 22,2) e por Díon

Cássio (57,17,1 s.): diante de um edito de Tibério que continha uma palavra não latina e da observação de Ateio Capitão, de que tal vocábulo já se teria tornado latino a partir de então, o gramático purista Marcos Pompônio Marcelo reagiu indignado: *Tu enim, Caesar, civitatem dare potes hominibus, verbo non potes*, "tu, César, podes dar cidadania a homens, não a palavras" (os códices estão divididos entre *verbo* e *verba*; muitos editores adotam a correção *verbis* de G. Faernus). Essa máxima teve grande sucesso: segundo Matteo Castiglione (*Elogi historici*, Mantuae 1606, 234), *Ego sum rex Romanus et supra grammaticam*, "sou imperador dos romanos e superior à gramática", foi a frase que Sigismundo I dirigiu ao cardeal Branda Castiglione, chamado o Piacentino, no concílio de Constança de 1414: este o repreendera por ter usado *schisma* como masculino e não neutro (segundo outras versões, como por exemplo a de João Cuspiniano, *De Caesaribus atque imperatoribus Romanis*, Argentorati [= Estrasburgo] 1540, 601, a frase de Sigismundo não teria essa formulação, mas, de qualquer modo, outra conceitualmente análoga). Que não era permitido a ninguém, nem ao rei, cunhar neologismos é afirmação do importante gramático seiscentista francês C. F. de Vaugelas (*Remarques sur la langue française* [ed. Paris 1981, 29]), sendo famosa a retomada desse motivo em *Femmes Savantes* de Molière (2,6,465 s.: *La grammaire, qui sait régenter jusqu'aux rois / et les fait la main haute obéir à ses lois*). Tem significado semelhante, enfim, a conhecida máxima italiana *In geometria non vi sono vie speciali per i re* [em geometria não existem caminhos especiais para os reis].

981. *Rex regnat, sed non gubernat*
O rei reina mas não governa

Segundo a tradição, tratar-se-ia da repreensão dirigida por Jan Zamojski a Sigismundo III Vasa (rei da Polônia entre 1587 e 1632), num discurso à dieta polonesa: esse lema significaria, pois, que o rei em questão reinava com poderes absolutos mas não se preocupava em administrar o governo com sabedoria (segundo outra tradição, Zamojski teria feito a recomendação *Regna, non impera!*, "reina, não sejas um déspota!"). Contudo, a celebridade dessa frase deve-se ao fato de ter sido utilizada — com significado muito diferente — por Louis-Adolphe Thiers, que, no "National" de 18 de janeiro de 1830, transformou *Le roi règne et ne gouverne pas* num lema que resumia o programa político do partido nacional: assumia, portanto, o significado com que ainda é conhecido, de que o rei reinava, era a suprema autoridade, mas não tinha o poder político-administrativo concreto. Outra variante é constituída por *Le roi règne, gouverne et n'administre pas*, do procurador geral Persil, escrito no "Moniteur" de 4 de novembro de 1833.

982. *Aut regem aut fatuum nasci oportere*
Convém nascer rei ou idiota

Em *Apokolokyntosis* (1,1), Sêneca afirma que o imperador Cláudio concretizou esse provérbio. Com certeza significava que reis e idiotas são os seres mais felizes, pois, digam o que disserem, são tolerados; isso é confirmado por um paralelo grego

A DIMENSÃO POLÍTICA: CIDADÃOS E GOVERNANTES   461

(μωρῷ καὶ βασιλεῖ νόμος ἄγραφος, "para o idiota e para o rei não se escreve lei"), registrado por Planudes (3,14 Kertz) e transcrito por Porfírio no comentário a um trecho das *Sátiras* de Horácio (2,3,188), em que *Rex sum* é a irrefutável resposta de Agamêmnon a quem lhe pergunta por que ordenou que Ajax não fosse sepultado. Máxima semelhante pode ser encontrada no *Talmud* e o motivo da impunidade dos reis também está documentado em outros textos das literaturas clássicas (por exemplo, Salústio, *Bellum Iugurthinum*, 31,26). Portanto, Sêneca utiliza esse provérbio para dizer que Cláudio se encontra na peculiar situação daquele em quem se identificam os dois pólos da expressão, em que se identificam ser idiota e ser rei; nesse sentido, outro trecho do *Apokolokyntosis* (11,2) constitui-lhe paralelo: nele Crasso é *Tam fatuum ut etiam regnare posset*, "tão idiota que pode até reinar". Ao provérbio em estudo é dedicado um dos *Adagia* mais notáveis de Erasmo (2-27 Seidel Menchi); em alemão existe *Herren und Narren haben frei reden*, com equivalentes perfeitos em outras línguas, como o sueco. Uma variante burlesca encontra-se em Puglia: *Mègghje fèsse ca sineche: u fèsse éie pe sémpe, u sineche dure quatt'anne* ("é melhor ser idiota do que prefeito: o idiota é para sempre; o prefeito, por quatro anos"). Assinalo, enfim, uma referência de Rabelais (3,37), segundo a qual os matemáticos dizem que se tem o mesmo horóscopo ao nascerem os reis e os idiotas.

983. *Qui fuit rana nunc est rex*
Quem foi rã agora é rei

Essa frase de Petrônio (77,6), já presente entre as sentenças medievais (Walther 24120a), indica o novo rico, a pessoa que se tornou poderosa partindo do nada. A rã como ser fraco e desprovido de poder por excelência está principalmente numa fábula presente em muitos autores (Esopo, 44 Hausrath, Fedro, 1,2, La Fontaine, 3,4, Grim 1), em que as rãs, cansadas da "anarquia", pedem um rei a Zeus e este lhes manda um pedaço de pau, achando-o suficiente para reinar sobre animais tão mansos (como elas se queixem, Zeus envia-lhes uma terrível serpente aquática que faz uma chacina). Dessa história derivam várias locuções, como a francesa *Les grenouilles qui demandent un roi* e a italiana *Re travicello*, que representa um soberano hesitante, inseguro do que deve ser feito, facilmente influenciável e cuja notoriedade se deve à menção da fábula numa célebre poesia satírica de Giuseppe Giusti (justamente intitulada *Il re travicello*).

984. Ἄρχεσθαι μαθὼν ἄρχειν ἐπιστήσῃ
Saberás comandar quando aprenderes a obedecer

Essa máxima é atribuída a Sólon (133,10 Martina, a quem remeto para a relação dos numerosos documentos); em grego, encontra paralelo em *As leis* de Platão, onde (6,762e) se afirma que ὁ μὴ δουλεύσας οὐδ' ἂν δεσπότης γένοιτο ἄξιος ἐπαίνου, "quem nunca serviu não pode tornar-se um senhor digno de elogios", e num fragmento de Menandro (555 K.-Th.), no qual se adverte que quem conduzir um exército sem ter sido soldado levá-lo-á inevitavelmente ao massacre. Que o rei sem preparo arruína o povo é sentença presente no *Eclesiástico* (10,3); em latim devem ser assinalados principalmente um trecho de *De ira* de Sêneca (2,15,4: *Nemo autem regnare potest, nisi qui et regi,* "ninguém pode reinar a menos que seja súdito também"), registrado entre as sentenças medievais (Walther 16427), e um velho provérbio citado por Santo Agostinho (*De duodecim abusionum gradibus, PL* 40,1080: *Dominari nequeat qui prius alicui servitutem praebere denegat,* "não possa governar quem antes não queira servir a outrem"); em *De legibus* de Cícero (3,2,5) encontra-se *Qui bene imperat paruerit aliquando necesse est,* "quem comanda bem necessariamente alguma vez obedeceu". Nas línguas européias modernas existem paralelos ao italiano *Chi servito non ha comandare non sa* e aos brasileiros *Bem sabe mandar quem soube obedecer* e *Não sabe governar quem não sabe obedecer* (cf. Arthaber 282, Mota 55, 133); em literatura, deve ser mencionado um trecho de Goethe (*Elpenor*, 1,4).

985. *Feriuntque summos / fulgura montes*
Os raios atingem os montes mais altos

Essa expressão, que nas *Odes* de Horácio (2,10,11 s.) equivale a uma recomendação de moderação e de não se deixar levar por ambições exageradas, ainda é citada para dizer que quem está em posição preeminente e importante também está mais exposto a golpes de todos os tipos, como os da inveja e do azar. Essa passagem de Horácio já era citada por São Jerônimo (*Ep.* 60,6; 108,8, *Liber quaestionum Hebraicarum in Genesim, praef., PL* 23,984b) e foi mencionada novamente por intermédio de Jerônimo (em Abelardo, *Ep.* 1,9, o último trecho do santo é citado por Godofredo de Chartres a Abelardo, para consolá-lo das injustas acusações de heresia). Trata-se de um motivo difundido na literatura latina, que está presente, por exemplo, em Lucrécio (5,1131 s.; 6,419 s.), Lívio (8,31,7), Sêneca (que, em *Ep.* 19,9, refere-se a um ditado semelhante de Mecenas; em *Agamêmnon*, 96, parece retomar com exatidão a expressão de Horácio com *Feriunt celsos fulmina colles*; e em *Fedra*, 1132-1136, desenvolve mais o tema), Macróbio (*Saturnalia*, 7,8,6), Claudiano (*Carmina minora*, 22,38-40), Dracôncio (*Satisfactio*, 277-280), Boécio (que em *A consolação da filosofia*, 1,4,5 ss., adverte que quem quer construir uma casa resistente deve evitar o alto dos montes expostos ao austro). Um trecho de Ovídio (*Remedia amoris*, 369 s.: *Summa petit livor: perflant altissima venti, / summa petunt dextra fulmina missa Iovis,* "a inveja procura atingir os cumes: sobre os cumes desencadeiam-se os ventos, os cumes são atingidos pelos raios lançados pela mão direita de Júpiter") também é citado por Abelardo (*Ep.* 1,2) e está presente — com variações — na coletânea de sentenças medievais (Walther 30064, cf. também 11512); de resto, são freqüentes máximas semelhantes sobre a inveja, cf. por exemplo Lívio, 45,35,5, e Veleio Patérculo, 2,40,4. Um precedente grego muito famoso e significativo é constituído por um texto de Heródoto (7,10 ε), em que Artabano adverte Xerxes, que está para tentar uma empreitada contra a Grécia, com as seguintes palavras: ὁρᾷς τὰ ὑπερέχοντα ζῷα ὡς κεραυνοῖ ὁ θεός, "repara como a divindade lança seus raios contra os viventes que se destacam" (aqui, porém, o tema é da *hybris* do homem que quer destacar-se além dos limites permitidos e que é, por isso, punido pelos deuses).

A DIMENSÃO POLÍTICA: CIDADÃOS E GOVERNANTES   463

Na Idade Média existem citações dessa máxima do *Agamêmnon* (Walther 9938), assim como outras variações sobre o tema, entre as quais deve ser assinalada Walther 11520, *Imbres et venti, tonitrus et fulmina turres / flatibus evertunt, stare sed ima sinunt*, "as chuvas e os ventos, os trovões e os raios com seus sopros derrubam torres, mas deixam em paz as coisas baixas" (cf. também 14218 e — semelhantes a 11520 — 11587, 32004, 32005). Nas tradições proverbiais modernas há várias retomadas desse tema: ver por exemplo a italiana *La saetta non cade in luoghi bassi*, a brasileira *Raio não cai em pau deitado*, as alemãs *Das Wetter schlägt gern in die hohen Türme* e *Der Blitz trifft eher einen Turm als eine Hütte*, a francesa *Aux grandes portes soufflent les gros vents*, e as inglesas *High regions are never without storms* e *Huge winds blow in high hills*.

986. *Post gloriam invidiam sequi*
A inveja segue atrás da glória

Essa máxima deriva de *Bellum Iugurthinum* de Salústio (55,3); o conceito do caráter inevitável da inveja para aqueles que conseguem chegar a níveis elevados encontra-se em grande número de outros autores: ver, por exemplo, Cícero (*De oratore*, 2,52,209 s.), Cornélio Nepos (*Vida de Cábrias*, 3,3), Sêneca (*Hercules Oetaeus*, 612 s.), Veleio Patérculo (1,9,6; 2,40,4), Marcial (*Anthologia Latina*, 129,3 Baehrens), Cúrcio Rufo (4,5,2); em Estácio (*Silvae*, 5,1,137 s.) sorte e inveja estão ligadas por estreita consangüinidade; para outros paralelos remeto a Sonny 106, Sutphen 174. Em grego uma sentença desse gênero é atribuída a Sócrates por João de Stóboi (38,35) (τοῖς διὰ τῆς δόξης βαδίζουσιν ἀκολουθεῖ φθόνος, "a inveja anda atrás daqueles que atravessam a glória"), sendo semelhantes as sentenças documentadas num fragmento trágico anônimo (530 Snell-Kannicht [cf. Dionísio, fr. 8 Kock]), em *Ajax* de Sófocles (v. 157) e em Arsênio (2,74a). A máxima italiana *Non fu mai gloria senza invidia* [nunca houve glória sem inveja] tem paralelos em todas as línguas européias, sendo numerosas suas referências literárias: por exemplo em Pope (*Essay on Criticism*, 2,266), Schiller (*Maria Stuart*, 1,8) e Monti (*Prometeo*, 221-226). No Brasil se diz *Antes invejado que lastimado* (para paralelos em outras línguas cf. Mota 46).

987. *Quanto altius ascendit homo, lapsus tanto altius cadet*
Quanto mais alto o homem subir, maior será a altura de onde cairá

A fonte é Pedro Crisólogo (*PL* 52,273c), encontrando-se um paralelo muito expressivo no *Liber proverbiorum* do Pseudo-Beda (*PL* 90,1107b), em que se lê: *Quanto altior gradus, tanto profundior casus*, "quanto mais alta a subida, tanto mais profunda a queda"; esse motivo, que também contém uma advertência para não ser arrogante demais nos momentos afortunados (cf. nº 842), tem difusão principalmente na literatura latina medieval (para os trechos, remeto a Weyman 52, 69, 259, e a Sutphen 128 s.). Contudo, existem inúmeros precedentes clássicos: ver, por exemplo, uma sentença de Publílio Siro (E 16: *Excelsis multo facilius casus nocet*, "aos que estão no alto a queda machuca com muito mais facilidade") e passagens de Sêneca (*Ep.* 91,13; 110,3, *Octavia*, 378-380), Juvenal (10,104-107), Santo Agostinho (*Enarrationes in Psalmos*, 137,9), São Jerônimo (*De regula monachorum*, 15), Paulino de Nola (*Ep.* 8), Claudiano (*In Rufinum*, 1,22 s.) e Amiano Marcelino (30,5,10). Paralelamente, existe o *topos* segundo o qual quem está embaixo não pode machucar-se muito quando cai: assim, por exemplo, em outra sentença de Publílio Siro (H 28: *Humilis nec alte cadere nec graviter potest*, "quem está perto do chão não pode cair do alto nem com graves conseqüências") e um trecho do *Orator* de Cícero (29,98). Ambas as tradições refletem-se nas sentenças medievais, com várias formulações, como *Qui iacet in terra non habet unde cadat*, "quem está no chão não tem de onde cair" (Walther 24153), e *Qui petit excelsa debet vitare ruinam*, "quem procura as alturas deve evitar o tombo" (Walther 24486). Provérbios semelhantes ao brasileiro *Quem mais alto sobe, maior queda dá* estão presentes em todas as línguas européias modernas (cf. Arthaber 33, Mota 188) e em vários autores: ver, por exemplo, um trecho dos *Carmina Burana* (*Fortunae plango*, 21 s.: *Rex sedet in vertice / caveat ruinam!*, "o rei senta-se no alto e deve temer os tombos!"), o dístico final de uma oitava da *Jerusalém libertada* (2,70: *Ed a voli troppo alti e repentini / sogliono i precipizi esser vicini*) e uma frase da duquesa de Friedland em *Wallensteins Tod* de Schiller (3,4: *O lieber Herzog! Streben wir nicht allzu hoch / hinauf, dass wir zu tief nicht fallen mögen*). Finalmente deve ser assinalado o italiano *Chi troppo in alto sale cade sovente precipitevolissimevolmente*, em que a idéia da queda precipitada é acentuada pela rima em *ente* e pelo vertiginoso comprimento do último advérbio (cf. também nº 827).

988. *Onus est honos qui sustinet rem publicam*
É um fardo a honra de governar o Estado

Esse é um fragmento cômico de autor incerto (76 R.[3]), documentado por Varrão (*De lingua Latina*, 5,78), que ressalta o ônus e a responsabilidade implicados nas posições de relevo, usando uma paronomásia fácil (*onus / honos*). Esta recorre com freqüência na literatura latina: por exemplo, num fragmento de um discurso de Cícero cujo título não temos (1 S. = 4 Puccioni: os gramáticos Carisio [*Institutiones grammaticae*, 282,3 s. Keil], Diomedes [*Ars grammatica*, 446,21 s. Keil] e Rutílio Lupo [1,3] citam-no exatamente como o exemplo clássico de paronomásia), em Ovídio (*Tristia*, 5,14,15 e *Metamorfoses*, 2,634), Lívio (22,30,4), Santo Agostinho (*Ep.* 101,1, *Sermones*, 38,523), São Jerônimo (*Ep.* 60,10), Ausônio (*Protrepticus ad nepotem*, 2,96 s.) e sobretudo Sidônio Apolinário (*Ep.* 7,9,7; 7,17,4; 8,8,3; 9,2,1); para outras indicações, remeto a Otto 828, Weyman 58, 74, 273, Sonny 105, Sutphen 171 s., Szelinski 238. Em italiano e alemão são difundidas as paronomásias entre *onore* e *onere* e *Würden* e *Bürden*, respectivamente, mas mesmo nas outras línguas européias em que não permaneceu esse jogo fônico existe algum provérbio conceitualmente afim, como por exemplo o francês *Qui sont en grands honeurs, molestes sont de mieux* ou o inglês *Great honours are great burdens*, usado literariamente em Shakespeare (*Henrique VIII*, 3,2).

989. *Quamvis sublimes debent humiles metuere*
Mesmo quem está nas alturas deve temer quem está no chão

Com esta gnoma Fedro introduz a fábula da raposa que, querendo libertar os filhotes arrebatados pela águia, põe fogo na árvore em que ela está pousada: portanto, um animal tão poderoso quanto a águia deve temer mesmo um outro animal como a raposa, que não pareceria capaz de fazer-lhe mal (1,28). Máxima afim encontra-se em Publílio Siro (I 26: *Inimicum quamvis humilem docti est metuere*, "é próprio do sábio temer o inimigo, mesmo o inferior"); esse motivo também recorre nas tradições proverbiais modernas: nas várias línguas européias existem provérbios correspondentes ao francês *Il n'est nul petit ennemi* e aos brasileiros *Uma mosca morde o homem, / Disso vira uma ferida, / Da ferida o homem morre*: / *A mosca tirou-lhe a vida* e *Tolo é quem cuida que o seu inimigo se descuida* (Arthaber 390, Mota 223; o italiano tem *Nessun disprezzerai, ché il più piccol nemico può darti briga assai*). São complementares as tradições de que *Etiam capillus unus habet umbram suam* e aquela segundo a qual a formiga (ou o verme) também se encoleriza (cf. nº 161), assim como vários provérbios que recomendam a prudência quando for preciso enfrentar um adversário aparentemente mais fraco (nº 1227). Outras variantes expressivas sobre o tema, registradas pelos paremiógrafos, são: ἔσται καὶ χωλῶν δρόμος, "até os aleijados correm" (*Prov. Aes.* 3, cf. também Greg. Cypr. M. 3,8, Eustátios, *Comentário à Odisséia*, 1599,36) e μῦς δακὼν παῖδ᾽ ἀπέφυγε, "com uma dentada, um rato põe um rapaz em fuga" (Apost. 11,88).

990. *Turbari sine ventis non solet aequor*
O mar não costuma agitar-se sem vento

Essa expressão deriva de uma composição anônima (3,63 Baehrens) e indica que mesmo o poderoso mar deve submeter-se à vontade de alguém mais forte. Esse motivo tem origem em Heráclito: de fato, faz parte da doutrina desse filósofo a afirmação de que δουλεύει ἡ θάλασσα καὶ τὸ πῦρ ἀνέμοις, "o mar e o fogo são escravos dos sopros de vento" (A 14 D.-K.: a fonte é o escólio a Nicandro, *Alexipharmaka*, 172 s.), frase que se tornou proverbial, como documenta explicitamente Eustátios (*Comentário à Ilíada*, 2,210 [1,310,20 s. V.]).

991. *Malo hic esse primus quam Romae secundus*
Prefiro ser o primeiro aqui a ser segundo em Roma

Essa frase, famosa já na Idade Média (cf. Walther 14341a), provém de um episódio narrado por Plutarco (*Vida de César*, 11,3-4, *Romanorum apophthegmata*, 206b). Certo dia César passou por um obscuro vilarejo dos Alpes e os seus companheiros perguntaram-se com ironia se ali existiria vida política, com dissensões e lutas pelo poder, ao que César comentou: ἐγὼ μὲν ἐβουλόμην <ἂν> παρὰ τούτοις εἶναι μᾶλλον πρῶτος ἢ παρὰ Ῥωμαίοις δεύτερος, "gostaria mais de ser primeiro entre estes do que segundo entre os romanos". São muitos os provérbios modernos que se valem desse módulo: em italiano se diz *È meglio essere primi a casa propria che secondi a casa d'altri*, *Meglio esser gran duca che miserabil re* (com óbvio trocadilho entre *gran duca* [grande duque] e *granduca* [grão-duque]) e *Meglio essere capo di gatto che coda di leone* [melhor ser cabeça de gato do que rabo de leão], este último com equivalentes em francês, espanhol e inglês (em que gato é substituído por cão ou lagarto); ver, enfim, o alemão *Besser ein kleiner Herr als ein grosser Knecht*. Em literatura, lembro um verso de Milton (*Paraíso perdido*, 1,263): *Better to reign in Hell than serve in Heav'n*.

992. *Aut Caesar aut nihil*
Ou César ou nada

Trata-se de um lema de César Bórgia, denominado o Valentino, que obviamente tira partido da igualdade do nome de batismo do *condottiero* com a palavra que significa "imperador". P. Giovio (*Ragionamenti*, p. 5) conta que, depois da sua morte, ocorrida em 1507, Fausto Maddalena Romano dedicou-lhe o seguinte dístico: *Borgia Caesar erat, factis et nomine Caesar, / aut nihil, aut Caesar, dixit: utrumque fuit*, "era César, César de nome e de fato, e disse: ou César ou nada: foi ambas as coisas". Um outro dístico é atribuído a Sannazaro: *Aut nihil aut Caesar vult dici Borgia: quidni? / Quum simul et Caesar possit, et esse nihil*, "Bórgia quer que o chamem ou César ou nada: como? Pode ser ao mesmo tempo César e nada!". Segundo uma tradição, essa divisa teria sido inscrita sobre a espada do Valentino, mas isso não condiz com a realidade (cf. A. Ademollo, "Il Fanfulla della Domenica" 23-24 [1879]: nessa espada estavam gravados outros lemas, como *Cum nomine Caesaris omen* [cf. nº 98] e *Iacta est alea* [nº 1609]). A fonte teria sido uma frase de Calígula registrada por Suetônio (*Vida de Calígula*, 37,1), que no entanto não diz respeito à audácia e à ambição do comando, mas ao amor pelo luxo desmedido: de fato, Calígula teria bebido pérolas preciosas dissolvidas em vinagre e oferecido pão e alimentos de ouro aos comensais, proclamando *Aut frugi hominem esse oportere aut Caesarem*, "deve-se ser homem frugal ou César". Portanto, a afinidade com a divisa do Valentino é apenas estrutural: é mais provável que aqui também — como no caso de *Iacta est alea* — Bórgia estivesse retomando uma frase de Júlio César, no caso aquela segundo a qual é preferível ser primeiro num vilarejo obscuro a ser segundo em Roma (cf. nº 991). Finalmente, recordo a brilhante referência (na forma *Aut Caesar aut nullus*) em *O grande ditador* de C. Chaplin.

993. *An nescis, mi fili, quantilla prudentia regatur orbis?*
Por acaso não sabes, meu filho, com quão pouca sabedoria o mundo é governado?

Essa é uma frase que se tornou famosa mas cuja origem não está clara: trata-se talvez de uma resposta de Júlio II a um monge português (cf. Büchmann 446), mas segundo outra tradição, o chanceler sueco Axel Gustavsson Oxenstierna, importante político do início do século XVII, teria feito essa advertência ao filho, que hesitava em aceitar o cargo de primeiro plenipotenciário sueco no congresso de Münster: *Videbis, fili mi, quam parva sapientia regatur mundus*, "verás, meu filho, com quão pouca sabedoria se governa o mundo".

994. *Nulla sancta societas nec fides regni est*
Com os reis não há aliança inviolável nem fidelidade

Essa gnoma constitui um fragmento de uma tragédia não identificada de Ênio (404 V.[3] = 320 Jocelyn), citado por Cícero (*De officiis*, 1,8,26, *De republica*, 1,32,49) para confirmar a idéia de que o poder e a glória muitas vezes levam ao esquecimento da justiça; são vários os textos paralelos: por exemplo, em Lívio (1,14,3) há *Infida societas regni*; Lucano (1,92 s.) e Columela (9,9,1) parecem fazer eco ao verso de Ênio; e máximas semelhantes estão presentes em Fedro (1,5,1: *Numquam est fidelis cum potente societas*, "a aliança com um poderoso nunca é fidedigna": trata-se da fábula da *Leonina societas*, cf. nº 995; essa expressão também se encontra entre as sentenças medievais [Walther 19254]), em Aviano (em 11,10 *Nulla brevi est cum meliore fides*, "o pequeno não deve absolutamente confiar em quem é superior", que um vaso de terracota diz a um de bronze, ao lado do qual é vítima da força de um rio [cf. nº 1588]) e em Sêneca (*Agamêmnon*, 285). Nas tradições proverbiais modernas muitas vezes a tônica recai sobre a imprevisibilidade dos favores dos poderosos, tanto com formulações banais, como por exemplo a alemã *Herrengut währt nicht lange*, quanto com expressões mais peculiares, como as italianas *Servizio de' grandi non è retaggio: chi troppo se ne fida non è saggio* e *Amor di signore e vin di fiasco, se la mattina è buono, la sera è guasto* (que encontram paralelos em muitas línguas européias, cf. Arthaber 607 e 1277), a alemã *Herrengut und Lautenklang klingt wohl, aber währt nicht lang*, a do Lácio *Quanne gli diàuere t'accarezza è signe ca uò l'alma* (ou seja: "quando o diabo te bajula, é sinal de que quer a tua alma") e a veneziana *Protezion de signori, troto de mula vecia*.

995. *Leonina societas*
Aliança com o leão

Essa locução é usada com ironia — inclusive na expressão moderna *Contrato leonino* — a respeito de quem faz acordos com os mais fortes com a ilusão de tirar vantagem, mas sendo prejudicado no final. Na origem, sua aplicação teria sido jurídica e, segundo o *Digesto* (17,2,29), seu autor seria o juiz Lúcio Cássio Longino; de qualquer modo, faz parte de uma tradição fabular que conta as conseqüências tragicômicas das alianças de animais fracos com o leão, que, no momento de repartir a presa, fica com ela só para si: em Esopo, 154 Hausrath, ele despedaça o asno que queria fazer uma divisão justa, enquanto em Fedro, 1,5, a vaca, a cabra e a ovelha, embora salvem a própria pele, não obtêm nem uma ínfima porção do espólio; a única que não fica de mãos vazias é a raposa da fábula de Esopo, que, aprendendo com a morte do asno, pede o mínimo para si [ver também em port. as expressões *Ficar com a parte do leão* e *O leão do imposto de renda*].

996. Fures privatorum in nervo atque in compedibus aetatem agunt, fures publici in auro atque in purpura

Os ladrões dos bens privados passam a vida no cárcere e nos grilhões; os ladrões dos bens públicos, no ouro e na púrpura

Essa amarga reflexão de Catão (*De praeda militibus dividenda*, fr. 1, p. 69 Jordan) é registrada por Gélio (11,18,18); esse motivo retorna num trecho de Sêneca (*Ep.* 87,23: *Sacrilegia minuta puniuntur, magna in triumphis feruntur*, "os delitos pequenos são punidos; os grandes, aclamados"), onde porém a contraposição público/privado é substituída por grande/pequeno. O contraste entre o destino afortunado dos grandes delinqüentes e o destino desgraçado dos pequenos, com clara alusão à desonestidade dos governantes ou das pessoas eminentes, está presente nas tradições proverbiais de toda a Europa (cf. Arthaber 1198): ver o italiano *A rubar poco si va in galera, a rubar tanto si fa carriera* e o alemão *Kleine Diebe hängt man am Galgen, die grossen an goldene Ketten*.

997. Ἡ γὰρ τυραννὶς ἀδικίας μήτηρ ἔφυ

O poder absoluto gera injustiça

Esse é um fragmento do trágico Dionísio (4 K.-S.), também registrado pela tradição paremiográfica (Zenob. Ath. 2,55 [364 Miller], *App. Prov.* 2,99, Arsen. 8,41n). Uma relação direta entre τυραννίς e ἀδικία também se encontra em Eurípides (*As fenícias*, 549). Na Idade Média tem-se *Tyrannis ipsa vel res maxime impia est*, "a tirania é, em si, uma coisa sumamente ímpia" (Walther 32031b3); esse motivo ainda tem difusão, sobretudo popular (lembro, entre os provérbios dialetais, o bolonhês *Chi an sa fénzer an sa regnèr*), e Mota 192 registra vários paralelos ao provérbio brasileiro *Quem não sabe fingir, não sabe governar* (entre os quais destaca o latim vulgar *Qui nescit dissimulare, nescit regnare*).

998. Iniqua numquam regna perpetuo manent

Os reinados iníquos não duram perpetuamente

Essa é uma frase de Medéia na tragédia homônima de Sêneca (v. 196); de resto, são comuns frases semelhantes nas tragédias desse filósofo: em *As troianas* (vv. 258 s.) são os impérios baseados na violência e não na moderação que duram pouco; em *As fenícias* (v. 660), são os odiosos; em *Tiestes* (vv. 215-217), os ímpios. Encontram-se expressões análogas em *De ira* (3,16,2) e em Sêneca, o Retor (*Controversiae*, 7,8,1; 7,8,7), onde não se trata dos reinados com características negativas, mas simplesmente dos grandes reinos. Um paralelo grego é constituído por uma frase atribuída a Tales e registrada nas *Conversas dos sete sábios à mesa* de Plutarco (147b): a quem lhe perguntasse qual era a coisa mais absurda, ele teria respondido: um tirano velho. Nas várias línguas européias modernas existem provérbios do tipo do italiano *Violenza non dura a lungo* (Arthaber 1450); semelhante à máxima antiga é a alemã *Strenge Herren regieren nicht lange* (que tem equivalente perfeito em sueco); finalmente deve ser citado *Struggitor di se stesso è un reo potere* de Monti.

999. Ἀρχὴ ἄνδρα δείκνυσιν
O poder revela o homem

Esse provérbio significa que algumas pessoas parecem cordatas e dotadas de bom senso antes de conquistarem o poder, mas, uma vez chegadas a uma posição elevada, demonstram uma natureza de todo diferente. Trata-se de um apotegma vez por outra atribuído a Sólon (199 Martina), a Bias (por Aristóteles, *Ética para Nicômaco*, 5,1130a 1, e pelo escólio ao trecho de Sófocles assinalado abaixo) e a Pítaco (por Diógenes Laércio, 1,77), sendo também citado por Demóstenes (*Proemi*, 47,2) e retomado por Plutarco (*Vida de Cícero*, 52,2); ademais, esse conceito é desenvolvido em Sófocles (*Antígona*, 175-177). Essa expressão devia estar registrada como proverbial já em Teofrasto e recorre numa vasta tradição paremiográfica e lexicográfica (Diogen. 2,94, Greg. Cypr. 1,80, Macar. 1,44, Apost. 4,1; 18,32, Harpocr. 60,16-61,2 D., *Suda* α 4096). Esse *topos* está estreitamente vinculado ao da arrogância do novo rico e em latim dá origem a uma famosa máxima de Claudiano (*In Eutropium*, 1,181): *Asperius nihil est humili cum surgit in altum*, "nada é pior do que a pessoa de baixo nível que consegue elevar-se". São muitas as variações medievais: algumas são muito semelhantes ao texto de Claudiano (Walther 1564, 1565); outras giram em torno do modelo da 16733, *Nihil humili peius, cum se sors ampliat eius*, "nada é pior do que o humilde quando a sorte o engrandece" (cf. também 16730, 20953); outras são análogas à 11550, *Immutant mores hominis cum dantur honores*, "o homem muda seus costumes quando lhe são conferidas honrarias" (notar a rima *mores... honores*; cf. também 11125, 11931, 21380, 21421a, 27071, 30285, 30665); outras põem a tônica na riqueza e não nas honrarias, como por exemplo a 6112, *Divitiae mores mutant non in meliores*, "as riquezas mudam os costumes, mas não para melhor" (cf. também 6111 e 1581) e a 27285, *Saepe solent census hominis pervertere sensus*, "as riquezas costumam perverter os sentimentos do homem" (notar a paronomásia *census... sensus*; cf. também 27291); às vezes, enfim, encontra-se a imagem do servo que se torna senhor (26880,3 s.-26884,3 s.). Nas línguas européias modernas são muitos os provérbios que retomam esse motivo: em todas elas existem paralelos aos provérbios italianos *Non è superbia alla superbia eguale d'un uomo basso e vil che in alto sale* e *Il villan nobilitado non conosce il parentado* (cf. Arthaber 1323 e 1441): entre as variações eu citaria a toscana *Quando il villano è sul fico non conosce né parente né amico* e a espanhola *Cuando el villano está en el mulo, no conoce a Dios ni al mundo* [Port., Se queres conhecer o vilão, põe-lhe uma vara na mão].

1000. *Caecus autem si caeco ducatum praestet, ambo in foveam cadunt*
Se um cego guia outro cego, ambos cairão na cova

Na versão da *Vulgata*, essa é uma frase mordaz de Jesus para falar dos fariseus (*Mateus*, 15,14: o grego diz τυφλὸς δὲ τυφλὸν ἐὰν ὁδηγῇ, ἀμφότεροι εἰς βόθυνον πεσοῦνται); essa imagem não é isolada: em *Mateus*, 23,24 Cristo chama os fariseus de ὁδηγοὶ τυφλοί (*duces caeci* [guias cegos]); em *Lucas* (6,39) tem-se ainda o exemplo do cego que pretende guiar outro cego, com o resultado de que ambos acabam numa cova; ademais, documenta-se (em Baba Qamma 52ª, cf. Strack-Billerbeck 1,721) um provérbio hebraico segundo o qual, quando o pastor está encolerizado com o rebanho, cega a ovelha guieira. Esse motivo — para indicar condução ineficiente por razões óbvias — também está presente nas literaturas clássicas: devem ser especialmente citados um trecho de *A República* de Platão (8,554b), onde se tem o cego como guia de dança; um de Libânio (*Or.* 1,8 [1,84,9-10 F.]), onde quem tem um cego como guia — evidentemente no sentido metafórico — acaba no βάραϑρον ἀμαϑίας, "precipício da ignorância"; e um das *Epístolas* de Horácio (1,17,3 s.), em que o poeta convida o amigo Ceva a ouvir seus conselhos, embora ele mesmo na verdade tenha muito a aprender e seja, pois, *Ut si / caecus iter monstrare velit*, "como um cego que queira indicar o caminho". Os paremiógrafos (Apost. 11,50) registram μήτε τυφλὸν ὁδηγόν, μήτ' ἀνόητον ξύμβουλον, "não tomes como guia um cego nem como conselheiro um estúpido" (cf. também o Pseudo-Máximo, o Confessor, *Loci communes*, 60 p. 670 Combefis). Embora o fato em si não seja verdadeiro (e já Cícero em *Tusculanae disputationes* [5,38,112] deu muitos exemplos de eficiência dos cegos), o trecho evangélico fez escola: não só foi retomado pelos autores cristãos (como por exemplo São Jerônimo, *Ep.* 7,5 e Abelardo, *Ep.* 1,9) como também está registrado em coletâneas como a do Pseudo-Beda (*PL* 90,1093b). São numerosas as suas variações (ben 14), registradas na coletânea das sentenças medievais, e essa tradição deu origem a um provérbio ainda vivo em todas as línguas européias, segundo o qual "se um cego guia o outro, ambos caem no buraco" [italiano *Se un cieco guida l'altro, tutti e due cadono nella fossa*], ao qual Mitelli dedicou uma gravura (11).

1001. Ἀνδρὸς ὑπ' ἐσϑλοῦ καὶ τυραννεῖσϑαι καλόν

É bom ser governado por um homem insigne, mesmo que com absolutismo

Esse fragmento de Eurípides (8 N.²) assumiu claro valor gnômico, como demonstra o fato de estar documentado no *Florilégio* de João de Stóboi (4,6,6 [4,240,4 s. Wachsmuth-Hense]) e de ser registrado pelos paremiógrafos (Arsen. 3,21b).

1002. *Rex eris... / si recte facies*

Serás rei se agires com retidão

Essa expressão, baseada no jogo etimológico entre *rex* e *recte* (para a análise lingüística, remeto a Walde-Hofmann 2,426 s.), está registrada em Horácio (*Ep.* 1,1,59 s.) como símbolo da concepção do poder baseado na honestidade (ver também o comentário de Porfírio ao trecho) e como derivada de uma brincadeira de crianças; não faltam paralelos, sempre fundados na semelhança entre *rex* e *regere*, como por exemplo um fragmento poético documentado no comentário de Porfírio a esse trecho de Horácio (*Versos populares*, 3, p. 30 Morel), um verso de *Technopaegnia* de Ausônio (7,3) e um cânon etimológico (*Reges a recte regendo*) presente em Isidoro (*Origines*, 9,3,4, *Sententiae*, 3,48,7) e em Rábano Mauro (*De universo*, 16,3), que dá ensejo a grande número de variações nas sentenças medievais (como por exemplo Walther 25435, *Quis recte rex est? Se ratione regens*, "quem é rei com retidão? Aquele que se rege com a razão", cf. também 24606, 26844, 26844a). Um precedente conceitual encontra-se num trecho de Platão (*Teeteto*, 146a) em que Sócrates lembra uma brincadeira de crianças: quem erra é chamado de burro e quem não erra se torna rei. No Brasil se diz *A honestidade é a melhor política*.

1003. *Pater patriae*
Pai da pátria

Essa locução ainda é usada com respeito a quem salvou a pátria ou tornou-se extraordinariamente benemérito para com ela. Nas fontes latinas, alterna-se com a equivalente *Parens patriae* (sobre a qual, ver *ThlL* 10/1, 360,24-27), destinada a várias personagens: sua notoriedade atual, no entanto, deve-se ao fato de que Cícero foi assim chamado depois de ter debelado a conspiração de Catilina (cf. *Pro Sestio*, 57,121, *In Pisonem*, 3,6). Esse título foi atribuído sobretudo a Rômulo (Lívio [1,16,3], Ovídio [*Fastos*, 2,127 s.]), e a César, depois do triunfo na guerra na Espanha (Lívio, *Periochae*, 116), a Augusto (ele mesmo dá essa informação no chamado *Monumentum Ancyranum* [35]; ver também Suetônio, *Vida de Augusto*, 58), assim como a quase todos os imperadores (segundo Tácito, *Anais*, 1,77,1, Tibério recusou-o), constando inclusive em seu título oficial, imediatamente antes da menção do consulado (assim, segundo Sêneca, *De clementia*, 3,12,2, era conferida ao príncipe uma espécie de poder pátrio). Finalmente, deve-se ressaltar que é assim que o Faraó designa José em *Gênesis* (41,45).

1004. *Caput imperare, non pedes*
A cabeça é quem comanda, não os pés

Segundo o relato da eleição do imperador Tácito, feito por Flávio Vopisco na *Historia Augusta* (*Vida de Tácito*, 5,2), esse é um dos lemas com que os senadores procuram convencer o velho ex-cônsul a aceitar o mais alto cargo do Estado: essa frase significa que, para ser bom imperador e para bem comandar, não se faz uso dos pés, ou seja, do vigor físico, mas da cabeça, vista como sede natural dos pensamentos e do raciocínio. Nos provérbios modernos também é difundida uma contraposição semelhante entre a cabeça e os pés (ou as pernas): ver por exemplo os italianos *Abbandonare il capo per il piede*, que indica o comportamento ilógico e irrefletido, e *Chi non ha testa ha gambe*, usado em geral quando se esquece alguma coisa e deve-se voltar para pegá-la.

1005. *Fulmenta lectum scandunt*
Os pés da cama escalam o leito

Nônio (206,24) afirma que esse provérbio era muito usado por Varrão (*Satyrae mennippeae*, 586 Bücheler): indica uma situação invertida, na qual comanda quem deveria obedecer, e quem deveria estar submetido quer ter voz ativa. Entre as imagens das tradições proverbiais modernas, devem ser assinaladas as alemãs *Wenn die Stühle auf die Bänke steigen, so wird nicht gut* e *Man muss nicht Stühle auf die Bänke setzen*; muitas outras têm semelhança conceitual (por exemplo, a francesa *Gros-Jean en remontre à son curé* e a russa *Jajca kyricu ne yčat* [ou seja: "os ovos querem saber mais do que a galinha"]).

1006. Πολλοὶ στρατηγοὶ Καρίαν ἀπώλεσαν
Os muitos generais arruinaram a Cária

Essa expressão é registrada pelos paremiógrafos (Diogen. 7,72, Apost. 14,51, *Suda* π 1395) e significa que quando são muitas as pessoas a tomarem as decisões importantes muitas vezes elas discordam e assim prejudicam o resultado final: segundo Kock, trata-se de um fragmento cômico anônimo (556). Tem valor análogo πολλοὶ ἰατροὶ βασιλέα ἀπώλεσαν, "os muitos médicos mataram o rei", que, segundo Díon Cássio (69,22,4), era dito com freqüência por Adriano depois que ele decidiu abandonar as dietas prescritas pelos seus médicos, e que se reflete numa inscrição funerária documentada por Plínio, o Velho (29,1), em que o defunto afirma com amarga ironia: *Turba se medicorum periisse*. Encontra-se afinidade na tradição segundo a qual *Humiles laborant ubi potentes dissident* (Fedro 1,30,1: é a fábula das rãs que se preocupam com razão enquanto dois touros se encarniçam, cf. nº 964). Na Idade Média documenta-se *Plures pastores sunt uno deteriores*, "muitos pastores são mais danosos do que um" (Walther 21618). Em italiano, a expressão mais comum — também nos diversos dialetos — é *Fare come due galli in un pollaio*, mas também existem outras imagens, como a de que para comandar basta um louco só [*Un pazzo solo deve comandare*] ou a do genovês *Duî capitani, nave in ti schêuggi*; no Brasil se diz *Onde muitos mandam, ninguém obedece*; Büchmann (324) cita como "geflügeltes Wort" a frase de Homero εἷς κοίρανος ἔστω, / εἷς βασιλεύς, "deve haver um único senhor, um único rei" (*Ilíada*, 2,204 s.). Finalmente, deve-se lembrar que esse motivo é retomado e desenvolvido por Tasso, no discurso de Pedro, o Eremita, que recomenda aos Cruzados que escolham um comandante supremo (*Jerusalém libertada*, 1,31).

1007. Caput mundi regit orbis frena rotundi
A capital do mundo segura as rédeas do mundo redondo

Segundo Gregorovius (*História da cidade de Roma*, 3,569), essas palavras estavam inscritas na coroa de ouro e gemas que Diocleciano mandara fazer para imitar os reis da Pérsia; na realidade, esse verso estava inscrito nas moedas do Sacro Império Romano, tendo sido o lema do próprio Império no período transcorrido entre Conrado II e Frederico III. Atualmente, conhece-se mais a fórmula simples *Caput mundi*, ainda usada para designar Roma e que, com esse valor, parece estar presente na literatura clássica apenas em Lucano (2,655 s.), onde se afirma que César visa a conquistar *ipsa, caput mundi... / Roma*. Devem ser, ademais, assinaladas como expressões semelhantes com referência a Roma: *Caput orbis terrarum* de Lívio (1,16,7), *Imperii... caput* de Estácio (*Silvae*, 1,2,192) e *Caput rerum* de Tácito (*Historiae*, 2,32); entre os numerosos textos que exaltam o poder absoluto de Roma, eu citaria Propércio, 3,11,57: *Septem urbs alta iugis, toto quae praesidet orbi*, "cidade que se eleva sobre as sete colinas, que comanda todo o mundo". Para *Roma aeterna*, cf. nº 1063.

1008. Τὸν ἥλιον ἀνατέλλοντα πλείονες ἢ δυόμενον προσκυνοῦσιν
Adora-se com mais vontade o sol que nasce do que o sol que se põe

Em Plutarco (*Vida de Pompeu*, 14,4), Pompeu dirige essas palavras a Silas, para dizer-lhe que seu poder está em ascensão, enquanto o de seu interlocutor está diminuindo gradual e inexoravelmente. Segundo Díon Cássio, 58,28,4 (cf. também Tácito, *Anais*, 6,46,4), Tibério mais tarde utilizou esse provérbio para repreender o médico Mácon por ter tratado com mais entusiasmo de um jovenzinho do que dele. O italiano *Il sole che nasce ha più adoratori di quel che tramonta* [o sol que nasce tem mais adoradores do que o sol que se põe] tem paralelos em francês, inglês e alemão; finalmente, deve ser lembrada a locução italiana *Astro nascente* para designar as pessoas que começam a sobressair-se em determinada atividade.

1009. Principibus placuisse viris non ultima laus est
Agradar aos grandes não é o supremo louvor

Essa frase é extraída de Horácio (*Ep*. 1,17,35) e ainda é conhecida e citada, sobretudo em sentido moral: os grandes seriam os melhores (expressão semelhante, com esse sentido, encontra-se em *Vida de Tucídides* de Marcelino [par. 35]), e essa máxima equivaleria, pois, a *Laudari a laudato viro* (nº 1333); neste sentido — entre outras coisas — deve ser entendida a citação feita por Schiller em *Wallensteins Lager* (*Prólogo*, vv. 48 s.: *Denn wer den Besten seiner Zeit genug / getan, der hat gelebt für alle Zeiten*). Em outros textos — talvez com mais fidelidade ao sentido original encontrado em Horácio — trata-se de gozar dos favores dos poderosos: com tal acepção esse verso foi citado muitas vezes pelo grande mestre da arte tipográfica G. B. Bodoni (cf. R. Bertieri, *L'arte di Bodoni*, Milano 1913, 47).

b) O governo e seus instrumentos

1010. *Parcere subiectis et debellare superbos*
Poupar os submissos e submeter os soberbos

Com essas palavras, no sexto livro da *Eneida* (v. 853), Anquises sintetiza o modo como os romanos geriam seu poder. Essa frase tornou-se proverbial, sendo ainda usada para indicar o modo de agir do governante hábil. Sua difusão já era grande na Idade Média: encontra-se em muitas sentenças registradas por Walther, do tipo da 29230, *Si terrena tibi fuerit collata potestas, / parcere subiectis noveris esse pium*, "se te foi conferido o poder terreno, sabe que é virtuoso preservar os submissos" (cf. também 20614, 20670, 22174, 31089); às vezes *subiectis* é substituído por *prostratis*, "os que se estenderam diante" (cf. 11572, 20667, 20668); outras variações são, por exemplo, *Hostibus infestus, subiectis esto modestus*, "sê hostil para com os inimigos e moderado para com os submissos" (11228: é impossível traduzir todas as consonâncias do latim) e *Si pius et mitis vitiumque tyrannidis horrens / erga subiectos cor genitricis habe!*, "se és virtuoso, manso e aborreces o vício da tirania, usa de um coração de mãe para com os submissos!" (29230).

1011. *Divide et impera*
Divide e impera

É desconhecida a origem dessa que é uma das máximas latinas mais famosas e difundidas: apesar de ser por vezes atribuída a Filipe da Macedônia, na realidade não parece ser documentada no mundo clássico, sendo provavelmente de proveniência medieval ou renascentista. De qualquer modo, atualmente é apresentada freqüentemente como máxima de uso comum e como símbolo de um modo maquiavélico de gerir o poder, segundo o qual é regra básica pôr os súditos uns contra os outros para melhor dominá-los. P. Mérimée (*Chronique du règne de Charles IX, praef.* 7) atribui a Luís XI da França *Diviser pour régner*, enquanto *Divide et impera* é citado por T. Boccalini (*La bilancia politica*, 1,136; 2,225) e por T. Campanella (*Della monarchia di Spagna*, 2,136); o jesuíta Th. Fitzherbert (*An sit utilitas in scelere vel de infelicitate principis Macchiavellici*, 79) registra a variante *Si vis regnare divide*. Finalmente, deve-se notar a bela máxima de Goethe que contrapõe a esse lema *Verein' und leite*, "une e guia".

1012. *Promoveatur ut amoveatur*
Seja promovido para ser removido

Esse lema do latim tardio (não é documentado em época clássica), baseado no paralelo antitético de dois compostos de *moveo*, atualmente é de uso comum: indica um modo especialmente "italiano" ou "jesuítico" de resolver o problema de um empregado ou funcionário que não cumpre suas funções, ou seja, premiá-lo com uma promoção para que não exerça mais o cargo ou não fique mais no posto para o qual se mostrou incapaz. Às vezes também é usado quando a remoção por meio da promoção contempla não quem é pouco capaz, mas aquele cuja honestidade, eficiência e coragem desagradam a superiores preguiçosos ou corruptos.

1013. *Instrumentum regni*
Instrumento para reinar

Essa locução não parece ter documentações exatas no classicismo; contudo existem várias expressões semelhantes, como por exemplo *instrumentum imperii* de Suetônio (*Vida de Vespasiano*, 8,9: trata-se de um arquivo), *instrumentum ad tutelam regni* de Sêneca (*De ira*, 3,23,2: consiste em suportar as injúrias) e *boni imperii instrumentum* de Tácito (*Historiae*, 4,7,3: é a amizade). Mesmo podendo qualificar tudo o que serve para governar, atualmente essa locução quase sempre se refere à religião, indicando uma concepção que vê nela um mero elemento para manter os súditos obrigados e aquiescentes.

1014. Οὐδὲν οὕτω πιαίνει τὸν ἵππον ὡς βασιλέως ὀφθαλμός
Nada engorda tanto o cavalo quanto o olho do rei

Esse provérbio, expresso com essas palavras por Plutarco (*De liberis educandis*, 9d), recomenda que o dono cuide pessoalmente de suas coisas. Já estava presente em *Oeconomica*, do Pseudo-Aristóteles (6,45a 2-5), onde se lê: ὁ μὲν γὰρ ἐρωτηθεὶς τί μάλιστα ἵππον πιαίνει, ὁ τοῦ δεσπότου ὀφθαλμός, ἔφη· ὁ δὲ Λίβυς ἐρωτηθείς, ποία κόπρος ἀρίστη, τὰ τοῦ δεσπότου ἴχνη, ἔφη, "aquele a quem se perguntara o que engordava mais o cavalo respondeu: 'o olho do dono'; e o líbio, a quem se perguntara qual era o melhor adubo, respondeu: 'as pegadas do dono'". Em Xenofonte (*Econômico*, 2,20), que conta a história do cavalo, o dono é rei, como em Plutarco; uma formulação mais genérica, segundo a qual a presença do dono torna o campo muito melhor, também se encontra em *Geoponica* (2,1,33). Em latim, deve ser citada sobretudo uma expressão de Columela (4,18,1: *Oculos et vestigia domini, res agro saluberrimas*, "os olhos e as pegadas do dono, as coisas mais salubres para o campo"), que parece condensar os dois provérbios da tradição aristotélica (ver também Plínio, *Naturalis historia*, 18,8,43); outro paralelo é constituído pela máxima *Frontemque domini plus prodesse quam occipitium*, "a testa do dono é mais útil do que a sua nuca", verificada em Plínio (*Naturalis historia*, 18,6,31). Mais genérica, porém conceitualmente afim, é a moral da fábula de Fedro (2,8,28, retomada por La Fontaine, 4,21), que conta a história do cervo escondido num estábulo, que não foi descoberto nem pelos camponeses nem pelo feitor, mas só pelo dono: *Dominum videre plurimum in rebus suis*, "o dono é quem mais enxerga as suas coisas". Na Idade Média tem-se *Oculus domini in agro fertilissimus*, "o olho do dono torna o campo muito fértil" (Walther 19711b); em todas as modernas línguas européias e nos vários dialetos italianos existem paralelos aos provérbios brasileiros *A vista do dono aduba os campos, A vista do dono engorda o cavalo, O olho do dono trabalha mais que as mãos* e *O pé do dono estruma o roçado* (cf. Mota 53, 117, 151, Arthaber 964 e 965); uma mescla interessante encontra-se no francês *L'oeil du fermier vaut fumier* (com grande importância da assonância entre *fermier* e *fumier*). São divertidas as variantes de Abruzos, *L'occhie de lu patróne fa cresce' l'ónd' a la pignate* (ou seja, "o olho do dono faz aparecer banha no caldeirão"), e da Puglia, *Face cchjù lu patrunu cu ll'occhi cca lu villanu cu lla zappa*.

1015. *Quis custodiet ipsos / custodes?*
Quem vigiará os vigias?

Juvenal propunha esse problema a respeito das pessoas que eram encarregadas de tomar conta da virtude das mulheres (cf. 6,347 s., assim como o interpolado 365,31 s.): de fato, a mulher lasciva começará exatamente com os encarregados da sua vigilância. Em Platão há um precedente (*A República*, 3,403e), onde se afirma que seria ridículo que um guardião precisasse de guardião (no caso, por ser propenso à bebedeira). O provérbio de Juvenal é muito conhecido e usado, geralmente a propósito de quem incide nos mesmos erros que oficialmente deveria impedir nos outros, ou para exprimir desconfiança irônica em relação aos comandantes e governantes. Lembro uma menção divertida feita no filme *Um viúvo trapalhão*, de J. Lemmon, em que essa frase é pronunciada com tom melancólico e carrancudo por um avô (W. Matthau) que surpreendeu a babá do neto a fazer amor, em vez de cuidar da criança.

1016. ῏Ωτα καὶ ὀφθαλμοὶ πολλοὶ βασιλέως
O rei tem muitos ouvidos e muitos olhos

Esse provérbio é documentado por Luciano (*Adversus indoctum*, 23, *De mercede conductis*, 29) com sentido genérico: o rei deve e quer conhecer o maior número de coisas possíveis, tem necessidade de muitos ouvidos e de muitos olhos e, por conseguinte, utiliza grande número de espiões. Muito provavelmente, na origem dizia respeito à corte persa, onde pululavam espiões e confidentes do soberano, e onde eram assim chamados os "inspetores" viajantes que deviam vigiar os vários sátrapas; refere-se a esse contexto em Xenofonte (*Ciropedia*, 8,2,10 s.), onde se ressalta que o rei obteve tais olhos e tais ouvidos com presentes e favores, e em Heliodoro (*Etiópica*, 8,17), onde se fala dos eunucos. Já em Aristófanes (*Os acárnios*, 92), um plenipotenciário do rei da Pérsia é chamado de βασιλέως ὀφθαλμός, "olhos do rei", expressão esta proverbial e retomada, por exemplo, por Temístio (21,255d) e por Filóstrato (*Vida de Apolônio de Tiana*, 1,21), além de ser glosada pelos escólios ao trecho de Aristófanes, pelo lexicógrafo Hesíquio (β 281) e pelos paremiógrafos (*App. Prov.* 1,49, Greg. Cypr. L. 1,65, Apost. 4,81); os homens chamados de "ouvidos do rei" encontram-se ainda em *Vida de Apolônio de Tiana* de Filóstrato (1,28); para as orelhas de burro do rei Midas, que talvez devam ser interpretadas de modo análogo, cf. nº 963. Strømberg 55 cita um paralelo perfeito em islandês antigo; em italiano existe *Occhio e orecchio dello stato* (ou *del signore*), com referência a um plenipotenciário (para as documentações, remeto a Battaglia 12,69).

1017. *An nescis longas regibus esse manus?*
Por acaso não sabes que as mãos dos reis são longas?

Esse é um verso de *Heroides* de Ovídio (17,168), em que Helena afirma que se sente vigiada pelo marido (Menelau, rei de Esparta), mesmo quando ele está ausente. Ovídio retoma uma expressão que evidencia grande poder e — assim como a locução segundo a qual o rei tem muitos ouvidos e muitos olhos (nº 1016) — talvez também a possibilidade de fazer intrigas através de espiões: já em Heródoto (8,140β 2), Alexandre de Amintas, enviado de Mardônio, adverte os atenienses de que δύναμις ὑπὲρ ἄνθρωπον ἡ βασιλέος ἐστὶ καὶ χεὶρ ὑπερμήκης, "o poder do rei é sobre-humano e seus braços são longuíssimos"; o paremiógrafo Arsênio (11,7a) registra μακραὶ τυράννων χεῖρες, "grandes são as mãos dos governantes"; em Sêneca, finalmente (*Ep.* 82,5), é a *Fortuna* quem tem mãos longas. Atualmente, essa frase é freqüentemente citada de forma abreviada (*Longae regibus manus*); além disso, é de uso comum *Longa manus* para indicar um plenipotenciário ou pelo menos uma pessoa que — mais ou menos às escondidas — cuida dos interesses de outra; nas línguas modernas existem numerosos provérbios do tipo do italiano *I principi hanno le mani lunghe*; entre as variações eu assinalaria a italiana *Un gran principe sempre ha lunghe mani ed ira grave*, a alemã *Grosser Herren Hand reicht ins weite Land* e a francesa *Les princes ont les bras et les oreilles longues*.

1018. *Videant consules ne quid res publica detrimenti capiat*
Os cônsules provêem a que o Estado não seja prejudicado

Essa frase, ainda conhecida e citada, na realidade é a fórmula do chamado *senatusconsultum ultimum*, instituição cuja modalidade veio a substituir a nomeação do ditador: segundo essa modalidade, uma vez verificada uma situação muito grave, o senado conferia poderes extraordinários aos cônsules. O primeiro recurso a tal disposição ocorreu em 121 a.C., durante a insurreição de Caio Graco; essa fórmula reaparece em vários autores (ao lado de *videre* também se encontra *operam dare*, "operar eficazmente"): por exemplo, em Cícero (*Epistulae ad familiares*, 16,11,2, *Cati-*

linárias, 1,2,4, *Pro Milone*, 26,70, *Filípicas*, 5,12,34), em César (*De bello civili*, 1,5,3; 1,7,5), em Salústio (*De Catilinae coniuratione*, 29,2) e em Lívio (3,4,9). Atualmente, *Videant consules* às vezes é usado jocosamente para transferir a solução de problemas difíceis às autoridades competentes.

1019. *Oderint dum metuant*
Odeiem-me, contanto que me temam

O autor dessa gnoma ainda freqüentemente citada, que indica a impiedosa tirania baseada no terror, é Ácio (203 s. R.[3]); tornou-se proverbial já na Antiguidade: é citada com freqüência por Cícero (*Filípicas*, 1,14,34, *De officiis*, 1,28,97, *Pro Sestio*, 48,102) e — com palavras de execração — por Sêneca (*De ira*, 1,20,4; *De clementia*, 1,12,4; 2,2,2: este último trecho comprova a sua grande difusão). Segundo Suetônio (*Vida de Calígula*, 30,3), ela constituía o lema do imperador Calígula, enquanto Tibério — ainda segundo Suetônio (*Vida de Tibério*, 59,4) — gostava de citá-la com uma modificação ligeira mas radical: *Oderint dum probent*, "odeiem-me contanto que me apreciem", quando lhe falavam de epigramas satíricos feitos a seu respeito (ele pretendia, assim, interpretá-los como decorrentes de uma reação às suas reformas e não como verdadeira hostilidade). Outras menções são encontradas em Macróbio (*Comentário a Somnium Scipionis*, 1,10,15) e num autor anônimo (*Panegírico para Constantino*, 7,10,4), onde, porém, os destinatários do provérbio são os inimigos; um equivalente grego encontra-se nos chamados *Provérbios de Esopo* (16: δυστυχείτω καὶ λοιδορείτω με). Para *Quem metuunt odere*, cf. nº 1020.

1020. *Quem metuunt odere: quem quisque odit, periisse expetit*
Odeia-se a quem se teme: e quem odeia deseja a morte

Esse é um fragmento trágico de Ênio (348 Jocelyn - 402 V.[2]), documentado por Cícero (*De officiis*, 2,7,23) e depois citado por São Jerônimo (*Ep.* 82,3) e por Minúcio Félix (*Octavius*, 27,8). Em suma, desaconselha o uso do medo como instrumento de governo e comando.

1021. *Necesse est multos timeat quem multi timent*
Quem é temido por muitos deve temer muitos

Esse é um fragmento de Labério (126 R.[3]), que tem paralelo perfeito numa sentença de Publílio Siro (M 30: *Multos timere debet quem multi timent*) e um precedente num aforismo atribuído a Sólon (1,220,19 Mullach), que afirma: ὁ πολλοῖς φοβερὸς ὢν πολλοὺς φοβείσθω, "quem é temido por muitos deve temer muitos". Do ponto de vista conceitual, deve ser citado, por exemplo, *Tam times quam timeris*, "teme na mesma medida em que és temido", de Minúcio Félix (*Octavius*, 37,9); quanto às suas menções nas tradições proverbiais modernas, ver o italiano *Chi a molti dà terrore di molti abbia timore*, que tem equivalente perfeito em espanhol, alemão e inglês (cf. Arthaber 1358).

c) Os fracos e os súditos

1022. *Salus populi suprema lex esto*
Seja lei suprema a salvação do povo

Esse provérbio é extraído de *De legibus* de Cícero (3,3), onde se afirma que deve haver dois magistrados com poder real, que podem ser chamados de pretores, juízes ou cônsules, e que *Ollis salus populi suprema lex esto*, "para eles a suprema lei seja a salvação do povo". Provavelmente inspirada numa das leis das *Doze tábuas*, essa sentença ainda é bem conhecida e citada, sobretudo nas deliberações públicas, na oratória e na propaganda política: foi, por exemplo, retomada por Bismarck, num discurso pronunciado em 24 de fevereiro de 1881, que, com grande relevância retórica, pôs no fim de um longo período o que mais importava: *Salus publica*.

1023. *Nihil est incertius vulgo*
Nada é mais instável do que o povo

Essa expressão deriva de *Pro Murena* (17,36) de Cícero e está vinculada ao conhecido *topos* segundo o qual o povo não julga nem procede racionalmente, mas de acordo com os humores do momento: conceito bastante desenvolvido, principalmente em *Pro Plancio* (3,7; 4,9), e que desemboca na idéia de que a opinião do povo não é fidedigna nem verdadeira (cf. o mesmo Cícero, *Paradoxa Stoicorum*, 1,8 e *Pro Quincto Roscio Comoedo*, 10,29, assim como Sêneca, *De vita beata*, 2,2). Horácio define o *vulgus* como *infidum* e *malignum* (respectivamente em *Carm.* 1,35,25 e 2,16,39 s.) e fala de *populus levis* (*Ep.* 2,1,108); em Fedro diz-se *Plus esse in uno saepe quam in turba boni*, "que muitas vezes há mais bem num só do que numa multidão" (4,5,1), e encontra-se uma verdadeira crítica à irracionalidade do povo em Juvenal (10,72-81, cf. também nº 1026); para *Aura popularis*, ver o nº 1025; para *Mobilium turba Quiritium*, o nº 1024. Esse motivo recorre em vários provérbios medievais (como *Non credas vulgo, vulgus mutatur in hora*, "não creias no povo: ele muda de hora em hora" [Walther, 17415]), é também conhecido na literatura grega e nas literaturas modernas e não faltam provérbios como o alemão *Menschengunst, Erdengunst* (trocadilho de difícil tradução, como o significado de que a benevolência dos homens é terrena, portanto mortal e precária), ou como o italiano *L'acqua e 'l popolo non si può tenere* (onde, no entanto, a tônica não está tanto na impossibilidade de confiar no povo, mas na impossibilidade de controlá-lo); lembro, enfim, *La folla è femmina* [a turba é mulher] na paródia de Nero que discursa para o povo romano depois do incêndio de Roma, encenada por Petrolini, expressão que combinava com outras análogas, muito apreciadas por Mussolini.

1024. *Mobilium turba Quiritium*
A multidão dos instáveis Quirites

Essa expressão é de Horácio (*Carm.* 1,1,7), sendo retomada por Claudiano (*De quarto consulatu Honorii*, 302): ainda é conhecida e usada para aludir à instabilidade dos juízos e das simpatias populares (cf. também nºˢ 1023, 1025). O *vulgus* também é chamado de *mobile* por Ovídio (*Tristia*, 1,9,13 s.) e por Sêneca (*Hercules furens*, 170, onde é comparado às ondas do mar), e de *mutabile* por Tácito (*Historiae*, 1,69).

1025. *Aura popularis*
Vento popular

Essa expressão metafórica, ainda conhecida e usada, indica a simpatia com que o povo apóia os seus eleitos, simpatia essa que, como o vento, pode levar a metas importantes, mas que é mutável e inconstante. Pode ser encontrada em Cícero (*De haruspicum responso*, 20,43), em Horácio (*Carm.* 3,2,20), em Virgílio (*Eneida*, 6,816), em Lívio (3,33,7) e em Quintiliano (11,1,45), que distingue o discurso que deve atingir a *gravitas* dos senadores daquele cujo objetivo é cativar a *aura popularis*. Paralelamente, em Fedro (5,7,1), a fábula do flautista que agrada ao povo é emblematicamente introduzida por *Vanus animus aura captus frivola*, "a alma vazia, conquistada por uma brisa ligeira"; em Horácio (*Ep.* 1,19,37) usa-se *ventosa plebs*; e Sêneca (*Hercules furens*, 171, cf. também nº 1024) atribui ao *mobile vulgus* uma *aura inanis*.

1026. *Panem et circenses*
Pão e circo

A fonte é um trecho de Juvenal (10,81), em que se ressalta que o povo romano, que já fora reserva de valentes soldados e espinha dorsal do poder de Roma, nos seus tempos estava tão inane que só desejava *panem et circenses*. Paralelo significativo está em *Principia historiae* de Frontão (18,199,21-200,1 van den Hout): é o imperador Tibério que afirmava que o povo é governado sobretudo *annona et spectaculis*, "com comida e espetáculos". Díon de Prusa (32,31), ademais, lembra um juízo semelhante, formulado por um autor não identificado, sobre os comportamentos do povo de Alexandria. *Panem et circenses* é locução ainda usada para indicar o comportamento popular semelhante ao da plebe de Juvenal, assim como um método de governo marcado pela demagogia barata e tendente a manter os súditos na ignorância e na falta de raciocínio, contentando-os com as necessidades materiais e os divertimentos fáceis. G. Giusti (*Proverbi toscani*, 153) atribui a Lourenço, o Magnífico, a expressão, agora proverbial, *Pane e feste tengono il popol quieto*; uma variante é a frase que teria sido pronunciada por muitos governantes, sobretudo pelos Bourbon: *O povo tem necessidade de três F: festa, farinha e forca*.

1027. *Odi profanum vulgus et arceo*
Odeio o vulgo profano e fico longe dele

Esse verso, atualmente citado para exprimir desprezo pelas opiniões e pelos gostos populares, deriva das *Odes* de Horácio (3,1,1): o poeta introduz assim uma série de seis composições em metro alcaico em que são exaltados Otaviano e a sua obra de

A DIMENSÃO POLÍTICA: CIDADÃOS E GOVERNANTES   481

restauração da *res publica* (27 a.c.), usando o tom e as expressões próprias de um sacerdote que está para comunicar os mistérios aos iniciados e quer excluir os profanos, ou seja, os não iniciados (no verso seguinte, tem-se o também famoso *Favete linguis*, cf. nº 28). As palavras de Horácio deviam ser, já na Antiguidade, famosas e usadas com um sentido semelhante ao hodierno, uma vez que em Petrônio (118,4) o poetastro Eumolpos diz que é sua intenção realizá-las evitando em sua obra qualquer expressão vulgar e não refinada. Lembro, enfim, um apólogo de La Fontaine (8,26), que tem em mira o desprezo da opinião popular em relação aos doutos, e que se conclui com uma contestação — com esse fundamento — do provérbio *Vox populi, vox Dei* (a propósito do qual, cf. nº 1).

1028. *Procul, o procul este, profani!*
Longe, ficai longe, profanos!

Essa expressão atualmente é citada, inclusive na forma abreviada *Procul este, profani!* (já em Walther 22547), com o mesmo significado com que é citado *Odi profanum vulgus et arceo* (nº 1027), para afirmar, com postura aristocrática, o afastamento em relação aos gostos da massa. É dirigida, no sexto livro da *Eneida* (v. 258), pela Sibila de Cumas aos companheiros de Enéias, no momento em que o herói empreende a viagem ao além: retoma claramente uma fórmula religiosa com que o sacerdote pretendia manter distantes dos mistérios os não iniciados, e que também se reflete no início do *Hino a Apolo* de Calímaco (v. 2: ἑκὰς ἑκὰς ὅστις ἀλιτρός, "longe, longe quem é impuro!").

1029. *Nobilis equus umbra quoque virgae regitur*
O bom cavalo é comandado apenas com a sombra da vara

A fonte é Cúrcio Rufo (7,4,18): a segunda parte da sentença afirma que o cavalo preguiçoso, porém, não acorda nem com a espora. Essa máxima é dita pelo meda Cobar a Besso, sátrapa de Bactriana, perseguido por Alexandre, juntamente com a recomendação de render-se e conquistar um reino legítimo, para ser governado com sabedoria e moderação: no caso, a meu ver, essa sentença tem função semelhante a *Intelligenti pauca* (nº 327). Esse provérbio retorna em Erasmo na forma *Strenuos equos non esse opere defatigandos*, "os cavalos fortes não devem ser esgotados"; em todas as línguas neolatinas e germânicas documentam-se sentenças do gênero da italiana *Caval che corre non ha bisogno di sprone* e da alemã *Williges Pferd soll man nicht sporen* (para esporear cavalo que já está correndo como ação inútil, cf. nº 480).

1030. *Laudabiliter se subiecit*
Submeteu-se louvavelmente

Essa frase, usada para indicar obediência e submissão — ainda que a contragosto — a um superior, deriva da fórmula *Auctor laudabiliter se subiecit et opus reprobavit*, "o autor submeteu-se louvavelmente e retratou a obra", com que se dizia que um autor, cuja obra fora incluída no índice da igreja católica, dobrava-se diante do juízo eclesiástico e estava disposto a fazer uma outra redação revista e corrigida. A Congregação do *Index librorum prohibitorum* foi instituída por Pio V em 1571 e abolida de fato em 1917.

1031. *Perinde ac cadaver*
Exatamente como um cadáver

Essa expressão, que indica obediência completa e irrestrita a uma autoridade (sem nenhuma reação, exatamente como faria um cadáver), é um célebre lema dos jesuítas. Sua origem, porém, é uma imagem muito apreciada por São Francisco de Assis, segundo o qual era preciso seguir literalmente os ditames evangélicos, *Sub figura corporis mortui*, "à maneira de um cadáver", ou seja, sem permitir-se nenhuma intervenção pessoal (tal afirmação é documentada por Tommaso da Celano [*Vita altera*, 2,9] e na *Vida* de Bonaventura da Bagnoregio [cap. 6]).

1032. *Ecce ancilla Domini*
Eis aqui a serva do Senhor

Nesta versão da *Vulgata* do *Evangelho de Lucas*, 1,38, *Ecce ancilla Domini, fiat mihi secundum verbum tuum*, "eis aqui a serva do Senhor, faça-se de mim segundo a tua palavra", são as palavras (correspondentes ao grego ἰδοὺ ἡ δούλη Κυρίου· γένοιτό μοι κατὰ τὸ ῥῆμά σου) com que Maria responde ao anjo que lhe anunciara a concepção e o parto virginais. Essa frase também é usada em orações e tornou-se proverbial como símbolo de humilde obediência a uma vontade superior.

1033. *Fiat voluntas tua*
Seja feita a tua vontade

Essa frase, atualmente de uso comum para indicar obediência resignada, deriva da versão da *Vulgata* do *Evangelho de Mateus* (o original grego é γενηθήτω τὸ θέλημά σου): em 6,10 faz parte do *Pai nosso* e em 26,42 pertence à angustiada súplica de Jesus no Jardim das Oliveiras ("Meu pai, se isto não pode passar sem que eu o beba, faça-se a tua vontade", cf. nº 1635); para suas relações com a literatura hebraica, ver Strack-Billerbeck 1,419 s. Sua difusão atual obviamente foi favorecida pela sua presença na versão do *Pater noster* conhecida por todos.

1034. *Roma locuta causa finita*
Roma falou, a disputa acabou

Esse aforismo, de uso comum para indicar a mais completa obediência às decisões de uma autoridade, pelo menos nessa formulação não provém da literatura clássica (Walther registra-o entre as sentenças medievais [26927b]); parece que está presente pela primeira vez na poesia *Philotanus* do autor francês do início do século XVIII,

Jean Baptiste Joseph Willart de Grécourt (*Rome a parlé, l'affaire est terminée*). Sua origem deve ser encontrada, com grande probabilidade, num trecho de Santo Agostinho (*Sermones*, 131,10), em que, a propósito das decisões romanas sobre a questão pelagiana, afirma-se: *Causa finita est*. Tecnicamente, essa expressão encontra hoje duas aplicações: uma, primária, de cunho eclesiástico, e outra forense (cf. M. Besso, *Roma e il papa nei proverbi e nei modi di dire*, Roma 1904, 35).

1035. *Quos ego...*
Eu vos...

Essa expressão ainda é usada como obscura ameaça a quem não obedece a uma ordem; é extraída do primeiro livro da *Eneida* (v. 135): é Netuno que repreende os quatro ventos que, sem ordem e permissão sua, ousaram correr sobre as ondas do mar, destruindo a frota de Enéias. Essa frase, feliz exemplo da eficácia retórica e expressiva da aposiopese (figura que consiste na interrupção de um pensamento), já devia ser famosa na Antiguidade, visto encontrar-se gravada duas vezes nos muros de Pompéia (*CIL* 4,4409; 8798), e, com grande probabilidade, estava na mente de Tasso no episódio do mago Ismeno que invoca os demônios (*Jerusalém libertada*, 13,10). Nas sentenças medievais Walther (26172) registra o verso inteiro (*Quos ego!... sed motos praestat componere fluctus*, "eu vos... mas antes é preciso aplacar o mar agitado"). Finalmente, deve ser ressaltado que *Quos ego* às vezes se encontra substantivado, como sinônimo jocoso de "ameaça".

1036. *Perstrepunt, ita ut fit domini ubi absunt*
Fazem barulho, como ocorre quando os senhores estão ausentes

Essa expressão é de Terêncio (*Eunuchus*, 600), sendo já registrada entre as sentenças medievais (Walther 21407a): corresponde ao provérbio *Quando o gato sai, os ratos fazem a festa*, que tem equivalentes exatos em todas as línguas européias (cf. Arthaber 567: variante em italiano é *Quando la gatta non è nella magione, i topi hanno la loro stagione*, com equivalente em francês).

1037. *Melior canis vivus leone mortuo*
Melhor cão vivo do que leão morto

Essa máxima, ainda famosa, deriva da versão da *Vulgata* do *Eclesiastes* (9,4: *vivus* na realidade é uma variante provavelmente corrupta de *vivens*): no contexto há uma triste meditação sobre a morte, afirmando-se que qualquer situação na terra é mais feliz do que a do morto (também há o motivo "enquanto há vida, há esperança" [cf. nº 860]). A meu ver, a imagem em si está vinculada ao *topos* do leão morto que é ridicularizado por todos e sobre quem até as lebres se acham no direito de pular (nº 1038): o ser mais fraco, se vivo, é sempre mais forte do que o mais forte que está morto. Habitualmente é citada com um significado um pouco diferente, como recomendação de não trabalhar excessivamente (por exemplo, na versão genovesa *L'é mêgio vive da axi che moî da lioin*); a variante brasileira *Mais vale um burro vivo que um doutor morto* (com equivalentes em muitos dialetos e em outras línguas européias, cf. Mota 117) costuma referir-se a quem se dedica desesperadamente ao estudo, em prejuízo da própria saúde.

1038. *Barbam vellere mortuo leoni*
Arrancar a barba do leão morto

Essa expressão deriva de Marcial (10,90,10): vale-se da expressão idiomática *Vellere barbam*, que significa faltar ao respeito (ver, por exemplo, Horácio, *Sat.* 1,3,133, Pérsio, 1,133; 2,28, Lívio 5,41,9), para exprimir com muita felicidade a oposição entre a grande força do animal vivo e a sua absoluta vulnerabilidade depois da morte. Significa, pois, que, quando um grande cai, quem antes não ousaria atacá-lo aproveita a oportunidade de vingar-se: deve-se ademais lembrar que, já na literatura grega, existe o *topos* da covardia de matar um homem morto (cf. Sófocles, *Antígona*, 1030; 1288, *Filoctetes*, 946, Moschione, fr. 7,1 K.-Sn.), exemplificado pelas famosas palavras que Francesco Ferruci dirige a Maramaldo, que estava para dar-lhe um golpe de misericórdia na batalha de Gavinana, em 1530 (donde o verbo italiano *maramaldeggiare*, usado para o covarde que se finge de corajoso quando não há perigo ou para quem é prepotente com os indefesos). A imagem do leão morto que é escarnecido também está na *Antologia planudea* (4), onde quem realiza tais proezas são as lebres, no Pseudo-Publílio Siro (401 R.²), nas sentenças medievais (Walther 13667, 1708) e nas várias línguas modernas: na Itália diz-se que *Morto il leone, fino le lepri gli fanno il salto* [quando o leão morre, até as lebres lhe pulam por cima], no Brasil existe *Depois da onça morta, até cachorro mija nela*; contudo, não faltam variantes sobre o tema com outros animais, como o medieval *Leonem mortuum et catuli mordent*, "leão morto até cachorrinho morde" (Walther 13668; em 9823,2 são as moscas que o atormentam), o de Bérgamo *Al gat mor ga salt adoss i sorech*, o russo *Podstrelennogo sokola i vorona nosom dolbit* (ou seja: "o falcão ferido é bicado até pela gralha") e o francês *Quand le loup est pris, tous les chiens lui mordent les fesses*. Para *Melior canis vivus leone mortuo*, cf. n° 1037.

1039. *Deiecta quivis arbore ligna legit*
De árvore caída todos fazem lenha

Esse provérbio é do Pseudo-Publílio Siro (52 R.²); corresponde ao grego δρυὸς πεσούσης πᾶς ἀνὴρ ξυλεύεται, pertencente aos *Monósticos de Menandro* (185 J.) e documentado por um escólio a Teócrito (5,65) e pela tradição paremiográfica (*App. Prov.* 2,1, Macar. 3,3a, Apost. 6,36), onde (como nas sentenças medievais, cf. Walther 2205) no lugar da árvore genérica há — com maior pregnância — o carvalho. Seu significado é semelhante ao que tem como motivo o leão morto e escarnecido pelas lebres (n° 1038): quando um poderoso cai, quem antes não ousava nem aproximar-se dele aproveita para feri-lo. Em todas as línguas européias existem equivalentes à expressão brasileira *Em pau caído todo mundo faz graveto* (cf. Mota 90; variante digna de nota é a russa *Na pokljapoe derevo i kozy skačut* [ou seja: "sobre árvore caída até as cabras pulam"]); em literatura é famoso um dístico do *Orlando Furioso* (37,106,3 s.: *Com'è in proverbio, ognun corre a far legna / dell'arbore che 'l vento in terra getta*), mas é amplo e difundido o *topos* do "carvalho caído" (para o qual remeto a V. Citti, *La parola ornata*, Bari 1986, 173-197).

1040. *Indignus est qui illi calceos detrahat*
Não é digno de tirar-lhe os sapatos

Essa locução do latim medieval indica total inferioridade de uma pessoa em relação a outra: deriva de um trecho do *Evangelho* (*Marcos*, 1,7, *Lucas*, 3,16) em que João Batista declara que, em relação a alguém que virá depois dele, não é ἱκανὸς κύψας λῦσαι τὸν ἱμάντα τῶν ὑποδημάτων, "digno de prostrar-se para lhe desatar a correia dos seus sapatos" (a *Vulgata* traduz *Dignus solvere corigam calceamentorum*); contudo, no trecho paralelo de *Mateus* (3,11), tem-se "levar as sandálias": de resto, ambas eram funções próprias dos escravos (cf. Strack-Billerbeck 1,121). Não é esse o único caso em que a inferioridade de uma pessoa em relação a outra é assim expressa, declarando-se ela indigna de realizar os serviços mais humildes: em Marcial (10,11,3 s.), por exemplo, alguém não é digno de carregar o urinol. Nas várias línguas européias existem equivalentes ao italiano *Non essere degno di sciogliere* (ou *annodare*) *i lacci delle scarpe a uno* (ou *di levar le scarpe a uno*): cf. Arthaber 361. *Portar dietro le scarpe*, semelhante à versão de *Mateus*, encontra-se em alguns dialetos (como, por exemplo, no da Emilia).

1041. *Totidem hostes esse quot servos*
Tantos servos, tantos inimigos

Esse provérbio é documentado por Sêneca (*Ep*. 47,5) e por Macróbio (*Saturnalia*, 1,11,13: esse trecho também é citado por João de Salisbury [*Policrático*, 8,12]), que o julgam de modo categoricamente negativo, sustentando que os causadores de tais inimizades são os senhores que tratam mal os escravos; outra documentação encontra-se em Festo (314,23-28 Lindsay), que registra a bizarra opinião do gramático Sínio Capitão, segundo o qual o verdadeiro provérbio era *Tot hostis tot servi*, aludindo à possibilidade de que os inimigos se tornassem prisioneiros, portanto escravos. Uma variante encontrada em Cúrcio Rufo (7,8,28: *Inter dominum et servum nulla amicitia est*, "entre servo e senhor não há amizade") deriva de uma tradição grega cujo primeiro exemplo está em Platão (*As leis*, 6,756e: δοῦλοι γὰρ ἂν καὶ δεσπόται οὐκ ἄν ποτε γένοιντο φίλοι, "escravos e senhores nunca poderiam ser amigos"). A ela está vinculada uma gnoma (φύσει γὰρ ἐχθρὸν τὸν δοῦλον τοῖς δεσπόταις, "por natureza, o escravo é inimigo do senhor"), que o retor Hermógenes (Περὶ στάσεων, 45,9-11 Rabe) apresenta como possível calúnia a eventuais testemunhas: está coligida em gnomológios (Antonio Melissa, 119, Arsênio, 18,4b), onde é atribuída a Eurípides (para a perplexidade que desperta tal atribuição, cf. A. Nauck, *Tragicorum Graecorum Fragmenta*, Lipsiae 1889², XIII). O italiano *Tanti servitori tanti nemici* tem paralelos perfeitos em todas as línguas européias (cf. Arthaber 1274); em quase todos os dialetos italianos estão registrados provérbios do tipo do veneziano *La servitù xe nemiçi pagai*.

d) O privado e o público, o indivíduo e a comunidade

1042. *Otium cum dignitate*
Lazer com dignidade

Essa expressão costuma ser citada para indicar o merecido repouso depois de uma vida de trabalho, mas em Cícero tinha sentido muito menos banal: no início de *De oratore* (1,1,1), ele afirma que os mais felizes foram aqueles que *in negotio sine periculo vel in otio cum dignitate esse possent*, ou seja, puderam dedicar-se à vida política sem perigos ou entregar-se aos estudos com dignidade. Em *Pro Sestio* (45-46,98) e em *Epistulae ad familiares* (1,9,21) essa expressão tem uma conotação visivelmente política: trata-se da situação à qual deve tender o chefe de estado, ou seja, a paz digna, fundada nas instituições, na tradição, nas leis, nos valores, no exército e na condução sábia da política interna e externa.

1043. *Beatus ille qui procul negotiis*
Feliz de quem está longe dos negócios

Essa frase entrou para o uso comum — inclusive na forma abreviada *Procul negotiis* — para indicar a situação privilegiada de quem leva a vida distante do torvelinho da atividade político-social ou, mais simplesmente, de quem passa férias distante dos problemas típicos das ocupações. Trata-se, na realidade, do verso inicial do segundo épodo de Horácio: *Beatus ille qui procul negotiis / ut prisca gens mortalium / paterna rura bobus exercet suis / solutus omnis fenore*, "feliz de quem, distante da atividade política, como a antiga geração dos mortais, trabalha os campos paternos com seus bois, e sem dívidas". O *otium*, tipo de atividade tranqüila e realizada longe da política e dos negócios, identifica-se, pois, com a vida agreste e com o trabalho dos campos (cf. também nº 1044).

1044. *Deus nobis haec otia fecit*
Um deus concedeu-nos esta tranqüilidade

Essa frase é extraída da primeira *Bucólica* de Virgílio (v. 6): Títiro, que representa o próprio poeta, pode ficar tranqüilamente em sua propriedade, enquanto outros, como seu interlocutor Melibeu, são obrigados a ir embora. A écloga reflete a situação do ano 42 a.C., quando, depois da batalha de Filipos, os territórios do Mantovano foram confiscados e concedidos aos veteranos da guerra civil: Virgílio conseguiu manter sua quinta graças à intervenção pessoal de um deus, ou seja, de

A DIMENSÃO POLÍTICA: CIDADÃOS E GOVERNANTES 487

Otaviano (na realidade, também graças à intervenção de Asínio Polião). Essa expressão atualmente é citada como referência às pessoas que devem agradecer a divindade por esta lhe ter concedido vida tranqüila, opulenta e livre de grandes preocupações.

1045. Λάθε βιώσας
Vive escondido

Esse lema, muito famoso e ainda difundido proverbialmente para indicar uma vida afastada das labutas políticas e de suas respectivas honrarias, tem origem em Epicuro (fr. 551 Usener, a quem remeto para as numerosas documentações): aliás, devia simbolizar o elemento nodal da ética desse filósofo, já que Plutarco deu a um de seus opúsculos o título Εἰ καλῶς εἴρηται τὸ λάθε βιώσας (= *An recte sit latenter esse vivendum*, "se for certo que é preciso viver escondido"). Na tradição paremiográfica e gnomológica encontramos outras atribuições: a Demócrito e a Bias (cf. Macar. 5,47 com o comentário de Leutsch); a *Suda* (λ 41) registra uma menção sua feita por Damáscio (*Vita Isidori*, fr. 22 Asmus); em latim são famosos um trecho de Horácio (*Ep.* 1,17,10: *Nec vixit male, qui natus moriensque fefellit*, "não viveu mal quem nasceu e morreu obscuro": já Porfírio se detinha no significado de *fefellit*, mencionando explicitamente o λάθε βιώσας) e sobretudo um de Ovídio (cf. nº 1046). Se na origem esse preceito evidencia um afastamento aristocrático, já entre os cristãos assumiu clara conotação de humildade, indicando a anulação do orgulho: ver, por exemplo, *Ama nesciri*, "que te seja grato permanecer desconhecido", recomendação que Tomás de Kempis, em *Imitação de Cristo* (1,2,3), dirige a quem deseja aprender coisas elevadas. Para a tradição do viver em si mesmo, cf. nº 1271.

1046. *Bene vixit qui bene latuit*
Bem viveu quem bem se escondeu

Essa é uma vulgarização de um trecho de Ovídio (*Tristia*, 3,4,25) que diz: *Crede mihi, bene qui latuit bene vixit*, em que a tradição do λάθε βιώσας (nº 1045) se conjuga com a que prescreve permanecer em seus próprios limites (cf. nºs 541-546). Esse aforismo ainda é conhecido e citado.

1047. Οἶκος φίλος, οἶκος ἄριστος
Casa nossa, casa ótima

Segundo uma fábula de Esopo (108 Hausrath), essa é a resposta dada pela tartaruga a Zeus, que lhe perguntara a razão de atrasar-se para um banquete: para puni-la, o deus obrigou-a a carregar a casa sempre consigo (aliás, é tópica a imagem da tartaruga que se sente em segurança em casa: cf., por exemplo, Plutarco, *Vida de Tito Flaminino*, 17,2, e Lívio, 36,32,6). Daí provém a expressão proverbial documentada, por exemplo, em Cercidas (3,34 ss. Knox = fr. 7 Bergk) e em Cícero (*Epistulae ad Atticum*, 4,8,1; 15,16a), assim como registrada pelos paremiógrafos (*App. Prov.* 4,15, Apost. 12,39, *Suda* ει 291) e traduzida para o latim medieval *Domus propria domus optima* (Walther 6259); conceitualmente, deve ser mencionado um trecho de Pérsio (5,52). O latim medieval registra numerosas variantes, como por exemplo *Est dictum verum: privata domus valet aurum*, "há um ditado verdadeiro: a casa de cada um vale ouro" (Walther 7392, cf. também 7966), e *Est foculus proprius multo pretiosior auro*, "o lar de cada um é mais precioso que o ouro" (Walther 7439, cf. também 7832). A própria casa como fonte de prazer e segurança também é motivo recorrente nas tradições proverbiais modernas: em todas as línguas existem equivalentes aos italianos *Casa propria, non c'è oro che la paghi* e *In casa sua ciascuno è re*; ver também o famoso *Casa mia, casa mia, per piccina che tu sia, tu mi sembri una badia*, o equivalente francês *Ma maison et mon château, mon havre et mon Fontainebleau*, o russo *Svoja chatka — rodnaja matka* (ou seja, "a tua cabana é como tua mãe"), o brasileiro *Boa romaria faz quem na sua casa fica em paz*, e, finalmente, algumas variantes dialetais italianas (como por exemplo, de Puglia, *Chi sta sotte lu sue titte nén sent nesciune maleditte, Casa mie, donna mie, pan-e-aghje, vita mie* e *Casa mie, focarile mie, addò so' nate vogghje merì*). Ver também n°s 976 s.

1048. *Parva sed apta mihi*
Pequena, mas adequada para mim

Trata-se do lema, que se tornou proverbial, escrito por Ariosto em sua casa de Ferrara (a frase inteira era: *Parva sed apta mihi, sed nulli obnoxia, sed non sordida: parta meo sed tamen aere domus*, "casa pequena, mas adequada para mim; não está hipotecada por ninguém; não é suja e foi adquirida com o meu dinheiro"). Expressão semelhante encontra-se no drama *La coupe et les lèvres* de Alfred de Musset (*Dédicace*, 82): *Mon verre n'est pas grand, mais je bois dans mon verre*; lembro, enfim, o provérbio francês *A petit oiseau petit nid*.

1049. Φύσει μέν ἐστιν ἄνθρωπος ζῷον πολιτικόν
O homem é, por natureza, um animal destinado a viver em comunidade

Essa é uma das famosas máximas de Aristóteles (*Política*, 1278b 19, cf. também 1253a 3, *Ética para Nicômaco*, 1097b 11; 1169b 18); atualmente é proverbial sobretudo a locução ζῷον πολιτικόν, que Sêneca (*De beneficiis*, 7,1,7, *De clementia*, 1,3,2) traduziu como *sociale animal*.

1050. *Occultae musicae nullum esse respectum*
Não se leva em conta a música que fica oculta

A fonte é *Vida de Nero* de Suetônio (par. 20): o imperador decide pisar o palco, repetindo essa frase, que é qualificada como provérbio grego. Realmente, o original (οὐδὲν γὰρ ὄφελος ἀπορρήτου καὶ ἀφανοῦς τῆς μουσικῆς, "nenhuma vantagem provém da música oculta e escondida") é conservado por Luciano (*Harmonides*, 1) e transcrito pelos paremiógrafos (Macar. 6,60, *App. Prov.* 4,37), que substituem μουσικῆς por Μούσης, "Musa". Portanto, mesmo as melhores qualidades não terão valor se não forem explicitadas publicamente: esse conceito — com clara recomendação de comunicação do saber e da arte — encontra-se já em *Corpus theognideum* (vv. 769-772), enquanto em *Medéia* de Eurípides (vv. 542-544), ao lado da inutilidade do melhor canto de Orfeu, por não ser ouvido, tem-se a inutilidade do tesouro escondido. O motivo da música não ouvida recorre em Ovídio (*Ars amatoria*, 3,399 s.), enquanto a imagem do tesouro enterrado está numa famosa máxima do *Eclesiástico* (20,30), que na versão dos *Setenta* soa: σοφία κεκρυμμένη καὶ θησαυρὸς ἀφανής, τίς ὠφέλεια ἐν ἀμφοτέροις, "sabedoria escondida e tesouro oculto: a quem aproveitam ambos?" (a *Vulgata* tem: *Sapientia absconsa et thesaurus invisus* [que significa "não visto"], *quae utilitas in utrisque?*), e em Apuleio (*Metamorfoses*, 5,10). Entre os provérbios modernos, deve ser citado o alemão *Verborgener Schatz ist nichts wert*.

1051. Fit enim ad portandum facilis sarcina, quam multorum colla sustentant

Fica fácil carregar o fardo que é sustentado pelos ombros de muitos

A fonte é Enódio (342,4 H.): se a comunidade está unida, até os empreendimentos mais difíceis tornam-se simples. Ver o provérbio inglês *Many hands make light work* e o brasileiro *A união faz a força* (para os paralelos em outras línguas cf. Mota 53)

1052. Ἐκ κοινοῦ πλείστη τε χάρις δαπάνη τ' ὀλιγίστη

Em comunidade o prazer é enorme e a despesa, mínima

Esse é um verso de *Os trabalhos e os dias* de Hesíodo (723), que se tornou proverbial (é registrado inclusive pelos paremiógrafos, cf. *App. Prov.* 2,39, Macar. 3,71), com alusão explícita a ἔρανος, banquete para o qual cada conviva levava uma contribuição.

1053. *E pluribus unum*
De muitos, um

Esse lema, citado com o mesmo sentido do adágio *A união faz a força* (presente em várias línguas européias, por exemplo em russo), não pertence — ao que parece — ao latim clássico, em que expressões desse gênero costumam significar "um só entre muitos", "um entre tantos", cf., por exemplo, Cícero, *Pro Cluentio*, 7,22, Ovídio, *Tristia*, 1,3,16, Columela, 11,1,6 e, em grego, Menandro, *Samia*, 11. Ficou famoso por constar das armas dos Estados Unidos, com evidente alusão ao fato de tratar-se de uma federação.

1054. *Moribus antiquis res stat Romana virisque*
O Estado romano funda-se nos costumes antigos e nos homens fortes

Esse verso dos *Anais* de Ênio (156 Skutsch = 500 V.²), que ainda goza de certa notoriedade, já na Antiguidade tardia era considerado proverbial (nesse sentido, é citado por Volcácio Galicano, um dos autores de *Historia Augusta*, na *Vida de Avídio Cássio* [5,7]; também é documentado por Santo Agostinho [*De civitate Dei*, 2,21]).

1055. Αἰσχύνη πόλεως πολίτου ἁμαρτία
O erro de um único cidadão é a vergonha da cidade

Essa máxima, fundada num quiasmo, na aliteração e num jogo etimológico, é documentada pelos paremiógrafos (Apost. 1,70, *Suda* αι 359) e está vinculada ao *topos* de que é o comportamento de cada cidadão que determina a qualidade da cidade (cf. Hesíodo, *Os trabalhos e os dias*, 240 s., assim como nº 1056). A expressão αἰσχύνη τῆς πόλεως (ou τοῦ χωρίου), referente a pessoas que cometeram uma falta, também está documentada nos autores, principalmente em Ésquines (*Contra Ctesiphontem*, 241) e em Luciano (*De parasito*, 51).

1056. Οὐχ ἡ πόλις σου τὸ γένος εὐγενὲς ποιεῖ, / σὺ δ᾽ εὐγενίζεις τὴν πόλιν πράσσων καλῶς
Não é a tua cidade que enobrece a tua estirpe, mas és tu que enobreces a cidade com o bom comportamento

Esse é um dístico da *Comparatio Menandri et Philistionis* (3,55 s.), em que Kock reconheceu — como em muitos outros casos (cf. Kassel-Austin 7,317) — um fragmento de Filémon (180); máxima semelhante é registrada por Apostólio (13,62), enquanto em latim ver, sobretudo, a sentença documentada no gramático Carísio (287,15 K.) e inserida por Ribbeck entre os fragmentos cômicos de autor incerto (94), em que se lê: *Homo locum ornat, non hominem locus*, "é o homem que enobrece o lugar e não o lugar ao homem". Esse conceito — aplicado à casa e ao seu dono — está em *De officiis* de Cícero (1,39,139), enquanto num fragmento de Ácio (272 R.³) trata-se do homem que dá brilho à estirpe e não o contrário; registram-se menções medievais em Gregório Magno (por intermédio de Beda, *História eclesiástica*, 1,27), e no próprio Beda (*Vida de S. Cuthberti*, 35 [*PL* 94,591b]). Finalmente, deve ser lembrado que, entre as máximas de Goethe, se lê: *Der Ort, an dem ein guter Mensch gelebt, ist eingeweiht* ("o local onde viveu um grande homem é consagrado"). Um provérbio russo, ainda vivo, diz: *Ne mesto krasit čeloveka, a čelovek mesto* (ou seja: "não é o lugar que embeleza a pessoa, mas a pessoa ao lugar").

1057. Εἷς ἀνήρ, οὐδεὶς ἀνήρ
Um homem, nenhum homem

Esse é um provérbio que nos chegou graças à tradição paremiográfica (cf. Zenob. vulg. 3,51, Diogen. Vind. 2,52, Macar. 3,52, *Suda* ει 229) e a um par de citações de Eustátios (*Comentário à Ilíada*, 6,360-362 [2,329,19 Valk] e 16,550 [3,898,15 Valk]): nele Kock reconheceu um fragmento cômico anônimo (679). O significado é que o homem sozinho não pode pretender muito: conceitualmente, ver um verso de *As fenícias* de Eurípides (745: εἷς δ' ἀνὴρ οὐ πάνθ' ὁρᾷ) e principalmente a expressão popular lembrada por Amiano Marcelino (19,5,2), que diz, sobre os soldados afoitos demais: sua utilidade é *Quantum in publico... incendio aqua unius hominis manu adgesta*, "a mesma da água carregada por um só homem num incêndio de grande porte". Em latim medieval tem-se *Unus homo nihil est: dicto non credimus uni*, "um homem só nada é: não cremos numa frase, se está sozinha" (Walther 32241) e *Solus cum fatur, quasi nullus homo reputatur*, "quando fala sozinho, o homem é considerado ninguém" (Walther 29987); em todas as modernas línguas européias existem equivalentes ao italiano *Uno e nessuno è tutt'uno* (Arthaber 1385). Para *Testis unus, testis nullus*, cf. nº 1136.

1058. *Ingrata patria, ne ossa quidem mea habes*
Pátria ingrata, não tens nem meus ossos

Segundo Valério Máximo (5,3,2b), Cipião, o Africano, quis que essa frase fosse escrita em seu túmulo, para denunciar publicamente o seu exílio voluntário: ainda é difundida (sobretudo na Itália, na forma *Ingrata patria, non avrai le mie ossa*) para indicar a reação de uma grande personalidade que, depois de ter dissipado suas forças em favor da pátria, não recebe nem mesmo gratidão. Sobre esse mesmo tema, além do motivo *Nemo propheta in patria* (nº 1059), deve ser mencionada uma máxima de G. Richter (*Axiomata politica*, 46), que diz: *Plerumque illi qui praeclare de republica meriti sunt, pessimam rettulerunt gratiam*, "a maioria dos que se destacaram nos serviços ao Estado foram retribuídos com pouquíssima gratidão". Nas várias línguas européias existem equivalentes à expressão italiana *Chi serve al comune non serve a nessuno* e à brasileira *Amigo de todos e de nenhum, tudo é um* (que também é usada para dizer que quem está a serviço da comunidade não tem patrão e pode fazer o que quer).

1059. Nemo propheta in patria
Ninguém é profeta em sua terra

Essa frase ainda é muito difundida, sendo usada para significar que todos encontram dificuldades em afirmar-se entre seus muros, onde o sucesso deveria ser mais fácil, ou então que quem já atingiu notoriedade ainda é subestimado pelas pessoas que o conhecem desde a juventude. Retoma de modo abreviado uma frase de Cristo, a propósito da desconfiança que os habitantes de Nazaré nutriam a seu respeito (*Mateus*, 13,57, *Marcos*, 6,4, *Lucas*, 4,24, *João*, 4,44), que tem paralelos na literatura hebraica (remeto a Strack-Billerbeck 1,678) e é retomada em âmbito patrístico (por exemplo, por São Jerônimo, *Ep.* 14,7). Conceitualmente, deve ser mencionado Plínio, *Naturalis historia*, 35,36,88. Das numerosas variações medievais, muitas são simples variantes formais da expressão evangélica (por exemplo, Walther 11917 s., 11953a, 11954, 16422): entre outras devem ser assinaladas *In regione sua quisquis portare meretur / laudem, res ista venerabilis esse videtur*, "coisa notável é alguém ser louvado em sua própria pátria" (Walther 12018), *Cernitur in propria raro multum regione / vates portare decus ornatumque coronae*, "raramente se vê um poeta ter grande honraria e ser coroado na sua pátria" (2649), e *Patria dat vitam, raro largitur honores*, "a pátria dá a vida, raramente confere honras" (20842). Em todas as modernas línguas européias a sua tradução é registrada como proverbial (Mota 139), mesmo com variações (como em Abruzos, *Nesiune é bbón'a la casa sé*). Em várias línguas (por exemplo, em italiano, francês e alemão) também tem difusão com o mesmo sentido "ninguém é herói para o seu camareiro" (acolhido por Goethe, *Máximas e reflexões*, 1,47, e ao qual F. Cassano dedicou recentemente um ensaio em *Partita doppia*).

1060. Arae focique
Aras e lares

Esse binômio, muito difundido nos autores latinos (ver, por exemplo, Plauto [*Amphitruo*, 226], Cícero [*De domo sua*, 40,106; 56,143, *Pro Sestio*, 42,90, *In Pisonem*, 37,91, *Catilinárias*, 4,11,24, *Filípicas*, 2,29,72; 2,30,75; 8,3,8; 13,7,16, *Pro rege Deiotaro*, 3,8], Salústio [*De Catilinae coniuratione*, 52,3; 59,5], Lívio [5,30,1; 28,42,11], Sêneca [*De beneficiis*, 5,15,5], Floro [2,1,2], Gélio [19,9,8]), indica a pátria em sua totalidade, compreendendo o aspecto público — representado pelas *arae* — e o privado — simbolizado pelos *foci*, os lares domésticos; ademais, deve-se assinalar que em muitos desses trechos (por exemplo os de Salústio e de Lívio) há frases semelhantes a *Pro aris et focis pugnare*, ainda citadas para indicar a denodada defesa da pátria. Encontra correspondência na locução alemã *Haus und Hof*.

1061. Ille terrarum mihi praeter omnes / angulus ridet
Aquele canto de terra me sorri, mais do que qualquer outro

Essa frase deriva das *Odes* de Horácio (2,6,13 s.): a zona em questão é a de Tarento, exaltada pelo clima, pelo azeite, pelo mel e pelo vinho. Essa expressão ainda é citada para indicar a pátria amada ou o lugar de que mais se gosta, no qual se gostaria de buscar refúgio, gozando de privacidade.

1062. *Civis Romanus sum!*
Sou cidadão romano!

Essa expressão ainda é conhecida e citada como orgulhosa afirmação de uma condição política privilegiada, tendo sido extraída da *actio secunda* contra Verres, de Cícero (5,57,147; 5,62,162; 5,65,168): é o grito desesperado de muitas vítimas de Verres, que, aliás, não tiram disso nenhum proveito. Em outros textos também se enfatiza o privilégio de ser cidadão romano, sobretudo para subtrair-se a atos jurídicos aos quais o cidadão romano não precisava submeter-se: ver, por exemplo, no próprio Cícero, *De imperio Cnei Pompei*, 5,11; muito famosos são os episódios dos *Atos dos Apóstolos* em que São Paulo a utiliza para evitar as torturas e, em seguida, no processo diante do procurador Festo, para apelar a César (16,37; 22,25).

1063. *Roma aeterna*
Roma eterna

Essa expressão encontra-se pela primeira vez em Tibulo (2,5,23 s.: *Romulus aeternae nondum formaverat urbis / moenia*, "Rômulo ainda não havia construído os muros da cidade eterna"): o adjetivo *aeternus* deve ser entendido no contexto da ideologia do principado de Augusto, segundo quem a eterna e imorredoura missão de Roma era dar a todos os povos uma ordenação jurídico-política, constituindo-se, portanto, no guia político do mundo — ideologia cabalmente expressa, por exemplo, por Virgílio (*Eneida*, 6,851 ss.; cf. também nº 1010). Também em Virgílio, no primeiro livro da *Eneida* (v. 279), Júpiter afirma que a Enéias estava destinado um *imperium sine fine*. Essa locução ainda é usada e Roma é muitas vezes indicada como a *cidade eterna*, mas na acepção comum, que alude ao fato de ser ela sede do papado e, portanto, guia de toda a cristandade e da eterna Igreja de Deus.

1064. *Homo novus*
Homem novo

Essa expressão indicava uma personalidade de primeiro plano na política romana, proveniente de uma família em que ninguém havia ainda sido investido em nenhuma magistratura curul: portanto, o primeiro que recebesse tal cargo fundava a sua nobreza. Essa expressão é encontrada com freqüência em Cícero (por exemplo, em *De officiis*, 1,39,138, *Pro Murena*, 7,16, *Epistulae ad familiares*, 5,18,1); em Juvenal (8,237) indica o próprio Cícero, que, embora não proviesse de família nobre, salvara Roma do perigoso Catilina. Atualmente essa locução é usada para indicar as pessoas que se fizeram sozinhas e cuja fortuna é devida apenas a seus méritos pessoais e não a tradições familiares, ou então as pessoas chamadas a ocupar um posto elevado sem antes terem percorrido os graus inferiores da carreira.

1065. Arcades ambo
Ambos árcades

Essa expressão deriva da sétima bucólica de Virgílio (v. 4), onde são assim designados os pastores Tírsis e Corídon: o poeta quer dizer que eles vivem na Arcádia, região montanhosa do Peloponeso, que ele transforma — na esteira de uma longa tradição grega (cf. G. Barra, in *Enciclopedia Virgiliana*, 1, Roma 1984, 272 s.) — num reino de feliz vida pastoril (cf. também nº 856). *Arcades ambo* continuou sendo usada, mas para indicar duas pessoas que pertencem a um círculo restrito e privilegiado, ou que têm grande semelhança de caráter.

1066. Necesse est enim ut veniant scandala
De fato é preciso que ocorram os escândalos

Tal é a interpretação comumente dada a essa frase, em geral citada — inclusive nas variantes *Oportet ut veniant scandala* e *Oportet ut eveniant scandala* — para dizer que em certas circunstâncias os escândalos são necessários para mover as águas de uma situação estagnada demais ou para trazer à tona um mal que deve ser corrigido e punido. Na realidade provém do *Evangelho de Mateus* (18,7) e tem sentido diametralmente oposto: traduzindo o grego ἀνάγκη γὰρ ἐλθεῖν τὰ σκάνδαλα, significa "é inevitável que os escândalos ocorram", e prossegue com uma famosa ameaça a quem provoca o escândalo (*Veruntamen vae homini illi, per quem scandalum venit*, "mais ai daquele por quem o escândalo vier"), e com o igualmente célebre e significativo paradoxo de que é preciso cortar-se um pé ou furar-se um olho se aquele pé ou aquele olho forem a causa do escândalo. Esse trecho — que reaparece no *Evangelho de Lucas* (17,1) — consiste, pois, numa advertência àqueles que se entregam à ocasião e à tentação do pecado, sobretudo aos simples.

e) Liberdade e cativeiro

1067. Τὴν ἀηδόνα... ἐν οἰκίσκῳ μὴ ᾄδειν
O rouxinol na gaiola não canta

É assim que, em Filóstrato (*Vitae Sophistarum*, 1,21,3), o retor Escopeliano responde aos habitantes de Clazômenas, que lhe solicitavam a abertura de uma escola na sua cidade: esse provérbio afirma a importância fundamental da liberdade e baseia-se numa crença da zoologia antiga (ver Eliano, *De natura animalium*, 3,40). Ainda está vivo no grego moderno; em italiano existe *Il rossignolo in gabbia non canta mais così bene come nel bosco*; em vários dialetos existem máximas do tipo da genovesa *L'è mêgio ese ôxello de campagna che de gaggia*; o motivo da tristeza do rouxinol na gaiola e de seu anseio de liberdade está bem documentado tanto no folclore quanto na literatura (desde o século XIII, *For de la bella caiba fuge lo lixignolo*).

1068. *Quasi umbra... te semper sequi*
Seguir-te sempre como uma sombra

Essa expressão é extraída de *Casina* de Plauto (v. 93) e uma locução semelhante recorre no *Panegírico* de Nazário (16,5), onde se fala da glória que acompanha Constantino como uma sombra. A expressão *Seguir como uma sombra* (ou *Ser a sombra de alguém*) é usual em todas as línguas européias.

1069. *Ego iam pridem tutorem meum extuli*
Há muito sepultei o meu tutor

Essa locução, que equivale a uma obstinada reivindicação de liberdade pessoal, está documentada num escólio a Pérsio (3,96: no trecho comentado alude-se sem dúvida a essa expressão) e em Isidoro de Sevilha (*Origines*, 10,5,264). Na verdade, já em Plauto (*Aulularia*, 430) uma personagem, querendo afirmar que não era obrigada a seguir as instruções de outra, lança-lhe ao rosto que ela não é seu *tutor*; Horácio (*Sat.* 1,9,26 s.) pergunta ao maçante que o está importunando se não tem mãe ou alguma parenta que se preocupe com ele e ele lhe responde que já sepultou todos. Ainda são correntes expressões semelhantes no linguajar popular.

1070. *Liberae enim sunt cogitationes nostrae*
Nossos pensamentos são livres

Essa expressão é extraída de um trecho de *Pro Milone* de Cícero (29,79) em que o orador incita a deixar livres os olhos da imaginação: contudo, às vezes é citada para indicar a absoluta liberdade do pensamento, que não pode sofrer coações externas. Frase semelhante, com essa acepção, mas com conotação nitidamente jurídica, encontra-se em *Digesto* (Ulpiano, 48,19,18: *Cogitationis poenam nemo patitur*, "ninguém pode ser punido pelos seus pensamentos"); ver também um trecho de Santo Ambrósio (*De virginitate*, 17 [*PL* 16,293c]) e um de *Tusculanae disputationes* de Cícero (4,4,7), em que, recomendando-se que cada um exprima livremente seus pensamentos, diz-se: *Sunt enim iudicia libera*, "de fato, as opiniões são livres". Em todas as modernas línguas européias existem correspondentes ao italiano *I pensieri non pagano gabelle* (arguta variante é constituída pelo toscano *I pensieri sono esenti dal tributo, ma non dall'Inferno*).

1071. *Aquam liberam gustabunt*
Beberão a água da liberdade

A fonte é Petrônio (71,1): essa locução corresponde perfeitamente à grega ἐλευθέριον ὕδωρ, documentada no cômico Antífanes (fr. 25,4 s. K.), refletindo-se na tradição lexicográfica e paremiográfica (Hesíquio, ε 2021, *Prov. Par. Suppl.* 1,77 Cohn, Eustátios, *Comentário à Odisséia*, 13,409 [1747,11]). É complementar *serva... aqua* de Ovídio, *Amores*, 1,6,26. Em italiano às vezes se fala no *pane della schiavitù* [pão da escravidão].

1072. *Imperium et libertas*
Império e liberdade

Esse lema é famoso porque Disraeli, num discurso feito em 10 de novembro de 1879, afirmou que, para um dos romanos mais insignes, ele designava o fundamento do poder de Roma e que ainda não perdera a validade. Esse binômio, porém, já se encontra numa obra de 1605 de Bacon (*The two Books of the Proficience and Advancement of Learning Divine and Humane*, 3,303), que o traduz por *Government and liberty*; em 1675, Churchill (*Divi Britannici*, p. 349) indicou como sua fonte um trecho de Tácito (*Vida de Agrícola*, 3,1), em que, na verdade, ele não aparece; de qualquer modo, diz-se que Nerva uniu dois elementos antes bem distintos, *principatum ac libertatem*, "principado e liberdade". Contudo, *Imperium ac libertas* está documentado em Cícero (*Catilinárias*, 4,11,24, *Filípicas*, 4,4,8), indicando dois aspectos diferentes do poder de Roma, sua liberdade e o amplo poder sobre outros povos; por outro lado, em Salústio (*De Catilinae coniuratione*, 33,4), a necessidade primordial de liberdade é contraposta ao *imperium*, "vontade de poder", e à *divitiae*, que costumam provocar lutas e guerras. Outra menção encontra-se no prólogo de *Wallensteins Lager* de Schiller (v. 66: *Um Herrschaft und um Freiheit wird gerungen*).

1073. *In domo Petri*
Na casa de Pedro

Trata-se de uma locução de origem vulgar e ainda difundida, que indica a prisão. Em italiano, uma versão mais completa declara: *In domo Petri / dove son le finestre senza vetri* [na casa de Pedro, onde as janelas não têm vidros (ou seja, as grades)]. É crença comum que o Pedro em questão seja São Pedro e que se faça referência ao seu cativeiro, mas, apesar disso, a origem dessa expressão continua pouco clara.

1074. *Alterius non sit qui suus esse potest*
Que não pertença a outro quem pode pertencer a si mesmo

Essa adágio significa que a liberdade pessoal é um bem precioso que deve ser defendido a qualquer preço e que, uma vez perdido, deve ser reconquistado assim que possível. A fonte comumente indicada é uma fábula medieval intitulada *De ranis et hydro*, cuja trama se baseia na antiga fábula das rãs que pedem um rei (cf. nº 983) e que pertence à coletânea "esópica" do chamado "Anonymus Neveleti" (21a,22): o autor foi identificado por L. Hervieux (*Les fabulistes latins,* Paris 1894, 1,472 ss.) como sendo Gualtiero, capelão de Henrique II da Inglaterra e depois bispo de Palermo. Na verdade essa expressão é bem antiga: pertence a *De republica* de Cícero (3,25,37) e é citada por Nônio (189,2) como exemplo de *genus iniustae servitutis*, "tipo de servidão injusta". J. Owen retoma-a — trocando *suus* por *tuus* — num epigrama adulatório dedicado ao príncipe Henrique de Câmbria (ou seja Gales setentrional); contudo, ela foi adotada com muito mais pregnância pelo naturalista e filósofo suíço do século XVI Paracelso, que a transformou em sua divisa, símbolo da concepção do "homem integral". Entre as sentenças medievais, Walther não registra apenas o adágio em estudo (874), mas numerosas variantes, tanto de cunho formal (como por exemplo a 4556: *Cum tuus es, noli servire nisi tibi soli*, "uma vez que és teu, não sirvas a ninguém senão a ti mesmo") quanto temático (como, por exemplo, a 1773: *Aurea libertas toto non venditur orbe*, "a áurea liberdade não se vende nem pelo mundo inteiro"). No Brasil se diz *Arrenego de grilhões, ainda que sejam de oiro* e *Quem pode ser seu, sendo de outro é sandeu* (para paralelos em outras línguas ver Mota 51, 195). Na linguagem popular ainda estão vivas frases desse tipo: lembro, por exemplo, um *slogan* feminista de há alguns anos que proclamava *Io sono mia!* [sou minha!].

JUSTIÇA E LEI

a) Justiça

1075. Patres comederunt uvam acerbam et dentes filiorum obstupescunt
Os pais comeram uva verde e os dentes dos filhos é que ficam embotados

É assim que a versão da *Vulgata* apresenta um provérbio hebreu documentado por dois trechos do *Antigo Testamento* (*Ezequiel*, 18,2, *Jeremias*, 31,29): significa que a punição pelos erros dos pais inevitavelmente cai sobre os filhos. Tal concepção é difundida na Bíblia: no *Levítico* (26,40-41) Deus ameaça de punição pelos pecados e iniqüidades dos pais, sendo exemplar o comportamento do rei Davi, que, no segundo livro de *Samuel* (c. 21) — depois de um claro pedido divino — entrega aos habitantes de Gabaon sete dos filhos e netos de Saul para que fossem crucificados a fim de lavar a mancha do delito cometido, em seu tempo, por Saul, que massacrara os gabaonitas, violando um acordo anterior (para este último, cf. *Josué*, 9,15). Esse provérbio é muito famoso, sendo citado por numerosos autores modernos (entre os quais Voltaire no *Dicionário filosófico*), estando ainda vivo em várias línguas européias, como em inglês e alemão; em italiano existe *Tale mangia uva acerba che al figlio allega i denti*, sendo a uva às vezes substituída por ameixas ou pêras. Essa frase também está registrada entre as sentenças medievais (Walther 20837b), com numerosas variações, às vezes banais (como *Crimina saepe luunt nati scelerata parentum*, "muitas vezes os filhos expiam os crimes dos pais" [3776]), outras vezes expressivas (como *Quod sus peccavit, succula saepe luit*, "muitas vezes o pecado da porca é expiado pela porquinha" [26060, cf. também 27168, 30612a]). Nos provérbios modernos também existem variações sobre o tema, como no de Puglia: *U peccate du attène u chjèngene le figghje*.

1076. Fiat iustitia et pereat mundus!
Faça-se justiça, pereça embora o mundo!

Essa famosa frase não parece ter origem clássica: nos *Loci communes* de J. Manlius (Basileae 1563, 2,290) diz-se que esse foi o lema do imperador Fernando I de Absburgo. Foi mencionada várias vezes, principalmente por Lutero, que, na segunda prédica dedicada ao comentário do *Salmo* 110 (37,138,7), escreve *Fiat iustitia et ruat caelum*, "faça-se justiça mesmo que o céu desabe", e por Hegel, que a transformou significativamente em *Fiat iustitia ne pereat mundus*, "faça-se justiça para que o mundo não pereça!". Entre as sentenças medievais Walther registra a análoga *Fiat iustitia, pereat licet integer orbis!*, "faça-se justiça, mesmo que para isso morra o mundo inteiro"; tem o mesmo sentido o *Périssent les colonies plutôt qu'un principe* (ou seja: "pereçam as colônias e não um princípio"), falsamente atribuído a Robespierre, mas na realidade pronunciado em 1791 por Pierre Samuel Dupont de Nemours. No Brasil se diz *Faça-se justiça, embora desabem os céus* (para os paralelos em outras línguas cf. Mota 97).

1077. Τὰ μὲν / δίκαι' ἐπαίνει, τοῦ δὲ κερδαίνειν ἔχου
   Louva o que é justo, mas trata de ganhar

Essa é uma expressão de Sófocles (fr. 28,2 s. R., cf. também *Electra*, 61); deve ser registrado como precedente um trecho de Hesíodo (*Os trabalhos e os dias*, 643), mas a relação entre ambos é apenas formal (trata-se do conselho para louvar o navio pequeno, mas para pôr a carga no navio grande). Em latim encontra-se um paralelo numa famosa expressão de Juvenal (1,74: *Probitas laudatur et alget*, cf. nº 1078). Nas tradições modernas, ver principalmente o provérbio alemão *Die Frömmigkeit lobt jedermann, aber man lässt sie betteln*.

1078. *Probitas laudatur et alget*
   A honestidade é louvada e morre de frio

Essa amarga constatação, registrada entre as sentenças medievais por Walther (22525) e justamente famosa, é de Juvenal (1,74); acompanha outra, segundo a qual quem quer ser alguém precisa cometer ações dignas do cárcere. Para um paralelo grego, que apresenta a justiça no lugar da honestidade, cf. nº 1077.

1079. Δίκαια μὲν... λέγοντες πολλοὶ ἄδικα ποιοῦσι
   Dizendo coisas justas, muitos fazem coisas injustas

Essa é uma expressão extraída de *Memorabilia* de Xenofonte (4,4,10) e retomada pelos paremiógrafos (Arsen. 6,8d). Tem afinidade com o *topos* segundo o qual todos conhecem o bem mas fazem o mal (nº 893), com acentuada conotação de malignidade. Nas tradições populares e nos provérbios dialetais italianos correspondentes a *Faze o que digo e não faças o que faço*, constitui-se numa acusação comum aos pregadores e padres.

1080. *Accipere quam facere praestat iniuriam*
   É melhor sofrer do que cometer injustiça

Essa máxima é de Cícero (*Tusculanae disputationes*, 5,19,56) e encontra paralelos num fragmento do orador Quinto Metelo Numídico (7 Malcovati), em Sêneca (*As fenícias*, 494) e em Santo Agostinho (*Enarrationes in Psalmos*, 124,8); não é totalmente diferente o *Vi opprimi in bona causa est melius quam malae cedere*, "é melhor perecer defendendo uma boa causa do que ceder a uma injustiça", ainda de Cícero (*Leis*, 3,15,34). Em sua base está uma máxima grega encontrada em Platão (*Górgias*, 469c: εἰ δ' ἀναγκαῖον εἴη ἀδικεῖν ἢ ἀδικεῖσθαι, ἑλοίμην ἂν μᾶλλον ἀδικεῖσθαι ἢ ἀδικεῖν, "se fosse inevitável cometer ou sofrer uma injustiça, eu preferiria sofrê-la a cometê-la"), que, assim como a formulação latina mais sintética, vale-se do comuníssimo jogo entre o ativo ἀδικεῖν, "cometer injustiça", e o passivo ἀδικεῖσθαι, "sofrer injustiça"; essa máxima grega foi citada — ainda que imprecisamente — por Aulo Gélio (12,9,6) e dela se encontram paralelos em Aristóteles (*Ética para Nicômaco*, 5,9) e Plutarco (*De audiendis poetis*, 36b). Expressões semelhantes, de cunho proverbial, encontram-se também nas línguas modernas: ver por exemplo a alemã *Besser Unrecht leiden als Unrecht tun* e a brasileira *Antes sofrer o mal que fazê-lo*.

1081. *Bonis nocet si quis malis pepercerit*
Faz mal aos bons quem poupa os maus

Essa máxima faz parte do *Appendix sententiarum* de Ribbeck (205) e também está presente entre as sentenças medievais de Walther (2116): em grego também se documenta uma sentença idêntica (ἀδικεῖ τοὺς ἀγαθοὺς ὁ φειδόμενος τῶν κακῶν, "quem poupa os maus comete uma injustiça com os bons"), registrada pelo Pseudo-Máximo, o Confessor (*Loci communes*, 68, 685 Combefis), e por Arsênio (1,34a); a afirmação de que quem se compadece do malvado é cruel com os justos é feita no *Talmud*. Em todas as modernas línguas européias existem equivalentes ao italiano *Chi perdona ai tristi nuoce ai buoni*, com variantes do tipo da russa *Vora milovat', dobrogo pogubit'* (ou seja: "perdoar um ladrão significa punir um homem honesto") e da brasileira *Perdoar ao mau é dizer-lhe que o seja*.

1082. *Vigilavit Iustitiae oculus*
O olho da Justiça vigiava

A fonte é Amiano Marcelino, 28,6,25; contudo é freqüente a imagem do olho vigilante da Justiça: em latim, ver ainda outro trecho de Amiano Marcelino (29,2,20); um de Gélio (14,4,1), em que se conta que o estóico Crísipo, em Περὶ καλοῦ καὶ ἡδονῆς (3,197 s. von Arnim), fez uma representação da Justiça, descrevendo em primeiro lugar *os et oculos*, "boca e olhos"; e dois de *Metamorfoses* de Apuleio (2,22; 3,7), onde os olhos da Justiça são comparados aos do Sol. Em grego devem ser mencionados dois trechos trágicos (Sófocles, fr. 12 R., Dionísio, fr. 5 Snell-Kannicht), um epigrama anônimo da *Antologia Palatina* (7,357) e um trecho de Políbio (23,10,3); δίκης ὀφθαλμός, "o olho da justiça", está registrado nos paremiógrafos (Apost. 6,8, *Suda* δ 1096). Esse *topos*, evidentemente, é paralelo ao do Deus que tudo vê (nº 1494), encontrando-se uma clara mescla entre os dois motivos em *Comparatio Menandri et Philistionis* (1,126: ἔστι<ν> Δίκης ὀφθαλμὸς ὃς τὰ πάνθ' ὁρᾷ, "é o olho da Justiça que tudo vê"). No Brasil se diz *A justiça não dorme*.

1083. *Tute hoc intristi: tibi omnest exedendum*
Tu preparaste a massa, deves comê-la toda

Essa expressão significa que cada um deve ter a responsabilidade e suportar as conseqüências de suas ações e decisões. A fonte é Terêncio (*Phormio*, 318, onde se trata de uma confusão em que Fórmio se metera e que ele mesmo deveria deslindar): comentando esse trecho, Donato documenta o seu valor proverbial; esse mesmo verso retorna entre as sentenças medievais coligidas por Walther (31999), inclusive com variações formais (26077a, 31422). Encontra-se uma referência em Ausônio (*Bissula*, 1,2,5), enquanto um paralelo perfeito em grego (ἥν τις ἔμαξε μᾶζαν, ταύτην καὶ ἐσθιέτω, "cada um coma a fogaça que amassou") é registrado pelo paremiógrafo Macário (4,50). Nas línguas modernas essa imagem permaneceu em espanhol, inglês e alemão; em italiano existe — com equivalente em francês — *Chi l'ha fatta la beva* [quem fez, beba]; contudo, em italiano, são mais comuns outros provérbios como *Chi l'ha imbrattato spazzi* [quem sujou, limpe] e, em nível popular, *Hai voluto la bicicletta? Pedala!*; não é diferente o provérbio *Chi rompe paga e i cocci sono suoi* [quem quebra paga e leva os cacos].

1084. *Per quae peccat quis per haec et torquetur*
Cada um é atormentado pelos erros que comete

Essa expressão significa que cada um deve arcar com a responsabilidade e sofrer as conseqüências dos erros que comete. A fonte é a tradução pela *Vulgata* do *Livro da Sabedoria* do *Antigo Testamento* (11,17); registram-se variações formais entre as sentenças medievais (21238 s., 21244); encontra-se um paralelo em Petrônio (45,10: *Sibi quisque peccat*, "cada um peca para si mesmo"). O provérbio do *Livro da Sabedoria* ainda é conhecido e suas traduções são registradas como proverbiais em todas as línguas européias (em italiano há *Per quel che uno pecca è castigato*); é divertida a referência feita por Olindo Guerrini em uma versão de *5 de maio* intitulada *9 de janeiro*, escrita para a morte de Napoleão III: *Dove peccò, l'Altissimo / punisce il peccator*. Para a norma jurídica vinculada a esse princípio (*Suum cuique tribuere*), cf. nº 1119.

1085. *Fabrum caedere cum ferias fullonem*
Ferir o ferreiro batendo no pisoeiro

Esse provérbio é definido como "vulgar" por Arnóbio (*Adversus nationes*, 6,9); indica o ato de inculpar alguém que não é o verdadeiro culpado, ou punir um intermediário. Em grego existe ὅσ' ἂν ὁ μάγειρος ἐξαμάρτῃ, τύπτεται / ... αὐλητής, "o flautista paga pelos erros do cozinheiro" (porque, evidentemente, no banquete era o flautista, e não o cozinheiro, que estava exposto aos humores dos convivas), documentado em Êubulo (fr. 60,3 s. K.-A.), assim como em Filílio (fr. 9 K.-A.). Em italiano usa-se *Dirlo a figlia per farlo intendere a nuora* [dizer à filha para que a nora ouça] (com numerosas variações dialetais, que simplesmente costumam mudar os parentes envolvidos; estranho é o russo *Košbu bljut, nevestke vest' dajut* [ou seja:

"surra-se o gato para advertir a cunhada"]), com um equivalente em espanhol; em francês existe *On frappe sur le sac pour que l'âne le sente*, com o semelhante, em alemão, *Den Sack schlägt man, und den Esel meint man* (ambos se valem de uma imagem corrente, que deu origem a provérbios do tipo do italiano *Chi non può battere l'asino batte la sella* [quem não pode bater no burro, bate na sela] (cf. também nº 495).

1086. Λύκος ἐν αἰτίᾳ γίνεται, κἂν φέρῃ κἂν μὴ φέρῃ
Roube ou não roube, acusa-se o lobo

Esse provérbio está registrado nos paremiógrafos (*App. Prov.* 3,74, Macar. 71) e significa que quem conquistou algum tipo de fama acaba sempre por ser acusado, mesmo que injustamente; em direito, é exemplo disso o peso dos "precedentes". Nas línguas modernas e nos dialetos italianos existem provérbios conceitualmente semelhantes.

1087. *Redde quod debes*
Restitui o que deves

Esse lema é registrado como locução muito corrente por Sêneca (*De beneficiis*, 3,14,3; 7,21,2) e retorna em Petrônio (57,5); em Maximiano (*Elegias*, 5,52) tem-se *Debita redde mihi*, "devolve o que me deves"; essa expressão também aparece em autores medievais (para os quais remeto a Sutphen 152). *Redde quod debes*, de resto, já é famoso desde a Idade Média por constituir a tradução da *Vulgata* do grego ἀπόδος εἴ τι ὀφείλεις num famoso episódio do *Evangelho de Mateus* (18,28; para os paralelos rabínicos, cf. Strack-Billerbeck 1,800), em que um servo não perdoa as dívidas de seus devedores e, conseqüentemente, é tratado do mesmo modo desumano pelo seu senhor. *Pagar as dívidas* é expressão de uso comum, empregada metaforicamente para os débitos morais e intelectuais.

1088. *Reddite ergo quae sunt Caesaris Caesari et quae sunt Dei Deo*
Dai a César o que é de César e a Deus o que é de Deus

É assim que nos *Evangelhos* sinópticos (*Mateus*, 22,21, *Lucas*, 20,25, *Marcos*, 12,17: o original grego de *Mateus* é ἀπόδοτε οὖν τὰ Καίσαρος Καίσαρι καὶ τὰ τοῦ θεοῦ τῷ θεῷ) Cristo responde aos que o interpelam, perguntando-lhe se é lícito pagar o tributo: sobre as moedas está gravado o rosto do imperador, portanto elas pertencem ao reino deste mundo e a ele devem ser entregues. Essa frase é muito famosa e citada com freqüência tanto em latim quanto nas línguas modernas, não só para afirmar a completa separação entre igreja e Estado (ver, por exemplo, Voltaire, *Dicionário filosófico*, "Padre") como também — e mais comumente — como referência à honestidade moral e intelectual que exige dar a cada um aquilo que merece, mesmo que isso possa ser incômodo ou difícil. Entre as tantas documentações com diversos sentidos e conotações, lembro que em *O sumiço da Santa: uma história de feitiçaria*, de Jorge Amado, um bispo conservador usa essa frase para pôr fim às palavras de um padre progressista que quer a redistribuição das terras.

1089. *Culpam poena premit comes*
A punição vai no encalço da culpa

Essa é uma famosa expressão de Horácio (*Carm.* 4,5,24), já presente entre as sentenças medievais (Walther 4003) e citada com acepção semelhante — em contexto mais geral — a *A mentira tem perna curta* (cf. nº 298). Existe um provérbio grego análogo (νέμεσις δέ γε πὰρ πόδας βαίνει, "a punição vem logo atrás"), registrado pelos paremiógrafos (Diogen. 6,80, Greg. Cypr. L. 2,81, Apost. 12,6, Suda ν 163). Entre os provérbios modernos deve ser citado o inglês *Every sin brings its punishment with it*, enquanto outros paralelos — como o italiano *Ogni fallo aspetta il suo laccio* e o francês *Personne ne demeure impunie à la fin* — não põem tanto a tônica na rapidez do castigo quanto na sua inexorabilidade [Port., O castigo vem a galope].

1090. *Quod licet Iovi non licet bovi*
O que é lícito a Júpiter não é lícito a um boi

Esse adágio, de origem medieval (Walther 25847), vale-se formalmente da rima paronomástica *Iovi / bovi* e significa que certas coisas são permitidas apenas a uns poucos. Ignora-se completamente de que contexto ele foi extraído, embora se possa conjeturar um vínculo com o mito de Europa, seduzida por Júpiter, que assumira o aspecto de um novilho fogoso. No classicismo encontra-se um precedente na frase de Siro em *Heautontimoroumenos* (v. 797) de Terêncio (*Aliis si licet tibi non licet*, "se é permitido a outros, não o é a ti"), contextualmente paralela a *Summum ius saepe summast malitia* (nº 1094). Em italiano popular, esse mesmo conceito é expresso por *C'è chi può e chi non può* [há quem pode e quem não pode], seguido espirituosamente por *Io può* [eu pode]) [port., Quem pode pode, quem não pode se sacode (ou outras rimas)].

1091. *Dat veniam corvis, vexat censura columbas*
A censura perdoa os corvos e ataca as pombas

Esse é um verso de Juvenal (2,63), já definido como proverbial pelo relativo escólio e ainda muito citado para indicar uma injustiça descarada: encontra-se um paralelo num trecho de Terêncio (*Phormio*, 330 ss.), em que se ressalta que os caçadores estendem as redes para as mansas pombas e não para as aves de rapina, que podem machucá-los. A passagem de Juvenal deve ser interpretada à luz da contraposição tópica entre pombas e corvos, devida ao fato de serem as primeiras vistas como o símbolo da bondade e da paz (cf. também nº 145), enquanto os corvos têm aspecto e comportamentos totalmente opostos (é significativo, por exemplo, que Santo Agostinho, em *Sermones* [82,11,14], em *Enarrationes in Psalmos* [102,16] e no *Comentário ao Evangelho de João* [6,2], contraponha a *vox corvina* ao *gemitus columbinus*), o que é reforçado pela célebre passagem do *Gênesis* (8,6 ss.) em que Noé, quarenta dias depois do início do dilúvio, solta primeiramente um corvo e depois uma pomba para saber se as águas já haviam recuado, e só recebe a notícia esperada quando a pomba volta com um ramo de oliveira no bico (esse trecho das Sagradas Escrituras é mencionado na citada passagem do *Comentário a João* de Santo Agostinho, que chega a uma interpretação alegórica: a arca é a Igreja; os corvos são os que vivem para seus próprios interesses; as pombas são os que buscam os interesses de Cristo). Tal contraposição, amplamente documentada sobretudo em autores cristãos (para os trechos, remeto a Otto 95, Weyman 71; 266; muito significativo é o v. 192 de *Dittochaeon* de Prudêncio, em que se diz que São Paulo é capaz de transformar corvos em pombas), mas também em pagãos, deve ser inserida no contexto mais geral da contraposição entre pombas e aves de rapina, ainda viva em termos proverbiais (hoje, por exemplo, costuma-se chamar de *falcões* e *pombas*, respectivamente, os belicistas defensores da política da força e os pacificistas defensores de uma política menos autoritária, marcada pela conciliação e pelo acordo). Uma bela variante medieval é *Dat veniam corvis, vexat censura columbas; / irretit muscas, transmittit aranea vespas*, "a censura perdoa os corvos e ataca as pombas; a aranha prende as moscas e deixa as vespas em paz" (Walther 5020), que se vale da imagem da teia de aranha, freqüentemente usada para indicar as limitações da justiça humana (cf. nº 1100).

1092. *Curvo dinoscere rectum*
Distinguir o reto do torto

Essa expressão, usada nesses termos por Horácio num balanço da sua educação (*Ep.* 2,2,44), reaparece em outros textos, como por exemplo em Pérsio (4,11 s.) e num trecho da *Anthologia Latina* (2,789,6 Riese). A metáfora do direito e do torto para indicar o justo e o injusto ainda está viva nas várias línguas européias: em italiano, aliás, também existe a locução *Sapere il diritto e il torto* com o mesmo sentido da latina (cf. Battaglia 4,544).

1093. *Dilexi iustitiam et odivi iniquitatem: propterea morior in exsilio*
Amei a justiça e odiei a injustiça: por isso morro no exílio

Segundo os historiadores da Idade Média (Nicolò di Aragona, in L. A. Muratori, *Rerum Italicarum Scriptores*, 3,348,CX, e Óton de Frisinga, *Chronicon*, MGH 20,247), essa frase foi pronunciada pelo papa Gregório VII em Salerno, em 1085, pouco antes de morrer. De fato, ele se encontrava nessa cidade da Campânia desde 1084 porque precisara fugir de Roma no ano anterior, por estar sendo perseguido pelo imperador Henrique IV, que lhe opusera um antipapa, Guiberto, arcebispo de Ravena, com o nome de Clemente III. Essa frase tem origem bíblica: provém de um *salmo* (44,8) que diz: *Dilexisti iustitiam et odisti iniquitatem, / propterea unxit te Deus Deus tuus*, "amaste a justiça e odiaste a injustiça; por isso o Senhor Deus te ungiu".

b) O homem e a lei

1094. Summum ius summa iniuria
Perfeita justiça perfeita injustiça

Esse famoso adágio adverte que aplicar rigidamente a lei, sem a necessária flexibilidade e sem prestar atenção às situações concretas, leva a cometer graves injustiças: tal formulação, apreciada pela contraposição paradoxal *ius / iniuria*, é referida por Cícero (*De finibus*, 1,10,33) como explicitamente proverbial, sendo retomada textualmente na Idade Média (por exemplo, por João de Salisbury, *Policrático*, 3,11 [*PL* 199,499c]). Em Terêncio (*Heautontimoroumenos*, 796) e em São Jerônimo (*Ep.* 1,14) tem-se *malitia* em lugar de *iniuria*; em Columela (1,7,2), *crux*, "cruz". Encontram-se paralelos conceituais no próprio Cícero (*Pro Caecina*, 23,65) e no *Eclesiastes* (7,17: a *Vulgata* tem *Noli esse iustus multum*, "não sejas justo demais"). Na coletânea das sentenças medievais de Walther são registradas todas essas variantes (30676-30677b; cf. também 13262), assim como outras máximas conceitualmente afins, como *Expedit interdum sancita remittere legum, / ne pereat feritate mala clementia regum*, "às vezes é preciso relaxar os ditames da lei para que a clemência dos reis não pereça devido à crueldade" (8504), *Iudicis sententiam oportet sequi clementiam*, "a sentença do juiz deve ser marcada pela clemência" (13139), e *Si careat pietate rigor pietasque rigorem / non habeat, perdit iustum sententia florem*, "se o rigor carecer de piedade e a piedade não for sustentada pelo rigor, a sentença perderá a flor da justiça" (28306). *Sumum ius summa iniuria* é fórmula citada com freqüência pelos autores modernos (ver, por exemplo, Pascal, *Pensées*, 884, e F. Mauriac, *O caso Favre-Bulle*, que afirma que nada é mais horrível do que a justiça desprovida de caridade). Em todas as línguas européias estão presentes expressões como a italiana *Gran giustizia gran offesa* [grande justiça, grande ofensa]. Também tem certa difusão *Noli esse iustus nimis* (cf. P. Cauer, *Grundfragen der Homerkritik*, Leipzig 1923, 610).

1095. Aliquam reperitis rimam
Encontrai alguma brecha

Essa expressão é usada em *Curculio* de Plauto (v. 510) a propósito dos usurários, para afirmar que estes, tão logo eram feitos os decretos, sempre encontravam uma escapatória para burlá-los, já que as leis não podem ser perfeitas e sempre têm algum ponto fraco. No caso, portanto, equivale à expressão brasileira *Feita a lei, cuidada a malícia* (que tem paralelos em italiano e francês, cf. Mota 99). Finalmente, deve-se ressaltar que o termo *rima* assume também em Propércio (4,1,146) uma acepção figurada análoga, indicando uma possibilidade muito reduzida, mas suficiente para se fazer alguma coisa.

1096. Iudex damnatur ubi nocens absolvitur
Quando o culpado é absolvido, o juiz é condenado

Essa bela sentença encontra-se entre as de Publílio Siro (I 28), sendo também registrada na coletânea das máximas medievais (Walther 13103).

1097. Conscientia mille testes
A consciência vale por mil testemunhas

Essa frase está registrada como exemplo de gnoma anônima, de difusão popular, por Quintiliano (5,11,41): a importância da consciência também é reforçada por outros autores latinos, como Plauto (*Mostellaria*, 544 s.) e Cícero (*Epistulae ad Atticum*, 12,28,2: *Mea mihi conscientia pluris est quam omnis sermo*, "para mim, a minha consciência vale mais do que qualquer discurso"; *Paradoxa Stoicorum*, 1,8). Muito célebre é um trecho de Ovídio (*Fastos*, 4,311) em que Quinta Cláudia ri das calúnias que lhe imputam, pois tem a consciência perfeitamente limpa (*Conscia mens recti famae mendacia risit*, "cônscia da sua probidade, ri das falsidades da fama"); também há semelhança num provérbio de São Jerônimo (*Ep.* 123,14), que proclama: *Sufficit mihi conscientia mea; non curo quid loquantur homines*, "basta-me minha consciência; não me preocupo com o que dizem os homens". A tradução da máxima de Quintiliano tem difusão popular em todas as línguas européias (em italiano existe *La coscienza vale per mille testimoni*; no Brasil se diz *A consciência é o melhor conselheiro*); encontra-se também afinidade numa sentença presente em todas as línguas, segundo a qual a boa consciência é um bom travesseiro (em italiano, *Una buona coscienza è un buon guanciale*; a expressão brasileira equivalente é *Quem trabalha o dia inteiro acha mole o travesseiro*).

1098. Ad paenitendum properat cito qui iudicat
Quem julga apressadamente ingressa na via do arrependimento

Esse provérbio é de Publílio Siro (A 32); está presente — em termos quase idênticos — no Pseudo-Beda (*PL* 90,1091d) e permanece — sem variações de relevo — em todas as tradições proverbiais modernas da Europa (em italiano existe *Chi tosto giudica tosto si pente* [quem logo julga logo se arrepende]); Um trecho famoso que exprime esse mesmo conceito está nas palavras de Santo Tomás no *Paraíso* de Dante (13,130-132: *Non sien le genti ancor troppo sicure / a giudicar, sì come quei che stima / le biade in campo pria che sien mature*). Para o preceito evangélico de não julgar para não ser julgado, ver nº 1296.

1099. Οἱ μεγάλοι κλέπται τὸν μικρὸν ἀπάγουσι
Os grandes ladrões levam o pequeno à prisão

Esse provérbio, que, sem variações de relevo, ainda está vivo em muitas línguas (no Brasil se diz *Os grandes ladrões enforcam os pequenos*; em veneziano, *Ladro picolo no star robar, che ladro grando te fa impicar*), significa que, se a justiça quer atingir os grandes criminosos, não deve (ou não pode) poupar os pequenos, e que o destino dos pequenos é ser arrastado pelo destino dos grandes. Na realidade, na única documentação antiga (Diógenes Laércio, 6,45), seu significado é profundamente diferente: trata-se de uma exclamação do cínico Diógenes (462 Giannantoni), ao ver que os guardas das coisas sagradas arrastam um malandro que roubara uma taça. Contudo, acredito ser provável que essa frase de Diógenes retome um provérbio que devia ter significado semelhante aos modernos, adaptando-o a uma acepção nova e sarcástica: indício disso é a estrutura métrica (realmente, poderia tratar-se de um hexâmetro incompleto: por exemplo, com uma lacuna entre μικρὸν e ἄγουσι [ἀπάγουσι é correção de Cobet], a ser completado eventualmente com φῶρ', "ladrão"). Para o provérbio complementar, de que só os pequenos criminosos caem nas garras da lei, cf. nº 1100.

1100. *Lex est araneae tela, quia, si in eam inciderit quid debile, retinetur; grave autem pertransit tela rescissa*
A lei é como uma teia de aranha: se nela cai alguma coisa leve, ela retém; o que é pesado rompe-a e escapa

Esse ditado é atribuído ao cita Anacársis por Valério Máximo (7,2, *ext.* 14): de fato, Plutarco (*Vida de Sólon*, 5,4) diz que tal personagem usou essa comparação para criticar os legisladores atenienses; em Diógenes Laércio (1,58), porém, essa frase é atribuída *tout court* a Sólon, sendo outros supostos autores Zaleuco, legislador da Lócrida, na Magna Grécia (segundo João de Stóboi, 4,4,25), e Tales (segundo Tzetzes, *Chiliades*, 5,353 ss.). Para um ditado medieval que apresenta essa mesma imagem, cf. nº 1091; em italiano ainda se diz *Le leggi sono come le tele dei ragnateli* [as leis são como as teias de aranha] (a influência do trecho de Plutarco é evidente: cf. M. Adriani, *Vite parallele di Plutarco volgarizzate*, Firenze 1859, 189), encontrando-se também em outras línguas européias expressões proverbiais semelhantes (é significativa a inglesa *Laws catch flies but let hornets go free*, "a lei pega as moscas mas deixa livres os vespões"). São várias as referências literárias, como por exemplo em *A Casa Nucingen* de Balzac e num soneto de C. Porta (260: *La giustizia de sto mond*).

1101. *Dura lex sed lex*
É uma lei dura, mas é lei

Trata-se de uma expressão do latim vulgar, ainda muito usada para dizer que é preciso dobrar-se à lei, mesmo quando ela é rigorosa e punitiva. Esse princípio já está presente no *Digesto* (Ulpiano, 40,9,12,1: *Durum hoc est sed ita lex scripta est*, "é duro, mas a lei foi escrita assim"), com referência a uma lei severa e restritiva sobre a alforria dos escravos.

1102. *Corruptissima republica plurimae leges*
Estado corrupto, múltiplas leis

Essa expressão, bem conhecida e sem dúvida ainda atual, significa que o número exorbitante de leis contraria os princípios básicos de um Estado civil que funcione bem, ou seja, a certeza do direito. Deriva de Tácito (*Anais*, 3,27,3). O fato de as leis inúteis enfraquecerem as leis necessárias é, finalmente, uma tese de Montesquieu em *O espírito das leis*.

1103. *Advocatus et non latro: / res miranda populo*
É advogado e não é ladrão: coisa de se admirar

Esse dístico, hoje comumente entendido com sentido satírico em relação aos advogados, tinha na origem um significado bem diferente. Na realidade, esses versos fazem referência a Santo Ivo de Kermartin, patrono dos advogados, que viveu entre 1253 e 1303: *Sanctus Yvo erat Brito: / advocatus et non latro, / res miranda populo*, "Santo Ivo era bretão, advogado e não ladrão, coisa de se admirar" (cf. C. Chevalier, *Repertorium hymnologicum*, 2,552), mas provavelmente — como percebeu Blume (*Repertorium repertorii*, Lipsiae 1901, 50; 283) — não se trata nem de uma seqüência litúrgica nem de uma sátira contra os advogados, mas de uma pequena estrofe (posterior a 1347, ano da canonização de Santo Ivo) cujo objetivo era troçar dos bretões, que nos textos medievais são vistos como ladrões por antonomásia.

1104. *Da mihi testimonium mutuum*
Dá-me em troca um testemunho

Cícero (*Pro Flacco*, 4,10) transcreve esse provérbio como símbolo da falsidade dos gregos (cf. nºs 242-243) e principalmente do fato de que seus juramentos e seus testemunhos não são confiáveis. Arsênio (5,80a), no entanto, na única documentação do original grego (δάνειζέ μοι μαρτυρίαν), diz que ele se refere a quem se vangloria desmedidamente.

1105. Δίκην ὑφέξει κἂν ὄνος δάκῃ κύνα
Moverá um processo até se um asno morder um cão

Esse provérbio ridiculariza as pessoas que movem processos por motivos insignificantes: aparece nos paremiógrafos (Zenob. vulg. 3,20, Diogen. 4,17; Vind. 2,30, Greg. Cypr. 2,13; M. 2,78, Apost. 6,11). O motivo da sátira contra os processos fáceis era tópico na literatura grega, sobretudo na comédia ática do século V, em que era comum troçar desse mau costume muito difundido (a esse propósito, são exemplares *As vespas*, de Aristófanes).

1106. Leges bonae ex malis moribus procreantur
As boas leis nascem dos maus costumes

Essa máxima é transmitida por Macróbio (*Saturnalia*, 3,17,10) e registrada no *Appendix sententiarum* (314 R.²); seus paralelos conceituais são constituídos por uma passagem de Lívio (34,4,8), onde se diz que é preciso que as paixões precedam as leis, assim como as doenças são conhecidas antes dos remédios; duas de Tácito (*Anais*, 3,27, onde se fala de leis nascidas *ex delicto*, "para punir os delitos"; *Germania*, 19, onde se afirma que era maior o valor dos bons costumes entre os germanos do que o das leis em outros lugares); e um de Zenão de Verona (*Tractatus*, 2,3,4: *Tolle peccatum: cessat legis imperium*, "suprime o pecado e acabará o poder da lei"). Nas tradições modernas, encontra-se provérbio semelhante em português (*Dos maus costumes nascem as boas leis*), com equivalentes em italiano, inglês e alemão.

1107. Non lex, sed faex
Não lei, mas fezes

Essa expressão, baseada na paronomásia *lex / faex*, indica normas grosseiras de direito, indignas de povos civilizados. Na realidade foi motivada pela comparação entre o direito longobardo e o romano: segundo um lugar-comum entre os juristas da baixa Idade Média, teria sido pronunciada por Uguccione da Pisa, sendo-nos transmitida por Luca da Penne (11,43,1) e citada por Boncompagno (*Bibliotheca iuris medii aevi*, 2,253) e por Odofredo (5,46,5, p. 76b: *Fetidissimum ius Langobardorum*, "fetidíssimo direito dos longobardos").

1108. Ἄγραφος νόμος
A lei não-escrita

Essa expressão é muito famosa porque com ela a protagonista de *Antígona* de Sófocles (vv. 543 s.) refere-se às leis absolutas que dimanam diretamente da divindade (no caso, a que obriga a irmã a sepultar o irmão morto) e que, portanto, são mais importantes do que as leis relativas, prescritas pelo homem e pelo Estado. Na realidade, essa locução é usada por numerosos autores áticos dos séculos V e IV a.C. e nem sempre designa as leis provenientes da divindade: Andocides (*De mysteriis*, 85 ss.), aliás, transcreve uma lei de Sólon que impõe obediência às leis escritas e considera as não-escritas como normas de uma sociedade arcaica, inadequadas à sociedade de seu tempo, em que é cada vez maior o papel desempenhado pela escrita (nessa dimensão histórica, as leis não-escritas voltarão, por exemplo, em Fílon de Alexandria, 23,5 e em José Flávio, *Contra Apionem*, 2,155). Em Tucídides (2,37,3), ao contrário, as leis não-escritas são realmente superiores ao direito dos vários Estados, não porque dimanam da divindade, mas por convenção. A seguir, a posição de Sófocles se encontra em Xenofonte (*Memorabilia*, 4,4,19-21) e sobretudo na cultura judaico-cristã (cf., por exemplo, Fílon de Alexandria 23,16; 23,275 s., Nilo, *Ep.*

3,283 [*PG* 79,524c]); a visão "laica", por outro lado, está nas palavras do ateniense de *As leis* de Platão (7,793ab; 8,841b), do estrangeiro em *Político* (295e, 298e) e em Lísias (6,10); ademais, à parte certos trechos cujo sentido é totalmente genérico (ver, por exemplo, Demóstenes, 23,70, *Rhetorica ad Alexandrum*, 1,7; 36,57; 38,39), as leis não-escritas tendem a identificar-se com o direito natural (cf. Demóstenes, 18,275, Dionísio de Halicarnasso, *Antiquitates Romanae*, 7,41).

1109. Νόμος ὁ πάντων βασιλεύς
A norma reina sobre todas as coisas

Essa expressão, que deriva de um fragmento de Píndaro (169a,1 Maehler), é célebre e intrigou vários estudiosos (é clássico M. Gigante, Νόμος βασιλεύς, Napoli 1956): νόμος de fato é um termo que contém numerosas acepções muito diferentes, como "lei", "norma", "regra", "uso" e "costumes". No fragmento de Píndaro, ao que parece (o texto é duvidoso), trata-se de um ordenador universal, ao qual estão submetidos os mortais e os imortais e que ἄγει δικαιῶν τὸ βιαιότατον / ὑπερτάτᾳ χειρί, "carrega a força, fazendo justiça com mão superior" (vv. 3 s.). Entre as várias menções e citações na literatura grega, devem ser lembradas pelo menos uma de Heródoto (3,38,4), que o cita a propósito de uma discussão havida na corte persa sobre usos fúnebres gregos e indianos (entendendo νόμος, portanto, como "costume"), e uma de *Górgias* de Platão (484b), em que Cálicles, partidário de Górgias, cita-o em apoio à sua teoria de que o direito do mais forte é o direito natural.

c) *Normas jurídicas*

1110. *Error communis facit ius*
O erro comum faz lei

No uso comum, essa fórmula indica a relatividade do direito: aquilo que abstratamente seria um delito, se generalizado, torna-se norma. Na realidade, já existe na legislação latina. É assim que Paulo (*Digesto*, 33,10,3,5), no capítulo intitulado *De suppellectile legata*, "sobre os legados de mobiliário", escreve: *Error ius facit (propter imperitiam testatoris)*, querendo dizer que, no caso de imperícia do testador, a opinião vulgar sobre a interpretação das palavras poderá criar um direito. No Brasil se diz *O erro repetido passa por verdade*.

1111. *Abusus non tollit usum*
O abuso não exclui o uso

Trata-se de um "brocardo" de origem desconhecida, ainda repetido para dizer que, sem dúvida, é preciso censurar o uso distorcido ou o abuso de uma norma jurídica, mas isso não comporta a sua abolição, se ela for aplicada em seus justos limites.

Ademais, deve ser assinalado que outra regra jurídica tradicional explicita: *Abusus non est usus sed corruptela*, "o abuso não é uso, mas sua degeneração". São provérbios brasileiros afins *O abuso não tira o uso* e *Usar, não abusar* (para paralelos em outras línguas cf. Mota 143, 225).

1112. *Cui prodest scelus, / is fecit*
Cometeu o crime quem dele tirou proveito

A fonte é um trecho de *Medéia* de Sêneca (vv. 500 s.), onde se trata de uma frase da protagonista sobre Jasão. Essa expressão agora é muito conhecida, inclusive nas formas *Is fecit cui prodest*, *Is fecit* e *Cui prodest?*, significando que, para desvendar um filme policial ou solucionar um mistério, é preciso, em primeiro lugar, perguntar-se quem realmente teria tirado proveito do acontecimento e, assim, apontar os suspeitos. Para o análogo *Cui bono?*, cf. nº 1113.

1113. *Cui bono?*
A quem interessa?

Trata-se de uma fórmula com que o inquisidor se pergunta quem teria tirado vantagem de um crime, para apontar os seus principais suspeitos. É citada por Cícero em vários trechos (*Pro Roscio*, 30,84; 31,86, *Pro Milone*, 12,32, *Filípicas*, 2,14,35); no primeiro deles é atribuída ao juiz L. Cassio Longino Ravila, cônsul em 127 a.C. e proverbial pela severidade (ver, por exemplo, Cícero [*In Verrem*, 3,60,137; 3,62,146], Amiano Marcelino [26,10,10; 22,9,9; 30,8,13], Volcácio Galicano [*Vida de Avídio Cássio*, 5,6]). Atualmente, com esse sentido é mais usado *Cui prodest?*, extraído de um famoso trecho de *Medéia* de Sêneca (nº 1112).

1114. *Ne bis in idem*
Não duas vezes no mesmo

Essa expressão, hoje empregada genericamente como recomendação de não se repetir, na realidade era um princípio do direito processual romano, segundo o qual uma mesma *actio* não podia ser movida pela segunda vez, fosse qual fosse o resultado da primeira. A fonte mais importante é um trecho de *Instituições* de Gaio (4,108), mas Quintiliano também trata dessa norma (7,6,4), ressaltando sua indubitável obscuridade e perguntando se *bis* diz respeito ao autor ou à ação; é possível que a ele fizesse alusão a expressão *Actum, ne agas*, "já foi feito, não o faças" (cf., por exemplo, Terêncio [*Phormio*, 419], Cícero [*Epistulae ad Atticum*, 9,6,6; 9,18;3]; para outros exemplos, ver Otto 42). Uma regra jurídica desse tipo também devia existir no direito grego, visto que Demóstenes (*Contra Leptinem*, 147) nos diz que as leis não permitiam dupla ação judiciária sobre o mesmo assunto. Atualmente, no uso comum, essa expressão ainda é às vezes relacionada erroneamente com a conhecida advertência de não cair duas vezes no mesmo erro (cf. nºs 457-458).

1115. *Quod non est in actis non est in mundo*
O que não está nos autos não existe

Esse lema, de origem desconhecida, registrado por Walther entre as sentenças medievais (25928a) e atualmente de uso comum em meio jurídico (inclusive com as variantes *in hoc mundo* e *de hoc mundo*), adverte que uma sentença não deve basear-se em vagas lembranças pessoais e em outros elementos desse tipo, mas exclusivamente naquilo que está devidamente registrado e averbado nos autos processuais. Também existe *Quod non legitur non creditur*, "no que não se lê não se crê"; para *Verba volant, scripta manent*, cf. nº 93.

1116. *Quod omnes tangit debet ab omnibus approbari*
O que toca a todos por todos deve ser aprovado

Essa norma jurídica, ainda conhecida, deriva do *Liber sextus decretalium* (5,12,29) de Bonifácio VIII. Na verdade, porém, tal princípio "democrático" tem origem no *Corpus iuris civilis* de Justiniano (5,59,5,2), onde são tratados os casos em que um maior número de tutores e curadores deve dar garantia.

1117. *Honeste vivere*
Viver honestamente

Essa não é uma simples norma moral: embora exprima um ideal antes ético do que jurídico, ao lado de *Alterum non laedere* (nº 1118) e de *Suum cuique tribuere* (nº 1119), constitui um dos três preceitos fundamentais do direito romano (*Digesto*, 1,10,1), atribuídos a Ulpiano. No entanto, os estudiosos não têm certeza se a sua origem é realmente clássica ou se esta é uma glosa tardia, da Idade Média bizantina.

1118. *Alterum non laedere*
Não lesar os outros

Ao lado de *Honeste vivere* (nº 1117) e de *Suum cuique tribuere* (nº 1119), esse é um dos três preceitos fundamentais do direito romano, atribuído a Ulpiano (*Digesto*, 1,10,1) e retomado nas *Institutiones* de Justiniano (1,1,3). Com ele se exprime a proibição de violar a esfera jurídica de outrem; nessa norma geral inspiram-se muitas leis específicas, como por exemplo uma de Marco Aurélio e de Lúcio Vero, registrada no *Digesto*, no capítulo *De transactionibus* (2,15,3), onde se lê: *Privatis pactionibus non dubium est non laedi ius ceterorum*, "sem dúvida nos contratos privados o direito dos outros não deve ser lesado".

1119. *Suum cuique tribuere*
Dar a cada um o que é seu

Ao lado de *Honeste vivere* (nº 1117) e de *Alterum non laedere* (nº 1118), pertence à tríade fundamental dos preceitos do direito romano, atribuída a Ulpiano (*Digesto*,

1,10,1) e confirmada nas *Institutiones* de Justiniano (1,1,3). Contudo, é mais antigo: Gélio (13,24,1) transcreve um fragmento oratório de Catão (73,2 Jordan) em que aparece *Suum cuique per me uti atque frui licet*, "a meu ver, cada um pode usar e usufruir o que é seu", e Cícero (*De legibus*, 1,6,9), sobre a etimologia do grego νόμος, "lei", que proviria de νέμω, "distribuir", afirma que esse termo deriva *a suum cuique tribuendo*; também Cícero, em *De officiis* (1,5,15), delimita o âmbito do direito — entre outras coisas — *in... tribuendoque suum cuique*, retomando depois com freqüência essa definição da função da justiça (cf. *De natura deorum*, 3,15,38, *De inventione*, 2,16, *De finibus*, 5,65; 5,67, *De republica*, 3,18). Esse conceito já está em Platão (cf. *A República*, 1,331e, e as apócrifas *Definitiones*, 411d) e em Aristóteles (fr. 85 Rose), aparecendo em vários autores posteriores (para uma relação, remeto a Stanley Pease 1039). Uma das sentenças medievais (Walther 30942c) afirma *Suum cuique tribuere tota est aequitas*, "dar a cada um o seu é a justiça total"; a fama de *Suum cuique* foi duradoura: é citado por Shakespeare (*Andronico*, 1,2) explicitamente como extraído do direito romano; foi apreciado por Frederico I da Prússia, que o mandou gravar em muitas medalhas e moedas, e quis que essa fosse a divisa da Ordem da Águia Negra (donde deriva a sua grande difusão na cultura prussiana e alemã); às vezes também é citado como *Unicuique suum!* e é nessa formulação que constitui um dos dois lemas do "Osservatore romano" (cf. também nº 1544). *A ciacuno il suo* [a cada um o seu] é expressão comum em italiano e título de um famoso romance de L. Sciascia, que justamente se inspira na primeira página do jornal da Santa Sé. São provérbios brasileiros afins *A cada santo a sua lâmpada* e *O seu a seu dono* (para paralelos em outras línguas cf. Mota 36, 156).

1120. *Ne impediatur legatio*
Que a legação não seja impedida

Essa locução ainda é usada para indicar um dos primeiros deveres do direito internacional: um Estado não deve criar obstáculos às missões diplomáticas credenciadas junto a ele; ao contrário, deve garantir o exercício livre e contínuo de suas funções. Em *Adagia* (5,2,1), Erasmo registra *Nuncio nihil imputandum*; em italiano popular, deve-se mencionar o *topos* segundo o qual *Ambasciator non porta pena* (cf. nº 51).

1121. *Oculum pro oculo, et dentem pro dente*
Olho por olho, dente por dente

Essa expressão ainda é famosa e usada — inclusive traduzida nas várias línguas — para indicar o princípio da justiça arcaica, baseada na vingança e na retribuição exata do mal sofrido (é a chamada "lei de talião"). Com essa frase faz-se referência sobretudo à lei mosaica que só aparentemente era desapiedada e na realidade queria conter as punições nos justos limites; contudo, na cultura cristã, ela é freqüentemente contraposta à misericórdia de Deus do *Novo Testamento*. De fato, em *Êxodo* (21,33 s.), a propósito de quem bate numa mulher grávida, Deus ordena a Moisés: *Reddet... oculum pro oculo, dentem pro dente, manum pro manu, pedem pro pede*, "restituirá olho por olho, dente por dente, mão por mão, pé por pé"; esse princípio também é enunciado no *Levítico*, no interior de uma série de leis inspiradas por ele (24,17-22), e no *Deuteronômio* (19,21), a respeito do falso testemunho. A contestação cristã dessa norma baseia-se numa análise explícita de Jesus, no *Evangelho de Mateus* (5,38 ss.).

1122. *Nec vi, nec clam, nec precario*
Nem com violência, nem clandestinamente, nem de modo precário

Trata-se de um princípio proveniente do direito romano, que prescreve os requisitos para que a posse seja juridicamente definida como tal: não pode ter sido conquistada por meios violentos, nem clandestinos (o *Digesto* dedica um capítulo inteiro [43,24] à ilegalidade do que foi feito *vi aut clam*), nem graças a alguma liberalidade sujeita a revogação (esse é o sentido de *precarium* no direito romano, minuciosamente analisado pelo *Digesto*, 43,26). No *Digesto* não faltam outros casos em que aparece esse trinômio, como por exemplo em 43,26,19 (*Duo in solidum precario habere non magis possunt quam duo in solidum vi possidere aut clam*, "dois não podem possuir solidamente de modo precário, assim como dois não podem possuir pela força ou por dolo").

1123. *Nemo pro parte testatus pro parte intestatus decedere potest*
Ninguém pode morrer tendo feito em parte o testamento ou não o tendo feito em parte

Essa é uma famosa norma do direito romano (cf. Pompônio, *Digesto*, 50,17,7, Ulpiano, 29,1,19), segundo a qual, se num testamento for nomeado apenas um herdeiro, para uma só parte dos bens do defunto, esse se torna automaticamente o herdeiro universal (*heres ex asse*).

1124. *Nihil obstat quominus imprimatur*
Nada obsta a que seja impresso

Essa fórmula era posta nos livros impressos com autorização eclesiástica (segundo os cân. 1393 e 1394 do direito canônico), depois do parecer favorável do censor (cân. 1385); teve depois ampla aplicação e dela derivam o simples *Imprimatur*, "imprima-se", hoje usado até como substantivo comum para indicar a permissão para impressão ou edição, e a locução *Nihil obstat*, de uso comum com o sentido de "não há nenhuma dificuldade, nenhum obstáculo".

1125. *Paterna paternis materna maternis*
Os bens do pai, aos parentes do pai; os bens da mãe, aos parentes da mãe

Trata-se de uma norma jurídica medieval que criou raízes em Nápoles, na Sardenha, em Lucca, em Ravena e sobretudo fora da Itália: prescrevia que, em caso de morte sem testamento válido, os bens retornassem às famílias das quais provinham. Atualmente é às vezes citada a propósito dos regimes de "separação de bens" entre cônjuges.

1126. *Audiatur et altera pars*
Ouça-se também a outra parte

Hoje em dia essa expressão é muito famosa: em sentido próprio, indica que a sentença não deve ser proferida antes que tenham sido atentamente ouvidas e avaliadas as razões de ambas as partes; igualmente, na linguagem comum, é usada com referência a disputas e discussões. Tal formulação é medieval, mas esse princípio jurídico já era difundido na Antiguidade: no *Digesto* (48,17,1) estabelece-se que não é justo condenar alguém sem ter ouvido as suas razões; os oradores áticos (Demóstenes, *Oração sobre a coroa*, 2; 6, *Contra Timócrates*, 151, Isócrates, *Antidosis*, 21) fazem referência a um juramento do juiz, que promete ouvir tanto o acusador quanto o acusado. Todavia, nas literaturas clássicas esse motivo não está presente só em contextos técnicos, mas pode surgir com valor proverbial: muito importantes são um trecho de *Medéia* de Sêneca (vv. 199 s.: *Qui statuit aliquid parte inaudita altera / aequum licet statuerit, haud aequus fuit*, "quem tomou uma decisão sem ouvir ambas as partes, mesmo que tenha tomado a decisão justa, não agiu de modo justo"); um de Santo Agostinho (*De duabus animabus*, 14,22: *Audi partem alteram!*, "ouve a outra parte!"); e um provérbio grego (μηδὲ δίκην δικάσῃς, πρὶν ἀμφοῖν μῦθον ἀκούσῃς, "não profiras um veredito antes de ouvir ambas as partes"), que é atribuído a Demócrito na chamada *Mantissa proverbiorum* (2,6), pode ser encontrado no Pseudo-Focílides (87), é atribuído por Cícero (*Epistulae ad Atticum*, 7,18,4) ao Pseudo-Hesíodo (fr. 338 Merkelbach-West) e está presente em numerosos autores (Aristófanes, *As vespas* [725 s.], Pseudo-Platão [*Demódoco*, 383a], Plutarco [*De Stoicorum repugnantiis*, 1034e], Luciano [*Calumniae non temere credendum*, 8], escólio a Tucídides [1,44]; para uma resenha completa, remeto ao estudo crítico de Merkelbach-West). Esse *topos* é retomado em outros textos (ver, por exemplo, Eurípedes [*Os heráclidas*, 179], Gregório de Nazianzo [*Ep*. 218], assim como um *monóstico de Menandro* [19 J.] que diz: ἀνεξέταστον μὴ κόλαζε μηδένα, "não punas ninguém antes de sondar suas razões"). *Audiatur et altera pars* também se encontra em juramentos das épocas medieval e moderna (cf. Büchmann 428), em inscrições em salas de tribunais (cf. Fumagalli 516), em alguns autores (como por exemplo em Pascal, *Pensées*, 920; 938, Goethe, *Fausto*, 2,3). Nesse princípio inspiraram-se algumas sentenças medievais, como por exemplo *Iudicium ne fer si non sunt ambo locuti*, "não emitas juízo se ambas as partes não tiverem falado" (Walther 13150, cf. também 17787) e *Solius affatus est sermo dimidiatus, / sed cum auditur reliquus, tunc res aperitur*, "o discurso feito por uma só pessoa é a metade: quando se ouve a outra parte, a questão se esclarece" (29962b), devendo ser assinalados vários provérbios nas modernas línguas européias: italianos, *Non giudicar per legge né per corte se non ascolti l'una e l'altra parte* e *A sentire una campana sola si giudica male* (em italiano é freqüente a metáfora da *campana* [sino] com essa acepção; cf. também Arthaber 592). No Brasil se diz *O bom juiz ouve o que cada um diz*.

1127. *Adversus hostem aeterna auctoritas (esto)*
Em relação aos estrangeiros, haja sempre o direito de recompra

Essa é uma das leis das *Doze tábuas* (3,7), citada por Cícero (*De officiis*, 1,12,37), exatamente para exemplificar o significado arcaico de *hostis* como "forasteiro": trata-se de uma norma que regulava as compras e vendas segundo a qual, na venda de alguma coisa a um estrangeiro, o romano deveria estar sempre pronto a garanti-la contra eventuais pretensões de terceiros (essa *actio auctoritatis* aplicava-se em caso de sucumbência a um ressarcimento em dobro); a *auctoritas*, portanto, era *aeterna* só no caso de compras e vendas com estrangeiros, já que, com os cidadãos romanos, ela cessava no momento em que o comprador tomava posse por usucapião. Esse provérbio ainda é famoso, mas muitas vezes citado erroneamente, como se o sentido de *hostis* fosse o clássico "inimigo": donde sua constante menção em discursos de cunho patriótico e belicista, como se o sentido fosse de que contra (*adversus*) o inimigo é preciso agir sem remissão.

1128. *In dubio pro reo*
Na dúvida, decida-se em favor do réu

Esse é um dos lemas jurídicos latinos mais conhecidos hoje em dia, mas, nessa formulação, não remonta à Antiguidade. Todavia, esse conceito, que reflete a concepção de que se deve dar mais importância à proteção do inocente do que à punição do culpado, é expresso em diversos textos já no classicismo: primeiramente, o magistrado Paulo (*Digesto*, 42,1,38) define, a pedido de Antonino Pio, que, no caso de equipolência das razões, deve-se decidir *pro reo*, ou seja, a favor do "acusado" e não do "autor"; essa mesma norma já se encontrava em *Problemas* do Pseudo-Aristóteles (951a 20 ss.) e recorre em outros trechos do *Digesto* (por exemplo, Ulpiano [48,19,5] refere um pensamento de Trajano, segundo o qual era melhor deixar um culpado sem punição do que punir um inocente; Gaio [50,17,125] põe em confronto direto os *rei* e os *actores*), assim como em Sêneca, o Retor (*Controversiae*, 1,5,3), que lembra: *Inter pares sententias mitior vincat*, "entre duas sentenças equipolentes, vença a mais moderada" (frases semelhantes também se encontram em Ulpiano, 34,5,10 e em Marcelo, 10,5,17,192). Na Idade Média, é muito importante um regulamento de Bonifácio VIII (*Liber sextus decretalium*, 5,12,11: *Cum sunt partium iura obscura reo favendum est potius quam actori*, "quando as razões das partes forem obscuras, deve-se favorecer o denunciado e não o autor"). Na praxe jurídica hodierna, baseiam-se nesse princípio sentenças como a absolvição por insuficiência de provas (tal fórmula, entre outras, foi abolida na Itália, na recente reforma do direito penal).

1129. *Habemus confitentem reum*
Temos um réu confesso

Essa é uma expressão que pertence propriamente ao linguajar judiciário, indicando o caso de confissão clara da culpa por parte de um indiciado, mas que também é usada jocosamente em linguagem comum. No classicismo encontra-se um frase análoga em

Cícero (*Pro Ligario*, 1,2: *Habes... quod et accusatori maxime optandum, confitentem reum*, "tens aquilo que um acusador deve desejar ardentemente, um réu confesso").

1130. *Iura novit curia*
O tribunal conhece as leis

Esse é um famoso aforismo medieval, que exprime o pressuposto de que o juiz conheça as normas legais e as aplique, mesmo quando isso não é explicitamente requerido pelas partes interessadas.

1131. *Nulla poena sine lege*
Não há pena sem lei

Esse é um dos princípios mais importantes do direito, sancionado pelo *Digesto* (Ulpiano, 50,16,131) e reafirmado nas famosas declarações do direito do homem das revoluções americana e francesa: *Ninguém pode ser punido se não por força de uma lei que tenha entrado em vigor antes do fato cometido. Ninguém pode ser submetido a medidas de segurança, a não ser nos casos previstos pela lei.* Esse princípio foi explicitamente citado por Johannes Anselm von Feuerbach em seu *Lehrbuch des Gemeinen in Deutschland gültigen peinlichen Rechts*, 1801, 20, mas não é reconhecido no direito canônico. Essa frase costuma indicar, genericamente, que ninguém pode ser punido sem que transgrida uma lei precisa, sendo freqüentemente usada em seu lugar, sem variação de significado, a fórmula *Nullum crimen sine lege*: na realidade tratava-se de duas normas diferentes, ainda que complementares, já que *Nulla poena sine lege* indicava propriamente a pena e *Nullum crimen* indicava o delito em si, esclarecendo que, se não é previsto, não pode ser considerado como tal (eventualmente com base em critérios analógicos).

1132. *Pacta sunt servanda*
Os pactos devem ser respeitados

Essa é uma norma famosa, que talvez derive de Ulpiano; este, no início do capítulo intitulado *De pactis* (*Digesto*, 2,14), pergunta-se: *Quid enim tam congruum fidei humanae quam ea, quae inter eos placuerunt, servare?*, "o que haverá de mais compatível com a lealdade humana do que respeitar aquilo que foi pactuado?". Esse conceito reaparece ainda no mesmo capítulo (2,14,7,7). Hoje, do ponto de vista técnico, diz respeito ao direito internacional; aliás, constitui o seu fundamento, porquanto, ao assegurar a obrigatoriedade dos tratados, vincula o acordo a uma fonte de norma jurídica internacional. Nesse sentido, discutiu-se a sua natureza e origem: para a escola neojusnaturalista, trata-se em primeiro lugar de um princípio ético; para outros, exatamente por estar na base da ordenação jurídica, é um postulado cuja obrigatoriedade e juridicidade, obviamente, não podem ser demonstradas; outros, ainda, partem da definição de "costume" como acordo tácito e transformam-no em base do direito "consuetudinário"; para outros, enfim, trata-se de uma regra consuetudinária na qual se baseia o direito convencional. Esse princípio às vezes é invocado na linguagem comum como menção à lealdade ou como justificação para partilhas "mafiosas" (esquece-se assim, com grande freqüência, uma outra norma do direito romano, segundo a qual um contrato ou um acordo não serão válidos se ferirem as leis, a constituição e os bons costumes [*Digesto*, 6,2,3; 27,4]). No Brasil se diz *Trato é trato*.

1133. *Iniuria non fit volenti*
Não há ofensa a quem consente

Essa fórmula jurídica, ainda usada, é de origem desconhecida. Apesar disso, devem ser mencionadas uma norma de Ulpiano (*Digesto*, 47,10,1,5: *Nulla iniuria est quae in volentem fiat*, "não existe ofensa, se cometida contra quem consente") e outra do *Código* de Justiniano (2,4,34: *Cum... nec umquam volenti dolus inferatur*, "pois nunca há dolo em relação a quem consente"). Em grego, encontra-se expressão análoga num trecho da *Ética para Nicômaco* de Aristóteles (1138a 12: ἀδικεῖται δ' οὐδεὶς ἑκών), que, no entanto, não parece refletir uma norma jurídica precisa. Outro paralelo é constituído por *Scienti et consentienti non fit iniuria neque dolus*, "não há ofensa nem dolo contra quem está ciente e consciente", de Bonifácio VIII (*Liber sextus decretalium*, 5,12,27), que retoma uma regra análoga de Ulpiano (*Digesto*, 50,17,145). Às vezes essa fórmula é citada como *Volenti non fit iniuria*.

1134. *Solve et repete*
Primeiro paga, depois pede a restituição

Essa é uma fórmula de origem desconhecida, mas ainda usada para dizer que quem acredita ter sido multado ou tributado injustamente antes deverá pagar para depois, num segundo momento, recorrer (na Itália, tal norma foi abolida depois das sentenças da Corte Constitucional de 24 de março e de 22 de dezembro de 1961). *Repetere*, em linguagem jurídica, indica pedir de volta: no caso, dinheiro pago a mais. Analogamente, no direito privado, é assim denominada a cláusula segundo a qual uma das partes não pode eximir-se do pagamento de honorários em vista da inadimplência da outra parte.

1135. Ἀμφότεροι κλῶπες, καὶ ὁ δεξάμενος καὶ ὁ κλέψας
Ambos são ladrões: tanto quem recebeu quanto quem roubou

Trata-se do v. 136 do Pseudo-Focílides, no qual há um princípio legal que atribui responsabilidade idêntica a todos os que participam de uma ação criminosa, em particular a ladrão e receptador (cf. *Digesto*, 47,16,1). Contudo, esse preceito presta-se a ser entendido em sentido simplesmente moral, como nos vários provérbios semelhantes que estão presentes nas várias línguas européias (como o italiano *Tanto è ladro chi ruba come chi tiene il sacco* [é ladrão tanto quem rouba como quem segura o saco], vivo, com os mesmos termos, em francês e documentado em Metastasio, *Semiramide*, 2,4); são muitas as suas variações, entre as quais as espanholas *Tanto peca el que roba en la huerta como el que guarda a la puerta* e *Ladrones y encubridores, pena por igual*, além da bolonhesa *Tant chi tén quant chi dscórdga* (ou seja, "tanto quem segura quanto quem esfola"; essa imagem ainda é a de dois ladrões, dos quais um segura a ovelha e o outro a tosa).

1136. *Testis unus testis nullus*
Uma testemunha, nenhuma testemunha

Essa é uma aplicação, em contexto jurídico, do *topos* segundo o qual um homem sozinho não tem valor (nº 1057): significa que não se pode condenar com base em uma testemunha apenas. Essa formulação é medieval, sendo típica do direito que tende a desvalorizar as provas testemunhais; contudo, não faltam precedentes antigos. Muito importante é um trecho do *Deuteronômio*, em que se prescreve que não sejam feitas condenações à morte, nem por sacrilégio, se só houver uma testemunha (17,6: *Nemo occidatur uno contra se dicente testimonium*). No *Digesto* (Ulpiano, 22,5,12) também se estabelece: *Ubi numerus testium non adiicitur, etiam duo sufficient*, "quando o número de testemunhas não estiver prescrito, bastam duas".

1137. *De minimis non curat praetor*
O pretor não se ocupa com coisas sem importância

Essa máxima jurídica anônima, da Idade Média, significa que um magistrado (para o sentido de *praetor* em latim medieval, ver Du Cange 6,475) deve desprezar casos insignificantes para cuidar das questões realmente inadiáveis. Ainda é usada (inclusive na forma abreviada *De minimis*), na maioria das vezes com sentido genérico e não especificamente jurídico: significa que as pessoas não devem apegar-se a mesquinharias.

1138. *Prior in tempore, potior in iure*
Anterior no tempo, mais forte no direito

Essa máxima faz parte das *Regulae iuris* do *Digesto* (5,12,54) e ainda é conhecida e citada: significa que, diante de elementos idênticos, deve ser privilegiado quem conseguiu antes determinado *status* jurídico. Trata-se, pois, de uma antiga formulação do princípio do "direito de antiguidade". Entre as sentenças medievais, é registrado na versão *Prior tempore potior iure* (Walther 22443).

1139. *In dubiis abstine*
Na dúvida, abstém-te

Essa é uma fórmula jurídica de autor desconhecido, ainda muito citada para recomendar que não se delibere em definitivo e não se profiram sentenças quando existirem dúvidas razoáveis e não se estiver seguro da justiça e da verdade. Sua origem é provavelmente medieval, ainda que o uso intransitivo de *abstineo* em contexto jurídico já seja clássico (cf. *ThlL* 1,196,60-64).

JUSTIÇA E LEI 523

1140. *Locus regit actum*
O local rege o ato

Essa é uma fórmula de uso comum em direito, para indicar uma regra do direito internacional privado cuja formação prática se deu na Idade Média e que hoje é considerada na legislação de todos os Estados (ainda que muitas vezes não completamente acolhida). Segundo tal norma, um ato jurídico que esteja em conformidade com os requisitos extrínsecos à lei do lugar onde foi estipulado terá validade em qualquer outro lugar.

1141. *Affirmanti incumbit probatio*
A prova incumbe a quem acusa

Essa é uma regra jurídica de autor desconhecido, ainda citada e substancialmente respeitada. Conceitualmente, já encontra precedentes no *Digesto*: Paulo (22,3,2) afirma que *Ei incumbit probatio qui dicit, non qui negat*, "incumbe provar a quem afirma, não a quem nega", e no *Corpus iuris* de Justiniano (4,19,23) lê-se que o autor não pode transferir para o acusado o ônus da prova, *cum per rerum naturam factum negantis probatio nulla est*, "pois é da natureza das coisas que não haja prova para quem nega o fato". Por outro lado, existe vulgarmente uma norma oposta absurda (*Negati* [ou *Neganti*?] *incumbit probatio*), citada por Fumagalli (p. XIV).

1142. *Manifesta haud indigent probatione*
As coisas evidentes não precisam de prova

Essa é uma norma pertencente ao patrimônio comum do direito, sendo ainda freqüentemente citada, mas cuja fonte precisa é desconhecida, ainda que uma sentença de Publílio Siro (M 47), acolhida por Walther (14423), afirme: *Manifesta causa secum habet sententiam*, "a causa evidente contém em si a sentença". Paralelamente, diz-se também *Nulla est maior probatio quam evidentia rei*, "não há maior prova do que a evidência", e *In claris non fit interpretatio*, "nas questões claras não cabe interpretação". Um precedente clássico pode ser visto no *topos* do *Res ipsa testis*, "a própria coisa é testemunha", presente em muitos textos — a partir de Plauto, *Aulularia*, 421 — inclusive em fórmulas como *Res ipsa indicat / loquitur / clamat* (para os trechos, remeto a Otto 1522, Weyman 63; 78; 286, Sutphen 205 s.); o verbo *probare* está em Salviano, *Ad ecclesiam*, 4,6,31. O equivalente grego é αὐτὸ δείξει, "a própria coisa mostrá-lo-á", presente em vários autores (por exemplo Cratino [fr. 188 K.-A.], Sófocles [fr. 388 R.], Aristófanes [*Lisístrata*, 375], Eurípides [*As bacantes*, 396], Ésquines [*Adversus Timarchum*, 40,6], Plutarco [*Vida de Pompeu*, 23], Filóstrato [*Vida de Apolônio de Tiana*, 30]) e registrado pelos paremiógrafos (Greg. Cypr. L. 2,92, Apost. 4,49).

1143. *Tres faciunt collegium*
Três fazem um colégio

No *Digesto* (50,16,85), Marcelo atribui essa norma a Nerázio Prisco, cônsul e jurisconsulto que viveu por volta de 100 d.C.: significa que, para formar uma sociedade legalmente válida, são necessárias pelo menos três pessoas. Ainda é conhecida e está registrada por Walther (31554), tendo sido aplicada desde a alta Idade Média inclusive em meio universitário: três é o número mínimo para que o professor possa dar aula; além disso, tradicionalmente os goliardos só tomam uma bebedeira quando forem pelo menos três (uma canção de 1834, de Elias Salomon, diz: *Es hatten drei Gesellen ein fein Kollegium*).

1144. *Do ut facias*
Dou para que faças

Essa é uma fórmula jurídica que — ao lado de outras, que indicam compras, vendas e permutas — é assinalada por Paulo no *Digesto* (19,5,5: *Aut enim do tibi ut des, aut do ut facias, aut facio ut des, aut facio ut facias*, "ou dou para que dês, ou dou para que faças, ou faço para que dês, ou faço para que faças"). A parte que entrou para a linguagem comum foi *Do ut des* (cf. nº 1345) e as outras ficaram limitadas à linguagem jurídica: *Do ut facias* é um contrato "inominado" em que a proposta é uma transmissão de propriedade e a contraproposta é um comportamento; *Facio ut des* é o oposto, ou seja, nele a proposta consiste num comportamento e a contraproposta, numa transmissão de propriedade; em *Facio ut facias*, enfim, tanto a proposta quanto a contraproposta são constituídas por um comportamento.

1145. *Accessorium sequitur suum principale*
O acessório segue o principal

Trata-se de um princípio jurídico ainda conhecido, segundo o qual o proprietário de uma coisa torna-se proprietário de tudo o que lhe está indissoluvelmente ligado: na verdade, *principale* é tudo o que subsiste independentemente e *accessorium* é o que está estreitamente vinculado ao principal por fazer parte dele ou por depender completamente dele (é o caso, por exemplo, dos custos e dos benefícios referentes a uma coisa). Ainda que o adjetivo *accessorius, -a, -um* não pareça clássico, não faltam leis desse tipo como, por exemplo, uma de Gaio (*Digesto*, 33,8,2) que prescreve: *Quae accessorium locum obtinent extinguuntur, cum principales res peremptae fuerint*, "os acessórios extinguem-se quando são destruídos os principais". O conceito de *accessorium* como absolutamente vinculado ao seu *principale* retorna várias vezes na Idade Média (cf. Fuchs-Weijers, 1,107, Prinz-Schneider, 1,82 s.); por exemplo, nos estatutos da Igreja da Rutênia, de 1341 (citado por Du Cange 1,45), lê-se: *Accessorium naturam sequitur principalem*; esse "brocardo" é retomado jocosamente por Rabelais (3,40).

1146. *Pater vero is est, quem nuptiae demonstrant*
Pai na verdade é aquele que as núpcias demonstram como tal

Esse é um princípio do direito romano (Paulo, *Digesto*, 2,54), ainda famoso e citado (inclusive com a especificação *iustae nuptiae*, que já se encontra, por exemplo, no *Código* de Justiniano [cf. 5,4,6]), a propósito da "legitimação" de filhos: nasce do desejo de encontrar amparo jurídico sólido e incontestável numa matéria tão lábil e espinhosa. A esse princípio talvez deva ser vinculado o famoso *Mater semper certa est, pater numquam* (nº 1450).

1147. Ubi lex voluit dixit, ubi noluit tacuit
Quando a lei quis falar, falou; quando não quis, calou.

Esse é um "brocardo" medieval anônimo que ainda pertence ao patrimônio comum do direito: pretende impedir que se faça a lei dizer o que não quis, e que dela seja feita uma interpretação extensiva e não rigorosamente restritiva. Há semelhança em *Ubi lex non distinguit nec nostrum est distinguere*, "quando a lei não faz distinções, não nos cabe fazê-las".

1148. Optima est legum interpres consuetudo
O melhor intérprete das leis é o costume

Essa máxima é de Calístrato (37), podendo-se encontrar semelhança em *Minime sunt mutanda quae interpretationem certam semper habuerunt*, "não devem ser em nada mudadas as coisas que sempre tiveram interpretação segura" (Paulo, 1,3,23). Para serem aplicadas, as leis precisam ter fundamentos concretos, mas, como há sempre uma margem de insegurança, deve-se confiar na interpretação habitual. Nas várias línguas européias existem expressões equivalentes às brasileiras *O costume é rei, porque faz lei* e *O costume faz a lei* (cf. Mota 145). Para a importância da *consuetudo* em campo não estritamente jurídico, cf. nº 159.

1149. Reus excipiendo fit actor
O réu, ao opor exceção, torna-se autor

Essa norma, ainda conhecida em âmbito jurídico, deriva do *Digesto* (Ulpiano, 44,1,1: *Reus in exceptione actor est*, "o réu, ao opor exceção, é autor"); portanto, não se esperam provas e demonstrações por parte do réu (cf. nº 1141) desde que ele não oponha uma exceção: em tal caso terá todos os ônus do autor. Essa é a aplicação de uma norma lembrada por Celso (*Digesto*, 22,3,9: *Qui excipit probare debet quod excipitur*, "quem opõe uma exceção deve fornecer as provas da exceção").

1150. Mors omnia solvit
A morte tudo dissolve

Essa fórmula, com a qual se pretende dizer que qualquer pendência e qualquer *status* jurídico cessam com a morte, deriva, com uma simplificação, das *Novellae* do *Corpus iuris* de Justiniano (22,20), em que se diz: τὸ δὲ ἐφεξῆς τῶν γάμων τέλος ὁ πάντα ὁμοίως διαλύων ἐκδέχεται θάνατος (*Deinceps autem matrimoniorum terminum quae omne similiter solvit expectat mors*, "a morte que tudo dissolve igualmente implica o fim dos matrimônios" [é curiosa a antiga interpretação latina de ἐκδέχεται como *expectat*]). Ainda é conhecida e usada, inclusive na acepção banal (com o significado semelhante ao de provérbios do tipo do genovês *A morte a l'arremedia a tûtto*).

d) Expressões jurídicas

1151. Pater familias
Pai de família

Essa locução ainda é usada para indicar o pai de família ou o chefe incontestes de uma família ou de um clã. Na realidade, em contexto romano designava uma figura jurídica precisa, ou seja, aquele que tinha o *dominium* de uma casa por não ter ascendentes na linhagem masculina: sua *potestas* era exercida sobre os filhos, os servos, as coisas e sobre os *filii familias* de outros, dados em remissão (para as documentações, cf. *ThlL* 6/1,235,58-236,6). Entretanto, no que se refere a *mater familias* (documentações em *ThlL* 6/1,236,29-52), não se sabe ao certo se indicava uma figura com autonomia jurídica ou se era apenas uma expressão lingüística.

1152. A latere
Ao lado

Entre as locuções latinas de uso comum hoje em dia, essa assume significado jurídico específico na expressão *Juiz a latere*, que indica o magistrado de carreira presente no tribunal e nas cortes criminais ao lado do presidente e dos juízes não togados. *Legado a latere* equivale a "legado pontifício", designando um alto prelado que representa o papa em cerimônias solenes ou em missões importantes (donde o uso dessa expressão em linguagem comum para todas as pessoas que fazem as vezes de outras). Para o uso clássico de *A latere* (eventualmente com outras especificações) com o significado de "ao lado", cf. *ThlL* 7/2,1031,11-21.

1153. Capitis deminutio
Diminuição de capacidade

Trata-se de uma expressão técnica (em que se tem freqüentemente não *deminutio*, mas *minutio*) da linguagem jurídica romana, definida por Gaio (*Digesto*, 4,5,1) como um *status permutatio*, ou seja, a perda de um dos três *status* fundamentais do cidadão romano (o *libertatis*, que consistia na liberdade; o *familiae*, na família; e o *civitatis*, nos direitos civis). Originalmente essa locução devia designar a perda de um indivíduo pelo grupo e só depois passou a ser usada para a piora na posição jurídica em relação ao grupo, ou seja, em relação à comunidade civil, com a perda da liberdade (*deminutio maxima*) ou da cidadania (*deminutio media*), ou do *status* familiar (*deminutio minima*). Atualmente *deminutio* é usado para indicar uma mudança para pior, principalmente no aspecto profissional.

1154. Advocatus diaboli
Advogado do diabo

Essa expressão deriva dos processos de beatificação e canonização da Igreja católica, onde ao *postulator* ou *advocatus Dei*, que defende as razões da canonização, contrapõe-se aquele que procura todas as minúcias para dificultá-la e é chamado de *postulator fidei* ou *advocatus diaboli*. Atualmente essa locução — inclusive traduzida nas várias línguas européias — pertence à linguagem comum, indicando a pessoa que defende as posições menos populares e conformistas, ou então aquele que procura objeções às coisas que já foram dadas por aceitas apressadamente. Às vezes também designa a pessoa que, nas discussões, procura encontrar e pôr em evidência todas as possíveis objeções, mesmo as mínimas e capciosas; muitas vezes acaba por indicar simplesmente um advogado muito hábil, capaz de ótimas defesas.

1155. Ab intestato
Sem testamento

Essa expressão ainda é usada em direito para indicar uma sucessão em que o falecido não deixou nenhuma disposição testamentária válida e em que, portanto, se procederá segundo as normas sucessórias legítimas (uma regra do direito comum prescreve: *Legitima hereditas est, quae ab intestato defertur*, "chama-se sucessão legítima aquela que é conferida sem testamento"). Na realidade, segundo a definição de Paulo (*Digesto*, 50,16,64) *Intestatus* é quem não fez testamento ou quem fez mas cuja sucessão não se implementou (porque o herdeiro não entrou na posse, ou por renúncia ou por impedimento, como no caso de morte). Para as documentações clássicas, ver *ThlL* 7/2,4,4-53; para outras, na literatura italiana, Battaglia 1,42.

1156. In utroque iure
Em ambos os direitos

Essa expressão — assim como a variante *In iure utroque* — é extraída da fórmula com que se conferiam licenciaturas em direitos civil e canônico até o século passado; em italiano atual, ela é usada jocosamente para ridicularizar os doutores em leis (são chamados de *Dottore in utroque*). Goza de certa fama uma referência que lhe foi feita numa poesia de Giuseppe Giusti (*Gingillino*, 1,37), que ridiculariza o advogado novato: *Tibi quoque, tibi quoque / è concessa facoltà / di potere in iure utroque / gingillar l'umanità*. Além disso, lembro uma ária da ópera *A força do destino* de G. Verdi (2,4): *Son Pereda / Son ricco di onori: baccelliere mi fè Salamanca / sarò presto in utroque dottore*.

1157. Ad bestias
Às feras

Essa frase indica a pena capital, em que os romanos punham os condenados à morte em combate contra as feras do circo (para uma resenha de documentações, remeto a *ThlL* 2,1938,35-66). Igualmente, *Ad metalla*, "(condenação) a extrair metais", indicava os trabalhos forçados nas minas (para o uso lássico de *metalla* com esse significado, cf. *ThlL* 8,871,67-872,34).

1158. Redde rationem
Presta contas

Essa expressão ainda é de uso comum, inclusive substantivada, para indicar o momento em que se deve prestar contas — em sentido concreto ou metafórico — de tudo o que se fez, ou seja, é o momento crucial de enfrentar tudo o que ficou suspenso. Freqüentemente é usada em sentido sarcástico ou jocoso. O uso do verbo *reddere* em relação a *ratio* já é freqüente no latim clássico: ver, por exemplo, Plauto (*Menaechmi*, 206, onde o sentido é estritamente "pecuniário"), Cícero (*In Verrem*, 4,11,29), *Digesto* (40,12,34 [Ulpiano]; 40,7,40 [Cévola]); deve-se lembrar principalmente uma passagem do *Evangelho de Lucas* (16,2: *Rede rationem villicationis tuae*, "dá conta da tua administração"), que sem dúvida facilitou a posterior difusão dessa expressão.

1159. Erga omnes
Para com todos

Essa locução atualmente é usada na linguagem comum, mas na origem tinha sentido jurídico preciso, indicando um ato de validade universal. Entre outras coisas, na Itália uma lei ganhou o nome de *Erga omnes*: foi a de 14 de julho de 1959, nº 741, que delegava ao governo, por tempo limitado, o poder de tornar obrigatórias as normas coletivas sobre os procedimentos econômicos.

1160. Aquae et ignis interdictio
Interdição da água e do fogo

Essa expressão, ainda conhecida como sinônimo de exílio, era realmente uma pena existente na república romana (cf. Cícero, *Pro domo sua*, 78, assim como vários trechos dos juristas, para os quais remeto a *ThlL* 7/1,2178,19-27): o condenado era expulso do Estado, com a condição de ser morto tão logo voltasse. Na época de Tibério, foi substituída pela *deportatio in insulam*.

1161. De cuius
De cujo

Essa expressão, de origem claramente medieval, indicava propriamente o falecido que era proprietário do patrimônio hereditário (trata-se da abreviação de *Is de cuius hereditate agitur*). Ainda é amplamente usada, às vezes como substantivo (o *de cuius* [= o falecido]), às vezes com o sentido banal de "a pessoa de quem se está falando".

1162. Ex aequo
Com igual direito

Essa é uma das locuções latinas mais usadas atualmente, sobretudo a propósito de competições em que dois ou mais concorrentes são classificados com os mesmos direitos, com o mesmo mérito. Em âmbito mais propriamente jurídico, usa-se *Ex aequo et bono* ("segundo o justo e o bem"), que, no direito internacional, costuma designar a aplicação das normas adaptadas segundo a "eqüidade" ou o fato de dois litigantes confiarem a um tribunal internacional a solução de seu litígio (em geral porque as normas do direito existente não levariam a uma solução clara e irrefutável). Para as documentações clássicas, cf. *ThlL* 1,1033,47-1034,22.

1163. *De iure*
De direito

Trata-se de uma locução muito usada na linguagem comum, a respeito das coisas que se consideram indubitavelmente de bom direito. Em âmbito jurídico, significa propriamente "em conformidade com a ordenação jurídica", ou "segundo a lei", em contraposição a *de facto*, que corresponde a "de fato". No direito internacional, o reconhecimento *de iure* de um governo é o que se faz de modo completo e sem ressalvas, levando ao estabelecimento de relações diplomáticas normais com ele e, paralelamente, ao eventual rompimento de relações oficiais com o Estado em prejuízo do qual ele se instalou, no caso de aquele continuar pretendendo a soberania sobre os mesmos territórios. Em latim clássico era comumente usada a simples forma *iure* (cf. *ThlL* 7/2,698,39-700,22), enquanto *de iure* está documentado no *Código* de Justiniano (4,54,5; 5,12,7; 5,64,1,1).

1164. *Casus belli*
Caso de guerra

Essa expressão costuma indicar o acontecimento ou a circunstância que leva inevitavelmente uma nação a declarar guerra a outra e, extensivamente, aquilo que produz o rompimento das relações entre dois grupos ou duas pessoas. Contudo, seu significado primordial em direito internacional é técnico, identificando-se como *Casus belli* uma ofensa muito grave à esfera jurídica de um Estado, fato este que não tenha sido preventivamente excluído como evento desencadeante de guerra em tratados anteriores. Paralelamente, usa-se também *Casus foederis* quando, numa aliança, um evento ou uma circunstância obrigue um dos aliados a dar ajuda militar ao outro, entrando, pois, numa guerra. *Casus belli* na verdade é expressão clássica: cf. Cícero, *Pro Fonteio*, fr. 43 Müller, Cipriano Galo, *Deuteronômio*, 74 (ver *ThlL* 2,1842,82 s.).

1165. *Affectio maritalis*
Afeição conjugal

Essa locução, que hoje goza de certa notoriedade, sendo às vezes citada com o sentido banal de "afeto entre os cônjuges", constitui na verdade uma instituição jurídica muito precisa no direito romano: trata-se da intenção por parte dos cônjuges de tratar-se como marido e mulher. Tal elemento deve ser o fundamento do matrimônio, tendo importância maior que os outros, como as relações sexuais e a convivência: juridicamente, aliás, os fatores externos só têm sentido enquanto explicitações do *Affectio maritalis*. A esse respeito, é exemplar uma norma atribuída a Ulpiano (*Digesto*, 24,1,32,13: *Non enim coitus matrimonium facit sed maritalis affectio*, "o que faz o matrimônio não é a relação sexual, mas a ligação afetiva entre os cônjuges"), paralela a outra também explícita e esclarecedora (30,50,17: *Nuptias non concubitus, sed consensus facit*, "não é o fato de dormirem juntos que faz o matrimônio, mas o consenso").

1166. Sic stantibus rebus
A permanecerem assim as coisas

Essa fórmula é hoje usada (desse modo ou na variante *Rebus sic stantibus*) na linguagem comum para esclarecer que dada afirmação é verdadeira contanto que não haja mudanças na situação de fato. Sua origem é jurídica, sendo usada, tecnicamente, nos contratos de execução contínua, periódica e diferida, como prevenção contra a possibilidade de que mudanças na situação de fato tornem excessivamente oneroso o respeito do acordo por qualquer uma das partes. Em direito internacional, essa locução é usada para salvaguardar o direito de um Estado de considerar rescindido um acordo tão logo mudem as condições em vista das quais o pacto foi assinado (trata-se, pois, de uma visão "flexível" da norma geral do *Pacta sunt servanda*, cf. nº 1132): todavia, a extinção do acordo, a rigor, deveria dar-se com o consenso de ambos os pactuantes.

AGRESSIVIDADE, PAZ E GUERRA

a) Agressividade

1167. *In malos... / tollo cornua*
Contra os malvados, ergo os chifres

Essa expressão é de Horácio (*Épodos*, 6,11 s.): é proverbial *Tollere / Vertere cornua in aliquem*, para indicar "voltar-se com hostilidade contra alguém". Por exemplo, em Plauto (*Pseudolus*, 1021) o protagonista da comédia deseja que um patife *ne... nunc mi obvortat cornua*, "não dirija agora seus chifres contra mim"; em Apuleio (*Apologia*, 81) tem-se: *Pro me scripta in memet ipsum vortit cornua*, "o que fora escrito em minha defesa volta seus chifres contra mim". Em italiano, *Avere qualcuno sulle corna* significa "não suportar alguém", *Recarsi qualcuno sulle corna*, "agüentar alguém contra a vontade" (cf. Battaglia 3,792).

1168. *Venies sub dentem*
Virás no dente

Essa é uma expressão popular correspondente a "virás na marra!". A fonte é Petrônio (58,6), mas também se encontra em Labério (28 R.³); em Suetônio (Vida de Tibério, 21,2), Augusto, doente, depois de uma longa conversa com o futuro imperador Tibério, lastima o povo romano, que está destinado a ficar *sub tam lentis maxillis*, "sob mandíbulas tão lentas" (que trituram inexoravelmente e com lentidão cruel). Corresponde a *Cair nas garras de alguém*, que tem paralelos em todas as línguas européias (mas não pude encontrar imagem idêntica à latina).

1169. *Mortui non mordent*
Os mortos não mordem

Essa é a tradução, registrada entre as sentenças medievais (Walther 15271a) e foneticamente baseada na aliteração paronomástica *mortui / mordent*, do grego νεκρὸς οὐ δάκνει, que se encontra na *Vida de Pompeu* de Plutarco (77,7): é com essa frase que Teódoto de Quios, professor de retórica de Ptolomeu XIV, aconselha-o, para conseguir as graças de César e não temer Pompeu, a matar este último, que buscara proteção junto a ele. Essa expressão é citada como proverbial pelo paremiógrafo Arsênio (12,44a) e está presente em muitos provérbios modernos (como o veneziano *I morti no morsega* ou o russo *Okolevšij pës ne ukusit* [ou seja: "cão morto não morde"]): com ela afirma-se que é preciso matar os inimigos para se ter certeza de que eles não se vingarão. Em inglês existem *Buried men bite not* e *Dead men tell no tales*; em russo, *Mërtvye ne vredjat* (ou seja: "os mortos não fazem mal"); nas outras línguas européias existe o correspondente ao italiano *Uomo morto non fa più guerra*; no Brasil se diz *Defunto não fala* (para outros paralelos cf. Mota 77).

1170. *Furor Teutonicus*
Furor teutônico

É assim que, em Lucano (1,255 s.: *cursumque furoris / Teutonici*), o exército de César fala sobre os teutônicos, tribo proveniente da Jutlândia, derrotada por Mário no ano 102, em Aquae Sextiae. Essa expressão já era proverbial na Idade Média (Walther 10125, cf. também 3825,2), permanecendo assim para designar a força, a garra e o vigor de combate, próprios dos povos nórdicos e em especial dos alemães. Com esse sentido já era usada por Ekkehard von Aura (*MGH* 6,214) e volta com freqüência tanto em textos latinos medievais (como em Arrigo da Settimello, *Elegia de diversitate fortunae et philosophiae consolatione*, 2,143 s.) quanto na literatura italiana: por exemplo, na canção *Italia mia* [vv. 33-35], Petrarca afirma que a natureza deu os Alpes aos italianos para defendê-los da *tedesca rabbia*; ver também, ainda de Petrarca, *O aspettata in ciel beata e bella*, v. 53; é divertido também um verso de *Zanitonella* de Teofilo Folengo (v. 169: *Nos Todeschorum furiam scapamus*). Também existe a locução *Furia francese* [fúria francesa], que — inspirada no *Furor Teutonicus* — provém da poesia macarrônica de Antonio di Arena (*Ad suos compagnos estudiantes, qui sunt de persona friantes*, 27,8).

1171. *Compelle intrare*
Obriga a entrar

Essa expressão, usada atualmente para designar uma ação realizada à força (em alemão *Ein Kompelle* indica o comportamento coercitivo), deriva de um trecho do *Evangelho* (*Lucas*, 14,23) em que a violência é agradável: trata-se do dono da casa que, diante da recusa dos convidados a participarem de um banquete, ordena a seus servos que obriguem os pobres da rua e dos cercados a entrar (em grego, ἀνάγκασον εἰσελθεῖν, ἵνα γεμισθῇ μου ὁ οἶκος, "obrigados a entrar para que me encham a casa"; a *Vulgata* traduz: *Compelle intrare ut impleatur domus mea*). Essa expressão adquiriu triste fama, já que foi adotada pela Inquisição, com o significado de que era lícito usar a força para obrigar os hereges a reingressar na ortodoxia (por isso P. Boyle lhes dedicou o seu *Commentaire philosophique* [1686] em defesa da liberdade e da tolerância religiosa): o feroz tribunal na verdade retomou um significado — bem distante do sentido evangélico — com que já fora usado por Santo Agostinho, por Graciano e por Santo Tomás (este último explicava que *Compelle intrare* devia ser adotado para os hereges, mas não para os judeus e os pagãos).

1172. Ξυρεῖ... ἐν χρῷ
Corta na pele

Essa locução, que designa uma ação violenta e dolorosa, perpetrada contra outra pessoa, está documentada em Sófocles (*Ajax*, 786) e transcrita como proverbial por Eustátios (*Comentário à Ilíada*, 10,173 [3,40,18 ss. V.]) e por Apostólio (7,23): semanticamente semelhante, mas com um cunho de indubitável comicidade, é πρὸς φθεῖρα κείρασθαι, "cortar os cabelos até os piolhos", de Êubulo (fr. 31 K.-A.); muito provavelmente esse significado é o mesmo de um fragmento de Arquíloco (217 West) e de um de Calímaco (281 Pfeiffer), que utiliza a mesma estrutura iâmbica arcaica (ver F. Bossi, *Studi su Archiloco*, Bari 1990², 222 s.). Em Plauto, tanto *Tondebo... usque ad vivam cutem*, "cortarei até a pele viva", de *Bacchides*, 242, quanto expressões semelhantes, em especial o verbo *attondere* (cf. *Bacchides* [1024; 1125], *Captivi* [266-269], *Mercator* [526], *Persa* [829]), são usados como referência a ações fraudulentas que causam graves prejuízos a alguém; em Propércio (2,16,8), *Stolidum pleno vellere carpe pecus*, "arranca todo o pêlo à ovelha boba", é uma recomendação a Cínxia, para que "depene" um rico tolo e esbanjador. Existem passagens em que os cabelos cortados *ad cutem* designam sobretudo o aspecto físico, como em dois versos presentes numa carta de Sidônio Apolinário (8,9,5,25 s.). Em italiano existem *Levare* (ou *Togliere*) *la pelle a qualcuno* e *Tirare alla pelle qualcuno* [arrancar a pele de alguém], usados tanto para violências quanto para preços exorbitantes (cf. Battaglia 12,958 s.); às vezes também se usa em italiano *Servire per* (ou *di*) *barba e capelli* com um significado semelhante ao da locução de Plauto. Não faltam paralelos em outras línguas, como o alemão *Bei diesem Geschäft will man mir die Haut abziehn*.

1173. *Quos laeserunt et oderunt*
Os que eles lesaram, eles também odeiam

Essa máxima aparece em Sêneca (*De ira*, 2,33,1) e — com ligeira variação — em Tácito (*Vida de Agrícola*, 42,4), tendo ainda valor proverbial: em todas as línguas européias existem equivalentes ao italiano *Chi offende non perdona* [quem ofende não perdoa].

1174. *Scelera non habere concilium*
Os crimes não têm raciocínio

Quintiliano (7,2,44) cita esse provérbio popular a propósito de quem comete um crime num momento de raiva, sem refletir. Essa máxima também está registrada entre as sentenças medievais (Walther 27579b).

1175. Εἰς τὴν ἀμίδα ἀπουρεῖν
Urinar no penico

Essa locução, presente em Luciano (*De mercede conductis*, 4) e registrada pelos paremiógrafos (Arsen. 6,79a, *App. Prov.* 2,31), indica o uso da violência com alguém que a merece. Essa imagem é freqüente nos provérbios vulgares das várias línguas modernas, mas com significados diferentes: em italiano, *Pisciare negli orinali* [mijar nos urinóis] significa "ter relações sexuais com alguém"; *Pisciare fuori del pitale* [mijar fora do penico], "cometer um erro grave"; *Pisciare sopra a qualcosa* (ou *a qualcuno*) [mijar em cima de alguma coisa (ou de alguém)] significa "desprezar".

1176. *Lupus ovium non curat numerum*
O lobo não se preocupa com o número das ovelhas

Esse é um adágio difundido, que provém de um trecho das *Bucólicas* de Virgílio (7,51 s.), em que as frias rajadas do vento boreal preocupam tanto quanto *numerum lupus*, "o lobo se preocupa com o número das ovelhas". Em todas as línguas européias modernas existem equivalentes ao provérbio italiano *Pecore contate il lupo se le mangia* e ao brasileiro *Do contado come o lobo*: significa que quem quer usar a força ou prevaricar certamente não é detido por escrúpulos formais.

1177. *Pugnis calcibus*
A socos e pontapés

Essa locução está documentada em vários autores, como por exemplo Plauto (*Poenulus*, 818), Cícero (*Pro Sulla* [25,71], *In Verrem actio secunda* [3,33,56], *Tusculanae disputationes* [5,27,77: neste, tem-se uma ampliação, com *Pugnis calcibus unguibus morsu*]), Quintiliano (2,8,13: *pugno... vel calce*); uma variante é *Unguibus et pugnis* de Horácio (*Sat.* 1,3,101), podendo-se considerar também como tal a hendíadis *Lacertis et viribus*, "com a força dos braços" (Cícero, *Epistulae ad familiares*, 4,7,2, *De oratore*, 1,57,242). Em grego a correlação correspondente ou hendíadis entre πύξ, "com socos", e λάξ, "com pontapés", parece estar presente apenas em autores tardios, como Sinésio (*Ep.* 104). Em italiano ainda está viva a expressão *A calci e a pugni* [a socos e pontapés], sendo também comum *Con le unghie e coi denti* [com unhas e dentes].

1178. Μία λόχμη οὐ τρέφει δύο ἐριθάκους
Uma só mata não nutre dois pintarroxos

Esse provérbio foi preservado graças a uma tradição lexicográfica e paremiográfica (Hesych. μ 1312, *Suda* μ 1023, Zon. 859 T., Zenob. vulg. 5,11, Zenob. Bodl. 631, Diogen. 6,39; Vind. 3,15, Greg. Cypr. 3,1, Apost. 11,48) e ao escólio a um trecho de Aristófanes (*As vespas*, 927), que sem dúvida lhe faz alusão. Segundo esses documentos, o seu significado seria de que não se pode tirar grande proveito de uma coisa pequena, com referência ao amor pela solidão, típico do pintarroxo. Contudo, o núcleo desse provérbio é constituído pela contraposição entre uma única coisa que deveria fornecer alimento e o fato de haver dois fruidores: portanto, parece provável que também fizesse referência aos inevitáveis conflitos que surgem entre duas pessoas (ou dois Estados) quando é preciso repartir alguma coisa, exatamente como nas expressões italianas *Due galli in un pollaio* [dois galos num poleiro] e *Due cani che un sol osso hanno difficilmente in pace stanno* [que se utiliza da imagem de dois cães brigando por um osso] (este último tem paralelos em todas as línguas européias, cf. Arthaber 453; para o motivo da incompatibilidade e da perniciosidade da convivência de muitos comandantes, ver também o nº 1006); em espanhol, tem-se *Dos tocas en un hogar mal se pueden concertar* (ou seja: "duas senhoras [literalmente, duas toucas de mulher] no mesmo lar dificilmente entram em acordo"). Em latim, um trecho de Plauto parece ter significado análogo (*Bacchides*, 51: *Duae unum expetitis palumbem*, "duas vezes a caça ao mesmo pombo"), que, sob muitos aspectos, é bastante problemático. Finalmente, deve ser assinalado que na literatura italiana o provérbio grego é retomado com exatidão por Annibal Caro (*Lettere familiari*, 3,420 Greco), mas simplesmente como confirmação da propensão natural à solidão por parte do *eritaco*.

1179. *Una domus non alit duos canes*
Uma casa só não alimenta dois cães

Esse adágio, registrado em várias coletâneas e com provável origem medieval (cf. Walther 32125a), é uma transposição do grego εἷς οἶκος οὐ δύναται τρέφειν τοὺς δύο κύνας, documentado nos escólios ao v. 927 de *As vespas* de Aristófanes, onde um cão se sai com essa *boutade* ao aludir ao provérbio μία λόχμη οὐ τρέφει δύο ἐριθάκους, "uma só mata não nutre dois pintarroxos" (cf. nº 1178). Quanto às expressões modernas sobre dois galos em um poleiro e sobre os cães que brigam pelo mesmo osso, cf. ainda nº 1006.

1180. *Piscis... saepe minutos / magnu' comest*
Muitas vezes o peixe grande come os pequenos

Essa expressão é extraída de *Satyrae mennippeae* de Varrão (289,2 s. Bücheler), onde constitui a exemplificação do direito do mais forte: na Antiguidade também era proverbial o fato de o peixe grande comer o pequeno, como referência à cruel luta pela sobrevivência e à natural agressividade humana. Políbio (15,20,3) documenta explicitamente a proverbialidade de ἰχθύων βίος, "vida de peixe", e esse motivo retorna, por exemplo, em João Crisóstomo (*PL* 55,281) e em Santo Agostinho (*Enarrationes in Psalmos*, 8,11, cf. também 123,10); uma variante é ὄφις ἢν μὴ φάγῃ ὄφιν δράκων οὐ γενήσεται, "a cobra não cresce se não comer outra cobra", documentada pelo paremiógrafo Apostólio (13,79). Em todas as modernas línguas européias documentam-se equivalentes à expressão brasileira *Peixe grande come peixe pequeno*; entre as várias referências literárias, observar a de *Péricles* de

Shakespeare (2,1), em que, diante do espanto de um pescador que não entendia como os peixes conseguem viver na água, outro mais esperto responde: *As men do a-land, the great ones eat up the little ones*; no Brasil também se diz *A cobra maior engole a menor*.

1181. *Homo homini lupus*
O homem é lobo para o homem

Em *Asinaria* de Plauto (v. 495) o mercador afirma que não pode dar dinheiro a um desconhecido porque, quando desconhecido, *Lupus est homo homini non homo*, "o homem é lobo, e não homem, para outro homem". Portanto, nesse contexto, a expressão tem acepção limitada, ao passo que hoje tem fama como símbolo da concorrência feroz e da luta pela vida no relacionamento humano: esse tipo de comportamento dos seres humanos já era conceito difundido entre os antigos, expresso às vezes com o poliptoto *homo* (em especial Sêneca, cf. *Ep.* 103,1; 105,7) e, com mais freqüência, de modo diferente (ver, por exemplo, Lucílio [1130-1132 Marx], Horácio [*Sat.* 2,2,96 s.], Sêneca [*Ep.* 107,7], Pérsio [4,42], Juvenal [15,165-168]); muitas vezes também se põe em evidência a diferença entre os animais, que não fazem mal aos da mesma espécie, e os homens, que agem de modo diametralmente oposto (cf., por exemplo, Sêneca [*De ira*, 2,8,2-3], Plínio [*Naturalis historia*, 7,1,5]). Essa frase está registrada como proverbial em todas as línguas européias (cf. Arthaber 1386), mas também ficou conhecida por ter sido usada por Thomas Hobbes (*De cive*, 1) como símbolo das cruéis relações humanas no estado de natureza, antes da intervenção de uma organização estatal (cf. também nº 1215); retorna num epigrama de John Owen (3,23), que faz um paralelo entre ela e uma expressão diametralmente oposta de Cecílio (*Homo homini deus*, cf. nº 1299). São muitos os seus paralelos conceituais: lembro, por exemplo, que na cena do laboratório do *Fausto* de Goethe (2,2), o homúnculo afirma que cada um deve defender-se como pode, desde criança; um provérbio muito conhecido em todas as regiões da Itália adverte que *Chi si fa pecora* (ou *agnello*) *il lupo la* (ou *lo*) *mangia* [quem age como ovelha (ou cordeiro) é comido pelo lobo]. Lembro, enfim, os versos constantes do rodapé de uma gravura de Mitelli (15) que representa o peixe grande a comer o pequeno (nº 1180): *Non più regna trà noi pietà, ne pace, / mà l'huom ch'esser a l'huom dovrebbe un Dio, / è, se forza hà maggior, lupo rapace*.

1182. *Mors tua vita mea*
Morte tua, vida minha

Essa é uma expressão de origem desconhecida, registrada por Walther entre as sentenças medievais (15212) e atualmente muito difundida para indicar a crueldade das relações humanas, em que a morte de uma pessoa pode constituir a felicidade de outra. Em geral, alude, portanto, às duras leis da vida e da luta pela sobrevivência, sendo conceitualmente semelhante — ainda que com caráter mais banal — a *Homo homini lupus* (nº 1181). Uma variante italiana expressiva diz que *La morte delle pecore è la fortuna dei cani* [a morte das ovelhas é a sorte dos cães].

1183. Cuius vulturis hoc erit cadaver?
Para qual abutre será este cadáver?

Essa expressão, às vezes citada para designar a pessoa que, merecidamente, vai ao encontro de um triste fim, é extraída de Marcial (6,62,4), onde, no entanto, se refere a um infeliz que, depois de perder o único filho, torna-se um cadáver nas garras dos abutres caçadores de heranças. No verso de Marcial é fundamental o *vultur*, usado para indicar as pessoas ávidas, desumanas e mesquinhas, como ocorre com freqüência em Plauto (*Captivi*, 844 s., *Miles*, 1043, *Mostellaria*, 832, *Trinummus*, 101, *Truculentus*, 337 s.), mas também em outros autores, como por exemplo Cícero (*Pro Sestio*, 33,71, *In Pisonem*, 16,38), Catulo (108,3 s.), Ovídio (*Tristia*, 1,6,11-14); às vezes, a esse animal são comparados os sórdidos caçadores de heranças, como por exemplo em Catulo (68,121-124) e em Sêneca (*Ep.* 95,43: *Vultur est, cadaver exspectat*, "é um abutre, está esperando o cadáver", registrado também na Idade Média [Walther 34260a] e deformado em *Si vultur es, cadaver exspecta!*, na coletânea de J. Pressius Vidua [Frankfurt 1646, 283]). Com essa acepção, que está ligada ao dado naturalista de que os abutres adejam durante muito tempo sobre o lugar onde se encontra um morto (cf. Plínio, *Naturalis historia*, 10,6,19), os paremiógrafos (Diogen. 2,88, Apost. 3,46, *Suda* α 3137) explicam o grego ἅπερ οἱ γῦπες, "como os abutres"; para uma expressão semelhante, ver Paníasis, 16,18 Bernabé. Em italiano *avvoltoio* [abutre] pode indicar uma pessoa ávida, rapace e cruel, mas também uma dor lancinante (Battaglia 1,911); quanto à acepção atualmente atribuída ao verso de Marcial, ver o italiano *Dove son carogne son corvi* (com equivalentes em inglês e alemão), cujo precedente está no medieval *Vultur erit semper ubi cernitur esse cadaver*, "o abutre sempre estará onde se percebe que há um cadáver" (Walther 34260).

1184. Ubicumque fuerit corpus illuc congregabuntur aquilae
Onde houver um cadáver, lá se reunirão as águias

Essa frase tem origem evangélica (cf. *Mateus*, 24,28 = *Lucas*, 17,37), ainda que a fonte bíblica mais remota se encontre em *Jó*, 39,30. Na Idade Média existe *Ubi est cadaver ibi congregant aquilae* (Walther 32043a1: notar a "estranheza" da diátese ativa); para o análogo *Vultur erit semper ubi cernitur esse cadaver*, com seus paralelos modernos, cf. nº 1183.

1185. βάλλ᾽ εἰς ὕδωρ
Joga na água!

Essa expressão chegou até nós graças à tradição paremiográfica (Zenob. vulg. 2,72, Diogen. 3,51, Diogen. Vind. 2,4, Greg. Cypr. L. 1,67, Macar. 2,72, Apost. 4,84), segundo a qual ela se refere a pessoas que merecem morrer. Em latim existem expressões semelhantes, não obrigatoriamente referentes a pessoas, mas sobretudo com o sentido de recusar ou desperdiçar alguma coisa: nelas a água é substituída por *cloaca*, "esgoto" (Horácio [*Sat.* 2,3,242], Sêneca [*Ep.* 87,16]) ou por *puteum*, "poço"

(Petrônio, 42,7). Já os paremiógrafos advertem que, do ponto de vista semântico, essa interjeição tem parentesco com ἐς κόρακας, "aos corvos!", expressão já documentada em Arquíloco (numa obra recentemente descoberta: fr. 196a,31 West[2]) e comumente usada para mandar aos diabos nas comédias gregas (mesmo que não usada de forma absoluta: ver, por exemplo, Aristófanes [*A paz*, 1221], Menandro [*Samia*, 353 s.]; cf. ainda nº 1186), assim como com ἐς βάραθρον, "no precipício!", também muito difundida (a partir de Heródoto, 7,133,2, onde os mensageiros de Dario em Atenas acabam no βάραθρον, precipício onde eram jogados os condenados à morte [em Esparta, era num poço]). Deve ser notado que, também em latim, *In barathrum* está presente em expressões que indicam jogar alguma coisa fora (como por exemplo em Plauto, *Curculio*, 121a [fazendo-se, em seguida, menção à cloaca] e em Horácio, *Sat.* 2,3,166). O italiano *Buttare a mare* [jogar no mar] significa abandonar completamente alguém ou alguma coisa: atualmente é usado com freqüência para o comportamento cínico de quem se desembaraça de pessoas ou coisas que já foram queridas, mas que se tornaram um peso inútil.

1186. Ἐς κόρακας

Aos corvos!

Essa locução já está presente em Arquíloco (numa obra recentemente descoberta: fr. 196a,31 West[2]), sendo uma maneira comum de mandar aos diabos na comédia grega (aparece, por exemplo, vinte e oito vezes em Aristófanes [para a relação, remeto a H. Dunbar-B. Marzullo, *A Complete Concordance to the Comedies and Fragments of Aristophanes*, Hildesheim-New York 1973, 174], cinco em Menandro [cf. Körte-Thierfelder, 2,345], dez — segundo H. Iacobi [*Comicae dictionis index*, II, Berolini 1857, 543] — nos cômicos menores). Aristóteles (fr. 496 Rose) vincula-a ao fato de que, durante um período de terrível escassez, fazia-se caça aos corvos; contudo, nas tradições escoliográfica, paremiográfica e lexicográfica (escólio a Aristófanes, *As nuvens*, 133, Zenob. Ath. 1,67 [356 Miller]; vulg. 3,87, Macar. 2,24; 2,72 [cf. nº 1185], Apost. 7,96, Hesych. ε 3154; 6246, Σ[b] 210,28 Bachmann, Phot. 19,23-20,16 P., *Suda* ε 3154; 3155) aparecem outras etiologias além dessa: por um lado afirma-se que, na Beócia, perto da cidade de Arne, existia um lugar chamado Κόρακες, onde eram jogados os condenados à morte; por outro, lembra-se que a divindade predissera aos beócios (quando da expulsão de sua terra) que eles se instalariam no lugar em que vissem corvos brancos a voar (o que realmente acontece, quando alguns garotos, para fazerem uma bravata, sujam de gesso alguns corvos consagrados a Apolo); outros fazem referência a uma fábula de Esopo (125 Hausrath), em que um gralho quer ser como os corvos, mas acaba sendo expulso por estes e renegado pelos gralhos. Contudo, é fácil entender a verdadeira origem e o sentido dessa locução, já que se considerava extremamente lastimosa a condição de permanecer insepulto, servindo de pasto a feras e aves de rapina. Nesse aspecto, é instrutivo o fato de ler-se em Horácio (*Ep.* 1,16,48): *Pasces in cruce corvos*, "na cruz, serás pasto para os corvos" (*Abi in malam crucem* é imprecação comum na Antiguidade latina: ver por exemplo Plauto [*Captivi*, 469, *Casina*, 611, *Pseudolus*, 839], Petrônio, 58,2). Finalmente, deve-se observar que, em italiano, *Mandare ai corvi* significa "não ter nenhuma consideração, mandar para *aquele lugar*".

1187. Calcem impingit
Dá um pontapé

A fonte é Petrônio (46,5): o pontapé em questão é dado nos *Graeculi*, escritores gregos. Em italiano, *Dare un calcio a uno / a qualcosa* (ou *Prendere a calci uno / qualcosa*) significa "pôr violentamente de lado" [ver o brasileiro Dar um chute].

1188. Oleum adde camino
Põe óleo no fogão

Essa expressão, extraída de Horácio (*Sat.* 2,3,321), designa a ação do provocador, de quem consegue transformar uma pequena chama num incêndio, uma questiúncula num caso grave. Porfírio, em seu comentário a essa passagem de Horácio, menciona um provérbio popular semelhante (*Oleum in incendium*, "óleo no incêndio"); locuções semelhantes também estão documentadas em outros autores: por exemplo em Cícero (*Hortensius*, 74), Apuleio (*Metamorfoses*, 9,36), Lactâncio (*Divinae Institutiones*, 6,8,19), Orósio (4,12,8) e sobretudo São Jerônimo (*Ep.* 22,8; 77,7; 125,11). Em grego essa imagem está presente no provérbio ἐλαίῳ πῦρ σβεννύεις, "apagas o fogo com óleo", registrado na coletânea atribuída a Plutarco (22) e usado por Luciano (*Tímon*, 44, onde, ao lado do óleo, aparece o pez), com o significado de ação inútil e insensata. Essa expressão também aparece nas modernas línguas européias: em todas existem paralelos ao italiano *Buttare olio* (ou *legna*) *sul fuoco* [port., Jogar lenha na fogueira] para designar a provocação (o contrário é *Buttare acqua sul fuoco* [Jogar água na fervura]), enquanto em toscano se encontra um provérbio conceitualmente semelhante ao grego: *Spegnere il fuoco con le stoppie*.

1189. Inritabis crabrones
Irritarás os vespões

É assim que, em *Amphitruo* de Plauto (v. 707), o servo Sósia procura acalmar o seu senhor, que tinha vontade de bater na mulher Alcmena. Essa expressão significa perturbar uma situação de tranqüilidade, provocando uma reação em cadeia, cujas conseqüências imprevisíveis se voltarão contra quem a iniciou; retoma a expressão grega σφηκιὰν ἐρεθίζειν, "atiçar vespeiro", já documentada num trecho de *Lisístrata* de Aristófanes (v. 475), onde a coriféia — antecipando a Rosina de Rossini [*O barbeiro de Sevilha*] — declara-se dócil, desde que não a molestem. Reaparece em dois epigramas funerários da *Antologia Palatina*: um de Getúlico (7,71,6), onde quem se arrisca a "acordar um vespeiro" é o transeunte que ousa parar perto do túmulo do terrível e pungente poeta Arquíloco; outro de Leônidas (7,408,2), onde a pungente vespa, que dorme o sono da morte e não deve ser despertada, é Hipônax. Essa expressão está presente na tradição lexicográfica e paremiográfica (*Suda* δ 1732, Macar. 7,94, Arsen. 15,84b), aparentada com a exegese do trecho de *Lisístrata* e retomada no *Comentário à Ilíada* de Eustátios (16,259 [3,877,7 s. V.], cf. também 12,170 [3,369,24 s. V.]). Uma imagem paralela, extraída do mundo animal, está presente em Marcial

(6,64,27 s.), onde se fala em tocar com os dentes o nariz espumante de um urso vivo; nas línguas modernas estão presentes expressões semelhantes: *Suscitare un vespaio* [atiçar vespeiro] é de uso comum em italiano; nas várias línguas européias existem paralelos à expressão brasileira *Ninguém acorde o cão que está dormindo*, e em espanhol encontra-se *No hay que buscar tres pies al gato* [ver o bras. Cutucar onça com vara curta] (já em latim medieval está registrado *Temulentus dormiens non est excitandus*, cf. Walther 31304 e).

1190. Πῦρ μαχαίρᾳ μὴ σκαλεύειν
Não atices o fogo com a espada

Trata-se de um preceito de Pitágoras (58C6 D.-K.), transcrito explicitamente como tal por Diógenes Laércio (8,18), Ateneu (10,452d, que se refere ao filósofo peripatético Demétrio de Bizâncio), Porfírio (*Vida de Pitágoras*, 42), assim como em numerosos trechos de Plutarco (*Vida de Numa*, 14,6, *De liberis educandis*, 12e, *De Iside et Osiride*, 354f, *Quaestiones Romanae*, 281a). Segundo a explicação presente em alguns dos trechos citados e em Arsênio (11,5a), vale-se de uma atividade banal para dizer que não se deve excitar quem está com raiva nem atiçar o fogo em situações explosivas. Essa expressão também aparece, por exemplo, em Luciano (*Vera historia*, 2,28) e em Eustátios de Tessalônica (*Opuscula*, 192,93 ss. Tafel), enquanto em latim devem ser citados um trecho de Horácio (*Sat.* 2,3,275: *Ignem gladio scrutare*, "atiçar o fogo com a espada") e um de São Jerônimo (*Epistula adversus Rufinum*, 39). Essa imagem foi herdada pelas modernas línguas européias: em italiano existe *Non tagliare il fuoco col ferro* e, entre as numerosas variantes, eu assinalaria a alemã *Wer in Feuer bläst, dem stieben die Funken in die Augen*, que consiste numa ampliação da expressão italiana *Non soffiare sul fuoco* [não sopres sobre o fogo].

1191. *Qui diligit rixas meditatur discordias*
Quem gosta de brigas medita discórdias

Essa frase, atualíssima, deriva da *Crônica do reino merovíngio*, do chamado "Fredegário" (4,77).

1192. *Qui gladio ferit gladio perit*
Quem com a espada fere, com a espada perece

Essa frase é citada com freqüência — sobretudo nos seus equivalentes nas várias línguas européias (cf. Mota 180) [port., Quem com ferro fere com ferro será ferido] — e sua fama se deve à estrutura rigidamente paralela das duas partes que a compõem, com a repetição de *gladio* e a assonância *ferit / perit*. A origem é um episódio do *Evangelho* (*Mateus* 26,52), em que Jesus, no Jardim das Oliveiras, assim repreende Pedro, que cortara uma orelha de um dos soldados que tinham vindo prendê-lo: πάντες γὰρ οἱ λαβόντες μάχαιραν ἐν μαχαίρῃ ἀπολοῦνται, "todos os que empunharam a espada, pela espada morrerão" (a *Vulgata* traduz: *Qui acceperint gladium gladio peribunt*). Expressão muito semelhante encontra-se no *Apocalipse de João* (13,9), mas o motivo já está documentado antes na literatura hebraica, a partir de um trecho do *Gênesis* (9,6); na época de Jesus, foi muito apreciado pelo famoso mestre Hillel.

1193. *Canis qui mordet mordetur*
Cão que morde é mordido

Esse conhecido adágio, que adverte contra os perigos do uso da força (sobretudo quando se trata das vãs tentativas de pessoas na realidade fracas), é registrado por Walther entre as máximas que têm origem na Idade Média tardia e na idade moderna (35387). Têm significado semelhante o italiano *Can ringhioso e non forzoso, guai alla sua pelle!* e o francês *Chien hargneux a souvent l'oreille déchirée*: este último tem equivalentes exatos em inglês e alemão, sendo retomado por La Fontaine (10,9) numa fábula em que um cão de fila tira vantagem do fato de suas orelhas terem sido cortadas pelo dono, já que, sendo briguento, não poderá ser mordido em parte tão delicada da cabeça quando estiver lutando com outros cães.

1194. *Crucifige, crucifige eum*
Crucifica, crucifica-o

Na versão do *Evangelho de João* (19,6), é esse o brado de morte da multidão que, instigada pelos sacerdotes, responde à pergunta de Pilatos sobre o que deveria ser feito com Jesus de Nazaré. Atualmente essa frase é repetida para indicar uma perseguição: *crucifige*, aliás, é usado nesse sentido como substantivo singular e, em italiano, *Gridar crucifige* significa "falar mal abertamente de alguém, tratá-lo como bode expiatório", ou seja, acusá-lo de todas as ações negativas.

1195. Ὄψει δέ με περὶ Φιλίππους
Tu me verás em Filipos!

Em italiano, essa expressão é habitualmente citada na forma *Ci rivedremo a Filippi!*, para ameaçar com uma vingança futura ou com um acerto de contas, ou então para lembrar ao adversário que sua vitória é passageira. A fonte é *Vida de César* (69, 11), de Plutarco, que conta o seguinte prodígio como prova de que aos deuses não agradara o assassinato de Caio Júlio César: um fantasma aparece para Brutus (um dos chefes da conjuração, cf. nº 277), perto de Abidos, e diz-lhe que é seu "mau espírito" (δαίμων κακός), prometendo encontrá-lo em Filipos. Algum tempo depois, exatamente em Filipos, o exército de Brutus alinha-se contra os de Antônio e Otaviano: o primeiro confronto termina a favor de Brutus, mas, durante a noite, ele revê o mesmo fantasma (que dessa vez não fala) e entende que está destinado à derrota e à morte (e, de fato, é assim que a batalha termina).

b) Paz e guerra

1196. Melior tutiorque est certa pax quam sperata victoria
É melhor e mais segura a paz certa do que a vitória esperada

Essa gnoma, de Lívio (30,30,19), pertence a um discurso de Aníbal: não contém tanto uma opinião favorável à paz, mas sobretudo uma recomendação de prudência, de não pôr em risco o que se tem, em vista de eventuais melhorias (continua com o esclarecimento de que a *certa pax* está em nós, ao passo que a *sperata victoria* está nas mãos dos deuses); para a fortuidade das esperanças futuras, cf. também nº 866; para recomendações análogas de prudência, cf. nº 1731. Essa sentença (bem conhecida na Idade Média, cf. Walther 14593a) está presente em todas as tradições proverbiais modernas, às vezes com ligeiro deslocamento da tônica, como no italiano *Meglio un magro accordo che una grassa sentença* [melhor um mau acordo do que uma boa sentença], em cuja base também está a polêmica com a avidez de advogados e tribunais (para outra acusação semelhante aos advogados, cf. nº 1103); devem ser notadas as pitorescas variantes dialetais, como a genovesa *L'è mêgio un frenguello in stacca che un tordo in frasca* (para *Mais vale um ovo hoje que uma galinha amanhã*, cf. nº 866).

1197. Pax vobiscum
A paz esteja convosco

Com essa saudação de bom augúrio (εἰρήνη ὑμῖν, traduzida pela *Vulgata* como *Pax vobis*), Jesus reencontra-se com seus discípulos depois da Ressurreição (*Lucas*, 24,36, *João*, 20,19); típico de São Paulo é *Gratia vobis et pax* (*Epístola aos Romanos*, 1,7, *Primeira aos Coríntios*, 1,3, *Segunda aos Coríntios*, 1,2, etc.). Essa locução faz parte de um costume hebreu: também existem expressões semelhantes no *Antigo Testamento*, como por exemplo em *Juízes*, 623; 19,20, *Reis*, 1,20,22, *Paralipômenos*, 1,12,19, *Daniel*, 10,19; entrou para o uso comum por ser repetida na Missa em latim (e também no rito pós-conciliar, embora traduzida). Por esse mesmo motivo, atualmente também goza de certa notoriedade *Pax tecum* (e sua tradução, *A paz esteja contigo*), saudação litúrgica que acompanha o chamado "beijo da paz", ou — segundo o atual rito católico — "sinal da paz" (habitualmente um aperto de mãos). Em literatura deve ser ressaltado que, na Itália, um *La pace sia con voi* muito conhecido é aquele com que Padre Cristoforo saúda Lucia e Agnese depois da malograda missão em casa de Dom Rodrigo, em *Promessi sposi* (7).

1198. Bella gerant alii, tu, felix Austria, nube!
Outros produzem guerras; tu, feliz Áustria, fazes casamentos!

Essa frase aludia originalmente à política de Maximiliano I de Absburgo, imperador do Sacro Império Romano nos inícios do século XVI, que procurava aumentar a sua influência e alargar as fronteiras por meio de uma série de matrimônios inteligentes;

trata-se do primeiro verso de um dístico, sendo o segundo: *Nam quae Mars aliis, dat tib regna Venus*, "pois os reinos que aos outros são dados por Marte, a ti são dados por Vênus". Durante muito tempo seu autor foi identificado como sendo o rei da Hungria, contemporâneo de Maximiliano I, Corvino Hunyadi, até que Béla Tóth (*Szájrul szájra*, Budapest 1895, 22 ss.) demonstrou a inexistência de provas para essa atribuição. De qualquer modo, no que diz respeito ao primeiro verso, ainda que *Felix Austria* já esteja presente num selo do ano de 1363, do duque Rodolfo IV de Absburgo (cf. F. Kürschner, *Die Unkunden Herzogs Rudolfs IV*, "Archiv fur österreichische Geschichte" 49 [1872] 30), sem dúvida a sua fonte deve ser identificada num verso de *Heroides* de Ovídio (13,82), em que Laodâmia demonstra a pouca propensão de Protesilau para os empreendimentos bélicos, com *Bella gerant alii, Protesilaus amet*, "que os outros façam guerras, Protesilau faça o amor" (não é por acaso que Protesilau foi o primeiro a cair na guerra de Tróia). Também deve ser citado o outro verso de *Heroides* de Ovídio (17,254) — registrado entre as sentenças medievais (Walther 1964) — em que Helena diz de Páris: *Bella gerant fortes, tu, Pari, semper ama*, "a guerra é feita pelos fortes; tu, Páris, continua amando". Trata-se da tópica contraposição entre guerra e amor (já central no fr. 16 V. de Safo, em que a poetisa refuta quem afirma que as coisas mais lindas são exércitos ou navios, dizendo ser a coisa mais linda aquilo que se ama), retomada em um dos lemas mais correntes entre os jovens dos anos 60 e 70 (*Faça o amor, não faça a guerra*): aquilo que, nas culturas heróicas, parecia uma fraqueza torna-se razão de um mundo mais humano e civilizado. Finalmente, deve ser citada uma outra variante medieval (Walther 1963) que não se concentra na oposição entre amor e guerra, mas entre cometimentos e tranqüilidade: *Bella gerant alii, sint nostra silentia nobis, / voce tubisque tonent, nos tacuisse iuvat*, "que os outros façam a guerra: fiquemos em silêncio; que eles troem com a voz e com trombetas: agrada-nos ter calado" (para *Nos tacuisse iuvat*, cf. nº 16).

1199. *Oleo tranquilliorem*
Mais tranqüilo do que o óleo

Essa locução, em Plauto (*Poenulus*, 1236), refere-se a um cão, enquanto em Platão (*Teeteto*, 144b) a comparação com o modo de escorrer do óleo, para indicar calma e tranqüilidade, refere-se à maneira de enfrentar os estudos. Não faltam paralelos modernos: ver o italiano *Zitto* (ou *calmo*, ou *tranquillo*) *come l'olio*, de uso comum, sobretudo a respeito de extensões de água, como a do mar, e também encontrado em literatura (cf. L. Pulci, *Morgante Maggiore*, 8,93,8).

1200. *Cedant arma togae, concedat laurea linguae*
Que as armas dêem lugar à toga, e o triunfo militar à eloqüência

Esse é um fragmento de *De consulatu meo* de Cícero (16 Morel = Traglia), ainda famoso como símbolo da transição da guerra para a paz, do direito da força para o das leis, sendo ainda usado para se afirmar que o poder militar deve submeter-se ao civil.

Com esse verso, Cícero aludia ao seu consulado e ao fato de ter debelado a conjuração de Catilina: ele mesmo o diz com orgulho em *De officiis* (1,22,77), mencionando-o na segunda *Filípica* (8,20), ao passo que seus adversários usariam isso como acusação (ver Cícero [*In Pisonem*, 29,72], Quintiliano [11,1,24] e o Pseudo-Salústio [*Invectiva in Ciceronem*, 3,6]). Outras documentações estão no Pseudo-Cícero (*Invectiva in Sallustium*, 2,7) e em Plutarco (*Vida de Cícero*, 5,1,); a isso aludem Plínio (*Naturalis historia*, 7,117) e o anônimo de *Laus Pisonis* (35 s.). Também é conhecida a variante com *laudi*, "louvor, mérito", em lugar de *linguae*, própria de alguns manuscritos nos trechos de *In Pisonem* e de *De officiis*, mas que, nesse contexto específico, parece menos pregnante e expressiva.

1201. *Concordia discors*
Concórdia discordante

Essa expressão oximórica, que hoje designa a harmonia oriunda da oposição (de idéias, de sentimentos ou de qualquer outro tipo), tem origem num trecho de Horácio (*Ep.* 1,12,19) que faz referência à teoria de Empédocles, segundo a qual é fundamental no universo a luta entre os opostos φιλία, "amor", e νεῖκος, "discórdia", presente num fragmento (31 B 17 D.-K.) e citada em numerosos documentos (para os quais remeto a Diels-Kranz[6] 3,455). *Concordia discors* reaparece em Lucano (1,98), para indicar a "paz armada" ou a "guerra fria", e em Ovídio (*Metamorfoses*, 1,433), com sentido cosmogônico referente à união entre o calor e a água que dá origem à vida; em Manílio (1,142) tem-se, enfim, a recíproca *Discordia concors*, "discórdia concorde". Na política italiana contemporânea, deve ser lembrada *Convergenze parallele* [convergências paralelas] (fórmula apreciada por A. Moro), que tem o mesmo sentido — e a mesma estrutura oximórica — de *Concordia discors*.

1202. *Mota quietare, quieta non movere*
Aquietar o que está em movimento, não movimentar o que está quieto

Esse adágio, ainda de uso comum (e às vezes citado apenas na segunda parte), na realidade é a tradução de um provérbio grego: de fato, Platão (*As leis*, 11,913b) transcreve como proverbial a frase μὴ κινεῖν τὰ ἀκίνητα, "não movimentar o que está quieto", e (*Filebo*, 15c) cita μὴ κινεῖν εὖ κείμενον, "não movimentar o que está tranqüilo"; em Hipérides (fr. 30 Jensen) lia-se μὴ κινεῖν κακὸν εὖ κείμενον, "não movimentar um mal que está quieto" (essa variante lembra a expressão brasileira *Ninguém acorde o cão que está dormindo*: cf. nº 1189); o escólio ao trecho de *Filebo* registra uma curiosa história sobre as origens desse provérbio: essas teriam sido as palavras dos habitantes de Rodes, quando o rei quis reconstruir o famoso Colosso, que desabara destruindo muitas casas. Não se conhece a fonte da versão latina, ainda que se deva mencionar como paralelo um trecho de Salústio (*De Catilinae coniuratione*, 21,1), onde o *quieta movere*, em si, já constitui uma recompensa para os conjurados. A variante medieval *Quietum non move lutum*, "não movimentes o lodo parado" (Walther 25317i), está vinculada à imagem — muito difundida em provérbios latinos da Idade Média — do esterco que fede mais se é movimentado (cf., por exemplo, 26765, *Res satis est nota: foetent plus stercora mota*, "é coisa bem sabida: o esterco fede mais quando é mexido", assim como 2878, 9712, 30332, 30334). No Brasil se diz *Quem está bem, deixe-se estar* (para outros paralelos cf. Mota 185).

1203. *Noli turbare circulos meos!*
Não perturbes meus círculos!

Essas teriam sido as palavras de Arquimedes enquanto tentava resolver um problema traçando sinais no chão; dirigia-se a um soldado que o interpelava brutalmente durante o saque de Siracusa, perpetrado pelos romanos sob o comando do cônsul Marcelo, no ano 212 a.C. Esse episódio é contado por Valério Máximo (8,7 *ext.* 7), em que o matemático exclama: *Noli, obsecro, istum disturbare!*, "suplico-te que não desarranjes isto!"; essa frase não está presente na narração de Plutarco (*Vida de Marcelo*, 19,4) e muda ligeiramente em Porfírio (cf. *Scholia in Aristotelem*, 8 Brandis). Essa expressão é bem conhecida hoje em dia como símbolo do cientista que tem a cabeça nas nuvens, do intelectual que consegue criar um oásis de paz interior mesmo quando as circunstâncias externas são dramáticas; às vezes é citada com o sentido banal de "Não perturbe!".

1204. *Si vis pacem, para bellum*
Se queres a paz, prepara a guerra

Esse celebérrimo provérbio (também registrado por Walther 29404a) ainda é usado como fundamento da teoria de que o melhor modo de conseguir a paz não é desarmar-se, mas estar pronto para a guerra, incutindo medo nos eventuais agressores. Não existem documentações exatas nos clássicos, mas esse conceito já se encontra em Tucídides (1,124,2), onde os coríntios afirmam que ἐκ πολέμου μὲν γὰρ εἰρήνη μᾶλλον βεβαιοῦται, "a guerra torna a paz mais sólida", verificando-se, também em grego, uma expressão semelhante em Díon Crisóstomo (1,27); na mesma linha, existem em literatura latina um trecho de Horácio (*Sat.* 2,2,110 s.), um de Lívio (6,18,7: *Ostendite modo bellum, pacem habebitis*, "mostrai apenas a guerra e tereis a paz") e um de Vegécio (3, *prol.*: *Qui desiderat pacem praeparit bellum*, "quem deseja a paz prepare a guerra"), que constitui a frase mais semelhante ao provérbio acima. Em plano mais genérico, Sêneca (*Ep.* 18,6) adverte que, para não ter problemas com uma situação, é preciso exercitar-se para ela preventivamente; Publílio Siro, por outro lado (P 16), lembra que *Prospicere in pace oportet quod bellum iuvet*, "durante a paz é preciso prover àquilo que servirá durante a guerra" (onde — deve-se observar — o objetivo da ação não é manter a paz, mas conseguir sustentar uma eventual guerra: esse motivo é retomado por Cassiodoro, *Variae*, 1,40); também é preciso ressaltar o *topos* segundo o qual é através da guerra que se consegue a verdadeira paz (Cícero [*De officiis*, 1,23,8], Cornélio Nepos [*Vida de Epaminondas*, 5,4], Estácio [*Tebaida*, 7,554], Santo Agostinho [*De civitate Dei*, 19,12], Prudêncio [*Psychomachia*, 770], escólio bernense a Lucano, 5,276), sentido este que também deve ser entrevisto no citado trecho de Tucídides. A esse propósito, é muito importante uma frase de Cícero (*Filípicas*, 7,6,19: *Si pace frui volumus bellum gerendum est*, "se quisermos gozar a paz, será preciso fazer a guerra"), onde a recomendação de preparar-se para a guerra é substituída pela de fazê-la. Em todas as modernas línguas européias registra-se como proverbial a tradução exata dessa frase (cf. Mota 211); *To be prepared to war is one of the most effectual means to prepare to peace* é uma frase de George Washington, muito citada por presidentes e políticos americanos. Uma expressiva referência polêmica encontra-se em uma carta de Erasmo que exclama "Ele quer a paz e prepara a guerra!". Finalmente, uma curiosidade: *Parabellum* [port., parabélum], substantivo retirado da frase que estudamos, foi o nome em código que o Ministério da Guerra alemão deu a uma fábrica de armas; a seguir, passou a designar uma das pistolas ali fabricadas (e seus cartuchos), destinada a oficiais e suboficiais de 1908 a 1918.

1205. *Pax tibi, Marce*

Paz para ti, Marcos

Trata-se de uma frase ainda usada como votos de paz; na realidade, era um lema da República de Veneza: estava escrito no Evangelho aberto sob a pata do leão alado, símbolo de São Marcos, que figura no seu brasão. Isso tudo está vinculado a uma lenda medieval, segundo a qual um anjo mostrou-se a São Marcos quando da chegada de seu corpo à ilha onde atualmente se ergue a basílica a ele consagrada e assim o saudou: *Pax tibi, Marce, evangelista meus*, "paz para ti, Marcos, meu evangelista" (para formas de saudação desse tipo, cf. também nº 1206), com uma alusão ao fato de que ali o santo seria venerado e encontraria paz e tranqüilidade.

1206. *Pax et bonum*

Paz e bem

Essa expressão, atualmente de uso comum, sobretudo em sua tradução italiana [*Pace e bene*], como votos de paz e felicidade, é a habitual forma de saudação da ordem franciscana, documentada desde as fontes mais antigas e, com muita probabilidade, escolhida pelo próprio São Francisco. Contudo, sobre sua origem vale a pena lembrar uma lenda nascida da tentativa de ver na vida do santo de Assis uma perfeita projeção da vida de Jesus. Assim como Cristo teve um precursor em João Batista, também o nascimento de São Francisco teria sido anunciado por um habitante de Assis que andava pelas ruas gritando: *Pax et bonum!*

1207. *Pax Romana*

Paz romana

Essa expressão já era usada proverbialmente no primeiro século d.C. para indicar a pacificação do mundo ocorrida sob o domínio dos exércitos romanos, que, segundo o ideal de Augusto, eram portadores de civilização, ordem e justiça. Aparece, por exemplo, em *De providentia* de Sêneca (4,14), em Lucano (7,94), em Plínio, o Velho

(*Naturalis historia*, 27,1,1), e em Tácito (*Anais*, 27,13). Para a tradição cristã, contudo, a *Pax Romana* foi desejada por Deus para permitir uma difusão mais rápida do cristianismo, mas mesmo nesses autores existem trechos nos quais falta qualquer conotação desse tipo (ver, por exemplo, Roswitha, *Gallicanus*, 1,9,3).

1208. Pro bono pacis
Pelo bem da paz

Essa locução atualmente é de uso comum com referência às pessoas que condescendem em fazer uma conciliação para não entrar em conflito com outras. Sua fonte não é conhecida, mas — ao que saiba — não é clássica (em Lívio [21,24,5; 21,32,6] existe *Cum bona pace*, mas com o sentido de "pacificamente").

1209. *Ubi solitudinem faciunt pacem appellant*
Quando fazem um deserto, chamam-no paz

Essa expressão provém do discurso aos guerreiros feito por Calgaco, rei dos bretões, antes da batalha decisiva contra as armadas romanas; isso é contado por Tácito (*Vida de Agrícola*, 30,7). Nela estão invertidos os *topoi* constitutivos da ideologia imperial, sobretudo o da *Pax Romana* (nº 1207): o mundo de civilização, justiça e paz trazido pelas legiões de Roma revela-se uma mistificação grotesca, que visa a mascarar as mais brutais agressões e os mais cruéis massacres. Essa frase é famosa, sendo citada muitas vezes para indicar a lógica atroz e paradoxal da guerra, sobretudo com respeito a empreendimentos bélicos realizados por grandes potências, com o pretexto ideológico de instaurar um sistema baseado na paz: foi, por exemplo, retomada por Gladstone numa de suas tantas polêmicas com Disraeli, sendo impressa em março de 1940 num folheto londrino de propaganda antinazista; em literatura, ver Byron, *The Bride of Abydos*, 2,913; para outros pormenores, remeto a A. Mehl, "Gymnasium" 83 (1976) 283-288.

1210. *Concordia parvae res crescunt, discordia maxumae dilabuntur*
Na concórdia crescem as pequenas coisas; na discórdia, dissipam-se as maiores coisas

Essa gnoma provém de um trecho de *Bellum Iugurthinum* de Salústio (10,6), em que o rei Micipsa fala aos filhos Aderbal e Hiêmpsal; foi muito famosa na Antiguidade, sendo citada por Sêneca (*Ep.* 94,46), São Jerônimo (*Regula monachorum*, 28) e Orósio (2,17,17); está presente na coletânea do Pseudo-Beda (*PL* 90,1094a) e a ela alude Amiano Marcelino (O26,2,8). Está vinculada ao conhecido *topos* da necessidade de evitar sedições e manter a concórdia civil: em latim ver dois parágrafos de *De amicitia* de Cícero (7,23 s.) e uma sentença de Publílio Siro (I 59: *Ibi semper est victoria, ubi est concordia*, "sempre há vitória onde há concórdia"). Quanto às tradições proverbiais modernas, em todas as línguas européias existem equivalentes a *A união faz a força* (cf. também nº 1053); muito próximo da máxima de Salústio está o alemão *Eintracht das Kleine mehrt, Zwietracht das Grosse verheert*; é famosa a fábula de La Fontaine (4,18) em que um velho, prestes a morrer, demonstra aos filhos que um feixe de dardos não pode ser quebrado, ao passo que cada dardo, isolado, não opõe grande resistência: em vão, porque os filhos logo brigarão pela herança, fornecendo um outro exemplo do princípio em estudo.

1211. *Caesarem vehis Caesarisque Fortunam*
Transportas César e a sorte de César

Essa conhecida frase de encorajamento provém de um episódio da vida de César, contado por vários autores (Plutarco [*Vida de César*, 38,5, *Romanorum apophthegmata*, 206cd], Díon Cássio [41,46,3], Floro [2,13,37]). Durante a guerra civil, César encontrava-se nos arredores de Durazzo, esperando um comboio de Brindisi, que estava demorando muito: decide então ir pessoalmente a Brindisi, disfarçado de escravo, embarcando em um navio. Quando, porém, em vista das condições adversas do tempo, o piloto Amiclas dá ordem de retornar, ele se dá a conhecer e incita os marinheiros a continuar com confiança na mesma rota, já que transportavam César e a sua "sorte". Para um exemplo de citação nas literaturas modernas, cf. F. Bacon, *Of the Advancement of Learning*, 2,23,11.

1212. *Ultima ratio regum*
O último argumento dos reis

Essa expressão vale-se da conhecida locução *Extrema / Ultima ratio* (que indica o argumento a que se recorre só em casos extremos, quando todos os outros se mostraram infrutíferos), que já aparece no classicismo [cf., por exemplo, Cícero, *Pro Quinctio*, 17,54, César, *De bello civili*, 3,44,2]), para designar as armas e os exércitos, portanto a guerra, considerada pelos governantes como um meio extremo de resolver as dissensões. Sua primeira documentação — na forma *Hoc est ultima ratio regis* — parece ser constituída por uma frase pronunciada em 1516 pelo cardeal Francisco Jiménez de Cisneros, regente de Aragão e Castela; além disso, em 1650 Luís XIV mandou inscrever *Ultima ratio regum* sobre os canhões que eram fundidos (em 1796, essa inscrição foi apagada por decreto da Assembléia Nacional); finalmente, Frederico, o Grande, mandou gravar *Ultima ratio regis* nos canhões prussianos em 1742. Famosa é a sua retomada por Calderón de la Barca (*En esta vida todo es verdad y todo mentira*, 2,23), segundo quem a pólvora e as balas dos canhões são a *ultima razón de reyes*.

1213. Γλυκὺ ἀπείροισι πόλεμος
Para quem não experimentou, a guerra é coisa doce

Esse é um verso de Píndaro (fr. 110,1 Sn.-M.), em cujo prosseguimento o poeta afirma que, ao contrário, quem sabe o que é a guerra enfrenta-a com terror: esse fragmento chegou até nós por ter sido citado pelo escólio e pelo comentário de Eustátios (3,186,16-18 V.) a um trecho da *Ilíada* (11,227 s.), onde Ifídamas vai combater cheio de intrepidez juvenil. Essa gnoma, que está ligada ao *topos* mais amplo do *Expertus metuit* (nº 396), era famosa na Antiguidade e foi transcrita no *Florilégio* de João de Stóboi (4,321 Wachsmuth-Hense) e pelos paremiógrafos (Diogen. 3,94; Vind. 2,16, Greg. Cypr. 2,3, Macar. 3,1, Apost. 5,51), que no entanto lhe atribuem um sentido menos genérico: teria sido usada a propósito de quem se expunha a perigos por inexperiência (a meu ver, nessa mesma direção deve ser interpretada a substituição, presente nesses documentos, do peculiar neutro γλυκύ, "coisa doce", pelo masculino mais banal que vincula diretamente o adjetivo a πόλεμος, com sentido do tipo "a guerra é doce"). Esse fragmento também foi citado pelos comentadores a dois trechos de Tucídides (1,80,1 e 2,8,1), em que se fala dos jovens que, por serem inexperientes, enfrentam a guerra com atrevimento e espírito de aventura. Em latim deve ser lembrado *Inexpertis enim dulcis est pugna*, "a luta é doce para quem não a experimentou", de Vegécio (3,12), encontrando-se um conceito semelhante no lamento de Evandro pela morte do filho Palante no décimo primeiro livro da *Eneida* (vv. 154 s.). Uma tradução perfeita do fragmento de Píndaro encontra-se nas sentenças medievais (Walther 6323a: *Dulce bellum inexpertis, expertus metuit*); a essa frase é dedicado um dos mais importantes *Adagia* de Erasmo (196-285 Seidel Menchi).

1214. *Qui non est mecum contra me est*
Quem não está comigo está contra mim

Essa expressão, já registrada entre as sentenças medievais (Walther 24398a) e atualmente de uso comum nas versões nas várias línguas européias (cf. Mota 191) para condenar comportamentos de indiferença e neutralidade em meio a um conflito ou uma divergência, tem origem no *Evangelho*: trata-se, realmente, das palavras de Jesus, pronunciadas em *Mateus*, 12,30, e em *Lucas*, 11,23 (em grego, ὁ μὴ ὢν μετ' ἐμοῦ κατ' ἐμοῦ ἐστιν). De qualquer modo, deve-se notar que ela não tem o sentido banal que hoje lhe atribuem (é usada principalmente na oratória política, em tom enfático): Jesus fala daquele que não O acompanha ao Reino dos Céus e que, portanto, acaba por perder-se. Esse módulo ainda retorna em *Marcos* (9,40), com a primeira pessoa do plural e um sentido especular ("quem não está contra nós está conosco": a *Vulgata* tem a segunda pessoa do plural, devido a uma antiga deturpação do original grego).

1215. *Bellum omnium contra omnes*
Guerra de todos contra todos

A fama dessa frase, freqüentemente usada para indicar uma situação de conflito generalizado, se deve ao fato de que com essa expressão o filósofo Thomas Hobbes muitas vezes (cf., por exemplo, *De cive*, 1,12; 5,2) exprime com feliz síntese a sua concepção sobre as condições do homem antes da organização estatal (cf. também nº 1181). A fonte de Hobbes deveria ser um trecho de *As leis* de Platão

(1,625e-626a), onde se afirma que, para as cidades, πόλεμος ἀεὶ πᾶσιν διὰ βίου συνεχής ἐστι πρὸς ἁπάσας τὰς πόλεις, "para todas há uma guerra contínua contra todas as cidades", e que aquilo que chamamos paz não passa de nome, já que τῷ δ' ἔργῳ πάσαις πρὸς πάσας τὰς πόλεις ἀεὶ πόλεμον ἀκήρυκτον κατὰ φύσιν εἶναι, "de fato, por natureza, todas estão sempre em guerra não declarada contra todas". Esse trecho de Platão é retomado por Díon Crisóstomo (74,3), onde, todavia, a luta pela vida se transforma na frase mais banal e menos pregnante κακίας πόλεμος, "guerra contra a abjeção moral" (πόλεμος, na realidade, é uma conjetura de Reiske, mas muito feliz e segura); em latim, Lucílio (1234 Marx) fala de tramar insídias como se *hostes sint omnibus omnes*, "todos fossem inimigos de todos".

1216. Πολλὰ καινὰ τοῦ πολέμου

Muitos são os fatores imponderáveis da guerra

Essa máxima está presente em vários autores gregos, tais como Aristóteles (*Ética para Nicômaco*, 1116b 7 ss.), Políbio (29,16), Diodoro Sículo (20,30,1; 20,67,4), Plutarco (*De recta ratione audiendi*, 41b), sendo registrada pelos paremiógrafos (Diogen. 7,80, Apost. 14,54, *Suda* π 1867). Significa que, na guerra, muitas coisas escapam aos cálculos racionais; vale-se da locução τὰ καινὰ τοῦ πολέμου, que pode ser encontrada, por exemplo, em Tucídides (3,30,4), em Cícero (*Epistulae ad Atticum*, 5,20,3) e em Diodoro Sículo (18,86,1). Os estudiosos não estão de acordo sobre a grafia, visto que nos códices dos vários autores há muitas variantes, desde καινά, "coisas novas, inesperadas, extraordinárias", até κενά, "elementos vazios, vãos": alguns preferem a primeira (por exemplo Weil, de Romilly, sendo essa também a minha opinião [remeto a "Museum Criticum" 13-14 (1978-79) 257 s., também para referências bibliográficas mais pormenorizadas]); outros, a segunda (por exemplo, Stuart Jones, Gomme, Roussel, Lateiner). De qualquer modo, deve ser ressaltado que as duas possibilidades são antigas: à parte o fato de existir uma confusão gráfica (decorrente de uma confusão fonética) entre αι e ε desde o século II a.C., as variantes são explicitamente registradas e discutidas pelo escólio ao trecho de Tucídides, sendo também pressupostas pela exegese do provérbio feita pelos paremiógrafos; o medieval *Multa in bellis inania* (Walther 15387a) pressupõe κενά. No Brasil se diz *Tempo de guerra, mentira como terra*.

1217. *Manu militari*

Com mão militar (Militarmente)

Essa locução ainda é de uso comum quando se quer ressaltar que uma operação foi realizada com o auxílio das armas ou — em sentido metafórico — que uma situação só foi solucionada graças ao emprego da força. É difundida na literatura latina a partir do século IV d.C.: ver, por exemplo, Sérvio (*Comentário à Eneida*, 8,652), Lucífero de Cagliari (*De regibus apostolicis*, 7 [53,17 Hartel]), Sulpício Severo (*Dialogus*, 2,8,6, *Chronica*, 2,34,2) e Gregório Magno (*Ep.* 4,20; 6,35); na realidade às vezes é usada não para indicar violência, mas alguma obra civil realizada com o emprego do exército (como por exemplo em *Vida de Probo* de Flávio Vopisco [*Historia Augusta*, 18,8; 20,2]).

1218. *Quadrupedante putrem sonitu quatit ungula campum*
O casco sacode com som galopante o úmido campo

No oitavo livro da *Eneida*, com esse verso onomatopaico (598: trata-se de um hexâmetro inteiramente dactílico), que retorna quase idêntico no décimo primeiro (875), Virgílio fala do andar solene e majestoso de uma tropa de soldados a cavalo: notar a elegante enálage de *quadrupedans*, "que anda sobre quatro cascos, galopante" (antes se encontra em Plauto, *Captivi*, 814, sobre o rocim de um peixeiro), com referência a *sonitus*: essa figura retórica é menos evidente em 11,875, onde *quadripedus* é atributo de *cursus*. Esse verso já era famoso na Antiguidade: Macróbio (*Saturnalia*, 6,1,22) evidencia a sua ascendência — pelo menos formal — desde Ênio, mencionando três versos dos *Anais* (7,242 Skutsch [224 V.]; 8,263 [277]; 17,431 [439]), onde se encontram finais quase idênticos aos de Virgílio.

1219. *Magnis itineribus*
Em marchas forçadas

Essa expressão constituía um tecnicismo militar que indicava a marcha de tropas que conseguiam percorrer no período de um dia a maior distância possível: *magnum iter* contrapõe-se a *iustum iter*, mas não é possível quantificar com precisão os limites de um e outro, pois eram relativos às condições externas (uma marcha de vinte quilômetros, por exemplo, em situações normais era um *iustum iter*, que se tornava *magnum* em solo montanhoso ou pantanoso); para outros pormenores, remeto a J. Kromayer-G. Veith, *Heerwesen und Kriegführung der Griechen und Römer*, München 1928, 354 s. Ainda é usada, tanto em sentido próprio quanto figurado, para designar qualquer trabalho que precisa ser terminado depressa demais e é executado em ritmo extraordinariamente rápido.

1220. *Nulla salus bello: pacem te poscimus omnes*
Não há salvação na guerra: ó paz, nós todos te invocamos

Essa famosa gnoma (também citada na forma abreviada *Nulla salus bello*) é extraída do discurso com que Drances se opõe a Turno no décimo primeiro canto da *Eneida* (v. 362), sendo também retomada na violenta réplica de Turno (v. 399), que a lança ao rosto de Drances. Na Idade Média registram-se paródias engraçadas, como *Nulla salus aquis* (ou *lymphis*): *vinum te poscimus omnes* (Walther 18954 e 18956), que significa: "não há salvação na água: ó vinho, todos te invocamos". Nos provérbios modernos, devem ser assinaladas uma tradição que leva o discurso para o plano econômico (são exemplares o francês *La guerre engendre pauvreté* e o italiano *Dov'è guerra non fu mai dovizia*) e a do italiano *Guerra, peste e carestia vanno sempre in compagnia* (com equivalente em francês).

1221. *Bellaque matribus / detestata*
Guerras detestadas pelas mães

Essa conhecidíssima expressão tem origem em Horácio (*Carm.* 1,1,24 s.). O ódio das mães pela guerra é retomado, por exemplo, por Henri-Auguste Barbier (*Jambes et poèmes*, *L'idole*, IV) a respeito da coluna Vendôme, revestida com o bronze de 1200 canhões tomados aos inimigos durante as várias guerras napoleônicas. Para o diferente — mas igualmente proverbial — comportamento das mães espartanas, cf. nº 1235.

1222. *Matrem timidi flere non solere*
A mãe do medroso não costuma chorar

A fonte é *Vida de Trasibulo* de Cornélio Nepos (2,3): trata-se de uma variação sobre o motivo do ódio da mãe pela guerra (cf. nº 1221). Um equivalente grego exato, δειλοῦ μήτηρ οὐ κλαίει, é transcrito pelo paremiógrafo Macário (3,23); nas tradições proverbiais modernas ver o alemão *Wer flieht, der macht seine Mutter nicht weinen* (ou seja: "quem foge não faz sua mãe chorar").

1223. *Silent... leges inter arma*
Em meio às armas as leis se calam

Essa gnoma é de Cícero (*Pro Milone*, 4,11) e ainda é citada para dizer que quando se utilizam armas e violência para resolver as divergências não há lugar para a razão e o direito. Essa frase já era famosa na Antiguidade, como demonstram uma alusão em Lucano (1,277: *Leges bello siluere coactae*, registrada também entre as sentenças medievais [Walther 13640a]) e uma menção em São Jerônimo (*Ep.* 126,2; quanto a Quintiliano, 5,14,17, registra-se todo o parágrafo da oração por motivos que nada têm a ver com a sentença). De qualquer maneira, esse motivo era tópico: recorre em vários outros textos, como por exemplo numa máxima de Publílio Siro (V 30), num trecho de Lívio (34,5,6), em dois de *Hercules furens* de Sêneca (253; 400 s.), num de Ovídio (*Tristia*, 5,7,48) e numa curiosa anedota registrada por Valério Máximo (5,2,8), segundo a qual Caio Mário teria concedido a cidadania romana a duas coortes de camerinos que se haviam comportado valorosamente contra os címbrios, desculpando-se desse procedimento pouco ortodoxo com a afirmação de que *inter armorum strepitum verba se iuris civilis exaudire non potuisse*, "em meio ao estrépito das armas não pudera entender as palavras do direito"; em grego um paralelo importante é constituído por um *monóstico de Menandro* (595 J.) que diz: ὅπου βία πάρεστιν οὐ σθένει νόμος, "quando há violência o direito não tem poder". Em todas as tradições proverbiais modernas existem equivalentes à expressão de Cícero, ainda que às vezes o termo genérico "armas" seja substituído por elementos mais expressivos (por exemplo, em italiano, *tamburi*; em lombardo, *cannun*; em inglês, *drums*); todas as línguas registram paralelos ao provérbio italiano *Quando vien la forza la giustizia è morta* e aos brasileiros *Se as armas falam, as leis se calam* e *Onde há força, direito se perde* (cf. Arthaber 598 e 678, Mota 149, 210). Finalmente, com sentido semelhante existe a expressão brasileira *Contra a força não há resistência*.

1224. *Prius antidotum quam venenum*
O antídoto antes do veneno

Esse provérbio é registrado como tal por São Jerônimo (*Apologia contra Rufinum*, 2,34 [P. Lardet agora publica *ante* em vez de *prius*], cf. também *Epistula adversus Rufinum*, 8): significa que é preciso antecipar as manobras dos adversários, defendendo-se antes dos ataques. Corresponde, pois, aos italianos *La miglior difesa è l'attacco* [a melhor defesa é o ataque] e — em medicina — *Prevenire è meglio che curare*, sendo bastante semelhantes o alemão *Arznei vor dem Gift nehmen* e o brasileiro *É melhor prevenir que remediar*.

1225. Ὀδοῦσι καὶ ὄνυξι... ἐφύλαττον
Vigiavam-no com unhas e dentes

Essa expressão é extraída dos *Diálogos dos mortos* de Luciano (11,4), onde se trata da defesa encarniçada e desesperada dos bens pessoais. *Unguibus et dentibus* encontra-se em Santo Agostinho (*Contra Faustum Manichaeum*, 22,73), enquanto Cícero (*Tusculanae disputationes*, 2,24,56), para indicar uma ação realizada com todas as forças, usa a locução *Omnibus ungulis*, "com todas as unhas". Essa última está vinculada a uma estrutura corrente nas línguas clássicas: de fato existem ὅλῳ ποδί / *Omni pede / Totis pedibus*, que se referem propriamente a uma corrida precipitada, mas que na realidade podem dizer respeito a qualquer coisa feita com grande empenho (cf., por exemplo, Apolônio Ródio, 4,116, Apostólio, 12,63, Quintiliano, 12,9,18 [que a registra como locução usada em agricultura], Apuleio, 9,1), assim como ὅλῃ χειρί (cf. Macar. 6,27). Entre as sentenças medievais registra-se *Unguibus et morsu teneri...* (Walther 32189), enquanto *Defender-se com unhas e dentes* é expressão bastante comum hoje em dia.

1226. Μὴ πρὸς λέοντα δορκὰς ἄψωμαι μάχης
   Eu, gazela, não poderia travar batalha contra o leão

Esse provérbio é transcrito pelos paremiógrafos (Diogen. 6,59, Diogen. Vind. 3,26; 3,57, Greg. Cypr. M. 4,39; 5,6, Apost. 11,46, *Suda* δ 1386, μ 977, cf. também π 2751) com o significado de que o mais fraco nunca deve provocar o mais forte. É semelhante o italiano *La capra non contrasta col leone*.

1227. *A cane non magno saepe tenetur aper*
   Muitas vezes o javali é capturado por um cão que não é grande

Esse é um verso extraído de *Remedia amoris* de Ovídio (422): trata-se de um exemplo posto em paralelo ao da cobrinha que mata um touro enorme (v. 421: *Parva necat morsu spatiosum vipera taurum*), pouco antes da afirmação de que um grupo é formado por grande número de pequenas unidades (cf. nº 814). O trecho inteiro de Ovídio está registrado entre as sentenças medievais (Walther 20767), ao lado de numerosas variações (6, 7109, 7322, 23646); ainda sobre o mesmo tema existe *Saepe fit ut catulus dat maxima vulnera parvus*, "muitas vezes ocorre que um cãozinho cause grandes ferimentos" (27124). Esse verso ficou famoso e aparecia no brasão de Arezzo (um antigo comentador florentino de Dante — entre outras coisas — explicava com isso o fato de os aretinos serem denominados *botoli ringhiosi* [cãezinhos rosnadores] no *Purgatório* [14,46 s.]). O motivo do cão pequeno que vence um inimigo tradicionalmente superior ainda é corrente: até nos quadrinhos do Snoopy, onde o protagonista é justamente um cãozinho que luta contra o Barão Vermelho, lendário piloto da aviação alemã da Primeira Guerra Mundial. Encontra-se afinidade nos provérbios alemães *Oft fängt ein kleiner Hund ein grosses wildes Schwein* e *Oft kann ein kleiner Feind dem Grossen schädlich sein*. No Brasil se diz *Pequeno machado derriba grande árvore* e *Não há inimigo pequeno*.

1228. *Etiam periere ruinae*
   Até as ruínas foram destruídas

Essa expressão, muito citada hoje em dia para indicar destruições totais e definitivas, materiais ou morais, deriva de Lucano (9,969): trata-se das condições das ruínas de Tróia, visitadas por César, que estava ávido por fama.

1229. Omne / verterat in fumum et cinerem
Reduzira tudo a fumaça e cinzas

A fonte é Horácio (*Ep.* 1,15,13 s.), onde se fala de uma personagem que devora tudo, seja — como nesse caso — uma abundante refeição, seja todo um patrimônio. Essa frase vale-se de uma expressão que indica a destruição completa, subseqüente ao saque de uma cidade: com esse sentido, em italiano é comum o uso de *Mandare in fumo*, e em francês, *Faire partir en fumée*.

1230. Quod non fecerunt barbari, fecerunt Barberini
O que os bárbaros não fizeram, fizeram os Barberini

Essa expressão, engraçada principalmente pela paranomásia *barbari / Barberini*, ainda é muito conhecida e usada para indicar prepotência e vandalismo. Trata-se da variante popular de *Quod non fecerunt barbari Barbarini fecerunt*, escrito — ao que parece — pelo protonotário mantuano Carlo Castelli, como referência polêmica à política de construção civil de Urbano VIII, civilmente Maffeo Vincenzo Barberini, papa de 1623 a 1644, que — como parte de um projeto de renovação do aspecto exterior de Roma — mandou retirar o bronze que revestia as traves do pórtico do Panteão para fazer canhões e construir as quatro colunas e o dossel do altar maior de São Pedro. Naqueles tempos isso provocou um grande rebuliço, cujos ecos se encontram nos cronistas da época, como Giacinto Gigli, que fala da consternação geral diante da destruição da "única antiguidade que ficara intacta depois das investidas dos bárbaros". Os bárbaros a que se faz referência não são, evidentemente, apenas as hordas que várias vezes destruíram Roma na Antiguidade tardia, mas também os lansquenês, que a saquearam em 1527. Byron retomou esse verso em seu *Quod non fecerunt barbari Scotus fecit*, "o que os bárbaros não fizeram, fez um escocês", que atacava a espoliação da Acrópole de Atenas pelo diplomata Lord Elgin entre 1803 e 1812 (tais obras de arte ainda se encontram no British Museum de Londres).

1231. Mare nostrum
Nosso mar

Na Antiguidade, essa expressão era simplesmente geográfica, indicando o Mediterrâneo (ver, por exemplo, César [*De bello Gallico*, 5,1], Salústio [*Bellum Iugurthinum*, 17,4], Lucano [8,239], Pompônio Mela [1,3], assim como V. Burr [*Nostrum Mare. Ursprung und Geschichte der Namen des Mittelmeeres und seiner Teilmeere im Altertum*, Würzburg 1932]). Para os italianos, depois da sua utilização na campanha da Líbia e no furor nacionalista de D'Annunzio e do fascismo, ela é símbolo da política agressiva e colonialista da Itália entre o período da unidade e o fim da Segunda Guerra Mundial; seu fundamento propagandístico era a visão — herdada da Roma antiga — de que o Mediterrâneo era um mar totalmente italiano.

c) Heroísmo e covardia

1232. *Navigare necesse est, vivere non est necesse*
Navegar é preciso, viver não é preciso

Essa é uma frase famosa, proverbial na Idade Média (Walther 15958b), que se tornou lema das cidades hanseáticas, sendo escrito no portal da casa do marinheiro, em Bremen. Sua origem está na *Vida de Pompeu* (50,2) de Plutarco: com πλεῖν ἀνάγκη, ζῆν οὐκ ἀνάγκη, Pompeu, que precisava levar a Roma o trigo colhido nas províncias, exorta a zarpar, num momento de tormenta e de vento impetuoso, em que os marinheiros hesitam. Essa sentença, portanto, já em Plutarco não equivale a uma simples declaração de amor pela navegação, mas a uma exortação à coragem e à abnegação pela pátria: tal sentido é acentuado na sua retomada por G. D'Annunzio (*La beffa di Buccari*, in *Prose di ricerca, di lotta e di comando*, 1, Milano 1954, 77), que fez dela um símbolo do heroísmo guerreiro e do fervor nacionalista.

1233. *Dulce et decorum est pro patria mori*
É doce e honroso morrer pela pátria

Esse verso de Horácio (*Carm.* 3,2,13) ficou famoso como símbolo de um motivo extremamente corrente na literatura patriótica de todos os tempos e de todos os países. Seus precedentes formais encontram-se em Homero (*Ilíada*, 15,496 s.), onde Heitor lembra aos troianos que οὔ οἱ ἀεικὲς ἀμυνομένῳ περὶ πάτρης / τεθνάμεν, "para quem combate pela pátria certamente não é desonroso morrer", e em Tirteu, que inicia uma de suas elegias guerreiras (fr. 6 Gentilli-Prato) afirmando que é bonito morrer pela pátria, combatendo na primeira fileira (as palavras de Tirteu retornarão numa composição epigráfica tessálica do início do século III a.C. [425,1 s. Peek], onde, contudo, o único elemento formal que falta e está implícito é exatamente καλόν). Por outro lado, em Alceu (fr. 400 Voigt) a morte em batalha parece um valor em si, como é típico das culturas heróico-aristocráticas (ver, por exemplo, O. Longo, "Studi italiani di Filologia classica" 49 [1977] 5-36), mas não se pode ter certeza da falta de alguma menção à pátria, já que o que nos chegou foi só um verso e meio; esse *topos* retorna na tragédia (por exemplo, em Ésquilo, *Sete contra Tebas*, 1011), constituindo o *Leitmotiv* dos chamados *Epitáfios* áticos, cujo objetivo era exatamente "reproduzir" o sacrifício dos cidadãos pela pátria. Não só é possível encontrar várias retomadas da frase de Horácio nas literaturas modernas (como por exemplo em Corneille, *Le Cid*, 4,5, *Horaces*, 1,1; 2,3), como também as suas traduções (registradas como proverbiais) em todas as línguas européias (ver por exemplo o italiano *Per la patria è gloria combattere e cader*, cf. Arthaber 1011).

1234. Εἷς οἰωνὸς ἄριστος, ἀμύνεσθαι περὶ πάτρης
Um só augúrio é ótimo: combater pela pátria

No décimo segundo canto da *Ilíada* (v. 243), é assim que Heitor responde ao adivinho Polidamante que, baseando-se num presságio infausto, incitara-o a suspender o ataque ao campo aqueu. Já na Antiguidade esse verso foi sentido como máxima autônoma, capaz de estimular a defesa heróica da pátria: testemunhos disso encontram-se nas citações de Aristóteles (*Retórica*, 1395a 14) e de Plínio, o Jovem (*Ep.* 1,18,2), na paródia do cômico Metagenes (fr. 19 K.-A.) — que substitui o πάτρης final por δείπνου, "comida" — e na documentação por parte do paremiógrafo Arsênio (6,55a). Em latim medieval tem-se uma tradução exata do verso de Homero (Walther 32223: *Unum augurium optimum: tueri patriam*). Essa frase ainda é famosa e citada, sobretudo entre os alemães (cf. Büchmann 325, Bartels-Hüber 14).

1235. "Η τὰν ἢ ἐπὶ τᾶς
Ou com ele ou em cima dele

Segundo Plutarco (*Lacaenarum apophthegmata*, 241f) e — ainda que com diferenças insignificantes — Sexto Empírico (*Pyrrhoneiai Hypotyposeis*, 3,216), esses são os votos de uma mãe espartana ao filho que parte para a guerra: ele deve comportar-se como herói, não abandonar o escudo, mas voltar com ele ou sobre ele (era assim que os corpos dos mortos vinham da batalha). Essa expressão está ligada ao *topos* do abandono do escudo como símbolo de covardia (cf. nº 1249), vinculando-se ao tradicional heroísmo dos espartanos (que — ainda segundo Plutarco [*Instituta Laconica*, 239b] — teriam expulsado Arquíloco porque este se vangloriara de ter salvado a vida abandonando o escudo [cf. fr. 5 W.]). Essa frase e o episódio acima ainda são famosos como exemplo de coragem e heroísmo; a ele alude Leopardi na canção *Per le nozze della sorella Paolina*, onde é a meiga esposa e não a mãe que, de cabelos soltos, acolhe o corpo do cônjuge, trazido sobre o escudo.

1236. Αἰὲν ἀριστεύειν καὶ ὑπείροχον ἔμμεναι ἄλλων
Realizar sempre gestos heróicos e ser superior aos outros

Essa expressão é de Homero (*Ilíada*, 6,208) e já era citada com valor gnômico por Cícero numa carta ao irmão Quinto (3,5,4): trata-se da incitação feita por Hipóloco ao filho Glauco, antes de sua partida para a guerra de Tróia. Hoje é conhecida principalmente entre os alemães (cf. Büchmann 325 e Bartels-Hüber 9).

1237. *Pereant amici, dum inimici una intercidant*
Morram os amigos, contanto que os inimigos morram com eles

Esse provérbio é transmitido por Cícero (*Pro rege Deiotaro*, 9,25) e por Santo Agostinho (*Contra Faustum*, 16): nele foi reconhecido um fragmento de autor trágico desconhecido (159 R.³). Existe um paralelo grego perfeito (ἐρρέτω φίλος σὺν ἐχθρῷ), documentado em Plutarco (*Quomodo adulator ab amico internoscatur*, 50f) e na tradição paremiográfica (Macar. 4,12, cf. também 7,95), ao qual alude Cícero no citado trecho de *Pro rege Deiotaro*: também nessa frase Nauck reconheceu um fragmento trágico anônimo (362; Kannicht e Snell, porém, não a registram e chamam a atenção para o fato de que ela está coligida entre os fragmentos jâmbicos anônimos [30] por Diehl). Indica-se assim uma situação em que o ódio pelos inimigos é tal que justifica até o sacrifício dos amigos; estruturalmente semelhante é o italiano *Muoia Sansone con tutti i Filistei* [morra Sansão com todos os filisteus], que retoma as palavras (*Moriatur anima mea cum Philistim*, na *Vulgata*) com que, no *Antigo Testamento* (*Juízes*, 16,30), o juiz Sansão não hesita em matar-se, desde que extermine os filisteus, inimigos mortais de Israel: aqui, entretanto, prevalece a idéia do sacrifício do indivíduo pela salvação (ou vitória) da comunidade.

1238. *Unus pro multis*
Um por muitos

Essa frase ainda é citada, sobretudo entre os alemães (cf. Büchmann 376), para indicar o sacrifício de um indivíduo pela comunidade. Na realidade pertence à *Eneida* (5,815): é Netuno que garante a Vênus que continuará a proteger Enéias e que só um companheiro seu morrerá. Com o mesmo significado ainda é conhecido um trecho do *Evangelho de João* (11,50), em que Caifás proclama — retomando um lugar-comum da cultura hebraica (documentado, por exemplo, várias vezes nos *Midrash*: ver Strack-Billerbeck 2,545 s.) — ser necessário que um homem só morra por todo o povo de Israel (εἷς ἄνθρωπος ἀποθάν{ ὑπὲρ τοῦ λαοῦ / *Unus moriatur homo pro populo*).

1239. *Memento audere semper*
Lembra-te de ousar sempre

Esse famoso lema não é antigo: constitui uma *boutade* de Gabriele D'Annunzio que, por ocasião da "beffa di Buccari", assim interpretou a sigla MAS das pequenas e ágeis lanchas torpedeiras empregadas, que na realidade significava "Motoscafi armati Svan" (do nome da fábrica), mas que muitos interpretaram livremente como "Motoscafi antisommergibili" [lanchas anti-submergíveis]. Tal explicação em latim, com sua devida tradução, está transcrita no próprio D'Annunzio, num opúsculo sobre a "beffa di Buccari" (pp. 25 s. [cf. nº 1232]).

1240. ῏Ω ξεῖν' ἀγγέλλειν Λακεδαιμονίοις, ὅτι τ+δε / κείμεθα, τοῖς κείνων πειθόμενοι νομίμοις
Estrangeiro, anuncia aos espartanos que aqui jazemos, obedientes às suas leis

Segundo vários testemunhos (Heródoto [7,228], Licurgo [*Contra Leocratem*, 109], Estrabão [9,5,16], Diodoro [11,33,2]), essa inscrição foi posta sobre os túmulos dos trezentos espartanos comandados por Leônidas, que caíram nas Termópilas, no ano 480 a.C., na tentativa de deter a invasão persa. Esse epigrama, atribuído a Simonides (cf. *Further Greek Epigrams*, 776 s. Page) e coligido na *Antologia Palatina* (7,249), ainda é conhecido (inclusive com a variante banal do fim ?ἥμασι πειθόμενοι, "obedecendo às palavras") como símbolo de heroísmo e dedicação à pátria; foi traduzido para o latim por Cícero (*Tusculanae disputationes*, 1,42,101: *Dic, hospes, Spartae nos te hic vidisse iacentis, / dum sanctis patriae legibus obsequimur*) e para o alemão por Schiller (Der *Spaziergang*, 97 s.: *Wanderer, kommst du nach Sparta, verkündige dorten, du habest / uns hier liegen gesehn, wie das Gesetz es befahl*).

1241. *In umbra... pugnabimus*
Combateremos na sombra

Essa expressão, que já na Antiguidade caracterizava um dos exemplos tópicos de heroísmo, é extraída de *Tusculanae disputationes* de Cícero (1,42,101) e nela se faz referência a uma frase memorável de Leônidas, comandante que conduziu os espartanos nas Termópilas (cf. também nº 1240); a alguém (cuja identidade varia segundo a fonte) que o advertia de que, no momento em que os persas atacassem, seus dardos obscureceriam o sol, este respondeu que isso o agradava, já que poderiam combater na sombra. Essa anedota, típica da atitude propagandista que transformou uma derrota num episódio de heroísmo sublime, portanto numa vitória moral, já é contada por Heródoto (7,226), que, no entanto, atribui a frase a um espartano chamado Dieneceu; também é narrada por Plutarco, na seção dos *Apophthegmata Laconica* dedicada a Leônidas (225b), por João de Stóboi (3,7,45) e por Valério Máximo (3,7, stran. 8). Ainda é muito conhecida e citada como símbolo de heroísmo, abnegação e desprezo pelo perigo.

1242. ῎Ενα... ἀλλὰ λέοντα
Um só, mas um leão!

Numa fábula de Esopo (167 Hausrath), essa é a resposta da leoa à raposa que a ridicularizava porque tivera só um filho. Essa frase, segundo a qual mais vale uma só pessoa forte e corajosa do que muitas covardes ou menos valorosas, é utilizada e citada pelo menos entre os alemães, conforme documenta Büchmann (333). Finalmente, deve ser mencionada a celebérrima máxima italiana *Meglio vivere un giorno da leone che cent'anni da pecora* [é melhor viver um dia de leão do que cem anos de ovelha], incitação comum a opções corajosas, cuja fama se deve ao fato de ter sido inscrita por um soldado desconhecido numas ruínas da aldeia de Fagaré (na província de Treviso) durante a Primeira Guerra Mundial (1918); em seguida, foi gravada numa moeda italiana de 1928, sendo reutilizada por B. Mussolini; contudo, é mais antiga: numa carta, o escritor do Risorgimento, F. D. Guerrazzi, lembra que se tratava de sentença muito apreciada por seu pai (cf. Fumagalli 1909).

1243. Οἴκοι μὲν λέοντες, / ἐν μάχῃ δ' ἀλώπεκες
Em casa, leões; em luta, raposas

Essa frase, de claro sabor proverbial, em *A paz* de Aristófanes (vv. 1189-1190), estigmatiza o comportamento dos "senhores da guerra": nesse trecho, portanto, ser raposa em luta não indica o uso de táticas astutas e enganosas, como muitas vezes, em contexto militar, simboliza a contraposição entre raposa e leão (cf. nº 256), mas o comportamento do soldado bravateador, corajoso em casa, mas pronto a esquivar-se na batalha de verdade (cf. também nºs 1244, 1245). Assim, em Petrônio (44,14), tem-se *Nunc populus est domi leones, foras vulpes*, "agora o povo é constituído por leões em casa e raposas fora". Uma variação curiosa e divertida é transcrita por Eliano (*Varia historia*, 13,9), segundo quem a hetera Lâmia teria dito do general espartano Lisandro que, quando estava na Jônia, ele não observava as rígidas normas de comportamento estabelecidas por Licurgo: οἱ ἐκ τῆς Ἑλλάδος λέοντες ἐν Ἐφέσῳ γεγόνασιν ἀλώπεκες, "os leões da Grécia tornam-se raposas em Éfeso". Entre as expressões italianas não existe nenhuma exatamente igual: eu ressaltaria a semelhança conceitual de *Armiamoci e partite!* [nós nos armamos e vocês partem] e dois versos do epitáfio humorístico do secretário do partido fascista, A. Starace (registrado por L. Preti no romance *Giovinezza giovinezza!* [cap. 22]: *In guerra fugace, a letto pugnace* [na guerra, fugaz; na cama, pugnaz].

1244. *Miles gloriosus*
Soldado fanfarrão

Essa expressão, ainda comumente usada para indicar o tipo cômico ou a "caricatura" do soldado presunçoso e fanfarrão, constitui, como se sabe, o título de uma comédia de Plauto e devia ser a tradução do grego Ἀλαζών, como afirma o próprio autor (vv. 86 s.). Lembro um belo provérbio russo: *Mnogo khrabrykh posle rati, kak zabrat'sja na polati*, "muitos são os corajosos depois da batalha, que escalam tarimbas".

1245. *In praetoriis leones, in castris lepores*
No palácio, leões; no acampamento, lebres

Essa expressão é usada por Sidônio Apolinário (*Ep.* 5,7,5) e designa as pessoas corajosas nas palavras, mas covardes nos fatos; é substancial e estruturalmente análoga a *In pace leones, in proelio cervos* e a οἴκοι μὲν λέοντες, ἐν μάχῃ δ' ἀλώπεκες (cf. nº 1243). São numerosos os paralelos nas línguas modernas, onde a lebre e o coelho são os animais covardes por antonomásia: ver, por exemplo, o provérbio italiano *Avere faccia di leone cuore di scricciolo* (ou *di coniglio*), semelhante ao alemão *Ein Löwenmaul und ein Hasenherz haben*. De resto, também na literatura grega existem outros textos em que as lebres são vistas desse ponto de vista, como, por exemplo, em Gregório de Nazianzo, *Gnomica disticha*, 59,47 Davids: φύλλων λαγωοὺς ἐκφοβοῦσιν οἱ ψόφοι, "o barulho das folhas assusta as lebres".

1246. Mors et fugacem persequitur virum
A morte alcança até o homem que foge

Trata-se de um verso de Horácio (*Carm.* 3,2,14), que vem imediatamente depois do ainda mais famoso *Dulce et decorum est pro patria mori*, "é doce e belo morrer pela pátria" (cf. nº 1233). Na realidade, Horácio retoma com exatidão um modelo grego: Simonides, fr. 524 Page, ὁ δ' αὖ θάνατος κίχε καὶ τὸν φυγόμαχον. Trata-se de uma recomendação de ter coragem: na batalha o covarde também corre perigo, enquanto, ao contrário, o soldado valente é quem arrisca menos. Esse motivo volta nos historiadores, tais como Salústio (*Bellum Iugurthinum*, 87,2), Lívio (8,24,4; 22,5,2) e Cúrcio Rufo (4,14,25), enquanto nas culturas modernas encontra-se, com valor semelhante ao antigo, o alemão *Dem Tod entflieht, wer ihn verschmäht, doch den Verzagten holte er ein*. Com mais freqüência, esse *topos* hoje indica a inevitabilidade da morte: é emblemático o conto oriental do soldado que vê a Morte durante uma festa em Bagdá e, para fugir dela, sai correndo para Samarcanda. Ali chegando, encontra-a de novo e esta lhe confessa estar espantada por tê-lo visto pouco antes em Bagdá, uma vez que tinha encontro marcado com ele em Samarcanda.

1247. Ἀνὴρ ὁ φεύγων καὶ πάλιν μαχήσεται
O homem que foge combaterá outra vez

Esse é um *monóstico de Menandro* (56 J.), também registrado pelo paremiógrafo Arsênio (3,19a) e que Gélio (17,21,31) refere porque teria sido citado pelo orador Demóstenes como desculpa de sua ignominiosa fuga em Queronéia. Sua tradução latina, *Qui fugiebat rursus proeliabitur*, "quem fugiu combaterá de novo", é transcrita e veementemente contestada por Tertuliano (*De fuga in persecutione*, 10,1); para suas referências na Idade Média, remeto a Weyman 272. Esse motivo é difundido nas tradições proverbiais modernas: italianos, *Soldato che scappa, buono per un'altra volta* [soldado que foge é bom para outra vez], com equivalentes em inglês e alemão; *È meglio che si dica "Qui il tale fuggì" piuttosto che "Qui il tale morì"* [é melhor que se diga: "aqui fulano fugiu" do que "aqui fulano morreu"], com equivalente em francês; outra variação engraçada é *Gambe mie, non è vergogna / di fuggir quando bisogna* [pernas minhas, não é vergonha fugir quando é preciso]. Entre as referências literárias recordo Rabelais, 4,55.

1248. Hosti non solum dandam esse viam ad fugiendum, sed etiam muniendam
Ao inimigo não só se deve conceder um caminho para fugir, como também torná-lo seguro

Esse lema de Cipião, o Africano, é registrado por Frontino (*Stratagemata*, 4,7,16) e aprovado por Vegécio (3,21), com a observação de que o inimigo desesperado e certo de que vai morrer fica muito audaz e perigoso. É ancestral do provérbio brasileiro *A inimigo que foge, ponte de prata*, que tem equivalentes em todas as modernas línguas européias.

1249. *Relicta non bene parmula*
Depois de abandonar vergonhosamente o escudo

Essa expressão, com que Horácio (*Carm.* 2,7,10) lembra que fugiu abandonando o escudo, na batalha de Filipos, ainda é famosa para indicar uma constrangida confissão de covardia. No poeta latino, trata-se também de um elemento de cultura literária: foi Arquíloco quem primeiro (fr. 5 W.) afirmou sem sombra de arrependimento que abandonara o escudo na batalha (pelo que foi censurado por Sexto Empírico e os espartanos o teriam expulsado exatamente por isso [cf. nº 1235]); episódios desse tipo também se encontram em Alceu (fr. 401b Voigt) e em Anacreonte (fr. 85 Gentili). De qualquer modo, na Antiguidade é tópico o abandono das armas — e principalmente do escudo — para indicar covardia: ver, por exemplo, Cícero (*Pro Murena*, 21,45, *Epistulae ad Atticum*, 15,29,1) e Luciano (*Iuppiter tragoedus*, 41).

1250. Ἀθυμοῦντες ἄνδρες οὔπω τρόπαιον ἔστησαν
Os homens sem coragem nunca erguem o troféu da vitória

Esse provérbio é proferido por Hermócrates em *Crítias* de Platão (108c), sendo também registrado pelos paremiógrafos (Macar. 1,74, *Mant. Prov.* 1,9, *Suda* α 1052). Refere-se a quem não consegue fazer nada de bom devido à sua covardia e indolência.

1251. Κοῖλον τοῦ ποδὸς δεῖξαι
Mostrar a planta do pé

Essa locução, que indica a fuga precipitada, é documentada pelo lexicógrafo Hesíquio (κ 3240 Latte) e tem vários paralelos nas línguas modernas, como o italiano *Levare i tacchi*, o espanhol *Mostrar los talones*, o inglês *To show a clean pair of heels*, o holandês *De hakken* (ou *hielen*) *laten zien*.

1252. *Habens... cor cervi*
Com coração de cervo

Essa expressão deriva da tradução feita por Fulgêncio (*Mythologiae*, 3,3) de um trecho da *Ilíada* (1,225) em que Aquiles insulta Agamêmnon chamando-o de κυνὸς ὄμματ' ἔχων, κραδίην δ' ἐλάφοιο, "com olhos de cão e coração de cervo" (a propósito do que Eustátios [1,142,1 s. V.] observava que à arrogância do cão fazia contraponto a covardia do cervo): no texto do mitógrafo, a citação diz respeito a Actéon que — segundo uma variante do mito — não viu Diana nua (como conta a versão mais conhecida), mas na velhice percebeu os perigos inerentes à caça e ficou medroso. De fato, é freqüente o uso do cervo para designar as pessoas covardes: em Tertuliano (*De corona*, 1,5), por exemplo, temos *In pace leones, in proelio cervos*, "na paz, leões; na luta, cervos", segundo um módulo em que ao leão também são contrapostas a raposa e a lebre (cf. nºˢ 1243, 1245) e que ridiculariza não só a covardia, mas também a velhacaria; além disso, paremiógrafos e lexicógrafos gregos documentam ἐλάφειος ἀνήρ, "homem semelhante a um cervo", com o sentido de "medroso" (cf. Zenob. vulg. 3,66, *Mant. Prov.* 3,52, Greg. Cypr. L. 2,11, Macar. 3,74, *Etym. M.* 326,10 s., *Suda* ε 754, cf. também nº 173). Deve-se lembrar também que a imagem da cerva nova é usada com freqüência para a jovem inexperiente que, embora apaixonada, foge amedrontada diante da experiência de amor (cf., por exemplo, Anacreonte [fr. 28 Gentili], Alceu [fr. 10 Voigt], Arquíloco [fr. 196a,47 West²], Horácio [*Carm.* 1,23,1]): nesse caso a comparação com o animal naturalmente medroso contribui para conferir à personagem uma conotação de meiga ternura.

1253. *Propter vitam vivendi perdere causas*
Para salvar a vida perder a razão de viver

Essa frase, que se vale de uma feliz associação etimológica, refere-se a quem, por covardia, não sabe submeter-se aos sacrifícios necessários — eventualmente da própria vida — com o fim de salvaguardar suas virtudes e seus princípios e que, portanto, para salvar a vida, não hesita em agir desonestamente. Provém de Juvenal (8,83 s.: *Summum crede nefas animam praeferre pudori / et propter vitam vivendi perdere causas*, "reputa como a pior das desonras preferir a vida à honestidade e, para salvar a vida, perder a razão de viver").

d) *Vencidos e vencedores*

1254. *Vae victis!*
Ai dos vencidos!

Essa expressão ainda é comumente usada como ameaça àqueles que estão em condições de objetiva inferioridade e não podem mais fazer valer seus pontos de vista ou pretendem absurdamente impô-los; portanto, é símbolo — exaltado ou desprezado — do direito do mais forte. Provém de um episódio da história da Roma arcaica, contado por Lívio (5,48,9), por Floro (1,7,17), por Plutarco (*Vida de Camilo*, 28,6) e por Dionísio de Halicarnasso (13,9,2). Depois da derrota de Ália (390 a.C.) e a conseqüente ruína total de Roma, com exceção do Capitólio, os romanos procuram mandar os gauleses embora pagando-lhes com uma adequada quantidade de ouro, mas, durante a operação de pesagem, contestam os pesos dos inimigos: nesse ponto, Breno, comandante dos gauleses, joga sobre a balança a sua pesadíssima espada, berrando essa ameaça. Essa expressão se tornou proverbial, como afirma explicitamente Festo (5,10,22-25 Lindsay) e como demonstra a sua utilização em Plauto (*Pseudolus*, 1317). O seu equivalente grego, τοῖς νενικημένοις ὀδύνη, registrado por Plutarco e por Dionísio de Halicarnasso, também foi sentido como proverbial: assevera-o o próprio Plutarco e essa frase está registrada pelos paremiógrafos (cf. *Mant. Prov.* 3,6).

1255. Vare, legiones redde!
Varo, devolve-me as legiões!

Segundo Suetônio (*Vida de Otaviano*, 23,4), essa exclamação foi repetida com freqüência por Augusto, depois da tremenda derrota de Teutoburgo em 9 d.C. em que três legiões comandadas por Públio Quintílio Varo foram aniquiladas pelos germanos comandados por Armínio, príncipe dos queruscos: esse episódio afetou a tal ponto o imperador que ele ficou vários meses sem fazer a barba e batia a cabeça na porta repetindo essa frase (que costuma ser mencionada a propósito de derrotas totais e absolutas).

1256. Una salus victis nullam sperare salutem
A única salvação para os vencidos é não esperar salvação nenhuma

Com esse verso, registrado entre as máximas medievais (Walther 32129) e ainda citado para designar as condições desastrosas de quem perdeu uma guerra, Enéias conclui, no segundo livro da *Eneida* (v. 354), a exortação aos troianos para que combatam com a força do desespero na batalha decisiva para a sorte da pátria. Essa frase resume em si, com síntese muito feliz, toda a gravidade da situação, graças à repetição de *salus* no início e no fim do verso, com um sentido radicalmente oposto no "microtexto": no início fala-se de *una salus* e no fim nega-se categoricamente qualquer possível esperança de salvação.

1257. Victrix causa deis placuit, sed victa Catoni
A causa vencedora agradou aos deuses, mas a vencida, a Catão

Com esse verso, Lucano (1,128) lembra que não é possível dizer com precisão com quem esteve ou não a razão nas guerras civis: se a causa do vencedor — a de César, portanto a do principado — foi favorecida pelos deuses, a dos perdedores — de Pompeu e da lealdade republicana — fora vigorosamente defendida por Catão de

Útica, claro exemplo da integridade moral e, nos tempos de Lucano, modelo e símbolo, para a oposição estóica ao principado de Nero, de resistência contra a tirania. Esse verso é citado por Boécio (*A consolação da filosofia*, 4,6), como confirmação da observação de que nem sempre o que parece honesto para os homens é honesto para os deuses. Essa frase, registrada entre as sentenças medievais (Walther 33303), atualmente é lembrada com freqüência para afirmar que nem sempre quem vence está do lado da justiça ou então — dada a referência a Catão — para exaltar quem permanece toda a vida fiel aos próprios ideais, sem conciliações lastimáveis.

1258. *In hoc signo vinces*
Com este sinal vencerás

Essa famosa frase, que corresponde ao grego τούτῳ νίκα, deriva de um episódio da vida de Constantino, contado por Eusébio (*Vida de Constantino*, 1,27,31, retomado na *História eclesiástica*, 9,9): ele sonhou com uma cruz em que essas palavras estavam inscritas. Ao despertar, adotou a cruz, símbolo dos cristãos, como insígnia do seu exército, mandando gravá-la em todos os escudos, e obteve a vitória da ponte Mílvio (312); a seguir, como reconhecimento ao Deus que lhe concedera essa vitória, aderiu decididamente à causa cristã, pondo fim ao período de luta cruenta entre poder imperial e cristianismo. Lactâncio (*De mortibus persecutorum*, 44), aliás, diz que esse episódio aconteceu na noite anterior à batalha decisiva contra Maxêncio, enquanto, segundo Eusébio, ele ocorreu antes e foi precedido por visão análoga. Entre os historiadores permanecem dúvidas sobre o fato de que o estandarte em questão representasse realmente um símbolo cristão: para alguns, ele simplesmente faria referência a um culto solar. Entre as referências literárias, recordo que em Rabelais (2,29) uma voz vinda do céu diz: "*Hoc facies et vinces!*".

1259. *Vincere scis, Hannibal, victoria uti nescis*
Sabes vencer, Aníbal, mas não sabes desfrutar a vitória

Essa frase, ainda citada, sobretudo entre os alemães, para dizer que o momento favorável da vitória deve ser aproveitado com fria determinação, deriva de Lívio (22,51,4): depois da batalha de Canas, o comandante da cavalaria cartaginesa, chamado Maárbal, aconselha Aníbal, com razão, a ordenar marchas forçadas para atacar logo Roma; o general não acha necessário tomar uma decisão tão importante com tanta rapidez e Maárbal insta afirmando que os deuses não concedem todos os dons a uma só pessoa: Aníbal tem habilidade estratégica para vencer batalhas, mas não qualidades para desfrutar as vitórias. Essa frase é citada por Amiano Marcelino (18,5,6) a propósito das recomendações e conselhos do trânsfuga Antonino ao rei dos persas.

1260. *Iam victi vicimus*
Já vencidos, vencemos

Em *Casina* de Plauto (v. 510), esse elegante poliptoto indica a situação de quem passa da derrota à vitória: encontra-se também em Petrônio (59,2) para dizer que, quando se está diante de represálias mesquinhas, quem cede faz melhor figura; está igualmente nas palavras de Cassandra, no *Agamêmnon* de Sêneca (v. 869), em palavras semelhantes de um verso de Ovídio (*Fastos*, 1,523: a propósito dos troianos que, embora vencidos pelos gregos, conseguem ressurgir das cinzas) e na frase final de um curto poema de autor desconhecido (2,7 [5,350 Baehrens]: *Redit et victoria victis*, "até a vitória volta aos vencidos"). O motivo complementar é o do vencedor que na realidade é vencido: em Plínio (*Naturalis historia*, 24,1,5) o povo romano, ao ampliar seu império, perdeu seus costumes originais e, portanto, *Vincendoque victi sumus*, "vencendo fomos vencidos"; por outro lado, um dístico de Catão declara (2,10): *Cui scieris non esse parem te, tempore cede: / victorem a victo superari saepe videmus*, "cede momentaneamente àquele em quem reconheces desigualdade de condições: muitas vezes vemos que o vencedor é superado pelo vencido". Às vezes encontra-se o poliptoto de *praeda*, como em outro texto de Plauto (*Rudens*, 1261 s.) e num de Ovídio (*Ars amatoria*, 2,406); para *Graecia capta ferum victorem cepit*, cf. nº 1261. Em grego devem ser assinalados um trecho de *Agamêmnon* de Ésquilo (vv. 338-340), onde se afirma que, se o exército vitorioso souber ser respeitoso em relação aos deuses e a seus templos (o que não aconteceu com os gregos em Tróia), não correrá o risco de se tornar, na verdade, vencido; e um epigrama de Isidoro de Egas, onde um pólipo capturado consegue, por sua vez, capturar uma lebre (*Antologia Palatina*, 9,94,5: ἀγρευθεὶς ἤγρευσεν). Do ponto de vista estrutural, deve-se mencionar αἱροῦντες ᾑρήμεθα, "procurando capturar fomos capturados", registrado pelos paremiógrafos (cf. nº 270). Na Idade Média essa fórmula às vezes era usada para evidenciar a importância da sorte na vida humana (cf. Walther 14275, que retoma o citado dístico de Catão: *Maior inaequali pro tempore cede sodali! / Cum fortuna datur, victor victo superatur*, "mesmo sendo mais forte, cede temporariamente ao desigual! Quando a sorte decide, o vencedor é superado pelo vencido"); os provérbios modernos retomam esse motivo, mas geralmente aplicado ao campo amoroso: em todas as línguas européias existem equivalentes ao italiano *Nella guerra d'amor vince chi fugge* [na guerra do amor vence quem foge].

1261. *Graecia capta ferum victorem cepit*

A Grécia conquistada conquistou o selvagem vencedor

Aqui, com o poliptoto de *capio*, tem-se uma aplicação do *topos* do *Victi vicimus* (nº 1260) a determinado acontecimento histórico: nesse verso, Horácio (*Ep.* 2,1,156) ressalta que a Grécia conquistada por Roma soube conquistar os rústicos romanos graças à beleza, ao requinte e à profundidade de sua cultura (o poeta continua lembrando que foi exatamente a Grécia que introduziu as artes no "agreste" Lácio). Um significativo precedente encontra-se em *Brutus* de Cícero (73,254), onde Brutus afirma que a eloqüência "abundante" é o único campo em que *Vincebamur a victa Graecia*, "éramos vencidos pela Grécia vencida". A frase de Horácio ainda é famosa e citada para afirmar a superioridade da cultura e da arte sobre a força das armas.

1262. *Afflavit Deus et dissipati sunt*
Deus soprou e foram dissipados

Essa expressão, ainda usada para indicar uma vitória total contra os inimigos e como agradecimento a Deus pela ajuda concedida, refere-se à inopinada e completa destruição da frota do rei Filipe II da Espanha, a "Invencível Armada", ocorrida em 1588 e que abriu as portas para o domínio marítimo de Elizabeth I e da Inglaterra. Nessa ocasião cunhou-se uma moeda na Holanda com uma inscrição (*Flavit Jehovah et dissipati sunt*) que se inspirava no canto de agradecimento que os hebreus erguem a Deus, por ter submergido nas águas do Mar Vermelho o exército do faraó que os perseguia (*Êxodo*, 15,10: ἀπέστειλας τὸ πνεῦμά σου, ἐκάλυψεν αὐτοὺς θάλασσα, "mandaste o teu espírito e o mar os submergiu"); o motivo do poder absoluto do "Deus dos exércitos" também está presente em outros trechos do *Antigo Testamento* (ver, por exemplo, *Salmos*, 17,15). A redação atualmente difundida foi usada pela primeira vez por Schiller numa nota a *Die unüberwindliche Flotte*, em 1786 (2,71).

e) Seleção e superioridade

1263. *Multi sunt vocati, pauci vero electi*
Muitos são os chamados, poucos os escolhidos

Essa gnoma, do *Evangelho de Mateus* (22,14), conclui a parábola do banquete nupcial do rei e, pela precisão, parece comentar o episódio do conviva que não usava vestes adequadas para a ocasião e por isso é expulso com violência: vários exegetas, porém, consideraram essa frase como um *logion* autônomo (um paralelo exato está em *Esdras*, 4,8,3; para outras relações com a literatura rabínica, cf. Strack-Billerbeck 1,883) e — como ocorre com freqüência nos *Evangelhos* — separado e não estritamente deduzível da narração que o antecede (ver J. Jeremias, *Le parabole di Gesù*, Brescia 1973² [Göttingen 1965⁷], 129). De qualquer modo, a referência original é aos poucos que, entre os tantos chamados, saberão merecer o Reino dos Céus: essa expressão entrou para o uso comum, sobretudo nas traduções das várias línguas européias (cf., por exemplo, Arthaber 463, Mota 124), a propósito de prêmios, recompensas ou vitórias difíceis ao fim de competições que provocaram muita seleção.

1264. *Cedo maiori*
Cedo aos maiores

Essa expressão, ainda conhecida, deriva de um verso de *De spectaculis* de Marcial (32,1: *Cedere maiori virtutis fama secunda est*, "ceder aos mais fortes é o segundo grau do valor"). Já devia ser proverbial na Antiguidade tardia, visto que é retomada nos *Dísticos de Catão* (*Breves sententiae*, 10; *Distici*, 4,39,1); entre as sentenças medievais devem ser assinaladas algumas, como *Cedere maiori non est pudor inferiori*, "ceder ao superior não é vergonha para o inferior" (Walther 2585), e *Maiori cede sed non contemne minorem!*, "cede ao superior mas não desprezes o inferior!" (14287).

1265. *Ubi maior minor cessat*
Diante do superior, o inferior anula-se

Essa é uma frase de origem medieval e ainda usada — inclusive na forma abreviada *Ubi maior* — para indicar que, quando alguém se encontra diante de quem vale mais, sabe mais, é mais velho, ou mais importante, é preciso apartar-se e ficar no seu lugar. No classicismo está documentado *Maiori concede* (Pseudo-Catão, *Breves sententiae*, 10, cf. também nº 1264); entre as sentenças medievais, *Maiori minor* é o segundo grau de *cedat in arte sua*, "o inferior deve ceder diante do superior, na sua arte" (Walther 14289). Entre as variantes, é digna de nota a siciliana *Unni maggiuri c'è minuri cessa / dissi lu puddricinu nni la nassa*, usada ironicamente sobre quem abandona os velhos amigos para acompanhar pessoas de poder ou fama (cf. Sciascia, *Occhio di capra*, 133). No Brasil se diz *Onde está a força maior, cessa a menor*.

1266. *Longo sed proximus intervallo*
Atrás dele, mas bem distante

Essa expressão, registrada por Büchmann 376, deriva da *Eneida* (5,320: *Proximus huic, longo sed proximus intervallo*, "atrás dele, mas depois de longa distância"), onde indica a distância entre Niso e o segundo colocado na corrida que houve durante os jogos fúnebres em honra a Anquises. Trata-se de um trecho que se tornou proverbial já na literatura latina clássica (cf. Cícero [*Brutus*, 47,173], Plínio, o Jovem [7,20,4], Macróbio [*Saturnalia*, 6,2,34]).

RELAÇÕES ENTRE AS PESSOAS

a) Isolamento em relação às outras pessoas

1267. Nec scire utrum sis albus an ater homo
Não saber se és branco ou preto

Assim se exprime Catulo (93,2) em relação a César, mostrando um completo desinteresse: comportamento clamoroso, que Quintiliano (11,1,38) definiu como *insania*, "loucura", "insensatez". Essa expressão, que talvez deva ser vinculada à tradicional contraposição entre branco e preto, símbolo da contraposição entre bem e mal (cf., por exemplo, em latim, Juvenal, 3,30, escólio a Pérsio, 1,110), é sem dúvida proverbial; retorna, com a mesma acepção, em vários autores: Cícero (*Filípicas*, 2,16,41), Fedro (3,15,10), Apuleio (*De magia*, 16); além disso, em Plauto (*Pseudolus*, 1196) se lê: *Quem ego hominem nullius coloris novi*, "dele não sei qual é a cor", ou seja, "sobre ele nada sei de preciso". Atualmente, em italiano popular, *Non m'interessa se sia nero o bianco* alude à "cor" política de uma pessoa (portanto, com freqüência também se tem o *vermelho*), enquanto em literatura talvez se deva distinguir um paralelo num trecho de *Il vento fra le case* de Bonaventura Tecchi (p. 53): *Bianco o nero, in quel momento poco importava, questa doveva essere l'immagine dell'eterno.*

1268. Πράττων τὰ σαυτοῦ, μὴ τὰ τῶν ἄλλων φρόνει
Cuida da tua vida e não te preocupes com a dos outros

Esse é um *monóstico de Menandro* (629 Jäkel); um outro (653) diz: πολυπραγμονεῖν τἀλλότρια μὴ βούλου κακά, "não te ocupes demais com os males alheios". O imperativo μὴ πολυπραγμόνει, "não te ocupes demais", aparece em Ferécrates, fr. 163,2 K.-A (notar que na Atenas do séc. V o verbo πολυπραγμονεῖν assume sentido técnico, indicando a política dinâmica dos democratas), e num adágio documentado na chamada *Mantissa Proverbiorum* (2,8); muito semelhante é σκοπέειν τινὰ τὰ ἑωυτοῦ, "cuidar das próprias coisas", de Heródoto (1,8,4), onde, porém, ao lado da acepção já comentada, também existe uma concreta: trata-se da resposta de Giges a Candaule, que o convidava a olhar sua mulher nua. Não faltam — com várias nuanças — paralelos na literatura latina, sobretudo na comédia (Plauto, *Miles*, 994, *Stichus*, 320 [*Tua quod nihil refert ne cures*, "não te preocupes com o que não te diz respeito!"]), Terêncio, *Heautontimoroumenos*, 75 s., *Hecyra*, 810 [*Tua quod nil refert percontari desine*, "pára de te incomodar com o que não te diz respeito!"]), e em Horácio (*Sat.*, 2,3,19 s.) e Sêneca (*Ep.*, 70,10; 118,2). Além disso, deve ser citado um trecho do *Antigo Testamento* (*Eclesiástico*, 3,24), em que se recomenda não ser indevidamente curioso. Entre as sentenças medievais são citadas as lapidares expressões de Terêncio (Walter 31769) e de Plauto (31770), assim como outras formulações semelhantes (por exemplo, *Quod non tangat hoc te nullatenus angat*, "o que não te toca não deve angustiar-te de nenhum modo" [26067: notar a paronomásia *tangat / angat*; cf. também 26066, 29281]). Nas tradições proverbiais modernas deve ser lembrado o alemão *Was deines Amtes nicht ist, da lass deine Vorwitz* (ou seja, "não sejas sabichão, impertinente nas coisas que não te dizem respeito"), devendo-se assinalar que esse motivo é freqüentemente retomado com imagens expressivas, como o italiano *Il fuoco che non mi scalda non voglio che mi scotti* [o fogo que não me aquece não quero que me escalde], o espanhol *Lo que no has de comer, déjalo bien cocer* e o alemão *Was dich nicht brennt, söllst du nicht löschen* (ou seja, "não apagues o que não te queima"). Nos dialetos italianos é, obviamente, freqüente o equivalente de *Fatti i fatti tuoi* [mete-te com a tua vida] (cf. Zeppini Bolelli 78): parecem-me muito engraçados o da Campânia, *Fatt'i fatti tuoi e trova chi t'e ffa fà* (ou seja, "e vê se encontra quem te mande fazer") e o lombardo *Besogna minga cascià el nas dove no pertocca* (ou seja, "não se deve meter o nariz em coisas que não nos dizem respeito"). No Brasil se diz *Cada qual faça por si, que Deus fará por todos* e *Cada qual trate de si e deixe os outros*.

1269. *In camera caritatis*
Na câmara da caridade

Essa locução, de origem medieval, indica, com *camera*, o lugar onde se exerce o poder e, com *caritatis*, compreensão e um comportamento totalmente oposto à inflexibilidade da lei. Ainda é muito usada para censuras e advertências feitas em segredo, com espírito de amizade, ou para qualquer coisa — como uma notícia ou uma confidência — que seja comunicada entre poucas pessoas e que não deva ser propagada.

1270. *Inter nos*
Entre nós

Essa locução é muito usada para indicar confidência e segredo: tal sentido é bastante acentuado no equivalente italiano [*Tra di noi*; em português, *Cá entre nós*]. Para as documentações clássicas, ver *ThlL* 7/1,2143,53-2144,3.

1271. *Sapiens... secum est*
O sábio está consigo mesmo

Essa expressão é extraída de Sêneca (*Ep.* 9,16) e não indica que se deve evitar a vida pública, como o λάθε βιώσας (nº 1045), mas uma profunda introspecção, que — ao contrário de explicitar uma negação aristocrática dos outros — é a base para um genuíno e sincero relacionamento com o próximo. Trata-se de um *topos* de origem estóica, que teve difusão na filosofia romana: ver, por exemplo, Cícero (*De senectute*,

14,49), Horácio (*Sat.* 2,3,324; 2,7,112), Pérsio (1,7; 4,52) e ainda um trecho das *Epistulae ad Lucilium* (2,1), onde *Secum morari*, "fechar-se em si mesmo", é o primeiro elemento da mente equilibrada. Quanto aos precedentes gregos, já Aristóteles, em *Ética para Nicômaco* (9,4 [1166a]), dizia que a amizade pelos outros deriva daquela que se tem por si mesmo, enquanto em Menandro (fr. 646 K.-Th., cf. *Monósticos*, 775 Jäkel) se lê: τοῦτ' ἐστὶ τὸ ζῆν οὐχ ἑαυτῷ ζῆν μόνον, "viver consiste em não viver só para si" (onde, porém, do que se pode intuir, trata-se do viver egoísta só para si e não da filosófica introspecção). Na Idade Média, temos *Sapiens a seipso pendet*, "o sábio depende de si mesmo" (Walther 27511a), com várias referências (em *Atos*, de São João Gualberto [267, *PL* 146,315a]); os provérbios modernos que retomam esse motivo banalizam-no: ver, por exemplo, o alemão *Halt' und such' dich in deiner Haut*.

1272. Αἱ μὲν γὰρ ἐμπεπλησμέναι γαστέρες... τὰς πεινώσας ἀγνοοῦσιν

Os ventres fartos não conhecem os famintos

Esse provérbio está documentado nas *Orações sobre a Gênese* de João Crisóstomo (6, *PG* 54,603): significa que cada um, egoisticamente, só pensa em si mesmo e, portanto, quem está em condições satisfatórias não se preocupa com quem está em más condições. Tem difusão em todas as línguas européias (em italiano se diz *Il ventre sazio non crede al digiuno* [barriga cheia não acredita em jejum]).

1273. *Qui domum intraverit nos potius miretur quam supellectilem nostram*

Que quem entre em nossa casa admire-nos mais do que aos nossos adornos

Essa é uma frase das *Epistulae ad Lucilium* de Sêneca (5,6), que depois foi retomada e imitada com freqüência (para as indicações, remeto a Sutphen 157 s.): nela o filósofo faz uma distinção entre seus próprios sentimentos (cujo único objetivo é o aprofundamento interior) e os do vulgo (interessado apenas nos adornos externos). Essa tradição tem afinidade conceitual com *Omnia mea mecum porto* (nº 1839).

1274. *Noli me tangere!*

Não me toques!

São essas as palavras que Cristo dirige a Madalena depois da ressurreição, em *João*, 20,17: continua, dizendo que ainda não subiu ao Pai celeste. Portanto, é provável que Jesus recomende à mulher que não procure constatações absurdas da verdade de seu corpo e da sua ressurreição, fazendo uma distinção entre o momento da morte física e o da ascensão ao Pai, antes do qual, ele, ressurrecto, só pode estar revestido de seu próprio corpo. Esse episódio teve muita fama: a frase foi retomada em âmbito patrístico (por exemplo, Orósio, *PL* 31,1178) e dela existem muitas representações nas artes plásticas. A seguir, passou para a linguagem comum, indicando pessoas melindrosas, que não admitem brincadeiras e confianças por parte das outras pessoas: portanto, é usada tanto para os altivos e presunçosos quanto para os esquivos e insociáveis. De modo semelhante, metaforicamente, *Noli me tangere* é a denominação botânica da balsamina, também chamada de "erba impaziente" em italiano, porque seus frutos, tão logo tocados, abrem-se; também é a denominação — por razões opostas — da "sensitiva" ou "mimosa", que se fecha ao mínimo toque. Outro emprego dessa expressão encontra-se em cirurgia, com a qual se indica o fato de a intervenção ser absolutamente contra-indicada. Na literatura, recordo que em *De vita sua* de Gilberto de Nogent, no sonho da mãe, esta sente nos ombros *Nolite eam tangere*.

1275. *Odium generis humani*
Ódio ao gênero humano

Tácito, referindo-se à perseguição de Nero (*Anais*, 5,44,4), afirma que muitos cristãos eram aprisionados não tanto pela acusação de incêndio, mas pela de *odium generis humani*, ou seja, pela sua ausência das festas e cultos públicos, pela vida reservada e fechada que levavam na sua própria comunidade, quase oposta à vida pública e oficial de todos os cidadãos romanos. O fato de essa expressão, ainda muito famosa, indicar isso é confirmado por um trecho de *Histórias* (5,5,2), em que uma observação desse tipo diz respeito ao comportamento dos hebreus. Também muito conhecida é uma expressão diametralmente oposta, *Amor ac deliciae generis humani*, "amor e delícia do gênero humano", com que Suetônio, em *Vida de Tito* (1), caracteriza esse imperador.

1276. *Nimia familiaritas parit contemptum*
A familiaridade excessiva gera rejeição

Em Santo Agostinho (*Scala Paradisi*, 8 [*PL*, 40,1001]), essa expressão é definida como *vulgare proverbium*. Não parece ter precedentes nas literaturas clássicas, mas tem equivalentes exatos nas línguas modernas: em alemão tem-se *Zu grosse Vertraulichkeit erzeugt Verachtung*, enquanto Matteo Bandello, em sua coletânea de provérbios, registrava *La troppa familiarità partorisce poco rispetto* [a excessiva familiaridade gera pouco respeito] (3,61 [2,564]). Na Idade Média, conhecia-se *Ab amico indiscreto libera nos Domine!*, "livra-nos, Senhor, do amigo indiscreto!" (Walther 122), que faz clara referência a *A morte aeterna libera nos Domine!* (cf. nº 1482). No Brasil se diz *Acaba-se a amizade quando começa a familiaridade* (para paralelos em outras línguas cf. Mota 36).

1277. *Te autem faciente eleemosynam, nesciat sinistra tua quid faciat dextera tua*
Quando deres uma esmola, que a tua mão esquerda não saiba o que faz a tua mão direita

Esse preceito evangélico, que deriva de *Mateus* (6,3) e que encontra numerosos paralelos na literatura rabínica (cf. Strack-Billerbeck 1,391 s.), exprime a condenação de quem faz o bem procurando louvor imediato: só quem souber dar de coração e em segredo será recompensado por Deus, que lê nos meandros mais ocultos da alma. Essa frase — já proverbial na Idade Média (o Pseudo-Beda [*PL* 90,1093b] registra-a apenas com a substituição do ablativo absoluto inicial por *Cum facis eleemosynam*) — ainda é famosa e sua tradução se encontra em todas as línguas européias: também é citada apenas sua segunda parte, sem referência explícita a esmolas e presentes, como simples recomendação de ter comportamento reservado e não-invasivo. Finalmente, nesse preceito inspiraram-se provérbios do tipo do bolonhês *Al ban cuntè, é pérs par la metè* e frases famosas como *É muito mais precioso o bem que se faz às ocultas*, de João XXIII.

1278. *Fas est et ab hoste doceri*
É lícito aprender até com o inimigo

Esse provérbio é extraído de *Metamorfoses* de Ovídio (4,428), onde Juno, irada com o sucesso de Baco em Tebas, quer vingar-se de Ino — tia materna do deus, muito ligada a ele, por tê-lo criado —, punindo-a do mesmo modo como Baco havia atormentado Penteu. Essa frase — também presente com variações entre as sentenças medievais (Walther 8859, 12831, 29568) — é citada, por exemplo, por Abelardo (*Ep.* 8) e tem um precedente num trecho de *Os pássaros* de Aristófanes (v. 375: ἀλλ' ἀπ' ἐχθρῶν δῆτα πολλὰ μανθάνουσιν οἱ σοφοί, "mas, exatamente, os sábios aprendem muito com os inimigos"), em que, nos vv. 376 s., a gnoma é explicada com a afirmação de que dos inimigos é possível aprender a virtude essencial da prudência, que os amigos, certamente, não podem ensinar. Entre os provérbios modernos, devem ser lembrados o italiano *Il nemico ti fa savio* e o inglês *It is always safe to learn, even from our enemies*.

1279. ῎Ακαιρος εὔνοι' οὐδὲν ἔχθρας διαφέρει
A benevolência inoportuna em nada se distingue da hostilidade

Segundo uma tradição paremiográfica (Zenob. vulg. 1,50, Diogen. 1,48, Macar. 1,64, Apost. 1,91, *Suda* α 827), trata-se das palavras que Hipólito dirigiu à madrasta Fedra, depois que esta afirmou amá-lo sobre todas as coisas; essa frase não aparece em nenhuma tragédia sobre o mito de Hipólito que nos chegou, nem é possível aventar a hipótese de que se trate de um fragmento, já que esse verso é incorreto do ponto de vista métrico. Um escoliasta menciona essa frase como proverbial, glosando o v. 597 de *Hipólito* de Eurípides, em que Fedra, voltando-se para o Coro, comenta o fato de que a aia tenha revelado ao enteado a sua paixão: φίλως, καλῶς δ' οὐ τήνδ' ἰωμένη νόσον, "procurando tratar esta doença com afeto, mas não bem": talvez daí derive a problemática atribuição dos paremiógrafos. Em latim clássico parece que não existem equivalentes exatos, ainda que, conceitualmente, deva ser mencionado um trecho de Sêneca (*De beneficiis*, 2,14,5); contudo, registra-se uma tradução perfeita entre as sentenças em latim medieval (Walther 2009: *Benevolentia importuna non differt ab odio*), enquanto Erasmo (*Adagia*, 1,7,99) apresenta *Intempestiva benevolentia nihil a simultate differt*. Substancialmente, trata-se de uma aplicação particular do princípio de *Cada coisa em seu tempo* (nº 572).

1280. Οὔτοι συνέχθειν, ἀλλὰ συμφιλεῖν ἔφυν
Nasci para compartilhar amor, não ódio

Em *Antígona*, de Sófocles (v. 523), essa é uma frase da protagonista, que está decidida a sepultar o irmão Polinice, desafiando o decreto de Creonte, senhor de Tebas; este ordenara que o corpo ficasse insepulto por considerar Polinice traidor e inimigo da pátria: Antígona proclama a sua vontade de amar e de não odiar, baseada na eterna lei não escrita que emanou da divindade e da natureza (cf. nº 1108), e não nas efêmeras leis do Estado, para responder a Creonte, que acabara de afirmar que odiava os inimigos, mesmo mortos. Essa frase, de indubitável fascínio, assumiu certa notoriedade sobretudo na cultura alemã (é registrada por Büchmann [341] e por Bartels-Hüber [25]).

1281. *Nihil inimicius quam sibi ipse*
Ninguém é mais nosso inimigo que nós mesmos

Esse provérbio, encontrado nas *Epístolas a Ático*, de Cícero (10,12a,3), exprime um conceito inverso ao do provérbio segundo o qual cada um é o melhor amigo de si mesmo (nº 1285). Um provérbio italiano, que tem equivalentes exatos em inglês e alemão, adverte que *Non ha maggior nemico l'uomo di se stesso* [não há maior inimigo do homem do que ele mesmo].

1282. *Tunica propior pallio est*
A túnica está mais próxima do que o manto

Essa expressão está documentada em Plauto (*Trinummus*, 1154) e significa que os interesses pessoais sempre importam mais do que os alheios. Em grego era difundido γόνυ κνήμης ἔγγιον, "o joelho está mais próximo do que a barriga da perna", registrado como exemplo de provérbio por Aristóteles (*Ética para Nicômaco*, 9,168 b 8) e como expressão usada pelos mestres cozinheiros por Ateneu (9,983b); está presente em Teócrito (16,11) na versão complementar "a barriga da perna está mais distante do que o joelho", e registrado pelos paremiógrafos (Zenob. vulg 3,2, Diogen. 3,78, Greg. Cypr. 1,96; M. 2,50, Apost. 5,96). Mesmo na literatura latina, às vezes é citado o grego γόνυ κνήμης ἔγγιον, como por exemplo em Cícero (*Epistulae ad familiares*, 16,23,2) e no discurso que Augusto faz em *Apocolocintose* de Sêneca (10,3: quem fala afirma que toma a peito mais a depravação da sua família do que a decadência do Estado). Em latim medieval existem variantes sobre o tema das vestes, como, por exemplo, em Walther 12277, *Indusium tunica propius fraterque nepote*, "a camisa está mais próxima do que a túnica e o irmão do que o sobrinho" (cf. também 7808). Em italiano há *Stringe più la camicia che la gonnella* [a camisa aperta mais do que a saia] (cf. Battaglia 2,584), formulação que também se encontra em outras línguas européias (Arthaber 202) e nos dialetos, com variantes significativas na roupa (às vezes, em vez de saia tem-se casaco; em russo, a camisa está mais próxima do que o cafetã). É possível fazer uma aproximação conceitual com *Primei-*

ro os dentes, depois os parentes, provérbio difundido sobretudo em versões dialetais e que encontra equivalentes em italiano, espanhol e alemão (cf. Mota 170).

1283. *Qui canem alit exterum, huic praeter lorum nil fit reliquum*
A quem alimenta cão alheio, nada fica senão a correia

Esse conhecido adágio tem origem medieval (Walther 23898a); em inglês e alemão encontram-se provérbios semelhantes, mas em todas as línguas existem variações sobre o tema: em italiano tem-se, por exemplo, *Chi dà del pane ai cani altrui spesso viene abbaiato dai sui*; em francês, *Il fait mal nourrir autrui enfant, car il s'en va quand il est grand*; em alemão, *An fremden Kindern und Hunden hat man das Brot verloren* (ou seja: "com cães e crianças dos outros perde-se o pão"; formulação semelhante é registrada em espanhol).

1284. *Cicero pro domo sua*
Cícero por sua casa

Essa locução é de uso comum e indica a pessoa que defende encarniçadamente, e até egoisticamente, seus bens, seus interesses e suas idéias. Tem origem no título (*De domo sua*) de um discurso que Cícero pronunciou em 57 a.C. diante do colégio dos pontífices, pedindo a restituição da área de sua casa no Palatino, queimada durante o exílio, e também o dinheiro para sua reconstrução. Também se usa — mas com menor freqüência — *Oratio pro domo*, "discurso pela casa".

1285. *Proximus sum egomet mihi*
Sou o próximo de mim mesmo

Essa expressão — já registrada entre as sentenças medievais (Walther 22775) — é extraída de *Andria* de Terêncio (v. 636): esse motivo retorna na mesma comédia, no v. 427 (*Omnis sibi malle melius esse quam alteri*, "todos preferem estar melhor do que os outros"), e num *dístico de Catão* (1,40), enquanto nas *Epistulae* (*Ad Quintum fratrem*, 3,6,4) Cícero exclama a propósito de Caio Lucílio Hirro: *Quam se ipse amans sine rivali!*, "quanto ama a si mesmo, sem rivais!". O v. 636 parece calcar-se numa fonte grega: muito semelhante é uma gnoma de Platão (As *leis*, 5,731e: φίλος αὐτῷ πᾶς ἄνθρωπος φύσει... ἐστίν, "cada homem, por natureza, é amigo de si mesmo"); entre os numerosos paralelos devem ser assinalados principalmente um trecho de *Édipo em Colonos*, de Sófocles (v. 309), um verso de *Medéia* de Eurípides (86: ὡς πᾶς τις αὐτὸν τοῦ πέλας μᾶλλον φιλεῖ, "todos amam a si mesmos mais do que ao próximo"), também encontrado nos paremiógrafos (Arsen. 18,66a) e na *Comparatio Menandri et Philistionis* (1,186 J.), num trecho de Aristóteles (*Ética a Eudemos*, 1240ab) e finalmente em dois dos chamados *Monósticos de Menandro* (560 e 814 J.). Em todas as línguas européias existem equivalentes ao italiano *Il primo prossimo è me stesso* [o primeiro próximo é eu mesmo] (com variante espirituosa em *Il mio signor Mestesso è il prossimo d'adesso* [o meu senhor Eu-mesmo é o próximo de agora]; no Lácio e em outras regiões italianas é difundido *San Pietro si fece la barba prima per sé e poi per gli altri* [São Pedro fez primeiro a sua barba e depois a dos outros]; no Brasil se diz *Cada qual puxa a brasa pra sua sardinha*; para *È più caro il dente che il parente*, cf. nº 1282.

1286. *Scisti uti foro*
Soubeste fazer o mercado

Essa expressão, documentada num trecho de Terêncio (*Phormio*, 79), é retomada em *Querolus* (18,28 P.) e no epistolário apócrifo de Sêneca a São Paulo (12). O significado, já esclarecido por Donato no comentário à passagem de Terêncio, é que alguém soube defender os interesses pessoais: essa locução proviria do comportamento dos astutos vendedores que não decidem previamente o preço de suas mercadorias, mas optam por vendê-la ou não, segundo o andamento do mercado. Entre as locuções modernas, devem ser citadas a alemã *Er weiss, wo Barthel den Most holt* (literalmente, "ele sabe onde Bartolo pega o mosto") e a italiana *Sa tirare il mercato alla propria piazza* [sabe puxar o mercado para a sua praça].

1287. *Quis tulerit Gracchos de seditione querentes?*
Quem toleraria os Gracos a queixarem-se de sedição?

Esse é um verso de Juvenal (2,24) que ridiculariza as pessoas que imputam aos outros os defeitos que possuem em grau máximo: ninguém toleraria que os Gracos se queixassem de sedição, Verres de furtos, Milão de homicídios, Clódio de adultérios. Trata-se de uma variação espirituosa do motivo de *In alio peduclum vides, in te ricinum non vides* (nºs 1288-1289), ainda famoso e citado como proverbial.

1288. *Aliena vitia in oculis habemus, a tergo nostra sunt*
Temos os vícios alheios diante dos olhos; os nossos, nas costas

A fonte é um trecho de *De ira* de Sêneca (2,28,8); essa frase deve ser compreendida à luz de uma fábula de Esopo (229 Hausrath, cf. Fedro, 4,10, Bábrio, 66; na época moderna, ver La Fontaine, 1,7): um homem carrega nas costas um bornal com seus vícios e, na frente, um com os vícios dos outros (numa variante, é Prometeu que impõe esses fardos; noutra, o homem não carrega nenhum bornal na frente, mas simplesmente vê o da pessoa que vai diante dele). Daí vem o explícito *Non videmus manticae quod in tergo est*, "não vemos o que há no bornal que está nas costas", de Catulo (22,21), assim como menções ao motivo em Horácio (*Sat.* 2,3,298 s.), em Pérsio (4,24: com formulação muito semelhante à de Catulo) e em São Jerônimo (*Ep.* 102,2); a essa fábula também fazem referência, em suas explicações, os comentadores antigos de Horácio e Pérsio. Mais genérico é um fragmento de Menandro (521 K.-Th: οὐθεὶς ἐφ' αὑτοῦ τὰ κακὰ συνορᾷ, .../ σαφῶς, ἑτέρου δ' ἀσχημονοῦντος ὄψεται, "ninguém tem consciência de seus defeitos, mas logo percebe quando alguém faz má figura"); são muitos os textos em que — com imagens diferentes — se evidenciam as diferenças de comportamento diante dos próprios defeitos e dos alheios (cf. nº 1289). Nos provérbios modernos, a diferença entre olhar à frente e olhar para trás recorre, com essa acepção, em alemão, *Draussen hat man hundert Augen, daheim kaum eins* (ou seja: "por fora temos cem olhos; por dentro, mal temos um") e em inglês, *We carry our neighbours' failings in sight, we throw our own crimes over our shoulders*. Também a fábula dos dois bornais é ainda conhecida: para uma referência literária ver por exemplo Rabelais, 3,15.

1289. *Papulas observatis alienas, obsiti plurimis ulceribus*
Observais os furúnculos alheios, enquanto estais cobertos de úlceras

Essa máxima encontra-se em Sêneca (*De vita beata*, 27,4); retoma uma tradição segundo a qual costumamos perceber os pequenos defeitos dos outros e não nos damos conta dos nossos, que são os mesmos e bem mais numerosos: em Horácio (*Sat.* 1,3,25 s.), alguém olha para si mesmo com olhos remelentos e para os outros com olhar agudo, digno de uma águia (cf. nº 706), advertindo-se (*Sat.* 1,3,73 s.): *Qui ne tuberibus propriis offendat amicum / postulat, ignoscet verrucis illius*, "quem pede ao amigo que não se ofenda com seus tumores, deverá ignorar as verrugas dele"; em Petrônio (57,7) tem-se *In alio peduclum vides, in te ricinum non vides*, "em outro vês um piolho; em ti não vês um carrapato". Muito famoso é um preceito evangélico, vinculado ao mesmo motivo, que recomenda tirar a trave que se tem diante do olho antes de querer tirar uma palha do olho do próximo (*Mateus*, 7,5 = *Lucas*, 6,42, ἔκβαλε πρῶτον ἐκ τοῦ ὀφθαλμοῦ σου τὴν δοκόν, καὶ τότε διαβλέψεις ἐπβαλεῖν τὸ κάρφος ἐκ τοῦ ὀφθαλμοῦ τοῦ ἀδελφοῦ σου = *Eiice primum trabem de oculo tuo, et tunc videbis eiicere festucam de oculo fratris tui*); mais próximo de *Medice cura te ipsum!* (nº 168, cf. também 167) está um fragmento de Eurípides (1086 N.[2]). Também devem ser assinalados vários textos em que a diferença de comportamento que se tem diante dos próprios defeitos e diante dos alheios não enseja imagens tão vívidas, mas é expressa em formulações mais genéricas: por exemplo, num fragmento de Menandro (521 K.-Th., cf. nº 1288), em Cícero (*Epistulae ad familiares*, 10,26,2, *Tusculanae*, 3,30,73), em Cúrcio Rufo (7,4,10) e, finalmente, em Lactâncio (*Divinae Institutiones*, 2,3,16), onde os sábios pagãos, que se aperceberam da falsidade da sua religião mas ainda não conheceram a verdadeira, dão-se conta do precipício que está diante dos outros mas não do báratro que se escancara sob seus pés. Na Idade Média existem numerosíssimas variações (Walther enumera cerca de 16) sobre a gnoma evangélica, onde muitas vezes *festuca*, "palha", dá lugar a *labes*, "erro", para instaurar a rima *labem / trabem* (por exemplo, em 875, 2700, 5162, 29396); outras vezes, passa-se do preceito à amarga constatação, como por exemplo em 2634: *Cernere festucam mos est in fratris ocello; / in propriis oculis non videt ipse trabem*, "costuma-se perceber a palha no olho do irmão, mas não ver a trave nos próprios olhos" (observar, entre outras coisas, a contraposição entre *ocello*, diminutivo e singular, com que se identifica o olho do outro, e o plural *propriis oculis*), com uma mudança usual nas línguas modernas (cf. abaixo). Também está documentada uma máxima de Petrônio (11660); outras sentenças semelhantes valem-se de contraposições entre *ulceres* e *verrucae* (9941, 32078), entre *verrucae* e *tubera* (18006); não faltam formulações genéricas, como *Qui alterum incusat probri, eum ipsum se intueri oportet*, "quem acusa outra pessoa deve olhar para si mesmo" (23822, cf. também 24264, 30162, 32935), que tem origem em Plauto (*Truculentus*, 159), nem formulações novas, como *Falco meis sed talpa tuis erroribus extas: / si capis, ante tuos tolle, deinde meos*, "és um falcão com meus erros e uma toupeira com os teus: se entendes, primeiro retira os teus e depois os meus" (8727a, cf. também 23595, 23971, 29061). Em todas as línguas modernas européias existem equivalentes ao provérbio brasileiro *Não vê a trave que tem no olho e vê um argueiro no do vizinho* (cf. Mota 135), que faz referência à frase do *Evangelho*. Conceitualmente, devem ser ressaltados vários paralelos ao italiano *Contro i difetti del vicin t'adiri e gli stessi difetti in te non miri* (cf. Arthaber 289) e outras imagens expressivas, como a da panela, que tem medo de ser suja pelo caldeirão (presente em vários dialetos italianos, mas também em outras línguas européias, como por exemplo em russo).

1290. *Cum accusas alium, propriam prius inspice vitam*
Quando acusares outra pessoa, olha antes a tua vida

Esse é um dos chamados *Monósticos de Catão* (41 [3,238 Baehrens], cf. também Walther 4022, 23595), que reflete um motivo difundido no mundo antigo: em latim, ver, por exemplo, um trecho de Plauto (*Truculentus*, 159 s.) e dois de Cícero (*In Verrem actio secunda*, 3,2,4, *Filípicas*, 12,10,25), assim como os textos que se referem à fábula de Esopo, segundo a qual todos vêem o bornal que contém os defeitos alheios (nº 1288), e os textos que se valem de imagens baseadas na comparação entre a trave no próprio olho e a palha no do próximo (nº 1289); finalmente, outras sentenças recomendam: *Ignoscito aliis quasi pecces cotidie*, "perdoa os outros, pensando que erras todos os dias" (*Appendix sententiarum*, 32, R.²) e *Quae culpare soles, ea tu ne feceris ipse: / turpe est doctori, cum culpa redarguat ipsum*, "cuida de não fazeres aquilo de que inculpas os outros: é torpe que o mestre seja reprovado por suas próprias culpas" (*Dísticos de Catão*, 1,30: trata-se de uma gnoma famosa na Idade Média, retomada, por exemplo, por Alcuíno, *Praecepta*, 109). Em grego, um dístico extraído de *Comparatio Menandri et Philistionis* (3,41) declara: ὅταν τι μέλλῃς τὸν πέλας κατηγορεῖν, / αὐτὸς τὰ σαυτοῦ πρῶτ' ἐπισκέπτου κακά, "quando estás para fazer uma acusação ao teu próximo, olha primeiro os teus defeitos"; é semelhante uma recomendação preservada por Arsênio (4,23d), por João de Stóboi (4,5,36) e por Eusébio (49 Mullach). Esse motivo tem grande difusão nos provérbios modernos: o italiano *Chi d'altrui parlar vorrà guardi se stesso e tacerà* [quem de outro quiser falar, olhe para si mesmo e calará] tem equivalentes em todas as línguas européias (Arthaber 1250; o inglês, na verdade, desloca o preceito para outro plano: *The counsel thou wouldst have another keep, first keep thyself*); *Quem tem telhado de vidro não atira pedra no dos outros* tem equivalentes em italiano, espanhol, inglês e alemão (uma referência literária encontra-se no prólogo de *Sonhos* de Quevedo); o italiano *Chi burla lo zoppo badi di essere diritto* (cf. nº 1291) tem equivalentes em inglês e alemão. Uma série de variações fala, por exemplo, da cabeça: italiano, *Chi ha la testa di cera non vada al sole* [quem tem cabeça de cera não fique no sol]; francês, *Si tu as la tête de beurre, ne te fais pas boulanger* (com equivalente em inglês); toscano, *Chi ha la cervelliera di vetro non vada a battaglia di sassi* [quem tem capacete de vidro não entre em guerra de pedras].

1291. *Loripedem rectus nigrum derideat albus*
Quem não tem defeito pode rir do aleijado; o branco pode rir do preto

Esse provérbio, nessa forma, tem origem medieval (Walther 13964; 15920,2) e significa que só pode rir dos defeituosos quem não tem defeitos. Deriva de um trecho de Juvenal (2,23), em que se afirma que é compreensível que *Loripedem rectus derideat, Aethiopem albus*, "quem não tem defeitos ria do aleijado; o branco, do etíope", mas que não é possível suportar os Gracos que se queixam de sedição, ou seja, as pessoas que imputam aos outros os seus próprios defeitos (cf. nº 1287). Em italiano existe *Chi burla lo zoppo badi di essere diritto*, que tem equivalentes exatos em inglês e alemão e perpetua a imagem antiga (para outros provérbios semelhantes, cf. nº 1290).

1292. *Aliena nobis, nostra plus aliis placent*
O que é dos outros agrada-nos mais; o que é nosso, aos outros

Essa máxima é de a Publílio Siro (A 28) e reaparece, com palavras semelhantes, num trecho de Sêneca (*De ira*, 3,31,1, citado por Salviano, *De gubernatione Dei*, 1,10): trata-se de uma formulação genérica, semelhante a uma exclamação de Plínio, o Velho (12,38,78), mas esse motivo costuma valer-se de imagens agrícolas pitorescas. Muito importante é uma passagem de Ovídio (*Ars amatoria*, 1,349 s.: *Fertilior seges est alienis semper in agris, / vicinumque pecus grandius uber habet*, "a seara é sempre mais fértil nos campos alheios; o rebanho do vizinho tem tetas mais cheias"). Essa imagem da seara é retomada em Pérsio (6,13) e em Juvenal (14,141-143); no que se refere à teta, deve ser mencionado um trecho das *Sátiras* de Horácio (1,1,110), em que o avarento morre de inveja se *Aliena capella gerat distentius uber*, "a cabrita alheia tem tetas mais cheias" (é evidente que, em relação ao *topos* há um afastamento semântico, mas a ele já fazia referência o comentário de Porfírio). Nas sentenças medievais retorna o trecho de *Ars amatoria* (Walther 9378, cf. também 14291); entre as variações sobre o tema, devem ser assinaladas *Pinguius est lardum vicini semper in olla*, "na panela do vizinho o toucinho é sempre mais gordo" (Walther 21506, cf. também 1063), e *Quodque domi non est et habet vicinus amatur*, "gosta-se do que não há em casa e o vizinho possui" (26129). Nas línguas modernas permanecem as imagens agrícolas, como no italiano *L'erba del vicino è sempre più alta* (ou *più verde*), com equivalente em francês; os animais aparecem em alemão, em espanhol e no toscano *La gallina del vicino par un'oca* [a galinha do vizinho parece uma gansa]; outra variante é a italiana *Sempre par più grande la porca del compagno*; a mesma observação, em vários dialetos, é feita com referência às mulheres (ver, por exemplo, o de Abruzos, em que a mulher do outro é sempre mais bonita: *Sèmbre la mójje de ll'àntr'é cchiù bbèlle*). No Brasil se diz *A cabra da vizinha dá mais leite do que a minha* e *A galinha da vizinha é mais gorda do que a minha*.

1293. *Maledictus homo qui confidit in homine*
Maldito o homem que confia no homem

A fonte é um trecho de *Jeremias* (17,5); com essas palavras, adverte-se que o homem deve depositar toda sua confiança em Deus e não em outro homem; contrapõe-se a *Benedictus vir qui confidit in Domino*, "bendito o homem que confia no Senhor" (17,7). Vespasiano da Bisticci (*Vite*, 102 Fanfani) conta que esse era o lema de Gianozzo Manetti, que acrescentara a ele "e em suas obras".

b) *Disponibilidade para com os outros e amizade*

1294. *Homo sum: nihil humani a me alienum puto*
Sou homem: nada do que é humano considero alheio a mim

Em *Heautontimoroumenos*, de Terêncio (v. 77), é assim que Cremes responde a Menedemo, que lhe pergunta por que não se interessava por coisas que não lhe diziam respeito: um homem não pode deixar de se preocupar com o que acontece a outro homem e de ser solidário com ele. Esse verso já era muito famoso na Antiguidade, como demonstram suas numerosas citações em Cícero (*De legibus*, 1,12,33, e *De officiis*, 1,9,30 [esta última obra trata exaustivamente da solidariedade humana, cf. 1,7,22]), em Sêneca (*Ep.* 94,53), que afirma que o lema de Terêncio deve estar *in pectore et in ore*, "no coração e na boca", em Santo Agostinho (*Ep.* 155,4), que relata o caso dos espectadores que aplaudiram e, embora rústicos e incultos, ficaram tão comovidos que cada um se sentiu "próximo" do outro. Santo Ambrósio, em *De officiis* (3,7,45), alude a esse trecho para contrapor a solidariedade, na qual todo o comportamento humano deveria inspirar-se, àquilo que os homens fazem na realidade: evidentemente, essa obra tem em mente o *De officiis* de Cícero, mas nesse caso o contexto diferente deixa aberta a possibilidade de que a referência a Terêncio não fosse compartilhada por Cícero. Esse motivo retorna em Juvenal (15,140-142) e existem textos em que ser homem comporta dignidade idêntica (como em Plauto [*Asinaria*, 490, *Trinummus*, 447] e em Petrônio [57,5]). Essa máxima, retomada na Idade Média, por exemplo, por João de Salisbury (*Ep.* 206 [*PL* 199,229d], 281 [317b]), ainda é muito conhecida e freqüentemente citada como símbolo do "humanismo", em contraposição às teorias que equiparam o homem ao animal ou à máquina. Com essa mesma acepção, atualmente tem difusão — depois da utilização num famoso romance de Hemingway e no filme de S. Wood dele extraído — a frase *For whom the bell tolls* ("por quem os sinos dobram"), extraída de *Devotions* (...) de J. Donne, que ressaltava o fato de que qualquer morte humana o diminuía porque ele fazia parte da humanidade e, portanto, era inútil perguntar-se por quem o sino estava dobrando: estava sempre dobrando por ele. Finalmente, deve-se observar que o verso de Terêncio às vezes é citado com valores totalmente diferentes do original: ou a respeito das limitações humanas e da compreensão com que elas devem ser julgadas, ou para dizer que as pessoas não devem subtrair-se a nenhuma experiência. Para uma referência sugestiva na literatura do século XIX, ver Gide, *Os subterrâneos do Vaticano*, 2,2.

1295. *Tu si hic sis, aliter sentias*
Se estivesses no lugar dele, pensarias de modo diferente

Essa frase, que gozou de certa notoriedade (é registrada por Büchmann 358), corresponde exatamente a locuções do tipo *Se estivesses na pele dele, Se estivesses no lugar dele*. Trata-se de uma sábia recomendação de compreensão recíproca e de reflexão sobre as motivações de outras pessoas; provém de Terêncio (*Andria*, 310).

1296. *Nolite iudicare, ut non iudicemini*
Não julgueis, para não serdes julgados

Essa é uma das frases mais famosas do *Novo Testamento* — em grego, μὴ κρίνετε ἵνα μὴ κριθῆτε: aparece em *Mateus* (7,1) e em *Lucas* (6,37), como parte do chamado Sermão da Montanha; em *Marcos*, (4,24), porém, tem-se apenas uma das expressões que aparecem em seguida ("com a medida com que medirdes sereis medidos"); é retomada por São Paulo na *Primeira Epístola aos Coríntios* (4,5) e na *Epístola aos Romanos* (2,1). Com exortações desse tipo, Jesus atacava o direito fariseu, que se baseava no fato em si e não nas motivações íntimas que haviam levado a ele: portanto, o verdadeiro juízo só podia pertencer a Deus, o único a ler no coração das pessoas. Essa frase entrou para a linguagem comum como recomendação de uso da compreensão para com as ações do próximo e de não nos erigirmos em juízes, como se estivéssemos isentos de culpas. Com a mesma acepção, usa-se atualmente outra conhecida expressão de Jesus: *Quem se sentir sem culpa, atire a primeira pedra* (no original grego, tem-se ὁ ἀναμάρτητος ὑμῶν πρῶτος ἐπ' αὐτὴν βαλέτω λίθον e na *Vulgata*, *Qui sine peccato est vestrum, primus in illam lapidem mittat*), com que ele defende a adúltera que está para ser lapidada (*João*, 8,7), levando, assim, para o plano íntimo e de consciência aquilo que o direito hebraico ainda prescrevia no plano formal, ou seja, que as testemunhas de um delito fossem os primeiros a jogar as pedras da lapidação (cf. *Deuteronômio*, 17,7).

1297. *Neque irasci, neque admirari, sed intelligere*
Não se irar, não se admirar, mas compreender

Esse é um provérbio conhecido; exorta à compreensão dos outros e suas ações e, na realidade, é uma redação reduzida de uma frase de Spinoza (*Tractatus politicus*, 1,4: *Humanas actiones non ridere, non lugere, neque detestari sed intelligere*, "não ridicularizar, não lamentar, não desprezar, mas compreender as ações humanas"). Foi retomada pelo político liberal alemão Friedrich Cristoph Dahlmann, atuante na primeira metade do século XIX, que a pôs como lema do preâmbulo de sua *Política* (Göttingen 1835).

1298. *Hanc veniam petimusque damusque vicissim*
Esse perdão nós pedimos e damos por nossa vez

Essa expressão é usada por Horácio na *Ars poetica* (v. 11) a propósito da chamada "licença poética" (nº 188). Atualmente, porém, é citada apenas como símbolo de benevolência e perdão.

1299. *Homo homini deus*
O homem é deus para o homem

Essa expressão é extraída de um verso do cômico Cecílio (264 R.³). Sem dúvida já era proverbial na Antiguidade: os paremiógrafos gregos (Zenob. vulg. 1,91, Diogen. 1,8; Vind. 1,96, Greg. Cypr. L. 1,50, Apost. 3,10, *Suda* α 2536) registram o equivalente ἄνθρωπος ἀνθρώπου δαιμόνιον, afirmando que se refere a quem é salvo de repente por outro ou a quem se encontra em boas condições graças a outra pessoa; era difundido o motivo da exaltação da ajuda recíproca entre os homens: em Libânio (*Declamationes*, 13,30 [6,27,14-16 F.]) é isso o que distingue o homem das feras (para o *topos* negativo oposto, cf. nº 1181); ver também, por exemplo, um texto de Cícero (*Pro Ligario*, 12,38) e um de Plínio (*Naturalis historia*, 2,5,18: *Deus est mortali iuvare mortalem, et haec ad aeternam gloriam via*, "é divino para o mortal ajudar outro mortal, e esse é o caminho para a glória eterna"). Atualmente, costuma ser citada em contraposição a *Homo homini lupus* (nº 1181), para sustentar uma concepção otimista das relações humanas em estado de natureza; o primeiro a pôr as duas frases em paralelo parece ter sido John Owen (*Epigramas*, 3,23).

1300. *Virtutes habet abunde qui alienas amat*
Tem virtudes em abundância aquele que ama as virtudes alheias

Essa máxima faz parte do chamado *Appendix sententiarum* (110 R.²) e está documentada numa epístola de Plínio, o Jovem (1,17,4).

1301. Ὁ τιμῶν ἑαυτὸν τιμᾷ
Quem honra os outros honra a si mesmo

Essa gnoma está presente em João Crisóstomo (*Homilias sobre os atos dos apóstolos*, PL 60,119; *Homilias*, 43 [PL 63,874]) e um provérbio semelhante ainda está vivo em grego moderno. Uma tradução latina exata está documentada nos humanistas: Walther (24138c), de fato, registra *Qui honorat se ipsum honorat*, dizendo que é extraído dos *Adagia* de Paolo Manuzio (545[1], 1395[2]); deve-se assinalar sobretudo que, na Idade Média — através das traduções latinas —, era famoso um trecho da *Ética para Nicômaco* (1095b 25), segundo o qual a honra δοκεῖ γὰρ ἐν τοῖς τιμῶσι μᾶλλον εἶναι ἢ ἐν τῷ τιμωμένῳ, "parece caber mais a quem honra do que a quem é honrado", retomado em Santo Tomás de Aquino na *Summa Theologica* (I-II 2,2,3; II-II 99,1).

1302. Nec pigeat mento supposuisse manum
Não lamentes o fato de teres posto a mão sob o seu queixo

A fonte é Ovídio, *Epistulae ex Ponto*, 2,6,14, cf. também 2,3,39, *Metamorfoses*, 14,560 s., Propércio, 3,7,69, Petrônio, 29,5; 43,4. Trata-se de uma recomendação de ajudar as pessoas em dificuldade; a imagem é extraída do salvamento de um náufrago (é significativo que, nas duas passagens das *Epistulae ex Ponto*, haja uma contraposição com "afogar" alguém em sentido metafórico). Sutphen 186 menciona uma expressão inglesa análoga, onde é Nossa Senhora que salva erguendo o queixo (encontrada em Percy, *Reliques of Ancient English Poetry*, 3,1,9: *The salt waters bare up her clothes, our Ladye bares up her chinnie*).

1303. Τὸν φιλέοντα φιλεῖν
Amar a quem ama

Esse motivo, que deve ser entendido em sentido mais amplo do que o estritamente erótico, aparece em Hesíodo (*Os trabalhos e os dias*, 353) e na poesia (Arquíloco [fr. 23,14 W.], Sólon [fr. 1,5 s. Gentili-Prato], Píndaro [*Neméias*, 4,22 s., *Píticas*, 2,82 ss.]), sendo muito difundido no teatro, tanto o grego (cf. Eurípides [*Ifigênia em Táurida*, 609 s. e — a aceitar-se uma provável correção de Brunck — *Orestes*, 424], Apolodoro Carístio [fr. 19 K.], Antifanes [fr. 195,12 s.K.]) quanto o latino (Plauto [*Bacchides*, 386 s., *Curculio*, 332, *Epidicus*, 425, *Mercator*, 499 s., *Miles*, 659 s.], Terêncio [*Phormio*, 562, a propósito do qual o comentário de Donato remete ao citado trecho de Apolodoro], Pompônio [145 s. R.³], Ácio [132 R.³]: sempre com o poliptoto de *amicus*), reaparecendo em duas passagens de Petrônio (43,4; 44,7). Esse princípio, se, em sentido positivo, lembra a chamada "lei de talião" (cf. nº 1121; não é à toa que Arquíloco afirma que, para ele, é norma consagrada amar os amigos e odiar os inimigos), por outro lado deve ser vinculado ao *topos* da "justa reciprocidade amorosa" (para o qual remeto a A. Privitera, "Quaderni urbinati di Cultura Classica" 4 [1967], 11 ss., a B. Gentili, "Studi Classici e Orientali" 21 [1972] 60 ss., e a M. G. Bonanno, "Quaderni Urbinati di Cultura Classica" 16 [1973] 110-120). Em italiano deve ser assinalado sobretudo o *Proverbio "Ama chi t'ama" è fatto antico*, de Petrarca (*Canzoniere*, 105,31); o princípio nela contido, de trocar a amizade por presentes (cf. nº 1320), está consagrado na chamada *Canção do Excelso*, do *Edda* (42). Para provérbios como *Ama a quem te ama* e *Corresponde a quem te ama*, cf. nº 1423.

1304. *Firmissima est inter pares amicitia*
Entre semelhantes a amizade é mais sólida

Essa expressão é extraída de Cúrcio Rufo (7,8,27), mas é muito difundido o motivo segundo o qual a condição para que a amizade seja sólida é a comunhão de idéias, de costumes ou simplesmente de idade: à comunhão de costumes, em particular, dão ênfase Cícero (*De amicitia*, 20,74), Plínio, o Jovem (*Ep.* 4,15,2), e São Leão, o Grande (*Serm.* 12 [*PL* 54,169b]), assim como Apuleio (2,13; 2,22) em *De Platone et eius dogmate*: a amizade deve fundar-se na semelhança moral; quanto à de idade, cf. nº 626; em Santo Agostinho (*De Genesi. Liber imperfectus*, 16,59), a semelhança entre os amigos é apenas um aspecto — e não o mais importante — da função fundamental exercida pela semelhança na criação e na alma humana. Uma variação peculiar é constituída por um trecho de Minúcio Félix (*Octavius*, 4,6: *Cum amicitia pares semper aut accipiat aut faciat*, "pois a amizade ou ocorre entre semelhantes ou torna semelhantes"), onde se afirma que, mesmo não existindo inicialmente, a comunhão é criada pela amizade. Um provérbio análogo ao que estudamos está bem documentado em grego: Platão (*As leis*, 6,757a) registra-o na forma ἰσότης φιλότητα ἀπερλάζεται, "a semelhança torna a amizade perfeita", enquanto Aristóteles (*Ética para Nicômaco*, 9,1168b 8), numa série de provérbios, documenta ἰσότης φιλότης, "semelhança amizade", numa estrutura de hendíadis pregnante e sem dúvida atraente, dada a assonância entre os dois substantivos. Encontra-se também em outros autores (por exemplo, Diógenes Laércio [8,10, com φιλίαν em lugar de φιλότητα] e Proclos [*Comentário a Alcebíades de Platão*, 2,31 Creuzer]), sendo registrada pelos paremiógrafos (Diogen. Vind. 2,94, Macar. 4,82, Greg. Cypr. 2,70; M. 3,80, Apost. 9,17, *Suda* ι 668); no léxico de Hesíquio (ι 990) ἰσότης é explicado como φιλότης (trata-se do processo interpretativo tecnicamente chamado de "cópia hendiádica"). Na Idade Média, tem-se a variante *Firmissimus inter aequales interque pares est nodus amoris*, "o vínculo afetivo é mais sólido entre os coetâneos e os semelhantes", registrada por Walther (9555), que provém de Gualterius de Châtillon (*Alexandrêidas*, 8,465 s.); tampouco faltam citações do trecho de Minúcio Félix (Walther 948a, 954a). Nas línguas modernas também existem provérbios desse tipo: à parte o motivo mais genérico do semelhante que ama o semelhante (cf. nº 1335), ver, por exemplo, o alemão *Gleich zu gleich gibt gute Freundschaft*; para exemplos em grego medieval e moderno, cf. Krumbacher 151 s. (entre as variantes, são dignas de nota uma segundo a qual mentiroso gosta de mentiroso, e uma turca segundo a qual ladrão gosta de ladrão).

1305. *Communia esse amicorum inter se omnia*
Os amigos têm tudo em comum

Essa é uma expressão de Terêncio (*Adelphoe*, 804), calcada num provérbio grego que está presente, entre outros, em Menandro (fr. 10 K.-Th.: κοινὰ <γὰρ> τὰ τῶν φίλων), fonte habitual do cômico latino. Existem várias documentações que atribuem a expressão em estudo a Pitágoras, que teria ordenado que fossem comuns todos os bens de seus discípulos: de fato, a tradição paremiográfica explica-a fazendo referência a essa história (Zenob. vulg. 4,70, Diogen. 5,76, Greg. Cypr. L. 2,54, Macar. 5,21, Apost. 9,88, Phot. 174,11-15 P., *Suda* κ 2549, 2550); segundo essa tradição — e segundo Diógenes Laércio, 8,10, e o escólio a Platão, *Fedro*, 279c — provém de um fragmento do historiador Timeu (566 b 13 Jacoby); também dizem ser de Pitágoras: Donato (no comentário ao trecho de Terêncio), São Jerônimo (*Epistula adversus Rufinum*, 39) e o imperador Juliano (*Or.* 4 [8],245a), que, no entanto, afirma que nele não se alude só aos bens materiais, mas a uma completa comunhão espiritual. Outras recorrências em grego estão em Platão (*As leis*, 5,739c), segundo o qual tal princípio deveria reger a vida interna da pólis, em Aristóteles (*Ética para Nicômaco*, 9, 1168b 7 s.), como parte de uma lista de provérbios sobre a solidariedade (cf. também nº 1304), nos apotegmas do cínico Diógenes (353 Giannantoni), e em Díon Crisóstomo (3,110). Em latim, Cícero alude à comunhão de bens (*De officiis*, 1,16,51), afirmando que os bens criados pela natureza para a fruição de todos deveriam ser comuns a todos; com acepção mais genérica, também fazem alusão: Sêneca (*Ep.* 48,2, *De beneficiis*, 7,4,1; 7,12,1; 7,12,5 [nestes últimos trechos, a situação do amigo, a quem nada é possível dar porque tudo deve ser possuído em comum, é comparada com a do sábio]) e Marcial, em que κοινὰ φίλων constitui a gnoma inicial de um epigrama (2,43). Em outros textos a conotação é distintamente moral: em Cecílio Estácio (247 R.³), por exemplo, fala-se de confidências em comum; Sêneca (*Ep.* 3,2) ordena: *Tu vero omnia cum amico delibera*, "deves decidir tudo com um amigo", e em *Ep.* 6,3 afirma que os amigos devem compartilhar sobretudo as adversidades; Frontão (*Epistulae ad amicos*, 1,17 [174,28 van den Hout]) afirma: *Cum amico omnia amara et dulcia communicata velim*, "gostaria de compartilhar com o amigo todos os amargores e prazeres"; finalmente, neste último plano, aparece um trecho de Roswitha (*Callimachus*, 2,1). Nas tradições proverbiais modernas devem ser ressaltados o alemão *Unter Freunden ist alles Gemein* e o brasileiro *Quem me quer bem diz-me o que sabe e dá-me o que tem*, mas esse conceito — sobretudo em literatura — tornou-se lugar-comum (em italiano, ver, por exemplo, *Tesoro volgarizzato* [6,59: *Gli amici hanno uno animo e un sangue e tutte le loro cose sono comuni egualmente*]).

1306. *Dilecti socius et ipse sit dilectus*
Deves gostar do amigo de quem gostas

A fonte é um trecho de Roswitha (*Gallicanus*, 1,7,1): em italiano, *Gli amici dei miei amici sono miei amici* é um provérbio muito difundido. É complementar o provérbio brasileiro *Não pode ser meu amigo o amigo de meu inimigo* (para paralelos cf. Mota 133).

1307. *Amicus certus in re incerta cernitur*
Conhece-se o amigo certo nas situações incertas

Trata-se de um famoso fragmento das tragédias de Ênio, documentado por Cícero (*De amicitia*, 17,64), que Jocelyn insere na seção dos "Incerta" (351): seja como for, esse verso é muito agradável graças ao jogo etimológico que contrapõe *certus* a *incerta* e à paronomásia aliterante que vincula esses adjetivos a *cernitur*. Ênio talvez fizesse menção a um trecho de *Hécuba* de Eurípides (vv. 1226 s.: ἐν τοῖς κακοῖς γὰρ ἀγαθοὶ σαφέστατοι / φίλοι, "nas desventuras é que se distinguem os bons amigos"); realmente, trata-se de um *topos* bem documentado na literatura grega: ver, por exemplo, um fragmento de Arquíloco (15 W.: muito interessante é o trecho de *Ética a Eudemos* de Aristóteles [1236 a 35] que o documenta) e um dístico de Eurípides (*Orestes*, 454 s.), retomado em contexto paremiográfico-gnomológico (Arsen. 12,81b). Em latim, esse motivo é ainda mais difundido: por exemplo, Plauto (*Epidičus*, 113), Horácio (*Sat.* 2,8,73 s.), Petrônio (61,9); devem ser assinaladas duas sentenças, uma — baseada na assonância entre *habeas* e *calamitas* — de Publílio Siro (A 41: *Amicum an nomen habeas aperit calamitas*, "a desgraça revela se és amigo ou se só tens esse nome") e outra encontrada no chamado *Appendix sententiarum* (241 R.²: *Probare amicos in re adversa faciliust*, "é mais fácil provar os amigos nas adversidades"; é análoga a frase registrada por Otloh de Sankt Emmeram [*Liber proverbiorum, PL* 146,301d]; cf. também nº 1308). Gnoma semelhante está presente no *Eclesiástico* (12,8), que, na versão da *Vulgata*, afirma: *Non agnoscetur in bonis amicus et non abscondetur in malis inimicus*, "não se reconhecerá o amigo quando tudo for bem nem se esconderá o inimigo quando tudo for mal" (citada por João de Salisbury, *Ep.* 267 [*PL* 199,308d], autor este que retoma a mesma temática em outros textos [cf. *Ep.* 186, 196d; 272, 311d]). Numa carta de Odo, prior de Canterbury (cf. Gilberto Foliot, *PL* 190,1005b), está registrado como provérbio *In necessitate probatur amicus*, "o amigo é provado na necessidade", encontrando-se analogia num provérbio do Pseudo-Beda (*PL* 90,1091c); para sentenças semelhantes, em que se contrapõe o comportamento dos amigos na prosperidade e na adversidade, cf. nº 1308. A tradução de *Amicus certus in re incerta cernitur* — sentença ainda conhecida — é registrada como proverbial em várias línguas européias (Arthaber 61, Mota 42; entre as variações eu assinalaria a espanhola *En chica casa y en largo camino se conoce el bueno amigo* e a russa *Kon' poznaëtysja pri gore, a drug pri bede* [ou seja, "o cavalo se conhece na montanha; o amigo, na necessidade"]); em todos os dialetos italianos existem máximas conceitualmente semelhantes (ver, por exemplo, da região de Emília, *L'amîgh al-s-cgnòss in'd él circostanzi* [Mazzaperlini 71]; de Puglia, *U-amìche e chembbàre o besègne pare*; da Calábria, *Amicu ed amuri 'i canusci alli duluri* [cf. Zeppini Bolelli 49 s.]); no Brasil também se diz *Nas ocasiões é que se conhecem os amigos*. Em literatura, deve ser assinalada a arguta variação sobre o tema de A. Moravia, no início de *Quant'è caro*, um dos *Nuovi racconti romani*, em que, reproduzindo um ambiente e um modo de pensar tipicamente populares, o escritor parte exatamente da contestação desse motivo.

1308. *Donec eris sospes, multos numerabis amicos: / tempora si fuerint nubila, solus eris*

Enquanto fores feliz, contarás muitos amigos; se o tempo ficar nublado, estarás só

Essa frase — atualmente conhecida e citada inclusive na forma *Donec eris felix, multos numerabis amicos* — é extraída de *Tristia* de Ovídio (1,9,5 s.): de fato, o motivo dos numerosos amigos que aparecem nos momentos felizes e desaparecem nas adversidades é freqüente nesse autor, que devia sofrer na pele essas mudanças de humor (cf. ainda *Tristia*, 1,5,27-30; 1,8,9 s., *Epistulae ex Ponto*, 2,3,10; 2,3,23 s.; 3,2,7 s.; 4,3,5-7). Trata-se, porém, de um *topos* muito difundido: ver, por exemplo, Plauto (*Stichus*, 520-522), a *Rhetorica ad Herennium* (4,48,61, onde os falsos amigos são comparados às andorinhas que fogem aos primeiros rigores do inverno), Horácio (*Carm.* 1,35,25-28), Petrônio (80,1-4; para outro trecho de *Satyricon*, cf. nº 1307), Sêneca (*Ep.* 9,9) e, finalmente, uma bela gnoma de Boécio (*A consolação da filosofia*, 3,5: *Sed quem felicitas amicum fecit, infortunium facit inimicum*, "aquele que a felicidade tornou amigo, o infortúnio torna inimigo"); em plano ligeiramente diferente, encontra-se uma máxima do *Appendix sententiarum* (182 R.[2]: *Res parant secundae amicos optime, adversae probant*, "os momentos de felicidade angariam facilmente os amigos; as adversidades os põem à prova" [para *Amicus certus in re incerta cernitur*, ver nº 1307]), semelhante a outras documentadas no Pseudo-Ausônio (*Sententiae septem sapientum*, 2,13 s.), em Otloh de Sankt Emmeram (*Liber proverbiorum*, *PL* 146,303b) e no Pseudo-Beda (*PL* 90,1091cd). No latim medieval encontram-se máximas análogas em Henrique de Reims (*Ep.* 5 [*PL* 196,1567c]) e em Alcuíno (*Ep.* 58 [*PL* 100,226c]). O motivo é freqüente também na literatura grega, principalmente no *Corpus theognideum* (vv. 643-646; 697 s.; 857-860; 929 s.; para sua importância na tradição gnomológica grega, ver A. Peretti, *Teognide nella tradizione gnomologica*, Pisa 1953, *passim*, e principalmente 177 s., 232 s., 243 s., 287 s., 297 s.), mas também em outros autores como, por exemplo, Píndaro (*Neméias*, 10,78), Luciano (*Antologia Palatina*, 10,35), Libânio (*Ep.* 819,1 [10,739,15-17 F.]) e — em contexto judaico — o *Eclesiástico* (6,8); além disso, em vários textos, a tônica recai sobretudo na situação econômica (além de Teógnis, 929 s., cf. Eurípides [*Medéia*, 561, fr. 462,2 N.[2], coincidente com *Monósticos de Menandro*, 854 Jäkel] e Marco Argentário, *Antologia Palatina*, 5,113,5 s.). Em nível gnômico, é muito importante ἀνδρὸς κακῶς πράσσοντος ἐκποδὼν φίλοι, "quando se está mal, os amigos estão longe", que provavelmente pertence a Eurípides, mas que, na coletânea de Nauck, era atribuído — com base no testemunho dos escólios a Hélio Aristides (3,85,23-25; 681,32 s. Dindorf) — a Sófocles (fr. 667), sendo registrado por vários escoliastas e paremiógrafos (escólio a Sófocles [*Electra*, 188], a Eurípides [*As fenícias*, 402], Zenob. vulg. 1,90, Diogen. 1,45, Greg. Cypr. 1,60; M. 1,57; L. 2,21, Macar. 2,6, Apost. 2,82, *Suda* α 2190, ε 586), reutilizado por Hélio Aristides (*Panatenaico*, 60) e encontrado nos *Monósticos de Menandro* (34 Jäkel); em *Comparatio Menandri et Philistionis* (1,166), lê-se: ἐν ἀπορίαις γὰρ οὐδὲ εἷς ἔσται φίλος, "nas dificuldades não restará nenhum amigo". Ainda nos *Monósticos de Menandro*, tem-se a formulação inversa à de Eurípides: ἀνδρὸς καλῶς πράττοντος ἐγγὺς οἱ φίλοι, "quando um homem está bem, os amigos estão ao lado dele" (71 Jäkel), encontrando-se também outras máximas sobre o mesmo tema (725; 748; 754 Jäkel). Entre os numerosos provérbios modernos com o mesmo motivo, vários se valem, como em Ovídio, da metáfora atmosférica; ver, por exemplo, o brasileiro *Amigo do bom tempo muda-se com o vento* (que tem paralelo em espanhol e numerosas variantes dialetais) e sobretudo o francês *Tant que tu seras heureux, tu compteras beaucoup d'amis; si le ciel se couvre de nuage tu seras seul*, que constitui a tradução exata do texto de Ovídio; na maioria das vezes, porém, a tônica está no fato econômico e, portanto, na transição da riqueza para a pobreza, como no italiano *Chi cade in povertà perde ogni amico* [quem fica pobre perde todos os amigos] (para os paralelos nas várias línguas européias, remeto a Arthaber 56, 58), no veneziano *Fin che i bezzi dura, amici no manca* e no de Abruzos *Quande nen denàive niente, / n'n avàiv'amic' e ppariende; / mó che ttiengh 'n crije, / tutte me chiàmen' a zzije*; outros provérbios brasileiros são *Preso e cativo não têm amigo, Quem anda sem dinheiro não arranja companheiro, Quem é rico tem amigos* e *A quem é rico sobejam parentes*. Em literatura, sem dúvida deve ser assinalada uma oitava de Ariosto (*Orlando Furioso*, 19,1), que desenvolve esse tema, unindo-o ao da adversidade como momento que põe à prova os amigos (nº 1307).

1309. Ζεῖ χύτρα, ζεῖ φιλία

Ferve o caldeirão, tem-se a amizade

Esse provérbio é registrado pelos paremiógrafos (Zenob. vulg. 4,12, Diogen. 4,96; Vind. 2,79, Greg. Cypr. L. 2,21, Macar. 4,30, Apost. 8,31, *Suda* ζ 48; 96, cf. também Eustátios, *Comentário à Ilíada*, 1,404 [1,193,14 s. V.]), segundo os quais ele se refere aos amigos que só ficam por perto com objetivos gastronômicos. Com mais probabilidade, constituirá uma variação viva e espirituosa do tema da amizade que só é sólida enquanto há prosperidade (cf. nº 1308): o que poderia ser confirmado por um trecho de Petrônio (38,13: *Sociorum olla male fervet, et ubi semel res inclinata est, amici de medio*, "o caldeirão dos amigos ferve mal e, tão logo a sorte declina, os amigos saem de perto"), que parece retomar — como variação espirituosa — o provérbio grego. Referências sugestivas encontram-se nos provérbios brasileiros *Comida feita, companhia desfeita* e *Enquanto há figos, há amigos* (para outros paralelos cf. Mota 70, 92).

1310. *Idem velle atque idem nolle, ea demum firma amicitia est*

A amizade sólida consiste em querer e não querer as mesmas coisas

Essa máxima, ainda conhecida e citada como símbolo da comunhão de interesses, que deve estar na base da amizade, é posta por Salústio (*De Catilinae coniuratione*, 20,4) na boca de Catilina, que exorta seus companheiros. Já na Antiguidade era muito famosa: foi, por exemplo, citada por Minúcio Félix (*Octavius*, 1,3), por São Jerônimo (*Ep*. 130,12, *Epistula adversus Rufinum*, 3,9), por Sidônio Apolinário (*Ep*. 5,3,2; 5,9,4) e por Donato (*Comentário a Terêncio, Hecyra*, 170); Sêneca (*Ep*. 20,5; 109,16) retomou-a, atribuindo essa característica não simplesmente à amizade, mas à relação entre os sábios. De qualquer modo, Salústio exprime de maneira condizente com seu *modus scribendi* (para um paralelo estilístico, ver *Bellum Iugurthinum*, 31,14) um conceito já proverbial, de ascendência grega (a partir de Aristóteles [cf. *Retórica*, 1381a 9-11], a idéia da necessidade de uma comunhão não só de opiniões mas também de vontade, para solidificar a amizade, passou para a filosofia helenista — ver M. Pohlenz, *La Stoa*, Firenze 1967 [Göttingen 1959], 1,283; 570 n.): para Cícero (*Pro Plancio*, 2,5), é uma *vetus lex* da verdadeira amizade, e a isso aludem, por exemplo, Sêneca (*De ira*, 3,34,3), Sílio Itálico (9,406 s.) e Dracôncio (*Laudatio*

Dei, 1,367). Em outros textos, *Idem velle atque idem nolle* estende-se a outros valores que ultrapassam a simples amizade: em Apuleio (*De Platone et eius dogmate*, 2,24), trata-se do alento que deve unir os cidadãos da cidade ideal de Platão; em Santo Ambrósio (*De fide*, 4,7,74), da mística união das pessoas da Trindade; em São Columbano (*Ep.* 4 [*PL* 80,270c]), dos sentimentos que devem ligar os monges. Com freqüência, é feito um paralelo entre esse provérbio e *Unum cor et anima una*, "(ter) um só coração e uma só alma" (expressão ainda usada e presente já nos *Atos dos Apóstolos* [4,32]), como, por exemplo, no trecho citado de São Columbano, em João de Salisbury (*Ep.* 78 [*PL* 199,64e]) e em Roswitha (*Abraham*, 1,2). São muito numerosas as referências a essa sentença e suas citações na Idade Média (para os textos, remeto a Sutphen 130, Weyman 52; 260): também está registrada entre os provérbios do Pseudo-Beda (*PL* 90,1096b) e de Otloh (*PL* 146,309d).

1311. *Ita amare oportere, ut si aliquando esset osurus*
Convém amar como se algum dia se fosse odiar

Essa é a tradução latina, registrada por Cícero (*De amicitia*, 16,59), de uma sentença de Bias (δεῖ φιλεῖν ὥσπερ μισήσοντα, μισεῖν δὲ ὥσπερ φιλήσοντα, "é preciso ser amigo como se fosse preciso tornar-se inimigo e ser inimigo como se fosse preciso tornar-se amigo"), documentada por Aristóteles (*Retórica*, 2,1389b 23-25; 1395a 27), registrada pelos paremiógrafos (por Arsênio, 5,90m e — atribuída a Catão — por *Mantissa Proverbiorum*, 1,77); em latim, é atribuída a Bias por Valério Máximo (7,3, *ext.* 3), enquanto Gélio (1,3,30) registra-a como de Quílon. Cícero, na verdade, contesta veementemente a sua validade; aliás, até duvida de que possa ser realmente de Bias, um "dos Sete Sábios". Uma contestação dessa máxima — aliás, uma inversão — já se encontra em Aristóteles (*Retórica*, 2,1395a 28-32), que lhe contrapõe o fato de que a amizade deve pressupor ser eterna: citando-o expressamente, Arsênio (13,15p) registra a gnoma: οὐ δεῖ φιλεῖν ὡς μισήσοντα ἀλλὰ μᾶλλον μισεῖν ὡς φιλήσοντα, "não se deve ser amigo como se fosse preciso tornar-se inimigo, mas ser inimigo como se fosse preciso tornar-se amigo". Esse motivo é depois retomado e desenvolvido numa *rhesis* de Ajax na tragédia homônima de Sófocles (vv. 678-682); costuma-se indicar como conceitualmente vinculado um *monóstico de Menandro* (567 Jäkel ~ *Comparatio Menandri et Philistionis*, 1,47 ~ *Pap.* XV,1 Jäkel), que afirma: ὀργῆς ἕκατι κρυπτὰ μὴ ἐκφάνῃς φίλου, evidentemente entendido "pelo afeto não podes descobrir os segredos do amigo"; a meu ver, porém, um sentido desse tipo só pode ser atribuído à variante com o dativo φίλῳ (para os dados inerentes a esse problema textual, remeto ao estudo crítico de Jäkel), enquanto o texto adotado por Jäkel significa: "se tomado pela ira, não reveles os segredos do teu amigo". Em latim, devem ainda ser citadas uma sentença semelhante de Publílio Siro (I 16), também documentada por Macróbio (*Saturnalia*, 2,7,11): *Ita amicum habeas, posse ut fieri hunc inimicum putes*, "reputa o amigo de tal modo que acredites ser ele capaz de tornar-se inimigo", e um trecho de Santo Agostinho (*Ep.* 73,3,6), que retoma esse *topos* ao falar dos litígios entre São Jerônimo e Rufino; entre as sentenças medievais registra-se uma tradução do provérbio de Bias, baseada no paralelismo e no quiasmo (Walther 908: *Ama tamquam osurus, oderis tamquam amaturus*). O italiano *Parla all'amico come se avesse a diventar nemico* tem correspondência perfeita nas outras tradições proverbiais européias (também existem variantes dialetais, como a de Puglia *Non ze decènne o u-amiche chèdde ca sà ca na dì o l'alde nemìche u puète avè* [ou seja, "não confies ao amigo os teus segredos, porque poderias tê-lo como inimigo um dia ou outro"); a referência de Montaigne (*Ensaios*, 1,28) provém diretamente de Gélio, como demonstra a atribuição da máxima a Quílon.

1312. *Facile ex amico inimicum facies, cui promissa non reddas*
Transformarás facilmente um amigo em inimigo se não cumprires as promessas

Essa sentença, registrada por Walther entre as máximas medievais (8688a), é extraída de uma carta atribuída a São Jerônimo (148,30): a tônica não está tanto no fato de que os amigos podem facilmente tornar-se inimigos, mas na obrigatoriedade de cumprir as promessas (motivo freqüente também nas tradições proverbiais modernas; em todas as línguas européias existem equivalentes a *Promessa é dívida*; cf. Arthaber 1131).

1313. *Ab amico reconciliato cave!*
Cuidado com o amigo depois da reconciliação!

Esse provérbio, que Walther insere entre os pertencentes à Idade Média tardia e ao início da idade moderna (34336), na realidade consubstancia um trecho do *Eclesiástico* (12,11), em que o preceito é expresso de modo muito mais diluído. Encontra equivalentes nas várias línguas européias: em italiano, por exemplo, existe *Amicizia riconciliata è una piaga mal saldata* [amizade reconciliada é ferida mal cicatrizada]; em Milão, *Amicizia rinovada l'è minestra riscaldada, che no val na bolgirada*, imagem presente também em outros dialetos e em outras línguas, como o inglês (em italiano, *Le pappe riscaldate non sono mai buone come la prima volta* [as papas requentadas nunca são boas como na primeira vez] geralmente é usado a propósito dos reatamentos depois de separações e divórcios). Outras variações são constituídas, por exemplo, pelo alemão *Geflickte Freundschaft wird nimmer wieder ganz*, pelo inglês *Reconcilied friend is a double ennemy*, e pelos brasileiros *Amigos reconciliados, inimigos disfarçados* e *De amigo reconciliado e de caldo requentado nunca bom bocado* (para outros paralelos cf. Mota 42, 75).

1314. *Multos modios salis simul edendos esse, ut amicitiae munus expletum sit*
É preciso comer juntos muitos alqueires de sal para que se satisfaça o dever da amizade

Com essa imagem, Cícero (*De amicitia*, 19,67) afirma que a amizade, para ser considerada como tal, deve ser consolidada por uma longa prática: esse provérbio é extraído da tradição grega, onde é documentado por Aristóteles (*Ética para Nicômaco*, 1156b

26-28, *Ética a Eudemos*, 1238a 2s.). Nos paremiógrafos, porém (Greg. Cypr. L. 1,23, Macar. 1,82, Apost. 2,52), registra-se a locução ἁλῶν μέδιμνον καταφαγών, "tendo comido um medimno de sal", que, segundo consta, é usada para os ingratos e para aqueles que se esqueceram dos amigos: provavelmente se trata daqueles que não passaram na prova da amizade porque, depois de comerem juntos um único alqueire de sal, mostraram que não eram amigos. No Brasil se diz *Não te deves fiar senão daquele com quem já comeste um molho de sal*, registrando-se provérbios semelhantes em todas as línguas européias (cf. Arthaber 64, Mota 134) e em vários dialetos (cf. Zeppini Bolelli 50): entre as variações, lembro uma lombarda, portanto de uma terra onde se come muito arroz (*Prima de fatt on amis, mangegh insemma on carr de ris*).

1315. *Verae amicitiae sempiternae sunt*
As verdadeiras amizades são eternas

Essa expressão é usada por Cícero em *De amicitia* (9,32); o mesmo autor, em *Pro Rabirio Postumo* (12,32), afirma: *Neque me vero paenitet mortalis inimicitias, sempiternas amicitias habere*, "não me arrependo de ter inimizades mortais e amizades eternas", máxima retomada por Lívio (40,46,12) e — em grego — por Diodoro Sículo (27,16,1), enquanto só a primeira parte, referente à mortalidade das inimizades, é transcrita por Sêneca, o Retor (*Controversiae*, 5,2). Em grego, afirmação semelhante à encontrada em *De amicitia* está em *Retórica* de Aristóteles (2,1395a 31 s.), que polemiza abertamente com uma sentença de Bias, segundo a qual sempre se deve ter em mente que a amizade pode transformar-se em ódio (cf. nº 1311); οὐκ ἔστ' ἐραστὴς ὅστις οὐκ αἰεὶ φιλεῖ, "não há amante que não ame para sempre", registrada por Arsênio (13,15n), é, porém, uma frase de Hécuba, em *As troianas* de Eurípides (v. 1051), proferida a propósito dos sentimentos que ligam Helena e Menelau. Em todas as modernas línguas européias existem paralelos ao italiano *Le amicizie devono essere immortali* [as amizades devem ser imortais]; para São Jerônimo, *Ep.* 3,6, cf. nº 1316.

1316. *Amicitia quae desinere potest vera numquam fuit*
A amizade que pode acabar nunca foi verdadeira

A fonte é São Jerônimo, *Ep.* 3,6: trata-se de uma variante sobre o tema da eternidade da verdadeira amizade (nº 1315), retomada nas tradições proverbiais modernas (no italiano *Amicizia que cessa non fu mai vera*, em francês e em alemão, cf. Arthaber 46; 50).

1317. *Amicus diu quaeritur, vix invenitur, difficile servatur*
Um amigo procura-se por longo tempo, custa-se a encontrar, conserva-se com dificuldade

Sua primeira documentação está em São Jerônimo (*Ep.* 3,6): depois, esse provérbio retorna em Bonifácio de Mogúncia (*Ep.* 30 [*PL* 80,729]) e em Alcuíno (*Ep.* 84 [*PL*

100,275c]; 89 [287a]); para registro em documentos que remontam à primeira metade do século XIII, ver Ch.-F. Collatz, "Philologus" 125 (1981) 159-162. Além disso, deve ser assinalada uma variante medieval que afirma: *Amicus raro acquiritur, cito amittitur*, "um amigo raramente se adquire, rapidamente se perde" (Walther 962a), enquanto, conceitualmente, devem ser mencionados *Vulgare amici nomen, sed rara est fides*, "a palavra 'amigo' é comum, mas rara é a lealdade", de Fedro (3,9,1; trata-se de Sócrates: tem uma casa pequena, mas que é quase impossível encher de verdadeiros amigos; essa fábula é retomada por La Fontaine, 4,17), e o medieval *Amicus verus rara avis*, "amigo verdadeiro é ave rara" (para *Rara avis*, cf. nº 671). São vários os paralelos modernos, como, por exemplo, o alemão *Schwer zu finden ist ein treuer Freund* e o francês *Rien de plus commun que nom d'amitié, rien de plus rare que la chose*, que parece retomar a afirmação de Fedro.

1318. *Qui autem invenit illum (sc. amicum) invenit thesaurum*
Quem encontra um amigo encontra um tesouro

Na versão da *Vulgata*, este é um versículo do *Eclesiástico* (6,14): o grego é ὁ δὲ εὑρὼν αὐτὸν εὗρεν θησαυρόν. São vários os paralelos em grego e em latim: deve ser sobretudo mencionado um *monóstico de Menandro* (810 Jäkel, cf. também *Pap.* II [*Bouriant I*],21, *App.* 2,20; 12,2 s. Jäkel), que declara: φίλους ἔχων νόμιζε θησαυροὺς ἔχειν, "se tens amigos, acredita que tens tesouros"; máxima semelhante encontra-se no início de um dístico elegíaco anônimo coligido na *Antologia Palatina* (10,39). Em latim, deve ser citado um trecho de *Truculentus* de Plauto (v. 885), em que se afirma que *Ubi amici, ibidem opes*, "onde há amigos há riquezas": trata-se da subversão arguta (e moralista) de um provérbio documentado por Quintiliano (5,11,41), que — provavelmente (o trecho é muito deteriorado) — era: *Ubi amici? Ubi opes*, "onde estão os amigos? Onde estão as riquezas". De fato, toda essa tradição parece constituir uma inversão da outra, segundo a qual os amigos são conquistados com a riqueza, documentada, por exemplo, em Plauto (*Stichus*, 520-522) e em Ovídio (*Fastos*, 1,217 s. [cf. nº 1785], *Tristia*, 1,9,10); de modo mais geral, sobre o *topos* dos amigos que se vão quando as coisas andam mal, cf. nºˢ 1308 s. É grande a difusão desse provérbio nas modernas línguas européias: em todas elas registra-se a tradução do versículo do *Eclesiástico*, em afirmações do tipo das brasileiras *Amigo velho vale mais do que dinheiro* e *Mais vale amigo na praça que dinheiro na caixa*; deve ser mencionado um epigrama popular muito interessante (*Trova un amico e troverai un tesoro, / dice la Bibbia, e son parole d'oro, / per altro credo meglio se tu dici: / trova un tesoro e troverai gli amici* [encontra um amigo e encontrarás um tesouro, / diz a Bíblia, e são palavras de ouro, / mas acredito mais se me disseres: / encontra um tesouro e encontrarás amigos]), que retoma a oposição entre os dois motivos já antigos, o do amigo que vale um tesouro e o do tesouro que conquista o amigo. Em muitos dialetos italianos e em várias línguas européias (por exemplo, em russo) está presente uma variação do tipo do toscano *Vale più avere un amico in piazza che denari nella cassa* (cf. Zeppini Bolelli 49), ou um provérbio que compara o amigo com certa quantidade de dinheiro.

1319. Οὐδεὶς φίλος ᾧ πολλοὶ φίλοι
Ninguém é amigo de quem tem muitos amigos

Essa gnoma é de Aristóteles (*Ética a Eudemos*, 1245b 20 s.), estando registrada na parte dedicada a esse filósofo por Diógenes Laércio (5,21), que — entre outras coisas — afirma que Favorino de Arelate (*Memorabiles*, fr. 10 Mensching) ressaltava a sua grande difusão. No latim vulgar documenta-se *Amicus omnibus, amicus nemini*, "amigo de todos, amigo de ninguém", de onde deriva o provérbio italiano *Amico di tutti e di nessuno è tutt'uno* — com equivalentes em todas as modernas línguas européias. Strømberg 28 informa que sentença análoga é difundida também em árabe.

1320. *In bono hospite atque amico quaestus est quod sumitur*
Com um bom hóspede ou amigo o que se gasta é o que se ganha

A fonte é um trecho de Plauto (*Miles*, 674), onde os gastos com os amigos são contrapostos aos gastos com má mulher ou com um inimigo; em Horácio (*Ep.* 1,12,24) afirma-se que com uma ninharia conquistam-se amigos quando as pessoas honestas têm alguma necessidade; em Marcial (5,42,7 s.), que as únicas riquezas aproveitadas são as que são dadas aos amigos. Há dúvidas de que esse *topos*, no classicismo, possa ser definido como proverbial (contudo, um motivo semelhante também recorre nos *Dísticos de Catão* [1,35], enquanto, no latim medieval — além da retomada do verso de Plauto (Walther 11673c) — existem *Audio sic dici: donando simus amici*, "ouço que assim dizem: dando somos amigos" (1731, cf. também 1726) e *Alternando boni nos dona manemus amici*, "trocando presentes permanecemos bons amigos" (cf. Walther 892). Nas línguas modernas vários provérbios confirmam a necessidade de presentes como sustentação das amizades (ver, por exemplo, o francês *Les petits cadeaux entretiennent l'amitié*), enquanto na variação italiana *Se vuoi che l'amicizia si mantenga fa' che un paniere vada e l'altro venga* [se queres que a amizade se mantenha, faz com que um cesto vá e outro venha] a tônica não está tanto na necessidade dos presentes quanto na importância da sua troca (existem muitas variações dialetais: ver, por exemplo, de Abruzos, *Dànne e tuglienne, l'amecizie ze mantenne, tuglienne e nen dànne l'amecizie ze ne venne*). No Brasil se diz *Arrenego do amigo que come o meu comigo e o seu consigo* (para outros paralelos cf. Mota 51).

1321. *Non aqua non igni locis pluribus utimur quam amicitia*
A água e o fogo não são úteis em maior número de circunstâncias do que a amizade

Essa gnoma é extraída de *De amicitia* (6,22) de Cícero, que, em 13,47, compara quem quer retirar a amizade do mundo a quem quer retirar o sol. A sentença de 6,22 tem paralelo exato numa expressão de Plutarco (*Quomodo adulator ab amico internoscatur*, 51b: λέγεται πυρὸς καὶ ὕδατος ὁ φίλος ἀναγκαιότερος εἶναι, "diz-se que o amigo é mais necessário do que o fogo e a água"), retomada em contexto paremiográfico (*Mant. Prov.* 2,49), enquanto uma tradução perfeita (*Amicus magis necessarius quam ignis et aqua*) é encontrada entre as sentenças latinas medievais (Walther 960b). Aristóteles (*Ética para Nicômaco*, 1155a 5) já afirmara que, mesmo conservando todos os outros bens, sem amigos não é possível viver; em Horácio (*Sat.* 1,5,44) lê-se: *Nil ego contulerim iucundo sanus amico*, "em sã consciência, eu nada compararia a um amigo agradável", verso este também registrado como máxima por Walther (16699, cf. também 950: *Amico firmo nil emi melius est*, "não se pode adquirir nada melhor do que um amigo fiel". Análogo ao provérbio antigo é o alemão *Freunde tun mehr Not, denn Feuer, Messer und Brot*, em que, portanto, se proclama que os amigos são mais necessários do que o fogo, a faca e o pão.

1322. *Amici mores noveris, non oderis*
Procura compreender e não odiar os costumes do amigo

Esse provérbio é registrado por Porfírio, no comentário às *Sátiras* de Horácio (1,3,32), e nas sentenças de Publílio Siro (A 56), enquanto Frontão, numa carta em grego (20,18-20 van den Hout), diz que ele é romano. Apesar desses documentos, deve-se esclarecer que ele também existe em grego: nos *Monósticos de Menandro* (804) tem-se φίλων τρόπους γίνωσκε, μὴ μίσει δ' ὅλως, "compreende e não odeies de todo os costumes dos amigos", nos paremiógrafos (Macar. 4,40, *App. Prov.* 3,4) existe ἤθη φίλων γίνωσκε, μιμήσῃ δὲ μή, "conhece mas não imites os costumes dos amigos", que — embora explicado como uma recomendação de nem sempre seguir os exemplos dos outros — acredito que tenha derivado do provérbio que estudamos através de uma confusão entre μιμέομαι, "imito", e μισέω, "odeio". Nas tradições proverbiais modernas, ver em especial o italiano *Ama l'amico tuo secondo il suo vizio* (também presente em alguns dialetos, como, por exemplo, o calabrês) e os alemães *Der Freunde Weis soll man wissen, aber nicht hassen* e *Freunde Gebrechen soll man kennen und tragen, aber nicht nennen und nagen*.

1323. *Amico inimicoque bonum semper praebe consilium, quia amicus accepit, inimicus spernit*
Ao amigo e ao inimigo dá sempre bons conselhos, já que o amigo os acolhe e o inimigo os despreza

Esse provérbio é registrado explicitamente como tal por Gregório de Tours (*Historia Francorum*, 6,32), que o lembra a propósito de um inimigo que não seguiu o seu ótimo conselho de proteger o genro da ira da rainha.

1324. *Quam veterrumus homini optumus est amicus*
Quanto mais velho o homem, melhor amigo ele é

Essa frase provém de *Truculentus* de Plauto (v. 173) e retoma um *topos* que será documentado também por Quintiliano (5,11,26); em grego existe σκεύη τὰ μὲν καινὰ κρείττονα, φιλία δὲ ἡ παλαιοτέρα, "a melhor mobília é a nova, a melhor amizade é a mais velha", transcrito pelos gnomológios bizantinos como analogia de

Pitágoras (1,495,134 Mullach). Outra variante é a que compara o amigo ao vinho, que, como é notório, deve ser envelhecido: está no *Eclesiástico* do *Antigo Testamento* (9,14 s.) e também em Cícero, que, em *De amicitia* (19,67), compara os amigos ao vinho: *Veterruma quaeque* (sc. *amicitia*) *ut ea vina, quae vetustatem ferunt, esse debet suavissima*, "a amizade muito antiga, exatamente como os vinhos que suportam o envelhecimento, deve ser agradabilíssima"; Frontão (155,2 s. van den Hout) documenta como proverbial o genérico *Quod potius est antiquius esse*, "o que é melhor é mais velho". No latim medieval, esse *topos* aparece, por exemplo, em São Columbano (*Monósticos*, 41) e em Bonifácio de Mogúncia (*Ep.* 41 [*PL* 89,740]), mas são numerosas as variações registradas entre as sentenças: em algumas retorna a comparação com o vinho (Walther 22267; 29517; 32620); em outras, aparece em paralelo com o motivo do arrependimento de quem deixa os caminhos antigos pelos novos (paralelo ao italiano *Chi lascia la vecchia strada per la nuova pentito si trova*; cf. 2242, 2255, 17347); em outros textos, trata-se de meras variações sobre o verso de Plauto (23376; 33270e; 33271); encontram-se também comparações com a espada, que deve ser nova (1189); finalmente, não faltam outras formulações genéricas, como, por exemplo, *Antiquum retine, quem sis expertus, amicum, / nec similem credas, si sapis, esse novum*, "conserva o velho amigo que já experimentaste e, se és sábio, não creias que um novo seja igual!" (1186, cf. também 11423,1; 11424; 17560; 17580a). Em todas as línguas românicas e germânicas existem equivalentes à máxima de Plauto e expressões paralelas à brasileira *Vinho velho, amigo velho e ouro velho* que, como Cícero, compara amigos e vinho velho, mas não diz, como o provérbio latino, que os melhores amigos são os mais antigos; esse motivo também se encontra entre os provérbios russos, onde temos *Vešnij lëd obmančiv, a novyj drug nenadëžen* (ou seja: "gelo velho é traidor, mas amigo novo é pouco confiável") e *Staryj drug lusce novykh dvukh* (ou seja: "um velho amigo é melhor do que dois novos"). Em italiano, espanhol, inglês e alemão (cf. Arthaber 62, Mota 131) existem paralelos à expressão brasileira *Não há melhor espelho que amigo velho*; no Brasil se diz ainda *Amigo, vinho e café, o mais antigo melhor é* e *Vinho, azeite e amigo, quanto mais velho, melhor*.

1325. Κρίνει φίλους ὁ καιρός, ὡς χρυσὸν τὸ πῦρ

As circunstâncias passam os amigos pelo crivo, como o fogo faz com o ouro

Esse é um *monóstico de Menandro* (385 Jäkel, cf. também *Pap.* IX [*Ostrakon Graecum Bodleianum*, 405], 8 s., e *Comparatio Menandri et Philistionis*, 1,165; 2,83 s.; 3,59 s.), também registrado em contexto paremiográfico (Arsen. 10,8a): nele se alude ao método mais usado na Antiguidade — a que fazem referência, por exemplo, várias passagens da Bíblia (cf. *Números*, 31,22, *Zacharias*, 13,9, *Malaquias*, 3,3, *Ezequiel*, 22,18-22) — de refinação e prova do ouro: o metal era amalgamado com chumbo num recipiente poroso especial, em seguida oxidado com uma forte corrente de ar soprada sobre a superfície do metal fundido; assim, o ouro se separava e se purificava (cf. R. J. Forbes, *Studies in Ancient Technology*, 8, Leiden 1971, 177; 249). A comparação, sobre a capacidade de reconhecer a verdadeira amizade, encontra-se em Cícero (*Epistulae ad familiares*, 9,16,2, cf. também *Post reditum in senatu*, 9, 23) e em Ovídio (*Tristia*, 1,5,25 s.): nesses dois trechos, trata-se substancialmente de uma variação sobre o tema *Amicus certus in re incerta cernitur* (nº 1307). Em Minúcio Félix (*Octavius*, 36,9) essa imagem retorna com outro referencial: assim como o fogo põe o ouro à prova, também, por vontade da divindade, as adversidades põe os homens à prova, revelando sua têmpera; esse é um *topos* que tem ponto de partida no *Antigo Testamento* (*Provérbios*, 17,3, *Eclesiástico*, 2,5) e terá grande sucesso na Idade Média: ver, por exemplo, uma carta de Pedro de Pávia a Tomás de Canterbury (*PL* 190,1021d), uma máxima de Otloh de Sankt Emmeram (*PL* 146,334c) e uma sentença que afirma *Aurum flamma probat, homines temptatio iustos*, "a chama prova o ouro; a tentação, os justos" (Walther 1820); para a variante segundo a qual é a miséria que põe os fortes à prova, cf. nº 1835. Em italiano, há o provérbio *L'oro s'affina al fuoco e l'amico nella sventura* [o ouro apura-se no fogo; o amigo, na desventura], com equivalentes em todas as línguas européias; em literatura, uma referência significativa está em Metastasio (*Olimpiade*, 3,3: *Come dell'oro il fuoco / scropre le masse impure, / scoprono le sventure / de' falsi amici il cor*).

1326. *Errat autem qui amicum in atrio quaerit, in convivio probat*

Erra quem procura amigos no átrio e os põe à prova em banquetes

A fonte é Sêneca (*Ep.* 19,11): trata-se de um motivo que, embora haja dúvidas de que já fosse proverbial na Antiguidade, retorna em latim medieval, tanto com formulações fiéis ao modelo de Sêneca (Walther 7166b) quanto com o ditado popular *Amicitia inter pocula contracta plerumque vitrea*, "a amizade contraída entre copos na maioria das vezes é de vidro" (portanto, extremamente frágil); também está presente no italiano *Amicizia stretta dal vino non dura dalla sera al mattino*, no francês *Ami du topin et de tasse de vin tenir ne dois tu pour bon voisin*, no alemão *Freundschaft, die der Wein gemacht, währt, wie der Wein, nur eine Nacht*, com vários paralelos nas outras línguas (cf. Arthaber 48).

1327. *Deligere oportet quem velis diligere*

É preciso escolher quem se quer amar

Com essa formulação, citada pela *Rhetorica ad Herennium* (4,21,29) por basear-se numa oposição paronomástica entre *deligere* e *diligere*, colocados, significativamente, no início e no fim do verso, retoma-se um motivo que devia remontar a Teofrasto: Plutarco (*De fraterno amore*, 482b) e João de Stóboi (4,27,14) documentam um fragmento (74 p. 181 Wimmer) que declara: οὐ φιλοῦντα δεῖ κρίνειν ἀλλὰ κρίναντα φιλεῖν, "não se deve julgar amando, mas amar depois de julgar". Em latim, esse conceito recorre, por exemplo, em Cícero (*De amicitia*, 17,62), em Sêneca (*Ep.* 3,2) e em Sidônio Apolinário (*Ep.* 5,11,1), bem como em vários textos medievais (para os quais remeto a Sutphen 130). Finalmente, devem ser assinaladas uma sentença de Cecílio Balbo (5: *Ames probatos, non amatos post probes*, "ama pessoas já provadas, não as proves depois de amá-las"), que tem a mesma estrutura do fragmento de Teofrasto, e uma variante medieval (Walther 7038: *Eligas quem diligas!*, "escolhe quem amas!"), que parece retomar o texto citado de Sidônio Apolinário.

1328. Φθείρουσιν ἤθη χρήσθ᾽ ὁμιλίαι κακαί
As más companhias estragam os bons costumes

Na Antiguidade, esse verso era famosíssimo, na maioria das vezes citado como de Menandro (fr. 187 K.-Th.), mas outras vezes atribuído a Eurípides (fr. 1024 N.²); é citado como gnoma também em contexto cristão, a partir de São Paulo, na primeira epístola aos coríntios (15,33), que a *Vulgata* traduz: *Corrumpunt mores bonos colloquia mala* (provérbio que depois será muito famoso, sendo registrado, por exemplo, pelo Pseudo-Beda [*PL* 90,1093d]) e, sobretudo, por São Jerônimo (*Ep.* 22,29; 130,18; em 70,2, porém, esse verso é mencionado como exemplo de versão do grego para o latim). A propósito da tradução do trecho de São Paulo e da formulação adotada por Tertuliano (*Ad uxorem*, 2,3,3 *Bonos corrumpunt mores confabulationes malae*) e nas *Epístolas* de Jerônimo (*Corrumpunt mores bonos confabulationes pessimae*) deve-se notar que ὁμιλίαι não é entendido com sua acepção mais genérica ("companhias"), mas é substituído pelas formas específicas *confabulationes* e *colloquia*, "conversações" (para outras variações medievais sobre essa máxima, cf. Walther 3577, 3579, 3580). Uma variante diferente, em que não se trata simplesmente de colóquios, mas de companhias, é a de Floro (416,2 Baehrens), segundo a qual os homens não são naturalmente malvados, mas *Malos faciunt malorum falsa contubernia*, "são as companhias enganadoras dos maus que criam os homens maus". Encontram-se paralelos conceituais num dístico de Teógnis (35 s.), citado por Xenofonte (*Memoráveis de Sócrates*, 1,2,20), num trecho do *Livro da Sabedoria* (4,12) e numa passagem de *De ira* de Sêneca (3,7); quanto à tradição de *Dize-me com quem andas e eu te direi as manhas que tem*, cf. nº 1329. Em todas as línguas modernas existem equivalentes aos italianos *Le cattive compagnie conducono l'uomo alla forca* [as más companhias levam o homem à forca] e *Le cattive compagnie guastano i buoni costumi* [as más companhias estragam os bons costumes] (Arthaber 288; 289; uma variante encontra-se no dialeto da Puglia: *Le male amìsce pòrtene a le male strate*); por outro lado, devem ser lembrados provérbios como *Chi va col lupo impara a ululare* [quem anda com lobos aprende a uivar] e *Chi pratica lo zoppo impara a zoppicare* [quem freqüenta coxos aprende a coxear] (cf. nº 583, 584); além disso, no Brasil se diz *Chega-te aos bons e serás um deles, chega-te aos maus e serás o pior deles*. Em literatura, às vezes há referências explícitas ao provérbio latino (como, por exemplo, em Pascal, *Pensées*, 156), enquanto a impossibilidade de que uma pessoa virtuosa sobreviva em má companhia é expressa com uma sugestiva imagem de Dante (*Inferno*, 15,65 s.: *tra li lazzi sorbi / si disconvien fruttare al dolce fico*); no início do conto *A rapina* de N. S. Leskov, é mencionado um provérbio russo que soa mais ou menos assim: "com a elite serás elite; com os malandros te corromperás".

1329. *Cum quo aliquis iungitur talis erit*
Será semelhante àquele com quem está

Essa máxima é registrada por Arnóbio, o Jovem (*Comentários aos Salmos*, 19 [*PL* 53,347]), como sentença de difusão popular, enquanto Prisciano (*Praeexercitamina*, 433,4 Keil) documenta uma variante mais ampla (*Siquis cum malis conversatur libenter, numquam de hoc interrogavi viro, sciens, quoniam talis est, quales illi cum quibus conversatur*, "se alguém conversa livremente com os maus, nunca procurei saber quem era, pois é tal e qual aqueles com quem conversa". Na realidade, trata-se da tradução de um fragmento de Eurípides (812 N.²), muito conhecido no mundo grego, que afirmava: τοιοῦτός ἐστιν οἷσπερ ἥδεται ξυνών. Quanto à aplicação negativa desse princípio, segundo o qual as más companhias estragam os bons costumes, cf. nº 1328; em todas as línguas européias existem paralelos ao provérbio brasileiro *Dize-me com quem andas e eu te direi as manhas que tem*; um provérbio italiano muito difundido, que indica expressivamente a importância das companhias, é *In compagnia prese moglie anche un frate* [em companhia até um frade se casou].

1330. *Praestat habere acerbos inimicos, quam eos amicos, qui dulces videantur: illos verum saepe dicere, hos numquam*
É melhor ter inimigos acerbos do que amigos que pareçam afetuosos: aqueles sempre dizem a verdade, estes nunca

Essa é a redação vulgarizada de um apotegma de Catão (69, p. 109,20-23 Jordan), registrado por Cícero em *De amicitia* (24,90): frases semelhantes, segundo as quais é preferível um inimigo franco a um amigo infiel, encontram-se em Santo Agostinho (*Ep.* 13,4, *As confissões*, 9,8,8), enquanto Cícero (*Actio secunda in Verrem*, 5,71,182) afirma que são preferíveis as hostilidades abertas às mascaradas. Tem estreita afinidade o motivo da possibilidade de aprender com os inimigos (nº 1278); ver também a máxima do *Antigo Testamento*: *Meliora sunt vulnera diligentis quam fraudulenta odientis oscula*, "são melhores as feridas infligidas por quem é teu amigo do que os beijos fraudulentos de quem te odeia" (*Provérbios*, 27,6), citada também por Santo Agostinho (*Ep.* 82,4,31; 93,2,4). Nos provérbios medievais diz-se que é melhor falar com o inimigo do que com o amigo (Walther 22227a) e expressar juízos entre os inimigos do que entre os amigos (22227b); nos provérbios modernos, esse *topos* retorna com formulações do tipo do italiano *Peggio l'invidia dell'amico che l'insidia del nemico* [pior a inveja do amigo do que a insídia do inimigo] (que se baseia na paronomásia *invidia / insidia*) e do alemão *Besser ein offener Feind als ein falscher Freund* (observar também a oposição paronomástica *Freund / Feind*); também é preciso lembrar o brasileiro *Livre-me Deus dos meus amigos, que dos meus inimigos me livrarei eu* (com várias versões nas línguas européias, cf. Mota 113, e nos dialetos italianos, como da Sicília e da Campânia). Finalmente, lembro uma frase, que circula em meios diplomáticos, segundo a qual no Oriente Médio não é possível confiar nem nos próprios inimigos, e a moral de uma fábula de La

Fontaine (8,10), segundo a qual é melhor um inimigo leal do que um amigo ignorante.

1331. Ἐρᾷ μὲν ὄμβρου γαῖ' ὅταν ξηρὸν πέδον / ἄκαρπον αὐχμῷ νοτίδος ἐνδεῶς ἔχῃ

A terra deseja água quando a árida planície, estéril devido à estiagem, precisa de umidade

Esse é um dístico de um fragmento de Eurípides (898,7 s. N.[2]), documentado por Aristóteles (*Magna Moralia*, 1208b 16 ss., cf. também 1236a 16); um paralelo é constituído por outro fragmento do mesmo autor (839 N.[2]). Nesses textos, a terra sedenta de água é a comparação usada para a amizade, exatamente como num provérbio chinês citado por Strømberg 40, segundo o qual encontrar um velho amigo é agradável como beber água depois da estiagem. Mais genérico é o paralelo de Erasmo, *Adagia*, 2,3,64: *Terra amat imbrem*, enquanto em grego moderno o provérbio correspondente ao antigo indica a pessoa só e faminta.

1332. *Iniuriarum remedium est oblivio*

O remédio para as injúrias é o esquecimento

Essa é uma máxima de Publílio Siro (I 21), retomada por Sêneca (*Ep.* 94,28, cf. também *De ira*, 2,32,2). Esse mesmo motivo recorre nos autores cristãos (cf., por exemplo, Enódio, 317,7), como é óbvio, já que o perdão de Deus para os pecados humanos e o perdão do homem para os seus semelhantes é conceito fundamental na pregação de Jesus. Por isso a grande difusão de sentenças como essa, mesmo nas culturas modernas, tanto em nível proverbial (em todas as línguas a formulação mais freqüente é paralela à brasileira *A maior vingança é o desprezo*) quanto em literatura (como em Monti [*Galeotto Manfredi*, 3,2], Voltaire [*Saul*, 1,2], Schiller [*Die Braut von Messina*]) e também em contexto anedótico (aparece entre os pensamentos de Napoleão I).

1333. *Laetus sum laudari abs te, ... a laudato viro*

Estou contente por ser louvado por ti, que és um homem louvado

Essa expressão, ainda famosa, constitui um fragmento de *Heitor* de Névio (17 R.[3]), em que o protagonista afirma que para ele é motivo de orgulho ser louvado pelo pai, homem estimado e digno de louvores. É citada várias vezes por Cícero (*Epistulae ad familiares*, 5,12,7; 15,6,1, *Tusculanae*, 4,31,67) e por Sêneca (*Ep.* 102,16), sendo retomada no *Panegírico* de Mamertino (2,246,6) e por Símaco (*Ep.* 1,3,1; 9,110); quanto a Horácio, *Ep.* 1,17,35, que foi relacionado com esse tema, cf. nº 1009. Outro verso de Horácio (*Sat.* 1,10,76: *Satis est equitem mihi plaudere*, "basta-me ser aplaudido por um cavaleiro") é célebre e citado, inclusive para indicar desprezo e desdém pela opinião do vulgo.

1334. *Scaenae... serviendum est!*
É preciso submeter-se à platéia!

A fonte é um trecho de uma epístola de Cícero (*ad Brutum*, 1,9,2): seu significado é de que há necessidade de estar atento às relações com o próximo, aos julgamentos do mundo (para *scaena* indicando, com metáfora difundida ainda hoje em dia, a "cena" pública, ver também Horácio, *Sat.* 2,1,71). Na base dessa expressão está a freqüente imagem da vida como teatro (nº 624).

1335. Ὡς αἰεὶ τὸν ὁμοῖον ἄγει θεὸς ἐς τὸν ὁμοῖον
Ah, como sempre o deus conduz o semelhante para o semelhante

É assim que, na *Odisséia* (17,218), o cabreiro Melâncio — a serviço dos pretendentes — insulta Eumeu e Ulisses disfarçado de mendigo. Esse verso, que se valia de um provérbio já existente e que depois teve muita fama, também foi muito famoso, como documentam as citações de Platão (*Lísias*, 214a; ver também os escólios relativos a esse e a outros trechos de Platão citados abaixo), de Aristóteles (*Ética a Eudemos*, 1235 a 8, *Magna Moralia* 1208 b 10) e do Pseudo-Hipócrates (7,496 L.), bem como a alusão explícita de Calímaco (fr. 178,9 s. Pf.): aliás, é provavelmente devida à sua difusão como gnoma a forma ática ὡς em vez de ἐς, registrada nos manuscritos e nas citações de Platão, de Aristóteles e de Hipócrates, mas não na forma retomada pelo douto Calímaco. O conceito da atração entre semelhantes era freqüente já em Empédocles, como demonstram um documento (31 A 20 D.-K) e alguns fragmentos (31 B 22,5; B 90; B 109), recorrendo com freqüência — sempre com o polipto ὁμοῖος — em Platão (*Górgias*, 510b, *O banquete*, 195b), enquanto Aristóteles, no primeiro livro da *Retórica* (1371 b 13 ss.) faz uma relação de todos os provérbios nele inspirados, inclusive os que dizem respeito às faixas etárias (cf. nº 626), o dos corvos que sempre estão juntos (nº 1336) e ὡς αἰεὶ τὸν ὁμοῖον (portanto, não cita o verso de Homero por inteiro, mas apenas o seu *incipit*: o que, a meu ver, corrobora o fato de que assumira função proverbial). Esse motivo retorna ainda na *Ética para Nicômaco* (1155 a 32-35), em Teócrito (9,31 s.) e em autores tardios, como Porfírio (*Ad Marcellam*, 19) e Aristeneto (*Ep.* 1,10,1, a propósito do belo Acôncio e da bela Cidipe); expressões como ὅμοιος ὁμοίῳ são registradas pelos paremiógrafos (Greg. Cypr. 1,15, Apost. 12,68, Arsen. 12,74a, *Mant. Prov.* 2,39). Na literatura latina é muito famoso um trecho de Cícero (*De senectute*, 3,7: *Pares autem, ut est in vetere proverbio, cum paribus maxime congregantur*, "como diz um velho provérbio, os semelhantes unem-se sobretudo aos semelhantes"), citado por Quintiliano (5,11,41), onde o *vetus proverbium* é mencionado para dizer que os velhos costumam ser acompanhados por velhos (esse motivo também estava presente em Terêncio, *Heautontimoroumenos*, 419, cf. também nº 626); contudo, também existem outros textos em que se alude a esse adágio com referenciais diferentes da velhice, como por exemplo em Lívio, 1,46,7, em Columela (6,36,1: trata-se dos cruzamentos de animais), em Macróbio, *Saturnalia*, 7,7,12, em Símaco, *Ep.* 1,43,2, em Amiano Marcelino, 28,1,53; quanto à variante segundo a qual é mais sólida a amizade entre pessoas semelhantes, cf. nº 1304. Nas modernas línguas européias registram-se equivalentes às expressões brasileiras *Cada qual com seu igual* e *Um valente topa outro*; entre as variações, devem ser assinaladas uma francesa e uma espanhola, para as quais cada orelha busca o seu par, bem como uma alemã (*Es ist nichts so gering und klein, / es will bei seines Gleichen sein*; um aforismo análogo encontra-se em Goethe, *Máximas e reflexões*, 284) e, finalmente, o italiano *Dio li fa, poi li acompagna* [Deus os faz e depois lhes dá companhia], muito semelhante ao verso de Homero, mas que muitas vezes é usado com referência a casamentos (entre as variantes dialetais, lembro a da região de Marco, *Signor adocchia adocchia, fa le persóne e po' l'accoppia* e a toscana *Da Montelupo si vede Capraia: il diavolo li fa e poi li appaia*, à qual alude, por exemplo, Enrico Pea, no *Romanzo di Moscardino* [19]); para outras referências literárias, cf. Battaglia 1,545.

1336. Κολοιὸς ποτὶ κολοιόν
Um gralho está sempre perto de outro gralho

Essa é uma variação peculiar sobre o tema dos semelhantes que estão sempre juntos (cf. nº 1335): segundo os antigos, o gralho gostava muito de andar em bandos (donde a expressão νέφος κολοιῶν, "nuvem de gralhos", presente em Homero, *Ilíada*, 18,755, em Eliano, *Historia animalium*, 17,16, em Libânio, *Ep.* 1220,5 [11,301,12 F.], cf. também D. W. Thompson, *A Glossary of Greek Birds*, Oxford 1936, 157) e, justamente, como referem as fontes paremiográficas citadas abaixo, era atraído pela própria imagem refletida na água. Esse provérbio pode ser encontrado em Aristóteles (*Retórica*, 1371b 17, *Ética para Nicômaco*, 1155a 35, *Ética a Eudemos*, 1208b 9, 1235a 7 s.) e é registrado pelos paremiógrafos (Zenob. vulg. 2,47, Diogen. 1,61, Plut. 1,66, Macar. 1,35, Apost. 1,38); um escoliasta de Platão (retomado pela *Suda* κ 1968) menciona-o a propósito de um trecho de *A República* (1,329a) em que — dizendo que as pessoas são acompanhadas de bom grado pelos da mesma idade — o filósofo cita um "velho provérbio". Para o motivo complementar do corvo que não arranca os olhos de outro corvo, cf. nº 1346. Krumbacher, *Mittelgriechische Sprichwörter*, 152, registra um provérbio árabe segundo o qual "cada pássaro voa com seu semelhante".

1337. *Alter ego*
Outro eu

Essa é uma expressão ainda usada, para indicar uma pessoa tão próxima de outra que compartilha com ela das mesmas idéias ou dos mesmos comportamentos, ou então que faz as vezes da outra e decide em seu nome. No classicismo, ela (ou equivalentes, como *Alterum se, Alter idem*, etc.) está documentada tanto em latim (por exemplo, em Cícero [*Epistulae ad familiares*, 7,5,1, *ad Atticum*, 3,15,4; 4,7,1, *De amicitia*, 21,80], em Plínio, o Jovem [*Ep.* 2,9,1]), quanto em grego (ὁ φίλος ἄλλος ἑαυτός é máxima atribuída geralmente a Pitágoras: cf. também, por exemplo, Aristóteles, *Ética para Nicômaco*, 1166a 31; 1161b 1, Zenão, 324 Arnim, documentado por Diógenes Laércio (7,1,23), Plutarco (*De amicorum multitudine*, 93e),

Porfírio (*Vida de Pitágoras*, 33 = 34,19-21 N.), Simplício (*Enchiridion* de Epiteto, 27 = 204 H.) e Sinésio (*Ep.* 100 [169,1 s. G.]), estando vinculada à comunhão espiritual típica da verdadeira amizade (nº 1304). Paralelamente, existem outras expressões que indicam amizade e que partem do mesmo princípio, como *Dimidium animae meae*, "metade da minha alma" (Horácio, *Carm.* 1,3,8, a propósito de Virgílio; atualmente *minha cara metade* é expressão utilizada para indicar o cônjuge), *Pars animae meae*, "parte da minha alma" (Ovídio [*Epistulae ex Ponto*, 1,8,2, *Metamorfoses*, 8,406], São Jerônimo [*Ep.* 3,3; 7,1; 17,3; 60,7] e, em grego, Meléagro [*Antologia Palatina*, 12,52,2]), ou então que se referem a dois amigos como "dois corpos e uma só alma" (cf. também nº 1432), ou *Unam mentem in duobus... divisam*, "uma só mente dividida por dois" (Minúcio Félix, 1,3) ou *Animae duae, animus unus*, "duas vidas, uma só alma" (Sidônio Apolinário, 5,9,4); na tradução da *Vulgata* do *Deuteronômio*, 13,6, tem-se *Amicus quem diligis ut animam tuam*, "o amigo que amas como tua alma". O motivo segundo o qual a força da amizade está em conseguir transformar mais de uma pessoa numa só é expresso de modo especial por Cícero (*De amicitia*, 25,92); para outros textos, cf. Otto 111, Szelinski 30, 232, 249, Weyman 52,69,261, Sonny 95, Sutphen 133. O motivo do *Alter ego* reaparece em muitas sentenças medievais, como por exemplo *Alter ego est amicus: cuncta mecum habet communia*, "um amigo é outro eu: tem tudo em comum comigo" (Walther 843a, cf. também 960a, bem como nº 1305), *Alter ego nisi sis, non es mihi verus amicus; / ni mihi sis ut ego, non eris alter ego*, "se não fores outro eu não serás amigo verdadeiro; se não fores para mim como eu sou, não serás outro eu" (844, cf. também 16599), e *Dicitur alter ego quicumque fidelis amicus, / dimidiumque animae talis amicus erit*, "chama-se 'alter ego' todo amigo fiel, e tal amigo será a metade da alma" (5609). Finalmente, deve-se assinalar que no Reino das Duas Sicílias, *Alter ego* era o título oficial do lugar-tenente do rei.

1338. *Qui monet quasi adiuvat*
Quem aconselha é como se ajudasse

Essa gnoma, ainda conhecida, provém do v. 460 de *Curculio* de Plauto. Nas línguas modernas também têm difusão os provérbios que exaltam os bons conselhos, afirmando-se que bom conselho não tem preço: em italiano, por exemplo, diz-se que *Dono di consiglio val più che l'oro*; em muitos dialetos existem provérbios do tipo do veneziano *Un bon consegio val più d'un tesoro*.

1339. *Res sacra consilium*
Conselho é coisa sagrada

Essa é uma gnoma do latim tardio, que traduz o grego ἱερὰ (ou ἱερὸν) συμβουλή (ou συμβουλία) ἐστιν, documentado em Aristófanes (fr. 32 K.-A.), em Epicarmo (fr. 228 Kaibel), em Platão (*Teagenes*, 122b), em Xenofonte (*Anábase*, 5,6,4), em Calímaco (fr. 195,1 Pf.) e registrado por paremiógrafos (Zenob. vulg. 4,40, Diogen. Vind. 2,92, Macar. 4,72, Arsen. 9,19d) e lexicógrafos (Hesych. ι 312, *Suda* ι 185, Zon. 1094); sentença semelhante encontra-se entre os *Monósticos de Menan-*

dro (356 Jäkel). Para os provérbios modernos sobre a importância do conselho, cf. nº 1340. Em contrapartida, lembro uma aguda observação de Voltaire (*Dicionário filosófico*, ver *Jó*), segundo a qual nada há de mais comum do que uma pessoa pronta a dar conselhos e nada há de mais raro do que uma pessoa disposta a ajudar.

1340. Οὗτος μὲν πανάριστος, ὃς αὐτὸς πάντα νοήσει / ... /
ἐσθλὸς δ' αὖ κἀκεῖνος ὃς εὖ εἰπόντι πίθηται

Em tudo é melhor aquele que toma decisões sozinho, mas também é bom aquele que obedece a quem lhe dá bons conselhos

Essa expressão provém de Hesíodo (*Os trabalhos e os dias*, 293-295): afirmação semelhante também se encontra em Heródoto (7,16,1), enquanto uma tradução latina está em Cícero (*Pro Cluentio*, 31,84). São Jerônimo (*Comentário a Isaías*, 2,3,3) diz pertencer a um poeta grego pouco preciso o lema *Primum esse beatum qui per se sapiat, secundum qui sapientem audiat*, "em primeiro lugar é feliz quem é sábio por si mesmo; em segundo lugar, quem ouve o sábio", evidente transposição dos dois versos de Hesíodo. O *topos* do πείθεσθαι ἄμεινον, "é melhor obedecer", é mais amplo: encontra-se, por exemplo, em Homero (*Ilíada*, 1,274) e em Sófocles (*Antígona*, 720-723). Esse motivo também reaparece entre os modernos (ver, em especial, Goethe, *Máximas e reflexões*, 318, e *Fausto*, 2,2 ["ao longo do Peneu inferior": é uma frase de Homúnculo]).

c) Ajudas, benefícios, presentes

1341. *Manus manum lavat*
Uma mão lava a outra

Essa expressão, presente em Petrônio (45,13) e em Sêneca (*Apocolocintose*, 9,6), indica uma relação baseada em favores recíprocos; aparece pela primeira vez em grego: em *Axíoco* do Pseudo-Platão (366c), Sócrates afirma que Pródico nunca ensinava nada gratuitamente e que costumava repetir o apotegma de Epicarmo (*Pseudoepicharmea*, 273 Kaibel) ἁ δὲ χεὶρ τὰν χεῖρα νίζει, "uma mão lava a outra", para dizer exatamente que ele fornecia sabedoria e os discípulos retribuíam pagando; um *monóstico de Menandro* declara: χεὶρ χεῖρα νίπτει, δάκτυλοι δὲ δακτύλους, "uma mão lava a outra e os dedos lavam os dedos" (832 Jäkel). Esse lema que, tanto em grego quanto em latim, vale-se de um atraente poliptoto é registrado pelo paremiógrafo Arsênio (1,36a); são numerosas as variantes em latim medieval (como, por exemplo, Walther 20583 [~ 20589] *Palma palmam piet, illota vel utraque fiet*, "ou uma mão lava a outra ou ambas ficarão sujas", e 32126, *Una manus reliquam lavat, ut relavetur ab ipsa*, "uma mão lava a outra para que, por sua vez, seja lavada por ela"). Em todas as línguas modernas européias existem equivalentes ao italiano

Una mano lava l'altra para indicar o modo "mafioso" de gerir o poder; também existe — inclusive com equivalente no Brasil, cf. Mota 223 — a variante *Una mano lava l'altra e tutte due lavano la faccia* [uma mão lava a outra e ambas o rosto]; Sciascia (*Occhio di capra*, 95) observa agudamente que, na versão siciliana, o rosto é substituído pela máscara; lembro, enfim, uma bela variação encontrada em *O sumiço da santa*, de Jorge Amado: *Uma mão lava a outra e as duas lavam o umbigo do mundo*.

1342. Ἅμα δίδου καὶ λάμβανε
Dá e ao mesmo tempo toma

Essa expressão é registrada pelos paremiógrafos (Diogen. 2,77a, Greg. Cypr. 1,63, Macar. 1,97, Apost. 2,78, *Suda* α 1460) como prescrição de comportamento a ser adotado com as pessoas em quem não se pode confiar. De modo mais geral, será semelhante a *Uma mão lava a outra* (nº 1341), à qual é aproximada num verso do Pseudo-Epicarmo documentado num trecho de *Axíoco*, atribuído a Platão (366c), onde é assim caracterizado o comportamento venal de Pródico para com os discípulos; trata-se também de venalidade num fragmento cômico anônimo (334 Meineke), onde essa simboliza o comportamento dos comerciantes fenícios; outro paralelo está em Arquíloco (fr. 184 West). Obviamente, terá estado presente também a conotação de "fraude", compreensível à luz de uma série de provérbios em que o engodo é caracterizado por segurar um objeto numa das mãos e, na outra, outro objeto oposto ao primeiro (cf. nº 233). No Brasil se diz *Mão vai, mão vem*.

1343. *Asinus asinum fricat*
Um asno coça o outro

Esse provérbio, em latim vulgar, ainda é usado (como seus equivalentes nas várias línguas européias modernas) para indicar — sobretudo jocosamente — a ajuda recíproca. É conceitualmente semelhante a *Uma mão lava a outra* (nº 1341), ainda que costume ser usado em contextos menos sérios e com conotação mais irônica. No latim clássico aparece na forma *Mutuum muli scabunt* (ou *scalpunt*), "os mulos coçam-se mutuamente" (é o título de uma das *Satyrae menippeae* de Varrão [p. 295 Bücheler], que reaparece em Ausônio, *Technopaegnion*, 4) e na forma abreviada *Mutua muli* (Papínio, p. 42 Morel, documentado por Varrão, *De lingua Latina*, 7,28); em outros textos, como em Símaco (*Ep.* 1,3,1), tem-se *Mutuum scabere*, com referência implícita a mulos. O paralelo grego é τὸν ξύοντα δ' ἀντιξύειν, "coçar-se mutuamente", documentado num fragmento de Sófron (149 Kaibel), na *Atheniensium defensio* de Gregório de Chipre (35, em Libânio, 6,72,16 Förster), num escólio ao retor Hélio Aristides (3,524 Dindorf) e em Eustátios (*Comentário à Ilíada*, 11,564 [3,254,21 s. Valk]); também é registrado pelos paremiógrafos (Diogen. 8,45, Greg. Cypr. 3,78, Apost. 17,20, *Suda* τ 767), que o explicam fazendo referência ao hábito que têm os burros de coçar-se mutuamente. Finalmente, deve ser assinalado que, nos provérbios modernos, os mulos parecem substituir os burros só no inglês *One mule does scrub another*.

1344. Serva me, servabo te
Salva-me e te salvarei

Essa frase, ainda conhecida, indica um acordo de ajuda recíproca, em detrimento de outros; provém de Petrônio (44,3), com a qual se marca um pacto criminoso entre os *ediles ceriales* (que administravam a distribuição de cereais) e os forneiros, pacto este que acabaria por levar a fome ao povo de Roma. Para um paralelo conceitual, ver Terêncio, *Phormio*, 267.

1345. Do ut des
Dou para que dês

Essa é uma fórmula jurídica que — juntamente com outras, que indicam compra e venda e permuta — é assinalada por Paulo no *Digesto* (19,5,5: *Aut enim do tibi ut des, aut do ut facias, aut facio ut des, aut facio ut facias*, "ou dou para que dês, ou dou para que faças, ou faço para que dês, ou faço para que faças", cf. também nº 1144): indica a permuta, ou seja, o contrato por meio do qual o que se oferece e o que se recebe em troca consistem numa transferência de propriedade. Contudo, essa expressão, diferentemente das outras, é hoje em dia muito usada na linguagem comum, para indicar um pacto — mesmo implícito — de favores recíprocos, do tipo indicado por *Serva me, servabo te* (nº 1344). Também é empregada com acepções específicas: além da jurídica (ver, por exemplo Hugo Grotius, *De iure belli et pacis*, 2,12,3,1), devem ser assinaladas a política (na maioria das vezes expressa pela locução alemã *Do-ut-des-Politik*, que provém da freqüente citação dessa frase por Bismarck em seus discursos: por exemplo, em 17 de setembro de 1878, em 3 de dezembro de 1884 e em 10 de janeiro de 1885) e a religiosa, que designa uma relação com a divindade, não baseada na fé profunda, mas na simples confiança de poder conseguir seus favores com preces e outros atos de culto. Finalmente, encontram-se variações na Idade Média, como, por exemplo, *Si mihi das, tibi do; si non das, nulla tibi do*, "se me deres, dar-te-ei; se não me deres, nada te darei" (Walther 28646, cf. também 28403, 28649, 28649a, 29243).

1346. Corvus oculum corvi non eruet
O corvo não arrancará o olho de outro corvo

Essa expressão é documentada explicitamente como proverbial por Gregório de Tours (*Historia Francorum*, 5,18) e encontra precedente em *Saturnalia* de Macróbio (7,5,2). Significa que não há violência entre semelhantes e que os poderosos e os autoritários sempre conseguem entrar em acordo, à custa dos mais fracos (para outra imagem com a mesma acepção, cf. nº 1347). Essa expressão vale-se de *Cornicum oculos configere*, "varar os olhos dos corvos" (cf., por exemplo, Cícero [*Pro Murena*, 11,25, *Pro Flacco*, 20,46], São Jerônimo [*Apologia contra Rufinum*, 2,27], Santo Ambrósio [*Ep.* 40,6]), que — dada a fama de visão aguda desses animais — significava "enganar até pessoas muito atentas". Em todas as línguas européias existem equivalentes ao italiano *Corvi con corvi non si cavano gli occhi* [corvos com corvos não se varam os olhos].

1347. Canis caninam non est
Cão não come cão

Varrão cita essa expressão em *De lingua Latina* (7,31) como exemplo de παροιμία, "provérbio", e a ela também alude em *De re rustica*, quando (2,9,9) aconselha os pastores a alimentar os cães para que estes não abandonem os rebanhos e não sejam obrigados a desmentir um antigo provérbio. Os paremiógrafos gregos (*App. Prov.* 3,55, Macar. 5,36) registram um equivalente perfeito (κύων κυνὸς οὐχ ἅπτεται), enquanto se encontra um precedente significativo em Ésquilo (*As suplicantes*, 226: ὄρνιθος ὄρνις πῶς ἂν ἁγνεύοι φαγών, "como um pássaro pode ser puro se come outro pássaro?"). A solidariedade entre animais semelhantes (sobretudo os ferozes) também se encontra em outros textos, como por exemplo em Horácio (*Épodos*, 7,11 s.) e em Juvenal (15,163 s.): ver também a tradição que contrapõe os animais (que não se agridem se pertencentes à mesma espécie) aos homens, que se comportam de modo diametralmente oposto (principalmente em Sêneca, *De ira*, 2,8,3, cf. nº 1181). *Cane non mangia cane* é provérbio ainda difundido em italiano (com equivalente em inglês), enquanto nas outras línguas européias o cão costuma ser substituído pelo lobo (cf. Mota 113) ou pelo leão (por exemplo, numa fábula de La Fontaine [4,12]): o significado não é simplesmente o de que "os semelhantes se amam", mas de que os poderosos e os autoritários sempre conseguem fazer acordo à custa dos outros. Contudo, existem expressões semelhantes que não se referem aos grandes, mas aos que se associam numa mesma situação e, por isso, não podem brigar: ver, por exemplo, o romanesco *Tra cocchieri 'ste frustate?*, que encontra equivalentes em outros provérbios do centro da Itália. Além disso, no Brasil se diz *Dois bicudos não se beijam*.

1348. Aspis... a vipera mutuari venenum
O áspide toma emprestado o veneno da serpente

É assim que Tertuliano (*Adversus Marcionem*, 3,8,1) se exprime a respeito dos heréticos que utilizam os mesmos argumentos dos judeus, retomando uma imagem proverbial que — em contexto patrístico — também está em Epifânio (*Panarium*, 1,23,7), mas que de qualquer modo era anterior ao cristianismo: de fato é também usada pelo cínico Diógenes (fr. 204 Giannantoni) a propósito dos conselhos mútuos entre mulheres. O significado é que as pessoas más sempre se ajudam, exatamente como a áspide e a serpente, que, segundo o folclore, muitas vezes são concebidas como inimigas (crenças indianas desse tipo são, por exemplo, registradas por O. Dähnhardt, *Natursagen*, Leipzig 1909-1912,3,350), mas, para fazer o mal, chegam mesmo a emprestar peçonha uma à outra. Entre os provérbios modernos que evidenciam que uma fera não mata sua semelhante (cf. nº 1181), a serpente aparece no português *Um áspide não mata outro*.

1349. Par pro pari referto
Devolves igual por igual

Essa expressão, extraída nesses termos de Terêncio (*Eunuchus*, 445), onde está inserida em contexto amoroso, indica devolver exatamente o que se recebeu: é semelhante um outro texto de Terêncio (*Adelphoe*, 72 s.), em que se fala de quem está ligado por afeto e não por ameaças e que, portanto, deve retribuir tal afeto; também devem ser ressaltados alguns trechos de São Jerônimo (*Ep.* 45,5, *Adversus Iovinianum*, 13) e um precedente grego em que o contexto é bélico (Heródoto, 1,18). Em âmbito propriamente "comercial", é semelhante uma passagem de Plauto, em que se fala de uma permuta de dinheiro por serviço (*Asinaria*, 172: *Par pari datum hostimentumst*, "recompensa idêntica foi dada por serviço idêntico"), que, significativamente, é retomada nas sentenças medievais (Walther 20637) e estropiada em *Par pari datum honestum est*, "é justo devolver igual por igual". Muito importante é a aplicação desse motivo à retórica, onde equivale a "responder no mesmo tom" (cf. Plauto [*Persa*, 223, *Mercator*, 629, *Truculentus*, 939], Terêncio [*Phormio*, 213], Cícero [*Epistulae ad Atticum*, 16,7,6; 6,1,22: neste último, tem-se a contraposição ao responder χρύσεα χαλκείων, cf. nº 427); também deve ser mencionado o v. 1375 de *As nuvens* de Aristófanes, onde se tem ἔπος πρὸς ἔπος ἠρειδόμεσθ(α), que a tradição paremiográfica considerou proverbial (*App. Prov.* 2,83, *Suda* ε 2817, Zon. 817 T., cf. também Eustátios, *Comentário à Ilíada*, 23,735 [4,826,14-16 V.]), que indica a sucessão exaltada de frases curtas e rápidas que produz um embate verbal (E. Degani traduz com justiça "uma palavra puxa a outra"). Outros paralelos, em contextos diferentes, aparecem em Cícero (*Epistulae ad Atticum*, 8,2,3 [trata-se de uma norma de comportamento]), em Plínio, o Jovem (*Ep.* 3,9,3: onde é citado como expressão baética [ou seja, da atual Espanha meridional] *Dedi malum et accepi*, "dei o mal e o recebi de volta"), em Donato (*Comentário a Terêncio*, *Phormio*, 22, onde é considerado proverbial *Quod dedit recepit*, "recebeu o que deu") e na tradição dos *Dísticos de Catão* (*Breves sententiae*, 16: *Mutuum da*, "dá em troca"). Nas tradições proverbiais modernas não faltam equivalentes exatos, como o alemão *Gleiches mit gleichem*, mas na maioria das vezes as expressões são mais peculiares, como as italianas *Render pan per focaccia*, *Rendere la pariglia*, *Rendere con la medesima moneta* [devolver na mesma moeda] (este último com equivalentes também em francês e espanhol), a francesa *Chou pour chou* e a inglesa *To give a man a Roland for his Oliver*.

1350. Ab alio exspectes alteri quod feceris
Espera dos outros o que fizeste aos outros

Essa é uma máxima de Publílio Siro (A2), citada por Sêneca (*Ep.* 94,43) e retomada por Lactâncio (*Divinae Institutiones*, 1,16,10): nela foi identificado — ainda que com incerteza — um fragmento cômico (82 R.³). O motivo da correspondência exata entre o modo como a pessoa se comporta e o modo como é tratada também aparece num fragmento incerto das tragédias de Ênio (328 s. Jocelyn), documentado em Cícero (*Tusculanae*, 2,17,39), em Dracôncio (*Laudatio Dei*, 2,585), e — ao que parece — num provérbio grego (δίκη δίκην ἔτικτε καὶ βλάβη βλάβην, "justiça gerava justiça e malefício gerava malefício"), registrado pelos paremiógrafos (Zenob. vulg. 3,28, Diogen. Vind. 2,42, Greg. Cypr. 2,14, Apost. 6,9, *Suda* δ 1091), explicado como relativo às pessoas que estão sempre entrando em litígios e movendo processos. Juridicamente, seu equivalente é o famoso *Olho por olho, dente por dente*, proveniente do *Antigo Testamento* (cf. nº 1121). Em grego medieval e moderno são muitos os provérbios semelhantes (cf. Kumbacher 138,9); nas outras línguas européias também existem provérbios do tipo do brasileiro *O que fizeres, encontrarás*; em italiano a formulação atualmente mais difundida é *Chi la fa l'aspetti;* em português existe também *Quem faz o mal, espere outro tal*. Entre as referências literárias deve ser citada uma muito engraçada, de Rabelais (3,9), em que Pantagruel cita essa sentença mencionando explicitamente Sêneca e dirigindo-se a Panurge, que gostaria de casar-se mas tem medo de ser "chifrado".

1351. *Quod tibi fieri nolueris alteri ne feceris*

Não faças a outro o que não queres que te façam

Esse, que São Jerônimo (*Ep.* 121,8) afirma ser um preceito divino, na realidade representa uma norma ética mais antiga do que o cristianismo, visto que já em Isócrates (*Nícocles*, 61) lemos: ἃ πάσχοντες ὑφ' ἑτέρων ὀργίζεσθε, ταῦτα τοὺς ἄλλους μὴ ποιεῖτε, "não faças aos outros aquilo que te enfurece quando feito por outros". Esse motivo reaparece no *Antigo Testamento*, em *Tobias* (4,15; para outros documentos em contexto judaico, ver Strack-Billerbeck 1,459 s.), e na literatura latina, como, por exemplo, em Hélio Lamprídio (*Vida de Alexandre Severo*, 51,6: trata-se da repri- menda feita aos que deixam o exército em marcha para entrar nas propriedades alheias com o fim de furtar) e em Santo Agostinho (*As confissões*, 1,18,29). Sua citação mais famosa — à qual aludem os escritores cristãos (por exemplo, Irineu [*Adversus Haereses*, 3,12,14], São Columbano [3,241 Baehrens]) e que, em *Didaché* (1,2), constitui a norma fundamental de referência para todo comportamento moral — está nos Evangelhos (*Mateus*, 7,12, *Lucas*, 6,31), onde essa regra "negativa" (que prescreve o que não fazer) é levada a plano "positivo": proclama-se não só não fazer aos outros o que não se gostaria de receber mas também fazer aos outros o que se gostaria de receber. Nas sentenças medievais, na maioria das vezes, as duas formas (positiva e negativa) estão acopladas (Walther 10540, 23094, 25941, 26039, 26081a, 26088- 91), mas também é freqüente apenas a forma negativa (790, 26038, 26076, 26080-81). Em todas as línguas modernas existe o equivalente à máxima antiga (no Brasil, por exemplo, tem-se *Não faças a outrem o que não quererias que te fizessem*). Lembro, enfim, uma máxima semelhante em Rabelais, 3,9, e que no *Dicionário filosófico* de Voltaire o preceito de tratar os outros do modo como se quer ser tratado está presente no verbete "Catequese chinesa", exatamente como típico dessa civilização tolerante.

1352. *Brevi manu*

Por vias diretas

Essa é uma locução comumente usada para dizer que alguma coisa é entregue a outra pessoa sem intermediários: pode, por exemplo, significar que não foi expedido pelo correio ou então que foi entregue em mãos, pessoalmente, ignorando todos os trâmites burocráticos normais. No classicismo, essa expressão está documentada no *Digesto* (Ulpiano, 23,3,43), ao passo que *manu* simplesmente, com essa acepção, aparece em Tácito (*Vida de Agrícola*, 9,2). Locução semelhante é *Trado de manu in manum*, "dou de mão para mão" (cf. Plauto [*Trinummus*, 902], Terêncio [*Andria*, 297], Cícero [*Epistulae ad familiares*, 7,5,3], Sêneca [*De vita beata*, 1,4], São Jerônimo [*Ep.* 58,8]).

1353. Δῶρα θεοὺς πείθει καὶ αἰδοίους βασιλῆας
Os presentes convencem os deuses e os nobres reis

Trata-se de um fragmento de Hesíodo (361 M.-W.), sentido como proverbial: foi utilizado por Eurípides (*Medéia*, 964), por Platão (*A República*, 3,390e) e num fragmento jâmbico anônimo (11 D.³, cf. Trágicos anônimos, 434 N.²). Também é registrado pelos paremiógrafos (Diogen. 4,21, Greg. Cypr. 2,18; M. 2,83, Macar. 3,43, Apost. 6,42, *Suda* δ 1451); em latim, *Munera... capiunt hominesque deosque*, "os presentes cativam homens e deuses", é uma gnoma de *Ars amatoria* de Ovídio (3,653), que encontra paralelo num trecho de *Naturales quaestiones* de Sêneca (4,7,1), transparecendo nas sentenças medievais (Walther 15656; com o tema da vulnerabilidade dos deuses diante de presentes reaparece também em 15717a e 21534). Entre os provérbios modernos que proclamam o poder dos presentes devem ser citados os italianos *Il signor Donato è sempre ben arrivato* [o senhor Donato (= dado, doado) é sempre bem-vindo] e *Chi porta è sempre il benvenuto* [quem traz é sempre bem-vindo], este último com paralelos em várias línguas européias; contudo, no Brasil também se diz *Dádivas quebrantam penhas* (para paralelos cf. Mota 74).

1354. *Bis dat, qui dat celeriter*
Dá duas vezes quem dá depressa

Essa expressão provém de uma sentença de Publílio Siro (I 6), que inteira é assim: *Inopi beneficium bis dat, qui dat celeriter*, "ao indigente dá duas vezes quem dá depressa"; também existem outras máximas semelhantes (B 1, D 19, *Appendix sententiarum*, 238 R.²). Em latim, esse motivo é encontrado ainda em *De beneficiis* de Sêneca (em 2,1,2 não agrada aquilo que é dado tão devagar que leva a crer em má vontade; em 3,8,4, para o mesmo motivo, seria melhor negar depressa do que dar com lentidão exasperante) e em Santo Agostinho (*Ep.* 150,1). Em grego, deve ser citado sobretudo um epigrama de Luciano (*Antologia Palatina*, 10,30) que se inicia com o emblemático ὠκεῖαι χάριτες γλυκερώτεραι, "os favores feitos rapidamente são mais agradáveis", no qual se inspira Ausônio (*Epigramas*, 85); esse *topos* está documentado no Pseudo-Focílides (81). Em sua coletânea das sentenças medievais Walther registra cerca de cinqüenta variações sobre o tema do *Bis dat qui cito dat, nil dat qui munera tardat*, "dá duas vezes quem dá depressa; nada dá quem demora a dar" (2033), ao qual às vezes se acrescenta o motivo de dar gratuitamente (4822-4823a) ou o de ser feliz dando (4823a, 8026); atualmente a forma comum é *Bis dat qui cito dat*. Em todas as modernas línguas européias existem equivalentes às expressões brasileiras *Quem cedo dá, dá duas vezes* e *Mais vale um "toma" que dois "te darei"* (cf. Mota 118, 179); entre as referências literárias é de se mencionar uma de Brunetto Latini (*Tesoretto*, 1417-1420: *Ché dare tostamente / è donar doppiamente, / e dar come sforzato / perde lo dono e 'l grato*). Ver, enfim, A. Erler, "Philologus" 130 (1986) 210-220.

1355. *Tarde velle nolentis est*
Querer lentamente é próprio de quem não quer

A fonte é um trecho de *De beneficiis* de Sêneca (2,5,4), mas esse motivo — referente à disponibilidade para com o próximo — encontra-se em vários textos dessa obra do filósofo romano (cf., por exemplo, 2,1,2); para outros paralelos, principalmente para os que mostram o inverso — ou seja, que para fazer algo de agradável é preciso dar depressa —, cf. nº 1354 (nas sentenças medievais, por exemplo, os dois motivos estão na maioria das vezes unidos). Encontra-se afinidade no latim medieval *Soffocant parvae commoda magna morae*, "pequenas demoras sufocam grandes vantagens" (Walther 5664, 30625). O italiano *Non sa donare chi tarda a dare* [não sabe dar quem demora a dar] tem paralelos em todas as línguas européias (cf. Arthaber 356, Mota 216; uma ligeira variante é a brasileira *Tarde dar é mesmo que negar*, que tem paralelos exatos, sobretudo em países eslavos); entre as referências literárias devem ser assinalados pelos menos os versos de Brunetto Latini, *Tesoretto*, 1419 s. (cf. nº 1354) e as palavras de Virgílio no *Purgatório* de Dante (17,59 s.): *Ché quale aspetta prego e l'uopo vede, / malignamente già si mette al nego*.

1356. *Munera... misit in hamo*
Mandou presentes no anzol

A fonte é Marcial (6,63,5) e a mesma imagem retorna em 5,18,7 s., em 4,56,5 e em Plínio, o Jovem (*Ep.* 9,90,2, *Panegírico de Trajano*, 43,5). Essa expressão refere-se a presentes dados com a intenção de obter outros — e mais importantes — como retribuição, portanto de modo dissimulado e bem diferente da troca de presentes que favorece a amizade (cf. nº 1320). Aqui é usada a freqüente imagem do anzol como insídia disfarçada (nº 255), que reaparece no provérbio alemão *Schenken heisst angeln* (ou seja, "dar presentes significa pescar com anzol") e no italiano *Buttar sardelle per prendere lucci* [jogar sardinhas para pegar lúcios]. Nas línguas modernas existem vários paralelos conceituais, como o italiano *Dare un ago per avere un palo* [dar uma agulha para conseguir uma estaca], o milanês *El vilan el da on usell per tirass a cà on porscell*, o alemão *Mit der Wurst nach der Speckseite werfen* (ou seja, "dar um chouriço para conseguir uma tira de toucinho") e o francês *Donner un oeuf pour avoir un boeuf*.

1357. Μετὰ τὴν δόσιν τάχιστα γηράσκει χάρις
Depois do presente a gratidão logo envelhece

Essa máxima, que evidencia a natural ingratidão humana, é extraída dos *Monósticos de Menandro* (477, cf. também 42, 43): o motivo da gratidão que envelhece logo está num provérbio (ἡ χάρις, ὡς οὐδὲν ἄλλο ἐν βίῳ, παρὰ τοῖς πολλοῖς τάχιστα γηράσκει, "mais do que tudo na vida, a gratidão envelhece muito depressa na maioria das pessoas") registrado por Arsênio (8,77d) e por Máximo, o Confessor (8,557 Combefis), mas já estava documentado em *Ajax* de Sófocles (vv. 1266 s.) e sobretudo em Eurípides (*Hercules furens*, 1223: χάριν δὲ γηράσκουσαν ἐχθαίρω φίλων, "odeio a gratidão envelhecida dos amigos"); à sua luz provavelmente deve ser visto um estranho fragmento trágico anônimo (508 K.-Sn.: μετὰ τὴν σκιὰν τάχιστα γηράσκει χρόνος, "depois da sombra, o tempo envelhece muito depressa"). No latim medieval deve ser assinalado um trecho de Nicola de Chiaravalle (*Ep.* 11 [*PL* 196,1608]) que diz: *Beneficiorum memoria labilis est, iniuriarum vero tenax*, "a lembrança dos benefícios é frágil; a das injúrias é realmente persistente"). São engraçados muitos dos provérbios modernos, como o italiano *Opera fatta, maestro in pozzo* [obra acabada, mestre no poço], os brasileiros *O rio passado, o santo não lembrado* e *Passado o perigo, se esquece o santo* (que têm paralelos perfeitos em italiano e espanhol), o famosíssimo napolitano *Chi ha avuto, ha havuto ha avuto, chi ha dato, ha dato ha dato, / scurdammece' o passato*, e o francês *Adieu paniers, vendanges sont faites*. Em todas as línguas existe a formulação mais banal correspondente à italiana *Il mondo paga d'ingratitudine* [o mundo paga com ingratidão] (cf. Arthaber 642). No Brasil também se diz *O dia do benefício é a véspera da ingratidão* e *Festa acabada, músicos a pé* (para paralelos em outras línguas cf. Mota 99, 146).

1358. *Ultroneas putere merces*
Mercadoria gratuita fede

Esse provérbio é registrado por São Jerônimo (*Ep.* 26,5; 130,16); ver também Isidoro de Sevilha, *Ep.* 12,11. Seu significado é que os presentes têm sempre seqüelas desagradáveis, pois, como se costuma dizer, *Ninguém dá nada de graça*. Igual à forma antiga é a alemã *Angebotene Ware stinkt*; para outros paralelos conceituais, cf. nº 1356.

1359. Δόσις δ' ὀλίγη τε φίλη τε
Um pequeno presente dado com amizade

A fonte é um trecho da *Odisséia* (6,208), em que Nausícaa afirma que "custa pouco ser caridoso e demonstrar boas intenções" (J. B. Hainsworth, cf. Homero, *Odisséia*, II, Milano [Fondazione Valla] 1982, 202): φίλος, portanto, refere-se a quem dá e não a quem recebe, como às vezes é entendido vulgarmente ("um presentinho querido"), inclusive à luz de um trecho da *Ilíada* (1,167 s.), onde se diz que um presente, ainda que de pouco valor para quem dá, é muito prezado por quem o recebe. Em latim, deve ser citada uma passagem de Sêneca (*De beneficiis*, 1,6,1) que declara: *Beneficium non in eo quod fit aut datur consistit, sed in ipso dantis aut facientis animo*, "um benefício não consiste no que se faz ou no que se dá, mas na intenção de quem faz ou dá". Essa sentença reaparece em vários provérbios modernos paralelos ao italiano *La liberalità non consiste nel dar molto, ma nel dar saggiamente* [a liberalidade não consiste em dar muito, mas em dar com sabedoria] (Arthaber 694). Esse mesmo conceito é encontrado num provérbio do *Antigo Testamento* que recomenda a hospitalidade frugal mas de coração (cf. nº 1373). Outros provérbios simplesmente reforçam a importância dos pequenos presentes, sem aprofundar-se nas motivações psicológicas: ver, por exemplo, *Chi ti dà un osso non ti vorrebbe morto* [quem te dá um osso não gostaria de te ver morto] (com equivalentes em inglês e espanhol), o alemão *Auch die kleine Gabe erfreut*, o francês *Les petits cadeaux entretiennent l'amitié* (semelhante a um em grego moderno; cf. também nº 1320) e a expressão italiana *Pochi, maledetti e subito* [poucos, malditos e repentino] (onde, porém, a tônica está em *subito* [repentino], cf. também nº 1354).

1360. *Quisquis magna dedit, voluit sibi magna remitti*
Quem quer que tenha dado grandes coisas quer que grandes coisas lhe sejam retribuídas

Essa máxima é extraída de Marcial (5,59,3): é semelhante uma sentença de Publílio Siro (B 15) que declara: *Beneficium qui dedisse se dicit petit*, "quem diz que fez um benefício pede" (em Sêneca, *De beneficiis*, 2,11,2, ridiculariza-se a pessoa que alardeia aos quatro cantos que fez um benefício). Nas línguas modernas, por outro lado, os provérbios criticam — inclusive com brilhantes jogos fônicos — as pessoas que dão pequenos presentes pretendendo grandes recompensas (cf. nº 1356).

1361. *Equi dentes inspicere donati*
Examinar os dentes de cavalo dado

No prólogo do *Comentário à Epístola aos Éfesos*, São Jerônimo lança mão desse *vulgare proverbium*, "ditado popular", a propósito do antipático comportamento de quem é exigente com coisas dadas: a imagem é a do cavalo, cuja boca é inspecionada para calcular a idade, portanto o valor. Conceitualmente semelhante é o grego δῶρον δ' ὅ τι δῷ τις, ἐπαίνει, "elogia o presente que ganhares", que os paremiógrafos (Zenob. vulg. 3,42, cf. também *Suda* δ 1474, Arsen. 6,42a) dizem provir do oráculo que advertia Míscelo a não desafiar as decisões dos deuses, quando este não queria fundar a futura Crotona, mas uma cidade no mesmo lugar de Síbaris. Deve-se, contudo, esclarecer que o trecho da *Epístola de Tiago* (1,17), mencionado por Strømberg 60 (πᾶσα δόσις ἀγαθὴ καὶ πᾶν δώρημα τέλετον, "tudo o que é dado é bom, todos os presentes são perfeitos"), é diferente: quem escreve quer dizer que as tentações não vêm de Deus, mas da ilusória concupiscência humana, já que tudo o que provém de Deus é bom e perfeito. *A cavalo dado não se abre a boca* (ou *não se olha o dente*, ou *não se olha a muda*) é provérbio comum em português e tem equivalentes em todas as línguas européias, com alternância entre boca e dentes: é muito agradável o alemão *Einem geschenkten Gaul sieht man nicht ins Maul*, em vista da paronomásia entre *Gaul*, "cavalo", e *Maul*, "boca". Outro adágio alemão soa: *Einem geschenkten Barsch sieht man nicht in Arsch* (ou seja, "a perca [espécie de peixe de água doce] dada não se olha o rabo"). Em literatura, lembro que esse provérbio é usado por Margarida no *Fausto* de Goethe (primeira parte, cena do passeio), quando encontra uma misteriosa caixinha cheia de jóias.

1362. *Ex dono*
Proveniente de doação

Essa expressão ainda é usada, sobretudo como substantivo masculino, para indicar a etiqueta que as bibliotecas colocam sobre os livros recebidos por doação (sobre as quais se põe essa inscrição). Também de uso comum é *Ex libris*, que designa o distintivo aplicado aos livros para indicar sua propriedade.

1363. *Malo si quid bene facias, id beneficium interit*
Se fizeres o bem a uma pessoa má, o benefício estará perdido

Essa máxima provém de um trecho de *Poenulus* de Plauto (v. 635), onde se afirma, paralelamente, que não se perde nem o mal feito aos bons: tem importante precedente em Teógnis (vv. 105 s.: δειλοὺς εὖ ἔρδοντι ματαιοτάτη χάρις ἐστίν· / ἴσον καὶ σπείρειν πόντον, "fazer o bem a pessoas más é o mais tolo dos benefícios: é como semear no mar" [para semear no mar como ação tola e vã por antonomásia, cf. nº 442]). Outros paralelos ainda podem ser encontrados em *Corpus theognideum* (845; 955 s.), no Pseudo-Isócrates (*A Demonico*, 29), em *Similitudines* de Demófilo (55, 1,487 Mullach), em *Discussões de Epiteto* de Arriano (2,14,18) e no Pseudo-Focílides (152, que provavelmente retoma Teógnis). Esse motivo também se encontra na cultura judaica (cf. A. Nissen, *Gott und der Nächste im antiken Judentum*, Tübingen 1974, 323) e principalmente no *Eclesiástico* (12,1-7), onde se recomenda fazer o bem ao justo, ao penitente, ao humilde e não ao ímpio; também está presente em todas as tradições proverbiais modernas, geralmente com formulações banais do tipo da francesa *Obliger un ingrat c'est perdre le bienfait*; entre as variações, devem ser citadas as italianas *Chi fa del bene agli ingrati, Dio l'ha per male* [quem faz o bem aos ingratos Deus o tem por mal]; *Chi fa del bene al villano si sputa in mano* [quem faz o bem ao vilão escarra-se na mão]; *A far del bene agli asini si prendono i calci* [fazendo-se o bem aos burros ganham-se coices] (em alguns dialetos, como no veneziano, os burros são substituídos por mulos).

1364. *Leve aes alienum debitorem facit, grave inimicum*
Uma pequena dívida cria um devedor; uma grande, um inimigo

Essa máxima provém de Sêneca (*Ep.* 19,11): é preciso estar atento quando se ajuda alguém, para não criar grandes pendências a fim de não agastar o outro. Encontram-se paralelos em outro texto de Sêneca (*De beneficiis*, 2,11,1), nos quais se adverte a não lançar continuamente ao rosto dos outros as suas obrigações, atormentando-os asperamente, e em Tácito (*Anais*, 4,18), que afirma que os benefícios são agradáveis enquanto podem ser retribuídos, caso contrário a retribuição será feita com ódio em vez de gratidão. É famoso o medieval *Mutua qui dederat repetens sibi comparat hostem*, "quem dera algo emprestado pedindo-o de volta arranja um inimigo" (Walther 15817, cf. também 15818a); esse motivo retorna em vários provérbios modernos: ver o italiano *Amico beneficato nemico dichiarato* [amigo beneficiado, inimigo declarado], o brasileiro *Dinheiro emprestaste, inimigo ganhaste*, o francês *Au prêter, ami, au rendre, ennemi*, o alemão *Wer sich den Freund zum Feinde machen will, braucht ihn nur Geld zu borgen* (ou seja, "quem quiser transformar o amigo em inimigo só precisa emprestar-lhe dinheiro") e o inglês *He that doth lend loseth money and friend*. Uma sentença do gênero encontra-se também em *Hamlet* de Shakespeare (1,3). Para outros provérbios que exaltam os pequenos presentes, cf. nº 1359.

1365. *Beneficium accipere, libertatem est vendere*
Aceitar um benefício é vender a liberdade

Trata-se de uma sentença de Publílio Siro (B 5): sua tradução está registrada como proverbial nas várias línguas européias (cf. Arthaber 446) e em muitos dialetos (por exemplo, em italiano se diz *Chi dono prende libertà vende*; em piemontês, *Chi aceta di regai, a vend soa libertà*).

1366. *Bonis quod bene fit haud perit*
O bem que se faz aos bons não se perde

A fonte é um trecho de *Rudens* de Plauto (v. 939a): esse motivo, que é complementar do outro segundo o qual o bem feito a pessoas más não é recompensado (cf. nº 1363), retorna em outros textos desse mesmo autor (*Captivi*, 358, *Persa*, 674 s.) e numa sentença de Publílio Siro (P 44), que diz: *Probo beneficium qui dat, ex parte accipit*, "quem faz o bem a uma pessoa honesta recebe-o em parte". Em todas as línguas européias têm difusão os paralelos ao provérbio brasileiro *Fazer o bem nunca se perde*; entre as variações deve ser indicada uma segundo a qual a caridade sai pelo balcão e volta pelo portão (no dialeto da Brescia, *La carità la va fora dal balcù e la torna dal portù*, com equivalentes em outras línguas, por exemplo em inglês).

1367. *Nemo beneficia in calendario scribit*
Ninguém escreve os benefícios no calendário

Sêneca usa essa expressão em *De beneficiis* (1,2,3) para afirmar que os benefícios devem ser desinteressados: não haverá nenhum ávido arrecadador de impostos reclamando o tributo na hora e no dia marcados. Em alemão existe, como provérbio, *Wohltaten schreibt man nicht in den Kalender*.

1368. *Malo emere quam rogare*
Prefiro comprar a pedir

Esse provérbio é registrado por Cícero (*In Verrem actio secunda*, 4,6,12), sendo retomado por Sêneca (*De beneficiis*, 2,1,4), segundo o qual tudo o que se obtém por pedido nunca é gratuito e, a bem da verdade, *Nulla magis constat quam quae precibus empta est*, "nada é mais caro do que aquilo que se comprou com pedidos", e por Apuleio (*Florida*, 4,16). Provérbios semelhantes à expressão de Sêneca encontram-se em italiano (*Niuna cosa costa più cara di quella che comprano le preghiere*), em francês, em espanhol e — de forma sintética (*Bittkauf, teurer Kauf*) — em alemão; entre as variações, é banal a inglesa *What is got by begging is dear bought*. No Brasil se diz *Caro compra quem roga* e *Mais barato é o comprado que o pedido*.

1369. *Modus vivendi*
Meio de vida

Essa locução é muito difundida como terminologia do direito internacional e como expressão da linguagem comum. Na primeira acepção, o *modus vivendi* entre dois Estados é um pacto provisório que rege entre eles determinado campo ou um problema específico, enquanto se espera um tratado definitivo e particularizado: tem os mesmos efeitos jurídicos dos outros acordos internacionais. Na linguagem comum, essa expressão designa um compromisso que resolve uma questão na relação entre duas pessoas, ou que permite uma convivência que, de outra forma, seria difícil. Não faltam exemplos antigos, nos quais, porém, essa expressão indica simplesmente "norma de vida" (Santo Agostinho, *De civitate Dei*, 8,10,2), capacidade de levar a vida racionalmente (Cícero, *De republica*, 1,34,51; cf. também *Tusculanae*, 5,23,66: *Vitae modum*).

d) *Outras relações interpessoais*

1370. *Comes facundus in via pro vehiculo est*
Na viagem, o companheiro eloqüente faz as vezes do carro

Essa sentença de Publílio Siro (C 17) devia refletir uma tradição proverbial, comum na Idade Média (Walther 2961, 8680, 8720, 29178, 33119) e ainda viva nas modernas línguas européias. Muito semelhante ao latim é o alemão *Beredter Gefährte ist so gut wie ein Wagen*, que tem equivalente em francês: observar que ao *facundus* latino (que alude especificamente ao eloqüente: parece mesmo excepcional o uso desse adjetivo como equivalente a *facetus*, cf. *ThlL* 6/1,160,26 s.; 161,66 s.) equivale a imagem do companheiro de viagem eloqüente. Isso também aparece em outras línguas, como por exemplo em espanhol (*Alevia el trabajo del camino el compañero elocuente*), enquanto em outras línguas ele é simplesmente alegre e agradável: ver, por exemplo, em italiano, o engraçado *Compagno allegro per cammino ti serve per ronzino* e, em inglês, *A merry companion on the road is as good as a nag*, ou seja, é tão bom quanto um cavalo (ou *is a music in a journey*). No Brasil se diz *Andando de dois, se encurta o caminho*. Existe uma expressão complementar em latim vulgar, *Fecit iter longum, comitem qui liquit ineptum*, "andou muito quem abandonou um companheiro impróprio", que corresponde semanticamente ao provérbio brasileiro *Antes só do que mal acompanhado*, que tem equivalentes em todas as línguas européias.

1371. ***Nam hospes nullus tam in amici hospitium devorti potest, / quin, ubi triduum continuum fuerit, iam odiosus siet***

Ninguém pode hospedar-se em casa de uma pessoa tão amiga que, se ficar três dias seguidos, não acabe por tornar-se odioso

A fonte é Plauto (*Miles*, 741 s.). Essa gnoma, que tem paralelo na norma da *Didaché* (12,2) segundo a qual quem está de passagem deve ser hospedado só por dois ou três dias, tem difusão nas tradições proverbiais modernas: em todas as línguas neolatinas e germânicas, o hóspede — como o peixe — depois de três dias acaba por feder (as formulações são do tipo da brasileira *Hóspede e peixe com três dias fede*, cf. Mota 107).

1372. Αὐτόματοι δ' ἀγαθοὶ ἀγαθῶν ἐπὶ δαῖτας ἴενται

Sem convite os bons vão ao banquete dos bons

Trata-se de um dos provérbios gregos mais famosos, documentado desde a época arcaica: já no segundo livro da *Ilíada* (v. 408), a um banquete de Agamêmnon αὐτόματος ... ἦλθε βοὴν ἀγαθὸς Μενέλαος, "sem convite veio Menelau de grande renome" (notar que, aqui, a capacidade expressa por ἀγαθός encontra — segundo fórmula comum em Homero — uma limitação em βοήν); essa passagem tornou-se proverbial, como demonstram suas citações em Plutarco (*Quaestiones conviviales*, 1,616c) e em Luciano (*Banquete*, 12) (Plutarco fala explicitamente de um "proverbial Menelau"), bem como o fato de ser registrado pelos paremiógrafos (*Mant. Prov.* 1,30; quanto à sua exegese em *O banquete* de Platão, ver abaixo). Por outro lado, a formulação que ora estudamos talvez estivesse presente em *O matrimônio de Cêix* de Hesíodo (fr. 264 M.-W.), a propósito de Héracles, que se apresentava sem convite à casa de Cêix: a fonte seria Zenóbio, mas na versão vulgarizada (2,19) o nome de Hesíodo é fruto de uma conjectura de Schneidewin (para Ἡράκλειτος), e naquela "atoa" (1,15), em seu lugar, há uma referência a Baquilides (fr. 22 Snell, também testemunhado por Ateneu, 178ab); à luz desses dados, deve-se, pois, dizer que é possível, mas não incontestável, que na versão original de Zenóbio houvesse tanto uma citação de Hesíodo quanto a de Baquilides (de qualquer modo, é provável que no texto de Zenóbio que chegou até nós deva ser postulada uma lacuna inicial). No que se refere à comédia, Cratino (*Pylaia*, fr, 182 K.-A) faz alusão a esse provérbio, enquanto em Êupolis (fr. 315 K.-A) tem-se algo em tudo semelhante a uma paródia: αὐτόματοι δ' ἀγαθοὶ δειλῶν ἐπὶ δαῖτας ἴασιν, "sem convite vão os fortes ao banquete dos fracos". Especialmente importante é um trecho de *O banquete* de Platão (174bc), em que Sócrates, citando o provérbio, afirma que o está mudando e prossegue referindo-se à passagem de Homero e criticando o poeta, já que faz o fraco Menelau ir ridiculamente sem convite ao banquete do forte Agamêmnon; o problema é entender por que Sócrates diz que está distorcendo o provérbio original: alguns supuseram que a formulação de Êupolis fosse realmente a original e que a outra derivasse dela, mas isso parece francamente improvável; ao contrário, é preferível supor, com Lachmann, Hug e Josifovič (cf. estudo crítico de Kassel-Austin a Êupolis), que exista aí — com uma leve variação — uma referência a Agatão, o anfitrião (estou propenso, aliás, a acolher a correção de ἀγαθῶν por Ἀγάθωνος, recentemente proposta por Kassel). Essa expressão, também presente na literatura tardia (cf., por exemplo, Libânio, *Ep.* 86,1 [10,86,1 Förster]), encontra-se — além de na passagem já indicada de Zenóbio — também em outros textos dos paremiógrafos (Diogen. 1,60, Greg. Cypr. 1,81; M. 1,78, Zenob. vulg. 2,46, Macar. 1,69, Apost. 1,92, cf. também Eustátios, *Comentário à Ilíada*, 18,376 [4,195,10-196,4 Valk]), ao lado de ἀκλητὶ κωμάζουσιν ἐς φίλους φίλοι, "sem convite, os amigos vão banquetear na casa dos amigos". Na coletânea das sentenças latinas medievais registra-se a tradução desse provérbio (30253b: *Sponte bonis mos est convivia adire bonorum*), que, no entanto, Walther extrai de *Gnomologium Graecolatinum vel sententiarum Graecarum* de Johannes Hilner (Lipsiae 1606, 218), que, por sua vez, retomava o trecho de Platão. Máxima inversa está presente no Pseudo-Catão (3,215 Baehrens: *Antequam voceris ne accesseris*, "não te aproximes antes de seres chamado"), que volta em algumas línguas modernas (inglês, francês, alemão, cf. Arthaber 311), mas aplicada especificamente ao fato de dar conselhos (recomenda-se não dar conselhos não solicitados). No Brasil se diz *A boda ou a batizado não vás sem ser convidado*, *Ninguém se meta onde não é chamado* e *Um convidado convida outro e o dono da casa bota os dois pra fora*.

1373. Κρείσσων ξενισμὸς λαχάνων πρὸς φιλίαν καὶ χάριν ἢ παράθεσις μόσχων μετὰ ἔχθρας

É melhor dar hospitalidade com legumes mas com amizade e boa disposição do que pôr à mesa vitela com inimizade

Essa máxima, que reforça a importância da disposição com que se faz alguma coisa e não da coisa em si (cf. nº 1359, inclusive para um paralelo em Sêneca), provém de *Provérbios* do *Antigo Testamento* (15,17: a versão da *Vulgata* é *Melius est vocare ad holera cum caritate quam ad vitulum saginatum cum odio*). Essa expressão continuou sendo comumente usada em algumas línguas européias, como em sueco (*Bättre är ett fat käl med kalek än en göld oxe med hat*) e em grego moderno (κάλλιο λάχανα μὲ γέλια παρὰ ζάχαρι μὲ γρίνια).

1374. Πῆμα κακὸς γείτων ὅσσόν τ' ἀγαθὸς μέγ' ὄνειαρ

Um mau vizinho é um mal para nós, assim como um bom vizinho é uma grande vantagem

Essa gnoma de Hesíodo (*Os trabalhos e os dias*, 346) tem paralelos já na poesia, em Álcman (fr. 123 Page [109 Calame]: μέγα γείτονι γείτων, "o vizinho é coisa importante para o vizinho") e em Píndaro (*Neméias*, 7,87 ss.), bem como na *Comparatio Menandri et Philistionis* (2,133-136; 4,43 s.). Em latim documenta-se sobretudo o equivalente da segunda parte: Plauto define *verbum...* *vetus* o adágio *Aliquid mali esse propter vicinum malum*, "há algo de mal por causa do mau vizinho" (*Mercator*, 772); ver também um trecho de *Querolus* (1,2) e um verso de Floro (416,2 [4,347

Baehrens]). Entre as sentenças latinas medievais temos *Vicino melius nil credo fore bono*, "não acredito que haja algo melhor que um bom vizinho" (Walther 33291c, cf. também 33292a), e *Vicinum habere malum magnum est malum*, "ter um vizinho mau é um grande mal" (33291d, cf. também 33292b; notar que nesse provérbio é fundamental a repetição de *malum*, com função sintática diferente). Já no *Roman de Renart* (14846 s. Roques), o ditado é retomado na forma *cil a sovent mau matin / qui pres de lui a mau voisin*, que atualmente está presente em todas as línguas européias (em italiano diz-se: *Chi ha il buon vicino ha il buon mattutino, chi ha mal vicino, ha il mal mattutino*); entre as variações mais espirituosas nas tradições proverbiais modernas, assinalo a milanesa *Cativa vicinanza pez dei dolor de panza* e as italianas *Dio ti salvi da cattivo vicino e da principiante di violino* [Deus te livre de mau vizinho e principiante de violino] e *Anche la regina ebbe bisogno della vicina* [até a rainha precisou da vizinha], difundidas em muitas regiões da Itália, como a Emília, a Toscana e a Puglia; muito semelhante a Hesíodo é o inglês *A bad neighbour is as great a misfortune as a good is a great blessing*.

1375. Ὀξύτερον οἱ γείτονες βλέπουσι τῶν ἀλωπέκων
Os vizinhos têm visão mais aguda do que as raposas

Esse provérbio é registrado pelos paremiógrafos (*App. Prov.* 4,31); o início de uma carta de Alcífron (1,15), com base na qual foi reconstituído um fragmento cômico anônimo (160 K), afirma δυσμενὴς καὶ βάσκανος ὁ τῶν γειτόνων ὀφθαλμός, φησὶν ἡ παροιμία, "hostil e invejoso é o olho dos vizinhos, diz o provérbio". Por conseguinte, o vizinho muitas vezes é aquele ao qual nada escapa e, paralelamente, fazer qualquer coisa que escape ao vizinho significa agir secretamente, às escondidas: ver, por exemplo, ainda, dois trechos de Platão (*Teeteto*, 174b, *Alcibíades I*, 121d: neste último, diz-se que o motivo tem origem cômica), um de Luciano (*Caronte*, 16) e dois de Cícero (*Pro Roscio*, 37,105, *Catilinárias*, 2,10,21). O motivo da curiosidade indiscreta dos vizinhos também é tópico nas literaturas modernas; em nível proverbial, ver, por exemplo, o alemão *Die Nachbarn pflegen ein scharfes Augen zu haben*.

1376. *Tua res agitur, paries cum proximus ardet*
São coisas que te dizem respeito, quando a casa do vizinho pega fogo

A fonte é Horácio (*Ep.* 1,18,84): o comentador Porfírio esclarece que se trata de uma *sententia per allegoriam*. De fato, para afirmar que qualquer coisa que aconteça ao vizinho é como se nos acontecesse, lança mão da conhecida imagem do incêndio que se propaga de casa em casa, presente num fragmento cômico anônimo (46 s. R³; outro cômico, Afrânio, escreveu uma obra intitulada *Incendium*), em Ovídio (*Remedia amoris*, 625) e na descrição do incêndio de Tróia, feita na *Eneida* (2,311 s.), onde a tristeza diante do fogo que se alastra é descrita com o famoso *Iam proxumus ardet / Ucalegon*, "já está em chamas o vizinho Ucalegonte" (trata-se de um dos mais fiéis conselheiros de Príamo, cf. nº 1559), retomado por Juvenal

(3,199). Em plano conceitual, deve ser mencionada uma passagem de Lívio (7,30,12), enquanto, entre as sentenças latinas medievais, existem numerosas variações formais do verso de Horácio (Walther 26787, 31770a, 15871, 31814), não faltando algumas variações de conteúdo, como, por exemplo, Walther 19033b (*Nullum delectet vicini quod domus ardet*, "a ninguém agrade que a casa do vizinho pegue fogo") e 24910 (*Qui videt ardere vicini tecta, timere / debet de propriis; nequeunt sua tuta manere*, "quem vir queimar a casa do vizinho deve temer pela sua: ela não poderá ficar segura"; cf. também 6523, 15865, 16350a); em 27376 (*Saepius emendant incautum damna aliena, / flammarumque minae vicino ardente timentur*, "muitas vezes os danos alheios corrigem o imprudente e temem-se as ameaças das chamas quando a casa do vizinho arde") tem-se uma contaminação com o motivo de aprender a partir dos males alheios (nº 391). Uma máxima registrada por uma coletânea medieval grega recomenda tomar cuidado quando o vizinho está em apuros (Krumbacher 100,53); nas tradições proverbiais modernas, existem equivalentes ao italiano *Quando arde la vicinanza porta l'acqua a casa tua* [quando a vizinhança pega fogo, leva água para a tua casa] (variantes são constituídas pela espanhola *Cuando la barba de tu vecino vieres pelar, echa la tuya a remo remojar* e pela brasileira *Quem vê a barba do vizinho arder, bota a sua de molho*). Em literatura, lembro que esse motivo está presente no *Fausto* de Goethe (2,4 [cena dos contrafortes] e 2,3 [cena diante do palácio de Menelau em Esparta]; neste segundo caso, com indubitável alusão à *Eneida*).

A MULHER, O AMOR, O CASAMENTO

a) A mulher

1377. Κακὸν ἀναγκαῖον γυνή

A mulher é um mal necessário

Essa expressão é extraída de um fragmento do cômico Filémon (165 K.-A.), também documentado pelos paremiógrafos (Macar. 5,7, Arsen. 1,57a); está vinculada a um *topos* proverbial, que também pode ser encontrado, na comédia, em Menandro (fr. 578 K.-Th., onde, porém, é o matrimônio que é definido como mal necessário), em Estrabão (4,2,26) e na *Antologia Palatina* (Paladas, 11,286,3); sentença muito semelhante também é documentada entre os *Monósticos de Menandro* (398 Jäkel). Em latim existe a locução *Malum necessarium* (por exemplo, em *Vida de Alexandre Severo* de Hélio Lamprídio [46,5], onde faz referência aos cobradores de impostos), mas *Malum est mulier sed necessarium malum*, "a mulher é um mal, mas um mal necessário", é adágio medieval; na verdade, esse mesmo conceito já está num discurso sobre o matrimônio, feito por Metello Numídico e transcrito por Gélio (1,6). Em italiano existe *Il matrimonio è un male necessario*; paralelo exato encontra-se em alemão, enquanto o inglês é ligeiramente diferente: *Wives and wind are necessary evils*; vários outros provérbios evidenciam o estado penoso do homem só (lembro um da região da Emilia, em que o homem sem mulher é comparado à árvore sem folhas: *Un àlber sanza fóii l'é un ruvràn* [ou seja, roble, carvalho mais baixo do que o comum], *un ómen sanza dóna l'é un quaiàn*).

1378. Χειμὼν κατ' οἴκους ἐστὶν ἀνδράσιν γυνή

Para o homem, a mulher é uma tempestade em casa

Essa máxima é registrada por Arsênio (18,19a) e está nos *Monósticos de Menandro* (823 Jäkel): conceitualmente, corresponde ao italiano *Chi dice donna dice danno* [quem diz mulher diz dano] (que, obviamente, tira proveito da troca das vogais existente em *donna/danno*), mas são numerosos os paralelos conceituais (como na Puglia, *Ci pigghja mugghjere, ccatta uai*).

1379. Θάλασσα καὶ πῦρ καὶ γυνὴ τρίτον κακόν
Os três males são o mar, o fogo e a mulher

Esse é um *monóstico de Menandro* (323 Jäkel), que tem paralelos exatos em outros *monósticos* (371, 374, 380, *Pap.* II 8 s. Jäkel). Trata-se, na realidade, de uma das tantas formulações de um provérbio que recomenda defender-se dos três males (para a importância do número três na cultura popular e na cultura religiosa, cf. sobretudo o nº 1503), dos quais um é, obrigatoriamente, a mulher. São vários os paralelos na literatura latina; ver, por exemplo, *Nox mulier vinum*, "a noite, a mulher, o vinho", de Plauto (*Bacchides*, 88 s.), que retorna — com ligeiras variações — em Terêncio (*Adelphoe*, 470) e em Ovídio (*Amores*, 1,6,59). Além da mulher, um dos três males é, topicamente, o vinho: o vínculo entre amor e vinho é freqüente (cf. nº 1411) e constitui uma dupla considerada nociva no *Antigo Testamento* (cf. *Eclesiástico*, 19,2, *Oséias*, 4,11). Em latim medieval, documenta-se uma tradução exata do *monóstico* (Walther 14442a: *Mare ignis mulier: tria sunt mala*); são muito numerosas as suas referências modernas, entre as quais a mais famosa é *Bacco tabacco e Venere riducon l'uomo in cenere* (muito bonita é a referência feita no canto dos estudantes, na primeira parte do *Fausto* de Goethe [cena "fora das portas da cidade"]: *Ein starkes Bier, ein beizenter Toback und ein Magd im Putz*), mas também são freqüentes *Vinho, mulher e jogo* (com variantes, como a toscana *Donna, vino, dado*: ver o latim medieval *Vinum, femina, tesserae*); no texto sobre a gota, do médico padovano Michele Savonarola, lê-se (10 r.): *Conviene guardarsi dalle tre "f": frutti, femmina e freddo* [convém guardar-se dos três "f": frutas, fêmeas e frio]. Não faltam, pois, sobretudo nos provérbios dialetais, o trinômio mulher, fogo e mar; é muito engraçada a variação milanesa *Guardas dal foeugh, da la guerra, e da la bocca che la guarda per terra* (para alguns, esta última indica o falso devoto, mas essa seria uma reinterpretação pudica: a boca voltada para o chão só pode ser o órgão sexual feminino).

1380. Γυναικὶ δ' ἄρχειν οὐ δίδωσιν ἡ φύσις
À mulher a natureza não deu o dom de comandar

Esse é um *monóstico de Menandro* (157 Jäkel), que reflete a mentalidade dos gregos, segundo os quais cabia ao homem decidir e à mulher sempre obedecer, concepção esta que transparece plenamente na tragédia ática, onde Clitemnestra, autêntica rainha e senhora, é vista constantemente como escandalosa exceção. Emblemática é a gnoma de Eurípides, *Electra*, 932 s.: καίτοι τόδ' αἰσχρόν, προστατεῖν γε δωμάτων / γυναῖκα, μὴ τὸν ἄνδρα, "certamente é torpe que a mulher mande na casa, e não o marido", que se refere exatamente a Clitemnestra (sobre esse assunto, uma vasta documentação foi coligida por V. Citti, *Tragedia e lotta di classe in Grecia*, Napoli 1978, *passim*). Quem teorizou sobre tal subordinação foi Aristóteles (*Política*, 1254a 14); os perniciosos efeitos do governo feminino também aparecem em outros autores, como, por exemplo, em Ésquines (*Adversus Timarchum*, 171); nos paremiógrafos, aparece γυνὴ στρατηγεῖ, "a mulher comanda o exército", como paradoxo evidente (cf. Diogen. 4,1, Greg. Cypr. M. 2,6, Macar. 3,12, Apost.

5,76, *Suda* γ 502), provérbio que, provavelmente, revive em Virgílio, numa passagem da *Eneida* (1,364), onde, porém, o lapidar *Dux femina facti*, "uma mulher comanda o empreendimento", ressalta ainda mais a soberba figura de Dido, exatamente graças ao contraste com a habitual acepção negativa dessa expressão. Em latim vulgar há o seguinte adágio: *Sponsae des cortum, magis oblongum tibi cultrum*, "dá à tua mulher uma faca curta e para ti, uma mais longa" (Walther 30249); além disso, o motivo do absurdo e da nocividade do governo feminino recorre com freqüência nos provérbios modernos, principalmente em formas paralelas aos brasileiros *Em casa de Gonçalo canta a galinha, não canta o galo* e *Triste da casa onde a galinha canta e o galo cala* (cf. Mota 89, 221); entre as variações eu citaria o provérbio italiano *Dove la donna domina e governa, ivi sovente la pace non sverna*, o de Bérgamo, *En ca gh'è sempre piàghe se l'om gh'a'l bigarol, la fomma braghe*, o de Reggio, *Quand a cmanda la traversa, tótti él còs e vàn a l'arversa*, e o veneziano *Dove ara vache, paga preti e comanda dona, i afari va a la buzarona*.

1381. Γυναικὶ μὴ πίστευε, μηδ' ἂν ἀποθάν{
Em mulher não acredites nem morta

Esse provérbio é transcrito pelos paremiógrafos (Diogen. 4,4, Greg. Cypr. 2,8; M. 2,61, Macar. 3,13) e encontram-se variantes nos *Monósticos de Menandro* (142 [= *Pap*. XIV 24] Jäkel γυναικὶ μὴ πίστευε τὸν σαυτοῦ βίον, "não confies a vida a uma mulher", e 233 J. ἐν γὰρ γυναιξὶ πίστιν οὐκ ἔξεστ' ἰδεῖν, "não é possível ver fidelidade nas mulheres"). Esse motivo é documentado em vários textos da literatura grega: por exemplo, em Homero (*Odisséia*, 11,456, em que a sombra de Agamêmnon adverte Ulisses a não revelar à mulher a sua identidade assim que voltar, para não correr o risco de ter o mesmo fim que ele), em Hesíodo (*Os trabalhos e os dias*, 375) e em Eurípides (fr. 671 N.[2]). O mesmo sentido encontra-se em Plauto, *Muliebris fides*, "fidelidade feminina" (cf. *Miles*, 456); na literatura latina encontra-se afinidade conceitual, por exemplo, no mesmo Plauto (*Amphitruo*, 836), em Terêncio (*Hecyra*, [312], *Corpus Tibullianum* [3,4,61]), em Propércio (2,931 s.; 2,25,22), em Horácio (*Carm*. 2,8,58, que diz que só acreditaria em Barine se ela fosse mais feia) e na moral da fábula em que o lobo espera em vão que uma mulher lhe dê um menino para comer, depois de ouvi-la fazer essa ameaça à criança (Aviano, 1,15 s., cf. nº 819; para outras formulações desse *topos*, ver nº 1382). Outra variação é registrada por Festo (160,29-32 Lindsay: *Nec mulieri nec gremio credi oportere*, "não se deve confiar nada nem à mulher nem ao regaço"), para cuja compreensão é preciso lembrar que, tradicionalmente, tudo o que se põe no colo pode cair (ver, por exemplo, Catulo, 65,19). O equivalente ao provérbio grego encontra-se nos *Adagia* de João Sartorius (500, cf. Walther 15365a: *Mulieri ne credas ne mortuae quidem*) e é registrado em italiano (*Non credere a donna quand'anche sia morta*), em francês e em alemão; a forma "protege-te da mulher malvada e na boa não confies por nada" existe em italiano (*Da cattiva donna guardati e della buona non ti fidar per nulla*) e espanhol.

1382. Muliebris lacrima condimentum est malitiae
As lágrimas da mulher são o condimento da malícia

Essa sentença de Publílio Siro (M 35), assim como a D 8 (*Didicere flere feminae in mendacium*, "as mulheres aprenderam a chorar para mentir", cf. também a P 39), retoma o motivo segundo o qual o pranto da mulher é freqüente e mentiroso (cf., por exemplo, Marcial [1,33,2], Ovídio [*Amores*, 3,291 s.], Juvenal [6,271-275]); um dístico de Catão (3,20: *Coniugis iratae noli tu verba timere, / nam lacrimis struit insidias cum femina plorat*, "não temas as palavras da esposa irada: é quando chora que a mulher constrói uma armadilha com as lágrimas") foi muito famoso na Idade Média, como demonstram as numerosas variações registradas por Walther (3103, 4481, 6516, 9013, 9040, 9043 s., 9184, 12558, 13371, 15841b). Em grego é importante uma gnoma de Eurípides (*Medéia*, 928: γυνὴ δὲ θῆλυ κἀπὶ δακρύοις ἔφυ, "a mulher é uma fêmea frágil, dada, por natureza, às lágrimas"), onde, porém, o pranto é símbolo da fragilidade feminina e não da falsidade. Entre os provérbios italianos existe *Lagrime delle donne, fontana di malizia* [lágrimas das mulheres, fonte de malícia]; entre as numerosas variações sobre o tema, destaco o veneziano *Quattro lagrimette, quattro candelette, voltà el canton, passà el dolor*, o francês *Pleur de femme crocodile semble* e o alemão *Der Weiber Weinen ist ein heimliches Lachen*. Encontra-se afinidade em outros provérbios, do tipo dos italianos *Donna si lagna, donna si duole, donna si ammala, quando la vuole* e *Volpe che dorme, ebreo che giura, donna che piange, malizia sopraffina colle frange* (Arthaber 432 e 441; algumas variantes dialetais são engraçadas, como a de Abruzos *A ccavalle che ssude, a hòme chi jjure, a ffemmine che piagne, nin crede' niente*, que tem paralelos em outros dialetos, por exemplo no de Veneza e no da Emilia); no Brasil se diz *Mulher ri quando pode, e chora quando quer* e *Mulher se queixa, mulher se dói, mulher enferma quando ela quer*. Entre as referências literárias, é famoso um dos versos da ária *La donna è mobile*, da ópera *Rigoletto* (3,1) de G. Verdi: *Sempre un amabile / leggiadro viso, / in pianto o in riso / è menzognero*.

1383. *Varium et mutabile semper / femina*
A mulher é sempre variável e mutável

É assim que, no quarto livro da *Eneida* (vv. 569 s.), Mercúrio aparece em sonho a Enéias e o adverte sobre possíveis e repentinas vinganças da irada Dido: essa expressão já era famosa na Antiguidade e na Idade Média, sendo citada por vários autores, entre os quais São Jerônimo (*Comentário ao Eclesiastes*, 3,478, *Comentário a Miquéias*, 2,7,5, cf. também Weyman 280) e retomada por outros (cf., por exemplo, *Anthologia Latina*, 914,21 R.). A ligação entre mulher e variabilidade de humor e de opiniões, estreitamente vinculado ao *topos* da sua falsidade (nº 1381), também é tradicional: ver, por exemplo, Sêneca (*De remediis fortuitorum*, 16,3), Calpúrnio Sículo (*Églogas*, 3,10: *Mobilior ventis o femina!*, "mulher, és mais mutável que o vento!", também presente nas sentenças medievais [14988]), e São Jerônimo (*Ep.* 130,17); no latim medieval verifica-se a pseudo-etimologia *Mulier id est mollis aer* (Walther 15353a). São numerosas e célebres as referências nas tradições modernas: nos provérbios aparecem com freqüência comparações com fenômenos atmosféricos, como no italiano *Donna e luna, oggi serena e domani bruna* [mulher e lua, hoje clara, amanhã escura] (que tem paralelo em francês) ou em outro, conhecido em espanhol, inglês e alemão, em que a mulher, por sua inconstância, é comparada ao vento. É célebre o dístico *La donna è mobile qual piuma al vento: / muta d'accento e di pensier*, presente no *Rigoletto* de G. Verdi (libreto de F. M. Piave) (3,1), que retoma *Le roi s'amuse* (4,2) de V. Hugo; em literatura, ver Petrarca (*Canzoniere*, 183,12-14), Boccaccio (*Filostrato*, 8,30), Tasso (*Aminta*, 1,2), Tennyson (*Queen Mary*, 3,6).

1384. Δειναὶ γὰρ αἱ γυναῖκες εὑρίσκειν τέχνας
As mulheres são hábeis em excogitar estratagemas

Essa é uma gnoma de Eurípides (*Ifigênia em Táurida*, 1032), que retoma um *topos* já antigo (ver o mesmo Eurípides, *Hipólito*, 480 s.). No latim medieval temos sentenças como *Mulierum astutia peior omni versutia*, "a astúcia das mulheres é pior do que qualquer ardil" (Walther 15366), e *Vincit saepe virum femellae astutia dirum*, "muitas vezes a astúcia de uma mulherzinha vence um homem malvado". (33439); esse motivo ainda está presente nas tradições proverbiais nas quais *La donna ne sa una più del diavolo* [a mulher sabe mais do que o diabo] *La donna, per piccina che sia, la vince il diavolo in furberia* [apesar de pequena, a mulher é superior ao diabo em esperteza], ou *O que mulher quer, nem o diabo dá jeito* (com equivalentes em todas as línguas européias, cf. Mota 153).

1385. *Mulieribus longam esse caesariem, brevem autem sensum*
As mulheres têm cabelos longos e idéias curtas

Esse é um provérbio medieval (Walther 15364a, cf. 2256, 8252, 13946), retomado por Bebel em seus *Adagia Germanica*; tem numerosos sucessores, usados atualmente nas várias línguas e nos vários dialetos da Europa (italiano, *Le donne hanno lunghi capelli e corti cervelli*).

1386. Γυναιξὶ πάσαις κόσμον ἡ σιγὴ φέρει

O silêncio embeleza todas as mulheres

Essa máxima (com ligeira variação) encontra-se em *Ajax* de Sófocles (v. 293) e nos *Monósticos de Menandro* (139 Jäkel = *Pap*. XIV 22). O silêncio é uma das qualidades mais apreciadas nas mulheres, seja porque acompanhado da reserva que deve ser seu maior ideal (ver Tucídides, 2,45,2: a mulher é realmente virtuosa quando não se fala dela), seja porque costuma ser raro (cf. n⁰ˢ 1387, 1390). É emblemática uma gnoma de Plauto (*Rudens*, 1114: *Tacitast melior mulier semper quam loquens*, "é sempre melhor a mulher silenciosa do que a loquaz"), que se encontra, com ligeira variação, entre as sentenças medievais (Walther 30956).

1387. *Quando conveniunt Ludmilla, Sybilla, Camilla / miscent sermones et ab hoc et ab hac et ab illa*

Quando se reúnem Ludmila, Sibila e Camila, misturam conversas disto, desta e daquela

Essa (Walther 23470) é a redação mais conhecida de um adágio medieval, retomado no século XVI por Friedrich Taubmann (que escreveu: *Quando conveniunt ancilla, Sybilla, Camilla / sermonem faciunt et ab hoc et ab hac et ab illa*), do qual existem muitas variantes, seja com a mesma acepção (cf., por exemplo, Walther 34113), seja com forma mais sintética, como a 7831 (*Est quasi grande forum vox alta trium mulierum*, "a voz alta de três mulheres é como um grande mercado"), a 31555 (*Tres feminae et tres anseres sunt nundinae*, "três mulheres e três gansas são um mercado") e a 28100 (*Sermones fundent, si grex muliebris abundet*, "uma reunião de mulheres, se grande, espalhará conversas"); cf. também 3744 e 22220. Desse modo, brinca-se com a loquacidade feminina e com seu gosto pelas bisbilhotices, características também criticadas com freqüência no classicismo (ver, por exemplo, Plauto [*Trinummus*, 800 s., *Aulularia*, 124 ss., *Poenulus*, 876 s.], Juvenal [6,438-440], Sêneca, o Retor [*Controversiae*, 2,5,12]). Esse provérbio é engraçado porque o homeoteleuto em *-illa* contribui muito para criar a imagem fônica do encontro entre as três petulantes: os numerosos provérbios modernos que vêm na sua esteira perdem essa feliz característica e utilizam redações mais breves. Ver, por exemplo, os italianos *Tre donne fanno un mercato e quatto una fera* [três mulheres fazem um mercado e quatro, uma feira] e *Tre donne e un passero fanno mercato* [três mulheres e um pardal fazem um mercado]; o toscano *Tre donne e un magnano fecero la fiera a Dicomano*; o de Reggio, *Dòu dònn e un'òca fàn un marchèe*; o bolonhês *Trèi dòn e un gat, l'é un marchè bèl'e fat*; o de Abruzos, *'Na fémmene, 'nu sacche de néuc' e 'na papere, avasten'a ffa' 'na fierie* (ou seja: "uma mulher, um saco de nozes e uma pata bastam para fazer uma feira"); o da Puglia *Na fèmmene, na pàbbere e nu puèrche fàscene reveldà nu paìse*; e o francês *Deux femmes font un plaid, trois un grand caquet, quatre un plein marché*, no qual se deve notar um clímax espirituoso.

1388. Mulier taceat in ecclesia
Cale-se a mulher na igreja

Esse adágio, ainda citado para dizer que as mulheres não devem ter direito de voto nas assembléias, nos parlamentos e em qualquer cargo importante, deriva de uma passagem da *Primeira Epístola aos Coríntios* de São Paulo (14,34: αἱ γυναῖκες ἐν ταῖς ἐκκλησίαις σιγάτωσαν, "*mulieres in ecclesiis taceant*"), em que o apóstolo pretende proibir qualquer intervenção das mulheres durante a liturgia e prescreve que, se elas tiverem algo a pedir, que o façam em casa. Esse preceito vinculava-se à práxis hebraica, para a qual as mulheres participavam das funções, mas só para ouvir e aprender, sem tomar a palavra (cf. Strack-Billerbeck 3,467 s.); embora uma personalidade como Orígenes (*Homilias sobre o Êxodo*, 12,2) tivesse posto a tônica na atenção com que todos deveriam acompanhar as liturgias, sem exclusões preconceituosas, essa frase foi sempre entendida de modo restritivo, até se chegar a proibir as mulheres de cantar na igreja (donde o uso, até o século XVIII, dos cantores castrados). Entre as referências literárias, recordo uma de T. Mann (*O eleito*).

1389. Πάντα γυναῖκες ἴσαντι, καὶ ὡς Ζεὺς ἀγάγεθ᾽ Ἥραν
As mulheres sabem de tudo, até como Zeus desposou Hera

A fonte é Teócrito (15,64): esse provérbio significa que as mulheres — por natureza curiosas e tagarelas — sempre sabem de tudo e pretendem tudo conhecer, até um encontro furtivo entre Hera e Zeus (o escólio a esse trecho menciona o famoso episódio dos amores entre os dois deuses na *Ilíada* [13,296] e em Arístocles [5 Meiller], bem como a lenda de que Zeus amou Hera pela primeira vez disfarçado de cuco; para outros detalhes e bibliografia, ver J. R. T. Pollard "American Journal of Philology" 69, 1948, 362-365). Há um paralelo em Plauto que parece mais genérico (*Trinummus*, 207 s.: *Sciunt id quod in aurem rex reginae dixerit, / sciunt quod Iuno fabulatast cum Iove*, "sabem o que o rei disse ao ouvido da rainha, conhecem as conversas entre Juno e Júpiter"), que, entre outras coisas, não diz respeito às mulheres, mas aos ociosos e curiosos que vadiam o dia inteiro pela cidade. Às vezes expressões desse tipo referem-se aos vizinhos: cf. nº 1375.

1390. Quod uni dixeris omnibus dixeris
O que disseres a uma terás dito a todas

A fonte é Tertuliano (*De virginibus velandis*, 17,3): trata-se de uma sugestiva variação pertencente ao *topos* das mulheres tagarelas (cf. nºs 1386, 1387). Entre os provérbios modernos, lembro o veneziano *El segreto de le femene no lo sa nessun, altro che mi e vu e tuto 'l comun*. No Brasil se diz *Brigam as comadres, descobrem-se as verdades* e *Segredo em boca de mulher é como manteiga em venta de cachorro* (para paralelos em outras línguas cf. Mota 58, 210). Lembro que a incapacidade feminina de guardar segredos é objeto de uma fábula de La Fontaine (8,6), e que em Rabelais

(3,34) o papa João XXIII não permite que as freiras se confessem entre elas porque a confissão deve permanecer em segredo.

1391. "Ἅμα δὲ κιθῶνι ἐκδυομένῳ συνεκδύεται καὶ τὴν αἰδῶ γυνή

Quando tira a túnica, a mulher também se desveste do pudor

Essa frase constitui uma gnoma contida no famoso episódio do primeiro livro de Heródoto (8,3), em que o rei da Lídia, Candaule, mostra, às escondidas, a sua mulher nua ao guarda-costas Giges: com essa frase, este último procura dissuadir o rei do propósito e salvaguardar a honra da rainha. Há dúvidas de que fosse proverbial, mas existe um paralelo perfeito em sueco (*Med kiäderna avlägger kvinnan blygsamheten*).

1392. *Rara est... concordia formae / atque pudicitiae*
É raro encontrar juntos beleza e castidade

A fonte é Juvenal (10,297 s.): esse mesmo motivo reaparece numa passagem da carta de Páris a Helena, em *Heroides* de Ovídio (16,290), e numa de *Amores*, do mesmo autor (3,4,41 s.); em grego, destaque-se o v. 933 de *Corpus Theognideum* (παύροις ἀνθρώπων ἀρετὴ καὶ κάλλος ὀπηδεῖ, "poucas pessoas possuem juntas beleza e virtude"), registrado como proverbial por Arsênio (14,13b). Trata-se de um aspecto particular do *topos* que conjuga à beleza física elementos interiores negativos, como a falta de inteligência: ver, por exemplo, Catulo (86,4), Petrônio (94,1), a fábula de Esopo sobre o burro vestido de leão (267; 279 Hausrath), a fábula de Fedro sobre o macaco em exposição no açougue (3,4,6-7, cf. nº 220) e, sobretudo, a fala da raposa diante da máscara (1,7,2: *O quanta species, cerebrum non habet!*, "como é bonita, mas não tem cérebro!", cf. nº 420); para outros paralelos sobre as falsas aparências, cf. nºs 217-219. Às vezes, porém, a beleza está unida à soberba (ver Ovídio, *Fastos*, 1,419). Provérbios desse tipo também são freqüentes em latim medieval (ver Walther 25639, *Quo mage formosa mulier, mage luxuriosa; / sic lex edixit: quae formosa meretrix sit*, "quanto mais bonita a mulher, mais luxuriosa; assim estabeleceu uma lei: quem é bela, seja meretriz"; 3970, *Cuius forma bona Veneri sit femina prona*, "que a mulher formosa propenda a Vênus"); nas modernas línguas européias, entre os mais interessantes, destaco o italiano *Bella in vista dentro è trista* [bela por fora, ruim por dentro], o brasileiro *Mulher formosa, doida ou presunçosa*, os alemães *Aussen schön, innen Schund* (ou seja: "porcaria") e *Ist der Apfel rosarot, so ist der Wurm darin* (ou seja: "quando a maçã é bonita, está bichada") e o espanhol *La cruz en los pechos y el diablo en los hechos*; em muitos dialetos encontram-se paralelos com a castanha, que é bonita por fora e por dentro está estragada. Esse motivo (na maioria das vezes com referência precisa à passagem de Juvenal) ressurge em numerosos autores: por exemplo, nos *Carmina Burana* (*In trutina*, 1-3), em Goethe (*Fausto*, 2,3; trata-se de palavras das Fórcidas) e no recente *La Chimera* de S. Vassalli (a expressão de Juvenal é citada como apoio às acusações de bruxaria, feita à bela protagonista) [port., Por fora bela viola, por dentro pão bolorento].

1393. Λύχνου ἀρθέντος γυνὴ πᾶσα ἡ αὐτή
Apagadas as luzes, todas as mulheres são iguais

Apostólio (10,90) diz que esse provérbio faz referência aos adúlteros e aos luxuriosos: também é documentado nos *Praecepta coniugalia* de Plutarco (144e), onde, com essa frase, uma mulher procura livrar-se de um cortejador importuno; na literatura latina tem-se uma referência em *Ars amatoria* de Ovídio (1,249 s.), em que se afirma que *Nocte latent mendae*, "à noite escondem-se os defeitos" e, por isso, todas as mulheres se tornam bonitas. Paralelo é o dito χαῖρε, φίλον φῶς, "adeus, minha luz!", também presente em Plutarco (*Quaestiones convivales*, 7,705c) e registrado pelos paremiógrafos (Zenob. vulg. 6,42, Diogen. 8,7, Apost. 18,14, *Suda* χ 157), segundo os quais o seu referencial é duplo: ou uma velha, ou uma mulher luxuriosa (neste segundo caso, porém, o fato de apagar a luz poderia indicar a vontade de esconder a ação libidinosa). A frase que estudamos tem numerosos paralelos nas várias línguas modernas e nos dialetos: de fato, são muito difundidos os equivalentes aos italianos *A lume spento è pari ogni bellezza* [com as luzes apagadas todas as belezas são iguais] (com a variante vulgar *A luce spenta tutti i buchi sono uguali* [com a luz apagada, todos os buracos são iguais]) e *Né donna né tela* (*guardare*) *a lume di candela* [não olhes mulher nem tela à luz de vela]; formalmente semelhante, mas geralmente usado em contextos diferentes, é *Di notte tutte le vacche sono nere* [à noite todas as vacas são pretas] (também presente no *Fausto* de Goethe [2,1]). Os provérbios brasileiros correspondentes são *De noite, à candeia, não há mulher feia* e *De noite todos os gatos são pardos*.

1394. *Pulchrum sane aurum, sed femina pulchrior auro*
Por mais belo que seja o ouro, a mulher é mais bela

Essa máxima é extraída da tragédia latina tardia intitulada *Orestes* (v. 330); tem um paralelo significativo num trecho de Venâncio Fortunato (*Carm.* 4,4,14), onde é o homem de espírito nobre que é definido como mais belo do que o ouro. Para outras relações entre a mulher e a riqueza, cf. nº 1443. Entre os provérbios modernos, lembro o veneziano *Se le femene fusse d'oro, no le valaria un scheo*; no *Fausto* de Goethe (2,3), tem-se a beleza em luta com o ouro, pedras e gemas.

1395. *Mulier recte olet ubi nihil olet*
A mulher tem bom perfume quando não tem nenhum perfume

Essa máxima provém de *Mostellaria* de Plauto (v. 273), onde se refere ironicamente às velhotas que usam ungüentos, acreditando, com isso, recuperar a juventude; Cícero faz-lhe alusão em *Epistulae ad Atticum* (2,1,1) e São Jerônimo cita-a (*Ep.* 130,19). Sêneca (*Ep.* 108, 16) afirma, por outro lado, de modo genérico, que *Optimus odor in corpore est nullus*, "o melhor perfume no corpo é nenhum", enquanto expressões semelhantes à de Plauto nem sempre dizem respeito às mulheres: são de Marcial, referindo-se a certo Póstumo (2,12,3 s.) e a ele mesmo (6,55,4 s.), e de Ausônio, num epigrama (76,2) contra certo Euno. Atualmente, a frase de Plauto às vezes é citada a propósito de mulheres que se excedem na maquiagem.

1396. *Nihil melius muliere bona*
Nada é melhor do que uma boa mulher

Essa máxima provém de *Monita ad Astralabium*, de Pedro Abelardo (175); retoma um motivo já presente nas literaturas clássicas (lembro, em especial, Hesíodo [*Os trabalhos e os dias*, 702 s.] e Sófocles [fr. 682 R.]) e nos *Provérbios* do *Antigo Testamento* (31,10 s., onde se diz que o valor da mulher perfeita supera de longe o das pérolas). Há numerosos paralelos nos provérbios modernos: em todas as línguas européias existem equivalentes ao italiano *Donna buona vale una corona* [mulher boa vale uma coroa] (entre as variantes, destaco a inglesa *A good woman is worth, if she were sold, the fairest crown that's made of pure gold* e a da Emilia *Dóna bóna usèl rèr*, evidente referência à locução *rara avis*, que indica algo extremamente precioso, cf. nº 671); outro provérbio mais elaborado declara *La donna saggia fa la casa, la stolta la distrugge* [a mulher ajuizada faz a casa; a desajuizada a destrói]. Na primeira parte do *Fausto* de Goethe (cena do jardim), Mefistófeles repete para Marta um provérbio segundo o qual *Ein braves Weib sind Gold un Perlen wert* (é clara a referência bíblica). No Brasil se diz *Mulher boa é prata que soa*.

1397. *Vincit Penelopes... fidem*
É mais fiel do que Penélope

A fonte é um verso de Propércio (3,12,38): Penélope, mulher de Ulisses, que esperou a sua volta durante vinte anos, não cedendo às lisonjas de um novo matrimônio, é freqüentemente citada como a mulher fiel por antonomásia (ver, por exemplo, ainda Propércio [3,13,24; 4,5,7], Horácio [*Carm.* 3,10,11], Marcial [1,62,6; 11,7,5], Ovídio [*Ars amatoria*, 1,477 — cf. Walther 21173a —, *Tristia*, 1,6,22; 5,14,36], *Anthologia Latina*, 794,48; em grego, Aristófanes [*Tesmoforiazuse*, 549], Luciano [*Diálogo das meretrizes*, 12,1]); entre as sentenças medievais, lembraria *Penelopen ipsam, persta modo, tempore vinces*, "basta que tenhas constância e vencerás a própria Penélope" (Walther 21173a). A fama de Penélope ainda está viva, bem como seu uso em provérbios (lembro, por exemplo, que em *Così fan tutte*, ópera de Mozart com libreto de Da Ponte, a personagem de Guglielmo chama a noiva Fiordiligi duas vezes de Penélope: a primeira vez para exaltar sua suposta fidelidade e a segunda, ironicamente, diante das evidentes provas de traição).

1398. *Domum servavit, lanam fecit*
Cuidou da casa, fiou a lã

Trata-se de uma frase famosa, que indica a mulher virtuosa por excelência, dedicada à família e aos trabalhos domésticos. Encontra-se com freqüência (inclusive nas variantes *Domi mansit lanam fecit*, "ficou em casa, fiou a lã", e *Domi mansit casta vixit lanam fecit*, "ficou em casa, viveu casta, fiou a lã") nas inscrições fúnebres.

b) *Paixão e amor*

1399. *Amens amansque*
Louco e apaixonado

Essa expressão encontra-se em Plauto (*Mercator*, 82) e em Apuleio (*Apologia*, 84); vale-se de uma paronomásia fácil e divertida, que também é encontrada em outros textos, em passagens onde a relação entre os termos é diferente: em Terêncio (*Andria*, 218), *Nam inceptiost amentium, haud amantium*, "de fato, é projeto de loucos, não de apaixonados" (trecho famoso na Antiguidade, como demonstram as citações do gramático Diomedes [2,446,13 K.], que com ele exemplifica a paronomásia, e de Isidoro [*Origines*, 2,30,5; 2,39,16]), e em Lívio (3,47,4), por exemplo, os dois termos estão em oposição, enquanto em Cúrcio Rufo (6,7,8) tem-se *Et amore et metu amens*, "louco de amor e de medo". A estreita relação entre loucura e amor encontra-se também em autores tardios e medievais: por exemplo, Sérvio (*Comentário às Églogas de Virgílio*, 8,66), Nicola di Chiaravalle (*Ep.* 40 [*PL* 196,1639b]), João de Salisbury (*Ep.* 206 [*PL* 199,229d]); além disso, é complementar a oposição entre amor e sensatez: ver, por exemplo, algumas sentenças de Publílio Siro, como a A 15 (*Amans quid cupiat scit, quid sapiat non videt*, "quem ama sabe o que deseja, não vê o que é sensato"), a A 22 (*Amare et sapere vix deo conceditur*, "dificilmente a divindade concede amor e sensatez") e a C 32 (*Cum ames non sapias aut cum sapias non ames*, "se amas não tens juízo, se tens juízo não amas"). Esse *topos* tem difusão em toda a literatura erótica, sobretudo na grega: ver em especial um fragmento de Eurípides (161 N.²: τὸ μαίνεσθαι δ' ἄρ' ἦν ἔρως βροτοῖς, "o amor para os homens era enlouquecer"), registrado pelos paremiógrafos (Arsênio, 8,68a). Uma variante medieval é *Amens nemo magis quam male sanus amans*, "ninguém é mais louco do que um apaixonado insensato" (Walther 937); esse motivo também recorre com freqüência nos provérbios modernos: é engraçado, por exemplo, o italiano *Quanto è alta la passione tanto è bassa la ragione* [quanto mais alta a paixão, tanto mais baixa a razão]; são semelhantes o francês *Tout amant est fou* e o alemão *Minne verkehrt die Sinne*. Também são usadas com freqüência locuções como *Loucamente apaixonado*. Em literatura é um dos *topoi* mais conhecidos e difundidos: em Teófilo Folengo (*Baldus*, 1,562), por exemplo, o amor *savios mattescere cogit*, e em Ariosto (*Orlando Furioso*, 24,1) ele é uma *insania / universale*.

1400. *Militat omnis amans*
Todo amante é soldado

Essa famosa expressão tem origem em Ovídio: deriva de um verso de *Amores* (1,9,1) que declara: *Militat omnis amans et habet sua castra Cupido*, "todo amante é soldado e Cupido tem seus acampamentos". De resto, a milícia do amor é *topos* difundido em toda a literatura erótica; uma variação peculiar e espirituosa é a de *Così fan tutte*, de Mozart (libreto de Da Ponte), em que os feitos amorosos dos protagonistas são constantemente apresentados (e mascarados) como ação militar.

1401. *Nec sine te nec tecum vivere possum*
Não posso viver sem ti nem contigo

Essa expressão provém de Ovídio (*Amores*, 3,11,38) e reaparece, quase idêntica, em Marcial (12,46,2), enquanto em Catulo (72,5-8; 75,3-4; 85,1-2) são analisados de modo muito feliz — ainda que não com esses mesmos termos — os sentimentos contraditórios de quem ama; em grego, uma frase perfeitamente equivalente à de Ovídio está em Estrabão (14,2,24), mas não em contexto erótico. Ainda é conhecida e citada com freqüência em vista do tom "melodramático" e do sentimentalismo fácil: entre suas referências, lembro uma de Alfieri (*Oreste* [3,1], em que Clitemnestra assim se exprime a respeito do amante Egisto: *Con lui felice / non son io mai, ma né senz'esso il sono*); esse motivo constitui o *Leitmotiv* do filme *A mulher do lado* de F. Truffaut.

1402. *Amantium irae amoris integratio est*
As brigas dos amantes são a renovação do amor

Esse verso de Terêncio (*Andria*, 555) é considerado gnômico pelo comentador Donato e reaparece na tradição das sentenças de Publílio Siro (37 R.[2]). Realmente, esse motivo é tópico: ver ainda, por exemplo, Plauto (*Amphitruo*, 940 ss.), Terêncio (*Eunuchus*, 59-61, onde se afirma que sem brigas o amor não pode ser duradouro) e Ovídio (*Amores*, 1,8,96). Entre as máximas de Publílio Siro tem-se que *Cogas amatam irasci, amari si velis*, "obriga a amada a irar-se, se queres ser amado" (C 22). Em grego, cabe recordar um *monóstico de Menandro* (200 Jäkel, cf. também *Pap.* VI), que diz: ὀργὴ φιλοῦντος ὀλίγον ἰσχύει χρόνον, "a raiva de quem ama dura pouco tempo", também documentado entre os autênticos fragmentos de Menandro (567 K.-Th.). Provérbios semelhantes são freqüentes nas tradições modernas: em todas as línguas existem equivalentes ao italiano *Sdegno cresce amore* [a raiva aumenta o amor]; são variantes interessantes a italiana *Amore non è bello se non è litigherello*, a francesa *Petites querelles et noisettes sont aiguillons d'amourettes*, a russa *Mil'ie branjatsja, tol'ko tešatsja* (ou seja: "brigando, os amantes se divertem") e outras encontradas em muitos dialetos (entre as quais, destaco a friulana *Amor cence barufe al sa di mufe*, também presente em veneziano, e a napolitana *'Appìcceche e ppace ammore verace*; para outras, cf. Zeppini Bolelli 9). No Brasil se diz *Arrufos de namorados são amores renovados* e *Namorados arrufados, casamentos contratados*.

1403. *Antiquus amor cancer est*
Amor antigo é cancro

Nesses termos, a expressão provém de Petrônio (42,7); num trecho de Lucrécio, o poeta, falando dos males do amor que a pessoa sensata deve absolutamente evitar, compara esse sentimento a uma úlcera que se agrava quando envelhece. A equiparação do amor com a doença reaparece num provérbio grego registrado por Apostólio (7,3: ἕλκος ἔχω τὸν ἔρωτα, "para mim, o amor é como uma úlcera") e constitui um *topos* presente na poesia erótica de todos os tempos (na literatura grega, ver, por exemplo, Teócrito, 11,1). Muito difícil é o amor de longa data: é famoso, por exemplo, de Catulo, *Difficile est longum subito deponere amorem*, "é difícil pôr fim súbito a um amor antigo" (76,13), já registrado entre as sentenças medievais (Walther 5676). Quanto aos provérbios modernos, em alemão existe *Alte Liebe rostet nicht*, ao passo que, em todas as línguas, o amor mais difícil de se esquecer é o primeiro (na Itália se diz *Il primo amore non si scorda mai*; no Brasil, *Amor primeiro não tem companheiro* e *Não há amor como o primeiro*; em russo tem-se uma bela imagem em *Staraja ljubov' ne ržaveet* [ou seja: "amor velho não enferruja"]); às vezes se encontra a contraposição com o amor novo (como no dialeto da Puglia: *Émòere vécchje s'amméndéiene; u nueve vé e véiene* [ou seja: "o amor velho se mantém; o novo vai e vem"]), com máxima semelhante no que se refere à amizade (cf. nº 1324).

1404. *Amoris vulnus idem sanat qui facit*
Ferida de amor só cura quem provoca

Essa sentença de Publílio Siro (A 31) retoma — situando explicitamente em esfera amorosa — o provérbio grego ὁ τρώσας ἰάσεται, "quem feriu curará" (cf. *Mant. Prov.* 2,28), que, por sua vez, deve ser, com muita probabilidade, vinculado ao mito de Télefo, a quem um oráculo revelara que o ferimento em um de seus pés, provocado inadvertidamente pela lança de Aquiles, só seria curado por aquela mesma arma. Em literatura latina, tem grande difusão o motivo segundo o qual o único que pode curar as feridas de amor é quem as infligiu: ver, por exemplo, várias passagens de Ovídio (*Heroides*, 21,185 s., *Tristia*, 1,1,99 s.; 2,20 s., *Remedia amoris*, 44), Propércio (2,1,63 s.), Apuleio (*Metamorfoses*, 2,7; 10,3); às vezes também se encontra em contextos não-eróticos (cf., por exemplo, João Crisóstomo, *Homilias ao povo de Antioquia*, 5,5 [*PL* 49,76]); para outros paralelos, remeto a Weyman 52; 69,

Sutphen 132. Nas línguas modernas também há provérbios semelhantes: o italiano *Le ferite d'amore non le può sanare che chi le ha fatte* tem paralelos em toda a Europa; entre as variações, é digna de nota a francesa *L'amour est comme la lance d'Achille qui blesse et guérit*, que conserva a memória do mito de Télefo. Quanto a outros paralelos referentes às feridas de amor, cf. nº 1403.

1405. *Qui amant ipsi sibi somnia fingunt*
Os que amam modelam seus próprios sonhos

Essa expressão de Virgílio (*Bucólicas*, 8,108) é considerada proverbial por Sérvio; na realidade, no texto está em forma interrogativa e não afirmativa. É semelhante uma sentença de Publílio Siro (A 16) que declara: *Amans quod suspicatur vigilans somniat*, "quem ama sonha acordado o que está pensando". O *topos* do apaixonado sonhador ainda tem grande difusão, tanto que em italiano é comum perguntar-se *Sei innamorato?* [você está apaixonado?] a quem tem a cabeça nas nuvens.

1406. *Res est solliciti plena timoris amor*
O amor é coisa cheia de temor ansioso

Em Ovídio (*Heroides*, 1,12) essa expressão pertence à carta de Penélope a Ulisses, em que a mulher demonstra sua angústia diante dos perigos a que o marido está exposto, principalmente os que dizem respeito à guerra. Publílio Siro (A 34) tem *Amor otiosae causa est sollicitudinis*, "o amor é causa de vã preocupação"; entre os provérbios medievais deve ser lembrado — em vista da divertida rima — *In Veneris ludo timor est et sollicitudo*, "no jogo de Vênus há temor e preocupação" (Walther 12130). Em italiano existe *Non è vero amore quel ch'è senza timore*; em francês antigo, *Amour et crainte sont le timon et le fouet du charroi humain*; em espanhol, *Lo que más se ama más veces corre peligro*; em inglês, *Love is not without fears*; em literatura, lembro o soneto *Un disio d'amore sovente* de Iacopo da Lentini, no qual se afirma que *Amore è cosa piena di paura*, e a descrição das condições de Margarida apaixonada, no *Fausto* de Goethe (1: cena do passeio).

1407. *Oculi sunt in amore duces*
Os olhos são guias no amor

Essa frase é de Propércio (2,15,12) e está ligada a uma expressão proverbial: em Publílio Siro (O 15) tem-se *Oculi occulte amorem incipiunt, consuetudo perficit*, "os olhos iniciam o amor às escondidas, o costume o completa" (Walther 19710); os paremiógrafos gregos (Zenob. Ath. 2,54, Diogen. 4,49, Macar. 3,72, Apost. 6,89) registram ἐκ τοῦ γὰρ ἐσορᾶν γίγνετ' ἀνθρώποις ἐρᾶν, "o amor dos homens provém do olhar", máxima que, em grego, se vale da paronomásia entre εἰσορᾶν, "lançar um olhar", e ἐρᾶν, "amar", e constitui um verso atribuído por alguns a Agatão (fr. 29 Snell-Kannicht) e por outros a um outro trágico menor, Estenelo (fr. 1 Snell-Kannicht). Hesíquio (o 736), por outro lado, registra com o mesmo sentido ὀμμάτειος πόθος, "desejo ligado aos olhos", e Arsênio (5,78k), γυναικὸς ὄμμα τοῖς ἀκμάζουσιν βέλος, "o olhar da mulher é um dardo para os jovens". Esse mesmo motivo está num fragmento de Sófocles (157 R.) e recorre sobretudo em grego tardio e bizantino (por exemplo, em Clemente de Alexandria, *Pedagogo*, 3,32, e em Niceta Eugeniano, 2,99) e em latim medieval, onde se tem a fórmula *Ubi amor ibi oculus*, "onde há amor há olhar" (por exemplo, em João de Salisbury, *Ep*. 167 [*PL* 199, 158a]; 202 [225d] e *Policratico*, 3,12 [501b], e em Ricardo de Saint-Victor, *Beniamino Minore*, 13 [*PL* 196,10a]). Entre os provérbios modernos devem ser destacados o francês *L'oeil est le conducteur de l'amour*, os italianos *L'occhio attira l'amore* e *Gli occhi sono la via dell'amore*, o alemão *Die Augen sind der Liebe Boten* e o russo *Ljubov' načinaetsja s glaz* (ou seja: "o amor nasce com um olhar").

1408. *Quantum oculis, animo tam procul ibit amor*
O amor estará tão longe da alma quanto dos olhos

Essa expressão é extraída de Propércio (3,21,10): trata-se de um *topos* que também aparece em outras passagens do próprio Propércio (1,2,11), em Ovídio (*Ars amatoria*, 2,358), em Anselmo de Canterbury (*Ep*. 1,66 [*PL* 158,1137c]), em Venâncio Fortunato (7,12,71). A ela estão vinculados vários provérbios registrados pelos paremiógrafos gregos, como τὸ μὲν πῦρ ὁ ἄνεμος, τὸν δὲ ἔρωτα ἡ συνήθεια ἐκκαίει, "o vento atiça o fogo, o costume o amor" (*Mant. Prov*. 3,11), τηλοῦ φίλοι ναίοντες οὔκ εἰσιν φίλοι, "os amigos que moram longe não são amigos" (*App. Prov*. 3,99, cf. Ateneu, 5,186f), em que Nauck — não acompanhado por Kannicht-Snell — identificava um fragmento trágico anônimo (94), e, finalmente, ἐὰν χρόνιος ἡ ἀπουσία γένηται καὶ τῆς φιλίας δοκεῖ ἡ ἀπουσία λήθην ποιεῖν, "se a distância for prolongada, a distância parece fazer esquecer até o amor" (Arsen. 6,44a), que retoma um trecho de Aristóteles (*Ética para Nicômaco*, 1157 b 11 s.); em outros, porém, encontra-se a afirmação genérica de que, longe dos olhos, foge facilmente da memória aquilo que deveria ser lembrado (Apost. 3,42). Em Aristeneto (*Ep*. 1,12), enfim, registra-se como provérbio τοσοῦτον φίλος, ὅσον ὁρᾷ τις ἐναντίον, "ama-se na medida em que se vê (o ser amado)". Em todas as modernas línguas européias existem equivalentes aos italianos *Assenza è nemica d'amore* [a ausência é inimiga do amor] e *Lontano dagli occhi lontano dal cuore* [longe dos olhos, longe do coração] (Arthaber 711 e 131): este último já estava vivo na Idade Média (cf. Walther 24556: *Qui procul est oculis, procul est a limine cordis*, bem como os semelhantes 1082, 24558, 25226 e 25982); *O que os olhos não vêem o coração não sente*, que, porém, não tem acepção especificamente amorosa, tem precedente em latim medieval (*Quod non videt oculus cor non dolet* [Walther 25940]): de resto, são numerosas (cerca de trinta) as variações sobre o tema, registradas por Walther. Entre as referências literárias devem ser citados um famoso trecho de Dante (*Purgatório*, 8,76-78), onde o juiz Nino fala da mulher Beatrice d'Este, que se casara pela segunda vez, lamentando-se: *Per lei assai di lieve si comprende, / quanto in femmine poco l'amor dura, / se l'occhio o 'l tatto spesso non l'accende* (aqui o motivo nodal, na verdade, é a instabilidade feminina, cf. nº 1383), e um da primeira parte do *Fausto* de Goethe, em que esse motivo está numa fala de Margarida (cena do jardim, em que a jovem — de braço dado com Fausto — ouve suas fogosas declarações); uma fábula de La Fontaine (10,12), ademais, contém o ensinamento de que o remédio contra o amor ou o ódio é a distância. Finalmente, deve ser assinalado que *Cum autem sublatus fuerit ab oculis, etiam cito transit a mente*, "uma vez afastado dos olhos logo se afasta da mente", constitui um sugestivo reemprego desse motivo por parte de Tomás de Kempis (*Imitatio Christi*, 1,23,1), que lhe infunde uma nova acepção mística (na verdade o sujeito da oração é o decadente mundo terrestre).

1409. Γένος οὐδὲν εἰς ἔρωτα
A linhagem em nada influencia o amor

Esse verso é extraído de um poema de Anacreonte (29a,1 West): na realidade, nessa passagem afirma-se — com visão certamente não romântica — que no amor a única coisa que conta é o dinheiro, mas o verso costuma ser citado, fora do contexto, como paralelo à tradição proverbial segundo a qual "o amor iguala todas as desigualdades". Em latim encontra-se um paralelo em Propércio (1,5,23: *Nec tibi nobilitas poterit succurrere amanti*, "a nobreza não pode ajudar-te quando amas"); também é famoso *Nobilitas sub amore iacet*, "a nobreza submete-se ao amor" (coligido também entre as sentenças medievais [Walther 17033]), de Ovídio (*Heroides*, 4,161: é Fedra que constata com amargor que, perturbada pelo amor por Hipólito, perdeu o pudor e o comedimento próprios de sua alta linhagem). Entre as variações sobre o tema, eu citaria o italiano *Amor non mira lignaggio, né fede né vassallaggio* [o amor não contempla linhagem, nem crença nem vassalagem], que tem equivalente exato em espanhol, além do provérbio da Brescia, *Aqua e amor no guarda né a poer né a sior*, e do inglês *Equality is no rule in love's grammar*.

1410. *Amare iuveni fructus est, crimen seni*
Amar é um fruto para o jovem, um crime para o velho

Essa é uma sentença de Publílio Siro (A 29), que faz parte do *topos* das ridículas paixões senis, freqüente alvo de troça na comédia latina e definidos como indecorosas também por Ovídio, num famoso verso (*Amores*, 1,9,4: *Turpe senex miles, turpe senilis amor*, "são indecorosos o velho como soldado e o amor senil", também registrado por Walther [31950]); em *Heroides* (4,19), porém, Fedra confessa a Hipólito que seu amor é mais grave por ter sobrevindo em idade avançada. Em grego, devem ser destacados γέρων ἐραστὴς ἐσχάτη κακὴ τύχη, "um amante velho é o extremo da má sorte", presente nos *Monósticos de Menandro* (146; *Pap*. XIV 19 Jäkel), e δέσποινα γὰρ γέροντι νυμφίῳ γυνή, "para marido velho a mulher é patroa", que é um verso de *As fenícias* de Eurípides (fr. 804,3 N.²), retomado em forma de paródia em *Tesmoforiazuse* de Aristófanes (v. 413) e também registrado nos *Monósticos de Menandro* (191 Jäkel) e pelo paremiógrafo Arsênio (5,93b). Entre os provérbios modernos devem ser lembrados o italiano *Non v'è cosa peggiore che in vecchio pizzicor d'amore* (retomado na ária de Berta, no último ato de *O barbeiro de Sevilha* de Rossini: trata-se de um motivo presente em outros textos de óperas desse compositor, como por exemplo no final do primeiro ato de *Um turco na Itália*), o espanhol *Util es al joven amar, e indecoroso al viejo* (que tem um paralelo em francês e é muito semelhante à sentença de Publílio Siro), o alemão *Ein unzüchtiger alter Mann mit Ehren nie bestehen kann* e os brasileiros *Marido velho e mulher nova, ou corno ou cova, Velho com amor, inverno em flor* e *Velho com amor, morte em redor*; em muitos dialetos existem máximas semelhantes à veneziana *Co'l cavelo trà al bianchin, lassa la dona e tiente al vin*. Em sentido contrário, nas várias línguas européias registram-se equivalentes ao italiano *In amore il cuore non ha età* [em amor o coração não tem idade]; e uma bela contestação de que o amor *em idade provecta* é vergonhoso encontra-se em *Rime* de Michelangelo Buonarrotti (*Quand'il servo signor d'aspra catena*, vv. 16 s.).

1411. Sine Cerere et Libero friget Venus
Sem Ceres e Baco, Vênus definha

Para não enfraquecer, o amor deve — segundo essa máxima extraída de Terêncio (*Eunuchus*, 732) — ser sustentado pelo alimento (Ceres) e pelo vinho (Baco). Aqui, o cômico mencionava explicitamente um provérbio depois citado por muitos outros autores, que às vezes se referem claramente a Terêncio: Cícero (*De natura deorum*, 2,23,60) exemplifica o fato de que as várias coisas são chamadas pelo nome do deus que as criou; nos gramáticos, como por exemplo Plócio Sacerdote (6,467,12 K.), esse é um exemplo da metonímia em que o nome do *inventor* está para *quod est inventum* (para uma relação completa de tais trechos, remeto a Stanley Pease, 2,691); ver também Minúcio Félix (21,2), São Jerônimo (*Ep.* 54,9, *Adversus Iovinianum*, 2,7, *De regula monachorum*, 11 [*PL* 30,345d]), Sérvio (*Comentário à Eneida*, 1,686), Isidoro (*Origines*, 1,37,19). Obviamente é tópico e muito difundido, por outro lado, o vínculo entre Vênus e Baco, amor e vinho: assim, por exemplo, em Ovídio (*Ars amatoria*, 1,244), em Plínio (in *Anthologia Latina*, 1,2,3) e em Apuleio (*Metamorfoses*, 2,11). Em grego, οἴνου δὲ μηκέτ᾽ ὄντος οὐκ ἔστιν Κύπρις, "quando não há vinho não há Cípris", é o v. 772 de *As bacantes* de Eurípides, registrado como máxima autônoma, com uma ligeira variação, por Arsênio (15,42f). Perfeitamente correspondente ao provérbio latino é νεκρὸν Ἀφροδίτη Διονύσου δίχα καὶ Δήμητρος, "longe de Dioniso e de Deméter, Afrodite morre", que pode ser encontrado em Apostólio (12,2), contudo o *topos* da aliança e da sustentação recíproca entre amor e vinho é difundido e está presente em vários textos, desde *Problemas* do Pseudo-Aristóteles (953 b 39 ss.) até *De natura deorum* de Cornuto (30,61 Lang), a novela *Clitofonte e Leucipe* de Aquileu Tátio (2,3,3, onde temos οἶνος γὰρ ἔρωτος τροφή, "o vinho é o alimento do amor"; para outros textos afins, remeto a Stanley Pease cit.); ver, enfim, o outro provérbio Ἀφροδίτη καὶ Διόνυσος μετ᾽ ἀλλήλων εἰσί, "Afrodite e Dioniso ajudam-se mutuamente" (Apost. 4,58). A vinculação entre Afrodite-Vênus e Deméter-Ceres, ou seja, entre amor e alimento, também tem paralelos: um fragmento do trágico Aqueu (6,2 Snell-Kannicht) lembra que πεινῶσιν γὰρ ἡ Κύπρις πικρά, "para quem tem fome, Vênus é amarga", e era muito comum o provérbio ἐν πλησμονῇ Κύπρις, "Vênus de barriga cheia" (cf., por exemplo, Eurípides, fr. 895 N.², Antifanes, fr. 242,3 K., Pseudo-Aristóteles, *Problemas*, 896 a 24, Libânio, *Or.* 64,107 [4,490,11 s. Förster], Temístio, 13,164b, e, finalmente, *Monósticos de Menandro*, 231; 263 Jäkel), que — entre outras coisas — é explicitamente contestado por Plutarco (*De sanitate tuenda*, 126c). Por outro lado, o vinho é visto como ἄλγος ἔρωτι (ou ἐρῶντι, segundo correção de O. Schneider), "aborrecimento para o amor" (ou "para quem ama"), por Asclepíades (*Antologia Palatina*, 5,167,1 s.). Na Idade Média latina são freqüentes provérbios desse gênero (cf., por exemplo, Walther 4301, 8242, 14480, 26315,1, 29670, 33144a, 33402, 33411), encontrando-se ainda hoje em italiano (*Senza Cerere e Bacco è amor debole e fiacco*), em francês e em alemão. Entre as referências literárias recordo Rabelais, 3,31.

1412. *Omnia vincit amor*
O amor tudo vence

Essa famosa expressão é extraída de Virgílio (*Bucólicas*, 10,69: *Omnia vincit amor et nos cedamus amori*) e já na Antiguidade era considerada — como informa Macróbio (*Saturnalia*, 5,16,7) — máxima autônoma e como tal citada (por exemplo, nos escólios bernenses a Lucano, 3,402, por Nônio [446,6; 526,34] e em vários textos medievais, para os quais remeto a Sutphen 129); é retomada textualmente no v. 437 de *Ciris* do Pseudo-Virgílio e em diversas sentenças medievais, como Walther 20099, que, no entanto, se conclui com *sed nummus vincit amorem*, "mas o dinheiro vence o amor"; outra variação é *Femineus dulcis omnia vincit amor*, "o doce amor feminino tudo vence" (Walther 9317a, cf. também 12345,2). É muito difundido o motivo segundo o qual nada é difícil para quem ama (é preciso também lembrar que, para os latinos, o verbo *amare* também dizia respeito às relações afetivas em geral, e em especial a amizade); ver, além de muitos trechos medievais mencionados por Sonny 94 s. e por Sutphen 129, Cícero (*Orator*, 10,33), São Jerônimo (*Ep.* 22,40) e sobretudo um trecho de *Epistulae ad familiares* de Cícero (3,9,1), onde o amor aliado ao *studium* e à *benevolentia* é um dos comportamentos para os quais não existem impossibilidades. Lembro que *Amor tenet omnia* é título de um dos *Carmina Burana*; nas literaturas modernas, a onipotência do amor constitui *topos* freqüente: cf., por exemplo, Shakespeare, *As alegres comadres de Windsor*, 5,5, dois belos versos de Emily Dickinson (*That love is all there is / is all we know of love*); finalmente, recordo também a referência no recente filme de Terry Gilliam, *Fisher King* [*O pescador de ilusões*]; em todas as modernas línguas européias também é registrado como proverbial o equivalente da sentença latina (cf. Arthaber 81: em italiano existe *Tutto vince amor*) e entre as variantes dignas de nota estão a inglesa *Love makes his kingdom without a sword* e a alemã *Lust und Liebe zum Dinge macht alle Arbeit geringe*; no Brasil se diz *O amor não tem lei*. Nos vários dialetos italianos registra-se o equivalente a *Chi soffre per amor non sente pene* [quem sofre por amor não tem desgosto] (cf. Zeppini Bolelli 9); para o *topos* da dificuldade de os *non amantes* fazerem algo, ou seja, aqueles a quem não agrada fazer, cf. n° 887.

1413. Iuppiter ex alto periuria ridet amantum
Do alto, Júpiter ri dos perjúrios dos amantes

Essa expressão, ainda muito famosa (inclusive por ter sido utilizada em *Romeu e Julieta*, de Shakespeare, nas palavras que a jovem dirige ao amado, na cena do balcão [2,2,92 s.]), é extraída de *Ars amatoria* de Ovídio (1,633) e constitui uma variação do tema da óbvia aleatoriedade dos juramentos dos amantes, variação esta que reaparece de modo muito semelhante ainda em Ovídio (*Amores*, 1,8,85 s.), em Sêneca, o Retor (*Controversiae*, 2,2,10), e em *Corpus Tibullianum* (3,6,49 s.). O nível mais genérico do *topos* é representado por uma frase lapidar, que se encontra em *Cistellaria* de Plauto (v. 103: *Nil amori iniuriumst*, "em amor o falso juramento não significa nada"), e por uma sentença de Publílio Siro (A 37: *Amantis iusiurandum poenam non habet*, "juramento de amante não tem castigo"), que tem equivalente perfeito no grego Ἀφροδίσιος ὅρκος οὐκ ἐμποίνιμος, registrado pelo escólio a Platão (*O banquete*, 183b) e por lexicógrafos e paremiógrafos (Hesych. α 8771, que também registra a variante Ἀφροδίσιος ὅρκος οὐ δάκνει, "juramento de amor não morde", *Suda* α 4652, Diogen. 3,37, Greg. Cypr. 1,2; L. 1,1, Macar. 2,69; 6,47, Apost. 4,56, *App. Prov.* 4,33), ao qual alude Hesíodo num fragmento de *Inachi progenies* (124 Merkelbach-West); não muito diferente é ὅρκος Ἀφροδίτης συγγινώσκεται, "perdoa-se o juramento de amor" (Macar. 6,47, *App. Prov.* 4,33). Outras variações são as do juramento escrito na água (nº 1417) e do juramento varrido pelo vento (Catulo [70,3 s.], Tibulo [1,4,21 s.], Propércio [2,28,8], Ovídio [*Ars amatoria*, 1,632, *Amores*, 2,16,45 s.]). Um precedente exato de Júpiter rindo dos perjúrios dos amantes encontra-se em Platão (*Filebo*, 65c, *O banquete*, 183b), onde os deuses perdoam os perjúrios de amor, e num epigrama de Calímaco (25,3 s.: τοὺς ἐν ἔρωτι / ὅρκους μὴ δύνειν οὔατ' ἐς ἀθανάτων, "os juramentos de amor não chegam aos ouvidos dos deuses"), que, para alguns estudiosos, foi o modelo do verso do *Carmen* 70 de Catulo (cf. também nº 1417). Em italiano, diz-se *I giuramenti degli innamorati sono come quelli dei marinai* [os juramentos dos apaixonados são como os dos marinheiros] (que, por antonomásia, são as pessoas menos fidedignas: ver a expressão italiana *Promessa da marinaio* [promessa de marinheiro]); em francês, *Serment de joueur, serment d'amant, autant en emporte le vent* (notar a retomada do motivo do vento que varre o juramento).

1414. *Illi poena datur qui semper amat nec amatur*

Sofre grande pena quem sempre ama sem ser amado

Esse é um provérbio medieval (Walther 11477), fonicamente baseado na rima *datur / amatur*, que lembra os italianos *Amare e non essere amato è tempo perso* [amar sem ser amado é perda de tempo] ou *Tanto è amare e non essere amato / quanto rispondere senz'essere chiamato* [amar sem ser amado é como responder sem ser chamado] (para paralelos nas línguas européias, remeto a Arthaber 41).

1415. *Amor amara dat*

Amor dá amargor

A fonte é *Trinummus* de Plauto (v. 260): trata-se, porém, de um motivo tradicional, baseado na paronomásia *amor / amare* e *amarus*; ver ainda Plauto (*Cistellaria*, 68), Virgílio (*Bucólicas*, 3,109 s.), Santo Agostinho (*As confissões*, 4,12,18); existem trechos com paralelos conceituais, mas nos quais não há a paronomásia (por exemplo, Apuleio, *Metamorfoses*, 5,30). O italiano *Amore non è senza amaro* tem paralelos exatos em francês e sobretudo nos vários dialetos (cf. Zeppini Bolelli 8 s.; muito divertidos são os sicilianos *Amuri, tutti dìcinu ch'è amaru e ognunu voli pruvari s'iddu è veru* e *Amuri è amaru, ma ricrìa lu cori*, bem como o napolitano *Ammore e lo cetrulo vanno a pparo: 'ncoppa 'o doce, e ne lo culo ammaro*). Em outras línguas, essa idéia é expressa por uma contraposição entre termos que indicam "amor" e "dor" (em italiano também existe *Se ne vanno gli amori: restano i dolori* [vão-se os amores, ficam as dores] e nos dialetos são freqüentes provérbios do tipo do veneziano *Grand'amor, gran dolor*). A versão brasileira é *Muito padece quem ama*. São numerosas as referências literárias: é famoso *Quest'è colui che 'l mondo chiama Amore; / amaro come vedi, e vedrai meglio*, de Petrarca (*Trionfi*, 1,1,76 s.); todo o primeiro livro de *Asolani* de Pietro Bembo consiste numa lamentação contra o amargo amor (para outras referências no humanismo, sobretudo por parte de Lorenzo de' Medici e Marsilio Ficino, remeto a Wind 197 ss.); esse mesmo motivo reaparece, por exemplo, em *Grazie* de Foscolo (2,39; 3,134 s.); é bonita a variação de Hofmannsthal, em *O difícil*: *O amor não tem gosto de açúcar*, enquanto para Dietmar von Eist (*Dormes ainda, meu belo amante?*) a dor é componente essencial do amor. Lembro, enfim, uma engraçada variante "médica": *Ubi Venus, ibi syphilis*, "onde está Vênus está a sífilis".

1416. *Amor et melle et felle est fecundissimus*

O amor é fertilíssimo em mel e fel

Essa expressão, também registrada por Walther (985), deriva de *Cistellaria* de Plauto (v. 69) e, para dizer que o amor tem muitos momentos amargos, vale-se da difundida paronomásia *mel / fel* (nº 1688); existem paralelos em Sêneca (*Agamêmnon*, 510) e em Ovídio (*Amores*, 2,9,26). O fato de o amor produzir doçura misturada com amargor encontra-se ainda em Plauto (*Pseudolus*, 63) e em Catulo (68,18), enquanto é muito famoso um dístico de Lucrécio (4,1133 s.: *Medio de fonte leporum / surgit amari aliquid*, "em meio à doce fonte dos prazeres brota algo de amargo", cf. nº 1689); em grego usa-se com freqüência o adjetivo γλυκύπικρος para designar o amor; é muito interessante uma passagem de Apuleio (*Metamorfoses*, 2,10), em que a amante diz ao protagonista: *Dulcem et amarum gustulum carpis*, "recebes um gostinho doce e amargo", e prossegue advertindo para não agir de tal modo que a excessiva doçura leve a prolongado amargor (cf. nº 1774).

1417. *Mulier cupido quod dicit amanti / ... rapida scribere oportet aqua*

O que a mulher diz ao ávido amante deve ser escrito na água corrente

A fonte é um trecho de Catulo (70,3 s.): trata-se de uma variação sobre o tema da impossibilidade de confiar nos juramentos dos apaixonados (cf. nº 1413), onde o sujeito feminino, por outro lado, evoca o *topos* da não-confiabilidade das mulheres (nº 1381). Precedentes gregos exatos são constituídos por um fragmento de Sófocles (811 R.), que declara: ὅρκους ἐγὼ γυναικὸς εἰς ὕδωρ γράφω, "juramento de mulher eu escrevo na água", e por um verso semelhante de Meléagro (*Antologia Palatina*, 5,8,5). Valem-se da locução εἰς ὕδωρ γράφειν, usada para indicar uma ação totalmente vã e inexeqüível (cf. Luciano, *Cataplus*, 21, Diogen. 5,83, Macar. 5,50 e εἰς ὕδωρ τὸν ἔρωτα... γράφεις, "escreves o amor na água", de Filóstrato, *Imagens*, 2,8, registrado — com sentido metafórico — por Apost. 6,56). Em latim também existe expressão análoga (*In aqua scribere*), usada, por exemplo, por Santo Agostinho (*De civitate Dei*, 19,23,1) e por João de Salisbury (*Policrático*, 7,7 [*PL* 199,650a]) com o sentido do italiano *Mettere nel dimenticatoio* [votar ao esquecimento] (em alemão existe *In den Schornstein* [ou seja: "no caminho"] *schreiben*). Finalmente, deve ser destacada a arguta variante ὅρκον δ' ἐγὼ γυναικὸς εἰς οἶνον γράφω, "juramento de mulher eu escrevo no vinho", que constitui um fragmento do cômico Senarco (6 K.-A) e é registrado — ainda que com divergências formais — por Arsênio (17,20e): para sua compreensão exata deve-se lembrar que existe um *topos* cômico centrado nas mulheres que bebem (cf. H. G. Oeri, *Der Typ des komischen Alten in der griechischen Komödie*, Basel 1948, F. J. Brecht, *Motiv- und Typengeschichte des griechischen Spottepigramms*, Leipzig 1930, 66).

1418. *Amor caecus*

O amor é cego

Esse é um provérbio latino muito famoso, que teve grande importância cultural por ter sido utilizado no Renascimento e revestido de misteriosos significados ocultos (cf. Wind 64 s.; 67 ss.; 72;98; 146; 154). Condensa em si um *topos* já difundido nas literaturas clássicas e que parte da constatação de que quem ama não vê defeitos nem vícios no ser amado (para algumas espirituosas variações medievais sobre o tema cf. nº 547): em latim ver, por exemplo, Plauto (*Miles*, 1259), Horácio (*Sat*. 1,3,38-40; *Carm*. 1,18,14 s.), São Jerônimo (*Adversus Ioannem Hierosolymitanum*, 3,409), Símaco (*Ep*. 8,46). Em grego, os paremiógrafos registram (*Mant. Prov*. 3,30) τυφλοῦται περὶ τὸ φιλούμενον ὁ φιλῶν, "quem ama é cego em relação ao ser amado", derivado de *As leis* de Platão (5,731e), enquanto São Jerônimo (*Comentário a Oséias*, 3 praef.) afirma, a propósito de Cícero (*De amicitia*, 85: *Amantium caeca iudicia sunt*, "os juízos dos amantes são cegos"), que se trata da tradução — não literal — de um trecho de Teofrasto que desconhecemos (talvez derive de Περὶ φιλίας) e que soava: τυφλὸν τὸ φιλοῦν περὶ τὸ φιλούμενον, "o que ama é cego em relação ao amado". O amor que ἐπισκοτεῖ, "cega", está em Menandro (fr. 43 K.-Th). O amor também pode ser descrito pela deficiência de outros sentidos, além da visão: em Propércio (2,16,35), por exemplo, ele tem *surdis auribus*, "ouvidos moucos". Expressões como *O amor é cego* encontram-se todas as línguas européias e nos dialetos italianos: entre as variações destaco as francesas *L'amour est de telle nature qu'il aveugle la créature* e *L'amour a un bandeau sur les yeux*, a espanhola *Afición ciega razón*, a napolitana *Addó 'nge sta l'ammore nun se canosce arrore*, a corsa *Amore e tigna un guardanu induve elli si mettenu* e as brasileiras *Cuidam os namorados que todos têm os olhos furados* e *Paixão cega a razão*; entre as tantas referências literárias importantes, estão uma de *Jerusalém libertada* de Tasso (2,15), uma de Shakespeare (*O mercador de Veneza*, 2,6: *But love is blind, and lovers cannot see / the pretty follies that themselves commit*), uma de Quevedo (*El alguacil endemoniado*), e a observação de Nietzsche em *Humano, demasiado humano*, segundo a qual o amor e o ódio não são cegos, mas ofuscados pelo seu excessivo fulgor.

1419. *Improbe Amor, quid non mortalia pectora cogis!*
Amor cruel, a que não obrigas os corações mortais!

Essa famosa exclamação, vinculada ao *topos* da onipotência do amor (nº 1412), deriva da *Eneida* (4,412) e refere-se às ações insensatas que Dido realiza, levada pelo amor por Enéias. É reutilizada por Marcial (5,48,1) e por Prudêncio (*Hamartigenia*, 149), que, porém, substitui *Amor* por *Mors*; também se conhece *Quid non mortalia pectora cogis, / auri sacra fames!*, "a que não obrigas os corações mortais, execranda fome de ouro!" (*Eneida*, 3,56 s., cf. nº 1810).

1420. *Adgnosco veteris vestigia flammae*
Reconheço os sinais da antiga chama

É com essas palavras que, no quarto livro da *Eneida* (v. 23), Dido confessa à irmã Ana que ainda tem em si um perturbador sentimento de amor: essa expressão atualmente é citada como máxima, muitas vezes com a forma mais comum *agnosco* em lugar do *adgnosco* adotado pelos editores mais autorizados. Também é famosa a sua retomada por Dante, que, em *Purgatório* (30,48), acolhe Beatriz exclamando: *Conosco i segni de l'antica fiamma.*

1421. *Audendum est: fortes adiuvat ipsa Venus*
É preciso ousar: até Vênus ajuda os corajosos

A fonte é Tibulo (1,2,16): esse motivo também se encontra em Ovídio (*Ars amatoria*, 1,605 s., *Heroides*, 19,159); na Idade Média, deve ser ressaltado *Audendum est: fortes adiuvat ipse Deus* (Walther 1699). Na realidade, trata-se de uma aplicação ao âmbito amoroso do famoso *Fortes Fortuna iuvat* (nº 851). O equivalente italiano é *Amante non sia chi coraggio non ha*, enquanto em inglês e em alemão tem-se o paralelo ao francês *Un honteux n'eut jamais belle amie* (ou seja: "o tímido nunca teve amante bonita").

1422. *Amor tussisque non celatur*
Amor e tosse não se escondem

Essa expressão, registrada entre as sentenças medievais (Walther 995), tem equivalentes exatos em provérbios documentados nas várias línguas européias (Arthaber 72) e nos dialetos italianos (Zeppini Bolelli 8). A variação italiana *Il fuoco, l'amore e la tosse ben presto si conosce* [fogo, amor e tosse logo se conhece] tem um precedente medieval (Walther 23669: *Quatuor abscondi non possunt: tussis, amor, ignis, dolor*, "quatro coisas não podem ser escondidas: tosse, amor, fogo e dor"); é engraçada a veneziana *Amor, tosse e panza no i se sconde*, enquanto em outros lugares, como por exemplo na Emilia, tem-se a comparação entre o amor e as nozes, que não podem ficar escondidos porque fazem barulho. No Brasil se diz *Tosse, amor e febre ninguém esconde*.

1423. *Si vis amari ama*
Se queres ser amado, ama

Sêneca (*Ep.* 9,6) atribui esse provérbio ao estóico Hecatão (fr. 27 Fowler): encontram-se paralelos, por exemplo, em Ovídio (*Ars amatoria*, 2,107), em Marcial (6,11,9 s., retomado por Ausônio, *Epigramas*, 94,6) e em Plínio (*Panegírico de Trajano*, 85); para outras referências nos autores medievais, ver Sutphen 129; entre as sentenças, além da referência à de Sêneca (Walther 29376), têm-se variantes como, por exemplo, *Ut ameris ama!*, "para seres amado, ama!" (32310, cf. também 13541), e *Sit procul omne scelus; ut ameris amabilis esto!*, "que toda maldade fique longe; para seres amado, sê amável!" (29825). Constituem paralelos singulares dois trechos de Roswitha (*Abraham*, 6,2, *Paphnutius*, 3,1), em que a "filosofia" do *Quicumque me diligunt, aequalem amoris vicem a me recipiunt*, "quem me ama recebe em troca amor igual", é símbolo do comportamento das prostitutas. De qualquer modo, é preciso notar que esse provérbio em geral dizia respeito à esfera afetiva e, em especial, à amizade (cf. nº 1303) e não simplesmente às relações eróticas, ainda que, a esse respeito, os gregos conhecessem, desde Safo (fr. 1 Voigt), a lei da "reciprocidade amorosa", do *Amor ch'a nullo amato amar perdona* (como com freqüência é hoje indicada, retomando as palavras de Francesca da Rimini no *Inferno* de Dante [5,103]; para a bibliografia sobre o assunto, remeto ao citado nº 1303). São numerosos os provérbios modernos sobre esse tema, como o italiano *Amor non si compra né si vende, ma in premio d'amor amor si rende*, o napolitano *Ammore cu ammore se pave* [amor com amor se paga] (essa idéia também é encontrada em outros dialetos, sendo retomada por Paolo Rolli em *Odi d'argomenti amorevoli* [*Bella mano, ma sdegnosa*]), o toscano *Ama chi t'ama e rispondi a chi ti chiama* (também presente em outras regiões da Itália, como em Bolonha), o friulano *Amôr al fás amôr*: notar, porém, que é mais freqüente a recomendação de retribuir amor com amor do que a de amar para ser amado. No entanto, também existe um provérbio do Lácio, com uma ponta anticlerical: *Se fai com'er prete che pensi a te solo, gnisuno troverai che t'ami*.

1424. Πᾶς γοῦν ποιητὴς γίγνεται, κἂν ἄμουσος ᾖ τὸ πρίν, οὗ ἂν Ἔρως ἅψηται

Todos os que são tocados pelo amor, ainda que não predispostos às Musas, tornam-se poetas

Com essas palavras, Platão (*O banquete* 196e) exprime um motivo tópico, já presente — com formulação não muito diferente — em *Estenebéia* de Eurípides (fr. 663 N.²), que, depois, reaparece, por exemplo, em vários textos de Plutarco (*De Pythiae oraculis*, 405f, *Quaestiones convivales*, 622c, *Amatorius*, 762b) e será registrado por Arsênio (9,77b); a ele alude Aristófanes (*As vespas*, 1074) quando o coro — vestido de vespas — dirige-se aos espectadores para explicar por que está munido de ferrão. Eventualmente, como em Arsênio, a poesia pode ser substituída pela música, ou, como em Hélio Aristides (*Dioniso*, 1,51,6 s. Dindorf), pela dança (mas nesse trecho o sujeito não é o amor, mas — com mais verossimilhança — Dioniso: cf. também nº 740) ou pela capacidade de ouvir e ser envolvido (cf. Pseudo-Longino, *Do sublime*, 39,2; o sujeito é o som da flauta que às vezes possui essa magia encantadora, mesmo que se trate de uma imitação espúria da verdadeira arte da persuasão); às vezes é o amor que é substituído pela χρεία, "necessidade" (ver Eurípides, fr. 715 N.², Menandro, fr. 229 K.-Th; para esse motivo, ver nº 1819). Lembro, enfim, uma expressão de *A rainha de Corinto* de F. Beaumont e J. Fletcher, segundo a qual o amor faria um cão latir em versos.

1425. *Non me... vincant in amore columbae*

As pombas não me superariam em amor

Essa expressão, derivada de Propércio (1,9,5), utiliza um paralelo tópico: na literatura latina, as pombas, consagradas a Vênus (cf. D. W. Thompson, *A Glossary of Greek Birds*, Oxford 1936, 244-246), são o símbolo da ternura e do amor (ver, por exemplo, Catulo [68,126-128], Ovídio [*Amores*, 2,6,36], Plínio [*Naturalis historia*, 10,52], Marcial [11,104,9; 12,65,7 s.], Propércio [2,15,27]; em Catulo [29,8], compara-se ao pombo alguém que acaba na cama de todo o mundo). Outro pássaro que simboliza a *voluptas* amorosa é o pardal: cf., por exemplo, Cícero (*De finibus*, 2,23,75), Varrão (*Satyrae menippeae*, 274 Bücheler, *Carmina Priapea*, 26,5), Plínio (*Naturalis historia*, 10,52; 10,54; 18,45), bem como os trechos citados por Otto 1352, Szelinski 19; 234, Sutphen 149; em grego, parece encontrar-se acepção semelhante numa glosa de Hesíquio (σ 2032 Schmidt, cf. também *ThGL* 8,883d). O uso de *pombinhos* para indicar dois apaixonados é comum, sobretudo quando trocam carinhos; o uso do francês *tourtereaux* é análogo; as pombas *liebentzündet*, "ardentes de amor", do *Fausto* de Goethe (2,2 [baías rochosas do mar Egeu]), aludem exatamente à locução antiga.

1426. *Qui non zelat non amat*
Quem não tem ciúme não ama

A fonte é Santo Agostinho (*Contra Adimantum*, 13,2 [42,147 M.]); esse motivo também está nos epigramas de Ausônio (80,3) e é freqüente nos provérbios modernos: no italiano *Uomo zelante uomo amante* está evidente a herança do *zelat* latino, enquanto a forma mais conhecida — inclusive porque presente numa canção popular — é *Amor vuol dir gelosia* [amor quer dizer ciúme]. O alemão tem *Wo keine Eifersucht ist, da ist auch keine Liebe*, expressão muito semelhante à latina; no Brasil se diz *Quem tem amor, tem ciúme*. Uma referência literária sugestiva está em *O fim de uma ligação* (II 2) de G. Greene.

1427. *Non bene cum sociis regna Venusque manent*
Reinado e amor não combinam com nada

A fonte é um trecho de *Ars amatoria* de Ovídio (3,564); expressão semelhante encontra-se em *Agamêmnon* de Sêneca (v. 259: *Nec regna socium ferre nec taedae sciunt*, "nem os reinos nem os fachos nupciais sabem suportar companhia", modificado na Idade Média para *Nec regna nec taedae socios ferre queunt* [Walther 16247]); essa observação, porém, costuma dizer respeito apenas aos reinos (cf., por exemplo, o próprio Sêneca [*Tiestes*, 444], Lucano [1,92], Cipriano [*Quod idola dei non sint*, 8, p. 25,17 H.], Orósio [7,26,6], Coripo [*Iohannis*, 4,88 ss.]). O italiano tem *Amore e signoria non soffrono compagnia* e o francês, o alemão e o inglês registram provérbios semelhantes; no Brasil se diz *Amor e senhoria não quer companhia* e *Mandar não quer par*.

1428. *Post coitum omne animal triste*
Depois do coito todo ser animado fica triste

Esse adágio, muito conhecido, costuma ser atribuído a Aristóteles, mas sua verdadeira origem, ao que me consta, é desconhecida: em *De generatione animalium* (725 b) fala-se somente do cansaço que habitualmente os homens sentem depois da ejaculação. Conceito semelhante encontra-se num poema do Pseudo-Petrônio (4,101,1 s. Baehrens). Entre as referências literárias modernas, lembro uma contida em *Diavolo* de Papini, que afirma que isso lhe lembra a figura da Noite nos túmulos dos Medici feitos por Michelangelo.

1429. *Caprinum proelium*
A batalha dos bodes

Esse é o título de uma *satira menippea* de Varrão (p. 266 Bücheler): a batalha a que se faz referência parece ser a amorosa, mesmo à luz do subtítulo Περὶ ἡδονῆς, "do prazer". Realmente, é tópica a lascívia dos bodes, cf., por exemplo, Horácio (*Carm.* 3,15,12), Ovídio (*Metamorfoses*, 13791); para outros textos, remeto a *ThlL* 3,306,21 ss. Segundo o próprio *Thesaurus* (3,361,30 s.), porém, o título de Varrão deve ser explicado com base no provérbio *Rixatur de lana caprina* (nº 410) e, portanto, indicaria uma briga por motivos fúteis. O *topos* do bode lascivo também está vivo na literatura italiana (ver, por exemplo, Monti, *Opere inedite e rare* [Milano 1832-1834], 4,125, D'Annunzio, *Laudi*, 142).

c) O casamento

1430. *Maximo periculo custoditur quod multis placet*
Com enorme perigo cuida-se daquilo que agrada a muitos

Essa é uma sentença de Publílio Siro (M 18): expressões semelhantes reaparecem em São Jerônimo (*Adversus Iovinianum*, 1) e nas sentenças medievais (cf., por exemplo, Walther 14519, 22728a, 25757). Nas tradições proverbiais, esses termos geralmente dizem respeito a cuidar de uma mulher bonita, segundo um *topos* vinculado a um outro, para o qual as mulheres bonitas são desleais (cf., por exemplo, Horácio [*Carm.* 2,8,5], Ovídio [*Fastos*, 2,161]; ver também o nº 1392). Em francês, inglês, alemão e espanhol existem equivalentes ao italiano *Chi ha bella donna e castello in frontiera non ha pace in lettiera* [quem tem mulher bonita e castelo na fronteira não tem paz na cabeceira]; a formulação mais comum, em italiano e dialetos, é *Chi è bella ti fa far da sentinella* [quem é bela te faz bancar sentinela]; outras variações interessantes são a veneziana *Xe più dificile far la guardia a 'na femena ch'a un saco de pùlesi*, a francesa *Qui a femme à garder, il n'a pas journée assurée* e a inglesa *Who hath a fair wife need more than two eyes*; finalmente, cabe notar que, em *As you like it*, de Shakeaspeare [1,3], tem-se a máxima *Beauty provoketh thieves sooner than gold* e que esse motivo também se encontra em *Fausto* de Goethe (2,3).

1431. *Mense malas Maio nubere*
No mês de maio casam-se as infelizes

A fonte é uma passagem de *Fastos* de Ovídio (5,489), que transcreve a expressão explicitamente como proverbial, coroando a observação de que os casamentos realizados entre 7 e 9 de maio sempre trouxeram infelicidade; ao hábito de não se casar em maio e esperar junho faz referência Plutarco, em *Quaestiones Romanae* (285b). A razão desse uso era que não se podia realizar matrimônios nos dias dedicados aos Lêmures, ou seja, aos espíritos dos mortos: por muito tempo ficou a herança dessa proibição, em nível antropológico (no início do século XX ainda estava viva na Ligúria e em muitas outras regiões da Itália; outras documentações em *Handwörterbuch des deutschen Aberglaubens*, 5,1512 s.). Do mesmo modo, em todas as línguas européias existem provérbios que proíbem casamentos em maio: em italiano existe *Chi si sposa di maggio malum signum*, com singular mistura de latim; em calabrês, *Sposa maiulina non si godi la curtina*.

1432. *Quod... Deus coniunxit homo non separet*
O que Deus uniu, o homem não separe

Esse é um preceito que Jesus transmite no *Evangelho de Mateus* (19,6), a respeito do matrimônio: mulher e marido serão dois numa só carne (ἔσονται οἱ δύο εἰς σάρκα μίαν, "*erunt duo in carne una*": essa máxima também é famosa, derivando do *Gênesis* [2,26] e sendo citada por São Paulo [*Primeira Epístola aos Coríntios*, 6,16, *Epístola aos Efésios*, 5,31]); portanto, não serão mais admitidas separações nem divórcios. Essa expressão não só é registrada como proverbial nas várias línguas européias (Arthaber 298), mas também é muito conhecida por ter sido adotada pela Igreja católica como lema simbólico da sua ideologia em relação à família; é, portanto, citada nos casamentos católicos e freqüentemente proclamada pelos movimentos antidivorcistas. Finalmente, deve ser ressaltado que dividir o que Deus mandou unir aparece várias vezes no *Alcorão* (cf., por exemplo, 2,27 e 13,25), mas com significado profundamente diferente: diz respeito aos que estão empenhados na aliança com Deus, mas depois, traiçoeiramente, rompem-na.

1433. *Maritale... capistrum*
Cabresto matrimonial

Essa *iunctura* é extraída de um trecho de Juvenal (6,43), autor famoso pelas sátiras mordazes contra as mulheres. Na Antiguidade era tópica a visão do casamento como fonte de ansiedades e preocupações (cf., por exemplo, Teócrito, 27,25), mas essa expressão está muito próxima de alguns ditados populares atuais, segundo os quais o casamento "é a morte civil" ou "uma corda no pescoço". Outro provérbio famoso é o italiano *Uomo ammogliato uccello in gabbia* [homem casado, pássaro na gaiola]; é interessante uma comparação popular italiana: *Sposarsi è come ammazzare un uomo: minimo ti danno trent'anni, se no l'ergastolo* [casar-se é como matar um homem: no mínimo dão trinta anos, ou então prisão perpétua]. No Brasil se diz *Depois do casamento vem o arrependimento*.

1434. Melius nil caelibe vita
Nada é melhor do que a vida de solteiro

A fonte é Horácio (*Ep.* 1,1,88); paralelo espirituoso é dado por uma paretimologia encontrada em Prisciano (*Institutiones grammaticae*, 1,23), segundo a qual *caelebs* equivale a *caelestium vitam ducens*, "quem leva vida dos celestes". Esse *topos* retorna nas sentenças medievais (cf., por exemplo, Walther 14612, 15502, 28285) e é muito difundido nas tradições proverbiais modernas: ver, por exemplo, o brasileiro *Casar é bom, não casar é melhor*, e o italiano *Chi no sa quel che sia malanno e doglie se non è maritato prenda moglie* [quem não sabe o que é desgraça e sofrimento, se não é casado que se case] (cf. Arthaber 67, 787, 823; entre as variantes, devem ser assinaladas as inglesas *Needles and pins; when a man marries, his trouble begins* e *He that has wife has strife*, e a de Abruzos, *Chi nin tè' mojie nin sa che cos'è ddojie* (ou seja: "quem não tem mulher não sabe o que são dores").

1435. More uxorio
Conforme o matrimônio

Essa locução ainda é comumente usada para designar a convivência de duas pessoas que, não sendo casadas, vivem nas mesmas condições de fato que decorreriam do matrimônio.

1436. Τὰς μὲν κόρας ἄνδρας εὑρεῖν δεῖ, τὰς δὲ γυναῖκας σῴζειν τοὺς ἔχοντας
As jovens devem procurar marido; as mulheres, conservar aqueles aos quais pertencem

Segundo Plutarco (*Lacedaemoniorum apophthegmata*, 232c), essa é a arguta resposta do rei Carilau, de Esparta, a alguém que lhe perguntava por que as jovens não usavam véu e as mulheres casadas sim. Essa frase também é registrada pelo paremiógrafo Apostólio (15,93).

1437. Κέρδος αἰσχύνης ἄμεινον· ἕλκε μοιχὸν εἰς μυχόν
O lucro é mais importante que a vergonha: leva para dentro o amante da mulher

Esse é um fragmento de Cálias (1 K.-A.), transcrito pelos paremiógrafos (Zenob. vulg. 4,67, Diogen. 5,42, Plut. 89, Macar. 5,13, Apost. 9,68, *Suda* ε 880, μ 1360). Indubitavelmente, aqui está presente o motivo de que o lucro é superior a qualquer sentimento e à moral (cf. n°s 1780, 1807); a dúvida está na sua interpretação exata, visto que ὁ μυχός pode indicar a parte interna de qualquer edifício: tradicionalmente, acreditou-se que haveria referência à lei segundo a qual o adúltero ficaria preso enquanto não pagasse (se as coisas são assim, o marido pede que conduzam o adúltero para a prisão); Rupprecht, contudo, contestou essa exegese, aventando a hipótese de que se trataria simplesmente de um marido-alcoviteiro. De qualquer modo, deve-se notar que, do ponto de vista formal, a frase baseia-se na semelhança fônica entre μοιχόν e μυχόν (no grego tardio, οι e υ acabaram por ser pronunciados da mesma maneira). Conceitualmente, é preciso lembrar que, mesmo nos dialetos italianos, existem provérbios que falam da vantagem econômica auferida das traições das mulheres, como por exemplo, o da Emilia, *I córen j'in come i dèint: fèn mèl quand spunten, mò pò ajòten a magnèr* (que tem equivalente perfeito em romanesco e em siciliano, cf. Sciascia, *Occhio di capra*, 81 s.) e o veneziano *Xe megio essar bechi e aver da becar, che no essar bechi e no aver da magnar*.

1438. Δύ' ἡμέραι γυναικός εἰσιν ἥδισται, / ὅταν γαμ+ τις κἀκφέρ{ τεθνηκυῖαν

São dois os dias mais felizes que a mulher nos proporciona: quando nos casamos com ela e quando a levamos para o cemitério

Trata-se de um fragmento de Hipônax (66 Degani): na literatura grega, o motivo dos dois melhores momentos propiciados pela mulher reaparace em Paladas, num epigrama (*Antologia Palatina*, 11,381) que, com toda probabilidade, estava na mente do escritor de versos iâmbicos. Encontra-se afinidade em outros textos nos quais a morte é vista, de modo mais genérico, como o momento mais feliz do casamento (Ferecrates, *Papiro Berlinense* 9772 [fr. 286 K.-A], Sosícrates, fr. 286 K.-A, cômicos anônimos, frr. 1224; 1265 K. [nestes últimos, o momento feliz da morte da mulher é contraposto ao do casamento: entre os documentos, também deve ser incluído um *monóstico de Menandro* (151 Jäkel)], Automedonte, *Antologia Palatina*, 11,50,8 s.; para outros elementos e bibliografia, remeto a E. Degani, *Studi su Ipponatte*, Bari 1984, 113). Essa expressão continua proverbial em muitos dialetos italianos, como no veneziano *I òmeni i gode de la done el zorno che i le tol e quel che le crepa*, no lombardo *I consolazion d'on omm hin dò: quand el menna a cà la sposa e quand la porten via* e no da Emilia *La mujèra la dá dou gran sodisfaziòun: quand la se spòusa, perché a se-gh vòul bèin, quand la mòr perché a s-in tòs un'etra*, onde a segunda explicação [quando nos casamos, porque gostamos dela; quando ela morre, porque pomos outra em seu lugar] evita a simplicidade das outras redações e põe tudo num plano mais indulgente e pândego. Não faltam provérbios conceitualmente afins, mas formalmente diferentes, como o romanesco *La morte de la moje è un gran dolore, ma beato chi lo prova*, ou os brasileiros *Dor de mulher morta dura até a porta* e *Feliz da porta, por onde sai mulher morta* (para os paralelos em outras línguas cf. Mota 86, 99); existem também espirituosas referências literárias, como a comparação da morte da mulher com as batidas no cotovelo — portanto, com um mal passageiro — em *Lasca* (*Le cene*, 1,1,4) ou o epitáfio para a esposa, de J. Dryden: *Here lies my wife: here let her lie! / Now she's at rest, and so am I*, ou o viúvo de *El mundo por dentro*, de Quevedo, que no funeral pensa em outro casamento.

1439. *Ubi Caius ibi Caia*
Onde está Caio que esteja Caia

Esse é um lema que atualmente goza de certa notoriedade, inclusive por ter sido utilizado por H. Sienkiewicz em *Quo vadis?* (caps. 11, 34). Equivale à norma jurídica segundo a qual a mulher deve seguir o marido, principalmente em questões de residência, mas também, de modo geral, em todas as questões que possam criar dissidências entre os cônjuges: segundo esse adágio, quem deve ceder e seguir as opiniões do outro é a mulher. A variante *Ubi tu Caius ego Caia* está documentada já em Plutarco (*Quaestiones Romanae*, 271d: ὅπου σὺ Γάιος, ἐγὼ Γαΐα).

1440. *Formosa virgo est: dotis dimidium vocant*
É uma bela jovem: dizem que é metade do dote

Trata-se de um verso de Afrânio (156 R.³), em que o sujeito de *vocant* é *isti, qui dotis neglegunt uxorias*, "aqueles que não se preocupam com o dote das mulheres"; encontram-se paralelos muito expressivos em Sêneca, o Retor (*Controversiae*, 1,6,6), em Ovídio (*Ars amatoria*, 3,257 s.) e sobretudo num trecho de Apuleio (*Apologia*, 92), onde o tema é amplamente desenvolvido. Também é paralelo o motivo segundo o qual a beleza vale mais do que qualquer recomendação, encontrado num apotegma de Aristóteles transcrito por Diógenes Laércio (5,18) e numa sentença de Publílio Siro (F 4: *Formosa facies muta commendatio est*, "um belo rosto é uma recomendação muda"). Entre as sentenças medievais estão presentes a gnoma de Afrânio (Walther 9772, cf. também 12146) e a de Publílio Siro (9771). São muitos os provérbios modernos sobre o assunto: o italiano *La faccia ha mezza dote* [a cara tem meio dote] tem paralelo em inglês; muito difundido é *Chi nasce bella non nasce povera* [quem nasce bonita não nasce pobre]. Entre as numerosas variantes dialetais, a piemontesa *Chi nas bela a porta la dote ant la scarsela* tem equivalentes em outros dialetos setentrionais (por exemplo, na Ligúria) e meridionais (por exemplo, na Puglia) e em francês; a lombarda *La donna bella la nass maridada* reaparece em termos muito semelhantes na Emilia e na Puglia; quanto às outras línguas, devem ser lembrados, em alemão, *Schöne Jungfrau hat ihren Brautschatz im Angesicht* e, em português, *Boa aparência é carta de apresentação* (o qual possui um paralelo em espanhol), que reproduz com exatidão a máxima de Publílio Siro.

1441. *Dos est magna parentium / virtus*
O grande dote é a virtude dos pais

Essa máxima provém de Horácio (*Carm.* 3,24,21 s.): esse motivo, porém, já está presente em Eurípides (*Andrômaca*, 623), num trecho em que Peleu recomenda ἐσθλῆς θυγατέρ' ἐκ μητρὸς λαβεῖν, "tomar como esposa a filha de mãe honrada". São muitos os provérbios modernos sobre o tema, como o italiano *Di buona terra to' le vigne, di buona madre to' la figlia* (que tem equivalentes em todas as línguas européias) e o alemão *Wer will zur Ehe die Tochter an, der seh' zuvor die Mutter an.*

1442. Siqua voles apte nubere, nube pari
Se quiseres casar bem, casa com alguém igual a ti

A fonte é Ovídio (*Heroides*, 9,32): trata-se da aplicação à esfera amorosa do *Pares cum paribus maxime congregantur* (nº 1335). Entre as sentenças medievais, Walther registra numerosas variantes formais da frase de Ovídio (8177a, 28367, 28890, 29404, 32776a); em todas as línguas modernas registram-se provérbios semelhantes: em italiano é comum dizer-se *Donne e buoi dei paesi tuoi* [mulheres e bois da tua terra]; em português existem *Casar com os de sua igualha, Casar e comprar, cada um com seu igual, Quem ao longe vai casar, ou vai enganado, ou vai enganar* (para outros paralelos ver Mota 64, 65, 177) e em inglês, *Like blood, like good and like age make the happiest marriage.*

1443. *Argentum accepi, dote imperium vendidi*
Aceitei o dinheiro e vendi o comando por um dote

Trata-se de um verso de Plauto (*Asinaria*, 87), com sabor proverbial (é documentado entre as sentenças medievais, cf. Walther 1329, inclusive com *uxorem* em lugar de *argentum*, cf. 32768). Está ligado a um *topos* proverbial já em grego: Anaxandro (fr. 52,4 s. K.) afirma que ἡ γὰρ πένης ὢν τὴν γυναῖκα χρήματα / γαβὼν ἔχει δέσποιναν, οὐ γυναῖκ' ἔτι, "se um pobre se casa com mulher rica, arranja uma patroa, não uma mulher" (também se registra expressão semelhante para o velho que se casa com mulher jovem; cf. nº 1410); essa situação é analiticamente descrita por Eurípides, *Melanipa*, fr. 502 N.², ver também Menandro, fr. 15 K.-Th. Trata-se, substancialmente, de uma variação sobre o tema do *Si vis apte nubere nube pari* (nº 1442); são numerosos os paralelos entre os provérbios modernos, como, por exemplo, o italiano *Dov'entra dote, esce libertà*, o inglês *He that marries for wealth, sells his liberty* (com equivalentes em alemão e sueco), o francês *Si vous voulez vous ruiner, épousez une femme riche* (com paralelo em espanhol), e os brasileiros *Em casa de mulher rica, fala o marido e ela grita* e *Pobre com rica casado, mais que marido é criado.*

d) A família

1444. *Longe fugit quisquis suos fugit*
Foge para longe quem foge dos seus

A fonte é Petrônio (43,6), mas trata-se de uma forma proverbial, que inclusive constituía o título de uma *satira menippea* de Varrão (p. 287 Bücheler): significa que quem abandona os parentes próximos fica só.

1445. Talis pater talis filius
Tal pai, tal filho

Esse é um dos adágios latinos mais conhecidos e comuns, inclusive na forma *Qualis pater talis filius*: afirma a semelhança absoluta entre pai e filho e é usado sobretudo para falar dos vícios ou das características negativas. Nas literaturas clássicas, na verdade, a forma latina não era tão difundida quanto o equivalente grego, τοῦ πατρὸς τὸ παιδίον, "o filho de seu pai", que já aparece em Aristófanes (*Os pássaros*, 767) e é registrado, por exemplo, em Libânio (*Ep.* 1432 [11,471,5 Förster]) e em Basílio de Cesaréia (*Ep.* 339); Filóstrato (*Vitae Sophistarum*, 2,9,584) afirma, ademais, que era considerado "vulgar". Constituía o título de uma *satira menippea* de Varrão (p. 322 Bücheler), é citado — sempre em grego — por Tertuliano (*Adversus nationes*, 2,13) e é registrado pelos paremiógrafos (Diogen. 7,37, Macar. 8,43, Apost. 16,79). É grande a sua difusão em hebraico: existe uma tradição (*Sepher Hayashar*, 22-31, *Tanhuma Noah* 18 s.) que identifica a sua origem numa lenda ligada à torre de Babel e centrada nas figuras de dois blasfemadores; em *Ezequiel* (16,44) temos que a filha é igual à mãe (os *Setenta* têm καθὼς ἡ μήτηρ καὶ ἡ θυγάτηρ, a *Vulgata* apresenta *Sicut mater ita et filia eius*; para a tradição segundo a qual, para fazer bom casamento, é preciso observar a mãe da noiva, cf. nº 1441). Encontra-se afinidade conceitual num motivo presente em *De officiis* de Cícero (1, cf. por exemplo 1,121), que evidencia como, na maioria das vezes, os filhos parecem-se com os pais. Entre as sentenças medievais, algumas proclamam a semelhança entre mãe e filha (Walther 14474 s., 27595, 27298); outras, entre pai e filho (22198, 27299, 27304, 32488); outras, ainda, falam de ambos os genitores (9511, 27227) e algumas dizem que de pai depravado nasce filho depravado (7764, 12506) e que de mãe lasciva nunca nasce filha casta (por exemplo, 2463). Deve-se também destacar um dístico de Gualterius de Châtillon (*Geórgica*, 29 s.: *Exemplis patrum nati quoque furta sequuntur, / matris adulterii moechatur conscia nata*, "também no crime os filhos seguem os exemplos dos pais; a filha, conhecendo a luxúria da mãe, vive em adultério"), registrado na coletânea de Walther (8415, cf. também 5087). Nas línguas modernas são comuns provérbios do gênero e em geral seguem o módulo de brasileiro *Tal pai tal filho* e do italiano *Tale la madre tale la figlia* (cf. Arthaber 132, Strømberg 87, Mota 99; ambos são retomados em Rabelais, 3,41); são numerosas as variantes: assinalo, por exemplo, a bolonhesa *Tèl mèder, tèl fióla; tèl sgnòura, tèl cagnóla* (aqui há uma aproximação do nosso motivo com o da semelhança entre senhores e servos, reis e súditos, cf. nºˢ 968-969).

1446. Filium Marci Ciceronis populus Romanus non agnoscebat loquentem
O povo de Roma não reconhecia o filho de Cícero quando falava

Essa gnoma, que Sidônio Apolinário (*Ep.* 7,14,7) apresenta como conhecido provérbio, é uma clara contestação do princípio do *Talis pater talis filius* (nº 1445): de fato, não se diz que os filhos compartilham das habilidades dos pais.

1447. *Si absis uspiam / aut ibi si cesses, evenire ea satius est / quae in te uxor dicit et quae in animo cogitat / irata quam illa quae parentes propitii*
Se estiveres longe e te atrasares, é melhor que te aconteça aquilo que contra ti diz e pensa tua mulher irada do que aquilo que temem os teus afetuosos genitores

Esse provérbio deriva de Terêncio (*Adelphoe*, 28-31): significa — com feliz intuição psicológica — que os pais, quando preocupados, temem para seus filhos aflições bem piores do que aquelas que a mulher enraivecida deseja ao marido.

1448. Δεινότερον οὐδὲν ἄλλο μητρυιᾶς κακόν
Nenhum mal é pior do que uma madrastra

Esse é um *monóstico de Menandro* (189 Jäkel), mas o motivo da perfídia da madrasta é muito difundido nas literaturas clássicas: em Plutarco, por exemplo (*Septem sapientium convivium*, 147c, *De tranquillitate animi*, 467c), tem-se a história de alguém que quis atirar uma pedra num cachorro, errou o alvo, acertou na madrasta e disse: οὐδ' οὕτως κακῶς, "assim também não está mal"; no mesmo nível estão a recomendação de ficar longe do túmulo da madrasta (que é nociva mesmo depois de morta), presente num epigrama anônimo da *Antologia Palatina* (9,67), e o fato de que as lágrimas sobre o túmulo da madrasta são sinônimo de falsidade e hipocrisia (nº 225). Em latim a *noverca* também é proverbialmente temível: em Afrânio (57 R.[3]), fala-se de *Novercae nomen... impium*; qualificações igualmente negativas também estão em Virgílio (*Bucólicas*, 3,33, *Geórgicas*, 2,128; 3,282), em Ovídio (*Metamorfoses*, 1,147, *Heroides*, 12,187 s.), em Lucano (4,637), em Estácio (*Silvae*, 2,1,49), em Quintiliano (2,10,5), em São Jerônimo (*Ep.* 54,15). Daí vêm expressões como *novercalia odia*, "ódios de madrasta", de Tácito (*Anais*, 1,6,2; 12,2,1) e Santo Ambrósio (*Hexaemeron*, 5,3,7; 6,4,22), *malitia novercalis*, "maldade de madrasta" (Apuleio, *Metamorfoses*, 10,5), e *novercales oculi*, "olhos de madrasta" (Sêneca, o Retor, *Excerpta Controversiarum*, 4,6, cf. também Horácio, *Épodos*, 5,9). Em outros textos, porém, a madrasta é mencionada como a pessoa cruel por antonomásia (por exemplo, em Plauto, *Pseudolus*, 313 s., Sêneca, *Phaedra*, 558); em Estácio (*Silvae*, 5,2,80) é semelhante às serpentes; para outros textos, remeto a Weyman 61; 282, Sutphen 193 s., Szelinski 241. Esse *topos* é difundido também nas tradições populares e nas literaturas modernas (basta pensar nas numerosas fábulas em que o homem se casa pela segunda vez com uma mulher que amofina a vida dos filhos da primeira mulher ou tenta desembaraçar-se deles). Também existem expressões proverbiais pitorescas, como a italiana *Chi ha la matrigna dietro si signa*, a veneziana *Pitosto che dar maregna a to fioi, fate frate*, a alemã *Stiefmutter ist des Teufels Unterfetter* e a brasileira *De madrasta o nome basta*; em dinamarquês existe um equivalente perfeito à frase de Plutarco.

1449. De scurra multo facilius divitem quam patrem familias fieri posse

Um parasita pode tornar-se mais facilmente rico do que pai de família

A fonte é um trecho de Cícero (*Pro quinctio*, 17,55), que apresenta essa máxima expressamente como proverbial; Walther registra *Scurra semel numquam paterfamilias*, "quem já foi parasita nunca será pai de família" (27718a). Deve ser citado como paralelo o alemão *Wer das Landstreichen gewohnt ist, dem wächst kein Sitzefleisch mehr* (ou seja: "em quem está acostumado a vagabundear não nasce mais a perseverança").

1450. Mater semper certa est, pater numquam

A mãe está sempre certa, o pai nunca

Esse adágio, de origem desconhecida, deve ter nascido como "brocardo" jurídico: o problema da paternidade legítima e da fixação de regras objetivas nesse campo sempre foi espinhoso no direito clássico (cf. também nº 1146); do ponto de vista formal, deve ser mencionado um verso dos epigramas de Ausônio (24,11), em que se ridiculariza um rico degenerado, de nascimento ignóbil. Na atualidade, é comumente usado sobretudo em tom e contextos jocosos, como *Di mamma ce n'è una sola: di padri non sempre* [mãe, só uma; pai nem sempre], que tem origem na paródia (retomada pelo cantor-intérprete F. Guccini em sua *Opera buffa*) de uma famosa canção intitulada *Mamma*, que exalta o amor materno em tom adocicado. Finalmente, no Brasil se diz *A paternidade é um problema*.

RELIGIÃO E RELAÇÕES COM A DIVINDADE

a) Homem e religião, ciência e fé

1451. *Nemo potest duobus dominis servire*
Ninguém pode servir a dois senhores

No *Evangelho de Mateus* (6,24), essa frase constitui uma advertência de Jesus para não se deixar empolgar pelo desejo desmedido dos bens terrenos, a não ser escravo da riqueza: conclui que ninguém pode prestar serviços simultaneamente a Deus e a Mamon (essa é uma palavra que aparece com freqüência no *Talmud* e nos *Targum*, indicando, de modo genérico, a propriedade, com conotação negativa: aqui é personalizada, criando quase uma contradivindade). O episódio (estamos no famoso Sermão da Montanha) também aparece em *Lucas* (16,13), onde essa frase tem acepção mais restrita (em lugar de οὐδεὶς δύναται / *Nemo potest*, tem-se οὐδεὶς οἰκέτης δύναται / *Nemo servus potest*). São muitas as variantes formais desse preceito, registradas entre as sentenças medievais (Walther 16405-16406a, 16346, 16416, 16446, 18734, etc.); entre as mais consistentes devem ser destacadas a 19136,1, *Nummis atque Deo servire potest bene nemo*, "ninguém pode servir bem o dinheiro e Deus", e a 5306 (~ 5989 ~ 8388 ~ 34094), *Deficit ambobus qui vult servire duobus*, "quem quer servir dois descontenta os dois"; a forma da *Vulgata* é a transcrita pelo Pseudo-Beda em *Liber proverbiorum* (*PL* 90,1102c). Essa expressão ainda é difundida (em todas as línguas européias registra-se como provérbio a sua tradução literal, Mota 139) e, na maioria das vezes com referência explícita ao contexto evangélico, significa que o amor por Deus não é conciliável com o amor pelas riquezas; às vezes, porém, é sentida como uma condenação ao "jogo duplo", ou como simples recomendação de ser intransigentemente honesto e de não tomar posições ambíguas. Uma sugestiva variação sobre não poder servir Deus e o dinheiro se encontra em *Os grandes cemitérios sob a lua*, de G. Bernanos.

1452. *Eritis sicut Deus, scientes bonum et malum*
Sereis como Deus, conhecedores do bem e do mal

Essa frase, que é símbolo daquilo que, para a mentalidade religiosa, é a ilusão da ciência humana — atingir o conhecimento dos segredos da natureza e das coisas, só reservado a Deus —, retoma as palavras da serpente a Eva, no *Gênesis* (3,5).

Convencendo-a a comer o fruto da árvore proibida, a serpente fala em termos que, na versão dos *Setenta*, soam ἔσεσθε ὡς θεοὶ γινώσκοντες καλὸν καὶ πονηρόν e, na *Vulgata*, *Eritis sicut dii, scientes bonum et malum*, "sereis como deuses, conhecedores do bem e do mal". Para a fama dessa expressão contribuiu o *Fausto* de Goethe (1,1): de fato, é essa a dedicatória que Mefistófeles põe num álbum de um estudante, destinado às assinaturas dos professores, depois de lhe explicar as características das várias disciplinas. Mefistófeles depois comenta: *Dir wird gewiss einmal bei deiner Göttähnlichkeit bange!*, "apesar dessa semelhança com Deus, virá um dia em que sentirás medo!". Uma mediação entre o *Gênesis* e Goethe — ao que parece — é constituída por *De incertitudine et vanitate omnium scientiarum*, de Agrippa von Nettesheim, publicado em Colônia, em 1527, onde a frase da serpente é retomada como emblema das vãs pretensões da ciência, de elevar o homem a Deus. Essa frase, de qualquer modo, também era famosa fora desses textos: é, por exemplo, citada por F. Bacon (*Of the Advancement of Learning*, 2,22,15).

1453. *Discite iustitiam moniti et non temnere divos*
Aprendei a justiça desta advertência e a não desprezar os deuses

Trata-se de um famoso verso de Virgílio (*Eneida*, 6,620): essas palavras são ditas por Flégias, rei dos lápitas, que tentara destruir o templo de Delfos e que é encontrado por Enéias no Tártaro. Ainda são famosas como recomendação de ter o devido respeito para com a divindade, ou, genericamente, na forma mal abreviada *Discite moniti*, como recomendação de tirar proveito das advertências.

1454. *Inquietum est cor nostrum, donec requiescat in te*
O nosso coração é inquieto, até que encontre paz em ti

Essa é uma frase significativa e famosa, freqüentemente citada apenas na primeira parte, que Santo Agostinho põe no início de *As confissões* (e que é retomada conceitualmente em 13,38,58): Deus é o único porto onde o homem pode restaurar-se das intermináveis angústias.

1455. *Instaurare omnia in Christo*
Instaurar tudo em Cristo

Esse famoso preceito deriva da versão da *Vulgata* para a *Epístola aos Efésios* de São Paulo (1,10): ἀνακεφαλαιώσασθαι τὰ πάντα ἐν τῷ Χριστῷ): o cristão deve fundamentar todas as suas ações em Cristo, verdadeiro ponto nodal da história da humanidade e guia no qual todos devem inspirar-se. Essa expressão foi adotada como divisa programática por Pio X, na encíclica *E supremi Apostolatus cathedra*.

1456. *Ignoti vel ex inopinato apparentes de caelo supervenisse dicuntur*
Diz-se que as pessoas desconhecidas ou que aparecem de repente caíram do céu

Essa frase é de Tertuliano (*Apologeticum*, 10,9), mas trata-se de uma expressão freqüente: cair do céu é, realmente, indício de grande milagre. Portanto, refere-se a todas as coisas cujo aparecimento pode, de algum modo, parecer extraordinário, como por exemplo o fato de uma pessoa chegar inesperadamente (como em Minúcio Félix, 21,7) ou de repente (como em Tibulo, 1,3,90), ou no momento mais oportuno e agradável (como, por exemplo, em Lívio, 22,29,3, em Ovídio, *Ars amatoria*, 1,43, em Apuleio, *Metamorfoses*, 9,3), ou do modo mais espantoso (ver Tibulo, 4,13,13, s. e Amiano Marcelino, 22,2,4). Em Plauto (*Persa*, 258) quase caiu do céu uma grande oportunidade; em outros textos, porém, essa locução mantém sentido mais propriamente religioso e refere-se a entidades cuja origem é considerada divina: em Cícero (*De imperio Cnei Pompei*, 14,41), por exemplo, alguns acham isso de Pompeu; em Quintiliano (1,6,16) trata-se da analogia como princípio gramatical; Juvenal utiliza essa expressão de modo jocoso, para indicar um terceiro Catão (2,40) e o preceito délfico do "conhece-te a ti mesmo" (11,27 s., cf. nº 347); Tertuliano, enfim, afirma que uma lei, se vinda do céu, nunca deverá errar (*Apologeticum*, 4,5) e, em *De testimonio animae*, 6,3, *Anima de caelo cadit*, "a alma cai do céu". Em italiano existem numerosas locuções que pressupõem a concepção da queda do céu como "proveniente da divindade": *Far cadere una cosa dal cielo* (ou *dall'alto*) [fazer alguma coisa cair do céu] significa dá-la como grande concessão, prodigalizada por um ser superior; *Mandato dal cielo* [mandado pelos céus] é alguém que chegou no momento oportuno; *Piovere dal cielo* [chover do céu] equivale a "chegar inesperadamente" (assim, por exemplo, em Pirandello, *Novelle per un anno*, 210; para outras citações, remeto a Battaglia 3,132).

1457. *Dixi et salvavi animam meam*
Disse e salvei minha alma

Essa expressão, já registrada entre as sentenças medievais (Walther 6158a) e agora conhecida sobretudo entre os alemães (cf. Büchmann 37, Bartels-Hüber 65), indica a absoluta necessidade de denunciar o pecado ou de advertir o pecador: só assim será possível salvar a própria alma, mesmo que o pecador não seja redimido. A fonte é um trecho de *Ezequiel* (3,19), que, na versão dos *Setenta*, declara: καὶ σὺ ἐὰν διαστείλῃ τῷ ἀνόμῳ καὶ μὴ ἀποστρέψῃ ἀπὸ τῆς ἀνομίας αὐτοῦ καὶ τῆς ὁδοῦ αὐτοῦ, ὁ ἄνομος ἐκεῖνος ἐν τῇ ἀδικίᾳ αὐτοῦ ἀποθανεῖται καὶ σὺ τὴν ψυχήν σου ῥύσῃ (*Si autem tu adnuntiaveris impio et ille non fuerit conversus ab impietate sua et via sua impia, ipse quidem in iniquitate sua morietur tu autem animam tuam liberasti*), "se advertires o pecador e não conseguires afastá-lo do pecado e do caminho ímpio, aquele pecador morrerá no pecado mas tu salvaste tua alma" (notar o perfeito em vez do futuro na versão da *Vulgata*). Büchmann desconfia de uma contaminação (que, se tiver ocorrido, deve ser vista em nível meramente formal) com καὶ εἶπαν... σῷζε τὴν σεαυτοῦ ψυχήν (*Salva animam tuam*), "e disse: salva a tua alma", do *Gênesis*, 19,17.

1458. *Mea culpa, mea culpa, mea maxima culpa*
Por minha culpa, minha culpa, minha máxima culpa

Essa expressão é bem conhecida e comumente empregada como confissão de um erro: também se usa o simples *Mea culpa* como substantivo, para indicar um ato de contrição acompanhado, mais ou menos explicitamente, pelo pedido de perdão. Estava no *Confiteor* da missa católica até o Concílio Vaticano II, que decretou a substituição da missa em latim pela missa nas várias línguas nacionais. É difícil identificar a sua origem: o simples *Mea culpa* já está presente em Santo Ulrico (*PL* 149,716a) e essa fórmula também está documentada nos missais medievais (cf. *Missale Romanum im Mittelalter*, Freiburg 1896, 332, e *PL* 78,1185); o ablativo *mea culpa*, de resto, já está documentado em latim clássico (cf., por exemplo, Terêncio [*Hecyra*, 228], Cícero [*Epistulae ad Atticum*, 11,7,2, *De oratore*, 2,15, *Pro Sestio*, 111], Fedro [1,23,8] e *ThlL* 4,1310,46-1311,22).

1459. *Adhaesit pavimento anima mea*
Minha alma ficou presa às coisas terrenas

Essa expressão, atualmente famosa porque utilizada por Dante em *Purgatório* (19,73) como símbolo dos avarentos, provém de um trecho dos *Salmos* (119,25: *Adhesit pavimento anima mea, vivifica me secundum verbum tuum*, "minha alma ficou presa às coisas terrenas, vivifica-me segundo tua palavra"), na redação dos *Setenta* (segundo o original hebraico declara: *Adhesit pulveri anima mea, vivifica me iuxta verbum tuum*); um paralelo está nos *Salmos*, 43,25. Finalmente, deve ser notado que a exegese alegórica, comum a partir de Santo Agostinho, é bem diferente de sua acepção original, onde se trata do suplicante que está prostrado no chão (cf. Ravasi 3,464 s.).

1460. *Pecca fortiter, sed fortius fide et gaude in Christo*
Peca com ardor, mas com mais ardor confia e regozija-te em Cristo

Em italiano, essa expressão também é citada na versão simplificada *Pecca forte, ma credi ancor più forte*; segundo opinião comum, provém de Santo Agostinho: na realidade deriva — pelo menos nessa forma — de uma carta de Lutero a Melanchton (2,372,424), na qual se discutem as teses de Karlstadt sobre o celibato e sobre a Eucaristia. É significativo que essa mesma carta seja concluída por Lutero com *Ora fortiter, etiam fortissimus peccator*, "ora com ardor, mesmo que sejas um grandíssimo pecador".

1461. Felix culpa
Pecado feliz

Com expressões semelhantes Santo Ambrósio define (*Enarrationes in Psalmos*, 39,20: *Felix ruina, quae reparatur in melius*; cf. também *De institutione virginis*, 17,104) o pecado original, que fora terrível, mas *felix*, já que, exatamente devido a ele, houve a encarnação de Cristo e seu sacrifício pela salvação do homem. Com o mesmo sentido, na liturgia católica do *Praeconium Paschale* e no *Exsultet* do *Missale Romanum* existe *Felix culpa*; essa expressão hoje é de uso comum, mas, com acepção mais banal: indica um mal, uma culpa cujas conseqüências não são totalmente negativas, ainda que sem referências teológicas.

1462. Beati mortui qui in Domino moriuntur
Felizes os mortos que morrem no Senhor

Essa expressão provém de *Apocalipse* de João (14,13) e é a tradução do grego μακάριοι οἱ νεκροὶ οἱ ἐν Κυρίῳ ἀποθνῄσκοντες. Ainda é famosa, inclusive porque *Beati mortui* é o título de um dos mais conhecidos trechos de Felix Mendelssohn-Bartholdy (trata-se de uma composição para coro masculino, op. 115). Foi essa a frase que o cardeal Pecci (futuro papa Leão XIII) mandou inscrever no catafalco, no funeral público dos guardas suíços mortos durante a repressão a uma revolta ocorrida em Perugia, em 20 de junho de 1859: foi um verdadeiro massacre, que envolveu até as pessoas mais indefesas, entre as quais uma família americana inteira (o que fez o papa perder muitas simpatias além-mar). A citação do texto sagrado, a propósito de soldados que caíram numa operação desse tipo, despertou fortes críticas (o historiador F. Bertolini definiu-a como "um insulto a Deus").

1463. Bonum certamen certavi, cursum consummavi, fidem servavi
Combati o bom combate, terminei minha carreira, guardei a fé

Essa famosa frase provém da *Segunda Epístola a Timóteo*, de São Paulo (4,7), onde o apóstolo sente que está no fim da vida e usa uma das metáforas que mais aprecia, a da corrida, do combate (cf. O. Bauernfeind, in Kittel-Friedrich 13,1434), cujo prêmio é — na vida eterna — uma coroa imarcescível (ver a *Primeira Epístola a Timóteo*, 6,12, a *Primeira aos Coríntios*, 9,24, a *Epístola aos Filipenses*, 3,14). No texto grego (τὸν καλὸν ἀγῶνα ἠγώνισμαι, τὸν δρόμον τετέλεκα, τὴν πίστιν τετήρηκα) existem, depois do acusativo interno ἀγῶνα ἠγώνισμαι, dois isócolos, cuja correspondência é evidenciada pela assonância entre τετέλεκα e τετήρηκα. A imagem da vida como corrida para a morte e para a vida eterna é utilizada pelos escritores cristãos que o sucedem (como por exemplo São Jerônimo, *Ep.* 22,3; ademais, Santo Ambrósio aprecia as metáforas agnósticas).

1464. *Animula vagula blandula*
Almazinha mutável e meiga

Essa invocação famosa provém de um fragmento poético do imperador Adriano (3,1 Morel), documentado na *Vida de Adriano*, em *Historia Augusta* (25,9). Nele, o poeta, esperando a morte, dirige-se à própria alma e pergunta-lhe para onde irá, lembrando-lhe com tristeza que precisará ficar em lugares sombrios e frios, sem poder mais rir e brincar. Essa expressão é atraente sobretudo pelo homoteleuto dos três hipocorísticos em -*ula*, que voltará no v. 4, onde a *animula* é chamada de *pallidula rigida nudula*: essa repetição de diminutivos, por um lado, dá um tom de bonomia quase popularesca e, por outro, sobretudo, um sentido de ternura afetuosa, segundo um estilema difundido na literatura latina (é muito apreciado por Catulo: cf. J. Marouzeau, *Traité de stilistique latine*, Paris 1935, 117 ss., A. Ronconi, *Studi catulliani*, Brescia 1971, princ. 120); um paralelo exato é constituído por *Animula miserula* de um fragmento de Setímio Sereno (16 Morel). Atualmente as palavras de Adriano são famosas e citadas como terno apelo à alma, mas muitas vezes sem vínculos explícitos com o contexto original; foram imitadas por Ronsard (*Âmelette Ronsardelette, / mignonnelette, doucelette... / tu descends là bas faibelette, / pâle, maigrelette, seulette*), traduzidas por *Ma petite âme, ma mignonne*, por B. Le Bovier de Fontenelle, em *Dialogues des morts*; finalmente, é com esses versos que se abrem as *Memórias de Adriano* de M. Yourcenar.

1465. *Anima naturaliter Christiana*
A alma, por natureza, é cristã

Essa sentença deriva do *Apologeticum* de Tertuliano (17,6), onde, a propósito de várias locuções cujo sujeito é Deus (como *Deus videt*, "Deus vê", e *Deus mihi reddet*, "Deus proverá"), o autor — que depois desenvolve mais o conceito em *De testimonio animae* — exclama: *O testimonium animae, naturaliter Christianae!*, "ó testemunho da alma, por natureza cristã!". Essa máxima é comumente citada para dizer que a religião cristã é, em si, conforme à natureza da alma humana, enquanto Tertuliano na realidade afirma que esta última, em qualquer condição e estado, dá testemunho incondicional — por sua natureza e não por elementos sub-reptícios — da verdade do Deus cristão: a voz da alma, na sua espontaneidade, provém do íntimo e testemunha a existência de um Deus único, bom e justo, porquanto, no cárcere do corpo, ela conserva a lembrança da sua origem divina. A concepção de Tertuliano é estranha à doutrina tradicional da Igreja católica, mas hoje parece ser alvo de novo interesse (para uma síntese lúcida do assunto, remeto a C. Tibiletti, *Tertulliano, La testimonianza dell'anima*, Firenze 1984, 23-25).

1466. *Sacrificium intellectus*
Sacrifício do raciocínio

Na tradição cristã, essa expressão indica a submissão do raciocínio — portanto não só da vontade, mas também da própria inteligência — a Deus e à Igreja: nesse sentido foi usada por P. Segneri (*Il cristiano istruito*, 3) e constituiu um lema retomado e exaltado pelo Concílio Vaticano I. Seria inspirada num trecho da *Segunda Epístola aos Coríntios*, de São Paulo (10,5), em que se afirma que os cristãos atuam com armas espirituais, αἰχμαλωτίζοντες πᾶν νόημα εἰς τὴν ὑπακοὴν τοῦ Χριστοῦ (*Redigentes omnem intellectum in obsequium Christi*), "submetendo todo o raciocínio à obediência de Cristo").

1467. *Initium sapientiae timor Domini*
O temor a Deus é o início da sabedoria

Essa expressão ainda é conhecida como símbolo da concepção — exaltada por quem tem fé religiosa e ridicularizada pelos leigos — segundo a qual a ciência humana deve ter como ponto de partida a divindade. É a tradução feita pela *Vulgata*, num *salmo* (110,10), de uma fórmula difundida nos livros sapienciais do *Antigo Testamento* (cf. também *Eclesiástico*, 1,16, e, conceitualmente, todo o 1,11-19, *Provérbios*, 1,7) e que no grego dos *Setenta* soa: ἀρχὴ σοφίας φόβος κυρίου. Foi famosa já na Antiguidade e retomada em contexto patrístico (ver, por exemplo, Gregório de Nazianzo, *Or.* 39,8 [*PG* 36,344a] e Doroteu, *Doctrinae diversae*, 4,3, [*PG* 88, 1660d]): muito importante é uma passagem de Clemente de Alexandria (*Stromata*, 2,8 [131,28-134,15 Stählin-Früchtel]), que a cita e contesta a interpretação dada pelos gnósticos, em particular pelos seguidores de Basilides e de Valentino. No latim medieval, aparece nos *Proverbia* do Pseudo-Beda (*PL* 90,1098d); além disso, deve-se lembrar que, na teologia católica, o *timor Dei* é um dos sete dons do Espírito Santo. Destaco, enfim, que, a propósito do temor a Deus, é famoso um trecho do *Eclesiástico* (34,14-19), sobretudo uma afirmação (34,16) que, na tradução da *Vulgata*, soa: *Qui timet Dominum nihil trepidabit*, "quem teme ao Senhor de nada terá medo". No Brasil é difundido o provérbio equivalente a essa expressão (cf. Mota 157).

1468. *Credo ut intelligam, non intelligo ut credam*
Creio para compreender, não compreendo para crer

Essa expressão é atualmente citada como símbolo da concepção de que a ciência e a fé não são entidades que operam em esferas alheias uma à outra, mas de que são elementos que se interpenetram e se sustentam mutuamente. Segundo esse ponto de vista, o fundamental é a fé: isso comporta que é preciso crer para entender realmente. Essa máxima provém de *Proslogion* de Santo Anselmo (1[*PL* 158,227]), onde o conhecimento é a inteligência da fé e o intelecto deve ser guiado pela verdade revelada; o autor afirma: *Neque enim quaero intellegere ut credam, sed credo ut intellegam*, "certamente não procuro entender para crer, mas creio para entender". Já em *Isaías* (7,9), na versão dos *Setenta*, afirma-se: ἐὰν μὴ πιστεύσητε, οὐδὲ μὴ συνῆτε, "se não credes não podeis nem entender"; *Credimus enim ut cognoscamus, non cognoscimus ut credamos*, "cremos para conhecer, não conhecemos para crer", volta em Santo Agostinho (*Comentário a João*, 40,9, *De magistro*, 11,37).

1469. *Sub specie aeternitatis*
Sob o aspecto da eternidade

Essa locução indica o comportamento mental de considerar um objeto da perspectiva da eternidade; atualmente se usa sobretudo a respeito dos filósofos, dos pensadores ou simplesmente de pessoas que enfrentam os problemas de modo global ou abstrato, às vezes perdendo de vista os aspectos concretos. Está documentada em *Ética*, de Spinoza (5,29-31), onde, porém, se refere ao espírito que é eterno porquanto *Res sub aeternitatis specie concipit*, "concebe as coisas do ponto de vista da eternidade"; de fato, o homem, através da razão e da intuição, deve ver as coisas contingentes como manifestações transitórias da eterna substância divina. Discutiu-se muito o sentido de *species* em Spinoza, termo que poderia indicar, tecnicamente, a "espécie", em oposição ao "gênero": nesse caso, a expressão designaria uma "espécie de eternidade", própria das coisas, e bem diferente da eternidade absoluta, que é própria de Deus.

1470. *Credo quia absurdum*
Creio porque absurdo

Essa frase é muito famosa: é citada com freqüência pelos crentes, em resposta a quem procura demonstrar a inexistência de Deus, e pelos ateus, para lançar ao rosto dos crentes o seu comportamento irracional e obscurantista. É comumente atribuída a Santo Agostinho, mas isso não corresponde à realidade (no máximo, poder-se-ia mencionar, conceitualmente, *As confissões*, 6,5 e *Comentário a João*, 40,9). Mais semelhante é um trecho de Tertuliano (*De carne Christi*, 5), onde temos *Credibile quia ineptum est*, "crível porque é ilógico": é exatamente nesse trecho que os estudiosos atuais distinguem a sua origem (assim também Walther, que a insere em sua coletânea de sentenças medievais [3707a]).

1471. *Philosophia ancilla theologiae*
A filosofia é escrava da teologia

Essa máxima é símbolo da concepção de que a fé está acima de tudo e é condição indispensável do saber humano. Trata-se do resumo de uma passagem de São Pedro Damião (*De divina onnipotentia*, 5,621 [*PL* 145,603]]), onde se afirma que *artis humanae peritia, si quando tractandis sacris eloquiis adhibetur, non debet ius magisterii arroganter accipere, sed velut ancilla dominae... subservire*, "a habilidade humana, quando usada para tratar assuntos sagrados, não deve arrogar-se o direito de magistério, mas servir como a escrava a uma senhora". Também se diz *Philologia ancilla theologiae*, "a filologia é escrava da teologia".

1472. *Sancta simplicitas!*
Santa simplicidade!

Com essas palavras, São Jerônimo (*Ep.* 57,12) defendia a linguagem simples e aparentemente banal de Jesus; um paralelo encontra-se em Rufino, na *História ecle-*

siástica (10,3). No entanto, são usadas na maioria das vezes com sentido irônico, para indicar fé ingênua, e com referência implícita a um episódio da vida do reformador boêmio Jan Hus, contado por Zincgref-Weidner (*Apophthegmata*, Amsterdam 1653, 3,383). Quando, em 1415, Hus estava na fogueira, teria pronunciado essa exclamação ao ver que um camponês — ou, segundo outra versão, uma velha — com aspecto calmo e jovial, carregava ingenuamente um feixe de paus para a pilha. Portanto, no uso comum, não significa "santa simplicidade!", mas "bem-aventurada ingenuidade!": com esse sentido — entre outros — a expressão é usada por Mefistófeles na primeira parte do *Fausto* de Goethe, para ridicularizar os escrúpulos legais de Fausto (v. 3037). Finalmente, essa locução indica com freqüência a pessoa que faz o mal sem querer.

1473. Ὃν οἱ θεοὶ φιλοῦσιν ἀποθνήσκει νέος
Morre jovem quem é amado pelos deuses

Esse é um fragmento de Menandro (111 K.-Th.), retomado por Plauto (*Bacchides*, 816 s.: *Quem di diligunt / adulescens moritur*). É muito famoso porque usado por Leopardi como epígrafe de seu *Amore e morte* (traduziu-o como *Muor giovane colui ch'al cielo è caro*), mas o inglês e o alemão registram expressões desse tipo, com caráter proverbial (outra utilização literária encontra-se em *Childe Harold's Pilgrimages*, de Byron).

1474. *Deus quos probat, quos amat indurat*
Deus fortalece por provas a quem ama e estima

Essa máxima é extraída de *De providentia* de Sêneca (4,7: *Hos itaque deus quos probat, quos amat, indurat, recognoscit, exercet*, "portanto, a divindade fortalece, põe à prova e exercita aqueles a quem ama e estima"), num trecho em que o filósofo — como faz com freqüência — utiliza imagens militares. Essa sentença reaparece nos provérbios modernos: o italiano *A chi Dio vuol bene manda delle pene* [a quem Deus quer bem envia penas] encontra equivalentes em inglês e alemão.

1475. *Quoi homini di sunt propitii, lucrum ei profecto obiciunt*
Certamente os deuses enviam lucro à pessoa à qual são propícios

Essa máxima é extraída do *Curculio* de Plauto (v. 531): sentença semelhante encontra-se também em *Persa* (v. 470); outros paralelos não dizem respeito aos deuses, mas à sorte (cf. nº 849). Conceitualmente, deve ser mencionado um verso de *Sete contra Tebas*, de Ésquilo (625: θεοῦ δὲ δῶρόν ἐστιν εὐτυχεῖν βροτούς "para os homens, ser feliz é um dom da divindade"), também transcrito pelos paremiógrafos (Apost. 8,87). Em italiano, tem-se o provérbio *Quando Dio aiuta, ogni cosa riesce*, enquanto em francês (*Rien ne réussit si Dieu ne donne sa bénédiction*), em inglês e em alemão existe a forma negativa complementar; em alemão também se diz que, se Deus ajudar, fazemos as coisas dormindo (*Wenn's Gott gönnt der wird schlafend reich*).

1476. *Deis inimicis natus*
Nascido com a hostilidade dos deuses

Refere-se à pessoa tão desafortunada que leva a crer que seja odiada pelos deuses. Essa expressão é encontrada em Plauto (*Miles*, 314, cf. também *Mostellaria*, 563); é freqüente que *inimicus* seja substituído por *iratus* (Horácio [*Sat.* 2,3,7 s.], Fedro [4,20,15], Pérsio [4,27], Sêneca [*Apokolokyntosis*, 11], cf. também Plauto [*Poenulus*, 452 ss.], Horácio [*Sat.* 1,5,97 s.]), por *iniquus* (Horácio [*Sat.* 2,7,14]: o oposto *Iove... aequo* encontra-se em *Ep.* 2,1,68), por *adversus* (Juvenal [10,129 ss.]) ou por *adversans* (Cúrcio Rufo, 6,10,32). As expressões italianas *Nascere sotto una cattiva stella* [nascer sob má estrela] e, ao contrário, *Nascere sotto una buona stella* [nascer sob boa estrela] têm paralelos perfeitos em francês e alemão: na cultura cristã, aliás, nascer com o peso da hostilidade divina seria um absurdo (por outro lado, existe *Morire in ira di Dio*, ou seja, no pecado: cf., por exemplo, Dante, *Inferno*, 3,122, Boccaccio, *Decameron*, 8,1,254).

1477. *Invita Minerva*
Contra a vontade de Minerva

Essa locução não passa de um caso particular de *Deis inimicis natus*: equivale, porém, a "sem imaginação, sem capacidade", já que Minerva era deusa da habilidade técnica e da sabedoria. Pode ser encontrada em vários trechos de Cícero (*De officiis*, 1,31,110, *Epistulae ad familiares*, 3,1; 12,25,1), mas sua fama atual deve-se a um trecho da *Ars poetica* de Horácio (v. 385: *Tu nihil invita dices faciesve Minerva*), onde se afirma que as artes têm necessidade de uma atitude especial.

b) O homem dirige-se a Deus

1478. Ἄγνωστος Θεός
O deus desconhecido

Essa famosa expressão deriva do início daquele que, segundo os *Atos dos Apóstolos* (17,23), é o discurso de São Paulo ao Areópago de Atenas: partindo do texto de uma inscrição dedicada a um deus desconhecido, proclama: ἀγνώστῳ Θεῷ, ὃ οὖν ἀγνοοῦντες εὐσεβεῖτε, τοῦτο ἐγὼ καταγγέλλω ὑμῖν, "Ao deus desconhecido. Aquilo que, mesmo desconhecendo, vós venerais, eu anuncio". Para a grande problemática inerente a essa inscrição (que provavelmente tinha um plural e não o singular "deus desconhecido"), para suas relações com as concepções religiosas orientais e judaicas e para a análise das numerosas documentações paralelas, remeto ao fundamental E. Norden, *Agnostos Theos*, Leipzig 1923², 31-124.

1479. *Ora pro nobis*
Ora por nós

Essa invocação muito comum provém da prática das litanias, em que o povo responde assim às invocações feitas a Nossa Senhora ou aos Santos. Trata-se, pois, de um pedido de intercessão que o homem dirige a quem está bem perto de Deus.

1480. *Deus, in adiutorium meum intende*
Deus, vem em meu auxílio

Esse é um dos mais famosos versículos bíblicos usados como invocação. Provém de um *salmo* (69,2), que, no grego dos *Setenta*, declara ὁ Θεός, εἰς τὴν βοήθειάν μου πρόσχες; foi empregado muito cedo na liturgia (por exemplo, na *Regra* de São Bento [18,1] e no *Breviário romano*), principalmente no início do rito do batismo dos adultos ou por ocasião da consagração de uma igreja ou de um altar. Cassiano (*Collationes*, 10,10 [*PL* 49,842]) recomenda-o como prece; Cassiodoro (*In Psalmos*, 69) informa que os monges o repetiam três vezes; ver também F. Oppenheim, *Enciclopedia Cattolica*, 4,1499 s.

1481. Εὐχῆς δικαίας οὐκ ἀνήκοος θεός
A divindade não é insensível à prece justa

Esse é um *monóstico de Menandro* (217 Jäkel): trata-se de uma tradição grega, semelhante à cristã *Bate e te será aberto* (cf. nº 901). São variantes: ἀπάτης δικαίας οὐκ ἀποστατεῖ θεός, "o deus não está longe do engano justo", de Ésquilo (fr. 301 R.) e o italiano *Corta preghiera penetra in cielo* (com equivalentes em francês, espanhol e alemão). É complementar o famoso *Raglio d'asino non arriva in cielo* [zurro de burro não chega ao céu], que também tem paralelos em todas as línguas européias. É bela a referência de Rabelais (1,41): *Brevis oratio penetrat coelos, longa potatio evacuat cyphos*, "uma breve prece penetra nos céus, um longo trago esvazia os cálices".

1482. *Libera me, Domine, a morte aeterna*
Livra-me, Senhor, da morte eterna

Trata-se de uma invocação muito famosa: deriva das primeiras palavras do responsório cantado pelos cantores em responso com a assembléia, no rito católico do funeral e da absolvição *super tumulum*. Em italiano, *Cantare il libera* indica cantar o próprio responsório e *Libera me, Domine* é usado sobretudo em tom jocoso, a propósito de algo ou de alguém que se queira evitar (é bonito, por exemplo, o romanesco *Da bizzochi e da gnè gnè* [ou seja, dos falsos devotos ou dos bajuladores] *libberramus Domminè*); assim, em Robelus (1,35) temos *Ab hoste maligno libera nos Domine*. Muitas vezes é usado no plural: *Libera nos Domine a morte aeterna*. São numerosas as referências entre os provérbios brasileiros: *Caboclo de Taubaté, cavalo pangaré, mulher que mija em pé, libera nós, Dominé!* (citado por Mário de Andrade em *Macunaíma*; Lindolfo Gomes apresenta, na variante mineira, *Paulista* no lugar de *Caboclo*) e *Cavalo "argé", matuto de Assaré e mulher que mija em pé, libera nós, Dominé!*

1483. Κύριε, ἐλέησον
Senhor, tende piedade

Trata-se de uma das invocações mais antigas e famosas, que, no entanto, não aparece na liturgia cristã antes do século IV: difundiu-se rapidamente, de Antioquia (cf. João Crisóstomo, *Homilias a Mateus*, 71,4, *Constitutiones Apostolorum*, 5,19,6; 8,6,4) a Roma, à Gália e à Espanha. Constituía — ao que parece — a resposta do povo à *Deprecatio litanica* introduzida pelo papa Gelásio no início da missa: a *Deprecatio* depois caiu em desuso, mas permaneceu essa invocação, alternada — depois de uma modificação feita por Gregório Magno — com *Christe eleison*. Hoje em dia é o primeiro canto da missa, cabe à assembléia dos fiéis, eventualmente em alternância com o celebrante, e reaparece em várias outras preces, litanias e liturgias. Popularmente, essa invocação é conhecida na forma latinizada, segundo a pronúncia bizantina (*Kyrie eleison!*). Ver também P. Siffrin, *Enciclopedia Cattolica*, 7,767 s.

1484. *Gloria in excelsis Deo*
Glória a Deus nas alturas

Essa exclamação, ainda conhecida e usada (inclusive com acepção banal, a respeito de um momento de grande alegria), deriva do coro dos anjos que, no *Evangelho de Lucas* (2,14), exultam com o nascimento do Redentor. A *Vulgata* apresenta *Gloria in excelsis* (ou *in altissimis*) *Deo et in terra pax hominibus bonae voluntatis*, "glória a Deus nas alturas e paz na terra aos homens de boa vontade", o grego, δόξα ἐν ὑψίστοις Θεῷ καὶ ἐπὶ γῆς εἰρήνη ἐν ἀνθρώποις εὐδοκίας: notar que a tradução latina e a interpretação corrente traem o texto original, onde ἐν ἀνθρώποις εὐδοκίας parece — segundo os mais acreditados intérpretes e à luz dos manuscritos do mar Morto (2,3) — indicar não os homens de boa vontade (como se entende comumente), nem aqueles que têm boa disposição para acolher a mensagem cristã, mas aqueles para os quais Deus escolheu dirigir-se (cf. G. Schrenk in Kittel-Friedrich 3,1127; para os paralelos rabínicos, ver Strack-Billerbeck 2,118). *Gloria in excelsis Deo* é, de qualquer modo, uma das frases mais famosas dos textos sagrados e com ela se inicia um dos mais conhecidos e antigos hinos cristãos, denominado exatamente *Gloria*: presente já nas *Constitutiones Apostolorum* (7,47,1) com o nome de *Hino da manhã*, chegou até nós com várias redações (grega, siríaco-nestoriana, latina, milanesa, moçarábica); segundo o *Liber pontificalis* (1,263 Duchesne), foi inserido na Missa do Natal pelo papa Telésforo (1 136) e depois, pouco a pouco, passou da Missa pontifical para todas as outras, nos vários dias de festa e nos domingos (com exclusão dos períodos do Advento e da Septuagésima, na vigília de Páscoa). Ver também P. Siffrin, *Enciclopedia Cattolica*, 6,868 s.

1485. *Ad maiorem Dei gloriam*
Para a maior glória de Deus

Trata-se de um lema dos Jesuítas, muito famoso por ter servido de epígrafe de quase todas as suas publicações (eventualmente apenas com as siglas A. M. D. G.). A primeira documentação está, na verdade, em Gregório Magno (*Diálogos*, 1,2,21), numa passagem em que o venerável Honorato decide com essa perspectiva um conflito interior, diante de uma mãe que lhe suplicava ressuscitar o filho. Já em São Paulo, porém (*Primeira Epístola aos Coríntios*, 10,31, *Segunda*, 4,15, *Epístola aos Filipenses*, 1,11), tem-se εἰς δόξαν Θεοῦ (*In gloriam Dei*: para os paralelos rabínicos, cf. Strack-Billerbeck 3,422); ao trecho da *Primeira Epístola aos Coríntios* faz referência uma inscrição do século VI, encontrada no leste da Síria, a setenta quilômetros de Hara. Lembro, enfim, que essa expressão é veementemente contestada por Voltaire no *Dicionário filosófico* (ver "Glória").

1486. *O beata solitudo, sola beatitudo!*
Ó bem-aventurada solidão, bem-aventurança solitária!

Essa expressão, que ainda é citada, inclusive na forma abreviada *Beata solitudo*, com acepção banal de aspiração à tranqüilidade e à solidão, significa propriamente que a paz espiritual só pode ser encontrada na solidão da vida monástica. É tradicionalmente atribuída a São Bernardo. Entre as referências literárias, lembro uma de La Fontaine (11,4), que exalta a solidão partindo da historieta (retomada em *Gulistan* ou *Roseiral*, do poeta persa Saadi) de um sonho que teve um resultado surpreendente: um monarca, que em vida desejara ardentemente a solidão, está no Paraíso, enquanto um monge que freqüentara as cortes acabou no Inferno.

1487. *Nunc dimittis servum tuum, Domine*
Agora, Senhor, já podes deixar ir o teu servo

São essas as palavras com que, no *Evangelho de Lucas* (2,29: νῦν ἀπολύεις τὸν δοῦλόν σου, δέσποτα), o velho Simeão dirige-se a Deus, depois de ver Jesus, quando José e Maria o levam ao templo para a apresentação ritual. Simeão, a quem o Espírito Santo revelara que não morreria antes de ver a salvação de Israel, diz que finalmente pode morrer; essa expressão costuma ser citada para indicar o desapego à vida, a tranqüila aspiração à paz eterna.

1488. *Itinerarium mentis in Deum*
O caminho da mente para Deus

Essa é uma expressão medieval, que constitui o título de uma famosa obra mística de Bonaventura da Bagnoregio, escrita em 1259 e ainda em uso para indicar a gradual elevação em direção à divindade, através do aprofundamento da vida interior e da progressiva purificação dos elementos terrenos e pecaminosos. Também é usada para obras de caráter teológico ou poético, cuja conclusão é a chegada à divindade, depois de uma viagem através de pecados e pecadores (um exemplo pode ser a *Divina comédia* de Dante).

1489. *Deo gratias*
Graças a Deus

Essa é uma locução comumente usada para indicar alívio quando se verifica um acontecimento muito positivo, sobretudo se veio pôr termo a forte tensão. Essa expressão encontra-se nas epístolas de São Paulo (*Primeira aos Coríntios*, 15,57, *Segunda*, 2,14), onde traduz o grego τῷ Θεῷ χάρις, é explicada por Santo Agostinho (*Enarrationes in Psalmos*, 6) e assumiu importância litúrgica (usa-se na missa em latim, depois da primeira leitura e no fim, como resposta a *Ite, missa est*, no divino ofício, na liturgia sacramental, na consagração dos bispos e dos abades); tradicionalmente é a exclamação do bispo, quando lhe é apresentado o candidato ao diaconato ou ao presbiterato, e do Papa, na Páscoa, quando lhe é comunicado o número de novos batizados. Às vezes é citado, com sentido análogo, *Gratias agamus Domino Deo nostro*, "rendamos graças a Deus, nosso Senhor", que é o convite feito pelo sacerdote aos fiéis no preâmbulo do prefácio da missa e que, tendo origem judaica, está documentado já nos primeiros séculos da cultura cristã: em São Cipriano (*Ep.* 49,3, cf. também 49,2), em vários textos de Santo Agostinho (ver F. D. Lenfant, *Concordantiae Augustinianae*, Lutetiae Parisiorum 1656, ver *Gratiarum actio, Gratias agere*), e em numerosos outros autores (cf. *ThlL* 6/2, 2232,54-73). Ver também F. Oppenheim, *Enciclopedia Cattolica*, 4,1437.

c) As características da divindade

1490. *Deo volente, nobis viventibus*
Se Deus quiser e nós estivermos vivos

É assim que se resume uma frase da *Epístola de Tiago* (4,15), que ensina a dizer: *Si Dominus voluerit, si vixerimus* (ἐὰν δὲ Κύριος θελήσῃ καὶ ζήσομεν), porquanto é essa a condição *sine qua non* para que se possa fazer alguma coisa. Essa expressão também é conhecida com o nome de *Condicio Iacobea*, "condição de Tiago", e é usada para indicar a onipotência divina em oposição à precariedade humana. Em italiano, *Se Dio vuole!* assumiu um sentido de todo diferente: equivale a "finalmente!".

1491. *Homo proponit sed Deus disponit*
O homem põe e Deus dispõe

Nessa formulação, esse conceito aparece pela primeira vez em *Imitação de Cristo*, de Tomás de Kempis (1,19,2), onde se afirma que o homem religioso deposita sua fé em Deus, em qualquer coisa que faça, já que é Deus, definitivamente, quem decide o andamento das coisas da vida. No entanto, esse motivo já é muito antigo: um trecho dos *Provérbios* (16,9), na versão da *Vulgata*, afirma que *Cor hominis disponet viam suam: sed Domini est dirigere gressus eius*, "o coração do homem preparará o seu caminho, mas é Deus que dirige seus passos" (ver também o análogo 16,1 *Hominis est animum praeparare et Dei gubernare linguam*, "cabe ao homem predispor a alma, mas a Deus guiar a língua"). No classicismo pagão tinha-se oposição semelhante entre as esperanças humanas e as decisões divinas (cf. Píndaro [*Olímpicas*, 13,104], Plauto [*Bacchides*, 144], Suetônio [*Vida de Nero*, 23], Ovídio [*Heroides*, 19,44]) e uma função análoga cabia à Fortuna: uma sentença de Publílio Siro (H 14) afirma: *Homo semper aliud, Fortuna aliud cogitat*, "o homem pensa alguma coisa e a sorte pensa outra". Em Alcuíno (*Ep.* 6,356 Jaffés) lê-se: *Homo cogitat sed Deus indicat*, "o homem pensa, mas Deus indica"; uma bela variante, registrada entre as sentenças medievais, é *Stultus proponit et dividit omnia mente, / omnia disponit Dominus nullo mediante*, "o tolo propõe e em sua mente tudo subdivide; Deus tudo dispõe sem mediação de ninguém" (Walther 30486, cf. também 30485). Essa expressão atualmente é proverbial (em italiano, usa-se principalmente o equivalente *L'uomo propone, ma Dio dispone*; em português, *O homem põe e Deus dispõe*; em francês, *L'homme propose et Dieu dispose*; em alemão, *Der Mensch denkt, Gott lenkt*), encontrando-se frases semelhantes nos autores modernos: por exemplo em *Piers Ploughman's Vision* de W. Langland (vv. 6644 e 13994) aparece o ditado latino, a tradução aparece em Rabelais (2,12); em *Sermon sur la fête de l'Épiphanie* (1,7), Fénelon evidencia relação análoga entre vontade humana e decisões divinas, falando a respeito da descoberta da América (*L'homme s'agite, mais Dieu le mène*). Não faltam referências em diversos outros contextos, como, por exemplo, o engraçado provérbio bolonhês *L'óm purpàn, e la dóna dispàn* [em que Deus é substituído pela mulher].

1492. Θεοῦ θέλοντος κἂν ἐπὶ ῥιπὸς πλέοις
Se Deus quisesse, poderias navegar até sobre uma palha

Esse provérbio exprime a completa confiança na onipotência divina: Plutarco (*De Pythiae oraculis*, 405b) atribuía-o a Píndaro, mas com uma óbvia confusão; Oríon (*Anthologion*, 5,6) dizia que pertencia a um mal identificado Tiestes (costumava-se pensar na tragédia de Eurípides, cf. fr. 397 N.[2]); faz parte dos chamados *Monósticos de Menandro* (349 Jäkel) e é glosado pelos paremiógrafos (Macar. 4,69). Realmente, a expressão idiomática era ἐπὶ ῥιπὸς πλεῖν, "navegar sobre uma palha", para indicar posição muito arriscada, que, em Luciano (*Hermotimus*, 28) e nos paremiógrafos (Macar. 4,3, Arsen. 7,64a, *Suda* ρ 184), tem sentido jocoso (navegar é especificado como a travessia do mar Egeu ou Jônio). Era semelhante ἐπὶ λεπτῷ δενδρέῳ βαίνειν, "andar sobre um minúsculo arbúsculo", que Libânio (*Ep.* 1218 [11,299,2 s. Förster]) atribuía a Píndaro (fr. 230 M.); uma variação paródica era κέρδους ἕκατι κἂν ἐπὶ ῥιπὸς πλέοι, "para ganhar alguma coisa era capaz de navegar sobre uma palha", presente em *A paz* de Aristófanes (v. 698). No latim medieval documenta-se a tradução dessa máxima (*Deo favente naviges vel vimine* [Walther 5398]); no Brasil se usa *Com Deus adiante, o mar é chão*. Para *Se Deus está conosco quem estará contra nós?*, cf. nº 1501.

1493. Ταῦτα θεῶν ἐν γούνασι κεῖται
Isso está sobre os joelhos dos deuses

Essa expressão indica que o resultado de uma ação está condicionado pela onipotente vontade divina e que, portanto, não depende do empenho maior ou menor dos homens; atualmente também é usada sem acepção religiosa específica, simplesmente para afirmar a incerteza das conclusões de uma operação. Encontra-se várias vezes em Homero (*Ilíada*, 17, 514; 20,435, *Odisséia*, 1,267; 1,400; 16,129): muito famoso é *Ilíada*, 20,435, em que Heitor assim se exprime ao falar a Aquiles, antes do duelo em que sucumbirá diante do aqueu. Hoje se costuma dizer que alguma coisa (em especial o futuro) *está nas mãos de Deus* (imagem também presente no mundo antigo, cf. por exemplo Plauto, *Bacchides*, 144, Tertuliano, *Apologeticum*, 17,6), mas, em contexto erudito, em italiano, também se costuma afirmar que *sta sulle ginocchia di Zeus*. Conceitualmente afins são a expressão banal *Só Deus sabe* [italiano, *Solo Dio lo sa* ou *Lo sa il Cielo*] e a que diz que *O futuro a Deus pertence*.

1494. *Est profecto deus qui quae nos gerimus auditque et videt*
Com certeza é um deus aquele que ouve e vê o que fazemos

Esse é um verso de Plauto (*Captivi*, 313), já registrado entre as sentenças medievais (Walther 7805) e ainda citado como afirmação da onisciência e da onividência divina, segundo uma concepção já primitiva, vinculada à do supremo ser urânico, típica dos povos caçadores (como evidenciava R. Pettazzoni, *L'essere supremo nelle religioni primitivi*, Torino 1957). Encontram-se paralelos em Tibulo (em 1,9,23 s. a divindade impede que as mentiras fiquem ocultas) e, sobretudo, nos *Provérbios* do *Antigo Testamento* (em 15,3, Deus tem olhos por toda parte e vê os bons e os maus); no mundo islâmico também é difundida a concepção segundo a qual Deus sabe o que está nos corações (*Alcorão*, 4,63). Esse motivo aparece com muita freqüência na cultura popular: em todas as línguas européias encontra-se o paralelo a *Deus está vendo* [italiano, *Non peccare: Dio ti vede*] (uma saborosa variação é constituída por um *slogan* democrata-cristão do imediato pós-guerra, numa fala de Dom Camilo de Guareschi: *No segredo da cabine eleitoral Deus está te vendo, Stalin não!*); o espanhol especifica: *No hay cosa que a Dios se puede ocultar, en secreto ni de noche, nunca debes pecar*, enquanto o inglês põe Deus ao lado da consciência (*We do nothing but in the presence of two great witnesses, God and conscience*); no Brasil se diz *A Deus ninguém engana*, *A Deus poderás mentir mas não enganar*, *Deus está no céu*, *Deus não lê nas caras e, sim, nos corações* (para outros paralelos cf. Mota 38, 81). Lembro, também um apotegma de G. Mazzini, extraído de *Dei doveri dell'uomo* (c. 2), segundo o qual o primeiro ateu foi alguém que cometera um crime e, *negando Deus, procurava libertar-se da única testemunha da qual não podia escondê-lo*. Uma variante muito conhecida atualmente (inclusive nos dialetos: cf.

Zeppini Bolelli 87) conjuga, com feliz paronomásia, a onividência e a infinita bondade da Providência divina, proclamando: *Deus vê e provê*.

1495. *Cito fit quod di volunt*
O que os deuses querem acontece logo

Essa expressão é extraída de Petrônio (76,8) e deve ser vinculada ao motivo da onipotência divina, que aparece com freqüência na literatura latina (ver, por exemplo, Cícero [*De divinatione*, 21,41,86], Lívio [1,39,4], Ovídio [*Metamorfoses*, 8,619] e ainda o famoso *Nihil est quod Deus efficere non possit*, "nada há que a divindade não possa fazer", de Cícero [*De natura deorum*, 3,39]). Em grego deve ser destacada uma máxima que João de Stóboi (4,46,1) e Arsênio (15,17a) atribuem ao fabuloso Lino (1,156 Mullach): ῥᾴδια πάντα θεῷ τελέσαι καὶ ἀνήνυτον οὐδέν, "para a divindade tudo é fácil e nada é impossível". Nas várias línguas modernas existem provérbios do tipo do brasileiro *A Deus nada é impossível* (é significativa a variante espanhola *Más puede Dios que el diablo*).

1496. *Nemo contra Deum nisi Deus ipse*
Ninguém pode contrariar Deus a não ser Deus mesmo

Desconheço a origem dessa máxima que, no entanto, é conhecida e difundida na cultura alemã por ter sido usada por Goethe como mote da quarta parte de *Dichtung und Wahrheit* (o poeta repete-a no vigésimo livro); F. W. Riemer registra-a duas vezes nos seus diários (16 de maio de 1807 e 3 de julho de 1810) e, nas *Mitteilungen über Goethe* (p. 188), reivindica para si a idéia de colocá-la como mote da parte de *Dichtung und Wahrheit*; T. Mann a reutiliza em *O eleito*. Na Antiguidade, porém, tinha difusão o *topos* de οὐκ ἔστι θνητοῖσι πρὸς ἀθανάτους μαχέσασθαι, "para os mortais não é possível combater contra os deuses" (Teógnis, 687), entre os gregos (cf. por exemplo Homero, *Ilíada*, 17,98, Eurípides, fr. 491, 716 N.[2], *Monósticos de Menandro*, 341 Jäkel), entre os latinos (cf. por exemplo Plauto, *Persa*, 26, Cícero, *De senectute*, 2,5, *Tusculanae disputationes*, 3,25,60, *De legibus*, 3,2,5, Cúrcio Rufo, 7,6,7, Boécio, *A consolação da filosofia*, 2,8), entre os cristãos (*Atos dos Apóstolos*, 5,39, Tertuliano, *Ad Scapulam*, 4, Salviano, *De gubernatione Dei*, 6,4,24) e nos paremiógrafos (Apost. 13,61, Arsen. 8,89b [igual ao citado *monóstico de Menandro*, cf. Trágicos anônimos, fr. 312 N.[2]]).

1497. *Mens agitat molem*
Uma mente movimenta toda a massa

É assim que Anquises, no sexto livro da *Eneida* (v. 727), no Hades, começa seu discurso ao filho Enéias sobre a origem celeste das almas e sobre o ciclo perpétuo de encarnação, morte e reencarnação: quem gere tudo é uma Mente superior, que rege todo o universo. Essa frase é registrada entre as sentenças medievais por Walther (14660a) e continuou famosa, indicando o poder e a infinita inteligência divina (nesse sentido, é retomada por Voltaire em *Dicionário filosófico*, ver *Causas finais* e *Idéia*); ainda é usada, em tom jocoso, para dizer que se está meditando sobre alguma coisa muito importante.

1498. *Di nos quasi pilas homines habent*
Os deuses tratam os homens como bolas

Essa expressão, também registrada entre as sentenças medievais (Walther 5547a), deriva de *Captivi* de Plauto (v. 22), mas o motivo do homem visto como joguete nas mãos dos deuses também se encontra em outros autores, como por exemplo Ovídio (*Epistulae ex Ponto*, 4,3,49) e, em grego, Platão (*As leis*, 7,803c.). São freqüentes as imagens como as da vida enquanto jogo (Aléxis, fr. 34 K., Terêncio, *Adelphoe*, 739), ou como teatro ou farsa (cf. nº 624), sem referências específicas aos deuses. Lembro, enfim, uma máxima de Einstein, registrada por Ph. Franklin, *Einstein, his Life and Times*: o grande cientista afirmou não poder acreditar que Deus jogasse dados com o mundo (para a tradição de que os dados de Zeus sempre caem bem, cf. nº 850).

1499. *Nihil... rerum humanarum sine deorum numine geri*
Nenhum acontecimento humano ocorre sem o assentimento dos deuses

Essa máxima deriva de Cornélio Nepos (*Vida de Timoleonte*, 4,4) e é semelhante a vários provérbios modernos: em italiano existe *Non si muove foglia che Dio non voglia* (com equivalente em espanhol); em toscano, *Non si fa cosa in terra che prima non sia scritta in cielo*; em francês, *Là où Dieu veut, il pleut*; em inglês, *When God will, all winds brings rain*; no Brasil se diz *Quando Deus não quer, Santos não rogam* e *Só acontece o que Deus quer* (para os paralelos cf. Mota 173, 212). Finalmente, deve ser destacada uma bela imagem do *Alcorão* (11,56), segundo a qual não há ser vivente que Deus não segure pelos cabelos.

1500. *Quos Deus perdere vult, dementat prius*
Deus primeiro enlouquece aquele a quem quer arruinar

Trata-se de um adágio conhecidíssimo, citado com freqüência (inclusive com *Iuppiter* no lugar de *Deus*, ou com *quem* no lugar de *quos* e outras variantes marginais) para indicar o poder absoluto da divindade em relação ao homem: se esta quiser arruinar alguém, consegue fazê-lo de tal modo que a pessoa enlouqueça ou cometa sacrilégios ou atos que façam recair todas as culpas sobre ela. Durante dois séculos os eruditos empenharam-se em pesquisas sobre a sua origem, mas não forneceram soluções convincentes: revelaram — como S. Chabert ("Revue des Études anciennes" 20, 1918, 141-163) — que a sua maior fama se iniciou na Inglaterra do século XVII (de fato, é citada por J. Lightfoot numa obra de 1647 e por J. Duport numa de 1660). Na realidade, a fonte é grega: um fragmento trágico anônimo (455 Sn.-K.) lembra que ὅταν δ' ὁ δαίμων ἀνδρὶ πορσύνῃ κακά, / τὸν νοῦν ἔβλαψε πρῶτον ᾧ βουλεύεται, "quando a divindade dá males ao homem antes extravia a mente daquele contra quem trama"; conceitos semelhantes encontram-se em *Antígona* de Sófocles (vv. 622 ss.) e no orador Licurgo (*Contra Leocratem*, 92). Em latim, comportamento semelhante é atribuíddo ao deus em Veleio Patérculo (2,118,4), enquanto uma das máximas de Publílio Siro (S 29) declara: *Stultum facit Fortuna, quem vult perdere,* "a Fortuna torna tolo aquele que quer arruinar", esclarecendo, portanto, que o deus que assim age é a Fortuna. Entre os provérbios italianos existem *Quando Dio ci vuol punire dal vero senno ci fa uscire* [quando Deus nos quer punir, do verdadeiro bom-senso nos faz sair] e *A chi Dio vuol castigare leva il cervello* [Deus tira os miolos de quem quer castigar], registrando-se sentenças semelhantes em todas as línguas européias; existe uma frase análoga a respeito da sorte em francês (*La fortune rend fou celui qu'elle veut perdre*) e em inglês (*When fortune wishes to destroy, she first makes mad*): para a variante da sorte que torna idiota aquele a quem favorece demais, cf. nº 843. Hoje *Quos Deus perdere vult dementat prius* é usado para estigmatizar — nem que seja *a posteriori* — um comportamento insensato que, previsivelmente, levará à ruína.

1501. *Si Deus pro nobis quis contra nos?*
Se Deus é por nós quem será contra nós?

Essa expressão, registrada entre as sentenças medievais (Walther 28437c, 28439c) e atualmente conhecida como símbolo da total confiança na eficácia da ajuda divina, deriva da *Epístola aos Romanos* de São Paulo (8,31: εἰ ὁ Θεὸς ὑπὲρ ἡμῶν, τίς καθ᾽ ἡμῶν;). Essa frase, que Erasmo de Rotterdam retoma freqüentemente, mas às vezes como objeto de vibrante contestação, é utilizada com freqüência também em contexto militar, para incitar a comportamentos heróicos: recorre muitas vezes com essa acepção nos discursos de D'Annunzio, que queria utilizar como divisa no brasão da regência de Carnaro: *Si spiritus pro nobis quis contra nos?*, "se o espírito é por nós quem será contra nós?". Finalmente, deve ser lembrado o lema nazista de triste memória: *Gott mit uns!* ("Deus está conosco!").

1502. *Qui dat nivem sicut lanam*
Que dá neve de modo semelhante à lã

Essa frase deriva da versão dos *Salmos* (147,5) presente na *Vulgata* e instaura um paralelo entre neve e lã (cf. também *Isaías*, 1,18 e *Daniel*, 7,9). Entendida erroneamente como "que faz cair neve segundo a lã", deu origem a muitos provérbios modernos que tendem a afirmar a bondade de Deus com essa imagem, com o fato de medir a neve e o frio segundo as peles dos animais que devem suportá-los. Em todas as línguas européias existem equivalentes ao italiano *Dio misura il vento all'agnello tosato*, e em muitos dialetos existem expressões semelhantes à do Lácio *Cristo è bbon compagno: manna o freddo secondo i panni* (uma relação está em Zeppini Bolelli 87: é curiosa a variante lombarda, invertida, *El Signor el dà i pagn segond el fregg*). No Brasil se diz *Deus dá o frio conforme a roupa* e também *Deus dá nozes a quem não tem dentes* (que tem paralelos nas outras línguas européias: cf. Mota 81).

1503. Omne trinum est perfectum
Toda tríade é perfeita

Trata-se de famosa máxima medieval (cf. Walther 19880b) — cuja origem exata desconheço — que alude à crença comum na sacralidade do número três, visto como característica do ser divino (lembrar a Trindade cristã), ao qual são vinculados sentidos mágicos e ocultos (exatamente por essa razão, é comum que as obras medievais — como, por exemplo, a *Divina comédia* — sejam divididas em três ou num múltiplo de três). Essa frase hoje é citada freqüentemente com sentido irônico ou jocoso, a respeito de qualquer coisa que tenha a ver com o número três. Provérbios sobre esse número ainda estão presentes nas várias línguas européias (ver, por exemplo, o alemão *Alle guten Dinge sind drei* e o inglês *All good things go by three*); em vários autores encontram-se expressões neles inspiradas (cf., por exemplo, Shakespeare, *As alegres comadres de Windsor*, 5,1). Uma concepção "mágica" do número três também está na base do italiano *Non c'è due senza tre* [não há dois sem três] e do brasileiro *Três o diabo fez*.

1504. Numero deus impare gaudet
A Deus agrada o número ímpar

Essa máxima deriva do canto de Alfesibeu, nas *Bucólicas* de Virgílio (8,75) e comenta o fato de que, por encanto, todas as ações devem ser repetidas três vezes (para outro provérbio vinculado à crença da sacralidade do número três, cf. nº 1503). Realmente, os números ímpares (o três, seus múltiplos, mas também o um e o sete) tiveram função sagrada a partir dos pitagóricos, em Platão, nos neoplatônicos e, finalmente, na simbologia medieval. Nas línguas modernas, registram-se provérbios semelhantes à expressão de Virgílio: em francês (*Le nombre impair plaît à Dieu*) e em espanhol (*Los números ímpares son gratos a los dioses*).

1505. Dii pedes lanatos habent
Os deuses têm pés de lã

Essa famosa expressão, extraída de Petrônio (44,18), na realidade constitui um provérbio, como afirmam explicitamente Porfírio (a Horácio, *Carm.* 3,2,32) e Macróbio (*Saturnalia*, 1,8,5): segundo o texto de Petrônio, parece tratar-se de uma frase que escarneceria o ateu: este, apesar de sua falta de fé, não é punido pelos deuses; contudo, à luz de Porfírio, mais provavelmente significa que a justiça divina demora a chegar, mas chega com certeza e em silêncio. Quanto à origem, Macróbio cita a tradição segundo a qual Saturno ficava preso com uma corda de lã durante todo o ano e era solto só no dia da sua festa (aliás, sobre essa prisão de Cronos também falam outros autores, como Luciano, *Saturnalia*, 10, Estácio, *Silvae*, 1,6,4). Às vezes é *Poena*, a Punição, que vem *sera, tamen tacitis pedibus*, "lentamente, mas com pés silenciosos" (Tibulo, 1,9,4), ou *pede... claudo*, "claudicando" (Horácio, *Carm.* 3,2,32). Nas várias línguas européias existem equivalentes ao italiano *La pena è zoppa, mas pure arriva* [o castigo é coxo, mas chega] (motivo que aparece, por exemplo, em

Conte di Carmagnola, de Manzoni [1,117-120]); na Lombardia, diz-se *El Signor el riva sensa corr.*

1506. *Sunt di immortales lenti quidem, sed certi vindices generis humani*
Os deuses imortais são lentos, mas seguros garantidores da justiça para o gênero humano

Esse é o mesmo motivo dos n°s 1505 e 1507: a justiça divina é lenta, mas certa. Essa idéia, tão enraizada na religião clássica, que deu origem à teoria da "culpa hereditária", segundo a qual os filhos podem pagar pelos erros dos pais, é expressa nesses termos por Sêneca, o Retor (*Controversiae*, 10, *praef*. 6); encontram-se frases semelhantes, por exemplo, em Valério Máximo (1,1 *ext*. 3) e em Juvenal (13,100); em grego, em Eurípides (*Íon*, 1614). Os paremiógrafos gregos (Zenob. vulg. 4,11, Diogen. 4,95a, Apost. 8,30) registram Ζεὺς κατεῖδε χρόνιος εἰς τὰς διφθέρας, "Zeus olha os pergaminhos depois de muito tempo"; na sua segunda epístola (3,9), São Pedro afirma que os "atrasos" de Deus devem-se ao fato de que Ele quer deixar todo o tempo possível ao arrependimento humano. Nas modernas línguas européias, existem equivalentes ao italiano *La vendetta di Dio non piomba in fretta* [a justiça de Deus não cai precipitadamente] (em algumas, como o alemão, esclarece-se que chega com toda certeza; em outras, como em inglês, que pelo menos chega); em vários dialetos lombardos existem provérbios como *Al Signur l'ha mais fissà 'l dì dla pega* (tem grande difusão em várias regiões *Dio non paga il sabato*); no Brasil se diz *Deus tarda mas não falha* e *Deus escreve direito por linhas tortas*. Entre as referências literárias, devem ser destacadas pelo menos uma do *Paraíso* de Dante (22,16-18: *La spada di qua su non taglia in fretta, / né tardo, ma' ch'al parer di colui, / che disiando o temendo l'aspetta*) e uma da *Jerusalém libertada* (19,38,3 s.: *O giustizia del Ciel, quanto men presta / tanto più grave sovra il popol rio!*).

1507. Ὀψὲ θεῶν ἀλέουσι μύλοι, ἀλέουσι δὲ λεπτά
Os moinhos dos deuses moem devagar, mas moem fino

Trata-se de outra variação do tema da lentidão e da inexorabilidade da punição divina (cf. n°s 1505, 1506), documentada em Plutarco (*De sera nuiminum vindicta*, 549d), em Sexto Empírico (*Adversus grammaticos*, 1,13,287), em Orígenes (*Contra Celsum*, 8,771a) e nos *Oracula Sibyllina* (8,14,677), bem como registrada pelos paremiógrafos (*App. Prov.* 4,48, Macar. 6,85). Esse provérbio continuou vivo nas tradições modernas: em italiano existe *I mulini di Dio macinano adagio, ma tanto più amare sono le semole* [os moinhos de Deus moem devagar, mas tanto mais amargas são as sêmolas]; em alemão, *Gottes Mühle mahlt langsam, aber klein*; em inglês, *God's mill grinds slow but sure*. Finalmente, recordo uma referência sugestiva em *Old Love*, de J. Singer, segundo a qual os moinhos das pessoas, como os de Deus, moem devagar.

1508. Iupiter pluvius
Júpiter chuvoso

Essa expressão é usada sobretudo entre os alemães por ter sido empregada por Goethe (*Wanderers Sturmlied*, e *Ep.* 22), que a recolhe em Tibulo (1,7,26 *pluvio... Iovi*). Na realidade, Zeus, herdeiro de um primitivo ser supremo urânico (cf. também nº 1494), já é sujeito do verbo ὕειν, "chover", em Homero (*Ilíada*, 12,25, *Odisséia*, 14,457) e em Alceu (fr. 338,1 Voigt), enquanto Ζεὺς ὑέτιος aparece pela primeira vez em Aristóteles (*De mundo*, 7), mas era divindade venerada em muitos lugares (cf. Pausânias, 2,29; 4,39). Em italiano ainda é comum o uso de *Giove pluvio*. Finalmente, recordo o provérbio brasileiro *Quando Deus quer com todos os ventos chove* (para os paralelos em outras línguas cf. Mota 173).

d) Expressões e provérbios diversos, oriundos da tradição cristã

1509. Ecce homo!
Eis o homem!

Com essas palavras (que em grego soam ἰδοὺ ὁ ἄνθρωπος), no *Evangelho de João* (19,5), Pilatos apresenta Cristo à multidão, depois de ter mandado chicoteá-lo e escarnecê-lo como pretenso rei dos judeus, pondo-lhe uma coroa de espinhos e um manto de púrpura. Essa expressão atualmente é usada como terminologia artística, para indicar as representações da paixão de Cristo, mas antes da crucificação, e, em nível popular, para designar, por antonomásia, uma pessoa em mau estado (ver, por exemplo, a expressão de Reggio *In dû o trî mèis l'ée dvintèe ch'al pèr un Ecce Homo*). Finalmente, deve-se destacar que às vezes essa frase é encontrada com outros sentidos, por exemplo para indicar ironicamente a deterioração moral e a corrupção: *Ecce Homo*, por exemplo, é título de um desenho feito em 1923 por Georges Grosz, que representa uma prostituta nua, deitada, e dois clientes, dois gordos burgueses ricos.

1510. Fiat lux!
Faça-se luz!

Essa expressão provém do início do *Gênesis* (1,3): como primeiro ato da criação do mundo, Deus faz que a luz resplandeça no universo dominado pelas trevas (o grego dos *Setenta* diz: καὶ εἶπεν ὁ Θεός· γενηθήτω φῶς· καὶ ἐγένετο φῶς, "e disse o Senhor: 'Faça-se a luz!'. E a luz se fez"). Essa expressão atualmente é de uso comum e pode indicar onipotência (com explícita referência à ação divina), mas às vezes também é empregada jocosamente, com referenciais banais, como por exemplo quando se pede que se acendam as luzes num local escuro. Em italiano, às vezes, o seu significado fica completamente subentendido e ela se torna sinônimo de *Faccia Lei!* [faça você].

1511. Beati pauperes spiritu
Bem-aventurados os pobres de espírito

É assim que, no *Evangelho de Mateus* (5,3), têm início as chamadas bem-aventuranças: μακάριοι οἱ πτωχοὶ τῷ πνεύματι, ὅτι αὐτῶν ἐστιν ἡ βασιλεία τῶν οὐρανῶν (*Beati pauperes spiritu quoniam ipsorum est regnum caelorum*, "bem-aventurados os pobres de espírito porque deles é o reino dos céus"). O pobre de espírito não é o indigente em sentido genérico, mas — segundo a interpretação mais simples (cf. K. Schupert, "Theological Quarterly" 135 [1955] 327) — aquele que suporta conscientemente a pobreza por amor a Deus: essa exegese é confirmada, como lembra Sh. Ben-Chorin, *Fratello Gesù*, Brescia 1985 (München 1967), 100, pelos dados provenientes dos manuscritos do mar Morto. Essa expressão apresenta vários problemas, inclusive porque *Lucas* (6,20) fornece uma redação (*Beati pauperes: quia vestrum est regnum Dei*) em que não há nenhuma especificação da pobreza e a terceira pessoa é substituída pela segunda do plural (o que indica que Jesus restringe a bem-aventurança aos que adotam os seus ensinamentos). Já se perguntou — sem que fosse dada uma resposta irrefutável — qual seria a redação original: a maioria dos estudiosos acredita que a versão primitiva seja a de *Lucas*, mas que a segunda pessoa seja secundária. Os pobres de espírito, pois, poderiam ser também os pobres de conhecimento (e nesse caso haveria uma discordância gritante em relação à tradição farisaica, cf. Strack-Billerbeck 1,191 s.) ou os humildes, aqueles que estão conscientes da fraqueza humana e esperam o reino dos céus por um ato "gratuito" da divindade (nesse caso seriam muitos os paralelos rabínicos, cf. Strack-Billerbeck 1,192-194; para outros pormenores, remeto a E. Bammel, in Kittel-Friedrich 11,759 ss.). A frase ainda é muito famosa e citada tanto a respeito dos pobres quanto a respeito dos humildes e — com sentido certamente ausente do *Evangelho* — dos simplórios.

1512. Ubi Petrus, ibi et Ecclesia
Onde estiver Pedro, ali estará a Igreja

Essa expressão obviamente faz referência à investidura de Pedro: este recebeu a tarefa de fundar a Igreja de Cristo (*Mateus*, 16,18, cf. nº 1544). A fonte é Santo Ambrósio (*Expositio in Psalmos*, 40,30); uma variante popular afirma que *Ubi papa ibi Roma*, "onde está o papa está Roma" (Walther 32062e).

1513. Extra ecclesiam nulla salus
Fora da Igreja não há salvação

Essa frase, ainda usada para indicar a afirmação de que uma Igreja — sobretudo a católica — é a única depositária da verdade e da salvação, deriva de Cipriano (*Ep.*

73,21 [*PL* 3,1169]). Ademais, deve-se destacar que esse foi o princípio informador da famosa bula *Unam sanctam* de Bonifácio VIII (1302).

1514. *Semen est sanguis Christianorum*
O sangue dos cristãos é a sua semente

Essa famosa frase é de Tertuliano, que, em *Apologeticum* (50,13), desse modo demonstra o malogro do intuito dos pagãos e dos perseguidores, de destruir os cristãos com sangue e terror, já que o seu número crescia exatamente devido às provas de abnegação e de coragem dadas pelos mártires.

1515. *Quo vadis?*
Aonde vais?

Segundo uma lenda contada nos *Atos do martírio de Pedro*, do Pseudo-Lino (6), durante a perseguição de Nero o apóstolo Pedro estava fugindo, quando, assim que saiu das portas de Roma, teve uma visão: Cristo apareceu e Pedro perguntou-lhe aonde ele ia; Jesus então respondeu que ia a Roma, para deixar-se crucificar em lugar dele. Atualmente a fama dessa expressão não se deve tanto à igrejinha que foi construída no local do suposto encontro nem à pegada de Cristo, cujo molde é conservado na basílica de São Sebastião nas catacumbas, mas ao fato de ter sido título de um famosíssimo romance do escritor polonês Henryk Sienkiewicz (1896), a partir do qual foram feitos algumas "superproduções" cinematográficas (uma de E. Guazzoni, em 1912, e outra de M. Le Roy, em 1951).

1516. *Christianos ad leonem!*
Os cristãos aos leões!

A fonte é o *Apologeticum* de Tertuliano (40,2): a plebe romana usa esse "slogan" e quer lançar os cristãos aos leões na ocorrência de qualquer fato infeliz e como solução para todos os problemas. É mais ou menos como o italiano *Piove, governo ladro!* [está chovendo, governo ladrão!].

1517. *Mater dolorosa*
Mãe dolorosa

Essa expressão faz referência à figura de Nossa Senhora aos pés da cruz, segundo a cena da crucificação descrita no *Evangelho de João* (19,25), que deu origem a toda a tradição litúrgica, iconográfica e literária posterior. A fama dessa *iunctura* provém do fato de encontrar-se no início do *Stabat mater* (*Stabat mater dolorosa, / iuxta crucem lacrymosa, / dum pendebat filius*, "estava a Mãe aflita, chorosa junto à cruz, enquanto nela era suspenso seu filho"), seqüência litúrgica cujo autor é, muito provavelmente, Jacopone da Todi e que, persistindo em diversas redações, passou a fazer parte do *Missal romano* por ordem de Bento XIII, no início do século XVIII: sua notoriedade sempre foi grande, como demonstra o fato de ter sido musicada por muitos compositores (entre os mais célebres, Pergolesi, Palestrina, Scarlatti, Rossini, Verdi). Atualmente essa locução também é usada em linguagem comum, como metáfora, para designar uma mulher de aspecto muito triste ou ferida em seus instintos maternos; é o título de um romance escrito em 1882 pelo romântico tardio Gerolamo Rovetta, em que uma nobre se sacrifica em nome dos deveres maternos.

1518. *Refugium peccatorum*
Refúgio dos pecadores

Essa expressão provém das *Litanias de Nossa Senhora*, em que a Virgem é invocada como aquela em cujo seio se refugiam os míseros pecadores arrependidos, para obterem a sua intercessão e, portanto, o perdão de Deus. Essa locução, ademais, é comumente usada com acepção figurada, a respeito de uma instituição ou de uma pessoa cheia de compreensão e de misericórdia; às vezes tem sentido irônico, como no caso de uma escola que aprova com facilidade, na qual se inscrevem aqueles que não conseguem aprovação em outros lugares. Finalmente, *Refugium peccatorum* é título de um famoso quadro de L. Nono (um dos mais conhecidos pintores italianos da segunda metade do século XIX e do início do século XX), em que uma mulher está ajoelhada na rua, em ato de contrição, diante de uma estátua que está sobre um parapeito.

1519. *Agonia Domini*
Angústia do Senhor

Essa expressão costuma indicar o momento de angústia e desalento que coincide com a súplica de Jesus no Jardim das Oliveiras, com o pedido ao Pai do Céu que, se possível, afastasse aquele cálice e, finalmente, com a amarga constatação de que os discípulos que deveriam vigiar com ele estavam adormecidos (cf. *Mateus*, 26,37-39, *Marcos*, 14,33-35, *Lucas*, 22,39-41). Portanto, não se trata da agonia no sentido que ora damos a esse termo, que, por outro lado, se refere à celebração da *agonia* na Sexta-Feira Santa, em que se comemoram as quatro horas passadas por Cristo na cruz e as sete "palavras" ali pronunciadas.

1520. *In dulci iubilo*
Na doce alegria

Essa expressão provém de um canto de Natal constante de um manuscrito que continha a *Vida do místico Suso*, do século XIV (portanto, o autor não pode ser Pedro de Dresden, a quem o hino foi tradicionalmente atribuído, já que este morreu em 1440). A frase agora indica esse canto, que foi musicado por vários compositores, e, mais genericamente, é símbolo da vida alegre e despreocupada (com esse sentido, aparece com freqüência nas canções goliardas). Finalmente, deve-se lembrar que *iubilatio*, em música, era terminologia que indicava um canto acrescentado à última sílaba (originalmente, as vocalises acrescentadas ao *a* de *Aleluia*): cf. Santo Agostinho, *Enarrationes in Psalmos*, 32,2, bem como G. Scarpat, "Paideia" 45 (1990) 363 s.

1521. *Habemus papam*
Temos o papa!

Com essa fórmula, prevista explicitamente no ritual (cf. Patricius, 1,73, *Ordo Romanus*, 14,253), o cardeal decano anuncia à multidão a eleição do papa (*Nuntio vobis gaudium magnum: habemus papam*, "anuncio-vos uma grande alegria: temos o papa"): segue o nome do cardeal escolhido e o novo nome assumido. Essa expressão também é usada jocosamente para indicar qualquer acontecimento feliz, principalmente uma nomeação ou algo semelhante. Também é usado — ainda que mais raramente — *Habemus pontificem*.

1522. *In partibus infidelium*
Nas regiões dos infiéis

Com essa locução (ou com a abreviada *In partibus*) indicavam-se os bispos de dioceses conquistadas pelos sarracenos e que, por isso, estavam impossibilitados de desenvolver sua missão pastoral). Essa expressão, usada pela Igreja a partir do século VII, foi abolida da linguagem oficial pelo papa Leão XIII, em 1882 (a partir de então, fala-se de bispos "titulares"). Atualmente também é usada em sentido genérico, a respeito de quem se encontra em locais selvagens e habitados por população hostil ou que está atuando em situações e circunstâncias muito desfavoráveis; *Dalle parti degli infedeli* é título de um pequeno romance de L. Sciascia, em que se fala de um alto prelado exautorado e marginalizado pela hierarquia eclesiástica.

1523. *Adiutorum nostrum in nomine Domini, qui fecit caelum et terram*
Nosso socorro no nome do Senhor, que fez o céu e a terra

É esse o texto de um famoso salmo, na tradução da *Vulgata* (123,8 [na redação dos *Setenta*, feita segundo o texto hebraico, *auxilium* substitui *adiutorium*]): trata-se de uma súplica muito famosa, recitada ao pé do altar na missa em latim, que reaparece em diversas bênçãos (entre as quais a do papa ao bispo ou do papa aos fiéis). Ademais, deve-se assinalar que com essa frase têm início os *Proverbia* do Pseudo-Beda (*PL* 90,1091a) e de Otloh de Sankt Emmeram (*PL* 146,301).

1524. *Introibo ad altare Dei*
Entrarei no altar de Deus

A fonte é um versículo dos *Salmos* (42,4), famoso por fazer parte, na missa em latim, da prece que o celebrante declamava ao pé do altar (o povo respondia prosseguindo o salmo: *Ad Deum qui laetificat iuventutem meam*, "em Deus, que alegra a minha juventude"). Essa fórmula também era — sobretudo no passado — repetida fora de contexto ritual, com sentidos profanos e banais (em italiano, entre outras coisas, *Fare l'introibo* significa "entrar num discurso", cf. Battaglia 8,368). Finalmente, é célebre a sua citação no início do *Ulisses* de Joyce, para introduzir uma paródia dos "mistérios" cristãos.

1525. *Ad sanctos*
Junto aos santos

Essa locução, como *ad corpus*, "junto ao cadáver", indica situar alguma coisa nas proximidades dos túmulos dos mártires; é usada principalmente para as basílicas ou para as sepulturas. De fato, era costume, na Idade Média, procurar ser sepultado perto de um santo (para os sentidos culturais e ideológicos desse costume, remeto a Ph. Ariès, *L'uomo e la morte dal Medioevo a oggi*, Bari 1984 [Paris 1977], 33-106).

1526. *Ad limina Apostolorum*
Ao limiar dos Apóstolos

Essa locução indica a peregrinação a Roma: trata-se da visita à cidade santa, que a partir de Sisto V tornou-se obrigatória para todos os bispos a cada cinco anos: eles devem apresentar à Sagrada Congregação consistorial um relatório escrito sobre o estado da diocese.

1527. *A divinis*
Das coisas divinas

Essa expressão é comumente usada na locução *Suspensão a divinis*: trata-se de uma sanção disciplinar que exclui um padre da celebração eucarística por suspeita de heresia, por franca violação da lei do celibato ou por grave irregularidade com respeito a um benefício ou a um dever eclesiástico; é também cominada ao vigário capitular que autorize ilegitimamente uma ordenação. Trata-se de uma suspensão e não de uma revogação das prerrogativas eclesiásticas: os fiéis, por exemplo, podem pedir a essa pessoa a administração dos sacramentos, sobretudo se no lugar não houver outro ministro de culto.

1528. *In saecula saeculorum*
Nos séculos dos séculos

Essa fórmula, como equivalente a *Per omnia saecula saeculorum*, aparece com freqüência na liturgia latina, para lembrar que as preces se projetam numa dimensão extratemporal; existe um equivalente perfeito na liturgia oriental. Essa expressão passou a fazer parte do uso comum, sendo também usada jocosamente para afirmar que uma coisa está-se prolongando ou está sendo adiada infinitamente. Entre as variantes, lembro a siciliana *Pigliari o purtari seculaseculorum*, a respeito de quem é obrigado a deixar um lugar onde não é aceito e ir para outro que não deseja: tem origem na captura dos bandidos para seu destino de morte (cf. Sciascia, *Occhio di capra*, 111).

1529. Sicut erat in principio
Assim como era no princípio

Essas palavras, segundo a tradição, foram acrescentadas ao início da chamada "doxologia menor" (*Gloria Patri et Filio et Spiritui Sancto*) pelo concílio de Nicéia, em 325, para refutar a doutrina ariana, segundo a qual o Filho nascera no tempo. Atualmente, em linguagem comum, essa frase refere-se a coisas que não progridem ou a problemas que não apresentem nenhuma melhoria. No ritual latino, a doxologia menor era recitada depois de cada salmo: donde a conhecida expressão italiana *Tutti i salmi finiscono in gloria* [todos os salmos terminam em glória] (equivalente à brasileira *No fim é que se cantam as glórias*), usada para afirmar que ao fim de todos os acontecimentos, mesmo os mais tempestuosos, consegue-se achar uma saída.

1530. Non Angli sed Angeli
Não anglos, mas anjos

Esse lema, baseado na paronomásia entre *Angli*, "ingleses", e *Angeli*, "anjos", atualmente é citado sobretudo para indicar simpatia por esse povo; na realidade, deriva de uma frase atribuída ao papa Gregório Magno, que, por volta de 574, ao ver os jovens ingleses loiros que eram vendidos em Roma como escravos, teria exclamado: *Non Angli sed Angeli forent, si fuissent Christiani*, "não seriam ingleses, mas anjos, se fossem cristãos". Esse episódio é contado pelo Venerável Beda (*História eclesiástica da nação inglesa*, 2,1), ao comentar o propósito, concretizado pouco depois pelo pontífice, de evangelizar a ilha.

1531. Urbi et orbi
Em Roma e no mundo

Essa expressão agora é muito conhecida e usada, inclusive de modo banal, para dizer que uma coisa diz respeito a todos. Constitui a fórmula da bênção solene do papa e, em parte, deve sua notoriedade à fácil paronomásia *urbi / orbi*; na história da igreja, encontra-se na cerimônia da investidura papal (cf. *Ordo Romanum* XIII, XIV, respectivamente com um edito de Gregório X e no cerimonial de Paulo II). Essa paronomásia já está documentada na Antiguidade: ver, por exemplo, Cícero (*Catilinárias*, 4,9), Ovídio (*Ars amatoria*, 1,174, *Fastos*, 2,683; nesse segundo trecho, o binômio serve para indicar os limites do povo romano), Rutílio Numaciano (*De reditu suo*, 1,66; em que Roma transformou em *urbem* o que antes era *orbis*), Veleio Patérculo (2,44,1), Cornélio Nepos (*Vida de Ático*, 20,5) e Sidônio Apolinário (*Carm.* 7,556).

1532. *Non expedit*
Não deve ser feito

Trata-se de uma fórmula que, na tradição da Igreja Católica, indica um veto atenuado, devido a razões conjunturais e não substanciais. Tem origem na primeira epístola de São Paulo aos coríntios (10,23), em que o apóstolo afirma: *Omnia mihi licent, sed non omnia expediunt* (πάντα ἔξεστιν, ἀλλ' οὐ πάντα συμφέρει), "tudo é lícito, mas nem tudo é útil". Com essa frase, faz-se referência sobretudo a uma decisão de 1874, com que se proibia aos católicos participar ativamente da vida política do Reino da Itália e, principalmente, eleger e ser eleitos. Tal proibição depois teve várias derrogações, sendo abolida pela Sacra Penitenzieria Apostolica (tribunal da Cúria romana incumbido de decidir sobre as questões de consciência), por ocasião das eleições de 1919.

1533. *Exeant omnes!*
Que todos saiam!

A fama dessa expressão, que passou a fazer parte da linguagem comum para ordenar (sobretudo jocosamente) a evacuação de um local onde há muita gente, é devida ao fato de ser pronunciada pelo cardeal decano que, por ocasião do conclave, convida todos os participantes à completa clausura e ao afastamento do restante do mundo.

1534. *Ex opere operato*
Em conseqüência da ação (sagrada) realizada

Essa locução, muito agradável pela figura etimológica, atualmente é usada sobretudo na linguagem jurídica e — raramente — na linguagem comum, com a acepção banal de "depois do fato realizado", ou "automaticamente". Contudo, tem sentido religioso profundo e reflete uma doutrina desenvolvida por Santo Agostinho principalmente em seus textos antidonatistas: afirma a validade de um sacramento, independentemente da condição subjetiva do ministro. Se, por exemplo, um sacerdote em estado de pecado mortal distribuir a comunhão aos fiéis, o sacramento não perderá nada de sua sacralidade, que lhe é intrínseca, e não condicionada pela situação espiritual do ministro. Não faltam, porém, documentações de concepções opostas: em âmbito bizantino, por exemplo, lembro que, em *Vida de Santo André, o louco* (*PL* 111, 800b), recomenda-se ao sacerdote que não se aproxime do altar em estado de pecado, já que assim estaria impedindo o Espírito Santo de descer e privando os féis de sua graça.

1535. *Cuius regio eius religio*
De quem for a região, dele seja a religião

Com essa fórmula feliz, baseada na paronomásia *regio / religio*, o canonista Joachim Stephani sintetizou o princípio da paz de Augusta, em 1555, segundo a qual a população de um príncipe católico deveria ser católica, a do príncipe que aderisse à Reforma deveria fazer o mesmo (para os cidadãos de confissão diferente, era previsto o direito de emigração). Essa expressão baseia-se na declaração dos católicos: *Ubi unus dominus ibi una religio*, "onde há um só senhor que haja uma única religião".

e) Acusações à religião e lutas contra a igreja

1536. Tantum religio potuit suadere malorum
    A tantos males pôde induzir a religião!

Com esse verso (1,102), registrado entre as sentenças medievais (Walther 31057b) e ainda conhecido e citado por quem considera a religião simplesmente como fonte de obscurantismo, Lucrécio conclui a narração do sacrifício de Ifigênia, filha do grego Agamêmnon, a Ártemis, para que esta aplacasse os ventos e permitisse que a frota aquéia finalmente zarpasse para Tróia. Ifigênia é tomada como símbolo de vítima inocente da superstição.

1537. Quod supra nos nihil ad nos
    O que está acima de nós não nos diz respeito

Com essa expressão, segundo vários autores cristãos (Minúcio Félix [*Octavius*, 13,1], Lactâncio [*Divinae Institutiones*, 3,20,10, *Ep.* 37,3], São Jerônimo [*Epistula adversus Rufinum*, 28]), Sócrates respondia aos que lhe faziam perguntas sobre os deuses: a fonte é constituída por duas passagens de *Memorabilia* de Xenofonte (1,1,11; 4,7,6), em que o filósofo afirma que é próprio dos tolos preocupar-se com os deuses. Frase semelhante era atribuída por Tertuliano (*Adversus nationes*, 2,4) a Epicuro (aliás, era elemento nodal de seu pensamento o completo desinteresse dos deuses em relação aos homens, o que comportava a liberação destes últimos dos temores do extraterreno). O equivalente grego dessa expressão, τὰ ὑπὲρ ἡμᾶς οὐδὲν πρὸς ἡμᾶς, é registrado pelos paremiógrafos (Arsen. 15,95c) e atribuído por João de Stóboi (2,1,24 Wachsmuth) ao estóico Aríston de Quios (352 Arnim). *Quod supra nos nihil ad nos* também é registrada por Walther (26059b).

1538. Credat Iudaeus Apella!
    Que acredite nisso o judeu Apela!

Essa expressão, extraída de Horácio (*Sátiras*, 1,5,100) e também registrada por Walther (3635c), tornou-se crítica proverbial à interpretação religiosa dos fatos naturais e à superstição. De fato, Horácio afirma que os deuses levam vida bem-aventurada e que não se interessam pelos homens; portanto, os fenômenos naturais, ainda que surpreendentes, não devem ser considerados de origem divina. Opõe-se então ao populacho supersticioso, identificado no hebreu Apela: um hebreu, portanto uma pessoa considerada particularmente crédula e chamada por um nome comum entre os hebreus (para outras documentações, cf. Cícero *Epistulae ad familiares*, 7,25 e *Atos dos Apóstolos*, 6,9). Atualmente, *Credat Iudaeus Apella!* também é repetida, com acepção mais banal, sobre alguma coisa na qual só um crédulo poderia acreditar; em literatura, lembro uma referência feita no *Dicionário filosófico* de Voltaire (ver "Credo"), num trecho que mostra com grande clareza a total incompreensão desse pensador pela religião e cultura hebraicas.

1539. *Adversae deinde res admonuerunt religionum*
As adversidades fizeram relembrar as práticas religiosas

A fonte é Lívio (5,51,8: para a construção, cf. *ThlL* 1,764,35-51): são conceitualmente semelhantes uma máxima de Sêneca, o Retor (*Controversiae*, 8,1,360,5: *Magis deos miseri quam beati colunt*, "os desventurados veneram mais os deuses do que as pessoas felizes"), e um trecho de Sílio Itálico (7,88 s.). É na concepção da religião como simples fuga das carências humanas para uma esfera supra-humana que se baseia, fundamentalmente, a famosa definição de Marx da religião como *Ópio do povo* (cf. *Introdução* a *Sobre a crítica da Filosofia do direito de Hegel* [Paris 1844]). Em nível proverbial, deve-se lembrar que, em italiano (com equivalente em francês), diz-se que *La necessità conduce a Dio* [a necessidade leva a Deus], enquanto em alemão existe *Not lehrt Beten*.

1540. *Primus in orbe deos fecit timor*
Em primeiro lugar, no mundo, o medo criou os deuses

Essa frase, que constitui um fragmento de Petrônio (27 Bücheler) e retorna em Estácio (*Tebaida*, 3,661), é só aparentemente semelhante ao conceito judaico-cristão do "temor a Deus" (cf. nº 1470); na realidade significa que a verdadeira raiz da fé religiosa está na sensação de impotência, fragilidade e medo, sentida pelo homem diante da imensidão do desconhecido (ver também Horácio, *Carm.* 3,5,1 s., onde é o trovão que leva a crer em Júpiter). Esta expressão foi argutamente retomada por P. J. de Crébillon (*Xerxes*, 1,1): *La crainte fit les dieux; l'audace a fait les rois*.

1541. *Miscere sacra profanis*
Misturar o sacro com o profano

Essa expressão é de Horácio (*Ep.* 1,16,54); originalmente, devia fazer referência a uma contaminação da esfera sacra, mas já no autor latino é primordial o sentido com que hoje é citada, ou seja, de interpretar tudo segundo um mesmo parâmetro.

1542. Ἀνίπτοις χερσίν
Com as mãos não lavadas

Essa expressão encontra-se, por exemplo, em Homero (*Ilíada*, 6,266) e em Hesíodo (*Os trabalhos e os dias*, 725), é registrada pelos paremiógrafos (Diogen. 1,43; Vind.

1,18, *App. Prov.* 1,29) e é explicada como símbolo da abordagem profana e desrespeitosa do ritual e do sagrado. O equivalente latino é *Illotis manibus*, documentado em Plauto (*Poenulus*, 316: *inlutis manibus*) e no *Digesto* (1,2,1), onde não assume exatamente valor sacro, mas indica — com fácil transição — o tratamento de qualquer coisa (por exemplo, no trecho de Plauto, os olhos de uma bela jovem) sem o devido respeito. O análogo ἀνίπτοις ποσίν, "com os pés sujos", encontra-se em Orígenes (2,18, p. 5,15 ss. K.) e em Luciano (*Rhetorum praeceptor*, 14, *Pseudologista*, 4, *Demônax*, 4); *pedibus illotis*, "com os pés não lavados", está em Gélio (1,9,8, cf. também 17,5,14) e em Macróbio (*Saturnalia*, 1,24,12: trata-se dos que querem comentar Virgílio sem preparo adequado); lembro uma tradução da *Regra de São Basílio* [devida a Bessarion], onde se diz (6,3): *No entanto, não se deve permitir que, com os pés (como se diz) imundos, e não lavados, alguém entre no santuário dos divinos preceitos*. Nas línguas modernas, deve ser destacado o alemão *Mit ungewaschenen Händen hineinplumpen* (que significa: "tratar sem o devido respeito"), e o italiano *Insozzarsi le mani* (que equivale a "desonrar-se", cf. Battaglia 9,719).

1543. *Anathema sit!*
Seja anátema!

Essa expressão traduz ἤτω ἀνάθεμα (ou ἀνάθεμα ἔστω) de São Paulo (*Primeira Epístola aos Coríntios*, 16,22, *aos Gálatas*, 1,8; 9; cf. também *Primeira Epístola aos Coríntios*, 12,3, *aos Romanos*, 9,3); indica a rejeição decisiva por parte da divindade, uma separação traumática. Na realidade, o termo ἀνάθεμα indica simplesmente um objeto ou uma pessoa dedicados à divindade, mas no *Antigo Testamento* traduz o hebraico *herem*, que designa uma instituição religiosa de origem primitiva, com a qual coisas e pessoas que lhe eram submetidas eram, na prática, exterminadas (é, por exemplo, o caso de Jericó e de outras cidades do Canaã, em *Josué*, 6,18; 6,21; 8,26; 10,28 ss.); em outros textos, porém, essa palavra equivale simplesmente a "destruição", sem implicações religiosas (*Reis*, 1,9,21; 2,19,11, *Jeremias*, 25,9; 50,21; 51,3). Depois de São Paulo, esse termo e a expressão, em nova acepção cristã, assumiram grande importância e difusão (para os numerosos trechos na Patrística, remeto a Lampe 102 s.), até serem usados para cominar a danação eterna aos pecadores (cf. Du Cange, 4,270,3). Depois do concílio de Trento, que adotou amplamente essa expressão, *Anathema sit* tornou-se fórmula usual para indicar a expulsão da Igreja católica; na linguagem comum, *Lançar um anátema* equivale a "excomungar", "amaldiçoar", e também é usado com sentido figurado.

1544. *Non praevalebunt*
Não prevalecerão

Essa expressão agora é citada com acepção especificamente religiosa, para dizer que os ateus e os descrentes não conseguirão abater a fé em Deus, mas também é empregada na linguagem comum para indicar que os adversários — vistos, evidentemente, como o "mal" — não conseguirão levar a melhor. Deriva de uma famosa passagem do *Evangelho de Mateus* (16,18), em que Cristo proclama Pedro o chefe de sua igreja com essas palavras: σὺ εἶ Πέτρος καὶ ἐπὶ ταύτῃ τῇ πέτρᾳ οἰκοδομήσω μου τὴν ἐκκλησίαν καὶ πύλαι ᾅδου οὐ κατισχύσουσιν αὐτῆς (*Tu es Petrus et super hanc petram aedificabo Ecclesiam meam, et portae Inferi non praevalebunt adversus eam*, "tu és Pedro e sobre essa pedra edificarei minha Igreja, e as portas do Inferno não prevalecerão sobre ela"). Finalmente, deve ser destacado que *Non praevalebunt* é um dos dois lemas que aparecem no cabeçalho do *Osservatore romano* (cf. também nº 1119).

1545. *Neque mittatis margaritas vestras ante porcos*
Não atireis vossas pérolas aos porcos

Esse ensinamento provém de um trecho do *Evangelho de Mateus* (7,6), dedicado a preceitos diversos, e traduz o grego μηδὲ βάλητε τοὺς μαργαρίτας ὑμῶν ἔμπροσθεν τῶν χοίρων: essa máxima, no contexto, significa que não se deve convidar a participar do que é sagrado aqueles que não sabem apreciá-lo e não são dignos dele (como precedente hebraico, destaque-se o *Deuteronômio*, 23,19, onde se prescreve não levar à casa do Senhor a remuneração das prostitutas nem o dinheiro dos cães, ou seja, dos que se dedicavam aos cultos cananeus pagãos); mais especificamente, a tradição cristã identificou nessas pérolas os sacramentos (é o conceito com que, por exemplo, em *Didaché* [9,5], recomenda-se não dar o que é santo aos cães, ou seja, a eucaristia a quem não é batizado). São muitas as suas referências na antiga literatura cristã, entre as quais citaria πηλῷ μαργαρίτην πιστεύειν, "confiar uma pérola à lama", de Gregório de Nazianzo (*Or.* 46,6 [*PG* 36,437b]), e uma que está em *As confissões*, de Santo Agostinho (3,6,48s.). A expressão evangélica ainda é proverbial, tanto na versão da *Vulgata* quanto em suas traduções nas várias línguas européias: além do significado religioso original, pode indicar simplesmente o desperdício de qualidades com fins ou — sobretudo — com pessoas inadequadas. Entre as variações, parecem significativas a italiana *Bone ragioni male intese sono perle a' porci stese* [boas razões e mau entendimento são pérolas jogadas aos porcos], a alemã *Wer Perlen schüttet vor die Schweine, die bleiben schwerlich alle reine* e as brasileiras *Anel de ouro não é para focinho de porco* e *Sopa de mel não se fez para boca de asno*.

OS PERIGOS E OS MODOS DE ENFRENTÁ-LOS

a) Riscos e perigos

1546. *Hannibal ad portas*
Aníbal às portas

Essa é uma das expressões latinas mais usadas (inclusive na forma *Hannibal ante portas*); indica um grave e iminente perigo. Nos autores clássicos, está documentada em Cícero (*Filípicas*, 1,5,11, *De finibus*, 4,9,22), com evidente alusão à situação desesperada em que Roma se encontrava na segunda guerra púnica, durante a campanha de Aníbal na Itália, depois das batalhas de Trasimeno e de Canas, quando se esperava angustiadamente o assédio dos cartagineses de um momento para o outro (Lívio, em 23,16,2, utiliza essa expressão ao falar exatamente daquela circunstância; em 21,16,2, depois da queda de Sagunto, afirma que Roma estava tomada pelo pânico *velut si iam ad portas hostis esset*, "como se o inimigo já estivesse diante das portas"). Além disso, deve ser lembrado o uso proverbial de Aníbal para designar um inimigo mortal ou um hábil general (ver, por exemplo, Cícero [*Epistulae ad Atticum*, 7,11,1, *Filípicas*, 13,11,25], Petrônio [101,4], Aurélio Vítor [*História dos Césares*, 37,2], Veleio Patérculo [2,18,1; nessa passagem, o epíteto de "Aníbal" é muito eficaz, visto dizer respeito a outro inimigo jurado de Roma, o rei Mitridates, do Ponto]). Em italiano, diz-se *Essere alle porte* com acepção genérica, para algo iminente e não só para fatos negativos, ainda que freqüentemente se refira aos inimigos (para os textos, remeto a Battaglia 13,943).

1547. *Mures etiam migraverunt*
Até os ratos fugiram

A fonte é um trecho das *Epístolas a Ático*, de Cícero (14,9,1): trata-se de edifícios tão mal construídos que até os ratos os abandonaram. De fato, era crença comum que os ratos fugissem quando estava para acontecer algum desmoronamento (cf. Plínio, *Naturalis historia*, 8,42,103); para indicar grave perigo, ainda existem expressões como a alemã *Die Ratten verlassen das Schiff* [Port., Os ratos abandonam o navio] (cf. também *Handwörterbuch des deutschen Aberglaubens*, 7,520; o motivo dos ratos que abandonam o navio que está afundando extrapola a área da língua alemã).

1548. Facilis ad lubrica lapsus est
É fácil cair onde se escorrega

Essa frase é de Frontão (*Ad M. Antoninum de orationibus*, 16 [154,2 s. van den Hout]) e significa — tanto em sentido próprio quanto em metafórico — que é fácil ter sérios problemas quando nos expomos a riscos. Está, pois, vinculada aos provérbios que lembram a necessidade de suportar as conseqüências das próprias ações (nºs 1083-1084), do tipo do italiano *Chi va al mulino si infarina* [quem vai ao moinho se enfarinha; port., Quem sai na chuva é para se molhar]. O paralelo moderno mais coercitivo parece ser o alemão *Wer sich in Gefahr begiebt kommt darin um*.

1549. Numquam periclum sine periclo vincitur
Nunca se vence o perigo sem perigo

Essa sentença de Publílio Siro (N 7) lembra que é preciso enfrentar os perigos com coragem, sem medo de arriscar. Vale-se de um fácil poliptoto (*periclum / periclo*) e suas traduções estão registradas como proverbiais nas várias línguas européias: em italiano existe *Il pericolo s'ha a vincer col pericolo*; mais difundido é outro jogo fônico (*Chi no risica non rosica* [port., Quem não arrisca não petisca]; no dialeto da Emilia tem-se também *Chi an s'atanta stanta*) que não ressalta o fato de o perigo servir para superar o perigo, mas que qualquer conquista exige riscos (também existem provérbios do tipo do russo *Ne riskuja ne dobudeš'* [ou seja: "sem riscos, sem progressos"]); em literatura, tem-se uma referência desse motivo em Guicciardini (*Discorsi politici: Se 'l Gran Capitano debbe accettare le imprese di Italia*). Entre as sentenças medievais Walther registra, além da máxima de Publílio Siro (19283), *Nulla pericla fugo, nisi sint superata periclo*, "não afugento nenhum perigo, a menos que seja superado por perigo maior" (18936b).

1550. Damoclis gladium
A espada de Dâmocles

Trata-se de expressão universalmente usada para indicar enorme perigo, que produz muita ansiedade: sua origem é o episódio em que Dionísio II, de Siracusa, convidou o cortesão Dâmocles a sentar-se no trono, diante de uma rica mesa, mas com uma espada sobre sua cabeça, suspensa por uma crina de cavalo; o objetivo era mostrar os riscos e perigos da vida de um poderoso. Contudo, não parece que essa expressão fosse proverbial na Antiguidade, ainda que o episódio seja narrado extensamente numa passagem de Cícero (*Tusculanae disputationes*, 5,21,62) e que esse fato seja mencionado por muitos outros autores (Horácio [*Carm*. 3,1,17-21], Pérsio [3,40-42], Flávio Vopisco [*Vida de Probo*, 10,2], Boécio [*A consolação da filosofia*, 3,5]).

1551. Ἀπὸ λεπτοῦ μίτου τὸ ζῆν ἠρτῆσθαι
A vida está suspensa por um fino fio

Essa expressão, usada para quem se encontra em perigo extremo, está documentada em Sinésio (*Ep*. 5 [16,9 G.]) e nos paremiógrafos (*Suda* α 3388). Para situações idênticas, diz-se *A vida por um fio*.

1552. Ὁ Ταντάλου λίθος ὑπὲρ κεφαλῆς ταλαντεύεται
O penhasco de Tântalo está suspenso sobre a cabeça

Esse provérbio, documentado pelos paremiógrafos (Greg. Cypr. M. 4,78, Apost. 13,11), vale-se de um jogo paronomástico (Ταντάλου... ταλαντεύεται) e indica uma ameaça iminente: o penhasco de Tântalo equivale à mais famosa *Espada de Dâmocles* (nº 1550). Aqui se faz referência a uma variante do mito de Tântalo, que talvez estivesse presente em *Nostoi* do Pseudo-Homero (fr. 10 Allen); é mencionada, por exemplo, por Arquíloco (fr. 91,14 s. W.), Alceu (fr. 365 V.), Álcman (fr. 79 Page [100 Calamel]), Píndaro (*Ístmicas*, 8,9 ss.) e Platão (*Crátilo*, 395d); segundo Pausânias (10,31,12), era representada por Polignoto: essa personagem, sobre quem recaía a culpa de haver servido o próprio filho Pélops como alimento aos deuses, fora convidada a comer com eles, que a fizeram sentar-se num lugar sobre o qual pendia um grande penhasco. Em latim, esse motivo encontra-se em Cícero (*De finibus*, 1,18,60) e em Sidônio Apolinário (*Ep*. 2,13,4), enquanto nos provérbios modernos, com a expressão *Suplício de Tântalo*, faz-se referência à versão mais conhecida do mito, já documentada em Homero (*Odisséia*, 11,582-592), segundo a qual Tântalo foi precipitado no Hades, onde era atormentado continuamente pela fome e pela sede, não podendo beber nem comer as numerosas iguarias que estavam diante dele (essa pena era proverbial já na Antiguidade, principalmente no que se refere aos avarentos, que têm muitos haveres de que não conseguem usufruir, ainda que por outras circunstâncias: cf., por exemplo, Ovídio [*Amores*, 2,2,43 s.; 3,7,51, *Heroides*, 18,181], Petrônio [82,5], São Jerônimo [*Ep*. 53,1], Luciano [*Tímon*, 18]).

1553. *Faucibus teneor*
Estou preso pela garganta

Essa locução encontra-se em Plauto (*Casina*, 943 Ernout); indica grave perigo: alude à situação de quem tem uma faca na garganta. Essa imagem também se encontra em vários outros textos (Cícero [*Pro Cluentio*, 31,84], Salústio [*A conjuração de Catilina*, 52,35], Horácio [*Sat*. 1,9,74], Ovídio [*Tristia*, 1,1,43 s.]): é muito divertido um de Marcial (11,58,5 s), em que o autor pergunta o que aconteceria se um barbeiro, com uma navalha ameaçadora na mão, pretendesse *libertatem divitiasque*. Em todas as línguas européias existem equivalentes aos italianos *Avere un coltello alla gola* e *Mettere a qualcuno un coltello alla gola*, mas *Prendere per la gola* [segurar pela garganta] não faz lembrar tanto a imagem de ameaça, mas sobretudo a de tentativa de estrangulamento.

1554. Auribus teneo lupum
Seguro o lobo pelas orelhas

Essa expressão é explicitamente considerada proverbial por Terêncio (*Phormio*, 506), que continua: *Nam neque quo pacto a me amittam neque uti retineam scio*, "de fato, não sei nem como o mando embora nem como o mantenho quieto". Portanto, evidencia as dúvidas e as incertezas de uma situação muito arriscada; retorna em Suetônio (*Vida de Tibério*, 25), onde é atribuída a Tibério, que vivia amedrontado pelos numerosos perigos que o ameaçavam. A explicação também deve ser considerada tradicional: frase semelhante está em Cecílio (79 s. R.[3]) e acompanha esse mesmo provérbio em São Jerônimo (*Adversus Iohannem Hierosolymitanum*, 6) e em *Querolus* (5,3 p. 55,22 Peiper). O equivalente grego τῶν ὤτων ἔχω τὸν λύκον está documentado no cômico Apolodoro Carístio (fr. 18 K.); ver também Políbio (30,20,8 s.) e Plutarco (*Praecepta gerendae reipublicae*, 802d); ao lado de esclarecimentos análogos ao de Terêncio, esse provérbio aparece em Aristeneto (*Ep.* 2,3), nos paremiógrafos (Macar. 8,44) e na versão mencionada por Donato, como comentário ao texto do cômico latino. Como paralelos modernos, ver, por exemplo, o italiano *Tenere il lupo per le orecchie*, o alemão *Den Wolf bei den Ohren halten* e um equivalente exato em polonês (cf. Steffen 89). Finalmente, hoje é muito conhecido o chinês *Quem cavalga o tigre não pode descer*.

1555. Flamma fumo est proxuma
A chama está próxima do fogo

Essa expressão é extraída de Plauto (*Curculio*, 53): além do fato de que certas premissas talvez possam produzir deduções absolutamente seguras, trata-se de uma advertência de que um elemento, em si inócuo, pode ser indício de causa perniciosa, da qual está irremediavelmente acompanhado. Esse motivo recorre numa sentença de Publílio Siro (N 13: *Numquam ubi diu fuit ignis, defecit vapor*, "onde houve fogo prolongado, nunca faltou fumaça"), que é muito semelhante à frase presente em *Recognitio* do Pseudo-Clemente (3,16); em Cícero (*Partitiones oratoriae*, 10,34), por outro lado, evidencia-se o primeiro aspecto da expressão, ou seja, a possibilidade de tirar conclusões seguras; finalmente, levantou-se a hipótese (sem fundamentos irrefutáveis) da sua presença num fragmento do orador Calídio (6 Malcovati). Em âmbito bizantino esse *topos* está em Ana Comnena (2,137,11); em todas as línguas modernas existem paralelos à expressão brasileira *Onde há fumaça há fogo* (em algumas, como em russo, também existe a dedução inversa: não há fogo sem fumaça).

1556. Μεταξὺ τοῦ ἄκμονος καὶ τῆς σφύρας
(Estar) entre o martelo e a bigorna

Erasmo (*Adagia*, 1,1,16) afirma que essa expressão está num trecho de *Homilias a Jeremias* de Orígenes (20 [*PG* 13,526c], onde a tradução de São Jerônimo diz: *Inter malleum sunt et incudem*; cf. também *Selecta*, 50,23 [*PG* 13,597b]); constitui um precedente do provérbio brasileiro *Entre o martelo* (ou *o malho*) *e a bigorna* (que possui equivalentes em italiano, francês, alemão, inglês e russo). Desse modo, indica-se uma situação arriscada, com perigo iminente e gravíssimo, que parece inevitável, seja qual for a escolha que se faça. Uma paralelo latino, documentado por Plauto (*Captivi*, 617) e Apuleio (*Metamorfoses*, 11,28), é *Inter sacrum saxumque*, que indica o estar entre a vítima (*sacrum*) e a pedra afiada e cortante que a mata (*saxum*), segundo um costume sacrificial documentado por Lívio (1,24,9). Entre as variantes modernas, lembro a russa *Promež dverej nal'ca ne kladi* (ou seja: "não ponhas o dedo entre a porta e o batente").

1557. *Incidis in Scyllam, cupiens vitare Charybdim*
Vais de encontro a Cila desejando evitar Caríbdis

Esse famoso verso é de um poeta do século XIV, Gualterius de Châtillon (*Alexandreídas*, 5,301); corresponde perfeitamente ao adágio grego τὴν Χάρυβδιν ἐκφυγὼν τῇ Σκύλλῃ περιέπεσεν, documentado em Apostólio (16,49). Alude a um trecho de mar muito perigoso para os navegantes, o do estreito de Messina, onde era preciso evitar o terrível vórtice que tudo engolia nas proximidades da costa siciliana (Caríbdis) e, ao mesmo tempo, não se chocar contra uma rocha que se erguia à sua frente, nas costas da Calábria (Cila): na fantasia popular, Caríbdis transformou-se em monstro devorador (proverbialmente, designava uma pessoa extremamente voraz, em sentido tanto próprio quanto metafórico, cf., por exemplo, Aristófanes [*Os cavaleiros*, 248], Alcífron [*Ep.* 1,6], Cícero [*Filípicas*, 2,27,67, *De oratore*, 3,41,163] e Horácio [*Carm.* 1,27,19; nesse trecho, trata-se de uma mulher que causa sofrimento ao amante]), enquanto Cila foi vista como um ser híbrido: metade mulher, metade animal. Para a fama desse trecho marítimo contribuiu o fato de por ali ter passado — não sem grande trabalho e perícia — Ulisses, segundo se conta no décimo segundo livro da *Odisséia* (vv. 85 ss.); assim, a partir de então, essa região foi sempre topicamente mencionada, para designar uma posição arriscada, um equilíbrio entre dois perigos extremamente graves (cf., por exemplo, Libânio, *Ep.* 746 [10,673,12 s. Förster], Gregório de Nazianzo, *Carm.* 61,148, *Or.* 3, p. 92 D., Eustátios, *Opuscula*, 305,80-83, *Excerpta poetica*, in *Anecdota Parisiensia*, 4,288,1). Também são muitas as documentações latinas anteriores a Gualterius: ver, por exemplo, Cícero (*In Verrem actio secunda*, 5,56,146), Virgílio (*Eneida*, 3,420-423), São Jerônimo (*Ep.* 14,6; 125,2; 130,7), Salviano (*De gubernatione Dei*, 5,11 [nesses, como em outros textos cristãos, essa imagem indica a possibilidade de cair em dois pecados, ambos igualmente graves, ainda que, na maioria das vezes, com características opostas]). A forma latina do provérbio, atualmente mais usada, é *Incidit in Scyllam qui vult vitare Charybdim*; o italiano *Cader di Scilla in Cariddi* tem equivalentes em outras línguas européias: apesar de as dificuldades do estreito de Messina praticamente não existirem mais, sem dúvida a fama do episódio da *Odisséia* contribuiu muito para manter viva a recordação dos dois monstros; entre as referências literárias, lembro uma de Rabelais (5,17), e a de *O mercador de Veneza* de Shakespeare (3,5).

1558. Hac lupi hac canes
De cá lobos, de lá cães

Esse provérbio indica uma situação extremamente arriscada, em que se está coagido entre duas possibilidades perigosas. É documentado por Plauto (*Casina*, 971), que o define como *verbum vetus*, e por Horácio (*Sat.* 2,2,64), que cita a variante *Hac urget lupus hac canis* (ambas registradas entre as sentenças medievais: cf. Walther 10535b, 10536a); é semelhante ao grego ἔμπροσθεν κρημνός, ὄπισθεν λύκοι, "na frente um precipício, atrás os lobos", registrado por Apostólio (7,15), do qual existe uma tradução em latim vulgar (*A fronte praecipitium est, a tergo lupi*). O provérbio latino tem numerosos sucessores nas línguas modernas; para uma resenha exaustiva remeto a "Philologus" 39, 1884, 284.

1559. Iam proxumus ardet / Ucalegon
Já está queimando a casa do vizinho Ucalegonte

Essa expressão é extraída da descrição do incêndio de Tróia, no segundo livro da *Eneida* (vv. 311 s.); ficou famosa por indicar um risco iminente. De fato, para evidenciar o grande perigo que pesava sobre ele e seus familiares, Enéias enfatiza que a casa do vizinho (Ucalegonte, conselheiro de Príamo já presente na *Ilíada* [3,184 ss.]) já estava pegando fogo, talvez com uma alusão ao provérbio segundo o qual cada um deve preocupar-se com o incêndio do vizinho como se fosse em sua própria casa (cf. nº 1376).

1560. De calcaria in carbonariam pervenire
Sair do forno de cal e acabar no de carvão

A fonte é Tertuliano, *De carne Christi*, 6: esse provérbio diz respeito à pessoa que foge de um perigo e cai em outro igual ou pior. Suas variantes latinas são *Qui fugit patellam cadit in prunas*, "quem foge do prato cai na brasa", documentado por um escólio a Lucano (3,687) e que alude à prática dos sacrifícios, e *De fumo ad flammam*, "da fumaça à chama", presente em Amiano Marcelino (14,11,12; 28,1,26). Entre os paralelos gregos, o mais difundido é τὸν καπνὸν φεύγων εἰς τὸ πῦρ ἐνέπεσεν, "fugindo da fumaça cai no fogo", documentado em vários autores (Platão [*A República*, 8,569bc], Plutarco [*De vitioso pudore*, 532d], Luciano [*Mênipo*, 4], Epifânio [*Panarium*, 2,721c], Nicéforo Gregora [4,4,2; 7,10,9]) e registrado pelos paremiógrafos (Diogen. 8,45, Macar. 8,42); em Posídipo (fr. 1,8 s. K.-A.) tem-se ἐκ τοῦ πυρὸς / εἰς τὰς μαχαίρας ἦλθον, "foram do fogo às espadas" (para a proverbialidade desse binômio, cf. nº 1561); num epigrama de Germânico (*Antologia Palatina*, 9,17,5), ἐκ πυρὸς... πέσες ἐς φλόγα, "do fogo caíste na chama"; finalmente, os paremiógrafos (Diogen. 6,68, Apost. 11,37; 16,41, *Suda* μ 992, cf. também Macar. 7,77) registram μὴ τὴν τέφραν φεύγων εἰς τὴν ἀνθρακιὰν ἐμπέσῃς, "que, fugindo das cinzas, não caias nas brasas"; expressão análoga está registrada entre as sentenças medievais (Walther 2754: *Cineres evitans in carbones incidit*). Em todas as modernas línguas européias existem equivalentes ao italiano *Cader dalla padella alla brace* [cair da panela nas brasas] (que também constitui a moral de uma fábula de La Fontaine [5,6]), enquanto a imagem da fumaça e do fogo retorna no alemão *Den Rauch fliehen und ins Feuer fallen*; outra variante expressiva é a inglesa *To escape the rocks and perish in the sands*. No Brasil se diz *Saltar das brasas e cair nas labaredas*.

1561. Ire per ignes / et gladios ausim
Eu ousaria atravessar o fogo e as espadas

Essa expressão é extraída de *Metamorfoses* de Ovídio (8,76 s.); significa que se está pronto a enfrentar qualquer risco para obter alguma coisa: o binômio espadas-fogo recorre com sentido análogo em *Ars amatoria* (2,379) e em outros autores, como Sílio Itálico (14,175), e é igualmente difundido em grego (ver, por exemplo, Posídipo [fr. 1,10 K.], Xenofonte [*Memorabilia*, 1,3,9], Eliano [*Epistulae rusticae*, 16], Zenob. vulg. 3,19, Apost. 6,2). Às vezes a espada é substituída por *tela*, "dardos" (cf., por exemplo, Estácio, *Tebaida*, 2,455, e vários trechos medievais, para os quais remeto a Sutphen 173); em outros textos, porém, o binômio é constituído por água e fogo: assim em Horácio (*Sat.* 2,3,56 s., *Ignis / per medios fluviosque*, "em meio ao fogo e aos rios", e *Ep.* 1,1,46, *Per mare pauperiem fugiens, per saxa, per ignis*, "fugindo da pobreza por mar, pelas rochas, pelo fogo". Com freqüência tem-se apenas o fogo: já em Aristófanes (*Lisístrata*, 133; 136) temos διὰ τοῦ πυρὸς / ... βαδίζειν, "caminhar através do fogo"; expressões semelhantes recorrem em outros textos, como por exemplo em Plutarco (*Amatorius*, 760d) e em *Epístolas* de Quíon (17); a locução τολμᾶν κατὰ πυρός, "ousar no fogo", está documentada no *Comentário à Ilíada* de Eustátios (por exemplo, em 8,342 [2,547,10 s. Valk]). Em latim, ver sobretudo algumas passagens de Cícero (*Tusculanae disputationes*, 2,26,62, *Epistulae ad Atticum*, 16,7,2; 16,15,6) e uma de Sêneca (*Fedra*, 708). Às vezes, como por exemplo em Marcial (1,8,3; 6,25,5 s.) e em Sêneca (*Medéia*, 596, *Hercules Oetaeus*, 444), têm-se apenas as espadas; em *Corpus Tibullianum* (4,1,193) está documentado *In rapidas maris undas*, "nas vorticosas ondas do mar". Nas várias línguas européias existem equivalentes ao italiano *Essere pronti a gettarsi nel fuoco per qualcuno* (ou *qualcosa*).

1562. Hic sunt leones
Aqui há leões

Essa expressão era usada nas antigas cartas geográficas da África, para indicar as regiões ainda inexploradas. Atualmente é usada proverbialmente para indicar um perigo inevitável, mas de origem desconhecida, ou então para referir-se a uma zona de ignorância abissal na cultura geral de uma pessoa ou a um setor praticamente desconhecido do saber. Às vezes essa frase é citada como símbolo do tradicional sentimento de superioridade com que os europeus tratavam (ou tratam) a cultura africana.

1563. O pessimum periclum, quod opertum latet!
Ó terrível perigo que jaz oculto!

Essa é uma sentença de Publílio Siro (O 12), que não está isolada conceitualmente: ver também a S 13, *Semper plus metuit animus ignotum malum*, "a alma sempre teme mais um mal desconhecido", e — com a tônica na falsidade das aparências — a G 5, *Gravius malum omne est, quod sub aspectu latet*, "é mais terrível qualquer mal que esteja mascarado pelo aspecto exterior"; esse motivo reaparece, por exemplo, em Santo Ambrósio (*De officiis*, 1,38,189). Com freqüência também se encontra o *topos* complementar da não-nocividade do conhecido, tema já presente em Aristóteles (*Ética para Nicômaco*, 10,1179b 35): οὐκ ἔσται γὰρ λυπηρὰ συνήθη γενόμενα, "de fato, não causarão dano as coisas que se tornaram habituais"), que, na literatura latina, aparece, por exemplo, em *Nota mala res optuma est*, "o mal, quando conhecido, é ótimo" (de Plauto, *Trinummus*, 63), em Lívio (23,3,14) e num *dístico de Catão* (2,24,2: *Nam levius laedit, quidquid praevidimus ante*, "fere com mais leveza aquilo que já previmos"). O italiano *Un male ignoto se teme doppiamente* [teme-se em dobro o mal desconhecido] tem equivalentes em francês, espanhol e alemão, sendo retomado por Tasso em *Jerusalém libertada* (1,82); quanto ao motivo complementar, têm difusão universal provérbios como o italiano *Un male previsto è mezzo sanità* [mal previsto é meia cura] e os brasileiros *Homem avisado, meio salvado* e *Um homem prevenido vale por dois* (para paralelos em outras línguas cf. Mota 106, 225); entre as referências literárias é muito famosa uma de Dante, segundo a qual flecha prevista chega mais devagar (*Paraíso*, 17,27: *Saetta previsa vien più lenta*).

1564. Res ad triarios rediit
A situação chegou até os triários

Essa expressão ainda é usada (inclusive nas variantes *Res ad triarios redit* e *Res ad triarios venit*), para indicar uma situação extremamente perigosa, senão desesperada. A fonte é uma passagem de Lívio (8,8,11), onde se explica a formação do exército romano; segundo esse texto, este era dividido em três partes: os *hastati*, "portadores da lança", que constituíam a primeira linha; os *principes*, "primeiros", que constituíam a segunda; e os *triarii*, a terceira linha (para os pormenores inerentes a essa tripartição, remeto a J. Kromayer-G. Veith, *Heerwesen und Kriegführung der Griechen und Römer*, München 1928, *passim* e, em especiál, 261-269; 308).

OS PERIGOS E OS MODOS DE ENFRENTÁ-LOS

Portanto, quando cabia aos *triarii* suportar o peso da batalha, a situação realmente estava crítica, já que as linhas precedentes não tinham conseguido deter o inimigo: donde essa expressão proverbial.

b) Prudência e imprudência

1565. *Vestigia terrent*
As pegadas amedrontam

Essa expressão recomenda cautela e exame de qualquer pequeno indício, para prever e evitar perigos futuros. É extraída de um verso de Horácio (*Ep.* 1,1,74), em que a raposa dá essa resposta ao leão que a convidava para ir à sua casa. De fato, este último, segundo conhecida fábula de Esopo (264 Halm, cf. pp. 117, 123, 136 Hausrath), já velho e incapaz de caçar, fizera o mesmo convite a muitos outros animais, fingindo-se doente. Vários aceitaram e, uma vez no antro do leão, foram imediatamente devorados; a raposa, no entanto, respondeu negativamente, afirmando que suas suspeitas baseavam-se no fato de ter visto muitas pegadas que iam para a caverna, e nenhuma proveniente dela. Essa fábula também é mencionada por Platão (*Alcibíades I*, 123a) e por Lucílio (988 s. Marx), enquanto *Vestigia terrent* parece ter sido a resposta de Rodolfo I de Absburgo a alguém que lhe perguntava se tinha a intenção de ir a Roma, para ter com o papa.

1566. *Estote ergo prudentes sicut serpentes et simplices sicut columbae*
Sede prudentes como serpentes e simples como pombas

Essa expressão é usada (também traduzida nas várias línguas européias) para recomendar prudência. É esse o comportamento que Jesus, no *Evangelho de Mateus* (10,16), deseja de seus seguidores, já que estes deviam ser ovelhas em meio a lobos: γίνεσθε οὖν φρόνιμοι ὡς οἱ ὄφεις καὶ ἀκέραιοι ὡς αἱ περιστεραί. Isso significa que, no comportamento externo, deviam ter a cautela e a inteligência da serpente, que cria ciladas e nunca se deixa surpreender, mas, na alma, deveriam permanecer puros e sem máculas, como as pombas (animal que simbolizava várias qualidades positivas, entre as quais a inocência e a pureza, cf. nº 145); para os paralelos da tradição rabínica, ver Strack-Billerbeck 1,574 s. A tradução da *Vulgata* (cuja fama se deve à rima *prudentes / serpentes*) costuma ser entendida com sentido limitado, sem todas as conotações presentes no original.

1567. *Quidquid agis, prudenter agas et respice finem*
Seja lá o que fizeres, faze com prudência e considera bem o fim

Essa frase, ainda conhecida e também usada em sua forma abreviada *Respice finem!* (ou *Finem respice!*), significa que é sempre preciso prever as conseqüências das próprias ações, mas também que não se pode saber como um empreendimento caminhou antes que se conclua; já era famosa na Idade Média (é mencionada, por exemplo, nos *Gesta Romanorum*, 103 [431,32 s. Oesterley]). Suas origens são duvidosas: de qualquer modo, devem ser destacados alguns textos vinculados a esse *topos*, como a advertência de Sólon ao riquíssimo rei Creso da Lídia, de que nada pode ser julgado antes que chegue ao fim e que não se pode dizer que um homem é feliz antes da sua morte (cf. Heródoto, 1,32,9: σκοπέειν δὲ χρὴ παντὸς χρήματος τὴν τελευτὴν κῇ ἀποβήσεται, "de tudo é preciso ver o fim"; ver também nº 532). Sem dúvida, também é importante a fábula de Esopo (9 Hausrath, retomada por La Fontaine, 3,5) em que a raposa, que caíra num poço, consegue sair enganando um bode, que convence a descer para subir-lhe nas costas: o astuto animal acaba escarnecendo o outro, dizendo-lhe que é preciso prever as conseqüências das suas ações antes de agir; esse conceito é reforçado na moral conclusiva. Ao contrário, parece-me semanticamente afastado o texto que costuma ser indicado como fonte dessa frase, o *Eclesiástico*, 7,40, que declara: *In omnibus operibus tuis memorare novissima tua et in aeternum non peccabis*, "em todas as tuas ações, lembra-te do teu fim e não pecarás para sempre". Em latim, deve ser destacada uma sentença de Publílio Siro (Q 9): *Quidquid conaris quo pervenias cogites*, "em tudo o que empreenderes, pensa aonde chegarás"; entre as menções modernas, lembro uma de Petrarca em *De remediis utriusque fortunae* (1,17). Existem, enfim, várias lendas sobre a origem dessa máxima, que, no entanto, não são antigas: um filósofo ateniense teria vendido essa fórmula de sabedoria ao imperador Domiciano por mil moedas de ouro; um outro a teria vendido — sempre por preço elevado — a Dionísio II de Siracusa. Entre as numerosas variantes medievais, destaco *Quidquid agas operis primo finem mediteris*, "seja lá o que fizeres, reflete antes sobre sua conclusão" (Walther 25241), o *nonsense* paronomástico *Respice finem, respice funem!*, "preocupa-te com o fim, preocupa-te com a corda!" (26798), e, finalmente, *Tene mensuram et respice finem!*, "tem em mente as medidas e preocupa-te com o fim!" (31315a), que transforma o provérbio num convite à moderação. Em todas as línguas européias existem provérbios equivalentes ao italiano *Chi da savio operar vuole pensi al fine* [quem quiser agir sabiamente, pense no fim]; no Brasil se diz *Antes de entrar, pensar na saída* (para paralelos em outras línguas cf. Mota 45). Quanto às referências literárias, recordo uma do *Fausto* de Goethe (2,1 [cena da galeria esférica]).

1568. *Si non caste, saltim caute*
Se não com honestidade, pelo menos com cuidado

Essa máxima, ainda conhecida e citada (também com *et tamen* em lugar de *saltim*), é de origem desconhecida (Walther registra-a entre as sentenças medievais [28730a]); seu fascínio deve-se principalmente à paronomásia *caste / caute*. De qualquer modo, deve-se esclarecer que *castus*, em latim, tem significado mais amplo do que o nosso "casto", abrangendo todo o âmbito da "honestidade"; portanto, parece que a sentença originalmente não dizia respeito apenas — como agora — à prudência necessária nos amores furtivos; ademais, é apenas um exagero espirituoso utilizar essa frase na propaganda de preservativos e de métodos anticoncepcionais. Em português um provérbio (que tem um paralelo em espanhol) diz: *Se não fores casto, sê cauto*.

1569. *Nihil de principe, parum de Deo*
Nada sobre o príncipe, pouco sobre Deus

Essa é uma recomendação de prudência necessária nas discussões: é preciso evitar qualquer crítica à autoridade civil e limitar ao mínimo as discussões que envolvam a autoridade religiosa. Sua origem é desconhecida; um provérbio difundido em italiano (e nos vários dialetos) é *Scherza coi fanti e lascia stare i santi* [brinca com os soldados e deixa em paz os santos] (que, no entanto, costuma ser interpretado como exortação ao respeito pela religião e pelo sagrado).

1570. *Et loqui poena est et reticere tormentum*
É perigoso falar e um tormento calar

A fonte é a coletânea medieval de fábulas, cujo autor costuma ser chamado de "Romolo Nilanzio" (2,20, p. 538 Hervieux), onde esse provérbio é citado a respeito da historieta dos animais que escolhem o leão como rei: essa é a situação de quem está oprimido por um prepotente.

1571. *Cave canem*
Cuidado com o cão

Essa expressão ainda é muito difundida, tanto com sentido próprio quanto figurado, a respeito de perigos não muito graves, mas que obrigam a agir com cautela; jocosamente, refere-se a pessoas duras e autoritárias. Nas casas romanas, essa inscrição era encontrada com freqüência nos mosaicos dos pisos da entrada, que representavam um cão furioso (vários exemplos podem ser encontrados em Pompéia: costuma-se mostrar o da chamada "casa do poeta trágico"). Em literatura, *Cave canem*, que provavelmente já na Antiguidade assumira sentido metafórico e proverbial, está documentado nas *Satyrae mennippeae* de Varrão (143 Bücheler) e em Petrônio (29,1).

1572. Ἅμα πρόσσω καὶ ὀπίσσω / λεύσσει
Olha ao mesmo tempo para a frente e para trás

Numa passagem de Homero (*Ilíada*, 3,109 s.), essa expressão caracteriza a sabedoria dos velhos e de Príamo, principalmente com relação à impulsividade dos jovens: de fato, os velhos, graças à experiência, conseguem olhar para o passado e prever sabiamente o futuro. A expressão de Homero (como outras semelhantes, cf. *Ilíada*, 1,343 e 18,250) assume, pois, acepção claramente temporal; foi considerada proverbial desde a Antiguidade, como demonstram a sua utilização em *Apokolokyntosis* de Sêneca (9,2), onde diz respeito a Jano bifronte, e o comentário de Eustátios ao texto de Homero. Apostólio (12,94) apresenta ὄπισθεν κεφαλῆς ὄμματ' ἔχει, "tem os olhos atrás da cabeça", e diz que isso costuma referir-se a pessoas muito espertas: na mesma linha, deve ser citado um trecho de Plauto (*Aulularia*, 64), em que se tem *In occipitio quoque habet oculos*, "tem olhos também na nuca" (entre as sentenças medievais, Walther registra *In occipitio quoque oculos gerit* [11910a]). A locução italiana *Avere gli occhi dietro la testa* significa "não enxergar, não ter juízo", com completa inversão semântica (cf. Battaglia 11,711); o sentido da expressão antiga é o mesmo de *Quatro olhos vêem mais do que dois*.

1573. Nec puero gladium
Não se dê uma espada a uma criança

Esse óbvio preceito de prudência, proverbial na Antiguidade, é registrado, nesses termos, por Santo Agostinho (*Ep.* 104,2,7), que, por sua vez, retoma uma passagem de Cícero (*Pro Sestio*, 10,24) e, na realidade, não está interessado na norma geral de cautela, mas no problema pedagógico que ela implica, ou seja, a obrigação de não estar sempre a satisfazer os filhos, mas de lhes proibir as coisas nocivas. Em sua base está o grego μὴ παιδὶ μάχαιραν, "não dês a espada (ou a faca) a uma criança", documentado, por exemplo, em Aristóteles (fr. 3 Ross), em Posidônio (87 F 36 Jacoby), em Calímaco (fr. 75,9 Pfeiffer), em Plutarco (*Quaestiones conviviales*, 7,714e, fr. 131 Sandbach [no fragmento contrapõem-se a esse provérbio os preceitos de não dar riquezas à criança e poder a uma pessoa inculta: para o segundo motivo, cf. abaixo a gnoma de Demófilo, enquanto o primeiro também é relembrado nos textos de Cícero e de Santo Agostinho]), em Díon Cássio (52,14,2), em Clemente de Alexandria (*Stromata*, 1,1,14), e que, segundo a tradição lexicográfica e paremiográfica (Hesych. μ 1244, Phot. 267,18 s. P., *Suda* μ 971, Diogen. 6,46, Greg. Cypr. 3,9; L. 2,70, Apost. 11,51), recomenda não confiar tarefas importantes a pessoas que não estão à altura de cumpri-las (ver também Êupolis, fr. 133 K.-A.: μὴ παιδὶ τὰ κοινά, "não confies a coisa pública a um menino"); um trecho de Santo Ambrósio está calcado no grego (*PL* 2,1612,50: *quasi puero machaeram*). Paralelamente, é ação imprudente por antonomásia pôr uma arma nas mãos de um louco ou de uma pessoa irada: se, no trecho de *Pro Sestio*, o menino é comparado ao velho, no de Díon Cássio ele é μαινόμενος, e numa gnoma da coletânea de Demófilo (1,492,92 Mullach) lê-se: καὶ ἐπισφαλὲς καὶ ὅμοιον μαινομένῳ δοῦναι μάχαιραν καὶ μοχθηρῷ δύναμιν, "é igualmente perigoso dar a espada a uma pessoa furiosa e o poder a um malvado"; em latim, ver, por exemplo, Cícero (*De oratore*, 3,14,55, *De officiis*, 3,25,95 [retomado por Santo Ambrósio, *De officiis*, 1,50,253]) e Sêneca (*De ira*, 1,19,8); é significativa, a esse respeito, uma máxima de Publílio Siro (E 11: *Eripere telum non dare irato decet*, "a uma pessoa irada é preciso retirar e não dar o dardo"), retomada por São Colombano (39). Outra variação digna de nota está em Tertuliano (*De fuga in persecutione*, 13): a criança ou o irado é substituído pelo suicida. Em italiano existe *Non mettere il rasoio in mano a un pazzo* (ou *a un fanciullo*) [não ponhas a navalha na mão de um louco (ou de um menino)]; entre as variantes em outras línguas européias, são dignas de nota a francesa *À l'enfant, au fou, au vilain ôte le couteau de la main* e a espanhola *No se debe poner la espada en manos del desperado*; as redações inglesa e alemã são inteiramente semelhantes ao provérbio antigo; no Brasil se diz *Espada em mão de sandeu, perigo de quem lha deu.*

1574. Πρὸς δύο... οὐδ' ὁ Ἡρακλῆς οἷός τε εἶναι
Contra dois nem Hércules consegue

Esse provérbio consiste numa recomendação de cautela e de não empreender feitos impossíveis, esperando demais das próprias forças: é citado por Platão (*Fédon*, 89c, cf. *Eutidemo*, 297c), reaparece em Libânio (*Or.* 1,36 [1,101,17-19 F.]), em Sinésio (*Elogio da calvície*, 2,64a) e em Hipólito (*Analecta*, 2,5 Pitra, onde se lhe alude simplesmente como "ao famoso combate de Hércules"); é registrado pelos paremiógrafos (Zenob. vulg. 5,49, Diogen. 7,2, *Suda* π 2622). Quanto ao episódio mitológico a que faz referência, Zenóbio afirma que o herói, depois de instituir os jogos olímpicos, desafiou dois lutadores ao mesmo tempo, acabando derrotado. Diogeniano fala de uma emboscada, durante a qual o nosso herói, sentindo-se subjugado, teria fugido (na realidade os paremiógrafos fazem referência — não sem confusões — a materiais presentes em muitos historiadores menores, tais como Dúris [76 F 93 Jacoby] e Equefílides [4,403,3 Müller], e expostos de modo ordenado e sucinto pelo escólio a *Fédon*); Platão, porém, em *Eutidemo*, faz referência à luta contra os monstros de Lerna, durante a qual Héracles precisou da ajuda de Iolau. Esse provérbio às vezes é apresentado em forma mais sintética, na qual simplesmente se recomenda não combater contra dois adversários: essa forma pode ser encontrada ainda em Platão (*As leis*, 11,919b), mas já em Arquíloco (fr. 259 W.) e em Sófocles (*Electra*, 466 s.), bem como, depois, em Hélio Aristides (*De rhetorica*, 102), em Libânio (*Autobiografia*, 17), em Rufino (*Antologia Palatina*, 5,93,4) e em Niceta Eugeniano (6,557); em latim deve ser citado um verso de Catulo (62,65: *Noli pugnare duobus*, "não lutes contra dois"). Em outra coletânea de provérbios gregos medievais (Krumbacher 100,51) diz-se que, paralelamente, Adão também foi enganado por dois; essa imagem ainda está viva nas tradições européias modernas, eventualmente com a substituição de Hércules por outros heróis: em italiano, por exemplo, *Contro due non la potrebbe Orlando*; Orlando também está presente em alemão, enquanto em inglês e em francês permanece Hércules; são notáveis vários provérbios, sobretudo orientais, semelhantes a um turco em que se diz que dois gatos bastam contra um leão (para os exemplos, remeto a K. Krumbacher, *Mittelgriechische Sprichwörter*, München 1894, 197).

1575. Τὰς ἁπάσας (sc. λαβάς) μὴ ῥᾴδιον εἶναι διαφεύγειν
Não é fácil fugir de todas (as presas)

Essa é uma expressão que Platão (*O sofista*, 231c) cita explicitamente como proverbial: significa que ninguém pode prevalecer contra numerosos adversários; é, portanto, semelhante a outra, segundo a qual Hércules acabou sucumbindo diante de dois inimigos (nº 1574). Os equivalentes modernos derivam do latim vulgar *Multitudo canum mors leporis*, "muitos cães são a morte da lebre" (Walther 15522); uma ligeira variação encontra-se no espanhol *Si tantos halcones la garza combaten a fe que la maten*, ao passo que é mais banal o francês *À la fin on est accablé par le nombre*.

1576. *Cogitato mus pusillus quam sit sapiens bestia, / aetatem qui non cubili ⟨uni⟩ umquam committit suam*
Pensa como o tímido rato é um animal sábio, pois não confia a própria vida a uma toca só

Trata-se de um trecho de Plauto (*Truculentus*, 868 s.), evidentemente inspirado num provérbio popular, que depois terá certa fama nas culturas modernas: em todas as línguas européias existem equivalentes ao brasileiro *Infeliz do rato que só conhece um buraco* (cf., por exemplo, Arthaber 1361, Mota 108). Desse provérbio há várias documentações em latim medieval, como *Mus cito decipitur, cui tantum rimula scitur*, "logo se dá mal o rato que só conhece uma fresta" (Walther 15758, cf. também 15765), ou *Muri nulla salus cui pervius est cavus unus*, "nenhuma salvação tem o rato que só pode passar por um buraco" (15739, cf. também 15767), *Mus gaudet minime, nisi sint plures sibi rimae*, "certamente não é feliz o rato se não tem muitas tocas" (15763, cf. também 12302, 20985).

1577. *Melius duo defendunt retinacula navim*
Duas amarras protegem melhor o navio

A fonte é Propércio (2,22,41): quem é realmente prudente nunca confia num só meio de ajuda, exatamente como o navio está muito mais protegido quando seguro por duas âncoras e não por uma só. Esse motivo reaparece, por exemplo, em Ovídio (*Remedia amoris*, 447, *Epistulae ex Ponto*, 3,2,6), em Sêneca (*De remediis fortuitorum*, 15,2) e numa máxima falsamente atribuída a Publílio Siro (42 F.: *Bonum est duabus fundari navem ancoris*, "é bom que o navio esteja seguro por duas âncoras"). Esse provérbio, antes de ser latino, é grego: em Eurípides (fr. 774,1 N.²) lê-se ναῦν τοι μί' ἄγκυρ' οὐχ ὁμῶς σῴζειν φιλεῖ, "em geral uma só âncora não salva o navio", e expressão muito semelhante está em Herondas (1,41 s.); as duas âncoras também são a salvação da embarcação, por exemplo, em Píndaro (*Olímpicas*, 6,102), em Libânio (*Ep.* 222,4 [10,205,18 F.]) e nos *Analecta Bollandiana* (12,37,10, onde se tem a costumeira metáfora do navio a indicar o Estado). A esse *topos* estão vinculados outros provérbios e locuções, como ἐπὶ δυοῖν ὁρμεῖν, "atracar com duas amarras", presente em Hélio Aristides (*Panatenaico*, 54 [176,12 D.]) e registrado por Apostólio (7,61), μόνη ἄγκυρα, "única âncora" (Eurípides [*Helena*, 277, *Hécuba*, 80], Heliodoro, 4,19), e ἱερὰ ἄγκυρα, "âncora sagrada", que indica propriamente a âncora de emergência e, portanto, metaforicamente, uma ajuda decisiva e providencial (cf. por exemplo Plutarco, *Vida de Coriolano*, 32,1, assim como vários lexicógrafos e paremiógrafos [Pólux, 1,93, Diogen. 5,29, Greg. Cypr. M. 3,77, Macar. 4,73, Apost. 9,1]); não faltam textos em que se tem simplesmente ἄγκυρα (ou *ancora*) para indicar, com fácil metáfora, a salvação (cf. por exemplo Sófocles, fr. 685 R., Sêneca, *Epigramas*, 15,1 [4,60 Baehrens]). Essa expressão, em latim, está documentada em Sílio Itálico (7,23 s.: *ultima... / ancora*) e ainda está viva no italiano *Ancora di salvezza* [âncora de salvação; port., Tábua de salvação]. Esse provérbio, registrado entre as sentenças medievais, tanto na forma do verso de Propércio (Walther 14595) quanto na mais banal *Bonum est duabus niti ancoris* (2127), está presente nas modernas línguas européias, em formulações do tipo da italiana *La nave è più sicura con due ancore che con una sola* [o navio está mais seguro com duas âncoras do que com uma só] (cf.. Arthaber 454); existem variantes do tipo da russa *Na odin jakorjakh korabl' krepče deržitsja* (ou seja: "de um só prego não pode pender tudo").

1578. *Unus homo nobis cunctando restituit rem*
Um só homem, contemporizando, restituiu-nos o Estado

Esse verso de Ênio (*Anais*, 363 Skutsch = 370 V.), ainda citado às vezes como recomendação de ser prudente e não ceder a ímpetos impensados, sem olhar para trás, aludia a Quinto Fábio Máximo, que, em dois momentos diferentes (depois da derrota de Trasimeno e de Canas), soube manter o exército de Aníbal em xeque, com a hábil tática contemporizadora, que consistia em evitar a batalha em campo aberto, desgastando o adversário pelos flancos, com incursões rápidas e eficazes. A frase de Ênio já era proverbial na Antiguidade, sendo citada várias vezes literalmente ou com algumas variações formais: entre os numerosos trechos (para cuja relação remeto a Otto 101 e a Weyman 55), devem ser destacadas as menções feitas por Cícero (*Epistulae ad Atticum*, 2,19,2, *De officiis*, 1,24,84, *De senectute*, 4,10), a sua presença no sexto livro da *Eneida* (vv. 845 s.: *Tun Maximus ille es, / unus qui nobis cunctando restituis rem?*) e uma adaptação, em que *cunctando* é substituído por *vigilando*, feita por Augusto, para ajustá-la à figura de Tibério (essa história é contada por Suetônio, *Vida de Tibério*, 21). Varrão (*De re rustica*, 1,2,2), por outro lado, menciona — declarando proverbial — *Romanus sedendo vincit*, "o romano vence sentado", referindo-se ao mesmo Quinto Fábio Máximo, que, em Lívio, 22,39,35, se exprime nesses termos ao falar a Emílio Paulo; alusões a esse general e à sua tática encontram-se em vários autores desde a Antiguidade tardia (cf., por exemplo, Manílio, 1,790, Cassiodoro, *Or.* 467,5).

1579. *Mora omnis odio est sed facit sapientiam*
Toda demora é detestável, mas faz a sabedoria

Essa sentença é de Publílio Siro (M 3); valorização semelhante da delonga e da tergiversação, como meio de esperar cautelosamente que uma situação se esclareça, está em Ovídio (*Fastos*, 3,394), que lembra às pessoas que têm pressa de casar-se: *Habent parvae commoda magna morae*, "as pequenas demoras têm grandes vantagens". Outros paralelos são constituídos por um provérbio banal registrado por Sidônio Apolinário (*Ep.* 2,6,1: *Moram esse meliorem*, "a demora é melhor"), por um trecho de Estácio (*Tebaida*, 3,718) e por um de Cassiodoro (*Variae*, 1,39). Uma variante medieval é *Dat mora doctrinam cum omnes odimus illam*, "a demora, odiada por todos, dá sabedoria" (Walther 4995a); em todas as línguas modernas existem equivalentes ao italiano *Chi aspettar puote ha ciò che vuole* [quem espera sempre alcança]. No Brasil se diz *Cautela e caldo de galinha nunca fez* [sic] *mal a ninguém*.

1580. Κύων σπεύδουσα τυφλὰ τίκτει
Cadela apressada faz filhotes cegos

Esse provérbio adverte para não ter pressa, mas para agir com a necessária prudência e ponderação; tem origem oriental (para os precedentes acádicos, ver B. Alster, "Die Welt des Orients" 10 [1979] 1-5, e J. Bremmer, "Zeitschrift für Papyrologie und Epigraphik" 39 [1980] 28). Está documentado em Arquíloco (fr. 196a,26 s. West²) e pode ser encontrado numa fábula de Esopo (251 Hausrath), na qual uma porca replica à cadela — que se vangloria da rapidez com que gera — que, às pressas, ela gera filhotes cegos. Outra documentação está nos paremiógrafos (Macar. 5,32); esse adágio também é utilizado por Aristófanes (*A paz*, 1078), que, no entanto, substitui — com um "aprosdoketon" — a cadela pela pintassilga. Em latim vulgar está presente *Canis festinans caecos parit catulos* e uma máxima semelhante também está documentada em grego medieval (cf. Krumbacher, *Mittelgriechische Sprichwörter*, 79,16); esse provérbio está vivo — sem variações importantes — em inglês, em alemão e em português (*Cachorro, por se avexar, nasceu com os olhos tapados*); em italiano existe *La gatta frettolosa fece i gattini ciechi* [a gata apressada fez gatinhos cegos], mas não faltam provérbios com a cadela (cf. Passarini 1190).

1581. *Festina lente*
Apressa-te lentamente

Essa é uma recomendação de fazer as coisas sem tardanças, mas não sem ponderação e cautela: sua força deriva do oxímoro paradoxal que aproxima, de modo peremptório, o advébio *lente* ao verbo que significa "apressar-se". Essa expressão tem origem num trecho da *Vida de Augusto* de Suetônio (25,4), onde se diz que o imperador advertia os comandantes impetuosos com o grego σπεῦδε βραδέως, cuja tradução exata é *Festina lente*. A mesma coisa é relatada em Polieno (*Strategemata*, 8,24) e em Gélio (12,5); além disso, essas palavras estão gravadas em algumas medalhas de Vespasiano e de Domiciano. Essa foi a máxima preferida no Renascimento, sendo utilizada por vários humanistas e representada de vários modos, como por exemplo com um golfinho ao redor de uma âncora, uma tartaruga que carrega uma vela de embarcação sobre o casco, um golfinho preso a uma tartaruga (para vários pormenores, remeto a Wind 122 ss.). Entre as sentenças medievais, Walther (13664) registra a variação *Lente properare memento!*, "lembra-te de apressar-te devagar", bem como numerosos adágios que simplesmente condenam a pressa excessiva (como, por exemplo, o 22317, *Pravus ipse geres, si nimium celer es*, "se tens pressa demais, fazes mal para ti mesmo", cf. também 15593, 24365, 26615, 27374). Nos provérbios modernos existem equivalentes exatos em francês e espanhol, ao passo que, em alemão, *Eile mit Weile* (também presente em Goethe, *Armínio e Dorotéia*, 82), substitui o oxímoro pela paronomásia. Em italiano devem ser citados *Chi ha fretta indugi* [quem tem pressa ande devagar] e *La furia vuol l'agio* [a pressa exige vagar]; em russo, *Ot spekhu čut' ne nadelal smekhu* (ou seja: "quem tem pressa demais sempre chega tarde"); no Brasil se diz *Devagar, que tenho pressa!*. Há uma referência em Rabelais (1,33); lembro, enfim, as famosas palavras que Antonio Ferrer, em *Promessi sposi* (13,46), dirige ao seu cocheiro no meio de uma multidão enfurecida: *Pedro, adelante con juicio*.

1582. *Sat cito si sat bene*
Será bastante rápido se for feito bastante bem

Essa frase é atribuída a Catão por São Jerônimo (*Ep.* 66,9); é semelhante a outra que Suetônio dizia ser muito apreciada por Otaviano (*Vida de Otaviano*, 25,4): *Sat celeriter fieri, quidquid fiat satis bene*, "será feito com bastante rapidez o que for feito bastante bem". Trata-se, pois, de uma recomendação de prudência e de ponderação, de um conselho para não acelerar os tempos, que lembra uma passagem de Lívio (22,39,22), em que a *festinatio* é considerada *improvida* e *caeca*. *Satis esse cito si sat bene* encontra-se nas obras latinas de Pascoli (*Pecudes*, 281, cf. também Lyra, 6 nº 18), que, no poema italiano *Il cuculo* (v. 13), pertencente a *Nuovi poemetti*, escreve: *Pensava: — il ben nel presto non alligna* [pensava: — o bem no depressa não medra]. Uma variante vulgar é *Vix bene et cito*, "a muito custo bem e depressa", da qual derivam, nas várias línguas européias, provérbios paralelos ao italiano *Presto e bene non stanno insieme* [depressa e bem não ficam juntos] (para outras sentenças medievais sobre o assunto, cf. nº 1581); são numerosas as expressões que condenam a pressa, como as italianas *Chi fa in fretta ha disdetta* ou *La fretta fa rompere la pentola*, a alemã *Eile sehr brach den Hals*, a inglesa *Too hasty burned his lips* [port., O apressado come cru]. O popular italiano *Chi va piano va sano e va lontano* tem um precedente medieval (Walther 24888: *Qui vadit plane vadit sane*); deve ser destacada uma variante francesa (*Qui trop se hâte, reste en chemin*) e as brasileiras *A pressa é inimiga da perfeição* e *Devagar se vai ao longe*. Esse motivo aparece no *Fausto* de Goethe (2,3), onde se diz que o pé demorado, na volta, é mais seguro.

1583. *Quod dubitas ne feceris*
Quando duvidares, não faças

Essa norma, que rege todo comportamento prudente, chegou até nós graças a Plínio, o Jovem (*Ep.* 1,18,5), e é registrada por Walther (25788a); conceitualmente semelhante é um trecho de *De officiis*, de Cícero (1,9,30), onde se argumenta que tudo o que é justo manifesta-se justo por si mesmo e que, portanto, a incerteza equivale à suspeita de que a coisa é injusta.

1584. Deliberandum est quicquid statuendum est semel
É preciso refletir sobre tudo o que se deve decidir de uma vez por todas

Essa é uma máxima de Publílio Siro (D 10): ver também a D 6 (*Deliberare utilia mora tutissima est*, "meditar sobre o que é útil é a mais segura das demoras"; do ponto de vista conceitual devem ser mencionados um trecho de Salústio (*A conjuração de Catilina*, 1,6), em que se afirma que antes de agir é preciso refletir bem, para depois agir com rapidez, um de Catão (*De agri cultura*, 3,1) e o tardio *Diu deliberato! Cito facito!* (cf. Walther 6037). Em grego, um *monóstico de Menandro* (714 J.), registrado também pelos paremiógrafos (Greg. Cypr. 3,65, *App. Prov.* 4,78), declara: σύμβουλος οὐδείς ἐστι βελτίων χρόνου, "ninguém é melhor conselheiro do que o tempo". Entre os provérbios modernos, devem ser citados sobretudo o italiano *Pensaci prima, per non pentirti poi* (que tem equivalente exato em francês) e o brasileiro *Devagar pensa, e age depressa*, ao passo que o inglês e o alemão preferem pôr a tônica na inutilidade das deliberações depois que o fato está consumado (cf. nº 1586); a sentença grega, por outro lado, lembra a italiana *La notte porta consiglio* (cf. nº 1585); em italiano também se diz *cento misure e un taglio* [cem medidas e um corte].

1585. Ἐν νυκτὶ βουλή
À noite, o conselho

Essa expressão indica que as decisões importantes são favorecidas pela tranqüilidade da noite e que, conseqüentemente, não devem ser apressadas, mas tomadas com calma, depois de uma noite de meditação e ouvindo os conselhos de eventuais sonhos. Em Heródoto (7,12), é Xerxes que, à noite, encontra o modo de fazer a expedição contra os gregos; outras documentações estão num fragmento de Epicarmo (270 s. Kaibel, mencionado por Cornuto, *De natura deorum*, 14,161) e em *Vida de Temístocles* de Plutarco (26,2), onde é citado um verso inteiro (o tetrâmetro trocaico cataléptico νυκτὶ φωνήν, νυκτὶ βουλήν, νυκτὶ τήν νίκην δίδου, "à noite o falar, à noite o conselho, à noite a vitória confia"); é registrada pelos paremiógrafos (Zenob. vulg. 3,97, Diogen. Vind. 2,46, Greg. Cypr. L. 2,4, Apost. 7,46) e pelos etimologistas (por exemplo *Etymologicum Magnum*, 399,50), a respeito da suposta origem do termo εὐφρόνη ("noite") em εὖ φρονεῖν, "bem raciocinar". Existe uma locução semelhante (ἐν ἀοῖ τὰ σπουδαῖα, "as coisas sérias ao amanhecer"), com sentido negativo, ou seja, indica os absurdos adiamentos, cheios de pretextos, por parte dos preguiçosos: *App. Prov.* 2,59 explica com o episódio do espartano Arquias, que, em 370 a.C., foi surpreendido pelos tebanos por ter adiado para o dia seguinte a leitura de uma carta que informava os projetos dos inimigos (cf. nº 941). No latim medieval está registrado *Nox consilium dabit* (Walther 18860d); em todas as modernas línguas européias esse provérbio permaneceu vivo (em italiano e nos vários dialetos, por exemplo, existe o difundido *La notte porta consiglio*; no Brasil se diz *O travesseiro é o melhor conselheiro*).

1586. Posteriores enim cogitationes... sapientiores solent esse
Os pensamentos que chegam depois costumam ser mais sábios

Essa é uma máxima de Cícero (Filípicas, 12,2,5), que — aqui e, mais explicitamente, numa epístola ao irmão Quinto (3,1,18), onde usa o grego — retoma uma gnoma do *Hipólito* de Eurípides (vv. 435 s.: κἂν βροτοῖς / αἱ δεύτεραί πως φροντίδες σοφώτεραι, "entre os mortais as segundas opiniões são mais sábias"). Esse verso do autor trágico também é registrado pelos paremiógrafos (Arsen. 1,58c); o motivo reaparece em latim, num poema epigráfico (1422,11 Bücheler). O provérbio italiano *I secondi pensieri sono i migliori* tem equivalentes em outras línguas européias; entre as variações deve ser destacada a alemã *Wenn die Herren vom Rathaus kommen, sind sie am klügsten* (ou seja: "quando se volta da sala do conselho municipal é que se têm os pensamentos mais astutos"), onde, porém, o fato não constitui uma simples recomendação de ponderação, mas quer dizer que as melhores idéias sempre chegam tarde demais (como de Manzoni: *Del senno di poi ne son piene le fosse* [de bom senso atrasado as covas estão cheias] [*Promessi sposi*, 24,80]). Finalmente, destaco um provérbio medieval formalmente semelhante à frase de Cícero, mas conceitualmente oposto, Walther 22075b: *Posteriora solent esse deteriora*, "as coisas que chegam depois costumam ser piores".

1587. Super ova pendenti gradu incidere
Andar sobre ovos com passo titubeante

São Jerônimo (*Adversus Iohannem Hierosolymitanum*, 23,409 M.) indica com essa locução o procedimento com máxima cautela, como se cada passo e cada gesto fossem extremamente arriscados. Outra expressão semanticamente análoga é *Super aristas gradi*, "caminhar sobre espigas", também documentada em São Jerônimo (*Contra Rufinum*, 2,10 e *Ep.* 82,5), onde talvez deva ser vislumbrada a lembrança de uma personagem mitológica, Ífis, famosa por essa habilidade. Em todas as línguas européias há paralelos a *Andar sobre ovos*, que designa procedimento cauteloso e um tanto desajeitado; entre as variantes, ver a francesa *Marcher sur des raisins*. A série paralela de locuções, correspondentes a *Andar sobre o fio da navalha* é semelhante mas não equivalente: sua tônica não está na cautela, mas no risco.

1588. Χύτρα καὶ πέτρα οὐ συμφωνεῖ
O caldeirão e a pedra não entram em acordo

Em *Discussões de Epiteto*, de Arriano (3,12,12), essa frase é introduzida para valorizar um preceito elementar de prudência: ficar longe das pessoas mais fortes. Apesar de não faltarem tentativas de dar interpretações diferentes — vinculando-a, por exemplo como Strømberg, a λίθον ἕψειν (cf. nº 442) — parece indubitável que ela deva ser entendida à luz de uma fábula de Esopo (422 Halm), em que o caldeirão de barro, carregado pela torrente de um rio juntamente com outro de ferro, suplica a este último que fique longe, já que qualquer contato entre os dois produziria nele avarias irreparáveis. Essa imagem ainda está viva nos provérbios italianos, sendo especialmente famoso o trecho do primeiro capítulo de *Promessi sposi* (52), em que Manzoni diz a respeito de Don Abbondio: *S'era dunque accorto... d'essere, in quella società, come un vaso di terra cotta, costretto a viaggiare in compagnia di molti vasi di ferro* [percebera portanto que, naquela sociedade, era como um vaso de barro, obrigado a viajar em companhia de muitos vasos de ferro].

1589. Μία χελιδὼν ἔαρ οὐ ποιεῖ
Uma andorinha não faz primavera

Esse provérbio lembra que, antes de expressar um juízo, é preciso ter cuidado e que nunca se deve tirar conclusões apressadas de um único indício, nem se empolgar facilmente por um único elemento positivo; vincula-se à imagem — já difundida no mundo clássico (cf., por exemplo, *ThlL* 6,2829) — da andorinha como anunciadora da primavera. Está documentado em *Ética para Nicômaco* de Aristóteles (1,1098a 18s.), que o completa com οὐδὲ μία ἡμέρα, "nem um único dia", e reaparece em vários autores, como por exemplo Gregório de Nazianzo (*Or.* 39,14, *Carm.* 8,242: nesse segundo trecho, assim como uma andorinha não faz primavera, um cabelo branco não faz velhice), Libânio (*Ep.* 834,5 [10,752,19 F.]), Juliano (*Ep.* 59), Eustátios (*Opuscula*, 10,320 Tafel). É mencionado num escólio a *Os pássaros* de Aristófanes (v. 1417), retomado pela *Suda* (ε 11) e registrado pelos paremiógrafos (Apost. 11,63, Arsen. 17,20b); ainda entre os paremiógrafos, o chamado Zenóbio vulgarizado (5,12) dá uma interpretação muito particular, dizendo que um só dia não pode tornar alguém sábio ou ignorante, enquanto Gregório de Chipre (L. 2,71) acrescenta οὐδὲ μέλισσα μέλι, "nem uma abelha o mel"; esse provérbio também aparece nas coletâneas medievais de provérbios vulgares (cf. Krumbacher, *Mittelgriechische Sprichwörter*, 103,68). Em latim, esse adágio não parece ter difusão no classicismo (aparece, obviamente, numa tradução de Gregório de Nazianzo feita por Rufino [3,14,8]), ao passo que, entre as sentenças medievais, existe *Una hirundo non efficit ver* (Walther 32125h; cf. também 10138). Em todas as línguas européias registram-se equivalentes ao conhecidíssimo *Uma andorinha só não faz verão*.

1590. Νήπιος, ὃς πατέρα κτείνας παῖδας ἐγκαταλίποι
É estúpido quem mata o pai e deixa vivos os filhos

Esse provérbio lembra que é preciso tomar todas as precauções na realização de projetos, sendo sempre necessário prever as conseqüências futuras, sobretudo se essas puderem vir a ser prejudiciais. Está documentado em Aristóteles (*Retórica*, 1376a 6 s.; 1395a 15 ss.), em Políbio (23,10,10), em Clemente de Alexandria (*Stromata*, 6,2,19,1) e em Cipriano (fr. 23 Bethe), sendo registrado pelos paremiógrafos (Arsen. 12,8a). Walther (30487b) registra sua tradução exata (*Stultus qui patre caeso liberis pepercerit*); esse motivo também reaparece nas tradições proverbiais modernas.

1591. Ὁ πτύσας εἰς μυρμηκιὰν οἰδεῖ τὰ χείλη
Quem cospe em formigueiro fica com os lábios inchados

Esse provérbio está documentado num cômico menor (Dinóloco, fr. 12 Kaibel); aconselha a não fazer coisas arriscadas: esse motivo ainda está vivo em locuções italianas (*Stuzzicare un formicaio*) e alemãs (*In einen Ameisenhaufen spucken*). Mais do que à força apotropéica da cusparada — citada por Strømberg 34 — é preciso fazer referência à observação de que a picada da formiga — sobretudo daquelas que os antigos chamavam μυρμήκιον ou μύρμηξ Ἡρακλεωτικός (cf. O. Keller, *Die antike Tierwelt*, 2, Leipzig 1913, 467) — é extremamente irritante.

1592. *Minima commoda non minimo sectantes discrimine similes aiebat esse aureo hamo piscantibus*
Dizia que aqueles que perseguem vantagens mínimas com grandes riscos eram como os que pescam com anzol de ouro

Trata-se de uma recomendação de cautela e de calcular bem antes de empreender alguma coisa. Suetônio (*Vida de Augusto*, 25,4) atribui essa perspicaz comparação a Otaviano, que assim conclui: "nenhuma presa compensaria a eventual quebra do anzol"; outra documentação está em *Freculf* (2,1,4). Essa imagem está presente na Idade Média (cf. Walther 1781a: *Aureo piscari hamo*) e persiste no alemão *Mit goldenem Hamen fischen*; em italiano e francês esse mesmo conceito é expresso com a vela [italiano, *Il gioco non vale la candela*] (em italiano também se diz *Vale più la spesa dell'impresa*).

1593. *Clipeum post vulnera sumo*
Pego o escudo depois do ferimento

Essa expressão, documentada em Ovídio (*Tristia*, 1,3,35), fala da imprudência de quem enfrenta o perigo sem as devidas precauções e só se dá conta disso quando já é tarde demais; conceitualmente, deve ser mencionado um verso de *Tiestes* de Sêneca (487), onde se afirma que é tarde demais para acautelar-se quando já se está em meio aos transtornos. Com essa acepção, tem grande difusão, em italiano, *Chiudere la stalla quando sono già scappati i buoi* [fechar o estábulo depois que os bois fugiram], que tem equivalentes em todas as línguas européias (e belas variantes dialetais, como da Puglia, *Sanda Chiàre prime fu arrebbàte e ppò mettì le porte de fiirre*); são numerosos os precedentes medievais (ver, por exemplo, Walther 12656, *Interdum stabulum reparatur post grave damnum*, "às vezes se conserta o estábulo depois de sofrer grave prejuízo"; 28111,1, *Sero paras stabulum taurum iam fure trahente*, "preparas tarde o estábulo quando o ladrão já está levando o touro"; bem como 2812a, 20479a, 26253, 28106, 28116, 28121); contudo, não se pode citar como antecedente um trecho de Juvenal (13,129: *Quando quidem accepto claudenda est ianua damno*), formalmente análogo, mas cujo significado é que, quando se é logrado e se tem um prejuízo, a obrigação é fechar a porta e chorar em casa. No Brasil se diz *Casa roubada, trancas à porta* (para os paralelos em outras línguas cf. Mota 65).

1594. *Miserum est opus / ... fodere puteum, ubi sitis fauces tenet*

É triste trabalho cavar um poço quando a garganta está atormentada pela sede

Esse é um dos tantos provérbios do tipo de *Casa roubada, trancas à porta* (nº 1593), que se refere a quem se apercebe tarde demais da imprudência cometida. A fonte é um trecho de *Mostellaria* de Plauto (vv. 379 s.).

1595. *Galeatum sero duelli / paenitet*

Arrepende-se tarde do duelo quem já está de capacete

A fonte é um verso de Juvenal (1,169 s.), registrado como sentencioso também por Walther (10417): como parte do incitamento à prudência e à reflexão antes de tomar decisões, esse exemplo é o do imprudente por antonomásia. Encontra-se um paralelo numa das máximas de Publílio Siro (S 42: *Sero in periclis est consilium quaerere*, "quando se está no meio do perigo é tarde para buscar reflexões"); quanto ao *vetus proverbium* registrado por Sêneca (*Ep.* 22,1: *Gladiatorem in harena capere consilium*, "o gladiador decide o que fazer na arena"), a afinidade é apenas formal: na realidade significa que muitas das decisões só podem ser tomadas quando se está em contato direto com o perigo a ser enfrentado. Entre os provérbios italianos — também documentados em literatura (cf. Battaglia 12,1063) — existe *Il pentirsi da sezzo nulla* (ou *poco*) *giova* (ou *vale*, ou *non è a tempo*, ou *non paga il male*). No Brasil se diz *Ao que está feito, remédio; ao por fazer, conselho*.

1596. Nec vincere possis / flumina, si contra quam rapit unda nates
Não poderás vencer os rios se nadares contra o ímpeto da corrente

A fonte é um trecho de Ovídio (*Ars amatoria*, 2,181 s.): o motivo de nadar contra a corrente, indicando comportamento que não permite vencer as dificuldades, mas, ao contrário, criá-las, reaparece em vários textos: por exemplo, no próprio Ovídio (*Remedia amoris*, 121 s., e *Epistulae ex Ponto*, 3,7,8), em Sêneca (*Ep.* 122,19), em Juvenal (4,89), em Frontão (131,6 van den Hout), em Santo Agostinho (*Ep.* 73,3), em Símaco (*Ep.* 3,43,2); para outras indicações, remeto a Sonny 103 e a Sutphen 163. Expressões paralelas a *Nadar contra a corrente* encontram-se nas várias línguas européias, mas designam um comportamento anticonformista e muitas vezes esnobe, ou então o comportamento de quem quer opor-se corajosamente a costumes perniciosos (cf. também nº 432); no entanto, existem provérbios nos quais a conotação de perigo é fundamental, como o genovês *Sacci navegâ segondo o vento se ti vêu arrivâ in porto a sarvamento*.

1597. Lupos apud oves... linquere
Deixar os lobos perto das ovelhas

Essa expressão é de Plauto (*Pseudolus*, 141); indica uma ação muito imprudente: encontram-se paralelos, além dos muitos autores tardios e medievais (para os quais remeto a Sutphen 178 s.), em Terêncio (*Eunuchus*, 832) e em Ovídio (*Ars amatoria*, 3,7 s. e 2,363 s.); neste último, trata-se de Menelau, que foi embora deixando Helena perto de Páris, com uma variação do *topos*, ou seja, a imprudência de quem deixa a jovem ovelha (a donzela) nas garras de um lobo faminto (o amante); essa variação reaparecerá em Abelardo (*Ep.* 1,6), que conta como Fulberto, tio de Heloísa, lhe confiou ingenuamente a sobrinha, favorecendo assim o seu amor. Em Cícero (*Filípicas*, 3,11,27), porém, não se fala da ação de quem deixa as ovelhas à mercê dos lobos, mas de quem se comporta como um lobo entre ovelhas. Esse motivo já é grego, estando documentado sobretudo em Heródoto (4,149) e presente também numa fábula de Esopo (165 Hausrath), em que um pastor incauto confia as ovelhas a um lobo que antes se mostrara manso, mas que, tão logo se apresenta a ocasião, despedaça o rebanho. Está vinculado a uma das mais difundidas tradições do chamado "mundo às avessas", ou seja, aquela que quer lobos amigos, senão esposos, das ovelhas (cf. nº 126): é assim que, entre outras coisas, os paremiógrafos (Diogen. 5,96) explicam λύκος καὶ ὄϊν ποιμαίνει, "o lobo leva a ovelha ao pasto"; em outros textos, por outro lado, temos o leão a circular sossegadamente em meio a um rebanho (Políbio, 5,35,13, Plutarco, *Vida de Cleômenes*, 54). O ato de confiar ovelhas a lobos, ademais, além de imprudente, pode ser perverso: essa conotação é fundamental na exegese dos paremiógrafos a προβάλλοντες κυσὶν ἄρνας, "confiando ovelhas a cães" (Diogen. 7,62), enquanto λύκος ποιμήν, de Arsênio (10,96b), é sinônimo de traição, simbolizando uma pessoa que se finge amiga mas, na realidade, não se comporta como tal. Quanto ao cordeiro entre lobos, para indicar a pessoa mansa que está à mercê de inimigos cruéis, é preciso lembrar que essa é a definição que Jesus faz de seus discípulos, em sua futura missão (*Evangelho de Mateus*, 10,16). Em todas as modernas línguas européias, existem paralelos ao italiano *Dare le pecore in guardia al lupo*, que é um evidente símbolo de imprudência; variante digna de nota é a inglesa *Set the fox to keep the geese*, "pôr a raposa para tomar conta dos gansos". Em La Fontaine (3,3), esse *topos* está ao lado da recomendação de não fazer coisas contrárias à própria natureza (nºs 109, 544): o lobo, disfarçado perfeitamente de pastor, a tal ponto que imita perfeitamente o guardião das ovelhas, é reconhecido quando tenta reproduzir a sua voz. Finalmente, recordo que no terceiro ato de *Nascimento de Jesus*, de Lope de Vega, o fato de os lobos tomarem conta das ovelhas é símbolo da extraordinária situação de alegria e de paz vinculada ao nascimento do Redentor.

1598. *Qui amat periculum in illo peribit*
Quem ama o perigo nele perecerá

Essa máxima, ainda famosa e citada (inclusive na forma *Qui amat periculum peribit in illo*, cf. já Walther 23825a), deriva do *Eclesiástico* (3,27) e pertence a uma parte em que se desenvolve a contraposição entre o coração do insensato e o do sábio. Na cultura grega, entre as sentenças que desaconselham a audácia excessiva, deve ser destacada uma de *Hipólito* de Eurípides (v. 785), registrada no *Appendix Proverbiorum* (4,83), que diz: τὸ πολλὰ πράσσειν οὐκ ἐν ἀσφαλεῖ βίου, "a ação em excesso não é própria da vida segura"; ver também vários *Monósticos de Menandro* (737, 750, 774 Jäkel).

1599. *Faciamus experimentum in corpore vili*
Façamos o experimento em corpo vil

Essa expressão é usada quando uma operação é feita sem as devidas precauções, pois quem se arrisca é outra pessoa ou pessoa de pouco valor. Deriva de um episódio da vida do grande humanista M. A. Muret: este, em 1585, ao fugir da França para a Itália, teria ficado doente em algum lugarejo não identificado dos Alpes e teria ouvido essas palavras de alguns médicos que estavam à sua cabeceira; percebendo a esparrela, teria fugido. Segundo outra versão, em lugar de *in corpore* teria sido *in anima* e Muret teria respondido que não se podia chamar de vil uma alma pela qual Jesus Cristo dera a vida. Na Antiguidade, esse mesmo conceito era expresso por ἐν Καρὶ τὸν κίνδυνον, "que um cário corra esse perigo", documentado, por exemplo, em Cratino (fr. 18,1 K.-A.), em Eurípides (*Ciclope*, 654), em Cícero (*Pro Flacco*, 27,65) e em Sêneca (*Naturales questiones*, 45,3).

1600. *Ludis de alieno corio*
Brincas com a pele alheia

Essa expressão proverbial, documentada em Apuleio (*Metamorfoses*, 7,11, cf. também 7,15) e retomada por São Jerônimo (*Ep.* 54,5), indica um comportamento irresponsável, à custa dos outros. Essa mesma locução encontra-se em Marcial (3,16,4), onde o poeta diz ao destinatário: "Se não fosses um bêbado, não quererias *corio ludere... tuo*", "brincar com a tua pele", ou seja arriscar-se, o que se refere exatamente aos loucos e aos beberrões; um paralelo é constituído por uma passagem de Tertuliano (*De pallio*, 3). Em italiano, *Fare qualcosa* (ou *Scherzare, Giocare*) *sulla pelle altrui* é expressão difundida; expressões variantes são *Cavar le castagne dal fuoco con la zampa del gatto* [tirar castanhas do fogo com a pata do gato] (que tem paralelo em francês, inglês e alemão) e a espanhola *Con ajena mano sacar la culebra del horado* (ou seja: "com mão alheia tirar uma cobra do buraco"). No Brasil se diz *Da pele alheia, grande correia* (para os paralelos em outras línguas européias cf. Mota 74, que cita também o latim vulgar *Ex alieno corio longa corrigio*).

c) *Medo e outros modos de enfrentar os perigos*

1601. Πόνος / ὁ μὴ φοβῶν κράτιστος
O melhor partido é a ação difícil, isenta de medos

Essa é uma gnoma de Sófocles (*Filoctetes*, 863 s.), que pode ser aparentada a provérbios do tipo de *Quem não arrisca não petisca*, presentes nas várias línguas européias; entre as variantes, deve ser destacada, pela perspicácia, a francesa *Qui ne se met à l'aventure ne trouve cheval ni monture*.

1602. *Umbram suam metuit*
Tem medo da própria sombra

Essa expressão indica uma pessoa extremamente medrosa, que teme até as coisas mais inócuas: encontra-se em Quinto Cícero (*Commentariolum petitionis*, 2,9) e corresponde exatamente à grega τὴν ἑαυτοῦ σκιὰν φοβεῖσθαι, documentada em vários autores (Aristófanes [fr. 79 K.-A.], Platão [*Fédon*, 101d], Arriano [*Discussões de Epiteto*, 1,24,3]) e registrada pelos paremiógrafos (Greg. Cypr. L. 3,18, Macar. 7,67, Arsen. 16,49a). Em latim também existe, com o mesmo sentido, *Umbras timere*, "ter medo das sombras" (Cícero, *Epistulae ad Atticum*, 15,20,4, cf. também Propércio, 2,34,19), ação que Sêneca (*De ira*, 2,11,6) diz ser típica das crianças; outra variante expressiva está em Juvenal (10,21): *Et motae ad lunam trepidabis harundinis umbram*, "temerás até a sombra de uma cana que se move à luz da lua"). Em todas as modernas línguas européias existem equivalentes a *Ter medo da própria sombra*.

1603. *Pericla timidus etiam quae non sunt videt*
O medroso vê até perigos que não existem

Essa é uma sentença de Publílio Siro (P 3); encontra-se um paralelo num inciso de Lívio (27,44,10), em que se tem o ablativo absoluto *Metu interprete semper in deteriora inclinato*, "pois que o medo é um intérprete sempre inclinado ao pior". Nas várias línguas européias registram-se paralelos ao italiano *La paura ingrossa il pericolo*. Finalmente, deve ser destacada uma bela frase, que tem afinidade semântica com a que estudamos, presente em *Tróilo e Créssida* de Shakespeare (3,2): *Fears make devils and cherubims; they never see truly*.

1604. *Obstupui, steteruntque comae et vox faucibus haesit*
Fiquei estupefato, meus cabelos se arrepiaram e minha voz ficou parada na garganta

Trata-se de um famoso verso de Virgílio, que condensa os efeitos físicos do medo; aparece duas vezes na *Eneida*: em 2,774, quando Enéias, vagando desesperado entre as casas de Tróia em chamas, encontra o espectro de Creusa, a mulher morta, e em 3,48, quando de um arbusto arrancado se ouve sair a voz de Polidoro, o infeliz filho de Príamo, morto por traição do cunhado (cf. nº 594). Cabelos em pé e voz estrangulada na garganta ainda são sintomas tradicionais do medo.

1605. Κραδίη δὲ ῥινὸς ἄχρις ἀνέβαινε
O coração pulava, até no nariz

Essa expressão é encontrada nas chamadas *Anacreônteas* (31,7 s. West) e em Ana Comnena (2,374,13); indica a expectativa cheia de aflição e temor (o latim *Anima in naso est*, "a alma está no nariz" [Petrônio, 62,5], tem significado diferente, já que designa quem está para morrer). Nas modernas línguas européias existem expressões semelhantes: ver, por exemplo, o italiano *Avere il cuore in gola* [estar com o coração na garganta] (mais raramente, *Avere il cuore in bocca* [estar com o coração na boca], cf. Battaglia 2,273), o alemão *Das Herz schlug ihm bis zum Halse* (em que o coração pula no pescoço, com evidente referência aos batimentos fortes da carótida) e o semelhante sueco *Hu hyärtat halsgropen*.

1606. *Pedibus timor addidit alas*
O medo deu asas aos pés

Essa expressão, registrada como sentenciosa também por Walther (21132), é extraída da *Eneida* de Virgílio (8,224); retoma uma expressão que indica grande velocidade e que talvez seja inspirada na representação de Hermes, que tem asas nos pés. Reaparece, por exemplo, em Apuleio (*Metamorfoses*, 6,26: *Timor ungulas mihi alas fecerat*, "o medo transformara meus cascos em asas") e também está viva nas línguas modernas (em italiano existe *La paura fa i passi lunghi*, em francês se diz *La peur donne des ailes* e em alemão, *Furcht macht Beine*).

1607. *Qui rapitur spumante salo sua brachia cauti / porrigit, et spinas duraque saxa capit*

Quem é levado pela onda espumante estende os braços e agarra-se aos espinheiros e aos duros escolhos

Esse famoso dístico elegíaco é a lição fornecida por um códice do séc. XII/XIII (*Londinensis British Museum Burney* 220) sobre um trecho de Ovídio (*Epistulae ex Ponto*, 2,2,33 s.), cujas únicas palavras seguras são, na realidade, *qui rapitur* e *porrigit*. De qualquer modo, essa máxima significa que quem está em grande perigo e em situação desesperada agarra-se com todas as forças a qualquer ponto de apoio, mesmo que ele seja mínimo ou incômodo. Esses versos encontram correspondentes em vários provérbios modernos, como no italiano *Chi affoga si appiccherebbe alle funi del cielo* [quem se afoga agarrar-se-ia às cordas do céu] e sobretudo no veneziano *Co se xe per negarse, se se ciapa anca a un branco de spini*, que tem equivalentes exatos em francês, inglês e alemão. Outra variante é constituída pelo alemão *Wer in den Brunnen fällt, will sich am Moos erhalten* (ou seja: "quem cai numa fonte quer agarrar-se ao musgo").

1608. *Nummum quaerit pestilentia: duo illi da et ducat se*

A peste quer uma moeda: dá-lhe duas e ela se vai

Santo Agostinho (*Sermões*, 167 [*PL* 38,918]) registra essa frase como provérbio cartaginês (é preciso lembrar que ele nasceu em Tagasta, em plena zona púnica): seu significado é que não se devem poupar sacrifícios para evitar um mal iminente e mortal. Sua estrutura sintática suscitou dúvidas em mais de um estudioso, mas não me parece que sejam necessárias correções. Do ponto de vista conceitual, também deve ser citada outra máxima púnica, registrada pelo mesmo santo (*Sermões*, 111 [*PL* 39,1966]): *Ut enim habeas quietem, perde aliquid*, "para teres paz, perde alguma coisa".

1609. *Alea iacta est*

O dado está lançado

Essa frase é muito célebre, sendo citada com freqüência — inclusive em suas traduções nas várias línguas européias — para dizer que, numa situação de grave perigo, já se tomou a decisão sobre o que fazer e não é mais possível voltar atrás. Segundo

Suetônio (*Vida de César*, 32), ela foi realmente pronunciada por Júlio César em 10/11 de janeiro de 49 a.C., no momento em que atravessou o Rubicão, rio da Romanha que marcava as fronteiras da Itália e que, portanto, nenhum comandante poderia atravessar armado sem tornar-se, automaticamente, inimigo de Roma: esse ato foi indicado como início oficial da guerra civil contra Pompeu. Na realidade, o texto de Suetônio diz *Iacta alea est* e, com ótimos motivos, foi corrigido por Erasmo para *Iacta alea esto*, "o dado seja lançado": essa frase é, na realidade, a tradução de uma expressão proverbial grega (ἀνερρίφθω κύβος, "seja lançado o dado"), atribuída a César por Plutarco (*Vida de César*, 32,8, *Vida de Pompeu*, 60,4, *Apotegmas de reis e comandantes*, 206c), sendo também documentada em Menandro (fr. 59,4 K.-Th.: trata-se da resposta de um indivíduo a outro, que lhe aconselha não se casar), bem como — com variações pouco importantes — em Meléagro (*Antologia Palatina*, 12,117,1), em Hélio Aristides (*Quattuor*, 142 J.) e em Isidoro de Pelúsio (*Ep.* 5,264); o indicativo ἀνέρριπται só está registrado na *Suda* (α 2310). Outros registros encontram-se nos paremiógrafos (*App. Prov.* 1,28, Greg. Cypr. M. 3,43, Macar. 2,8, Apost. 2,93, Arsen. 2,55c, *Suda* ε 695; 3013; κ 2602); deve-se notar que, no original antigo, há um matiz semântico diferente, no que diz respeito à acepção ora atribuída ao provérbio: com o imperativo não se põe a tônica numa decisão já tomada, mas no risco que se decide correr (*alea*, "dado", aliás, é com freqüência usado metaforicamente com o sentido de "perigo, risco", em expressões como *Omnes aleae casus... experiri festinans*, "apressando-se em experimentar todas as possibilidades do dado" [Amiano Marcelino, 24,2,14] e *Aleam periculorum omnium iecit*, "lançou o dado de todos os perigos", ou seja, arriscou-se enfrentando-os [ainda em Amiano Marcelino, 26,6,12]: para os trechos, remeto a Otto 55, Weyman 52, 69, 258, Sutphen 127). Não faltam paralelos latinos: ver, por exemplo, um verso do *Satyricon* de Petrônio (122,174: *Iudice Fortuna cadat alea*, "o dado caia segundo o arbítrio da Fortuna") e *Placet alea fati*, "o risco da sorte agrada", de Lucano (6,7). Entre as numerosas referências a essa famosa expressão nas literaturas modernas, lembro uma de Rabelais (3,9), contextualmente semelhante ao fragmento de Menandro: trata-se, realmente, de Panurge, que se aconselha com Pantagruel sobre a oportunidade ou não de casar-se; é citado por numerosos políticos no momento de entrar num conflito (por exemplo, por Cavour em 1859, antes da segunda guerra de independência). Em todas as línguas européias registram-se equivalentes a *A sorte está lançada*.

1610. Τῶν κεράτων... ἀμφοῖν... καθέξεις τὸν βοῦν
Segurarás o boi pelos dois chifres

A fonte é Estrabão (8,361), cf. ainda, por exemplo, Políbio, 7,12,3 e Plutarco, *Vida de Arato*, 50,6: indica-se uma reação forte e decidida aos perigos e às dificuldades. Essa locução ainda está viva: em todas as línguas européias existem equivalentes ao italiano *Prendere il toro per le corna* [segurar o touro pelos chifres], ao qual está vinculado o provérbio (também registrado em todas as línguas) segundo o qual é preciso segurar o homem pela palavra e o boi pelos chifres.

d) Superação dos perigos e segurança

1611. Ἐν γῇ πένεσθαι μᾶλλον ἢ πλουτοῦντα πλεῖν
É melhor ser pobre na terra do que rico no mar

Esse é um fragmento de Antifanes (101 K.), registrado tanto nos gnomológios (João de Stóboi, 4,17,15) quanto pelos paremiógrafos (Diogen. 4,83; Vind. 2,77, Greg. Cypr. L. 2,14, Macar. 3,79, Apost. 7,27) e transcrito como exemplo numa glosa gramatical da *Suda* (η 5). Na Antiguidade, a viagem por mar era símbolo do desafio feito pelo homem aos limites impostos pela natureza; constituía, portanto, o perigo por antonomásia: esse provérbio é, pois, um louvor à vida tranqüila e uma recomendação de não se expor a perigos. São paralelos os italianos *Uom di mare, un dì ricco e l'altro povero* [homem do mar, um dia rico e outro pobre] e *Loda il mare e tienti alla terra* [louva o mar e fica na terra] (que reaparece em vários dialetos; uma variante é constituída pelo bolonhês *Lóda al mant e tént al pian*: aqui se tira proveito da oposição — difundida nos provérbios — entre o louvor e a ação: cf., por exemplo, nᵒˢ 1077-1078); este último tem vários paralelos em todas as línguas européias. Do ponto de vista simplesmente estrutural, deve ser citado *Meglio poveri del suo que ricchi di quel d'altro* [é melhor ser pobre do seu que rico do alheio].

1612. *Ego in portu navigo*
Navego no porto

Essa locução, nesses termos, deriva de Terêncio (*Andria*, 480, também registrado por Walther 11934a), mas nas literaturas clássicas tem grande difusão a imagem do porto para indicar tranqüilidade, segurança, refazimento dos perigos passados e presentes. Se a viagem por mar indica perigo por excelência, é óbvio que o porto significará segurança (assim também na freqüente metáfora em que o navio representa o Estado, cf. por exemplo Alceu, fr. 208a V., Horácio, *Carm.* 1,14,2 s.). Na literatura grega, ver Eurípides, *Andrômaca*, 748 s.; são numerosos os registros na literatura latina, nos mais variados contextos: Plauto (*Mercator*, 196 s.), Cícero (*Epistulae ad familiares*, 9,6,4, *Epistulae ad Atticum* 4,6,2, *Pro Sestio*, 46,99), Catulo (68,157), Propércio (3,24,15), Ovídio (*Tristia*, 5,5, *Remedia amoris*, 610), Sêneca (*Ep.* 72,10, *De vita beata*, 19,1), Santo Agostinho (*De vita beata*, 5); para outros textos, sobretudo medievais, cf. Sonny 115, Sutphen 203; ver também nº 424. Locuções paralelas são *Terram videre* (Plauto [*Menaechmi*, 226-229, *Mercator*, 196], Cícero [*De senectute*, 19,71, *Pro Murena*, 2,4, onde se tem o *topos* de quem, em segurança, dá conselhos a quem está em dificuldades]) e *Terram dare*, "dar um desembarcadouro" (Catulo, 68,157); para outros paralelos conceituais, cf. Sonny 118 s. Em italiano também existem expressões como *Essere/venire in porto* e *Entrare come dalla tempesta in porto*.

1613. Sic me servavit Apollo
Assim me salvou Apolo

Essa é a conclusão, famosa por ser lapidar, da nona sátira do primeiro livro de Horácio (v. 78): um chato importunou o poeta durante muito tempo; este achava que livrar-se dele era um sonho inatingível, até que, de repente, um acusador furioso arrasta o importuno para o tribunal, salvando Horácio. A frase final, registrada por Walther (29502a) e ainda citada a respeito de uma salvação repentina e inesperada, é — segundo o comentador Porfírio — a tradução de uma frase que Homero (*Ilíada*, 20,443) usara para Heitor, que fora subtraído por Apolo às garras de Aquiles: τὸν δ' ἐξήρπαξεν Ἀπόλλων (essa frase era famosa e já fora utilizada por Lucílio [231 Marx]).

1614. Ἐπ' ἀμφότερα καθεύδεις τὰ ὦτα
Dormes sobre as duas orelhas

Essa expressão indica uma situação totalmente tranquila e segura, a ponto de permitir um sono muito profundo. É registrada nessa forma pelos paremiógrafos (Arsen. 7,72a, *App. Prov.* 2,78) e documentada por vários autores (por exemplo, Menandro, fr. 333,1 s. K.-Th [a respeito disso, ver também L. Gamberale, "Rivista di Filologia e Istruzione classica" 95 (1967) 162-164], Ésquines Socrático [96 Giannantoni], Basílio de Cesaréia, *Discurso aos jovens*, 8,12). O equivalente latino é *in aurem utramvis dormire* (cf. Terêncio, *Heautontimoroumenos*, 342, Plauto, *Pseudolus*, 123 s., Símaco, *Ep.* 4,61,1, Nicola di Chiaravalle, *Ep.* 15 [*PL* 196,1610a]); são variações *in alteram aurem* de Cícero (*Epistulae ad Atticum*, 13,24) e *in dexteram aurem* de Plínio (*Ep.* 4,29,1). Nas línguas modernas, essa mesma imagem foi conservada pelo francês e pelo alemão, enquanto em italiano se usa *Dormire fra due guanciali* [dormir entre dois travesseiros].

1615. Θάλαττα, θάλαττα
Mar, mar!

Em *Anábase* de Xenofonte (4,7,24), esse é o grito emitido pelos mercenários gregos, guiados pelo próprio Xenofonte, diante do mar. Depois da batalha de Cunassa (a noroeste da Babilônia, na margem esquerda do Eufrates), em que Artaxerxes II da Pérsia derrotara o irmão Ciro, em cujas fileiras esses mercenários haviam combatido, fora preciso empreender longa marcha até os arredores de Trebizonda, no mar Negro, fugindo às incursões inimigas e ao risco do extermínio (o episódio remonta a 401 a.C.). Essa expressão ainda é famosa e citada para indicar a salvação almejada, conquistada depois de muitos riscos e perigos, ou então a obtenção de uma meta muito desejada.

1616. *Inveni portum*
Encontrei o porto

Essa expressão, atualmente famosa e citada para indicar o almejado fim de todos os riscos e de todas as suas travessias (para o porto como símbolo de segurança, cf. nº 1612), é o início da inscrição que, no romance de Lesage (9,10), Gil Blas, depois de uma longa série de aventuras mirabolantes, põe sobre a porta do castelo onde quer passar os últimos anos até o porto definitivo, ou seja, a morte (a metáfora do porto nesse sentido também já é antiga: ver, por exemplo, Cícero, *De senectute*, 19,71, Virgílio, *Eneida*, 7,598). A inscrição toda é: *Inveni portum: Spes et Fortuna, valete! / Sat me lusistis: ludite nunc alios,* "encontrei o porto: Esperança e Fortuna, adeus! Brincastes bastante comigo: agora brincai com os outros!"; essa é uma variação de um epigrama funerário da *Antologia Palatina* (9,49; cf. também Paladas, 9,172), que tem outra versão também famosa — e fiel ao original —, registrada por Casanova em suas *Memórias* (4,9): *Inveni portum: Spes et Fortuna, valete! / Nil mihi vobiscum: ludite nunc alios,* "encontrei o porto: Esperança e Fortuna, adeus! Nada tenho a ver convosco: agora brincai com os outros!". Na realidade, as traduções latinas são muito mais numerosas (uma resenha completa foi feita por Richard Horton Smith, "Notes and Queries" 29 [16 de julho de 1898] 48 e 38 [17 de setembro de 1898] 229); em italiano registra-se apenas uma de Luigi Alamanni: *Speme e Fortuna, addio; ché in porto entrai. / Schernite gli altri, ch'io vi spregio omai.* Finalmente, deve-se ressaltar que o primeiro verso é registrado por Walther (12716).

1617. Ἐπ' αὐτὸν ἥκεις τὸν βατῆρα τῆς θύρας
Chegaste exatamente ao limiar da porta

Esse é um fragmento do cômico Amípsias (26 K.), que retoma provérbio análogo, documentado pelos paremiógrafos (Diogen. 3,28, Apost. 4,31, *Mant. Prov.* 1,31) e pelos lexicógrafos (*Etymologicum Magnum*, 192,3, *Suda* α 4511; β 181, Zon. 371, cf. também Eustátios, 1404,58). O significado é que já se chegou a bom ponto do empreendimento e foram superados quase todos os riscos; contudo, segundo a exegese apresentada pela anotação registrada na *Mantissa Proverbiorum*, quer dizer que já se chegou à verdade. Ver a locução popular italiana *Essere nel prato di casa*.

1618. *Suave... / e terra magnum alterius spectare laborem*
É agradável ver, da terra firme, o grande afã dos outros

Essa expressão é extraída de Lucrécio (2,1 s.); em numerosos outros textos (Cícero, *Pro Murena*, 2,4 [cf. nº 1612], *Epistulae ad Atticum*, 2,7,4, Horácio, *Ep*. 1,11,10, Oriêncio, *Commonitorium*, 1,500), a sensação de quem observa tempestades e naufrágios da terra firme indica tranqüilidade e segurança por antonomásia. Esse motivo já está presente no cômico grego Arquipo (fr. 43 K.: ὡς ἡδὺ τὴν θάλατταν ἀπὸ τῆς γῆς ὁρᾶν, "como é agradável olhar o mar da terra!"), enquanto uma formulação afim, ainda que mais genérica, é ἐξάντης λεύσσω τοὐμὸν κακὸν ἄλλον ἔχοντα, "fora de perigo, olho outro que tem o meu problema", também registrada pelos paremiógrafos (Zenob. vulg. 3,95) e pelos lexicógrafos (*Suda* ε 1546). Existem variações sobre o tema num fragmento de Sófocles (636 R.: entre os registros está o citado trecho de Cícero), em que se trata da pessoa que, abrigada e seca, assiste a um aguaceiro torrencial, e num trecho de São Jerônimo (*Adversus Pelagianos*, 1,12: *Metuere in tranquillitate naufragium*, "temer o naufrágio na tranqüilidade"). Provérbios semelhantes são encontrados em italiano (*Bello è contemplare il mare dal porto*), em inglês e em alemão; entre as referências literárias deve ser destacada uma de Schiller (*Guilherme Tell*, 1,1).

1619. *Forsan et haec olim meminisse iuvabit*
Talvez um dia seja bom lembrar deste dia

É assim que Enéias exorta e encoraja os companheiros no primeiro livro da *Eneida* (v. 203). Essa frase, clara imitação de Homero (cf. *Odisséia*, 12,72), já na Antiguidade tornou-se famosa: Estácio (*Tebaida*, 1,4,72) retomou-a com exatidão, enquanto Sêneca (*Ep*. 78,15) cita-a para incutir coragem nas dificuldades. Com esse mesmo sentido ainda é usada (inclusive na forma abreviada *Meminisse iuvabit*); segundo V. Cuoco (*Saggio storico sulla rivoluzione napoletana*, 50), foi pronunciada por Eleonora Fonseca Pimentel, no patíbulo; *Meminisse iuvabit* é título de um poema de Carducci (*Giambi ed Epodi*, 1,2). Entre as sentenças medievais coligidas por Walther (14634) registra-se uma variante: *Meminisse dulce est quod fuit durum pati*, "é bom lembrar o que foi difícil de suportar". Finalmente, assinalo que no Brasil se diz *O que é ruim de passar é bom de lembrar*.

1620. *Iucundi acti labores*
Desgostos passados são alegrias

Em *De finibus* (2,32,105), Cícero transcreve esse ditado, ainda conhecido e citado, como resposta proverbial à pergunta retórica: *Quid, si etiam iucunda memoria est praeteritorum malorum?*, "como, se também é agradável a recordação dos males passados?"; a seguir, menciona um verso da *Andrômeda* de Eurípides (fr. 133 N.²) que diz: ἀλλ' ἡδύ τοι σωθέντα μεμνῆσθαι πόνων, "para quem se salvou, é agradável lembrar os apuros do passado". Tinha grande difusão, na Antiguidade, o motivo segundo o qual os riscos, as dificuldades e as dores, uma vez superados, são lembrados com prazer: é freqüente a afirmação de que é agradável a lembrança de uma dor passada (ver, por exemplo, Homero [*Odisséia*, 15,400], Sófocles [fr. 374 R.], Cícero [*Epistulae ad familiares*, 5,12,4], Claudiano [*De bello Gothico*, 208]); às vezes — como em Sêneca (*Hercules furens*, 656) e em Prisciano (*Praeexercitamina*, 432,16) — a tônica está igualmente nas dificuldades e no trabalho; em outros textos — como no *Panegírico* de Pacato (24) —, sobre as *miseriae*; em outros, enfim, sobre um perigo repentino que foi superado (*Bellum Alexandrinum*, 77,1: mas esse texto é alvo de controvérsias). É famoso *Dulcior est fructus post multa pericula ductus*, "é mais doce o fruto colhido depois de muitos perigos" (Walther 6378 ~ 6380), também citado por Rabelais (3,41). Em todas as línguas modernas registram-se, sem variações importantes, equivalentes ao toscano *Quel che fu duro a patire è dolce a ricordare* (em italiano diz-se também *Il ricordarsi del male radoppia il bene*). Para *Meminisse iuvabit*, cf. nº 1619.

1621. *Tranquillo... quilibet gubernator est*
Qualquer um é timoneiro em mar tranqüilo

Essa máxima significa que só nas dificuldades são realmente postas à prova as qualidades das pessoas: é registrada como proverbial por Sêneca (*Ep.* 85,34); expressões semelhantes também se encontram em Lívio (24,8), em Plínio (*Ep.* 9,26,4), em Ovídio (*Tristia*, 4,3,77) e em Gregório Magno (*Liber Regulae pastoralis*, 1,9). Também existe a máxima complementar "positiva", *In tempestate cognoscitur gubernator*, "é na tempestade que se conhece o timoneiro", presente em Sêneca (*De providentia*, 1,4,5 [onde se tem um paralelo com o soldado, cujo valor só se vê na batalha] e *Consolação a Márcia*, 5,5), em Plínio (*Ep.* 9,6,24), em Cipriano (*De mortalitate*, 2) e em Sidônio Apolinário (*Ep.* 8,10,2); são imagens semelhantes a do bom soldado que se conhece na guerra (Otloh, *Liber proverbiorum*, 12 [*PL* 146,319a]: *Militis cuiuslibet fortitudo non agnoscitur nisi in bello*, "a valentia de um soldado só é conhecida na guerra") e a do bom advogado que se evidencia nas causas difíceis (Ovídio, *Tristia*, 3,11,21: *In causa facili cuivis licet esse diserto*, "em causa fácil todos podem ser eloqüentes"). Em italiano existe *Ognuno sa navigare quando è buon vento*; existem provérbios semelhantes em todas as línguas européias; a versão "positiva" encontra-se em espanhol: *El piloto muestra en la tempestad su saber y su valor*.

DIFICULDADES, MALES E DORES

a) Dificuldades, problemas e males

1622. *Numquamne hos arctissimos laqueos, si solvere negatur, abrumpam?*
Será que nunca romperei estes estreitíssimos laços, se não conseguir desfazê-los?

Nessa passagem de Plínio, o Jovem (*Ep.* 2,8,2), temos a tópica contraposição entre *solvere*, "desfazer" e *rumpere / abrumpere / erumpere*, "romper, cortar", com referência a um "nó" real ou metafórico, que recorre, por exemplo, em Sêneca (*Ep.* 22,3) e em vários autores medievais (para os trechos remeto a Sutphen 176). Contudo, além do inegável parentesco com outras locuções como *Flecti non potest / frangi potest* (nº 138), não se pode excluir que houvesse uma alusão ao famoso episódio do nó górdio (mencionado por Plutarco [*Vida de Alexandre*, 18] e por Arriano [*Anábase*, 2,3]), nó inextricável, cuja dissolução — segundo a tradição — tornaria seu autor rei do universo: Alexandre, o Grande, não podendo resolvê-lo ou compreendê-lo, cortou-o com um golpe de espada. A metáfora do nó, a indicar grande dificuldade, é difundida em latim (ver, por exemplo, Cícero [*Epistulae ad familiares*, 8,11,1, *Epistulae ad Atticum*, 5,21,3, *Epistulae ad Brutum*, 1,18,5], Virgílio [*Eneida*, 10,428, retomado por Floro, 4,9,1], Sêneca [*Ep.* 117,31, *De beneficiis*, 5,12,2, *De vita beata*, 7,16,3], Juvenal [8,50], Santo Agostinho [*As confissões*, 6,3,4] e numerosos outros textos, para os quais remeto a Otto, 1283, Weyman 61; 76; 281, Sonny 113, Sutphen 93); em grego também se documenta a locução ἅμμα / κάθαμμα λύειν, "desfazer um nó" (por exemplo, em Eurípides, *Hipólito*, 671 [ver também o escólio relativo] e na tradição lexicográfica e paremiográfica [Zenob. vulg. 4,46, Diogen. 5,47, Hesych. κ 84, *Suda* κ 31]). Nas várias línguas modernas, do italiano ao espanhol, passando pelo francês, o alemão, o inglês e o russo, existe a imagem do *nó*, a indicar grande dificuldade, bem como expressões equivalentes a *Desfazer o nó górdio*, para referir-se ao modo decidido de resolver alguma situação muito intricada e difícil.

1623. Ἐγὼ δὲ καὶ σὺ ταὐτὸν ἕλκομεν ζυγόν
Tu e eu carregamos o mesmo jugo

Essa expressão, registrada pelos paremiógrafos (Zenob. vulg. 3,43, Apost. 6,47, *Suda* ε 151, cf. também Eustátios, *Comentário à Odisséia*, 14,202 [1757,40]), na qual foi identificado um fragmento cômico anônimo (524 K.), significa que duas pessoas estão enfrentando os mesmos perigos e as mesmas dificuldades: essa imagem é extraída, metaforicamente, da dos bois emparelhados sob o jugo. Em grego, aparece em Herondas (6,12) e em Aristeneto (*Ep.* 2,7); às vezes é usada para outros conceitos e situações, como para o amor recíproco (por exemplo, em Teócrito, 12,15; conotação desse tipo também está presente no trecho citado de Aristeneto); em latim, *Ferre iugum pariter*, "suportar o mesmo jugo", está em Horácio (*Carm.* 1,35,28), enquanto em Plínio (*Ep.* 3,9,8) e em Sêneca (*Ep.* 109,16) emprega-se simplesmente *pari iugo*, para indicar que estão sendo enfrentadas as mesmas adversidades. A locução retorna nas línguas modernas: *Andare / Venire / Arare a un giogo* significa "caminhar no mesmo passo, estar ligado por uma amizade estreita" (Battaglia 6,809).

1624. Γυμνὸς ὡς ἐκ μήτρας
Nu como se acabasse de sair do ventre da mãe

Essa locução é registrada pelos paremiógrafos (Diogen. 4,2, Greg. Cypr. L. 1,82, Apost. 5,72) e aparece sobretudo na Bíblia (*Eclesiastes*, 5,14, *Jó*, 1,21): indica uma pessoa em graves dificuldades, a tal ponto que é comparada com um recém-nascido; na *Sagrada Escritura*, em especial, designa a situação do homem — completamente privado de meios e recursos próprios — diante da divindade (no trecho de *Jó*, a frase completa é *Nudus egressus sum de utero matris meae et nudus revertar illuc*, "nu saí do útero de minha mãe e nu voltarei a ele"; também há semelhança com um trecho do *Eclesiastes*; esse motivo retorna nas sentenças medievais [Walther 18878 s., 18880]). Em latim, esse motivo aparece em Lucílio (26,42 Charpin = 623 Marx) e em Apuleio (*Metamorfoses*, 1,14), onde a imagem se amplia: *Inanimis, nudus et frigidus et lotio perlutus, quasi recens utero matris editus*, "exânime, nu, frio e coberto de urina, como se acabasse de sair do útero materno". Em italiano popular diz-se atualmente, sobre quem deve enfrentar uma dificuldade desprovido de meios, que está *a culo nudo* (ou que é *un culo nudo*); os provérbios que herdam o motivo antigo podem assumir outros significados, principalmente para evidenciar a sensualidade e a beleza, em expressões como *Nu tal qual veio ao mundo*. No Brasil se diz *Nasci nu, estou vestido; pra morrer pelado não custo* (existe um paralelo em espanhol, cf. Mota 135).

1625. *In eadem es navi*
Estás no mesmo navio

Essa expressão, registrada em Cícero (*Epistulae ad familiares*, 2,5,1 [ver também 12,25,5]) e em Lívio (44,122,12), indica que se está na mesma situação difícil e perigosa: seu equivalente grego é κοινὴ ναῦς κοινὸς κίνδυνος, "mesmo navio, mesmo perigo" (Aristeneto, *Ep.* 1,17), ao qual se opõe κοινὴ ναῦς κοινὴ σωτηρία, "o mesmo navio, a mesma salvação" (Porfírio, *Quaestiones Homericae*, 3,15 Schrader); uma variante espirituosa, porém (nº 425), evidencia quem avaria a embarcação onde está. Para o mesmo conceito, em latim também se encontram outras imagens, como a de estar ligado à mesma mó (Cícero [*De oratore*, 2,33,144], Paulino de Nola [*Ep.* 11,12]; uma vez que à mó eram amarrados os escravos, isso simbolizava uma situação de grande embaraço; cf., por exemplo, Cícero, *De oratore*, 1,11,46]) e a de estar bebendo no mesmo copo (Plauto, *Casina*, 933): esta última — com o mesmo sentido — tem interessantes paralelos em *Jeremias* (51,7) e sobretudo numa passagem do *Evangelho de Mateus* (20,22), na qual Jesus pergunta se os filhos de Zebedeu estão em condições de beber em seu cálice (cf. nº 1635), enquanto em outros textos indica apenas comunhão (por exemplo, em Aristófanes, *Os cavaleiros*, 1289). São ligeiramente diferentes, mas aparentadas, as metáforas de estar no mesmo *valetudinarium*, "hospital" (Sêneca [*Ep.* 27,1] e Tácito [*Dialogus de oratoribus*, 21,1]), de ter a mesma doença (Horácio [*Sat.* 2,3,121], cf. também os gregos εἰς ἀσθενοῦντας ἀσθενῶν ἐλήλυθα, "doente, vim à casa de quem estava doente", registrado pelos paremiógrafos [Zenob. vulg. 3,56, Greg. Cypr. 2,33; M. 3,6, Apost. 6,56, *Suda* α 231], e τὴν ἐμὴν κάμνεις νόσον, "sofres da mesma doença que eu" [Eustátios, *Comentário à Odisséia*, 14,202 = 1757,39]), que costumam significar que se tem o mesmo vício ou defeito. É muito difundida em italiano a expressão *Essere nella stessa barca* [estar no mesmo barco], enquanto em outras línguas existem locuções diferentes (como as francesas *Nous sommes logés à la même enseigne* e *Nous sommes dans la même cordée*).

1626. *Nabis sine cortice*
Nadarás sem cortiça

Essa famosa expressão é extraída das *Sátiras* de Horácio (1,4,120): o poeta repete as palavras do pai, que, durante a infância, lembrava-lhe a finalidade da sua educação, ou seja, a de acompanhá-lo e guiá-lo até a maturidade, para, a partir daí, poder nadar sem cortiça, ou seja, enfrentar as dificuldades da vida sozinho, sem ajuda (para a freqüência das metáforas náuticas em contextos semelhantes, cf. nº 1625). A proverbialidade dessa locução já era ressaltada pelo Pseudo-Ácron, no comentário a essa passagem; nas línguas modernas, costuma-se dar preferência a outras imagens, como, por exemplo, *Andar com as próprias pernas* e *Criar asas*.

1627. Αἶψα γὰρ ἐν κακότητι βροτοὶ καταγηράσκουσιν
Na desventura os homens logo envelhecem

Trata-se de um verso de Homero (*Odisséia*, 19,360) que — ao que consta — não era proverbial na Antiguidade, mas exprime um pensamento que retornará na máxima latina medieval *Curae canitiem inducunt*, "as preocupações deixam de cabelo branco", retomada por Palingênio em seu *Zodiacus vitae* (v. 854), e pelo italiano *I pensieri fanno mettere i capelli bianchi* [pensar deixa de cabelo branco] (que tem equivalentes em outras línguas européias, como por exemplo em inglês e no alemão *Sorge macht graue Haare und altert ohne Jahre*).

1628. Μὴ κακοῖς ἰῶ κακά
Não tratar um mal com outro mal

São muitos os registros desse provérbio na literatura grega: ver, por exemplo, Ésquilo (fr. 349 R.), Sófocles (*Ajax*, 362, fr. 77, 2 R.), Eurípides (*As bacantes*, 839, onde, em vez de "tratar", tem-se "criar", com uma expressiva e alusiva mudança de metáfora: cf. R. P. Winnington-Ingram, *Euripides and Dionysus*, Cambridge 1948, 104), Heródoto (3,53,4), Tucídides (5,65,2, cujo escólio afirma a proverbialidade da expressão), Apolônio de Rodes (4,1081), Políbio (5,11,1), Dionísio de Halicarnasso (*Antiquitates Romanae*, 11,14,3), Plutarco (*Vida de Alcibíades*, 25,9), Apiano (*Bella civilia*, 1,3,9, *Historia Romana*, 1,23,10 Viereck-Roos), Hélio Aristides (*Or*. 3 (46),534), Eliano (*De natura animalium*, 3,47, fr. 50 Hercher), Libânio (*Declamações*, 31,45, *Ep*. 64,1 [10,63,5 F.]; 741,2 [10,668,2 F.], 1140,3 [11,275,5F.]), Gregório de Nazianzo (*Or*. 8,13; 43,30); para a indicação de outros trechos, de autores tardios e bizantinos, remeto a S. Radt, *Tragicorum Graecorum fragmenta*, 3, Göttingen 1985, 416. Em latim, são raros os equivalentes: *Praesenti malo aliis malis remedia dabantur* está em César (*De bello civili*, 1,81,4), *Malum malo... curare* está em Santo Ambrósio (*Comentário a Tobias*, 21). Uma variação presente em Apiano (*Bella civilia*, 4,40,170) substitui κακόν por ἀτύχημα, "desventura"; para imagens mais expressivas, cf. nº 1629. Em muitos dialetos existem equivalentes ao toscano *Peggio la rappezzatura del buco* [pior o remendo que o buraco = port., pior a emenda que o soneto] (cf. também nº 422); em alemão estão registrados *Böses mit Bösem vertreiben* e *Den Teufel durch Beelzebub vertreiben*; no Brasil se diz *Abrir um buraco, para tapar outro*.

1629. *Tamquam clavo clavum eiciendum*
É preciso lançar fora como prego com prego

A fonte é um trecho de Cícero (*Tusculanae disputationes*, 4,35,75), onde, porém, como em São Jerônimo (*Ep.* 125,14), fala-se especificamente de um amor novo que consegue fazer esquecer um velho, segundo *topos* retomado também por Publílio Siro (Q 34: *Qui pote transferre amorem pote deponere*, "quem pode transferir o amor também pode fazê-lo acabar"). Esse provérbio, porém, tinha significado mais geral e referia-se a males e problemas que era preciso expulsar com outros males ou problemas, como um prego expulsa o outro; em grego encontram-se ἥλῳ τὸν ἧλον ἐκκρούειν, "lançar fora prego com prego" (por exemplo, em Aristóteles [*A política*, 5, 1314a 5] e em Palladio [*Historia Lausiaca*, 26,4), πάτταλον παττάλῳ ἐκκρούειν, "expulsar cavilha com cavilha" (por exemplo, em Sinésio, *Ep.* 45 [83,13 s.]), duas locuções semelhantes que os paremiógrafos registram uma ao lado da outra (cf. Diogen. 5,16, Greg. Cypr. M. 3,60, Macar. 4,478, Apost. 8,52; 14,1) e σίδηρος σιδήρῳ ἐλαύνεται, "ferro expulsa ferro" (por exemplo em Aristeneto, *Ep.* 1,25). São variações peculiares οἴνῳ τὸν οἶνον ἐξελαύνειν, "expulsar vinho com vinho" (Antifanes, fr. 300,1 K., cf. *Adespota comica*, fr. 453 K., Plutarco, *De tuenda sanitate*, 11 [127f]), τῷ κόπῳ τὸν κόπον λύειν, "desfazer canseira com canseira" (Teofrasto [*De lassitudine*, 6], Oribásio [*Euporista*, 1,2,8], Galeno [*De sanitate tuenda*, 3,8], Macário [5,22]; para *Similia similibus curare*, cf. nº 751). No latim tardio, essa imagem também retorna com o papa Félix II (*PL* 13,37b), na versão *Palum... excutere palo* (mas *palus* também é prego). Em todas as línguas modernas — a propósito de preocupações — existe o paralelo à expressão brasileira *Um prego empurra outro*, não faltando aplicações ao campo amoroso, como, por exemplo, em *Così fan tutte* de Mozart, libreto de Da Ponte (1,3: *Trar chiodo per chiodo*); é famosa a sua referência nas palavras de Benvolio a Romeu, em *Romeu e Julieta* (1,2,46-51) de Shakespeare, onde se fala, em geral, de dores que expulsam outras dores, ainda que o referencial seja constituído pelas penas de amor sentidas por Romeu.

1630. *Malo arboris nodo malus cuneus requirendus est*
Para um duro nó de árvore, é preciso uma dura cunha

Esse ditado, que se manteve nesses mesmos termos em todas as tradições proverbiais modernas, é transcrito como *vulgare proverbium* por São Jerônimo (*Ep.* 69,5, *Comentário a Mateus*, 21,24), sendo também retomado na Idade Média, por exemplo por Santo Abbon de Fleury (*Ep.* 14 [*PL* 139,443a]). Indica que, para grave erro, pecado ou doença, é preciso um remédio forte; retoma motivo semelhante ao de remediar um mal com outro mal, difundido na literatura grega (na maioria das vezes, com caráter negativo), por exemplo em Heródoto (3,53,4), em Ésquilo (fr. 349 R.), em Sófocles (fr. 772, R., *Ajax*, 362 s.), em Tucídides (5,65,2), em Apolônio de Rodes (4,1081), em Políbio (5,11,1), em Sinésio (*Ep.* 41 = 62,2-4 G.); cf. também nº 1628. Reaparece, em latim, por exemplo em César (*De bello civili*, 1,81,4) e, na variante de remediar um crime com outro, no *Appendix sententiarum*, 18 R.², e Raterio Veronese, 124 (*PL* 136,270b). Esse provérbio também está vivo nas línguas modernas: ver, por exemplo, o russo *Na krepkij suk — ostryj topor* (ou seja: "para tronco duro, machado afiado").

1631. *Dies ater*
Dia negro

Essa expressão, no mundo romano, indicava um dia em que era preciso abster-se de qualquer operação militar ou religiosa, por ser considerado aziago. Num primeiro momento, era usada, todos os meses, para os dias seguintes aos dos Idos (portanto, segundo o mês, 14 ou 16), depois também para os que sucediam as Calendas e as Nonas (portanto, para o 2 e para o 6 ou 8). Quanto ao motivo dessa tradição, já na Antiguidade parecia haver divergências, mas é provável que se devesse ao fato de o exército romano ter sofrido duras derrotas depois de celebrar sacrifícios em tais dias, principalmente na batalha de Ália, em 390 (ver Vérrio Flaco, *De verborum significatu*, 5, em Gélio 5,17,1 s. e Cássio Hemina, fr. 20 Peter, em Macróbio, *Saturnalia*, 1,16,22 s.). Atualmente, *Dia negro* é locução difundida para indicar um dia em que tudo vai (ou parece ir) mal.

1632. Ἔνϑ᾽ οὔτε μίμνειν ἄνεμος οὔτ᾽ ἐκπλεῖν ἐᾷ
Onde o vento não permite ficar parado nem navegar

Esse é um fragmento de Ésquilo (250 R.), documentado não só por Plutarco (*De tranquillitate animi*, 476a), mas também pelos paremiógrafos (Diogen. 4,88, Greg.

Cypr. L. 2,13, Apost. 7,22, *Suda* ε 1368) e retomado por Aristeneto (*Ep.* 1,27): indica uma situação de grave embaraço e dificuldade. Na literatura latina medieval, encontra-se um paralelo em *Nec mori cogat nec vivere sinat*, "não obrigue a morrer nem permita viver", de Vicente de Lérins (*Commonitorium*, 20,25 [30,14 Jülicher]). Com o mesmo significado usa-se *Não ir para a frente nem para trás*, mas, no que se refere à expressão latina, deve-se mencionar o alemão *Zum Sterben zu viel, zum Leben zu wenig*.

1633. *Vivere... militare est*
Viver é guerrear

Essa famosa expressão é extraída das *Epistulae ad Lucilium*, de Sêneca (96,5), autor que gosta muito das metáforas derivadas da língua militar (cf. A. Traina, *Lo stile "drammatico" del filosofo Seneca*, Bologna 1974, 67). A comparação entre a vida, suas dificuldades e seus problemas, e o serviço militar também recorre em outros textos da literatura latina: no prefácio à *Naturalis historia* (18), Plínio define a vida como uma *vigilia*, "vigília", e esse mesmo motivo também está em Sêneca (*De tranquillitate animi*, 1,4) e em São Jerônimo (*Adversus Pelagianos*, 2,5); provérbios medievais (cf. Otloh, *PL* 146,318a, e Pseudo-Beda, *PL* 90,1101), porém, utilizam uma variante do *Antigo Testamento* (*Militia est vita hominis super terram, et sicut dies mercenarii dies eius*, "a vida do homem sobre a terra é uma milícia, e seus dias são semelhantes aos de um mercenário"), que deriva do livro de *Jó* (7,1), sendo também retomada por autores modernos (como por exemplo Quevedo, em *Sonho da morte*). São vários os paralelos em grego, ainda que, como ressalta M. Pohlenz (*La Stoa*, trad. it. Firenze 1967 [Göttingen 1959], 2,79), o conceito de *virtus* militar tivesse muita importância no mundo romano e os gregos preferissem metáforas de tipo agonístico; de qualquer modo, devem ser destacados, por exemplo, um trecho de Eurípides (*As suplicantes*, 550), em que a vida é identificada a uma luta (παλαίσμαθ' ἡμῶν ὁ βίος), e um de *Discussões de Epiteto*, de Arriano (3,24,34), em que a vida é comparada a uma campanha militar (στρατεία). São diferentes as menções posteriores, como, por exemplo, no Humanismo, a de Palingênio (*Zodiacus vitae*, *Virgo*, p. 28) e, depois, uma de Voltaire (*Maomé*, 2,7), uma de Goethe (no poema *Einlass* do livro do *Paraíso* [253,4]), uma de Victor Hugo (*Les châtiments*, 4,9). Entre os provérbios italianos, existe *La vita dell'uom in questa terra altro non è que una continua guerra*, documentando-se máximas semelhantes em todas as línguas européias.

1634. Ἐν βορβόρῳ κεῖσθαι
Estar no lodaçal

Essa locução está documentada em Platão (*Fédon*, 69c), reaparece num fragmento cômico anônimo (1322 K.) e indica uma situação muito constrangedora ou infamante, de onde é preciso sair sem demora. Um paralelo é constituído por ἐκτὸς πηλοῦ πόδα (ou πόδας) ἔχεις, "fica com o pé (ou "os pés") fora da lama", que os paremiógrafos (Zenob. vulg. 3,62, Greg. Cypr. 2,49; M. 3,22, Diogen. Vind. 2,62,

Macar. 3,67, *Suda* ε 675) dizem referir-se a quem já está fora de perigo e que é documentado por Ésquilo (*As coéforas*, 697); Apostólio (1,65) também documenta αἴρειν ἔξω πόδα πηλοῦ, "levantar o pé da lama". Em latim, essa locução reaparece com *caenum* ou *lutum*, podendo indicar não só situações de dificuldade objetiva (como em Plauto, *Aulularia*, 230, *Bacchides*, 384, *Pseudolus*, 984, *Persa*, 535, e em Lucrécio, 3,77), mas também a "lama" da plebe que "contamina" o consulado (Lívio, 10,15,9), a dos maus costumes (Horácio, *Sat.* 2,7,26), ou — no cristianismo — a do pecado (São Jerônimo, *Ep.* 51,7) ou dos bens terrenos que envilecem a alma (Lactâncio, *Divinae Institutiones*, 7,6,2). Essa expressão é muito apreciada por São Jerônimo (cf. ainda *Ad Iohannem Hierosolymitanum*, 22, *Epistula adversus Rufinum*, 3,14, *Adversus Luciferianos*, 11), mas também está em vários outros autores (para as citações, remeto a Otto 292; 992; 993, Sutphen 144; 179, Sonny 109). Outro paralelo é constituído por *Haeret in salebra* (*salebrae* são as asperezas do solo), dito a respeito de um discurso que está "atolado", em Cícero (*De finibus*, 5,28,84). Em todas as modernas línguas européias existem locuções equivalentes à vulgar *Estar na merda*.

1635. Ἐπειδὴ καὶ τὸν οἶνον ἠξίους / πίνειν, συνεκποτέ᾽ ἐστί σοι καὶ τὴν τρύγα

Desde que quiseste beber o vinho, deves também sorver a borra

Esse provérbio aparece, nessa forma, em Aristófanes (*Pluto*, 1084 s.) e também está documentado em Ferecrates (fr. 287 K.-A.) e registrado pelos paremiógrafos (*App. Prov.* 2,43, Macar. 7,86, Greg. Cypr. M. 3,49, Apost. 15,66): trata-se de uma recomendação de enfrentar as dificuldades até o fim, de submeter-se também às conseqüências negativas das decisões tomadas. Essa imagem é muito difundida no cristianismo, como reminiscência da súplica de Jesus no Jardim das Oliveiras: παρένεγκε τὸ ποτήριον τοῦτο ἀπ᾽ ἐμοῦ, "afasta de mim esse cálice" (*Marcos*, 14,36, *Mateus*, 26,39, *Lucas*, 22,42; a imagem do cálice também está em *João*, 18,11, onde a expressão é diferente; cf. também nº 1625). Na literatura latina, porém, é famoso um trecho de Horácio (*Carm.* 3,15,16), onde esvaziar um cálice de vinho até a borra tem significado concreto e não figurado; na Idade Média (Rábano Mauro, *De universo*, 18,1) documenta-se uma nova acepção dessa expressão, semelhante ao italiano *Sfruttare fino all'osso* [aproveitar até o osso]. O italiano *Bere il calice* (ou *l'amaro calice*) *fino in fondo* (ou *fino alla feccia*), amplamente documentado, inclusive em literatura (cf. Battaglia 2,544) e que também tem paralelos nas outras línguas européias, deriva diretamente do Evangelho. No Brasil se diz *Quem comeu a carne que roa os ossos* (para os paralelos em outras línguas cf. Mota 180).

1636. *Dies irae dies illa*

O dia da ira, aquele dia

Essa expressão, muito conhecida e hoje também usada apenas para indicar um dia importante ou em que ocorreram grandes transformações, designa propriamente o dia do Juízo Universal e dá início a um hino medieval que, depois de uma longa série de poemas menores (um muito interessante foi publicado por K. Strecker, *Monumenta Germaniae Historica, Poetae Aevi Carolini*, 4,521 ss., cf. também D. Norberg, *Manuale di latino medievale*, Firenze 1974 [Paris 1968] 183 ss.), foi composto na forma com que passou a fazer parte da liturgia (da qual foi retirado na última reforma) para os mortos, no século XII-XIII (a atribuição mais freqüente é a Tommaso da Celano, discípulo e biógrafo de São Francisco, mas isso ainda precisa ser demonstrado). Com esse trágico e grandioso início (*Dies irae, dies illa / solvet saeclum in favilla*, "o dia da ira, aquele dia dissolverá todos os tempos numa fagulha"), retoma-se uma seqüência do *Antigo Testamento* (*Sofonias*, 1,15), em que *Dies irae dies illa* é o primeiro dos seis versos compostos por binômios de genitivo, do tipo de *dies tribulationis et angustiae*; *dies irae*, apenas (ἡμέρα ὀργῆς), reaparece no *Novo Testamento*, na *Epístola aos Romanos*, de São Paulo (2,5) e no *Apocalipse* de João (6,17). Outros precedentes, no *Antigo Testamento*, são constituídos por um trecho de *Isaías* (7,20), em que se tem *in die illa*, por outros (*Isaías*, 34,8; 63,4, *Provérbios*, 11,4), em que se tem *dies ultionis*, "dia da vingança", e, enfim, por outros ainda (*Joel*, 2,11, *Sofonias*, 1,14, *Amós*, 5,18), em que o terrível dia do juízo é *dies Domini*. Entre as referências literárias, lembro as de G. Giusti (*La terra dei morti*, 117-120: *Tra i salmi dell'Uffizio / c'è anco il Dies irae: / o che non ha a venire / il giorno del Giudizio?*, e o famoso início *Dies Irae! È morto Cecco*).

1637. *Abyssus abyssum invocat*
O abismo invoca o abismo

Essa frase significa que é preciso ficar longe do perigoso abismo do pecado, já que a pecado se agrega pecado e a mal o mal; provém da tradução da *Vulgata* de um trecho de um famoso salmo (41,8, na redação dos *Setenta*), no qual a alma que anela ao Deus vivo é comparada à cerva ávida por água. Essa expressão, na realidade, refere-se ao abismo geográfico constituído pela falha jordânica (cf. Ravasi 1,770), mas é sentida como uma variação peculiar e poética sobre o tema do mal que se liga inevitavelmente a outro mal (cf. nº 1641), motivo que também se encontra em outras passagens do *Antigo Testamento* (cf., por exemplo, *Jeremias*, 4,20, *Ezequiel*, 7,26) e atualmente é usado com acepção mais banal de "um mal chama outro", sem os vínculos originais com a decadência moral. São várias as menções em determinados contextos, como por exemplo em São Bernardino de Siena (*Sermones*, 33,2,2), onde se refere ao abismo insaciável dos gastos desmedidos, que traz em si o abismo insaciável dos lucros ilícitos.

1638. *Tardiora sunt remedia quam mala*
Os remédios são mais lentos que os males

Essa máxima deriva da *Vida de Agrícola*, de Tácito (3,1); paralelo grego é constituído por οὐδὲν κακὸν ῥᾳδίως ἀπόλλυται, "nenhum mal termina com facilidade", registrado pelos paremiógrafos (Macar. 6,76) e pelo gramático Frínico (*Praeparatio sophistica*, 92,12 De Borries), no qual foi identificado um fragmento cômico anônimo (1285 K.). Esse conceito tem difusão nas tradições proverbiais modernas, que o exprimem com imagens felizes, como nas italianas *Il male viene a cavallo e se ne va a piedi* [o mal vem a cavalo e vai embora a pé] e *Il male viene a carrate e va via a once* [o mal vem a carradas e vai embora gota a gota] (que têm equivalentes em francês, inglês e alemão), na espanhola *El mal entra a brazadas y sale a pulgaradas* e nas brasileiras *Doença vem a cavalo e volta a pé* e *O mal entra às braçadas e sai às polegadas*.

1639. *Quid novi ex Africa?*
Que novas chegam da África?

Esse é um provérbio ainda conhecido e usado para dizer que, na vida, sempre há males e desgostos novos e imprevistos: essa formulação, que é medieval, deriva de um trecho de Plínio (*Naturalis historia*, 8,17,42), onde, ao se dizer que na África os animais de uma espécie acasalavam-se com exemplares de outra espécie, gerando monstros, registra-se, como provérbio grego, *Semper aliquid novi Africa affert*, "a África sempre traz algo de novo" (observar a aliteração final *Africa affert*). Plínio retoma aí uma passagem de Aristóteles (*De generatione animalium*, 746b 7-11); de fato, em grego, documenta-se ἀεὶ Λιβύη φέρει τι καινόν, "a Líbia traz sempre algo de novo": ver outro trecho de Aristóteles (*Historia animalium*, 8,606b 11 s.), onde se afirma que, na Líbia, há animais ferozes com as formas mais estranhas (conseqüência evidente e direta da peculiaridade à qual aludi antes); um do cômico Anaxilau (fr. 27 K.), em que as novidades apresentadas todos os anos pela Líbia constituem termo de comparação para as contínuas variedades musicais; um de Nicéforo Grégora (2,507b); e uma tradição paremiográfica (Zenob. vulg. 2,51, Diogen. 1,68; 6,11, Greg. Cypr. 1,27, Macar. 1,12, Apost. 1,49), onde καινόν é, na maioria das vezes, banalizado e transformado em κακόν, "mal". Existe também uma referência em Rabelais (5,3).

1640. *Ex malis multis malum quod minimum est, id minime est malum*
Entre muitos males, o mal menor é um mal mínimo

Essa gnoma, que tira proveito de um jogo de palavras divertido e aliterante, provém de *Stichus* de Plauto (v. 120). O preceito de sempre escolher o mal menor reaparece em dois trechos de *De officiis* de Cícero (3,1,3; 3,29,105, cf. também a espúria *Epistula ad Octavium*, 8) e em numerosos outros autores, como Quintiliano (7,4,12), São Jerônimo (*Ep.* 84,12,1, semelhante a *Apologia contra Rufinum*, 1,11: trata-se da escolha entre parecer culpado ou inimigo), Ausônio (*Epigramas*, 1,3 s.) e Cassiano (*Collationes*, 17,82); uma variante é representada por *Nullum esse tam malum factum quod non in peioris devitatione faciendum sit*, "não existe mal tão grande que não deva ser feito para se evitar outro pior", de Santo Agostinho (*De mendacio*, 9,12, cf. também *Contra mendacium*, 9,20), que é retomado em *Libelli de lite imperatoris et pontificis* (*Monumenta Germaniae Historica*, 1,256,33). Na verdade esse motivo já estava em Aristóteles (cf. *Ética para Nicômaco*, 2,1109a 35 s.: τὰ ἐλάχιστα ληπτέον τῶν κακῶν, "deve-se escolher o mal menor") e em Epicuro

(*Gnomologium Vaticanum*, 16), onde se diz que quem escolhe um mal não o faz voluntariamente, mas engana-se, acreditando que é um bem, comparado a mal pior. Nas línguas européias existem equivalentes à expressão brasileira *Dos males o menor* (Mota 86); em espanhol existe a variante complementar *De dos malos se evita el mayor*; no Brasil também se diz *Antes a lã se perca, que a ovelha* (para os paralelos em outras línguas cf. Mota 44); tem grande importância um trecho de Tomás de Kempis (*Imitação de Cristo*, 3,12,2), em que se tem *De duobus malis semper minus est eligendum*, formulação ainda citada como gnoma: o místico afirma que — exatamente por ser preciso escolher o mal menor — é preciso suportar as adversidades da vida para evitar o eterno suplício. Finalmente, deve ser destacada uma referência de Chaucer (*Tróilo e Criseide*, 2,670).

1641. Aliud ex alio malum
Um mal vem do outro

Essa expressão é de Terêncio (*Eunuchus*, 987) e retoma um grande *topos*, segundo o qual os males nunca vêm sozinhos, conceito que o poliptoto costuma tornar mais incisivo: não de *alius*, como em Terêncio, mas do termo que significa "mal". Já em Homero (*Ilíada*, 16,111) tem-se κακόν κακῷ ἐστήρικτο, "um mal baseia-se no outro", e esse mesmo motivo reaparece com freqüência na literatura grega: por exemplo, ainda em Homero, *Ilíada*, 19,290, num fragmento de Estesícoro, recentemente descoberto (*Pap. Lille* 76+73,1, bem como, provavelmente, 40), num oráculo ao qual Heródoto se refere (1,67), em Sófocles (*Antígona*, 595, *Ajax*, 362; 866, onde o poliptoto é trimembre: πόνος πόνῳ πόνον φέρει, "desgosto traz desgosto sobre desgosto", e *Electra*, 235; 937, onde não existe poliptoto), em Eurípides (*Alceste*, 1039, *As troianas*, 596, *As fenícias*, 371; 1495, *Helena*, 195, 365 s., *Orestes*, 1257), em Gregório de Nazianzo (*Antologia Palatina*, 8,24,2) e em Libânio (*Ep.* 653); outros paralelos são constituídos por duas composições anônimas (*Collectanea Alexandrina* [*Epica adespota*], fr. 2,76 Powell, *Antologia Palatina*, 9,125,9), por uma tradição paremiográfica (Macar. 4,100; 5,11) e por uma passagem do *Comentário à Ilíada* de Eustátios (a 11,257-261 = 3,189,6 Valk). Em latim, devem ainda ser destacados um fragmento de Cecílio (125 R.[3]: *Quaeso ne ad malum hoc addas malum*, "peço-te que não acrescentes um mal ao outro"), o v. 427 de *As troianas*, de Sêneca, o título de uma fábula pertencente à tradição de Fedro (*Appendix*, 20 [2,75 Hervieux]) e trechos de Lívio (7,4,7), Arnóbio (*Adversus nationes*, 7,39) e Salviano (*De gubernatione Dei*, 6,9,46), bem como um ditado análogo, usado por Donato ao comentar Terêncio, *Phormio*, 544. Encontra-se afinidade conceitual numa sentença de Publílio Siro (F 18) que diz: *Fortuna obesse nulli contenta est semel*, "a sorte nunca se contenta em prejudicar alguém uma vez só". Em todas as tradições européias documentam-se equivalentes aos italianos *Un male tira l'altro* [um mal chama outro] e *Un malanno non va mai solo* [desgraça nunca anda sozinha]; entre as variações devem ser notadas a toscana *Le disgrazie sono come le ciliegie: una tira l'altra* e a francesa *Un mal, un cordelier rarement seuls par sentier*; no Brasil se diz *Uma desgraça nunca vem só*. Sua presença em literatura deve ser vista sobretudo numa passagem de *Hamlet* de Shakespeare (4,7) e em uma de *Night Thoughts* de Young (3,63).

1642. *Quorum magna pars fui*
Nos quais tive grande participação

Essa expressão, usada por Enéias para explicar como os males e as desventuras de Tróia o haviam atingido pessoalmente (*Eneida*, 2,6, onde, na realidade, tem-se *pars magna*: é a famosa narração que se inicia com *Infandum, regina, iubes renovare dolorem*, cf. nº 1652), é atualmente repetida para afirmar que certas calamidades atingiram diretamente o falante ou simplesmente para dizer, com acepção totalmente diferente da do texto de Virgílio, que se contribuiu muito para um empreendimento. Neste último sentido, costuma ser usado simplesmente *Magna pars*.

b) Labutas e dores

1643. *Tantae molis erat Romanam condere gentem!*
Tanta fadiga custava fundar a estirpe romana!

Com esse verso (*Eneida*, 1,33) Virgílio alude às peregrinações de Enéias e à guerra contra os latinos. Foi retomado como lema por Herder (*Idee zur Philosophie der Geschichte der Menschheit*, Riga-Leipzig 1791) e atualmente é citado com freqüência para indicar a difícil conquista de um bem precioso e a necessidade de duros sacrifícios para qualquer grande empreendimento.

1644. *Labor omnia vicit / improbus*
O trabalho incansável tudo venceu

Essa celebérrima frase provém das *Geórgicas* de Virgílio (1,145 s.), onde indica o progresso humano e o nascimento das artes e ofícios que permitem que o homem dome as asperezas da natureza: segundo afirmação de Macróbio (*Saturnalia*, 5,16,7), já era considerada proverbial na Antiguidade e foi citada, por exemplo, por São Jerônimo (*Prefácio a Daniel*, PL 28,1292) e João de Salisbury (*Metalogicus*, PL 199,833d). Atualmente é repetida freqüentemente com o presente *vincit*, que, aliás, já estava documentado em Macróbio; também existe a forma simplificada *Labor omnia vicit* (ou *vincit*), que pode ter a acepção banal de "o trabalho é superior a tudo". Nas várias línguas modernas registram-se como proverbiais as suas traduções; uma variante é a italiana *Il lavoro cava fuoco dalla pietra* [o trabalho extrai fogo da pedra], que tem equivalente exato em alemão; no Brasil se diz *Com paciência e perseverança, tudo se alcança* e *O trabalho tudo vence* (para os paralelos em outras línguas cf. Mota 158). São muitas as variações medievais: notável é *Assiduus longusque labor dura omnia vincit*, "o trabalho prolongado e assíduo vence todas as dificuldades" (Walther 1604), em que há uma contaminação do trecho de Virgílio com um de Cícero (*Pro Balbo*, 20,45), onde, em vez de *labor*, fala-se de *usus*; às vezes essa frase está inserida em contextos diferentes (cf., por exemplo, 2982, 32747); entre as citações modernas, lembro uma de F. Bacon (*Of the Advancement of Learning*, 2,13,2).

1645. *Hoc opus, hic labor*
Esta é a obra, este é o trabalho

Essa frase, às vezes usada para indicar que se está diante do ponto crucial de uma operação, provém da *Eneida* (6,129): são palavras da Sibila, que adverte Enéias, dizendo-lhe que não é difícil descer ao mundo dos Infernos, mas que é extremamente árduo sair dele (para *Facilis descensus Averno* cf. nº 595).

1646. *Labores / Herculis*
Os trabalhos de Hércules

Essa expressão, nessa forma, é extraída de Propércio (2,23,7 s.), mas são muitos os textos da literatura latina em que se faz referência aos trabalhos de Hércules, ou seja, aos doze feitos impossíveis que o herói deveria realizar para obedecer à vontade do meio irmão Euristeu. De fato, são freqüentemente mencionados como símbolo de ações trabalhosas ou dolorosas (por exemplo, ainda em Propércio, 2,24,34, Plauto [*Epidicus*, 178, *Menaechmi*, 200, *Persa*, 2], Cícero [*De finibus*, 2,35,118, *In Verrem actio secunda*, 4,43,95], Juvenal, 10,360, Estácio [*Silvae*, 1,2,38 s.], Nemesiano [*Cinegético*, 32]), ou simplesmente de operação árdua e difícil (cf. Varrão, *Satyrae mennippeae*, 162 Bücheler [trata-se de atletas preparados até para enfrentar os trabalhos de Hércules], Catulo, 55,13, Cícero, *Academica Priora*, 34,108, Horácio, Cícero 1,3,36, Estácio, *Silvae*, 2,1,124, Apuleio, *Metamorfoses*, 3,19, Símaco, *Ep.* 9,111); também há expressões afins, como *Accusare et amare tempore uno / ipsi vix fuit Herculi ferendum*, "acusar e amar ao mesmo tempo teria sido difícil para o próprio Hércules", de um poema de Petrônio (102 [4,99 Baehrens]); para outras citações, remeto a Sonny 105 e a Szelinski 238. *Os trabalhos de Hércules* são proverbiais em todas as línguas européias.

1647. *Maluisses cloacas Augeae purgare*
Terias preferido limpar os estábulos de Augias

A fonte é Sêneca, *Apokolokyntosis*, 7,5: é o finado imperador Cláudio que, falando com Hércules, diz-lhe que ele teria preferido limpar os estábulos de Augias a ter de administrar a justiça em Tívoli, ouvindo as capciosas argumentações dos advogados. Encontram-se paralelos em Varrão (*Satyrae mennippeae*, 70 Bücheler), em Tertuliano (*Adversus nationes*, 2,9) e, em grego, em Luciano (*Os fugitivos*, 23 [onde Héracles teria preferido limpar os estábulos de Augias a ter de realizar outras operações], *Alexander*, 1) e em Teofilato Simocata (*Ep.* 64). Augias era o mítico rei da Élida, cujos estábulos, depois de decênios sem limpeza, infestavam até o ar, devido ao alto grau de imundície: foi Hércules que os lavou, desviando o leito do rio Alfeu. Os estábulos de Augias, pois, tornaram-se proverbiais, mas na Antiguidade aludia-se a eles apenas para mencionar um empreendimento trabalhoso por antonomásia, enquanto hoje prevalece a conotação de sujeira e desordem (ver, por exemplo, expressões do tipo da italiana *Sporco come le stalle di Augia*).

1648. *Qui seminant in lacrymis in exultatione metent*
Os que semeiam em meio a lágrimas colhem em alegria

Essa frase deriva de um *salmo* (125,5) que canta a alegria do retorno do exílio, em oposição às lágrimas precedentes, com uma metáfora agrícola que utiliza a semeadura, feita com medo da imprevisibilidade das mudanças climáticas (cf. Ravasi 3,584 s.). Esse trecho tornou-se proverbial e significa que é preciso fundar na dor as premissas da alegria futura (e, principalmente, fundar nesse mundo terreno, nesse "vale de lágrimas", as premissas da alegria na vida eterna): como tal, a sua tradução é registrada por todas as línguas européias (em italiano existem *Seminare tra lacrime e mietere con giubilo* [ou *con gioia*] e também a redação modificada *Seminare pianto e mietere giubilo*).

1649. Ita di⟨vi⟩s est placitum, voluptatem ut maeror comes consequatur

Aos deuses aprouve fazer de tal modo que a dor fosse companheira do prazer

A fonte é Plauto, *Amphitruo*, 635, mas o motivo da dor como companheira do prazer também está presente em outros autores: deve-se, sobretudo, destacar uma passagem do *Fédon* de Platão (60bc), em que Sócrates, já próximo da morte, disserta sobre o prazer e a dor e sobre o fato de que eles se apresentem freqüentemente com estreitas ligações, inventando-se a fábula de tipo esópico, em que a Divindade, cansada das brigas entre prazer e dor, une-lhes as cabeças. Esse *topos* é retomado, por exemplo, por Frontão (*Ep*. 65,4 s. van den Hout) e por Símaco (*Ep*. 4,34,2). Em Plínio (*Naturalis historia*, 12,40,81) diz-se que todo prazer, se contínuo, acarreta tédio; em Ovídio (*Metamorfoses*, 7,796), que *Gaudia principium nostri sunt... doloris*, "as alegrias são o início de nossa dor"; outro paralelo encontra-se em Sêneca (*Ep*. 24,16). É famoso um versículo dos *Provérbios* (14,13), que declara: *Risus dolore miscebitur et extrema gaudii luctus occupat*, "o riso mesclar-se-á à dor e o fim da alegria será o luto"; entre as sentenças medievais tem-se *Voluptati soror est tristities*, "a tristeza é irmã do prazer" (Walther 34142c) e *Dulcia non meruit qui non gustavit amara*, "não merece o doce quem não experimentou o amargo" (Walther 6357), freqüentemente retomado de modo exato por provérbios modernos (cf. Mota 130). Essa tradição está vinculada ao *topos* mais genérico de que não há elemento positivo que não traga consigo algo de negativo; também está presente nos provérbios modernos (em italiano existem, por exemplo, *La fine del riso è il pianto*, que retoma o citado trecho do *Antigo Testamento*, *Troppa gioia diventa dolore* e *Dopo il contento viene il tormento*; no Brasil também se diz *Em toda parte há um pedaço de mau caminho*, cf. Mota 92); são muitas as referências literárias, como em Dante (*Purgatório*, 21,106), em Shakespeare (*O mercador de Veneza*, 3,1), em vários trechos do *Fausto* de Goethe (na primeira parte da cena da casa da vizinha é assim que Mefistófeles fala a Margarida, que, vendo o desespero de Marta pela morte do marido, dissera que não queria casar-se: *Freud muss Leid, Leid muss Freude haben*; depois [2,3] Helena e Fausto afirmam que atrás da alegria vem sempre a dor cruel, conceito este também expresso pelas Ninfas em coro [2,1]). Finalmente, é célebre a inversão feita por Leopardi: *Piacer figlio d'affanno* (cf. também nº 1706), extraído de *Quiete dopo la tempesta* (v. 32).

1650. *Est quaedam flere voluptas*

Chorar é uma espécie de prazer

Esse é o famoso final de um verso de Ovídio (*Tristia*, 4,3,37), considerado proverbial já na Idade Média (Walther 7829), que tem paralelos exatos num trecho de Plínio, o Jovem (*Ep*. 8,16,5: *Est enim quaedam etiam dolendi voluptas*), num de *Tiestes* de Sêneca (v. 952, onde se afirma que a dor gosta do pranto e este, para os desventurados, constitui uma *dira cupido*, "cruel prazer"), e num de *As troianas* do mesmo autor (v. 765, onde se diz que *Fletus aerumnas levat*, "o pranto torna as desgraças mais leves");

"gozar o pranto" era, de resto, expressão freqüente já em Homero (*Ilíada*, 23,10; 98; 24,513, *Odisséia*, 11,212; 19,213; 251; 21,57). A locução *Voluptas dolendi*, "prazer de sofrer", deriva da citada frase de Plínio e tem paralelo formal em *Non dolendi voluptas* de Cícero (*De finibus*, 2,3,10, cf. também 2,3,9; 2,10,32). Nas literaturas modernas, tem difusão o *topos* do pranto como consolo (ver, por exemplo, Petrarca, *Canzoniere*, 130,8, Racine, *Iphigénie*, 1,5, Shakespeare, *Henrique VI*, 3,2,1), ao passo que, em nível proverbial, têm-se formulações banais, como o italiano *Il piangere è sollievo*; eu ressaltaria a francesa *L'homme pleure, et voilà son plus beau privilège*.

1651. *Sunt lacrimae rerum*
São lágrimas pelas vicissitudes humanas

São essas as celebérrimas palavras com que Enéias, no primeiro livro do poema de Virgílio (v. 462), comenta sua comoção diante das cenas da guerra de Tróia, representadas no templo de Cartago. Nelas, *rerum* é genitivo objetivo (remeto a A. Pagliaro, *Saggi di critica semantica*, Messina-Firenze 1961[2], 161-184), mas essa frase é citada freqüentemente como se ele fosse subjetivo, com sentido mais genérico e existencial ("as lágrimas que provêm das desventuras", "os assuntos humanos têm lágrimas"): trata-se de uma interpretação errônea, mas favorecida pela segunda parte do verso (*mentem mortalia tangunt*, "as vicissitudes dos mortais tocam o espírito").

1652. *Infandum regina iubes renovare dolorem*
Ó rainha, ordenas-me que renove a indizível dor

É assim que Enéias responde a Dido que, no segundo livro da *Eneida* (v. 3), pede-lhe que conte os acontecimentos da destruição de Tróia e das peregrinações que lhe sucederam. Esse verso é muito célebre (na cultura alemã, inclusive na tradução feita por Schiller [*Poesias*, 1,807]: *O Königin, du weckst der alten Wunde / unnennbar schmerzliches Gefühl*) e freqüentemente citado a respeito de uma dor que se deve lembrar e portanto, em certa medida, reviver. Também é importante a sua retomada por Dante (*Inferno*, 33,4-6: *Tu vuo' ch'io rinovelli / disperato dolor che il cor mi preme / già pur pensando, pria ch'io ne favelli*).

1653. *Oculi dolent*
Os olhos doem

Essa é uma locução que faz referência ao estado d'alma de quem está diante de uma situação que provoca desprazer: em *Mostellaria* de Plauto (v. 891), por exemplo, os olhos doem porque estão irritados pela fumaça... das tagarelices do interlocutor; em *Asinaria*, do mesmo autor (v. 831), o filho afirma que *pietas... oculis dolorem prohibet*, ou seja, a piedade filial impede-o de sentir dor nos olhos porque sua amada está deitada ao lado do pai. Outros registros estão, por exemplo, em Terêncio (*Phormio*, 1053) e numa epístola de Célio a Cícero (em *Epistulae ad familiares*, 8,14,1); um precedente grego está em Heródoto (5,18,4), onde se trata das concubinas do rei macedônio Amintas: essas, num banquete, sentam-se diante dos hóspedes persas e não ao lado deles, provocando-lhes dor nos olhos (ouvindo essa queixa, Amintas permite que elas se sentem ao lado dos persas e, conseqüentemente, esses se entregarão a atos excessivamente ousados e licenciosos). São paralelos modernos o alemão *Ein Dorn im Auge* (ou seja: um espinho no olho) e o italiano *Avere* (ou *Vedere*) *qualcuno come il fumo negli occhi*.

1654. *Paete, non dolet!*
Não dói, Peto!

Essa expressão, atualmente citada também na forma *Non dolet, Paete!*, ou simplesmente *Non dolet!*, provém de um episódio do ano 42 d.C., contado por Plínio, o Jovem (*Ep.* 3,16): quando o imperador Cláudio ordenou a Cecina Peto que se matasse por ter participado da conjuração de Escriboniano, sua mulher Árria apunhalou-se, arrancou o punhal do próprio corpo e entregou-o ao marido, incitando-o, com essa frase, a imitá-la. É muito bonita a reelaboração feita por Marcial (1,13), segundo o qual Árria teria dito: *Vulnus quod feci non dolet... / sed tu quod facies, hoc mihi, Paete, dolet*, "a ferida que fiz não me dói, mas me dói aquela que tu farás, Peto". Esse episódio também é contado por Díon Cássio (60,16) e por Zonara (11,9), cuja frase é: Παῖτε, οὐκ ἀλγῶ (as variantes παῖ, "menino", e παῖε, "fere", devem ser consideradas banalizações de Παῖτε, "Peto"). Finalmente, deve-se lembrar que esse episódio às vezes é citado como símbolo da oposição dos intelectuais estóicos ao principado, no primeiro século d.C.

1655. *Ulcus tangere*
Tocar na ferida

A fonte é o v. 690 de *Phormio* de Terêncio (*Quid minus utibile fuit quam hoc ulcus tangere?*, "o que houve de menos útil do que tocar nessa ferida?"): essa expressão é considerada proverbial já pelo comentador Donato e equivale a "dar destaque a aspectos dolorosos"; encontram-se paralelos em Cícero (*De natura deorum*, 1,37,104, *De domo sua*, 5,12). Em grego, deve ser citado um trecho do Pseudo-Platão (*Axíoco*, 368c), em que a agricultura é chamada de ἕλκος, "uma chaga", que sempre encontra algum pretexto para causar dor. Nas várias línguas européias existe o equivalente à expressão *Pôr o dedo na ferida* (notar a variante francesa *Retourner le couteau* [ou *le fer*, ou *le poignard*] *dans la plaie* [girar a faca na ferida], imagem esta que está viva também em italiano, indicando o fato de acentuar os aspectos dolorosos e desagradáveis de um acontecimento).

1656. Ὅπου τις ἀλγεῖ, κεῖθι καὶ τὴν χεῖρ᾽ ἔχει
A mão está onde se sente a dor

Esse verso, documentado por Plutarco (*De garrulitate*, 513e), foi considerado por Nauck, sem motivos válidos, um fragmento trágico anônimo (385), mas na realidade trata-se de uma variante — mais expressiva — de um provérbio que Arsênio (12,94a) e João de Stóboi (4,35,17) transcrevem com νοῦν, "mente", em lugar de χεῖρ(α), "mão", e que o mesmo Arsênio atribui ao cômico Anfides (fr. 45 K.: a paternidade não pode ser considerada segura). São equivalentes exatos dos medievais *Ubi dolor ibi digitus*, "onde está a dor está o dedo" (Walther 32040, cf. também 32072), e *Ubi amor ibi oculus; ubi dolor ibi manus* (32036, cf. também 29563), o alemão *Wo es schmerzt, da greift man hin* (mas não falta uma versão na qual — como em Arsênio — não se "toca", mas se "pensa": *Wer was Wundes hat, der fühlt danach*). A expressão brasileira *A língua bate onde dói o dente* (que tem paralelos exatos nas outras línguas européias, cf. Mota 41) tem muitos precedentes no latim medieval, como Walther 27925, *Semper cum dente remanebit lingua dolente*, "a língua sempre permanecerá sobre o dente que dói" (cf. também, por exemplo, 13796, 19647, 25265).

1657. *Dura satis miseris memoratio prisca bonorum*
É bastante duro para os desventurados lembrar-se da antiga prosperidade

Essa gnoma é extraída das *Elegias* de Maximiano (1,291) e tem paralelos exatos em Boécio (*A consolação da filosofia*, 2,4) e em Mário Vitorino (*Alethia*, 2,15 ss.). No entanto, a passagem mais conhecida e citada atualmente, em que se exprime esse conceito, é o quinto canto do *Inferno* de Dante (vv. 121-123), em que Francesca da Rimini assim se exprime quando o poeta lhe pede que conte sua história: *Nessun maggior dolore / che ricordarsi del tempo felice / nella miseria*.

1658. *Nihil enim lacrima citius arescit*
Na verdade nada seca mais depressa do que a lágrima

Essa expressão, que se encontra em *Rhetorica ad Herennium* (2,31,50), foi citada muitas vezes (sobretudo em retórica) por Cícero, que, em *De inventione* (1,56,109), a atribui ao retor Apolônio (cf. também *Partitiones oratoriae*, 17,57), por Quintiliano (6,1,27, *Declamações*, 331,8 R.) e por Júlio Severiano (*Praecepta artis rhetoricae*, 24,370 Halm), mas também por Cúrcio Rufo (5,5,11). O modelo grego que nos chegou foi reconstruído em 1539 por Giberto Langolio (οὐδὲν θᾶσσον ξηραίνεσθαι δακρύου); para outros pormenores, remeto a G. D. Kellogg, "American Journal of Philology" 28 (1907) 301-310. Um paralelo moderno é constituído pelo alemão *Hitzige Tränen trocknen bald*.

1659. Οὐκ ἔστιν εὑρεῖν βίον ἄλυπον οὐδενός
Não é possível encontrar uma vida isenta de sofrimentos

Esse é um fragmento de Menandro (341 K.-Th.) que se tornou muito famoso na Antiguidade tardia e na época bizantina: não só aparece nos chamados *Monósticos de Menandro* (570 J., cf. também 97 e *Comparatio Menandri et Philistionis*, 1,238 s.) e é citado por várias antologias e gnomológios que, em parte (Máximo, o Confessor, *Loci communes*, 28,880 Combefis, Antônio Melissa, 1,72), atribuem-no falsamente a Eurípides, como também muitos autores bizantinos citam-no sem indicar sua paternidade (para as remissões, cf. A. Nauck, *Tragicorum Graecorum Fragmenta*, Lipsiae 1889², VIII, XXI). São muitos os *loci similes*: ver, por exemplo, Sófocles (*Édipo em Colonos*, 1722 s.), Eurípides (*Hipsípila*, fr. 60,90 Bond, entre outros traduzido por Cícero, *Tusculanae disputationes*, 3,25,59), Batão (fr. 1 K.-A.), Dífilo (fr. 106 K.-A.), ainda Menandro (fr. 624 K.-Th.: ἄνθρωπος· ἱκανὴ πρόφασις εἰς τὸ δυστυχεῖν, "homem: desculpa suficiente para sofrer"). Em latim deve ser destacado que Prisciano, *Praeexercitamina*, 433 K., registra como sentença a tradução do fragmento de Menandro: *Non potest inveniri vita hominis carens molestia*, e, entre os paralelos temáticos, deve-se assinalar pelo menos Horácio, *Carm.* 2,16,27 (cf. nº 1660). Nas tradições proverbiais modernas, esse motivo assume, na maioria das vezes, os conceitos cristãos da "cruz" e do "vale de lágrimas": em todas as línguas européias registram-se máximas semelhantes à brasileira *Não há ninguém que não carregue sua cruz* e à italiana *Non c'è sì piccola casetta che non abbia la sua crocetta* [não há casinha tão pequena que não tenha a sua cruzinha] (também deve ser lembrada a história, muito difundida em várias regiões da Itália, do homem que tanto se lamentou até que Deus lhe concedeu a possibilidade de trocar a sua cruz por uma mais leve: o homem então revolveu, durante muito tempo, todas as cruzes, sopesou-as com atenção e, ao fim, escolheu, satisfeitíssimo, uma que lhe parecia bem menos pesada do que as outras: era a sua); entre as variações eu citaria a alemã *Jedes Doch hat sein Ungemach*, as inglesas *Every path has a puddle* e *Every heart has its own ache*, bem como a da Emilia *Chi nas tén murìr, e chi ha la góba as l'ha da tgnir*. Para provérbios paralelos que utilizam imagens diferentes, cf. nºˢ 531, 532.

1660. *Nihil est ab omni / parte beatum*
Ninguém é feliz sob todos os aspectos

A fonte é Horácio, *Carm.* 2,16,27 s.: um precedente grego direto é constituído por uma passagem de Teógnis (v. 441: οὐδεὶς γὰρ πάντ᾽ ἐστὶ πανόλβιος), da qual a expressão de Horácio é, substancialmente, uma tradução. Foi registrada por Walther, também com redações ligeiramente diversas (cf. 16390, 16631, 16633b, 16703, 30705), e ainda é famosa.

c) A paciência

1661. Difficile est habere... bonum stomachum
É difícil ter bom estômago

A fonte é um trecho do prefácio ao décimo segundo livro de Marcial, mas essa locução também aparece em Quintiliano (2,3,3; 6,3,93): alude a um uso lingüístico popular, presente tanto em latim como nas várias línguas modernas, para o qual *bom estômago* é sinônimo de capacidade de suportar, com uma metáfora obviamente extraída da digestão de alimentos pesados. Donde expressões como as italianas *Mi sta sullo stomaco* e *Ci vuole un bello stomaco per sopportarlo*.

1662. Adsuetumque malo Ligurem
Lígure acostumado ao mal

Essa expressão, ainda citada para denegrir os lígures (como se significasse "lígure acostumado a fazer mal"), evidencia, ao contrário, a sua capacidade de tolerância e a sua tenacidade: provém de *Geórgicas* de Virgílio (2,168). São várias as referências encontradas na literatura italiana: por exemplo, por parte de Carducci, numa das *Odi barbare*, dedicada a Garibaldi (vv. 41 s.), e em *Melica e lirica del Settecento* (*Opere*, 19,383), a propósito de Mazzini, e por parte de Gabriele d'Annunzio (*Canzone del sangue*, em *Laudi*, 4, *Merope*, vv. 61 s.).

1663. Et facere et pati fortia Romanum est
É próprio dos romanos realizar e suportar atos fortes

Segundo Lívio (2,12,9), essas palavras foram pronunciadas por Múcio Cévola, que queimou sua própria mão por ter errado o golpe que deveria ter matado o rei etrusco Porsena. Essa frase é registrada entre as sentenças medievais por Walther (8088) e ainda goza de certa fama, inclusive por ter sido gravada, em 1915, numa medalha que foi distribuída a todos os maçons italianos empenhados na Grande Guerra.

1664. Substine et abstine
Suporta e abstém-te

Essa frase, agradável pelo fácil jogo etimológico, incita a suportar com paciência as vicissitudes e a abster-se de tentativas inúteis: é famosa atualmente sobretudo como norma de comportamento político (é, entre outras coisas, citada no *Breviarium politicorum secundum rubricas Mazarinicas* [Lugduni 1695, p. 1 da parte principal]): exorta a suportar pacientemente as situações desfavoráveis e a conter-se, esperando tempos melhores. A fonte é uma frase de Epiteto, registrada por Aulo Gélio (17,19,6), que une, com o mesmo jogo fônico da versão latina, ἀνέχου e ἀπέχου. *Sustine et abstine* também foi registrada por Walther entre as sentenças medievais (30937a) e é retomada, por exemplo, em Rabelais (5,17), em *Pensées* de B. Pascal (124) e na autobiografia de Giacomo Casanova (4,258). Em muitas línguas existem provérbios conceitual e formalmente semelhantes: ver, por exemplo, o italiano *Sostienti e astienti*, o espanhol *Sostente y abstente*, o alemão *Leide und meide* e o brasileiro *No sofrer e no abster está todo o vencer*; o jogo etimológico não é reproduzido no francês *Supporte et abstiens-tois* e no inglês *Well thriveth that well suffereth*. Atualmente a expressão latina também é citada na forma *Abstine substine*.

1665. Perfer et obdura!
Agüenta e resiste!

Esse é um binômio proverbial documentado por Ovídio (*Ars amatoria*, 2,178, *Amores*, 3,11,7, *Tristia*, 5,11,7), enquanto em Horácio (*Sátiras*, 2,5,39) tem-se o equivalente *Persta atque obdura* e em Catulo (8,11), *Perfer, obdura*; expressões semelhantes — onde à recomendação de agüentar soma-se a de lembrar males piores já superados (como, por exemplo, em Homero, *Odisséia*, 20,18, e no trecho citado de *Tristia*) — reaparecem em Virgílio (*Eneida*, 1,207) e no próprio Ovídio (*Epistulae ex Ponto*, 3,7,13). Uma frase análoga aparece em *Imitação de Cristo* de Tomás de Kempis (3,19,4), para designar a luta espiritual do "soldado" cristão: *Certa viriliter, sustine patienter*, "luta virilmente, suporta pacientemente". Entre as variações medievais registradas por Walther (cf., por exemplo, 21334), destaco a 21335a, *Perfer et obdura simulareque gaudia cura*, "agüenta e resiste e trata de fingir alegria"; entre os provérbios modernos devem ser destacados, por exemplo, os italianos *Soffri il male e aspetta il bene* e *Soffri e taci, ogni cosa ha fine*, o alemão *Trage und dulde* e outros que se valem de felizes jogos etimológicos, como o alemão *Dulde, gedulde dich fein* e o inglês *Bear and forbear*.

1666. Τέτλαθι δή, κραδίη
Agüenta, coração!

Essa exortação direta ao coração provém de um verso da *Odisséia* (20,18), em que Ulisses, sob os falsos trajes de mendigo, reage desse modo ao ver que as escravas se unem aos Pretendentes: τέτλαθι δή, κραδίη· καὶ κύντερον ἄλλο ποτ' ἔτλης, "agüenta, coração: já suportaste outras coisas mais graves"; já na Antiguidade era bem conhecida (uma retomada direta talvez deva ser vista em Arquíloco, fr. 128 W.), sendo hoje ainda famosa e repetida, inclusive na forma τλᾶθι, κραδίη. Também são conhecidos alguns textos semelhantes da literatura latina, nos quais fica clara a origem homérica, como de Virgílio, *O passi graviora dabit deus his quoque finem,* "ó vós que suportastes males mais graves, um deus dará fim a estes também" (*Eneida,* 1,199), de Horácio, *O fortes peioraque passi / mecum saepe viri, nunc vino pellite curas,* "ó homens valentes, que tantas vezes comigo enfrentastes males piores, expulsai as preocupações com vinho" (*Carm.* 1,7,30 s., cf. nº 736) e *Et quondam maiora tuli,* "e uma vez suportei males piores" (*Sat.* 2,5,21: quem fala é, significativamente, Ulisses, que, voltando para casa, vê-se ameaçado pela pobreza), e finalmente de Ovídio, *Perfer et obdura, multo graviora tulisti,* "agüenta e resiste! Já suportaste coisas muito piores!" (*Tristia,* 5,11,7; cf. nº 1665).

1667. *Patior ut potiar*
Suporto para depois ter o poder

Dessa expressão, ainda usada a respeito de quem agüenta pacientemente vexames e dificuldades, esperando o momento em que poderá ter voz ativa e, eventualmente, vingar-se, desconheço a origem; sua fama deve-se à fácil paronomásia com "troca de vogal"; para um trecho de Plauto, que se vale de paronomásia análoga, cf. nº 1669. Com o mesmo significado, é bem conhecida — pelo menos em italiano — a frase de Manzoni *Servire pensando al regno,* derivada de *Cinque maggio* (v. 40).

1668. *Multa tulit fecitque puer, sudavit et alsit*
Muitas coisas fez e suportou quando era jovem, suou e gelou

Esse verso, citado a respeito de pessoas que, quando jovens, tiveram difícil aprendizado, agüentando pacientemente todo tipo de adversidade, provém de *Ars poetica* de Horácio (v. 413). Foi registrado, inclusive com variações, por Walther (15439, 24003, 24798); uma referência talvez deva ser vista numa passagem de *Jerusalém libertada* (18,61,3-6: *Ma in cima a l'erto e faticoso colle de la virtù riposto è il nostro bene. / Chi non gela e non suda e non s'estolle / da le vie del piacer là non perviene*; para o difícil caminho da virtude, visto também como encosta escarpada, cf. nº 1683). O escritor holandês do séc. XIX, Eduard Douwes Dekker — famoso pelas posições anticonvencionais e contrárias à exploração dos indígenas nas colônias — tomou essa expressão como ponto de partida para denominar-se *Multatuli.*

1669. *Fortiter malum qui patitur idem post potitur bonum*
Quem suporta um mal com valentia depois conquista um bem

Esse é um verso de *Asinaria* de Plauto (324) que se vale da feliz paronomásia *patitur — potitur* (cf. nº 1667) e foi registrado por Walther entre as sentenças medievais (9833) com a banalização de *potitur* por *patitur;* entre os provérbios modernos podem ser citados os numerosos paralelos — presentes em todas as línguas européias — ao italiano *Chi la dura la vince* (com variações como a francesa *Il faut endurer pour mieux avoir*).

1670. *Quousque tandem abutere, Catilina, patientia nostra?*
Até quando, Catilina, abusarás da nossa paciência?

Esse dramático e expressivo início da primeira *Catilinária* de Cícero ainda é famoso, sendo comumente citado como referência a pessoas — ou coisas — que submeteram a paciência alheia a duras provas. Foi grande a sua fama já na Antiguidade, visto ser utilizado por Salústio que, em sua *Conjuração de Catilina* (20,0), põe na boca do próprio Catilina a pergunta retórica *Quae quousque tandem patiemini, o fortissimi viri?*, "ó valentes, até quando suportareis esta situação?", por Lívio (6,18,5), que o usa como prólogo de um discurso de Marco Mânlio Capitolino, e por Quintiliano (9,2,7).

1671. *Leve fit quod bene fertur onus*
Fica leve o peso que se agüenta com paciência

Essa expressão é de Ovídio (*Amores*, 1,2,10); encontram-se paralelos, por exemplo, em Horácio (*Carm.* 1,24,19 s. *Durum: sed levius fit patientia / quicquid corrigere est nefas*, "é duro: mas fica mais leve graças à paciência tudo o que não é possível mudar") e em Sêneca (*De ira*, 3,16,1). São numerosas as variantes medievais, que, na maioria das vezes, partem de Ovídio (cf., por exemplo, Walther 9343, 9587, 11046, 13677), mas também de Horácio (por exemplo, 6829); do ponto de vista do tema, eu destacaria o belo *Nemo sapiens nisi patiens*, "ninguém é sábio se não é paciente" (16431). É conhecida também uma sentença que afirma *Dolori cuivis remedium est patientia*, "a paciência é remédio para toda dor", cuja tradução é registrada como proverbial em todas as línguas européias (em italiano existe *D'ogni dolor rimedio è la pazienza*; entre as variações eu destacaria a espanhola *Con paciencia se gaña el cielo*).

1672. *Furor fit laesa saepius patientia*
A paciência que é provocada muitas vezes transforma-se em furor

Essa é uma máxima de Publílio Siro (F 13), que reaparece como provérbio em todas as modernas línguas européias, nas quais existem correspondentes ao italiano *Pazienza spinta all'estremo furia diventa*. Atualmente são difundidas as expressões *A paciência tem limite*, proferida por quem está prestes a enfurecer-se, e *Perder a paciência*, que equivale exatamente a "ficar com raiva".

1673. *Callum quoddam obducit dolori*
Faz criar calo na dor

Essa locução é paralela à italiana *Fare il callo a qualcosa* [criar calo, estar calejado]; indica o fato de acostumar-se a uma experiência negativa. A fonte é um trecho de *Tusculanae disputationes* de Cícero (2,15,36), em que o sujeito é o *labor*, "trabalho"; reaparece em outros textos, no próprio Cícero (*Epistulae ad familiares*, 9,2,3) e em Sêneca (*De providentia*, 2,6, *Consolaçao a Márcia*, 8,2).

d) Aspectos positivos dos males; consolo

1674. Inter vepres rosae nascuntur
Entre espinhos nascem rosas

Esse motivo, que, nesses termos, aparece em Amiano Marcelino (16,7,4), significa que, na vida, os elementos positivos surgem em meio a numerosas adversidades. São freqüentes os seus paralelos, sobretudo na literatura latina tardia (ver, por exemplo, São Jerônimo, *Vida de Hilárion*, 1, Nectário, no *Epistolário de Santo Agostinho*, 103,2, Sedúlio, *Carmen Paschale*, 2,2; 2,28, Sidônio Apolinário, *Ep.* 4,13,4 [onde os espinhos simbolizam os pecados], Dracôncio, *Epithalamium Ioannis et Vitulae*, 7,49, Pedro Crisólogo, *Serm.* 49 [*PL* 52,338c]); uma variante é a de colher rosas entre espinhos (São Jerônimo, *Ep.* 22,20, Egésipo, *Prol.* 12, e, em grego, Gregório de Nazianzo, *Carmina*, 1,215,2 [*PG* 37,696a]). Uma sentença de Publílio Siro (S 27) afirma: *Spina etiam grata est, ex qua spectatur rosa*, "o espinho também deve ser acolhido, dele se vê a rosa"; são muitas as variações sobre o tema, registradas por Walther entre as sentenças medievais, como por exemplo *Inter spinas, per aerumnas, duraturas quaero rosas*, "entre espinhos, através de desventuras, procuro rosas duradouras" (12628), *Quisquis apes undasque timet spinasque roseti, / non mel non pisces nec feret ille rosas*, "quem teme as abelhas, as águas e os espinhos do roseiral não terá mel, nem peixes, nem rosas" (25536), e *Semper odoriferis proxima spina rosis*, "o espinho está sempre perto das perfumadas rosas" (27980, cf. também 24600, 27097, 32280). Em todas as modernas línguas européias existem equivalentes à expressão brasileira *Não há rosa sem espinhos*, cuja variante de sentido oposto é representada pelo toscano *Anco tra le spine nascono le rose* [mesmo entre espinhos nascem rosas]; no Brasil também se diz *Não há carne sem osso, nem farinha sem caroço* (para paralelos em outras línguas cf. Mota 130). Entre as referências literárias, deve ser destacada uma de *Paraíso perdido* de Milton (4,256).

1675. Ubi uber, ibi tuber
Onde há teta, há excrescência

A fonte é Apuleio, *Florida*, 18, cujo contexto esclarece o significado da expressão paronomástica: não há alegria tão grande que não venha misturada a alguma contrariedade. O equivalente mais difundido é *Não há rosa sem espinhos* (nº 1674), mas no Brasil também se diz *Onde há mel, há moscas*, enquanto em todas as línguas européias existem equivalentes a *Toda medalha tem seu reverso* (Mota 218).

1676. Nec violae semper nec hiantia lilia florent, / et riget amissa spina relicta rosa

Não florescem para sempre as violetas e os lírios que se abrem e, perdida a rosa, fica o duro espinho

Esses versos, considerados proverbiais já na Idade Média (cf. Walther 16252, 16283, 18418), são de Ovídio (*Ars amatoria*, 2,115 s.). Significam que nem sempre as coisas andam bem, mas que com os prazeres e com os momentos felizes (violetas, lírios, rosas) alternam-se as dores e as dificuldades (os espinhos; para *Não há rosa sem espinhos*, cf. nº 1674). Com essa acepção, tem difusão, atualmente, em italiano *Non son sempre rose e fiori* [port., Nem tudo são flores].

1677. Non semper Saturnalia erunt

Não serão sempre Saturnais

Essa expressão provém de *Apokolokyntosis* de Sêneca (12,2); significa que as coisas nem sempre caminharão da melhor maneira: as Saturnais eram uma importante festa em honra de Saturno, celebrada entre 17 e 19 de dezembro, durante a qual dava-se vazão à mais desenfreada alegria e transgrediam-se todas as convenções e distinções sociais. Em Petrônio (44,3) tem-se *Semper Saturnalia agunt*, "estão sempre celebrando as Saturnais", expressão semelhante a ἀεργοῖς αἰὲν ἑορτά, "para os preguiçosos sempre é festa", de Teócrito (15,26, cf. também nº 958). Finalmente, deve ser destacada uma frase irônica, presente numa passagem de Luciano (*De mercede conductis*, 16): οἴει γὰρ εἰσαεὶ Διονύσια ἑορτάσειν, "pensas que podes estar sempre a celebrar as Dionísias". Nas várias línguas européias registram-se ainda provérbios semelhantes aos italianos *Ogni dì non è festa* [nem todo dia é festa], *Ogni giorno non si fanno nozze* [nem todo dia é dia de núpcias] e *Non è sempre domenica* (ou *carnevale*) [nem sempre é domingo (ou carnaval)] e ao brasileiro *Nem todo dia é dia santo*; entre as variantes são dignas de nota as espanholas *San Juan el verde no es cada día* e *Agasajo y vendimia no es cada día*.

1678. Marcet sine adversario virtus

Virtude sem oposição murcha

Essa frase, ainda conhecida e citada, é extraída de *De providentia* de Sêneca (2,4): nessa mesma obra (4,6) tem-se *Calamitas virtutis occasio est*, "a desgraça é ocasião para a virtude", havendo também expressão semelhante em *De ira*, 3,8,6 (onde, porém, é a ira e a rixa que cessam quando falta adversário) e em Lactâncio, *Divinae Institutiones*, 3,29. Trata-se do motivo segundo o qual é só nas adversidades que se reconhecem os méritos e a capacidade de uma pessoa: reaparece em vários outros autores, como por exemplo em Ovídio (*Tristia*, 4,3,80 e *Epistulae ex Ponto*, 2,3,53 [no segundo trecho diz-se que, para combater bem, é necessário um inimigo que, por sua vez, combata bem: frase ainda usada com freqüência na linguagem esportiva]), em Lucano (3,614), em Minúcio Félix (36,8: *Calamitas saepius disciplina virtutis*, "a calamidade muitas vezes é a escola da virtude"), em Lactâncio (*Divinae Institutiones*, 7,5), em Arátor (*De Actibus Apostolorum*, 2,1105 s.) e, em grego, em Orígenes (*Homilias sobre Números*, 27,9, obra de que nos chegou também a tradução latina, feita por Rufino).

1679. *Malum quidem nullum esse sine aliquo bono*
Não há nenhum mal que venha sem algum bem

Essa máxima é extraída de Plínio (*Naturalis historia*, 27,3,9) e tem um precedente em Varrão (*Satyrae mennippeae*, 241 Bücheler), que fazia uma comparação com o fato de que *Neque in bona segete nullum est spicum nequam*, "não é possível que em boa colheita não haja uma espiga ruim". No Renascimento, Palingênio (*Zodiacus vitae*, 100 s.) escrevia: *Cum res nulla adeo sit prava et noxia, quae non / possit prodesse interdum atque afferre salutem*, "não há nada que seja tão ruim e nocivo que não possa às vezes ser útil e salutar". Nas tradições modernas, esse provérbio é universalmente conhecido, com variações como a italiana *Non c'è male senza bene* (Arthaber 737 e 740): eu destacaria a inglesa *There is no wind wich blows no man to good*, as italianas (conhecidíssimas) *Tutto il male non vien per nuocere* [nem todo mal vem para prejudicar] (lembro a variação jocosa *Il male che non viene per nuocere è un male mal fatto* [o mal que não vem para prejudicar é um mal mal feito]) e *Il diavolo non è brutto come lo fanno* [port., o diabo não é tão feio como se pinta) (com paralelos registrados em outras línguas européias, por exemplo em russo); lembraria também a toscana *La matassa quanto più è arruffata e meglio si accomoda* [a meada, quanto mais emaranhada, mais se acomoda], a brasileira *Quando uma porta se fecha, outra se abre* (cf. Mota 174) e a napolitana *Ogne ntuppamiente è nu giuvamiente*. Em literatura, deve-se mencionar Ariosto, *Orlando Furioso*, 45,4,1,-3.

1680. *Nullum esse librum tam malum ut non aliqua parte prodesset*
Não há livro tão ruim que não seja útil em alguma parte

Essa máxima, segundo Plínio, o Jovem (*Ep*. 3,5,10), costumava ser proferida por seu tio (Plínio, o Velho, famoso naturalista), que fazia anotações de qualquer livro que lesse: conceitualmente, está ligada ao *topos* de que não há mal tão completo que não contenha uma parcela de bem (n° 1679), mas também lembra a atitude de Virgílio em relação a Ênio (n° 1681). Em todas as modernas línguas européias existem paralelos ao italiano *Non v'è libro sì cattivo che non abbia qualcosa di buono*.

1681. *Aurum in stercore quaero*
Procuro ouro no esterco

Segundo Cassiodoro (*Institutiones*, 1,540) essa é a resposta dada por Virgílio a quem lhe perguntava por que lia Ênio: não dá para saber se Virgílio estava utilizando uma expressão independente ou se a locução teve origem nesse episódio. De qualquer modo, é muito apreciada por São Jerônimo, que a utiliza com freqüência (*Ep.* 54,11; 98,22; 107,12): nos primeiros dois trechos, negando que se trate de operação a ser realizada com os Padres. De modo mais geral, essa expressão devia advertir para o fato de que é possível encontrar algo de bom até nos lugares mais sórdidos, ao passo que a italiana *Voler trarre oro dalla cenere* [querer extraír ouro de cinzas] (usada também por Carducci, *Lettere*, 2,253), formalmente análoga, indica uma ação absolutamente insensata. Ver também os n⁰ˢ 1679, 1680.

1682. *Per angusta ad augusta*
Pelos estreitos aos cumes

Essa expressão, semelhante à mais famosa *Per aspera ad astra* (n⁰ 1683), também se baseia numa paronomásia fácil e significa que, para chegar ao sucesso e atingir objetivos positivos é preciso enfrentar toda sorte de dificuldade. Sua origem talvez deva ser encontrada na conhecida advertência evangélica, segundo a qual a porta que conduz à verdadeira vida é *angusta* (*Mateus*, 7,13 s., *Lucas*, 13,24); seu primeiro registro parece remontar ao século XVII, quando essa frase constituiu a divisa do margrave Henrique de Brandeburgo; Walther registra-a (21781) entre as sentenças medievais, mas, de seu estudo, não consigo deduzir se ele encontrou fontes anteriores. De qualquer maneira, a notoriedade atual dessa expressão deve-se ao fato de que no drama *Hernani*, de Victor Hugo (ato IV) e na ópera de Verdi, nele inspirada (3,3; 3,4), essa é a palavra de ordem dos conjurados contra Carlos V (a *Ad augusta!* responde-se *Per angusta!*).

1683. *Per aspera ad astra*
Pelas asperezas às estrelas

Essa expressão, ainda muito conhecida e usada para dizer que o homem só pode chegar a resultados elevados através das dificuldades, baseia-se na paronomásia *aspera / astra* e tem como motivo a ascensão dos heróis ao céu, em especial de Héracles. Sua origem exata não é conhecida, mas são muitos os textos literários clássicos que constituem precedentes significativos. Em grego, deve ser destacada sobretudo uma passagem de Hesíodo (*Os trabalhos e os dias*, 289 s.), em que se afirma que os deuses ofereceram ao homem o suor antes da obtenção da "virtude", e que μακρὸς δὲ καί ὄρθιος οἶμος ἐς αὐτήν, "longo e escarpado é o caminho para ela"; contudo, não devem ser esquecidos outros textos importantes: Xenofonte, em *Memorabilia* (2,1,21 ss.) conta a fábula (de Pródico) de Héracles no bívio (onde, mais uma vez, o caminho da virtude é longo e difícil); um provérbio (χαλεπά τὰ καλά, "os belos feitos são difíceis") é muito apreciado por Platão (*A República*, 4,435c; 6,497d, *Crátilo*, 384a, *Hípias maior*, 304e) e é registrado pelos paremiógrafos (Zenob. vulg. 6,38, Macar. 8,78, Apost. 18,7); uma tradição já muito antiga (cf. Simonides, 542,1 s. Page, Platão, *Protágoras*, 339a, Diógenes Laércio, 1,76, Plutarco, *Simposíaca*, 147c, *Suda* π 1658) atribui a Pítaco a gnoma χαλεπὸν ἐσθλὸν ἔμμεναι, "é difícil ser virtuoso". Em latim, temos, em contextos semelhantes, *per aspera*, principalmente num fragmento do poeta Cornélio Severo (2,1 s. Morel: *Ardua virtuti longeque per aspera cliva / eluctanda via est*, "para a virtude é preciso abrir caminho com dificuldade, com demora e através de ladeiras escarpadas"), em que é retomado o texto de Hesíodo, e em Sílio Itálico (4,603 s.: *Perque aspera duro / nititur ad laudem virtus interrita clivo*, "através das asperezas e de uma ladeira escarpada a virtude inclina-se intrepidamente para o louvor", cf. também 2,578); em outros, tem-se *ad astra*, como no v. 437 de *Hercules furens* de Sêneca (*Non est ad astra mollis e terris via*, "o caminho para os astros não é fácil da terra") e, de Virgílio, *Sic itur ad astra* (nº 1684); é muito importante um trecho da *Regra de São Bento* (58,8 Hanslick: *Praedicentur ei omnia dura et aspera per quae itur ad Deum*, "repitam-se-lhe todas as contrariedades e dificuldades através das quais se chega a Deus" [trad. Penco]). São numerosos os textos conceitualmente afins, em que a *virtus* é definida como *ardua* ou inclinada a metas difíceis (Horácio, *Carm.* 3,24,44, Ovídio, *Ars amatoria*, 2,537, *Epistulae ex Ponto*, 2,2,111); ou em que o adjetivo *arduus* está ligado à glória (Cícero, *Tusculanae disputationes*, 3,34,84, Ovídio, *Tristia*, 4,3,74; ver também Publílio Siro, S 34 *Solet sequi laus, cum viam fecit labor*, "o louvor costuma vir em seguida, quando o trabalho abre o caminho", cf. também nº 1685); ou onde existem expressões que lembram Hesíodo, tais como *Ad virtutem una ardua via est*, "para a virtude há um só caminho difícil" (Pseudo-Salústio, *De republica*, 2,7,9; cf. também Sílio Itálico, 2,578, Sêneca, *De providentia*, 5,10 s., *De ira*, 2,13,1, Prudêncio, *Contra Symmachum*, 2,149 s.; W. Kroll, "Hermes" 62 [1927] 379 destaca a probabilidade de pertencer à linguagem cínico-estóica), ou *Non est ad magna facilis ascensus*, "não é fácil a subida para os altos cumes" (Cipriano, *De habitu virginum*, 21, cf. também Sílio Itálico, 15,102); ou ainda outras paronomásias como *Alta per arcta petens*, "indo para os cumes através dos estreitos" (Paulino de Nola, *Carm.* 18,7); para outras citações remeto a Weyman 261 s. Entre as sentenças medievais também temos *Per crucem ad lucem*, "pela cruz à luz" (Walther 21191a); entre os provérbios modernos deve ser destacado que em todas as línguas existem equivalentes ao italiano *A gloria non si va senza fatica*; entre as variações destaco a italiana *In Paradiso non si va in carrozza* [ao paraíso não se vai de carroça], a francesa *La croix est l'echelle des cieux*, a alemã *Man rutscht auf keinem Kissen in dem Himmel*, ou seja, "o caminho para o céu não é uma descida sobre travesseiros" (em todas elas está evidente a acepção religiosa).

1684. Sic itur ad astra

Assim se vai às estrelas

Essa famosa expressão é de Virgílio (*Eneida*, 9,641): trata-se de Apolo, que assim se congratula com Ascânio, filho de Enéias, por ter matado Rêmulo, cunhado de Turno. Alude-se à subida ao céu típica dos heróis, em especial de Hércules (cf. também nº 1683); essa frase foi retomada por Sêneca (*Ep.* 48,11; 73,15), para indicar o caminho árduo da filosofia que leva à consecução de grandes resultados. Outra retomada encontra-se em Prudêncio (*Cathemerinon*, 10,92): *Ad astra doloribus itur*, "vai-se às estrelas através das dores", em que é evidente a nova conotação cristã do *topos Per aspera ad astra* (nº 1683). Atualmente, a citação da passagem de Virgílio é feita em vinculação com esta última.

1685. *Nil sine magno / vita labore dedit mortalibus*
A vida nada dá aos mortais sem grande labuta

Essa máxima deriva da famosa sátira do "importuno" de Horácio (1,9,59 s.) e retoma uma longa tradição precedente, segundo a qual, na vida, todo sucesso deve ser conquistado com trabalho. Antes de mais nada deve ser citado um trecho de *Os trabalhos e os dias* de Hesíodo (289 s.: τῆς δ' ἀρετῆς ἱδρῶτα θεοὶ προπάροιθεν ἔθηκαν / ἀθάνατοι, "os deuses imortais puseram o suor na frente da virtude"), que teve grande fama tanto no mundo grego (foi citado, por exemplo, por Platão, *Leis*, 4,718e-719a e por Xenofonte, *Memorabilia*, 2,1,20, cf. também nº 1683) quanto no latino: é citado por Cícero (*Epistulae ad familiares*, 6,18,5) e por Prisciano (*Praeexercitamina*, 432,23 K.), é retomado por Sêneca (*Ep.* 67,12: [*Virtus*] *sudore et sanguine colenda est* [para *sudore et sanguine* como expressão idiomática, remeto a Otto 1708, Sutphen 315, Szelinski 30; ela também está presente nas literaturas modernas, como por exemplo na primeira parte de *Fausto* de Goethe, na cena da casa da bruxa]), e muitas máximas nas quais se diz que o caminho da virtude é difícil parecem retomá-la (ver, por exemplo, Cornélio Severo, fr. 2,1 s. Morel, Pseudo-Salústio, *De republica*, 2,7,9, Sílio Itálico, 2,578, Sêneca, *De providentia*, 5,11, *De ira*, 2,13,1, Prudêncio, *Contra Symmachum*, 2,149 s., Teodoro de Mopsuestia, *Comentário à Epístola aos Gálatas*, 1,30,9, Cassiano, *Collationes*, 7,6,3); dela deriva a sentença latina medieval *Laboribus vendunt dei nobis omnia bona*, "os deuses vendem-nos todos os bens a preço de trabalho" (Walther 13365). Ainda em grego devem ser destacados um verso de Eurípides (*Heráclides*, 625: ἁ δ' ἀρετὰ βαίνει διὰ μόχθων, "a virtude caminha entre dores"), um de Sófocles (*Electra*, 936), um trecho de Platão (*As leis*, 4,719) e uma sentença do Pseudo-Focilides (162: οὐδὲν ἄνευ καμάτου πέλει ἀνδράσιν εὐπετὲς ἔργον, "nenhuma obra é fácil nem deixa de exigir trabalho"); é espirituosa a variante segundo a qual até na mesa as boas iguarias precisam ser conquistadas com trabalho (na realidade, trata-se de uma recomendação de moderação: cf. Horácio, *Sat.* 2,2,20 s. *Tu pulmentaria quaere / sudando*, "obtém a iguaria com suor"). Na Idade Média deve ser lembrada uma máxima do Pseudo-Beda (*PL* 90,1091c: *Ad magna gaudia perveniri non potest, nisi per magnos labores*, "só se pode chegar a grandes prazeres por grandes penas"); entre as sentenças registradas por Walther são muito numerosas as variações sobre esse tema, na maioria das vezes a partir de Horácio (cf., por exemplo, 197-199, 201, 16843-16845), ainda que não faltem variações muito expressivas (como a 18719: *Non volat in buccas assa columba tuas*, "a pomba assada não voa para a tua boca" [cf. também nº 849]). Entre os provérbios modernos, devem ser assinalados os do tipo dos italianos *La via della virtù è una via crucis* e *A gloria non si va senza fatica*; também existe *Innanzi alla virtù Dio ha posto il sudore*, mas não é de uso comum. Entre as variantes, algumas reduzem o princípio geral à realidade mais medíocre e cotidiana: ver, por exemplo, a francesa *On ne fait pas d'omelette sans casser des oeufs* [port., Não se faz fritada sem quebrar ovos] e a russa *Bez truda ne vyneš' i rybku iz pruda* (ou seja: "sem trabalho não se tira nenhum peixinho do charco"); além disso, no Brasil se diz *Quem não sabe sofrer, não sabe vencer*; por outro lado, é poética a imagem extraída de *Mil e uma noites*, segundo a qual quem deseja pérolas deve ir ao fundo do mar.

1686. Nemo athleta sine sudoribus coronatur
Nenhum atleta é coroado sem suor

Essa máxima é extraída das *Epístolas* de São Jerônimo (14,10) e significa que na vida nenhum sucesso é conseguido sem trabalho, retomando uma imagem freqüente sobretudo no cristianismo (cf., por exemplo, ainda São Jerônimo, *Ep.* 18,6, *Comentário à Epístola aos Efésios*, PL 26,677 e São Gregório Magno, *Homilias ao Evangelho*, 37,1, *Diálogos*, 3,19), onde é freqüente a metáfora do atleta para indicar santos e ascetas. É oposta a tradição do ἀκονιτὶ νικᾶν (ou κρατεῖν), "vencer sem poeira", portanto sem canseira (cf., por exemplo, Arsen. 15,19a, Plínio, *Naturalis historia*, 35,139, Horácio, *Ep.* 1,1,50, Aulo Gélio, 5,6,21, Amiano Marcelino, 19,11,7, bem como outros trechos assinalados por Otto 1484). Em todas as línguas européias existem equivalentes ao italiano *Non si incorona se non chi combatte* (que tem precedente no medieval Walther 16324, *Nemo coronatur, nisi certando mereatur*, do qual existem muitas variações, inclusive com aplicações a âmbitos restritos, como à luta contra a luxúria [14157]). No Brasil se diz ainda *Vencer sem perigo é triunfar sem glória* (para paralelos em outras línguas cf. Mota 228).

1687. Qui e nuce nuculeum esse volt, frangit nucem
Quem quer comer a polpa da noz quebra a noz

Essa expressão é de Plauto (*Curculio*, 55), sendo também citada por Macróbio (*Saturnalia*, 3,18,14) e retomada por São Jerônimo (*Ep.* 58,9, cf. também *Regula monachorum*, 18). Significa que quem quer conquistar algo de positivo — ou ter um prazer — precisa antes enfrentar dificuldades; são numerosas as variações registradas por Walther, mas todas formais (cf., por exemplo, 6853, 9914, 24436, 32481). Em italiano existe *Bisogna rompere la noce se si vuol mangiare il nocciuolo* e a mesma imagem está presente em provérbios de outras línguas européias. Uma bela variante brasileira é *Não se faz fritada sem quebrar ovos* (Mota 134).

1688. Nihil quicquam homini tam prosperum divinitus datum, quin ei tamen admixtum sit aliquid difficultatis... coniugatione quadam mellis et fellis
Nada foi concedido ao homem pela divindade que seja tão próspero que não tenha sido unido a alguma dificuldade, com uma união de mel e fel

Essa afirmação é de Apuleio (*Florida*, 18) e retoma a paronomásia *mel / fel*, que topicamente indica a mistura de doçura e amargor, de elementos positivos e negativos, muito usada em contextos amorosos (nº 1416), para indicar logros (nº 213) e falsidade (nº 294), ou para incitar à moderação nos prazeres (nº 1774). Essa paronomásia reaparece em vários outros textos, como por exemplo em Plauto, *Poenulus*, 394, Euquéria, *Poetae Latini minores*, 5,60,24 Baehrens, Ausônio, *Commemoratio professorum Burdigalensium*, 16,2, *Ep.* 15,5, São Jerônimo, *Ep.* 128,2,

Símaco, *Ep.* 1,52 (para outras citações, remeto a Sutphen 185 s.), sendo freqüente a constatação da união de *dulce* com *amarum* (cf. Plauto, *Truculentus*, 345, Cícero, *Epistulae ad Atticum*, 5,21,4, Marcial, 12,34,3, Enódio, 75,19 Vogel, ao passo que Frontão, 174,28 van den Hout, diz que é preciso ter em comum com o amigo *omnia amara et dulcia* [cf. nº 1305] e em Petrônio [56] tem-se uma vinculação com as abelhas). São variações originais uma de Juvenal (6,181: *Plus aloes quam mellis habet*, "tem mais aloés do que mel", a respeito do prazer que tem mais amargor do que doçura: esse trecho ficou famoso na Idade Média, cf. Sutphen, l.c.) e uma de Tertuliano (*De corona*, 14: *Favos post fella gustavit*, "depois do fel degustou a doçura dos favos"). Esse motivo da mistura entre amargor e mel já é grego: muito significativo é o oxímoro τοῦ πικροῦ γευσάμενοι μέλιτος, "tendo saboreado o amargo mel", de Meléagro (*Antologia Palatina*, 12,81,2). Na Idade Média temos *Mel nulli sine felle datur*, "a ninguém o mel é dado sem fel" (Walther 14584); nas modernas línguas européias, além de provérbios como o italiano *Volto di miele cuore di fiele* [rosto de mel, coração de fel] (nºˢ 213, 294) e o alemão *Es gibt keinen Honig ohne Galle*, encontram-se também provérbios do tipo do italiano *Dopo il dolce viene l'amaro* [depois do doce vem o amargo]; em vários dialetos italianos também se lembra que "não há mel sem moscas". No Brasil existem os provérbios *Não há gosto que não custe* e *Não há gosto sem desgosto* (para outros paralelos cf. Mota 131); uma outra variação está registrada no nº 1649.

1689. *Medio de fonte leporum / surgit amari aliquid*
Em meio à fonte doce dos prazeres brota algo de amargo

Esse dístico de Lucrécio (4,1133 s.) é uma variação do tema da união inevitável entre amargor e doçura (nº 1688), sobretudo quando se trata de prazeres e amores. É registrado por Walther (14566b) e é muito famoso, sendo freqüentemente citado com acepção genérica; às vezes é encontrado na etiqueta das bebidas amargas.

1690. Πολλάκις τὰ παθήματα τοῖς ἀνθρώποις μαθήματα γίνεται
Para os homens, muitas vezes os sofrimentos se transformam em aprendizado

Essa é a moral de uma fábula de Esopo (134 Hausrath): um cão roubou um pedaço de carne (para ser preciso, um coração) de um açougueiro e este replicou dizendo que daí em diante não o perderia mais de vista. O fato de os males servirem de ensinamento na verdade constitui um *topos* muito difundido na literatura grega: em Homero (*Ilíada*, 17,32; 20,198) e em Hesíodo (*Os trabalhos e os dias*, 218) o tolo só entende depois de ter sofrido o mal (cf. nº 398); a gnoma τὰ δέ μοι παθήματα ἐόντα ἀχάριτα μαθήματα γέγονε, "os meus desagradáveis sofrimentos são ensinamentos", é posta por Heródoto (1,207,1) na boca do lídio Creso e tem acepção genérica, visto que os sofrimentos de Creso podem servir de ensinamento tanto para ele mesmo quanto para os outros (para o motivo do sábio que aprende com os sofrimentos alheios, cf. nº 392). Em Ésquilo (*Agamêmnon*, 177), a lei πάθει μάθος, "aprender sofrendo", é universal e foi imposta por Zeus aos homens para que estes ingressassem e progredissem no caminho da sabedoria; em Sófocles (*Édipo Rei*, 403) e em Meléagro (*Antologia Palatina*, 12,144,4), por outro lado, a acepção é mais banal: quem erra, depois de sofrer as conseqüências de suas ações, compreende o próprio erro; extremamente pobre é um fragmento de Filémon (123 K.-A.) para que se possa fazer ilações sobre o sentido do *topos*; em Sinésio (*Opuscula*, 6,8 [48a]) esse motivo torna-se um preceito da escola de Aristóteles; entre os paremiógrafos, ver Macar. 3,44; para outros textos, remeto a H. Dörrie, *Leid und Erfahrung*, Mainz 1956. Esse *topos* assume significado completamente novo na cultura judaico-cristã, onde o sofrimento é redentor: isso já se encontra no *Antigo Testamento* (*Salmos*, 119,71; *Provérbios*, 3,12; 15,31), mas desenvolveu-se mais no *Novo Testamento* (ver em especial a *Epístola aos Hebreus*, 12,11) e, posteriormente, na literatura e na mística cristãs. Nessa mesma linha existem as referências feitas nas literaturas modernas, mas não faltam provérbios com significado mais semelhante ao clássico, como o italiano *Danno fa far senno* [nos males cria-se juízo] e o inglês *Adversity is the school of wisdom* (para outros paralelos, cf. Arthaber 349); finalmente, é preciso lembrar a moral da fábula de La Fontaine (6,7) em que o mulo, orgulhoso da sua genealogia, ao ficar velho e ser levado para a mó, lamenta-se das orelhas longas do pai (portanto, os males não são inúteis quando servem para abrir os olhos aos tolos).

1691. *Deus ex machina*
Um deus (que desce) por uma máquina

Essa expressão, atualmente comum para indicar salvação inesperada e quase miraculosa, em crítica literária representa um final não preparado, totalmente desvinculado daquilo que o precede; deriva da tradução de Marsilio Ficino (*Veluti e machina tragica deus*) para um trecho de *Clitofonte*, do Pseudo-Platão (407a), que diz: ὥσπερ ἐπὶ μηχανῆς τραγικῆς θεός (nessa passagem, na verdade, é Sócrates que fala, adverte e instrui, sendo comparado a um deus na cena teatral). Trata-se de um expediente usado no teatro trágico, sobretudo por Eurípides, para fazer que as situações desesperadas cheguem a uma solução: fazia-se descer à cena, por meio de uma espécie de sistema de roldanas, um deus que punha as coisas em seus devidos lugares, fornecendo, portanto, uma solução "externa" aos acontecimentos. Quanto ao uso metafórico dessa expressão, é preciso, enfim, lembrar que, já num trecho de *Crátilo*, de Platão (425d), as pessoas para as quais as formas primitivas da linguagem derivam de decisões divinas são comparadas aos trágicos que, no fim, recorrem ao *Deus ex machina*; também é preciso lembrar que ὥσπερ ἀπὸ μηχανῆς aparece numa oração do Pseudo-Demóstenes (40,59).

1692. *Rari nantes in gurgite vasto*
Poucos nadam no vasto vórtice

Essa expressão deriva do primeiro livro da *Eneida* (v. 118): trata-se dos poucos sobreviventes do navio dos lícios, afundado pela tormenta que destruiu completamente a frota de Enéias. Continuou famosa como símbolo de uma ruína total, da qual é muito difícil salvar-se, sendo agora também citada com sentidos diferentes do original, a respeito das poucas pessoas ou coisas dispersas em ambiente vastíssimo ou numa multidão em meio à qual, por qualquer motivo, elas se distinguem; indica também a habilidade de alguém. Por esse motivo, *Rari Nantes* (ou *Rarinantes*) é o nome de várias sociedades esportivas, sobretudo de natação (em 1899, por exemplo, a atual Federazione Italiana Nuoto [Federação Italiana de Natação] foi fundada com o nome de Federazione Italiana Rari Nantes).

1693. *Facile omnes quom valemus recta consilia aegrotis damus*
Quando estamos bem, todos damos facilmente bons conselhos aos doentes

Essa gnoma, extraída de *Andria* de Terêncio (v. 309), foi retomada por muitos autores, sobretudo na Idade Média (para as citações, remeto a Sutphen 126); encontra-se um paralelo em *Consolatio ad Liviam* do Pseudo-Ovídio (vv. 9 s.: *Quam facile est... / alterius luctu fortia verba loqui*, "como é fácil dizer palavras de encorajamento no luto alheio!"; um precedente grego exato encontra-se em Ésquilo (*Prometeu*, 263). Outro *locus similis* é constituído por uma máxima de Eurípides (*Alceste*, 1078: ῥᾷον παραινεῖν ἢ παθόντα καρτερεῖν, "é mais fácil dar conselhos do que ser forte quando se sofre"). Nas várias línguas européias, atualmente tem difusão o paralelo ao italiano *Il sano consiglia bene l'ammalato* [quem tem saúde dá bons conselhos ao doente]; é muito semelhante ao trecho de Terêncio o inglês *It is easy for a man in health to preach patience to the sick*.

1694. *Plenus venter facile de ieiuniis disputat*
Barriga cheia discute facilmente sobre o jejum

A fonte é São Jerônimo (*Ep.*58,2): no contexto, essa máxima refere-se aos cristãos ricos que acreditam calar a consciência com esmolas; adverte que é sempre fácil falar com riqueza de argumentos sobre as dificuldades quando não se as vive, vinculando-se, portanto, ao *topos* da pessoa que tem saúde e dá conselhos ao doente (nº 1693). Ainda estão vivos, nas várias línguas européias, provérbios ligados a essa máxima (ver o italiano *È un bel predicare il digiuno a corpo pieno*, cf. Arthaber 391), muitas vezes vinculados ao motivo do "faça o que digo e não o que faço", freqüentemente usado pela propaganda anticlerical (nº 1079).

1695. *Nondum matura est*
Ainda não está madura

Essa expressão ainda é usada para falar de quem não é bem sucedido num empreendimento e consola-se afirmando que, de qualquer modo, os resultados da ação teriam sido pouco valiosos; constitui a conclusão de um fábula de Fedro (4,3,4), derivada de Esopo (15ab Hausrath): uma raposa faminta, que vê uvas numa videira alta e procura alcançá-las, mas não consegue, vai embora consolando-se com estas palavras: *Nondum matura est, nolo acerbam sumere*, "ainda não está madura, não quero comê-la azeda". Essa fábula é retomada por La Fontaine (3,11: nela, a raposa é gascona ou normanda, ou seja, pertence a povos famosos pela fanfarronice), dando origem, nas várias línguas européias, a locuções como a italiana *Fare come la volpe e l'uva* [fazer como a raposa e as uvas] (entre as variações, ver a francesa *Autant dit le renard des mûres: elles sont trop vertes*). Uma bela variante brasileira é *Macaco, quando não pode comer banana, diz que está verde*.

1696. Nullus dolor est, quem non longinquitas temporis minuat ac molliat
Não há dor que um longo período de tempo não diminua nem abrande

Essa máxima deriva de *Epistulae ad familiares* de Cícero (4,5,6): trata-se de motivo tópico, documentado como proverbial já em Terêncio (*Heautontimoroumenos*, 421 s.) e freqüente em Cícero (*Epistulae ad familiares*, 5,16,5; 7,28,3, *Epistulae ad Atticum*, 3,15,2; 12,10, *Tusculanae disputationes*, 3,16,35 [onde o remédio constituído pelo tempo é considerado *tarda... sed tamen magna*, "lento, mas eficaz"]), em Ovídio (*Remedia amoris*, 131, *Epistulae ex Ponto*, 1,3,15; 4,11,19, *Ars amatoria*, 2,467) e em Sêneca (*Agamêmnon*, 130, *Tiestes*, 305, *Ep.* 65,13, *Consolatio ad Marciam*, 1,6; 8,1), mas também em muitos outros autores, entre os quais, por exemplo, Virgílio (*Eneida*, 11,425 s.), São Jerônimo (*Ep.* 97,2), Ausônio (*Parentalia*, 11,11), Símaco (*Ep.* 1,100,1; 3,6,1); finalmente, deve ser destacada uma sentença de Publílio Siro que diz (N 46): *Nil non aut lenit aut domat diuturnitas*, "nada existe que o longo tempo não atenue ou dome". Esse *topos*, aliás, já era grego: aparece sobretudo nos cômicos (Dífilo, fr. 116 K.-A., Filípides, fr. 32 K.-A., Menandro, fr. 652 K.-Th.) e em *Consolatio ad Apollonium*, do Pseudo-Plutarco (112c). Para outros detalhes, remeto a R. Kassel, *Untersuchungen zur griechischen und römischen Konsolationsliteratur*, München 1958, sobretudo 86 s. Provérbios desse tipo têm grande difusão nas línguas modernas: ver o italiano *Il tempo mitiga ogni gran piaga*, o brasileiro *Tempo é remédio* e o alemão *Die Zeit ist der best Arzt* (para outros paralelos, cf. Arthaber 1345, Mota 217). Ver também nos 527, 528.

1697. Non est optimus consolator quem proprii vincunt gemitus
Não é o melhor consolador aquele que é vencido pelos próprios soluços

A fonte dessa bela máxima é São Jerônimo (*Ep.* 39,2); esse motivo, de quem não sabe consolar porque está desesperado ou em prantos, reaparece também em outros autores, como Enódio (*Vita Epiphanii*, 382,23) e São Bráulio (*Ep.* 30 [*PL* 80,677a]).

1698. Solamen miseris socios habuisse malorum
É consolo para os infelizes ter contado com companheiros de desventura

Essa famosa máxima não é antiga, mas aparece — com essas palavras — em Spinoza (*Ética*, 4,57); na *Chronica* da Puglia dos anos 1333-1350, de Domenico de' Gravina (*Raccolta di varie croniche*, Napoli 1781,2,220) temos *Gaudium est miseris socios habuisse poenarum*; em *Doctor Faustus* de Marlowe (v. 482 da edição de 1604 = v. 430 da edição de 1616) documenta-se a sentença atualmente difundida, apenas com a substituição de *malorum* por *doloris*. Todavia, são numerosos os precedentes conceituais nas literaturas clássicas: de especial importância é a fábula 143 Hausrath de Esopo, que fala das lebres que se lamentam de sua condição e se consolam ao observarem a da rã (a moral é οἱ δυστυχοῦντες ἐξ ἑτέρων χείρονα πασχόντων παραμυθοῦνται, "os infelizes consolam-se quando vêem os outros que sofrem males piores"). Em grego, ver, por exemplo, Tucídides, 7,75,6, Aquiles Tácio, 7,2, Heliodoro, *Etiópica*, 1,9, além de outros provérbios, como κοινὸν ναυάγιον τοῖς πᾶσι παραμύθιον, "naufragar juntos é consolo para todos" (Apost. 9,96), motivo que reaparece em Sêneca (*As troianas*, 1029-1032) e no medieval *Commune naufragium omnibus solatio est* (Walther 2992), e φέρει παραμυθίαν ὀδυνωμένῳ κοινωνία τῶν στεναγμῶν, "a comunhão de dores consola quem sofre" (*Mant. Prov.* 3,36; cf. também Gregório de Nazianzo, *Ep.* 189 [888b], *Or.* 16,258b). Em latim, entre os vários textos, destaco um de *Catilinárias* de Cícero (4,7,17, onde o orador fala, com sarcasmo, da pessoa que, ao ver que vai morrer, prefere perecer com toda a sociedade) e um de Sêneca (*Consolação a Políbio*, 12,2). São significativas expressões como οὐκ ἐμοὶ μόνῃ βροτῶν, "não só a mim, entre os mortais" (Eurípides, *Cresfonte*, fr. 454,1 N.²), ou *Non tibi hoc soli*, "isto não apenas para ti" (Cícero, *Tusculanae disputationes*, 3,33,79). São muitos os paralelos modernos: o provérbio italiano mais difundido é *Mal comune mezzo gaudio* [mal comum, meia alegria]; entre as variações, ver, por exemplo, as espanholas *Mal de muchos, consuelo de tantos* e *No hay desgraciado que no halle consuelo con la vista de otro más desgraciado*; as brasileiras *Mal de muitos consolo é* e *Mal de muitos, triste consolo*; as alemãs *Gemein Unglück tröstet* e *Wer im Kreuz hat viel Gesellen, kann sich leicht zur Ruhe stellen*; e as inglesas *Company in misery makes it light* e *Company in distress makes sorrow less*.

1699. In re mala animo si bono utare, adiuvat
Nas situações críticas, o bom ânimo ajuda

Essa máxima deriva de *Captivi* de Plauto (v. 202) e exprime um motivo freqüente nesse cômico (cf. *Aulularia*, 187, *Pseudolus*, 452, *Rudens*, 402): recomenda serenidade nas adversidades. Está registrada entre as sentenças medievais (Walther 12000, 12001, 619a); entre os provérbios modernos, são dignos de nota os alemães *Ein kecker Mut, der beste Harnisch* e *Nur der Mut nicht verloren*; em nível popular, têm difusão os italianos *Non dar retta al cuore ché tutto passerà* [não faças caso do coração, que tudo passará] e *Canta che ti passa* [port., Quem canta seus males espanta].

DIFICULDADES, MALES E DORES 769

1700. *Curae leves loquuntur, ingentes stupent*
As pequenas preocupações fazem falar; as grandes emudecem

Essa máxima deriva de *Fedra* de Sêneca (v. 607) e está registrada entre as sentenças medievais (Walther 4740). É semelhante a alguns provérbios modernos do tipo *As grandes dores são mudas* (cf. Arthaber 421); entre as documentações literárias, devem ser assinaladas uma de Shakespeare (*Macbeth*, 4,3) e, sobretudo, uma em *Promessi sposi* (28,37).

1701. *Et post malam segetem serendum est*
Mesmo depois da má colheita é preciso semear

Essa máxima é usada por Sêneca (*Ep*. 81,1) para afirmar que a ingratidão não deve dissuadir de fazer o bem, mas, de modo mais genérico, teria sido um provérbio consolador, usado para dizer que, mesmo nas adversidades, não se deve deixar que o desânimo vença. Está registrada entre as sentenças medievais (Walther 8150b); um paralelo italiano é *Non cessare per gli uccelli di seminar piselli* (cf. Arthaber 1261).

1702. *Macte animo!*
Coragem!

Essa locução exclamativa ainda é conhecida e usada como encorajamento. *Macte* era o vocativo do adjetivo *mactus, -a, -um*, de etimologia obscura, mas que devia significar "honrado" (cf. R. Kühner - C. Stegmann, *Ausführliche Grammatik der lateinischen Sprache*, Leverkusen 1955³, 256), e que depois foi usado em expressões como essa, na maioria das vezes com outro vocativo de pessoa ou com o imperativo de *esse*. Nessa locução, é seguido pelo ablativo de causa, segundo uma construção bem documentada no latim clássico (em geral com *virtute*, mas também com outros substantivos, como, por exemplo em Plínio [*Naturalis historia*, 2,54, *ingenio*: cf. *ThlL* 8,24,40-42]); além disso, não faltam textos com *animi* no genitivo (com o sentido de "honrado pela tua alma"; cf. Sílio Itálico, 15,275, Estácio, *Tebaida*, 2,495).

1703. *Sursum corda!*
Os corações para cima!

Essa expressão, comumente usada como encorajamento, deriva do *Prefácio* da missa em latim: o oficiante diz essa frase de alegria e o clérigo responde: *Habemus ad Dominum*, "temo-lo voltado para o Senhor". A fonte é um trecho de *Lamentações de Jeremias* (3,41), onde se lê: *Levemus corda nostra cum manibus ad Dominum in caelos*, "ergamos nossos corações com as mãos para o Senhor nos céus".

1704. Aequam memento rebus in arduis / servare mentem
Lembra-te de conservar ânimo sereno nas adversidades

Essa frase, ainda famosa, deriva das *Odes* de Horácio (2,3,1 s.). Está registrada entre as sentenças medievais (Walther 619a; cf. também 2134).

1705. Tu ne cede malis, sed contra audentior ito!
Não cedas aos males, mas vai-lhes ao encontro com mais coragem!

Com essas palavras, a Sibila de Cumas encoraja Enéias no sexto livro da *Eneida* (v. 95): a frase é completada com *quam tua te Fortuna sinet*, "o que te permitir a tua sorte"; alude às agruras que o troiano deverá ainda enfrentar, principalmente à guerra contra Turno, o "novo Aquiles". É registrada por Walther (31677, cf. também 31689), sendo ainda famosa e citada.

1706. Post nubila Phoebus
Depois das nuvens, o sol

Esse adágio, que incita a não se preocupar excessivamente com as dificuldades, porque não poderão durar eternamente e deverão, mais cedo ou mais tarde, dar lugar a momentos de serenidade, deriva de um verso do poeta do século XII, Alano (*Doctrinale altum seu liber parabolarum*, 1066: *Gratus est solito post maxima nubila Phoebus*, "o sol costuma ser bem-vindo, depois das espessas nuvens"). Esse motivo já pertence ao classicismo: é famoso um verso do *Corpus Tibullianum* (3,6,32), que declara: *Venit post multos una serena dies*, "depois de muitos dias, chegou um dia sereno", encontrando-se expressões semelhantes em Horácio (*Carm.* 2,9,1-4), em Ovídio (*Tristia*, 2,142, *Fastos*, 1,495: neste último, prenuncia-se o retorno da primavera), em Sêneca (*Ep.* 107,8) e em Paulino de Nola (*Carm.* 25,89 ss.); em grego, a alternância de chuva e céu limpo reaparece em vários autores, como Píndaro (*Ístmicas*, 4,16 ss.; 7,38, *Píticas*, 5,10 s.) e Teócrito (4,43), bem como num *monóstico de Menandro* (821 J.). Na Idade Média, esse *topos* reaparece em Alcuíno (*Ep.* 111; 115), em Arátor (*De Actibus Apostolorum*, 2,191 s.) e em grande número de sentenças do tipo de *Imbribus obscuris succedunt lumina solis*, "às escuras chuvas sucedem-se dias de sol" (Walther 11523), ou — à parte a metáfora — *Eveniunt homini post luctus gaudia saepe*, "para o homem, muitas vezes depois da dor vêm as alegrias" (8222). Na literatura italiana é muito conhecida a utilização dessa imagem em *Quiete dopo la tempesta*, de Leopardi (cf. também nº 1649), mas também é preciso citar o provérbio *Depois da tempestade vem a bonança*, que tem paralelos em todas as línguas européias (cf. Mota 79); além disso, é difundido nos provérbios dialetais o conceito de que, muitas vezes, de um mal nasce um bem.

… VÍCIOS E VIRTUDES, EXCESSOS E MODERAÇÃO

a) Vício e virtude

1707. *Ipsa quidem virtus sibimet pulcherrima merces*
A virtude basta-se a si mesma, como o mais belo prêmio

Deve-se a Sílio Itálico (13,663) essa lapidar redação de um provérbio muito difundido na literatura latina (para os textos, remeto a Otto 1908, Sutphen 227, Szelinski 246); muito importante é a formulação *Ipsa virtus pretium sui*, "a virtude é recompensa de si mesma", que se encontra em Sêneca (*De vita beata*, 9,4, cf. também *De clementia*, 1,1) e, com grande destaque e ênfase, no *incipit* do *Panegírico para o cônsul Mânlio Teodoro*, de Claudiano. Tem equivalentes exatos na Idade Média (Walther 33690e registra a formulação de Sílio Itálico, 33690f, a vulgarização *Virtus sibi praemium*); em todas as modernas línguas européias encontram-se equivalentes ao italiano *La virtù è premio a se stessa* (Arthaber 1453), com vários registros literários, como *È premio di se stessa, / benché oppressa, la virtù*, de Metastasio, o preceito de Voltaire de que a virtude é amada por si mesma (*Dicionário filosófico*, ver *Virtude*, I Kehl), e finalmente *Virtue is her own reward*, de John Dryden (*Tyrannic Love*, 3,1). Na literatura latina também existe o *topos* complementar, segundo o qual o mal é castigo para si mesmo: em Sêneca isso ocorre com o *scelus*, "delito" (*Ep.* 87,24; 97,14) ou com a *malitia*, "maldade" (81,22); em Ovídio (*Metamorfoses*, 2,781 s.), com a inveja; no Pseudo-Sêneca (*Monita*, 64) lê-se: *Nequitia ipsa sui poena est*, "a perversidade é a punição de si mesma". É semelhante a essa última formulação o provérbio brasileiro *O castigo do vício é o próprio vício*.

1708. *Vicina sunt vitia virtutibus*
Há vícios semelhantes às virtudes

Nessa formulação, essa frase é extraída de São Jerônimo (*Altercatio Luciferiani et Orthodoxi*, 15,188, cf. também *Dialogus adversus Pelagianos*, 3,11,794), mas aparece, com ligeiras variações e sempre com estrutura aliterante, já em vários trechos de *Institutio oratoria* de Quintiliano (1,5,5; 2,12,4; 3,7,25; 8,3,7; 10,2,16) e em numerosos outros autores, tanto clássicos quanto medievais (remeto a Otto 1920, Weyman 66; 81; 294, Sonny 120, Sutphen 228; ver também Walther 33288b). Tampouco faltam variantes que rompem a aliteração trimembre, como, de Sêneca,

Sunt enim... virtutibus vitia confinia, "existem vícios que confinam com as virtudes" (*Ep*. 120,8); do ponto de vista semântico, devem ser assinaladas algumas aplicações muito eficazes (como, por exemplo, em Lívio, 22,12,12, onde um caluniador de Quinto Fábio Máximo faz passar prudência por velhacaria, *adfingens vicina virtutibus vitia*, "atribuindo-lhe, falsamente, vícios próximos das suas virtudes") ou jocosas (por exemplo, em *Ars amatoria* de Ovídio [2,662] aconselha-se a esconder *vitium proximitate boni*, "cada vício com a qualidade mais próxima"); outra variante, enfim, adverte que existem vícios que imitam virtudes (ver, por exemplo, Cícero, *Partitiones oratoriae*, 23,81). Na realidade, como ressalta Quintiliano (3,7,25), trata-se de uma transposição em chave tópica da reflexão de Aristóteles sobre a semelhança dos contrários (cf. *Retórica*, 1367a 32 - b 3). Em grego, esse motivo — ainda que amplamente presente em filosofia — tem formulação proverbial apenas no romance *Hysmine e Hysminias*, de Eustátio Makrenbolites, autor do século XII (2,74 T.: ἀγχίθυροι ταῖς ἀρεταῖς αἱ κακίαι, καί ταύταις παραπεπήγασι, "os vícios são vizinhos de casa da virtude ou sobre elas se fundam"), que parece retomar Sexto Empírico (*Adversus mathematicos*, 11,121) e antecipar o provérbio neogrego τὸ καλὸ καὶ τὸ κακὸ εἶναι πολὺ κοντά.

1709. *Vitium impotens / virtus vocatur*
O vício impotente é chamado virtude

Essa famosa frase de *Hercules Oetaeus* de Sêneca (vv. 421 s.) na realidade nada mais é do que uma variação sobre o tema da semelhança entre vício e virtude (cf. nº 1708), que também tira proveito dos recursos fônicos da aliteração trimembre. É conceitualmente semelhante a muitos provérbios modernos, já que em todas as línguas européias existem equivalentes ao brasileiro *O diabo, depois de velho, fez-se ermitão* (Arthaber 381, Zeppini Bolelli 95, Mota 146); são variantes, por exemplo, a italiana *Porta stanca diventa santa*, a espanhola *Lobo sin dientes se hace eremitaño*, a alemã *Im Alter kommt der Psalter* (que se vale da paronomásia *Alter-Psalter*).

1710. *Nobilitas sola est atque unica virtus*
A única e verdadeira nobreza é a virtude

Essa gnoma é extraída de um trecho de Juvenal (8,20), que ataca as pessoas que se acreditam nobres por terem uma galeria de antepassados no átrio: essa passagem é muito semelhante a uma outra, de Sêneca (*Ep*. 44,5). O mesmo Sêneca, em *Ep*. 44,3, afirma perspicazmente: *Platonem non accepit nobilem philosophia, sed fecit*, "a filosofia não acolheu Platão já nobre, mas tornou-o nobre"; esse motivo reaparece ainda em *Ep*. 66,3 e em outros autores, como Ovídio (*Epistulae ex Ponto*, 1,9,39 s.), Claudiano (*De quarto consulatu Honorii*, 220) e o Pseudo-Sêneca (*Monita*, 62). Talvez represente um dos *topoi* mais populares de toda a cultura ocidental, já a partir da Idade Média: Walther registra cerca de trinta e seis variações sobre o tema. O trecho de Juvenal, às vezes inteiramente acolhido (17031, 31498), leva a *Nobilitas sola est animum quae moribus ornat*, "a única nobreza é aquela que adorna a alma com bons costumes" (17030, cf. também 17012, 17536), enquanto, em outros textos, o foco desloca-se da abstrata *nobilitas* para o homem concreto (cf. 16991 *Nobilis est ille quem nobilitat sua virtus*, "nobre é aquele que a virtude enobrece"; ver também 16990, 17003, 23779), às vezes com maior destaque para o aspecto "prático", sendo então nobre quem faz boas ações (6399, 16993, 16994, 17000, 17005). Também é retomado com freqüência o já mencionado trecho de Ovídio (*Nec census nec clarum nomen avorum / sed probitas magnos ingeniumque facit*, "não são as riquezas nem a fama dos antepassados que engrandecem, mas a honestidade e o talento"): ver os n°s 17026, 17028, 17373, 17821, 18269, 18551, 25192. Finalmente, muitos outros provérbios não têm — pelo que pude verificar — precedentes clássicos: eu destacaria o 17015 *Nobilitas fit rusticitas vitio dominante, / rusticitas fit nobilitas virtute iuvante*, "a nobreza torna-se rusticidade sob o domínio do vício; a rusticidade torna-se nobreza com a ajuda da virtude", e o 15093, onde a *vera nobilitas* está condicionada aos *mores egregii*, "excelentes costumes" e ao *pectus purum*, "coração puro". A grande difusão continua nas línguas modernas: ver, por exemplo, os provérbios italianos *Dalla virtù la nobiltà procede* [a nobreza provém da virtude] (que tem equivalentes exatos em francês e alemão) e *Non è nobile l'uom pel suo lignaggio, / nobile è l'uom d'atti gentile e saggio*, bem como o espanhol *Noble se puede llamar el que por naturaleza es inclinado a la virtud*, o alemão *Tugend ist der beste Adel*, o inglês *Nobility is the one only virtue* e o brasileiro *É melhor ser bom de que de boa raça*. Também são variadas e numerosas as referências literárias. Alguns exemplos na literatura italiana: Guinizelli, na canção *Al cor gentil rempaira sempre amore* (4,3 s.) tem *Dice om alter: "Gentil per schiatta torno": / lui sembro al fango, al sol gentil valore*; esse *topos* reaparece em Maquiavel, onde se faz uma oposição entre a falaz "reputação, proveniente de parentes e progenitores", e a virtude, como dom nitidamente individual; está também em Parini, na ode *L'educazione* (99-102), em Alfieri, na sátira *I grandi*. Na literatura francesa, sentenças desse tipo são proferidas por Dom Louis contra Dom Juan em *Dom Juan* de Molière (4,4: *Non, non, la naissance n'est rien où la vertu n'est pas... la vertu est le premier titre de la noblesse*). Na literatura inglesa, ver, por exemplo, Chapman (*Revenge of Honour*, 5,2) e Tennyson (*Lady Clara Vere de Vere*, 54,56).

1711. *Vitiis nemo sine nascitur*
Ninguém nasce sem defeitos

A fonte é um trecho de *Sátiras* de Horácio (1,3,68), citado como gnômico por São Jerônimo (*Ep*. 79,9; 133,1) e considerado proverbial já na Idade Média (Walther 33910, cf. também 15875). Sentenças semelhantes aparecem em Sêneca, o Pai (*Controversiae*, 2,4,4), em Petrônio (que acrescenta [75,1]: *Homines sumus non dei*, "somos homens, não deuses" [cf. n° 506]), num escólio a Juvenal (14,15) e nos *Disticha Catonis*, onde se lê *Si vitam inspicias hominum, si denique mores, / cum culpant alios: nemo sine crimine vivit*, "se observares a vida dos homens, se observares seus costumes, quando culpam os outros: ninguém vive sem erros" (1,5, para suas imitações medievais cf. Boas-Botschuyver 38 s.). Também existe a recíproca, segundo a qual todos têm seus defeitos, como por exemplo em Propércio (2,22,17), em que *Uni cuique dedit vitium natura creato*, "a cada ser criado a natureza deu um defeito", introduz a enunciação do *vitium* do falante: essa mesma situação está em Terêncio (*Hecyra*, 270); em Catulo (22,20 s.) esse motivo é acompanhado pelo do homem que não vê os próprios erros porque estes estão encerrados num alforje que ele carrega nas costas (cf. nº 1288); em Quintiliano (11,3,121), a sentença justifica a interrupção da lista de vícios de oratória; finalmente, tem caráter mais nitidamente moralista *hoc scito... tantundem esse vitiorum quantum hominum*, "sabe que são tantos os vícios quantos são os homens", de Sêneca (*De ira* 2,8,1). São variações a gnoma de Trásea Peto, registrada por Plínio, o Jovem (*Ep.* 8,22,3), *Qui vitia odit, homines odit*, "quem odeia os defeitos, odeia os homens", bem como a lapidar (Tácito, *Historiae*, 4,74,2) *Vitia erunt, donec homines*, "haverá vícios enquanto houver homens". Nas tradições proverbiais modernas, esse motivo também teve grande difusão; sua fama foi alimentada por sua óbvia veracidade e pela existência de algumas frases evangélicas conceitualmente semelhantes (como *Quem não tiver pecados que atire a primeira pedra* [*João*, 8,7], cf. também nº 1296). Em todas as línguas européias estão registrados provérbios do tipo do italiano *Nessun uomo senza difetti* (Arthaber 390, Otto 1918): entre as variações eu destacaria o alemão *Es ist kein Fisch ohne Gräte und kein Mensch ohne Fehler* e o inglês *Lifeless, faultless*. Às vezes esse conceito é expresso com imagens vivazes como as italianas *Ogni farina ha la sua crusca* [toda farinha tem seu farelo] e *Ogni legno ha il suo tarlo* [toda madeira tem seu caruncho] (que têm equivalentes em alemão), ou as francesas *Chacun grain a sa paille* [todo grão tem sua palha] (com paralelo registrado em inglês) e *Chacun vin a sa lie* [todo vinho tem sua borra] (com equivalente exato em alemão).

1712. *Imperare sibi maximum imperium est*
Dominar-se é o supremo domínio

Essa frase é extraída de *Epistulae ad Lucilium* de Sêneca (113,30), mas são muitos os paralelos gregos e latinos. Era popular uma máxima atribuída a Demócrito (1,345,75 Mullach), que dizia: τὸ νικᾶν αὐτὸν ἑαυτὸν πασῶν νικῶν πρώτη καὶ ἀρίστη, "vencer a si mesmo é a primeira e mais bela vitória", conceito que retorna, por exemplo, em outras sentenças de Demócrito (ibidem, 76; 77 Mullach), no sofista Antifonte (B 58 D.-K.) e em Platão, que, em *Górgias* (491 d), enfatiza a necessidade de exercer o comando de si mesmo antes de comandar os outros e, em *A República* (4,430e-431a), esclarece que κρείττω αὐτοῦ, "superior a si mesmo", significa que a parte melhor do homem prevalece sobre a pior (o fato de ser essa uma problemática "socrática" é confirmado por Xenofonte [*Memorabilia*, 1,6]). São numerosos os autores latinos que reafirmam a necessidade do domínio sobre si mesmo: Plauto (*Trinummus*, 309), Cícero (*Paradoxa stoicorum*, 5,1,33), Sêneca (*Ep.* 71,36; 90,34), Lívio (30,14,7), Valério Máximo (4,1,2); são outras formulações: *Bis vincit qui se vincit in victoria*, "vence duas vezes quem, ao vencer, vence a si mesmo" (Publílio Siro, B 21 = Walther 2062a), *Se vincere ipsum longe est difficillimum*, "há muito a coisa mais difícil é vencer a si mesmo" (Pseudo-Sêneca, *De moribus*, 82, Walther

27775, cf. 27776), *Stultumst aliis imperare velle, qui haud possit sibi*, "é insensato quem quer comandar os outros mas não consegue comandar-se" (*Appendix sententiarum*, 278 R.², cf. Walther 30440a, 30444); entre as variantes medievais, eu destacaria ainda *Tu si animum vicisti, potius quam animus te / est, quod gaudeas*, "se venceste teus instintos e teus instintos não te venceram, tens motivo para ser feliz" (Walther 31745), *Vincere cor proprium plus est quam vincere mundum*, "vencer o próprio íntimo é mais importante do que vencer o mundo" (Walther 33422). O elogio da vitória sobre si mesmo também está presente na tradição judaica (em *Provérbios*, 16,32, afirma-se que ser senhor das próprias paixões é empresa mais árdua do que tomar uma cidade) e, por isso, há grandes razões para que também esteja presente no cristianismo, como em Santo Ambrósio (*De officiis*, 1,36,180). Nas culturas medieval e moderna, teve grande fama não só a sentença de Sêneca, mas também o motivo genérico, que representa um dos *topoi* éticos mais difundidos: está presente em todas as tradições proverbiais, geralmente com redações paralelas às brasileiras *Quem se vence, vence o mundo* e *Vence quem se vence* (cf. Arthaber 1461, Mota 198, 227), e em numerosos autores, como Metastasio, Calderón de la Barca, Goethe. Também se encontra na cultura islâmica: ver, em especial, um ditado de Sufyān ibn 'Uyainah, segundo o qual *a guerra santa é constituída por dez partes: uma delas consiste em guerrear contra o inimigo e as outras nove, em guerrear contra nós mesmos* (cf. *Vite e detti di santi musulmani*, ed. V. Vacca, Milano 1988², 94).

1713. *Virtutem verba putas*
Achas que a virtude são palavras

Essa expressão, que provém de Horácio (*Ep.* 1,6,31) e encontra paralelos não só nesse mesmo autor (*Ep.* 1,17,41) como também em outros, como Sêneca (*Ep.* 123,10), é paradigmática de um tipo de pensamento que subestima aquilo que, para os estóicos, é o supremo bem, a virtude, a ponto de considerá-la palavra que soa bem, mas não tem significado. Em grego, ὤ τλῆμον ἀρετή, λόγος ἄρ' ἦσθ(α), "ó, pobre virtude, és apenas uma palavra", é afirmação que o trágico Diógenes de Sinope (fr. dub. 3,1 K.-Sn.) põe na boca de Héracles; ficou famosa porque — segundo narração de Díon Cássio (47,49,2) e de Floro (*Epítome*, 4,7,11) — teria sido proferida por Brutus antes de deixar-se matar. Nas literaturas modernas, deve ser lembrado *Die Treue, sie ist doch kein leerer Wahn*, de Schiller.

1714. *Gloria... virtutem tamquam umbra sequitur*
A glória segue a virtude como sombra

Essa máxima é de Cícero (*Tusculanae disputationes*, 1,45,109), sendo retomada por Sêneca (*Ep.* 79,13) e por São Jerônimo (*Ep.* 108,3, *Epitáfio de Paula*, 175 Vall.): enfatiza não só que a virtude traz em si, inevitavelmente, a glória (a esse respeito, cf. também Cícero, *Brutus*, 81,281), mas também que, para se atingir a glória, é preciso muito trabalho (nº 1685). Em francês, existe *La gloire est la récompense de la vertu*; em alemão, *Ehre ist der Tugend Schatten*; em italiano, existe o mais genérico *Ogni fatica merita ricompensa*.

1715. *Nullum est vitium sine patrocinio*
Não há vício sem desculpa

Trata-se de uma máxima de Sêneca (*Ep.* 116,2), conhecida também na versão vulgar *Vitium omne semper habet patrocinium suum*, que encontra correspondência nas tradições proverbiais contemporâneas, como no italiano *Ogni vizio ha la sua scusa*, no francês *Chacun est éloquent pour défendre son différent*, nos alemães *Jeder Fehler hat seine Ausrede* e *Keine Sünde, sie hat ihren Vormund*, no inglês *No vice but hath its patron* (ou seja, "não há vício que não tenha sua defesa").

b) Excessos

1716. *Melius abundare quam deficere*
Melhor abundar do que faltar

Essa expressão, comumente usada (inclusive na forma abreviada *Melius abundare*) quando se afirma que, para não correr o risco de ficar com a medida justa, é melhor superá-la, tem origem medieval e fonte desconhecida. Seu princípio, porém, tem influência jurídica, que pode ser sintetizada em outro famoso lema, *Superflua non nocent*, "o que excede não prejudica", que é citado, explicitamente como sentença usada em direito, por Santo Agostinho (*De civitate Dei*, 4,27): corresponde a uma norma do direito testamentário, presente no *Código* de Justiniano (6,23,17), que se conclui com um explícito *Necessaria praetermissa imminuunt contractus et testatoris officiunt voluntati, non abundans cautela*, "a omissão de elementos necessários, e não sua cautelosa abundância, prejudica o valor do contrato e obsta à vontade do testador". São provérbios brasileiros *Antes de mais que de menos* e *O que é de mais mal não faz* (para os paralelos em outras línguas cf. Mota 45, 153).

1717. *Mare magnum*
O grande mar

Trata-se de uma expressão que, no latim clássico, tem vários significados: pode simplesmente aludir à vastidão do mar (cf. Ênio, *Alexandre*, 43 Jocelyn, Lívio Andrônico, 33 R.³), designar o Mediterrâneo (Plínio, *Naturalis historia*, 9,18,47, Orósio, *Histórias contra os pagãos*, 1,2,3) ou equivaler a Oceano Atlântico, indicando, pois, o mar que circundava a terra habitada (ver Cícero, *República*, 6,20,21). Ainda é usada (ao lado da italianização *Mare magno*) para indicar um acúmulo caótico de material, difícil de reorganizar. Deve-se destacar que F. Marucelli, famoso erudito florentino do século XVII, deu esse título a uma imensa obra de compilação, que ainda continua manuscrita na Biblioteca Marucelliana de Florença. Sua fama talvez tenha sido favorecida por um trecho dos *Salmos* (103,25: *Mare magnum et spatiosum*), onde é assim que se designa o imenso elemento, cheio de vida.

VÍCIOS E VIRTUDES, EXCESSOS E MODERAÇÃO   779

1718. *Rudis indigestaque moles*
Massa tosca e confusa

Essa expressão, ainda usada para indicar um amontoado de material desordenado e ilógico, deriva de *Metamorfoses* de Ovídio (1,7), onde é essa a designação que se dá ao Caos, ou seja, à situação em que se encontrava o universo antes da criação do mar, da terra e do céu.

1719. Μέγα βιβλίον μέγα κακόν
Grande livro, grande mal

Essa expressão deriva de um fragmento de Calímaco (465 Pfeiffer: cujas palavras exatas, porém, não chegaram até nós); é freqüentemente citada como símbolo da poética alexandrina e de Calímaco em especial, que renega um tipo de poesia — como o epos da tradição homérica — que dê vida a obras vastas e grandiosas, preferindo os epigramas breves, elegantes e refinadíssimos. Essa frase é citada a propósito de livros ou de obras de proporções gigantescas.

1720. *Aquila non captat muscas*
A águia não pega moscas

Trata-se de um ditado de origem desconhecida, que recomenda não dar atenção a ninharias a quem quiser ser qualificado de "grande"; atualmente é de uso comum (em algumas línguas européias, como, por exemplo, o russo, registra-se como proverbial sua tradução exata). Em grego existe ἐλέφας μῦν οὐχ ἁλίσκει, "elefante não caça camundongo", registrado pelos paremiógrafos (Zenob. vulg. 3,67, Diogen. 4,45; Vind. 2,66), inclusive com as variantes οὐ διώκει, "não persegue" (Macar. 3,75) e οὐκ ἀλεγίζει, "não se ocupa com" (Apost. 7,8). Marcial, por outro lado (12,61,5 s.), para afirmar que não pretende dissipar sua pungente veia sarcástica por um certo Ligurra, diz que os leões da Líbia lançam-se contra os touros e *non sunt papilionibus molesti*, "não causam problemas às borboletas". Em italiano ainda está vivo *L'elefante non acchiappa il topo* [elefante não pega camundongo] (também documentado numa carta de Carducci [4,224]); em alemão, tem-se *Löwen fangen keine Mäusen*. Com esse mesmo sentido, usa-se muitas vezes *De minimis non curat praetor* (nº 1137). No Brasil se diz *Infeliz da raposa que anda aos grilos* (para paralelos exatos cf. Mota 108).

1721. *Maiora premunt*
As coisas maiores urgem

Essa expressão, atualmente de uso comum, significa que é preciso atribuir graus de prioridade às coisas a serem feitas, sem perder tempo com atividades de pequeno valor quando existem outras mais urgentes: é empregada com freqüência como exortação e advertência para abandonar-se o que está sendo feito. A fonte talvez seja um trecho de Lucano (1,673 s.), onde, porém, essa locução tem significado profundamente diferente: diz-se, de fato, que *Terruerant satis haec pavidam praesagia plebem, / sed maiora premunt*, "esses presságios haviam apavorado bastante o povo medroso, mas outros, bem mais assustadores, eram iminentes".

1722. *Boni pastoris esse tondere pecus, non deglubere*
É próprio do bom pastor tosar as ovelhas, e não esfolar

Segundo Suetônio (*Vida de Tibério*, 32) e outros testemunhos posteriores (Díon Cássio, 57,10,5, Orósio, 7,4,4, *Suda* τ 552, *Mantissa proverbiorum*, 5,16), foi com essa máxima, que depois se tornou proverbial, que Tibério teria respondido a quem lhe solicitava a cobrança de impostos excessivamente pesados. Alexandre também, em circunstância análoga, teria sentenciado: καὶ κηπωρὸν μισῶ τὸν ἐκ ῥιζῶν ἐκτέμνοντα τὰ λάχανα, "odeio também o hortelão que corta os legumes pela raiz" (a comparação é registrada pelos paremiógrafos; cf. Arsen. 9,24d). A frase de Tibério ainda é conhecida e citada, sobretudo na tradução para as várias línguas européias, como recomendação de moderação, especialmente em política.

1723. Τὰ μικρὰ μεγάλα ποιεῖν
Transformar pequenas coisas em grandes

Essa expressão, que indica gabarolices e exageros, encontra-se em Políbio (7,7,6, cf. também 29,12,2). Sua origem, porém, é, provavelmente, sofística; portanto, pode ser feito um paralelo entre ela e τὸν ἥττω λόγον κρείττω ποιεῖν (nº 52); conceitos como esse são freqüentes na oratória (cf., por exemplo, Isócrates, *Panegírico*, 2,8). Tem sentido análogo a exortação μὴ μεγάλα λέγε, "não digas fanfarronices", presente em *As rãs* de Aristófanes (v. 835), coligida pelo paremiógrafo Arsênio (11,38a) e glosada por Erasmo (2,2,52); constitui uma variante da fórmula mais difundida μὴ μέγα λέγε, que também foi registrada pelos paremiógrafos (cf. Diogen. 6,70b). No Brasil se diz *De um argueiro fazer um cavaleiro*.

1724. *Si... tragoedias agamus in nugis*
Se fizermos tragédias por ninharias

A fonte é um trecho de *De oratore* de Cícero (2,51,205): essa expressão, que visa a quem dramatiza todas as situações, é freqüente nesse autor (cf. também *De oratore*, 2,55,225, *Tusculanae disputationes*, 4,34,73, *Pro Milone*, 7,18) e está presente em Quintiliano (6,1,36, onde se faz uma comparação com o ato de dar os sapatos de Hércules a uma criança [cf. nº 455]). É registrada por Walther (131519a); nas línguas européias existe *Fazer uma tragédia* com esse sentido, com muitas locuções afins, como a italiana *Tanto rumore per nulla* [tanto barulho por nada] (que tem equivalentes em várias línguas, como o inglês e o russo), e a alemã *Grossen Lärm aufschlagen über Kleinigkeiten*.

1725. Risu... emoriri
Morrer de rir

Essa expressão hiperbólica indica o riso impetuoso e irrefreável: nesses termos, provém de Terêncio (*Eunuchus*, 432), mas também aparece em vários outros autores: ver, por exemplo, um fragmento de Afrânio (127 R.[3]), onde o riso que explode é, além do mais, *clandestinus*, "secreto", um de Lucílio (30,97 M.), um trecho de Petrônio (24,5: *Risu dissolvebat illia sua*, "quebrava-se os flancos de rir"), um de Sêneca (*Ep.* 113,26: *Dissilio risu*, "arrebento de rir"), vários trechos de *Metamorfoses* de Apuleio (3,2, que é muito semelhante ao precedente de Terêncio, 3,7, em que temos o verbo *dissolvere*, e finalmente 10,15), um de Sidônio Apolinário (*Ep.* 1,11,3) e um de Santo Agostinho (*Ep.* 95,2); para outras citações, remeto a Weyman 78 s. Em grego, essa imagem está documentada, por exemplo, em Aristófanes (*As rãs*, 1089 s.), num escólio à *Odisséia* (18,100) e no comentário de Eustátios à mesma passagem (1839,43-46), bem como no comentário à *Ilíada*, 11,724 (881,2 = 3,312,23 s. V.). Nas modernas línguas européias são comuns expressões paralelas a *Morrer de rir* e a *Arrebentar de rir*.

1726. In cymbalis
Ao som dos címbalos

Essa expressão (inclusive na forma italiana *In cimbali*) é comumente usada para indicar alegria incontida, que se manifesta sem moderação, em especial no que se refere aos bêbados. Alude a um antigo instrumento de percussão, o címbalo, côncavo em forma de bacia que, por ser de latão, produzia enorme ruído nas festas, sobretudo nas Bacanais. A fama dessa locução, porém, deve-se ao fato de ter sido usada com freqüência no *Antigo Testamento*: na versão dos *Setenta*, ἐν κυμβάλοις aparece cerca de dezenove vezes (para a resenha completa, remeto a E. Hatch - H. A. Redpath, *A concordance to the Septuagint*, Oxford 1897, 799) e na *Vulgata* de São Jerônimo *in cymbalis* aparece em dez passagens: assinalo, em especial, *Judite*, 16,2 (*Cantate Deum in cymbalis*, "cantai Deus com címbalos") e *Salmos*, 150,5 (*Laudate eum in cymbalis bene sonantibus, laudate eum in cymbalis iubilationis*, "louvai-o com címbalos bem soantes, louvai-o com címbalos triunfais"; cf. Ravasi 3,1005; para *iubilatio*, ver também nº 1520).

1727. Disrumpor!
Estou explodindo!

Essa frase lapidar encontra-se em *Adelphoe* de Terêncio (v. 369); indica o estado de ânimo de uma personagem tomada por forte acesso de ira; explodir, aliás, é hipérbole difundida em latim, para indicar paixão irresistível e excessiva: cf. também, por exemplo, Plauto (*Bacchides*, 251), Pérsio (3,9), Propércio (1,8,27), Calpúrnio Sículo (*Églogas*, 6,80). É especialmente freqüente explodir de inveja, como por exemplo em Virgílio (*Bucólicas*, 7,26), em Marcial (9,97,1) e, em língua grega, em Luciano (*Tímon*, 40). Não faltam expressões hiperbólicas semelhantes, para indicar situações diferentes, como explodir de gritar (Horácio, *Sat.* 1,3,136) ou rebentar para chamar a atenção de outra pessoa (Plauto, *Captivi*, prólogo, 14); para explodir de rir ou de alegria, cf. nº 1725; para inchar como a rã até explodir, na vã tentativa de igualar o boi, cf. também nº 541. *Explodir de inveja* (ou *de raiva*) é expressão viva em várias línguas.

1728. *Digito se caelum putent attingere*
Acreditariam tocar o céu com um dedo

A fonte é um trecho de Cícero (*Epistulae ad Atticum*, 2,1,7); essa expressão, que representa muita alegria ou glória, reaparece em Ovídio (*Epistulae ex Ponto*, 2,2,9, onde o dedo é substituído pela mão inteira), em Símaco (*Ep.* 1,52) e em Venâncio Fortunato (*Vita Sancti Hilarii*, 2,3). É mais freqüente o motivo afim do famoso *Sublimi feriam sidera vertice*, "tocarei as estrelas com a cabeça", de Horácio (*Carm.* 1,1,36), retomado por Ausônio (*Idílios*, 8 [6,52]), *topos* já presente em Safo (fr. 52 Voigt) que reaparece em Aristeneto (*Ep.* 11), em Sinésio (*Ep.* 41 [64,16 G.]; 79 [139,2 s. g.; trata-se, segundo Kock, de um fragmento cômico anônimo, 531]), bem como, em latim, em Ovídio (*Epistulae ex Ponto*, 2,5,57). Uma variante vulgar é *Putabat se coleum Iovis tenere*, "acreditava estar segurando os testículos de Júpiter", de Petrônio (51,5: os filólogos muitas vezes corrigiram *coleum* para *solium* ou *coelum*). Além disso, também tem difusão uma expressão segundo a qual quem está sentindo imensa alegria encontra-se no céu ou entre os deuses: remeto a Otto 288, 290, Sonny 97, 100, Sutphen 143, 153, Szelinski 233, 235. Em italiano é freqüente dizer-se *Toccare il cielo con un dito* [tocar o céu com um dedo]; também é comum a expressão *Essere al settimo cielo* [estar no sétimo céu].

1729. *Quo plus sunt potae, plus sitiuntur aquae*
Quanto mais se bebe água, tanto mais sede se tem

A fonte é Ovídio (*Fastos*, 1,216): não se deve ceder aos desejos, já que qualquer satisfação sempre provoca desejos maiores, exatamente como quem bebe beberia sempre mais. Em latim, esse motivo tem paralelos em Horácio (*Ep.* 2,2,146) e sobretudo num trecho de Plínio (*Naturalis historia*, 14,148), em que essa gnoma está registrada, sendo proferida com freqüência por uma embaixador dos citas: *Quanto plus biberint tanto magis sitire Parthos*, "quanto mais bebem, tanto mais sede têm os partos"; é muito provável que represente um *topos* cínico: imagem semelhante era usada por Aristipo (73 Giannantoni), segundo afirmação de Plutarco (*De cupiditate divitiarum*, 524ab), e outros apotegmas desse tipo são coligidos e atribuídos a Diógenes (229 Giannantoni) por João de Stóboi (3,10,45); outros paralelos estão em Políbio, 13,2, e em Bíon de Borístenes (241 Kindstrand). O provérbio atual, formalmente próximo ao antigo, é o alemão *Ein Trunk fordert den andern*, enquanto em todas as línguas européias existem equivalentes ao italiano *L'appetito vien mangiando*; variantes importantes são a espanhola *El comer y el rascar todo es empezar* [port., Comer e coçar é só começar] e a inglesa *One shoulder of mutton draws down another*. Para *Crescit amor nummi quantum ipsa pecunia crevit*, cf. nº 1809. Uma sugestiva referência literária desse motivo está numa passagem de Rabelais (1,5), que goza de justa fama, porquanto cheia de alusões e ambigüidades (cf. nº 741).

1730. Ὁ δύο πτῶκας διώκων οὐδέτερον καταλαμβάνει
Quem persegue duas lebres não pega nenhuma

Esse provérbio, registrado por Apostólio (12,33), é traduzido para o latim medieval como *Lepores duos insequens neutrum capit* (Walther 13669); uma variante é *Qui binos lepores una sectabitur hora, / non uno saltem, sed saepe carebit utroque*, "quem persegue duas lebres ao mesmo tempo freqüentemente não perde uma só, mas ambas" (Walther 23863, cf. também 31243). Em termos de significado, equivale ao italiano *Chi troppo vuole nulla stringe* [quem tudo quer nada tem]. Essa imagem também está presente em Boccaccio (1,9: *Chi due lepri caccia talvolta piglia l'una e spesso niuna*) e, como provérbio, retorna em várias línguas européias (por exemplo, em russo e em polonês) e em alguns dialetos italianos (ver, por exemplo, o genovês *Chi due levre caccia, unn-a a fûzze e l'altra a scappa*). No Brasil se diz *Quem corre atrás de dois, um vai-se embora* (para outros paralelos cf. Mota 181).

1731. *Certa amittimus dum incerta petimus*
Perdemos o que é seguro quando saímos à cata do que é inseguro

Essa expressão, formalmente agradável graças à oposição polar de seus dois membros (*certa amittimus* e *incerta petimus*), deriva de *Pseudolus* de Plauto (v. 685: na verdade, os melhores editores preferem a variante *mittimus*, em lugar de *amittimus*): trata-se do motivo do imprudente que — assim como os sucessores de Péricles em Tucídides (2,65,7) — parte para novos perigos sem olhar para trás, mas é sobretudo uma advertência àqueles que nunca se satisfazem. Essa tradição está vinculada — de modo explícito em São Jerônimo (*Ep.* 29,7) e numa máxima atribuída a Demócrito (1,342,21 Mullach) — à fábula "esópica" (Esopo, 136 Hausrath, Fedro, 1,4,1, cf. também Arsênio, 12,97e) do cão que perde um pedaço de carne que tinha na boca quando se vê refletido na água e procura abocanhar também o pedaço que está sendo carregado pela sua imagem; em Aviano (20,15 s.), porém, o pescador responde a um peixinho (este suplica que seja posto em liberdade, pois assim o pescador poderá pescá-lo com muito mais prazer quando ele for maior) que só os tolos trocam uma presa por uma esperança futura. Em Frontão (95,13 s. van den Hout), tem-se uma mescla com o motivo da aceitação daquilo que se tem hoje, em vez de esperar o que virá amanhã (cf. nº 866), numa máxima do *Appendix sententiarum* (174 R.²), com o da "relva do vizinho, que está sempre mais verde" (nº 1292): *Sua multi amittunt cupide cum aliena appetunt*, "muitos perdem suas próprias coisas quando cobiçam as dos outros" (a *cupiditas* em contextos desse tipo reaparece num epigrama de Lucano, 367 Baehrens). Outros paralelos estão em Salústio (*De Catilinae coniuratione*, 20,2; *Bellum Iugurthinum*, 83,1), em *Suasoriae* de Sêneca, o Retor (1,10), em *De brevitate vitae* de Sêneca (9,1), onde o filósofo critica o comportamento de quem perde o presente por só pensar no futuro, em Justino (39,1,3), em

São Jerônimo (*Contra Vigilantium*, 17) e em outros numerosos autores, sobretudo medievais (para os quais remeto a Weyman 71 e 264, e a Sutphen 147); para *Malo quod teneo quam quod spero*, cf. nº 866. São muitos os textos na literatura grega: deve ser destacado um fragmento de Hesíodo (61 Merkelbach-West) que diz νήπιος, ὃς τὰ ἑτοῖμα λιπὼν ἀνέτοιμα διώκει, "tolo é quem abandona as coisas seguras para seguir as inseguras"; são também importantes dois trechos de Píndaro (*Píticas*, 3,224, *Ístmicas*, 7,13), o de Tucídides já mencionado, um de Teócrito (11,75: τὰν παρεοῖσαν ἄμελγε· τί τὸν φεύγοντα διώκεις, "ordenha a que tens, por que persegues a que foge?"), um de Calímaco (*Epigramas*, 31,5 s.) e um *monóstico de Menandro* (20 Jäkel: ἀφεὶς τὰ φανερὰ μὴ δίωκε τἀφανῆ, "abandonadas as situações claras, não persigas as obscuras"). São numerosas as variantes medievais, entre as quais destaco: *Si quis erit quaerens incertum certaque linquens / ille caret saepe rebus quas possit habere*, "quem procura o incerto abandonando o certo muitas vezes não tem o que poderia ter" (Walther 29009), *Pauca licet certa sunt incertis meliora*, "as coisas certas, conquanto poucas, são melhores do que as incertas" (20855), *Certa sequens, incerta cavens, praesentia curo*, "seguindo o que é certo, acautelando-me do que é incerto, preocupo-me com o presente" (2658), e *Quae sunt certa tene, quae sunt incerta relinque!*, "segura o que é certo e abandona o que é incerto!" (23084). Também são muitos os provérbios modernos: em quase todas as línguas existem equivalentes ao italiano *Mal si lascia il certo per il forse* [é mau deixar o certo pelo talvez]; o francês *Un tiens vaut mieux que deux tu auras* [um "toma" vale mais do que dois "terás" = port., Mais vale um pássaro na mão do que dois voando] tem um paralelo perfeito em espanhol. Além disso, em italiano têm grande difusão *Meglio un uovo oggi che una gallina domani* [melhor um ovo hoje do que uma galinha amanhã] (ao qual foi dedicada uma gravura de Mitelli [40]) e *Chi troppo vuole nulla stringe* [quem tudo quer nada tem]; semelhante ao antigo é um provérbio genovês: *Chi lascia o poco pe l'assae, l'è na gran ciulla e un gran ballae* (ou seja: "quem deixa o pouco pelo muito é um grande tolo e um grande idiota"); no Brasil se diz *Quem tudo quer tudo perde*. Lembro a fábula de La Fontaine (5,13) na qual um camponês, dono de uma galinha que põe um ovo de ouro por dia, mata-a por acreditar que encontrará um tesouro dentro dela, mas constata com tristeza que se trata de uma galinha normal e que está arruinado por ter sido ganancioso; abandonar o pouco pelo incerto também é tratado em outro texto de La Fontaine (9,10). Finalmente, o princípio de escolher o certo e não o extremamente incerto retorna em numerosos autores modernos (por exemplo em *O eleito*, de T. Mann).

1732. *Porro unum est necessarium*
Na realidade só uma coisa é necessária

Essa expressão, citada com freqüência como convite à moderação e a não lutar desmedidamente por objetivos na aparência essenciais mas na realidade inúteis, provém de um célebre episódio do *Evangelho de Lucas* (10,42): Jesus é hóspede das duas irmãs Marta e Maria e, enquanto a primeira está atarefada nos trabalhos domésticos, a segunda escuta as palavras do Mestre sem se preocupar com outras coisas; Marta fica indignada e Jesus replica assim, afirmando que Maria na realidade escolheu "a parte melhor, que não lhe será subtraída". Essa frase, que parece estar vinculada ao motivo do caráter fundamental do *Torah*, muito apreciado na literatura rabínica (cf. Strack-Billerbeck 2,185 s.), do ponto de vista textual é controvertida, e no original grego — segundo as edições mais dignas de crédito — soa: ὀλίγων δέ ἐστιν χρεία ἢ ἑνός, "de poucas coisas se necessita, ou mesmo de apenas uma". Essa frase às vezes é citada com o sentido original, para dizer que só o que diz respeito a Deus é importante, mas às vezes também se diz simplesmente *Porro unum* para designar a coisa essencial, a condição necessária; finalmente, não se pode deixar de lembrar a conhecida facécia italiana, segundo a qual a tradução dessa frase seria *"almeno un porro è necessario"* [é preciso pelo menos um porro], com a variação de Piovano Arlotto (*Facezie*, Firenze 1884, 106), que, do púlpito, concitou os fiéis a lhe trazerem um alho-porro cada um.

1733. *Cito rumpes arcum, semper si tensum habueris*
Logo romperás o arco, se o mantiveres sempre tenso

Essa expressão é extraída de uma fábula de Fedro (3,14,10), em que Esopo, ao ser ridicularizado por estar brincando com crianças, defende-se pondo no chão um arco com a corda frouxa: assim como o arco, se continuamente tenso, acabará por quebrar-se, também nas várias atividades não se deve exigir demais e é preciso permitir que o espírito tenha momentos de relaxamento (a esse respeito é emblemático Horácio, *Sat.* 2,7,19-20, *Carm.* 2,10,18-20). Essa imagem é encontrada em outros autores, como Ovídio (*Heroides*, 4,91: é uma carta de Fedra a Hipólito, em que o jovem é incitado a não exercitar o tempo todo as artes de Diana, mas a também conceder tempo às artes de Vênus), Cassiano (*Collationes*, 14,21) e São Gregório Magno (*Liber Regulae pastoralis*, 3,39: este utiliza essa frase para exemplificar o tom — nem sempre elevado — necessário durante as prédicas); reaparece em provérbios medievais, como *Arcum nimia frangit intensio*, "a tensão excessiva quebra o arco" (Otloh de Sankt Emmeram, *Liber proverbiorum*, 1 [*PL* 146,303b]) e *Absque modo tractus saepissime frangitur arcus*, "o arco, estirado com freqüência e em excesso, quebra-se" (Wippo, *PL* 142,1264). Do ponto de vista conceitual, também é preciso mencionar uma passagem de *De tranquillitate animi*, de Sêneca (17,5), em que se afirma que a alma humana tem necessidade de gozar de momentos de relaxamento, citando-se o exemplo do campo fértil que, se excessivamente explorado, acaba por esgotar-se (para esse motivo, cf., por exemplo, Ovídio, *Ars amatoria*, 3,82), bem como *Otia corpus alunt*, de Ovídio (*Epistulae ex Ponto*, 1,4,21 [cf. nº 946]). Esse adágio já era grego: ἀπορραγήσεται τεινόμενον τὸ καλῴδιον, "a corda esticada se romperá", é registrado pelos paremiógrafos (Diogen. 2,89), e está, por exemplo, em Heródoto (2,173: é o rei egípcio Amásis que assim responde a quem o acusa de gostar de brincar com os comensais), e em Luciano (*Diálogo das meretrizes*, 3,3). Existe também uma variante que contrapõe o arco, que se rompe se estiver tenso, com o espírito humano, que, ao contrário, arruina-se quando solto: ver Plutarco, *An seni respublica gerenda sit*, 66, e Pseudo-Sêneca, *De moribus*, 138 (*Arcum intensio frangit, animum remissio*, "o arco é rompido pela tensão; o espírito, pelo abrandamento", cf. Walther 1283 e o citado trecho de Otloh); também em *De senectute* de

Cícero (11,37) exalta-se a figura de Ápio Cláudio, que, mesmo cego e velho, *Intentum... animum tamquam arcum habebat*, "tinha o espírito teso como um arco". Em todas as línguas modernas existem provérbios afins (cf. Arthaber 100, Mota 72; em italiano existe *Il troppo tirar l'arco fa spezzar*; no Brasil se diz *Corda puxada se quebra*).

c) Soberba e ira

1734. *Contritionem praecedit superbia*

A soberba precede a contrição

Essa frase é da tradução dos *Provérbios* (16,18) feita na *Vulgata*; significa que o soberbo sempre é punido e, por isso, as pessoas nunca devem engrandecer-se nem ensoberbar-se: é melhor — continua o texto — ser humilhado junto aos mansos do que repartir despojos com os soberbos. Essa expressão ainda é conhecida e citada; nas várias línguas européias, sua tradução é considerada proverbial; existem muitas variações sobre o tema, como por exemplo as italianas *La superbia andò a cavallo e tornò a piedi* [a soberba foi a cavalo e voltou a pé] e *Quando la superbia galoppa la vergogna sta in groppa* [quando a soberba galopa a vergonha vai na garupa] (esta última tem equivalente perfeito em francês), e a francesa *L'orgueil est l'avant-coureur de la chute*; entre as referências literárias, é digna de nota uma do prólogo de *A donzela de Orléans* de Schiller.

1735. *Qui se ipse laudat cito derisorem invenit*

Quem se louva logo encontra quem o ridicularize

Essa é uma sentença de Publílio Siro (Q 45) que tem paralelos em inúmeros textos, sobretudo tardios, onde se define como *odiosa* a tola exaltação de si mesmo (cf. Cipriano, *Adversus Donatistas*, 4,6,13 H., Rurício, *Ep.* 2,1, Amiano Marcelino, 16,12,69). Em grego, são importantes sobretudo alguns *Monósticos de Menandro*, como ὑπὲρ σεαυτοῦ μὴ φράσῃς ἐγκώμιον, "não faças encômios sobre ti mesmo" (778 Jäkel), φίλων ἔπαινον μᾶλλον ἢ σαυτοῦ λέγε, "louva os amigos mais do que a ti mesmo" (807), e πολλοί σε μισήσουσιν, ἂν σαυτὸν φιλῇς, "muitos te odiarão se te amares a ti mesmo" (678, cf. também 12,1 e 431). São numerosas as variações medievais (cf., por exemplo, Walther 24169, 24669, 24725, 25675). Nas línguas modernas, os provérbios desse gênero têm grande difusão, como o italiano *Chi si loda s'imbroda* [quem se elogia se suja] (com equivalentes em francês e em russo), o alemão *Eingelob stinkt* (que costuma ser traduzido por "a vanglória de si mesmo fede": Goethe [*Kunst und Altertum*, 3,1 = *Máximas e reflexões*, 132] objeta que ninguém percebe o odor da censura injusta que vem da boca alheia), o brasileiro *Elogio de boca própria é vitupério*, e o inglês *He that praiseth himself spattereth himself*.

1736. Qualis artifex pereo!
Que artista morre comigo!

Essa expressão, famoso exemplo de vanglória e louvor insensato de si mesmo, deriva da *Vida de Nero* de Suetônio (49): quando a revolta contra ele vencera, Nero teria ordenado que cavassem uma fossa com a medida de seu corpo e levassem água e lenha para a lavagem de seu cadáver; essas ordens teriam sido acompanhadas por pranto ininterrupto e por essa ridícula exclamação.

1737. Hic Rhodus, hic salta
Aqui é Rodes, salta aqui

Essa é a forma latina medieval (Walther 10908), ainda difundida, de um provérbio que ridiculariza a ostentação insulsa, retomando uma história da tradição esópica (33 Hausrath): um presunçoso, voltando à pátria depois de longa viagem, gaba-se de seus feitos em terra estrangeira, principalmente em Rodes (ilha famosa pela soberba de seus habitantes, cf. por exemplo Catão, *Origines*, 5,7, p. 25 Jordan), onde teria dado um salto inigualável, do qual teria testemunhas. Um dos presentes, nessa altura, dirige-lhe essa frase escarnecedora: ἰδοὺ Ῥόδος, ἰδοὺ καὶ πήδημα, "olha: aqui está Rodes, salta aqui". Os paremiógrafos registram a frase numa redação perfeitamente equivalente à latina, αὐτοῦ Ῥόδος, αὐτοῦ πήδημα (cf. Greg. Cypr. 1,90, Macar. 2,63, Apost. 4,41); essa expressão é encontrada em vários autores das literaturas modernas, entre os quais Goethe (*Xenien*, 3,2). Finalmente, deve ser destacado que *Hic Rhodus hic salta* às vezes é usado com a acepção imprecisa e banal de "aqui está a dificuldade".

1738. Alienis me coloribus adornare
Enfeitar-me com as cores alheias

Essa locução indica a pessoa que, por vaidade excessiva e desejo de sobressair, não hesita em arrogar-se méritos alheios; é documentada em São Jerônimo (*Prefácio a De Spiritu Sancto de Dídimo*, 106). Tem origem numa fábula de Esopo (103 Hausrath, cf. Fedro, 1,3 e Horácio, *Ep.* 1,3,18-20), segundo a qual o gralho, para parecer mais bonito (em Esopo, para ser eleito rei dos pássaros), roubou as penas de todas as outras aves, enfeitando-se com pompa: no fim, porém, os outros lhe arrancam as penas postiças e ele continua sendo um gralho feio como antes, porém ridículo, achincalhado e castigado pelos seus semelhantes. Aí tem origem a proverbialidade de expressões como *Cornix Aesopi* (São Jerônimo, *Ep.* 108, 15) e *Graculus Aesopius* (Bráulio, *Ep.* 11 [*PL* 80,657b]) para designar soberba e arrogância; Tertuliano (*Adversus Valentinianos*, 12,4) utiliza *Gragulus Aesopi* em contexto totalmente diferente, a respeito de Cristo, que, segundo os valentinianos, proviria de uma operação de "montagem"; o contrário é *Meisque me coloribus esse pingendum*, "devo embelezar-me com minhas próprias cores" (ainda São Jerônimo, *Epistula adversus Rufinum*, 3,41). A fábula de Esopo tem valor proverbial também na literatura grega: ver, por exemplo, Luciano, *Pseudologista*, 5, e Eusébio, *Praeparatio Evangelica*,

10,4,27. Em italiano e francês está viva a expressão "embelezar-se com penas de pavão", enquanto em russo se diz *Vorona v pavlin'ikh per'jakh* (ou seja: "gralha com penas de pavão"); entre as referências literárias, lembro uma de La Fontaine (4,19), em que se trata de uma pega, e uma de Salvador Rosa (*Sat.* 2,438 s.: *S'avesse a depor le penne altrui, / resterebbe d'Esopo la cornacchia*).

1739. *Laudato pavone superbior*
Mais orgulhoso do que um pavão louvado

Essa expressão é extraída da descrição de Galatéia em *Metamorfoses* de Ovídio (13,802); o pavão como símbolo de orgulho jactancioso também está em outros textos (por exemplo, ainda em Ovídio, *Ars amatoria*, 1,625 s., *De medicamine faciei*, 33 s., em Propércio, 2,24,11 e em Marcial, 14,67). Essa expressão ainda está viva nas várias línguas européias.

1740. Ἥδιστον ἄκουσμα ἔπαινος
O elogio é o que de mais doce se pode ouvir

Com esses termos, Plínio, o Jovem (*Ep.* 7,32,2), registra uma gnoma de Xenofonte que, de fato, está presente — ainda que no genitivo — em *Memorabilia* (2,1,31) e em *Hierão* (1,14); essa citação — com ligeiras variações formais — também se encontra em Plutarco (*An seni respublica gerenda sit*, 786e); máxima desse gênero é atribuída por Porfírio e pelo Pseudo-Ácron (no comentário a Horácio, *Sat.* 2,2,94) a Antistenes, que a teria pronunciado quando viu um menino feliz ao ouvir sons harmoniosos (112 Giannantoni). O significado é que todos gostam de ser elogiados: um fragmento de Ênio (*Anais*, 574 Skutsch = 560 V.), documentado por Santo Agostinho (*De Trinitate*, 13,6), diz: *Omnes mortales sese laudarier optant*, "todos os mortais desejam ser louvados"; outro paralelo está no citado trecho de Horácio (onde, porém, não se trata de elogio, mas de fama). Em italiano existe o provérbio *Ognuno ama di sentirsi lodare*, com equivalentes nas várias línguas européias; entre as variações deve ser assinalada a arguta toscana *La carne della lodola piace ad ognuno* (da qual existem equivalentes em vários dialetos, como no da Emilia); entre as referências literárias, lembro uma de Tasso (*Jerusalém libertada*, 5,13) e uma do *Fausto* de Goethe (2,1, Cena da sala do trono), onde o chanceler proclama: *Zuletzt ein wohlgesinnter Mann / neigt sich dem Schmeichler, dem Bestecher* (ou seja: "até o homem inteligente acaba por condescender ao adulador").

1741. *Digitis primoribus stare*
Estar nas pontas dos pés

Essa expressão deriva de Varrão (*Satyrae mennippeae*, 42 Bücheler) e indica o comportamento de quem quer parecer mais alto do que é, portanto de uma pessoa orgulhosa: ver numerosos outros textos (Lucílio, 8,301 M. [= 8,7,2 Charpin], Sexto Turpílio, 31 R.[3], Sêneca, *Ep.* 111,3, Marcial, 12,77,2). Esse comportamento tem o mesmo significado em Sófocles (*Ajax*, 1230), ao passo que, modernamente, a locução tem sentido completamente diferente: *Andar nas pontas dos pés* significa não fazer barulho; portanto, em sentido figurado, trata-se de quem se comporta com discrição, não é prepotente nem arrogante (com esse sentido, a locução existe, por exemplo, em italiano, francês e alemão).

1742. *O fortunatam natam me consule Romam!*
Ó feliz Roma nascida sob meu consulado!

Esse fragmento de *De consulato meo* de Cícero (17 Morel = Traglia) já era famoso entre os antigos como claro exemplo de soberba e vanglória (cf. Pseudo-Salústio, *Invectiva in Ciceronem*, 3,5, Juvenal, 10,120 ss.), sendo célebre por tal motivo. Se em *Invectiva in Sallustium*, do Pseudo-Cícero, por outro lado, defendia-se a veracidade dessa asserção (que aludia à importância de ter levado ao malogro a conjuração de Catilina), esse verso não era criticado apenas por seu conteúdo, mas, como demonstra Quintiliano (9,4,41; 11,1,24), também pela forma, infeliz devido à cacofonia *fortunatam natam*. Para destino semelhante de outro verso de Cícero (*Cedant arma togae*), cf. nº 1200.

1743. *Naso suspendis adunco*
Penduras no nariz adunco

Essa expressão, em Horácio (*Sat.* 1,6,5), designa quem olha com altivo desprezo as pessoas que não pertencem a famílias importantes: locuções semelhantes, com o nariz — órgão freqüentemente ligado ao ridículo (cf. também nº 419) — , também estão presentes em Horácio (*Sat.* 2,8,65 e *Ep.* 1,19,45), em Pérsio (1,40 s.: *Uncis / naribus indulges* [citado por João de Salisbury, *Policrático*, 2,26], sobre a vontade excessiva de zombar; 1,118), em Plínio (*Naturalis historia*, 11,158), em Apuleio (*Metamorfoses*, 8,26), em Tertuliano (*De pudicitia*, 2, *Adversus Marcionem*, 2,25), em Santo Ambrósio (*Elias*, 9,32) e em Fedro (4,7,1), que chama de *nasutus* quem trata a sua poesia com orgulhosa presunção. Também é preciso lembrar que os árabes vêem o nariz como a sede do orgulho (cf. Vacca, *Detti* [cf. nº 1712], 136) e que, nas línguas modernas, são freqüentes as expressões semelhantes às italianas *Arricciare il naso* [franzir o nariz] e *Avere la puzza al naso* [*puzza* = fedor].

1744. *Maria montisque polliceri*
Prometer mares e montes

Essa expressão deriva de *Conjuração de Catilina* de Salústio (23,3): trata-se de uma hipérbole proverbial, que designa a pessoa que faz promessas impossíveis de serem cumpridas. A locução latina consistia, mais propriamente, em prometer *montes aureos*, "montes de ouro", como documentam um escólio a Pérsio (3,65: no texto temos *magnos promittere montes*, "prometer grandes montes"), um trecho de Terêncio (*Phormio*, 68), um de São Jerônimo (*Epistula adversus Rufinum*, 39), um da tradução feita por Rufino da *Historia ecclesiastica* de Eusébio (8,17) e um de Gualberto de Bruges (*Acta sanctorum*, 281). Os montes de ouro, aliás, também têm difusão em contextos diferentes dessa locução, para indicar algo de exagerado, em especial a enorme riqueza dos persas (cf., por exemplo, Plauto, *Stichus*, 24, Varrão, *Satyrae mennippeae*, 36 B.). São muitas as expressões semelhantes nas línguas modernas: ver a italiana *Promettere mari e monti*, a francesa *Promettre monts et merveilles* (que tem equivalentes em espanhol e inglês), a alemã *Goldene Berge versprechen* e a russa *Sulit' zolotye gory*, que são perfeitamente equivalentes à latina [port., Prometer mundos e fundos].

1745. *Magna promisisti, exigua video*
Prometeste grandes coisas, vejo pequenas

Essa frase deriva de Sêneca (*Ep.* 109,18: *exigua video* geralmente não é variante acolhida pelos editores atuais); no latim vulgar, tem-se *Largissimi promissores vanissimi exhibitores*, que tem equivalente no italiano *Chi promette molto mantiene poco* (provérbios semelhantes também existem em francês, inglês e alemão); no Brasil se diz *Muito prometer é uma maneira de enganar*.

1746. *Parturient montes, nascetur ridiculus mus*
Os montes parirão e nascerá um ridículo camundongo

Essa expressão — que tanto hoje quanto na Antiguidade é citada na maioria das vezes com o presente *parturiunt* em lugar de *parturient* — provém de *Ars poetica* de Horácio (v. 139) e já era famosa no mundo latino, indicando promessas retumbantes que não eram cumpridas e que estigmatizavam quem se vangloriava muito; foi citada e retomada por numerosos autores: por exemplo São Jerônimo (*Adversus Iovinianum*, 1,238, *Epistula adversus Rufinum*, 3,3), Sérvio (*Comentário à Eneida*, 8,83), Mário Mercátor (*Subnotationes in verba Iuliani*, 14 [*PL* 48,172a]), João de Salisbury (*Policrático*, 13 [*PL* 199,415a]) e Pedro de Celle (*Ep.* 89 [*PL* 202,537d]). Na base dessa imagem estava uma fábula da tradição esópica, que nos chegou graças a Fedro (4,24) e a uma alusão existente em *Vida de Agesilau* de Plutarco (36,9); nesta, os egípcios foram render homenagem a Agesilau e, achando-o bem diferente do que esperavam — não uma personalidade imponente e majestosa, mas um velhinho baixo, acanhado e mal vestido — exclamam que a montanha parira um camundongo. Esse provérbio, portanto, — como ressalta Porfírio no comentário ao trecho de Horácio —, já era grego: ὤδινεν ὄρος, εἶτα μῦν ἀπέτεκεν ainda pode ser encontrado, com variações mínimas, em Ateneu (14,616d [também aqui, como no trecho de Plutarco, essa expressão é atribuída aos egípcios, desiludidos ao verem o famoso Agesilau]) e nos paremiógrafos (Diogen. 8,75, Greg. Cypr. 4,5; L. 3,43, Macar. 8,94, Apost. 18,57). Entre as variantes medievais, destaco *Parturiunt montes, peperitque superbia mures*, "os montes parem e a soberba pariu camundongos" (Walther 20746a1), e *Tandem ridiculus mus a praegnante creatur*, "no fim de uma gestação nasce um ridículo camundongo"(31035). A frase de Horácio ainda é famosa e usada; nas várias línguas européias são documentados equivalentes exatos (cf. Arthaber

1360, Mota 151: em italiano existe o provérbio *Partoriscono i monti e nasce un topo*; no Brasil se diz *O parto da montanha*). É muito original a retomada de La Fontaine (5,10), que compara a montanha aos poetastros que tanto prometem e pouco cumprem; acepção semelhante está também em Salvator Rosa (*Sat.* 2,312).

1747. *Promissio boni viri est obligatio*
Promessa de homem de bem é obrigação

Esse é um adágio medieval de origem desconhecida e ainda usado: significa — exatamente como as expressões brasileiras *O prometido é devido* e *Quem promete, deve* — que é preciso cumprir o prometido, não se devendo prometer mundos e fundos e coisas que não podem ser realizadas.

1748. *Inflatis buccis*
Com as bochechas inchadas

Essa locução é usada por São Jerônimo (*Epistula adversus Rufinum*, 39, *Ep.* 36,14; 40,12, *Adversus Iovinianum*, 1,10), a propósito de frases proferidas com gabarolice e ostentação; encontram-se paralelos em Pérsio (5,13), em Juvenal (7,111) e em Santo Agostinho (*As confissões*, 4,16,28), onde se trata, porém, de entusiasmo; essa mesma expressão tem significado diferente numa passagem de Horácio (*Sat.* 1,1,20 s.), onde diz respeito a Júpiter, tomado pela ira (ver também *Sat.* 1,4,19-21). O equivalente grego φυσᾶν τὰς γνάθους, "inchar as bochechas", indica, ainda mais especificamente, orgulho: cf., por exemplo, Demóstenes (19,314), Libânio (*Or.* 2,46 [1,253,20 s. F.]), Luciano (*Icaromênipos*, 25), e o tardio φυσίγναθος, "enche-bochechas", presente, por exemplo, em *Opuscula* de Eustátios (196,60) e que constitui o nome de uma personagem do poemeto paródico *Batrachomiomachia* (trata-se de um valente guerreiro pertencente às fileiras das rãs). Em italiano ainda está vivo *Gonfiare le gote*, com relação à raiva e à impaciência (Manzoni, *Promessi sposi*, 19 [é o conde tio que, em vez de bufar de impaciência, aperta os lábios num gesto de ameaça], Verga, *Mastro don Gesualdo*, 19, Pavese, *Prima che il gallo canti*, 180) ou com relação ao orgulho (Franco Sacchetti, 3,86). Quanto ao *topos* da rã que incha até explodir, para ficar igual ao boi, cf. nº 541.

1749. Πρὸ τῆς νίκης τὸ ἐγκώμιον ᾄδεις
Cantas o elogio antes da vitória

Essa expressão é registrada pelos paremiógrafos (Diogen. 7,56; Vind. 3,62, Greg. Cypr. 3,48; L. 2,97; M. 4,83, Apost. 14,83), mas essa imagem já estava presente em Platão (*Teeteto*, 164c), onde Sócrates, falando sobre a incapacidade no diálogo, cita o galo que, bem antes de vencer, sai da luta para cantar vitória. Uma variante expressiva, documentada pelos paremiógrafos (Diogen. 7,56, Apost. 14,87, cf. também Greg. Cypr. 3,35; M. 4,92, Diogen. 7,93, Macar. 7,53), é ἄλμην τί κυκᾷς πρὶν τοὺς ἰχθύας ἕλης, "por que agitas a salmoura antes de pegar os peixes?". Walther

(32903a) registra *Vanum est epinicion canere ante victoriam*. Atualmente se diz *Cantar vitória antes do tempo*, encontrando-se uma bela variante no italiano *Non dire gatto se non l'hai nel sacco* [não digas gato se não o tens no saco] (essa é a forma comum, pois, em italiano literário, tem-se *quattro* [quatro] em vez de *gatto* [gato]: Passarini 883 cita Firenzuola, *Trinuzia*, 1,2 e Lasca, *Sibilla*, 4,4; uma gravura de Mitelli [36] representa dois passarinheiros que capturaram três aves, enquanto uma quarta lhes foge das mãos).

1750. *Ira furor brevis est*
A ira é uma breve loucura

Essa expressão deriva de uma passagem de Horácio (*Ep.* 1,2,62) que continua com um conselho explícito: *animum rege; qui nisi paret, / imperat*, "controla teus impulsos; estes, se não submetidos, comandam" (para a importância de ter domínio sobre si mesmo, sobre os próprios sentimentos e instintos, cf. nº 1712). Essa definição da ira é retomada por Macróbio (*Saturnalia*, 4,2,9), mas trata-se de motivo freqüente: esse sentimento é o *initium insaniae*, "início da loucura", num fragmento de Ênio (inc. 18 Vahlen) documentado por um trecho de Cícero (*Tusculanae disputationes*, 4,23,52), onde se alude à semelhança entre ira e loucura; expressões semelhantes existem em Quintiliano (ao recomendar moderação ao acusado na sua defesa: 7,4,31), em Sêneca (*Ep.* 18,14, onde se retoma Epicuro [fr. 484 Usener]; 114,3, e *De ira*, 1,1,2, cf. também o espúrio *De moribus*, 106), em Apuleio (*Da magia*, 28: ira, raiva e loucura unidas deram início ao processo contra o protagonista) e em Arnóbio (*Adversus nationes*, 1,17); por outro lado, num ditado de Catão (107 Jordan), transcrito por Plutarco (*Apotegmas de Catão*, 16), ira e loucura só diferem na duração. Na literatura grega também existem textos análogos: num fragmento do cômico Filémon (156 K.-A.) lê-se μαινόμεθα πάντες, ὁπόταν ὀργιζώμεθα, "todos ficamos loucos quando nos iramos", e uma tradução exata de *Ira furor brevis est* está documentada em Temístio (1,7d); finalmente, o motivo da ira como início da loucura está em *Pastor* de Hermas (5,2,4). A frase de Horácio muitas vezes serviu de base para sentenças medievais (ver, por exemplo, Walther 12870a, *Ira furor brevis est involvens turbine mentem*, "a ira é um breve furor que envolve a mente num turbilhão") e ainda é famosa e citada; foi retomada por Petrarca em *Ira è breve furore* (*Canzoniere*, 232,12); entre os provérbios modernos, o alemão é igual ao latino (*Zorn ist kurze Unsinnigkeit*), enquanto o italiano tem *L'ira turba la mente e acceca la ragione* [a ira turva a mente e cega a razão], com equivalente exato em inglês.

1751. *Inde irae et lacrymae*
Daqui raiva e lágrimas

Essa expressão, extraída de Juvenal (1,168), onde indica a reação provocada pelos cáusticos versos do poeta satírico, ainda é citada (também simplesmente como *Inde irae*) a propósito de acontecimentos que provocam raiva, ressentimentos, protestos. Encontra-se semelhança em Terêncio (*Andria*, 126), *Hinc illae lacrymae*, que, no entanto, se usa com sentido completamente diferente (cf. nº 314).

1752. *Ab irato*
Por alguém irado

Trata-se de uma locução latina ainda usada para referir-se a algo que foi dito ou feito sob o impulso da ira.

1753. *Cito turgens spuma dilabitur*
Logo a túrgida espuma se dissolve

Essa frase é extraída de um trecho de São Jerônimo (*Ep.* 66,9), em que se tem uma instante recomendação de moderação: a ira — e, de modo geral, as paixões exasperadas — logo "arrefecem". Ainda é freqüente a imagem da espuma ou da onda espumante, para indicar estado de espírito violento.

1754. *Vana est sine viribus ira*
É vã a ira sem a força

Essa expressão, presente em Lívio (1,10,4, cf. também 1,17,4), está coligida entre as sentenças medievais (Walther 32895); corresponde a provérbios presentes em todas as línguas européias, equivalentes ao italiano *L'ira senza forza non vale una scorza* [ira sem força não vale uma casca] e *Corruccio è vano senza forte mano* [é inútil a indignação sem mão forte]; entre as variantes, é muito expressiva a alemã *Zorn ohne Macht wird verlacht*.

1755. Μὴ... τὴν χολὴν ἐπὶ ῥινὸς / ἔχ(ε)
Não tenhas bile no nariz

Essa expressão está documentada em Herondas (6,37 s.); indica forte acesso de ira: corresponde ao italiano *Avere la mosca al naso*. Um paralelo encontra-se em Teócrito (1,18, cf. também A. S. F. Gow, "Journal of Hellenic Studies" 71 [1951] 81-84). Quanto à ligação entre esse órgão e a soberba, cf. nº 1743.

d) *Capacidade de conter-se; moderação*

1756. *Medio tutissimus ibis*
Pelo meio, irás com a máxima segurança

Essa frase, habitualmente entendida como incitamento ao meio-termo, deriva de *Metamorfoses* de Ovídio (2,137), onde é assim que o Sol adverte o filho Faetonte, a quem dera permissão de guiar seu carro: se não quiser correr riscos, deverá manter-se eqüidistante do céu e da terra (ensinamento este que será infrutífero, pois

Faetonte sairá do caminho certo e Zeus será obrigado a fulminá-lo para evitar problemas maiores). Ovídio, aqui, talvez retome um verso de um fragmento grego anônimo, transcrito por João de Stóboi (4,41,51), que Nauck inseriu entre os fragmentos dos trágicos (547,6), mas que, com grande probabilidade, é cômico, como demonstraram Hense (no comentário ao trecho de João de Stóboi) e Wilamowitz (*Kleine Schriften*, 1,197); esse verso diz: ἡ δὲ μεσότης ἐν πᾶσιν ἀσφαλεστέρα, "o meio-termo é em tudo mais seguro". Encontram-se paralelos num trecho de Quintiliano (12,10,80: *Tutissima fere per medium via*, "o caminho do meio é quase sempre o mais seguro") e em outro, muito semelhante, de *Édipo*, de Sêneca (vv. 890 s.). A expressão de Ovídio também está presente nas sentenças medievais, às vezes com variações de forma (por exemplo Walther 11837) ou de conteúdo (cf. 14571: *Medium tenuere beati*, "os bem-aventurados mantiveram o caminho do meio"), ou então estabelecendo uma conexão com outros ditados (por exemplo 7686c). Deve-se lembrar que essa frase foi escolhida por Parini como divisa da "Gazzetta di Milano", pelo breve período em que foi seu diretor, a partir do número de 11 de janeiro de 1769. Assinalo, enfim, um provérbio brasileiro que diz: *Nem tanto, nem tão pouco* (para os paralelos cf. Mota 138).

1757. *Dum vitant stulti vitia, in contraria currunt*

Os tolos, ao evitarem os vícios, correm para os vícios opostos

Essa máxima é de Horácio (*Sat.* 1,2,24): trata-se, substancialmente, de uma recomendação de saber manter o meio-termo entre os extremos (e os vícios) opostos e, como tal, é citada com freqüência. Esse motivo reaparece em *Ars poetica* do mesmo Horácio (v. 31: *In vitium ducit culpae fuga*, "a fuga de um defeito leva a outro", que será citado por Voltaire, *Dicionário filosófico*, ver "Alma", seç. 3 Kehl) e por vários outros autores, como Sêneca, o Retor (*Controversiae*, 7 *praef.* 4), Santo Agostinho (*Gênese à letra*, 9,8,13: critica aqueles que, em vista da condenação do adultério e da fornicação, consideram pecado também as relações sexuais que têm como objetivo a procriação, não entendendo, pois, com que finalidade Deus teria criado a mulher no

Paraíso), Donato (*Comentário a Terêncio*, *Phormio*, 768: trata-se daqueles que, fugindo, acabam por descuidar da própria casa, onde poderiam estar em segurança), São Gregório Magno (*Liber Regulae pastoralis*, 3,14). Em grego, temos ἔφυγον κακόν, εὗρον ἄμεινον, "fugi de um mal, encontrei outro maior", documentado em Demóstenes (*Da coroa*, 259) e nos paremiógrafos (Zenob. vulg. 3,98, Apost. 8,16), que o explicam citando a transição da vida rude e primitiva para a vida cheia de luxo e facilidades.

1758. *In medio stat virtus*
No meio está a virtude

Essa frase, atualmente muito conhecida e citada com freqüência para afirmar que é preciso comportar-se com moderação e, ao escolher, dar preferência à alternativa que permita ficar distante das hipóteses extremas, é a transposição latina de um provérbio grego de ascendência aristotélica: de fato, esse é o princípio que informa toda a *Ética para Nicômaco* (ver, sobretudo, 2,1106b 23: μέσον τε καὶ ἄριστον, ὅπερ ἐστὶ τῆς ἀρετῆς), onde, tanto no que se refere à moral quanto ao comportamento, a virtude é resultado da "mediação" entre tendências — e vícios — de sentidos opostos. Outros paralelos estão em Teógnis (v. 335) e na *Antologia Palatina* (Palladas, 10,51,5; Lólio Basso, 10,102,3). Na literatura latina, são importantes um trecho de *Tusculanae disputationes* de Cícero (4,20,46: *In omnibus fere rebus mediocritatem esse optumam*, "em quase tudo o caminho do meio é o melhor", cf. também *De officiis*, 1,36,130) e um verso das *Epístolas* de Horácio (1,18,9: *Virtus est medium vitiorum et utrimque reductum*, "a virtude é o ponto médio entre dois defeitos, eqüidistante de ambos"). Encontra-se afinidade em *Medio tutissimus ibis* (nº 1756) e em *Aurea mediocritas* (nº 1759). São muitas as variações medievais, como, por exemplo, *In medio sedet inclita virtus*, "no meio reside a ínclita virtude" (Walther 11840b) e *Virtus in medio constat honesta loco*, "a honesta virtude está no meio" (33673); nas línguas modernas também existem expressões do tipo das brasileiras *No meio é que está a virtude* e *Tudo na vida quer tempo e medida*; esse *topos* reaparece em vários autores modernos: em termos gnômicos, por exemplo, em Pascal (*Pensées*, 2,11).

1759. *Aurea mediocritas*
Áureo meio-termo

Essa expressão ainda é famosa, sendo usada para indicar a vida tranqüila, "burguesa", isenta de grandes problemas e de ambiciosos projetos de progresso. A fonte é um trecho de Horácio (*Carm.* 2,10,5), onde esse estilo de vida é exaltado porque permite evitar a pobreza indecorosa e a opulência que atrai inveja; esse motivo é retomado por Ausônio (*Gratiarum actio*, 6,28) e por Paulino de Nola (*Ep.* 12,4); em Lívio (45,35,5) e num epigrama de Marcial (129 [4,117 Baehrens]) o caminho do meio tem a vantagem de não estar ao alcance da inveja. Para o tema geral de *In medio stat virtus*, cf. nº 1758.

1760. Est modus in rebus
Há uma medida nas coisas

Essa célebre recomendação de moderação provém de um trecho de *Sátiras* de Horácio (1,1,106), que prossegue com *Sunt certi denique fines / quos ultra citraque nequit consistere rectum*, "há, em definitivo, limites precisos, além ou aquém dos quais não pode existir o justo". Essa é a passagem mais famosa (já foi citada por autores medievais: cf., por exemplo, Sutphen 188) de uma longa série que trata do mesmo motivo: devem ser destacados os trechos em que é citado ἄριστον μέτρον, "a medida é a melhor coisa", de Cleóbulo, traduzido para o latim como *Optimus modus* (Varrão, *Hebdomadum epigrammata*, fr. 6,1 Baehrens, Plínio, *Ep.* 1,20,19, Sidônio Apolinário, *Carm.* 2,158;15,45); em muitos outros, o *modus* é definido como *optimus*, sem referências explícitas a nenhuma gnoma (Plauto, *Poenulus*, 238, Plínio, *Ep.* 1,20,20); inúmeros outros trechos, enfim, são conceituamente semelhantes (ver, por exemplo, Lucano, 2,381 [onde *Servare modum* é típido do estilo de vida de Catão], Columela, 1,3,8 [que aplica o preceito à medida de um campo a ser conquistado], Santo Agostinho, *De moribus Manichaeorum*, 2,16,44,1, Cassiodoro, *Variae*, 1,19,1); em outros textos (por exemplo, em São Jerônimo, *Ep.* 108,20) a tônica recai na dificuldade objetiva de agir com moderação. Não faltam precedentes gregos: ao ditado de Cleóbulo faz referência Clemente de Alexandria (*Stromata*, 1,14,61); essa mesma frase é atribuída a Demétrio de Fáleron (em João de Stóboi, 3,1,172 e Eustátios 1774,57) e retomada pelo Pseudo-Focilides (36) e em algumas coletâneas de sentenças, enquanto nos paremiógrafos (Greg. Cypr. L. 2,79) registra-se μηδὲν ὑπὲρ τὸ μέτρον, "nada está acima da medida"; para μηδὲν ἄγαν, cf. nº 1761. Nas sentenças medievais, além dos versos de Horácio (Walther 7689) existem numerosas variações como *Est modus in rebus, sicut cecinere poetae; / laudavere modus pariter sanctique prophetae*, "há uma medida nas coisas, como cantaram os poetas, e também louvaram a medida santos e profetas" (Walther 7688a, cf. também 7686c-7688, 14999), ou *Observato modum, nam rebus in omnibus illud / optimum erit, si quis tempus spectaverit aptum*, "observe-se a medida: de fato, em tudo se terá o melhor se for esperado o momento oportuno" (19663; para "aproveitar o momento oportuno", cf. nº 572). Em todas as línguas européias são registradas como proverbiais formas que traduzem a frase de Horácio (ver, por exemplo, o italiano *Ogni cosa vuol misura*).

1761. Ne quid nimis
Nada em demasia

Essa é uma das expressões mais conhecidas da Antiguidade; está documentada em Terêncio (*Andria*, 61: o comentador Donato afirma que está subentendido *agas*, "não faças", e qualifica essa sentença como *pervulgata*, "comuníssima", portanto ajustada à condição servil da personagem que a pronuncia), em Varrão (*Hebdomadum epigrammata*, fr. 6,7 Baehrens), em São Jerônimo (*Ep.* 60,7; 130,11, *Regula monachorum*, 13), em Sidônio Apolinário (*Carm.* 15,47) e em vários autores medievais (cf. Sutphen 192). É equivalente a *Nil nimis* (ou *nimium*), que aparece em inúmeros autores, como Terêncio (*Heautontimoroumenos*, 519), Cícero (*De finibus*, 3,22,73), Sêneca (*Ep.* 94,43), Pseudo-Ausônio (*Septem sapientum sententiae*, 7,49 [onde é atribuído a Anacársis]); outras variações são, por exemplo, *Nemini nimium bene est*, "para ninguém o demasiado está bem", de Afrânio (78 R.[3]; cf. também Cassiodoro, *Variae*, 10,3,7), *Vitium est ubique quod nimium est*, "existe vício onde existe excesso", de Quintiliano (8,3,42, semelhante a um trecho de Sêneca [*De tranquillitate animi*, 9,6] e retomado pelo anônimo *De physiognomonia*, 116) e *Omnia nimia nocent*, "todos os excessos prejudicam", registrado como antiga sentença em *De observatione ciborum*, de Antimo (8,12 Rose); outras variações são encontradas em Plauto (*Poenulus*, 239, onde *Nimia omnia nimium exhibent negoti*, "todos os excessos contêm um excesso de dificuldades"), em Amiano Marcelino (30,8,2 [ver também Weyman 61], em que se afirma que todos os excessos devem ser evitados) e num *dístico de Catão* (2,6), que diz: *Quod nimium est fugito, parvo gaudere memento: / tuta mage est puppis, modico quae flumine fertur*, "foge do que é excessivo, lembra-te de usufruir o pouco: é mais segura a embarcação carregada por corrente de média intensidade" (imitado por São Colombano, *Ad Hunaldum*, 17). A fonte é um também célebre preceito grego, μηδὲν ἄγαν, que, segundo Platão (*Hiparco*, 228e), estava gravado no frontão do templo de Delfos, e que vários autores consideram délfico (Dionísio Trácio, documentado por Clemente de Alexandria, *Stromata*, 5,8,46, Varrão, *Satyrae mennippeae*, 320 Bücheler). Tinha grande difusão (ver, por exemplo, o mesmo Platão [*Protágoras*, 343b, *Carmides*, 165a, *Filebo*, 45d, *Menêxenos*, 247e], Píndaro [fr. 35b Snell-Maehler], Eurípides [*Hipólito*, 265], Aristóteles [*Retórica*, 2,1395a 31 s.], Plutarco [*Vida de Camilo*, 6,6], e alguns epigramas da *Antologia Palatina*, 5,299,1 [de Agácias]; 7,683,1 [de Paladas]; 9,110,4 [de Alfeu de Mitilene]) e era atribuído não só aos "Sete sábios" (como no escólio ao citado trecho de Platão), de modo genérico, mas ora a um, ora a outro dos "maiorais" da sabedoria grega: a Quílon (por Crítias [88 B 7 D.-K], por Aristóteles [*Retórica*, 2,1389hb 3], por um epigrama registrado por Diógenes Laércio [2,41], por Clemente de Alexandria [*Stromata*, 1,14,61] e por Plínio [*Naturalis historia*, 7,32,119], que o traduz por *Nihil nimium cupere*, "não desejes nada em demasia"), a Pítaco (num epigrama anônimo da *Antologia Palatina* [9,366,5], cf. também Apostólio, 14,30), a Sólon (ver Diógenes Laércio [1,63], João de Stóboi [3,1,172β], Varrão [l.c.], e Sidônio Apolinário [l.c.]), a Sódamo (pelo epigrama registrado pelo escólio a Eurípides, *Hipólito*, 265). Essa expressão também está nos paremiógrafos (Greg. Cypr. L. 2,79, Macar. 5,90); também se documenta a variante μηδὲν ὑπὲρ τὸ μέτρον, "nada além da medida" (por exemplo, em Estratão, *Antologia Palatina*, 12,193,2, cf. também nº 1760). Entre as variantes medievais (cf. sobretudo Walther 11349a, 16076-16078), assinalo *Omne nimium vertitur in vitium*, "todo excesso transforma-se em vício" (1983⁷); a proverbialidade desse conceito ainda está viva: em italiano registram-se variações engraçadas e expressivas, como *Il troppo stroppia* [o demasiado estropia], *Il troppo bene sfonda la cassetta* [riqueza demais quebra o fundo do cofre] (com equivalentes em outras línguas européias, na maioria das quais o cofre costuma ser substituído por saco), *Il troppo amen guasta la messa* [améns demais estragam a missa] e *Il troppo* (ou *Il meglio*) *è nemico del bene* [o excessivo (ou o melhor) é inimigo do bem]; são numerosas as variantes dialetais, como, por exemplo, da Puglia, *Lu superchju rumpe lu cuperchju* (= italiano *Il soverchio rompe il coperchio* [o excesso rompe o tampo]; essa paronomásia *soverchio / coperchio* é muito difundida em várias regiões da Itália, sendo documentada já em Michele Savonarola [*Gotta*, 13 r., cf. Nystedt 128]). No Brasil se diz *Toda sobra é demasia*, *Tudo demais é sobra* e *Tudo que é demais aborrece*. Entre as referências literárias, destaco uma de Montaigne (1,27), que atribui a frase a Quílon, uma de La Fontaine (9,11: são vários os exemplos de excessos, com a conclusão de que o preceito de que tratamos é repetido por todos, mas, nem por isso, observado) e uma presente em *Promessi sposi* (22,36), em que os *galantuomini del Ne quid nimis* são os poderosos inclinados a conchavos e intrigas, que procuram restringir a personalidade e as iniciativas do Cardeal Federigo Borromeo.

1762. Χειρὶ δεῖν... σπείρειν, ἀλλὰ μὴ ὅλῳ τῷ θυλάκῳ
É preciso semear com a mão e não com todo o saco

Segundo Plutarco (*Bellone an pace clariores fuerint Athenienses*, 348a), essas palavras constituiriam uma advertência jocosa, dirigida pela poetisa Corina a Píndaro. Essa chamada à parcimônia e à moderação ainda está viva nas tradições proverbiais: ver, por exemplo, o bolonhês *Bisaggna sumnèr con la man, brisa con al sac*, que, no entanto, também é usado como equivalente de *Colherás segundo o que tiveres semeado* (cf. nº 809).

1763. *Laudato ingentia rura, / exiguum colito*
Louva as grandes propriedades, mas cultiva uma pequena

Essa gnoma é extraída de *Geórgicas* de Virgílio (2,412 s.), mas Sérvio, no comentário a essa passagem, ressalta que ela já se encontrava em Catão (*De agri cultura*, fr. 9, p. 79 Jordan). É retomada por Columela (1,3,8, cf. também nº 1760), que, ao afirmar que é também preciso seguir a norma do justo meio-termo quando se compra uma propriedade rural, menciona, para confirmar, um provérbio cartaginês, segundo o qual *Imbecilliorem agrum quam agricolam esse debere*, "é preciso que o campo seja inferior ao camponês". Essa sentença, registrada entre as máximas medievais (Walther 13538), ainda é conhecida; entre os provérbios modernos, deve ser citado o alemão *Der Acker muss schwächer sein als der Bauer*. Para paralelos estruturais, mas conceitualmente diferentes, cf. nºˢ 1077, 1611.

1764. Πλέον ἥμισυ παντός
A metade é maior que o todo

A fonte é um célebre trecho de *Os trabalhos e os dias* de Hesíodo (v. 40): os juízes condenaram o poeta a dar ao irmão Perses metade do seu patrimônio, mas Hesíodo, agindo com sagacidade, logo recuperou o todo, enquanto Perses, em seu estouvamento, perde tudo. Essa expressão, cuja fama se deve ao sentido claramente paradoxal (inclusive parece ter vínculos com crenças folclóricas bem documentadas), foi sentida como proverbial já pelos gregos, que a citaram para recomendar moderação e saber contentar-se: assim é em Platão (*As leis*, 3,690e, *A República*, 5,466c) e em Diógenes Laércio (1,75), que, retomando Sosícrates (4,502 Müller), atribui-a a Pítaco. Em latim, aparece em Ovídio (*Fastos*, 5,718), onde Pólux — com clara inversão da situação presente em Hesíodo — pede a Júpiter que conceda a seu irmão a metade do céu a ele destinado; em tom jocoso, também está numa anedota contada por Macróbio (*Saturnalia*, 2,3,4): Cícero, ao ver um busto enorme do irmão Quinto (que era baixo), exclamou: *Frater meus dimidius maior est quam totus*, "a metade do meu irmão é maior que o todo". Em todas as modernas línguas européias documentam-se provérbios equivalentes à frase de Hesíodo (em italiano, por exemplo, tem-se *La metà è più dell'intero*, cf. Arthaber 810).

1765. Ἀκρότητες ἰσότητες
Os extremos são igualdade

Esse provérbio é qualificado de antiga sentença por Cassiano (*Collationes*, 2,16,1: na realidade quem fala é o abade Moisés); Fausto de Riez (*De gratia*, 1,16) registra, como velha máxima grega, *Nimietates... aequalitates*. Também está numa coletânea bizantina (cf. K. Krumbacher, "Sitzungsberichte der Münchner Akademie. Philosophische-philologische Klasse" 1900, 431); equivale ao brasileiro *Os extremos se tocam* (para paralelos em outras línguas cf. Mota 156).

1766. *Tria... praestanda sunt ut vitentur: odium, invidia, contemptus*
São três as coisas que mais devem ser evitadas: ódio, inveja e desprezo

Com essa máxima, definida como antiga, Sêneca (*Ep.* 14,10) pretende mostrar qual deve ser o comportamento correto: marcado pela regra do "justo meio", de modo a evitar os outros sentimentos opostos e igualmente perniciosos, como ódio e inveja, de um lado, e desprezo, de outro.

1767. *Frenum momordi*
Mordi o freio

A fonte é um trecho do epistolário de Cícero (*Ad familiares*, 11,24,1), onde o orador responde a Brutus, que fora o primeiro a usar essa expressão a propósito de Cícero (*Ad familiares*, 11,23,2). Essa locução, que indica "conter-se" (como no italiano moderno), reaparece em Estácio (*Silvae*, 1,2,28 s.) e em Sidônio Apolinário (*Ep.* 9,6,2). Em grego aparece num discurso de Hermes a Prometeu, em *Prometeu acorrentado* de Ésquilo (v. 1009), mas não se trata de expressão metafórica isolada: o Titã é comparado a um potro que, ao morder o freio, procura de todos os modos resistir às rédeas.

1768. *Verum gaudium res severa est*
A verdadeira alegria é coisa séria

Com essas célebres palavras, Sêneca (*Ep.* 23,4) alude ao esforço interior que o sábio deve fazer para conquistar a capacidade de alegrar-se, não com o prazer superficial com que se deleita o homem comum, mas com um prazer profundo e espiritual. Deve-se também destacar o conselho contido em 23,3: *Hoc ante omnia fac, mi Lucili: disce gaudere!*, "antes de mais nada, faz o seguinte, Lucílio: aprende a alegrar-te!".

1769. *In tristitia hilaris, in hilaritate tristis*
Risonho na tristeza, triste no riso

Essa é a frase que Giordano Bruno pôs como epígrafe da primeira edição de seu *Candelaio* (Paris 1582); atualmente é conhecida como símbolo da necessidade de comedir sentimentos opostos e excessivos, como a alegria e a dor.

1770. *Sine ira et studio*
Sem cólera nem favor

Essa expressão, registrada por Walther (29673c) e ainda conhecida e citada a respeito de uma operação feita com objetividade e sem excessivo envolvimento, deriva do proêmio dos *Anais* de Tácito (1,1,3), onde o historiador declara querer contar os acontecimentos que se sucederam ao principado de Augusto com a máxima imparcialidade emocional. Esse conceito não é novo em Tácito, que também no proêmio de *Histórias* (1,1,3) escrevia *Neque amore quisquam et sine odio dicendus est*, "ninguém deve ser descrito com amor nem com ódio", mas o módulo contido em *Anais* talvez tenha origem em Salústio: de fato, em *Conjuração de Catilina* (51,13) diz-se que aqueles que se encontram em posição eminente não podem comportar-se com liberdade, mas para eles *Neque studere neque odisse, sed minume irasci decet*, "não é conveniente apaixonar-se nem odiar, e muito menos irar-se". Outros paralelos estão em Cícero (*Pro Marcello*, 9,29), num juramento pronunciado pelos juízes dos tribunais áticos, segundo Demóstenes (23,96 s.), em que se afirmava não haver julgamentos prévios favoráveis (εὔνοια) nem desfavoráveis (ἔχθρα), e, finalmente, num juramento semelhante, feito pelos censores romanos e registrado por João Zonara (7,19 [1349d]).

1771. *In sinu gaudere*
Regozijar-se no íntimo

Essa é uma expressão proverbial em latim, presente em vários autores (por exemplo, em Cícero, *Tusculanae disputationes*, 3,21,51, em Tibulo, 4,13,8, em Sêneca, *Ep.* 105,3 [onde se trata de um preceito para evitar a inveja alheia], em Mário Mercátor, *PL* 48,207, cf. também Propércio, 2,25,30 *In tacito cohibe gaudia clausa sinu*, "calando, contém a tua alegria fechada em teu coração"). De modo semelhante, em Tertuliano (*De pudicitia*, 6), é feito um paralelo entre essa locução e o verbo *plaudere*; com sentido idêntico, documentam-se em Horácio (*Sat.* 1,1,66 s.) *Domi plaudere*, "aplaudir em casa", e em Petrônio (44,13) *Domi gaudere*, "alegrar-se em casa". Já em Homero (*Odisséia*, 22,411) havia uma recomendação de não dar vazão à alegria, mas de contê-la ἐν θυμῷ, "no coração": no entanto, não se trata de norma moral, mas de um comportamento ligado a uma situação muito especial (é Ulisses, disfarçado, que fala com a aia Eucléia, que o reconhecera, contendo seu entusiasmo). Hoje se diz *Guardar para si* um sentimento (alegria, dor, etc.), enquanto expressões como a italiana *Ridere sotto i baffi* [rir à socapa], que tem equivalentes nas várias línguas européias, têm conotação mais irônica e zombeteira.

1772. *Demitto auriculas*
Abaixo as orelhas

É assim que Horácio se comporta (*Sat.* 1,9,20) com o famoso importuno: age exatamente como o burro que, ao ser carregado com peso exagerado, sofre sozinho a situação, mas não ousa rebelar-se e abaixa as orelhas em sinal de dolorosa submissão (vv. 20 s.: *Ut iniquae mentis asellus, / cum gravius dorso subiit onus*). Essa imagem já fora usada por Platão (*A República*, 9,613c) a respeito dos corredores que, não sabendo dosar as próprias forças, depois de começarem muito bem a competição, "desabam" e vão embora abatidos, desiludidos, ridicularizados e sem coroa. Também está viva nas línguas modernas: ver, por exemplo, o italiano *Abassare le orechie*, o francês *Avoir l'oreille basse*, o alemão *Ohren aufmachen*. Para *Arrectis auribus*, cf. nº 702.

1773. *Claudite iam rivos, pueri! sat prata biberunt*
Fechai já os regatos, meninos! Os prados já beberam o bastante

Essa famosa frase deriva de *Bucólicas* de Virgílio (3,111) e atualmente é citada para dizer que é sempre preciso agir na medida certa, sem exageros, mesmo quando se dá de beber ou quando as ações realizadas são, indubitavelmente, benéficas. Está registrada por Walther entre as sentenças medievais (2807).

1774. *Cave, ne nimia mellis dulcedine diutinam bilis amaritudinem contrahas*
Cuidado para não obter, com a excessiva doçura do mel, o amargor da bile

Essa advertência está em *Metamorfoses* de Apuleio (2,10) e é feita pela amante ao protagonista, depois de um dulcíssimo beijo. Aqui reaparece o motivo tópico de que o mel, se excessivo, produz saciedade e que já se encontra em Píndaro (*Neméias*, 7,52), onde está vinculado às flores de Afrodite (cf. também nº 1416); um epigrama da *Antologia Palatina* (16,16) alude a καὶ τοῦ μέλιτος τὸ πλέον ἐστὶ χολή, "até o excesso de mel é bile", como antigo provérbio. Esse motivo reaparece na tradição paremiográfica (*App. Prov.* 1,77, *Suda* γ 315), que apresenta um verbete de texto duvidoso (onde talvez seja preciso ler γλυκὺ μέλι κατέπνιξε αὐτόν: ver "Giornale Filologico Ferrarese" 12 [1989] 111) que narra um episódio em que Terpandro (mas provavelmente se trate do citarista Terpes, cf. *Antologia Palatina*, 9,488) teria morrido asfixiado por figos (segundo uma variante, um patusco teria jogado um figo na sua garganta enquanto ele cantava, deixando-o engasgado). É importante, ademais, um dos *Provérbios* do *Antigo Testamento* (27,7), que, na versão da *Vulgata*, diz: *Anima saturata calcabit favum, anima esuriens et amarum pro dulce sumet*, "quem está saciado pisará no favo e quem tiver fome comerá o amargo como se fosse doce"). Também se encontram máxima desse gênero nas línguas modernas: ver, por exemplo, as alemãs *Honigsüsse verdriesst, wenn man sie zu viel geniesst* e *Zu viel Honig ist bitter*.

1775. *Cum grano salis*
Com um grão de sal

Essa expressão atualmente é comum, referindo-se às coisas que devem ser tomadas em quantidade mínima, com extrema parcimônia; em sentido figurado, refere-se sobretudo a afirmações, frases, discursos que não devem ser acolhidos sem crítica, mas aceitos com grande cautela e ponderação. Costuma-se dizer que provém de um trecho de Plínio (*Naturalis historia*, 23,77,3), em que se tem *Addito salis grano*, "acrescento um grão de sal", mas nessa passagem a expressão, ainda que hiperbólica, tem sentido concreto (trata-se de uma receita de remédio); por outro lado, em latim clássico realmente é difundida a expressão *Salis granum* (cf. *ThlL* 6/2,2196,12-19), mas não parece existir *Cum grano salis* com o sentido atual.

1776. *Gloriam qui spreverit veram habebit*
Atingirá a verdadeira glória quem a despreza

Essa recomendação de não procurar a glória se realmente se quiser conquistá-la provém de Lívio (22,39,19: tem semelhança conceitual com 2,47,11). Esse motivo reaparece em Sêneca, que (*De beneficiis*, 5,1,4) proclama: *Gloria fugientes magis sequitur*, "a glória persegue principalmente quem foge dela", sendo muito apreciado pelos autores cristãos, sobretudo São Jerônimo (*Ep.* 22,27; 108,3) e Santo Agostinho (*Ep.* 27,3). O trecho de Lívio é registrado por Walther (10340b); nas tradições proverbiais modernas, ver, em especial, o toscano *L'onore va dietro a chi lo fugge* e o alemão *Ehre folgt dem, der sie flieht, und flieht den, der sie jagt* (neste último, observar o feliz quiasmo).

CONDIÇÕES ECONÔMICAS

a) A riqueza

1777. Ὁ ἔχων πολὺ πέπερι τίθησι κἄν λαχάνοις
Quem tem muita pimenta põe até na salada

Essa máxima, que pode ser encontrada em Apostólio (12,36), refere-se a quem vive na abundância e pode permitir-se luxos supérfluos. Através dos *Adagia* de Erasmo (3,3,37: *Cui multum erit piperis etiam oleribus immiscet*), chegou até as modernas línguas européias (cf. Arthaber 1054): em italiano, por exemplo, existe *Chi ha molto pepe ne condisce anche gli erbaggi*.

1778. *Magna parens frugum*
Grande geradora de searas

Essa expressão, citada atualmente para indicar, de modo genérico, prosperidade e abundância, é um apelativo da Itália, presente num famoso verso das *Geórgicas* de Virgílio (2,173), que diz: *Salve, magna parens frugum, Saturnia tellus*, "salve, grande geradora de searas, terra de Saturno". Deve-se, ademais, destacar que esse trecho é retomado por Carducci na ode *Alle fonti del Clitumno* (vv. 149-151: *Madre di biade e viti e leggi eterne / ed inclite arti a raddolcir la vita, / salve!*).

1779. Attalicis condicionibus
Por condições dignas de Átalo

Essa famosa expressão deriva de Horácio (*Carm.* 1,1,12): o camponês que vive feliz cultivando a pequena propriedade herdada dos ancestrais não iria embora nem se fosse seduzido por riquezas dignas de Átalo. Esse é o nome de três reis de Pérgamo:. o último deles deixou, em 133 a.C., todas as suas riquezas para os romanos. Depois disso, o nome de Átalo foi tradicionalmente usado para aludir a grandes riquezas: ver, por exemplo, *Culex*, 63, Propércio, 2,13,22; 2,32,12; 3,18,19; 4,5,24, Tertuliano, *De ieiunio adversus Psychicos*, 15,6.

1780. Lucri bonus est odor ex re / qualibet
O cheiro do lucro é bom, seja qual for a sua proveniência

Essa frase de Juvenal (14,204 s.) retoma uma episódio famoso, contado por Suetônio (*Vida de Vespasiano*, 23): ao filho Tito, que o censurava por ter tributado a urina, que era usada nas lavanderias para retirar manchas de gordura, o imperador pediu que cheirasse uma moeda proveniente dessa fonte de lucro, perguntando-lhe se fedia. Essa frase, já famosa na Idade Média (cf. João de Salisbury, *Policrático*, 1,210 W., e também Walther 14003), geralmente é citada para justificar o lucro, sem preocupações com sua proveniência; um paralelo é κέρδος αἰσχύνης ἄμεινον, "é melhor o lucro do que a vergonha", registrado pelos paremiógrafos (Diogen. 5,42, cf. nº 1437); atualmente, com referência à mesma história, usa-se *Non olet*, "não cheira". Expressões desse gênero também são encontradas nas tradições proverbiais modernas: em italiano existe *Dal danaro mal si odora come fu guadagnato* [no dinheiro mal se fareja a maneira como foi ganho]; em inglês, *Money is welcome, though it comes in a dirty clout* (ou seja: "o dinheiro é bem-vindo, mesmo que venha num trapo sujo"); em português, *Dinheiro não tem cheiro*.

1781. Beati possidentes
Felizes os que possuem

Essa expressão, ainda conhecida e usada, é a' tradução latina do grego οἱ δ' ἔχοντες ὄλβιοι, que provém de um verso de Eurípides (fr. 326,8 N.²), em que ela é contraposta ao precedente κακὸς δ' ὁ μὴ ἔχων, "infeliz de quem não possui". Em geral, designa a inveja das condições de vida dos ricos, mas, na origem, parece provir do "brocardo" *Beati qui in iure censentur possidentes*, "feliz dos que são declarados possuidores segundo a lei", usado para afirmar que, antes de alegar direitos sobre um bem, é preciso tomar posse legalmente. A fama dessa frase teria sido favorecida tanto pela sua especularidade com *Beati pauperes*, do Evangelho (*Mateus*, 5,3, *Lucas*, 6,20, cf. nº 1511) quanto por sua polêmica utilização por Horácio (*Carm.* 4,9,45-49: *Non possidentem multa vocaveris / recte beatum: rectius occupat / nomen beati qui deorum / muneribus sapienter uti / duramque callet pauperiem pati*, "não é justo chamar de feliz quem possui muitas coisas: é mais justo que tenha a qualificação de feliz quem sabe utilizar com sabedoria os dons dos deuses e suportar a dura pobreza"). É exatamente devido a essa passagem que essa frase costuma ser considerada de Horácio. Finalmente, recordo um provérbio brasileiro que diz *A alegria vem das tripas.*

1782. *Quisquis habet nummos secura navigat aura*
Quem tem dinheiro navega com ventos tranqüilos

Para esse verso de Petrônio (137,9), que se tornou famoso como máxima independente (cf. Walther 25559), talvez se deva aceitar a hipótese de Otto (1252), de que se trata de uma retomada do grego ὅταν ἀργύριον ᾖ, πάντα θεῖ κάλαύνεται, "quando se tem dinheiro, tudo anda depressa" (transcrito, embora com corrupções, por Apost. 12,56). Outro paralelo é constituído por τοῖς... πλουσίοις πολλὰ παραμύθια, "para os ricos há muitas consolações", de Platão (*A República*, 1,329e), enquanto é mais genérico πάντα πλουσίοις καλὰ κοὐδὲν αὐτοῖς πρᾶγμα, "tudo corre bem para os ricos e para eles não há problemas", registrado pelos paremiógrafos (Macar. 6,93). Entre os paralelos modernos, devem ser lembrados sobretudo o alemão *Wer gut schwert, der gut führt* e o inglês *Money makes the mare to go*; em toda a Europa tem grande difusão os equivalentes ao italiano *A voler che il carro non cigoli bisogna ungere bene le ruote* [quem não quiser ouvir o carro ranger deve lubrificar bem as rodas], baseado na bivalência de *ungere* [lubrificar] que, metaforicamente, significa "dar dinheiro", com especial alusão ao comportamento dos corruptores; no Brasil se diz *Quem seu carro enselva, seus bois ajuda*, e também *Ladrão endinheirado não morre enforcado* e *Onde o ouro fala, tudo cala* (para paralelos deste último cf. Mota 150). Lembro, enfim, que, entre as gravuras de Mitelli (13), uma representa um assassino dando uma bolsa cheia de dinheiro a uma testemunha; leva a legenda: *Dove l'oro parla, ogni lingua tace* [onde o ouro fala, qualquer língua cala].

1783. *Dantur opes nullis nunc, nisi divitibus*
A ninguém são dadas riquezas, senão aos ricos

Essa máxima deriva de Marcial (5,81,2): esse verso também está registrado entre as sentenças medievais (Walther 4956); um paralelo formalmente importante, mas diferente do ponto de vista semântico, é constituído por uma frase de Praxínoa em *Siracusanas* de Teócrito (15,24: ἐν ὀλβίῳ ὄλβια πάντα, "dos ricos tudo é rico"). Nas várias línguas européias modernas existem expressões equivalentes às brasileiras *Dinheiro é que faz dinheiro* e *Ganha dinheiro quem tem dinheiro*; entre as variações, destaco as espanholas *Vase el bien al bien, y las abejas a la miel* e *El dinero va al dinero y el holgar al caballero*; a alemã *Wer Brot schon hat, das ist die Mode, bekommt noch Brot zu seinem Brote*; e a russa *Kuda den'ga pošla, tam i kopitsja* (ou seja: "onde há um montinho de dinheiro forma-se uma montanha"). Quanto às formas dialetais, lembro *Dove ghe n'è ghe ne va.*

1784. Χρήματα, χρήματ' ἀνήρ
Pelas riquezas, o homem vale por suas riquezas

A primeira documentação dessa máxima, famosa e cinicamente realista, está em Alceu (cf. fr. 360,3 Voigt), que a atribui ao espartano Aristodemo e a completa com πένι- / χρος δ' οὐδ' εἷς πέλετ' ἔσλος οὐδὲ τίμιος, "o pobre nunca é nobre nem honrado": a sentença inteira — apenas com a substituição das formas eólicas pelas equivalentes áticas — é retomada de várias maneiras pela tradição paremiográfica (Greg. Cypr. 3,98; M. 5,15, Macar. 8,95, Apost. 18,32, *Suda* χ 477). Também é conhecida a forma abreviada χρήματ' ἀνήρ, documentada em Píndaro (*Ístmicas*, 2,11) e glosada pelos paremiógrafos (Zenob. vulg. 6,43, Diogen. 6,94, Plut. 1,96). O paralelo latino — igualmente conhecido — é *Quantum habuit fuit*, "vale o que tem", presente, nesses termos, em Sêneca (*Ep.* 115,14), como parte de uma relação de versos trágicos, traduzidos do grego, sobre a importância da riqueza (181,1 e 461 N.²); com poucas variações também está presente no próprio Sêneca (*Ep.* 115,10) e em outros autores, como Horácio (*Sat.* 1,1,62), Petrônio (77), Juvenal (3,143 s.; 14,207), Apuleio (*De magia*, 23); é importante a utilização desse *topos* em outro trecho de Sêneca (*Ep.* 87,17), onde o sentido da frase sofre uma variação polêmica: se cada um vale simplesmente pelo que tem, o rico será apenas um apêndice da sua riqueza, enquanto o sábio é grande porque tem alma grande. A tradução propriamente dita da expressão latina está em Plutarco (*De cupiditate divitiarum*, 526c), que dá este conselho: κέρδαινε καὶ φείδου, καὶ τοσούτου νόμιζε σεαυτὸν ἄξιον ὅσον ἂν ἔχῃς, "ganha, economiza e pensa que vales pelo que possuis". A forma italiana *L'essere sta nell'avere* [o ser está no ter] (que, para Giusti, *Gingillino*, 1,32, é *un gran proverbio / caro al potere* [um grande provérbio / apreciado pelo poder]), e as brasileiras *Dize-me quanto tens, dir-te-ei quanto vales*, *Tanto tens, tanto vales* e *Vale quem tem* têm equivalentes em outras línguas européias (inclusive na versão "negativa", como no francês *Qui rien n'a, rien est prisé*), cf. Mota 216, 226.

1785. *Dat census honores*
A riqueza concede honrarias

Essa eficaz e amarga expressão provém de *Amores* de Ovídio (3,8,55), onde se afirma, paralelamente, que *Curia pauperibus clausa est*, "a porta da cúria está fechada para os pobres"; esse motivo é comum nesse autor, sobretudo como símbolo inequívoco de decadência: ver *Fastos* 1,217 s., onde também se tem *Pauper ubique iacet* (cf. nº 1822) e *Ars amatoria*, 2,277 s. (*Aurea sunt vere nunc saecula: plurimus auro / venit honos, auro conciliatur amor*, "esta realmente é a idade de ouro: pelo ouro chegam grandes honrarias, com o ouro consegue-se o amor"), trecho interessante pela veia perspicaz e sarcástica. Não faltam paralelos em outros autores, como Horácio (cf. *Sat.* 2,3,94-96, onde o rico Estrabão acha que tudo obedece à riqueza, e 2,5,8, onde Ulisses afirma que *Et genus et virtus, nisi cum re, vilior alga est*, "a estirpe e o valor, se não estiverem unidos à riqueza, valem menos que uma alga") e Juvenal (3,140 s.; 3,183). Entre as variantes medievais, destaco *Ianua pauperibus clausa est, dat census honores, / audet divitibus claudere nemo fores*, "a porta está

fechada para os pobres: é a riqueza que concede honrarias; ninguém ousa fechar a
porta diante dos ricos" (Walther 13064) e *Pauper ubique iacet, dum sua bursa tacet,*
"o pobre está sempre por baixo, já que sua bolsa não fala" (20949). Entre os provérbios modernos, devem ser lembrados os paralelos — presentes em todas as línguas
européias — ao brasileiro *Amor faz muito, mas dinheiro faz tudo* e aos italianos *Chi
è ricco è savio* [quem é rico é sábio] e *Nobiltà poco si prezza, se vi manca la
ricchezza* [a nobreza pouco se preza se faltar a riqueza]; entre as variantes, destaco a
francesa *Qui argent a on lui fait fête, qui n'en a point, n'est qu'une bête* e a inglesa
As long as I am rich reputed, with solemn voice I am saluted; o bolonhês *La róba,
cruv la góba* (ou seja: "os bens cobrem a corcunda") refere-se à mulher feia que supre suas deficiências físicas com o dinheiro. Em literatura, lembro um verso de
Salvator Rosa (*Satire* 2,127: *Per aver fama basta aver baiocchi*); para o motivo de
que os amigos são muitos quando se é rico, cf. nº 1308.

1786. *Nervus gerendarum rerum pecunia*
O dinheiro é o nervo dos empreendimentos

Essa famosa máxima é a tradução de um ditado grego (τὰ χρήματα νεῦρα
πραγμάτων) atribuído — com τὸν πλοῦτον em lugar de τὰ χρήματα — a Bíon
por Diógenes Laércio (4,48); reaparece em Plutarco (*Vida de Cleômenes*, 27,1) e
em Apiano (*Bellum Civile*, 4,99); conceitualmente, ver também, por exemplo, em
Corpus theognideum, 718. Encontram-se aplicações particulares desse princípio em
vários autores: em Cícero (*De imperio Cnei Pompei*, 7,17) os tributos são os nervos
do Estado, sendo muito importante a afirmação de que o dinheiro é o nervo da guerra, atribuída por Sexto Empírico (*Adversos Ethicos*, 53,557) a um filósofo da Academia, Crântor, e retomada por Cícero (*Filípicas*, 5,2,5: *Nervos belli pecuniam
infinitam*). Esta última expressão é utilizada por diversos autores modernos, como
Maquiavel, no título do cap. 10 do segundo livro de *Comentários sobre a primeira
década de Tito Lívio* (*O dinheiro não é o nervo da guerra, segundo opinião comum*), e Rabelais (*Gangantua et Pantagruel*, 1,46). É grande o número de anedotas
a respeito: *Nervus rerum agendarum* teria sido o comentário feito por Henrique V,
imperador do Sagrado Império Romano, a respeito de seu tesouro, e expressão semelhante teria sido proferida por Frederico Guilherme I, ao referir-se às indústrias;
o marechal Gian Giacomo Trivulzio, famoso pela avareza, teria respondido a Luís
XII da França que queria invadir Milão: *Pour faire la guerre avec succès, trois
choses sont absolument nécessaires: premièrement, de l'argent, deuxièmement de
l'argent, et troisièmement de l'argent*; o cardeal Richelieu teria afirmado com sagacidade: *Si l'argent est, como on dit, le nerf de la guerre, il est aussi la graisse de la
paix* (o francês *L'argent fait la guerre* é, aliás, famoso e usado para indicar a importância das finanças nas operações bélicas e, de modo mais geral, a onipotência do
dinheiro). São muitas as sentenças que evidenciam a necessidade fundamental e absoluta do dinheiro na vida humana, como, por exemplo, *Senza quattrini l'orbo non
canta* [sem vintém o cego não canta] (difundido em vários dialetos italianos) e, da
Puglia, *Le terrise fàscene ascènne pure Criste d-o cìele* (ou seja: "o dinheiro faz
até Cristo descer do céu") bem como *Le terrise fàscene aprì l'òcchjere pezzingh-a*

la gattude (ou seja: "o dinheiro faz até os gatinhos abrirem os olhos"); em literatura, lembro a exclamação de Margarida diante das jóias presenteadas por Fausto, na primeira parte de *Fausto* de Goethe (*Nach Golde drängt, / am Golde hängt / doch alles!*).

1787. Ἀργυραῖς λόγχαις μάχου, καὶ πάντων κρατήσεις
Combate com lanças de prata e tudo conquistarás

Trata-se de uma espirituosa variante da tradição que vê no dinheiro o "senhor da guerra" (nº 1786): de fato, deve-se notar que, em grego, o dinheiro (ἄργυρος, ἀργύριον) é designado pela mesma palavra que serve para "prata". Está documentada nos paremiógrafos (Diogen. 2,81, Greg. Cypr. 1,67; M. 1,64, Macar. 2,29, Apost. 3,91): segundo sua explicação, tratar-se-ia de um oráculo feito a Filipe da Macedônia, com clara alusão à corrupção e à traição; para outros ditados que vinculam Filipe a esse *topos*, cf. nº 1788; uma tradução (*Argenteis pugna telis, atque omnia vinces*) está documentada entre as sentenças medievais (Walther 1324, cf. também 1328, 10648). Conceitualmente semelhante é um *monóstico de Menandro* (612 Jäkel) que diz: ὅπλον μέγιστον ἐν βροτοῖς τὰ χρήματα, "as riquezas são o maior escudo dos homens". No Brasil se diz *Dinheiro é que faz guerra*, enquanto em Rabelais se adverte que o nervo da batalha é o dinheiro, com uma referência à máxima segundo a qual o dinheiro é o nervo dos empreendimentos (cf. nº 1786).

1788. Χρυσὸς δ᾽ ἀνοίγει πάντα καὶ χαλκᾶς πύλας
O ouro abre tudo, até as portas de bronze

Esse é um *monóstico de Menandro* (826 Jäkel), que tem paralelo exato num trecho de *Metamorfoses* de Apuleio (9,18: *Auroque solent adamantinae etiam perfringi fores*, "com o ouro são arrombadas até as portas de aço"). Em outros textos, encontra-se a aplicação desse *topos* em âmbito bélico (cf., sobretudo, nº 1786): a importância das riquezas para vencer as guerras era, segundo a tradição, uma teoria de Filipe da Macedônia, como afirmam, por exemplo, Cícero (*Epistulae ad Atticum*, 1,16,12: o rei teria dito que são expugnáveis todas as fortalezas às quais pode subir um burrico carregado de ouro) e Plutarco (*Vida de Emílio Paulo*, 12,6), e como também demonstra o provérbio sobre as lanças de prata (nº 1787). Deve-se notar que Cícero, num requisitório contra Verres (1,2,4), escarnece da concepção de que o dinheiro é onipotente, de que para ele nada é tão sagrado que não possa ser violado, nenhuma fortaleza é tão bem defendida que não possa ser vencida. Nas línguas modernas também existem provérbios desse gênero: em italiano, por exemplo, documenta-se *Vuoi tu aprire qualunque porta? Chiavi d'oro teco porta*; em francês, *Un marteau d'argent rompt une porte de fer* (ver também Molière, *École des femmes*, 1,6); em português, *Dinheiro é chave que destranca toda porta*; expressões semelhantes recorrem também em espanhol, inglês, alemão, russo e em todos os dialetos italianos.

1789. Χρυσὸς γάρ ἐστιν ὃς βροτῶν ἔχει κράτη
É o ouro que detém o poder sobre os homens

Esse é um fragmento trágico anônimo (238 N.²) que tem paralelos formalmente muito expressivos em *Corpus theognideum* (v. 718) e num *monóstico de Menandro* (181 Jäkel). A onipotência da riqueza devia ser *topos* muito difundido na tragédia, como demonstra um trecho de Sêneca (*Ep.* 115,14), em que são coligidos alguns versos significativos (fragmentos anônimos, 181,1; 461 K.-Sn.¹, Eurípides, *Danae*, fr. 324 N.²): esse motivo é freqüente também em outros autores, como por exemplo Horácio (*Carm.* 3,16,9-13, *Sat.* 2,3,94,96, *Ep.* 1,6,36-38), Ovídio (*Amores* 3,8,29 s.), Petrônio (14,2), Propércio (3,13,49 s.), Juvenal (1,109-113), devendo, enfim, ser assinalada uma sentença de Publílio Siro (P 9: *Pecuniae unum regimen est rerum omnium*, "o único governo de todas as coisas é o do dinheiro"), registrando-se muitas variantes formais entre as sentenças medievais (21125, 21127, 21127b, 21130). Em todas as modernas línguas européias existem equivalentes ao italiano *Il denaro è il re del mondo*: entre as variantes eu destacaria a inglesa *Gold is the sovereign of all sovereigns* e o expressivo paralelo com a riqueza (*Beauty is potent, but money is omnipotent*), e a brasileira *Quem dinheiro tiver, fará o que quiser*.

1790. *Imperat aut servit collecta pecunia cuique*
Dinheiro acumulado ou comanda ou serve

Essa gnoma é extraída das *Epístolas* de Horácio (1,10,47): são semelhantes a ela uma das máximas do *Appendix sententiarum* (46 R.²: *Pecuniae imperare haud servire addecet*, "é preciso dominar e não servir ao dinheiro"), uma de Sêneca (*De vita beata*, 26,1: *Divitiae enim apud sapientem virum in servitute sunt, apud stultum in imperio*, "as riquezas estão a serviço do sábio, mas comandam o estulto") e a medieval *Pecunias oportet imperes non servias*, "é preciso que comandes o dinheiro e não lhe sirvas" (Walther 21129). Quanto ao caráter negativo de acumular riquezas, deve-se lembrar a tradição segundo a qual, em Esparta, quem o fazia era punido com a morte, uso vinculado a um oráculo feito aos reis Alcâmenes e Teopompo (segundo Aristóteles [*Lacedaemoniorum respublica*, fr. 544 Rose], Cícero [*De officiis*, 2,22,77] e Plutarco [*Instituta Laconica*, 239f]), que se tornou proverbial na forma ἀ φιλοχρηματία Σπάρταν ἕλοι, ἄλλο δὲ οὐδέν, "o desejo de riqueza e nada mais poderia tomar Esparta" (cf. o escólio a Aristófanes, *A paz*, 622, de onde deriva *Suda*, δ 997, bem como, entre os paremiógrafos, Zenob. vulg. 2,24, Diogen. 2,36, Macar. 2,68, Apost. 8,77, Arsen. 4,54b). Nos provérbios modernos sobre a avareza, há a forma "o avarento não possui ouro mas é possuído por ele" (motivo retomado por La Fontaine, 4,20; no equivalente inglês trata-se simplesmente do rico).

1791. *Sera parsimonia in fundo est*
Na última gota, a parcimônia é tardia

Essa é a tradução de uma máxima de Hesíodo (*Os trabalhos e os dias*, 369: δειλὴ δ' ἐν πυθμένι φειδώ), documentada em Sêneca (*Ep.* 1,5) e, a partir daí, citada por vários autores medievais (remeto a Sutphen 166 e a Walther 28057a): a imagem é a da ânfora de vinho, da qual se retira vinho em abundância no início, sendo preciso economizar a metade quando se está chegando ao fim. Encontra-se afinidade conceitual num trecho de Pérsio (2,50 s.) e num de Vegécio (3,3), enquanto Macróbio (*Saturnalia*, 7,12,13) retoma as palavras de Hesíodo, afirmando que, para o autor grego, evidentemente o vinho era melhor quando estava pela metade. São muitos os paralelos nas atuais línguas européias: em francês, inglês e alemão tem-se equivalentes ao italiano *Tardi si risparmia quando non se n'ha più* [tarde se economiza quando não se tem mais]. Entre as variações deve-se destacar a francesa *Ne pas faire d'économie de bouts de chandelle*; também é sugestiva a brasileira *A regra se põe é na boca do saco*.

1792. *Nullus est tam tutus quaestus quam quod habeas parcere*
Nenhum ganho é tão seguro quanto economizar o que se tem

Essa é uma sentença de Publílio Siro (N 5) que tem paralelo num trecho de *Paradoxa Stoicorum* de Cícero (3,49); além disso, deve ser citada a tradição de *Nec minor est virtus quam quaerere parta tueri*, "não menos válido do que procurar obter é defender o que já se obteve", de Ovídio (*Ars amatoria*, 2,13; cf. também, por exemplo, Salústio, *Bellum Iugurthinum*, 31,17, Cúrcio Rufo, 4,11,9, e Demóstenes, 1,23), frase esta também citada como gnoma (inclusive registrada por Walther 5200,2; 18042). Esse motivo também está presente nas modernas línguas européias: em italiano diz-se *Quattrino risparmiato due volte guadagnato* e *Lo sparagno é il primo guadagno*; entre as variantes eu citaria a inglesa *A penny saved is a penny got* e a russa *Zapaslivyj lušče bogatogo* (ou seja: "ser econômico é mais importante do que ser rico"); no Brasil existem *A economia é a base da prosperidade*, *Mais vale bom guardador que bom ganhador* e *Vintém poupado, vintém ganho* (para outros paralelos cf. Mota 38, 88, 116, 229).

CONDIÇÕES ECONÔMICAS 813

1793. *Largitionem fundum non habere*
A liberalidade não tem fundo

Essa expressão é citada por Cícero (*De officiis*, 2,15,55) explicitamente como proverbial: significa que quem presenteia também pode dissipar patrimônios importantes; no contexto, vem imediatamente depois do preceito segundo o qual a *res familiaris* não deve ser hermeticamente fechada à generosidade, mas tampouco totalmente aberta. Igual ao latim — registrado também por Walther (13467a) — é o provérbio alemão *Schenken hat keinen Boden*, enquanto na literatura italiana encontra-se um motivo semelhante em Genovesi (*Della diceosina*, 2,49).

1794. *Qui dat pauperi non indigebit*
Quem dá ao pobre não passará necessidade

Essa máxima deriva dos *Provérbios* (28,27), na versão da *Vulgata* (na dos *Setenta* soa: ὃς δίδωσιν πτωχοῖς οὐκ ἐνδεηθήσεται), e é completada por *Qui despicit deprecantem sustinebit penuriam*, "quem olha com desprezo o pedinte deverá suportar a penúria". Ainda é famosa, sendo retomada pelas tradições proverbiais modernas, pois em todas as línguas existem equivalentes ao italiano *L'elemosina non fa impoverir* [esmola não empobrece] (entre as variantes, ver a veneziana *La carità mantien la cà*; cf. Zeppini Bolelli 64; ao provérbio *Nessuno diventò mai povero per far elemosina* [ninguém nunca ficou pobre por dar esmolas] foi dedicada uma gravura de Mitelli [47]); nos dialetos italianos também é freqüente *La carità va fuori dalla porta e rientra dalla finestra* [a caridade sai pela porta e volta pela janela]; no Brasil se diz *Quem dá aos pobres, empresta a Deus*. Esse motivo também está presente no *Alcorão* (2,274), onde se lê que tudo o que se gasta com esmolas depois é reembolsado lentamente; numa variante medieval (Walther 24016) encontra-se a contaminação dessa tradição com uma outra, evangélica (cf. *Mateus*, 6,20), afirmando: *Qui dat pauperibus, thesauros colligit astris, / in quos nil fures iuris habere queunt*, "quem dá aos pobres junta tesouros nos céus, onde os ladrões não podem alegar direitos".

1795. *Non est magni animi, qui de alieno liberalis est*
Não é magnânimo quem é liberal com bens alheios

Essa máxima deriva de *De clementia* de Sêneca (1,20,3); retoma as difundidas locuções — muitas vezes usadas com ironia — *De alieno liberalis* (Sêneca, *Ep.* 16,7; 77,8) e *Largiri de* (ou *ex*) *alieno* (Cícero, *Epistulae ad familiares*, 3,8,8, Lívio, 3,1,3, Justino, 36,3,9); em Homero (*Odisséia*, 17,451 s.), aliás, já se encontra conceito desse gênero no pretendente Antínoo, a enfatizar sua falsa preocupação com os bens de Ulisses. Em italiano existe *Della roba d'altri si spende senza risparmio* [bens alheios gastam-se sem economia]; provérbios desse tipo são documentados em todas as modernas línguas européias; entre as variantes, é interessante a lombarda *Co la roba dei alter se va zo a la buna*. No Brasil se diz *Fazer cortesia com o chapéu alheio* e *Quem atira com pólvora alheia não toma chegada*.

1796. Thesaurum in sepulchro ponit qui senem heredem facit
Põe as riquezas numa sepultura quem faz de um velho o seu herdeiro

Essa é uma sentença de Publílio Siro (T 1); para Otto 1778, *Thesaurum in sepulchro ponere* é expressão proverbial, que indica o esbanjamento insensato, semelhante ao italiano *Gettare i soldi fuori dalla finestra* [jogar o dinheiro pela janela] (com equivalente em francês), ou ao alemão *Er wirft sein Geld auf die Strasse*.

1797. Necesse est facere sumptum, qui quaerit lucrum
Quem quer ganhar precisa gastar

A fonte é um trecho de *Asinaria* de Plauto (v. 217), onde se cita o exemplo do passarinheiro que, para pegar passarinhos, espalha comida; encontra-se afinidade conceitual em outro trecho de Plauto (*Poenulus*, 286), num de Terêncio (*Adelphoe*, 216) e num de São Jerônimo (*Ep.* 53,11). Em alemão diz-se *Mit leerer Hand fängt man keinen Falken*.

1798. Ad suom quemque hominem quaestum esse aequom est callidum
É justo que todos sejam astutos em seu próprio interesse

Esse verso encontra-se, com diferenças mínimas, em dois trechos de Plauto (*Asinaria*, 186, *Truculentus*, 416) e não é possível determinar se em algum deles é espúrio e em qual seria; além disso, encontra-se semelhança em outra passagem de *Truculentus* (v. 932). Conceito análogo já estava presente em *Ética a Eudemos* de Aristóteles (1240ab; cf. também nº 1285), devendo também ser lembrados *Suam quisque homo rem meminit*, "cada um tem em mente o que lhe diz respeito", que pode ser encontrado ainda em Plauto (*Mercator*, 1011; cf. também Cícero, *De senectute*, 7,21), e πάντ' εἰς τὴν κερδαίνουσαν πήραν ὠθεῖν, "puxar tudo para a sacola do ganho", documentado pelos paremiógrafos (Macar. 6,98). O verso da *Asinaria* está registrado entre as sentenças medievais (Walther 487a); em todas as línguas européias os provérbios modernos valem-se de imagens interessantes como a do italiano *Ognuno tira l'acqua al suo mulino* [cada um puxa a água para o seu moinho; port., Cada um puxa a brasa para a sua sardinha] e a do brasileiro *Cada qual procura suas melhoras* (cf. Mota 61); uma variante significativa é a alemã *Was einem selbst angeht, darauf denkt man am ersten*.

1799. Gratis et amore Dei
Pelo agradecimento e pelo amor de Deus

Essa expressão atualmente é usada para dizer que uma coisa não custa nada; desconheço a fonte dessa fórmula. Contudo, já no classicismo empregava-se o ablativo *gratiis* com função adverbial, inclusive na grafia *gratis*, de *gratia, -ae*, com o significado de "gratuitamente" (cf. *ThlL* 6,2238 s.), forma essa que já está incorporada em várias línguas modernas [port., grátis]. A razão de *et amore Dei* talvez deva ser encontrada no preceito cristão de dar sem esperar restituição (cf., por exemplo, *Mateus*, 5,42, *Lucas*, 6,30, *Didaché*, 1,5).

1800. *Emas non quod opus est, sed quod necesse est. Quod non opus est, asse carum est*

Não compres o que te serve, mas o que te é necessário. Para aquilo que não serve, até um asse é caro

Essa é uma máxima de Catão (*De agri cultura*, 10, p. 79 Jordan), documentada por Sêneca (*Ep.* 94,27), que tem afinidade com *Quanti quanti bene emitur quod necesse est*, "seja qual for o preço, compra-se bem o que é necessário", de Cícero (*Epistulae ad Atticum*, 12,23,3). O asse era moeda de pouquíssimo valor, como demonstra a difundida locução "não vale um asse" (cf. Otto 175, Szelinski 16, Sonny 96, Sutphen 136). Em todas as modernas línguas européias existem expressões equivalentes à brasileira *Quem compra o supérfluo, vende o necessário* (cf. Arthaber 292, Mota 181).

1801. *Crescentem sequitur cura pecuniam*

As preocupações crescem com a riqueza

Essa frase, ainda citada para dizer que as riquezas trazem consigo problemas e preocupações, é de Horácio (*Carm.* 3,16,17); esse motivo está também, por exemplo, em Juvenal (14,303 s.) e em numerosos textos da Antiguidade tardia e da Idade Média (cf. Weyman 78; 283). Em grego, esse conceito é expresso proverbialmente por δειλὸν ὁ πλοῦτος, "a riqueza é infeliz", documentado em Eurípides (*As fenícias*, 597) e retomado, com ligeiras variações, por Baquílides (*Epinícios*, 1,160 s.) e por Aristófanes (*Pluto*, 202 s.), sendo também registrado pelos paremiógrafos (Zenob. vulg. 3,35, Diogen. Vind. 2,33, Macar. 3,27, Arsen. 5,89a). Em todas as línguas européias documentam-se equivalentes ao italiano *Grandi ricchezze mille pensieri* e ao medieval *Copia parit fastidium*, "a abundância gera aborrecimento". No Brasil se diz *Quem tem o que perder, tem o que temer* (para paralelos em outras línguas cf. Mota 200).

1802. *Divitiae enim apud spientem virum in servitute sunt, apud stultum in imperio*

As riquezas estão a serviço do sábio e dominam o tolo

Essa máxima provém de *De vita beata* de Sêneca (26,1) e tem paralelo exato em outra passagem dessa mesma obra (22,4); é diferente, porém, um trecho da *Consolação a Políbio* (6,4,), onde *Magna servitus est magna Fortuna*, "grande fortuna é grande servidão", afirma que nas pessoas proeminentes não são admitidos todos os comportamentos permitidos aos humildes (essa frase de Sêneca também foi sentida depois como gnoma; cf. Walther 14217b). Encontra-se, provavelmente, afinidade numa sentença de Publílio

Siro (B 30), cujo texto incerto talvez deva ser lido como *Bono imperante animo prodest pecunia*, "o dinheiro é útil quando sob o domínio de alma forte"; deve-se destacar a tradição segundo a qual as riquezas são odiadas pelos fortes (Fedro, 4,12,1; cf. também Propércio, 3,5,3); para um discurso genérico contra a riqueza, erroneamente apreciada, ver Sêneca, *Ep.* 115,16. Sob o aspecto conceitual, ver também nº 1790.

1803. *Bona opinio hominum tutior pecunia est*
A boa fama é mais segura do que o dinheiro

Essa é uma sentença de Publílio Siro (B 19); o motivo de que a boa fama é mais importante que o dinheiro também está num *monóstico de Menandro* (406: καλῶς ἀκούειν μᾶλλον ἢ πλουτεῖν θέλε, "prefere a boa fama à riqueza"), e em 421 e 442 a comparação é feita entre a pobreza honrada e a riqueza perversa, segundo um *topos* já presente em Teógnis (vv. 145 s.). Encontra-se semelhança nos medievais *Melius est nomen bonum quam divitiae multae*, "é melhor um bom nome do que muita riqueza", *Bona existimatio pecuniis praestat*, "a estima vale mais do que a riqueza" e *Honesta fama est alterum patrimonium*, "a boa fama é um segundo patrimônio". Em todas as línguas européias documentam-se equivalentes ao italiano *È meglio aver buon nome che molte ricchezze*; entre as variantes, deve ser destacada a inglesa *Good name is gold worth*; sentido diferente tem o italiano *Chi ha nome ha roba* [quem tem nome tem riqueza]. Quanto ao motivo da boa fama que permite realizar más ações, cf. nº 250. No Brasil se diz *Antes pobre esfarrapado que rico desonrado* e *Ganha fama e deita-te na cama* (para paralelos em outras línguas cf. Mota 56, 103).

1804. *Damnum appellandum est cum mala fama lucrum*
Deve-se chamar de prejuízo a união da má fama com o lucro

Essa é uma sentença de Publílio Siro (D 13), que, na literatura latina, tem paralelo em Ovídio (*Amores*, 1,10,47 s.); encontra numerosos precedentes gregos: ver, por exemplo, Hesíodo (*Os trabalhos e os dias*, 352), Sófocles (*Antígona*, 326; fr. 807 R.), Eurípides (*Ciclope*, 312), Antifanes (fr. 270 K.) e sobretudo vários *Monósticos de Menandro*, do tipo do 422 J., κέρδος πονηρὸν ζημίαν ἀεὶ φέρει, "o mau ganho sempre traz castigo" (são semelhantes 8, 119, 405, 728 s., 755, *Pap.* IX 2-4 Jäkel, *Comparatio Menandri et Philistionis*, 1,55 s.). Nos paremiógrafos (Arsênio, 8,34b) registra-se como máxima de Quílon ζημίαν αἱροῦ μᾶλλον ἢ κέρδος αἰσχρόν, "prefere o castigo ao lucro torpe". Em todas as modernas línguas européias existem provérbios análogos aos italianos *Meglio povertà onorata che ricchezza svergognata* [melhor pobreza honrada que riqueza desavergonhada] e *La roba mal acquistata non arricchisce* [riqueza mal conquistada não enriquece]. No Brasil se diz *Antes merecer e não ter, que ter e não merecer*.

1805. Οὐθεὶς ἐπλούτησεν ταχέως δίκαιος ὤν
Nenhum justo jamais enriqueceu depressa

Essa máxima, nessa redação, constitui um verso de Menandro (*Kolax*, 43); na verdade, o motivo da incompatibilidade entre retidão e riqueza já é platônico (*As leis*,

7,743a) e reaparece nos *Monósticos de Menandro* (62 J.; cf. também *Comparatio Menandri et Philistionis*, 4,51 s., e talvez também 1,288). Em latim, deve ser destacada uma transposição exata (*Repente dives factus est nemo bonus*), atribuída a Publílio Siro (329 R.²), que, no entanto, também pode caracterizar apenas as pessoas que enriqueceram, assumindo o significado de que ninguém que tenha ficado rico depressa é bom; esse *topos* está documentado sobretudo em âmbito cristão e, em especial, em São Jerônimo (*Regula monachorum*, PL 30,342, *Comentário a Jeremias*, PL 24,880), que, por outro lado (*Ep.* 120,1), documenta como proverbial *Dives aut iniquus aut iniqui heres*, "o rico é injusto ou herdeiro do injusto". Semelhante a esta última fórmula é o alemão *Der Reich ist entweder ein Schelm oder eines Schelmes Erbe* (ou seja: "o rico é um canalha ou herdeiro de um canalha"); uma variante é o italiano *Per essere ricco bisogna avere un parente a casa del diavolo*; a fórmula italiana *Chi vuole arricchire in un anno è impiccato in sei mesi* [quem quer enriquecer em um ano é enforcado em seis meses] tem equivalentes em várias línguas européias (cf. Arthaber 104).

1806. *Lucrum sine damno alterius fieri non potest*
Não pode haver lucro sem prejuízo alheio

Essa sentença, que pertence a Publílio Siro (L 6), foi famosa no mundo latino: no classicismo existem paralelos significativos em *De ira* de Sêneca (2,8,2), em Dracôncio (*Laudatio Dei*, 1,613) e em *Sermões* de Santo Agostinho (8,8); são numerosas as referências nos autores medievais (remeto a Weyman 75; 277, e a Sutphen 178); está registrada nos chamados *Liber proverbiorum* (Pseudo-Beda, PL 90,1100d, Otloh, PL 146,317a); outra variante é *Nemo ditescit nisi malo alterius*, "ninguém enriquece senão com o mal alheio" (Walther 16332a). Entre os provérbios modernos devem ser lembrados sobretudo os paralelos ao brasileiro *A desgraça de uns é o bem de outros* (Arthaber 738, Mota 38); nos dialetos italianos são difundidas sentenças desse gênero, que se valem da aproximação paronomástica entre o substantivo *roba* [bens, haveres] e um tempo do verbo *rubare* [roubar] (como, por exemplo, a genovesa *Chi n'arrôba no ha de rôba*), não faltando outras formulações (como, por exemplo, a siciliana *Raru guadagnu c'è senza lu 'ngannu*); para o cínico *Mors tua vita mea*, que não está vinculado apenas a contextos econômicos, cf. nº 1182.

1807. *Vilius argentum est auro, virtutibus aurum / "O cives, cives, quaerenda pecunia primum est, / virtus post nummos!"*
A prata é mais vil do que o ouro e o ouro, mais do que a virtude. "Cidadãos, cidadãos, é preciso antes de tudo ir à cata da riqueza; a virtude vem depois do dinheiro!"

Essa é uma famosa passagem de Horácio (*Ep.* 1,1,52-54), em que o poeta contrapõe a verdadeira ética, baseada nas virtudes, à moral corrente, que preconiza o enriquecimento como bem mais precioso. Desses versos, hoje é muito conhecido o 52, que constitui uma das máximas registradas por Walther (33363) e ainda citada, mas na realidade são os versos seguintes que retomam uma tradição proverbial. Um fragmento de Focilides (9 Gentili-Prato), citado por Platão (*A República*, 3,407a) e retomado pela tradição paremiográfica (Diogen. 4,39, Greg. Cypr. L. 1,95, Arsen. 6,8a), proclamava: δίζησθαι βιοτήν, ἀρετὴν δ', ὅταν ᾖ βίος ἤδη, "é preciso buscar o sustento; a virtude, quando já se tem do que viver". Em alemão, ainda está vivo um provérbio perfeitamente correspondente ao v. 52 de Horácio (*Mindern Preis hat Silber denn Gold, Gold selber den Tugend*); em inglês, diz-se *Silver and gold are not the only coin: virtue too passes current all over the world*; em italiano, *L'oro luce, la virtù riluce*; no Brasil, *Acaba-se o haver, fica o saber*; deve ser destacado também o jocoso adágio *Prima il denaro poi la devozione*. Finalmente, recordo um pungente aforismo de O. Wilde (163), para o qual o deus do seu século é o ouro e, portanto, para ter êxito é preciso ser rico. Para *Primum vivere, deinde philosophari*, cf. nº 350.

b) Insaciabilidade e avareza

1808. Πτωχοῦ πήρα οὐ πίμπλαται

A sacola do mendigo nunca está cheia

Essa é a redação registrada pelos paremiógrafos (Zenob. vulg. 5,66, Diogen. Vind. 3,61, Apost. 15,8, *Suda* π 3056) de um provérbio usado por Calímaco (fr. 724 Pfeiffer), que os próprios paremiógrafos dizem fazer referência às pessoas insaciáveis; existe uma versão em latim medieval (Walther 14653a: *Mendici pera non impletur*). Sem dúvida nele se inspira também um verso de Plauto (*Trinummus*, 339), que diz *De mendico male meretur qui ei dat quod edit aut bibat*, "age mal com o mendigo quem lhe dá de comer ou de beber" (porque — continua o cômico — perde o que dá e permite que o mendigo continue vivendo miseravelmente, sem estímulo para progredir). Nas tradições proverbiais modernas devem ser citados o alemão *Bettelsack ist bodenlos* (ou seja: "o saco do mendigo é sem fundo"), o brasileiro *Fardel* (ou *o saco*) *do pedinte nunca é cheio*, e o italiano *Fanciulli, poveri e polli non si veggon mais satolli* [crianças, pobres e frangos nunca se saciam].

1809. *Crescit amor nummi, quantum ipsa pecunia crevit*

Quanto mais cresce a riqueza tanto mais cresce o amor pelo dinheiro

Essa máxima, retomada e citada com freqüência já na Idade Média (remeto ao comentário de Walther 3731) e ainda conhecida, é de Juvenal (14,139: no verso anterior tem-se um expressivo *Pleno cum turget sacculus ore*, "quando a bolsinha está cheia até a boca"); vincula-se a um *topos* também presente em outro texto seu (12,506), onde o poeta escarnece de quem não acumula patrimônio para viver, mas vive para acumular patrimônio (essa expressão lembra o preceito do "comer para viver e não viver para comer"; cf. nº 711), que se encontra também em outros autores, como Horácio (*Carm.* 3,16,17 s., cf. também nº 1789), Ovídio (*Fastos* 1,211s.), Sêneca (*De beneficiis*, 2,27,3) e Justino (6,1,1, onde se fala, especificamente, dos espartanos); para *Semper avarus eget*, cf. nº 1813. Entre as variantes medievais, lembro *Crescit avaritia quantum crescit tua gaza*, "a avareza aumenta tanto quanto aumenta o teu tesouro" (Walther 3734), e *Divitiis nullo quaerendis fine quiescunt / mortales, sit opum copia magna licet*, "os homens nunca se cansam de buscar riquezas, por maior que seja a quantidade de seus bens" (6140); em alemão, ainda é proverbial *Je mehr man hat desto mehr will man haben*, que deriva de Lutero; as variantes que devem ser citadas são a italiana *L'avaro è come l'idropico: quanto più beve tanto più ha sete* [o avarento é como o hidrópico: quanto mais bebe, mais tem sede] (para as comparações com o hidrópico, cf. também nº 1729), a francesa *L'avarice est comme le feu: plus on y met du bois et plus il brûle* [a avareza é como o fogo: quanto mais lenha se põe, mais queima], a brasileira *Quem mais tem, mais deseja*, e a genovesa *Ciû o portafêuggio o vegne inscio, o chêu, ben de spesso, o se strenze* (ou seja: "quanto mais inchada fica a carteira tanto mais apertado fica o coração").

1810. *Quid non mortalia pectora cogis, / auri sacra fames?*

A que não obrigas o coração humano, ó execranda fome de ouro?

É assim que, na *Eneida* (3,56 s.), Enéias comenta o episódio de Polidoro, filho de Príamo: este, desesperando da sorte de Tróia, confiara o filho, com grandes riquezas, a Poliméstor, rei da Trácia, que o matara à traição. Essa frase era muito famosa já na Antiguidade: era citada como exemplo de apóstrofe por Quintiliano (9,2,10; 9,3,25), para o significado de *sacer* como *execrabilis* por Porfírio (a Horácio, *Épodos*, 7,20) e, explicitamente como sentença, por Prisciano (*Praeexercitamina*, 433,9 K.) e por Macróbio (*Saturnalia*, 5,16,7). São numerosas as suas aparições, algumas das quais apresentam pouquíssimas variações em relação ao modelo (cf. o *Código* de Justiniano, 1,3,30,2, e Alcuíno, *Ep.* 121 [*PL* 100,356a]); outras, como em Sílio Itálico (5,264 s.), substituem fome por sede (*Sitis auri*, aliás, já está presente em outros textos, como em Prudêncio [*Peristephanon*, 14,102, e *Hamartigenia*, 396, com uma significativa prosopopéia] e em Horácio [*Ep.* 1,18,23], onde se tem *argenti sitis*); em outras, como em São Colombano (*Carmina*, 3,31 s.), em Alcuíno (*Ep.* 35 [*PL* 100,192b]), em lugar da fome encontra-se *cupido*, "cupidez" (no primeiro trecho definida como *dira*, "cruel"; no segundo, como *insana*); em Prudêncio (*Hamartigenia*, 149), *fames auri* cede lugar a *mors*. Em alguns textos, tem-se simplesmente *Fames auri* (cf. Plínio [*Naturalis historia*, 33,14,48; 33,21,72], Prudêncio [*Hamartigenia*, 257]): evidentemente, a passagem de Virgílio era bem conhecida, mas, a rigor, não se pode falar simplesmente em retomada de seus termos exatos. Finalmente, sob o aspecto conceitual, devem ser citados Lucano (3,118 s.) e Rutílio Namaziano (*De reditu suo*, 358). Essa expressão ainda é citada como referência a quem não recua diante das ações mais torpes para enriquecer; fala-se com freqüência simplesmente em *Sagrada fome de ouro* (ver, por exemplo, La Fontaine, 8,27). Entre as referências literárias, tem especial importância uma de *Purgatório* de Dante (22,40 s.); onde Estácio conta que se corrigiu do pecado da prodigalidade exatamente ao ler essa passagem: discutiu-se muito se Dante havia entendido mal o texto de Virgílio, a ponto de entrever nele a santa fome de ouro, ou seja, a que visa ao justo meio-termo (como parece indicar o contexto), ou se — o que parece mais provável — Dante simplesmente atribuía a essa gnoma uma acepção mais genérica.

1811. *Radix enim omnium malorum est cupiditas*
Porque a raiz de todos os males é a cobiça

Na tradução da *Vulgata*, essa é uma sentença da primeira epístola de São Paulo a Timóteo (6,10), que, em grego, soa: ῥίζα γὰρ πάντων τῶν κακῶν ἐστιν ἡ φιλαργυρία. É muito apreciada por São Jerônimo (cf. *Ep.* 125,2, *Adversus Pelagianos*, 2 [*PL* 23,753], *Ad monachos*, *PL* 30,322, *Regimen monachorum*, 4 [*PL* 30,345]), que substitui *cupiditas* por *avaritia*; está vinculada a um *topos* muito documentado nas literaturas clássicas e na sucessiva cultura cristã (encontra-se por exemplo na tradição hínica [130 Mangelli]). Em grego, τὴν φιλαργυρίαν εἶπε μητρόπολιν πάντων τῶν κακῶν, "chamou a cobiça de terra natal de todos os males", é atribuído a Diógenes (228 Giannantoni) por Diógenes Laércio (6,50) e a Bíon por João de Stóboi (1,38); formulação semelhante encontra-se em contexto paremiográfico (*App. Prov.* 5,17); são semelhantes: um fragmento de Catão (82 Jordan: *Avaritiam omnia vitia habere putabant*, "acreditavam que a avidez de dinheiro continha em si todos os males"), uma máxima de Rutílio Lupo (2,6: *Crudelitatis mater avaritia est, pater furor*, "a mãe da crueldade é a avidez de dinheiro; o pai é a ira"), citada também por Quintiliano (9,3,89), e vários outros textos (por exemplo, *Rhetorica ad Herennium*, 2,22,34, Santo Ambrósio [*De officiis*, 2,17,89, *De paenitentia*, 8,75], Prudêncio [*Psychomachia*, 468 s.]). Destaco também algumas variantes medievais: *Dira fames auri culpae regina parensque*, "a terrível fome de ouro é mãe e rainha do pecado" (Walther 5805; para o *incipit*, claramente derivado de *Auri sacra fames*, cf. nº 1810), e *Radix malorum grandium habendi est furor*, "o furor de possuir é a raiz de grandes males" (Walther 26237). O provérbio antigo ainda está vivo nas tradições modernas, mas com referência à avareza: em italiano existe *Dei vizi è regina l'avarizia*; em espanhol, *Afeminados espíritus engendra la avaricia*; em inglês e alemão documentam-se as traduções exatas da frase de São Paulo; uma referência literária está em Ariosto (34,19,6).

1812. *Desunt inopiae multa, avaritiae omnia*
À pobreza faltam muitas coisas; à avidez falta tudo

Essa gnoma de Sêneca (*Ep.* 108,9) reaparece, com poucas diferenças, entre as sentenças de Publílio Siro (I 7); é a tradução de uma máxima atribuída a Aristóteles por Máximo de Tiro (12,14), que declara: ἡ πενία πολλῶν ἐστιν ἐνδεής, ἡ δὲ ἀπληστία πάντων (observar o uso de ἀπληστία, "insaciabilidade"). Sugestivo paralelo é constituído por um trecho de *Provérbios* do *Antigo Testamento* (13,7), que, na versão da *Vulgata*, soa: *Est quasi dives cum nihil habeat et est quasi pauper cum in multis divitiis sit*, "há quem se faça rico não tendo coisa alguma e quem se faça pobre tendo grande riqueza"; para outros trechos nos quais o ávido de dinheiro é definido como pobre, cf. n°s 1813-1815. Na Idade Média, essa máxima aparece (Walther 5500, cf. também 12456) inclusive com *luxuria* no lugar de *inopia* (14144). A tradução da frase de Sêneca ainda é proverbial em italiano, em inglês e em alemão, com a costumeira banalização de *avarus* em *avarento* (em italiano diz-se *Alla povertà manca molto, all'avarizia tutto*).

1813. *Semper avarus eget*
O ávido está sempre necessitado

Essa expressão, ainda usada para indicar insaciabilidade, deriva de um verso de Horácio (*Ep.* 1,2,56), completado por uma advertência precisa: *Certum voto pete finem*, "põe limites bem definidos aos desejos"; reaparece em *Liber proverbiorum* do Pseudo-Beda (*PL* 90,1110d) na forma *Semper avarus eget, hunc nulla pecunia replet*, "o ávido está sempre necessitado: nenhuma riqueza o sacia"; para outras variações medievais semelhantes, cf. Walther 27910-27913; a mais original é a 29913 (*Sol in zodiaco currens numquam requiescit; / sic animus requie semper avarus eget*, "o sol, correndo no zodíaco, nunca descansa; assim também o espírito do avaro nunca tem descanso"). A imagem do homem corroído pela cobiça contínua e pela insaciabilidade dá lugar a outra máxima de Sêneca (*Ep.* 94,43: *Avarus animus nullo satiatur lucro*, "o cobiçoso não se sacia com lucro algum") e a várias análises de cunho psicofilosófico, como por exemplo em Salústio (*Conjuração de Catilina*, 11,3), em Boécio (*A consolação da filosofia*, 3,3) e em Apuleio (*Apologia*, 20), onde a cobiça acaba por ser definida como "verdadeira pobreza" (cf. também n°s 1812, 1814, 1815); de modo semelhante, Cícero (*Paradoxa Stoicorum* 3,52) conclui a recomendação de saber contentar-se com a definição de *avari* como *non modo non copiosi ac divites, sed etiam inopes ac pauperes*, "não apenas não são ricos nem opulentos, mas também são pobres e necessitados". Em muitas línguas européias existem equivalentes à forma italiana *L'avarizia è la maggiore delle povertà* [a avareza é a maior das pobrezas] e à brasileira *Nada tem quem não se contenta com o que tem* (cf. Arthaber 735, Mota 128); entre as variações — presentes em todas as línguas européias — deve ser destacada, devido à interessante rima, a francesa *N'est pas riche qui est chiche* (ou seja: "não é rico quem é sovina").

1814. *Tam deest avaro quod habet quam quod non habet*
Ao ávido falta tanto o que ele tem quanto o que ele não tem

Essa é uma máxima que retoma o *topos* da real pobreza da pessoa ávida de dinheiro, avarenta e insaciável (cf. n°s 1812, 1813, 1815), que deriva das sentenças de Publílio Siro (T 3); na Antiguidade, foi citada por vários autores: por Quintiliano (8,5,6; 9,3,64, devido à sua feliz estrutura formal), por Sêneca, o Retor (*Controversiae*, 7,38), e por São Jerônimo (*Ep.* 55,11; 100,15). Reaparece nas coletâneas do Pseudo-Beda (*PL* 90,1091d) e de Otloh de Sankt Emmeram (*PL* 149,302c). No Brasil se diz *Ao avarento falta o que não tem e falta o que tem*.

1815. *Magnas inter opes inops*
Pobre em meio a grandes riquezas

É assim que Horácio (*Carm*. 3,16,28) define o rico, totalmente preocupado com a conservação e o aumento de suas riquezas: a fama dessa expressão, registrada por Walther (14229) e ainda usada para indicar a avareza, deve-se ao oxímoro evidenciado pela figura etimológica. Igualmente sintética e pregnante é uma expressão de *Hercules furens* de Sêneca (v. 168): *Congesto pauper in auro*, "pobre entre montes de ouro".

1816. *In nullum avarus bonus est, in se pessimus*
O avaro não é bom para ninguém e é péssimo para si mesmo

Essa é uma sentença de Publílio Siro (I 5), retomada por Sêneca (*Ep.* 108,9). A inutilidade do avarento também é bem expressa por uma máxima grega, documentada por Arsênio (13,13k): ὁ τῶν φιλαργύρων πλοῦτος, ὥσπερ ὁ ἥλιος καταδὺς εἰς τὴν γῆν, οὐδένα τῶν ζώντων εὐφραίνει, "a riqueza dos avarentos é como o sol depois que se põe: não dá alegria a ninguém". Ademais, encontra-se afinidade na imagem de quem não se concede nenhum bem e procura impedi-lo também aos outros, encontrada em Plauto (*Pseudolus*, 1134 s., *Trinummus*, 352). Esse provérbio ainda está vivo em alemão: *Der Geizige ist keinem gut, ihm selber der ärgste*.

1817. *Avarus nisi cum moritur, nihil recte facit*
O avarento nada faz de bom, a não ser quando morre

Trata-se de uma sentença de Publílio Siro (A 23), que reaparece no *Liber proverbiorum*, na Idade Média (Pseudo-Beda, *PL* 90,1091d, Otloh, *PL* 146,306c) e ainda está viva nos provérbios das línguas modernas (em quase todas existem equivalentes ao brasileiro *O rico e o porco, depois de morto* (ver Mota 155).

1818. *Iam ego me convortam in hirudinem atque eorum exsugebo sanguinem*
Eu me transformarei em sanguessuga e sugarei seu sangue

A fonte é um trecho de *Epidicus* de Plauto (v. 188): nesse, em outros textos de Plauto (*Bacchides*, 373, *Curculio*, 151 s.) e num das *Epístolas a Ático* de Cícero (1,16,11), temos a imagem da sanguessuga para indicar a pessoa que procura causar grande prejuízo econômico a outras pessoas, subtraindo-lhes todos os bens, sem nunca se saciar nem se deter, exatamente como a sanguessuga faz com o sangue. A metáfora da sanguessuga, usada para indicar insaciabilidade inclusive no *Antigo Testamento* (*Provérbios*, 30,15), também é empregada com outros referenciais: quem suga todo o sangue pode ser o amor (Teócrito, 2,55 s.; cf. também Herondas, 5,7) ou, em Horácio (*Ars poetica*, 476), o insano poeta em relação ao incauto leitor. Essa imagem também é freqüente nas modernas línguas européias, sobretudo para designar o usurário; às vezes é usada para indicar o importuno que nunca sai de perto; deve-se destacar o alemão *Der Egel lässt nicht nach, er sei den voll*.

CONDIÇÕES ECONÔMICAS   823

c) *Pobreza*

1819. *Hominem experiri multa paupertas iubet*
A pobreza obriga o homem a buscar muitos expedientes

Essa é uma máxima de Publílio Siro (H 8), que se insere num vasto *topos*: já em Eurípides (fr. 641 N.²) encontra-se πενία δὲ σοφίαν ἔλαχε, "a pobreza tem como destino a habilidade", frase que se tornou proverbial, como testemunham as numerosas citações dos paremiógrafos (Zenob. vulg. 5,72, Greg. Cypr. 3,53, Greg. Cypr. L. 2,100, Diogen. Vind. 3,59, Apost. 14,25, *Suda* π 967). Esse motivo reaparece no próprio Eurípides (*Electra*, 375 s.), num famoso trecho do Pseudo-Teócrito (21,1: ἁ πενία... μόνα τὰς τέχνας ἐγείρει, "só a pobreza dá origem às artes") e, em latim, em Plauto (*Stichus*, 176-178) e em Horácio (*Ep.* 2,2,50-52); em Apuleio (*De magia*, 18) a *paupertas* é definida como *omnium artium repertrix*, "inventora de todas as artes". São tradições afins a da necessidade que aguça a inventividade e a da *Artificia docuit fames* (n.ºˢ 503, 731). Em todas as modernas línguas européias existem equivalentes ao italiano *La povertà insegna tutte le arti* (cf. Arthaber 1107), que tem um precedente medieval exato em *Paupertas omnes artes perdocet* (Walther 21012b; cf. também 21009).

1820. Τῶν γὰρ πενήτων εἰσὶν οἱ λόγοι κενοί
São inúteis os discursos dos pobres

Essa gnoma pertence aos *Monósticos de Menandro* (752 J.) e tem paralelos conceituais no mesmo *corpus* de sentenças (426, *Comparatio Menandri et Philistionis*, 1,286; 2,23; 2,32): significa que as argumentações e as razões dos pobres, ao contrário do que acontece com os ricos e poderosos, nunca são ouvidas. É diferente do famoso *Rara in tenui facundia panno*, "é rara a eloqüência em trajes modestos", de Juvenal (7,145), onde não se fala da prevenção contra os discursos dos pobres, mas da efetiva falta de qualidade (essa expressão também foi considerada gnômica já na Idade Média: cf. Walther 26268, 12100, 26263a). Vários provérbios modernos retomam o *topos* difundido nos *Monósticos*: ver os italianos *A veste logorata poca fede vien prestata* e *Le ragioni de' poveri non vagliono nulla*, o brasileiro *Pobre não tem razão*, o francês *Le mérite est un sot, si l'argent ne l'escorte* e o inglês *The poor man's wisdom is as useless as a palace in a wilderness* (para outros exemplos, cf. Arthaber 1424, Mota 167).

1821. *Misera plebs*
Plebe miserável

Essa locução ainda é usada para indicar os indigentes ou as pessoas que pertencem a uma camada social extremamente humilde. Deriva de um trecho de *Sátiras* de Horácio (1,8,10: *Hoc miserae plebi stabat commune sepulcrum*, "para a plebe miserável havia essa vala comum"), onde a locução indica os escravos e os homens livres sem bens. Uma variante usada é *Misera contribuens plebs*, "a miserável plebe contribuinte", com alusão ao fato de que são sempre os pobres os "massacrados" por impostos e taxas: essa expressão já se encontra no art. 37 do Decreto II (ano 1751) da Dieta Húngara (*Corpus Iuris Hungarici*, 2, Tyrnaviae 1751, 424).

1822. *Pauper ubique iacet*
O pobre está sempre por baixo

Trata-se de uma famosa frase de Ovídio, ainda citada como provérbio, e que numa passagem de *Fastos* (1,218) é a contrapartida de outra, também conhecida, *Dat census honores* (nº 1785); por outro lado, num trecho de *Amores* (3,8,55), ao lado desta última máxima, está *Curia pauperibus clausa est*, "a cúria está fechada para os pobres". Além do sentido especificamente econômico, essa expressão é usada para indicar que o fraco é prejudicado sempre e onde estiver; para esse conceito, ver também o grego πάντα λυπεῖ τὸν τυφλόν, "tudo prejudica o cego" (Macar. 6,97), e numerosos provérbios modernos, como o italiano *Gli stracci van sempre all'aria*, o francês *Au plus débile la chandelle à la main*, o brasileiro *A alegria do pobre é um dia só*, e o alemão *Der Schwächste muss das Kreuz tragen*.

1823. *Miserum istuc verbum et pessumum est: "habuisse" et nil habere*
Esta é uma frase triste, aliás a pior: "ter possuído" e nada possuir

A fonte é um trecho de *Rudens* de Plauto (v. 1321): esse provérbio, baseado no feliz poliptoto de *habeo* — semelhante ao que se encontra em Terêncio, *Heautontimoroumenos*, 93 s. —, não diz respeito apenas à riqueza perdida, mas também evidencia o estado de espírito de quem perdeu um bem precioso e lamenta-o amargamente, como o de Francesca da Rimini, no quinto canto do *Inferno* de Dante: *Nessun maggior dolore / che ricordarsi del tempo felice / ne la miseria* (vv. 121-123), trecho este que — entre outras coisas — provavelmente tem presente um outro de Boécio (*A consolação da filosofia*, 2,4). Ver também o nº 1657.

1824. Οὐδεὶς δυσώνης χρηστὸν ὀψωνεῖ κρέας
Nenhum pobre compra carne de primeira

Esse é um fragmento cômico anônimo (277 K.), transcrito e definido como proverbial por lexicógrafos (Hélio Dionísio, ou 33 Erbse, documentado por Eustátios, *Comentário à Ilíada*, 4,141 [1,720,16 V.], Pólux, 3,126, Fócio, 356,15 P., *Suda* o 820) e paremiógrafos (Apost. 13,30). São vários os paralelos nos provérbios modernos, que, no entanto, se valem de imagens diferentes (pitorescas são *Senza quattrini l'orbo non canta* e, da Romanha, *Sensa quatren un se fa baler i buraten*), muitas vezes de cunho religioso: em italiano diz-se *Senza danari non si hanno i paternoster*; em inglês, há *Penniless souls may pine in Purgatory*; em alemão, *Für Geld von nur geringen Wert wird knappe Messe nur gewährt*; no latim vulgar já existia *Pro cupro cuprea missa habenda est*, "por uma moeda de cobre deve-se ter uma missa de cobre" (cf. Walther 14942, 22465 s.). Ver também o nº 1786.

1825. Πενίας βαρύτερον οὐδέν ἐστι φορτίον
Nenhum fardo é mais pesado do que a pobreza

Esse é um *monóstico de Menandro* (660 J.), que encontra vários paralelos, sobretudo na *Comparatio Menandri et Philistionis* (1,39 s.; 2,24 s.); também existe expressão desse gênero para a velhice e, às vezes, a velhice e a pobreza aparecem juntas (cf. nº 656). Lembro que, entre os monstros que se encontram na entrada do Averno, na *Eneida* (6,276), tambem está a *turpis Egestas* (cf. também nº 722). Entre os vários provérbios modernos eu citaria o italiano *Tutti i guai sono guai, ma il guaio più grosso è senza pane* [todos os problemas são problemas, mas o problema maior é não ter pão] (que tem paralelo em inglês), o francês *De pauvreté fatigue et peine* e o espanhol *No hay cosa que más abata los espiritus que la pobreza*. Destaco, enfim, *Faulte d'argent, c'est douleur non pareille*, de Rabelais (2,16).

1826. *Necessitudo... etiam timidos fortes facit*
A necessidade torna fortes até os medrosos

Essa expressão é extraída de uma exortação do protagonista em *Conjuração de Catilina* de Salústio (58,19); de modo análogo, em Virgílio (*Geórgicas*, 1,146), ao lado de *labor*, que *omnia vicit* (nº 1644), tem-se *Duris urgens in rebus egestas*, "a necessidade que acossa nas dificuldades"; em *Asinaria* de Plauto (v. 671) tem-se *Quidvis Egestas imperat*, "a necessidade a tudo domina"; expressão semelhante está presente em Cúrcio Rufo, 5,16,32 (trata-se da parte do quinto livro que falta nos códices e foi reconstruída por Freinsheim, com base em Justino e Plutarco). Em todas as línguas modernas existem equivalentes ao italiano *Il bisogno fa trottar la vecchia* [a necessidade faz a velha correr] (Rabelais, 3,41 tem o latim *Egestas compellit vetulam currere*); entre as variações devem ser citadas a inglesa *Need makes the naked man run*, a francesa *Besoin fait vieille trotter et l'endormi réveiller* e a brasileira *A necessidade faz o velho andar de chouto*. Ver também o alemão *Not bricht Eisen* (ou seja: "a necessidade quebra o ferro").

1827. Ἔρως θάλλει μὲν εὐπορῶν, ἀποθνῄσκει δ' ἀπορῶν
O amor floresce na riqueza e morre na escassez

Essa máxima é registrada por Máximo de Tiro (24,9,479) e por Apostólio (7,86) como apotegma de Diotima, famosa sacerdotisa de Mantinéia, a cujo discurso sobre o amor refere-se Sócrates em *O banquete* de Platão. Na realidade, se a sentença, nesses termos, deve ser vinculada a outras que ligam o amor às condições econômicas (como por exemplo ἔρωτα παύει λιμός, "a fome acaba com o amor" [*Mant. Prov.*

1,61], ou *Auro conciliatur amor*, "o amor é obtido pelo ouro" [Ovídio, *Ars amatoria*, 2,278; cf. nº 1785]), a referência a Diotima demonstra que se trata de uma vulgarização de uma passagem de *O banquete* (203e), em que Amor τοτὲ μὲν τῆς αὐτῆς ἡμέρας θάλλει τε καὶ ζῇ, ὅταν εὐπορήσῃ, τοτὲ δὲ ἀποθνῄσκει, "ora floresce e vive no mesmo dia, quando as coisas lhe são favoráveis, ora morre": aqui, porém, o significado é diferente, já que Amor é realmente filho da Pobreza e do Ganho, mas afirma-se que nunca é rico nem pobre, demonstrando-se, com essa frase, que não pode ser considerado mortal nem imortal. Nas línguas e nos dialetos modernos são difundidos provérbios segundo os quais a riqueza é muito importante para o amor: ver o italiano *Quando la fame entra dalla porta, l'amore esce dalla finestra*, o brasileiro *Pobre não tem amigo, nem parente*, e o francês *L'amour et la pauvreté font ensemble un mauvais ménage*.

1828. *Deficiente pecunia, deficit omne*
Quando falta dinheiro, falta tudo

Esse é um provérbio latino vulgar (Walther 5305), que se tornou famoso por ter sido retomado em *Gargantua et Pantagruel* de Rabelais (3,41), onde é modificado para *Deficiente pecu, deficit omne, nia*, para parodiar o gosto pela divisão das palavras, como fazia Ênio.

1829. *Haud facile emergunt, quorum virtutibus opstet / res angusta domi*
Não é fácil que sobressaiam aqueles a cujas qualidades obstam os poucos recursos familiares

Essa frase, registrada entre as sentenças medievais (Walther 10661) e atualmente famosa, está vinculada ao *topos* da importância das riquezas para se obter glória e honrarias (cf. nº 1785). Deriva de um trecho de Juvenal (3,164 s.), retomado por Boécio (*A consolação da filosofia*, 2,4).

1830. *Plenus sacculus est aranearum*
A bolsinha está cheia de teias de aranha

Em Catulo (13,8), essa expressão vivaz e engraçada evidencia a pobreza do poeta; encontra-se semelhança numa passagem de Afrânio (410 s. R.[3]), documentada por Festo (493,6 s. Lindsay), onde se faz referência à *arcula*, caixinha para dinheiro. Uma variante fala da barriga cheia de teias de aranha, como um vaso que há muito não é usado, para indicar a pessoa faminta (cf., por exemplo, Cratino, fr. 202 K.-A., Apuleio, *Metamorfoses*, 4,22). Essa imagem continua proverbial, mas, em geral, indica o avarento (ver, por exemplo, o provérbio da Emilia *A i ragn int'al bisachèn*, retomado pela cantor e compositor A. Mingardi numa canção dedicada a um sovina chamado Ubaldo).

1831. *Neque laus in copia, neque culpa in penuria consistit*
Não se tem mérito na abundância nem culpa na penúria

Essa frase aparece, expressivamente, no fim do cap. 20 da *Apologia* de Apuleio, onde, na realidade, *copia*, "abundância", e *penuria*, "penúria", referem-se especificamente aos bens exteriores (todo o contexto é: *De rebus extrariis quantum desit non laboro, quarum neque laus etc.*, "não me preocupo com o que falta em bens exteriores, dos quais não se tem mérito...". Em todas as modernas línguas européias existem equivalentes à expressão brasileira *Pobreza não é vileza* (cf. Mota 167); variante significativa é a inglesa *Poverty is not a shame, but the being ashamed of it is*.

1832. *Paupertatem certissimam esse, cum alicuius indigeas, uti eo non posse*
Pobreza certíssima é não poder utilizar aquilo de que se tem necessidade

A fonte é um trecho de Columela (12,2,3), que tem um precedente em *Econômico* de Xenofonte (8,2). Essa gnoma reaparece na literatura italiana: ver, por exemplo, *A pobreza consiste em ter necessidades mais do que em não ter dinheiro*, de Giuseppe Baretti (*La scelta delle lettere familiari*, 327) e *A indigência é a falta das coisas necessárias*, de Carlo Cattaneo (*Scritti economici*, 2,236).

1833. *Deerit egenti / as, laquei pretium*
Faltará ao pobre um asse, o preço de uma corda

É assim que Horácio (*Sat.* 2,2,98 s.) designa a pessoa extremamente pobre: está desesperada, mas falta dinheiro até para comprar a corda para enforcar-se. Essa expressão também aparece em grego, em Luciano (*Tímon*, 20), sendo registrada por Arsênio (13,15h). Não faltam provérbios semelhantes nas literaturas modernas, como o italiano *Non avere di che Dio impicchi* [não ter com que Deus enforque] (cf. Battaglia 7,472) ou o francês *C'est un homme qui ne vaut pas la corde pour le pendre*, onde, no entanto, a imagem não é utilizada para indicar o desprovido de recursos, mas uma pessoa de nenhum valor.

1834. *Litterae non dant panem*
As letras não dão pão

Essa frase, ainda usada (inclusive na variante *Carmina non dant panem*) para afirmar que a literatura e a poesia não proporcionam ganhos abundantes e fáceis, não é de origem clássica. Um precedente seu, porém, pode ser encontrado numa passagem de Petrônio (83,9), em que um poeta explica que está mal vestido porque *Amor ingenii neminem umquam divitem fecit*, "o cultivo do espírito nunca enriqueceu ninguém". A frase de Petrônio reaparece em João de Salisbury (*Policrático*, 7,15 [*PL*

199,673a]); finalmente, deve ser indicado um trecho de Fedro (4,23,1) em que se lembra que *Homo doctus in se semper divitias habet*, "o homem culto tem sempre as riquezas dentro de si" (cf. também nº 369; para *Omnia mea mecum porto*, cf. nº 1839).

1835. *Ignis aurum probat, miseria fortes viros*
O fogo prova o ouro; a miséria, os fortes

Essa máxima deriva de *De providentia* de Sêneca (5,10): alude ao método mais usado na Antiguidade — ao qual se referem, por exemplo, numerosos trechos bíblicos (cf. *Ezequiel*, 22,18-22, *Números*, 31,22, *Zacarias*, 13,9, *Malaquias*, 3,3, *Primeira Epístola de Pedro*, 1,7, *Apocalipse de João*, 3,18) e o *Corpus theognideum* (499 s.) — de refinamento e prova do ouro: o metal era amalgamado com chumbo num recipiente poroso especial, e depois oxidado com forte corrente de ar que era insuflado sobre sua superfície fundida; assim, o ouro separava-se e purificava-se (cf. R. J. Fortes, *Studies in Ancient Technology*, 8, Leiden 1971, 177; 249). Essa técnica serviu de termo de comparação tópica para indicar o crivo pelo qual as pessoas passam: em vários trechos é o amigo que se reconhece nas dificuldades como se conhece o ouro no fogo (cf. nº 1325), enquanto em outros, como por exemplo em Minúcio Félix (*Octavius*, 36,9), assim como o fogo prova o ouro, também por vontade da divindade as adversidades provam os homens, revelando sua têmpera; esse é um *topos* cuja origem está no *Antigo Testamento* (*Provérbios*, 17,3, *Eclesiástico*, 2,5) e que terá muito sucesso na Idade Média: ver uma epístola de Pedro de Pávia a Tomás de Canterbury (*PL* 190,1021d), uma máxima de Otloh de Sankt Emmeram (*PL* 146,344c), bem como uma sentença que diz *Aurum flamma probat, homines temptatio probos*, "a chama prova o ouro; a tentação, os justos" (Walther 1820; cf. também 25810) e outra que afirma *Alea fortunae fortes examinat; aurum / in fornace, fides anxietate nitet*, "a imprevisibilidade da sorte põe os fortes à prova; o ouro se mostra na fornalha; a fidelidade, no sofrimento" (768), além de numerosas outras variações sobre o tema (11393, 11389b, 32400). Nas várias línguas européias — além dos vários provérbios que têm como referencial a amizade — existem equivalentes ao italiano *L'oro si prova col fuoco* [o ouro se prova no fogo]; é muito significativo o alemão *Im Feuer wird Gold, das Herz wird in Leiden geprüft*.

1836. *Quid, si animam debet?*
O que, se deve até a vida?

Essa expressão está documentada em Terêncio (*Phormio*, 661); indica uma pessoa tão endividada que empenhou a própria vida, ou seja, o que tem de mais caro e precioso. O comentador Donato afirma que aí é retomada uma locução grega que afirma: εἰ δὲ ὤφειλε τὰς χεῖρας, "empenhou até suas mãos!". Nas línguas modernas existem expressões semelhantes, muitas vezes com sentido paradoxal: ver, por exemplo, o italiano *Giocarsi l'anima*, o francês *Vendre l'âme* [vender a alma], o alemão *Er hat Leib und Seele verpfändet* (notar que aqui o latim *anima* corresponde à nossa *alma*, que tem sentido diferente, não indicando apenas o princípio vital, mas a parte imortal do ser, a que, para o cristianismo, é a única importante).

1837. An ignoras... nudum nec a decem palaestritis despoliari posse?
Por acaso ignoras que uma pessoa nua não pode ser despida nem por dez lutadores?

A fonte é Apuleio (*Metamorfoses*, 1,15) e a frase significa que quem nada possui está ao abrigo de qualquer tentativa de roubo; expressão semelhante já existia em Plauto (*Asinaria*, 91 s.), onde, porém, tirar as roupas de uma pessoa nua é simples indício de burrice; outro paralelo está em *Elegia da noite* (vv. 129 s.), enquanto em Alcimo Avito (*Contra Eutychianam Haeresim*, 2,25,32) e em Enódio (*Pro Synodo*, 58,30 s. Vogel) encontram-se versões medievais desse provérbio, com sentidos totalmente novos (Walther 18885a registra *Nudus nec a centum viris spoliari potest*). Deve-se lembrar um trecho de *Epistulae ex Ponto* de Ovídio (2,2,31 s.), onde se afirma que *Fortuna miserrima tuta est: / nam timor eventu deterioris abest*, "o mais miserável dos destinos dá segurança, pois não há medo de piorar", sendo bem documentado o *topos* de *Nudum latro transmittit*, "o ladrão deixa ir embora quem nada tem" (Sêneca, *Ep.* 14,9, cf. também 68,4; Juvenal, 10,22, *Elegia da noite*, 44; para as versões medievais, remeto a Sutphen 194). Ainda estão vivos provérbios semelhantes nas várias línguas européias (cf. Arthaber 904); em italiano, por exemplo, tem-se *Cento ladri non possono spogliare un uomo nudo*; em alemão, *Einem Nackten, du kannst es glauben, ist nichts zu nehmen, nichts zu rauben* e *Bettler pfeifen wenn auch Räuber im Walde streifen* (ou seja, "os mendigos assobiam mesmo quando os ladrões andam pelo bosque"). No Brasil se diz *Quem nada tem, nada teme*.

1838. Non in solo pane vivit homo
Não só de pão vive o homem

Essa é uma máxima muito conhecida e citada com freqüência (inclusive nas traduções das várias línguas européias) como recomendação de não cobiçar excessivamente as riquezas e de exaltar os valores espirituais, bem diferentes do dinheiro. Sua origem é um trecho do *Deuteronômio* (8,3), em que se afirma que Deus deu o maná ao povo para matar-lhe a fome e para demonstrar-lhe *quod non in solo pane vivat homo sed in omni verbo quod egreditur ex ore Domini*, "que não só de pão vive o homem, mas de toda palavra que sai da boca do Senhor". A sentença é retomada por Jesus no deserto (*Mateus*, 4,4, *Lucas*, 4,4) para opor-se ao demônio que o tentara, incitando-o a transformar pedras em pão (para outras relações com a cultura judaica, ver Strack-Billerbeck 1,150). No original, portanto, essa máxima indica a absoluta primazia da palavra de Deus como alimento do espírito humano sobre os bens materiais, que só aparentemente são indispensáveis. Para *Porro unum est necessarium*, cf. nº 1732.

1839. *Omnia mea mecum porto*
Tudo o que é meu levo comigo

Essa expressão é famosa e citada com freqüência como orgulhosa afirmação do sábio que conseguiu superar todos os vínculos com os bens externos, com as riquezas que se deterioram, considerando, pois, importante, apenas o próprio íntimo. Com algumas diferenças textuais mínimas, essa teria sido a resposta dada pelo filósofo Estilpão (o mais conhecido expoente da chamada escola de Mégara) a Demétrio Poliorcetes, quando este conquistou e saqueou Mégara (cf. Sêneca [*Ep.* 9,18, *De constantia sapientis*, 5,6], Plutarco [*De tranquillitate animi*, 475c]); semelhante — e mais conhecido — é o episódio contado por Cícero (*Paradoxa Stoicorum*, 1,1,8) e por Valério Máximo (7,2, *ext.* 3): essa frase teria sido pronunciada por Bias, que fugiu de Priena (invadida pelos inimigos) sem levar nada, enquanto os outros procuravam salvar alguma coisa de seus bens. Também devem ser destacados: um *monóstico de Menandro* (569 Jäkel: ὁ σοφὸς ἐν αὐτῷ περιφέρει τὴν οὐσίαν, "o sábio carrega os bens em si mesmo"), o primeiro verso de uma fábula de Fedro, dedicada a Simonides (4,23: *Homo doctus in se semper divitias habet*, "o homem culto tem suas riquezas sempre em si"), uma frase semelhante à que estudamos e que, segundo epigrama anônimo da *Antologia Palatina* (9,145,5 s.), Diógenes teria dito ao rei Creso da Lídia (concluindo que este, apesar de suas imensas riquezas, se comparado ao filósofo, nada possuía), e o *topos* do sábio que vive fechado em sua própria virtude (cf. nº 1271 e sobretudo Horácio, *Carm.* 3,29,54 s.: *Mea / virtute me involvo*, "envolvo-me na minha virtude"). Entre os provérbios modernos deve ser destacado o alemão *Der Weise ist allein reich*.

1840. *Parvo esset natura contenta*
A natureza contenta-se com pouco

Essa recomendação de contentar-se (onde o imperfeito do subjuntivo é justificado pelas exigências da *consecutio temporum*), deriva de Cícero (*De finibus*, 2,28,91); significa que são poucas as coisas realmente importantes e necessárias; expressão semelhante encontra-se em Lucano (4,377 s.). Esse motivo, segundo João de Stóboi (3,17,30), já é socrático (cf. 271 Giannantoni); em italiano documenta-se *Di poco si contenta la natura*, com provérbios análogos nas várias línguas européias: entre as variações, ver a toscana *Con poco si vive e con niente si muore*.

1841. *Is minimo eget mortalis qui minimum cupit*
Precisa do mínimo o homem que deseja o mínimo

A fonte é Sêneca (*Ep.* 108,11), mas essa máxima também pode ser encontrada em Publílio Siro (I 56); segundo Ribbeck, é um fragmento cômico de autor incerto (65, p. 126); encontra-se semelhança num texto de Sexto Turpílio (fr. 4,142-144 R.³). Devem ser destacados vários paralelos conceituais, como, por exemplo, Plauto (*Miles*, 750), Cícero (*Paradoxa Stoicorum*, 1,6), Horácio (*Carm.* 2,16,13 [é o famoso *Vivitur parvo bene*, "vive-se bem com pouco"]; *Ep.* 1,2,46), Claudiano (*In*

Rufinum, 1,200; 215 s.). As variantes medievais, na maioria das vezes, reforçam o conceito complementar, segundo o qual quem mais tem mais deseja; lembro Walther 3887 *Cui nullus finis cupiendi est nullus habendi*, "quem nunca pára de desejar nunca pára de ter". Em todas as línguas européias documentam-se expressões equivalentes às italianas *Chi si accontenta gode* [quem se contenta vive feliz], *La vera ricchezza è accontentarsi* [a verdadeira riqueza é contentar-se] e *Chi non ha gran voglie è ricco* [quem não tem grandes desejos é rico], e à brasileira *Rico é quem se contenta com o que tem* (cf. Mota 206); entre as variantes dialetais parece-me engraçada a genovesa *Chi se contenta, qualunque pasto o l'è bon, anche a polenta*.

BIBLIOGRAFIA

Adler, A., *Suidae Lexicon*, I-V, Lipsiae 1928-1938.
Alpers, K., *Das attizistische Lexikon des Oros*, Berlin-New York 1981.
Altamura, D., *Proverbia locutionesque populares apud Petronium*, "Latinitas" 22 (1974) 181-191.
Arthaber, A., *Dizionario comparato di proverbi e modi proverbiali*, Milano 1927.
Bartels, K. – Huber, L., *Veni vidi vici*, Zürich-München 1990[8].
Battaglia, S., *Grande dizionario della lingua italiana*, I-XIV (A-RIA), Torino 1961-1990.
Bellonzi, F., *Proverbi toscani*, Firenze 1987.
Besso, M., *Roma e il Papa nei proverbi e nei modi di dire*, Roma 1904.
Boas, M. – Botschuyver, H. J., *Disticha Catonis*, Amstelodami 1952.
Bregenzer, J., *Lateinische und deutsch-lateinische Proverbia aus der St. Galler Handschrift* 841, Zürich 1972.
Brink, C. O., *Horace. On Poetry*, Cambridge 1971.
Büchmann, G., *Geflügelte Worte*, Berlin 1912[25].
Bühler, W., *Zenobii Athoi Proverbia*, IV (2, 1-40), Gottingae 1982.
Bühler, W., *Zenobii Athoi Proverbia*, I (*Prolegomena*), Gottingae 1987.
Bühler, W., *Zur handschriftlichen überlieferung der Sprüche der sieben Weisen*, "Nachrichten der Akademie der Wissenschaften in Göttingen Philologisch-historische Klasse" 1/1989, 1-36.
Chantraine, P., *Dictionnaire étymologique de la langue grecque*, Paris 1968-1980 (citado como *DELG*).
Cibotto, G. A., *Proverbi del Veneto*, Milano 1966.
Cocchiara, G., *Il mondo alla rovescia* (com apresentação de P. Camporesi), Torino 1981.
Cohn, L., *Zu den Paroemiographen*, Breslau 1887 (in *CPG Suppl.* [I]).
Corpus Paroemiographorum Graecorum. Supplementum, Hildesheim 1961 (citado como *CPG Suppl.*).
Crusius, O., *Analecta ad Paroemiographos Graecos*, Leipzig 1883 (in *CPG Suppl.* [II]).
Crusius, O., *Plutarchi de proverbiis Alexandrinorum*, Tübingen 1887-1895 (in *CPG Suppl.* [III]).
Crusius, O., *Paroemiographica*, München 1910 (in CPG Suppl. [V]).
Crusius,O., *Recensione a A. Otto*, "Wochenschrift für klass. Philologie" 8 (1891) 425-433 (Häussler 7-14).

Crusius, O., – Cohn, L., *Zur handschriftlichen überlieferung der Paroemiographen*, Göttingen 1892 ("Philol." Suppl. 6, 203-324, in *CPG Suppl*. [IV]).
Curtius, E. R., *Europäische Literatur und lateinisches Mittelalter*, Bern-München 1948 (1954[2]; 1961[3]).
Cytowska, M., *Erasme et Beroaldo*, "Eos" 65 (1977) 265-271.
De Mauri, L., *5000 proverbi e motti latini. Flores sententiarum*, Milano 1977[2] (edição revista e corrigida por A. Paredi e G. Nepi).
De Mauri, L., *Regulae Juris*, Milano 1936[11].
Di Lello-Finuoli, A., *Un esemplare autografo di Arsenio e il "Florilegio" di Stobeo*, Roma 1971.
Dimitrakos, D., Μέγα Λέξικον ὅλης τῆς Ἑλληνικῆς γλώσσης, I–IX, Athenai 1954-1958.
Disticha Catonis, in *Lexikon des Mittelalters*, III, München-Zürich 1986, 1123-1127
Dizionario delle idee, Firenze 1977.
Du Cange, Ch. du Fresne D., *Glossarium mediae et infimae Latinitatis*, editio nova aucta pluribus verbis aliorum scriptorum a Léopold Favre, I-X, Parisiis 1883-1887.
Enciclopedia Cattolica, I-XII, Roma-Firenze 1948-1954.
Enciclopedia Virgiliana, I-V, Roma 1984-1990.
Fuchs, J. W., Weijers, O., Gumbert, M., *Lexicon Latinitatis Neederlandicae Medii Aevi*, I-IV/26 (A-Fidelitas), Leiden 1977-1986.
Fumagalli, G., *Chi l'ha detto?*, Milano 1993 (citado como Fumagalli).
Fumagalli, G., *L'ape latina*, Milano 1935.
Gaisford, Th., *Paroemiographi Graeci*, Oxonii 1936.
Giovine, A., *Proverbi pugliesi*, Firenze 1985.
Grandi, R., *Guida ai detti romaneschi*, Milano 1971.
Grodzenskaja, T., *Proverbi della Russia*, Milano 1968.
Handwörterbuch des deutschen Aberglaubens, hrsg. v. H. Bächtold-Stäubli u. Mirtwirkung v. E. Hoffmann-Krayer, I-X, Berlin 1927-1942.
Häussler, R., *Nachträge zu A. Otto*, Darmstadt 1968.
Heinimann, F., *Zu den Anfängen der humanistischen Paroemiologie*, in *Catalepton*, Basel 1985, 158-182.
Hense, O., *Ioannes stobaios*, *RE* 9/2(1916) 2549-2586.
Hofmann, J. B., *La lingua d'uso latina*, Bologna 1980 (trad. italiana sob os cuidados de L. Ricottilli [Heidelberg 1951[3]]).
Horowsky, J., *Le folklore dans les idylles de Théocrite*, "Eos" 61 (1973) 187-212.
Horst, P. W. v. d., *The Sentences of Pseudo-Phocilides*, Leiden 1978.
Huxley, G. L., *Stories Explaining Origins of Greek Proverbs*, "Proceedings of the Royal Irish Academy" 81 (1981) 332-343.
Jäkel, S., *Menandri Sententiae*, Lipsiae 1964.
Jungblut, H., *Über die Sprichwörtersammlungen des Laurentianus 80,13*, "Rheinisches Museum" 38 (1883) 314-420 (in *CPG Suppl*. [VI]).
Kindstrand, J. F., *The Greek Concept of Proverbs*, "Eranos" 76 (1978) 71-85.
Kittel, G. – Friedrich, G., *Grande lessico del Nuovo Testamento*, I-XIV, Brescia 1965-1984 (trad. italiana [Stuttgart 1933-1973]).
Knecht, Th., *Das römische Sprichwort. Abgrenzung, Formen, Anwendung*, in *Reflexionen antiker Kulturen*, hrsg. v. P. Neukam, München 1986, 47-59.
Kočevar, H., *Zum Sprichwort der Römer*, "Mitteilungen d. Vereines klass. Philologen in Wien" 6 (1929) 26-28 (Häussler 296-298).
Köhler, D. F., *Sammlung spanischer Sprichwörter*, Leipzig 1845.
Köhler, S., *Das Tierleben im Sprichwort der Griechen und Römer*, Leipzig 1881.

Krumbacher, K., *Mittelgriechische Sprichwörter*, München 1894.
Kühner, R. – Gerth, B., *Ausführliche Grammatik der griechischen Sprache*, *II*, I -II, Hannover-Leipzig 1898-1904³.
Lampe, G. W. H., *A Patristic Greek Lexicon*, Oxford 1961-1968.
Lapucci, C., *Modi di dire della lingua italiana*, Firenze 1969.
Lattimore, R., *Themes in Greek and Latin Epitaphs*, Urbana Illinois 1935.
Lessico universale italiano, I-XXIV, Roma 1968-1981.
Leutsch, E.-Schneidewin, F. G., *Corpus Paroemiographorum Graecorum*, I-II, Gottingae 1839-1851.
Liddel, H. G.-Scott, R., *A Greek-English Lexicon*, rev. and augm. by H. Stuart Jones, Oxford 1940 (citado como LSJ).
Livrea, E., *Le citazioni dei tragici in un inedito florilegio patmiaco*, "Rivista Studi bizantini e slavi" 3 (1983) 3-9.
Manitius, M., *Zur lateinischen Sprichwörterliteratur*, "Philologus" 55 (1896) 573-575 (Häussler 122-123).
Manitius, M. – Lehmann, P., *Geschichte der lateinischen Literatur des Mittelalters*, I-III, München 1911-1931.
Mazzaperlini, M., *A's fà pér môd éd dîr*, Reggio Emilia 1986².
Menarini, A., *Proverbi bolognesi*, Firenze 1975.
Morawski, J., *Les diz et proverbes des sages*, Paris 1924.
Morelli, G., *Cheremone tragico e Isidoro di Pelusio nello Gnomologio di Giovanni Georgides*, "Eikasmós" 1 (1990) 111-118.
Mota, L., *Adagiário Brasileiro*, Belo Horizonte, 1987.
Nystedt, J., *Alcuni proverbi usati in testi scientifico-divulgativi di Michele Savonarola*, "Giornale Filologico Ferrarese" 12 (1989) 123-129.
Odorico, P., *Lo Gnomologium Byzantinum e la recensione del Cod. Bibl. Nat. Ath. 1070*, "Rivista di Studi bizantini e slavi" 2 (1982) 41-70.
Odorico, P., *Il prato e l'ape*, Wien 1986.
Ooteghem, J. v., *Proverbes*, "Les Études classiques" 30 (1962) 416-420.
Otto, A., *Die Sprichwörter und sprichwörtlichen Redensarten der Römer*, Leipzig 1890.
Passarini, L., *Modi di dire proverbiali e motti popolari italiani*, Roma 1875.
Pellizer, E., *Metremi proverbiali nelle "Opere i giorni" di Esiodo*, "Quaderni Urbinati di Cultura Classica" 13 (1972) 24-37.
Peretti, A., *Teognide e la tradizione gnomologica*, Pisa 1953.
Persichetti, N., *Dizionario di pensieri e sentenze di autori antichi e moderni d'ogni nazione*, Milano 1913⁸.
Pfeiffer, R., *History of Classical Scolarship. From the Beginnings to the End of the Hellenistic Age*, Oxford 1968 (trad. italiana Napoli 1973, a qual cito).
Porto, G., *Proverbi abruzzesi*, Milano 1968.
Prinz, O., Schneider, J., *Mittellateinisches Wörterbuch*, I, München 1967.
Proverbi di Giuseppe Maria Mitelli, apresentação de S. Cecchieri, Bologna 1975.
Rad, G. v., *La sapienza in Israele*, trad. italiana Casale Monferrato 1975 (Neukirchen-Vluyn 1970).
Raimond, P., *Proverbi genovesi*, Firenze 1975.
Ravasi, G., *Il libro dei Salmi*, I-III, Bologna 1986³.
Richard, M., *Florilèges Spirituels. III: Florilèges Grecs*, in *Dictionnaire de Spiritualité*, 5 (1964) 457-512.
Rigo, G., *Un recueil de proverbes grecs utilisés par Erasme pour la rédaction des Adagia*, "Latomus" 33 (1973) 177-184.

Roos, P., *Sentenza e proverbio nell'antichità e i Distici di Catone*, Brescia 1984.

Roscher, W. H., *Lexikon der griechischen und römischen Mythologie*, I/1-VI, Leipzig 1884-1937.

Rossi, L. E., *Umanesimo e filologia*, "RFIC" 104 (1976) 98-117.

Rowe, G. O., *The adynaton as a Stylistic Device*, "American Journal of Philology" 86 (1965) 387-396.

Rupprecht, K., *Paroimia Paroimiographoi*, *RE* 18 (1949) 1735-1778.

Samarani, B., *Proverbi lombardi*, Milano 1858.

Schwamenthal, R. – M. L. Straniero, *Dizionario dei proverbi italiani*, Milano 1991.

Sciascia, L., *Occhio di capra*, Torino 1988 (cit. ed. Milano 1990).

Seidel Menchi, S., *Erasmo da Rotterdam, Adagia. Sei saggi politici in forma di proverbi*, Torino 1980.

Sentenze, motti e proverbi latini (suplemento ao dicionário Campanini-Carboni), Torino 1936.

Seyffert, O., *Recensione a A. Otto*, "Berliner Philol. Wochenschrift" 11 (1891) 656-661 (Häussler 1-6).

Slater, W. J., *Aristophanis Byzantii Fragmenta*, Berlin-New York 1986.

Sonny, A., *Neue Sprichwörter und sprichwörtliche Redensarten der Römer*, "Archiv f. lateinische Lexikographie" 8 (1893) 483-494; 9 (1896) 53-80 (Häussler 82-121).

Spagnol, E., *Il libro delle citazioni*, Milano 1983.

Stanley Pease, A., *M. Tulli Ciceronis, De natura deorum*, I-II, Cambridge Mass. 1955-1958.

Steffen, W., *Z wedrowki frazeologicznej (greckie frazy w jezyku polskim)*, "Eos" 67 (1979) 81-101.

Strack, H. L., Billerbeck, P., *Kommentar zum Neuen Testament aus Talmud und Midrash*, I-VI, München 1926-1961.

Strømberg, R., *Greek Proverbs*, Gøteborg 1953.

Sutphen, M. C., *A Further Collection of Latin Proverbs*, "American Journal of Philology" 22 (1901) 1-28; 121-148; 241-260; 361-391 (Häussler 15-50).

Szelinski, V., *Nachträge und Ergänzungen zu Otto*, Iena 1892 (Häussler 15-50).

Szelinski, V., *Zu den Sprichwörtern der Römer*, "Rheinisches Museum" 58 (1903) 471-475; 59 (1904) 149-157; 316-317; 477-478; 635-638 (Häussler 231-249).

Thesaurus Graecae linguae, ab H. Stephano constr., post editionem Anglicam novis additamentis auctum ordineque alphabetico digestum tertio edd. C. B. Hase, G. R. L. de Sinner et Th. Fix, I-IX, Parisiis 1831-1865 (citado como *ThGL*).

Thesaurus linguae Latinae, I-X/2,5 (a-praepotens), Lipsiae 1900-1987 (citado como *ThlL*).

Theil, H. v., *Sprichwörter in Fabeln*, "Antike und Abendland" 17 (1971) 105-118.

Thompson, D'A. W., *A Glossary of Greek Birds*, Oxford 1936.

Tosi, R., *Note ad alcune sentenze mediolatine*, "Eikasmós" 1 (1990) 201-211.

Tsirimbas, D. A., *Sprichwörter und sprichwörtliche Redensarten bei den Epistolographen der zweiten Sophistik*, München 1936.

Wachsmuth, C., *Studien zu den griechischen Florilegien*, Berlin 1882.

Wachsmuth, C. – Hense, O., *Ioannis Stobaei Anthologium*, I-V, Berlolini 1912.

Wlade, H., Hofmann, J. B., *Lateinisches etymologisches Wörterbuch*, I-II, Heidelberg 1938-1954.

Walther, H., *Lateinische Sprichwörter und Sentenzen des Mittelalters in alphabetischer Anordnung*, I-V, Göttingen 1963-1967.

Walther, H., *Lateinische Sprichwörter und Sentenzen des Mittelalters und der frühen Neuzeit*, I-III, Göttingen 1982-1986.

Wander, K. F. W., *Deutsches Sprichwörter Lexikon*, I-V, Leipzig 1867-1880.

Weyman, C., *Zu den Sprichwörtern und sprichwörtlichen Redensarten der Römer*, "Archiv f. lateinische Lexicographie" 8 (1893) 23-98; 397-411; 13 (1904) 253-270; 379-406 (Häussler 51-81; 250-295).
Wind, E., *Misteri pagani nel Rinascimento*, Milano 1985² (trad. italiana, ed. original Oxford 1980³).
Winter, U., *Bona priscorum proverbia philosophorum...*, in *Überlieferungsgeschichtliche Untersuchungen*, hrsg. v. F. Paschke, Berlin 1981, 609-624.
Zeppini Bolelli, A., *Proverbi italiani*, Firenze 1989.

ÍNDICE DAS FRASES LATINAS

A

Ab alio exspectes alteri quod feceris 1350
Ab amico indiscreto libera nos Domine! 1276
Ab amico reconciliato cave! 1313
Ab asinis ad boves transcendere 762
Abduxisse alium praedam, qui occurrit prior 931
Abierunt hinc in communem locum 601
Abi in malam crucem 1186
Abiit excessit evasit erupit 928
Ab imo / ad summum 692
Ab imo pectore 56
Ab incunabulis 635
Ab intestato 1155
Ab Iove principium 805
Ab irato 1752
Ab ovo 806
Ab ovo/usque ad mala 807
Abrupto 942
Absit iniuria verbis 70
Absit invidia dicto 70
Absit invidia verbo 70
Absque modo tractus saepissime frangitur arcus 1733
Ab uno disce omnes 324
Abusus non est usus sed corruptela 1111
Abusus non tollit usum 1111
Abyssus abyssum invocat 1637
A cane non magno saepe tenetur aper 1227
A capillis usque ad ungues 692
Accessit huic patellae... dignum operculum 569
Accessorium naturam sequitur principalem 1145
Accessorium sequitur suum principale 1145
Accidere ex una scintilla incendia passim 817
Accipere quam facere praestat iniuriam 1080
Accusare et amare tempore uno / ipsi vix fuit Herculi ferendum 1646
Acta est fabula 624
Actum est 524
Actum, ne agas 1114
Acu... enucleata argumenta 175
A cunabulis 635
Ad armillum redire 797
Ad astra doloribus itur 1684
Ad bestias 1157
Ad cutem 1172
Ad Deum qui laetificat iuventutem meam 1524
Addidisti ergo calcaria sponte currenti 480
Ad discendum quod opus est nulla mihi aetas sera videri potest 385
Addito salis grano 1775
Ad fontes redeunt longo post tempore lymphae 797
Adgnosco veteris vestigia flammae 1420
Ad Graecas, bone rex, fient mandata Kalendas 939
Adhaesit pavimento anima mea 1459
Adhesit pulveri anima mea, vivifica me iuxta verbum tuum 1459
Adhuc sub iudice lis est 316
Ad impossibilia nemo tenetur 492
Adiutorium nostrum in nomine Domini, qui fecit caelum et terram 1523
A divinis 1527
Ad Kalendas Graecas 939
Ad libitum 877
Ad limina Apostolorum 1526
Ad magna gaudia perveniri non potest, nisi per magnos labores 1685
Ad maiora! 881

Ad maiorem Dei gloriam 1485
Ad metalla 1157
Ad multos annos! 882
Ad paenitendum properat cito qui iudicat 1098
Ad perditam securim adiicit manubrium 120
Ad perpetuam rei memoriam 792
Ad primos ictus non corruit ardua quercus 641
Ad sanctos 1525
Adsuetumque malo Ligurem 1662
Ad suom quemque hominem quaestum esse aequom est callidum 1798
Adtendite a falsis prophetis, qui veniunt ad vos in vestimentis ovium, intrinsecus autem sunt lupi rapaces 212
Ad usum Delphini 370
Adversae deinde res admonuerunt religionum 1539
Adversus aerem... certare 433
Adversus hostem aeterna auctoritas (esto) 1127
Adversus te et adversus stimulum calcitrantes 432
Ad virtutem una ardua via est 1683
Advocatus diaboli 1154
Advocatus et non latro: / res miranda populo 1103
Aegre reprendas quod sinas consuescere 371
Aequam memento rebus in arduis / servare mentem 1704
Aequat omnes cinis 604
Aere perennius 795
Aetate prudentiores sumus 639
Affectio maritalis 1165
Affirmanti incumbit probatio 1141
Afflavit Deus et dissipati sunt 1262
A fronte praecipitium est, a tergo lupi 1558
Age quod agis 933
Age si quid agis 933
Agonia Domini 1519
Aiunt divinare sapientem 170
Aiunt solere senem rusum repuerascere 651
Alas non intervelli 280
A latere 1152
Alcinoo poma dare 474
Alea fortunae fortes examinat; aurum / in fornace, fides anxietate nitet 1835

Alea iacta est 1609
Aleam periculorum omnium iecit 1609
Alia vita alios mores postulat 561
Alibi tu medicamentum obligas 422
Aliena capella gerat distentius uber 1292
Aliena nobis, nostra plus aliis placent 1292
Aliena vitia in oculis habemus, a tergo nostra sunt 1288
Alienis me coloribus adornare 1738
Aliis si licet tibi non licet 1090
Aliquam reperitis rimam 1095
Aliquando et insanire iucundum est 403
Aliquando pro facundia silentium est 16
Aliquid mali esse propter vicinum malum 1374
Aliud alios decere 538
Aliud ex alio malum 1641
Aliud in ore aliud in corde 281
Alium silere quod voles, primus sile 14
Alius est qui seminat et alius est qui metit 263
Alligem canem fugitivam agninis lactibus 421
Alma mater 381
Alta per arcta petens 1683
Altera manu fert lapidem, panem ostentat altera 233
Alter ego 1337
Alter idem 1337
Alterius non sit qui suus esse potest 1074
Alternando boni nos dona manemus amici 1320
Alterum non laedere 1118
Alterum se 1337
Altissima quaeque flumina minimo sono labi 214
Altius praecepta descendunt, quae teneris inprimuntur aetatibus 375
Altum silentium 29
Ama nesciri 1045
Amans quid cupiat scit, quid sapiat non videt 1399
Amans quod suspicatur vigilans somniat 1405
Amantis iusiurandum poenam non habet 1413
Amantium caeca iudicia sunt 1418
Amantium irae amoris integratio est 1402
Amare et sapere vix deo conceditur 1399

Amare iuveni fructus est, crimen seni 1410
Ama tamquam osurus, oderis tamquam amaturus 1311
Amen dico vobis 307
Amens amansque 1399
Amens nemo magis quam male sanus amans 1399
Ames probatos, non amatos post probes 1327
Amici, diem perdidi! 947
Amici mores noveris, non oderis 1322
Amicitia inter pocula contracta plerumque vitrea 1326
Amicitia quae desinere potest vera numquam fuit 1316
Amico firmo nil emi melius est 1321
Amico inimicoque bonum semper praebe consilium, quia amicus accepit, inimicus spernit 1323
Amicum an nomen habeas aperit calamitas 1307
Amicus certus in re incerta cernitur 1307
Amicus diu quaeritur, vix invenitur, difficile servatur 1317
Amicus magis necessarius quam ignis et aqua 1321
Amicus omnibus, amicus nemini 1319
Amicus Plato, amicus Socrates, sed praehonoranda veritas 299
Amicus Plato, sed magis amica veritas 299, 382
Amicus quem diligis ut animam tuam 1337
Amicus raro acquiritur, cito amittitur 1317
Amicus Socrates, sed magis amica veritas 299
Amicus sum et non sum 339
Amo proditionem, odi proditorem 279
Amor ac deliciae generis humani 1275
Amor amara dat 1415
Amor caecus 1418
Amor et melle et felle est fecundissimus 1416
Amor fati 848
Amor ingenii hominem umquam divitem fecit 1834
Amoris vulnus idem sanat qui facit 1404
Amor otiosae causa est sollicitudinis 1406
Amor tenet omnia 1412
Amor tussisque non celatur 1422
Anathema sit! 1543

Anguilla a digitis saepe est dilapsa peritis 236
Anguillast: elabitur 236
An ignoras... nudum nec a decem palaestritis despoliari posse? 1837
Anilia praecepta 657
Anima de caelo cadit 1456
Animae duae, animus unus 1337
Anima in naso est 1605
Anima naturaliter Christiana 1465
Anima saturata calcabit favum, anima esuriens et amarum pro dulce sumet 1774
Animi laetitia interdum dolorem corporis mitigat 752
Animo ventrique imperare debet qui frugi esse vult 723
Animula miserula 1464
Animula vagula blandula 1464
Animum et videre et audire 332
Animum rege; qui nisi paret, / imperat 1750
Animus gaudens aetatem floridam facit, spiritus tristis exsiccat ossa 752
An nescis longas regibus esse manus? 1017
An nescis, mi fili, quantilla prudentia regatur orbis? 993
Annosae frustra cornici retia tendis 640
Annosa vulpes haud capitur laqueo 640
Annus producit, non ager 837
Ante fuit vitulus, qui nunc fert cornua taurus 815
Ante mortem ne laudes hominem quemquam 532
Antequam voceris ne accesseris 1372
Antiquum retine, quem sis expertus, amicum, / nec similem credas, si sapis, esse novum 1324
Antiquus amor cancer est 1403
Anulus in digito subter tenuatur habendo 896
Anus russum ad armillum 797
Anus saltans magnum pulverem excitat 663
Apertis verbis 77
Aperto pectore 76
Apes... debemus imitari 325
Apis more modoque 325
Apollineo pulchrior ore 672
Apparet id quidem... etiam caeco 330
Aquae et ignis interdictio 1160
A quaestionum lineis excidisti 61

Aqua haeret 951
Aquam a pumice nunc postulas 437
Aquam liberam gustabunt 1071
Aquas in mare fundere 475
Aquilae senectus 659
Aquila non captat muscas 1720
Arae focique 1060
Arbiter elegantiarum 696
Arbor non primo, sed saepe cadit feriendo 641
Arcades ambo 1065
Architectum architecto invidere et poetam poetae 183
Arcum intensio frangit, animum remissio 1733
Arcum nimia frangit intensio 1733
Ardua virtuti longeque per aspera cliva / eluctanda via est 1683
Argenteis pugna telis, atque omnia vinces 1787
Argentum accepi, dote imperium vendidi 1443
Arrectis auribus 702
Arrige aures! 702
Ars deluditur arte 276
Ars gratia artis 210
Ars longa, vita brevis 165
Arte / emendaturus fortunam 258
Artem pudere proloqui quam factites 551
Artem quaevis alit terra 164
Artem qui sequitur raro pauper reperitur 164
Artifices qui facit usus adest 394
Artificia docuit fames 503, 731, 1819
Asinus ad lapidem non bis offendit eundem 458
Asinus asinum fricat 1343
Asinus in cathedra 486
Asinus in scamno se vult similare magistro 486
Asinus in tegulis 482
Asinus lyram 483
A solis ortu usque ad occasum 691
Asperges me hysopo et mundabor, lavabis me et super nivem dealbabor 675
Asperius nihil est humili cum surgit in altum 999
Aspis... a vipera mutuari venenum 1348
Assiduus longusque labor dura omnia vincit 1644
Assuesce unus esse 793

Astans somniat 418
A summis labris 155
A teneris unguiculis 634
At pulchrum est digito monstrari et dicier: hic est! 10
Attalicis condicionibus 1779
At voluisse sat est 884
Auctor laudabiliter se subiecit et opus reprobavit 1030
Audaces Fortuna iuvat 851
Audacter calumniare, semper aliquid haeret 2
Audendum est: fortes adiuvat ipsa Venus 1421
Audendum est: fortes adiuvat ipse Deus 1421
Audentes Fortuna iuvat 851
Audiatur et altera pars 1126
Audio sic dici: donando simus amici 1320
Audi partem alteram! 1126
Audi, vide, tace, si vis vivere in pace 18
Aura popularis 1025
Aura seminalis 744
Aurea libertas toto non venditur orbe 1074
Aurea mediocritas 1759
Aurea Saturni saecula 771
Aurea sunt vere nunc saecula 1785
Aurem... Batavam 417
Aureo piscari hamo 1592
Auribus frequentius quam lingua utere 18
Auribus teneo lupum 1554
Auriculas asini Mida rex habet 963
Auriculas asini quis non habet? 963
Auri sacra fames 1810
Auro conciliatur amor 1785, 1827
Aurora Musis amica est 920
Auro solent adamantinae etiam perfringi fores 1788
Aurum flamma probat, homines temptatio iustos 1325, 1835
Aurum in stercore quaero 1681
Auscultare disce si nescis loqui 18
Ausus maiores fert canis ante fores 977
Aut amat aut odit mulier: nil est tertium 86
Aut Caesar aut nihil 992
Aut enim do tibi ut des, aut do ut facias, aut facio ut des, aut facio ut facias 1345
Aut frugi hominem esse oportere aut Caesarem 992
Aut insanit homo aut versus facit 199

Aut prodesse volunt aut delectare poetae 192
Aut regem aut fatuum nasci oportere 982
Aut terra aut mari... evolvam id argentum tibi 923
Avari... non modo non copiosi ac divites, sed etiam inopes ac pauperes 1813
Avaritiam omnia vitia habere putabant 1811
Avarus animus nullo satiatur lucro 1813
Avarus nisi cum moritur, nihil recte facit 1817
Ave, Caesar, morituri te salutant 622
Aversus a Musis 362

B

Balbus balbum amat, quoniam sua verba capessit 50
Balbum melius balbi verba cognoscere 50
Barbam vellere mortuo leoni 1038
Barba non facit philosophum 219
Barbarus hic ego sum, qui non intellegor ulli 326
Barbatus magister 632
Beati monoculi in terra caecorum 978
Beati mortui qui in Domino moriuntur 1462
Beati pauperes: quia vestrum est regnum Dei 1511
Beati pauperes spiritu 1511
Beati possidentes 1781
Beati qui in iure censentur possidentes 1781
Beatus ille qui procul negotiis 1043
Bella gerant alii, Protesilaus amet 1198
Bella gerant alii, sint nostra silentia nobis, / voce tubisque tonent, nos tacuisse iuvat 1198
Bella gerant alii, tu, felix Austria, nube! 1198
Bella gerant fortes, tu, Pari, semper ama 1198
Bellaque matribus / detestata 1221
Bellum non bellum 104
Bellum omnium contra omnes 1215
Bellum quod res bella non sit 104
Benedictus vir qui confidit in Domino 1293
Beneficiorum memoria labilis est, iniuriarum vero tenax 1357
Beneficium accipere, libertatem est vendere 1365

Beneficium non in eo quod fit aut datur consistit, sed in ipso dantis aut facientis animo 1359
Beneficium qui dedisse se dicit petit 1360
Bene vixit qui bene latuit 1046
Benevolentia importuna non differt ab odio 1279
Bibe si bibis 933
Bis ad eundem (*sc.* lapidem) 458
Bis dat qui cito dat, nil dat qui munera tardat 1354
Bis dat, qui dat celeriter 1354
Bis interimitur qui suis armis perit 271
Bis pueri sumus 651
Bis vincit qui se vincit in victoria 1712
Boeoti magis firmitati corporis quam ingenii acumini serviunt 417
Boeotum in crasso iurares aere natum 417
Bona existimatio pecuniis praestat 1803
Bona opinio hominum tutior pecunia est 1803
Boni imperii instrumentum 1013
Boni pastoris esse tondere pecus, non deglubere 1722
Bonis nocet si quis malis pepercerit 1081
Bonis quod bene fit haud perit 1366
Bono imperante animo prodest pecunia 1802
Bononia docet 380
Bonos corrumpunt mores confabulationes malae 1328
Bonum certamen certavi, cursum consummavi, fidem servavi 1463
Bonum est duabus fundari navem ancoris 1577
Bonum est duabus niti ancoris 1577
Bonum est fugienda aspicere in alieno malo 391
Bonum quod est supprimitur, numquam extinguitur 295
Bos lassus fortius figat pedem 900
Brevi manu 1352
Brevis esse laboro: / obscurus fio 42

C

Cacumen radicis loco ponis 781
Caeci sunt oculi cum animus alias res agit 332
Caecus autem si caeco ducatum praestet, ambo in foveam cadunt 1000

Caelebs... caelestium vitam ducens 1434
Caelum non animum mutant qui trans mare currunt 108
Caesarem vehis Caesarisque Fortunam 1211
Calamitas saepius disciplina virtutis 1678
Calamitas virtutis occasio est 1678
Calcem impingit 1187
Calet tamquam furnus 699
Calidum... esse audivi optimum mendacium 288
Caligat in sole 451
Calliditatis Graecae 242
Callum quoddam obducit dolori 1673
Camelum vidimus saltitantem 118
Candida de nigris et de candentibus atra / ... facere 53
Candidior nive 675
Canem timidum vehementius latrare 222
Canere surdis 448
Canes compellunt in plagas lepide lupum 275
Canes plurimum latrantes raro mordent 222
Canina... facundia exercebatur 62
Canis a non canendo 102
Canis caninam non est 1347
Canis festinans caecos parit catulos 1580
Canis qui mordet mordetur 1193
Canis sine dentibus latrat 222
Cantate Deum in cymbalis 1726
Cantilenam eandem canis 57
Capitis deminutio 1153
Caprinum proelium 1429
Captatio benevolentiae 72
Caput imperare, non pedes 1004
Caput mundi regit orbis frena rotundi 1007
Caput orbis terrarum 1007
Caput rerum 1007
Carbonem pro thesauro invenimus 871
Carere non potest fame, qui panem pictum lingit 211
Carmina non dant panem 1834
Carpamus dulcia 577
Carpe diem 577
Carpentis et navibus 911
Carpent tua poma nepotes 857
Castigat ridendo mores 305
Casus belli 1164
Casus foederis 1164
Causa finita est 1034

Cave canem 1571
Cave, ne nimia mellis dulcedine diutinam bilis amaritudinem contrahas 1774
Cecidit velut prati / ultimi flos, praetereunte postquam / tactus aratro est 786
Cedant arma togae, concedat laurea linguae 1200
Cedere maiori non est pudor inferiori 1264
Cedere maiori virtutis fama secunda est 1264
Cedo maiori 1264
Celeri subdere calcaria equo 480
Cenabat... / ... tribus ursis quod satis esset 710
Cena comessa... venimus 935
Cera obturare / obserare... aures 703
Cerebrum Iovis 729
Cereus in vitium flecti 689
Cernere festucam mos est in fratris ocello; / in propriis oculis non videt ipse trabem 1289
Cernis... / ut capiant vitium, ni moveantur, aquae 951
Cernitur in propria raro multum regione / vates portare decus ornatumque coronae 1059
Certa amittimus dum incerta petimus 1731
Certa sequens, incerta cavens, praesentia curo 1731
Certa viriliter, sustine patienter 1665
Cervus vivax 662
Ceteri multiformes sumus 793
Ceterum censeo Carthaginem esse delendam 904
Christe eleison 1483
Christianos ad leonem! 1516
Cibi condimentum esse famem 717
Cicada vocalior 172
Cicero pro domo sua 1284
Cineres evitans in carbones incidit 1560
Cineri gloria sera venit 423
Cineri nunc medicina datur 423
Circulus vitiosus 85
Citius... quam in cursu rotula 171
Cito fit quod di volunt 1495
Cito rumpes arcum, semper si tensum habueris 1733
Cito turgens spuma dilabitur 1753
Civis Romanus sum! 1062
Claudite iam rivos, pueri! sat prata biberunt 1773

ÍNDICE DAS FRASES LATINAS 845

Clavo trabali fixum est 906
Clipeum post vulnera sumo 1593
Clitellae bovi sunt impositae: plane! non est nostrum onus 553
Cogas amatam irasci, amari si velis 1402
Cogitationis poenam nemo patitur 1070
Cogitato mus pusillus quam sit sapiens bestia, / aetatem qui non cubili ⟨uni⟩ umquam committit suam 1576
Cogito ergo sum 343
Coleos habere 139
Collige sarcinulas! 785
Comes facundus in via pro vehiculo est 1370
Cominus et eminus 975
Commune naufragium omnibus solatio est 1698
Communia esse amicorum inter se omnia 1305
Compelle intrare 1171
Complosas tenuisse manus 948
Componitur orbis regis ad exemplum 969
Compressis manibus sedere 948
Concordia discors 1201
Concordia parvae res crescunt, discordia maxumae dilabuntur 1210
Condicio Iacobea 1490
Confidens animi canis est in stercore noto 977
Congesto pauper in auro 1815
Coniugis iratae noli tu verba timere, / nam lacrimis struit insidias cum femina plorat 1382
Conscia mens recti famae mendacia risit 1097
Conscientia mille testes 1097
Consiliator deorum 178
Consilium solet esse senum iuvenumque voluptas 638
Consuetudine quasi alteram quandam naturam effici 159
Consuetudinis magna vis est 159
Consumitur anulus usu 896
Consummatum est 829
Conticuere omnes 30
Contraria contrariis curentur 751
Contra vim mortis non est medicamen in hortis 590
Contritionem praecedit superbia 1734
Conveniunt rebus nomina saepe suis 99
Copia parit fastidium 1801

Corcillum est quod homines facit 55
Cor hominis disponet viam suam: sed Domini est dirigere gressus eius 1491
Cor in ore, os in corde 55
Corio ludere tuo 1600
Cornicum oculos configere 1346
Cornix Aesopi 1738
Cornix non ideo ante cycnum 661
Corrumpunt mores bonos colloquia mala 1328
Corrumpunt mores bonos confabulationes pessimae 1328
Corruptio optimi pessima 761
Corruptissima republica plurimae leges 1102
Corvina nigredine 674
Corvus oculum corvi non eruet 1346
Cotidie est deterior posterior dies 764
Cotidie morimur: cotidie enim demitur aliqua pars vitae et tunc quoque, cum crescimus, vita decrescit 597
Cras credo, hodie nihil 938
Cras do, non hodie: sic nego cotidie 938
Credat expertis quod experiri periculose desiderat 393
Credat Iudaeus Apella! 1538
Credebas dormienti haec tibi confecturos deos? 849
Crede mihi, bene qui latuit bene vixit 1046
Credibile quia ineptum est 1470
Credimus enim ut cognoscamus, non cognoscimus ut credamus 1468
Credo quia absurdum 1470
Credo ut intelligam, non intelligo ut credam 1468
Crescentem sequitur cura pecuniam 1801
Crescit amor nummi, quantum ipsa pecunia crevit 1809
Crescit avaritia quantum crescit tua gaza 1809
Crescit eundo 3, 753
Crescit fama 3
Crevit tamquam favus 755
Crimina saepe luunt nati scelerata parentum 1075
Crucifige, crucifige eum 1194
Crudelitatis mater avaritia est, pater furor 1811
Cubitum nullum processerat 179
Cucurbita calviorem 679
Cucurbitae caput non habemus 416
Cui bono? 1113

Cui libitum esset liberum fieret 879
Cui licet ut libuit 879
Cui multum erit piperis etiam oleribus immiscet 1777
Cui nullus finis cupiendi est, nullus habendi 1841
Cui plus licet quam par est, plus vult quam licet 879
Cui prodest? 1112
Cui prodest scelus, / is fecit 1112
Cui quod libet hoc licet 879
Cui scieris non esse parem te, tempore cede: / victorem a victo superari saepe videmus 1260
Cuius forma bona Veneri sit femina prona 1392
Cuius pluris erat unguis quam tu totus es 687
Cuius regio eius religio 1535
Cuiusvis hominis est errare, nullius nisi insipientis perseverare in errore 457
Cuiusvis temporis hominem esse 565
Cuius vulturis hoc erit cadaver? 1183
Cuivis potest accidere quod cuiquam potest 859
Culpam poena premit comes 1089
Cultus concessus atque magnificus addit hominibus... auctoritatem 221
Cum accusas alium, propriam prius inspice vitam 1290
Cum ames non sapias aut cum sapias non ames 1399
Cum amicitia pares semper aut accipiat aut faciat 1304
Cum amico omnia amara et dulcia communicata velim 1305
Cum autem sublatus fuerit ab oculis, etiam cito transit a mente 1408
Cum caput aegrotat, corpus simul omne laborat 966
Cum fueris nostrae... farinae 112
Cum grano salis 1775
Cum hoc vel post hoc ergo propter hoc 83
Cum lacte nutricis... suxisse 636
Cum mortuis non nisi larvas luctari 591
Cum neque civitatis adhuc gustasset aquam 323
Cum nomine Caesaris omen 992
Cum quo aliquis iungitur talis erit 1329
Cum res nulla adeo sit prava et noxia, quae non / possit prodesse interdum atque afferre salutem 1679

Cum sale panis / latrantem stomachum bene leniet 728
Cum sapias animo, noli ridere senectam: / nam † quocumque † sene, puerilis sensus in illo est 651
Cum sapiente loquens perpaucis utere verbis 327
Cum sis incautus nec rem ratione gubernes, / noli Fortunam quae non est dicere caecam 841
Cum sunt partium iura obscura reo favendum est potius quam actori 1128
Cum tacent clamant 20
Cum tibi contigerit studio cognoscere multa, / fac discas multa, vita nescire doceri 368
Cum tuus es, noli servire nisi tibi soli 1074
Cum vulpe vulpinare tu quoque invicem 272
Curae canitiem inducunt 1627
Curae leves loquuntur, ingentes stupent 1700
Curae sua cuique voluptas 549
Cura, quidquid agis, te bene nosse magis 347
Curia pauperibus clausa est 1785, 1822
Cur nescire pudens prave quam discere malo? 368
Currentem... incitare 480
Currenti calamo 208
Curriculum vitae 625
Curriculum vivendi 625
Currit... ferox / aetas 530
Curva corrigere 110
Curvo dinoscere rectum 1092

D

Da mihi testimonium mutuum 1104
Damnum appellandum est cum mala fama lucrum 1804
Damoclis gladium 1550
Danaumque fatale munus 243
Dantur opes nullis nunc, nisi divitibus 1783
Dat census honores 1785, 1822
Dat fetorem per nares mola fetida semper. / Allia petra sapit, quae semel illa capit 375
Dat mora doctrinam cum omnes odimus illam 1579

Dat qui non aufert 615
Dat veniam corvis, vexat censura columbas 1091
Dat veniam corvis, vexat censura columbas; / irretit muscas, transmittit aranea vespas 1091
Da ubi consistam et terram caelumque movebo 180
Davos sum, non Oedipus 329
De alieno liberalis 1795
De asini umbra disceptare 488
Debellavit superbos exaltavit humiles 781
Debemur morti nos nostraque 519
De caelo in caenum 765
De calcaria in carbonariam pervenire 1560
Deciens repetita placebit 68, 378
Decipit / frons prima multos 218
Decipit incautas fistula dulcis aves 257
Decisis humilem pinnis 280
De cuius 1161
De die vivitur 580
Dedi malum et accepi 1349
Deerit egenti / as, laquei pretium 1833
De facto 1163
Deficiente pecunia, deficit omne 1828
Deficit ambobus qui vult servire duobus 1451
De fumo ad flammam 1560
De gustibus non est disputandum 550
Deiecta quivis arbore ligna legit 1039
Dei facientes adiuvant 914
Deinceps autem matrimoniorum terminum quae omne similiter solvit expectat mors 1150
Deis inimicis natus 1476
De iure 1163
Delapsus e caelo 1456
Delectat varietas 772
Delenda Carthago 904
Deliberando saepe perit occasio 576
Deliberandum est quicquid statuendum est semel 1584
Deliberare utilia mora tutissima est 1584
Delicta iuventutis meae et ignorantias meas ne memineris 628
Deligere oportet quem velis diligere 1327
De limo in caelum nos facis ire 765
De male quaesitis vix gaudet tertius heres 811
De mendico male meretur qui ei dat quod edit aut bibat 1808

Demere nemo potest vasi cuicumque saporem / primum sive bonum teneat sive deteriorem 375
De minimis non curat praetor 1137
Demissos animo et tacitos vitare memento: / quod (v.l. quo) flumen placidum est, forsan latet altius unda 214
Demitto auriculas 1772
Demonium repetit quidquid procedit ab ipso 811
De mortuis nil nisi bene 592
De multis grandis acervus erit 814
De nihilo nihilum 819
De nuce fit corylus, de glande fit ardua quercus 815
Deo favente naviges vel vimine 1492
Deo gratias 1489
De omnibus rebus et quibusdam aliis 338
Deos fortioribus adesse 851
Deo volente, nobis viventibus 1490
De parvo puero saepe peritus homo 815
De profundis 608
De scurra multo facilius divitem quam patrem familias fieri posse 1449
Desinit in piscem 869
Desipere est semper sapere et non tempora nosse 404
De stipula grandis acervus erit 814
Desunt inopiae multa, avaritiae omnia 1812
Detrahere pellem 226
Deus est mortali iuvare mortalem, et haec ad aeternam gloriam via 1299
Deus ex machina 1691
Deus, in adiutorium meum intende 1480
Deus nobis haec otia fecit 1044
Deus quos probat, quos amat indurat 1474
De via in semitam degredire 61
Dicendo homines ut dicant efficere solere 59
Dicere perfacile est, opus exercere molestum 24
Dic, hospes, Spartae nos te hic vidisse iacentis, / dum sanctis patriae legibus obsequimur 1240
Dicique beatus / ante obitum nemo supremaque funera debet 532
Dictum factum 930
Dictum sapienti sat est 327
Didicere flere feminae in mendacium 1382
Diem / Horas perdere / amittere 947
Dies ater 1631

Dies Domini 1636
Dies eius sicut umbra praetereunt 512
Dies irae dies illa 1636
Dies mei sicut umbra declinaverunt 512
Dies noctibus aequare 962
Dies tribulationis et angustiae 1636
Dies ultionis 1636
Difficile est habere... bonum stomachum 1661
Difficile est longum subito deponere amorem 1403
Difficile est satiram non scribere 491
Digitis primoribus stare 1741
Digito se caelum putent attingere 1728
Digitos / Manus praerodere 715
Dignum... quicum in tenebris mices 152
Dignus solvere corigam calceamentorum 1040
Dii pedes lanatos habent 1505
Dilecti socius et ipse sit dilectus 1306
Dilexi iustitiam et odivi iniquitatem: propterea morior in exsilio 1093
Dilexisti iustitiam et odisti iniquitatem, / propterea unxit te Deus Deus tuus 1093
Dimidium facti qui coepit habet 802
Di nos quasi pilas homines habent 1498
Dira fames auri culpae regina parensque 1811
Disce gaudere! 1768
Discere ne cessa, cura sapientia crescat: / rara datur longo prudentia temporis usu 385
Discipulus est prioris posterior dies 377
Discite iustitiam moniti et non temnere divos 1453
Discordia concors 1201
Disiecti membra poetae 187
Disrumpor! 1727
Dissilio risu 1725
Diu deliberato! Cito facito! 1584
Diuturna quies vitiis alimenta ministrat 949
Dives aut iniquus aut iniqui heres 1805
Divide et impera 1011
Divitiae enim apud sapientem virum in servitute sunt, apud stultum in imperio 1790, 1802
Divitiae mores mutant non in meliores 999
Divitiarum et formae gloria fluxa atque fragilis est 509
Divitiis nullo quaerendis fine quiescunt / mortales, sit opum copia magna licet 1809
Dixi et salvavi animam meam 1457
Docendo discitur 358
Docta ignorantia 348
Doctrinae cultus nemo spernit nisi stultus 369
Doctrina est fructus dulcis radicis amarae 355
Doctum doces 466
Doctus spectare lacunar 956
Dolo pugnandum est dum quis par non est armis 256
Dolori cuivis remedium est patientia 1671
Domi gaudere 1771
Domi habuit unde disceret 356
Domi mansit casta vixit lanam fecit 1398
Domi mansit lanam fecit 1398
Dominari nequeat qui prius alicui servitutem praebere denegat 984
Domine, exaudi vocem meam 608
Dominum videre plurimum in rebus suis 1014
Domi plaudere 1771
Domo doctus 356
Domum servavit, lanam fecit 1398
Domus propria domus optima 1047
Dona praesentis cape laetus horae 577
Donec eris felix, multos numerabis amicos 1308
Donec eris sospes, multos numerabis amicos: / tempora si fuerint nubila, solus eris 1308
Dormienti vulpi cadit intra os nihil 849
Dorsus totus prurit 690
Dos est magna parentium / virtus 1441
Do ut des 1144, 1345
Do ut facias 1144
Duae unum expetitis palumbem 1178
Dubitando ad veritatem pervenimus 342
Dubito ergo sum, vel quod item est, cogito ergo sum 343
Dubium sapientiae initium 342
Ducunt volentem fata, nolentem trahunt 853
Dulce bellum inexpertis, expertus metuit 1213
Dulce est desipere in loco 404, 583
Dulce et decorum est pro patria mori 1233
Dulcem et amarum gustulum carpis 1416

Dulcem rem fabas facit esuries tibi crudas 717
Dulce otium 952
Dulcis in fundo 825
Dulcis... quies 952
Dum abbas apponit tesseras, ludunt monachi 967
Dum excusare credis, accusas 235
Dum ferrum candet, cudere quemque decet 926
Dum licet, et spirant flamina, navis eat 500
Dum recens est / ... devorari decet 925
Dum Roma deliberat, Saguntum perit 932
Dum Romae consulitur, Saguntum expugnatur 932
Dum spiro spero 860
Dum stertit cattus, numquam sibi currit in os mus 849
Dum vitant stulti vitia, in contraria currunt 1757
Dum vivis, sperare decet 860
Dum vivit, hominem noveris; ubi mortuost, quiescat 612
Dum vixi, vixi quomodo condecet ingenuom, / quod comedi et ebibi tantum meum est 578
Duo cum faciunt idem, non est idem 539
Duo in solidum precario habere non magis possunt quam duo in solidum vi possidere aut clam 1122
Duo parietes de eadem fidelia dealbare 234
Duo quae maxima putantur onera, paupertatem et senectutem 656
Dura et aspera per quae itur ad Deum 1683
Dura lex sed lex 1101
Dura satis miseris memoratio prisca bonorum 1657
Duris urgens in rebus egestas 1826
Durum est negare, superior cum supplicat 971
Durum hoc est sed ita lex scripta est 1101
Durum: sed levius fit patientia / quicquid corrigere est nefas 1671
Dux femina facti 1380

E

Eandem incudem diu noctuque tundendo 905
Ecce ancilla Domini 1032

Ecce homo! 1509
Edamus, bibamus, gaudeamus! · 578
Ego iam pridem tutorem meum extuli 1069
Ego in portu navigo 1612
Ego istos novi polypos, qui ubi quidquid tetigerunt tenent 901
Egomet meo indicio miser quasi sorex hodie perii 618
Ego semper apros occido, sed alter utitur pulpamento 264
Ego sum rex Romanus et supra grammaticam 980
Ego te intus et in cute novi 312
Eheu fugaces, Postume, Postume, / labuntur anni 521
Eiice primum trabem de oculo tuo, et tunc videbis eiicere festucam de oculo fratris tui 1289
Ei incumbit probatio qui dicit, non qui negat 1141
Elegantiae arbiter 696
Eligas quem diligas! 1327
Elleborum hisce hominibus opus est 144
Emas non quod opus est, sed quod necesse est. Quod non opus est, asse carum est 1800
Epistula ... non erubescit 92
E pluribus unum 1053
Equi dentes inspicere donati 1361
Erga omnes 1159
Eripere telum non dare irato decet 1573
Eripuit caelo fulmen sceptrumque tyrannis 970
Eripuitque Iovi fulmen Phoeboque sagittas 970
Eripuitque Iovi fulmen viresque tonandi 970
Eritis sicut Deus, scientes bonum et malum 1452
Errando discitur 398
Errare humanum est, perseverare autem diabolicum 457
Errare malo cum Platone quam cum istis vera sentire 382
Errat autem qui amicum in atrio quaerit, in convivio probat 1326
Error communis facit ius 1110
Error ius facit (propter imperitiam testatoris) 1110
Eru' meus elephanti corio circumtentust 678
Erunt duo in carne una 1432

Esse eum omnium horarum 565
Esse oportet ut vivas, non vivere ut edas 711
Est deus in nobis, agitante calescimus illo 203
Est dictum verum: privata domus valet aurum 1047
Est foculus proprius multo pretiosior auro 1047
Est in rebus inane 520
Est modus in rebus 1760
Est modus in rebus, sicut cecinere poetae; / laudavere modus pariter sanctique prophetae 1760
Est nobis voluisse satis 884
Estote ergo prudentes sicut serpentes et simplices sicut columbae 1566
Est profecto deus qui quae nos gerimus auditque et videt 1494
Est quaedam flere voluptas 1650
Est quasi dives cum nihil habeat et est quasi pauper cum in multis divitiis sit 1812
Est quasi grande forum vox alta trium mulierum 1387
Est quoque cunctarum novitas carissima rerum 773
Est vir qui adest 306
Esuriens silva patiens lupus exit opaca 720
Esuriens stomachus fertur coquus optimus esse 717
Esuriens venter non vult studere libenter 721
Et ab hic et ab hoc 65
Et amore et metu amens 1399
Et erit sicut populus sic sacerdos et sicut servus sic dominus eius sicut ancilla sic domina eius 968
Et facere et pati fortia Romanum est 1663
Et genus et virtus, nisi cum re, vilior alga est 1785
Etiam capillus unus habet umbram suam 161, 989
Etiam iucunda memoria est praeteritorum malorum? 1620
Etiam me meae latrant canes? 278
Etiam parietes arcanorum soli conscii timebantur 230
Etiam periere ruinae 1228
Et in Arcadia ego 856
Et in medias res / non secus ac notas auditorem rapit 184

Et in ore fatuorum cor illorum, et in corde sapientium os illorum 54, 55
Et loqui poena est et reticere tormentum 1570
Et motae ad lunam trepidabis harundinis umbram 1602
Et mundus transit, et concupiscentia eius 535
Et nos ergo manum ferulae subduximus 353
Et nunc plaudite! 624
Et post malam segetem serendum est 1701
Et quondam maiora tuli 1666
Etsi non potui, velle fuisse vide 884
Et veritatem diligimus et Platonem, sed rectius est diligere veritatem 299
Eundem calceum omni pedi inducere 567
Eunt anni more fluentis aquae 529
Eveniunt homini post luctus gaudia saepe 1706
Eventus... stultorum... magister 398
Ex abrupto 942
Ex abundantia enim cordis os loquitur 54
Ex aequo 1162
Ex aequo et bono 1162
Ex cathedra 379
Excelsis multo facilius casus nocet 987
Excitabat enim fluctus in simpulo 430
Exclamas, ut Stentora vincere possis 704
Excusatio non petita, accusatio manifesta 235
Ex dono 1362
Exeant omnes! 1533
Exegi monumentum aere perennius 795
Exemplis discere 359
Exemplis patrum nati quoque furta sequuntur, / matris adulterii moechatur conscia nata 1445
Ex eodem ore calidum et frigidum efflare 232
Exercitum suum pransum paratum... eduxit 718
Ex eventu 828
Ex fimbria textura manifesta 115
Ex fructu cognoscitur arbor 117
Ex habitu colligitur persona hominis 221
Ex hac minima scintillula vitalis calor illuxerit 817
Ex incomprehensibili parvitate harenae funis effici non possit 439

ÍNDICE DAS FRASES LATINAS 851

Exitus acta probat 828
Ex malis multis malum quod minimum est, id minime est malum 1640
Ex nihilo crevit 3
Ex opere operato 1534
Exoriare aliquis nostris ex ossibus ultor! 616
Ex ovo omnia 670
Expedit interdum sancita remittere legum, / ne pereat feritate mala clementia regum 1094
Experimento didici 394
Experto credite 393
Experto credite Roberto 393
Expertus metuit 396, 1213
Exstat difficile vulpem deprendere vulpe 272
Extra calcem... sermo decurrens 61
Extra ecclesiam nulla salus 1513
Extrema ratio 1212
Extrema semper de ante factis indicant 828
Ex ungue leonem 116
Ex unguiculis perpruriscere 634
Ex ventre crasso tenuem sensum non nasci 713
Ex vitio alterius sapiens emendat suum 391

F

Fabellae aniles 657
Faber est suae quisque fortunae 833
Fabrum caedere cum ferias fullonem 1085
Fabrum esse suae quemque fortunae 833
Faciamus experimentum in corpore vili 1599
Facientes deus adiuvat 914, 915
Facies Hippocratica 747
Facies non omnibus una, / non diversa tamen 536
Facile ex amico inimicum facies, cui promissa non reddas 1312
Facile omnes quom valemus recta consilia aegrotis damus 1693
Facilis ad lubrica lapsus est 1548
Facilis descensus Averno 595
Facio et non facio 339
Facio ut des 1144
Facio ut facias 1144
Facis de necessitate virtutem 504
Faciunt favos et vespae 216

Facit indignatio versum 207
Fac si facis 933
Facta non verba 25
Facti estis quibus lacte opus sit, non solido cibo 637
Factis non verbis sapientia se profitetur 25
Factum... fieri infectum non potest 524
Factum, non fabula 25
Falco meis sed talpa tuis erroribus extas: / si capis, ante tuos tolle, deinde meos 1289
Fallaces enim sunt rerum species 217
Fallacia / alia aliam trudit 274
Fallere fallentes 268
Fallere qui satagit fallitur arte sua 268
Fallitur augurio spes bona saepe suo 872
Falsa est fiducia formae 217
Fama bona lente volat et mala fama repente 4
Fama crescit eundo 3
Fama, malum qua non aliud velocius ullum 4
Fama... nulla stringitur mora 4
Fas est et ab hoste doceri 1278
Fata manent omnis 517
Fata trahunt 853
Fata viam invenient 854
Fatuus in risu inaltat vocem suam 400
Faucibus teneor 1553
Favete linguis! 28
Favos post fella gustavit 1688
Fecundi calices quem non fecere disertum 741
Felices sequeris, mors, miseros fugis 627
Felicitatis est quantum velis posse, sic magnitudinis velle quantum possis 493
Felix alterius cui sunt documenta flagella 391
Felix Austria 1198
Felix culpa 1461
Felix quem faciunt aliena pericula cautum 391
Felix qui potuit rerum cognoscere causas 313
Felix ruina, quae reparatur in melius 1461
Femineus dulcis omnia vincit amor 1412
Feras, non culpes quod mutari non potest 852
Fere totus mundus exercet histrionem 624
Feriunt celsos fulmina colles 985
Feriuntque summos / fulgura montes 985
Ferre iugum pariter 1623

Ferreus adsiduo consumitur anulus usu 896
Ferrum natare doces 471
Ferrum rubigo consumit 899
Fertilior seges est alienis semper in agris, / vicinumque pecus grandius uber habet 1292
Fervet opus 917
Festina lente 1581
Fetidissimum ius Langobardorum 1107
Fiat iustitia et pereat mundus! 1076
Fiat iustitia et ruat caelum 1076
Fiat iustitia ne pereat mundus 1076
Fiat iustitia, pereat licet integer orbis! 1076
Fiat lux! 1510
Fiat voluntas tua 1033
Figulo tantum in argillam suam ius est 543
Figulus figulo, faber fabro invidet 183
Filium Marci Ciceronis populus Romanus non agnoscebat loquentem 1446
Finem respice! 1567
Finis coronat opus 828
Finis Poloniae! 824
Firmissima est inter pares amicitia 1304
Firmissimus inter aequales interque pares est nodus amoris 1304
Fistula dulce canit (si non mihi crede Catoni!) / dum lyra dulcisono carmine prodit aves 257
Fistula dulce canit, volucrem cum decipit auceps 257
Fit enim ad portandum facilis sarcina, quam multorum colla sustentant 1051
Flamma fumo est proxuma 1555
Flammam a sapiente facilius ore in ardente opprimi, quam bona dicta 39
Flavit Jehovah et dissipati sunt 1262
Flavos permutat canis vulpecula crines, / at numquam mores alterat ipsa suos 106
Flecti non potest, frangi potest 138, 1622
Fletus aerumnas levat 1650
Flumina pauca vides de magnis fontibus orta, / plurima collectis multiplicantur aquis 816
Flumine vicino stultus sitit 470
Fluminibus... aquas transmittere 475
Folia nunc cadunt, / praeut si triduom hoc hic erimus: tum arbores in te cadent 818
Fontes iam sitiunt 189
Forma bonum fragile est 509
Formosa facies muta commendatio est 1440

Formosa virgo est: dotis dimidium vocant 1440
Forsan et haec olim meminisse iuvabit 1619
Fortes creantur fortibus et bonis 145
Fortes Fortuna (ad)iuvat 851, 915, 1421
Fortibus est Fortuna viris data 851
Fortis enim non modo Fortuna adiuvat... sed multo magis ratio 851
Fortiter in re, suaviter in modo 228
Fortiter malum qui patitur idem post potitur bonum 1669
Fortuna caeca est 841
Fortunae filius 846
Fortuna favet fatuis 843
Fortuna fortes metuit, ignavos premit 851
Fortuna in homine plus quam consilium valet 836
Fortuna miserrima tuta est: / nam timor eventu deterioris abest 1837
Fortuna multis dat nimis, satis nulli 845
Fortuna nimium quem fovet stultum facit 843
Fortuna obesse nulli contenta est semel 1641
Fortuna opes auferre non animum potest 838
Fortuna vitrea est: tum cum splendet frangitur 839
Frangar, non flectar 138
Frangas enim citius quam corrigas quae in pravum induruerunt 110
Frater meus dimidius maior est quam totus 1764
Fraudis in auctorem fraus saepe retorquet habenas / et repetit, per quas deviat ante, vias 268
Frenum momordi 1767
Frigidius glacie 700
Frondes addere silvis 474
Fronte capillata, post haec occasio calva 575
Frontemque domini plus prodesse quam occipitium 1014
Frontis nulla fides 218
Fruges consumere nati 127
Fugit hora 534
Fugit inreparabile tempus 530
Fuimus Troes 757
Fulmenta lectum scandunt 1005
Fumo periit qui fumum vendidit 286
Funere mersit acerbo 620
Fur cognoscit furem, lupus lupum 273

Fures privatorum in nervo atque in compedibus aetatem agunt, fures publici in auro atque in purpura 996
Furor fit laesa saepius patientia 1672
Furor Teutonicus 1170

G

Galeatum sero duelli / paenitet 1595
Gallina scripsit 91
Gallum in suo sterquilino plurimum posse 976, 977
Gaudeamus igitur, iuvenes dum sumus 577, 578
Gemino... ab ovo 806
Generosioris arboris statim planta cum fructu est 117
Genus inritabile vatum 204
Gigni / de nihilo nihilum, in nihilum nil posse reverti 819
Gladiatorem in harena capere consilium 1595
Glaucumam ob oculos obiciemus 259
Gloria fugientes magis sequitur 1776
Gloria in excelsis Deo 1484
Gloriam qui spreverit veram habebit 1776
Gloria... virtutem tamquam umbra sequitur 1714
Graculorum more strepentes 705
Graculus Aesopius 1738
Gradus ad Parnassum 191
Graeca fide 242
Graeca non leguntur 374
Graeca per Ausoniae fines sine lege vagantur 105
Graecia capta ferum victorem cepit 1261
Graeculum et fallacem 242
Graeculus esuriens 731
Graecum est: non legitur 374
Gragulus Aesopi 1738
Grata rerum novitas 773
Gratias agamus Domino Deo nostro 1489
Gratia vobis et pax 1197
Gratis et amore Dei 1799
Gratius ex ipso fonte bibuntur aquae 337
Gravius malum omne est, quod sub aspectu latet 1563
Grex totus in agris unius scabie cadit 589
Gula plures occidit quam gladius 712
Gutta cavat lapidem 898
Gutta fortunae prae dolio sapientiae 836

H

Habemus confitentem reum 1129
Habemus papam 1521
Habemus pontificem 1521
Habens... cor cervi 1252
Habent parvae commoda magna morae 1579
Habent sua fata libelli 844
Habere aceti in pectore 133
Habes... quod et accusatori maxime optandum, confitentem reum 1129
Habes somnum imaginem mortis 599
Habitus non facit monachum 219
Hac lupi hac canes 1558
Hac urget lupus hac canis 1558
Haec dea, cum fugerent sceleratas numina terras, / in dis invisa sola remansit humo 861
Haec decantata erat fabula 57
Haeret haec res 951
Haeret in salebra 1634
Hamum vorat 255
Hanc veniam petimusque damusque vicissim 1298
Hannibal ad portas 932, 1546
Hannibal ante portas 1546
Hannibalem ipsum Capua corrupit 960
Haud facile emergunt, quorum virtutibus opstet / res angusta domi 1829
Haud semper errat fama 1
Herba nec antidotum poterit depellere letum; / quod te liberet a fato non nascitur horto 590
Heredis fletus sub persona risus est 223
Heu heu, quotidie peius! 764
Hic manebimus optime 794
Hic niger est, hunc tu, Romane, caveto! 237
Hic Rhodus, hic salta 1737
Hic sunt leones 1562
Hinc illae lacrimae! 314
Hirundinem in domum non suscipiendam 8
His nos consevimus agros! 263
Historia magistra vitae 361
Hoc age / agite 933
Hoc erat in votis 858
Hoc est ultima ratio regis 1212
Hoc ipsum nihil agere et plane cessare delectat 952

Hoc miserae plebi stabat commune sepulcrum 1821
Hoc opus, hic labor 1645
Hoc volo, sic iubeo: sit pro ratione voluntas 889
Hodie mihi, cras tibi 514, 859
Homerici oculi 330
Hominem etiam frugi flectit saepe occasio 579
Hominem experiri multa paupertas iubet 1819
Hominem frugi omnia recte facere 150
Hominem nullius coloris 1267
Homines amplius oculis quam auribus credunt 309
Homines dum docent discunt 358
Homines sumus, non dei 506, 1711
Hominis est animum praeparare et Dei gubernare linguam 1491
Hominum tota vita nihil aliud quam ad mortem iter est 518
Homo bulla 511
Homo cogitat sed Deus indicat 1491
Homo dipundiarius 135
Homo doctus in se semper divitias habet 369, 1834, 1839
Homo est animal bipes rationale 129
Homo homini deus 1181, 1299
Homo homini lupus 1181
Homo / levior quam pluma 779
Homo locum ornat, non hominem locus 1056
Homo longus raro sapiens 713
Homo luteus 137
Homo mundus minor 122
Homo novus 1064
Homo proponit sed Deus disponit 1491
Homo semper aliud, Fortuna aliud cogitat 1491
Homo sum 506
Homo sum: nihil humani a me alienum puto 1294
Homullus ex argilla et luto fictus 137
Honeste vivere 1117
Honos alit artes 166
Horae subsicivae 955
Hora ruit 534
Horas non numero nisi serenas 865
Horresco referens 73
Horrida bella 104
Horror vacui 669

Hortus conclusus 390
Hos ego versiculos feci: tulit alter honores 262
Hos itaque deus quos probat, quos amat, indurat, recognoscit, exercet 1474
Hostes sint omnibus omnes 1215
Hostibus infestus, subiectis esto modestus 1010
Hosti non solum dandam esse viam ad fugiendum, sed etiam muniendam 1248
Hostium munera non sunt munera 244
Huius mundi decus et gloria / quam sint falsa et transitoria 535
Humanae vitae mimus 624
Humanas actiones non ridere, non lugere, neque detestari sed intelligere 1297
Humanum fuit errare, diabolicum est per animositatem in errore manere 457
Humiles laborant ubi potentes dissident 964, 1006
Humilis nec alte cadere nec graviter potest 987
Hunc telo suo sibi... pellere 271
Hyrcanaeque admorunt ubera tigres 132
Hysteron proteron 185

I

Iacta alea est 992, 1609
Iam ego me convortam in hirudinem atque eorum exsugebo sanguinem 1818
Iam proxumus ardet / Ucalegon 1376, 1559
Iamque opus exegi quod nec Iovis ira nec ignis / nec poterit ferrum nec edax abolere vetustas 795
Iam victi vicimus 1260
Ianua pauperibus clausa est, dat census honores, / audet divitibus claudere nemo fores 1785
Ibi semper est victoria, ubi est concordia 1210
Ibis redibis non morieris in bello 240
Idem velle atque idem nolle, ea demum firma amicitia est 1310
Ieiunis raro stomachus vulgaria temnit 716, 717
Ieiunus venter non vult cantare libenter 721
Ignavis semper feriae 958

Ignem gladio scrutare 1190
Ignis aurum probat, miseria fortes viros 1835
Ignis / per medios fluviosque 1561
Ignoramus et ignorabimus 349
Ignoscito aliis quasi pecces cotidie 1290
Ignoti nulla cupido 880
Ignoti vel ex inopinato apparentes de caelo supervenisse dicuntur 1456
Iliacos intra muros peccatur et extra 111
Ille lavet lateres qui custodit mulieres 469
Ille potest vacuo furari litore harenas 429
Ille terrarum mihi praeter omnes / angulus ridet 1061
Illi poena datur qui semper amat nec amatur 1414
Imago animi vultus, indices oculi 673
Imbecilliorem agrum quam agricolam esse debere 1763
Imbecillitas generis humani 506
Imbrem in cribrum legere 441
Imbres et venti, tonitrus et fulmina turres / flatibus evertunt, stare sed ima sinunt 985
Imbribus obscuris succedunt lumina solis 1706
Immutant mores hominis cum dantur honores 999
Impavidum ferient ruinae 902
Impedit necessitas vires suas 950
Imperare sibi maximum imperium est 1712
Imperat aut servit collecta pecunia cuique 1790
Imperii... caput 1007
Imperitia confidentiam, eruditio timorem creat 320
Imperium et libertas 1072
Impia sub dulci melle venena latent 213
Impossibilium nulla obligatio est 492
Impostor et Graecus est 242
Imprimatur 1124
Improbe Amor, quid non mortalia pectora cogis! 1419
Improbe Neptunum accusat, qui iterum naufragium facit 459
Imus venimus / videmu(s) 928
In alio peduclum vides, in te ricinum non vides 1289
Inanimis, nudus et frigidus et lotio perlutus, quasi recens utero matris editus 1624
In aqua scribere 1417

In articulo mortis 614
In aurem utramvis dormire 1614
In barathrum 1185
In bono hospite atque amico quaestus est quod sumitur 1320
In caducum parietem nos inclinavimus 789
In camera caritatis 1269
In cauda venenum 826
In causa facili cuivis licet esse diserto 1621
Inceptiost amentium, haud amantium 1399
Incertum est quando, certum est aliquando mori 605
Incidis in Scyllam, cupiens vitare Charybdim 1557
Incidit in foveam qui primus fecerat illam 269
Incidit in Scyllam qui vult vitare Charybdim 1557
In claris non fit interpretatio 1142
In crastinum differo res serias 941
In cymbalis 1726
Inde irae et lacrymae 314, 1751
In Deo deos quaerere 470
In die illa 1636
In diem vivere 580
Indignum vero testu 136
Indignus est qui illi calceos detrahat 1040
Indocti discant et ament meminisse periti 383
Indoctos a Musis atque a Gratiis abesse 362
In domo Petri 1073
In dubiis abstine 1139
In dubio pro reo 1128
In dulci iubilo 1520
Indusium tunica propius fraterque nepote 1282
In eadem es navi 1625
In eodem valetudinario esse 1625
In epulis epulas quaerere 470
Inertiae dulcedo 952
Inexpertis enim dulcis est pugna 1213
Infandum regina iubes renovare dolorem 1652
Infantiorem quam meus est mulio 415
Infida societas regni 994
Infidum hominem malo suo esse cordatum 874
Infima summis, summa infimis mutare 781
Inflatis buccis 1748
Inflat se tamquam rana 541
Ingenium mala saepe movent 503

In gloriam Dei 1485
Ingrata patria, ne ossa quidem mea habes 1058
In hoc signo vinces 1258
In horam vivere 580
Inimicum quamvis humilem docti est metuere 989
In ipsa quaestione, pro qua canes latrant, dicit se nescire quod quaeritur 23
Iniqua numquam regna perpetuo manent 998
Iniquum petendum, ut aequum feras 895
In ista vipera est veprecula 251
Initium sapientiae timor Domini 1467
In iure utroque 1156
Iniuria non fit volenti 1133
Iniuriarum remedium est oblivio 1332
In labris 155
In laqueos auceps deciderat suos 270
In laqueos quos posuere cadant! 270
In limine primo / quos... / abstulit atra dies 620
In malos... / tollo cornua 1167
In manu illius plumbum aurum fiebat 847
In medias res 184, 942
In medio sedet inclita virtus 1758
In medio stat virtus 1758
In molle carne vermes nascuntur 146
In multiloquio desunt mendacia raro 15
In multiloquio non deerit peccatum 15
In necessitate probatur amicus 1307
In negotio sine periculo vel in otio cum dignitate esse possent 1042
Innocentia eloquentiast 21
In nullum avarus bonus est, in se pessimus 1816
In occipitio quoque habet oculos 1572
In occipitio quoque oculos gerit 1572
In oculis animus habitat 673
In omnibus fere rebus mediocritatem esse optumam 1758
In omnibus operibus tuis memorare novissima tua et in aeternum non peccabis 1567
In omnium rerum fuga vivitur 775
Inopi beneficium bis dat, qui dat celeriter 1354
In ore primo 155
In pace leones, in proelio cervos 1245, 1252
In partibus infidelium 1522
In praetoriis leones, in castris lepores 1245

In prima valva haeret 620
In primo limine 620
In propria non pelle quiessem 541
Inquietum est cor nostrum, donec requiescat in te 1454
In rapidas maris undas 1561
In regione sua quisquis portare meretur / laudem, res ista venerabilis esse videtur 1059
In re mala animo si bono utare, adiuvat 1699
Inritabis crabrones 1189
In saecula saeculorum 1528
Insciens atque inprudens 341
In scirpo nodum quaerere 445
In securim incurris et carnificem ultro vocas 267
In... Siciliae parte Siciliam quaerere 470
In silvam... ligna feras 474
In sinu gaudere 1771
In sinu... viperam... habere 282
Insinuatis manibus 948
Insipiens esto cum tempus postulat ipsum! / Stultitiam simulare loco prudentia summa est 404
In sole... lucernam adhibere nihil interest 478
Instaurare omnia in Christo 1455
In stipulis magnus sine viribus ignis 820
Instrumentum ad tutelam regni 1013
Instrumentum imperii 1013
Instrumentum regni 1013
In suis illum castris cecidit 270
In tacito cohibe gaudia clausa sinu 1771
Integer vitae scelerisque purus 150
Intellexeram, si tacuisses 32
Intelligenti pauca 327
In tempestate cognoscitur gubernator 1621
Intempestiva benevolentia nihil a simultate differt 1279
Intentum... animum tamquam arcum habebat 1733
Inter armorum strepitum verba se iuris civilis exaudire non potuisse 1223
Inter caecos regnat strabus 978
Inter convivas fac sis sermone modestus, / ne dicare loquax, cum vis urbanus haberi 19
Inter dominum et servum nulla amicitia est 1041
Interdum etiam bonus dormitat Homerus 461

Interdum stabulum reparatur post grave damnum 1593
Inter malleum sunt et incudem 1556
Inter nos 1270
Inter os et offam multa intervenire posse 780
Inter pares sententias mitior vincat 1128
Inter pocula 739
Inter sacrum saxumque 1556
Inter spinas, per aerumnas, duraturas quaero rosas 1674
Inter vepres rosae nascuntur 1674
Intra cutem suam cogunt 541
Intra definitas lineas currens 61
Intra / fortunam debet quisque manere suam 541
In tristitia hilaris, in hilaritate tristis 1769
Introibo ad altare Dei 1524
Intueri lacunaria 956
Intus... est equus Troianus 249
Intus et in cute 312
In udo est 49
In umbra... pugnabimus 1241
In usum Delphini 370
In usum serenissimi Delphini 370
In utroque iure 1156
In Veneris ludo timor est et sollicitudo 1406
In viam... veram inducere 464
In vino veritas 732
Invisurum aliquem facilius quam imitaturum 209
Invita Minerva 1477
Invitis bobus numquam trahitur bene currus 888
Invitis canibus venator nil capit ullus 888
In vulgus manant exempla regentum 969
Iove... aequo 1476
Ipsa olera olla legit 570
Ipsa quidem virtus sibimet pulcherrima merces 1707
Ipsa virtus pretium sui 1707
Ipse dixit 373
Ipse mihi asciam in crus impegi 267
Ipsus fingit fortunam sibi 833
Ira furor brevis est 1750
Ira furor brevis est involvens turbine mentem 1750
Ire pedes quocumque ferent 554
Ire per ignes / et gladios ausim 1561
Is bonus est medicus sua qui sibi vulnera curat 168
Is de cuius hereditate agitur 1161

Is fecit cui prodest 1112
Is minimo eget mortalis qui minimum cupit 1841
Ista cum lingua, si usus veniat tibi, possis /culos et crepidas lingere carpatinas 9
Istuc est sapere, qui ubiquomque opu' sit animum possis flectere 571
Ita amare oportere, ut si aliquando esset osurus 1311
Ita amicum habeas, posse ut fieri hunc inimicum putes 1311
Ita di⟨vi⟩s est placitum, voluptatem ut maeror comes consequatur 1649
Italum acetum 133
Ite, missa est 1489
Ite si itis 933
Itinerarium mentis in Deum 1488
Iubeas... porculum adferri tibi 142
Iucundi acti labores 1620
Iucundum... nihil agere 952
Iudex damnatur ubi nocens absolvitur 1096
Iudice Fortuna cadat alea 1609
Iudicis sententiam oportet sequi clementiam 1094
Iudicium ne fer si non sunt ambo locuti 1126
Iungat volpes et mulgeat hircum 428, 436
Iupiter pluvius 1508
Iuppiter ex alto periuria ridet amantum 1413
Iura novit curia 1130
Iurare in verba magistri 372
Iuravi lingua, mentem iniuratam gero 281
Iustum et tenacem propositi virum 151
Iustum iter 1219

K

Kyrie eleison! 1483

L

Labitur occulte fallitque volatilis aetas 530
Labores / Herculis 1646
Laboribus vendunt dei nobis omnia bona 1685
Labor limae 195, 196
Labor omnia vicit / improbus 1644
Lacertis et viribus 1177
Laconicae malo studere brevitati 40

Lacrimis ianua surda tuis 611
Lacte gallinaceum 727
Laetus sum laudari abs te, ... a laudato viro 1333
Lapidem... omnem movere 912
Lapsus linguae 96
Lapsus semel fit culpa si iterum cecideris 458
Largiri de alieno 1795
Largissimi promissores vanissimi exhibitores 1745
Largitionem fundum non habere 1793
Lasciva est nobis pagina, vita proba 202
Laterem lavare 469
Latet anguis in herba 251, 257
Laudabiliter se subiecit 1030
Laudate eum in cymbalis bene sonantibus, laudate eum in cymbalis iubilationis 1726
Laudato ingentia rura, / exiguum colito 1763
Laudato pavone superbior 1739
Laudator temporis acti 769
Laudat praeteritos, presentes despicit annos: / o sola fortes garrulitate senes 769
Lauriger Horatius, quam dixisti verum: / Fugit Euro citius tempus edax rerum 527
Làus alit artes 166
Laus nova nisi oritur, etiam vetus amittitur 767
Lectio repetita placebit 378
Legatus nec cogitur nec violatur 51
Legere enim et non intellegere neglegere est 321
Leges bello siluere coactae 1223
Leges bonae ex malis moribus procreantur 1106
Legitima hereditas est, quae ab intestato defertur 1155
Lente properare memento! 1581
Leonem mortuum et catuli mordent 1038
Leonina societas 995
Leonis catulum ne alas 283
Lepores duos insequens neutrum capit 1730
Leve aes alienum debitorem facit, grave inimicum 1364
Leve fit quod bene fertur onus 1671
Levemus corda nostra cum manibus ad Dominum in caelos 1703

Levior cortice 779
Levior pluma 779
Levis est Fortuna: cito reposcit quod dedit 838
Levius laedit, quidquid praevidimus ante 1563
Lex est araneae tela, quia, si in eam inciderit quid debile, retinetur; grave autem pertransit tela rescissa 1100
Lex et regio 559
Lex universa est, quae iubet nasci et mori 596
Liberae enim sunt cogitationes nostrae 1070
Libera me, Domine, a morte aeterna 1482
Libera nos, Domine, a morte aeterna 1482
Liberi poetae et pictores 188
Lignum, quod tortum, haud unquam vidimus rectum 110
Lingua dolis instructa mucrone nocentior ipsa 5
Lingua magis strenua quam factis 25
Lippis et tonsoribus 331
Littera enim occidit, spiritus autem vivificat 95
Litterae non dant panem 1834
Litterae thesaurum est et artificium numquam moritur 369
Litterarum radices amaras, fructus dulces 355
Litus melle gladius 294
Locus regit actum 1140
Longae regibus manus 1017
Longa et cervina senectus 662
Longa manus 1017
Longe fugit quisquis suos fugit 1444
Longius aut propius mors sua quemque manet 517
Longius insidias cerva videbit anus 640
Longius nocens ut basilisci serpentes 253
Longo sed proximus intervallo 1266
Longum iter est per praecepta, breve et efficax per exempla 359
Loqui qui nescit discat aliquando reticere 22
Loripedem rectus nigrum derideat albus 1291
Lucri bonus est odor ex re / qualibet 1780
Lucrum sine damno alterius fieri non potest 1806
Lucus a non lucendo 103

Ludis de alieno corio 1600
Lupos apud oves... linquere 1597
Lupos rapient haedi 444
Lupus est homo homini non homo 1181
Lupus in fabula 927
Lupus in sermone 927
Lupus ovium non curat numerum 1176
Lupus pilum mutat, non mentem 106

M

Macte animo! 1702
Magis deos miseri quam beati colunt 1539
Magna fuit quondam capitis reverentia cani 665
Magna parens frugum 1778
Magna pars 1642
Magna promisisti, exigua video 1745
Magna servitus est magna Fortuna 1802
Magnas inter opes inops 1815
Magnis itineribus 1219
Magnos promittere montes 1744
Maiora premunt 1721
Maiores pinnas nido extendisse 754
Maiori cede sed non contemne minorem! 1264
Maiori concede 1265
Maiori minor cedat in arte sua 1265
Maior inaequali pro tempore cede sodali! / Cum fortuna datur, victor victo superatur 1260
Maior sum quam cui possit fortuna nocere 834
Maius ab exequiis nomen in ora venit 593
Mala merx 153
Malam herbam non perire 154
Mala tempora currunt! 770
Maledictus homo qui confidit in homine 1293
Maledicus ne esto 6
Malefacere qui vult, numquam non causam invenit 247
Male parta male dilabuntur 811
Male parta mox in perniciem vertere 811
Male partam victoriam male perdiderunt 811
Male par⟨t⟩um male disperit 811
Malesuada fames 722
Mali corvi malum ovum 114
Malitia novercalis 1448

Malo arboris nodo malus cuneus requirendus est 1630
Malo emere quam rogare 1368
Malo hic esse primus quam Romae secundus 991
Malo quod teneo quam quod spero 866
Malos faciunt malorum falsa contubernia 1328
Malo si quid bene facias, id beneficium interit 1363
Maluisses cloacas Augeae purgare 1647
Malum consilium consultori pessimumst 266
Malum est mulier sed necessarium malum 1377
Malum malo... curare 1628
Malum necessarium 1377
Malum quidem nullum esse sine aliquo bono 1679
Malus blandilocus laqueus innocentiumst 294
Malus choraula bonus symphoniacus est 545
Malus monachus bonus clericus est 545
Manducemus et bibamus: cras enim moriemur 578
Manibus date lilia plenis! 621
Manifesta causa secum habet sententiam 1142
Manifesta haud indigent probatione 1142
Manum de tabula! 830
Manu militari 1217
Manus manum lavat 1341
Marcet sine adversario virtus 1678
Mare ignis mulier: tria sunt mala 1379
Mare interbibere 438
Mare magnum 1717
Mare nostrum 1231
Mare verborum gutta rerum 25
Maria montisque polliceri 1744
Maritale... capistrum 1433
Mari terra⟨que⟩... quaeritar 923
Mater artium necessitas 503
Mater dolorosa 1517
Mater familias 1151
Mater semper certa est, pater numquam 1146, 1450
Matrem timidi flere non solere 1222
Maturam sationem saepe decipere solere, seram numquam quin mala sit 943
Mature fias senex, ut maneas diu 646
Maxima debetur puero reverentia 633

Maximo periculo custoditur quod multis placet 1430
Mea culpa, mea culpa, mea maxima culpa 1458
Me albis dentibus / ... derideret 681
Mea mihi conscientia pluris est quam omnis sermo 1097
Mea virtute me involvo 1839
Medice, cura te ipsum! 168
Medici... perdiderunt 752
Medico male est, si nemini male est 479
Medicus curat, natura sanat 749
Medicus nihil aliud est quam animi consolatio 752
Mediis sitiemus in undis 470
Medio de fonte leporum / surgit amari aliquid 1416, 1689
Medio tutissimus ibis 1756
Medium tenuere beati 1756
Me fuisse fungum 411
Meisque me coloribus esse pingendum 1738
Meliora sunt vulnera diligentis quam fraudulenta odientis oscula 1330
Melior canis vivus leone mortuo 1037
Meliorem... neque sol videt 229
Melior tutiorque est certa pax quam sperata victoria 1196
Melius abundare quam deficere 1716
Melius duo defendunt retinacula navim 1577
Melius est nomen bonum quam divitiae multae 1803
Melius est vocare ad holera cum caritate quam ad vitulum saginatum cum odio 1373
Melius nil caelibe vita 1434
Mella sub ore tenent, corde venena fovent 213
Mel nulli sine felle datur 1688
Memento audere semper 1239
Memento cita mors venit 515
Memento homo quia pulvis es et in pulverem reverteris 516
Memento mori 515
Memento novissimorum 515
Meminisse dulce est quod fuit durum pati 1619
Meminisse iuvabit 1619
Memoria minuitur nisi eam exerceas 366
Mendacem memorem esse oportere 290
Mendaces aiunt furibus esse pares 291

Mendacia curta semper habent crura 298
Mendacium nullum senescit 298
Mendax et furax 291
Mendici pera non impletur 1808
Mens agitat molem 1497
Mense malas Maio nubere 1431
Mens sana in corpore sano 357
Mentio si fiet, saepe lupus veniet 927
Messe tenus propria vive 542
Messis in herba est 803
Metiri se quemque suo modulo ac pede verum est 542
Metrificant, quoniam gaudent brevitate moderni 192
Metuere in tranquillitate naufragium 1618
Metu interprete semper in deteriora inclinato 1603
Mihi heri, et tibi hodie 514
Mihi labra linis 213
Mihi pinnas inciderant 280
Miles gloriosus 1244
Militat omnis amans 1400
Militia est vita hominis super terram, et sicut dies mercenarii dies eius 1633
Militis cuiuslibet fortitudo non agnoscitur nisi in bello 1621
Milvinos oculos 706
Milvo volanti poterat ungues resecare 176
Minima commoda non minimo sectantes discrimine similes aiebat esse aureo hamo piscantibus 1592
Minime sunt mutanda quae interpretationem certam semper habuerunt 1148
Minime vero veritati praeferendus est vir 299
Minimis ex verbis lis saepe maxima crescit; / ex minima magnus scintilla nascitur ignis 817
Minimo me digito provocat 687
Minimum decet libere cui multum licet 879
Minimum eripit Fortuna cui minimum dedit 838
Minus habens 409
Miranda canunt sed non credenda poetae 201
Mirari se... quod non rideret haruspex, haruspicem cum vidisset 248
Miscere sacra profanis 1541
Misera contribuens plebs 1821
Misera plebs 1821
Miser Catulle, desinas ineptire / et quod vides perisse perditum ducas 525

Miserum est opus / ... fodere puteum, ubi sitis fauces tenet 1594
Miserum istuc verbum et pessumum est: «habuisse» et nil habere 1823
Mobilior ventis o femina! 1383
Mobilium turba Quiritium 1024
Modus vivendi 1369
Montes aureos 1744
Moram esse meliorem 1579
Mora omnis odio est sed facit sapientiam 1579
More andabatarum gladium in tenebris ventilans 433
Mores mali / quasi herba inrigua succrevere uberrume 154
More uxorio 1435
Moriatur anima mea cum Philistim 1237
Moribus antiquis res stat Romana virisque 1054
Moriendum enim certe, et incertum an hoc ipso die 605
Morituri te salutant 622
Mors cuivis certa, nihil est incertius hora, / ibimus absque mora, sed qua nescimus in hora 605
Mors est res certa, nihil est incertius hora 605
Mors et fugacem persequitur virum 1246
Mors non curat munera 603
Mors omnia solvit 1150
Mors tua vita mea 1182
Mortis imago iuvat somnus, mors ipsa timetur 599
Mortis vicinae vis vincet vim medicinae 590
Mortui non mordent 1169
Mota quietare, quieta non movere 1202
Motus in fine velocior 822
Mulgere hircum 428
Muliebris fides 1381
Muliebris lacrima condimentum est malitiae 1382
Mulier cupido quod dicit amanti / ... rapida scribere oportet aqua 1417
Mulieres in ecclesiis taceant 1388
Mulieribus longam esse caesariem, brevem autem sensum 1385
Mulier id est mollis aer 1383
Mulieri ne credas ne mortuae quidem 1381
Mulier recte olet ubi nihil olet 1395
Mulier taceat in ecclesia 1388
Mulierum astutia peior omni versutia 1384
Mulino corde 414

Multae guttae implent flumen 816
Multae insidiae sunt bonis 147
Multa in bellis inania 1216
Multa iuvant collecta simul 814
Multa magis quam multorum lectione formanda mens 386
Multam enim malitiam docuit otiositas 949
Multa paucis 41
Multa praeter spem scio multis bona evenisse 864
Multa renascentur 756
Multa tulit fecitque puer, sudavit et alsit 1668
Multis ille bonis flebilis occidit 617
Multi sunt vocati, pauci vero electi 1263
Multitudo canum mors leporis 1575
Multos modios salis simul edendos esse, ut amicitiae munus expletum sit 1314
Multos timere debet quem multi timent 1021
Multum legendum esse non multa 386
Multum... viva vox facit 89
Mundus vult decipi, ergo decipiatur 241
Munera... capiunt hominesque deosque 1353
Munera... misit in hamo 1356
Mures etiam migraverunt 1547
Muri nulla salus cui pervius est cavus unus 1576
Mus cito decipitur, cui tantum rimula scitur 1576
Mus gaudet minime, nisi sint plures sibi rimae 1576
Mutare quod non possis, ut natum est, feras 852
Mutatis mutandis 88
Mutato nomine de te / fabula narratur 194
Mutmut non facere audet 64
Mutua qui dederat repetens sibi comparat hostem 1364
Mutua muli 1343
Mutuum da 1349
Mutuum muli scabunt (o scalpunt) 1343

N

Nabis sine cortice 1626
Nam hospes nullus tam in amici hospitium devorti potest, / quin, ubi triduum continuum fuerit, iam odiosus siet 1371

Namque solent, primo quae sunt neglecta, nocere 804
Naribus trahere 419
Narrare fabellam surdo 448
Nascentes morimur, finisque ab origine pendet 597
Nascimur uno modo, multis morimur 598
Nascitur exiguus sed opes adquirit eundo, / quaque venit, multas accipit amnis aquas 815
Naso suspendis adunco 1743
Natat in labris 49, 155
Natura abhorret vacuum 669
Naturae sequitur semina quisque suae 570
Naturalia non sunt turpia 119
Naturam expellas furca, tamen usque recurret 109
Naturam non matrem esse humani generis, sed novercam 128
Natura non facit saltus 668
Navem in portu mergis 424
Navem perforare in qua ipse naviget 425
Navibus atque / quadrigis 911
Navigare necesse est, vivere non est necesse 1232
Naviget Anticyram 144
Ne aliis de se quisquam plus quam sibi credat 284
Ne bis in idem 1114
Nec ad caelum nec ad terram pertinet 60
Nec audio nec video 333
Nec aures me credo habere nec tango 333
Nec caput nec caudam 67
Nec caput nec pes sermoni apparet 67
Nec census nec clarum nomen avorum / sed probitas magnos ingeniumque facit 1710
Nec cito credideris 284
Nec coquus in cultro, nec virgo crine probatur / nec omnis venator est qui cornua sufflat 215
Necessaria praetermissa imminuunt contractus et testatoris officiunt voluntati, non abundans cautela 1716
Necesse est enim ut veniant scandala 1066
Necesse est facere sumptum, qui quaerit lucrum 1797
Necesse est multos timeat quem multi timent 1021
Necesse habent cum insanientibus furere 583

Necessitas ab homine quae vult impetrat 501
Necessitas dat legem, non ipsa accipit 501
Necessitas facit ius 501
Necessitas feriis caret 910
Necessitatem ne dii quidem superant 502
Necessitudo... etiam timidos fortis facit 1826
Nec frondem in silvis... / ... nec pleno flumine cernit aquas 470
Ne cito credideris 15
Nec mala parta diu teneat 811
Nec mala vicini pecoris contagia laedent 589
Nec minor est virtus quam quaerere parta tueri 1792
Nec mori cogat nec vivere sinat 1632
Nec mulieri nec gremio credi oportere 1381
Nec pigeat mento supposuisse manum 1302
Nec puero gladium 1573
Nec quae praeteriit hora redire potest 526
Nec regna socium ferre nec taedae sciunt 1427
Nec scire utrum sis albus an ater homo 1267
Nec semper feriet quodcumque minabitur arcus 174
Nec sine te nec tecum vivere possum 1401
Nectare dulcius 698
Nec te equo magis est equos ullus sapiens 414
Nec tibi nobilitas poterit succurrere amanti 1409
Nec umquam volenti dolus inferatur 1133
Nec vero terrae ferre omnes omnia possunt 494
Nec vincere possis / flumina, si contra quam rapit unda nates 1596
Nec vi, nec clam, nec precario 1122
Nec violae semper nec hiantia lilia florent, / et riget amissa spina relicta rosa 1676
Nec vixit male, qui natus moriensque fefellit 1045
Nec volens nec sciens 341
Ne fiat quod non licet etiamsi libet 879
Neganti incumbit probatio 1141
Neglectis urenda filix innascitur agris 808
Ne impediatur legatio 1120
Ne Iupiter quidem omnis placet 974
Nemini nimium bene est 1761
Nemo ante obitum beatus 532

Nemo athleta sine sudoribus coronatur 1686
Nemo autem regnare potest, nisi qui et regi 984
Nemo beneficia in calendario scribit 1367
Nemo contra Deum nisi Deus ipse 1496
Nemo coronatur, nisi certando mereatur 1686
Nemo ditescit nisi malo alterius 1806
Nemo enim omnia potest scire 494
Nemo est tam senex, qui se annum non putet posse vivere 642
Nemo mortalium omnibus horis sapit 405
Nemo nascitur artifex 353
Nemo non formosus filius matri 548
Nemo occidatur uno contra se dicente testimonium 1136
Nemo potest duobus dominis servire 1451
Nemo pro parte testatus pro parte intestatus decedere potest 1123
Nemo propheta in patria 1059
Nemo quicquam facile credit quo credito dolendum sit 885
Nemo sapiens nisi patiens 1671
Nemo scit ubi calceus urat, nisi qui eum portet 227
Nemo silens placuerit, multi brevitate loquendi 40
Ne muttum quidem facere dignaris 64
Ne pilum quidem (*sc.* pecuniae accepi) 134
Ne pudeat, quae nescieris, te velle doceri. / Scire aliquid laus est, culpa est nil discere velle 368
Neque amore quisquam et sine odio dicendus est 1770
Neque aqua aquae nec lacte est lactis... similius 684
Neque ego homines magis asinos numquam vidi 485
Neque enim quaero intellegere ut credam, sed credo ut intellegam 1468
Neque fictum neque pictum 211
Neque habet plus sapientiae quam lapis 413
Neque imbellem feroces / progenerant aquilae columbam 145
Neque in bona segete nullum est spicum nequam 1679
Neque irasci, neque admirari, sed intellegere 1297
Neque laus in copia, neque culpa in penuria consistit 1831
Neque me patiar / iterum ad unum scopulum 459
Neque me vero paenitet mortalis inimicitias, sempiternas amicitias habere 1315
Neque mittatis margaritas vestras ante porcos 1545
Neque... mu facere audent 64
Neque studere neque odisse, sed minume irasci decet 1770
Ne quid nimis 1761
Nequitia ipsa sui poena est 1707
Nervos belli pecuniam 1786
Nervus gerendarum rerum pecunia 1786
Nesciebamus semel unum singulum esse 317
Nescis quid vesper serus vehat 531
Nescit vox missa reverti 90
Ne sero veniam depugnato proelio 935
Ne supra crepidam sutor iudicaret 543
Ne supra pedem calceus! 567
Ne sutor supra crepidam 543
Ne ullum pilum boni viri habere dicatur 134
Niger tamquam corvus 674
Nihil agendo homines male agere discunt 949
Nihil amori iniurium est 1413
Nihil de principe, parum de Deo 1569
Nihil difficile amanti 887
Nihil enim lacrima citius arescit 1658
Nihil esse utilius sale et sole 745
Nihil est ab omni / parte beatum 1660
Nihil est incertius vulgo 1023
Nihil est in effectu quod non sit in causa 346
Nihil est in intellectu quod non fuerit prius in sensu 345
Nihil est perpetuom bonum 775
Nihil est quod Deus efficere non possit 1495
Nihil humili peius, cum se sors ampliat eius 999
Nihil impossibile arbitror 859
Nihil inimicius quam sibi ipse 1281
Nihil melius muliere bona 1396
Nihil mortalibus ardui est 507
Nihil morte certius 605
Nihil nimium cupere 1761
Nihil obstat quominus imprimatur 1124

Nihil quicquam homini tam prosperum divinitus datum, quin ei tamen admixtum sit aliquid difficultatis coniugatione quadam mellis et fellis 1688
Nihil... rerum humanarum sine deorum numine geri 1499
Nihil tam absurde dici potest quod non dicatur ab aliquo philosophorum 351
Nihil ultra / nervos atque cutem morti concesserat atrae 680
Nil cum fidibus graculo est, nihil cum amaracino sui 483
Nil ego contulerim iucundo sanus amico 1321
Nil est dictu facilius 24
Nil est tam facile quod non fiat difficile si invitus facias 887
Nil magis amat cupiditas quam quod non licet 894
Nil non aut lenit aut domat diuturnitas 1696
Nil sine magno / vita labore dedit mortalibus 914, 1685
Nil sub sole novum 799
Nil tam difficilest quin quaerendo investigari possiet 887
Nimia familiaritas parit contemptum 1276
Nimia omnia nimium exhibent negoti 1761
Nimietates... aequalitates 1765
Nitimur in vetitum semper, cupimusque negata 894
Nititur in vetitum 894
Nive cadente schola vacante 387
Nobilis equus umbra quoque virgae regitur 1029
Nobilis est ille quem nobilitat sua virtus 1710
Nobilitas fit rusticitas vitio dominante, / rusticitas fit nobilitas virtute iuvante 1710
Nobilitas sola est animum quae moribus ornat 1710
Nobilitas sola est atque unica virtus 1710
Nobilitas sub amore iacet 1409
Nocte latent mendae 1393
Noctes atque dies patet atri ianua Ditis 595
Nocuit differre paratis 940
Noli esse iustus multum 1094
Noli esse iustus nimis 1094
Noli me tangere! 1274
Noli, obsecro, istum disturbare! 1203
Noli pugnare duobus 1574

Noli rogare, quom impetrare nolueris 43
Nolite iudicare, ut non iudicemini 1296
Noli tu quaedam referenti credere semper: / exigua est tribuenda fides, qui multa locuntur 15
Noli turbare circulos meos! 1203
Noluisses de manu illius panem accipere 131
Nomen omen 98
Nomina sunt consequentia rerum 100
Nomina sunt odiosa 101
Nomine Polla vocor quia polleo moribus altis 99
Non ablatus est sed dilatus 944
Non aetate verum ingenio apiscitur sapientia 649
Non agnoscetur in bonis amicus et non abscondetur in malis inimicus 1307
Non Angli sed Angeli 1530
Non annosa uno quercus deciditur ictu 641
Non aqua non igni locis pluribus utimur quam amicitia 1321
Non bene cum sociis regna Venusque manent 1427
Non... bene olere qui in culina habitant 586
Non canimus surdis 448
Non causa pro causa 82
Non commovebitur 151
Non continere ⟨se⟩ inter pelliculam suam 541
Non convalescit planta quae saepe transfertur 783
Non credas vulgo, vulgus mutatur in hora 1023
Non cuivis homini contingit adire Corinthum 499
Non debes... adripere maledictum ex trivio 66
Non decet integram noctem dormire regentem / imperio populos 918
Non decet tota nocte dormire consiliatorem virum 918
Non desinis oculos... mihi aperire 364
Non dolendi voluptas 1650
Non dolet, Paete! 1654
Nondum matura est 1695
Nondum omnium dierum solem occidisse 863
Non eadem tellus fert omnia: vitibus illa / convenit, haec oleis, hic bene farra virent 494

Non enim coitus matrimonium facit sed maritalis affectio 1165
Non enim possumus quae vidimus et audivimus non loqui 497
Non enim solum ipsa Fortuna caeca est, sed eos etiam plerumque efficit caecos quos complexa est 841
Non erat his locus 573
Non est ad astra mollis e terris via 1683
Non est ad magna facilis ascensus 1683
Non est magni animi, qui de alieno liberalis est 1795
Non est optimus consolator quem proprii vincunt gemitus 1697
Non expedit 1532
Non faciunt monachum tunica vestique cuculla, / sed bona mens, sincera fides cordisque medulla 219
Non gustabit fructus dulcedinem qui abhorret radicis amaritudinem 355
Non habet anguillam per caudam qui tenet illam 236
Non homo trioboli 135
Non horam possum durare 788
Non in solo pane vivit homo 1838
Non lectore tuis opus est sed Apolline libris 329
Non leviter corio canis abstrahetur ab uncto, / nec nebulo disco, dum sociatur eo 831
Non lex, sed faex 1107
Non liquet 315
Non lutumst lutulentius 137
Non male respondit, male enim prior ille rogarat 36
Non me... vincant in amore columbae 1425
Non minus interdum oratorium esse tacere quam dicere 16
Non moriri certius 605
Non multa sed multum 386
Non necesse habent sani medico 479
Non nostrum — inquit — onus: bos clitellas 553
Non olet 1780
Non omnes qui habent citharam sunt citharoedi 215
Non omnia possumus omnes 494
Non omnibus dormio 261
Non omnis moriar 205
Non ovum tam simile ovo 683
Non plus ultra 505

Non possumus 497
Non possunt omnia simul 903
Non potest inveniri vita hominis carens molestia 1659
Non praevalebunt 1544
Non queras nomen cui gratia contulit omen 98
Non semel ascia dat, quercus ut alta cadat 641
Non semper Saturnalia erunt 1677
Non sequitur 81
Non sic pugno tamquam aera caedens 433
Non sit tibi curae de magni nominis umbra 12
Non tentanda quae effici omnino non possint 492
Non tibi hoc soli 1698
Nonumque prematur in annum 200
Non uni dat cuncta Deus 494
Non ut edam vivo, sed ut vivam edo 711
Non videmus manticae quod in tergo est 1288
Non vitae, sed scholae discimus 360
Non vivere sed valere vita est 357
Non volat in buccas assa columba tuas 849, 1685
Nosce te ipsum 347
Nos Todeschorum furiam scapamus 1170
Nota mala res optuma est 1563
Nota noscere 466
Notus in Iudaea 13
Novercae nomen... impium 1448
Novercales oculi 1448
Novercalia odia 1448
Noverit... / tamquam ungues digitosque suos 311
Novum cribrum novo paxillo pendeat 774
Nox consilium dabit 1585
Nox est perpetua una dormienda 517
Nox mulier vinum 1379
Nuculeum amisi, reliqui pignori putamina 867
Nudum latro transmittit 1837
Nudus egressus sum de utero matris meae et nudus revertar illuc 1624
Nudus nec a centum viris spoliari potest 1837
Nulla brevi est cum meliore fides 994
Nulla dies abeat, qua linea ducta supersit / nec decet ignavum praeteriisse diem 909

Nulla dies sine linea 909
Nulla est maior probatio quam evidentia rei 1142
Nulla iniuria est quae in volentem fiat 1133
Nulla magis constat quam quae precibus empta est 1368
Nulla pericla fugo, nisi sint superata periclo 1549
Nulla poena sine lege 1131
Nulla salus aquis (o lymphis): vinum te poscimus omnes 1220
Nulla salus bello: pacem te poscimus omnes 1220
Nulla sancta societas nec fides regni est 994
Nullast tam facilis res quin difficilis siet, / quam invitus facias 887
Nulla tam bona est fortuna, de qua nil possis queri 832
Nulla terra exilium est sed altera patria 557
Nullius addictus iurare in verba magistri 372
Nullo horae momento 788
Nullum crimen sine lege 1131
Nullum delectet vicini quod domus ardet 1376
Nullum esse eundem et diuturnum et praecoquem fructum 630
Nullum esse librum tam malum ut non aliqua parte prodesset 1680
Nullum esse tam malum factum quod non in peioris devitatione faciendum sit 1640
Nullum est iam dictum quod non sit dictum prius 799
Nullum est vitium sine patrocinio 1715
Nullum magnum ingenium sine mixtura dementiae fuit 143
Nullum putaris teste destitui locum 230
Nullus dolor est, quem non longinquitas temporis minuat ac molliat 1696
Nullus est tam tutus quaestus quam quod habeas parcere 1792
Nullus homo lacrimis numquam revocatur ab umbris 611
Numero deus impare gaudet 1504
Nummis atque Deo servire potest bene nemo 1451
Nummum quaerit pestilentia: duo illi da et ducat se 1608
Numquam est fidelis cum potente societas 994

Numquam minus otiosus quam cum otiosus 954
Numquamne hos arctissimos laqueos, si solvere negatur, abrumpam? 1622
Numquam periclum sine periclo vincitur 1549
Numquam philosophum pictum viderunt 211
Numquam ubi diu fuit ignis, defecit vapor 1555
Numquid abscondere potest homo ignem in sinu suo ut vestimenta illius non ardeant? 586
Nunc dimittis servum tuum, Domine 1487
Nunc est bibendum 738
Nunc, filia, gratulandum, nunc in Christo est gaudendum 738
Nunc hic dies aliam vitam defert, alios mores postulat 561
Nuncio nihil imputandum 1120
Nunc populus est domi leones, foras vulpes 1243
Nunc premor arte mea 268
Nunc vino pellite curas 736
Nuntio vobis gaudium magnum: habemus papam 1521
Nuptias non concubitus, sed consensus facit 1165
Nusquam habitat qui ubique habitat 782

O

O beata solitudo, sola beatitudo! 1486
Obsequium amicos, veritas odium parit 292
Observato modum, nam rebus in omnibus illud / optimum erit, si quis tempus spectaverit aptum 1760
Obstupui, steteruntque comae et vox faucibus haesit 1603
Obtorta gula 892
Obtorto collo 892
Occasio aegre offertur, facile amittitur 576
Occasio facit furem 579
Occasionem rapere prudentis est 576
Occidit miseros crambe repetita magistros 384
Occidit qui non servat 615
Occultae musicae nullum esse respectum 1050
Occupet extremum scabies! 934

Oculi dolent 1653
Oculi occulte amorem incipiunt, consuetudo perficit 1407
Oculis magis habenda fides quam auribus 309
Oculi sunt in amore duces 1407
Oculos aperire 364
Oculos et vestigia domini, res agro saluberrimas 1014
Oculum pro oculo, et dentem pro dente 1121
Oculus domini iń agro fertilissimus 1014
O curas hominum, o quantum est in rebus inane! 520
Oderint dum metuant 1019
Oderint dum probent 1019
Odi profanum vulgus et arceo 1027
Odi puerulos praecoqui sapientia 630
Odium generis humani 1275
O formose puer, nimium ne crede colori! 218
O fortes peioraque passi / mecum saepe viri, nunc vino pellite curas 1666
O fortunatam natam me consule Romam! 1742
Oh! Quam cito transit gloria mundi! 535
O imitatores, servum pecus! 157
Oleo tranquilliorem 1199
Oleum adde camino 1188
Oleum et operam perdidi 472
Oleum in incendium 1188
Oleum perdit et impensas qui bovem mittit ad ceroma 472
O mihi praeteritos referat si Iuppiter annos! 526
Omne malum nascens facile opprimitur, inveteratum fit plerumque robustius 804
Omnem crede diem tibi diluxisse supremum 613
Omnem locum sapienti viro patriam esse 558
Omne nimium vertitur in vitium 1761
Omnes aleae casus... experiri festinans 1609
Omnes contacta denigrat pix calefacta 585
Omnes eodem cogimur 518
Omnes mortales sese laudarier optant 1740
Omne solum forti patria est 558
Omnes terra sumus 113
Omnes una manet nox 517
Omne trinum est perfectum 1503

Omne tulit punctum qui miscuit utile dulci 193
Omne / verterat in fumum et cinerem 1229
Omne vivum e vivo 670
Omne vivum ex ovo 670
Omnia debentur vobis 519
Omnia fert aetas 528
Omnia... homini, dum vivit, speranda sunt 860
Omnia mea mecum porto 1273, 1839
Omnia mihi licent, sed non omnia expediunt 1532
Omnia mors aequat 604
Omnia munda mundis 150
Omnia mutantur, nos et mutamur in illis 533, 775
Omnia nimia nocent 1761
Omnia orta cadunt 596
Omnia quae dicunt homines tu credere noli 15
Omnia quae nata occidunt et aucta senescunt 596
Omnia tempus edax depascitur, omnia carpit, / omnia sede movet; nil sinit esse diu 527
Omnia tempus habent 572
Omnia tempus revelat 296
Omnia vertuntur 553, 775
Omnia vincit amor 1412
Omnibus est nomen, sed non est omnibus omen 98
Omnibus et lippis notum et tonsoribus 331
Omnibus ungulis 1225
Omni pede 1225
Omnis cellula e cellula 670
Omnis feret omnia tellus 494
Omnis homo mendax 308
Omnis sibi malle melius esse quam alteri 1285
Omnium quidem rerum primordia dura 801
Onus est honos qui sustinet rem publicam 988
O passi peiora dabit deus his quoque finem 1666
Opera et impensa periit 472
Opes adquirit eundo 753, 815
O pessimum periclum, quod opertum latet! 1563
Oportet ut veniant scandala 1066
Optima est legum interpres consuetudo 1148

Optima prima fere manibus rapiuntur avaris 630
Optimorum virorum segetem grando percussit 667
Optimus modus 1760
Optimus odor in corpore est nullus 1395
Opus artificem probat 828
O quanta species, cerebrum non habet! 218, 420, 1392
O quantum est in rebus inane! 520
Ora et labora 913
Ora et labora! Dabit Deus omnia bona 913
Ora et labora! Nam mors venit omni hora 913
Ora fortiter, etiam fortissimus peccator 1460
Orandum est ut sit mens sana in corpore sano 357
Ora pro nobis 1479
Oratio est index animi certissimus 158
Oratio pro domo 1284
Orator est vir bonus, dicendi peritus 45
Os habet in corde sapiens, cor stultus in ore 55
Ossa ac pellis totus est 680
Ostendite modo bellum, pacem habebitis 1204
O tempora, o mores! 768
O testimonium animae, naturaliter Christianae! 1465
Otia corpus alunt 1733
Otia corpus alunt, animus quoque pascitur illis 946
Otia dant vitia 949
Otium cum dignitate 1042
Otium sine litteris mors est et hominis vivi sepultura 953
Ovem lupo commisisti 126
Ovis ultro fugiat lupus 126
O vita misero longa, felici brevis! 627

P

Pacta sunt servanda 1132
Paete, non dolet! 1654
Pallida Mors aequo pulsat pede pauperum tabernas / regumque turres 604
Palma palmam piet, illota vel utraque fiet 1341
Palum... excutere palo 1629

Panem et circenses 1026
Panem lapidosum 233
Papulas observatis alienas, obsiti plurimis ulceribus 1289
Parcere subiectis et debellare superbos 1010
Parce sepulto 594
Parens patriae 1003
Pares cum paribus maxime congregantur 1335, 1442
Pareto legi, quisque legem sanxeris 973
Parietes habent aures 230
Pari iugo 1623
Par pari datum honestum est 1349
Par pro pari referto 1349
Pars animae meae 1337
Parturient montes, nascetur ridiculus mus 1746
Parturiunt montes, peperitque superbia mures 1746
Parva necat morsu spatiosum vipera taurum 1227
Parva sed apta mihi 1048
Parvo esset natura contenta 1840
Parvola... magni formica laboris 916
Parvulae serpentes non nocent 631
Parvum parva decent 541
Pasces in cruce corvos 1186
Pascitur in vivis livor, post fata quiescit 593
Pater familias 1151
Paterna paternis materna maternis 1125
Pater patriae 1003
Pater, peccavi in caelum et coram te 465
Pater vero is est, quem nuptiae demonstrant 1146
Patior ut potiar 1667
Patres comederunt uvam acerbam et dentes filiorum obstupescunt 1075
Patria dat vitam, raro largitur honores 1059
Patria est ubicumque est bene 557
Patria mea totus hic mundus est 557
Pauca licet certa sunt incertis meliora 1731
Paulo maiora canamus 206
Paupertatem certissimam esse, cum alicuius indigeas, uti eo non posse 1832
Pauper ubique iacet 1785, 1822
Pauper ubique iacet, dum sua bursa tacet 1785
Pavidus ac fugax... cervis similis habeatur 173
Pax et bonum 1206

ÍNDICE DAS FRASES LATINAS 869

Pax Romana 1207
Pax tibi, Marce 1205
Pax vobis 1197
Pax vobiscum 1197
Pecca fortiter, sed fortius fide et gaude in Christo 1460
Pectoribus mores tot sunt quot in orbe figurae 537
Pectus est enim quod disertos facit 54, 55, 76
Pecuniae imperare haud servire addecet 1790
Pecuniae oportet imperes non servias 1790
Pecuniae unum regimen est rerum omnium 1789
Pedem in stipulam offendere 424
Pedibus calcantibus 697
Pedibus illotis 1542
Pedibus timor addidit alas 1606
Peior serpentibus Afris 252
Penelopen ipsam, persta modo, tempore vinces 1397
Per angusta ad augusta 1682
Per aspera ad astra 1683
Per crucem ad lucem 1683
Perdimus anguillam dum manibus stringimus illam 236
Pereant amici, dum inimici una intercidant 1237
Perfer et obdura, multo graviora tulisti 1665, 1666
Perfer et obdura simulareque gaudia cura 1665
Pericla timidus etiam quae non sunt videt 1603
Periculosum est credere et non credere 285
Periculum in mora 940
Perinde ac cadaver 1031
Perire eum non posse, nisi ei crura fracta essent 623
Per mare pauperiem fugiens, per saxa per ignis 1561
Per nebulam... scimus 336
Per omnia saecula saeculorum 1528
Per quae peccat quis per haec et torquetur 1084
Perque aspera duro / nititur ad laudem virtus interrita clivo 1683
Per rerum naturam factum negantis probatio nulla est 1141
Personam capiti detrahet illa tuo 226

Perspicito cuncta tacitus quid quisque loquatur: sermo hominum mores et celat et indicat idem 158
Persta atque obdura 1665
Perstrepunt, ita ut fit domini ubi absunt 1036
Pessimum... magistrum memet ipsum habeo! 367
Philologia ancilla theologiae 1471
Philosophantem rhetorem intelligunt pauci, loquentem rusticum multi 47
Philosophia ancilla theologiae 1471
Philosophiae quidem praecepta noscenda, vivendum autem esse civiliter 350
Philosophus non minus tacendo pro tempore quam loquendo philosophatur 32
Phrygem plagis fieri solere meliorem 959
Pia desideria 878
Pia fraus 246
Pictoribus atque poetis quidlibet audendi semper fuit aequa potestas 188
Pietas... oculis dolorem prohibet 1653
Piger ipse sibi obstat 950
Pili facere 134
Pinguius est lardum vicini semper in olla 1292
Pira dum sunt matura sponte cadunt 694
Piscari in aere 454
Pisces natare oportet 726
Piscis... saepe minutos / magnu' comest 1180
Placet alea fati 1609
Placet inconcessa voluptas 894
Platonem non accepit nobilem philosophia, sed fecit 1710
Plaudite! 624
Plebs bene vestitum stultum putat esse peritum 221
Plenis velis 911
Plenius aequo / laudat venalis qui vult extrudere merces 169
Pleno cum turget sacculus ore 1809
Plenus sacculus est aranearum 1830
Plenus venter facile de ieiuniis disputat 1694
Plenus venter non studet libenter 713
Plerisque senibus sic odiosa est (sc. senectus), ut onus se Aetna gravius dicant sustinere 648
Plerumque illi qui praeclare de republica meriti sunt, pessimam rettulerunt gratiam 1058

Pluma aut folio facilius moventur 779
Plures pastores sunt uno deteriores 1006
Pluris est auritus testis unus quam oculati decem 309
Plus aloes quam mellis habet 1688
Plus apud Campanos unguenti quam apud ceteros olei 960
Plus enim plerumque exempla quam ratiocinationis verba compangunt 359
Plus eram quam palea levior 779
Plus esse in uno saepe quam in turba boni 1023
Plus etenim fati valet hora benigni / quam si nos Veneris commendet epistula Marti 582
Plus in mora periculi 940
Plus oportet scire servom quam loqui 339
Plus... / quam olim muscarum est, quom caletur maxume 695
Plus ultra 505
Poeta nascitur, orator fit 352
Poetica licentia 188
Poetis mentiri licet 201
Porro unum est necessarium 1732
Portam itineri dici longissimam esse 800
Post cenam stabis aut lento pede meabis 746
Post cenam stabis aut passus mille meabis 746
Post coitum omne animal triste 1428
Posteriora solent esse deteriora 1586
Posteriores enim cogitationes... sapientiores solent esse 1586
Post gloriam invidiam sequi 986
Post hoc ergo propter hoc 83
Post hominum cineres oritur clarissima fama 593
Post mortem nulla voluptas 578
Post nubila Phoebus 1706
Potes mulo isto, ..., quoniam cantherium comedisti, Romam pervehi 762
Potestas... et si supplicet cogit 971
Potius sero quam numquam 936
Praecaveat lapsum, qui fratri suffodit antrum 269
Praecogitati mali mollis ictus venit 310
Praemeditata quidem levius sufferre valebunt. / Quae subito adveniunt multo graviora videntur 310
Praesenti malo aliis malis remedia dabantur 1628

Praestat habere acerbos inimicos, quam eos amicos, qui dulces videantur: illos verum saepe dicere, hos numquam 1330
Praeterita mutare non possumus 524
Pransum ac paratum esse 718
Pravus ipse geres, si nimium celer es 1581
Prima coitiost acerrima 801
Prima digestio fit in ore 743
Primis labris 155
Primo quidem decipi incommodum est, iterum stultum, tertio turpe 457
Primordia cuncta pavida sunt 801
Primoribus digitis sumere 156
Primoribus labris gustare 155
Primum esse beatum qui per se sapiat, secundum qui sapientem audiat 1340
Primum non nocere 750
Primum vivere, deinde philosophari 350
Primus in orbe deos fecit timor 1540
Primus inter pares 979
Principibus placuisse viris non ultima laus est 1009
Principiis obsta 804
Principium dimidium totius 802
Prior in tempore, potior in iure 1138
Prior tempore potior iure 1138
Prius antidotum quam venenum 1224
Prius ovem lupus ducat uxorem 126
Prius quam galli cantent 921
Prius undis flamma 125
Privatis pactionibus non dubium est non laedi ius ceterorum 1118
Pro aris et focis pugnare 1060
Proba merx facile emptorem reperit 153
Probare amicos in re adversa faciliust 1307
Probitas laudatur et alget 1078
Probo beneficium qui dat, ex parte accipit 1366
Pro bono pacis 1208
Procul este, profani! 1028
Procul negotiis 1043
Procul, o procul este, profani! 1028
Pro cupro cuprea missa habenda est 1824
Prodenda quia prodita 51
Proicit ampullas et sesquipedalia verba 186
Pro me scripta in memet vortit cornua 1167
Promissio boni viri est obligatio 1747
Promoveatur ut amoveatur 1012
Propositum potius amicum quam dictum perdendi 39
Propter vitam vivendi perdere causas 1253

ÍNDICE DAS FRASES LATINAS 871

Prosperum ac felix scelus / virtus vocatur 250
Prospicere in pace oportet quod bellum iuvet 1204
Protinus vive 577
Proximus huic, longo sed proximus intervallo 1266
Proximus sum egomet mihi 1285
Prudens sciens / ... pereo 341
Prudentia velox ante pilos venit 632
Pugnandum tamquam contra morbum, sic contra senectutem 644
Pugnis calcibus 1177
Pugno... vel calce 1177
Pulchrum sane aurum, sed femina pulchrior auro 1394
Pulsate, et aperietur vobis 908
Pulvis es et in pulverem reverteris 516
Pulvis et umbra sumus 512
Pulvis et umbra sumus, pulvis nihil est nisi fumus; / sed nihil est fumus: nos nihil ergo sumus 512
Pumiceum cor eget lacrimis 437
Punctum saliens 79
Punica fides 245
Punicae fraudis 245
Punico astu 245
Punico ingenio 245
Purga vasa, nisi purges, liquor omnis acescit / infusus, peremit semina, messis obit 587
Putabat se coleum Iovis tenere 1728

Q

Qua caput, et cetera membra 966
Quadrupedante putrem sonitu quatit ungula campum 1218
Quae accessionum locum obtinent extinguuntur, cum principales res peremptae fuerint 1145
Quae belua ruptis, / cum semel effugit, reddit se prava catenis? 397
Quae candore nivem, candore anteiret olores 675
Quae culpare soles, ea tu ne feceris ipse: / turpe est doctori, cum culpa redarguat ipsum 1290
Quaelibet vulpes caudam suam laudat 548

Quae Mars aliis, dat tibi regna Venus 1198
Quae medicamenta non sanant, ferrum sanat, / quae ferrum non sanat, ignis sanat, / quae vero ignis non sanat, insanabilia reputari oportet 748
Quae nata sunt, ea omnia denasci aiunt 596
Quaeque veternis viguerunt credita saeclis 799
Quae quousque tandem patiemini, o fortissimi viri? 1670
Quaerit aquas in aquis 470
Quaerit ex artifice quale sit opus eius 169
Quaeso ne ad malum hoc addas malum 1641
Quae sunt certa tene, quae sunt incerta relinque! 1731
Quae venit ex tuto minus est accepta voluptas 894
Quae volumus et credimus libenter 885
Quale ingenium haberes, fuit indicio oratio 158
Quale principium talis est clausula 812
Quales in re publica principes essent, tales reliquos solere esse cives 969
Qualis artifex pereo! 1736
Qualis dominus talis et servus 968
Qualis hera tales ancillae / pedissequae 968
Qualis hera talis et canis 968
Qualis pater talis filius 1445
Qualis rector est civitatis tales et inhabitantes 969
Qualis rex talis grex 969
Quam continuis et quantis longa senectus / plena malis! 645
Quam facile est... / alterius luctu fortia verba loqui 1693
Quam quisque norit artem, in hac se exerceat 544
Quam se ipse amans sine rivali! 1285
Quam veterrumum homini optumus est amicus 1324
Quamvis sint lenta, sint credula nulla fluenta 214
Quamvis sint sub aqua, sub aqua maledicere tentant 907
Quamvis sublimes debent humiles metuere 989
Quamvis vetus arbustum posse transferri 643

Quando conveniunt ancilla, Sybilla, Camilla / sermonem faciunt et ab hoc et ab hac et ab illa 1387
Quando conveniunt Domitilla, Sibylla, Drusilla / sermones faciunt et ab hic et ab hoc et ab illa 65, 1387
Quando conveniunt Ludmilla, Sybilla, Camilla / miscent sermones et ab hoc et ab hac et ab illa 1387
Quandoque bonus dormitat Homerus 461
Quando quidem accepto claudenda est ianua damno 1593
Quanti quanti bene emitur quod necesse est 1800
Quanto altior gradus, tanto profundior casus 987
Quanto altius ascendit homo, lapsus tanto altius cadet 987
Quanto plus biberint tanto magis sitire Parthos 1729
Quanto plus liceat, tanto libeat minus 879
Quantum in publico... incendio aqua unius hominis manu adgesta 1057
Quantum mutatus ab illo! 758
Quantum oculis, animo tam procul ibit amor 1408
Quasi caeca bestia in cassum hiavit 873
Quasi nix tabescit 787
Quasi Penelope telam retexens 945
Quasi puero machaeram 1573
Quasi pulverem ob oculos... adspergebat 259
Quasi si personam Herculis et cothurnos aptare infantibus velis 455
Quasi solstitialis herba paulisper fui 510
Quasi stultus stultis persuadere conaris 399
Quasi umbra... te semper sequi 1068
Quasi vento vixerit 709
Quatuor abscondi non possunt: tussis, amor, ignis, dolor 1422
Quem di diligunt / adulescens moritur 1473
Quem enim diligit Dominus castigat 363
Quem felicitas amicum fecit, infortunium facit inimicum 1308
Quem metuunt odere: quem quisque odit, periisse expetit 1020
Quem taurum metuis, vitulum mulcere solebas 815
Qui acceperint gladium gladio peribunt 1192
Quia cinis es et in cinerem reverteris 516

Qui addit scientiam addit et laborem 340
Qui alterum incusat probri, eum ipsum se intueri oportet 1289
Qui amant ipsi sibi somnia fingunt 1405
Qui amat periculum in illo peribit 1598
Quia non erit impossibile apud Deum omne verbum 859
Qui asinum non potest, stratum caedit 495
Qui autem invenit illum (sc. amicum) invenit thesaurum 1318
Qui baculo non corrigitur in ollam mittitur 363
Qui bene amat bene castigat 363
Qui bene imperat paruerit aliquando necesse est 984
Qui binos lepores una sectabitur hora, / non uno saltem, sed saepe carebit utroque 1730
Quibus omnia populi Romani beneficia dormientibus deferuntur 849
Quibus sunt verba sine penu et pecunia 26
Qui candore nives anteirent 675
Qui canem alit exterum, huic praeter lorum nil fit reliquum 1283
Quicquam inoptatum cadit, hoc homo corrigat arte 258
Quicquid discis, tibi discis 360
Quicquid est in intellectu praeesse debere in sensu 345
Qui cum loqui non posset, tacere non potuit 22
Quicumque me diligunt, aequalem amoris vicem a me recipiunt 1423
Quicumque turpi fraude semel innotuit, / etiam si verum dicit amittit fidem 289
Qui dat nivem sicut lanam 1502
Qui dat pauperibus, thesauros colligit astris, / in quos nil fures iuris habere queunt 1794
Qui dat pauperi non indigebit 1794
Quid caeco cum speculo? 450
Quid enim tam congruum fidei humanae quam ea, quae inter eos placuerunt, servare? 1132
Quid enim videant qui solem non vident? 451
Qui desiderat pacem praeparet bellum 1204
Qui despicit deprecantem sustinebit penuriam 1794
Quid est veritas? 306
Qui diligit rixas meditatur discordias 1191

Quid magis est saxo durum, quid mollius unda? / dura tamen molli saxa cavantur aqua 898
Quid messes uris... tuas? 425
Quid minus utibile fuit quam hoc ulcus tangere? 1655
Quid non mortalia pectora cogis, / auri sacra fames! 1419, 1810
Quid novi ex Africa? 1639
Quid nunc te, asine, litteras doceam? 484
Qui domum intraverit nos potius miretur quam supellectilem nostram 1273
Quidquid ad salivam facit 714
Quidquid agas operis primo finem mediteris 1567
Quidquid agis, prudenter agas et respice finem 1567
Quidquid conaris quo pervenias cogites 1567
Quidquid delirant reges, plectuntur Achivi 964
Quidquid venit in buccam 75
Quidquid venit in mentem 75
Quid, si animam debet? 1836
Quid sub sole novum? Quid cernis in orbe modernum? / Quaequae veternis viguerunt credita saeclis 799
Quid vero est stultius quam venditorem eius rei, quam vendat, vitia narrare? 169
Quidvis Egestas imperat 1826
Qui e nuce nuculeum esse volt, frangit nucem 1687
Quietam acquam (sic) non credere 214
Quietum non move lutum 1202
Qui excipit probare debet quod excipitur 1149
Qui fodit foveam incidet in eam et qui volvit lapidem revertetur ad eam 269
Qui fuerit lenis, tamen haud bene creditur amni 214
Qui fugiebat rursus proeliabitur 1247
Qui fugit patellam cadit in prunas 1560
Qui fuit rana nunc est rex 983
Qui gladio ferit gladio perit 1192
Qui honorat se ipsum honorat 1301
Qui iacet in terra non habet unde cadat 987
Qui in altum mittit lapidem, super caput eius cadet 265
Qui in pergula natus est, aedes non somniatur 107
Qui ipse sibi sapiens prodesse non quit nequiquam sapit 168

Qui monet quasi adiuvat 1338
Qui mores hominum multorum vidit et urbes 328
Qui nescit tacere nescit et loqui 22
Qui ne tuberibus propriis offendat amicum / postulat, ignoscet verrucis illius 1289
Qui non est mecum contra me est 1214
Qui non laborat non manducet 957
Qui non proficit deficit 767
Qui non vult serere fructus non debet habere 809
Qui non zelat non amat 1426
Qui petit excelsa debet vitare ruinam 987
Qui pote transferre amorem pote deponere 1629
Qui primus venerit primus molet 931
Qui procul est oculis, procul est a limine cordis 1408
Qui pro quo 319
Qui rapitur spumante salo sua brachia cauti / porrigit, et spinas duraque saxa capit 1607
Quis custodiet ipsos / custodes? 1015
Qui se ipse laudat cito derisorem invenit 1735
Qui seminant in lacrymis in exultatione metent 1648
Quis est haec simia? 676
Qui sibi semitam non sapiunt alteri monstrant viam 167
Qui sine peccato est vestrum, primus in illam lapidem mittat 1296
Quis leget haec? 97
Quisnam istic fluvius est, quem non recipiat mare? 821
Qui solem suum oriri facit super bonos et malos 667
Qui speraverint spem decepisse multos 872
Quisque dies vitae est velut ultimus esse putandus 613
Quisquis amat cervam, cervam putat esse Minervam. / Quisquis amat ranam, ranam putat esse Dianam 547
Quisquis amat luscam, luscam putat esse venustam 547
Quisquis apes undasque timet spinasque roseti, / non mel non pisces nec feret ille rosas 1674
Quisquis habet nummos secura navigat aura 1782
Quisquis magna dedit, voluit sibi magna remitti 1360

Quisquis ubique habitat... nusquam habitat 782
Quisquis videtur dimissus esse, dilatus est 944
Quis recte rex est? Se ratione regens 1002
Qui statuit aliquid parte inaudita altera / aequum licet statuerit, haud aequus fuit 1126
Quis tulerit Gracchos de seditione querentes? 1287
Qui sua metitur pondera ferre potest 542
Qui subit invitus, bene nil agit ille, laborem 888
Qui tacet consentire videtur 21
Qui tacet non utique fatetur: sed tamen verum est eum non negare 21
Qui tetigerit picem, inquinabitur ab ea 585
Qui timet Dominum nihil trepidabit 1467
Qui timide rogat / docet negare 37
Qui utrosque parietes linunt 234
Qui vadit plane vadit sane 1582
Qui videt ardere vicini tecta, timere / debet de propriis; nequeunt sua tuta manere 1376
Qui vigilans dormiat 418
Qui vitia odit, homines odit 1711
Qui, voluptatibus dediti, quasi in diem vivunt, vivendi causas quotidie finiunt 580
Quo altior mons, tanto profundior vallis 827
Quod acciderit feramus 852
Quod clausum in pectore, hoc in lingua promptum habeo 54
Quodcumque celes, ipse tibi fias timor 14
Quodcumque in solum venit 75
Quod dedit recepit 1349
Quod... Deus coniunxit homo non separet 1432
Quod differtur non aufertur 944
Quod dixi dixi 796
Quod dubitas ne feceris 1583
Quod erat demonstrandum 78
Quod erat in votis 858
Quod est ante pedes nemo spectat, caeli scrutantur plagas 426
Quod fore paratum est, id summum exsuperat Iovem 502
Quod fors feret feremus aequo animo 852
Quod hodie non est cras erit 862
Quod in iuventute non discitur, in matura aetate nescitur 354

Quod latet ignotum est: ignoti nulla cupido 880
Quod licet Iovi non licet bovi 1090
Quod male partum erat ut male periret 811
Quod natum est poterit mori 596
Quod nimium est fugito, parvo gaudere memento: / tuta mage est puppis, modico quae flumine fertur 1761
Quod non dedit Fortuna non eripit 838
Quod non est in actis non est in mundo 1115
Quod non fecerunt barbari Barbarini fecerunt 1230
Quod non fecerunt barbari, fecerunt Barberini 1230
Quod non fecerunt barbari Scotus fecit 1230
Quod non legitur non creditur 1115
Quod non videt oculus cor non dolet 1408
Quod nova testa capit, inveterata sapit 375
Quod omnes tangit debet ab omnibus approbari 1116
Quod periit, periit 525
Quod periit quaeri pote, reprendi non potest 525
Quod potius est antiquius esse 1324
Quod praestare mora nequit annua, dat brevis hora 582
Quodque domi non est et habet vicinus amatur 1292
Quod scis ignoras: digito compelle labellum 339
Quod scripsi scripsi 796
Quod senior loquitur omnes consilium putant 639
Quod si deficiant vires, audacia certe / laus erit: in magnis et voluisse sat est 884
Quod supra nos nihil ad nos 1537
Quod sus peccavit, succula saepe luit 1075
Quod te non tangat hoc te nullatenus angat 1268
Quod tibi fieri nolueris alteri ne feceris 1351
Quod tu es ego fui, quod ego sum et tu eris 514
Quod uni dixeris omnibus dixeris 1390
Quod vis taceri, cave ne cuiquam dixeris 14
Quod volumus sanctum est 886
Quod volunt homines, se bene velle putant 886

Quoi homini dei sunt propitii, lucrum ei profecto obiciunt 1475
Quoi pectus sapiat 55
Quo mage formosa mulier, mage luxuriosa; / sic lex edixit: quae formosa meretrix sit 1392
Quoniam non potest id fieri quod vis / id velis quod possit 493
Quo plus sunt potae, plus sitiuntur aquae 1729
Quorum magna pars fui 1642
Quos Deus perdere vult, dementat prius 1500
Quo semel est inbuta recens servabit odorem / testa diu 375
Quos ego... 1035
Quos laeserunt et oderunt 1173
Quot capita tot sententiae 537
Quot capitum vivunt, totidem studiorum 537
Quot homines tot sententiae 537
Quousque tandem abutere, Catilina, patientia nostra? 1670
Quo vadis? 1515

R

Radix enim omnium malorum est cupiditas 1811
Radix malorum grandium habendi est furor 1811
Rapiamus, amici, / occasionem de die 576
Rapimur quo cuncta feruntur 518
Rara avis 671, 1396
Rara est... concordia formae / atque pudicitiae 1392
Rara in tenui facundia panno 1820
Rari nantes in gurgite vasto 1692
Rebus sic stantibus 1166
Recta prava faciunt 52
Recta via 464
Recte faciendo neminem timeas 150
Redde quod debes 1087
Redde rationem! 1158
Reddere gaudet homo nequam pro melle venenum 213
Reddet... oculum pro oculo, dentem pro dente, manum pro manu, pedem pro pede 1121
Reddite ergo quae sunt Caesaris Caesari et quae sunt Dei Deo 1088

Redigentes omnem intellectum in obsequium Christi 1466
Redit et victoria victis 1260
Redolet lucernam 38
Reductio ad absurdum 84
Re enim, non verbis peculium augendum est 26
Refugium peccatorum 1518
Reges a recte regendo 1002
Relata refero 51
Relicta non bene parmula 1249
Rem actam agere 524
Rem tene, verba sequentur 48
Rem tibi quam scieris aptam dimittere noli 575
Repente dives factus est nemo bonus 1805
Repetita iuvant 68, 378
Repetitio est mater studiorum 378
Requiem aeternam dona eis, Domine 609
Requiescat in pace 609
Rerum magistra experientia est 394
Res ad triarios rediit 1564
Res est solliciti plena timoris amor 1406
Res ipsa indicat / loquitur / clamat 1142
Res ipsa testis 1142
Res parant secundae amicos optime, adversae probant 1308
Res parta furto durabit tempore curto 811
Respice finem! 1567
Respice finem, respice funem! 1567
Res quae differtur auferri saepe videtur 944
Res quasi bruma fluit, quae male parta fuit 811
Res sacra consilium 1339
Res satis est nota: foetent plus stercora mota 1202
Res serias... extollo ex hoc die in alium diem 941
Res sub aeternitatis specie concipit 1469
Res valet, ars praestat, si res perit, ars mihi restat 164
Reti subtili haurire... aquam 441
Retroversus crescit, tamquam coda vituli 763
Reus excipiendo fit actor 1149
Reus in exceptione actor est 1149
Rex eris... / si recte facies 1002
Rex regnat, sed non gubernat 981
Rex sedet in vertice / caveat ruinam! 987
Rex sum 982

Ridendo dicere verum 304
Rideo advocatum qui patrono egeat 167
Risu dissolvebat ilia sua 1725
Risu... emoriri 1725
Risu inepto res ineptior nulla est 400
Risum teneatis, amici? 490
Risus abundat in ore stultorum 400, 664
Risus dolore miscebitur et extrema gaudii luctus occupat 1649
Rixatur de lana caprina 410, 1429
Roma aeterna 1063
Roma deliberante Saguntum perit 932
Roma locuta causa finita 1034
Romanus sedendo vincit 1578
Romulus aeternae nondum formaverat urbis / moenia 1063
Rudis indigestaque moles 1718
Ruere in servitium 759
Ruit hora 534
Rumores fuge, ne incipias novus auctor haberi: / nam nulli tacuisse nocet, nocet esse locutum 6
Rumori ne crede novo nec ficta loquendo / laeteris: nocuit cunctis audacia semper 6
Rursum prorsum 781
Ru(r)sum vorsum 781

S

Sacra populi lingua est 1
Sacrificium intellectus 1466
Sacrilegia minuta puniuntur, magna in triumphis feruntur 996
Saeculum aureum 771
Saepe caballus erit qui pulli more subhinnit 815
Saepe dat una dies, quod totus denegat annus 582
Saepe est etiam sub palliolo sordido sapientia 220
Saepe fit ut catulus dat maxima vulnera parvus 1227
Saepe habet malus famam boni viri et bonus vir famam mali 250
Saepe sagittantem didicit referire sagitta, / inque reum conversa recurrere plaga 271
Saepe solent census hominis pervertere sensus 999

Saepe stilum vertas! 198
Saepius emendant incautum damna aliena, / flammarumque minae vicino ardente timentur 1376
Saeva quidem plures leto gula tradit acerbo / quam gladius 712
Sagitta... interdum resiliens percutit dirigentem 265
Salis granum 1775
Saliva Mercurialis 714
Salivam movet 714
Salus populi suprema lex esto 1022
Salva animam tuam 1457
Salve, magna parens frugum, Saturnia tellus 1778
Samnium in ipso Samnio requirere 470
Sancta simplicitas! 1472
Sanctus Yvo erat Brito: / advocatus et non latro, / res miranda populo 1103
Sapiens a seipso pendet 1271
Sapiens... secum est 1271
Sapiens, ut loquatur, multo prius consideret 34
Sapientia absconsa et thesaurus invisus, quae utilitas in utrisque? 1050
Sapientiam vino obumbrari 737
Sarcinas colligere 785
Sat celeriter fieri, quidquid fiat satis bene 1582
Sat cito si sat bene 1582
Sat edepol scio / occisam saepe sapere plus multo suem 412
Satis est equitem mihi plaudere 1333
Sat prata biberunt 1773
Saturni aurea saecula qui requiret? / Sunt haec gemmea sed Neroniana 771
Scaenae... serviendum est! 1334
Scapulae pruriunt 690
Scelera non habere consilium 1174
Sciens et videns in flammam mitto manum 341
Scienti et consentienti non fit iniuria neque dolus 1133
Scio loqui plerosque cum tacere nesciant 22
Scire aliquid laus est, laus est rem discere velle; / scire nihil pudor est, magis at nihil discere velle 368
Scis multos dicere multa 537
Scisti uti foro 1286

Sciunt id quod in aurem rex reginae dixerit, / sciunt quod Iuno fabulatast cum Iove 1389
Scriptores autem narrare putaret asello / fabellam surdo 481
Scurra semel numquam paterfamilias 1449
Secum morari 1271
Sed nihil est sine fraude: latent sub melle venena 213
Segetem ne defrudes 883
Semel in anno licet insanire 403
Semel insanivimus omnes 403
Semen est sanguis Christianorum 1514
Semina harenis committere 442
Semiputata tibi frondosa vitis in ulmo est 141
Se mortuo terram misceri ignibus iubet 607
Semper aliquid novi Africa affert 1639
Semper avarus eget 1813
Semper avarus eget, hunc nulla pecunia replet 1813
Semper cum dente remanebit lingua dolente 1656
Semper homo bonus tiro est 147
Semper odoriferis proxima spina rosis 1674
Semper plus metuit animus ignotum malum 1563
Semper Saturnalia agunt 1677
Senatu deliberante Saguntum perit 932
Senecta leonis praestantior hinnulorum iuventa 653
Senectus enim insanabilis morbus est 644
Senectus ipsa est morbus 644
Senectus onus Aetna gravius 648
Senectus primum et ante iuvenes consulenda 639
Senectutem plurima opprimunt incommoda 645
Senectutem ut adipiscantur omnes optant, eandem accusant adepti 647
Senectuti labor obsonium optimum 650
Senem iuventus pigra mendicum creat 650
Senesco semper multa addiscens 385
Senes interdum delirant 649
Seni debetur veneratio 665
Senilis iuventa praematurae mortis signum 630
Senior bulla dignissime 651
Seni senilis lingua iocundissima 626
Sensus non aetas invenit sapientiam 649
Sententiae apertae 77

Septem convivium, novem vero convicium 725
Septem urbs alta iugis, toto quae praesidet orbi 1007
Sequi corvos 453
Sequitur vara vibiam 120
Sera parsimonia in fundo est 1791
Serere ne dubites 943
Serius aut citius sedem properamus ad unam 518
Sermo animi imagost: ut vir, sic oratio 158
Sermones fundet, si grex muliebris abundet 1387
Sero in periclis est consilium quaerere 1595
Sero paras stabulum taurum iam fure trahente 1593
Sero post tempus venis 935
Sero sapiunt Phryges 937
Sero sapiunt principes 937
Serva me, servabo te 1344
Servare modum 1760
Servum pecus 157
Sese iam impedivit in plagas 270
Sesquipedalia verba 186
Sestertiarius homo 135
Se vincere ipsum longe est difficillimum 1712
Sex enim convivium / cum rege iustum, si super, convicium est 725
Si absis uspiam / aut ibi si cesses, evenire ea satius est / quae in te uxor dicit et quae in animo cogitat / irata quam illa quae parentes propitii 1447
Si acum, credo, quaereres, / acum invenisses 890
Si ad sepulcrum mortuo narret logos 447
Si arvis semina crederes, feraces inter se annos sterilesque pensares 837
Si biberes... pocula Lethes 334
Sibi quisque peccat 1084
Sibi quisque profecto / est Deus 915
Si careat pietate rigor pietasque rigorem / non habeat, perdit iustum sententia florem 1094
Sic illius vox crescebat, tamquam tuba 701
Sic itur ad astra 1683, 1684
Sic me servavit Apollo 1613
Sic orbis vertitur tamquam mola, et semper aliquid mali facit, ut homines aut nascantur aut pereant 777
Sic plerumque dolus propriis eluditur ar-

mis, / et quae quis dictat aliis mala, claudicat hisdem 271
Sic stantibus rebus 1166
Sic transit gloria mundi 535
Sicut erat in principio 1529
Sicut erat in votis 858
Sicut mater ita et filia eius 1445
Sic vos non vobis 262
Si deficit fenum, accipe stramen 552
Sidere pulchrior / ille est 677
Si Deus pro nobis quis contra nos? 1501
Si Dominus voluerit, si vixerimus 1490
Si facis, in penem quidquid tibi venit 75
Si fortuna iuvat, caveto tolli; / si fortuna tonat, caveto mergi 842
Si fractus inlabatur orbis, / impavidum ferient ruinae 902
Si fueris Romae, Romano vivito more, / si fueris alibi, vivito sicut ibi 560
Silentium sapientibus responsi loco est 17
Silentium sermonis magister est 22
Silentium videtur confessio 21
Silent... leges inter arma 1223
Si mihi das, tibi do; si non das, nulla tibi do 1345
Si mihi perget quae volt dicere, ea quae non volt audiet 35
Similem habent labra lactucam asino carduos comedente 487
Similia similibus curentur 751
Simplex sigillum veri 302
Simul flare sorbereque haud factu facile est 498
Si mutare potest Aethiops pellem suam aut pardus varietates suas 443
Sincerum est nisi vas, quodcumque infundis acescit 587
Sine Cerere et Libero friget Venus 1411
Sine ira et studio 1770
Sine pedibus dicunt esse Fortunam, quae manus et pinnas tantum habet 835
Sine pennis volare haud facile est 446
Si non caste et tamen caute 1568
Si non caste saltim caute 1568
Si non ut volumus, tamen ut possumus 493
Si non vis intelligi, debes neglegi 47
Si nos coleos haberemus 139
Sint Maecenates, non deerunt, Flacce, Marones 972
Sint Maecenates, non deerunt porro Marones 972

Sint ut sunt aut non sint 790
Si omnia nobis quae ad victum cultumque pertinent quasi virgula divina... suppeditarentur 875
Si pace frui volumus bellum gerendum est 1204
Si parva licet componere magnis 87
Si pius et mitis vitiumque tyrannidis horrens / erga subiectos cor genitricis habe! 1010
Si quando leporem mittis mihi, Gellia, dicis: / «formonsus septem, Marce, diebus eris» 730
Siqua voles apte nubere, nube pari 1442, 1443
Siquis cum malis conversatur libenter, numquam de hoc interrogavi viro, sciens, quoniam talis est, quales illi cum quibus conversatur 1329
Si quis erit quaerens incertum certaque linquens / ille caret saepe rebus quas possit habere 1731
Si quis non vult operari, nec manducet 957
Si semel... / ... gustarit... / ut canis a corio numquam absterrebitur uncto 831
Si spiritus pro nobis quis contra nos? 1501
Si stimulos pugnis caedis, manibus plus dolet 432
Si sufflasses, cecidissent 688
Si tacuisses, philosophus mansisses 19, 32
Sit bufo carus, fiet luna mage clarus 547
Sit erranti medicina confessio 460
Si terrena tibi fuerit collata potestas, / parcere subiectis noveris esse pium 1010
Si tibi deficiant medici, medici tibi fiant / haec tria: mens laeta, requies, moderata diaeta 752
Sit procul omne scelus; ut ameris amabilis esto! 1423
Si... tragoedias agamus in nugis 1724
Sit tibi terra levis 610
Si valeant homines, ars tua, Phebe, iacet 479
Sit venia verbo 71
Si ventri bene, si lateri est pedibusque tuis, nil / divitiae poterunt regales addere maius 742
Si verbum vox viva licet, vox mortua scriptum, / scripta diu vivunt, non ita verba diu 93
Si vir es 140

Si vis amari ama 1423
Si vis pacem, para bellum 1204
Si vis regnare divide 1011
Si vitam inspicias hominum, si denique mores, / cum culpant alios: nemo sine crimine vivit 1711
Si vultur es, cadaver exspecta! 1183
Sociorum olla male fervet, et ubi semel res inclinata est, amici de medio 1309
Soffocant parvae commoda magna morae 1355
Solamen miseris socios habuisse malorum 1698
Soles duabus sellis sedere 231
Solet hora, quod multi anni abstulerunt, reddere 582
Solet sequi laus, cum viam facit labor 1683
Sol in zodiaco currens numquam requiescit; / sic animus requie semper avarus eget 1813
Solius affatus est sermo dimidiatus, / sed cum auditur reliquus, tunc res aperitur 1126
Sollicitae iucunda oblivia vitae 952
Sol omnibus lucet 667
Solus aut rex aut poeta non quotannis nascitur 352
Solus cum fatur, quasi nullus homo reputatur 1057
Solve et repete 1134
Somnia ne cures, nam mens humana quod optat, / dum vigilat sperat, per somnium cernit id ipsum 876
Sonus geminas mihi circumit auris 7
Sors pariter nos una manet 517
Speciosum pelle decora 226
Speculum... cordis hominum verba sunt 158
Speculum mentis est facies 673
Spemque metumque inter dubii 868
Spem teneo, salutem amisi, redeat an non, nescio 867
Spes fallere saepe solet 872
Spes metusque in vitam humanam omnem obtinent tyrannidem 868
Spes ultima dea 861
Spes una hominem nec morte relinquit 860
Spina etiam grata est, ex qua spectatur rosa 1674
Sponsae des cortum, magis oblongum tibi cultrum 1380

Sponte bonis mos est convivia adire bonorum 1372
Sponte sequens non est iniecto fune trahendus 480
Stabat mater 1517
Stans pede in uno 924
Stat magni nominis umbra 12
Stat sua cuique dies 513
Stat sua... moriendi volta 513
Stillicidi casus lapidem cavat 898
Stolidum pleno vellere carpe pecus 1172
Strenuos equos non esse opere defatigandos 1029
Stulta credulitas 284
Stultitia est fecunda mater 402
Stultitia est... venatum ducere invitas canes 888
Stultitia maxime soror est malitiae 407
Stultitiam simula tempore sive loco! 404
Stultorum incurata pudor malus ulcera celat 431
Stultorum infinitus est numerus 402
Stultorum plena sunt omnia 402
Stultum facit Fortuna, quem vult perdere 1500
Stultumst aliis imperare velle, qui haud possit sibi 1712
Stultus proponit et dividit omnia mente, / omnia disponit Dominus nullo mediante 1491
Stultus qui patre caeso liberis pepercerit 1590
Stultus quoque, si tacuerit, sapiens reputabitur 31
Sua enim cuique prudentia deus est 915
Suam quisque homo rem meminit 1798
Sua multi amittunt cupide cum aliena appetunt 1731
Suave... / e terra magnum alterius spectare laborem 1618
Sub figura corporis mortui 1031
Sub iudice 316
Sublimi feriam sidera vertice 1728
Sub manu... nascatur 929
Sub nive quod tegitur, cum nix perit, omne videtur 296
Sub pallio sordido sapientia 220
Sub qua nunc recubas arbore, virga fuit 815
Subsicivum tempus 955
Sub specie aeternitatis 1469
Substine et abstine 1664

Sub tam lentis maxillis 1168
Subtracto fundamento in aere aedificare 870
Sub vestimentis ovium sunt crimina mentis 212
Sucum et sanguinem 693
Sudore et sanguine 1685
Sufficit diei malitia sua 581
Sufficit mihi conscientia mea; non curo quid loquantur homines 1097
Sui cuique mores fingunt fortunam 833
Summam manum addere 196
Summa petit livor: perflant altissima venti, / summa petunt dextra fulmina missa Iovis 985
Summi enim sunt, homines tamen 506
Summo animo 155
Summum ius summa iniuria 1094
Sunt certi denique fines / quos ultra citraque nequit consistere rectum 1760
Sunt di immortales lenti quidem, sed certi vindices generis humani 1506
Sunt enim iudicia libera 1070
Sunt enim... virtutibus vitia confinia 1708
Sunt facta verbis difficiliora 24
Sunt lacrimae rerum 1651
Sunt pueri pueri, pueri puerilia tractant 629
Sunt pueri pueri, vivunt pueriliter illi 629
Sunt quidam... qui... nec orientem umquam solem viderunt nec occidentem 962
Sunt usus rerum totidem, quot climata mundi 559
Superanda omnis Fortuna ferendo est 852
Super aristas gradi 1587
Superflua non nocent 1716
Super ova pendenti gradu incidere 1587
Super plantam evagatus 543
Superstitiones aniles 657
Supervacuus esset inter innocentes orator sicut inter sanos medicus 479
Surdo asello narrata est fabella 481
Surdo non binas tu missas nec cane trinas 448
Surrupuit currenti cursori solum 176
Sursum corda! 1703
Sursum deorsum 781
Suspectum tibi sit quidquid sors vitrea misit! / Crede: parum stabiles, quas tibi sors dat, opes 839

Suum cuique per me uti atque frui licet 1119
Suum cuique pulchrum est 551
Suum cuique tribuere 1119
Suum cuique tribuere tota est aequitas 1119
Suus rex reginae placet, sua cuique sponsa sponso 547

T

Tabula rasa 344
Tacendo iam dixi 20
Tacitast melior mulier semper quam loquens 1386
Taciculus taxim 27
Taciturnitas stulto homini pro sapientia est 31
Talis hominibus fuit oratio qualis vita 158
Talis pater talis filius 1445
Talisque sit rector quales illi qui reguntur 969
Talos a vertice pulcher ad imos 692
Talpa caecior 708
Talpae... oculos possidetis 708
Tam cernis acutum / quam... aquila 706
Tam crebri ad terram accidebant quam pira 694
Tam deest avaro quod habet quam quod non habet 1814
Tamdiu discendum est... quamdiu vivas 385
Tamen abiit ad plures 601
Tamen ad mores natura recurrit / damnatos fixa et mutari nescia 109
Tam fatuum ut etiam regnare posset 982
Tam laboriosus es ut post te non respicias? 919
Tam perit quam extrema faba 786
Tam placidum quam ovem 148
Tamquam clavo clavum eiciendum 1629
Tam times quam timeris 1021
Tam tranquillam... / quam mare 149
Tandem fit surculus arbor 815
Tandem ridiculus mus a praegnante creatur 1746
Tantae molis erat Romanam condere gentem! 1643
Tanti vitrum, quanti vero margaritum? 121

Tanto nomini nullum par elogium 12
Tantum religio potuit suadere malorum 1536
Tantundem esse vitiorum quantum hominum 1711
Tarde velle nolentis est 1355
Tardiora sunt remedia quam mala 1638
Te autem faciente eleemosynam, nesciat sinistra tua quid faciat dextera tua 1277
Tectum intuentes... pluribus saepe diebus expectant 956
Te de aliis quam alios de te suaviust / fieri doctos 391
Tempora labuntur, taticisque senescimus annis 521
Tempora mutantur, nos et mutamur in illis 533
Tempora permutas nec tu mutaris in illis 533, 775
Tempora tempore tempra 571
Tempori aptari decet 571
Temporibus peccata latent et tempore parent 296
Temporibus sapiens mores accomodat aptos; / omnia namque suum tempus habere volunt 572
Temporibus servire decet 571
Tempori cedere, id est necessitati parere, semper sapientis est habitum 571
Tempori serviendum est 571
Tempus edax igitur praeter nos omnia perdit 527
Tempus edax rerum 527
Tempus fugit 534
Tendimus huc omnes, metam properamus ad unam 518
Tene mensuram et respice finem! 1567
Tenero ab ungue 634
Tenue est mendacium: perlucet si diligenter inspexeris 298
Teres atque rotundus 160
Terra amat imbrem 1331
Terrae qua pergis cape mores quos ibi cernis 560
Terram dare 1612
Terram videre 1612
Tertium non datur 86
Teruncium adicere Croesii pecuniae 135
Te servare decet mores illamque legulam / eius telluris, incola cuius eris 560
Testis unus testis nullus 1136

Testudo volat 452
Tetigisti acu 175
Thesaurum in sepulchro ponit qui senem heredem facit 1796
Timeo Danaos et dona ferentes 242, 243
Timeo lectorem unius libri 389
Timor ungulas mihi alas fecerat 1606
Tolerabile est semel anno insanire 403
Tollat te qui non novit 322
Tolle moras: semper nocuit differre paratis 940
Tolle peccatum: cessat legis imperium 1106
Tollere / Vertere cornua in aliquem 1167
Tondebo... usque ad vivam cutem 1172
Tota erras via 464
Totam mihi vitam nihil videri aliud quam leve somnium fugacissimumque fantasma 512
Tot hostis tot servi 1041
Totidem hostes esse quot servos 1041
Totis pedibus 1225
Toto caelo 463
Toto caelo errare 463
Toto pectore 76
Totum diem / argutatur quasi cicada 172
Trado de manu in manum 1352
Trahit sua quemque voluptas 549, 550
Tranquillas etiam naufragus horret aquas 396
Tranquillo... quilibet gubernator est 1621
Tres faciunt collegium 1143
Tres feminae et tres anseres sunt nundinae 1387
Tresis agaso 135
Tria... praestanda sunt ut vitentur: odium, invidia, contemptus 1766
Tria verba non potest iungere 63
Tristia iura necis nulla medela fugat 590
Tua quod nihil refert ne cures 1268
Tua quod nil refert percontari desine 1268
Tua res agitur, paries cum proximus ardet 1376
Tu homo et alteri sapienter potis es consulere et tibi 167
Tunc observantior aequi / fit populus nec ferre negat, cum viderit ipsum / auctorem parere sibi 973
Tundatur ferrum dum novus ignis inest 926
Tu ne cede malis, sed contra audentior ito! 1705
Tunica propior pallio est 1282

Tu nihil invita dices faciesve Minerva 1477
Tu pulmentaria quaere / sudando 1685
Tu quoque, Brute, fili mi? 277
Turbari sine ventis non solet aequor 990
Turba se medicorum periisse 1006
Turbo non aeque citus est 171
Turpe senex miles, turpe senilis amor 1410
Turpis Egestas 1825
Turpis non est quia per naturam venit 119
Tu si animum vicisti, potius quam animus te / est, quod gaudeas 1712
Tu si hic sis, aliter sentias 1295
Tute hoc intristi: tibi omnest exedendum 1083
Tutissima fere per medium via 1756
Tu vero omnia cum amico delibera 1305
Tu vires metire tuas, si fortis es aude / grandia! Si fragilis, humeris impone minora 542
Tyrannis ipsa vel res maxime impia est 997

U

Ubi amici, ibidem opes 1318
Ubi amor ibi oculus 1407
Ubi amor ibi oculus; ubi dolor ibi manus 1656
Ubi Caius ibi Caia 1439
Ubi consistam 180
Ubicumque fuerit corpus illuc congregabuntur aquilae 1184
Ubi dolor ibi digitus 1656
Ubi est cadaver ibi congregant aquilae 1184
Ubi leonis pellis deficit, vulpinam induendam esse 256
Ubi lex non distinguit nec nostrum est distinguere 1147
Ubi lex voluit dixit, ubi noluit tacuit 1147
Ubi maior minor cessat 1265
Ubi non sis qui fueris, non est cur velis vivere 766
Ubi numerus testium non adiicitur, etiam duo sufficient 1136
Ubi papa ibi Roma 1512
Ubi peccat aetas maior, male discit minor 652
Ubi Petrus, ibi et Ecclesia 1512
Ubi plurimus intellectus et ratio, ibi minima fortuna, at ubi plurima fortuna, ibi minimus intellectus 843
Ubique medius caelus est 555
Ubi solitudinem faciunt pacem appellant 1209
Ubi tu Caius ego Caia 1439
Ubi uber, ibi tuber 1675
Ubi unus dominus ibi una religio 1535
Ubi Venus, ibi syphilis 1415
Ulcus tangere 1655
Ultima... ancora 1577
Ultima lima 196
Ultima ratio regum 1212
Ultima Thule 666
Ultra posse meum non reor esse reum 492
Ultra posse suum profecto nemo tenetur 492
Ultroneas putere merces 1358
Umbram suam metuit 1602
Umbras timere 1602
Una domus non alit duos canes 1179
Una hirundo non efficit ver 1589
Una manus reliquam lavat, ut relavetur ab ipsa 1341
Una mercede duas res adsequi 177
Unam mentem in duobus... divisam 1337
Una salus victis nullam sperare salutem 1256
Uncis / naribus indulges 1743
Uncus aratri / ferreus occulte decrescit vomer in arvis 897
Unde queri nequeam, bona fors mihi non fuit umquam 832
Undique... ad inferos tantundem viae est 556
Unguibus et dentibus 1225
Unguibus et morsu teneri 1225
Unguibus et pugnis 1177
Uni cuique dedit vitium natura creato 1711
Unicuique sua domus nota 311
Unicuique suum! 1119
Uno collyrio omnium oculos vult curare 568
Uno in saltu... apros capiam duos 177
Uno medicamine omnes simul morbos... curare 568
Uno pede ambulare 924
Uno ut labore apsoluat aerumnas duas 177
Unum agere 793
Unum augurium optimum: tueri patriam 1234
Unum cor et anima una 1310

ÍNDICE DAS FRASES LATINAS 883

Unum quodque verbum statera auraria pendere 58
Unus homo nihil est: dicto non credimus uni 1057
Unus homo nobis cunctando restituit rem 1578
Unus moriatur homo pro populo 1238
Unus pro multis 1238
Urbi et orbi 1531
Ursi cum adsit vestigia quaeris 473
Usque adeone mori miserum est? 600
Usu peritus hariolo veracior 395
Usus magister est optimus 394
Ut ameris ama! 1423
Ut canis a corio vix exterrebitur uncto, / sic velli nec amans a meretrice potest 831
Utcumque in alto ventus est... exim velum vortitur 562
Ut desint vires, tamen est laudanda voluntas 884
Ut enim habeas quietem, perde aliquid 1608
Utere temporibus 577
Ut flatus venti sic transit gloria mundi 535
Ut homost, ita morem geras 540
Ut iniquae mentis asellus, / cum gravius dorso subiit onus 1772
Ut pictura poesis 190
Ut quimus... quando ut volumus non licet 493
Utrumque enim vitium est, et omnibus credere et nulli 285
Ut sementem feceris ita metes 809
Ut si caecus iter monstrare velit 1000
Ut stuppae flamma sic transit gloria mundi 535
Ut vineta egomet caedam mea 425
Uvaque conspecta livorem ducit ab uva 588
Uxorem caram qui se cognoscit habere, / hic credit quod sit melior omni muliere 547

V

Vado mori credens per longum vivere tempus; / forte dies haec est ultima: vado mori 613
Vae victis! 1254
Valet ima summis / mutare 781

Valetudine firma nihil melius 742
Vana est sine viribus ira 1754
Vanitas vanitatum, et omnia vanitas 508, 520
Vanum est epinicion canere ante victoriam 1749
Vanus animus aura captus frivola 1025
Varam cum vibia proicit 120
Vare, legiones redde! 1255
Varium et mutabile semper / femina 1383
Vasa inania multum strepunt 33
Vas obsoletum de vino gignit acetum 587
Vehemens lupus... / ... ieiunis dentibus acer 873
Velificatione plena 911
Velit nolit 891
Velut si / egregio inspersos reprendas corpore naevos 462
Vendere... fumos 286
Venia sit dicto 71
Venies sub dentem 1168
Venit post multos una serena dies 1706
Veni vidi vici 928
Venter auribus caret 719
Venter praecepta non audit: poscit, appellat 719
Ventis verba profundere 434
Ventosa plebs 1025
Ventum seminabunt et turbinem metent 810
Verae amicitiae sempiternae sunt 1315
Verba docent, exempla trahunt 359
Verba non implent marsupium 26
Verba volant, scripta manent 93
Verbum de verbo 94
Verbum laudatur, si tale factum sequatur 25
Verecundari neminem apud mensam decet 724
Veritas filia temporis 297
Veritas numquam perit 295
Veritas premitur, non opprimitur 295
Veritatem dies aperit 296
Veritatem laborare nimis saepe... exstingui numquam 295
Veritatis simplex ratio est 302
Vermis adhuc spiro, moriturus forte sub horam; / mors etenim certa est, funeris hora latet 605
Versatur celeri Fors levis orbe rotae 840
Verte omnis tete in facies 563
Verum gaudium res severa est 1768

Vestigia terrent 1565
Vestis virum reddit 221
Veterruma quaeque (sc. amicitia) ut ea vina, quae vetustatem ferunt, esse debet suavissima 1324
Vicina sunt vitia virtutibus 1708
Vicina virtutibus vitia 1708
Vicino melius nil credo fore bono 1374
Vicinum habere malum magnum est malum 1374
Victrix causa deis placuit, sed victa Catoni 1257
Videant consules ne quid res publica detrimenti capiat 1018
Videbis, fili mi, quam parva sapientia regatur mundus 993
Video... barbam et pallium, philosophum nondum video 219
Video meliora proboque: / deteriora sequor 893
Vigilans somniat 418
Vigilavit Iustitiae oculus 1082
Vilius argentum est auro, virtutibus aurum. / «O cives, cives, quaerenda pecunia primum est, / virtus post nummos!» 1807
Vincebamur a victa Graecia 1261
Vincendoque victi sumus 1260
Vincere cor proprium plus est quam vincere mundum 1712
Vincere scis, Hannibal, victoria uti nescis 1259
Vinceretis cervom cursu vel grallatorem gradu 173
Vincit Penelopes... fidem 1397
Vincit saepe virum femellae astutia dirum 1384
Vino intrante foras subito sapientia vadit 737
Vinum animi speculum 733
Vinum dum lymphas, nimias non addito lymphas 239
Vinum hominibus speculum 733
Vinum laetificat cor hominis 735
Vinum os facundum facit 734
Vinum saepe facit quod homo neque «bu» neque «ba» scit 737
Vi opprimi in bona causa est melius quam malae cedere 1080
Vipera est in veprecula 251
Viris in ventum effudit 433

Virtus est medium vitiorum et utrimque reductum 1758
Virtus in medio constat honesta loco 1758
Virtus sibi praemium 1707
Virtus sudore et sanguine colenda est 1685
Virtutem incolumem odimus, / sublatam ex oculis quaerimus invidi 401
Virtutem primam esse puta compescere linguam 19
Virtutem verba putas 1713
Virtutes habet abunde qui alienas amat 1300
Virum esse 140
Vir unius libri 389
Vis comica 197
Vis medicatrix naturae 749
Vis naturae quasi per caliginem cernitur 336
Vitae modum 1369
Vitae, non scholae discimus 360
Vita est nobis aliena magistra 391
Vitae summa brevis spem nos vetat inchoare longam 522
Vita, genus, linguae variae variant regiones: / una nequit cunctos distinguere mores 559
Vita ipsa... brevis est 523
Vitam inpendere vero 300
Vitam regit fortuna non sapientia 836
Vita posterior iudicat de priore 828
Vitia erunt, donec homines 1711
Vitiis nemo sine nascitur 1711
Vitium est ubique quod nimium est 1761
Vitium impotens / virtus vocatur 1709
Vitium omne semper habet patrocinium suum 1715
Vive memor leti 515
Vivere de vento quemquam non posse memento! 709
Vivere... militare est 1633
Vivere tota vita discendum est et... tota vita discendum est mori 385
Vivit et... cornix... / illa quidem saeclis vix moritura novem 661
Vivitur parvo bene 1841
Vivorum meminerimus! 612
Vix bene et cito 1582
Vix ossibus haerent 680
Volens nolens 891
Volenti non fit iniuria 1133
Voluptas dolendi 1650

Voluptati soror est tristities 1649
Vos sed non vobis 262
Vox clamantis in deserto 449
Vox populi, vox Dei 1
Vulgare amici nomen, sed rara est fides 1317
Vulgus vult decipi 241

Vulpem pilum mutare, non mores 106
Vulpes bovem agit 436
Vulpes non iterum capitur laqueo 397
Vulpinari cum vulpe 272
Vultur erit semper ubi cernitur esse cadaver 1183
Vultur est, cadaver exspectat 1183

ÍNDICE DAS FRASES GREGAS

A

Ἃ ἂν ἐπὶ τὴν γαστέρα ἐπέλθῃ, ταῦτα λέγουσι καὶ πράττουσιν 75
Ἀγεωμέτρητος μηδεὶς εἰσίτω 388
Ἄγνωστος Θεός 1478
Ἄγουσιν ἑορτὴν οἱ κλέπται 254
Ἄγραφος νόμος 1108
Ἀγρευθεὶς ἤγρευσεν 1260
Ἀγροίκου μὴ καταφρόνει ῥήτορος 47
Ἀγχίθυροι ταῖς ἀρεταῖς αἱ κακίαι, καὶ ταύταις παραπεπήγασι 1708
Ἁ δ' ἀρετὰ βαίνει διὰ μόχθων 1685
Ἁ δὲ χεὶρ τὰν χεῖρα νίζει 1341
Ἀδικεῖται δ' οὐδεὶς ἑκών 1133
Ἀδικεῖ τοὺς ἀγαθοὺς ὁ φειδόμενος τῶν κακῶν 1081
Ἀδύνατα θηρᾷς 492
Ἀδύνατον τὸ πυρὶ συστρεφόμενόν τινα μὴ καπνίζεσθαι 586
Ἀεὶ γὰρ εὖ πίπτουσιν οἱ Διὸς κύβοι 850
Ἀεὶ Λιβύη φέρει τι καινόν 1639
Ἀεὶ τὰ πέρυσι βελτίω 764
Ἀεί τι καινὸν ἡμέρα παιδεύεται 377
Ἀεὶ τρὶς ἓξ πίπτουσιν οἱ Διὸς κύβοι 850
Ἄελπτον οὐδέν· πάντα δ' ἐλπίζειν χρεών 859
Ἀέρα δέρειν 433
Ἀεργοῖς αἰὲν ἑορτά 958, 1677
Ἀετὸν ἵπτασθαι διδάσκεις 467
Ἀετοῦ γῆρας, κορύδου νεότης 659
Ἀθυμοῦντες ἄνδρες οὔπω τρόπαιον ἔστησαν 1250
Αἱ γυναῖκες ἐν ταῖς ἐκκλησίαις σιγάτωσαν 1388
Αἰὲν ἀριστεύειν καὶ ὑπείροχον ἔμμεναι ἄλλων 1236
Αἰθίοπα σμήχεις 443
Αἱ μὲν ἐμπεπλησμέναι γαστέρες... τὰς πεινώσας ἀγνοοῦσιν 1272
Αἴρειν ἔξω πόδα πηλοῦ 1634
Αἰροῦντες ᾑρήμεθα 270, 1260
Αἰσχρόν, προστατεῖν γε δωμάτων / γυναῖκα, μὴ τὸν ἄνδρα 1380
Αἰσχύνη πόλεως πολίτου ἁμαρτία 1055
Αἰτεῖτε καὶ δοθήσεται ὑμῖν· ζητεῖτε καὶ εὑρήσετε· κρούετε καὶ ἀνοιγήσεται ὑμῖν 908
Αἵ τε κύνες... οἱαίπερ αἱ δέσποιναι γίγνονται 968
Αἰχμαλωτίζοντες πᾶν νόημα εἰς τὴν ὑπακοὴν τοῦ Χριστοῦ 1466
Αἶψα γὰρ ἐν κακότητι βροτοὶ καταγηράσκουσιν 1627
Αἰὼν πάντα φέρει 528
Ἄκαιρος εὔνοι' οὐδὲν ἐχθρας διαφέρει 1279
Ἀκέφαλος μῦθος 67
Ἀκλητὶ κωμάζουσιν ἐς φίλους φίλοι 1372
Ἀκονιτὶ νικᾶν 1686
Ἄκουε τἀπὸ καρδίας 76
Ἀκρούνια πυγμαῖα κολοσσῷ ἐφαρμόζειν 456
Ἀκρότητες ἰσότητες 1765
Ἄκρῳ ἅψασθαι τῷ δακτύλῳ 156
Ἀλίγκιον ἀστέρι καλῷ 677
Ἁλίσκεται μέν, μετὰ χρόνον δ' ἁλίσκεται 640
Ἀλλ' ἕπου χώρας τρόποις 560
Ἄλλεται ὀφθαλμός μευ ὁ δεξιός 690
Ἀλλ' ἡδύ τοι σωθέντα μεμνῆσθαι πόνων 1620
Ἄλλη πρὸς ἄλλο γαῖα χρησιμωτέρα 494
Ἄλλοι κάμον, ἄλλοι ὤναντο 264
Ἄλλοι σπείρουσιν, ἄλλοι δ' ἀμήσονται 263
Ἄλλος βίος, ἄλλη δίαιτα 561
Ἀλλ' ὅταν σπεύδῃ τις αὐτός, χὠ θεὸς συνάπτεται 914

Ἄλλοτε δ' ἀλλοῖον τελέθειν καὶ χώρᾳ ἕπεσθαι 560
Ἄλλοτε μητρυιὴ πέλει ἡμέρη, ἄλλοτε μήτηρ 778
Ἀλλ' οὐδὲν ἕρπει ψεῦδος εἰς γῆρας χρόνου 298
Ἀλλ' οὐκ αὖθις ἀλώπηξ 397
Ἄλλων ἰατρός, αὐτὸς ἕλκεσι βρύων 168
Ἅλμην τι κυκᾷς πρὶν τοὺς ἰχθύας ἕλῃς; 1749
Ἁλῶν μέδιμνον καταφαγών 1314
Ἀλωπεκίζειν πρὸς ἑτέραν ἀλώπεκα 272
Ἀλώπηξ τὸν βοῦν ἐλαύνει 436
Ἅμα δὲ κιθῶνι ἐκδυομένῳ συνεκδύεται καὶ τὴν αἰδῶ γυνή 1391
Ἅμα δίδου καὶ λάμβανε 1342
Ἀμαθία μὲν θράσος, λογισμὸς δὲ ὄκνον φέρει 320
Ἅμαξα τὸν βοῦν ἕλκει 435
Ἅμα πρόσσω καὶ ὀπίσσω/λεύσσει 1572
Ἁμαρτίας νεότητός μου καὶ ἀγνοίας μου μὴ μνησθῇς 628
Ἅμας ἀπῄτουν, οἱ δ' ἀπηρνοῦντο σκάφας 44
Ἄμ' ἔπος ἅμ' ἔργον 930
Ἀμὴν ἀμὴν λέγω σοι 307
Ἀμὴν λέγω σοι/ὑμῖν 307
Ἄμμα λύειν 1622
Ἀμφοῖν γὰρ ὄντοιν φίλοιν ὅσιον προτιμᾶν τὴν ἀλήθειαν 299
Ἀμφότεροι κλῶπες, καὶ ὁ δεξάμενος καὶ ὁ κλέψας 1135
Ἀνάγκᾳ/δ' οὐδὲ θεοὶ μάχονται 502
Ἀνάγκασον εἰσελθεῖν, ἵνα γεμισθῇ μου ὁ οἶκος 1171
Ἀνάγκη γὰρ ἐλθεῖν τὰ σκάνδαλα 1066
Ἀνάθεμα ἔστω 1543
Ἀνακεφαλαιώσασθαι τὰ πάντα ἐν τῷ Χριστῷ 1455
Ἀνδριὰς σφυρήλατος 413
Ἀνδρὶ πεινῶντι κλέπτειν ἔστ' ἀναγκαίως ἔχον 720
Ἀνδρὶ σοφῷ πᾶσα γῆ βατή· ψυχῆς γὰρ ἀγαθῆς πατρὶς ὁ ξύμπας κόσμος 558
Ἀνδρὸς γέροντος αἱ γνάθοι βακτηρία 655
Ἀνδρὸς κακῶς πράσσοντος ἐκποδὼν φίλοι 1308
Ἀνδρὸς καλῶς πράττοντος ἐγγὺς οἱ φίλοι 1308
Ἀνδρὸς ὑπ' ἐσθλοῦ καὶ τυραννεῖσθαι καλόν 1001
Ἀνδρὸς χαρακτὴρ ἐκ λόγου γνωρίζεται 158
Ἀνδρῶν ἐπιφανῶν πᾶσα γῆ τάφος 558
Ἀνέμους γεωργεῖν 442
Ἀνέμους ποιμαίνειν 442
Ἀνέμῳ διαλέγῃ 434
Ἀνέμων στάσεις γινώσκουσιν οἱ ἐγχώριοι 392
Ἀνεξέταστον μὴ κόλαζε μηδένα 1126
Ἀνερρίφθω κύβος 1609
Ἀνευθύνους εἶναι ποιητὰς καὶ γραφέας 188
Ἄνευ πτερῶν ζητεῖς ἵπτασθαι 446
Ἀνέχου καὶ ἀπέχου 1664
Ἀνήνυτον ἔργον πράττειν Πηνελόπης τινὰ ἐναντίως ἱστὸν μεταχειριζομένης 945
Ἀνήρ... ἀγαθὸς οὐ πᾶσαν ἡμέραν ἑορτὴν ἡγεῖται; 958
Ἀνὴρ ἀτεχνῆς τοῖς πᾶσιν ἐστι δοῦλος 163
Ἀνὴρ ὁ φεύγων καὶ πάλιν μαχήσεται 1247
Ἄνθρακες ἡμῖν ὁ θησαυρὸς πέφηνε 871
Ἄνθρωπος ἀνθρώπου δαιμόνιον 1299
Ἄνθρωπος ἀτυχῶν σῴζευ' ὑπὸ τῆς ἐλπίδος 860
Ἄνθρωπος· ἱκανὴ πρόφασις εἰς τὸ δυστυχεῖν 1659
Ἀνθρώπου μὲν εἶναι τὸ ἁμαρτάνειν, θεοῦ δὲ ἢ ἀνδρὸς ἰσοθέου τὰ πταισθέντα ἐπανορθοῦν 457
Ἀνίπτοις χερσίν 1542
Ἂν μὴ παρῇ κρέας, τάριχον στερκτέον 552
Ἀνόητος νεοττὸς ἑκὼν δείκνυσι τὴν ἑαυτοῦ νοσσιάν 408
Ἂν πολλὰ βάλλῃς, ἄλλοτ' ἀλλοῖον βαλεῖς 855
Ἄνω γὰρ ἂν ῥέοι/τὰ πράγμαθ' οὕτως 440
Ἄνω κάτω πάντα 781
Ἄνω ποταμῶν χωροῦσι πηγαί 440
Ἀνώτερον τοῦ σφυροῦ λέγει 543
Ἄξιος τριχός 134
Ἅπαντα νικᾷ καὶ μεταστρέφει τύχη 836
Ἅπας μὲν ἀὴρ αἰετῷ περάσιμος,/ἅπασα δὲ χθὼν ἀνδρὶ γενναίῳ πατρίς 558
Ἃ πάσχοντες ὑφ' ἑτέρων ὀργίζεσθε, ταῦτα τοὺς ἄλλους μὴ ποιεῖτε 1351
Ἀπάτης δικαίας οὐκ ἀποστατεῖ θεός 1481
Ἁ πενία... μόνα τὰς τέχνας ἐγείρει 1819
Ἅπερ οἱ γόνες 1183
Ἀπέστειλας τὸ πνεῦμά σου, ἐκάλυψεν αὐτοὺς θάλασσα 1262
Ἀπ' ἐχθρῶν δῆτα πολλὰ μανθάνουσιν οἱ σοφοί 1278

ÍNDICE DAS FRASES GREGAS 889

Ἄπληστος πίθος 441
Ἁπλοῦς ὁ μῦθος τῆς ἀληθείας ἔφυ 302
Ἀπὸ βραδυσκελῶν ὄνων ἵππος ὤρουσεν 762
Ἀπόδος εἴ τι ὀφείλεις 1087
Ἀπόδοτε οὖν τὰ Καίσαρος Καίσαρι καὶ τὰ τοῦ θεοῦ τῷ θεῷ 1088
Ἀπὸ λεπτοῦ μίτου τὸ ζῆν ἠρτῆσθαι 1551
Ἀπὸ ὄνων ἐφ' ἵππους 762
Ἀπὸ πώγωνος φιλόσοφοι 219
Ἀπορραγήσεται τεινόμενον τὸ καλῴδιον 1733
Ἀπώλεσας τὸν οἶνον ἐπιχέας ὕδωρ 239
Ἀργυραῖς λόγχαις μάχου, καὶ πάντων κρατήσεις 1787
Ἄριστον μέτρον 1760
Ἀρκετὸν τῇ ἡμέρᾳ ἡ κακία αὐτῆς 581
Ἄρκτου παρούσης ἴχνη μὴ ζήτει 473
Ἄρχεσθαι μαθὼν ἄρχειν ἐπιστήσῃ 984
Ἀρχὴ ἄνδρα δείκνυσιν 999
Ἀρχὴ δήπου παντὸς ἔργου χαλεπώτερόν ἐστι 801
Ἀρχὴ ἥμισυ παντός 802
Ἀρχὴν ἰᾶσθαι πολὺ λώϊον ἢ τελευτήν 804
Ἀρχὴ σοφίας φόβος κυρίου 1467
Ἀσκεῖν περὶ τὰ νοσήματα δύο, ὠφελεῖν ἢ μὴ βλάπτειν 750
Αὐλὸν σάλπιγγι συγκρίνεις 124
Αὐτίκα καὶ φυτὰ δῆλα ἃ μέλλει κάρπιμ' ἔσεσθαι 117
Αὐτὸ δείξει 1142
Αὐτὸ δὲ τὸ σιγᾶν ὁμολογοῦντός ἐστί σου 21
Αὐτόματα γὰρ τὰ πράγματ' ἐπὶ τὸ συμφέρον / ῥεῖ, κἂν καθεύδῃς 849
Αὐτόματοι δ' ἀγαθοὶ ἀγαθῶν ἐπὶ δαῖτας ἴενται 1372
Αὐτόματοι δ' ἀγαθοὶ δειλῶν ἐπὶ δαῖτας ἴασιν 1372
Αὐτόματος... ἦλθε βοὴν ἀγαθὸς Μενέλαος 1372
Αὐτὸς ἔφα 373
Αὐτός τι νῦν δρῶν, εἶτα τοὺς θεοὺς κάλει 914
Αὐτοῦ Ῥόδος, αὐτοῦ πήδημα 1737
Ἀφεὶς τὰ φανερὰ μὴ δίωκε τἀφανῆ 1731
Ἄφες τοὺς νεκροὺς θάψαι τοὺς ἑαυτῶν νεκρούς 612
Ἁ φιλοχρηματία Σπάρταν ἕλοι, ἄλλο δὲ οὐδέν 1790
Ἀφ' ἵππων ἐπ' ὄνους 762
Ἀφροδίσιος ὅρκος οὐ δάκνει 1413

Ἀφροδίσιος ὅρκος οὐκ ἐμποίνιμος 1413
Ἀφροδίτη καὶ Διόνυσος μετ' ἀλλήλων εἰσί 1411
Ἄχθος δὲ τὸ γῆρας αἰεὶ / βαρύτερον Αἴτνας σκοπέλων / ἐπὶ κρατὶ κεῖται 648

B

Βάδιζε τὴν εὐθεῖαν, ἵνα δίκαιος ᾖς 464
Βάλλ' εἰς ὕδωρ 1185
Βασιλέως ὀφθαλμός 1016
Βέβαιον οὐδέν ἐστιν ἐν θνητῷ βίῳ 775
Βελισαρίῳ ὀβολὸν δότε τῷ στρατηλάτῃ 760
Βία πενήτων, πλουσίων παράκλησις 971
Βλέποντ(α)... ὀξύτερον τοῦ Λυγκέως 707
Βλέπων πεπαίδευμ' εἰς τὰ τῶν ἄλλων κακά 391
Βοιωτία αἰνίγματα 329
Βοιωτία ὗς 417
Βοιώτιον οὖς 417
Βορβόρῳ ὕδωρ / λαμπρὸν μιαίνων, οὔπου' εὑρήσεις ποτόν 238
Βότρυς πρὸς βότρυν πεπαίνεται 588
Βραχὺς ὁ βίος ἀνθρώπῳ εὖ πράττοντι, δυστυχοῦντι δὲ μακρός 627
Βροτοῖς ἅπασι κατθανεῖν ὀφείλεται 519

Γ

Γαστὴρ παχεῖα λεπτὸν οὐ τίκτει νόον 713
Γαστρὸς δὲ πειρῶ πᾶσαν ἡνίαν κρατεῖν 723
Γελᾷ δ' ὁ μῶρος, κἄν τι μὴ γελοῖον ᾖ 400
Γέλως ἄκαιρος ἐν βροτοῖς δεινὸν κακόν 400
Γέλως ἄκαιρος κλαυθμάτων παραίτιος 400
Γέλως βάθρον θεῖ καὶ γέρουσι καὶ νέοις 664
Γενηθήτω τὸ θέλημά σου 1033
Γένος οὐδὲν εἰς ἔρωτα 1409
Γεράνδρυον μεταφυτεύειν 643
Γέροντι μηδέποτε μηδὲν χρηστὸν ποιεῖν 658
Γέρων ἀλώπηξ οὐχ ἁλίσκεται πάγῃ 640
Γέρων δέ τε τέρπει γέροντα 626
Γέρων ἐραστὴς ἐσχάτη κακὴ τύχη 1410
Γῆ εἶ καὶ εἰς γῆν ἀπελεύσῃ 516
Γηρᾷ βοῦς, τὰ δ' ἔργα πολλὰ τῷ βοΐ 654
Γῆρας ἐπὰν μὲν ἀπῇ, πᾶς εὔχεται· ἢν δέ πο-

τ' ἔλῃη, / μέμφεται· ἔστι δ' ἀεὶ κρεῖσσον ὀφειλόμενον 647
Γηράσκω δ' αἰεὶ πολλὰ διδασκόμενος 385
Γῆρας λέοντος κρεῖσσον ἀκμαίων νεβρῶν 653
Γηροτροφία γὰρ προσέοικε παιδοτροφία 651
Γίνεσθε οὖν φρόνιμοι ὡς οἱ ὄφεις καὶ ἀκέραιοι ὡς αἱ περιστεραί 1566
Γλαῦκα εἰς Ἀθήνας 477
Γλυκὺ δὲ πόλεμος ἀπείροισιν, ἐμπείρων δέ τις / ταρβεῖ προσιόντα νιν καρδίᾳ περισσῶς 396, 1213
Γλυκὺ μέλι κατέπνιξε αὐτόν 1774
Γλῶσσα βλάσφημος διανοίας κακῆς ἔλεγχος 158
Γλῶσσα, ποῖ πορεύῃ; πόλιν ἀνορθώσουσα καὶ πόλιν καταστρέψουσα; 5
Γνῶθι σεαυτόν 347
Γνῶμαι δ' ἀμείνους εἰσὶ τῶν γεραιτέρων 639
Γνῶμαι πλέον κρατοῦσιν ἢ σθένος χερῶν 11
Γνώμη γερόντων ἀσφαλεστέρα νέων 639
Γόνυ κνήμης ἔγγιον 1282
Γραῦς ἀνακροτήσασα πολὺν κονιορτὸν ἐγείρει 663
Γραῦς βακχεύει 663
Γραώδεις ὑποθῆκαι 657
Γραῶν ὕθλοι 657
Γυμνὸς ὡς ἐκ μήτρας 1624
Γυναικὶ δ' ἄρχειν οὐ δίδωσιν ἡ φύσις 1380
Γυναικὶ μὴ πίστευε, μηδ' ἂν ἀποθάνῃ 1381
Γυναικὶ μὴ πίστευε τὸν σαυτοῦ βίον 1381
Γυναικὸς ὄμμα τοῖς ἀκμάζουσιν βέλος 1407
Γυναιξὶ πάσαις κόσμον ἡ σιγὴ φέρει 1386
Γυνὴ δὲ θῆλυ κἀπὶ δακρύοις ἔφυ 1382
Γυνὴ στρατηγεῖ 1380

Δ

Δακτύλῳ δείκνυται 10
Δαναΐδων πίθος 441
Δάνειξέ μοι μαρτυρίαν 1104
Δειλὴ δ' ἐν πυθμένι φειδώ 1791
Δειλὸν ὁ πλοῦτος 1801
Δειλοῦ μήτηρ οὐ κλαίει 1222
Δειλοὺς εὖ ἔρδοντι ματαιοτάτη χάρις ἐστίν· / ἴσον καὶ σπείρειν πόντον 1363

Δειναὶ γὰρ αἱ γυναῖκες εὑρίσκειν τέχνας 1384
Δεινῆς ἀνάγκης οὐδὲν ἰσχυρότερον 501
Δεινὸν γὰρ οὐδὲν τῶν ἀναγκαίων βροτοῖς 119
Δεινότερον οὐδὲν ἄλλο μητρυιᾶς κακόν 1448
Δεῖ φέρειν τὰ τῶν θεῶν 852
Δεῖ φιλεῖν ὥσπερ μισήσοντα, μισεῖν δὲ ὥσπερ φιλήσοντα 1311
Δελφῖνα νήχεσθαι διδάσκεις 468
Δένδρον παλαιὸν μεταφυτεύειν δύσκολον 643
Δεξιὸν εἰς ὑπόδημα, ἀριστερὸν εἰς ποδάνιπτρα 566
Δέσποινα γὰρ γέροντι νυμφίῳ γυνή 1410
Δῆλόν ἐστι καὶ τυφλῷ 330
Διατελοῦσι γὰρ τὰ γενόμενα λέγοντες 769
Διὰ τοῦ πυρός /... βαδίζειν 1561
Δίζησθαι βιοτήν, ἀρετὴν δ', ὅταν ᾖ βίος ἤδη 350, 1807
Δίκαια μὲν λέγοντες πολλοὶ ἄδικα ποιοῦσι 1079
Δίκη δίκην ἔτικτε καὶ βλάβη βλάβην 1350
Δίκην ὑφέξει κἂν ὄνος δάκῃ κύνα 1105
Δίκης ὀφθαλμός 1082
Δικτύῳ ἄνεμον θηρᾷς 454
Διὸς ἐγκέφαλος 729
Διὸς καὶ βασιλέως ἐγκέφαλος 729
Διὸς τὸ σάνδαλον 729
Δὶς ἐξαμαρτεῖν ταὐτὸν οὐκ ἀνδρὸς σοφοῦ 457
Δὶς καὶ τρὶς τὸ καλόν 68
Δὶς κράμβη θάνατος 384
Δὶς παῖδες οἱ γέροντες 651
Δὶς πρὸς τὸν αὐτὸν αἰσχρὸν προσκρούειν λίθον 458
Διψῶσαν κρήνην 189
Διώκει παῖς ποτανὸν ὄρνιν 453
Δοκεῖ γὰρ ἐν τοῖς τιμῶσι μᾶλλον εἶναι ἢ ἐν τῷ τιμωμένῳ 1301
Δόξα ἐν ὑψίστοις Θεῷ καὶ ἐπὶ γῆς εἰρήνη ἐν ἀνθρώποις εὐδοκίας 1484
Δόσις δ' ὀλίγη τε φίλη τε 1359
Δός μοι ποῦ στῶ καὶ κινῶ τὴν γῆν 180
Δός μοι τὴν σήμερον καὶ λαβὲ τὸν αὔριον 866
Δουλεύει ἡ θάλασσα καὶ τὸ πῦρ ἀνέμοις 990
Δοῦλοι γὰρ ἂν καὶ δεσπόται οὐκ ἄν ποτε γένοιντο φίλοι 1041

Δρυὸς πεσούσης πᾶς ἀνὴρ ξυλεύεται 1039
Δύ' ἡμέραι γυναικός εἰσιν ἥδισται, / ὅταν γαμῇ τις κἀκφέρῃ τεθνηκυῖαν 1438
Δύναμις ὑπὲρ ἄνθρωπον ἡ βασιλέος ἐστὶ καὶ χεὶρ ὑπερμήκης 1017
Δύο τοίχους ἀλείφειν 234
Δυσμενὴς καὶ βάσκανος ὁ τῶν γειτόνων ὀφθαλμός 1375
Δυστυχείτω καὶ λοιδορείτω με 1019
Δῶρα θεοὺς πείθει καὶ αἰδοίους βασιλῆας 1353
Δῶρον δ' ὃ τι δῷ τις, ἐπαίνει 1361

E

Ἐὰν μὴ πιστεύσητε, οὐδὲ μὴ συνῆτε 1468
Ἐὰν ὁ κύριος θελήσῃ καὶ ζήσομεν 1490
Ἐὰν χρόνιος ἡ ἀπουσία γένηται καὶ τῆς φιλίας δοκεῖ ἡ ἀπουσία λήθην ποιεῖν 1408
Ἔγνω δὲ θὴρ θῆρα 273
Ἔγνω δὲ φώρ τε φῶρα καὶ λύκος λύκον 273
Ἐγὼ δὲ καὶ σὺ ταὐτὸν ἕλκομεν ζυγόν 1623
Ἐγὼ μὲν ἐβουλόμην ‹ἂν› παρὰ τούτοις εἶναι μᾶλλον πρῶτος ἢ παρὰ Ῥωμαίοις δεύτερος 991
Ἐγὼ σκόροδά σοι λέγω, σὺ δὲ κρόμμυ' ἀποκρίνῃ 35
Εἰ γάρ κεν καὶ σμικρὸν ἐπὶ σμικρῷ καταθεῖο / καὶ θαμὰ τοῦτ' ἔρδοις, τάχα κεν μέγα καὶ τὸ γένοιτο 814
Εἰ δ' ἀναγκαῖον εἴη ἀδικεῖν ἢ ἀδικεῖσθαι, ἑλοίμην ἂν μᾶλλον ἀδικεῖσθαι ἢ ἀδικεῖν 1080
Εἰ δέ τι / ἔχοι καλῶς, τῷ παιγνίῳ δότε κρότον / καὶ πάντες ἡμᾶς μετὰ χαρᾶς προπέμψατε 624
Εἰ δὲ ὤφειλε τὰς χεῖρας; 1836
Εἴματ' ἀνήρ 221
Εἰ μὲν φράσω τἀληθές, οὐχί σ' εὐφρανῶ· / εἰ δ' εὐφρανῶ τί σ' οὐχὶ τἀληθὲς φράσω 292
Εἰ μὴ δύναιο βοῦν, ἔλαυνε ὄνον 496
Εἰ ὁ Θεὸς ὑπὲρ ἡμῶν, τίς καθ' ἡμῶν; 1501
Εἶπεν ὁ Θεός· γενηθήτω φῶς· καὶ ἐγένετο φῶς 1510
Εἰπὼν ἃ θέλεις, ἀντάκουε ἃ μὴ θέλεις 35
Εἷς ἀνήρ, οὐδεὶς ἀνήρ 1057
Εἷς ἄνθρωπος ἀποθάνῃ ὑπὲρ τοῦ λαοῦ 1238
Εἰς ἀσθενοῦντας ἀσθενῶν ἐλήλυθα 1625
Εἰς αὔριον τὰ σπουδαῖα 941
Εἰς ἄχρηστα μὴ ἀναλίσκειν 658
Εἰς δ' ἀνὴρ οὐ πάνθ' ὁρᾷ 1057
Εἰς δόξαν Θεοῦ 1485
Εἴ σε Προμηθεὺς / ἔπλασε καὶ πηλοῦ μὴ 'ξ ἑτέρου γέγονας 113
Εἷς κοίρανος ἔστω, / εἷς βασιλεύς 1006
Εἰς νεκρὸν ὠτίον ἠχεῖς 447
Εἷς οἶκος οὐ δύναται τρέφειν τοὺς δύο κύνας 1179
Εἷς οἰωνὸς ἄριστος, ἀμύνεσθαι περὶ πάτρης 1234
Εἰς πάγας ὁ λύκος 275
Εἰς τὴν ἀμίδα ἀπουρεῖν 1175
Εἰς τὸν τετρημένον πίθον ἀντλεῖς 441
Εἰς ὕδωρ γράφειν 1417
Εἰς ὕδωρ σπείρειν 442
Εἰς ὕδωρ τὸν ἔρωτα... γράφεις 1417
Εἴ τις οὐ θέλει ἐργάζεσθαι, μηδὲ ἐσθιέτω 957
Ἑκὰς ἑκὰς ὅστις ἀλιτρός 1028
Ἐκ βαθέων ἐκέκραξά σε, κύριε 608
Ἔκβαλε πρῶτον ἐκ τοῦ ὀφθαλμοῦ σου τὴν δοκόν, καὶ τότε διαβλέψεις ἐκβαλεῖν τὸ κάρφος ἐκ τοῦ ὀφθαλμοῦ τοῦ ἀδελφοῦ σου 1289
Ἐκ βιβλίου κυβερνῆται 394
Ἐκ γὰρ τοῦ περισσεύματος τῆς καρδίας τὸ στόμα λαλεῖ 54
Ἐκ Διὸς ἀρχώμεσθα 805
Ἐκ κοινοῦ πλείστη τε χάρις δαπάνη τ' ὀλιγίστη 1052
Ἐκ πολέμου μὲν γὰρ εἰρήνη μᾶλλον βεβαιοῦται 1204
Ἐκ πυρὸς πέσες ἐς φλόγα 1560
Ἐκ τῆς αὐτῆς θιάσου γεγονώς 112
Ἐκτὸς πηλοῦ πόδα ἔχεις 1634
Ἐκ τοῦ αὐτοῦ γυμνασίου 112
Ἐκ τοῦ αὐτοῦ στόματος τὸ θερμὸν καὶ τὸ ψυχρὸν ἐξίεις 232
Ἐκ τοῦ γὰρ ἐσορᾶν γίγνετ' ἀνθρώποις ἐρᾶν 1407
Ἐκ τοῦ καρποῦ τὸ δένδρον γινώσκω 117
Ἐκ τοῦ κρασπέδου τὸ πᾶν ὕφασμα 115
Ἐκ τοῦ λαλεῖν ἀεὶ τὸ λαλεῖν περιγίνεται 59
Ἐκ τοῦ πυρὸς εἰς τὰς μαχαίρας ἦλθον 1560
Ἐκ τριόδου / τριόδων 66
Ἐλαίῳ πῦρ σβεννύεις 1188
Ἐλάφειος ἀνήρ 173, 1252

Ἐλευθέριον ὕδωρ 1071
Ἐλέφαντος διαφέρεις οὐδέν 678
Ἐλέφας μῦν οὐχ ἁλίσκει 1720
Ἕλκος ἔχω τὸν ἔρωτα 1403
Ἑλλυχνίων ὄζειν τὰ ἐνθυμήματα 38
Ἐλπίδες ἐν ζωοῖσιν, ἀνέλπιστοι δὲ θανόντες 860
Ἐλπὶς ἐν ἀνθρώποισι μόνη θεὸς ἐσθλὴ ἔνεστιν 861
Ἐμοὶ ἐχθὲς καὶ σοὶ σήμερον 514
Ἐμοῦ θανόντος γαῖα μιχθήτω πυρί 607
Ἔμπροσθεν κρημνός, ὄπισθεν λύκοι 1558
Ἕνα... ἀλλὰ λέοντα 1242
Ἐν ἀλλοτρίοις παραδείγμασι παίδευε σεαυτόν 391
Ἐν ἀοῖ τὰ σπουδαῖα 1585
Ἐν ἀπορίαις γὰρ οὐδὲ εἷς ἔσται φίλος 1308
Ἐν βορβόρῳ κεῖσθαι 1634
Ἐν γὰρ γυναιξὶ πίστιν οὐκ ἔξεστ' ἰδεῖν 1381
Ἐν γῇ πένεσθαι μᾶλλον ἢ πλουτοῦντα πλεῖν 1611
Ἔνθ' οὔτε μίμνειν ἄνεμος οὔτ' ἐκπλεῖν ἐᾷ 1632
Ἑνὶ καλάποδι πάντας ὑποδέουσιν 567
Ἐν κακκάβᾳ ζεούσᾳ μείζονα ἑωρακέναι χειμῶνα 430
Ἐν Καρὶ τὸν κίνδυνον 1599
Ἐν κενῇ γὰρ γαστρὶ τῶν καλῶν ἔρως / οὐκ ἔστι 721
Ἐν κυμβάλοις 1726
Ἐν μὲν τῷ φάει σκοτεινός, ἐν δὲ τῷ σκότει φαεινός 478
Ἐννέα τοι ζώει γενεὰς λακέρυζα κορώνη / ἀνδρῶν ἡβώντων· ἔλαφος δὲ τετρακόρωνος, / τρεῖς δ' ἐλάφους ὁ κόραξ γηράσκεται 661
Ἐν νυκτὶ βουλή 1585
Ἐν οἴνῳ ἀλήθεια 732
Ἐν ὀλβίῳ ὄλβια πάντα 1783
Ἐν πλησμονῇ Κύπρις 1411
Ἐν τοῖς ἐμαυτοῦ δικτύοις ἁλώσομαι 270
Ἐν τοῖς κακοῖς γὰρ ἀγαθοὶ σαφέστατοι / φίλοι 1307
Ἐν τοῖς λιμέσι καὶ πρὸς τῇ γῇ ναυαγεῖν 424
Ἐν τυφλῶν πόλει γλαμυρὸς βασιλεύει 978
Ἐν ὑγρῷ ἐστιν ἡ γλῶττα 49
Ἐξ ἄμμου σχοινίον πλέκει 439
Ἐξάντης λεύσσω τοὐμὸν κακὸν ἄλλον ἔχοντα 1618
Ἐξ ἁπαλῶν ὀνύχων 634

Ἐξ ἑνὸς πηλοῦ 113
Ἐξ ἑνὸς τὰ πάνθ' ὁρᾶν 324
Ἐξ Ἑστίας ἀρχόμενος 805
Ἐξ ἔτι σπαργάνων 635
Ἐξ ὀλίγου σπινθῆρος ἀθέσφατος αἴθεται ὕλη 817
Ἐξ ὀνύχων 634
Ἐπ' ἄκρα γλώττῃ τὸ φιλεῖν ἔχεις 155
Ἐπ' ἄκρου τοῦ χείλους 155
Ἐπ' ἀμφότερα καθεύδεις τὰ ὦτα 1614
Ἐπ' αὐτὸν ἥκεις τὸν βατῆρα τῆς θύρας 1617
Ἐπειδὴ καὶ τὸν οἶνον ἠξίους / πίνειν, συνεκποτέ' ἐστί σοι καὶ τὴν τρύγα 1635
Ἐπὶ δυοῖν ὁρμεῖν 1577
Ἐπὶ λεπτῷ δενδρέῳ βαίνειν 1492
Ἐπὶ νεκρῷ μὴ γέλα 592
Ἐπὶ ῥιπὸς πλεῖν 1492
Ἐπίσταται δ' οὐδ' ἄλφα συλλαβὴν γνῶναι 318
Ἐπὶ τὸν εὖ ἔχοντα τοῖχον ῥέπειν 789
Ἔπος πρὸς ἔπος ἠρειδόμεσθ(α) 1349
Ἐρᾷ μὲν ὄμβρου γαῖ' ὅταν ξηρὸν πέδον / ἄκαρπον αὐχμῷ νοτίδος ἐνδεῶς ἔχῃ 1331
Ἔργα μὲν νεωτέρων, / βουλαὶ δ' ἔχουσι τῶν γεραιτέρων κράτος 638
Ἔργα νέων, βουλαὶ δὲ μέσων, εὐχαὶ δὲ γερόντων 638
Ἐργμασι‹ν› ἐν μεγάλοις πᾶσιν ἁδεῖν χαλεπόν 974
Ἔρδοι τις ἣν ἕκαστος εἰδείη τέχνην 544
Ἐρρέτω φίλος σὺν ἐχθρῷ 1237
Ἔρως θάλλει μὲν εὐπορῶν, ἀποθνῄσκει δ' ἀπορῶν 1827
Ἔρωτα παύει λιμός 1827
Ἐς βάραθρον 1185
Ἔσεσθε ὡς θεοὶ γινώσκοντες καλὸν καὶ πονηρόν 1452
Ἐσθλῆς θυγατέρ' ἐκ μητρὸς λαβεῖν 1441
Ἐσθλοῦ πρὸς ἀνδρὸς πάντα γενναίως φέρειν 852
Ἐς κόρακας 1185, 1186
Ἔσονται... οἱ δύο εἰς σάρκα μίαν 1432
Ἐς πόδας ἐκ κεφαλῆς 692
Ἔσσεται ἦμαρ, ὅτ' ἄν ποτ' ὀλώλῃ Ἴλιος ἱρή 823
Ἔσται καὶ χωλῶν δρόμος 989
Ἔσται τὰ σκολιὰ εἰς εὐθείαν 110
Ἔστιν‹ν› Δίκης ὀφθαλμὸς ὃς τὰ πάνθ' ὁρᾷ 1082

Έτεροι μὲν ἐθήρασαν, ἑτέρων δὲ ἦν ἡ ὄρνις 264
Ἔτος φέρει, οὐχὶ ἄρουρα 837
Εὕδοντι δ' αἱρεῖ πρωκτός 849
Εὕδοντι κύρτος αἱρεῖ 849
Εὑδόντων ἁλιευτικῶν κύρτος 849
Εὔκολον ἔφασκε τὴν εἰς ᾅδου ὁδόν 595
Εὗρεν ἡ λοπὰς τὸ πῶμα 569
Εὕρηκα 181
Εὐτυχῶν μὴ ἴσθι ὑπερήφανος, ἀπορήσας μὴ ταπεινοῦ 842
Εὐχῆς δικαίας οὐκ ἀνήκοος θεός 1481
Ἔφυγον κακόν, εὗρον ἄμεινον 1757
Ἔχεται δ' ὥσπερ πολύπους πέτρας 901
Ἐχθρὸς δὲ κἂν καλὰ ποιήσῃ, κακά ἐστιν 244
Ἐχθροῦ παρ' ἀνδρὸς οὐδέν ἐστι χρήσιμον 244
Ἐχθρῶν ἄδωρα δῶρα κοὐκ ὀνήσιμα 244
Ἔχομεν κύνα τῷ πτωχῷ βοηθοῦντα 278
Ἕως θερμὸς ὁ σίδηρος, τῷ ψυχρῷ στομωθήτω 926

Z

Ζεῖ χύτρα, ζεῖ φιλία 1309
Ζεὺς κατεῖδε χρόνιος ἐς τὰς διφθέρας 1506
Ζεὺς ὑέτιος 1508
Ζημίαν αἱροῦ μᾶλλον ἢ κέρδος αἰσχρόν 1804
Ζῶμεν γὰρ οὐχ ὡς θέλομεν, ἀλλ' ὡς δυνάμεθα 493
Ζῷον πολιτικόν 1049
Ζώσῃ φωνῇ 89

H

Ἡ ἀνάπαυσις τῶν πόνων ἐστὶν ἄρτυμα 946
Ἡ γὰρ πένης ὢν τὴν γυναῖκα χρήματα / λαβὼν ἔχει δέσποιναν, οὐ γυναῖκ' ἔτι 1443
Ἡ γὰρ σιωπὴ τοῖς σοφοῖσιν ἀπόκρισις 17
Ἡ γὰρ τυραννὶς ἀδικίας μήτηρ ἔφυ 997
Ἡ γλῶσσ' ὀμώμοχ' ἡ δὲ φρὴν ἀνώμοτος 281
Ἡ γλῶττ' ἀνέγνωχ' ἡ δὲ φρὴν οὐ μανθάνει 281, 321
Ἡ δὲ κακὴ βουλὴ τῷ βουλεύσαντι κακίστη 266
Ἡ δὲ μεσότης ἐν πᾶσιν ἀσφαλεστέρα 1756

Ἡ δὲ μωρία / μάλιστ' ἀδελφὴ τῆς πονηρίας ἔφυ 407
Ἤδη γὰρ φράσδῃ πάνυ' ἅλιον ἄμμι δεδύκειν; 863
Ἥδιστον ἄκουσμα ἔπαινος 1740
Ἡ δ' ὁμιλία / πάντων βροτοῖσι γίγνεται διδάσκαλος 394
Ἤθη φίλων γίνωσκε, μιμήσῃ δὲ μή 1322
Ἦλθον, εἶδον, ἐνίκησα 928
Ἧλιξ ἥλικα τέρπει 626
Ἡλίῳ φῶς δανείζεις 478
Ἥλῳ τὸν ἧλον ἐκκρούειν 1629
Ἡμάρτηκεν οὐράνιον ὅσον 463
Ἡμέρα ὀργῆς 1636
Ἡ μύρμηξ ἢ κάμηλος 685
Ἢν μετὰ πλειόνων βουλεύσωνται 601
Ἤν τις ἔμαξε μᾶζαν, ταύτην καὶ ἐσθιέτω 1083
Ἥξει γὰρ ἡμῶν ἄλλος αὖ τιμάορος 616
Ἡ πεῖρα διδάσκαλος 394
Ἡ πενία πολλῶν ἐστιν ἐνδεής, ἡ δὲ ἀπληστία πάντων 1812
Ἢ τὰν ἢ ἐπὶ τᾶς 1235
Ἡ τίς ἐστιν ἐξ ὑμῶν ἄνθρωπος, ὃν αἰτήσει ὁ υἱὸς αὐτοῦ ἄρτον, μὴ λίθον ἐπιδώσει αὐτῷ; 233
Ἥτω ἀνάθεμα 1543
Ἡ χάρις ἀλλάξαι τὴν φύσιν οὐ δύναται 106
Ἡ χάρις, ὡς οὐδὲν ἄλλο ἐν βίῳ, παρὰ τοῖς πολλοῖς τάχιστα γηράσκει 1357
Ἢ χρὴ τραγῳδεῖν πάντας ἢ μελαγχολᾶν 199
Ἠώς τοι προφέρει μὲν ὁδοῦ, προφέρει δὲ καὶ ἔργου 920

Θ

Θάλασσα καὶ πῦρ καὶ γυνὴ τρίτον κακόν 1379
Θάλαττα, θάλαττα 1616
Θανάτῳ πάντες ὀφειλόμεθα 519
Θέλω τύχης σταλαγμὸν ἢ φρενῶν πίθον 836
Θεοῦ δὲ δῶρόν ἐστιν εὐτυχεῖν βροτούς 1475
Θεοῦ θέλοντος κἂν ἐπὶ ῥιπὸς πλέοις 1492
Θεῶν ἀγορά 178

I

Ἰδοὺ ἡ δούλη Κυρίου· γένοιτό μοι κατὰ τὸ ῥῆμά σου 1032
Ἰδοὺ Ῥόδος, ἰδοὺ καὶ πήδημα 1737
Ἰδοὺ ὁ ἄνθρωπος 1509
Ἱερὰ ἄγκυρα 1577
Ἱερὰ (ὁ ἱερὸν) συμβουλή (ὁ συμβουλία) ἐστιν 1339
Ἴθι ὀρθός 464
Ἱκανὸς κύψας λῦσαι τὸν ἱμάντα τῶν ὑποδημάτων 1040
Ἵππου γῆρας 660
Ἵππῳ γηράσκοντι τὰ μείονα κύκλ' ἐπίβαλλε 660
Ἰσότης φιλότης 1304
Ἰσότης φιλότητα ἀπεργάζεται 1304
Ἰσχὺς καὶ εὐμορφίη νεότητος ἀγαθά, γῆραος δὲ σωφροσύνη ἄνθος 638
Ἰχθὺς ἐκ τῆς κεφαλῆς ὄζειν ἄρχεται 965
Ἰχθύων βίος 1180

K

Κάθαμμα λύειν 1622
Καθὼς ἡ μήτηρ καὶ ἡ θυγάτηρ 1445
Καὶ γὰρ ἐγώ σοι δῶκα ἑκὼν ἀέκοντί γε θυμῷ 891
Καὶ γὰρ οὗτος (sc. κάλτιος) καλὸς ἰδεῖν καὶ καινός, ἀλλ' οὐδεὶς οἶδεν, ὅπου με θλίβει 227
Καὶ δρῦς μαινὰς ἐγένετο 260
Καὶ ἐπισφαλὲς καὶ ὅμοιον μαινομένῳ δοῦναι μάχαιραν καὶ μοχθηρῷ δύναμιν 1573
Καὶ κεραμεὺς κεραμεῖ κοτέει καὶ τέκτονι τέκτων,/ καὶ πτωχὸς πτωχῷ φθονέει καὶ ἀοιδὸς ἀοιδῷ 183
Καιρὸν γνῶθι 572
Καιρὸν θεραπεύειν 571
Καιρὸς ὁ πανδαμάτωρ 574
Καιρὸς ψυχὴ πράγματος 574
Καιρῷ δουλεύειν 571
Καιρῷ λατρεύειν, μήδ' ἀντιπνέειν ἀνέμοισιν 571
Καιρῷ πάντα πρόσεστι καλά 572
Καιρῷ σκόπει τὰ πράγματ' ἄνπερ νοῦν ἔχῃς 572
Καὶ σύ, τέκνον; 277
Καὶ τοῦ μέλιτος τὸ πλέον ἐστὶ χολή 1774
Κακῆς ‹ἀπ'› ἀρχῆς γίγνεται τέλος κακόν 811
Κακὸν ἄγγος οὐ κλᾶται 154
Κακὸν ἀναγκαῖον γυνή 1377
Κακὸν ἀναγκαῖον τὸ πείθεσθαι γαστρί 723
Κακὸν κακῷ ἐστήρικτο 1641
Κακὸν πρᾶγμα πρὸς τὸν ἴδιον ἐπανερχέσθω αὐθέντην 265
Κακὸς ἀνὴρ μακρόβιος 154
Κακὸς δ' ὁ μὴ ἔχων 1781
Κακοῦ γὰρ ἀνδρὸς δωρ' ὄνησιν οὐκ ἔχει 244
Κακοῦ κόρακος κακὸν ᾠόν 114
Κάλλιππος τρέχει 179
Καλόν γε γαστρὸς κἀπιθυμίας κρατεῖν 723
Καλὸν δὲ καὶ γέροντι μανθάνειν σοφά 385
Καλῶς ἀκούειν μᾶλλον ἢ πλουτεῖν θέλε 1803
Κάμηλος καὶ ψωριῶσα πολλῶν ὄνων ἀνατίθεται φορτία 653
Κἂν βροτοῖς / αἱ δεύτεραί πως φροντίδες σοφώτεραι 1586
Κἂν κύων κἂν ὗς γνοίη 412
Καρκίνος ὀρθὰ βαδίζειν οὐ μεμάθηκεν 376
Καρκίνου πορεία 376
Καρπὸν ὃν ἔσπειρας θέριζε 809
Κα‹τὰ τὴν ἰδίαν φρόνησιν οὐδεὶς εὐτυχεῖ 832
Κατόπιν ἑορτῆς ἥκομεν 935
Κατόπιν ἧκε τοῦ καιροῦ 935
Κάτοπτρον εἴδους χαλκός ἐστ', οἶνος δὲ νοῦ 733
Κάτοπτρον ὁ τυφλός 450
Κέρδαινε καὶ φείδου, καὶ τοσούτου νόμιζε σεαυτὸν ἄξιον ὅσον ἂν ἔχῃς 1784
Κέρδος αἰσχύνης ἄμεινον 1437, 1780
Κέρδος πονηρὸν ζημίαν ἀεὶ φέρει 1804
Κέρδους ἕκατι κἂν ἐπὶ ῥιπὸς πλέοι 1492
Κεφαλὴ καὶ οὐρά 67
Κῆπος κεκλεισμένος 390
Κηπωρὸν μισῶ τὸν ἐκ ῥιζῶν ἐκτέμνοντα τὰ λάχανα 1722
Κηρὸν τοῖς ὠσὶν ἐπαλείφεις 703
Κηροῦ εὐπλαστότερος 689
Κλύουσα τούσδε Σειρήνων λόγους 293
Κοῖλον τοῦ ποδὸς δεῖξαι 1251
Κοινὰ ‹γὰρ› τὰ τῶν φίλων 1305
Κοινὰ φίλων 1305
Κοινὴ ναῦς κοινὴ σωτηρία 1625

ÍNDICE DAS FRASES GREGAS 895

Κοινὴ ναῦς κοινὸς κίνδυνος 1625
Κοινή που νὺξ μία πάντας ἔχει 517
Κοινὸν ναυάγιον τοῖς πᾶσι παραμύθιον 1698
Κολοιὸς ποτὶ κολοιόν 1336
Κοσκίνῳ ὕδωρ ἀντλεῖς 441
Κοὐδαμοῦ καὶ πανταχοῦ 782
Κοῦφα σοι/χθὼν ἐπάνωθε πέσοι 610
Κουφότερος φελλοῦ 779
Κραδίη δ' ἐλάφοιο 173
Κραδίη δὲ ῥινὸς ἄχρις ἀνέβαινε 1605
Κρείσσων ξενισμὸς λαχάνων πρὸς φιλίαν καὶ χάριν ἢ παράθεσις μόσχων μετὰ ἔχθρας 1373
Κρῆτες ἀεὶ ψεῦσται, κακὰ θηρία, γαστέρες ἀργαί 287
Κρητισμῷ χρησάμενος 287
Κρίνει φίλους ὁ καιρός, ὡς χρυσὸν τὸ πῦρ 1325
Κροκοδείλου δάκρυα 224
Κτῆμα ἐς ἀεί 182
Κύκλος τῶν ἀνθρωπηίων πρηγμάτων 776
Κύκνειον ᾆσμα 619
Κυνὸς ὄμματ' ἔχων, κραδίην δ' ἐλάφοιο 1252
Κύριε, ἐλέησον 1483
Κύων ἐν προθύρῳ 977
Κύων κυνὸς οὐχ ἅπτεται 1347
Κύων παρ' ἐντέροις 421
Κύων σπεύδουσα τυφλὰ τίκτει 1580
Κωφοῖς αὐτῶ 448
Κωφῷ ὁμιλεῖς 448

Λ

Λαγὼν κατὰ πόδας χρὴ διώκειν 162
Λαγῷ πεινῶντι καὶ πλακοῦντες εἰς σῦκα 717
Λάθε βιώσας 1045, 1271
Λακωνικῶς διαλέγειν 40
Λαλίστερος χελιδόνος 8
Λέγειν τὰ λεγόμενα 51
Λέγ' εἴ τι λέγεις 933
Λέγεται πυρὸς καὶ ὕδατος ὁ φίλος ἀναγκαιότερος εἶναι 1321
Λευκὸν ὡς χιών 675
Λευκότεροι χιόνος, θείειν δ' ἀνέμοισιν ὁμοῖοι 675
Λίθον ἕψειν 442, 1588
Λίθος κυλιόμενος φῦκος οὐ ποιεῖ 784
Λίθῳ διαλέγου 413

Λίθῳ λαλεῖς 413
Λιμῷ γὰρ οὐδέν ἐστιν ἀντειπεῖν ἔπος 719
Λόγον παρ' ἐχυροῦ μήπου' ἡγήσῃ φίλον 244
Λύκος ἐν αἰτίᾳ γίνεται, κἂν φέρῃ κἂν μὴ φέρῃ 1086
Λύκος ἔχανεν 873
Λύκος καὶ δὶν ποιμαίνει 1597
Λύκος ποιμήν 1597
Λύχνον ἐν μεσημβρίᾳ ἅπτειν 478
Λύχνου ἀρθέντος γυνὴ πᾶσα ἡ αὐτή 1393

Μ

Μαινόμεθα πάντες, ὁπόταν ὀργιζώμεθα 1750
Μακάριοι οἱ νεκροὶ οἱ ἐν Κυρίῳ ἀποθνήσκοντες 1462
Μακάριοι οἱ πτωχοὶ τῷ πνεύματι, ὅτι αὐτῶν ἐστιν ἡ βασιλεία τῶν οὐρανῶν 1511
Μακραὶ τυράννων χεῖρες 1017
Μακρὸς γὰρ αἰὼν συμφορὰς πολλὰς ἔχει 645
Μακρὸς δὲ καὶ ὄρθιος οἶμος ἐς αὐτήν (sc. ἀρετήν) 1683
Μάντις δ' ἄριστος ὅστις εἰκάζει καλῶς 170
Ματαιότης ματαιοτήτων 508
Μέγα βιβλίον μέγα κακόν 1719
Μέγα γείτονι γείτων 1374
Μεγαρέων δάκρυα 225
Μένουσιν αἱ φύσεις, ὡς προῆλθον τὴν ἀρχήν 443
Μέσον τε καὶ ἄριστον, ὅπερ ἐστὶ τῆς ἀρετῆς 1758
Μεταβολὴ πάντων γλυκύ 772
Μετὰ μαινομένων φασὶν χρῆναι μαίνεσθαι πάντας ὁμοίως 583
Μετὰ νοσούντων μαίνεσθαί φασι καλόν 583
Μεταξὺ τοῦ ἄκμονος καὶ τῆς σφύρας 1556
Μετὰ τὴν δόσιν τάχιστα γηράσκει χάρις 1357
Μετὰ τὴν σκιὰν τάχιστα γηράσκει χρόνος 1357
Μετὰ τῶν πλειόνων βουλεύσωνται 601
Μὴ ἅμα ἀρχῇ πᾶν τέλος καταφαίνεσθαι 813
Μηδὲ βάλητε τοὺς μαργαρίτας ὑμῶν ἔμπροσθεν τῶν χοίρων 1545

Μηδὲ δίκην δικάσῃς, πρὶν ἀμφοῖν μῦϋον ἀκούσῃς 1126
Μηδὲ κατὰ τοίχου γεγραμμένον πόλεμον ἑωράκει 211
Μηδὲν ἄγαν 1761
Μηδέν' ὀλβίζειν, πρὶν ἂν / τέρμα τοῦ βίου περάσῃ μηδὲν ἀλγεινὸν παϋῶν 532
Μηδὲν ὑπὲρ τὰ καλάποδα 543, 544
Μηδὲν ὑπὲρ τὸ μέτρον 1760, 1761
Μηδὲ τοῦ τῆς πόλεως ὕδατος ἤδη γευσάμενος 323
Μηδὲ ὑπὲρ τὸν πόδα ἔστω τὸ ὑπόδημα 567
Μηδὲ χελιδόνας ἐν οἰκίᾳ δέχεσϋαι 8
Μηδ' ὡς πετροφυὴς πολύπους κατὰ χώραν ἀμείβου 560
Μὴ ἐπιϋυμεῖν ἀδυνάτων 492
Μὴ κακοῖς ἰῶ κακά 1628
Μὴ κινεῖν εὖ κείμενον 1202
Μὴ κινεῖν τὰ ἀκίνητα 1202
Μὴ κρίνετε ἵνα μὴ κριϋῆτε 1296
Μὴ λέγε... τοὐμὸν ὄνειρον ἐμοί 74
Μὴ μεγάλα λέγε 1723
Μὴ μέγα λέγε 1723
Μὴ παιδὶ μάχαιραν 1573
Μὴ παιδὶ τὰ κοινά 1573
Μὴ πάντα πειρῶ πᾶσι πιστεύειν ἀεί 284
Μὴ πολυπραγμόνει 1268
Μήποτ' εὖ ἔρδειν γέροντα 658
Μὴ πρὸς λέοντα δορκὰς ἄψωμαι μάχης 1226
Μήπω μέγ' εἴπῃς πρὶν τελευτήσαντ' ἴδῃς 532
Μήτ' ἀκούω μήϋ' ὁρῶ 333
Μήτε τυφλὸν ὁδηγόν, μήτ' ἀνόητον ξύμβουλον 1000
Μὴ τὴν τέφραν φεύγων εἰς τὴν ἀνϋρακιὰν ἐμπέσῃς 1560
Μὴ... τὴν χολὴν ἐπὶ ῥινὸς / ἔχ(ε) 1755
Μία λόχμη οὐ τρέφει δύο ἐριϋάκους 1178, 1179
Μία χελιδὼν ἔαρ οὐ ποιεῖ 1589
Μίδας ὄνου ὦτα ἔχει 963
Μικρά γε πρόφασίς ἐστι τοῦ πρᾶξαι κακῶς 247
Μισῶ σοφιστὴν ὅστις οὐχ αὑτῷ σοφός 167
Μνήσϋητι ὅτι χοῦς ἐσμεν 113
Μόνη ἄγκυρα 1577
Μόνος ϋεῶν γὰρ ϋάνατος οὐ δώρων ἐρᾷ 603

Μυὸς ὄλευρος 618
Μῦς δακὼν παῖδ' ἀπέφυγε 989
Μύωπι τὸν δράκοντα ἤγειρας 480
Μωμήσεταί τις μᾶλλον ἢ μιμήσεται 209
Μωρὸς ἐν γέλωτι ἀνυψοῖ φωνὴν αὑτοῦ 400
Μωρῷ καὶ βασιλεῖ νόμος ἄγραφος 982

N

Ναρϋηκοφόροι μὲν πολλοί, βάκχοι δέ τε παῦροι 215
Ναῦν τοι μί' ἄγκυρ' οὐχ ὁμῶς σῴζειν φιλεῖ 1577
Νᾶφε καὶ μέμνασ' ἀπιστεῖν 284
Νεκρὸν Ἀφροδίτη Διονύσου δίχα καὶ Δήμητρος 1411
Νεκρὸν ἰατρεύειν 423
Νεκρὸς οὐ δάκνει 1169
Νεκρῷ λέγειν μύϋους εἰς οὖς 447
Νέμεσις δέ γε πὰρ πόδας βαίνει 1089
Νέοις μὲν ἔργα, βουλὰς δὲ γεραιτέροις 638
Νέος νέα φρονεῖ 629
Νέος ὢν ἀκούειν τῶν γεραιτέρων ϋέλε 639
Νέφος κολοιῶν 1336
Νηπίοισιν οὐ λόγος, ἀλλὰ ξυμφορὴ γίνεται διδάσκαλος 398
Νήπιος, ὃς πατέρα κτείνας παῖδας ἐγκαταλίποι 1590
Νήπιος, ὃς τὰ ἑτοῖμα λιπὼν ἀνέτοιμα διώκει 1731
Νόμος καὶ χώρα 559
Νόμος ὁ πάντων βασιλεύς 1109
Νοῦς ὁρῇ καὶ νοῦς ἀκούει, τἆλλα κωφὰ καὶ τυφλά 332
Νυκτὶ φωνῇ, νυκτὶ βουλῇ, νυκτὶ τὴν νίκην δίδου 1585
Νῦν ἀπολύεις τὸν δοῦλόν σου, δέσποτα 1487
Νῦν σωϋείην, ἵν' ᾖ μοι δίδαγμα τοῦτο τοῦ λοιποῦ χρόνου 398
Νῦν χρὴ μεϋύσϋην καί τινα πρὸς βίαν / πώνην, ἐπεὶ δὴ κάτϋανε Μύρσιλος 738

Ξ

Ξύλον ἀγκύλον οὐδέποτ' ὀρϋόν 110
Ξυρεῖ... ἐν χρῷ 1172

O

Ὁ ἀναμάρτητος ὑμῶν πρῶτος ἐπ' αὐτὴν βαλέτω λίυον 1296
Ὁ ἁπτόμενος πίσσης μολυνθήσεται 585
Ὁ βάλλων λίυον εἰς ὕψος ἐπὶ κεφαλὴν αὐτοῦ βάλλει 265
Ὁ βίος βραχύς, ἡ δὲ τέχνη μακρή 165
Ὀβολοῦ τιμᾶσυαι 135
Ὃ γὰρ βούλεται, τοῦυ' ἕκαστος καὶ οἴεται 885
Ὃ γέγραφα γέγραφα 796
Ὁ Γραικός, ὁ ἐπιυέτης 242
Ὁ δ' αὖ υάνατος κίχε καὶ τὸν φυγόμαχον 1246
Ὁ δὲ εὑρὼν αὐτὸν (sc. φίλον) εὗρεν υησαυρόν 1318
Ὁ δὲ ψευδὴς λόγος γίνεται παρὰ τὸ πρῶτον ψεῦδος 80
Ὀδοῦσι καὶ ὄνυξι... ἐφύλαττον 1225
Ὁ δύο πτῶκας διώκων οὐδέτερον καταλαμβάνει 1730
Ὁ ἔχων πολὺ πέπερι τίυησι κἂν λαχάνοις 1777
Ὁ Θεός, εἰς τὴν βοήυειάν μου πρόσχες 1480
Οἱ ἀγαυοὶ εὐαπάτητοι 147
Οἱ γὰρ κακοὶ γνώμαισι τἀγαυῶν / χεροῖν ἔχοντες, οὐκ ἴσασι, πρίν τις ἐκβάλῃ 401
Οἱ δ' ἔχοντες ὄλβιοι 1781
Οἱ δυστυχοῦντες ἐξ ἑτέρων χείρονα πασχόντων παραμυυοῦνται 1698
Οἴει γὰρ εἰσαεὶ Διονύσια ἑορτάσειν 1677
Οἱ ἐκ τῆς Ἑλλάδος λέοντες ἐν Ἐφέσῳ γεγόνασιν ἀλώπεκες 1243
Οἴκοι μὲν λέοντες, / ἐν μάχῃ δ' ἀλώπεκες 1243, 1245
Οἶκος φίλος, οἶκος ἄριστος 1047
Οἱ μεγάλοι κλέπται τὸν μικρὸν ἀπάγουσι 1099
Οἶνος ἄνωγε γέροντα καὶ οὐκ ἐυέλοντα χορεύειν 740
Οἶνος γὰρ ἀνυρώπῳ δίοπτρον 733
Οἶνος γὰρ ἔρωτος τροφή 1411
Οἶνος καὶ παῖδες ἀληυεῖς 732
Οἶνος, ὦ φίλε παῖ, καὶ ἀλάυεα 732
Οἴνου δὲ μηκέτ' ὄντος οὐκ ἔστιν Κύπρις 1411
Οἴνῳ τὸν οἶνον ἐξελαύνειν 1629
Οἷον ὁ τρόπος, τοιοῦτος ὁ λόγος 158
Οἷον ῥεύματα κινεῖσυαι τὰ πάντα 529
Ὁκόσα φάρμακα οὐκ ἰῆται, σίδηρος ἰῆται,

ὅσα σίδηρος οὐκ ἰῆται, πῦρ ἰῆται, ὅσα δὲ πῦρ οὐκ ἰῆται ταῦτα χρὴ νομίζειν ἀνίατα 748
Ὁ κόσμος σκηνή, ὁ βίος πάροδος· ἦλυες, εἶδες, ἀπῆλυες 928
Ὁ Κρὴς τὸν Κρῆτα 272
Ὅλη χειρί 1225
Ὀλίγων δέ ἐστιν χρεία ἢ ἑνός 1732
Ὀλίσυημα ἀπὸ ἐδάφους μᾶλλον ἢ ἀπὸ γλώσσης 96
Ὅλοις / πλήρεσιν ἱστίοις 911
Ὅλῳ ποδί 1225
Ὁ μαινομένοις μὴ συμμαινόμενος, οὕτως μαίνεται 583
Ὁ μὲν λόγος υαυμαστός, ὁ δὲ λέγων ἄπιστος 69
Ὁ μὴ δαρεὶς ἄνυρωπος οὐ παιδεύεται 363
Ὁ μὴ δουλεύσας οὐδ' ἂν δεσπότης γένοιτο ἄξιος ἐπαίνου 984
Ὁ μὴ ὢν μετ' ἐμοῦ κατ' ἐμοῦ ἐστιν 1214
Ὀμμάτειος πόυος 1407
Ὅμοιος ὁμοίῳ 1335
Ὁ νεβρὸς τὸν λέοντα 444
Ὀνείρατά μοι λέγει 74
Ὃν οἱ υεοὶ φιλοῦσιν ἀπουνῄσκει νέος 1473
Ὄνος ἀκροᾷ σάλπιγγος 483
Ὄνος αὐτολυρίζων 483
Ὄνος λύρας 483
Ὄνος λύρας ἀκούων καὶ σάλπιγγος ὗς 483
Ὄνου πόκους ζητεῖς 489
Ὄνῳ λύρα 483
Ὄνῳ τις ἔλεγε μῦυον· ὁ δὲ τὰ ὦτα ἐκίνει 481
Ὀξηρὸν ἄγγος οὐ μελιττοῦσυαι πρέπει 587
Ὄξος ἠκρατισμένον 133
Ὄξος Σφήττιον 133
Ὀξύτερον οἱ γείτονες βλέπουσι τῶν ἀλωπέκων 1375
Ὁ οἶνος οὐκ ἔχει πηδάλια 737
Ὅπερ ἔδει δεῖξαι 78
Ὁ πηλὸς ἢν μὴ δαρῇ κέραμος οὐ γίνεται 363
Ὄπισυεν κεφαλῆς ὄμματ' ἔχει 1572
Ὁ πλεῖστον νοῦν ἔχων / μάντις τ' ἀριστός ἐστι 170
Ὅπλον μέγιστον ἐν βροτοῖς τὰ χρήματα 1787
Ὁ ποιεῖς ποίησον 933
Ὁ πολλοῖς φοβερὸς ὢν πολλοὺς φοβείσυω 1021
Ὅπου βία πάρεστιν οὐ συένει νόμος 1223

Ὅπου γὰρ ἡ λεοντῆ μὴ ἐφικνεῖται, προσραπτέον ἐκεῖ τὴν ἀλωπεκῆν 256
Ὅπου σὺ Γάιος, ἐγὼ Γαῖα 1439
Ὅπου τις ἀλγεῖ, κεῖϋι καὶ τὴν χεῖρ' ἔχει 1656
Ὁ προστιϋεὶς γνῶσιν προσϋήσει ἄλγημα 340
Ὁ πτύσας εἰς μυρμηκιὰν οἰδεῖ τὰ χείλη 1591
Ὅρα μόνον μὴ ὥσπερ τῷ Μίδᾳ καὶ ὁ ἄρτος σοι καὶ τὸ ποτὸν χρυσὸς γένηται 847
Ὁρᾷς τὰ ὑπερέχοντα ζῷα ὡς κεραυνοῖ ὁ ϋεός 985
Ὀργῆς ἕκατι κρυπτὰ μὴ ἐκφάνῃς φίλου 1311
Ὀργὴ φιλοῦντος ὀλίγον ἰσχύει χρόνον 1402
Ὅρκον δ' ἐγὼ γυναικὸς εἰς οἶνον γράφω 1417
Ὅρκος Ἀφροδίτης συγγινώσκεται 1413
Ὅρκους ἐγὼ γυναικὸς εἰς ὕδωρ γράφω 1417
Ὄρνεις ζητεῖς, ἀνέμους ϋηρεύσεις 453
Ὄρνιϋος ὄρνις πῶς ἂν ἁγνεύοι φαγών; 1347
Ὀρνίϋων γάλα 727
Ὅσα γὰρ οἰσϋ' οὐκ οἶσϋα νῦν 339
Ὅσα καὶ σώματ' ἐστί.../... τοσούτους ἐστι καὶ τρόπους ἰδεῖν 537
Ὅσ' ἂν ὁ μάγειρος ἐξαμάρτῃ, τύπτεται /... αὐλητής 1085
Ὃς δίδωσιν πτωχοῖς οὐκ ἐνδεηϋήσεται 1794
Ὅσον τὸ κενόν 520
Ὁ σοφὸς ἐν αὑτῷ περιφέρει τὴν οὐσίαν 1839
Ὅς φείδεται τῆς βακτηρίας μισεῖ τὸν υἱὸν αὐτοῦ 363
Ὅταν ἀργύριον ᾖ, πάντα ϋεῖ κάλαύνεται 1782
Ὅταν δ' ὁ δαίμων ἀνδρὶ πορσύνῃ κακά, / τὸν νοῦν ἔβλαψε πρῶτον ᾧ βουλεύεται 1500
Ὁ Ταντάλου λίϋος ὑπὲρ κεφαλῆς ταλαντεύεται 1552
Ὅταν τι μέλλῃς τὸν πέλας κατηγορεῖν, / αὐτὸς τὰ σαυτοῦ πρῶτ' ἐπισκέπτου κακά 1290
Ὁ ταχὺ ἐμπιστεύων κοῦφος καρδίᾳ 284
Ὁ τιμῶν ἑαυτὸν τιμᾷ 1301

Ὅ τοι χρόνος ὀξὺς ὀδόντας / καὶ πάντα ψήχει, καὶ τὰ βιαιότατα 527
Ὁ τρώσας ἰάσεται 1404
Ὁ τῶν φιλαργύρων πλοῦτος, ὥσπερ ὁ ἥλιος καταδὺς εἰς τὴν γῆν, οὐδένα τῶν ζώντων εὐφραίνει 1816
Οὐαὶ μύρμηκι πτεροῖς ἀρϋέντι 546
Οὐ γὰρ ἀνάξεις ποτ' ἔνερϋεν / κλαίων τοὺς φϋιμένους ἄνω 611
Οὐ γὰρ ἡ στολὴ ποιεῖ κύνα, ἀλλ' ὁ κύων στολήν 219, 220
Οὐ γὰρ τὸν τρόπον, ἀλλὰ τὸν τόπον μετήλλαξεν 108
Οὐδ' ἂν νῶϊ διαδράκοι Ἥλιός περ 229
Οὐδ' ἂν τρί' εἰπεῖν ῥήμαϋ' οἷός τ' ἦν 63
Οὐδὲ γὰρ κύων ἅπαξ παύσαιτ' ἂν σκυτοτραγεῖν μαϋοῦσα 831
Οὐδεὶς γὰρ πάντ' ἐστὶ πανόλβιος 1660
Οὐδεὶς δυσώνης χρηστὸν ὀψωνεῖ κρέας 1824
Οὐδεὶς ἐπιβαλὼν τὴν χεῖρα αὐτοῦ ἐπ' ἄροτρον καὶ βλέπων εἰς τὰ ὀπίσω εὔϋετός ἐστιν τῇ βασιλείᾳ τοῦ Θεοῦ 919
Οὐδεὶς οἶδεν τὸν ϋησαυρὸν τὸν ἐμὸν πλὴν εἴ τις ἄρ' ὄρνις 335
Οὐδεὶς πεινῶν καλὰ ᾄδει 721
Οὐδεὶς φίλος ᾧ πολλοὶ φίλοι 1319
Οὐ δεῖ φιλεῖν ὡς μισήσοντα ἀλλὰ μᾶλλον μισεῖν ὡς φιλήσοντα 1311
Οὐδὲ μέλισσα μέλι 1589
Οὐδὲν ἄνευ καμάτου πέλει ἀνδράσιν εὐπετὲς ἔργον 1685
Οὐδὲν γὰρ ὄφελος ἀπορρήτου καὶ ἀφανοῦς τῆς μουσικῆς 1050
Οὐδὲν γίγνεται ἐκ τοῦ μὴ ὄντος 819
Οὐδὲν ϋᾶσσον ξηραίνεσϋαι δακρύου 1658
Οὐδὲν κακὸν ῥᾳδίως ἀπόλλυται 1638
Οὐδὲν οὕτω πιαίνει τὸν ἵππον ὡς βασιλέως ὀφϋαλμός 1014
Οὐδὲ ῥόαν γλυκεῖαν ἐκ τῆς δεξιᾶς / δέξαιτ' ἂν αὐτῶν 131
Οὐϋεὶς ἐπλούτησεν ταχέως δίκαιος ὤν 1805
Οὐϋεὶς ἐφ' αὑτοῦ τὰ κακὰ συνορᾷ... / σαφῶς, ἑτέρου δ' ἀσχημονοῦντος ὄψεται 1288
Οὐ ϋέλων τε καὶ ϋέλων 891
Οὐκ ἀντιλέγοντα δεῖ τὸν ἀντιλέγοντα παύειν, ἀλλὰ διδάσκειν· οὐδὲ γὰρ τὸν μαινόμενον ἀντιμαινόμενός τις ἰᾶται 46

Οὐκ ἐμοὶ μόνη βροτῶν 1698
Οὐκ ἐπαινευείης οὐδ' ἐν περιδείπνῳ 130
Οὐκ ἔσϋ' ὑγιείας κρεῖττον οὐδὲν ἐν βίῳ 742
Οὐκ ἔσται γὰρ λυπηρὰ συνήϋη γενόμενα 1563 ⱱ
Οὐκ ἔστ' ἐμὸν τὸ πρᾶγμα, πολλὰ χαιρέτω 553
Οὐκ ἔστ' ἐραστὴς ὅστις οὐκ αἰεὶ φιλεῖ 1315
Οὐκ ἔστι διϋύραμβος ὅκχ' ὕδωρ πίῃς 741
Οὐκ ἔστι ϋνητοῖσι πρὸς ἀϋανάτους μαχέσασϋαι 1496
Οὐκ ἔστιν εὑρεῖν βίον ἄλυπον οὐδενός 1659
Οὐκ ἔστιν ὅστις πάντ' ἀνὴρ εὐδαιμονεῖ 832
Οὐκ ἔστιν πᾶν πρόσφατον ὑπὸ τὸν ἥλιον· ὃς λαλήσει καὶ ἐρεῖ· Ἰδέ τοῦτο καινόν ἐστιν, ἤδη γέγονεν ἐν τοῖς αἰῶσιν τοῖς γενομένοις ἀπὸ ἔμπροσϋεν ἡμῶν 799
Οὐκέτι πρόσω 505
Οὐκ ἔτι προσωτέρω 505
Οὐκοῦν... ἐροῦμεν ὅτι νῦν ἧλυ' ἐπὶ στόμα; 75
Οὐ λέγειν τύγ' ἐσσὶ δεινός, ἀλλὰ σιγᾶν ἀδύνατος 22
Οὐ λόγων ἀγορὰ δεῖται Ἑλλάδος, ἀλλ' ἔργων 25
Οὐ μάντις εἰμὶ τἀφανῆ γνῶναι σαφῶς 329
Οὔ οἱ ἀεικὲς ἀμυνομένῳ περὶ πάτρης / τευνάμεν 1233
Οὐ πάντα Ὅμηρος ψεύδεται 201
Οὐ πανταχοῦ τὸ φρόνιμον ἁρμόττει παρόν· / καὶ συμμανῆναι δ' ἔνια δεῖ 404
Οὐ παντὸς ἀνδρὸς ἐπὶ τράπεζαν ἔσϋ' ὁ πλοῦς 499
Οὐ παντὸς ἀνδρὸς ἐς Κόρινϋον ἔσϋ' ὁ πλοῦς 499
Οὗ πλεῖστος νοῦς καὶ λόγος, ἐνταῦϋα ἐλαχίστη τύχη, οὗ δὲ πλείστη τύχη, ἐνταῦϋ' ἐλάχιστος νοῦς 843
Οὔπου' ὕδωρ καὶ πῦρ συμμείξεται 125
Οὔποτε ποιήσεις τὸν καρκίνον ὀρϋὰ βαδίζειν 376
Οὔτε γῆς οὔτε οὐρανοῦ ἅπτεται 60
Οὔτ' ἐκ χερὸς μεϋέντα καρτερὸν λίϋον / ῥᾷον κατασχεῖν, οὔτ' ἀπὸ γλώσσης λόγον 90
Οὔτοι συνέχϋειν, ἀλλὰ συμφιλεῖν ἔφυν 1280
Οὗτος μὲν πανάριστος, ὃς αὐτὸς πάντα νοήσει / ... / ἐσϋλὸς δ' αὖ κἀκεῖνος ὃς εὖ εἰπόντι πίϋηται 1340

Οὐ φιλοῦντα δεῖ κρίνειν ἀλλὰ κρίναντα φιλεῖν 1327
Οὐχ αἱ τρίχες ποιοῦσιν αἱ λευκαὶ φρονεῖν 649
Οὐχ ἑκὼν ἑκών 891
Οὐχ ἡ πόλις σου τὸ γένος εὐγενὲς ποιεῖ, / σὺ δ' εὐγενίζεις τὴν πόλιν πράττων καλῶς 1056
Οὐχ οἷόν τε... ἁπαλὸν τυρὸν ἀγκίστρῳ ἐπισπᾶσϋαι 365
Οὐχ ὁσίη κταμένοισιν ἐπ' ἀνδράσιν εὐχετάασϋαι 592
Οὐ χρὴ παννύχιον εὕδειν βουληφόρον ἄνδρα 918
Ὄφεως ὄμμα 706
Ὀφϋαλμοί... τῶν ὤτων ἀκριβέστεροι μάρτυρες 309
Ὁ φϋόνος αὐτὸς ἑαυτὸν ἑοῖς βελέεσσι δαμάζει 271
Ὁ φίλος ἄλλος ἑαυτός 1337
Ὄφιν τρέφειν καὶ πονηρὸν εὐεργετεῖν ταὐτόν ἐστιν 282
Ὄφις ἢν μὴ φάγῃ ὄφιν δράκων οὐ γενήσεται 1180
Ὀψὲ ϋεῶν ἀλέουσι μύλοι, ἀλέουσι δὲ λεπτά 1507
Ὄψει δέ με περὶ Φιλίππους 1195
Ὄψον ἄριστον πόνος τῷ γήρᾳ 650

Π

Πάϋει μάϋος 1690
Παῖδα τῆς τύχης 846
Παλαίσμαϋ' ἡμῶν ὁ βίος 1633
Παναϋηναίων κατόπιν 935
Πάντα γὰρ καιρῷ ἰδίῳ χάριν ἔχει 572
Πάντα γὰρ καιρῷ καλά 572
Πάντα γυναῖκες ἴσαντι, καὶ ὡς Ζεὺς ἀγάγευ' Ἥραν 1389
Πάντα ἔξεστιν, ἀλλ' οὐ πάντα συμφέρει 1532
Πάντα κάλων ἐφέντες 911
Πάντα κάλων σείειν 911
Πάντα κινῆσαι πέτρον 912
Πάντα λίϋον κίνει 912
Πάντα λυπεῖ τὸν τυφλόν 1822
Πάντα μία ἡμῖν κόνις 113
Πάντα πλουσίοις καλὰ κοὐδὲν αὐτοῖς πρᾶγμα 1782
Πάντα ῥεῖ 529

900 DICIONÁRIO DE SENTENÇAS LATINAS E GREGAS

Πανταχόυεν... ὁμοία ἐστὶν ἡ εἰς ᾅδου κατάβασις 556
Πανταχοῦ γε πατρὶς ἡ βόσκουσα γῆς 557
Πάντ' εἰς τὴν κερδαίνουσαν πήραν ὠυεῖν 1798
Πάντ' ἐκκαλύπτων ὁ χρόνος εἰς ‹τὸ› φῶς ἄγει 296
Πάντες γὰρ οἱ λαβόντες μάχαιραν ἐν μαχαίρῃ ἀπολοῦνται 1192
Πάντοτε τῇ ψυχῇ χρῆται οὔσῃ τελείᾳ ὁ σπουδαῖος 150
Πάντων ἀνυρώπων νόμος ἐστὶ κοινὸς τὸ ἀπουανεῖν 596
Παρὰ κωφὸν ὁ τυφλὸς ἔοικε λαλῆσαι 448
Παρὰ ποταμὸν φρέαρ ὀρύττει 476
Παρὰ χωλὸν οἰκῶν κἂν ἐπισκάζειν μαυήσῃ 584
Παρένεγκε τὸ ποτήριον τοῦτο ἀπ' ἐμοῦ 1635
Παρ' ἧς τὸν ἄρτον ἡ κύων οὐ λαμβάνει 131
Πᾶσα γῆ πατρίς 557
Πᾶσα δόσις ἀγαυὴ καὶ πᾶν δώρημα τέλειον 1361
Πᾶς γὰρ τὸ οἰκεῖον ἔργον ἀγαπᾷ 551
Πᾶς γοῦν ποιητὴς γίγνεται, κἂν ἄμουσος ᾖ τὸ πρίν, οὗ ἂν Ἔρως ἄψηται 1424
Πᾶς δὲ ἄνυρωπος ψεύστης 308
Πᾶς τις αὑτὸν τοῦ πέλας μᾶλλον φιλεῖ 1285
Πάταξον μέν, ἄκουσον δέ 791
Πάτερ, ἥμαρτον εἰς τὸν οὐρανὸν καὶ ἐνώπιόν σου 465
Πατρὶς γάρ ἐστι πᾶσ' ἵν' ἂν πράττῃ τις εὖ 557
Πάτταλον παττάλῳ ἐκκρούειν 1629
Παύροις ἀνυρώπων ἀρετὴ καὶ κάλλος ὀπηδεῖ 1392
Πείυεσυαι ἄμεινον 1340
Πεινῶντι δὲ ὕπνος οὐκ ἐπέρχεται 721
Πεινῶσιν γὰρ ἡ Κύπρις πικρά 1411
Πενία δὲ σοφίαν ἔλαχε 1819
Πενία... μόνα τὰς τέχνας ἐγείρει 1819
Πενίαν φέρειν καὶ γῆράς ἐστι δύσκολον 656
Πενίας βαρύτερον οὐδέν ἐστι φορτίον 1825
Πένιχρος δ' οὐδ' εἷς πέλετ' ἐσλὸς οὐδὲ τίμιος 1784
Περὶ ὄνου σκιᾶς 488
Περὶ τῆς ἐν Δελφοῖς σκιᾶς 488
Πέτρας σπείρειν 442
Πέτρην κοιλαίνει ῥανὶς ὕδατος ἐνδελεχείῃ 898

Πέφυκεν ἡ μὲν δύναμις ἐν νεωτέροις, ἡ δὲ φρόνησις ἐν πρεσβυτέροις εἶναι 638
Πηγὴν ὕδατος ζωῆς 337
Πηλὸς οὗτος 137
Πηλῷ μαργαρίτην πιστεύειν 1545
Πῆμα κακὸς γείτων ὅσσον τ' ἀγαυὸς μέγ' ὄνειαρ 1374
Πῆρά τοι μαυήσιος ἀρχά 394
Πῖυ' ἑλλέβορον 144
Πιστὸν Ἑλλὰς οἶδεν οὐδέν 242
Πλεῖν ἀνάγκη, ζῆν οὐκ ἀνάγκη 1232
Πλέον ἥμισυ παντός 1764
Πλίνυον πλύνειν 469
Πόλεμος ἀεὶ πᾶσιν διὰ βίου συνεχής ἐστι πρὸς ἁπάσας τὰς πόλεις 1215
Πολλὰ χρόνου μήνυσις, οὗ φρονήσεως 649
Πολλά γε μεταξὺ πέλει κύλικος καὶ χείλεος ἄκρου 780
Πολλαῖσι πληγαῖς δρῦς δαμάζεται 641
Πολλὰ καινὰ τοῦ πολέμου 1216
Πολλάκι γὰρ γνώμην ἐξαπατῶσ' ἰδέαι 217
Πολλάκι γὰρ καὶ μωρὸς ἀνὴρ μάλα καίριον εἶπεν 406
Πολλάκι πὰρ δόξαν τε καὶ ἐλπίδα γίνεται εὖ ῥεῖν / ἔργ' ἀνδρῶν, βουλαῖς δ' οὐκ ἐπέγεντο τέλος 864
Πολλάκις τὰ παυήματα τοῖς ἀνυρώποις μαυήματα γίγεται 1690
Πολλὰς μεταβολὰς ὁ βίος ἡμῶν λαμβάνει 775
Πολλὰ τὰ δεινά, κοὐδὲν ἀνυρώπου δεινότερον πέλει 123
Πόλλ' ἐλπίδες ψεύδουσι καὶ λόγοι βροτούς 872
Πολλοὶ βουκένται, παῦροι δέ τε γῆς ἀροτῆρες 215
Πολλοὶ ἰατροὶ βασιλέα ἀπώλεσαν 1006
Πολλοί σε μισήσουσιν, ἂν σαυτὸν φιλῇς 1735
Πολλοὶ στρατηγοὶ Καρίαν ἀπώλεσαν 1006
Πολλοῖς τῶν ἀνυρώπων ἀρέσκει τὰ χείρω καὶ ταῦτα αἱροῦνται τῶν ἀμείνω παρατρέχοντες 893
Πολλῶν δ' ἀνυρώπων ἴδεν ἄστεα καὶ νόον ἔγνω 328
Πολλῶν ὁ καιρὸς γίνεται παραίτιος 579
Πολυμαυίη νόον οὐ διδάσκει 386
Πολυπραγμονεῖν τἀλλότρια μὴ βούλου κακά 1268
Πολυτελὲς ἀνάλωμα εἶναι τὸν χρόνον 922
Πόνος / ὁ μὴ φοβῶν κράτιστος 1601

Πόνος πόνω πόνον φέρει 1641
Πόρρω Ἀφροδίτης καὶ Χαρίτων 362
Ποταμοῖσι τοῖσιν αὐτοῖσιν ἐμβαίνουσιν / ἕτερα καὶ ἕτερα ὕδατα ἐπιρρεῖ 529
Πότερον ὁ τὸν τράγον ἀμέλγων ἀφρονέστερος ἢ ὁ τὸ κόσκινον ὑποτιθείς; 428
Πουλύπου ὀργὴν ἴσχε πολυπλόκου, ὃς ποτὶ πέτρῃ, / τῇ προσομιλήσει τοῖος ἰδεῖν ἐφάνη 560
Πράττων τὰ σαυτοῦ, μὴ τὰ τῶν ἄλλων φρόνει 1268
Πρεσβύτερον σέβου 665
Πρίν κε λύκος ὄϊν ποιμάνῃ 126
Πρίν κε λύκος ὄϊν ὑμεναιοῖ 126
Προβάλλοντες κυσὶν ἄρνας 1597
Πρὸ λογισμοῦ μὴ ἐπαινέσῃς ἄνδρα· οὗτος γὰρ πειρασμὸς ἀνθρώπων 158
Πρὸς δύο... οὐδ' ὁ Ἡρακλῆς οἷός τε εἶναι 1574
Προσκατέδει τοὺς δακτύλους 715
Πρὸς κέντρα λακτίζειν 432
Πρὸς Κρῆτα... κρητίζων 272
Πρὸς σῆμα μητρυιᾶς κλαίειν 225
Πρὸς τὴν ἀνάγκην οὐδ' Ἄρης ἀνθίσταται 502
Πρὸς τὴν ἀνάγκην οὐδὲ εἷς ἀνθίσταται 502
Πρὸς τὸν οὐρανὸν σκιαμαχῶν 433
Πρὸς τύμβον κλαίειν 225
Πρὸς φθεῖρα κείρασθαι 1172
Πρὸ τελευτῆς μὴ μακάριζε μηδένα 532
Πρότερον χελώνη παραδραμεῖται δασύποδα 452
Πρὸ τῆς γενειάδος διδάσκεις τοὺς γέροντας 632
Πρὸ τῆς νίκης τὸ ἐγκώμιον ᾄδεις 1749
Προφάσεως δεῖται μόνον ἡ πονηρία 247
Πτωχοῦ πήρα οὐ πίμπλαται 1808
Πυκτεύω ὡς οὐκ ἀέρα δέρων 433
Πῦρ μαχαίρᾳ μὴ σκαλεύειν 1190

Ρ

Ῥάδια πάντα θεῷ τελέσαι καὶ ἀνήνυτον οὐδέν 1495
Ῥᾷον παραινεῖν ἢ παθόντα καρτερεῖν 1693
Ῥεῖν τὰ ὅλα ποταμοῦ δίκην 529
Ῥεχθὲν δέ τε νήπιος ἔγνω 398
Ῥήμαθ' ἁμαξιαῖα 186
Ῥίζα γὰρ πάντων τῶν κακῶν ἐστιν ἡ φιλαργυρία 1811

Σ

Σαρδάνιος γέλως 682
Σιγηροῦ ποταμοῦ τὰ βάθη γύρευε 214
Σίδηρον πλεῖν διδάσκεις 471
Σίδηρος σιδήρῳ ἐλαύνεται 1629
Σιτίον εἰς ἀμίδα μὴ ἐπιβάλλειν 587
Σκάπτειν πέτρας 442
Σκεύη τὰ μὲν καινὰ κρείττονα, φιλία δὲ ἡ παλαιοτέρα 1324
Σκηνὴ πᾶς ὁ βίος καὶ παίγνιον 624
Σκιᾶς ὄναρ / ἄνθρωπος 512
Σκοπέειν δὲ χρὴ παντὸς χρήματος τὴν τελευτὴν κῆ ἀποβήσεται 1567
Σκοπέειν τινὰ τὰ ἑωυτοῦ 1268
Σμικρὸν φροντίσαντες Σωκράτους, τῆς δὲ ἀληθείας πολὺ μᾶλλον 299
Σοφία κεκρυμμένη καὶ θησαυρὸς ἀφανής, τίς ὠφέλεια ἐν ἀμφοτέροις; 1050
Σοφὸν ὁ βοῦς, ἔφασκε δ' ἀστράβην ἰδών· οὐ προσήκειν αὐτῷ τὸ σκεῦος 553
Σοφοῦ γὰρ ἀνδρὸς τὰς τύχας ὀρθῶς φέρειν 852
Σοφώτατον χρόνος· ἀνευρίσκει γὰρ πάντα 296
Σπείρειν πόντον 442
Σπεῦδε βραδέως 1581
Συβαριτικὴ τράπεζα 961
Σὺ γάρ, ὦ Θαλῆ, τὰ ἐν ποσὶν οὐ δυνάμενος ἰδεῖν τὰ ἐπὶ τοῦ οὐρανοῦ οἴει γνώσεσθαι 426
Σὺ δὲ ταῦτα αἰσχρῶς μὲν ἔσπειρας, κακῶς δὲ ἐθέρισας 809
Σὺ δέ, ὦ ξεῖνε, ἔσθιε καὶ πῖνε καὶ παῖζε, ὡς τἆλλα τὰ ἀνθρώπινα οὐκ ὄντα τούτου ἄξια 578
Σύμβουλος οὐδείς ἐστι βελτίων χρόνου 1584
Σὺν Ἀθηνᾷ καὶ χεῖρας κίνει 914
Σύν μοι μαινομένῳ μαίνεο, σὺν σώφρονι σωφρόνει 583
Σφηκιὰν ἐρεθίζειν 1189
Σῶζε τὴν σεαυτοῦ ψυχήν 1457
Σώφρονος δ' ἀπιστίας / οὐκ ἔστιν οὐδὲν χρησιμώτερον βροτοῖς 284

Τ

Τὰ δέ μοι παθήματα ἐόντα ἀχάριτα μαθήματα γέγονε 1690

Τὰ ἐλάχιστα ληπτέον τῶν κακῶν 1640
Τὰ ἐν ποσὶν οὐκ οἶδεν 426
Τὰ ὑνητὰ πάντα μεταβολὰς πολλὰς ἔχει 775
Τὰ καινὰ τοῦ πολέμου 1216
Τὰ μὲν δίκαι' ἐπαίνει, τοῦ δὲ κερδαίνειν ἔχου 1077
Τὰ μὲν προβέβηκεν, ἀμήχανόν ἐστι γενέσυαι / ἀεργά 524
Τὰ μικρὰ μεγάλα ποιεῖν 1723
Τὰν χεῖρα ποτιφέροντα τὰν τύχαν καλεῖν 914
Τὰς ἁπάσας (sc. λαβάς) μὴ ῥᾴδιον εἶναι διαφεύγειν 1575
Τὰς δὲ τῶν τυράννων δεήσεις ἴσμεν ὅτι μεμειγμέναι ἀνάγκαις 971
Τὰς μὲν κόρας ἄνδρας εὑρεῖν δεῖ, τὰς δὲ γυναῖκας σφζειν τοὺς ἔχοντας 1436
Τὰ σῦκα σῦκα, τὴν σκάφην δὲ σκάφην ὀνομάζων 301
Τὰ ὑπὲρ ἡμᾶς οὐδὲν πρὸς ἡμᾶς 1537
Ταῦτα ὑεῶν ἐν γούνασι κεῖται 1493
Τάχ' αὔριον ἔσσετ' ἄμεινον 862
Τὰ χρήματα νεῦρα πραγμάτων 1786
Τευνᾶσιν οἱ ὑανόντες 606
Τευνηκότα μὴ κακολογεῖν 592
Τέλος ὅρα βίου 532
Τέρμα δ' ὁρᾶν βιότοιο 532
Τερπνὸν χρῆμα ἀλλήλοις ἡλικιῶται 626
Τετέλεσται 829
Τέτλαυι δή, κραδίη 1666
Τεττάρων ὀβολῶν ἄξιος 135
Τέττιγος εὐφωνότερος 172
Τέχνη δ' ἀνάγκης ἀσυενεστέρα μακρῷ 503
Τῇ μὲν ὕδωρ ἐφόρει / δολοφρονέουσα χειρί, ὑῇτέρῃ δὲ πῦρ 233
Τήμερον οὐδεμίαν γραμμὴν ἤγαγον 909
Τὴν ἀηδόνα... ἐν οἰκίσκῳ μὴ ᾄδειν 1067
Τὴν αὐτὸς σαυτοῦ ὑύραν κρούεις λίυῳ 425
Τὴν ἑαυτοῦ σκιὰν φοβεῖσυαι 1602
Τὴν ἐμὴν κάμνεις νόσον 1625
Τὴν ἐπιυυμίαν τοῦ σίτου ὄψον αὐτῷ εἶναι 717
Τὴν φιλαργυρίαν εἶπε μητρόπολιν πάντων τῶν κακῶν 1811
Τὴν Χάρυβδιν ἐκφυγὼν τῇ Σκύλλῃ περιέπεσεν 1557
Τῆς αὑτῆς κεραμείας 112
Τῆς γὰρ κεφαλῆς ὀδυνωμένης ἐξαίφνης πάντα τὰ ἀρρωστήματα συμβαίνειν 966
Τῆς δ' ἀρετῆς ἱδρῶτα ὑεοὶ προπάροιυεν ἔυηκαν/ἀυάνατοι 1685

Τῆς παιδείας... τὰς μὲν ῥίζας εἶναι πικράς, γλυκεῖς δὲ τοὺς καρπούς 355
Τῆς ῥινὸς ἕλκεσυαι ὑπὸ πάντων 419
Τί γὰρ δὴ δελφῖνι καὶ βοῖ φασι κοινὸν εἶναι; 686
Τί γὰρ κοινόν... λύρᾳ καὶ ὄνῳ; 483
Τί γὰρ Χαρίτων ἀγαπητὸν / ἀνυρώποις ἀπάνευυεν; 362
Τίκτει γὰρ οὐδὲν ἐσυλὸν εἰκαία σχολή 949
Τιμᾷ δὲ τὰ πράγματα κρέσσονα ποιεῖ 166
Τί με σπεύδοντα καὶ αὐτὸν / ὀτρύνεις; 480
Τίς γὰρ κατόπτρῳ καὶ τυφλῷ κοινωνία; 450
Τί τὸν φεύγοντα διώκεις; 1731
Τλᾶυι, κραδίη 1666
Τὸ γὰρ ἐμφυὲς οὔτ' αἴυων ἀλώπηξ / οὔτ' ἐρίβρομοι λέοντες διαλλάξαιντο ἦυος 109
Τὸ γὰρ τὰ πετόμενα διώκειν τὸ ζητεῖν ἂν εἴη τὴν ἀλήυειαν 453
Τὸ γῆράς ἐστιν αὐτὸ νόσημα 644
Τὸ δὲ ἐφεξῆς τῶν γάμων τέλος ὁ πάντα ὁμοίως διαλύων ἐκδέχεται ὑάνατος 1150
Τὸ δὲ κύκλῳ καὶ ἐξ ἀλλήλων δείκνυσυαι 85
Τὸ εἰυισμένον ὥσπερ πεφυκὸς ἤδη γίγνεται 159
Τὸ ἐν τῇ καρδίᾳ τοῦ νήφοντος ἐπὶ τῆς γλώσσης τοῦ μευύοντος 734
Τοιοῦτός ἐστιν οἷσπερ ἥδεται ξυνών 1329
Τοῖς αὐτῶν πτεροῖς 271
Τοῖς διὰ τῆς δόξης βαδίζουσιν ἀκολουυεῖ φυόνος 986
Τοῖς νενικημένοις ὀδύνη 1254
Τοῖς... πλουσίοις πολλὰ παραμύυια 1782
Τολμᾶν κατὰ πυρός 1561
Τολμῇ δικαίᾳ καὶ υεὸς συλλαμβάνει 851
Τὸ μαίνεσυαι δ' ἄρ' ἦν ἔρως βροτοῖς 1399
Τὸ μὲν πῦρ ὁ ἄνεμος, τὸν δὲ ἔρωτα ἡ συνήυεια ἐκκαίει 1408
Τὸν δ' ἐξήρπαξεν Ἀπόλλων 1613
Τὸν ἕτερον πόδα... ἐν τῇ σορῷ ἔχων 602
Τὸν ἕτερον πόδα ἐν τῷ πορυμείῳ ἔχοντα 602
Τὸν ἥλιον ἀνατέλλοντα πλείονες ἢ δυόμενον προσκυνοῦσιν 1008
Τὸν ἥλιον αὐτοῦ ἀνατέλλει ἐπὶ πονηροὺς καὶ ἀγαυούς 667
Τὸν ἥττω λόγον κρείττω ποιεῖν 52, 1723
Τὸ νικᾶν αὐτὸν ἑαυτὸν πασῶν νικῶν πρώτη καὶ ἀρίστη 1712

Τὸν καλὸν ἀγῶνα ἠγώνισμαι, τὸν δρόμον τετέλεκα, τὴν πίστιν τετήρηκα 1463
Τὸν καπνὸν φεύγων εἰς τὸ πῦρ ἐνέπεσεν 1560
Τὸν ξύοντα δ' ἀντιξύειν 1343
Τὸν πλοῦτον νεῦρα πραγμάτων 1786
Τὸν πρὸς χάριν λόγον... μελιτίνην ἀγχόνην εἶναι 294
Τὸν φθόνον... ἕλκος εἶναι τῆς ἀληθείας 292
Τὸν φιλέοντα φιλεῖν 1303
Τὸν φρουρὸν χρὴ φρουρεῖν, τὸν ἐρῶντα δ' ἐρᾶν 544
Τὸ πολλὰ πράσσειν οὐκ ἐν ἀσφαλεῖ βίου 1598
Τόπων μεταβολαὶ οὔτε φρόνησιν διδάσκουσιν, οὔτε ἀφροσύνην ἀφαιροῦνται 108
Τὸ σιγᾶν πολλάκις ἐστὶ σοφώτατον ἀνθρώπῳ νοῆσαι 19
Τὸ σιγᾶν τὴν ἀλήθειαν χρυσόν ἐστι θάπτειν 303
Τοσοῦτον ὄφελος τῷ ψεύστῃ ὅτι καὶ ἀληθῆ λέγων πολλάκις οὐ πιστεύεται 289
Τοσοῦτον φίλος, ὅσον ὁρᾷ τις ἐναντίον 1408
Τὸ σόφισμα κατὰ σαυτοῦ συντέθεικας 268
Τόσσ' ἔχω ὅσσ' ἔφαγόν τε καὶ ἔκπιον καὶ μετ' ἔρωτος / τέρπν' ἐδάην· τὰ δὲ πολλὰ καὶ ὄλβια κεῖνα λέλειπται 578
Τοτὲ μὲν τῆς αὐτῆς ἡμέρας θάλλει τε καὶ ζῇ, ὅταν δ' εὐπορήσῃ, τοτὲ δὲ ἀποθνήσκει 1827
Τὸ τεχνίον πᾶσα γαῖα τρέφει 164
Τὸ τεχνίον ἡμᾶς διαθρέψει 164
Τοῦ πατρὸς τὸ παιδίον 1445
Τοῦ πικροῦ γευσάμενοι μέλιτος 1688
Τοὺς δὲ βεβήλους καὶ γραώδεις μύθους παραιτοῦ 657
Τοὺς ἐν ἔρωτι / ὅρκους μὴ δύνειν οὔατ' ἐς ἀθανάτων 1413
Τοῦτ' ἐστὶ τὸ ζῆν οὐχ ἑαυτῷ ζῆν μόνον 1271
Τοῦτο δὲ τὸ σημεῖον πηδᾷ 79
Τὸ φέρον ἐκ θεοῦ καλῶς φέρειν χρή 852
Τράγον ἀμέλγειν 428
Τρίχες καὶ κέρατα 680
Τροχὸς τὰ ἀνθρώπινα 777
Τροχοῦ περιστείχοντος ἄλλοθ' ἡτέρα / ἁψὶς ὕπερθε γίγνετ' ἄλλοθ' ἡτέρα 777
Τυφλόν γε καὶ δύστηνόν ἐστιν ἡ τύχη 841

Τυφλὸς δὲ τυφλὸν ἐὰν ὁδηγῇ, ἀμφότεροι εἰς βόθυνον πεσοῦνται 1000
Τυφλότερος ἀσπάλακος 708
Τυφλοῦται περὶ τὸ φιλούμενον ὁ φιλῶν 1418
Τυφλῷ κάτοπτρον χαρίζῃ 450
Τύχη στρέφει πάντα 840
Τύχη τὰ θνητῶν πράγματ' οὐκ εὐβουλία 836
Τῷ γὰρ καλῶς πράσσοντι πᾶσα γῆ πατρίς 557
Τῷ δ' ἔργῳ πάσαις πρὸς πάσας τὰς πόλεις ἀεὶ πόλεμον ἀκήρυκτον κατὰ φύσιν εἶναι 1215
Τῷ Θεῷ χάρις 1489
Τῷ κόπῳ τὸν κόπον λύειν 1629
Τῶν γὰρ πενήτων εἰσὶν οἱ λόγοι κενοί 1820
Τῶν κεράτων... ἀμφοῖν... καθέξεις τὸν βοῦν 1610
Τῶν ὤτων ἔχω τὸν λύκον 1554
Τὼς κύνας ὤλαφος ἕλκοι 444

Υ

Ὕβρις ὕβριν ἔτικτε καὶ ψόγος ψόγον 274
Ὕδωρ δὲ πίνων οὐδὲν ἂν τέκοις σοφόν 741
Ὑπὲρ σεαυτοῦ μὴ φράσῃς ἐγκώμιον 1735
Ὕπνῳ... κασιγνήτῳ Θανάτοιο 599
Ὑπὸ χεῖρα 929
Ὕπτιον καταβαλὼν ἑαυτὸν ἐς τὴν ὀροφὴν ἀνέβλεπεν 956
Ὗς λουσαμένη εἰς κυλισμὸν βορβόρου 798
Ὑστέρημα οὐ δυνήσεται τοῦ ἀριθμηθῆναι 402
Ὕστερον πρότερον 184, 185

Φ

Φέρει παραμυθίαν ὀδυνωμένῳ κοινωνία τῶν στεναγμῶν 1698
Φέρ' εἰ φέρεις τι 933
Φήμη δ' οὔ τις πάμπαν ἀπόλλυται, ἥν τινα πολλοὶ / λαοὶ φημίξωσι· θεός νύ τίς ἐστι καὶ αὐτή 1
Φησὶν σιωπῶν 20
Φθείρουσιν ἤθη χρήσθ' ὁμιλίαι κακαί 1328
Φθόνος γὰρ τοῖς ζῶσι πρὸς τὸ ἀντίπαλον, τὸ δὲ μὴ ἐμποδὼν ἀνανταγωνίστῳ εὐνοίᾳ τετίμηται 593

Φϋόνος δ' άπέστω 70
Φιλεΐν μέν προδοσίαν, προδότην δέ μισεΐν 279
Φιλήκοον είναι μάλλον ή πολύλαλον 18
Φίλος αύτώ πάς άνϋρωπος φύσει... έστίν 1285
Φίλους έχων νόμιζε ϋησαυρούς έχειν 1318
Φίλων έπαινον μάλλον ή σαυτοΰ λέγε 1735
Φίλων τρόπους γίνωσκε, μή μίσει δ' όλως 1322
Φρύξ άνήρ πληγείς άμείνων καί διακονέστερος 959
Φυλάττεσϋαι μάλλον δεΐ ή τούς έχεις 252
Φύλλων λαγωούς έκφοβοϋσιν οί ψόφοι 1245
Φυσάν τάς γνάϋους 1748
Φύσει γάρ έχυρόν τόν δοϋλον τοΐς δεσπόταις 1041
Φύσει μέν έστιν άνϋρωπος ζώον πολιτικόν 1049
Φύσιν πονηράν μεταβαλεΐν ού ράδιον 109
Φωνή βοώντος έν τή έρήμω· έτοιμάσατε τήν όδόν Κυρίου 449
Φωρός δ' ίχνια φώρ έμαυ̃ον 273

X

Χαίρειν μετά χαιρόντων, κλαίειν μετά κλαιόντων 583
Χαΐρε, φίλον φώς 1393
Χαλεπά τά καλά 1683
Χαλεπόν έσϋλόν έμμεναι 1683
Χαλεπόν έστι πρός γαστέρα λέγειν ώτα μή έχουσαν 719
Χαμαιλέοντος εύμεταβολώτερος 564
Χάριν δέ γηράσκουσαν έχϋαίρω φίλων 1357
Χειμών κατ' οίκους έστίν άνδράσιν γυνή 1378
Χειρί δεΐν σπείρειν, άλλά μή όλω τώ ϋυλάκω 1762
Χείρ χεΐρα νίπτει, δάκτυλοι δέ δακτύλους 1341

Χρήματα, χρήματ' άνήρ 1784
Χρημάτων άελπτον ούδέν 859
Χρύσεα χαλκείων 427, 1349
Χρυσός γάρ έστιν δς βροτών έχει κράτη 1789
Χρυσός δ' άνοίγει πάντα καί χαλκάς πύλας 1788
Χύτρα καί πέτρα ού συμφωνεΐ 1588
Χώνήρ δξος άπαν 133

Ψ

Ψευδόμενος ούδείς λανϋάνει πολύν χρόνον 298
Ψυχρόν... έν κόλπω ποικίλον είχες δφιν 282

Ω

Ὠ γήρας, οἴαν έλπίδ' ήδονής έχεις / καί πάς τις είς σε βούλετ᾽ άνϋρώπων μολεΐν· / λαβών δέ πεΐραν, μεταμέλειαν λαμβάνει 647
Ὠδινεν όρος, εΐτα μύν άπέτεκεν 1746
Ὠκεΐαι χάριτες γλυκερώτεραι 1354
Ὠν ήρξε γαστήρ, τό φρονεΐν άφηρέϋη 723
Ὠ ξεΐν᾽ άγγέλλειν Λακεδαιμονίοις, ότι τήδε / κείμεϋα, τοΐς κείνων πειϋόμενοι νομίμοις 1240
Ὠς αίεί τόν όμοΐον άγει ϋεός ές τόν όμοΐον 1335
Ὠς ήδύ τήν ϋάλατταν άπό τής γής όράν 1618
Ὠσίν έστώσιν 702
Ὠς πάς τις αύτόν τοΰ πέλας μάλλον φιλεΐ 1285
Ὥσπερ γάρ ίππος εύγενής, κάν ή γέρων, / έν τοΐσι δεινοΐς ϋυμόν ούκ άπώλεσεν, / άλλ' όρϋόν ούς ίστησιν 702
Ὠτα γάρ τυγχάνει άνϋρώποισι έόντα άπιστότερα όφϋαλμών 309
Ὠτα καί όφϋαλμοί πολλοί βασιλέως 1016
Ὠ τλήμον άρετή, λόγος άρ᾽ ήσϋ(α) 1713